#	Conteúdo	Seção
1	Significado de símbolos e abreviaturas • Normas • Desenhos • Pesos e medidas • Distribuição de cargas • Acessibilidade • Fundamentos e relações de escala • Percepção visual	**Fundamentos**
2	O projeto • Construções sustentáveis • Certificação • *Facility management* • Recuperação de edifícios históricos • Projeto e gerenciamento da obra	**O processo de projetar**
3	Fundações • Paredes • Pavimentos • Coberturas • Janelas • Vidros • Portas • Escadas • Escadas rolantes • Esteiras rolantes • Elevadores	**Partes da construção**
4	Energias renováveis • Física da construção • Iluminação natural • Iluminação artificial • Proteção contra incêndios • Instalações prediais • Abastecimento e descarte • Chaminés, poços de ventilação	**Tecnologia de edificações**
5	Malha viária • Estacionamentos • Transporte coletivo • Ferrovias • Aviação	**Transporte**
6	Cemitérios • Espaços livres • Aspectos e concepção do projeto • Árvores • Movimento de terra • Cercamentos • Pérgolas e trepadeiras • Caminhos, espaços livres, escadas • Captação de água da chuva • Vegetação • Medidas de engenharia biológica • Estufas • Tanques e lagos artificiais • Parques – exemplo	**Paisagismo**
7	Fundamentos • Planejamento urbano • Acessos • Habitação • Plantas: conceitos • Áreas básicas	**Habitação**
8	Fundamentos	**Eventos**
9	Conjunto residencial para estudantes • Residências para idosos • Hotéis • Gastronomia • Albergues da juventude • Casas para férias/casas de fim de semana • Campismo	**Hospedagem**
10	Creches e jardins de infância • *Playgrounds* • Escolas • Escolas superiores • Bibliotecas	**Educação • Pesquisa**
11	Igrejas • Sinagogas • Mesquitas	**Edifícios religiosos**
12	Museus • Teatros • Salas de concerto • Cinemas • Estúdio de produção audiovisual • Circo • Jardim zoológico	**Cultura • Lazer**
13	Estádios • Áreas esportivas • Ginásios esportivos • Piscinas recreativas • SPA • Salão de jogos eletrônicos	**Esporte • lazer**
14	Fundamentos	**Trabalho**
15	Edifícios de escritórios • Arranha-céus • Edifícios parlamentares • Bancos	**Administração • Escritórios**
16	Lojas	**Comércio**
17	Indústria • Oficinas	**Indústria**
18	Estabelecimentos rurais • Criação de animais	**Agricultura**
19	Consultórios médicos • Hospitais	**Saúde**
		Referências / Índice

Neufert

Arte de projetar em arquitetura

Dedicado a Ernst Neufert

N482a Neufert, Ernst.
        Arte de projetar em arquitetura / Ernst Neufert ;
     tradução: Evelyn Tesche, Soraya Guimarães Hoepfner ;
     revisão técnica: Alexandre Salvaterra. – 42. ed. – Porto
     Alegre : Bookman, 2022.
        xiii, 606 p. : il. ; 30 cm.

        ISBN 978-85-8260-575-2

        1. Arquitetura – Projetos e plantas. I. Título.

                                                        CDU 72

Catalogação na publicação: Karin Lorien Menoncin – CRB 10/2147

Ernst Neufert

42ª edição

Arte de projetar em arquitetura

Princípios, normas, regulamentos sobre o projeto, construção, forma, necessidades e relações espaciais, dimensões de edifícios, ambientes, mobiliário, objetos tendo o homem como unidade de medida e seu objetivo

Manual para arquitetos, engenheiros, estudantes, professores, construtores e proprietários

iniciado por Ernst Neufert
continuado pelo professor Johannes Kister
em nome da Fundação Neufert

em trabalho conjunto com os engenheiros Mathias Brockhaus, Matthew Lohmann e Patrícia Merkel

Tradução
Evelyn Tesche
Soraya Guimarães Hoepfner

Revisão Técnica
Alexandre Salvaterra
Arquiteto e Urbanista pela Universidade Federal do Rio Grande do Sul.

Reimpressão 2023

bookman

Porto Alegre
2022

Obra originalmente publicada sob o título *Bauentwurfslehre: Grundlagen, Normen, Vorschriften*, 42ª edição
ISBN 9783658218768

First published in German under the title
Bauentwurfslehre; Grundlagen, Normen, Vorschriften, 42nd Edition, by Ernst Neufert,

Copyright © Springer Fachmedien Wiesbaden GmbH, ein Teil von Springer Nature, 2019

This edition has been translated and published under licence from Springer Fachmedien Wiesbaden GmbH, part of Springer Nature. Springer Nature takes no responsibility and shall not be made liable for the accuracy of the translation.

Gerente editorial: *Letícia Bispo de Lima*

Colaboraram nesta edição:

Consultora editorial: *Arysinha Jacques Affonso*

Editora: *Simone de Fraga*

Preparação de originais e finalização: *Marina Carvalho Dummer*

Leitura final: *Denise Weber Nowaczyk*

Arte sobre a capa original: *Paola Manica | Brand&Book*

Editoração: *Clic Editoração Eletrônica Ltda.*

Reservados todos os direitos de publicação, em língua portuguesa, à
BOOKMAN EDITORA LTDA., uma empresa do GRUPO A EDUCAÇÃO S.A.
Rua Ernesto Alves, 150 – Bairro Floresta
90220-190 – Porto Alegre – RS
Fone: (51) 3027-7000

SAC 0800 703 3444 – www.grupoa.com.br

É proibida a duplicação ou reprodução deste volume, no todo ou em parte, sob quaisquer
formas ou por quaisquer meios (eletrônico, mecânico, gravação, fotocópia, distribuição na Web
e outros), sem permissão expressa da Editora.

IMPRESSO NO BRASIL
PRINTED IN BRAZIL

PREFÁCIO

A *Arte de Projetar em Arquitetura* chega à sua 42ª edição. Embora a 1ª edição impressa desta obra tenha sido publicada após o fechamento da escola Bauhaus em 1933, o trabalho de Ernst Neufert no campo dos processos e procedimentos de projetos de construção está ligado à emergência do movimento, do qual Neufert participou por vários anos, junto com Walter Gropius, em Dessau e Alfeld. Sem dúvida, o espírito desses anos é notável na *Arte de Projetar*.

A essência das orientações para o projeto de edifícios continua preservada, mantendo-se relevante ao longo do tempo. Em meio à torrente de informações que caracteriza os dias atuais, este tipo de conteúdo representa um material de qualidade e de alta demanda. Os processos a serem seguidos pelo arquiteto não diferem dos da era Bauhaus; ele ainda se fiará em informações bem fundamentadas sobre os parâmetros funcionais e a eficiência tipológica de uma tarefa de construção. E que fonte melhor para buscar e adquirir tais conhecimentos do que a obra de Neufert? A equipe editorial alemã, composta pela dra. Patricia Merkel, pelo engº Mathias Brockhaus, engº Matthias Lohmann e pelos estagiários Simon Haferkamp, Pascal Fabian Rätzel e Florian Wolff, preocupou-se em garantir a qualidade do conteúdo que aborda o processo de projetar, em atualizar as referências às normas e aos regulamentos e em atualizar a diferenciação das tipologias.

Esta obra acompanha o desenvolvimento arquitetônico atual, que se encaminha para uma diversificação das tipologias – originalmente muito claras e inalteráveis, para Ernst Neufert. Nos últimos anos, porém, houve refinamentos tipológicos bastante justificáveis, resultantes da crescente importância da diversidade funcional e da reutilização ou restauração de edifícios existentes. Tais tendências estão cada vez mais difundidas e são ilustradas nesta edição nos capítulos sobre escritórios, edifícios residenciais, laboratórios, estúdios, escolas e edifícios religiosos – para citar apenas alguns.

Esperamos que os conhecimentos condensados no texto e nos desenhos de *Arte de Projetar* sejam uma fonte de inspiração e conhecimento para o leitor. Gostaria de agradecer a Nicole Delmes, presidente da Fundação Neufert, pela oportunidade de trabalhar neste projeto.

Johannes Kister

INTRODUÇÃO

Este manual é resultado do material utilizado por mim nas aulas da Escola Superior de Arquitetura de Weimar. Este baseava-se em medições, experiências e conhecimentos extraídos da prática e de pesquisas em torno do homem, elementos importantes para o projeto de edificações, guardando, porém, uma visão aberta para novas possibilidades e progressos.

Por um lado, apoiamo-nos em nossos antepassados; por outro, tudo flui e somos crianças de nosso tempo, com o olhar no futuro, e esse ângulo de visão tende a ser diferente para cada um. Os motivos encontram-se na educação e formação variadas; na influência do meio ambiente; em fatores herdados, e no grau correspondente de interesses movidos por forças internas.

Se o nosso atual "juízo definitivo" é realmente correto para sempre, é uma questão que fica em suspenso, uma vez que também ele é produto de um tempo. A experiência mostra que gerações posteriores conseguem ter a visão crítica de um tempo, faltando à atual o distanciamento necessário para poder desenvolvê-la. Aqui fica também clara a problemática do ensino de conceitos, que não deve levar a um falso caminho. Isso porque, mesmo com todo apoio sobre a realidade e objetividade, apesar de todo esforço em colocarem-se ideias prediletas com pensamento crítico, sem eliminar perguntas e dúvidas, um ensinamento permanece sempre subjetivo, dependente do tempo e do ambiente. O perigo de um caminho falso pode ser evitado quando o ensinamento for colocado como não acabado, senão como algo vivo, que participa do que virá a ser, que está a serviço do desenvolvimento, sofrendo permanente ação dele.

Assim, o estudante adquire uma posição intelectual que é pensada por Nietzsche, quando ele diz: "Apenas aquele que se transforma mantém parentesco comigo".

O essencial nesse conceito do eterno torna-se a serviço do desenvolvimento, apoia-se no fato de que não existem receitas prontas, nenhuma "verdade enlatada", senão apenas os tijolos, os elementos, os cantos e os métodos de combiná-los, construí-los, compô-los e harmonizá-los.

Confúcio já colocava esse princípio há mais de 2.500 anos em palavras: "Eu dou ao meu aluno um canto, os outros três ele precisa achar sozinho!" Um arquiteto por natureza ou aquele que tem em seu coração o desejo de construir, fechará os ouvidos e os olhos quando alguém lhe trouxer uma solução para determinado trabalho, uma vez que está ele próprio cheio de ideias e ideais, precisando apenas de elementos, a partir dos quais elaborará um todo!

Aquele que descobriu a crença em si, a visão sobre a dependência e o jogo de forças dos materiais, das cores, das medidas, aquele que pode sentir em si a realidade, a materialização do edifício, estudando seu efeito, analisando-o criticamente, construindo-o em pensamento, esse está no verdadeiro caminho da grande alegria da vida, que é sentida somente por quem se ocupa com a criação. Essa visão do fazer criativo, contida nesta obra, que deve libertar todo aquele que projeta de todos os ensinamentos fechados, até mesmo os deste livro, é apenas uma ajuda inicial: caminhar – construir, cada um deve fazer por si.

O resultado formal do nosso tempo – a concepção da forma – percorre o mesmo caminho trilhado pelos antigos para chegar aos seus maravilhosos templos, a suas catedrais ou castelos, para os quais não havia modelos estabelecidos, mas que concretizavam os seus desejos, ideias e ideais, que se aproximavam de seus sonhos. Quando a encomenda do trabalho é formulada, já levanta ideias de solução que por meio das possibilidades técnicas da época e dos determinantes locais, adquirindo forma concreta, a qual apenas distantemente apresenta semelhança com outras soluções já existentes. Essas novas edificações, correspondentes ao moderno desenvolvimento tecnológico, poderão ter melhor funcionamento que as construídas anteriormente. Elas poderão também, entretanto, assumir a comparação do ponto de vista artístico com as construções semelhantes do passado.

Compare-se uma instalação industrial hoje, clara, ampla, em medidas proporcionais e elegantes, em construções leves, com uma do século XVIII ou com uma oficina de artesanato do século XV. Até o crítico mais conservador terá de concordar com a qualidade das nossas novas edificações. Isso significa: sempre que existir uma encomenda de edifício a serviço de uma verdadeira necessidade de seu tempo, espera-se do arquiteto, vivo e atuante, uma solução comparável com as melhores soluções dos nossos antepassados, conseguindo assim, sobrepujá-los.

Por isso, deve haver em uma escola superior viva, em primeira linha, uma apreciação da época e previsão com a visão de passado servindo apenas como algo incontornável e de aconselhamento. Isso é recomendado pelo nosso grande Fritz Schumacher, quando ele, no seu estudo sobre a profissão de arquiteto, previne que o jovem estudante, na pesquisa do passado, perde-se no aprofundamento muito grande da história, deixando-se desviar, nos trabalhos de doutoramento, por esses já trilhados caminhos secundários, desperdiçando a energia que é necessária para a construção de novos ramos de desenvolvimento do processo criador.

Ao contrário, é correto dar ao estudante os elementos em suas mãos, como é feito na *Arte de projetar em arquitetura*, em que eu me esforcei por colocar as pedras construtivas do projetar reduzidas a seu efeito causal, sistematizando, abstraindo, tornando difícil ao leitor uma imitação e forçando-o a dar forma e conteúdo às coisas, a partir de si mesmo. As diferentes expressões formais serão de qualquer maneira induzidas a uma determinada unidade pela corrente de influências de um tempo, essa sensação de pertencer a um conjunto que caracteriza o homem de um tempo, que pode ser reconhecida materialmente impressa no estilo de uma época.

Ernst Neufert

COMO UTILIZAR ESTE LIVRO

O objetivo deste livro é fornecer uma visão abrangente das condições essenciais ao projeto de edificações.

Estas incluem as diversas exigências e expectativas dos usuários (p. ex., acessibilidade, eficiência econômica, sustentabilidade), as regras e os regulamentos definidos por associações, por seguradoras e pela lei, bem como os aspectos culturais da construção.

Estrutura

A estrutura do livro segue a ordem das etapas do processo de planejamento e construção: fundamentos do processo de planejamento, partes construtivas e equipamentos técnicos que integram quase todos os projetos e, por fim, o espaço e a infraestrutura ao redor das construções.

A seção de construção está subdividida nas seguintes categorias: habitação em geral, recintos e edifícios utilizados para reuniões (no sentido mais amplo da palavra) e edificações classificadas como locais de trabalho.

Assim, temos quatro grandes grupos de conteúdo:

1. Fundamentos
2. Habitação
3. Eventos
4. Trabalho

Os fundamentos estão divididos em orientações para:

– a preparação do projeto
– o processo de planejamento
– detalhes estruturais (partes construtivas)
– o projeto e dimensionamento do entorno e das instalações (tráfego e paisagismo)

Cada um desses grandes grupos conta com uma introdução que resume seus respectivos princípios e regulamentos de planejamento.

Para evitar repetições, as referências cruzadas dentro do texto e nos breves sumários sob os títulos em preto na margem das páginas referem-se a tópicos centrais já explicados. Uma bibliografia e uma lista de fontes, bem como o índice, são encontrados no final desta obra.

Conteúdos especializados

Os capítulos que tratam de trabalhos e tarefas realizados por especialistas servem como base para o planejamento preliminar do projeto, bem como destinam-se a fornecer os conhecimentos básicos necessários para a cooperação entre o arquiteto e os especialistas envolvidos.

Regras e regulamentos técnicos

A otimização de soluções funcionais e técnicas, a adaptação de materiais e métodos de processamento e a adequação das normas de construção às exigências internacionais contribuem para o desenvolvimento do "estado da arte" determinado por lei. Em meio à multiplicidade de regulamentos, regras e recomendações, este livro reproduz principalmente aquelas que influenciam as tipologias e os requisitos de espaço. Os regulamentos que não têm uma consequência espacial direta, como letreiros, são mencionados apenas em casos excepcionais.

As dimensões que se tornaram obsoletas como resultado de otimizações administrativas (p. ex. em locais de trabalho) são fornecidas onde faz sentido, uma herança de edições anteriores, pois não estão incorretas, mas não são mais necessárias nos projetos atuais. As dimensões e regulamentações aplicáveis devem agora ser derivadas caso a caso, com base nos riscos de cada projeto. Ficar aquém das "antigas" dimensões mínimas exigirá uma explicação fundamentada, no caso de uma disputa legal.

SUMÁRIO

FUNDAMENTOS

Significado de Símbolos e Abreviaturas
Significado de símbolos e abreviaturas 1

Normas
Normas DIN 2
Unidades SI 4

Desenhos
Formatos de papel (DIN 476, 4999). 6
Desenho técnico (DIN 824) 7
Disposição dos desenhos 8
Desenho arquitetônico (DIN 1356). 9
Simbologia do desenho arquitetônico (DIN1356). 10
Símbolos das instalações hidráulicas (DIN 1988) 14
Símbolos das instalações elétricas (18015). 16
Símbolos de sistemas de segurança 19
Símbolos de instalação a gás 20
Desenho manual 21
Desenho com o computador 22

Pesos e medidas
Relação entre medidas alemão e inglês 23
Pesos, medidas e temperaturas. 24
Conversão das medidas inglês em mm 25

Distribuição de cargas
Peso próprio e cargas úteis 26

Acessibilidade
Medidas para pessoas com deficiência 31
Edifícios de acesso público segundo DIN 18040-1 32
Habitações segundo DIN 18040-2 35
Habitações acessíveis segundo DIN 18040-2 – Exemplos . .36

Fundamentações e relações de escala
O homem como unidade de medida 37
O homem como relação universal de escala 38
Medidas e necessidades espaciais do corpo humano. 39
Relações geométricas de medidas 41
Orientação de medidas na construção de edifícios
(sem incluir setor de subsolo) 45

Percepção visual
O olho. 47
O homem e as cores 49

O PROCESSO DE PROJETAR
O projeto
O que é projetar? 50
Níveis de organização referenciais 51
Questionário. 52
O projeto digital 54

Construções sustentáveis
Fundamentos gerais, projeto e construção 55
Uso, remoções e demolições 56

Certificação
Sistemas 57

Facility Management
Campos de aplicação 58
Métodos 59

Recuperação de edifícios históricos
Conservar e renovar 60
Preservação do patrimônio histórico 61
Tombamento 62
Levantamento, documentação .63
Reaproveitamento e reconversão de uso 64

Projeto e gerenciamento da obra
Base legal (legislação alemã) 66
O contrato de trabalho do arquiteto 68
Fases de desenvolvimento. 69
Parâmetro de definição do uso da construção 74
Recuos 75
Custos 76

PARTES DA CONSTRUÇÃO

Fundações
Terraplanagem 77
Fundação 80
Impermeabilização e drenagem .82
Saneamento 84

Paredes
Alvenaria de pedras naturais 85
Alvenaria de elementos artificiais 86
Alvenaria de sistemas mistos 89
Renovação 90

Pavimentos
Construção de pavimentos 91
Renovação 92
Saneamento do concreto 93
Pisos 94

Coberturas
Formas das coberturas 96
Telhados 97
Coberturas planas 102

Janelas
Disposições 107
Proteção solar 108
Exigências 108
Tipos de janelas 109
Formas de abertura e instalação 109
Conforto térmico ENEV 2014 110
Isolamento térmico e acústico .111
Limpeza de fachadas 112
Janelas na cobertura 113
Iluminação zenital 114

Vidros
Fundamentos 115
Vidros isolantes 116
Vidros de segurança isolantes e acústicos 118
Vidros com variações ópticas 119
Vidros fundidos 119
Portas de vidro 119
Perfis de vidro 120
Blocos de vidro 121
Vidros à prova de fogo 122
Fachadas envidraçadas 123

Portas
Disposição 124
Construções 125
Portas especiais 126
Portões 127
Fechaduras 128
Segurança de edifícios e áreas .129

Escadas
Princípios 131
Regras 132
Construções 133
Rampas 134
Escadas helicoidais 134
Escadas de emergência 136

Escadas rolantes
Para lojas e edifícios de escritórios 137

Esteiras rolantes
Esteiras rolantes para grandes armazéns (diretrizes comuns para rampas e escadas rolantes) 138

Elevadores
Princípios 139
Funcionamento 140
Edifícios residenciais 141
Edifícios públicos 142
Monta-cargas 143
Elevadores hidráulicos 144
Elevadores especiais 145

TECNOLOGIA DE EDIFICAÇÕES
Energias renováveis
Visão geral 146
Energia solar 147
Sistema de cogeração e célula combustível 148
Bioenergia 149
Geoenergia e bombas de calor 150
Armazenamento de gelo 151

Física da construção
Isolamento térmico 152
Isolamento acústico 157
Acústica de ambientes 162
Para-raios 165

Iluminação natural
Recursos naturais 168
Meteorologia e radiação 169
Fundamentos de astronomia .170
Insolação 171
Orientação e perspectiva 173
Exposição à luz natural 174
Cálculo de luminância 175
Ciclo da luz natural 176
Proteção solar e contra ofuscamento 177
Sistema de luz natural 178

Iluminação artificial
Olho humano e percepção 179
Cores e reflexão 180
Grandezas luminotécnicas 181
Lâmpadas 182
Luminárias 183
Iluminação de interiores 184
Diretrizes para iluminação artificial em locais de trabalho – asr 7/3, din en 12464 – 1 (extrato) 185
Aspectos do planejamento da iluminação 186
Luz no ambiente externo 187
Bons critérios 188
Controle 189
Simulação 189

Proteção contra incêndios
Fundamentos 190
Classificação 191
Paredes corta-fogo 192
Partes construtivas 193
Vidros à prova de fogo 195
Portas corta-fogo 196
Instalações hidráulicas contra incêndios 197
Eliminação de fumaça e calor .198
Sprinklers 199
Outros sistemas para extinção de incêndio 200

Instalações prediais
Esgoto, águas pluviais 201
Ventilação forçada 207
Calefação 211

Abastecimento e descarte
Energia elétrica de emergência 215
Estações de tratamento de águas residuais 216
Estações de tratamento de pequeno porte 217
Plataformas de carga 218
Pátios de carregamento 219
Coleta seletiva de lixo 220
Coleta de lixo 221

Chaminés, poços de ventilação
Chaminés 222
Lareiras abertas 223
Poços de ventilação 224

TRANSPORTE
Malha viária
Espaços urbanos 225
Tipos de via 226
Utilização urbana 227
Espaços viários 228
Cruzamentos 229
Bicicletário 230
Zonas de desaceleração 232
Proteção acústica 233

Estacionamentos
Veículos 234
Curvas 236
Vagas de estacionamento 237
Edifícios-garagem 239
Rampas 240
Diretrizes para construção de garagens 241
Garagens mecanizadas 242
Veículos – Caminhões 244
Estacionamentos e curvas para caminhões 245
Áreas de serviços em rodovias 246
Postos de gasolina 247
Lavagem automática de automóveis 249

Transporte coletivo
Condições e meios de transporte 250
VLTs – Veículos Leves sobre Trilhos 251
Ônibus e paradas 252
Sistemas de integração e ônibus de longa distância 253
Transporte ferroviário 254

Ferrovias
Estações de trem 255
Saguão e recepção 256
Plataformas de embarque 257
Equipamentos das plataformas 258

Aviação
Fundamentos 259
Aeroportos 260

Pista de decolagem e pouso 261
Terminal 262
Terminal e rampas 263
Aviões...264

PAISAGISMO
Cemitérios
Necrotério e crematório 265
Jazigos e capela.................................266
Projetos 267

Aspectos e concepção do projeto
Aspectos e concepção do projeto 268

Árvores
Árvores – Formatos e agrupamentos................269

Árvores – Árvores urbanas
Árvores – Árvores urbanas........................270

Movimentos de terra
Solos 271

Cercamentos
Muros e cercas...................................273

Pérgolas e trepadeiras
Pérgolas...275
Suporte para trepadeiras 276
Exemplos de trepadeiras 277

Caminhos, espaços livres, escadas
Caminhos, espaços livres, escadas................278

Captação de água da chuva
Uso das águas pluviais 279

Vegetação
Plantas..280
Plantas e gramados 281

Medidas de engenharia biológica
Proteção de encostas/taludes e margens 282

Estufas
Estufas..284

Tanques, lagos artificiais
Lagos de jardim 285
Lagos de jardim como piscinas 286
Plantas aquáticas................................287

Parques – Exemplo
Secretaria Nacional do Meio Ambiente – DESSAU ...288

HABITAÇÃO
Fundamentos
Fundamentos de projeto 289
Política habitacional............................290
Densidade habitacional 291

Planejamento urbano
Contexto...292

Acessos
Ligações individuais e em fileira................293
Prédios da apartamentos 294
Soluções com corredores..........................295
Soluções especiais...............................296

Habitação
Orientação 297

Plantas: conceitos
Casas isoladas...................................298
Casas em fileira, geminadas tradicionais e geminadas em cadeia................................301
Apartamentos.....................................303
Prédios residenciais altos.......................308
Adaptabilidade...................................310

Áreas básicas
Acesso, circulação...............................311
Cozinhas 314
Áreas de vivência................................319
Banheiros..324
Áreas secundárias................................326
Garagens e carports..............................329

EVENTOS
Fundamentos
Regulamentação modelo de locais de eventos 330

HOSPEDAGEM
Conjunto residencial para estudantes
Diretrizes gerais de projeto 335

Residências para idosos
Apartamentos para idosos 336
Lares de idosos e casa de repouso com serviço de enfermaria......................................337
Exemplos..338

Hotéis
Fundamentos.....................................339
Áreas...340
Equipamentos, instalações 341
Quartos...342
Localização, exemplos...........................344

Gastronomia
Restaurantes 345
Espaços para refeições 347
Restaurantes rápidos............................348
Cozinhas de restaurantes 349
Cozinhas industriais............................352
Exemplos..354

Albergues da juventude
Diretrizes gerais de projeto 355

Casas para férias/casas de fim de semana
Diretrizes gerais do projeto 356

Campismo
Diretrizes gerais de projeto 357

EDUCAÇÃO · PESQUISA
Creches e jardins de infância
Circulação e formas construtivas................358
Cômodos...359
Requisitos mínimos de área, espaços e áreas livres.....360

Playgrounds
Equipamentos lúdicos 361
Playgrounds temáticos.........................362

Escolas
Áreas de aprendizagem – Ensino 363
Áreas de aprendizagem – Comunicação 364
Reformas de escolas 365
Distribuição e comunicação – Intervalo, auditório,
refeitório 366
Salas especializadas 367
Biblioteca, midiateca, copa 368
Instalações sanitárias, escadas, portas 369
Programa-padrão para escolas de Ensino
Fundamental (Classes 1–4) 370
Exemplos 371
Ginásios esportivos escolares .372

Escolas de Ensino Superior
Auditórios 374
Exemplos de auditórios/refeitórios 376
Assentos, projeção 377
Salas para seminários e espaços de apoio 378
Laboratórios 379

Bibliotecas
Fundamentos 383
Mobiliário 385
Balcões de empréstimos e bibliotecas públicas 386
Bibliotecas científicas 387
Arquivo 388

EDIFÍCIOS RELIGIOSOS
Igrejas
Elementos litúrgicos 389
Mobiliário, sacristia 390
Exemplos 391
Campanário 392

Sinagogas
Diretrizes gerais de projeto 393
Exemplos 394

Mesquitas
Diretrizes gerais de projeto 395
Exemplos 396

CULTURA · LAZER
Museus
Generalidades e acessos 398
Espaços para exposições 399
Iluminação 400
Exemplos 401

Teatros
Panorama histórico 402
Tipologia 403
Plateia, assentos e fileiras 404
Palco 406
Áreas de apoio 408
Oficinas e áreas do pessoal 409
Áreas do pessoal e espaços destinados ao público 410
Renovação 411

Salas de concerto
Origem e variantes 412
Exigências técnicas, órgão, orquestra 413
Acústica 414
Projeção 415
Salas de cinema 416
Cinemas Multiplex 417
Cinemas Multiplex – Exemplos 418
Cinemas *drive-in* 419

Estúdios de produção audiovisual
Estúdios de vídeo, filme e televisão 420
Estúdios de gravação 421

Circo
Edificação permanente 422

Jardim Zoológico
Fundamentos 423
Criação de animais 424
Jaulas e cercados 425

ESPORTE · LAZER
Estádios
Complexo construído 426
Arquibancadas 427
Área de hospitalidade 428

Áreas esportivas
Campos esportivos 429
Atletismo 432
Tênis 436
Minigolfe 438
Golfe 440
Esportes náuticos – Marinas 442
Esportes náuticos – Remo 448
Equitação 450
Salto de esqui 452
Pistas de gelo 453
Pistas de patins de rodas 454
Skateboarding 455
Bicicross – BMX 456
Tiro ao alvo 457

Ginásios esportivos
Dimensionamento 459
Organização e construção 461
Equipamentos 462
Arquibancadas 463
Exemplos 464
Judô 465
Luta Greco-romana 465
Levantamento de peso 465
Boxe 465
Badminton 465
Squash 466
Tênis de mesa 466
Bilhar 466
Ginástica e fitness 467
Escalada esportiva 469
Boliche 470

Piscinas recreativas
Piscinas públicas cobertas 471
Piscinas públicas ao ar livre 476
Piscinas cobertas e ao ar livre .477
Piscinas privadas cobertas 480

SPA
Sauna/*Wellness* 481

Salão de jogos eletrônicos
Salão de jogos eletrônicos 484

TRABALHO
Fundamentos
- Normas técnicas...............485
- Local de trabalho..............486
- Espaços adjacentes............488

ADMINISTRAÇÃO · ESCRITÓRIOS
Edifícios de escritórios
- Estruturas...................492
- Tendências..................493
- Tipologia até 1980............494
- Tipologia desde 1980..........495
- Paisagismo corporativo........496
- Áreas necessárias............497
- *Desksharing*................498
- Áreas adicionais..............499
- Tipologia espacial.............500
- Modulação..................501
- Acessos....................502
- Tecnologia do edifício.........503
- Construção..................504

Arranha-céus
- Fundamentos.................505
- Construção..................506
- Exigências..................507

Edifícios parlamentares
- Parlamentos e prefeituras......509
- Missões e embaixadas.........510

Bancos
- Bancos.....................511

COMÉRCIO
Lojas
- Diretrizes e tipologias.........512
- Exemplo de decreto de regulamentação de lojas – MVKVO....................513
- Entradas e vitrines............514
- Caixas e zona de serviços......515
- Zona de serviços (exemplos)....516
- Circulação e escadas rolantes...517
- Mobiliário – Medidas..........518
- Lojas de produtos alimentares...519
- Lojas com sistema de autoatendimento..............520

INDÚSTRIA
Indústria
- Fundamentos.................521
- Galpões industriais............522
- Edifícios industriais............523
- Transporte...................524
- Armazenamento...............525
- Contêineres..................527
- Arquitetura de contêineres.....528
- Exemplos....................529

Oficinas
- Marcenaria..................530
- Carpintaria..................531
- Serralheria..................532
- Oficinas mecânicas............533
- Padarias e confeitarias.........534
- Manufatura de produtos de carne...535
- Outras oficinas...............536
- Lavanderias..................537
- Corpo de bombeiros...........539

AGRICULTURA
Estabelecimentos rurais
- Fundamentos.................541
- Áreas necessárias.............542
- Máquinas e instrumentos.......543
- Depósito de rações............544
- Tratamento de estrume e águas servidas..........545
- Microclima nos estábulos.......546

Criação de animais
- Estábulos para animais pequenos...547
- Estábulos para ovinos..........549
- Avicultura...................550
- Criação de suínos.............551
- Criação de gado leiteiro........552
- Criação de bois para corte......553
- Criação de cavalos............554

SAÚDE
Consultórios médicos
- Consultórios individuais e sociedades médicas.........556

Hospitais
- Generalidades, coordenação de medidas............557
- Projeto arquitetônico..........559
- Exemplos....................560
- Corredores, portas, escadas e elevadores...........561
- Setores funcionais.............562
- Ambulatório..................563
- Centro médico – Exemplo......564
- Diagnóstico e tratamento.......565
- Enfermarias..................571
- Malha estrutural para enfermarias...572
- Administração e serviços sociais...579
- Abastecimento e remoção de resíduos...........580
- Abastecimento técnico.........583

REFERÊNCIAS / ÍNDICE
- Referências..................585
- Esclarecimento das abreviaturas de revistas apresentadas no texto.........585
- Incluído a partir da 38ª edição...593
- Índice......................596

xiii

SIGNIFICADO DE SÍMBOLOS E ABREVIATURAS

Fundamentos

SIGNIFICADO DE SÍMBOLOS E ABREVIATURAS

Abreviaturas*	Denominação
ABP	Atestado de fiscalização geral da obra
AEG	Legislação ferroviária
ArbStättR	Regulamentação sobre locais de trabalho
ArbStättV	Decreto sobre condições de locais de trabalho
BAP	Trabalho frente a monitor
BauGB	Código de obras
BeStättVO	Decreto sobre locais de alojamento
BGB	Código do Direito Civil
BGF	Área bruta
BGR	Diretrizes da Associação de Sindicatos da Profissão Industrial
BHKW	Central de energia térmica
BImSchG	Legislação de proteção contra emissões
BMZ	Volume/m² de terreno
BOStrab	Decreto regulamentador da construção e funcionamento de linhas de bondes
BP	Plano de massas
BRI	Volume bruto do recinto
BZ	Célula de combustível
CWVO	Diretrizes de regulamentação de áreas de campismo e mercados
DEHOGA	Associação Alemã de Hotéis e Restaurantes
DIN	Instituto Alemão de Normas
EBO	Decreto regulamentador da construção e funcionamento de ferrovias
EEG	Legislação sobre energia renovável
EigZulG	Lei de incrementação da aquisição de casa própria
EnEV	Decreto para economia de energia
EVG	Reator eletrônico
FF	Áreas funcionais
FGSV	Sociedade de pesquisa de tráfego e circulação
FH	Altura da cumeeira
FNP	Lei de zoneamento
GE	Zona comercial/serviços
GFZ	Coeficiente de aproveitamento
GI	Zona industrial
GIF	Sociedade de Pesquisa Imobiliária
GRZ	Taxa de ocupação do terreno
GUV	Diretrizes da Associação Alemã de Seguradoras de Acidentes
HeizAnlV	Decreto de regulamentação das instalações de calefação
HNF	Áreas úteis principais
HOAI	Honorários de arquitetos e engenheiros
ICAO	Organização da Aviação Civil Internacional
IndBauR	Diretrizes para construções industriais
KfW	Organizações de crédito para reconstrução
KGF	Área básica construída
KiTa	Jardim de infância
KWK	Usinas térmicas conjugadas
LBO	Código de obras estadual
LED	Light Emitting Diode (diodo fotoemissor)
MF-B	Diretrizes de cálculo de áreas de aluguel para escritórios
MF-H	Diretrizes de cálculo de áreas de aluguel para comércio
NF	Área útil
NGF	Área útil líquida
NNF	Área útil secundária
NRI	Volume líquido
PBefG	Lei de regulamentação dos meios de transporte de pessoas
Plan ZV	Decreto de normalização do desenho técnico para projetos
ROG	Lei de planejamento espacial
ROV	Decreto de planejamento espacial regional
SchBauR	Diretrizes para construção de escolas
StVo	Medidas de organização do tráfego
StVZO	Leis do trânsito
SUV	Sports Utility Vehicle
UVV	Diretrizes para segurança contra acidentes da associação de profissionais
VBG	Associação de Sindicatos Profissionais
VBP	Plano de massas preciso, com investidores
VDE	Associação Alemã dos Engenheiros Elétricos
VDI	Associação Alemã de Engenheiros
VF	Áreas de tráfego e circulação
VkVO	Decreto para regulamentação de lojas

* Instituições e legislação alemã

Abreviaturas*	Denominação
VOB	Contrato de concorrências e empreitadas
VStättVO	Decreto para regulamentação de áreas com reunião de pessoas
WoFG	Lei de desenvolvimento de áreas habitacionais
WoFIV	Legislação de controle das áreas habitacionais
WSG	Lei de proteção de mananciais

Unidades de medidas, abreviaturas

10^5	10 cm 5 mm (medidas elevadas significam mm)
m	metro linear
"	polegada inglesa
'	pé (medida inglesa de comprimento)
H ou h	altura
l	Largura
S	Superfície, área
h	Hora
min.	Minuto ou por minuto
s	Segundo ou por segundo
12°	Indicação geral para grau Celsius (C)
J	Energia, trabalho
WS	Quantidade de calor
N	Força
Pa	Pressão, tensão
2° 3' 40"	2 graus, 3 minutos, 4 segundos. Divisão de 360°
%	Porcentagem, por cento, centésimo
‰	Por mil, milésimo
∅	Diâmetro, seção
NS	Nível ou cota superior
NSP	Nível superior do piso
NSR	Nível superior de ranhuras/ rebaixos
E; Esc.	Escala
/	por (p. ex., t/m = Toneladas por m)
MN	Medida nominal

Alfabeto grego

Α	α	(a)	Alpha
Β	β	(b)	Beta
Γ	γ	(g)	Gama
Δ	δ	(d)	Delta
Ε	ε	(e)	Epsilo
Ζ	ζ	(z)	Dzeta
Η	η	(e)	Eta
Θ	θ	(th)	Teta
Ι	ι	(i)	Iota
Κ	κ	(k)	Capa
Λ	λ	(l)	Lambda
Μ	μ	(m)	Mi
Ν	ν	(n)	Ni
Ξ	ξ	(x)	Xi
Ο	ο	(o)	Ômicron
Π	π	(p)	Pi
Ρ	ρ	(r)	Rô
Σ	σ	(s)	Sigma
Τ	τ	(t)	Tau
Υ	υ	(y)	Ípsilon
Φ	φ	(ph)	Phi
Χ	χ	(ch)	Chi
Ψ	ψ	(pß)	Psi
Ω	ω	(o)	Ômega

Símbolos matemáticos

>	maior que
≥	maior ou igual
<	menor que
≤	menor ou igual
∑	somatória de
≰	ângulo
sen	seno
cos	cosseno
tang	tangente
cot	cotangente
⊥⊥	em média ou no meio de
=	igual
≙	iguais/idênticos
≠	diferentes
≈	aproximadamente iguais, em torno de
~	semelhante (também para repetição de palavras)
∞	infinito
∥	paralelo
#	igual e paralelo
≢	iguais não idênticos
×	multiplicado por
/	dividido por
⊥	perpendicular
V	volume
ω	ângulo tridimensional
√	raiz de
Δ	incremento finito
≡	congruente
△	triângulo
↑↑	paralelos, na mesma direção
↑↓	paralelos, em direção oposta

Algarismos romanos

I =	1
II =	2
III =	3
IV =	4
V =	5
VI =	6
VII =	7
VIII =	8
IX =	9
X =	10
XV =	15
C =	100
CL =	150
CC =	200
CCC =	300
CD =	400
D =	500
DC =	600
DCC =	700
DCCC =	800
CM =	900
M =	1000
MCMLX =	1960

Normas

Definem padrões; representam as técnicas atualizadas e facilitam assim substancialmente o comércio nacional e internacional. As normas são estabelecidas por diversos representantes segundo interesses comuns → ❶.

DIN e as normas DIN

Deutsches Institut für Normung e.V, Berlim.

A DIN é a organização nacional da normalização na Alemanha. Ela foi fundada em 1917 como comissão normalizadora das indústrias. Desde 1920, a DIN transformou-se em uma associação, que representa os interesses da Alemanha diante dos grêmios europeus e internacionais de normalização (CEN, ISO). O instituto desenvolve normas técnicas em agremiações especializadas e em trabalho conjunto com o setor industrial, cientistas, órgãos públicos e usuários. Essas normas técnicas regulam o controle de qualidade e segurança e a relação com o meio ambiente. A DIN tem a obrigação de incorporar as normas europeias (DIN EN). Normas internacionais como a ISO não são válidas na Alemanha, a não ser que tenham sido anexadas à DIN. A agremiação normativa relacionada à construção (NABau) é responsável pelo trabalho de normalização específico à área das construções. Através das normas deve-se fixar com segurança que o conteúdo e procedimentos tecnológicos correspondam de forma geral às regulamentações técnicas. Ligada à DIN, a editora Beuth-Verlag – Berlim se encarrega de toda comercialização das normas. As normas técnicas não são leis, mas criam um consenso sobre a situação tecnológica do momento. Elas apenas adquirem um caráter oficial na medida em que são citadas em leis e contratos. No caso da perda de vigor ou da exclusão de determinada norma, ela continuará vigorando até ser substituída por uma nova. Por exemplo, se faltarem informações na norma EN que anteriormente constavam da DIN, esta ficará como referência válida.

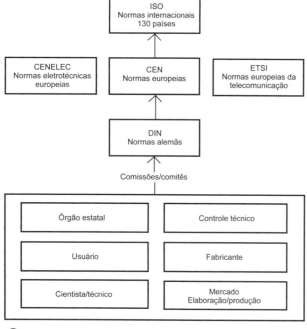

❶ Grêmios responsáveis por normalização

DIN Deutsches Institut für Normung e.V., Berlim; http://www.din.de
CEN Comité Européen de Normalisation, Bruxelas; http://www.cenorm.be
CENELEC Comité Européen de Normalisation Electrotéchnique, Bruxelas; http://www.cenorm.be
ETSI European Telecommunications Standards Institute; http://www.etsi.fr
ISO International Organization for Standardization, Genebra; http://www.iso.ch

NORMAS

NORMAS DIN

Fundamentos técnicos da construção

DIN 18205	Planejamento espacial da obra
DIN 107	Marcação esquerda ou direita em obra
DIN 277	Área e volume
DIN 276-1	Custos da obra, volume superior
DIN 1055	Forças sobre estruturas de apoio
DIN 4172	Sistema de medidas em edifícios, volume superior
DIN 18960	Custos de uso da obra, volume superior
DIN EN ISO 128-20	Desenho técnico

Planejamento do edifício

DIN 18040	Espaço acessível de vivência
DIN 32984	Indicadores de piso para espaços públicos
DIN 32984	Indicadores no piso para vias públicas
DIN 14096	Regulamentos para proteção contra incêndios
DIN 14675	Sistema de alarme contra incêndios – instalação e funcionamento
DIN 18015-1	Instalações elétricas em edifícios residenciais
DIN 14095	Plano para o corpo de bombeiros em obras
DIN 18014	Fio terra
DIN 18065	Escadas em edifícios
DIN 13080	Classificação do hospital em áreas e locais funcionais
DIN 31051	Fundamentos da preservação
DIN 18012	Instalações domésticas e instalações em edifícios
DIN 68935	Sistema modular para mobiliário, equipamentos e peças sanitárias em banheiros
DIN 18017-3	Ventilação para banheiros e WCs sem janelas externas
DIN 18013	Nichos para relógios de eletricidade
DIN 18100/18101	Portas
DIN 58125	Escolas

Materiais e elementos construtivos

DIN V 20000	Uso de materiais de construção em obras
DIN 18515	Revestimentos externos de paredes
DIN 18516	Revestimentos externos de paredes com ventilação
DIN EN 336/338	Madeira estrutural
DIN EN 459	Cal
DIN EN 1168	Pré-fabricados de concreto
DIN 18158	Ladrilhos de piso
DIN 18531	Impermeabilização de telhados, varandas, galerias e arcadas
DIN EN 14085	Pisos elásticos
DIN 4426	Instalações para preservação de construções.
DIN 18560	Massa niveladora de assentamento
DIN EN 13318	Argamassa e massa de assentamento
DIN EN 622	Painéis de fibra
DIN EN 771	Fixação em paredes de tijolos
DIN 4226-100	Agregados recicláveis para concreto
DIN 52143	Mantas de fibra de vidro e betume
DIN 18180-18184	Placas de gesso cartonado
DIN EN 12860	Cola para paredes-painéis de gesso
DIN EN 12859	Paredes-painéis de gesso
DIN EN 410	Vidro na construção
DIN EN 1051/12758	Vidro na construção
DIN 4121	Forros pendurados de reboco sobre tela
ISO 19993	Madeira laminada para construção
DIN EN 14761	Pisos de madeira
DIN EN 13488	Pisos de madeira
DIN EN 13226	Pisos de madeira
DIN 68121	Perfis de madeira para portas e janelas
DIN 68702	Pavimentos de madeira
DIN 18148	Painéis ocos de parede, de concreto leve
DIN EN 13986	Instrumentos para trabalho com madeira na construção
DIN 1101	Painéis leves de fibra de madeira
DIN 68706	Portas internas de madeira ou materiais derivados da madeira
DIN 106	Blocos sílico-calcários com propriedades especiais
DIN 18157	Execução de revestimentos por método de aplicação de camada fina
DIN EN 14411	Ladrilhos cerâmicos e lajotas
DIN 18558	Revestimento de resina sintética

NORMAS
NORMAS DIN

DIN 1055-2	Forças sobre estruturas de apoio
DIN V 18153-100	Blocos de concreto
DIN 105	Tijolos
DIN 52129	Manta de betume natural
DIN EN 14342	Pisos de madeira e parquê
DIN 18550	Planejamento, preparação e execução de rebocos externos e internos
DIN EN 413	Reboco e argamassa
DIN 20000-404	Utilização de blocos de concreto aerado
DIN 4166	Painéis de concreto celular, painéis planos de concreto celular
DIN 272	Controle da massa de nivelamento de magnésio
DIN 4074	Classificação da madeira estrutural
DIN 18159	Materiais de isolamento térmico para construção
DIN 18159-2	Espuma sintética como material de construção feita em obra
DIN EN 312	Chapas de aglomerado
DIN 68705-2	Contraplacado, madeira compensada
DIN EN 1307	Pisos têxteis
DIN EN 13964	Requisitos e métodos de teste para forros
DIN V 18152-100	Blocos maciços e blocos de concreto leve
DIN 18162	Painéis de parede de concreto leve
DIN EN 13162	Isolantes térmicos para edifícios
DIN EN 197	Cimento

Esporte e áreas esportivas, paisagismo, construções rurais

DIN 33942	Parques infantis com brinquedos para crianças com deficiência ou necessidades especiais
DIN 18036	Áreas esportivas sobre o gelo
DIN 18032	Ginásios esportivos
DIN 18034	*Playgrounds* e áreas livres para brinquedo
DIN 18035	Áreas esportivas
DIN 18915/18920	Técnicas de plantio de vegetação no paisagismo

Medidas e execução da obra

DIN 18195	Impermeabilização de coberturas – Conceitos
DIN EN 336	Madeira estrutural na construção
DIN EN 206	Concreto
DIN 1052-10	Fabricação e execução de estruturas de madeira
DIN EN 13986	Derivados da madeira na construção
DIN 1053	Paredes
DIN 18551	Concreto injetado
DIN EN 1993	Projeto e construção de estruturas de aço
DIN 18202-3	Índices de tolerância em edifícios, volume superior
DIN 1045	Estrutura de concreto armado
DIN 18807	Perfis trapezoidais em edifícios, volume superior
DIN EN 1520	Peças pré-fabricadas de concreto leve com argila expandida

Instalações técnicas

DIN EN 50559	Calefação ambiental elétrica
DIN V 4701	Avaliação energética do desempenho de instalações de calefação e condicionamento do ar em ambientes
DIN 14090	Áreas para o corpo de bombeiros em terrenos
DIN EN 1264-2	Sistemas de calefação e resfriamento com fluxo de água integrados a superfícies
DIN EN 12831/ DIN EN 12828	Calefação, instalações em edifícios
DIN 4726	Calefação de superfícies com água quente e conexões do radiador
DIN EN 12792	Ventilação de edifícios
DIN EN 1264-2	Sistemas de calefação e resfriamento com fluxo de água integrados a superfícies
DIN 1946	Técnicas de ventilação de ambientes
DIN 4703	Radiadores para calefação de ambientes
DIN 4108	Isolamento térmico e economia de energia em edifícios
DIN EN ISO 13370	Funcionamento térmico de edifícios Transferência térmica através do solo
DIN EN ISO 52016-1	Desempenho energético dos edifícios – Cálculo da demanda de energia para aquecimento e resfriamento

Física da construção e medidas de proteção em obras

DIN 18545	Vedação de superfícies envidraçadas
DIN 18195	Impermeabilização de coberturas (retiradas sem substituição)
DIN EN ISO 717	Acústica
DIN EN 12354	Acústica na construção
DIN 18230	Proteção contra incêndios em edifícios industriais
DIN EN ISO 6946	Peças e elementos construtivos – Coeficiente de resistência térmica e coeficiente de condutibilidade térmica
DIN 4102	Comportamento combustível de materiais e peças construtivas
DIN 18093	Barreiras corta-fogo e/ou barreiras contra fumaça
DIN 14094	Sistema de proteção contra incêndio – escada de emergência
DIN 14095	Planejamento de segurança contra incêndio nas construções
DIN 18541	Fitas isolantes termoplásticas para preenchimento de fugas
	Materiais sintéticos para vedação de fugas em concreto feito em obra
DIN 68800	Protetores de madeira em edifícios, volume superior
DIN 18041	Capacidade acústica de ambientes – Valores e informações
DIN EN 13501	Classificação de materiais de construção e tipos de edificações segundo a segurança contra incêndios
DIN 18232	Instalações contra calor e fumaça
DIN 18005	Proteção acústica em planejamento urbano
DIN 18095	Portas, portas corta-fumaça
DIN EN ISO 7345	Isolamento térmico de edifícios e materiais de construção
DIN 4108	Isolamento térmico e economia de energia em edifícios
DIN EN ISO 10077	Comportamento térmico de janelas, portas e vedações
DIN EN ISO 10211	Pontes térmicas em obras, volume superior
DIN EN 13187	Comportamento térmico de edifícios
DIN EN ISO 13788	Comportamento térmico e relativo à umidade de peças e componentes construtivos
DIN EN ISO 9972	Comportamento térmico de edifícios
DIN EN 13162–13172	Materiais isolantes térmicos para edifícios

Acabamentos

DIN 18540	Vedação de juntas de paredes externas em edifícios, volume superior
DIN EN 1443	Instalações para eliminação de gases
DIN 18160	Instalações para eliminação de gases
DIN EN 1838	Técnicas usuais na iluminação
DIN 15306	Elevadores – de passageiros para edifícios residenciais
DIN 15309	Elevadores – de passageiros para edifícios não residenciais e hospitais
DIN 18090/18091	Elevadores – poços
DIN 18255/18257	Guarnições
DIN 5035	Iluminação artificial
DIN 18057	Janelas de concreto (retiradas sem substituição)
DIN 18055	Critérios para a aplicação de janelas e portas externas de acordo com a DIN EN 14351-1
DIN EN 12207/08	Janelas e portas
DIN EN 12210	Janelas e portas – Resistência ao vento
DIN 18093	Ligações contra incêndio
DIN 4242	Paredes de blocos de vidro; execução e medidas
DIN EN 612	Calhas aparentes
DIN 68121	Perfis de madeira para portas e janelas
DIN EN 12464	Luz e iluminação
DIN 18183	Paredes divisórias e camadas de revestimento externo feitas de placas de gesso cartonado com subestruturas metálicas
DIN 4103	Paredes divisórias internas não estruturais
DIN V 18073	Janelas de correr com persiana integrada, marquises e portões de correr
DIN 18251	Fechaduras – Fechaduras de encaixe
DIN EN 1906	Fechaduras e guarnições
DIN 5034	Iluminação natural em ambientes

Entrega da obra

DIN 1960/1961	Contrato de fiscalização da execução da obra

Unidades SI – Système International d'Unités

Sistema Internacional de Unidades: é o sistema de medidas e unidades mais amplamente utilizado entre as diversas ciências. Medidas básicas que não podem ser reduzidas a qualquer outra.

NORMAS
UNIDADES SI

Nomas DIN
Unidades SI

Grandeza	Unidade	Símbolo	Definição baseada em	A definição contém unidades SI
1 comprimento	o metro	m	Comprimento de onda de uma radiação de criptônio	–
2 massa	o quilograma	kg	Protótipo internacional	–
3 tempo	o segundo	s	Duração periódica da radiação do césio	–
4 corrente elétrica	o ampère	A	Força eletrodinâmica entre dois condutores	kg, m, s
5 temperatura (temperatura termodinâmica)	o Kelvin	K	Ponto triplo da água	–
6 intensidade luminosa	a candela	cd	Radiação emitida na solidificação da platina	kg, s
7 quantidade de matéria	o mol	mol	Massa molecular	kg

❶ Unidades fundamentais do Sistema Internacional

a) Isolamento térmico

Símbolo	Unidade	Significado (entre parênteses: designação antiga)
t	(°C, K)	Temperatura
t	(K)	Diferença de temperatura
q	(Wh)	Quantidade de calor
λ	(W/mK)	Condutibilidade térmica (algarismo de condução térmica)
λ'	(W/mK)	Condutibilidade térmica equivalente (algarismo de condução térmica)
Λ	(W/m²K)	Coeficiente de permeabilidade térmica (algarismo de permeabilidade térmica)
α	(W/m²K)	Coeficiente de transmissão térmica (algarismo de transmissão térmica)
k	(W/m²K)	Coeficiente de propagação do calor (algarismo indicador da passagem do calor)
1/Λ	(m²K/W)	Fator de isolamento térmico
1/α	(m²K/W)	Resistência à trasmissão térmica
1/k	(m²K/W)	Resistência à propagação de calor
D'	(m²K/W·cm)	Fator de resistência térmica
c	(Wh/kgK)	Capacidade térmica específica
S	(Wh/m³K)	Fator de armazenamento térmico
β	(1/K)	Coeficiente de dilatação em comprimento
a	(mK)	Coeficiente de espaçamento
P	(Pa)	Pressão
P₀	(Pa)	Pressão parcial de vapor
g₀	(g)	Quantidade de vapor
gₖ	(g)	Quantidade de vapor d'água condensado
ν	(%)	Umidade relativa do ar
μ	(–)	Algarismo de resistência à difusão (fator de resistência à difusão)
μ·d	(cm)	Valor equivalente da espessura da camada de ar (resistência à difusão)
Λ₀	(g/m²hPa)	Coeficiente de permeabilidade ao vapor d'água (algarismo de permeabilidade)
1/Λ₀	(m²hPa/g)	Resistência à passagem do vapor d'água
μλ	(W/mK)	Fator de posicionamento
μλ'	(W/mK)	Fator posição da camada de ar
P	(Euro/kWh)	Custos (Euro – moeda européia)

b) Isolamento acústico

Símbolo	Unidade	Significado
λ	(m)	Comprimento de onda
f	(Hz)	Frequência
f_gr	(Hz)	Limite de frequência
f_η	(Hz)	Frequência de ressonância
E_dva	(N/cm²)	Módulo de elasticidade dinâmica
S'	(N/cm³)	Rigidez dinâmica
R	(dB)	Medida de isolamento acústico em laboratório (onda sonora aérea)
R_m	(dB)	Medida média de isolamento acústico (onda sonora aérea)
R'	(dB)	Medida de isolamento acústico em obra (onda sonora aérea)
LSM	(dB)	Medida de proteção acústica (onda sonora aérea)
L_n	(dB)	Norma – nível de propagação de som no piso, provocado pelo caminhar
V/M	(dB)	Medidas de melhoramento para isolamento acústico de lajes
TSM	(dB)	Medidas de proteção contra transmissão sonora dos passos sobre o piso
a	(–)	Grau de absorção sonora
A	(m²)	Superfície equivalente de absorção sonora
r	(m)	Raio de ressonância
L	(dB)	Nível de redução da transmissão sonora

❷ Simbologia da física encontrada no Sistema Internacional

Prefixo com símbolo respectivo:						
T (Tera)	= 10^{12} unidade (trilhão)	c (centi)	= 1/100 unidade			
G (Giga)	= 10^9 unidade (bilhão)	m (Mili)	= 10^{-3} (milésimo)			
M (Mega)	= 10^6 unidade (milhão)	μ (Micro)	= 10^{-6} (milionésimo)			
k (Quilo)	= 10^3 unidade (mil vezes)	n (Nano)	= 10^{-9} (bilionésimo)			
h (Hecto)	= 100 unidade	p (Pico)	= 10^{-12} (trilionésimo)			
da (Deca)	= 10 unidade	f (Femto)	= 10^{-15} (quatrilionésimo)			
d (Deci)	= 1/10 unidade	a (Atto)	= 10^{-18} (quintilionésimo)			

Para designação de um múltiplo decimal deve-se utilizar somente um prefixo.

❸ Múltiplos e submúltiplos das unidades do Sistema Internacional (os nomes são formados através de prefixos)

Grandezas		Sistema internacional de unidades (SI-System), prescrito a partir de 1978	Fator de conversão
Comprimento	m	metro	
Área	m²	metro quadrado	
Volume	m³	metro cúbico	
Massa	kg	quilograma	
Força	N	Newton = 1 kg m/s²	9,8
Pressão	Pa	Pascal = 1 N/m²	133,3
	Pa bar	Bar = 100 000 Pa = 100 000 N/m	0,98
Temperatura	°C K	grau Celsius (apenas como escala de temperatura) Kelvin*	1
Trabalho (energia, quantidade de calor)	– Ws, J, Nm Wh kWh	Watt-segundo = Joule = Newton-metro Watt-hora = 3,6 KJ Quilowatt-hora = 10^3 Wh = 3,6 MJ	10 4 186 1,163 1,163
Potência (fluxo radiante, corrente térmica)	W W	Watt Watt	736 1,163

* prescrito a partir de 1975

❹ Unidades fundamentais do Sistema Internacional

$1 \, m \cdot m = 1 \, m^2 \qquad 1 \, m \cdot 1 \, s^{-1} = 1 \, m \, s^{-1} \, (= 1 \, m/s)$
$1 \, m \cdot 1 \, s^{-2} = 1 \, m \, s^{-2} \, (= 1 \, m/s^2)$
$1 \, kg \cdot 1 \, m \cdot 1 \, s^{-2} = 1 \, kg \, m \, s^{-2} \, (= 1 \, kg \, m/s^{-2})$
$1 \, kg \cdot 1 \, m^{-3} = 1 \, kg \, m^{-3} \, (= 1 \, kg/m^3)$
$1 \, m \cdot 1 \, m \cdot 1 \, s^{-1} = 1 \, m^2 \, s^{-1} \, (= 1 \, m^2/s)$

❺ Exemplos de "Unidades derivadas do Sistema Internacional", resultantes de associações de unidades fundamentais

Coulomb	1 C = 1 As	Ohm	1 Ω = 1 V/A
Farad	1 F = 1 As/V	Pascal	1 Pa = 1 N/m²
Henry	1 H = 1 Vs/A	Siemens	1 S = 1/Ω
Hertz	1 Hz = 1 s⁻¹ = (1/s)	Tesla	1 T = 1 Wb/m²
Joule	1 J = 1 Nm = 1 Ws	Volt	1 V = 1 W/A
Lumen	1 lm = 1 cd sr	Watt	1 W = 1 J/s
Lux	1 tx = 1 lm/m²	Weber	1 Wb = 1 Vs
Newton	1 N = 1 kg m/s²		

Watt pode ser designado como Volt-ampère (VA) para indicação de potência elétrica luminosa; e Weber também como segundo-Volt (Vs).

❻ Nomenclatura e símbolo de Unidades do Sistema Internacional derivada

1 N 2 1 s 2 1 m² = 1 Nsm²   1 A 2 1 s = 1 As = 1 C
1 rad 2 1 s² = 1 rad st (= 1 rad/s)   1 As/V = 1 C/V = 1 F

❼ Exemplos de Unidades – SI derivadas, resultantes de associações entre unidades fundamentais e Unidades – SI derivadas com definição própria

Fator de resistência à permeabilidade térmica	1/Λ = 1 m²h K/kcal	= 0,8598 m² K/W
Coeficiente de condutibilidade térmica	λ = 1 kcal/m h K	= 1,163 W/m K
Coeficiente de permeabilidade térmica	k = 1 kcal/m² h K	= 1,163 W/m² K
Coeficiente de transmissão térmica	α = 1 kcal/m² h K	= 1,163 W/m² K
Densidade bruta	= 1 kg/m³	= 1 kg/m³
Peso calculado	= 1 kp/m³	= 0,01 kN/m³
Densidade da pressão	= 1 kp/cm²	= 0,1 N/mm²

❽ Tabela de conversão de valores para novas unidades de medidas

4

Unidades de medidas na construção

A introdução legislativa das Unidades do SI sucedeu em etapas entre 1974 e 1977.
A partir do dia 1 de janeiro de 1978 passou a vigorar o sistema internacional de medidas com as Unidades do SI (SI = Sistema Internacional de Unidades).

NORMAS
UNIDADES SI — Fundamentos

NORMAS

Nomas DIN
Unidades SI

Grandeza	Símbolo	Unidade – SI Nome	Símbolo	Unidade legal Nome	Símbolo	Unidade antiga Nome	Símbolo	Relação
Ângulo plano	α, β, γ	Radiano	rad	Ângulo completo Grau Minuto Segundo Gono	pla ° ′ ″ Gono	Ângulo reto Grau antigo Grau novo Minuto novo Segundo novo	L 9 a cc	1 rad = 1 m/m = 57,296° = 63,662 gono 1 pla = 2 π rad 1^L = 1/4pla = (π/2) rad 1° = 1^L/90 = 1 pla/360 = π/180 rad 1′ = 1°/60 1″ = 1′/60 = 1°/3600 1 gono = 1 q = 1^L/100 = 1 pla/400 = = π/200 rad 1 c = 10^{-2} gono 1 cc = (10^{-2}) c = 10^{-4} gono
Comprimento	l	Metro	m	Micrometro Milímetro Centímetro Decímetro Quilômetro	μm mm cm dm km	Polegada (inch) Pé (foot) Toesa (fathom) Milha (mile) Milha marítima	in ft fathom mil sm	1 in = 25,4mm 1 ft = 30,48cm 1 fathom = 1,8288m 1 mil = 1609,344m 1 sm = 1,852km
Área, área em corte transversal; área de terrenos	A, q	Metro quadrado	m^2	Ar Hectare	a ha			1 a = 10^2 m^2 1 ha = 10^4 m^2
Volume Volume normalizado	V V_η	Metro cúbico	m^3	Litro	l	Metro cúbico normalizado Metro cúbico	Nm^3 cbm	1 l = 1 dm^3 = 10^{-3} m^3 1 Nm^3 = 1 m^3 em forma normalizada cbm = 1 m^3
Tempo, período de tempo, duração	t	Segundo	s	Minuto Hora Dia Ano	min h d a			1 min = 60 s 1 h = 60 min = 3600 s 1 d = 24 h = 86400 s 1 a = 8765,8 h = 31,557 · 10^6 s
Frequência Duração do período/Frequência cíclica Velocidade angular	f ω ω	Hertz Segundo recíproco Radiano por segundo	Hz 1/s rad/s					1 Hz = 1/s para indicação da frequência em equações grandes $\omega = 2 \times f$ $\omega = 2 \times n$
Rotação, velocidade de rotação	n	Segundo recíproco	1/s	Rot. por seg. Rot. por min.	r/s r/min	Rot. por seg. Rot. por min.	U/s U/min	1/s = t/s = U/s
Velocidade	v	Metro por Segundo	m/s	Quilômetro por hora	km/h	Nó	kn	1 m/s = 3,6 km/h 1 kn = 1 sm/h = 1,852 hm/h
Aceleração de queda	q	Metro por segundo elevado ao quadrado	m/s^2			Gal	Gal	1 Gal = 1 cm/s^2 = 10^{-2} m/s^2
Massa: peso (medido na balança)	m	Quilograma	kg	Grama Tonelada	g t	Libra Arrátel Meio-quintal Quintal	pd pf ztr dz	1 g = 10^{-3} kg 1 t = 1 Mg = 10^3 kg 1 pd = 0,45359237 kg 1 pf = 0,5 kg 1 ztr = 50 kg 1 dz = 100 kg
Força Força-peso	F G	Newton	N			Dina Pond Quilo-pond Mega-pond Quilograma-força Tonelada-força	dyn p kp Mp kg t	1 N = 1 $kg·m/s^2$ = 1 Ws/m = 1 J/m 1 dyn = 1 g cm/s^2 = 10^{-6} N 1 p = 9,80665 · 10^{-3} N 1 kp = 9,80665 N 1 Mp = 9806,65 N 1 kg = 9,80665 N 1 t = 9806,65 N
Tensão mecânica, solidez	σ	Newton por metro quadrado	N/m^2	Newton por milímetro ao quadrado	N/mm^2		kp/cm^2 kp/mm	1 kp/cm^2 = 0,0980665 N/mm^2 1 kp/mm^2 = 9,80665 N/mm^2
Trabalho, energia Quant. de calor Mom. de rotação Mom. de escoa.	W, E Q M M_b	Joule Joule Newton-metro ou Joule	J J Nm J	Quilowatt-hora	kWh	PS-hora Erg Caloria Quilo-pond-metro	PSh erg cal kpm	1 J = 1 Nm = 1 Ws = 10^7 erg 1 kWh = 3,6 · 10^6 J = 3,6 MJ 1 PSh = 2,64780 · 10^6 J 1 erg = 10^{-7} J 1 cal = 4,1888 J = 1,163 · 10^{-3} Wh 1 kp m = 9,80665 J
Potência fluxo radiante	P	Watt	W			Cavalo-vapor	PS	1 W = 1 J/s = 1 N m/s = 1 kg m^2/s^3 1 PS = 0,73549675 kW
Temperatura termodinâmica Temp.-Celsius Intervalo de temp. e temp. diferencial Temp. Fahrenheit Temp. Reaumur Reaumur-Tem.	T θ $\Delta\theta$ ou ΔT θ_F θ_R	Kelvin	K K	Grau-Celsius	°C °C	Grau Kelvin Grau Rankine Grau Grau Fahrenheit Grau Reaumur	°K °R, °Rk grd °F °R	1 °K = 1 K 1 °R = 5/9 K $\theta = T - T_0$, $T_0 = 273,15$ K $\Delta\theta = \Delta T$, considerando-se: 1 K = 1 °C = 1 grd deve-se considerar em equações: $\theta_F = 9/5\,\theta + 32 = 9/5\,T - 459,67$ $\theta_R = 4/5\,\theta$, 1 °R = 5/4 °C

❶ Unidades SI e unidades legais (extrato relativo à construção)

Fundamentos

DESENHOS

Formato do papel
Desenho técnico
Disposição dos desenhos
Desenho arquitetônico
Simbologia do desenho arquitetônico
Símbolos das instalações hidráulicas
Símbolos das instalações elétricas
Símbolos de sistemas de segurança
Símbolos das instalações a gás
Desenho manual
Desenho com o computador

DIN 821
DIN 476
DIN 4999

DESENHOS
FORMATOS DE PAPEL (DIN 476, 4999)

Fonte: DIN Deutsches Institut für Normung e.V. Berlin

A normalização de formatos das folhas de papel constitui hoje base para projetos de mobiliário para escritórios, influenciando assim praticamente, na própria concepção de sua planta.

Neste sentido, um conhecimento preciso dos formatos DIN são muito importantes para o autor do projeto.

O desenvolvimento dos formatos normalizados foi feito por Dr. Postmann a partir da superfície de 1 m² de uma figura retangular, que foi por ele dividida na seguinte relação dos lados:
$x : y = \sqrt{2} \rightarrow$ ❸ Comprimento do lado x = 0,841 m
$x \cdot y = 1$ Comprimento do lado y = 1,189 m

O formato padrão (retângulo com 1 m² de área e comprimento de lados citados acima), constitui a base para a elaboração das séries de formatos.
A série A resulta da divisão ou duplicação do formato padrão → ❶ + ❷.
As séries suplementares B, C, destinam-se a tamanhos de folhas de papel para acessórios, p. ex. envelopes, pastas, arquivadores → ❹
Os formatos da série B resultam da média geométrica dos formatos da série A.
Os formatos da série C, por sua vez, obtêm-se das médias geométricas das medidas dos lados das séries A e B → ❹.
Os formatos em tiras obtêm-se dividindo-se pela metade, um quarto ou um oitavo, o comprimento do formato principal (envelopes, talões, rótulos etc.) → ❺ + ❻

Fichas sem margem são a expressão exata do formato normalizado. No caso de necessidade de margem para classificação, esta deve ser acrescentada na sua parte superior, fora do formato.
Arquivadores, pastas, classificadores ultrapassam as dimensões do formato normal em largura, devido ao sistema de fixação.
(Para as larguras é possível escolherem-se medidas das 3 séries de formatos A, B, C) → ❼ DIN 821)
Blocos e cadernos apresentam a forma exata estabelecida por norma sendo que, no caso de margem de fixação perfurada, esta é incluída no formato → ❽.
Livros encadernados e revistas, de bordas guilhotinadas, seguem também com exatidão os formatos normalizados.

Quando na encadernação for necessário mais um corte das folhas, tornando-as menores do que as normalizadas, a capa excederá a estas novas dimensões em largura. A altura da capa, porém, deverá corresponder exatamente à prescrição da norma → ❾.
Sua largura depende do sistema de encadernação.

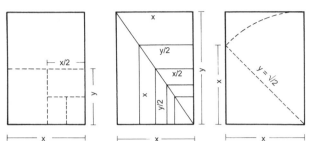

❶ – ❸ Formato-padrão

Formato Classe	Série A	Série B	Série C
0	841 x 1 189	1 000 x 1 414	917 x 1 297
1	594 x 841	707 x 1 000	648 x 917
2	420 x 594	500 x 707	485 x 648
3	297 x 420	353 x 500	324 x 458
4	210 x 297	250 x 353	229 x 324
5	148 x 210	176 x 250	162 x 229
6	105 x 148	125 x 176	114 x 162
7	74 x 105	88 x 125	81 x 114
8	52 x 74	62 x 88	57 x 81
9	37 x 52	44 x 62	
10	26 x 37	31 x 44	
11	18 x 26	22 x 31	
12	13 x 18	15 x 22	

❹ Séries suplementares

Formato	Designação abreviada	mm
Metade do comprimento A4	1/2 A4	105 × 297
Um quarto do comprimento A4	1/4 A4	52 × 297
Um oitavo do comprimento A7	1/8 A7	9 × 105
Metade do comprimento C4	1/2 C4	114 × 324
etc.		

❺ Formato de tiras

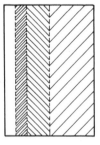

❻ Formato de tiras A4

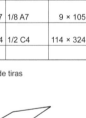

❼ Pasta

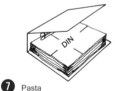

❽ Blocos, cadernos

❾ Livros encadernados e guilhotinados   ❿ → ⓫

	em Cíceros		em [mm]	
Largura da caixa	37	38	167	171
Altura da caixa (sem coluna-título)	55	55 1/2	247	250
Espaço entre colunas	1		5	
Largura máxima para gravuras, 2 colunas	37		167	
Largura máxima para gravuras, 1 coluna	18		81	
Margem interna (medianiz), medida padrão			16	14
Margem externa (aba), medida padrão			27	25
Margem superior (cabeça), medida padrão			20	19
Margem inferior (pé), medida padrão			30	28

⓫ Largura de caixas e de gravuras do formato normalizado A4 → ❿

DESENHOS
DESENHO TÉCNICO (DIN 824)

Fundamentos

DESENHOS

Formato do papel
Desenho técnico
Disposição dos desenhos
Desenho arquitetônico
Simbologia do desenho arquitetônico
Símbolos das instalações hidráulicas
Símbolos das instalações elétricas
Símbolos de sistemas de segurança
Símbolos das instalações a gás
Desenho manual
Desenho com o computador

DIN 824

As **normas de desenho** facilitam para o arquiteto a ordenação das peças gráficas do projeto no ateliê, na obra, em reuniões, o envio de material e sua arquivação. Desenhos originais e cópias devem corresponder ao formato da série A → ❶, ❸ – ❻.

A margem **a** do campo destinado à **legenda** possui, em relação à margem do desenho:
para os formatos A0–A3 = 10 mm
para os formatos A4–A6 = 5 mm
Para desenhos de pequenas dimensões permite-se uma margem de 25 mm para encadernação, resultando numa área menor proporcional, de utilização do formato final da folha.

Folhas compridas podem ser obtidas excepcionalmente, através da justaposição de formatos de séries iguais ou vizinhas.
Das larguras normais de rolos de papel, podem-se utilizar para a série A:
para papel canson e vegetal .... 1 500, 1 560 mm
(destas larguras obtêm-se .... 250, 1 250, 660, 900 mm)
para papel de cópia .... 650, 900, 1 200 mm.
Para cortarem-se todos os formatos de desenhos até A0 de um único rolo, é necessária uma largura de 900 mm.
Para encadernação em pasta no formato A4, as folhas devem ser dobradas da seguinte maneira → ❽.

1. O campo da legenda deve ficar visível, na parte exterior da folha dobrada.
2. No início da dobradura deve-se conservar a largura de 21 cm em cada faixa (dobra 1), sendo recomendável o uso de um molde de 21 x 29,7 cm.
3. A partir de **c** dobra-se um pedaço da folha em triângulo (dobra 2) a fim de que, uma vez dobrado inteiramente o desenho, este possa ser perfurado ou fixado apenas no campo demarcado pela cruz, à esquerda.
4. O desenho será dobrado para a esquerda, a partir do lado **a**, numa largura de 18,5 cm, de preferência seguindo um molde de 18,5 x 29,8 cm. No caso de dobradura não exata, para manter o tamanho da folha, dobra-se a parte restante pela metade (dobra de compensação), de forma que a legenda fique na parte superior externa. Ampliações dentro dos formatos de norma deverão ser dobradas segundo as regras do conjunto.
5. As faixas resultantes na horizontal serão dobradas a partir do lado **b**.

Para reforço da borda de fixação, pode-se colar no verso da parte do desenho destinada à perfuração, uma folha de cartolina de tamanho A5 = 14,8 x 21 cm. Observando-se o processo descrito anteriormente, é possível dobrar-se qualquer tamanho de folha. Quando, dobrando-se o desenho em faixas de 21 cm de largura ao longo do comprimento, obtem-se uma parte restante não divisível por 18,5 cm com resultado de números pares 2, 4, 6 etc., deve-se dobrar a parte restante simplesmente pela metade.

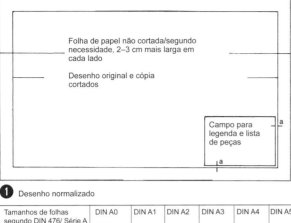

❶ Desenho normalizado

Tamanhos de folhas segundo DIN 476/ Série A	DIN A0	DIN A1	DIN A2	DIN A3	DIN A4	DIN A5
Formato: folha não preparada e sem corte mm	880 x 1230	625 x 880	450 x 625	330 x 450	240 x 330	165 x 240
Formato: folha pronta cortada mm	841 x 1189	594 x 841	420 x 594	297 x 420	210 x 297	148 x 210

❷ Tamanhos de folhas

❸ Tamanhos DIN A2 · DIN A1 · DIN A0

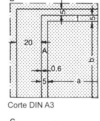

Corte DIN A2 · DIN A1 · DIN A0

Corte DIN A3

❹ Tamanho DIN A3

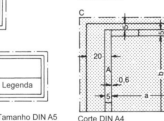

❺ Tamanho DIN A4

❻ Tamanho DIN A5   Corte DIN A4

Divisão para	Número de campos iguais para tamanhos de folhas				
	A0	A1	A2	A3	A4
a	16	12	8	8	4
b	12	8	6	6	4

❼ Divisão em campos (planos quadrados)

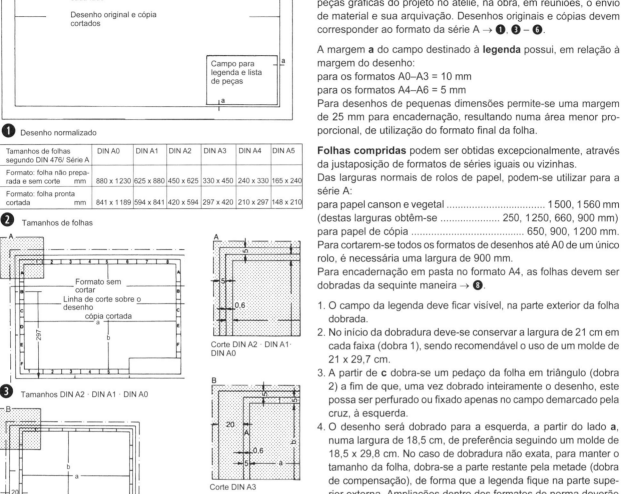

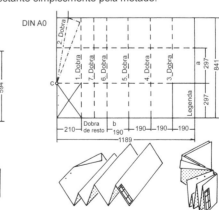

❽ Dimensões e esquemas das dobraduras

7

Fundamentos

DESENHOS

Formato do papel
Desenho técnico
Disposição dos desenhos
Desenho arquitetônico
Simbologia do desenho arquitetônico
Símbolos das instalações hidráulicas
Símbolos das instalações elétricas
Símbolos de sistemas de segurança
Símbolos das instalações a gás
Desenho manual
Desenho com o computador

DIN 406
DIN 1356
DIN 825

DESENHOS
DISPOSIÇÃO DOS DESENHOS

Uma margem de 5 cm de largura deve ser deixada livre, sem desenhos ou escritas, à esquerda, para fixação da folha. O campo da legenda, à direita ❶ contém:
1. Especificação do tipo do desenho (croqui, anteprojeto, projeto etc.)
2. Especificação da obra representada ou das várias partes do projeto (planta de situação, planta, corte, vista, perspectiva etc.)
3. Indicação da escala
4. Eventualmente especificação de dimensões.

Para aprovação de um projeto de construção são necessários os seguintes dados:
1. Nome do proprietário (assinatura)
2. Nome do arquiteto (assinatura)
3. Event. (assinatura) do técnico responsável pela obra
4. Event. (assinatura) do construtor
5. Observações do órgão de aprovação:
   a) sobre verificação ⟩ event. no verso
   b) sobre deferimento ⟩ da folha

Na planta de situação, plantas em geral etc., deve constar no desenho a direção Norte.

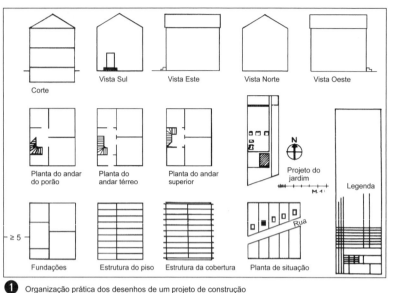
❶ Organização prática dos desenhos de um projeto de construção

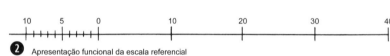
❷ Apresentação funcional da escala referencial

Escalas (segundo DIN 5478) → ❷
Na legenda apresenta-se a escala principal em letras maiores e as restantes escalas utilizadas em menores; estas serão repetidas junto a cada desenho correspondente. Todos os elementos devem ser desenhados em escala; medidas de elementos não desenhados em escala deverão ser sublinhadas. De preferência devem-se escolher as seguintes escalas:
- para desenhos da construção: 1:1, 1:5, 1:10, 1:20, 1:25, 1:50, 1:100, 1:200;
- para plantas de situação 1:500, 1:1000, 1:2000, 1:2500, 1:5000, 1:10000, 1:25000.

Indicação de cotas (DIN 1356)
As cotas das alturas deverão ser indicadas em cortes e plantas, assim como vistas.
Os sinais de + ou − que as acompanham referem-se à cota de referência ± 0,00 (via de regra, a cota de superfície do piso acabado na área da entrada). No caso de parapeitos pode-se adicionar também a cota da altura referente ao piso não acabado.
Na determinação das medidas em planta das aberturas em paredes, principalmente portas e janelas, quando se adicionam as medidas em altura e largura das mesmas, deve-se colocar a cota da largura sobre a linha de cota e a cota da altura, abaixo.
Para simplificar as indicações de medidas em cortes retangulares, pode-se colocar em forma de fração as relações de seus comprimentos laterais, p. ex. 12/16 (em corte: largura/altura).
Cortes circulares recebem antes da dimensão do diâmetro o sinal ∅, p. ex. ∅ 12.
Raios devem ser identificados com R maiúsculo antes da medida.

Medidas e outros registros (DIN 406, Folhas 1–6) → ❸
Todas as medidas relacionam-se à obra não acabada (espessura das paredes).
Cotas menores que 1 m são designadas em desenho da obra em superfície (sem incluir subsolo) geralmente em cm; medidas maiores que 1 m deverão ser indicadas em m ou até mesmo em mm.

Marcação de cortes em planta (DIN 1356):
Os cortes em planos verticais em planta são marcados por linhas de traço e ponto → p. 9 Tab. ❶ indicando-se a direção da vista. A linha de corte não precisa ser marcada através da planta inteira. No caso de interrupção na marcação, deve-se assinalar o ponto em que esta ocorreu → ❸. Quando houver maior número de interrupções, estas deverão ser indicadas claramente.

A numeração dos ambientes deverá constar em pequenos círculos.
A indicação das áreas em m² apresenta-se dentro de quadrados ou retângulos → ❸.

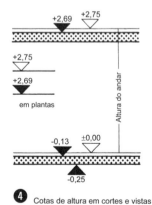
❸ Exemplo de indicação de cotas segundo norma em planta irregular. As medidas correspondem à construção não acabada

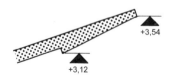
❹ Cotas de altura em cortes e vistas

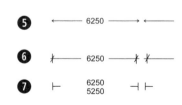

DESENHOS
DESENHO ARQUITETÔNICO
(DIN 1356)

Fundamentos

A indicação de medidas constitui-se de número de cota, linha de cota, limite da linha de cota, assim como linha auxiliar de medida → ❻.

Números de cota são de maneira geral posicionados sobre a linha de cota, de traçado contínuo, de forma a serem lidos na parte inferior do desenho, à direita → ❷ + ❹.

As linhas de cota são representadas com traço contínuo → ❶. São sempre paralelas à parte do desenho referente.

Linhas auxiliares de medida: medidas que não se limitam a determinadas áreas internas, são demarcadas com apoio das linhas auxiliares. Em geral, são perpendiculares à linha de cota, sobressaindo um pouco, acima e abaixo desta.

DESENHOS

Formato do papel
Desenho técnico
Disposição dos desenhos
Desenho arquitetônico
Simbologia do desenho arquitetônico
Símbolos das instalações hidráulicas
Símbolos das instalações elétricas
Símbolos de sistemas de segurança
Símbolos das instalações a gás
Desenho manual
Desenho com o computador

	1	2	3	4	5	6
		Principais aplicações	\multicolumn{4}{c}{Tipos de linha (traço)}
			I	II	III¹⁾	IV²⁾
			\multicolumn{4}{c}{Referência à escala do desenho}
			≤ 1 : 100		≥ 1 : 50	
			\multicolumn{4}{c}{Espessura}
Linha cheia	▬▬▬▬	Limite de áreas em corte	0,5	0,5	1,0	1,0
Linha cheia	▬▬▬	Cantos e contornos visíveis de partes construtivas, limite de superfícies em corte, de partes construtivas estreitas ou menores	0,25	0,35	0,5	0,7
Linha cheia	▬▬▬	Linhas de cota, linhas auxiliares de cota, linhas indicadoras, linhas contínuas, limite da representação de partes cortadas, representação gráfica simplificada	0,18	0,25	0,35	0,5
Linha tracejada	▬ ▬ ▬	Cantos ou contornos encobertos de partes da obra	0,25	0,35	0,5	0,7
Linha traço e ponto	▬■▬■▬	Caracterização da posição do nível de corte	0,5	0,5	1,0	1,0
Linha traço e ponto	▬ · ▬ · ▬	Eixos	0,18	0,25	0,35	0,5
Linha pontilhada	....	Partes construtivas ante ou acima da área de corte	0,25	0,35	0,5	0,7
Cotas		Tamanho da letra	2,5	3,5	5,0	7,0

¹⁾ Os grupos de linhas I devem ser apenas usados quando os desenhos, efetuados com as do grupo III, forem reduzidos na relação 2:1, para continuarem a ser trabalhados. Nos desenhos com as linhas do grupo III deve-se optar pelo tamanho da letra de 5,0 mm. As linhas do grupo I não se adaptam aos requisitos da microfilmagem.
²⁾ O grupo de linhas IV deve ser usado nas plantas executivas, quando houver a previsão da mudança de escala de 1:50 para 1:100 e a redução for utilizada para microfilmagem. Esta redução também poderá continuar a ser trabalhada com as larguras das linhas do grupo II.

Se os desenhos arquitetônicos forem feitos a nanquim e com aparelhos normalizados, efetuados à mão ou com maquinário, devem privilegiar o uso das linhas da Tabela ❶. A sua aplicação corresponde ao uso conveniente das formas normais de reprodução.

❶ Tipos de linhas e espessuras (DIN 1356)

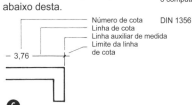

❻ Nomenclatura para demarcação de cotas

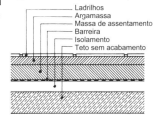

❼ Especificações, linhas de indicações

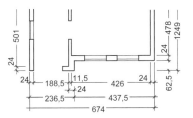

❷ Cotas fora do desenho, aqui em ex. na escala 1:100

1	2	3	4
Unidade de medida em	Medida menor que 1 m p. ex.	Medida menor que 1 m p. ex.	
1 cm	24	88.5	388.5
2 m e cm	24	88⁵	3.88⁵
3 mm	240	885	3885

❸ Unidades de medida

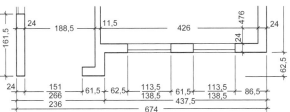

❹ Cotas de pilares e aberturas, aqui em ex. na escala 1:50

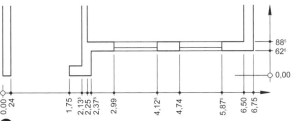

❺ Cotas dadas através de coordenadas, aqui em ex. na escala 1:50

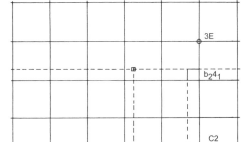

❽ Campo de eixos, modulação

9

Fundamentos

DESENHOS

Formato do papel
Desenho técnico
Disposição dos desenhos
Desenho arquitetônico
Simbologia do desenho arquitetônico
Símbolos das instalações hidráulicas
Símbolos das instalações elétricas
Símbolos de sistemas de segurança
Símbolos das instalações a gás
Desenho manual
Desenho com o computador

DIN 1356

DESENHOS
SIMBOLOGIA DO DESENHO ARQUITETÔNICO (DIN 1356)

[1] Represen. em preto-e-branco	[2] Representação em cores	[3] para [1] e [2] combinar conjuntamente
	Verde-claro	Grama
	Sépia	Turfa e semelhantes (terrenos paludosos)
	Siena-queimado	Solo, terreno natural
	Preto sobre branco	Aterro
	Marrom-avermel. Ral 3016	Alvenaria de tijolo com argamassa de cal
	Marrom-avermel. Ral 3016	Alvenaria de tijolo com argamassa de cimento
	Marrom-avermel. Ral 3016	Alvenaria de tijolo com argamassa de cimento e cal
	Marrom-avermel. Ral 3016	Alvenaria de tijolo poroso com argamassa de cimento
	Marrom-avermel. Ral 3016	Alvenaria de tijolo furado com argamassa de cimento e cal
	Marrom-avermel. Ral 3016	Alvenaria de tijolo refratário com argamassa de cimento
	Marrom-avermel. Ral 3016	Alvenaria de tijolo arenito-calcáreo ou sílico-calcáreo com argamassa de cal
	Marrom-avermel. Ral 3016	Alvenaria de tijolos de solo-cimento com argamassa de cal
	Marrom-avermel. Ral 3016	Alvenaria de ... elemento construtivo com argamassa de ......
	Marrom-avermel. Ral 3016	Alvenaria de pedra natural com argamassa de cimento
	Sépia	Cascalho, seixo
	Cinzento-preto	Pedrisco, brita
	Amerlo de zinco	Areia
	Ocre	Massa de assentamento (gesso)
	Branco	Argamassa para reboco
	Violeta RAL 4005	Elementos de concreto pré-fabricado
	Verde-azulado RAL 6000	Concreto armado
	Verde-oliva RAL 6013	Concreto simples
	Preto	Aço em corte
	Marrom RAL 8001	Madeira em corte
	Cinza-azulado RAL 5008	Camada de isolamento acústico
	Preto e branco	Camada de isolamento contra umidade, calor e frio
	Cinza RAL 7001	Parte antiga da construção

❶ Representações gráficas em plantas e cortes

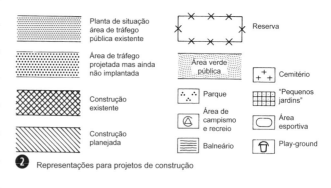

❷ Representações para projetos de construção

Monumento natural (limite externo, linhas com pontos) correspondendo a:
NSG = área de proteção natural; LSG = paisagem natural preservada
GLB = área limitada da paisagem a ser preservada
§ 23 = área de preservação vital segundo § 23 da Lei de Proteção Ambiental
GA = presença de espécies protegidas ou ameaçadas de extinção

Proteção de árvores
Árvores com marcação da espécie, centro do tronco, raio da copa e diâmetro do tronco (Situação existente: linha contínua; projetada: ponto e linha)

Árvore a ser cortada com designação da espécie, centro do tronco, raio da copa e diâmetro do tronco

Composição arbustiva a ser cortada parcialmente:
situação atual: linha contínua;
planejada: ponto e linha
a ser eliminada: linha contínua com cruzes

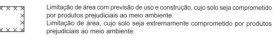

Limitação de área com previsão de uso e construção, cujo solo seja comprometido por produtos prejudiciais ao meio ambiente.
Limitação de área, cujo solo seja extremamente comprometido por produtos prejudiciais ao meio ambiente.

❸ Representação gráfica para planejamento de áreas livres externas (Nomenclatura alemã, presente na norma DIN)

DESENHOS
SIMBOLOGIA DO DESENHO ARQUITETÔNICO (DIN 1356)

Fundamentos

a) Áreas de piso
b) Áreas de teto/cobertura ⎞ sem descontar
c) Áreas de parede ⎠ os vãos — em m² com 2 decimais
d) Área de vãos de janelas
e) Área de vãos de portas
f) Tipos de revestimento de pisos
g) Tipos de pintura ou revestimento de paredes
h) Tipos de pintura ou revestimento de tetos ou coberturas

❶ Indicações de medidas e outras designações necessárias

Tetos
Pintura a cal
Têmpera
Tinta mineral
Tinta a óleo
Pintura a cera (encáustica)

Paredes
Azulejos
Madeira
Pastilhas de fachada
Papel de parede
etc.

Folhas de abrir ou basculantes ⎞
Persianas externas de enrolar ⎬ Às vezes existentes em vãos de portas e janelas
Persianas internas ⎠

❷ Indicação de tipos de pintura e revestimentos de superfícies de tetos e paredes

1) Massa de assentamento, massa niveladora
Asfalto
Gesso
Xilolite
Terracota
Cimento
etc.
2) Revestimentos de piso
Borracha sintética
Ladrilho refratário
Linóleo
Placas asfálticas
Lajotas de granito
Lajotas calcárias
Ladrilho hidráulico
Placas de mármore
Placas de arenito
Placas de calcário
Placas de xilolite

Lajotas de grês
Placas de cerâmica
etc.
3) Pavimentação com pedras
Madeira
Granito ou sienito
Pedrisco, cascalho
Tijolo
etc.
4) Madeira
Tábuas de madeira, assoalho
Tacos de faia
Tacos de carvalho
Tacos de pinheiro bravo
Tacos de pinho
Parquete de faia
Parquete de carvalho
etc.

❸ Indicação de tipos de pisos

Vermelho			Vapor	Amarelo	Azul	Amarelo	Gás para geradores
Vermelho	Branco	Vermelho	Vapor de alta pressão	Amarelo	Vermelho	Amarelo	Gás para iluminação
Vermelho	Verde	Vermelho	Escoamento do vapor	Amarelo	Verde	Amarelo	Gás líquido
Verde			Água potável	Amarelo	brau	Amarelo	Gás de petróleo
Verde	Branco	Verde	Água quente	Amarelo	Branco	Amarelo	Branco	Amarelo
Verde	Amarelo	Verde	Água condensada				Acetileno
Verde	Vermelho	Verde	Água sob pressão	Amarelo	Preto	Amarelo	Preto	Amarelo
Verde	Laranja	Verde	Água salgada				Gás carbônico
Verde	Preto	Verde	Água doce, de rio	Amarelo	Azul	Amarelo	Azul	Amarelo
Verde	Preto	Verde	Preto	Verde			Oxigênio
		Água servida, esgoto		Amarelo	Vermelho	Amarelo	Vermelho	Amarelo
Verde			Tubos para minas				Hidrogênio
Azul			Ar	Amarelo	Verde	Amarelo	Verde	Amarelo
Azul	Branco	Azul	Ar quente				Nitrogênio
Azul	Vermelho	Azul	Ar comprimido	Amarelo	Lilás	Amarelo	Lilás	Amarelo
Azul	Preto	Azul	Pó de carvão				Amoníaco
Amarelo		Gás de forno de coque, filtrado		Laranja			Ácidos
Amarelo	Preto	Amarelo	Gás de forno de coque, bruto	Laranja	Vermelho	Laranja	Ácidos concentrados
Marrom	Amarelo	Marrom	Gasóleo	Lilás			Soda
Marrom	Preto	Marrom	Gás de alcatrão	Lilás	Vermelho	Lilás	Soda concentrada
Marrom	Vermelho	Marrom	Gasolina	Marrom			Óleo
				Marrom	Branco	Marrom	Benzeno
				Preto			Piche
				Cinza			Vácuo

❹ Identificação de tubulações por cores (DIN 2403)

Manta impermeabilizante
Barreira de vapor (condensação)
Camada de separação de material sintético
Papel oleado
Manta impermeabilizante reforçada com fibra de tecido
Manta impermeabilizante reforçada com folha metálica
Camada niveladora fixada puntualmente
Camada de cola aplicada em toda a superfície
Argamassa impermeabilizante aplicada com espátula
Camada de pedrisco comprimida
Areia
Massa fina, revestimento impermeável
Argila impermeabilizante
Pinturas impermeabilizantes (p. ex., em duas camadas)
Tela metálica para suporte do reboco
Proteção superficial
Manta filtrante
Placas de drenagem

Lençol freático/águas de encosta ou represadas
Água de superfície
Sinais de umidade, mofo, sujeira etc.
Penetração de umidade
Solo, terra plantada

❺ Impermeabilização, isolamento, DIN 18195 Simbologia para impermeabilização de água sem pressão

Camada de isolamento térmico e acústico em geral
Isolante de lã de rocha
Isolante de lã de vidro
Isolante de fibra de madeira
Isolante de material orgânico (turfa)
Espuma sintética (poliéster, polietileno)
Cortiça
Placas de fibra de madeira ligadas por magnesita
Placas de fibra de madeira ligadas por cimento
Placas de gesso
Placas de gesso com papelão

❻ Isolamento

DESENHOS

Formato do papel
Desenho técnico
Disposição dos desenhos
Desenho arquitetônico
Simbologia do desenho arquitetônico
Símbolos das instalações hidráulicas
Símbolos das instalações elétricas
Símbolos de sistemas de segurança
Símbolos das instalações a gás
Desenho manual
Desenho com o computador

DESENHOS
SIMBOLOGIA DO DESENHO ARQUITETÔNICO

DESENHOS
Formato do papel
Desenho técnico
Disposição dos desenhos
Desenho arquitetônico
Simbologia do desenho arquitetônico
Símbolos das instalações hidráulicas
Símbolos das instalações elétricas
Símbolos de sistemas de segurança
Símbolos das instalações a gás
Desenho manual
Desenho com o computador

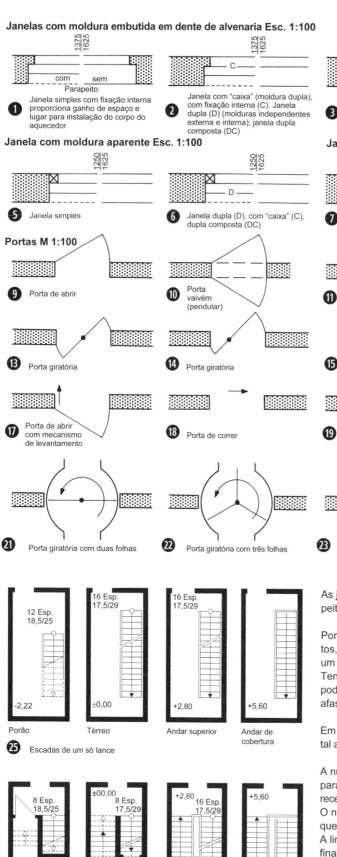

Janelas com moldura embutida em dente de alvenaria Esc. 1:100

① Janela simples com fixação interna proporciona ganho de espaço e lugar para instalação do corpo do aquecedor
② Janela com "caixa" (moldura dupla), com fixação interna (C). Janela dupla (D) (molduras independentes externa e interna); janela dupla composta (DC)
③ Janela simples com fixação externa
④ Janela dupla (D)

Janela com moldura aparente Esc. 1:100

⑤ Janela simples
⑥ Janela dupla (D), com "caixa" (C), dupla composta (DC)

Janela de correr (lateral ou guilhotina) Esc. 1:100

⑦ Janela simples (S)
⑧ Janela dupla simples (DS)

Portas M 1:100

⑨ Porta de abrir
⑩ Porta vaivém (pendular)
⑪ Porta vaivém (pendular) de duas folhas
⑫ Porta de abrir, com duas folhas
⑬ Porta giratória
⑭ Porta giratória
⑮ Sem soleira
⑯ Soleira unilateral
⑰ Porta de abrir com mecanismo de levantamento
⑱ Porta de correr
⑲ Porta dupla de correr
⑳ Porta de correr com mecanismo de levantamento
㉑ Porta giratória com duas folhas
㉒ Porta giratória com três folhas
㉓ Porta giratória com quatro folhas
㉔ Divisória sanfonada

㉕ Escadas de um só lance
㉖ Escadas de dois lances

As **janelas** devem ser desenhadas com representação do parapeito à esquerda e à direita → ① – ⑧.

Portas giratórias substituem as antigas instalações de pára-ventos, impedindo a presença de vento encanado → ㉑ – ㉓, sendo um bom sistema de fechamento para entrada de edifícios.
Tendo em vista que portas giratórias impedem trânsito fluente, pode-se optar pela junção das folhas nas horas de pico, com seu afastamento lateral, deixando a entrada livre.

Em todas as plantas de andares a escada será cortada na horizontal a cerca de $1/3$ da altura do andar ou 1 metro, a partir do piso.

A numeração dos degraus efetua-se a partir da cota ± 0,000, para cima ou para baixo da mesma. Os degraus localizados abaixo recebem o sinal – (menos).
O número de começo escreve-se no primeiro degrau, enquanto que o de saída da escada, no último patamar.
A linha de eixo é demarcada no começo por um círculo e no final por uma flecha (mesmo para o caso de escadas no porão), indicando o sentido de subida.

DESENHOS
SIMBOLOGIA DO DESENHO ARQUITETÔNICO

Fundamentos

Sala de estar

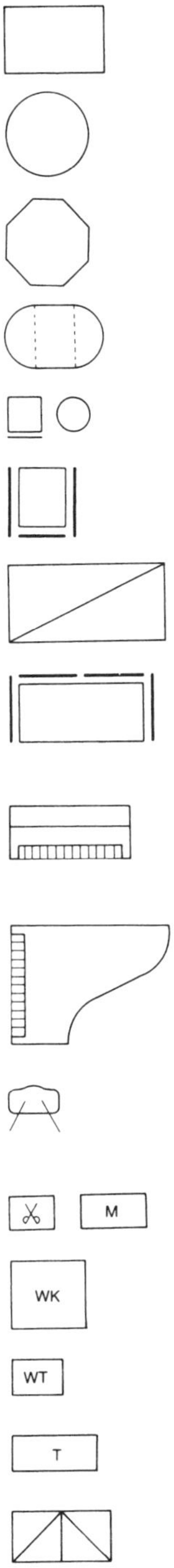

- Mesa
  85 x 85 x 78 = 4 Pess.
  130 x 80 x 78 = 6 Pess.
- Mesa redonda
  ⌀ 90 = 6 Pess.
- Mesa com forma variada
  70–100
- Mesa elástica 120 x 180
- Cadeira/tamborete
  ⌀ 45 x 50
- Poltrona 70 x 85
- Divã 95 x 195
- Sofá 80 x 1,75
- Piano 60 x 1,40–1,60
- Piano de cauda
  Piano de meia cauda 155 x 114
  Piano de salão 200 x 150
  Piano de concerto 275 x 160
- Televisão
- Mesa de costura 50 x 50–70
  Máquina de costura 50 x 90
- Cômoda para troca de fraldas
  80 x 90
- Arca/baú para roupas
  40 x 60
- Arca/baú 40 x 1,00–1,50
- Armário 60 x 1,20

Guarda-roupa

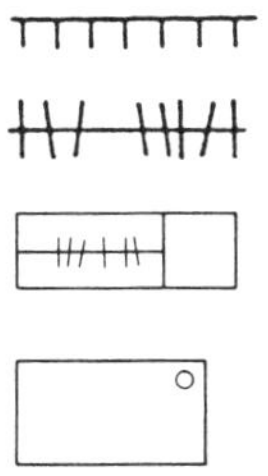

- Distância entre ganchos
  15–20 cm
- Guarda-roupa/cabide
- Armário de vestidos e roupa
  em geral 50 x 100–180
- Escrivaninha
  70 x 1,30 x 78
  80 x 1,50 x 78

Dormitório

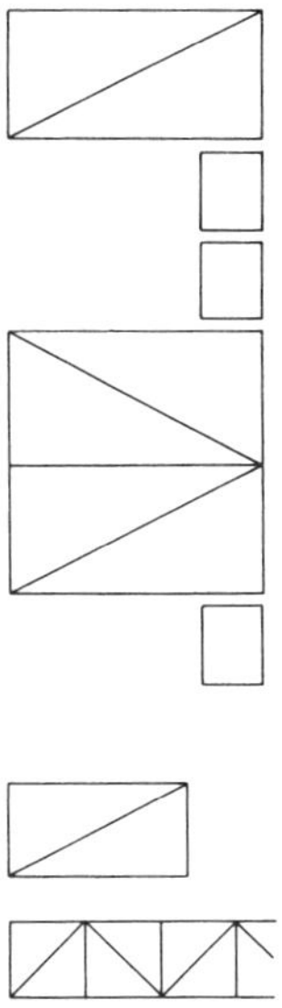

- Cama 100 x 200
- Mesinha de cabeceira
  50 x 70, 60 x 70
- Cama dupla
  200 x 200
- Cama de casal
  (para duas pessoas)
  (cama francesa)
  145 x 200
- Cama infantil
  70 x 140–170
- Armário
  60 x 120

Banheiro

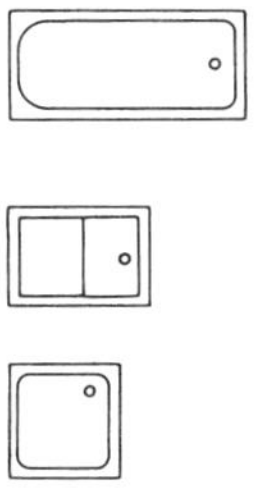

- Banheira
  75 x 170, 85 x 185
- Banheira pequena
  70 x 105, 70 x 125
- Ducha
  80 x 80, 90 x 90, 75 x 90

Representação para esc. 1:100 | Representação para esc. 1:50

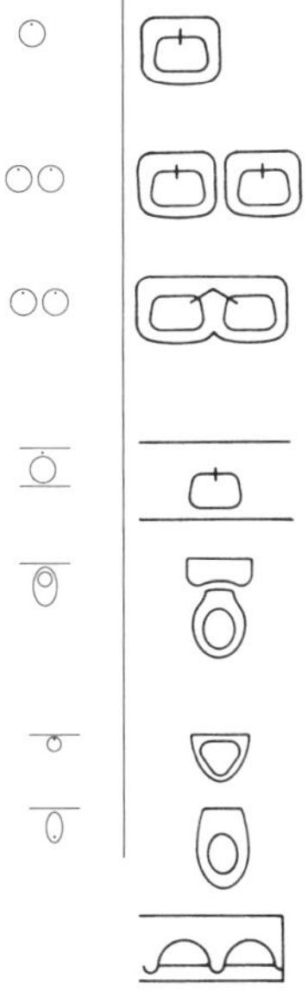

- Lavatório simples
  50 x 60, 60 x 70
- 2 lavatórios
- Lavatório duplo
  60 x 120, 60 x 140
- Lavatório com bancada
  45 x 30
- Bacia sanitária
  38 x 70
- Mictório
  35 x 30
- Bidê
  38 x 60
- Mictórios em série

Cozinha

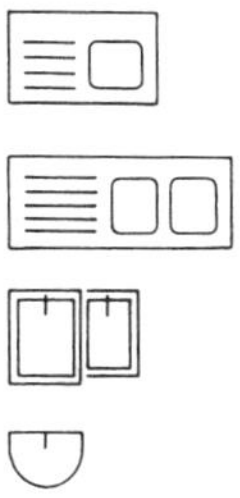

- Pia de cozinha
  60 x 100
- Pias duplas de cozinha
  60 x 150
- Pias defasadas
- Cuba

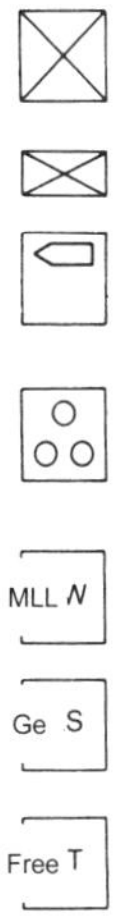

- Armário de parede/armário inferior
- Armário superior
- Mesa de passar roupa
- Fogão elétrico
- MLL N — Máquina de lavar louça
- Ge S — Geladeira
- Free T — Freezer

Estufas e fogões com fonte energética de

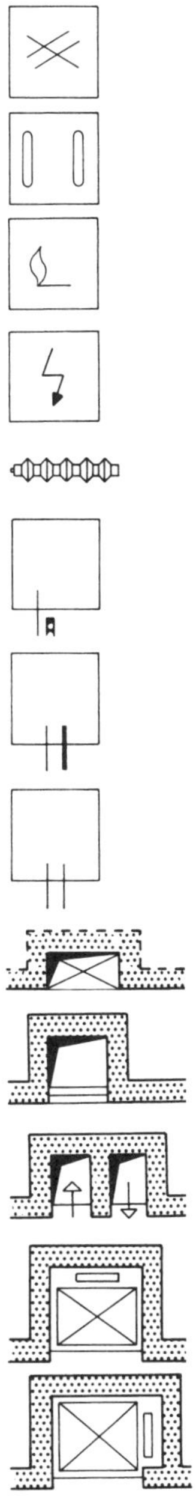

- Combustível sólido
- Óleo
- Gás
- Eletricidade
- Corpo do aquecedor
- Caldeira de aquecimento com grelha
- Chama a gás (para aquecedor)
- Chama a óleo (para aquecedor)
- Lixeira com portinhola
- Lixeira com poço
- Poço de ventilação

EH = Elevador para hospitais
EC = Elevador de carga
EP = Elevador de passageiros
MC = Monta-cargas doméstico
EHi = Elevador hidráulico

DESENHOS

Formato do papel
Desenho técnico
Disposição dos desenhos
Desenho arquitetônico
Simbologia do desenho arquitetônico
Símbolos das instalações hidráulicas
Símbolos das instalações elétricas
Símbolos de sistemas de segurança
Símbolos das instalações a gás
Desenho manual
Desenho com o computador

13

Fundamentos

Representação gráfica para encanamentos e peças ou
equipamentos de utilização   DIN 1451, DIN 1986, DIN 14462

DESENHOS
SÍMBOLOS DAS INSTALAÇÕES HIDRÁULICAS (DIN 1988)

DESENHOS
Formato do papel
Desenho técnico
Disposição dos desenhos
Desenho arquitetônico
Simbologia do desenho arquitetônico
Símbolos das instalações hidráulicas
Símbolos das instalações elétricas
Símbolos de sistemas de segurança
Símbolos das instalações a gás
Desenho manual
Desenho com o computador

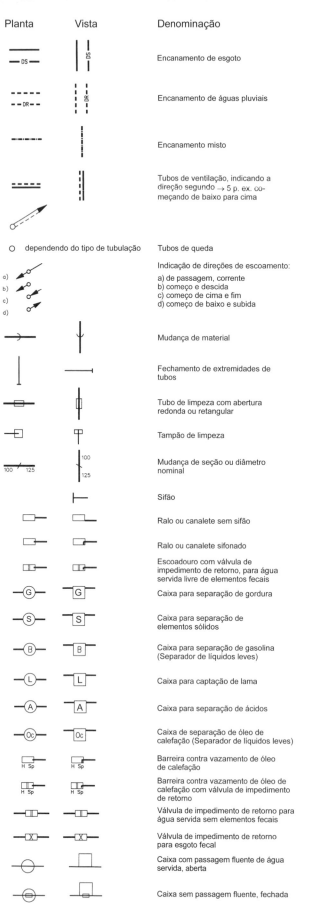

14

DESENHOS
SÍMBOLOS DAS INSTALAÇÕES HIDRÁULICAS

Fundamentos

—	Tubulação hidráulica
—✕—	Posição de torneira ou válvula de fechamento
—✕—	Posição de um registro de controle de fluxo
	Ligação provisória
	Ligação permanente
∿	Mangueira
	Aparelho, sem componentes rotativos
○	Aparelho, com componentes rotativos
	Relógio, hidrômetro
	Hidrômetro, contador instalado na tubulação
TW 80	Tubulação de água fria potável p. ex. DN 80
TWW 50 - WD	Tubulação de água quente (W) potável p. ex. DN 50
TWZ 40	Tubulação de água potável, circulação (Z) p. ex. DN 40
TW 15 ∿	Tubulação de água fria potável, Mangueira, p. ex. DN 15
50 / 40	Marcação de posição para mudança na tubulação em sua dimensão nominal p. ex. DN 50 para DN 40
50 ▷ 40	como anterior, também como peça redutora
ST / CU	Marcação de posição para mudança de material na tubulação p. ex. aço para cobre
+	Cruzamento de tubulações (sem ligação)
⊥	Ramificação unilateral
+	Ramificação bilateral
○	Tubulação vertical
	Direcionamento: a) fluxo constante b) início e direção ascendente c) vinda de baixo d) início e direção descendente e) vinda de cima e terminando
	Separação elétrica, peça isolante
⏚	Equivalente de potencial, fio terra
⨆	Curva flexível
⌇⌇	Compensador de comprimentos, tubo ondulado
	Compensador, bucha
◁	Ponto fixo de apoio da tubulação
	Ponto de apoio elástico da tubulação
5	Declividade da tubulação, p. ex. 5%
═	Tubulação embutida em teto ou parede, com tubo protetor

—☐—	Tubulação embutida em teto ou parede, com tubo protetor e vedação
—⊐	Fechamento de tubulação
—⊃	Conexão móvel, geral
	A indicação do tipo de conexão pode ser simplificada através de abreviaturas: Conexão rosqueada, Conexão de rosca dupla, à esquerda e à direita, Conexão flangeada, Conexão de engate, Conexão de ponta e bolsa, Conexão soldada
‖	Conexão flangeada
ǂ	Conexão rosqueada
⊃	Conexão de ponta e bolsa
⊦	Engate
	A indicação do tipo de conexão pode ser simplificada através de abreviaturas: Conexão soldada, Conexão à solda com baixa temperatura, Conexão colada, Conexão rosqueada, Conexão de ponta e bolsa, Conexão prensada
⋈	Registros, em geral
⋈̸	Torneira do registro
⋈	Sistema de fechamento
⋈	Válvula de fechamento e passagem
	A indicação do tipo de conexão pode ser simplificada através de abreviaturas: Registro ortogonal, Registro inclinado, Registro de redução de fluxo, Registro embutido
	Registro com entrada e saída perpendiculares
⋈	Registro com três entradas, para mistura
⋈	Registro com quatro entradas
⋈	Registro, torneira de passagem
	A indicação do tipo de conexão pode ser simplificada através de abreviaturas: Registro com compressor, Registro com esfera
⋈	Torneira com três bocas
⋈	Torneira com quatro bocas
⋈	Conexão adaptável a perfuração (p. ex. lateral)
	Válvula adaptável a perfuração (p. ex. ortogonal)
⋈	Válvula de redução da pressão de fluxo

⋈↓	Válvula com ladrão
▽	Bateria de metais instalados na parede
△	Bateria de metais instalados sobre peças
▷	Misturadores
⎕S⎕	Caixa de descarga
⊥	Chuveiro
	Chuveirinho com mangueira
	Torneira de fechamento automático
	Válvula de descarga
	Tubo de ventilação
	Tubo de ventilação com tubo de microgotas
↑	Tubo de ventilação/ injeção de ar
	Tubo de ventilação/ injeção de ar/ passagem contínua
↑	Tubo de ventilação/ saída de ar
‖	Tampão
⊢⊣	Válvula bloqueadora
⊣⋈	Válvula de passagem com válvula bloqueadora
	Válvula de transbordamento com tubo de ventilação e mangueira rosqueada
	Válvula de transbordamento com válvula bloqueadora, tubo de ventilação e mangueira rosqueada
⊢⋈⊣	Tampão-válvula de segurança contra rompimento de tubos/ mangueira de segurança
	Ladrão, divisão de sistemas
⊢═⊣	Divisor de tubos
	Válvula de segurança, com sistema de molas
	Válvula de segurança, com sistema de molas tensas
⊢DOS⊣	Equipamento de mistura

—EH—	Equipamentos de controle da dureza e salinidade
—FIL—	Filtro
○	Bomba
1 ⌾ 5 30 m³/h	Reservatório para pressão de desnível
⎕○⎕	Lavadora de roupa
⎕⊠⎕	Lavadora de louça
	Secadora de roupa
	Aparelho de ar-condicionado
	Medidor de volume, medidor de fluxo
1000 Σm³	Relógio contador de volume, hidrômetro
1000 ΣJ	Contador de consumo de energia térmica
Y	Conexão para aparelhos de medição
⏉	Termômetro
⊢⋈⊣	Medidor de pressão; designações adicionais: Δp aparelho medidor da diferença de pressão p_L aparelho acelerador de pressão
	Mostrador; também: tipo do aparelho com abreviaturas: v fluxo ν volume T temperatura Δp diferença de pressão
- - - -	Sistema elétrico de controle
	Funcionamento através de fluidos
	Funcionamento através de boia
	Funcionamento através de pesos/tensão
	Funcionamento através de molas
T	Funcionamento manual
Ⓜ	Funcionamento através de eletromotor
	Funcionamento através de membrana
	Funcionamento através de êmbolo
	Funcionamento eletromagnético
	Reservatórios, sem pressão, aberto, com tubo de transbordamento

DESENHOS

Formato do papel
Desenho técnico
Disposição dos desenhos
Desenho arquitetônico
Simbologia do desenho arquitetônico
Símbolos das instalações hidráulicas
Símbolos das instalações elétricas
Símbolos de sistemas de segurança
Símbolos das instalações a gás
Desenho manual
Desenho com o computador

15

DESENHOS
SÍMBOLOS DAS INSTALAÇÕES ELÉTRICAS (DIN 18015)

Fundamentos

DESENHOS
Formato do papel
Desenho técnico
Disposição dos desenhos
Desenho arquitetônico
Simbologia do desenho arquitetônico
Símbolos das instalações hidráulicas
Símbolos das instalações elétricas
Símbolos de sistemas de segurança
Símbolos das instalações a gás
Desenho manual
Desenho com o computador

DIN 18015

Aparelhos de funcionamento com energia elétrica

	Aparelhos elétricos em geral		Luminária, em geral
	Fogão elétrico com 3 bocas	5 × 60	Luminárias múltiplas com especificação de nº e potência das lâmpadas; p. ex. 5 lâmpadas, cada uma com 60 W
	Fogão elétrico com forno a lenha		Luminárias móveis
			Luminária com interruptor
	Fogão elétrico com forno		Luminária com ponte elétrica para lâmpadas em cadeia
	Forno		Luminária com variador de luminosidade
			Luz de alarme
	Forno de microondas		Luz de emergência
			Refletores
	Grelha com infravermelho		Luminária com luz de emergência adicional
	Placa para aquecimento		Luminária com 2 fios elétricos separados
	Máquina de lavar louça		Luminária para lâmpadas de descarga e acessórios
			Luminária para lâmpadas de descarga com especificações
	Aparelhos elétricos de cozinha, em geral		Luminária para lâmpada fluorescente em geral
	Geladeira ou congelador ver DIN 8950 Parte 2	36 W	Luminária em série, p. ex. 3 luminárias, cada uma de 36 W
	Freezer	58 W	Luminária em série, p. ex. 2 luminárias, 2 x 58 W

Aparelhos de sinalização e de radiotelefonia

	Aparelho de ar condicionado		Avisador p. ex. com chave de segurança
	Aparelho para aquecimento de água em geral		Detector de trepidações (pendular)
	Aquecedor com reservatório de água quente		Avisador com célula fotoelétrica, cancela com célula fotoelétrica
	Torneira de água quente		Alarme auxiliar de incêndio acionado por botão
	Fritadeira		Alarme automático de incêndio
	Exaustor		Sinal de alarme para polícia
	Gerador, em geral		Alarme mecânico (tipo relógio) de incêndio
	Motor, em geral		Detector de temperatura, com soldadura fundível
	Motor com especificação do tipo de proteção segundo DIN EN 60529		Detector automático de temperatura
	Secadora de mãos, secador de cabelos		Alarme auxiliar automático de incêndio
	Máquina de lavar roupa		Fechadura de segurança
	Secadora de roupa		Estação principal de alarme de incêndio
	Lâmpada infravermelha		Sistema de alarme automático com fotocélula
	Aquecedor de ambiente, em geral		
	Estufa com acumulador de calor		
	Vidro com sistema elétrico de desembaciamento		

	Relógio auxiliar de marcação secundária		Telex
	Relógio principal		Decodificador ou receptor sonoro
	Relógio principal de sinalização		Gravador de fita magnética
	Amplificador, a direção de amplificação é dada pela ponta da instalação		
	Aparelho telefônico em geral, segundo DIN EN 60617-2		Quadro de chamada
	Telefone múltiplo		Relógio de força
	Telefone para ligações à distância	10 A	Painel de relógios de força, p. ex. com um fusível
	Telefone para ligações à distância, em parte através de central telefônica		Relógio com interruptor, p. ex. para mudanças de tarifas
	Telefone para ligações à distância, somente através de central telefônica	v	Sinalizador de temperatura
	Alto-falante	t	Relé temporizado, p. ex. para iluminação de escadas
	Aparelho de rádio		Relé ou interruptor para lâmpadas pisca-pisca
	Aparelho de televisão		Disjuntor
	Interfone acionado por botão, p. ex. para portas ou portões de entrada		Relé de controle da frequência sonora
	Interfone automático, para portas ou portões de entrada		Barreira de frequência sonora
	Central telefônica, em geral		Campainha em geral
	Fecho elétrico automático para portas		Campainha, com especificação do tipo de corrente
	Sinal luminoso de advertência, pisca-pisca ou rotativo		Campainha monotônica, gongo
	Botão de campainha		Campainha para interruptor de segurança
	Botão de campainha com plaquetas de nome		Campainha de controle mecânico
	Microfone		
	Ligação de cabo telefônico	M	Campainha automática (motor)
HV t	Distribuidor principal (telefônico)		Campainha sem desligamento automático
	Ramais embutidos em alvenaria		Campainha com sinal luminoso
	Ramais aparentes		Matraca
	Buzina ou trombeta, em geral		Cigarra
	Buzina ou trombeta, com especificação do tipo de corrente		Sirene, em geral
	Telefone interno	140	Sirene, com especificação do tipo de corrente
	Telefone para portões de entrada	150/270	Sirene, com especificação da frequência, p. ex. 140 Hz
			Sirene com tom variável, p. ex. oscilando entre 150-270 Hz

16

DESENHOS
SÍMBOLOS DAS INSTALAÇÕES ELÉTRICAS (DIN 18015)

Fundamentos

Correntes elétricas

	Corrente contínua	
∼ A	Corrente alternada, em geral	
∼ 2 kHz	com indicação da frequência	
∼ T	Corrente alternada técnica	
	Corrente contínua ou alternada (todas as correntes)	
	Corrente mista	
∼	Frequência sonora-corrente alternada	
≈	Alta frequência-corrente alternada	
≋	Frequência máxima-corrente alternada	

Pontos de apoio da rede elétrica de distribuição

- Linha, em geral
- Linha subterrânea
- Ponto de apoio, postes em geral
- Poste para linha de distribuição
- Poste de madeira
- Haste ou tubo para telhado, em geral
- Poste metálico, linha de distribuição
- Poste metálico em treliça, geral
- Poste metálico em treliça, para linha de distribuição
- Poste de concreto armado
- Poste de concreto armado, para linha de distribuição
- Poste com base
- Poste duplo
- Poste de implantação transversal (H) ou portal, para linha alta tensão
- Poste-portal, em treliça
- Poste de implantação longitudinal (A)
- Poste com ancoragem contra vento
- Poste com escora
- Poste com luminária

Instalações elétricas e ligações

- Linha construída
- Linha em construção
- Linha projetada
- Linha móvel
- Linha subterrânea, p. ex. cabo terrestre
- Linha aérea
- Linha sobre isolantes de porcelana
- Instalação aparente
- Instalação sob o reboco
- Instalação embutida em alvenaria

Especificação das instalações elétricas, indicação de uso

- ○ Fio isolado em conduíte
- (s) Fio isolado para ambientes secos
- (u) Fio isolado para ambientes úmidos
- (c) Cabos para instalação externa ou no solo
- Cabos de proteção, p. ex. para fio terra, anulação de corrente ou fusível
- Cabos de instalações de advertência
- Linha telefônica
- Linha de transmissão radiofônica
- Linha com identificação
- 3 com representação simplificada
- Cabos de segurança
- Cabos para correntes alternadas
- Condutor neutro N
- Cu 20 × 4 Trilho condutor de corrente elétrica
- Linha telefônica extra
- outras formas de representação, p. ex. chamada à distância, sistema noturno de conexão, iluminação de emergência e pisca-pisca
- Linha paralela (p. ex., 2 fios)
- Linha coaxial
- Cabo para frequência máxima/ retangular, oco
- com alimentação para cima
- com alimentação para baixo
- com alimentação nos dois sentidos
- Conexão de instalações
- Caixa de ramificação
- ○ Caixa de ligação
- Terminal
- Caixa de ligação para alta tensão, em geral
- IP 54 Caixa de ligação para alta tensão, com indicação do tipo de segurança
- Quadro de distribuição
- Caixas para equipamentos, p. ex. caixa de passagem, quadro de disjuntores, caixas de controle etc.
- Instalações de fio terra, em geral
- Peça terminal para cabos de segurança (tomada terra)
- Medida, corpo
- Bateria, recarregador
- 230/8V Transformador

(coluna 3)

- Alternador, em geral
- Alternador para corrente contínua, p. ex. ligação da rede de corrente alternada
- Alternador para corrente contínua, p. ex. mudança de polaridade
- Fusíveis, em geral
- Rolha, p. ex. 10 A e tipo DII, tripolar
- Fusíveis para correntes de baixa voltagem (NH), p. ex. 50 A tamanho 00
- 3 T 63 A Chave com porta-fusíveis cartucho, p. ex. 63 A, tripolar
- Disjuntores, chaves de segurança
- 4 Disjuntor para correntes, quadripolar
- B 16A / 3 Disjuntor de capacidade, p. ex. 16 A, tripolar
- 3 Disjuntor para motores, tripolar
- I> Relé para excesso de corrente, p. ex. disjuntor preferencial
- Disjuntor de emergência
- Interruptor em estrela-triangular
- 5 Starter ou reator de partida, com 5 escalas
- Interruptor de tecla
- Interruptor de tecla com indicador luminoso
- Interruptor com lâmpada de controle
- Interruptor 1/1 monopolar
- Interruptor 1/2 bipolar
- Interruptor 1/3 tripolar
- Interruptor 4/1 em grupo, monopolar
- Interruptor 5/1 em série, monopolar
- Interruptor 6/1 alternado, monopolar
- P Interruptor alternado, passagem de corrente
- Interruptor 7/1 corrente cruzada, monopolar
- t Interruptor temporizado
- Dimmer
- Interruptor com sensor automático de movimento (aproximação)
- Interruptor com sensor de movimento (toque)

(coluna 4)

- Sensor de aproximação, em geral
- Sensor de toque, em geral
- Indicador passivo de movimento, infravermelho
- t Relé temporizado, p. ex. para iluminação de escadas
- Interruptor automático (passagem de corrente)
- Pontos de tomada
- 3 Tomada múltipla
- Tomada simples, com proteção de contato
- 3/N/PE Tomada simples, para corrente trifásica
- Tomada dupla, com proteção de contato
- Tomada com interruptor
- Tomada com possibilidade de fechamento
- Representação para instalação perpendicular
- Tomada de transformador
- E Ligação elétrica em geral
- E 3/N/PE Ligação para corrente trifásica
- ↑↓ Tecla para exaustor
- Tecla de campainha
- Tecla de campainha para sinal de incêndio
- COMPU Tomada especial para computadores
- COA Sistema de comunicação de amplo alcance/utilizando escala de frequência de muitos MHz
- DT Distribuidor telefônico
- Tomada de telefone
- Tomada de antena
- Ramais de antena p. ex. 2 vezes
- Distribuidor de sistema de antenas p. ex. 2 vezes
- Amplificador para antenas
- Tomada de antena (passagem)
- Tomada de antena com reator

Desenhos

Formato do papel
Desenho técnico
Disposição dos desenhos
Desenho arquitetônico
Simbologia do desenho arquitetônico
Símbolos das instalações hidráulicas
Símbolos das instalações elétricas
Símbolos de sistemas de segurança
Símbolos das instalações a gás
Desenho manual
Desenho com o computador

DIN 18015

17

DESENHOS

SÍMBOLOS DAS INSTALAÇÕES ELÉTRICAS (DIN 18015/48820)

Avisadores ópticos

- Sinal luminoso, em geral
- Sinal pisca-pisca com indicador de direção
- Sinal luminoso com variador de luminosidade
- Sinal luminoso com lâmpada de irradiação
- Indicador, com retorno automático
- Indicador luminoso, com retorno automático
- Indicador luminoso ou com luz intermitente, com retorno automático
- Indicador, sem retorno automático
- Indicador luminoso, sem retorno automático
- Sinalizador com programador livre
- Sinalizador com indicação gráfica
- Contador
- Relógio contador
- Sinalizador múltiplo
- Detector automático para leitura de preços

Baterias

- Bateria de pilhas
- Bateria de acumuladores (4 células)
- Bateria de pilhas ou acumuladores

Instalações de pára-raios DIN 48820

- Linhas de limite do edifício
- Calhas e condutores
- Concreto armado com ligação
- Construção metálica, trilhos metálicos
- Cobertura metálica
- Chaminé
- Haste metálica para inst. elét. no telhado
- Tanque metálico, recipientes
- Grade para contenção de neve
- Antenas
- Tubos de encanamento metálicos
- Fios condutores externos
- Fios condutores subterrâneos
- Fios condutores sob o telhado e embutidos no reboco
- Haste para-raio ou mastro captador
- Pontos de ligação em tubos de encanamento
- Pontos de separação
- Cano e bastão terra
- Fio terra
- Trecho com faíscas
- Trecho com faíscas, fechado
- Condutor para excesso de corrente
- Instalação no telhado
- Elevador
- Relógios medidores de água e gás

Valor da potência de aparelhos elétricos

Nº	Tipo de aparelho eletrodoméstico	Número de Tomadas min.	Pontos de eletricidade min.	Ligações para aparelhos de 2 kW ou mais	Potência (kW) Corrente alternada	Corrente trifásica
	Sala de estar e dormitório					
	Tomadas, lustres					
1	para salas de estar até 8 m²	2	1			
2	acima de 8 m² e até 12 m²	3	1			
3	acima de 12 m² e até 20 m²	4	1			
4	acima de 20 m²	5	2			
	Cozinhas, kitchenettes					
5	Tomadas, luminárias para kitchenette	3	2			
6	para cozinhas	5	2			
7	Exaustores, coifas		1			
8	Fogão			1		8,0–14,0
9	Geladeira, congelador				0,2	
10	Lavadora de louça			1	3,5	4,5
11	Ebulidor			1	2,0	4,0–6,0
	Banheiro					
12	Tomadas, luminárias	2	2			
13	Exaustor, ventilador		1			
14	Lavadora de roupa			1	3,3	7,5
15	Aquecedor ambiente	1				
16	Aquecedor de água			1	2,0	4,0–6,0
	WC, lavabo					
17	Tomadas, luminárias	1	1			
18	Exaustor, ventilador		1			
	Áreas de serviço					
19	Tomadas, luminárias	3	1			
20	Exaustor, ventilador		1			
21	Lavadora de roupa			1	3,3	7,5
22	Secadora de roupa			1	3,3	
23	Ferro elétrico, passadeira elétrica			1	2,1–3,3	
	Corredor					
	Tomadas, luminárias					
24	comprimento de até 2,5 m		1			
25	acima de 2,5 m					
	Áreas externas de vivência					
26	Tomadas, luminárias		1			
	Depósitos a partir de 3 m²					
27	Luminárias		1			
	Salão de hobby					
28	Tomadas, luminárias	3	1			
	Áreas privadas em subsolo ou sótão					
29	Tomadas, luminárias	1	1			
	Áreas comuns em subsolo ou sótão					
	Tomadas, luminárias					
30	até área útil de 20 m²		1	1		
31	acima de 20 m²		1	2		
	Subsolo, corredores					
32	Luminárias		1			

[1] ou tomadas para aparelhos eletrodomésticos abaixo de 2 kW.
[2] As tomadas junto a camas devem ser no mín. duplas; junto a tomadas para antenas devem ser triplas. Estas tomadas múltiplas são calculadas na tabela como as normais.
[3] As superfícies de trabalho devem ser iluminadas uniformemente, sem sombras e ofuscamentos.
[4] Enquanto só houver um exaustor.
[5] Se o fornecimento de água quente não puder ocorrer de outra forma.
[6] No caso, uma luminária em combinação com a da bancada da pia é permitido.
[7] Para banheiros com área útil de até 4 m² é suficiente um ponto de eletricidade sobre a pia.
[8] Para banheiros e WCs sem janelas deve-se prever o interruptor da luz ligado ao de ventilação prolongada.
[9] Em apartamento apenas um é necessário.
[10] Se não houver área de serviço separada e os aparelhos não estiverem em lugar específico.
[11] Para WCs e lavanderia juntos.
[12] Se não for prevista instalação no banheiro ou outro espaço específico.
[13] Um interruptor central.
[14] Dois interruptores.
[15] A partir de 8 m² de área útil.
[16] Não válido para áreas de porão e sótão delimitadas por grades.
[17] Para ativadores de antenas, apenas uma vez necessário por antena.
[18] Para corredores de mais de 6 m, um exaustor a cada 6 m percorridos.

❶ Valor da potência de aparelhos elétricos

Área de moradia m²	Número de circuitos elétricos para luminárias e tomadas
até 50	2
ac. de 50 até 75	3
ac. de 75 até 100	4
ac. de 100 até 125	5
ac. de 125	6

❷ Segundo DIN 18 015/2

Área de moradia m²	Número de circuitos elétricos para luminárias e tomadas
até 45	3
ac. de 45 até 55	4
ac. de 55 até 75	6
ac. de 75 até 100	7
ac. de 100	8

❸ Equipamentos especiais

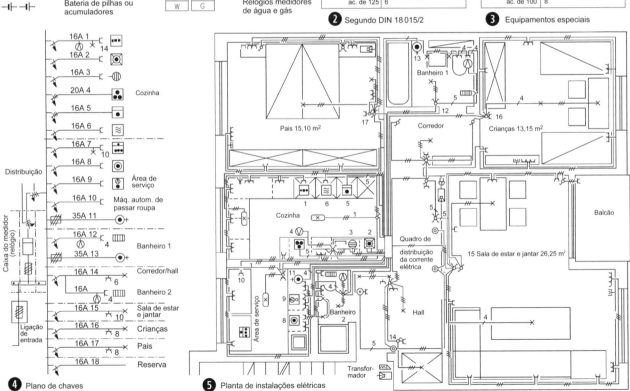

❹ Plano de chaves ❺ Planta de instalações elétricas

DESENHOS
SÍMBOLOS DE SISTEMAS DE SEGURANÇA

Fundamentos

Alarme contra arrombamentos

- Contato metálico de fechadura
- Contato de abertura
- Contato magnético
- Aviso de trepidações
- Contato pendular
- Interruptor de alarme com fio
- Folha
- Avisador de perfuração ou ruptura
- Detector de passos (pressão de contato no piso)
- Alarme de ruptura de vidro
- Detector de ondas sonoras de corpo em movimento
- Detector passivo infravermelho Avisador de movimento
- Barreira luminosa
- Avisador luminoso
- Alarme antirroubo para quadros
- Detector micro-ondas de mudança de frequência Avisador de movimento
- Barreira (cancela) de micro-ondas
- Campo de alta frequência Avisador de variação
- Campo de baixa frequência Avisador de variação
- Campo com condensador Avisador de variação
- Barreira de alta frequência
- Detector ultrassom de mudança de frequência Avisador de movimento
- Barreira de ultrassom
- Contato com cédula de dinheiro
- Alarme antirroubo
- Instalação de interruptor eletromecânico
- Inst. de interruptor "fantasma"
- Interruptor com indicador de tempo (programável)
- Aparelho com interruptor de luz
- Avisador com sinal acústico
- Avisador com sinal luminoso
- Relé de acionamento
- Aparelho de acionamento a distância (controle remoto)
- Alarme de holofote

Sistema de alarme contra incêndio

- Detector de temperatura máxima
- Detector de temperatura diferencial
- Detector óptico de fumaça
- Detector por ionização de fumaça
- Detector de chamas infravermelho
- Detector de chamas ultravioleta
- Detector de pressão (acionador de chuveiros)
- Avisador manual
- Relé acionador de sistema de alarme
- Depósito de chaves do corpo de bombeiros

Centrais/acessórios

- Roub. — Central de alarme de assaltos e arrombamentos
- Incên. — Central de alarme de incêndio
- Acess. — Controle central de acesso
- TV — Controle central de videocâmaras
- Loj. — Central de alarme de assalto a lojas
- I. fone — Central de interfones
- Por. — Central de abertura automática de portas
- Alternador
- Instalações de transmissão
- Alternador com sistema digital-analógico
- Rede de alternadores
- Acumuladores de baterias
- Aparelho telefônico e para comunicações automático
- Instalação de registros Impressora
- Relé de acionamento
- Acoplamento digital de instalações
- Alternador digital-analógico com acoplamento digital de instalações. Sinal indicador de direção de fluxo
- Quadro de avisos
- Campo de ação
- Caixa
- Caixa com controle
- Distribuidor com controle

Sistema de controle por videocâmaras

- Câmara de televisão
- Câmara de televisão com sistema óptico variado
- Caixa de proteção para videocâmaras
- Caixa de proteção com movimento rotativo da extremidade frontal
- Câmara de televisão com movimento rotativo
- Câmara de televisão com avisador de movimento
- Monitor
- Campo de ação Aparelho seletor de imagens
- Monitor com imagens acionadas por sinal de vídeo

Controles de acesso

- Leitor automático de cartões de identificação
- Leitor *stand-alone*, com dados adicionais de código
- Leitor *on-line*
- Leitor de cartões de identificação com dados adicionais de código
- Leitor *stand-alone* com dados adicionais de código
- Terminal de dados com campo de controle
- Passagem de controle pessoal
- Porta giratória cruzada
- Porta giratória
- Porta de fechadura elétrica
- Porta de abertura elétrica
- Iluminação superior
- Grade de proteção
- Roseta de segurança
- Plaqueta de segurança
- Sistema de segurança para janelas basculantes e de abrir
- Fechadura cruzada
- Tranca ou ferrolho de correr
- Fechadura com tranca
- Ganchos internos
- Segurança para persianas externas de enrolar
- Segurança para folhas de janelas de abrir
- Fechos de segurança duplos
- Fechadura para trincos de janelas
- Fecho metálico (placa) de segurança
- Ferrolho duplo
- Grelha de segurança para porões
- Fechadura de tambor cilíndrico
- Segurança para portas (de abrir e basculantes)
- Cerca
- Cerca de arame farpado
- Cerca maciça, grade
- (P) Persiana externa de correr com travamento
- (PA) Persiana de aço
- (GP) Grade de correr ou pantográfica
- C Cofre
- VS Vidro de segurança

DESENHOS

Formato do papel
Desenho técnico
Disposição dos desenhos
Desenho arquitetônico
Simbologia do desenho arquitetônico
Símbolos das instalações hidráulicas
Símbolos das instalações elétricas
Símbolos de sistemas de segurança
Símbolos das instalações a gás
Desenho manual
Desenho com o computador

Fundamentos

Representações gráficas para instalações de gás

DESENHOS
SÍMBOLOS DAS INSTALAÇÕES A GÁS

DESENHOS

Formato do papel
Desenho técnico
Disposição dos desenhos
Desenho arquitetônico
Simbologia do desenho arquitetônico
Símbolos das instalações hidráulicas
Símbolos das instalações elétricas
Símbolos de sistemas de segurança
Símbolos das instalações a gás
Desenho manual
Desenho com o computador

——25——	Tubulação aparente (com indicação da seção)
– – – – –	Tubulação embutida (com indicação da seção)
—✕—	Mudança de seção (com indicação dos diâmetros nominais)
▨	Entrada da canalização de gás no edifício
—∥—	Peça isolante
↗	Tubulação ascendente
↗	Tubulação ascendente de fluxo constante
↙	Tubulação descendente
—+—	Cruzamento de tubulações sem interligação
—•—	Cruzamento interligado
—•—	Ponto de derivação
—⊦RT	Peça de limpeza em Tê
—⊦RK	Peça de limpeza em K
—∦—	Conexão com rosca longa
—⫲—	Conexão de rosca
—⊩—	Conexão de flange
—◀—	Conexão soldada
—⋈—	Torneira de fechamento
—⋈—	Placa removível de fecho
—⋈•—	Válvula de fecho
—⋈T—	Sistema automático de fechamento com termostato
⊿	Torneira de canto
—▷—	Aparelho regulador de pressão
Z	Relógio medidor de consumo
×× ××	Fogão a gás (4 bocas)
×× ×× ▤	Fogão e forno a gás (4 bocas)
G	Geladeira a gás
◻	Bomba de água para calefação
══80⌀══	Duto para gases de combustão (com indicação do ⌀)
⊠ CM	Instalação para escoamento de gases de combustão (com indicação de medidas); também para chaminés ao ar livre
▨	Filtro
▥	Aquecedor de ambiente a gás
Ⓖ	Aquecedor a gás de água corrente
Ⓖ	Aquecedor a gás de água com sistema combinado

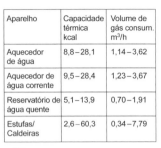
Aquecedor a gás de água com reservatório

Aquecedor de ambiente a gás com ligação em parede externa (com indicação do valor de consumo do aparelho)

Caldeira de central de calefação

∿∿∿∿ Tubulação flexível

Gás: amarela / água fria: azul-clara
Circulação: azul-escura
Água quente: vermelho-carmim
Transbordamento: preta
Água quente para calefação, sentido de ida: vermelhão
Água quente para calefação, sentido de volta: azul

Cores da tubulação

Fita para advertência de presença de tubulação
≥ 50
≤ 2,00
Leito de areia

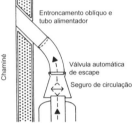
Entroncamento oblíquo e tubo alimentador
Chaminé
Válvula automática de escape
Seguro de circulação

❷ Caixa de ligação doméstica retangular, instalada na frente do edifício

❸ Canalizações de gás instaladas no solo; não há necessidade de prevenção contra congelamento

❹ Seguro de circulação e válvula de escape

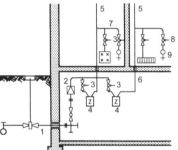

1 Combinação de entrada da instalação
2 Aparelho regulador de pressão
3 Válvula geral de fecho
4 Relógio medidor
5 Tubulação ascendente
6 Tubulação de uso imediato
7 Derivação
8 Ligações de aparelhos e equipamentos válvula térmica de fecho automática
9 Aparelhos: fogão, aquecedor de água

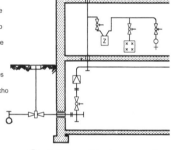

❺ Relógio medidor de consumo de gás no porão

❻ Relógio medidor de consumo de gás nos andares

Gás público — Instalador doméstico

1 Canalização de abastecimento rede de abastecimento local
2 Entrada da ligação doméstica – aço
3 Tubo encapado
4 Válvula de segurança elástica
5 Sistema principal de fecho de segurança com peça isolante integrada
6 Limite entre fornecimento de gás público e instalação doméstica
7 Aparelho regulador de pressão

❼ Abastecimento de gás

1,00

Regulador de entrada
Torneira de segurança contra incêndio
Relógio medidor de água

1 Tamanho mínimo 1 m³/kW
2 Abertura para ventilação para caldeiras com capacidade de até 50 kW ≥50 cm² e próxima ao piso
3 Abertura para ventilação para caldeiras com capacidade maior do que 50 kW. Abertura em corte transversal 150 cm²+2 cm² por kcal, acima dos 50 estabelecidos
Exemplo: capacidade da caldeira 65kW:
50kW+15kW
150 cm²+(15 × 2 = 30) cm²
= 180 cm²

❶ Valores de ligação para instalações a gás

Aparelho	Capacidade térmica kcal	Volume de gás consum. m³/h
Aquecedor de água	8,8–28,1	1,14–3,62
Aquecedor de água corrente	9,5–28,4	1,23–3,67
Reservatório de água quente	5,1–13,9	0,70–1,91
Estufas/ Caldeiras	2,6–60,3	0,34–7,79

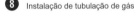

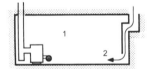

1 Tubulação aparente: os tubos de gás podem ser instalados fora do edifício. P. ex. no caso de gás para calefação, sobre a cobertura. Não há necessidade de medidas contra congelamento.
2 Tubulação embutida em alvenaria
3 Tubulações em poços ou canais devem ser ventiladas através de aberturas de 10 cm². No caso de forros pendurados estas aberturas deverão distribuir-se em diagonal.

❽ Instalação de tubulação de gás

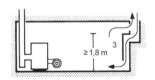
≥ 1,8 m

❾ Instalação de entrada das canalizações de água e gás no edifício, em compartimento de 1 m de largura e 0,30 m de profundidade

❿ Local de instalação ≥ 35 kW

DESENHOS
DESENHO MANUAL

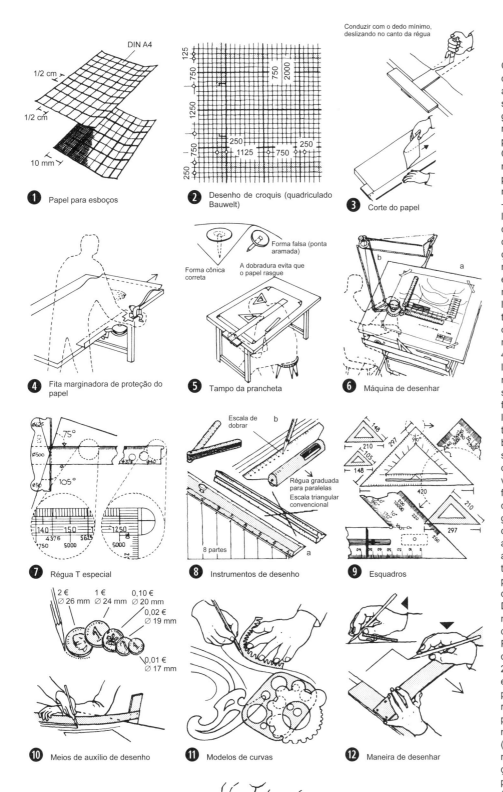

① Papel para esboços
② Desenho de croquis (quadriculado Bauwelt)
③ Corte do papel
④ Fita marginadora de proteção do papel
⑤ Tampo da prancheta
⑥ Máquina de desenhar
⑦ Régua T especial
⑧ Instrumentos de desenho
⑨ Esquadros
⑩ Meios de auxílio de desenho
⑪ Modelos de curvas
⑫ Maneira de desenhar
⑬ Meios de auxílio de desenho
⑭ Auxílio no traçado de paralelas
⑮ Posicionamento correto dos dedos

DESENHOS

Formato do papel
Desenho técnico
Disposição dos desenhos
Desenho arquitetônico
Simbologia do desenho arquitetônico
Símbolos das instalações hidráulicas
Símbolos das instalações elétricas
Símbolos de sistemas de segurança
Símbolos das instalações a gás
Desenho manual
Desenho com o computador

O desenho é a linguagem do arquiteto através do qual comunica as características de seu projeto, seja utilizando a representação geométrica, para especialistas, ou representações gráficas como a perspectiva e o croqui, para leigos. O desenho arquitetônico é um meio de representação da obra projetada e não um fim em si, como no caso da pintura, diferenciando-se portanto dela. Para o desenho livre em escala recomenda-se bloco de croqui quadriculado (DIN A4, quadrados de 1/2 cm); para esboços mais pormenorizados, papel milimetrado com divisões de 1 cm em linhas grossas, de 1/2 em linhas mais finas e milimétrica, em linhas fracas → ❶. Para desenho técnico e croqui utiliza-se o papel quadriculado Bauwelt, segundo a normalização dimensional da DIN 4172 → ❷; para os esboços com lápis macio (minas B), de preferência papel vegetal fino. As folhas são cortadas diretamente do rolo, folhas individuais são rasgadas ao longo da régua (T) → ❸; ou cortadas utilizando como guia a sua borda interna → ❸. Para os desenhos técnicos utilizam-se lápis duro (minas H) e folhas de papel vegetal grosso, resistentes, em formatos DIN, com fitas marginadoras de proteção → ❹, sendo guardados em arquivadores verticais ou horizontais. Para desenhos a nanquim, o papel vegetal é o apropriado; no caso de perspectivas ou desenhos aquarelados, papel resistente à água. A fixação do papel de desenho nos formatos DIN sobre a prancheta, é feita normalmente através de percevejos de ponta cônica uniforme → ❺. Primeiro dobra-se uma margem da folha com aproximadamente 2 cm, que mais tarde servirá para encadernação, tendo porém em princípio a função de levantar a régua em relação à superfície do papel, evitando que o arrastar da mesma (atrito) suje o desenho. (Por isso também deve-se desenhar de cima para baixo!) A fixação do papel na prancheta também pode ser feita com fita crepe → ❻, (o tampo da prancheta poderá ser executado ou forrado com chapa lisa de material sintético). As chamadas máquinas de desenhar são freqüentemente utilizadas pelos engenheiros → ❻. Ao lado da régua normal, T, existe uma especial que permite o desenho de diversos ângulos, sendo graduada em escala octamétrica e centimétrica → ❼. Escala dobrável (em leque), escala graduada para traçar paralelas, divisão em partes iguais → ❽.

21

Fundamentos

DESENHOS

Formato do papel
Desenho técnico
Disposição dos desenhos
Desenho arquitetônico
Simbologia do desenho arquitetônico
Símbolos das instalações hidráulicas
Símbolos das instalações elétricas
Símbolos de sistemas de segurança
Símbolos das instalações a gás
Desenho manual
Desenho com o computador

DESENHOS
DESENHO COM O COMPUTADOR

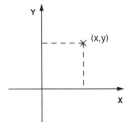

① Sistema cartesiano de coordenadas. Todos os pontos são definidos segundo seus valores em x e em y. O ponto 0 do sistema pode ter como referência o desenho específico ou o sistema universal de coordenadas.

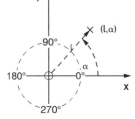

② Sistema de coordenadas polares. Todos os pontos são definidos segundo sua distância l do ponto 0 e do ângulo α, com referência ao eixo x.

Sistema de unidades	Abreviaturas	1 mm =	1 unidade em mm
Ponto	pt	2,8346 pt	0,3528 mm
Polegadas (*inches*)	I	0,0394"	25,4 mm

 Fatores de conversão normalmente utilizados para unidades no computador

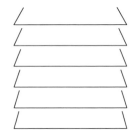

Nível texto
Nível marcação de medidas
Nível mobiliário
Nível aberturas
Nível construção
Nível layout/margens e etiquetas

④ Estruturação de um desenho CAD através da organização de objetos iguais em níveis/camadas próprios

obrigatório	_	facultativo	_	obrigatório
Q u e m	_	O n d e	_	O q u e
1 2 3 4 5	6	7 8 9 10 11	12	13 14 15 16 17 28 19 20

Quem – onde – o que níveis/camadas (*layer*): designação com campos de tamanho variável (segundo CADFORUM). Os nomes das camadas recebem abreviaturas consequentes com 2 ou 3 informações, separadas por traço. O conteúdo deve ser extraído dos primeiros 20 sinais de forma clara, uma vez que no sistema CAD o nome da camada se reduz ao comprimento da palavra. Não devem ser utilizados acentos ou sinais especiais, para evitar os problemas de intercâmbio.

Quem (1 – 5) = Autor

possíveis abreviaturas para autores

Arq	= arquiteto
Arqi	= arquiteto de interiores
Arqp	= arquiteto paisagista
Eng	= engenheiro construtor
Eel	= engenheiro eletricista
Cal	= calculista
CIV	= calefação, iluminação, ventilação
Geo	= geólogo

Onde (7 – 11) = Estruturação da edificação

possíveis estruturas

SUB	= subsolo
Terr	= térreo
1and	= primeiro andar
VistaN	= vista Norte
CORTEAA	= corte AA

O que (13 – 20) = Designação

Possíveis classificações

Eixos
Construção não acabada
Aberturas
Ampliação
Mobiliário
Tracejado
Medidas
Nomes
Margem

Exemplos de nomes para camadas:

Arq_terr eixos
Arq_terr construção não acabada
Arq_terr ampliação
Arq_terr tracejado

Para projetos pequenos pode-se eliminar a 2ª camada facultativa:

Geo_curvas superiores
Arq_construção não acabada
Eng_aberturas

⑤ Exemplo de designação de níveis/camadas com variáveis, fáceis de serem acompanhadas

Desenhos

Em função de sua bidimensionalidade, um desenho sempre representa uma abstração da realidade. O grau de abstração depende do conteúdo e, principalmente, do objetivo tipológico da representação. O menor grau pertence à perspectiva, colagens e *renderings*. Eles procuram aproximar-se ao máximo da realidade.

No entanto, para alcançar o efeito desejado, o espaço deixado para a fantasia do observador é de grande importância. Diagramas esclarecem relações funcionais. Planos de construção contêm as informações sobre medidas, materiais e montagem do futuro objeto. Todas essas informações devem ser claras e de fácil compreensão para o produtor; o seu grau de abstração no caso é bastante alto. Mesmo na era da linguagem gráfica desenvolvida por computadores, é importante manter e dominar as regras e leis do desenho convencional → p. 47–49.

Representação gráfica desenvolvida em computador ou desenho digital

Desenhar no computador diferencia-se de forma essencial do desenho tradicional feito sobre papel. Existem dois princípios básicos: a representação orientada no pixel (resolução do desenho), onde cada ponto pertence ao desenho e é arquivado (programas de arte digital), e desenhos orientados em vetores. Neste caso, apenas início e fim de um elemento a ser desenhado, além de suas características, serão arquivados (CAD). Devido ao sistema de trabalho baseado em monitor e impressão em cópia, há também o problema da bidimensionalidade de corpos e espaços. Em CAD trabalha-se hoje com sistema somente bidimensional em programas muito simplificados de desenho. É comum o uso de programas tridimensionais (programas dirigidos para a representação de objetos) para os quais tanto no monitor como na impressão são obtidos tipos de efeitos desejados. Nesse caso, as informações necessárias pertencem ao arquivo ou banco de dados do computador. Assim, os elementos do desenho podem, ao lado de suas características visíveis (tipo de linha, espessura e cor), corresponder a outras informações não visíveis, p. ex. pertencer a um nível ou camada (*layer*), dependência de outro objeto, qualidade do material, dados de produção, número da encomenda etc.

Estas características podem ser utilizadas na estruturação do conteúdo ou para outras avaliações, como participação em concursos ou cálculo de custos.

Modelos de volumes permitem outros tipos de simulações para análises estáticas, acústicas, de clima e técnicas de iluminação, que podem remeter a resultados precisos para o edifício através de determinados *softwares*.

3D-*scanner*, CNC-*machine* e 3D-*plotter* permitem uma edição tridimensional completa do objeto.

Intercâmbio de dados

Considerando-se que os dados costumam ser trabalhados por diferentes pessoas (técnicos e engenheiros especializados), deve-se observar uma organização unitária de conteúdo clara e de fácil compreensão. Na escolha de um sistema CAD e aplicação de sua sistemática, é importante saber se todos os futuros membros do projeto trabalham com o mesmo programa ou sobre os possíveis pontos de contato para troca de dados. Em geral, os formatos que permitem intercâmbio possuem apenas uma quantidade pequena de possibilidades estruturais, categorias de organização sem apoio perdem-se durante a troca ou precisam ser, com retardamento do processo, reestruturadas. Para designação de níveis existe a ISO 13567, a qual, entretanto, trabalha com abreviaturas e simbologias. Aqui parece ser melhor utilizar a designação recomendada em artigo da revista CADFORUM, mais flexível e fácil de ser utilizada → .

22

PESOS E MEDIDAS
RELAÇÃO ENTRE MEDIDAS ALEM. E INGL.

Fundamentos

PESOS E MEDIDAS

Relação entre medidas alem. e ingl.
Pesos, medidas e temperatura
Peso próprio e cargas úteis

	Conversão em:		Multiplicar por:
Medidas de comprimento	1 mm		= 0,0394 polegadas
	1 cm	= 10 mm	= 0,3937 polegadas
	1 dm	= 10 cm	= 3,9370 polegadas
	1 m	= 10 dm	= 1,0936 jardas
	1 dkm	= 10 m	= 10,9361 jardas
	1 hm	= 10 dkm	= 109,3614 jardas
	1 km	= 10 hm	= 0,6214 milhas
	cm	polegada (″)	0,3937
	m	pé (′)	3,2808
	m	jarda (yd)	1,0936
	km	milha (st. mi)	0,6214
	polegada	cm	2,5400
	pé	m	0,3048
	jarda	m	0,9144
	milha	km	1,6093
Medidas de superfície	1 mm²	=	0,00155 polegada quadrada
	1 cm² = 100 mm²	=	0,15499 polegada quadrada
	1 dm² = 100 cm²	=	15,499 polegadas quadradas
	1 m² = 100 dm²	=	1,19599 jardas quadradas
	1 dkm²= 100 m²	=	119,5993 jardas quadradas
	1 hm² = 100 dkm²	=	2,4711 acres
	1 km² = 100 hm²	=	247,11 acres = 0,3861 milha quadrada
	1 m²	=	1.549,9 polegadas quadradas
	1 a = 100 m²	=	119,5993 jardas quadradas
	1 ha = 100 a	=	2,4711 acres
	1 km² = 100 ha	=	247,11 acres = 0,3861 milha quadrada
	cm²	polegada quadrada (sq. in)	0,1550
	m²	pé quadrado (sq. ft)	10,7639
	m²	jarda quadrada (sq. yd)	1,1960
	1000 m²	acre (ac)	0,2471
	km²	milha quadrada (sq. mi)	0,3861
	polegada quadrada	cm²	6,4516
	pé quadrado	m²	0,0929
	jarda quadrada	m²	0,8361
	acre	m²	4046,8
	milha quadrada	km²	2,5900
Medidas de volume espacial	1 mm³	=	0,000061 polegada cúbica
	1 cm³ = 1000 mm³	=	0,061023 polegada cúbica
	1 dm³ = 1000 cm³	=	61,024 polegadas cúbicas
	1 m³ = 1000 dm³	=	35,315 pé cúbico = 1,3079 jardas cúbicas
Medidas madeira	1 mm² = 1 Estere	=	423,3 board feet
Medidas de capacidade	1 ml = 1 cm³	= 16,89	minims
	1 cl = 10 ml	= 0,352	onça líquida
	1 dl = 10 cl	= 3,52	onças líquidas
	1 l = 10 dl	= 1,76	pints
	1 dkl = 10 l	= 2,1998	galões
	1 hl = 10 dkl	= 2,75	bushels
	1 kl = 10 hl	= 3,437	quarto

	Conversão em:	Multiplicar por:	
Medidas de capacidade para substâncias secas	Litro	peck	0,1100
	Litro	bushel	0,0275
	Litro	kilderkin	0,0122
	m³	barril	6,1103
	m³	quarto	3,4370
	peck	Litro	9,0922
	bushel	Litro	36,3687
	kilderkin	Litro	81,829
	barril	m³	0,1637
	quarto	m³	0,2909
Medidas de capacidade para líquidos	Litro	gill (liqu)	7,0390
	Litro	pint (liqu)	1,7598
	Litro	quart (liqu)	0,8799
	Litro	pottle	0,4399
	Litro	galão	0,2200
	gill (liqu)	Litro	0,1421
	pint (liqu)	Litro	0,5683
	quart (liqu)	Litro	1,1365
	pottle	Litro	2,2730
	galão	Litro	4,5461
Medidas de volume	cm³	polegada cúbica (cu. in)	0,06102
	Litro	pé cúbico (cu. ft)	0,03531
	m³	jarda cúbica (cu. yd)	1,308
	m³	register ton (reg. tn)	0,3531
	polegada cúbica	cm³	16,387
	pé cúbico	Litro	28,317
	jarda cúbica	m³	0,7646
	register ton	m³	2,8317
Medidas de peso	1 mg	= 0,0154 grão	
	1 cg = 10 mg	= 0,1543 grão	
	1 dg = 10 cg	= 1,543 grãos	
	1 g = 10 dg	= 15,432 grãos	
	1 dkg = 10 g	= 0,353 onça	= 0,321 onça
	1 hg = 10 dkg	= 3,527 onças	= 3,215 onças
	1 kg = 10 hg	= 2,205 libras	= 2,679 libras
	1 t = 1000 kg	= 1,102 tonedas curtas	
	1 Pfd = 500 g = ½ kg	= 1,1023 libras	
	1 Ztr. = 100 Pfd = 50 kg	= 0,9842 quintal	
	1 dz = 100 kg	= 1,9684 quintais	
	g	grãos	15,4323
	g	dracma (av.)	0,5644
	g	onça (av.)	0,0353
	kg	libra (av.)	2,2046
	t	tonelada comprida (ingl.)	0,9842
	grain	g	0,0648
	dram	g	1,7718
	onça	g	28,3495
	libra	kg	0,4536
Medidas de peso/ quilate métrico	200 mg = 1 quilate		
	100 mg = ½ quilate	= 0,5 quilate	
	50 mg = ¼ quilate	= 0,25 quilate	
	20 mg = 1/10 quilate	= 0,10 quilate	
	10 mg = 1/20 quilate	= 0,05 quilate	
	2 mg = 1/100 quilate	= 0,01 quilate	

23

PESOS E MEDIDAS
PESOS, MEDIDAS E TEMPERATURAS

Fundamentos

PESOS E MEDIDAS

Relação entre medidas alem. e ingl.
Pesos, medidas e temperatura
Peso próprio e cargas úteis

A **convenção métrica** de 20 de maio de 1875 teve como objetivo a estipulação para cada país, além da comparação com os sistemas de medidas isolados vigentes, das novas medidas fundamentais, ou seja, o **metro** e o **quilograma**.
Os países que adotaram a utilização do sistema métrico foram: Alemanha, Áustria, Hungria, Bélgica, Holanda, Dinamarca, Espanha, França, Itália, Portugal, Rússia, Suécia, Noruega, Suíça, Turquia, Argentina, Estados Unidos da América, Peru, Venezuela, Romênia, Inglaterra, Japão, México, Bolívia, Brasil, Chile, Colômbia, Costa Rica, Equador, Guatemala, Honduras, Luxemburgo, Nicarágua, Paraguai, Salvador, Uruguai e Iugoslávia.

Sistema métrico de pesos e medidas		Pesos e medidas (em parte alemães) fora do sistema métrico	
Medidas de comprimento	A unidade de comprimento é o metro (m) = décima milionésima parte de um quarto do meridiano terrestre (menor distância entre Pólo e Equador) 1 km (quilômetro) .... 1000 m 1 m (metro) .... 10 dm 1 dm (decímetro) .... 10 cm 1 cm (centímetro) .... 10 mm (milímetro)	1 Grau de equador .... 111,3 km 1 Grau de meridiano .... 111,12 km 1 Milha terrestre alemã .... 7,5 km 1 Milha geog. nova (15 = 1 grau equador) ..... 7,42 km 1 Milha marítima alemã (60 = 1 grau merid.) .. 1,852 km 1 Kabel (120 braças) .... 0,22 km 1 Faden (braça) .... 1,829 m 1 Elle (côvado prussiano) .... 0,666 m 1 Rute (vara prussiana) (12 pés) .... 3,766 m 1 Fuss (pé prussiano) (12 polegadas) ...... 0,3139 m 1 Zoll (polegada prussiana) .... 2,615 cm	
Medidas de superfície	1 km² (quilômetro quadrado)... 100 ha 1 ha (hectare) .... 100 a 1 a (are) .... 100 m² 1 m² (metro quadrado) .... 100 dm² 1 dm² (decímetro quadrado) ... 100 cm² 1 cm² (centímetro quadrado)... 100 mm²	1 Milha quadrada geográfica .... 55,0629 km² 1 Morgen prussiana (180 varas prussianas quad.) 0,2533 ha 1 Vara prussiana quadrada .... 14,0185 m² 1 Jeira bávara (Tagwerk)..................... 0,3407 ha 1 Vara bávara quadrada .... 8,5175 m² 1 Pé prussiano quadrado .... 0,0985 m²	
Medidas de volume	1 m³ (metro cúbico) .... 1000 dm³ 1 dm³ (decímetro cúbico)...... 1000 cm³ 1 cm³ (centímetro cúbico) .... 1000 mm³	1 Vara prussiana cúbica .... 53,423 m³ 1 Klafter (toesa) (108 pés cúbicos) .... 3,339 m³ 1 Pé cúbico .... 0,031 m³	
Medidas de capacidade	1 m³ (metro cúbico) .... 10 hl 1 hl (hectolitro).............. 100 l 1 l (litro) .... 0,001 m³	1 Scheffel prussiano .... 0,54 hl 1 Scheffel bávaro .... 2,22 hl 1 Malter .... 1,5 hl 1 Tonelada de arquear (Schiffstonne) .... 2,21 m³	
Medidas de peso	1 t (tonelada) .... 1000 kg 1 dz (2 quintais)............. 100 kg 1 kg (quilograma)............. 1000 g 1 g (grama) .... 1000 mg (miligrama)	1 Zentner .... 50,000 kg 1 Libra (30 onças) .... 500 g 1 Libra prussiana antiga .... 0,4677 kg 1 Onça (10 dracmas) .... 16,66 g 1 Quilate .... 0,2 g	

	Sistema anglo-saxão de pesos e medidas	Temperaturas:		
Medidas de comprimento	1 Milha marítima (nó) = 6080 pés = 1,8532 km 1 Milha oficial = 8 Furlongs = 8 × 220 jardas = 1760 × 3 pés = 1,6093 km 1 Milha vulgar inglesa (milha de Londres) = 5000 pés = 1,5239 km 1 Braça = 2 jardas = 6 pés = 72 polegadas = 1,8287 m 1 Jarda = 3 pés = 36 polegadas = 0,9144 m 1 Pé (Foot, ft) = 12 polegadas = 0,3048 m 1 Polegada (inches) = 25,399 mm	Graus Celsius ($°C$) = $^5/_9$ ($°F-32$) = $^5/_4$ $°R$ Graus Reaumur ($°R$) = $^4/_5$ $°C$ = $^4/_9$ ($°F-32$) Graus Fahrenheit ($°F$) = $^9/_5$ $°C$ + 32 = $^9/_4$ $°R$+32 0 $°C$ = 273,15 Kelvin Tabela de equivalências:		
		°C	°R	°F
Medidas de superfície	1 Milha quadrada (sq. mile) = 640 Acres = 2,59 km² 1 Acre = 160 poles quadrados = 4840 jardas quadradas = 40,4685 a 1 Pole quadrado = 25,293 m² 1 Jarda quadrada = 9 pés quadrados = 0,8361 m² 1 Pé quadrado = 144 polegadas (inches) quadradas = 0,0929 m² 1 Polegada quadrada = 6,4516 cm²	− 40 − 35 − 30 − 25 − 20 − 17,8 − 15 − 10 − 5 0	− 32 − 28 − 24 − 20 − 16 − 14,2 − 12 − 8 − 4 0	− 40 − 31 − 22 − 13 − 4 0 + 5 + 14 + 23 + 32
Medidas de volume	1 Tonelada de arquear (register ton) = 100 pés cúbicos = 2,832 m³ 1 Tonelada marítima (carga) = 40 pés cúbicos = 1,1327 m³ 1 Jarda cúbica (cu. yd.) = 27 pés cúbicos = 0,7646 m³ 1 Pé cúbico (cu. ft.) = 1728 polegadas cúbicas = 0,0283 m³ 1 Polegada cúbica (cu. in.) = 16,387 cm³	+ 5 + 10 + 15 + 20 + 25	+ 4 + 8 + 12 + 16 + 20	+ 41 + 50 + 59 + 68 + 77
Medidas de capacidade	1 Quarto imperial = 8 Bushel = 2,90789 hl 1 Bushel = 8 galões = 0,3635 hl 1 Galão imperial = 4 Quartos = 4,5435 l 1 Quart = 2 Pints = 1,14 l 1 Pint = 0,56 litros 1 Galões americanos = 231 polegadas cúbicas = 3,7852 l	+ 30 + 35 + 40 + 45 + 50 + 55 + 60	+ 24 + 28 + 32 + 36 + 40 + 44 + 48	+ 86 + 95 +104 +113 +122 +131 +140
Medidas de peso	1 Tonelada comprida (long ton) = 20 quintais (hundred weight) = 20 × 4 arrobas = 80 × 28 1 Tonelada curta (short ton) = 2000 libras = 907,1853 kg [= 1016,0471 kg] 1 Quintal (cwts) = 4 arrobas = 50,8 kg 1 Arroba = 2 Stones = 12,701 kg 1 Stone = 14 libras = 6,35 kg 1 Libra = 16 onças = 0,4536 kg 1 Onça = 0,0284 kg	+ 65 + 70 + 75 + 80 + 85 + 90 + 95 +100	+ 52 + 56 + 60 + 64 + 68 + 72 + 76 + 80	+149 +158 +167 +176 +185 +194 +203 +212

PESOS E MEDIDAS
CONVERSÃO DAS MEDIDAS INGL. EM MM

Polegadas (0)	1/16	1/12	1/8	1/6	3/16	1/4	5/16	1/3	3/8	5/12	7/16	1/2
mm	1,59	2,12	3,18	4,23	4,76	6,35	7,94	8,47	9,52	10,58	11,11	12,70
Polegadas (0)	9/16	7/12	5/8	2/3	11/16	3/4	13/16	5/6	7/8	11/12	15/16	1
mm	14,29	14,82	15,87	16,93	17,46	19,05	20,64	21,17	22,22	23,28	23,81	25,40

Pés ingleses e polegadas – Milímetros
1 pé = 304,79973 mm

Pé	Poleg.	00	10	20	30	40	50	60	70	80	90	100	110	120
0	0	0	25,4	51	76	102	127	152	178	203	229	254	279	305
1	12	305	330	356	381	406	432	457	483	508	533	559	584	610
2	24	610	635	660	686	711	737	762	787	813	838	864	889	914
3	36	914	940	965	991	1016	1041	1067	1092	1118	1143	1168	1194	1219
4	48	1219	1245	1270	1295	1321	1346	1372	1397	1422	1448	1473	1499	1524
5	60	1524	1549	1575	1600	1626	1651	1676	1702	1727	1753	1778	1803	1829
6	72	1829	1854	1880	1905	1930	1956	1981	2007	2032	2057	2083	2108	2134
7	84	2134	2159	2184	2210	2235	2261	2286	2311	2337	2362	2388	2413	2438
8	96	2438	2464	2489	2515	2540	2565	2591	2616	2642	2667	2692	2718	2743
9	108	2743	2769	2794	2819	2845	2870	2896	2921	2946	2972	2997	3023	3048
10	120	3048	3073	3099	3124	3150	3175	3200	3226	3251	3277	3302	3327	3353
11	132	3353	3378	3404	3429	3454	3480	3505	3531	3556	3581	3607	3632	3658
12	144	3658	3683	3708	3734	3759	3785	3810	3835	3861	3886	3912	3937	3962
13	156	3962	3988	4013	4039	4064	4089	4115	4140	4166	4191	4216	4242	4267
14	168	4267	4293	4318	4343	4369	4394	4420	4445	4470	4496	4521	4547	4572
15	180	4572	4597	4623	4648	4674	4699	4724	4750	4775	4801	4826	4851	4877
16	192	4877	4902	4928	4953	4978	5004	5029	5055	5080	5105	5131	5156	5182
17	204	5182	5207	5232	5258	5283	5309	5334	5359	5385	5410	5436	5461	5486
18	216	5486	5512	5537	5563	5588	5613	5639	5664	5690	5715	5740	5766	5791
19	228	5791	5817	5842	5867	5893	5918	5944	5969	5994	6020	6045	6071	6096
20	240	6096	6121	6147	6172	6198	6223	6248	6274	6299	6325	6350	6375	6401
21	252	6401	6426	6452	6477	6502	6528	6553	6579	6604	6629	6655	6680	6706
22	264	6706	6731	6756	6782	6807	6833	6858	6883	6909	6934	6960	6985	7010
23	276	7010	7036	7061	7087	7112	7137	7163	7188	7214	7239	7264	7290	7315
24	288	7315	7341	7366	7391	7417	7442	7467	7493	7518	7545	7569	7594	7620
25	300	7620	7645	7671	7696	7722	7747	7772	7798	7823	7849	7874	7899	7925
26	312	7925	7950	7975	8001	8026	8052	8077	8102	8128	8153	8179	8204	8230
27	324	8230	8255	8280	8306	8332	8357	8382	8408	8433	8458	8484	8509	8534
28	336	8534	8559	8585	8610	8636	8661	8686	8712	8737	8763	8788	8814	8839
29	348	8839	8864	8890	8915	8941	8966	8991	9017	9042	9068	9093	9118	9144
30	360	9144	9169	9195	9220	9246	9271	9296	9322	9347	9373	9398	9423	9449
31	372	9449	9474	9500	9525	9551	9576	9601	9627	9652	9677	9703	9728	9753
32	384	9754	9779	9804	9830	9855	9881	9906	9931	9957	9982	10008	10033	10058
33	396	10058	10083	10109	10134	10160	10185	10210	10236	10261	10287	10312	10337	10363
34	408	10363	10388	10414	10439	10465	10490	10515	10541	10566	10592	10617	10642	10668
35	420	10668	10693	10719	10744	10770	10795	10820	10846	10871	10897	10922	10947	10973
36	432	10973	10998	11024	11049	11075	11100	11125	11151	11176	11202	11227	11252	11278
37	444	11278	11303	11328	11354	11379	11405	11430	11455	11481	11506	11532	11557	11582
38	456	11582	11607	11633	11658	11684	11709	11734	11760	11785	11811	11836	11861	11887
39	468	11887	11912	11938	11963	11989	12014	12039	12065	12090	12116	12141	12166	12192
40	480	12192	12217	12243	12268	12294	12319	12344	12370	12395	12421	12446	12471	12497
41	492	12497	12522	12548	12573	12598	12624	12649	12675	12700	12725	12751	12776	12802
42	504	12802	12827	12852	12878	12903	12929	12954	12979	13005	13030	13056	13081	13106
43	516	13106	13132	13157	13183	13208	13233	13259	13284	13310	13335	13360	13386	13411
44	528	13411	13437	13462	13487	13513	13538	13564	13589	13614	13640	13665	13691	13716
45	540	13716	13741	13767	13792	13818	13843	13868	13894	13919	13945	13970	13995	14021
46	552	14021	14046	14072	14097	14122	14148	14173	14199	14224	14249	14275	14300	14326
47	564	14326	14351	14376	14402	14427	14453	14478	14503	14529	14554	14580	14605	14630
48	576	14630	14656	14681	14707	14732	14757	14783	14808	14834	14859	14884	14910	14935
49	588	14935	14961	14986	15011	15037	15062	15088	15113	15138	15164	15189	15215	15240
50	600	15240	15265	15291	15316	15342	15367	15392	15418	15443	15469	15494	15519	15545
51	612	15545	15570	15596	15621	15646	15672	15697	15723	15748	15773	15799	15824	15850
52	624	15850	15875	15900	15926	15951	15977	16002	16027	16053	16078	16104	16129	16154
53	636	16154	16180	16205	16231	16256	16281	16307	16332	16358	16383	16408	16434	16459
54	648	16459	16485	16510	16535	16561	16586	16612	16637	16662	16688	16713	16739	16764
	Poleg.	0"	1"	2"	3"	4"	5"	6"	7"	8"	9"	10"	11"	12"

Fundamentos

PESOS E MEDIDAS

Relação entre medidas alem. e ingl.
Pesos, medidas e temperatura
Peso próprio e cargas úteis

DISTRIBUIÇÃO DE CARGAS
PESO PRÓPRIO E CARGAS ÚTEIS

Forças sobre estruturas de apoio – Pesos, pesos próprios e cargas úteis na construção de edifícios, volume superior segundo DIN EN 1991-1-1

DISTRIBUIÇÃO DE CARGAS

Relação entre medidas alem. e ingl.
Pesos, medidas e temperatura
Peso próprio e cargas úteis

DIN EN 1991-1-1

Bens armazenados: combustíveis sólidos
Tabela A.11

N°	Material/elemento	Valor de cálculo kN/m³	Ângulo de inclinação
1	Carvão		30°
	seco	7,8	25–40°
	úmido	9,8	35°
	briquetes, amontoados	7,8	–
	briquetes de carvão, empilhados	12,8	23–40°
	semi-coque de carvão	9,8	–
	pó	4,9	40°
2	Lenha	5,4	45°
3	Carvão vegetal coque		
	com ar	4	–
	sem ar	15	–
4	Carvão mineral		
	carvão lavado	12	–
	coque	4–6,5	35–45°
	carvão de pedra bruto, estado natural úmido	10	35°
	carvão mineral coque	7	25°
	briquetes carvão, empilhados	13	–
	briquetes carvão, amontoados	8	35°
	briquetes ovais e todas outras formas de carvão mineral	8,3	35°
	carvão médio armaz. pedreira	12,3	35°
	carvão amontoado para lavagem (em mina)	13,7	35°
5	Turfa		
	negra, seca, prensada	6–9	–
	negra, seca, solta	3–6	45°

Bens armazenados: bens industriais e de uso geral
Tabela A.12

N°	Material/elemento	Valor de cálculo kN/m³	Ângulo de inclinação
1	Livros, livros de arquivo e arquivos, densamente armazenados	6 / 8,5	–
2	Prateleiras e armários	6	–
3	Roupas e tecidos, em rolos	11	–
4	Gelo em pedaços	8,5	–
5	Couro, empilhado	10	–
6	Borracha	10–17	–
7	Sal grosso	22	45°
8	Sal	12	40°
9	Serragem		
	em sacos, seca	3	–
	seca, solta	2	45°
	úmida, solta	5	45°
10	Breu, betume	12	40°

Bens armazenados: Produtos alimentícios
Tabela A.9

N°	Material/elemento	Valor de cálculo kN/m³	Ângulo de inclinação
1	Ovos, embalados	4–5	–
2	Vegetais, verdes		
	couve	4	–
	salada	5	–
3	Leguminosas		
	feijão	8,1	35°
	em geral	7,4	30°
	soja	7,8	–
4	Batatas		
	soltas	7,6	35°
	em caixas	4,4	–
5	Farinha		
	embalada	5	–
	solta (amontoada)	6	25°
6	Frutas		
	maçãs, soltas	8,3	30°
	em caixas	6,5	–
	Peras	5,9	–
	morangos, em casco	1,2	–
	cerejas	7,8	–
	framboesas, em casco	2	–
	tomates	6,8	–
7	Tubérculos		
	em geral	8,8	–
	cenouras	7,8	35°
8	Açúcar		
	solto (amontoado)	7,8–10	35°
	embalado, prensado	16	–
9	Beterraba-açucareira		
	cortada molhada	10	–
	crua	7,6	–
	cortada seca	2,9	35°

beterraba vermelha 7,4 40°
nabo 7 35°
cebola 7 35°

Bens armazenados: líquidos
Tabela A.10

N°	Material/elemento	Valor de cálculo kN/m³	Ângulo de inclinação
1	Bebidas		
	cerveja	10	–
	leite	10	–
	água doce	10	–
	vinho	10	–
2	Líquidos e ácidos orgânicos		
	álcool	7,8	–
	éter	7,4	–
	álcool desnaturado	7,8	–
	ácido nítrico 91% (fração de massa)	14,7 / 15	–
	ácido clorídrico 40% (fração de massa)	11,8	–
	ácido sulfúrico 30% (fração de massa)	13,7 / 14	–
	ácido sulfúrico 87% (fração de massa)	17,7	–
	terebentina	8,3	–
3	Hidrocarbonetos		
	anilina	9,8	–
	gasolina, como combustível	7,4	–
	benzol	8,8	–
	butano	5,7	–
	óleo diesel	8,3	–
	petróleo	9,8–12,8	–
	óleo para aquecimento	7,8–9,8	–
	creosoto	10,8	–
	gasolina leve	6,9	–
	nafta	7,8	–
	parafina	8,3	–
	propano	5,0	–
	óleo lubrificante	8,8	–
	óleo pesado	12,3	–
	alcatrão	10,8–12,8	–
4	Outros líquidos		
	mercúrio	133	–
	tetróxido de chumbo	59	–
	alvaiade, em óleo	38	–
	lodo (fração de volume acima de 50% na água)	10,8	–
5	Óleos vegetais		
	glicerina	12,3	–
	óleo de linhaça	9,2	–
	óleo de oliva	8,8	–
	óleo de rícino	9,3	–

Bens armazenados: agricultura
segundo Tabela A.8

N°	Material/elemento	Valor de cálculo kN/m³	Ângulo de inclinação
1	Fertilizante natural		
	adubo (mín. 60% de sólidos)	7,8	–
	adubo (com palha seca)	9,3	45°
	estrume seco de aves	6,9	45°
	adubo líquido (máx. 20% sólidos)	10,8	–
2	Fertilizante artificial		
	Adubo NPK – granulado	8,0–12,0	25°
	escória de Thomas	13,7	35°
	fosfato, granulado	10–16	30°
	sulfato de potássio	10–16	30°
	urina	7–8	24°
3	Alimentos secos, verdes, a granel	3,5–4,5	–
4	Grãos de cereais		
	Não moídos (≤14% de umidade, a menos que especificado de outra forma)		
	em geral	7,8	30°
	cevada	7	30°
	cevada para cerveja (úmida)	8,8	–
	sementes de gramíneas	3,4	30°
	milho, amontoado	7,4	30°
	em sacos	5	–
	aveia	5	30°
	semente de nabo	6,4	25°
	centeio	7	30°
	trigo, amontoado	7,8	30°
	em sacos	7,5	–
5	Pellets de alfafa	7,8	40°
6	Feno		
	(em fardos)	1–3	–
	(fardos laminados)	6–7	–
7	Couros e peles	8–9	–
8	Lúpulo	1–2	25°
9	Malte	4–6	20°
10	Farinha		
	grosseiramente moída	7	45°
	em cubos	7	40°
11	Turfa		
	seca, solta, amontoada	1	35°
	seca, comprimida em fardos	5	–
	úmida	9,5	–
12	Silagem	5–10	–
13	Palha		
	solta (seca)	0,7	–
	em fardos	1,5	–
14	Tabaco em fardos	3,5–5	–
15	Lã	3	–
	solta		
	em fardos	7–13	–

Materiais armazenados, comerciais e industriais
Tabela A.12DE

N°	Material/elemento	Valor de cálculo kN/m²	Ângulo de inclinação
1	Minério de ferro		
	de superfície	14	40°
	tipo Brasil	39	40°
2	Fibras, celulose, prensadas em fardos	12	0°
3	Lodo com até 30% de água por volume Conteúdo de água	12,5	20°
4	Lodo com mais de 50% de água por volume	11	0°
5	Farinha de peixe	8	45°
6	Serragem, amontoada, solta	2	45°
7	Lã (fibra) de madeira, solta prensada	1,5 / 4,5	45° / –
8	Carboneto, em pedaços	9	30°
9	Linóleo em rolos	13	–
10	Porcelana ou produtos de grés, empilhados	11	–
11	Revestimentos de PVC em rolos	15	–
12	Soda, cristalina,	25	45°
	superaquecida	15	40°
13	Lã, algodão, prensados, secos ao ar	13	–

Bens armazenados: materiais e produtos de construção
Tabela A.7

N°	Material/elemento	Valor de cálculo kN/m³	Ângulo de inclinação
1	Betonilha, solta	8	40°
	compactada	11	–
2	Cinza fina	10–14	25°
3	Granulação de brita		
	para concreto leve	9–20	30°
	para concreto normal	20–30	30°
	para concreto pesado	>30	30°
4	Gesso em pó	15	25°
5	Vidro, em chapas	25	–
6	Escória de altos fornos		
	pedaços	17	40°
	granulada	12	30°
	areia de pedra-pomes	9	35°
7	Calcário; em pó	13	25–27°
8	Calcário	13	25°
9	Cascalho e areia, amontoados	15–20	35°
10	Plásticos		
	polietileno, poliestirol granulado	6,4	30°
	cloreto de polivinilo, em pó	5,9	40°
	resina de poliéster	11,8	–
	resina de cola	13	–
11	magnesita, em pó	12	–
12	água doce	10	–

Materiais de construção: Metais
Tabela A.4

N°	Material/elemento	Valor de cálculo kN/m³
1	Alumínio	27

DISTRIBUIÇÃO DE CARGAS
PESO PRÓPRIO E CARGAS ÚTEIS

Fundamentos

Forças sobre estruturas de apoio – Pesos, pesos próprios e cargas úteis na construção de edifícios, volume superior, segundo DIN EN 1991-1-1

DISTRIBUIÇÃO DE CARGAS

Relação entre medidas alem. e ingl.
Pesos, medidas e temperatura
Peso próprio e cargas úteis

DIN EN 1991-1-1

2	Chumbo	112–114
3	Bronze	83–85
4	Ferro fundido	71–72,5
5	Cobre	87–89
6	Latão	83–85
7	Ferro forjado	76
8	Zinco	71–72

Materiais de construção: outros materiais
Tabela A.5

N°	Material/componente	Valor de cálculo kN/m³
1	Outros materiais	
	vidro, granulado	22
	chapas de vidro	25
2	Plásticos	
	chapas de acrílico	12
	espuma de poliestireno	0,3
	espuma de vidro	1,4

Materiais para pontes
Tabela A.6

N°	Material/componente	Valor de cálculo kN/m³
1	Mantas para pontes rodoviárias	
	asfalto fundido e concreto asfáltico	24–25
	mástique asfáltico	18–22
	mistura asfáltica quente	23
2	Preenchimento de pontes	
	areia seca	15–16[a]
	brita, cascalho	15–16[a]
	subestrutura do leito da ferrovia	18,5–19,5
	brita	13,5–14,5[a]
	pedregulho	20,5–21,5
	barro	18,5–19,5
3	Mantas para pontes ferroviárias	
	camada de proteção de concreto	25
	brita normal (p. ex., granito, gnaisse etc.)	20
	brita de basalto	26

		Peso por trilho e comprimento[b,c] kN/m
4	Plataforma com leito de brita	
	2 trilhos UIC60	1,2
	Dormentes de concreto protendido com fixação de trilhos	4,8
	Dormentes de concreto com conectores de cantoneira de aço	–
	Dormentes de madeira com fixação de trilhos	1,9
5	Fixação direta de trilhos	
	2 trilhos UIC 60 com fixação	1,7
	2 trilhos UIC 60 com fixação, viga de ponte e gradeamento de proteção	4,9

[a] Listado em outras tabelas como materiais armazenados.
[b] Sem leito de brita.
[c] Espaçamento de 600 mm.

Materiais de construção: Madeira e componentes de madeira
Tabela A.3

N°	Material/componente	Valor de cálculo kN/m³
1	Madeira laminada (classes de resistência, ver EN 1194)	
	GL24h	3,7
	GL28h	4,0
	GL32h	4,2
	GL36h	4,4
	GL24c	3,5
	GL28c	3,7
	GL32c	4,0
	GL36c	4,2
2	Madeira (classes de resistência, ver EN 338)	
	Classe de resistência C14	3,5
	Classe de resistência C16	3,7
	Classe de resistência C18	3,8
	Classe de resistência C22	4,1
	Classe de resistência C24	4,2
	Classe de resistência C27	4,5
	Classe de resistência C30	4,6
	Classe de resistência C35	4,8
	Classe de resistência C40	5,0
	Classe de resistência D30	6,4
	Classe de resistência D35	6,7
	Classe de resistência D40	7,0
	Classe de resistência D50	7,8
	Classe de resistência D60	8,4
	Classe de resistência D70	10,8
3	Painéis de fibra de madeira:	
	painéis de HDF	10
	painéis de MDF	8
	painéis de LDF	4
4	Painéis de MDP	
	painéis de MDP	7–8
	painéis de MDP aglutinados com cimento	12
	painéis sanduíche	7
5	Madeira compensada:	
	compensados de madeira macia	5
	compensado de bétula	7
	laminados e placas de contraplacado	4,5

Materiais de construção: concreto e argamassa
Tabela A.1

N°	Material/componente	Valor de cálculo kN/m³
1	Concreto (ver EN 206) Concreto leve	
	classe de densidade aparente LC 1,0	9–10 [a,b]
	classe de densidade aparente LC 1,2	9–12 [a,b]
	classe de densidade aparente LC 1,4	12–14 [a,b]
	classe de densidade aparente LC 1,6	14–16 [a,b]
2	classe de densidade aparente LC 1,8	16–18 [a,b]
	classe de densidade aparente LC 2,0	18–20[a,b]
	concreto normal	24[a,b]
	concreto pesado	>[a,b]
	Argamassa	
	reboco de cimento	19–23
	de gesso	12–18
	Argamassa de cal e cimento	18–20
	Argamassa de cal	12–18

[a] Um aumento de 1kN/m³ na razão usual da armadura para concreto armado e protendido.
[b] Aumento de 1kN/m³ por acréscimo de concreto fresco.

Materiais de construção: Paredes de alvenaria
Tabela A.2

N°	Material/componente	Valor de cálculo kN/m³
1	Elemento	
	tijolos	s. EN 771-1
	blocos sílico-calcários	s. EN 771-2
	blocos de concreto	s. EN 771-3
	bloco de concreto celular	s. EN 771-4
	blocos moldados	s. EN 771-5
	tijolos de vidro, ocos	s. EN 1051
	terracota	21,0
2	Pedras naturais, ver EN 771-6	
	granito, sienito, pórfiro	27,0–30,0
	basalto, diorito, gabro	27–31
	traquito	26
	basalto	24
	grés, arenito etc.	21–27
	calcário denso	20–29
	calcário	20
	tufa	20
	gnaisse	30
	ardósia	28

Alvenaria com argamassa normal, leve e de camada fina
Tabela NA.A.13

N°	Densidade aparente do tijolo (g/cm³)	kN/m³ para paredes de alvenaria com	
		Argamassa normal	Argamassa leve ou de camada fina
1	0,31–0,35	5,5	4,5
2	0,36–0,40	6	5
3	0,41–0,45	6,5	5,5
4	0,46–0,50	7	6
5	0,51–0,55	7,5	6,5
6	0,56–0,60	8	7
7	0,61–0,65	8,5	7,5
8	0,66–0,70	9	8
9	0,71–0,75	9,5	8,5
10	0,76–0,80	10	9
11	0,81–0,90	11	10
12	0,91–1,00	12	11
13	1,01–1,20	14	13
14	1,21–1,40	16	15
15	1,41–1,60	16	16
16	1,61–1,80	18	18
17	1,81–2,00	20	20
18	2,01–2,20	22	22
19	2,21–2,40	24	24

Lajes de construção e lajes planas de concreto celular não armado segundo DIN 4166
Tabela NA.A.14

N°	Classe de densidade aparente	kN/m³
1	0,35	4,5
2	0,40	5,0
3	0,45	5,5
4	0,50	6,0
5	0,55	6,5
6	0,60	7,0
7	0,65	7,5
8	0,70	8,0
9	0,80	9,0

Lajes de cobertura, parede e piso feitas de concreto celular armado segundo DIN 4223
Tabela NA.A.15

N°	Classe de densidade aparente	kN/m³
1	0,40	5,2
2	0,45	5,7
3	0,50	6,2
4	0,55	6,7
5	0,60	7,2
6	0,65	7,8
7	0,70	8,4
8	0,80	9,5

Painéis de gesso para paredes segundo a DIN EN 12859 e painéis de gesso acartonado segundo DIN 18180
Tabela NA.A.16

N°	Material/componente	Classe de densidade aparente	Distribuição de carga por cm de espessura em kN/m²
1	Painéis de parede – gesso aerado	0,7	0,07
2	Painéis de parede – gesso	0,9	0,09
3	Painéis de gesso acartonado	–	0,09

Gesso com e sem ripas
Tabela NA.A.17

N°	Material/componente	Distribuição de carga kN/m²
1	Revest. gesso e cal	
2	sobre ripa para gesso (p. ex., malha de arame de metal expandido) com argamassa, 30 mm espessura	0,50
3	sobre placas leves de lã de madeira com espessura de 15 mm e argamassa, 20 mm espessura	0,35
4	sobre placas leves de lã de madeira com espessura de 25 mm e argamassa, 20 mm espessura	0,45
5	Revest. gesso, 15 mm espessura	0,18
6	Arg. cal, arg. gesso e cal, arg. gesso e areia, 20 mm espessura	0,35
7	Arg. cal e cimento, 20 mm espessura	0,40
8	Massa leve segundo DIN EN 998-1, 20 mm espessura	0,30
9	Reboco e argamassa segundo DIN 4211:1995-03, 20 mm espessura	0,40
10	Forro revest. gesso junco/bambu, 20 mm espessura	0,30
11	Reboco de isolamento térmico	
	20 mm espessura	0,24
	60 mm espessura	0,32
	100 mm espessura	0,40
12	Revest. isolante térmico de reboco de cal e cimento com 20 mm de espessura e placas de construção leves de lã de madeira	
	Espessura da placa 15 mm	0,49

27

DISTRIBUIÇÃO DE CARGAS
PESO PRÓPRIO E CARGAS ÚTEIS

Forças sobre estruturas de apoio – Pesos, pesos próprios e cargas úteis na construção de edifícios, volume superior segundo DIN EN 1991-1-1

N°	Material/elemento	Distribuição de carga
	Espessura da placa 50 mm	0,60
	Espessura da placa 100 mm	0,80
13	Sistema de isolamento térmico exterior (ETICS) de espuma plástica e acabamento reforçado, 15 mm de espessura, segundo DIN 18164-2:2001-09, ou material de isolamento de fibra conforme DIN EN 12431	0,30
24	reboco de cimento, espessura 20 mm	0,42

Pavimentos e revestimentos de paredes
Tabela NA.A.18

N°	Material/elemento	Distribuição de carga por cm de espessura em kN/m²/cm
1	Concreto asfáltico	0,24
2	Mástique asfáltico	0,18
3	Asfalto fundido	0,23
4	Lajes de concreto, marmorite, lajes de resina sintética	0,24
5	Massa de assentamento	
	massa de sulfato de cálcio (massa de anidrita, natural, artificial, unidade DGCa – massa de gesso)	0,22
	massa de assentamento de gesso	0,20
	massa de assentamento asfáltica	0,23
	massa de assentamento industrial	0,24
	massa de assentamento de resina sintética	0,22
	massa de assentamento de magnésia segundo DIN 272, com camada de desgaste utilizável em uma ou mais camadas	0,22
	camada inferior utilizável em diversas camadas	0,12
	massa de ass. de cimento	0,22
4	Chapas de vidro	0,25
5	Borracha	0,15
6	Revestimento cerâmico para paredes (grês, incl. argamassa de assentamento)	0,19
7	Revestimento cerâmico para pisos (grês e lajotas comuns, incl. argamassa de assentamento)	0,22
8	Pisos sintéticos	0,15
9	Linóleo	0,13
10	Lajotas de pedra natural (incl. argamassa de assentamento)	0,30
11	Carpete	0,03

[a] unidade de dessulfurização de gases de combustão

Materiais independentes
Tabela NA.A.19

N°	Material/elemento	Distribuição de carga por cm de espessura em kN/m²
1	Fibra de cimento-amianto	0,07
2	Pedrisco (pedra-pomes), despejado	0,02
3	Perlite, expandido	0,01
4	Ardósia e argila expandida, despejada	0,15
5	Materiais de isolamento de fibra segundo DIN EN 12431 (p. ex., fibra de vidro, escória, pedra)	0,01
6	Materiais isolantes com betume, despejados	0,02
7	Borracha triturada	0,03
8	Placas de cânhamo com betume	0,02
9	Areia-escória de altos fornos	0,10
10	Pedrisco úmido	0,03
11	Cortiça moída, despejada	0,02
12	Magnésia, queimada	0,10
13	Espuma sintética	0,01

Placas, mantas e folhas
Tabela NA.A.20

N°	Material/elemento	Distribuição de carga por cm de espessura em kN/m²
1	Placas asfálticas	0,22
2	Painéis cons. leves lã de madeira segundo DIN 1101:2000-06	
	para espessuras de placas ≤ 100 mm	0,06
	para espessuras de placas > 100 mm	0,06
3	Placas de pedrisco úmido prensadas	0,03
7	Placas de granulado de cortiça impregnada segundo DIN 18161-1:1976-12,	0,02
8	placas leves multicamadas de cortiça betumizadas conforme DIN 1102:1989-11, independentemente da espessura	
	com duas camadas	0,05
	com três camadas	0,09
10	Placas de cortiça expandida segundo DIN 18161-1:1976-12 (retiradas sem substituição)	0,01
	Placas de perlite	0,02

N°	Material/elemento	Distribuição de carga
11	Espuma de poliuretano (feita em obra)	0,01
12	segundo DIN 18159 Espuma de fibra de vidro (densidade bruta de 0,07 g/cm³) em espessuras de 4 a 6 cm, com recobrimento de papelão	0,02
13	Placas de espuma sintética segundo DIN 4108-10	0,004

Cobertura de telhas cerâmicas, de concreto e vidro
Tabela NA.A.21

N°	Material/elemento	Distribuição de carga a kN/m²
1	Telhas de concreto com ripamento de apoio nas bases e ganchos de fixação longitudinais superiores	
	até 10 peças/m²	0,50
	mais de 10 peças/m²	0,55
2	Telhas de concreto com ripamento de apoio nas bases e ganchos de fixação longitudinais inferiores	
	até 10 peças/m²	0,60
	mais de 10 peças/m²	0,65
3	Telhas planas 155 mm x 375 mm e 180 mm x 380 mm e telhas planas de concreto	
	telhados inclinados (incluindo ripamento)	0,60
	recobrimento duplo e coroamento	0,75
4	Telha francesa ou curva com sobreposição unilateral, telha de telhado plano	0,55
5	Telhas de vidro	com o mesmo tipo de cobertura das linhas 1 a 3
6	Telhas cerâmicas curvas de grande formato até 10 peças/m²	0,50
7	Telhas planas de pequeno formato e formatos especiais (igrejas, torres etc.)	0,95
8	Telhas cerâmicas curvas com encaixe	0,45
9	Telhas cerâmicas curvas com encaixe, sobre base de papelão	0,55
10	Telhas capa-canal (com argamassa)	0,90
11	Telhas cerâmicas planas com encaixe longitudinal	0,60

[a] A menos que se indique o contrário, as distribuições de carga se aplicam sem argamassa, mas incluindo o ripamento. Caso haja argamassa, adiciona-se 0,1 kN/m².

Telhas de ardósia
Tabela NA.A.22

N°	Material/elemento	Distribuição de carga kN/m²
1	Telhado tradicional de ardósia alemã e padrão alemão, sobre 24 mm de forração e ripamento	
	em recobrimento simples	0,50
	em recobrimento duplo	0,60
	telhados padrão alemão sobre ripamento, incluindo ripamento	0,45

Telhas metálicas
Tabela NA.A.23

N°	Material/elemento	Distribuição de carga kN/m²
1	Telhas de alumínio (0,7 mm de espessura, incluindo 24 mm de ripamento)	0,25
2	Telhado em chapa de alumínio com perfis ondulados, trapezoidais e com nervuras fixação	0,05
3	Chapas lisas de zinco de titânio ou cobre, 0,7 mm de espessura, incluindo forração e 24 mm de ripamento	0,35
4	Telhas curvas de aço zincado (chapas zincadas)	
	incluindo ripamento	0,15
	incluindo forração e ripamento de 24 mm	0,30
5	Telhado de chapa de aço feitas de perfis trapezoidais	[a]
6	Telhado de chapa ondulada (chapas de aço galvanizado, incluindo material de montagem)	0,25

[a] De acordo com o fabricante

Telhas de fibrocimento segundo DIN EN 494
Tabela NA.A.24

N°	Material/elemento	Distribuição de carga kN/m²
1	Telhado alemão sobre 24 mm de ripamento,	

	incluindo forração e ripamento	0,4
2	Telhado duplo sobre ripamento, incluindo ripamento	0,38 [a]
3	Telhado horizontal sobre ripamento, incluindo ripamento	0,25 [a]

[a] Ao assentar sobre ripamento, adiciona-se 0,1 kN/m².

Telhas onduladas de fibrocimento segundo DIN EN 494
Tabela NA.A.25

N°	Material/elemento	Distribuição de carga kN/m²
1	Telhas onduladas curtas de fibrocimento	0,24 [a]
2	Telhas onduladas de fibrocimento	0,20 [a]

[a] Sem caibros, mas incluindo material de fixação.

Outras coberturas
Tabela NA.A.26

N°	Material/elemento	Distribuição de carga kN/m²
1	Telhas onduladas de plástico (formas de perfis segundo DIN EN494), sem caibro, incluindo material de fixação feito de resinas de poliéster reforçadas com fibra de vidro, (Densidade bruta 1,4 g/cm³), espessura da placa 1 mm como o anterior, mas com recobrimento superior de acrílico, (Densidade bruta de 1,2 g/cm³), espessura da placa 3 mm	0,03 0,06 0,08
2	Tecido de poliéster revestido em PVC, sem estrutura de suporte	
	tipo I (resistência de 3,0 kN/5 cm de largura)	0,0075
	tipo II (resistência de 4,7 kN/5 cm de largura)	0,0085
	tipo III (resistência de 6,0 kN/5 cm de largura)	0,01
3	Cobertura de palha ou junco, incluindo ripamento	0,70
4	Cobertura de tabuado de madeira, inclusive ripamento	0,25
5	Superfícies envidraçadas livres	
	vidro perfilado simples	0,27
	vidro perfilado duplo	0,54
6	Tecidos (coberturas têxteis), sem estrutura	0,03

Impermeabilização de telhados e edifícios com membranas betuminosas, sintéticas e elastoméricas
Tabela NA. A. 27

N°	Material/elemento	Distribuição de carga kN/m²
	Folhas prontas para entrega	
1	Membrana impermeabilizante de betume e polímero betuminoso para telhados segundo DIN 52130[a] e DIN 52132[a]	0,04
2	Folhas à base de betume e polímero betuminoso segundo DIN 5213[a] e DIN 52133[a]	0,07
3	Membrana impermeabilizante de betume para coberturas com inserção de fita metálica segundo DIN 18190-4[a]	0,03
4	Manta de betume natural segundo DIN 52129[a]	0,01
5	Folhas de feltro de lã de vidro e betume segundo DIN 52143[a]	0,03
6	Folhas sintéticas, 1,5 mm espessura	0,02
	Membranas prontas para instalação	
7	Membrana impermeabilizante de betume e polímero betuminoso para telhados segundo DIN 52130[a] e DIN 52132[a], incluindo massa colante ou folhas à base de betume e polímero betuminoso segundo DIN 52131[a] e DIN 52133[a], por camada	0,07
8	Membrana impermeabilizante de betume para telhados segundo DIN 18190-4[a], incluindo massa colante, por camada	0,06
9	Manta de betume natural segundo DIN 52129[a], incluindo massa colante, por camada	0,04
10	Folhas de feltro de lã de vidro e betume segundo DIN 52143[a], incluindo massa colante, por camada	0,05
11	Barreira de vapor, incluindo massa colante ou folha à base de betume, por camada	0,07
12	Camada de nivelamento, instalada solta	0,03
13	Folhas sintéticas de impermeabilização de coberturas e impermeabilização estrutural, instaladas soltas, por camada	0,02
	Proteção superficial pesada na impermeabilização de telhados	
14	Enchimento de pedrisco, 5 cm espessura	1,0

[a] Normas DIN retiradas sem substituição

DISTRIBUIÇÃO DE CARGAS
PESO PRÓPRIO E CARGAS ÚTEIS

Fundamentos

Forças sobre estruturas de apoio – Pesos, pesos próprios e cargas úteis na construção de edifícios, volume superior segundo DIN EN 1991-1-1

DISTRIBUIÇÃO DE CARGAS

Relação entre medidas alem. e ingl.
Pesos, medidas e temperaturas
Peso próprio e cargas úteis

DIN EN 1991-1-1

Cargas úteis perpendiculares para tetos, escadas e varandas, Tabela 6.1 PT

Categoria		Uso	Exemplos	q_k kN/m²	Q_k [e] kN
A	A1	Áreas de sótão não habitáveis	Não adequada a uso habitacional; área sob o telhado acessível, de até 1,80 m de altura	1,0	1,0
	A2	Salas de estar e de lazer	Tetos com distribuição suficiente de cargas transversais, espaços e corredores em edifícios habitacionais, quartos de hospital com camas, quartos de hotel incluindo nicho de cozinhas e banheiros	1,5	-
	A3		como A2, mas sem distribuição suficiente de cargas transversais	2,0[c]	1,0
B	B1	Escritórios, áreas de trabalho, corredores	Corredores de escritórios, áreas de escritório, consultórios médicos sem aparelhos pesados; unidades para doentes estacionários; áreas de permanência, inclusive corredores; estábulos para animais pequenos	2,0	2,0
	B2		Corredores em hospitais, hotéis, residências geriátricas, internatos etc.; salas de terapia em hospitais, incluindo salas de operações sem aparelhos pesados; adegas em edifícios residenciais	3,0	3,0
	B3		como nos exemplos em B1 e B2, porém com aparelhos pesados	5,0	4,0
C	C1	Espaços ou áreas de reunião de pessoas ou áreas que podem servir para reunião de pessoas (com exceção das categorias definidas em A, B, D e L)	Áreas com mesas, p. ex. em creches, jardins de infância, escolas, cafés, restaurantes, salas de refeições, salas de leitura, recepções, salas de professores	3,0	4,0
	C2		Áreas com assentos fixas, p. ex. em igrejas, teatros ou cinemas, salas de congresso, auditórios, áreas de reunião, salas de conferências, salas de espera	4,0	4,0
	C3		Áreas de livre acesso, p. ex. museus, exposições etc. e áreas de entrada em edifícios públicos e hotéis; áreas de pátio sem tráfego, com subsolo utilizável, assim como corredores nas categorias de uso C1 a C3	5,0	4,0
	C4		Áreas esportivas ou de teatro, p. ex. salões de dança, ginásios esportivos, salas de ginástica e com aparelhos para fitness, palcos	5,0	7,0
	C5		Áreas para grandes concentrações de público, p. ex. salas de concerto, terraços, acessos e tribunas com cadeiras fixas	5,0	4,0
	C6		Áreas de uso regular com grande concentração de público, tribunas/palanques ou assentos fixos	7,5	10
D	D1	Salas comerciais	Áreas comerciais de até 50 m² em edifícios de moradia, escritório ou semelhante	2,0	2,0
	D2		Áreas comerciais individuais (lojas especiais) em grandes lojas de departamentos	5,0	4,0
	D3		Áreas como em D2, mas com cargas individuais elevadas em função do carregamento das estantes	5,0	7,0
E	E1.1	Fábricas e oficinas, estábulos, depósitos e acessos	Áreas em fábricas[a] e oficinas[a] com operações leves e áreas em grandes edifícios pecuários	5,0	4,0
	E1.2		Espaços de armazenamento geral, incluindo bibliotecas	6,0[b]	7,0
	E2.1		Áreas em fábricas[a] e oficinas[a] de funcionamento médio e pesado	7,5[b]	10,0
T[d]	T1	Escadas e patamares	Escadas e patamares em edifícios residenciais, edifícios de escritórios e em consultórios médicos sem aparelhos pesados	3,0	2,0
	T2		Todas as escadas e patamares que não podem ser classificadas em T1 ou T3	5,0	2,0
	T3		Acessos e escadas de tribunas/palanques sem assentos fixas, que servem como escadas de segurança	7,5	3,0
Z[d]		Acessos, balcões e semelhantes	Terraços de cobertura, passarelas de ligação externa em edifícios, varandas e balcões, patamares	4,0	2,0

[a] Cargas úteis em fábricas e oficinas são consideradas estáveis. Em casos isolados, apresentam-se como cargas que se repetem (dependentes de cada caso).
[b] Para estes valores trata-se de valores mínimos; em casos isolados, cargas maiores podem ser consideradas.
[c] Para a distribuição pontual das cargas em espaços com lajes com distribuição suficiente de cargas transversais sobre pilares, pode-se diminuir o valor dado de 0,5 kN/m².
[d] Para os efeitos combinados, deve-se considerar a categoria de uso associada ao tipo de edifício ou parte deste.
[e] Se for necessária a verificação da capacidade de carga mínima do local (p. ex., para elementos estruturais sem distribuição suficiente de cargas transversais), deve-se utilizar os valores característicos da carga concentrada Q_k sem sobreposição com a carga distribuída q_k. A área de contato para Q_k compreende um quadrado com largura de 50 mm.

Cargas úteis para coberturas, Tabela 6.10 PT

Categoria		Uso	Uso	Q_k kN
H	A1	Áreas de sótão não habitáveis	Não adequadas a uso habitacional; áreas sob o telhado acessível de até 1,80 m de altura	1,0

Cargas úteis perpendiculares para edifícios-garagem e áreas com tráfego de veículos, Tabela 6.8 PT

Categoria		Uso	A[b] m²	q_k kN/m²		2×Q_k kN
F	F1	Áreas de tráfego e estacionamento para veículos leves (com carga total ≤ 30 kN)	≤ 20	3,5	ou	20
	F2		> 20	2,5	ou	20[a]
	F3	Rampas de acesso	≤ 20	5,0	ou	20
	F4		> 20	3,5	ou	20

[a] Nas categorias F2 e F4, pode-se usar a carga do eixo (2 × Q_k 520 kN) ou as cargas de roda (Q_k 510 kN) para calcular as tensões locais (p. ex., cargas transversais sobre o rolamento ou carga de contato das rodas). Para Q_k, no entanto, deve-se assumir o modelo de carga exibido na Figura 6.2, com um comprimento lateral da área de contato quadrada de a = 200 mm.
[b] Para placas com tensão uniaxial, a área de suporte da carga A é determinada como o produto do vão e da largura de placa contribuinte b_m para a carga do eixo (2 × Q_k), conforme a Figura 6.2. Pode-se calcular a largura de placa contribuinte b_m com o auxílio de recursos adequados, como p. ex. o folheto 240 do DAfStb (Comitê Alemão de Concreto Armado). Para componentes que transferem as cargas (p. ex. vigas, colunas), determina-se a área de transferência de carga conforme a Figura NA.1.

29

DISTRIBUIÇÃO DE CARGAS
PESO PRÓPRIO E CARGAS ÚTEIS

Fundamentos

DISTRIBUIÇÃO DE CARGAS
Relação entre medidas alem. e ingl.
Pesos, medidas e temperaturas
Peso próprio e cargas úteis
DIN EN 1991-1-1

Forças sobre estruturas de apoio – Pesos, pesos próprio e cargas úteis na construção de edifícios, volume superior segundo DIN EN 1991-1-1

Áreas de tráfego e estacionamento em edifícios, Tabela 6.7

Categoria de uso	Características de uso	Exemplo
F	Áreas de tráfego e estacionamento para veículos leves (com carga total ≤ 30 kN e com menos de 8 assentos de passageiro)	Edifícios-garagem, garagens, plataformas de estacionamento
G	Áreas de tráfego e estacionamento para veículos médios (com carga total > 30 kN e ≤ 160 kN sobre dois eixos)	Áreas de acesso, zonas de carga e descarga; acesso para viatura de bombeiros (veículos com carga total ≤160 kN)

OBSERVAÇÃO 1 O acesso a áreas de categoria F deve ser limitado por medidas estruturais adequadas.
OBSERVAÇÃO 2 Áreas de categoria F e G devem contar com sinais de advertência adequados.

Categorias de construções de telhados, Tabela 6.9

Categoria de uso	Características de uso
H	Áreas de acesso restrito, exceto para reparos e manutenção
I	Áreas de acesso livre conforme as categorias de utilização A a G
K	Áreas de acesso livre e utilização especial, p. ex. heliportos

Dimensões de empilhadeiras conforme as classes FL, Tabela 6.5

Classe da empilhadeira	Peso próprio (líquido) kN	Capacidade de içamento kN	Distância entre eixos a m	Largura do veículo b m	Comprimento do veículo l m
FL1	21	10	0,85	1,00	2,60
FL2	31	15	0,95	1,10	3,00
FL3	44	25	1,00	1,20	3,30
FL4	60	40	1,20	1,40	4,00
FL5	90	60	1,50	1,90	4,60
FL6	110	80	1,80	2,30	5,10

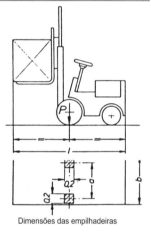

Dimensões das empilhadeiras

Cargas úteis em áreas de armazenamento com empilhadeiras, Tabela 6.4 DE

Categoria de uso	q_k em kN/m²	Carga de eixo Q_k em kN
Categoria E2.2 Áreas de armazenamento utilizadas por empilhadeiras classe FL1	12,5	ver classe FL1, Tabela 6.6
Categoria E2.3 Áreas de armazenamento utilizadas por empilhadeiras classe FL2	15,0	ver classe FL2, Tabela 6.6
Categoria E2.4 Áreas de armazenamento utilizadas por empilhadeiras classe FL3	17,5	ver classe FL3, Tabela 6.6
Categoria E2.5 Áreas de armazenamento utilizadas por empilhadeiras classe FL4 a FL6	20,0	ver classe FL4 a FL6, Tabela 6.6

Cargas por eixo em empilhadeiras Tabela 6.6

Classe da empilhadeira	Carga de eixo Q_k em kN
FL1	26
FL2	40
FL3	63
FL4	90
FL5	140
FL6	170

Cargas úteis nas áreas de cobertura da categoria K com instalação de heliporto, Tabela 6.11

Classe de heliporto	Carga de decolagem Q do heliporto	Carga de decolagem Q_k	Dimensões da área de contato com a carga (m x m)
HC1	Q ≤ 20 kN	Q_k = 20 kN	0,2 x 0,2
HC2	20 kN < Q ≤ 60 kN	Q_k = 60 kN	0,3 x 0,3

Cargas úteis nas áreas de cobertura da categoria K com instalação de heliporto, Tabela 6.11 DE

Linha	Categoria		Peso de decolagem permitido t	Carga normalizada do helicóptero Q_k kN	Comprimentos laterais de uma superfície de pouso quadrada mm
1	HC[a]	HC1	3	30	200
2		HC2	6	60	300
3		HC3	12	120	300

[a] As forças sobre estruturas devem ser combinadas como as da categoria G.

ACESSIBILIDADE
MEDIDAS PARA PESSOAS COM DEFICIÊNCIA

Fundamentos básicos de projeto

DIN 18040-1 (edifícios de acesso público acessíveis, ruas, praças, espaços livres, transporte público, áreas verdes e *playgrounds*, em substituição à DIN 18024-2), DIN 18040-2 (habitações) e as respectivas Diretrizes Estaduais para a Construção (LBO - Alemanha). A DIN 18040 ocupa-se do projeto, da execução e da disposição de edifícios de acesso público e define os espaços projetados para pessoas com limitações motoras e/ou sensoriais, como deficiências de mobilidade, cegueira e deficiências visuais e auditivas.
Demais recursos de planejamento:
DIN 33942 (*Playgrounds* acessíveis – Requisitos de segurança e métodos de teste)
DIN 32984 (Indicadores de piso para espaços públicos)
DIN EN 13200-1 (Instalações para espectadores – Critérios para a disposição espacial dos assentos dos espectadores – Requisitos)

Acesso geral sem degraus

Todos os andares de edifícios projetados conforme os princípios da construção acessível devem ser construídos sem degraus nem limiares, ou seja, com um elevador ou uma rampa.

Exigências de espaço e áreas de movimentação segundo DIN 18040

O espaço para a locomoção de pessoas com deficiência (cadeirantes, pessoas com andadores ou muletas) deve ser grande o bastante para a locomoção em linha reta, encontros com outras pessoas e giros:
– 0,90 m de largura para passagens e portas
– 1,20 m de largura e menos de comprimento (até 6,00 m), caso não se prevejam giros ou encontros com outra pessoa (p. ex., rampas e áreas de corredor)
– 1,50 x 1,50 m para manobras da cadeira de rodas e para o encontro do cadeirante com outras pessoas
– 1,80 x 1,80 m para o encontro de dois cadeirantes

A **dimensão axial de altura dos elementos** de preensão e operação deve ser sempre de 85 cm acima da margem superior do piso acabado. Se houver elementos de controle (p. ex., vários interruptores de luz) dispostos um acima do outro, a altura do elemento de controle inferior não deve ser inferior a 85 cm, e a altura do elemento de controle superior não deve exceder 1,05 m.

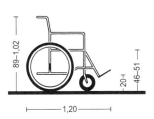
① Vista lateral de cadeira de rodas padrão

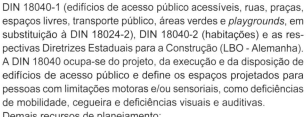
② Exigências de espaço e áreas de movimentação sem mudança de direção

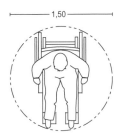
③ Espaço mínimo de giro para cadeirantes

④ Espaço mínimo de manobra para pessoas com dificuldades de locomoção

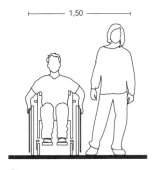
⑤ Largura de um cadeirante

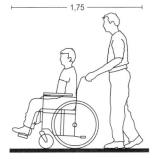
⑥ Comprimento de um cadeirante

⑪ Pessoa com muletas

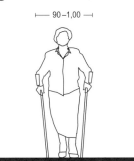
⑫ Pessoa com muletas

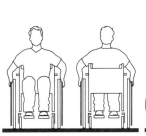
⑦ Cadeirante com acompanhante

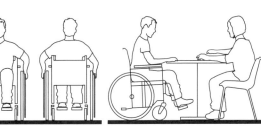

⑧ Cadeirante com acompanhante ⑨ Encontro de cadeirantes ⑩ Cadeirante com pessoa à mesa

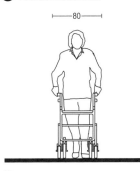
⑬ Pessoa com andador

⑭ Pessoa com andador, vista lateral

Fundamentos

ACESSIBILIDADE

Medidas para pessoas com deficiência
DIN 18040-1
DIN 18040-2 Habitações acessíveis

DIN EN 81-70

Ver também:
Elevadores
p. 139

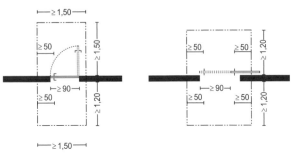

① Áreas de movimento e manobra em frente a portas de abrir

② Áreas de movimentação e manobra em frente a portas de correr

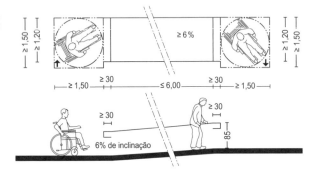

③ Rampas

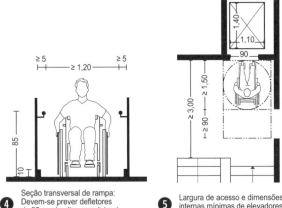

④ Seção transversal de rampa: Devem-se prever defletores de 85 cm de altura nas laterais livres da rampa

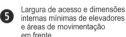

⑤ Largura de acesso e dimensões internas mínimas de elevadores e áreas de movimentação em frente

⑥ Corredores e áreas de circulação em edifícios. Altura mín. 2,20 m. Inclinação máx. 3%. Para corredores de até 10 m de comprimento, máx. 4%

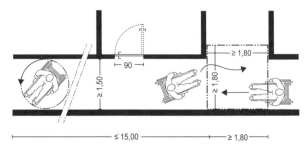

⑧ Largura mín. 1,50 m Passagens com no mín. 0,90 m. Corredores com mais de 15 m precisam de área de movimentação

ACESSIBILIDADE
EDIFÍCIOS DE ACESSO PÚBLICO SEGUNDO DIN 18040-1

Portas → ❶ + ❷ devem ter um vão de passagem (luz) de 0,90 m e um pé-direito de 2,05 m. Portas giratórias e de vaivém não oferecem passagem acessível. Os batentes da porta podem ter até 26 cm de profundidade, e as maçanetas (não os puxadores) devem estar localizadas 85 cm acima da superfície superior do piso acabado.

Rampas → ❸ + ❹ podem ter uma inclinação máxima de 6%, sem inclinação transversal. Para rampas de mais de 6 m, é necessária uma plataforma intermediária de pelo menos 1,50 m de comprimento. Deve-se incluir uma área de movimentação de 1,50 x 1,50 m no início e no final da rampa. A área utilizável deve ter pelo menos 1,20 m de largura. Se as rampas não forem delimitadas por paredes, serão necessários defletores de roda de 10 cm de altura (em plataforma ou trilho) nas passarelas e plataformas.

Os corrimãos (diâmetro 3–4,5 cm) devem ser colocados a 85–90 cm acima da margem superior do piso acabado das passarelas e plataformas das rampas. Se possível, eles devem se estender 30 cm a partir da parede sobre a passarela da rampa. Na extensão da rampa, não devem ser instaladas escadas descendentes.

Elevadores → ❺ devem ser de tipo 2 ou 3 ou seguir a DIN EN 81-70. As cabines dos elevadores devem ter, no mínimo, 1,10 m de largura e 1,40 m de profundidade e uma entrada de no mínimo 0,90 m de largura. As áreas de movimentação devem ter um mínimo de 1,50 m de largura por 1,50 m de profundidade. Elas não devem se sobrepor a rotas de tráfego e outras áreas de movimentação.

Corredores e áreas de circulação em edifícios → ❻ – ❾ se tiverem mais de 15 m de comprimento, devem contar com uma área de encontro de pelo menos 1,80 x 1,80 m. Corredores de até 6,00 m de comprimento, com espaços de rotação no início e no final, podem ter 1,20 m de comprimento. Devem-se planejar passagens com, no mínimo, 0,90 m de largura.

Escadas → ❺ As áreas de movimentação junto a saídas e acessos a escadas devem ter no mínimo 1,50 m de largura; a área do último degrau não é contada juntamente com a área de movimentação.

Os **revestimentos dos pisos** em corredores e áreas de circulação em edifícios devem ser antiderrapantes (classificação mín. R9 segundo o regulamento BGR 181) e firmemente instalados. Devem ser adequados para muletas, andadores e cadeiras de rodas, contrastar com os componentes da construção e ser livres de reflexos e ofuscamentos.

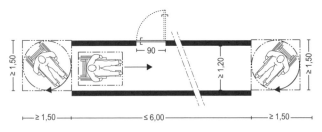

⑦ Corredores com até 6,00 m de comprimento e espaço de rotação no início e no fim: largura mínima de 1,20 m

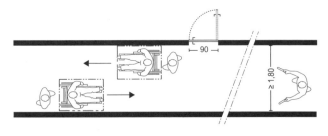

⑨ Dimensões de corredores para passagem de dois cadeirantes largura mín. de 1,80 m

ACESSIBILIDADE
EDIFÍCIOS DE ACESSO PÚBLICO SEGUNDO DIN 18040-1

Sanitários

Em cada sanitário ou área com equipamentos sanitários, deve-se prever uma bacia apropriada para pessoas com dificuldade de locomoção. Deve-se prever uma área de movimentação de no mínimo 1,50 x 1,50 em frente a cada peça sanitária. As áreas de movimentação podem se sobrepor → ❺. Ao lado da bacia sanitária, preveem-se áreas de movimentação de pelo menos 70 cm de profundidade e 90 cm de largura em ambos os lados para que a bacia possa ser usada de ambos os lados → ❹. Para evitar o bloqueio da porta, as portas de batente dos sanitários só devem abrir para fora e devem poder ser destrancadas por fora ❻ – ❼.

As seguintes dimensões devem ser observadas:

Toalete → ❷
– Altura do assento da bacia do WC: 46–48 cm
– Apoio traseiro: 55 cm atrás da extremidade dianteira da bacia sanitária
– Distância entre as duas alças de apoio dobráveis: 65–70 cm
– Altura das alças de apoio dobráveis: Extremidade superior 28 cm acima da altura do assento
– As alças de apoio dobráveis devem se estender 15 cm além da extremidade dianteira da bacia sanitária

Lavatório → ❸
– Bancadas da pia desobstruídas: mín. 55 cm (para lavatórios de mão, basta um mín. de 45 cm)
– Distância entre a torneira e a extremidade dianteira da bancada: máx. 40 cm
– Altura da extremidade dianteira da bancada: máx. 80 cm. Dispõe-se de um espelho com pelo menos 1,00 m de altura acima da bancada da pia.

Área do chuveiro → ❽
o piso não deve rebaixar mais de 2 cm, preferencialmente manter o mesmo nível do piso adjacente. Devem-se prever os seguintes elementos:
– Barras de apoio verticais e horizontais a uma altura de 85 cm (dimensão axial)
– Assento de chuveiro dobrável com pelo menos 45 cm de profundidade e 46–48 cm de altura
– Alças de apoio dobráveis elevadas em ambos os lados do assento dobrável
– Acima do assento deve haver um chuveiro de mão com alavanca única, a uma altura de 85 cm.

Assentos → ❻ – ❼
Recomendam-se assentos em sanitários de instalações esportivas e de repouso (a serem usados, p. ex., como vestiários, na troca de cateteres para esvaziamento da bexiga ou na troca de fraldas para incontinência). Se for previsto um assento para pessoas com mobilidade restrita (a ser usado como vestiário), o espaço deve ser planejado de modo a comportar um assento de 1,80 m de comprimento x 0,90 m de largura x 46–48 cm de altura e uma área de movimentação de pelo menos 1,50 x 1,50 m em frente ao assento. Assentos dobráveis também são possíveis.

Vestiários → ⓫
Em instalações esportivas, de banho e de terapia, pelo menos uma das cabines dos vestiários deve acomodar um assento (1,80 m de comprimento x 0,90 m de largura x 46–48 cm de altura). Os vestiários devem contar com trancas acessíveis por dentro e por fora em caso de emergência.

Fundamentos

ACESSIBILIDADE
Medidas para pessoas com deficiência
DIN 18040-1
DIN 18040-2
Habitações acessíveis

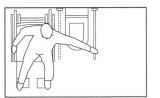

❶ Sequência de movimentos da cadeira de rodas para a bacia sanitária

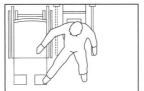

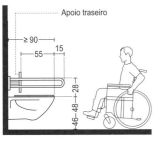

❷ Altura e projeção do assento do vaso sanitário

❸ Bancada da pia desobstruída

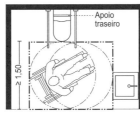

❹ Dimensões e áreas de movimentação da bacia sanitária

❺ Deve haver áreas de movimentação de pelo menos 1,50 m x 1,50 m em frente a cada objeto sanitário. Elas podem se sobrepor

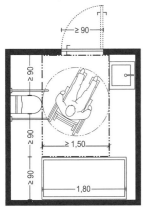

❻ Recomenda-se um assento no sanitário

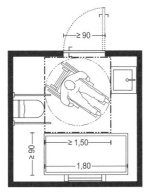

❼ É possível reduzir o espaço necessário com um assento dobrável

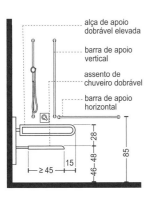

❽ Chuveiro

❾ Disposição de alças de apoio dobráveis e apoio traseiro

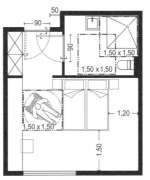

❿ Quarto de hotel acessível por cadeira de rodas

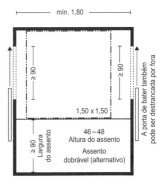

⓫ Vestiário individual com assento

ACESSIBILIDADE
EDIFÍCIOS DE ACESSO PÚBLICO SEGUNDO DIN 18040-1

Fundamentos

ACESSIBILIDADE

Medidas para pessoas com deficiência
DIN 18040-1
DIN 18040-2
Habitações acessíveis

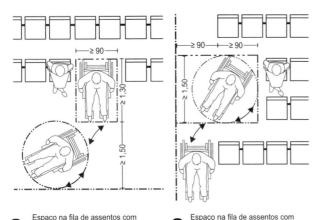

① Espaço na fila de assentos com acessibilidade traseira ou dianteira, mín. 0,90 x 1,30 m

② Espaço na fila de assentos com acessibilidade lateral, mín. 0,90 x 1,50 m

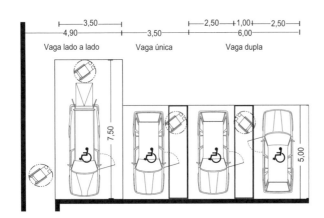

③ Vagas de estacionamento para cadeirantes segundo as EAR (Empfehlungen für Anlagen des ruhenden Verkehrs, ou Recomendações para Sistemas de Tráfego Estacionário) 2005

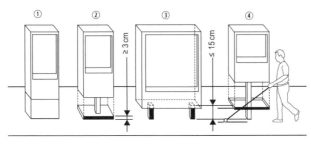

① No chão
② Base de pelo menos 3 cm
③ Extremidade inferior a no máx. 15 cm do piso
④ Barra de toque a no máx. 15 cm do piso

④ Perceptibilidade dos elementos com o bastão

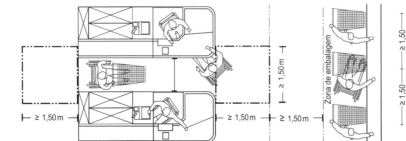

⑥ Vão de passagem (luz) e áreas de movimentação em caixas

Depósitos para cadeiras de rodas → ⑦
Em edifícios que exigem troca de cadeira de rodas, deve-se planejar um lugar para o seu depósito, de preferência nas entradas.

Elementos das estruturas → ④ devem ser visualmente contrastantes e projetados de modo a serem tocados com um bastão por pessoas cegas, por exemplo. Sua estrutura pode tocar o chão, ser complementada por uma base de pelo menos 3 cm de altura (correspondente ao contorno da estrutura), terminar a no máx. 15 cm do chão ou contar com uma faixa de toque a não mais de 15 cm do chão.

Salas para eventos e reuniões, salas para seminários e cursos.
Para assentos em fileira: o espaço para a cadeira deve ter no mínimo 0,90 m de largura por 1,30 m de profundidade, com uma área de movimentação dianteira ou traseira de no mínimo 1,50 m → ①.Nesse caso, as áreas de movimentação possuem um mín. de 0,90 m de largura por 1,50 m de profundidade → ②. A lateral do espaço deve ter pelo menos 0,90 m de largura. Perto do espaço para cadeiras de rodas, são previstos assentos para acompanhantes.

Estacionamento de veículos → ③ ficam perto das entradas acessíveis: Estacionamento de veículos: Comprimento: 5,00 m, largura: 3,50 m.
Estacionamento de vans: Comprimento: 7,50 m, largura: 3,50 m, pé-direito: 2,50 m.

Balcões de serviço, caixas, controles → ⑥ Devem-se oferecer passagens com um vão livre de pelo menos 0,90 m próximo a balcões de serviço, caixas, controles e máquinas de venda automática. Deve-se prever uma área de movimentação de no mínimo 1,50 x 1,50 m antes e depois dessas passagens.

Desobstrução de balcões de serviço → ⑤ Deve-se planejar uma área de movimentação de no mínimo 1,50 x 1,50 m em frente a balcões de serviço, caixas, controles e máquinas de venda automática. A mesa de balcões de serviço, caixas e controles deve ter no mínimo 0,90 m de largura e 0,55 m de profundidade para permitir a movimentação de cadeirantes sob o piso. A profundidade da área de movimentação pode ser reduzida a 1,20 m, caso a mesa tenha um mínimo de 1,50 m de largura e permita a movimentação sob a superfície. A mesa de apoio não deve ter menos de 0,80 m de altura.

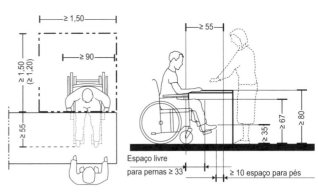

⑤ Desobstrução de balcões de serviço

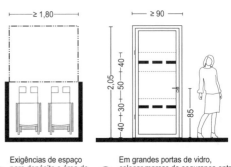

⑦ Exigências de espaço para depósito e área de movimentação de cadeiras de rodas

⑧ Em grandes portas de vidro, colocar marcas de segurança entre 40–70 cm e 1,20–1,60 m acima do nível superior do piso acabado

ACESSIBILIDADE
HABITAÇÕES SEGUNDO DIN 18040-2

Fundamentos

ACESSIBILIDADE

Medidas para pessoas com deficiência
DIN 18040-1
DIN 18040-2
Habitações acessíveis

Habitações adaptadas ao cadeirante
A DIN 18040-2 aplica-se ao planejamento de moradias acessíves cujas áreas externas também serão projetadas para uso residencial. A DIN diferencia entre:
– habitações acessíveis e utilizáveis por pessoas com dificuldade de locomoção e
– habitações acessíveis e sem restrições, utilizáveis por pessoas com cadeiras de rodas, aqui designadas, junto com suas medidas, como habitações R. Para rampas, elevadores, portas, escadas etc., aplicam-se as medidas e áreas de movimentação previstas na DIN 18040-1.

Espaços livres
Se possível, cada habitação deve dispor de áreas livres externas, como terraços, varandas ou sacadas. Elas devem ser acessíveis a partir da habitação e devem ter uma área de pelo menos 1,20 x 1,20 m ou 1,50 x 1,50 m no caso de uma habitação R. Se possível, deve-se incluir um elemento móvel de proteção solar, e os parapeitos devem permitir uma vista a no mínimo 60 cm da margem superior do piso acabado → ⓯ – ⓰.

Áreas de movimentação em espaços de convivência, dormitórios e cozinhas
Em cada recinto, deve haver áreas de movimentação de pelo menos 1,20 x 1,20 m ou 1,50 x 1,50 m que permitam curvas e giros com muletas ou cadeiras de rodas.

As áreas de movimentação na frente e em torno dos móveis devem ser as seguintes: para camas, 1,20 m de um lado e 0,90 m do outro ou 1,50 m de um lado e 1,20 m do outro (habitações R). Para outros móveis: 0,90 m e 1,50 m, respectivamente (habitações R)→ ❾ – ⓬.

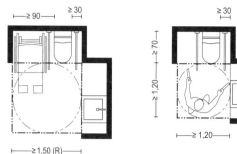
❶ Área de movimentação em frente e perto da bacia sanitária e da bancada do lavatório

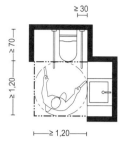
❷ Área de movimentação em frente e perto da bacia sanitária e da bancada do lavatório

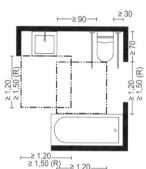
❸ Sobreposição de áreas de movimentação no sanitário (banheira)

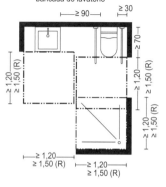
❹ Sobreposição de áreas de movimentação no sanitário (chuveiro)

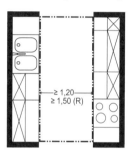
❺ Área de movimentação em cozinha com bancadas paralelas

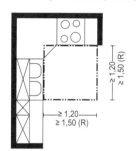
❻ Área de movimentação em uma cozinha de canto

	1 pessoa	2 pessoas	3 pessoas	4 pessoas	5 pessoas
Espaço de convivência	20,00	20,00	20,00	22,00	24,00
Espaço de refeições	6,00	7,00	9,50	9,50	10,00
Espaço de trabalho	2,00	2,00	2,00	2,00	2,00
Dormitório	16,00	20,00	16,00	20,00	20,00
Criança (1 cama)	–	–	14,00	2 x 11,00	2 x 11,00
Criança (2 camas)	–	–	–	–	14,00
Banheiro	7,00	7,00	7,00	7,00	7,00
Lavabo adicional	–	–	–	4,00	4,00
Cozinha	8,00	8,00	8,00	10,00	13,00
Corredor	5,00	6,00	6,00	7,00	8,00
Depósito de cadeira de rodas	5,00	5,00	5,00	5,00	5,00
Área da moradia	**69,00**	**75,00**	**87,50**	**108,50**	**129,00**

⓫ Tamanhos de referência para apartamentos com 1 usuário de cadeira de rodas – espaço de moradia em m²\(requisitos de nullbarriere.de, incluindo DIN 18040-2)

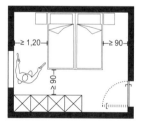
❼ Área mín. de movimentação em dormitório de moradia acessível

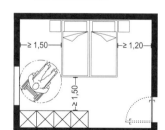
❽ Área mín. de movimentação em dormitório de moradia acessível para cadeirantes

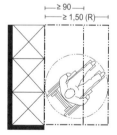
⓬ Área mín. de movimentação em frente a móveis

⓭ Área mín. de movimentação ao lado da cama

❾ Vestíbulo com guarda-roupas

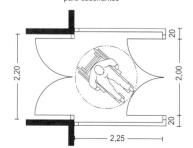
❿ Para-ventos com portas duplas

⓮ Espaço livre: abertura parcial a partir de 60 cm do nível superior do piso acabado

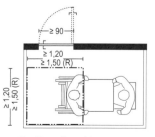
⓯ Espaço livre mínimo para acesso à mesa

35

ACESSIBILIDADE

HABITAÇÕES ACESSÍVEIS SEGUNDO DIN 18040-2 – EXEMPLOS

Os pontos mais importantes da norma DIN 18040-2:
Quando se trata de apartamentos, faz-se uma distinção entre
– habitações acessíveis e utilizáveis por pessoas com dificuldade de locomoção; e
– habitações acessíveis e sem restrições, utilizáveis por pessoas com cadeiras de rodas (aqui chamadas de habitações R).
Depósitos para cadeiras de rodas: deve-se prever um espaço para depósito de cadeiras de rodas no vestíbulo ou no interior de cada habitação R (mas não nos dormitório). Tamanho do espaço para troca de cadeira de rodas: 1,80 m x 1,50 m. Em frente ao depósito, deve-se providenciar uma área de movimento adicional de pelo menos 1,80 m x 1,50 m.
Banheiros e lavabos: em apartamentos com mais de um banheiro, pelo menos um deles deve ser acessível. Prevê-se uma área de movimento de pelo menos 1,20 m x 1,20 m ou 1,50 m x 1,50 m (habitação R) em frente aos aparelhos sanitários.
Bacias sanitárias: para usuários de cadeira de rodas, a bacia sanitária deve ser acessível de pelo menos um dos lados. Área de movimento: pelo menos 70 cm de profundidade (da borda frontal da bacia à parede traseira), lado acessível com pelo menos 90 cm de largura e, para os assistentes, lado oposto com pelo menos 30 cm de largura. Habitações R com mais de três salas/dormitórios contam com um banheiro que não precisa ser acessível, mas que contenha pelo menos uma bancada de pia e uma bacia sanitária adicional. Deve-se prever espaço para a instalação posterior de uma banheira (p. ex., na área do chuveiro).

Apartamento acessível de três dormitórios em edifícios de múltiplos pavimentos

Segundo a nova DIN 18040-2, é possível planejar habitações amplas não acessíveis e apartamentos R (apartamentos acessíveis a usuários de cadeira de rodas) em prédios de múltiplos pavimentos. As plantas baixas → ❸ – ❻ mostram 4 variantes (acessíveis e não acessíveis conforme as especificações da DIN 18040-2) de um apartamento de 3 dormitórios com o mesmo formato, área e conceito básico.

ACESSIBILIDADE

Medidas para pessoas com deficiência
DIN 18040-1
DIN 18040-2
Habitações acessíveis

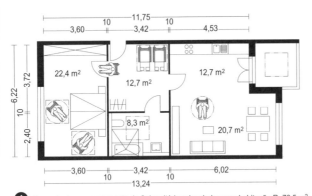

❶ Exemplo de um apartamento de 2 dormitórios planejado como habitação R, 76,5 m²

❷ Exemplo de um apartamento de 4 dormitórios planejado como habitação R, 115,3 m²

❸ Exemplo de um apartamento de 3 dormitórios, 87 m², edifício de múltiplos pavimentos, não acessível

❹ Apartamento de 3 dormitórios planejado como habitação R, com acessibilidade irrestrita (p. ex., dois dormitórios individuais acessíveis por cadeira de rodas)

❺ Apartamento de 3 dormitórios planejado como habitação acessível, com acessibilidade limitada (p. ex., um dormitório duplo acessível por cadeira de rodas e um quarto individual não acessível)

❻ Apartamento de 3 dormitórios planejado como habitação R, com acessibilidade irrestrita (p. ex., dois dormitórios individuais acessíveis por cadeira de rodas)

FUNDAMENTOS E RELAÇÕES DE ESCALA
O HOMEM COMO UNIDADE DE MEDIDA

Fundamentos

FUNDAMENTOS E RELAÇÕES DE ESCALA

O Homem como unidade de medida
O Homem como relação universal de escala
Medidas e necessidades espaciais do corpo humano
Relações geométricas de medidas
Ordenação das medidas para edifícios (sem incluir setor de subsolo)

O homem cria coisas para seu uso pessoal. Seu corpo é portanto a referência dimensional para aquilo que fabrica. Assim foram consideradas naturalmente, nos tempos antigos, as partes do corpo humano como fundamento para todas as **unidades de medidas**.

Ainda hoje conseguimos dar melhor idéia da dimensão de um objeto quando utilizamos expressões do tipo: apresenta tantas vezes a altura de um homem, tem tantas braças de comprimento, tantos pés de largura ou é tantas cabeças maior.

São conceitos cuja percepção faz parte de nosso desenvolvimento, não precisando ser definidos para serem compreendidos.

A adoção do **metro** deu fim entretanto a estas outras unidades de medidas, resultando na necessidade de desenvolvermos uma noção (na medida do possível) precisa e viva, experienciada, da unidade abstrata. É o que faz o cliente quando mede os compartimentos de sua habitação atual para comparar com as dimensões apresentadas no projeto construtivo. Aquele que deseja dominar o construir deve em primeiro lugar praticar a percepção visual das dimensões de espaços e objetos, de tal forma que, para cada desenho de linha e indicação de medida, o tamanho real do móvel, compartimento, construção, apareça como imagem concreta diante de seus olhos.

Obtemos uma leitura correta da escala de um objeto quando a seu lado encontramos uma **figura humana** como referência – seja em realidade ou em representação.

Ocorre com frequência em revistas especializadas, a publicação de edifícios ou espaços sem a presença da escala humana, o que nos dá geralmente uma falsa impressão da dimensão dos objetos apresentados (na realidade, quase sempre muito menores). Acrescente-se a isso a ainda não rara falta de relacionamento entre construções entre si, por terem sido projetadas a partir de escalas diferentes, arbitrárias, e não da única correta, o corpo humano.

Para inverter esta situação, é preciso mostrar para **aquele que projeta**, de onde surgiram certas medidas, que ele adota na maioria das vezes sem saber porquê.

Ele precisa saber as relações entre si das partes estruturais de um corpo humano normalmente desenvolvido, e qual o espaço que este necessita para diferentes posições e em movimento.

Deve conhecer o tamanho de **aparelhos**, **utensílios**, vestimentas etc., que o homem utiliza, para poder dimensionar os móveis ou peças destinadas a contê-los.

Ele precisa conhecer o **espaço** que uma pessoa necessita entre peças de mobiliário de uma cozinha, sala de jantar, biblioteca etc., para possibilitar comodidade de trabalho sem desperdício de área.

Deve saber qual a melhor posição funcional do **mobiliário**, permitindo assim ao homem a possibilidade de trabalhar com conforto tanto em casa, como no escritório ou oficina, assim como de repousar adequadamente.

Finalmente deve conhecer quais as dimensões de espaços **mínimos** em que o homem se movimenta cotidianamente, como trens, bondes, veículos motores etc.

Destes típicos pequenos espaços tem-se geralmente uma noção exata. A partir deles, quase sempre inconscientemente, o projetista concebe dimensionalmente espaços mais amplos.

O homem porém não se constitui apenas de corpo material que necessita de espaço. A parte relativa às **sensações** não é de menor importância. Como um local é dimensionado, dividido, pintado, iluminado, mobiliado, é fundamental para a impressão causada em quem o ocupa.

Partindo de todas estas considerações e conhecimentos anteriores, comecei a compilar, no ano de 1926, as experiências de minha muito variada atividade prática e de ensino. Sobre este material baseei os aqui apresentados "princípios da arte de projetar", que a partir do Homem, fornece os fundamentos para dimensionamento do edifício e seus componentes.

Pela primeira vez, aqui neste livro, pesquisam-se, desenvolvem-se e comparam-se muitas questões básicas.

As atuais possibilidades técnicas foram incluídas, levando em consideração as **normas** alemãs. O texto foi reduzido a um mínimo indispensável e na medida do possível ilustrado ou até mesmo substituído por representações gráficas.

Desta maneira oferece-se àquele que projeta, material fundamental em forma ordenada e resumida, o qual senão precisa ser reunido laboriosamente em diferentes publicações ou através de comparação com exemplos construídos, para cada caso.

Foi depositado grande valor nesta forma de resumo, com dados básicos e experiências, recorrendo-se à reprodução de casos construídos apenas quando forem importantes como exemplificação geral.

No fundo entretanto, com exceção de determinadas normas, todos os casos são diferentes e devem ser, a cada vez, "iniciados", estudados, desenvolvidos, pelo arquiteto.

Apenas assim é possível haver uma evolução viva (da arquitetura), que acompanhe o espírito da sua época.

Observação de objetos concluídos conduz com frequência a imitações, uma vez que dá ao arquiteto idéias preconcebidas ou apresenta soluções prontas das quais ele, em casos semelhantes, dificilmente conseguirá livrar-se.

Quando, porém, o arquiteto criativo obtém em suas mãos apenas as ferramentas, o que é a intenção deste livro, precisará desenvolver a sua concepção própria, conseguindo atender às necessidades práticas do projeto, harmonizando com uma unidade conceitual.

Finalmente os dados aqui expostos não foram colhidos ao acaso em revistas e publicações, senão foram sistematicamente compilados em livros especializados, comparados com exemplos de edificações de boa qualidade em casos semelhantes e, quando necessário, comprovados com modelos de ensaio, tudo isso visando reduzir o trabalho de procura e dar, ao arquiteto ativo, tempo e serenidade para dedicar-se ao importante aspecto da concepção formal dos espaços.

Ernst Neufert

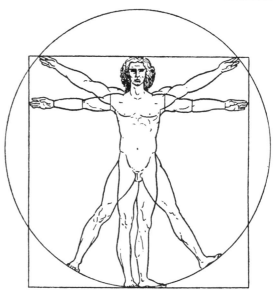

❶ Leonardo da Vinci: cânon de proporções

37

FUNDAMENTOS E RELAÇÕES DE ESCALA
O HOMEM COMO RELAÇÃO UNIVERSAL DE ESCALA

Fundamentos

FUNDAMENTOS
E RELAÇÕES
DE ESCALA

O Homem como
unidade de medida
**O Homem como
relação universal
de escala**
Medidas e
necessidades
espaciais do
corpo humano
Relações
geométricas
de medidas
Ordenação das
medidas para
edifícios (sem
incluir setor
de subsolo)

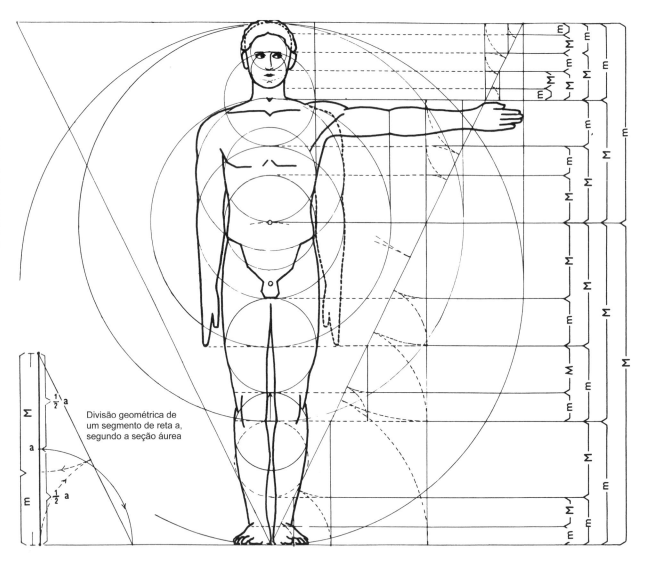

Divisão geométrica de um segmento de reta a, segundo a seção áurea

Relações de medidas do corpo humano,
construídas sobre as pesquisas de A. Zeising.

O mais antigo cânon das proporções humanas foi encontrado em uma câmara mortuária nas pirâmides de Mênfis (aproximadamente 3000 anos a.C).

Pode-se afirmar que, desde então e até hoje, ocupam-se artistas e cientistas em desvendar os mistérios das relações proporcionais do corpo humano.

Nós conhecemos os cânones do império faraônico, da era ptolemaica, dos gregos e romanos, o cânon de Policleto, que durante muito tempo foi aceito como norma, as especificações de Alberti, Leonardo da Vinci, Michelangelo e dos homens medievais, assim como a mundialmente conhecida obra de Dürer.

Nos trabalhos citados, o corpo humano era calculado segundo comprimento da cabeça, rosto e pés, o que então, em tempos posteriores, foi sendo subdividido e relacionado entre si, de tal forma que passaram a ser referenciais de medidas para a vida em geral. Até a atualidade foram medidas usuais pés e côvado (palmo).

Os tratados de Dürer tornaram-se de conhecimento geral. Ele partiu da altura do Homem como unidade fundamental, dividida em frações segundo o seguinte processo:

$1/2$ h = o tronco inteiro a partir da virilha (ou púbis),

$1/4$ h = comprimento da perna do tornozelo até o joelho e distância do queixo até o umbigo,

$1/6$ h = comprimento do pé,

$1/8$ h = comprimento da cabeça, do topo até a parte de baixo do queixo, distância entre os mamilos,

$1/10$ h = altura e largura do rosto (incluindo as orelhas), comprimento da mão a partir da linha do punho,

$1/12$ h = largura do rosto na altura da base do nariz, largura da perna (sobre o tornozelo) etc.

As subdivisões atingem $1/40$ h.

No século passado, foi sobretudo A. Zeising entre outros, quem conseguiu dar maior clareza aos estudos das relações proporcionais do Homem, baseado em medições precisas e comparações das proporções harmônicas (seção áurea). Infelizmente seu trabalho até há pouco tempo não conquistou a atenção merecida, até que o famoso investigador nesta área, E. Moessel, passou a apoiar-se nos métodos de Zeising para efetuar as suas pesquisas. Le Corbusier utilizou, desde 1945, para todos os seus projetos, um sistema de proporções baseado na seção áurea, o chamado Le Modulor. Suas medidas são: altura do Homem = 1,829 m; altura do umbigo = 1,130 m: etc. → p. 44.

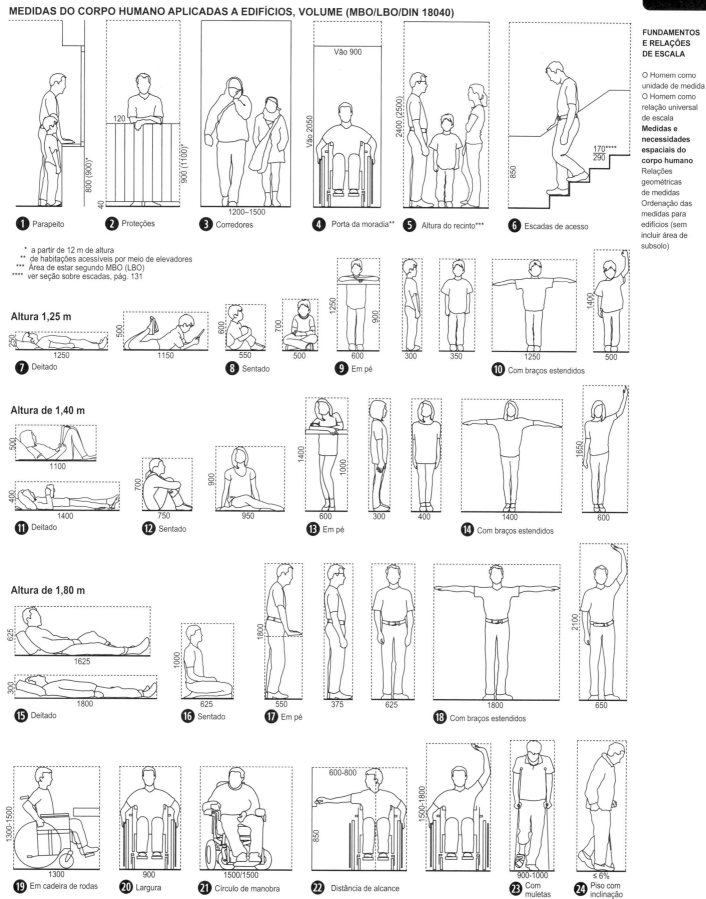

FUNDAMENTOS E RELAÇÕES DE ESCALA
MEDIDAS E NECESSIDADES ESPACIAIS DO CORPO HUMANO

FUNDAMENTOS E RELAÇÕES DE ESCALA

O Homem como unidade de medida
O Homem como relação universal de escala
Medidas e necessidades espaciais do corpo humano
Relações geométricas de medidas
Ordenação das medidas para edifícios (sem incluir área de subsolo)

FUNDAMENTOS E RELAÇÕES DE ESCALA
RELAÇÕES GEOMÉTRICAS DE MEDIDAS

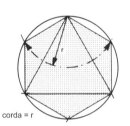

① Retângulo de Pitágoras, junta todos os intervalos harmônicos e elimina os dois disarmônicos – segundas e sétimas

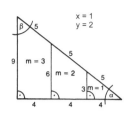

② Triângulo pitagórico

Coordenação de escalas em construções já existe desde os tempos remotos. Especificações concretas, entretanto, originam-se da época pitagórica. Pitágoras partiu da idéia de que relacionamentos numéricos acústicos também deveriam ser harmônicos em óptica. A partir daí desenvolveu o **retângulo pitagórico** → ❶, que contém em si todas as relações harmônicas de intervalos proporcionais, eliminando os dois intervalos dissonantes, segundas e sétimas.

Utilizando estas relações numéricas executavam-se medições de ambientes. A equação pitagórica, assim como a de Diofantes, fornece grupos numéricos ❷ – ❹ que deveriam ter sido utilizados para determinar larguras, alturas e comprimentos de espaços. Com a fórmula $a^2 + b^2 = c^2$ podem-se calcular os seguintes grupos numéricos:

$a^2 + b^2 = c^2$
$a = m (y^2 - x^2)$
$b = m \times 2 \times x \times y$
$c = m (y^2 + x^2)$

α	a	b	c	β	m	x	y
36°87'	3	4	5	53°13'	1	1	2
22°62'	5	12	13	67°38'	1	2	3
16°26'	7	24	25	73°74'	1	3	4
28°07'	8	15	17	61°93'	0,5	3	5
12°68'	9	40	41	77°32'	1	4	5
18°92'	12	35	37	71°08'	0,5	5	7
43°60'	20	21	29	46°40'	0,5	3	7
31°89'	28	45	53	58°11'	0,5	5	9

③ Relações numéricas da equação de Pitágoras (escolhidas)

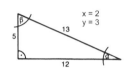

④ Exemplo

x e **y** são inteiros, **x** é menor que **y**, **m** é o fator de ampliação ou redução.

Ainda mais significativas são as chamadas formas geométricas de Platão e Vitrúvio: **círculo, triângulo** → ❺ e **quadrado** → ❻ dos quais podem-se construir os **polígonos**.
Outras formas poligonais (p. ex., 7 lados → ❾, 9 lados → ❿) podem ser desenhadas apenas aproximadamente ou através de sobreposição. Assim p. ex. pode-se construir um polígono de 15 lados → ❽ através da sobreposição do triângulo equilátero sobre o pentágono.

O pentágono → ❼ ou **pentagrama**, tem, assim como o decágono a partir dele desenvolvido, relação natural com a proporção áurea. Estas relações especiais de medidas tiveram antigamente porém, praticamente nenhuma aplicação → p. 43 ❶ – ❸.
Para projeto e construção de edificações "redondas" necessitam-se das linhas poligonais de ajuda. As medidas importantes para tal são: raio r, corda s e altura do triângulo h, mostradas em → ⓭ – ⓮ → p. 43.

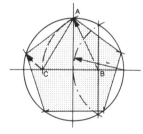

⑤ Triângulo equilátero e hexágono

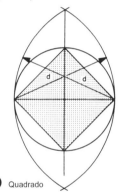

⑥ Quadrado

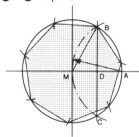

⑨ Heptágono aproximado Vertical BC divide pela metade AM em D, BD é aproximadamente $1/7$ da circunferência

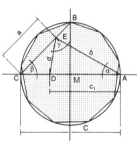

⑩ Eneágono aproximado. Arco centrado em A com raio AB determina o ponto D sobre AC. Arco centrado em C, com raio CM, resulta o ponto E sobre o arco BD. DE corresponde a aproximadamente 1/9 da circunferência.

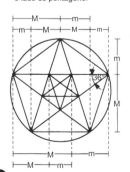

⑦ Pentágono: a metade do raio resulta no ponto B. Arco com centro em B e com raio AB resulta no ponto C. AC coincide com o lado do pentágono.

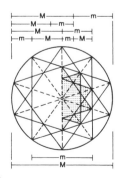

⑧ Pentadecágono BC = $\frac{2}{5} - \frac{1}{3} = \frac{1}{15}$

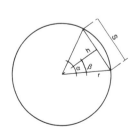

⑬ Cálculo de medidas das linhas para construção de um polígono → p. 46

⑭ Fórmula → ⓭

$h = r \cdot \cos \beta$

$\frac{S}{2} = r \cdot \mathrm{sen}\, \beta$

$S = 2 \cdot r \cdot \mathrm{sen}\, \beta$

$h = \frac{S}{2} \cdot \cot \beta$

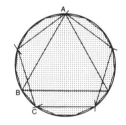

⑪ Pentágono e relação áurea

⑫ Decágono e relação áurea

Fundamentos

FUNDAMENTOS E RELAÇÕES DE ESCALA

O Homem como unidade de medida
O Homem como relação universal de escala
Medidas e necessidades espaciais do corpo humano
Relações geométricas de medidas
Ordenação de medidas na construção de edifícios (sem incluir área de subsolo)

FUNDAMENTOS E RELAÇÕES DE ESCALA
RELAÇÕES GEOMÉTRICAS DE MEDIDAS

Fundamentos

FUNDAMENTOS
E RELAÇÕES
DE ESCALA

O Homem como
unidade de medida
O Homem como
relação universal
de escala
Medidas e
necessidades
espaciais do
corpo humano
**Relações
geométricas
de medidas**
Ordenação de
medidas na
construção de
edifícios (sem
incluir área de
subsolo)

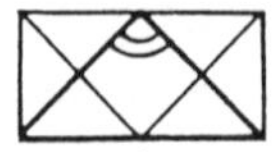

O triângulo isósceles retângulo com relação da base para a altura de 1:2 constitui a chamada **quadratura do triângulo** → ❶.
O triângulo isósceles no qual a base e altura correspondem aos lados de um quadrado, foi usado com sucesso pelo mestre construtor Knauth no estabelecimento das relações de escala da catedral de Estrasburgo → ❷.
O **triângulo π/4** de A. v. Drach → ❸ é relativamente mais pontudo que o descrito anteriormente, uma vez que sua altura é determinada pelo quadrado em diagonal. Foi aplicado pelo inventor com sucesso em detalhes e aparelhos. Ao lado de todas estas figuras encontram-se em uma série de edifícios antigos, as relações de escala do octógono, segundo pesquisas de L.R. Spitzenpfeil. Como fundamento utiliza-se aqui o chamado **triângulo-diagonal**. A altura do triângulo é aqui a diagonal do quadrado construído sobre a linha mediana → ❹ – ❻.

O retângulo assim resultante → ❼ tem uma relação de lados de 1:√2. Todas as duplicações ou divisões pela metade das medidas do retângulo mantêm a mesma relação de 1:√2, sendo por isso, como relacionamento de proporcionalidade, incorporado à **norma DIN** pelo Dr. Portsmann → p. 6.

Dentro de um octógono, esta graduação oferece uma série geométrica na seguinte relação → ❹ – ❻, assim como a graduação de números de radicais de 1–7 → ❽.
A relação entre raiz quadrada e número inteiro vê-se em → ❾.
O método da decomposição de fatores permite a aplicação da raiz quadrada para construção de elementos arquitetônicos que não sejam ortogonais. O método construtivo com valores aproximados para raízes quadradas foi desenvolvido por Meringhausen para as **casas de enxaimel MERO**, segundo o princípio chamado "caracol" → ❿ – ⓬.
A inexatidão dos ângulos retos é compensada pela ligação das traves aos nós por meio de parafusos. Uma forma diferenciada de aproximação do cálculo de raiz quadrada de números inteiros √n para elementos construtivos que não sejam ortogonais, oferece a cadeia de frações (→ p. 45) na fórmula: $G = \sqrt{n} = 1 + \dfrac{n-1}{1+G}$ → ⓭.

❶ Quadratura do triângulo

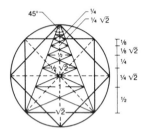

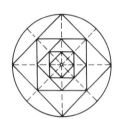
❸ Triângulo π/4 segundo A. v. Drach

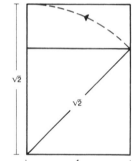
❺ → ❹

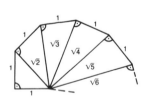
❼ 1 : √2 retângulo

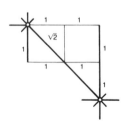
❾ Relação entre raízes quadradas

❷ Triângulo (base = altura)

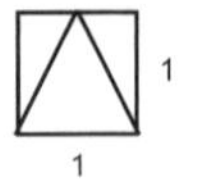

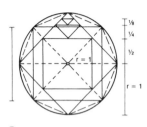
❹ Do octógono desenvolvem-se quadrados → ❹ – ❻

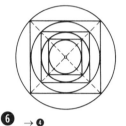
❻ → ❹

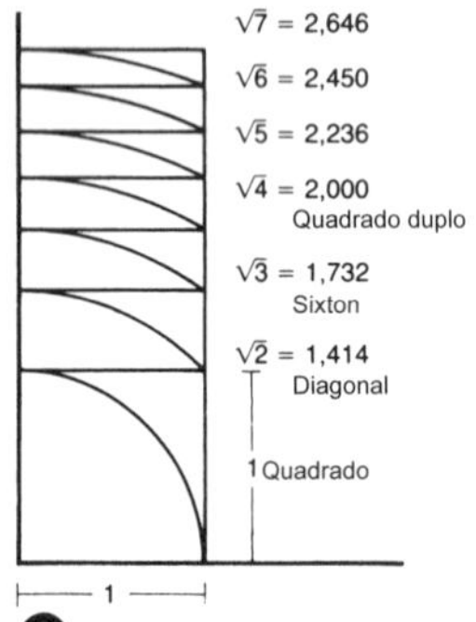

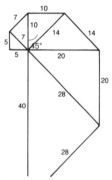
❽ Graduação dos números de raiz

√7 = 2,646
√6 = 2,450
√5 = 2,236
√4 = 2,000 Quadrado duplo
√3 = 1,732 Sixton
√2 = 1,414 Diagonal
1 Quadrado

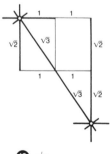
Exemplo para coordenação construtiva não ortogonal → p. 46
⓫ Construções de enxaimel MERO: baseadas em √2 e √3
⓬ √3

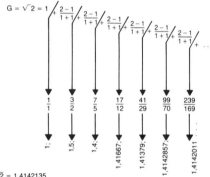

√2 = 1,4142135

1		1	1
0,5	2	3	1,5
0,6	5	7	1,4
0,58333...	12	17	1,41667...
0,58621...	29	41	1,41379...
0,5857143...	70	99	1,4142857...
0,5857989...	169	239	1,4142011...
0,5857865...		√2	1,4142135...

⓭ Cadeia de frações de √2

FUNDAMENTOS E RELAÇÕES DE ESCALA
RELAÇÕES GEOMÉTRICAS DE MEDIDAS

Fundamentos

FUNDAMENTOS E RELAÇÕES DE ESCALA

O Homem como unidade de medida
O Homem como relação universal de escala
Medidas e necessidades espaciais do corpo humano
Relações geométricas de medidas
Ordenação de medidas na construção de edifícios (sem incluir setor de subsolo)

Vitrúvio descreve em seus tratados mais relevantes os fundamentos da aplicação das relações geométricas e de medidas. Segundo suas pesquisas, o teatro romano é construído sobre quatro vezes o giro de um triângulo → ❶, e o teatro grego sobre três vezes o giro de um quadrado → ❷. As duas construções geométricas resultam num dodecágono, reconhecível nas escadarias de acesso. Moessel → ❸ procurou comprovar as relações de medidas baseando-se na proporção áurea, embora o resultado fosse bastante improvável. O único teatro grego cuja planta se baseia em um pentágono encontra-se em Epidauro → ❹.

Em um conjunto residencial escavado em Antica Ostia, velho porto nas proximidades de Roma, foi tornado conhecido o princípio de projeto da "**relação sagrada**" → ❺ – ❽. Este princípio baseia-se na divisão pela metade da diagonal de um quadrado. Ligando-se os pontos nos quais os arcos de círculo com √2/2 de raio cortam os lados do quadrado, tem-se uma trama de nove partes. O quadrado do meio chama-se "quadrado da proporção sagrada". O arco **AB** tem, com 0,65% de aproximação, o mesmo comprimento da diagonal **CD** da metade do quadrado básico. Por este motivo, a "proporção sagrada" estabelece um método aproximativo para a quadratura do círculo. Todo o conjunto edificatório, da implantação até detalhes decorativos, foi construído baseado nestas relações de medidas.

Palladio dá, em seus 4 livros sobre arquitetura, uma chave geométrica que se aproxima das afirmações de Pitágoras, utilizando as mesmas relações espaciais (círculo, triângulo, quadrado etc.) nas suas edificações → ❾ – ❿.

Com regras claramente formuladas, encontram-se leis semelhantes em velhas culturas orientais. Sistemas construtivos, que garantem um desenvolvimento das formas tradicionais e oferecem enorme vantagem econômica, foram elaborados pelos indianos em seu *Manasara*, pelos chineses em sua modulação segundo *Toukou*, e acima de tudo pelos japoneses através de seu método *Kiwahiro* → ⓫.

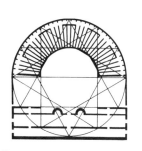

❶ Teatro romano segundo Vitrúvio

❷ Teatro grego segundo Vitrúvio

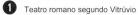

❸ Relações de medidas do canto do frontão de um templo dórico, sobre base da lei da proporção áurea, segundo Moessel

❹ Teatro de Epidauro

y	x	y/x
1	1	1
3	2	1,5
7	5	1,4
17	12	1,4166...
41	29	1,4137...

❺ "Proporção sagrada", construções em Antica Ostia

❻ Princípio geométrico

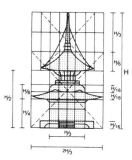

❼ Planta de todo o conjunto

❽ Mosaico de piso em uma casa em Antica Ostia

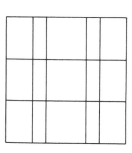

❾ Chave geométrica para as vilas de Palladio

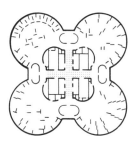

❿ Vila Pisani em Bagnolo, Palladio

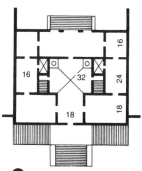

⓫ Templo japonês

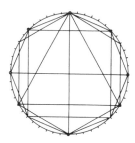

⓬ Casa da corporação Rügen próximo a Zurique

⓭ Planta do edifício administrativo da BMW em Munique

⓮ Sistema de coordenação octogonal para pilares de quadrados, divididos cada um em 6 elementos de fachada; o polígono de 48 lados desenvolve-se a partir de um triângulo → ⓭

43

FUNDAMENTOS E RELAÇÕES DE ESCALA
RELAÇÕES GEOMÉTRICAS DE MEDIDAS

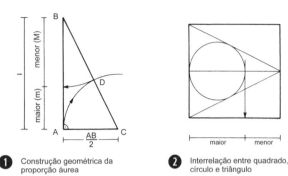

① Construção geométrica da proporção áurea

② Inter-relação entre quadrado, círculo e triângulo

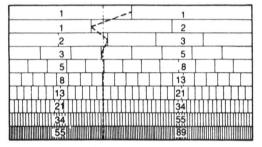

		partes
1	1	2 partes
1	2	3 partes
2	3	5 partes
3	5	8 partes
5	8	13 partes
8	13	21 partes
13	21	34 partes
21	34	55 partes
34	55	89 partes
55	89	144 partes

③ Apresentação da "série de lamelas" do "Bauordnungslehre" de Neufert

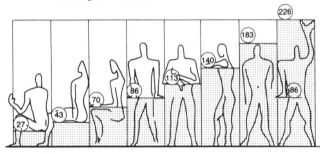

④ Valores numéricos intermináveis

A proporção áurea

A "proporção áurea" significa que um segmento l pode ser dividido de tal forma que o segmento total se relaciona com a parte maior, da mesma maneira que a parte maior se relacionará com a menor. A "proporção áurea" pode ser expressa geometricamente ou através de fórmulas: para a demonstração geométrica toma-se o segmento de reta l, que deverá ser dividido, como perpendicular **AB** sobre o segmento **AC** (= AB/2); **AC** é a linha base de um triângulo retângulo. O comprimento da base **AC** será transportado sobre a hipotenusa **BC** a partir de **C**, dividindo-a em dois segmentos: **BD** e **DC**. O segmento **BD** corresponde ao maior **M**, da perpendicular **AB**. Este segmento **M**, quando transportado para a perpendicular **AB**, divide-a em parte maior (M) e menor (m) → ①.

Isto significa: $\dfrac{l}{Maior} = \dfrac{Maior}{Menor}$

O que mostra o relacionamento entre proporções de quadrado, círculo e triângulo → ②.

A "relação áurea" de um segmento pode ser expressa na cadeia de frações G = 1 + 1/G. Esta é a mais simples, regular e interminável cadeia fracionária. → ③

O Modulor

O arquiteto Le Corbusier desenvolveu um estudo de proporções baseado na lei áurea de proporções e nas medidas do corpo humano. Le Corbusier assinalou 3 intervalos no corpo humano, que se encontram presentes na conhecida "série áurea de proporções" de Fibonacci. **O pé, o plexo solar, a cabeça, os dedos da mão levantada** (também encontrados na figura-tema [capa] do Neufert). Le Corbusier partiu primeiramente da altura média conhecida dos europeus = 1,75 m → p. 29–30, que ele dividiu segundo as relações áureas nas seguintes medidas: 108,2–66,8–41,45–25,4 cm → ⑧.

Como estas medidas praticamente correspondem com exatidão a 10 polegadas, encontrou Le Cobusier ligação com a polegada inglesa, embora a mesma não se adapte para grandes dimensões. Em 1947, por este motivo, parte Le Corbusier do tamanho do corpo como 6 pés ingleses = 1828,8 mm.

Através da divisão em "relação áurea" determinou ele uma **série vermelha**, para cima e para baixo → ⑤. Como os degraus desta série fossem muito grandes, complementou com uma **série azul**, partindo de 2,26 m (ponta do dedo da mão levantada), que possui valores duplicados sobre a série vermelha → ⑤.

Os valores das séries vermelha e azul foram transpostos por Le Corbusier para medidas práticas de utilização → ④.

Valores expressos no sistema métrico			
Série vermelha: Ver.		Série azul: Az.	
centímetros	metros	centímetros	metros
95 280,7	952,80		
58 886,7	588,86	117 773,5	1 177,73
36 394,0	363,94	72 788,0	727,88
22 492,7	224,92	44 985,5	449,85
13 901,3	139,01	27 802,5	278,02
8 591,4	85,91	17 182,9	171,83
5 309,8	53,10	10 619,6	106,19
3 281,6	32,81	6 563,3	65,63
2 028,2	20,28	4 056,3	40,56
1 253,5	12,53	2 506,9	25,07
774,7	7,74	1 549,4	15,49
478,8	4,79	957,6	9,57
295,9	2,96	591,8	5,92
182,9	1,83	365,8	3,66
113,0	1,13	226,0	2,26
69,8	0,70	139,7	1,40
43,2	0,43	86,3	0,86
26,7	0,26	53,4	0,53
16,5	0,16	33,0	0,33
10,2	0,10	20,4	0,20
6,8	0,06	7,8	0,08
2,4	0,02	4,8	0,04
1,5	0,01	3,0	0,03
0,9		1,8	0,01
0,6		1,1	
etc.		etc.	

⑤ Exposição e jogo dos Modulores segundo Le Corbusier

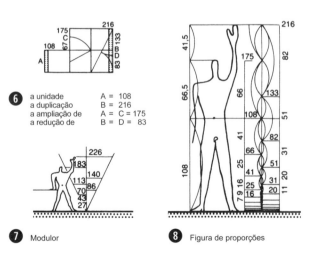

⑥ a unidade A = 108
a duplicação B = 216
a ampliação de A = C = 175
a redução de B = D = 83

⑦ Modulor

⑧ Figura de proporções

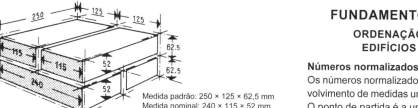

① Medida nominal e medida diretriz para o tijolo DIN

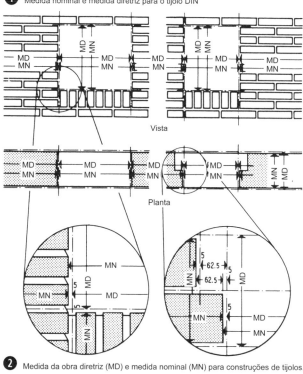

② Medida da obra diretriz (MD) e medida nominal (MN) para construções de tijolos.

Definições segundo DIN 4172

Números normalizados da construção são os números utilizados como medidas diretrizes construtivas, com seus derivados: medidas de obra isoladas, medidas de obra sem acabamentos (no osso) e medidas de obra acabada.

Medidas diretrizes construtivas são, em princípio, medidas teóricas, porém, na prática, são o fundamento para a definição das medidas isoladas, de obra acabada e sem acabamento. Medidas de obra não acabada ou medida nominal (para partes construtivas com juntas e revestimentos) são retiradas da tabela geral com a diminuição ou adição do tamanho da junta ou do revestimento de uma superfície, como uma parede (p. ex., medida diretriz para o comprimento do tijolo = 25 cm; espessura da junta = 1 cm; medida nominal para o comprimento do tijolo = 24 cm; medida diretriz para largura de parede de concreto injetado em obra = medida nominal = 25 cm).

Medidas isoladas são medidas (em sua maioria, pequenas) para unidades da construção sem acabamento ou acabada, como espessura de juntas, espessura da argamassa de revestimento, medida de perfis e medidas de tolerância.

Medidas de obra sem acabamentos são medidas em osso, como paredes de alvenaria sem reboco, alturas de pavimento sem revestimentos de teto e piso, vãos de portas e janelas sem revestimento.

Medidas de obra acabada são medidas da construção pronta, como medidas de vãos e compartimentos tomadas entre superfícies acabadas, pés direitos e áreas úteis.

Medidas nominais correspondem, em sistemas construtivos sem juntas, às medidas diretrizes da construção. Na presença de juntas, as medidas nominais são obtidas subtraindo-se as espessuras das juntas das medidas diretrizes.

Medidas pequenas são medidas a partir de 2,5 cm para baixo. Elas devem ser escolhidas segundo a DIN 323, série R10: 2,5 cm; 2 cm; 1,6 cm; 1,25 cm; 1 cm; 8 mm; 6,3 mm; 5 mm; 3,2 mm; 2,5 mm; 2 mm; 1,6 mm; 1,25 mm; 1 mm.

FUNDAMENTOS E RELAÇÕES DE ESCALA
ORDENAÇÃO DE MEDIDAS NA CONSTRUÇÃO DE EDIFÍCIOS (SEM INCLUIR SETOR DE SUBSOLO)

Fundamentos

Números normalizados

Os números normalizados foram criados originalmente para o desenvolvimento de medidas unitárias para máquinas e aparelhos técnicos. O ponto de partida é a unidade de medida continental do metro (≈ 40 polegadas). A necessidade técnica de escalas geométricas proibia a graduação decimal pura do metro. A graduação geométrica em 10 partes dos números normalizados resultou na série **1; 2; 4; 8; 16; 31,5; 63; 125; 250; 500; 1000**.

Ela é composta da série resultante da **divisão pela metade** (1000, 500, 250, 125) e da **resultante da duplicação** (1, 2, 4, 8, 16); a duplicação de número 32, em consideração ao seu número exato (31,25) na série, foi arredondada para 31,5; o número duplicado 62,5, pela mesma razão, foi arredondado para 63.

As séries maiores (5 partes) e menores (20 e 40 partes) localizam-se logicamente nas posições intermediárias.

Números normalizados oferecem vantagens no cálculo: produtos e quocientes de quaisquer números normalizados serão sempre números normalizados, o mesmo acontecendo com as potências, divisões e duplicações dos mesmos.

Apesar de na obra raramente se ter necessidade das escalas geométricas (frente às graduações aritméticas vigentes de componentes como tijolos, blocos, vigas, caibros, pilares, janelas e outros semelhantes), definiu-se uma série denominada **Números normalizados da construção** registrados na DIN 4172 (Ordenação de medidas na construção de edifícios, sem incluir setor de subsolo).

Séries relativas à obra sem acabamento				Séries relativas às medidas isoladas	Séries relativas à obra acabada			
a	b	c	d	e	f	g	h	i
25	$\frac{25}{2}$	$\frac{25}{3}$	$\frac{25}{4}$	$\frac{25}{10}$	5	2 x 5	4 x 5	5 x 5
				2,5				
				5	5			
			6 $^1/_4$	7,5				
		8 $^1/_3$		10	10	10		
	12 $^1/_2$			12,5				
			12 $^1/_2$	15	15			
		16 $^2/_3$		17,5				
			18 $^3/_4$	20	20	20	20	
				22,5				
25	25	25		25	25			25
				27,5				
			31 $^1/_4$	30	30	30		
		33 $^1/_3$		32,5				
				35	35			
37 $^1/_2$		37 $^1/_2$		37,5				
	41 $^2/_3$			40	40	40	40	
			43 $^3/_4$	42,5				
				45	45			
50	50	50	50	50	50	50		50
				52,5				
			56 $^1/_4$	55	55			
		58 $^1/_3$		57,5				
				60	60	60	60	
	62 $^1/_2$		62 $^1/_2$	62,5				
				65	65			
		66 $^2/_3$	68 $^3/_4$	67,5				
				70	70	70		
				72,5				
75	75	75	75	75	75			75
			81 $^1/_4$	80	80	80	80	
		83 $^1/_3$		82,5				
				85	85			
	87 $^1/_2$		87 $^1/_2$	87,5				
		91 $^2/_3$		90	90	90		
			93 $^3/_4$	92,5				
				95	95			
				97,5				
100	100	100	100	100	100	100	100	100

③ Tabela de números normalizados para a construção (DIN 4172)

FUNDAMENTOS E RELAÇÕES DE ESCALA
ORDENAÇÃO DE MEDIDAS NA CONSTRUÇÃO DE EDIFÍCIOS (SEM INCLUIR SETOR DE SUBSOLO)

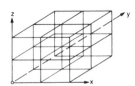
② Sistema de coordenadas

① Plano de coordenadas — Limite referencial — Eixo referencial

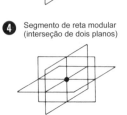
③ Limite referencial, eixo referencial

④ Segmento de reta modular (interseção de dois planos)

⑤ Ponto de encontro de coordenadas (interseção de três planos)

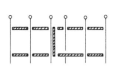
⑥ Sistema parcial de coordenadas sobreposto

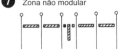
⑦ Zona não modular

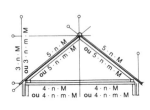

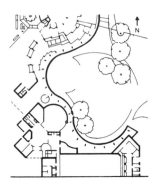
⑧ Elemento construtivo não modular, transversal em posição periférica

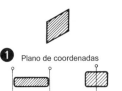
⑨ Escada de concreto armado pré-fabricada

Altura: 30 M
Distância: 42 M:
16 gradientes 18,75/26,2 cm
(junta de 1 cm)

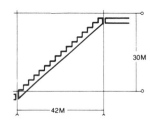
⑪ Sistema de medidas complementares na vertical

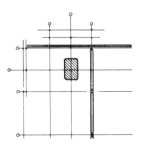
⑩ Exemplo de aplicação, em cobertura inclinada

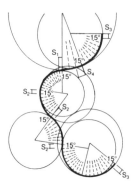
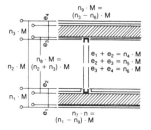
⑫ Orla de cobertura, em sequência de formas arredondadas, obtidas a partir de polígonos regulares (implantação)

⑬ Construção poligonal modular → ⑫

Sistema modular
O sistema modular na construção (DIN 18000) é um meio de ajuda para a definição das medidas em obra.
O sistema modular fornece indicações para uma sistemática de projeto e construção baseada em um sistema de coordenadas que dá referência ao projeto e à execução da obra. Para isso, são fixados elementos geométricos e de medidas para a coordenação espacial dos diversos componentes construtivos. Também é possível anexar áreas técnicas, interdependentes do ponto de vista tanto geométrico como de medidas (p. ex., organização da obra, eletrotécnica, transporte).

Fixações geométricas
Um sistema de coordenadas relaciona-se sempre a um objeto específico.
Através do sistema de coordenadas harmonizam-se obra e elementos construtivos, sistematizando seu posicionamento e dimensões, dos quais resultam por sua vez as medidas nominais, assim como juntas e elementos de ligação → ① – ④.
Um sistema de coordenadas compõe-se de planos ortogonais ordenados entre si, cujos distanciamentos correspondem à medida básica ou modular. Na relação tridimensional estas medidas podem ser diferenciadas, dependendo do projeto.
Normalmente localizam-se os elementos construtivos entre dois planos paralelos, de tal maneira que as medidas coordenadas, incluindo as juntas, preencham os requisitos dos limites de tolerância. Cada elemento construtivo será portanto determinado segundo sua dimensão expandida, ou seja, em sua medida e posição. A isto chama-se **limite de referência** → ③.
Em alguns casos é mais vantajoso ordenar os elementos construtivos não entre dois planos e sim incorporar seu eixo mediano a um plano extra de coordenação. O elemento construtivo será assim determinado em uma dimensão relativa a seu **eixo referencial** próprio, na posição por ele ocupada → ③.
Um sistema modular pode subdividir-se em sistemas parciais, relativos a grupos de elementos construtivos (p. ex., estrutura portante, elementos de fechamento etc.) → ⑥.
Verificou-se que não há necessidade de modulação de detalhes (p. ex., degraus de escadas, janelas, portas etc.), senão apenas dos elementos construtivos que os comportam (estrutura de lances da escada, fachadas e paredes divisórias etc.) → ⑨.
Para os elementos construtivos não modulares, que percorrem o edifício transversal e longitudinalmente, pode-se instalar uma chamada **zona não modular**, que divide o sistema de coordenadas em dois sistemas parciais completamente separados. Pressuposto é que a medida do elemento construtivo na zona não modular já seja conhecida antes do estabelecimento do sistema modular, a fim de que nesta zona especial estejam contidas apenas medidas realmente extraordinárias → ⑦.
Outras possibilidades para organização de elementos construtivos não modulares são as chamadas posições médias e periféricas das zonas modulares → ⑧.
As unidades do sistema modular são o **módulo básico M** = 100 mm e os **módulos múltiplos** 3 M = 300 mm, 6 M = 600 mm e 12 M = 1200 mm. Além destas existem medidas complementares não modulares, mas normalizadas: l = 25 mm, 50 mm e 75 mm, para, por exemplo, peças de transição e emendas → ⑪.
Com a ajuda de regras combinatórias, pode-se fazer a integração de elementos construtivos de tamanhos diferenciados em um sistema modular → ⑤.
Com a ajuda do cálculo de grupos numéricos (p. ex., Pitágoras) ou da divisão em fatores (p. ex., cadeias fracionárias), podem ser ordenados elementos construtivos ortogonais em um sistema modular de coordenadas → ⑩.
Com a ajuda construtiva de polígonos (p. ex., triângulo, quadrado, pentágono e suas metades), podem-se projetar as chamadas construções "redondas" → ⑫ – ⑬.

PERCEPÇÃO VISUAL
O OLHO

Fundamentos

PERCEPÇÃO VISUAL

O olho
O Homem e as cores

O círculo negro parece 1/3 menor do que o branco, visto de certa distância

mesmo tamanho   mesmo efeito

① Superfícies e corpos negros parecem menores do que brancos de mesmas dimensões: as pessoas vestidas de preto parecem mais magras e de branco mais gordas do que elas realmente são. Princípios análogos valem para todos os componentes construtivos

② Para obter-se uma impressão de tamanhos iguais das áreas pretas e brancas, devem-se diminuir as últimas proporcionalmente. Uma cor clara ao lado de uma escura faz com que esta apareça ainda mais escura

③ Você também vê círculos cinzas entre os quadrados? Nosso cérebro acrescenta estes elementos à figura base

④ Ilusão dos sentidos: nós acreditamos ver um quadrado branco, mas, na realidade, faltam as linhas externas para completá-lo

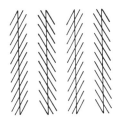
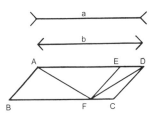

⑤ Espiral? A figura é composta de círculos

⑥ O trecho de reta inferior não é menor que o superior e sim apenas uma ilusão de óptica

⑦ As linhas verticais, neste desenho de Zollner, parecem convergir, em consequência do tracejado diagonal

⑧ Os segmentos a e b através das pontas em flecha, e os A-F e F-D através da inserção em superfícies diferentes, aparentam ter comprimentos diferentes, sendo entretanto iguais

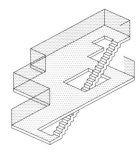
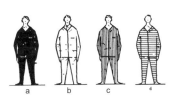
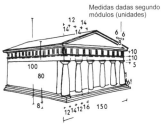

Também a cor e estampa da vestimenta modificam o aspecto visual das pessoas. O preto emagrece → a, uma vez que absorve a luz. O branco engorda → b, por irradiar a luz

⑨ Quantas árvores? Nenhuma! Não existe qualquer ligação entre raízes e copas

⑩ Figura ilusória obtida através da quebra das leis da perspectiva

⑪ Listas verticais aumentam a altura → c, horizontais a largura → d

⑫ Paredes levemente inclinadas em cima parecem verticais; degraus, cimalha e frisos curvados para cima aparentam ser horizontais

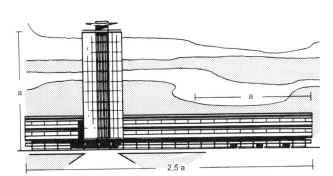

⑬ Dimensões verticais impressionam os olhos diferentemente do que as mesmas em horizontal

⑭ Além dos padrões de organização arquitetônica (vertical, horizontal ou misto) → ⑬, as relações de escala já se transformam através da proporção entre aberturas e panos restantes de paredes, apesar da concordância na altura dos edifícios e seus andares (estruturação escalonada, com prumos demarcados, podem ter efeito determinante)

47

PERCEPÇÃO VISUAL
O OLHO

A atividade do olho divide-se em ver e observar. Ver (enxergar) serve em primeiro lugar à segurança do corpo; o observar começa onde acaba o enxergar: leva à apreciação das "imagens" descobertas pelo olhar.

Dependendo da apreensão do objeto pelo olho, imediata ou percorrendo-o visualmente, pode-se diferenciar "imagem fixa" de "imagem de tato" (móvel):

A **imagem fixa** apresenta-se no corte de uma superfície circular, cujo diâmetro permanece igual na distância entre olho e objeto → ❸. Dentro deste "campo de visão" os objetos são apreendidos pelo olho "de uma vez". A imagem fixa ideal aparece em equilíbrio. O equilíbrio é a primeira qualidade da beleza arquitetônica.
(Pesquisadores fisiologistas trabalham na teoria do "sexto sentido", da relação entre equilíbrio, estabilidade e os sentidos, que parecem ser também responsáveis pela nossa percepção da beleza, pela sensibilidade à simetria, harmonia e proporções equilibradas dos objetos → p. 41.)

Além dos limites do campo de visão da imagem fixa, o olho recebe as impressões através da **imagem móvel**, de tato.

O olho que tateia desenvolve seu movimento de percepção ao longo de contraposições, a partir do observador, em largura e profundidade, em direção ao objeto observado.

Estas contraposições, em intervalos iguais ou repetidos periodicamente, são percebidas pelo olho como ritmo, semelhantemente à reação do ouvido à música (*Architektur, gefrorene Musik*, → Neufert, BOL).

Também em ambientes fechados formam-se as impressões através de imagens fixas e móveis → ❶ – ❷.

O limite superior (teto) de um ambiente que nós reconhecemos em imagem fixa, produzindo uma sensação de segurança, pode, em contrapartida, em compartimentos longos atuar como opressor. Para tetos altos, que o olho percebe "tateando para cima", o ambiente aparece como livre e grandioso, requerendo naturalmente a confirmação da distância entre paredes, para a relação geral de proporções.

Deve-se considerar também que o olho esta sujeito a ilusões de óptica. Consegue estimar larguras mais exatamente que alturas e profundidades, que são percebidas sempre como maiores que na realidade. Assim é sabido que uma torre parece ser muito mais alta quando vista de cima do que de baixo → ❽.

Arestas verticais vistas de baixo parecem desaprumadas e as horizontais, arcadas no meio; sobre o mesmo tema ver ainda → p. 47 → ❶ – ⓮.

Considerando-se estes efeitos ópticos, pode-se cair em reforço do contrário (barroco), p. ex. marcando a perspectiva através de fileiras de janelas ou cornijas inclinadas (Igreja de São Pedro, em Roma), ou pintando em perspectiva cornijas, abóbadas e semelhantes.

Determinante na percepção de medidas é a amplitude do campo visual → ❸, assim como o campo de visão próximo do olho → ❹: para percepção de detalhes, o tamanho do campo de leitura é → ❺ – ❻. Neste caso, é na verdade a distância que determina o tamanho do pormenor possível de ser apreendido.

Os gregos basearam-se nestes princípios para dimensionar até o menor filete ou molduras circulares em frisos dos templos de diferentes alturas, a fim de que a uma distância de 27° → ❼ a condição de leitura para o campo de visão de 0°1' fosse preenchida. Pelo mesmo processo determinam-se também as distâncias ≥ do leitor ao livro (dependendo do tamanho da letra); dos espectadores ao palco etc.

(→ Maertens. *A escala óptica*. Berlim, 1884; além disto, as escrituras desenvolvidas segundo seus desenhos → ❸ – ❾).

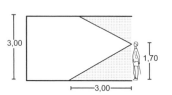

❶ Para compartimentos de pé-direito baixo, efeito de apreensão "de uma vez" ("imagem fixa")

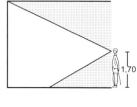

❷ Para compartimentos com pé-direito elevado, efeito de apreensão percorrendo com o olhar para cima ("imagem de tato")

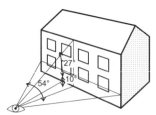

❸ O campo visual do Homem, com a cabeça fixa e os olhos em movimento, tem uma amplitude de 54° de largura; para cima, 27° e para baixo 10°

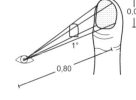

❹ O campo visual do olho fixo normal, abrange um cone de 1° de amplitude, ou seja, aproximadamente a unha do polegar do braço estendido

O olho percebe com exatidão apenas em um âmbito de 0°1'= campo de leitura. O limite de distância E para distinção entre as formas das diferentes partes pode ser calculado segundo a seguinte fórmula:

$$E = \frac{\text{detalhe } d}{\text{tg } 0°1'}$$

O tamanho mínimo d (menor detalhe):

$$d = E \cdot \text{tg } 0°1'$$

❺ Limites de distâncias

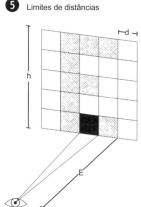

❻ A legibilidade de uma letra a uma distância E = 700 m depende da espessura d da letra, sendo d ≥ E × tg.0°1' = 0,204 m → ❺; a altura normal h é, para muitos tipos de letras, 5 × d = 5 × 0,204 = 1,02 m

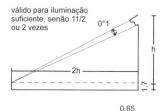

❼ As dimensões de detalhes construtivos visíveis podem ser calculadas facilmente segundo a trigonometria da distância normal do olho → ❺

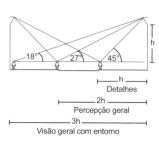

❽ Para largura de ruas que permitam uma vista de conjunto assim como observação de detalhes, devem-se seguir as distâncias indicadas acima

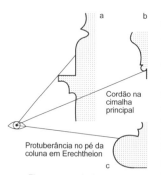

❾ Elementos arquitetônicos sobre saliências devem estar a altura conveniente para serem vistos (a); estruturas unitárias podem, através de formas em relevo, oferecer aos olhos maiores superfícies de observação (b e c)

PERCEPÇÃO VISUAL
O HOMEM E AS CORES

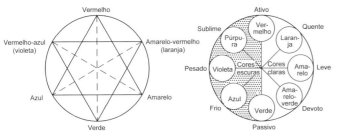
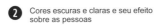

1 O círculo das cores (segundo Goethe): cores básicas: vermelho, azul e amarelo; cores misturadas: verde, laranja e violeta (= cores misturadas de primeira ordem, resultado da mistura das cores básicas)

2 Cores escuras e claras e seu efeito sobre as pessoas

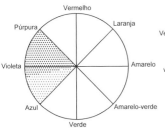

3 Cores leves e pesadas (não diretamente iguais a cores claras e escuras) → **2**, uma vez que, além da parcela escura da cor, a sensação de peso provém da quantidade natural de vermelho nela contida

4 Círculo das doze cores

Cores são estimulantes que agem sobre as pessoas proporcionando-lhes sensações de bem-estar ou apatia, atividade ou passividade.
As cores em ambientes de empresas, escritórios e escolas podem incentivar a produtividade assim como prejudicá-la; em hospitais podem auxiliar a recuperação de pacientes.
A influência da cor sobre os Homens acontece indiretamente através do efeito fisiológico, alargando espaços ou estreitando-os, e assim transmitindo sensações de opressão ou liberdade → **5** – **10**. Acontece porém diretamente através de impulsos que são emitidos pelas cores individualmente → **2** – **3**. A maior força impulsiva tem a cor laranja; seguida pelo amarelo, vermelho, verde e púrpura. Baixa força possuem o azul, verde azulado e violeta (cores frias ou passivas).
Cores de forte impulso são apropriadas apenas para pequenas superfícies; de fraco, ao contrário, para grandes áreas.
Cores quentes têm efeito ativo, estimulante e excitante. Cores frias passivo, calmante e introspectivo. Verde relaxa os nervos.
Os efeitos das cores prendem-se todavia às relações de luminosidade e ambiente onde acontecem.
Cores quentes e claras estimulam o espírito quando vêm de cima; da lateral aquecem, aproximam; de baixo, têm efeito de leveza e suspensão.
Cores quentes e escuras de cima, produzem sensação de término, solenidade; da lateral, cercamento; de baixo, segurança, firmeza.
Cores frias e claras de cima, sensação de luminosidade, relaxamento; da lateral, acompanhamento; de baixo, quando lisas, estimulam o caminhar.
Cores frias e escuras de cima, ameaçadoras; da lateral, sensação de frio e tristeza; de baixo, peso e atração para profundidade.
O branco é a cor da pureza absoluta, da limpeza e ordem. Na organização cromática de um ambiente o branco tem um papel decisivo, para libertar as diferentes cores entre si, neutralizar e assim clarear, permitindo uma estruturação viva do espaço.
Como cor da ordem usa-se o branco para demarcação de áreas de depósitos, armazéns, marcação de linhas e sinais de trânsito.

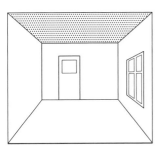
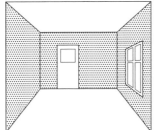
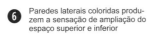

5 Cores escuras sobrecarregam. Os ambientes parecem mais baixos, quando o teto for acentuado fortemente com cores escuras

6 Paredes laterais coloridas produzem a sensação de ampliação do espaço superior e inferior

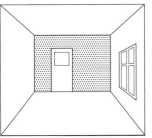
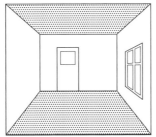

7 Ambientes compridos pintando com cores fortes as paredes de fundo

8 Pisos e tetos coloridos dão a sensação do espaço ser mais longo e baixo

Luminosidade de superfícies
Valores entre branco teórico (100%) e preto absoluto (0%)

Papel branco	84	Azul-turquesa, puro	15
Branco da cal	80	Verde-grama	aprox. 20
Amarelo-limão	70	Verde-suave, pastel	aprox. 50
Cor de marfim	aprox. 70	Cinza-prateado	aprox. 35
Cor de creme	aprox. 70	Reboco de cal, cinza	aprox. 42
Amarelo-ouro, puro	60	Concreto seco, cinza	aprox. 32
Amarelo-palha	60	P. mad. compensada	aprox. 38
Ocre-claro	aprox. 60	Tijolo amarelo	aprox. 32
Amarelo de cromo, puro	50	Tijolo vermelho	aprox. 18
Laranja, puro	25–30	Tij. de revest. escuro	aprox. 10
Marrom-claro	aprox. 25	Lajotas calcárias	aprox. 50
Bege, puro	aprox. 25	Pedra de tom médio	35
Marrom-médio	aprox. 15	Asfalto, seco	aprox. 20
Rosa-salmão	aprox. 40	Asfalto, molhado	aprox. 5
Escarlate concentrado	16	Carvalho, escuro	aprox. 18
Vermelho-cinabre, verm.	20	Carvalho, claro	aprox. 33
Carmim	10	Nogueira	aprox. 18
Violeta profundo	aprox. 5	Pinheiro, claro	aprox. 50
Azul-claro	40–50	Folha de alumínio	83
Azul-celeste profundo	30	Chapa de ferro galv.	16

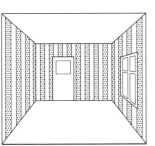
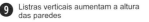
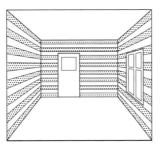
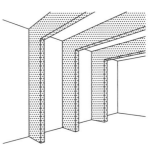

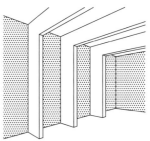

9 Listras verticais aumentam a altura das paredes

10 Listras horizontais aumentam a largura das paredes, o espaço parece ser mais baixo

11 Luminosidade de superfícies

12 Elementos individuais escuros à frente de paredes brancas adquirem maior efeito de relevo

13 Elementos individuais claros sobre fundo escuro parecem mais leves

Fundamentos

PERCEPÇÃO VISUAL

O olho
O Homem e as cores

49

O PROJETO
O QUE É PROJETAR?

O processo de projetar

O PROJETO
O que é projetar?
Níveis de organização referenciais
Questionário
O projeto digital

"(...)
Inicia-se o trabalho com a elaboração de um programa da construção com ajuda de arquiteto experiente, segundo as diretrizes estabelecidas por um questionário → p. 56–57 (...).
Uma vez terminada esta etapa inicia-se o desenho esquemático dos ambientes, como simples retângulos em escala, contendo as áreas desejadas, estabelecendo-se então o relacionamento funcional entre eles (...) e dando-lhes a orientação adequada.
Nesta fase aquele que projeta aproxima-se cada vez mais dos elementos projetuais e começa a visualizar a solução.
Antes porém de começar a projetar é necessário o esclarecimento definitivo dos dados para implantação do edifício no terreno, onde são decisivas perguntas como orientação, direção dos ventos, possibilidades de acesso, bairro, presença de árvores, vizinhança. Várias tentativas e esgotamento de possibilidades (...), assim como balanço entre prós e contras, são necessários para o encontro de uma boa solução, quando esta já não for determinada previamente.
Em sequência a esta fase de pesquisas, chega-se à solução na maioria das vezes com rapidez, visualizando-se já formalmente, com mais clareza, a edificação (...).
A partir de então começa a primeira etapa de nascimento do projeto, ou anteprojeto, de início com o mergulho nos dados de organização e composição do objeto a ser construído, assim como das ideias ou concepções de fundo. Uma ideia esquemática do conjunto da construção e o caráter de seus ambientes, formam-se a partir daqui diante dos olhos daquele que projeta, materializando-se em plantas e vistas.
O arquiteto expressa estas ideias do nascimento conceitual do projeto através dos primeiros croquis, a carvão ou em desenhos finos, segundo seu temperamento.
Muitas vezes o mau controle da evolução do desenho leva à perda deste primeiro impulso dos croquis.
A clareza de concepção projetual associa-se à experiência e caráter daquele que projeta. Arquitetos com mais anos de prática, maduros, conseguem desenhar um edifício em todos os seus detalhes e em escala, à mão livre.
Assim aparecem as representações dos trabalhos tardios de arquitetos, em que entretanto faltam, na maioria das vezes, o brilhantismo e a espontaneidade das primeiras criações.
Depois de concluído o anteprojeto (...) recomenda-se uma pausa de 3–14 dias, o que traz um distanciamento em relação ao projeto, permitindo que suas deficiências sejam percebidas e que novas soluções sejam encontradas, eliminando-se algumas ideias preconcebidas após discussão com colaboradores e proprietário.
Começa então a fase de projeto, encontro com engenheiros para cálculo estrutural, do sistema de calefação, canalizações, rede elétrica, etc, ou seja, a determinação dos elementos construtivos e instalações.
No final desta etapa, ou na maioria das vezes antes, enviam-se os desenhos para aprovação pelo órgão responsável local, o que demora via de regra de 3–6 meses.
Neste meio-tempo já podem ser abertas as concorrências com a definição dos serviços feitas em tabelas impressas, de tal forma que, obtida a aprovação, a obra possa ser iniciada imediatamente.
Para todas estas etapas de trabalho descritas anteriormente, um arquiteto precisa de aproximadamente 2–3 meses, no caso de residência unifamiliar e dependendo das circunstâncias, da encomenda até o início da obra. Para construções de grande porte, p. ex. hospitais, 3–12 meses.
Não se deve poupar tempo na fase preparatória de projeto, uma vez que este será recuperado na facilidade da execução posterior da obra, com economia de capital e juros."

❶ Citações de: Ernst Neufert, *Arte de Projetar em Arquitetura*, 1ª edição, p. 34

O que é projetar?
Como funciona o ato de projetar e o que diferencia "construção" e "arquitetura"?

Pode-se afirmar até hoje que no texto de Ernst Neufert, desde a primeira edição de *Arte de projetar em arquitetura*, encontram-se questões essenciais do ato de projetar, assim como o método de trabalho humano, o que pode ser extraído de suas palavras dirigidas ao leitor de forma motivadora e despretensiosa.
As páginas "Casa e forma", "Componentes construtivos como consequência do uso adequado de materiais" e "Formas construtivas" foram desenvolvidas nesta nova edição do livro.
Certamente, a visão de Ernst Neufert sobre as forças atuantes no processo de projetar em arquitetura seria, hoje, exposta por ele de nova forma. No entanto, não se sabe qual seria sua abordagem, considerando-se a experiência do desenvolvimento teórico da arquitetura nos últimos 30 anos.
Assim, dirige-se à geração atual a pergunta do que seria a base do projetar hoje, tendo em vista o alcance de um autêntico projeto arquitetônico.

Projetar parece ser, ao mesmo tempo, muito fácil e muito difícil, na medida em que é influenciado por diversos aspectos. Mas a questão central é sempre o **espaço** e sua construção através de elementos arquitetônicos: se o espaço individual é determinado por sua função, um conjunto espacial necessita, em contrapartida, de uma ordenação superior, um **tema espacial**. Os elementos arquitetônicos seguem este tema, dando caráter à forma específica e autenticidade temporal. Como a história mostra, a função determina apenas de maneira limitada a organização espacial. Um tipo de edifício modifica-se diversas vezes segundo motivos que nem sempre são os funcionais. Um edifício permite diversas formas de uso, pois é muito mais do que apenas uma "luva" para determinada função, o que é provado claramente pela vida útil de antigas construções.
Muito mais importante para a mudança das características tipológicas é a transformação da concepção formal junto ao significado cultural de um objeto, que se espelha nas variantes de espaços e elementos arquitetônicos.

Edificações que exercem grande influência na história da arquitetura possuem, via de regra, em sua totalidade, uma configuração que apresenta um claro e preciso tema espacial. No caso, o extraordinário e magistral podem significar duas coisas: a **redução da complexidade de uma função a uma concepção única e simples ou a uma combinação de temas rica em variantes**.

Projetar nunca é um processo acadêmico; obras são resultado de passos intuitivos, nos quais a totalidade da capacidade de percepção e sensibilidade do seu criador atuam. No entanto, toda obra utiliza uma gramática arquitetônica que se estrutura de forma temática e não estilística.
O pensamento arquitetônico, que determina uma obra, conforma um sistema complexo de temas, que, por sua vez, se inter-relacionam em diferentes graus de força, conscientemente desenvolvidos ou espontâneos, de qualquer forma inseparáveis. Os elementos fundamentais de uma linguagem arquitetônica só se tornam válidos quando forem aplicados em uma gramática própria do arquiteto.
Os níveis de referência de cada projeto são **tipologia**, **topografia** e **elementos arquitetônicos**. Cada obra refere-se a um lugar e a uma situação topográfica. Juntos eles conformam o "topos". Para uma função se escolhe uma tipologia de espaços e os elementos arquitetônicos resultam na forma estilística.

O PROJETO
NÍVEIS DE ORGANIZAÇÃO REFERENCIAIS

1 Volume em estrutura
Corpo do edifício cercado, que sobressai plasticamente dentro de uma estrutura fechada

2 Corpos de edifícios abertos e envolvidos
Espaços livres e volumes são interligados, inseparáveis. O tema espacial vai do edifício com pátio ao edifício isolado, solitário

3 Plano espacial/espaços vazios em volumes
Espaços unitários ou compostos em sequência com forma específica organizam-se no interior dos volumes

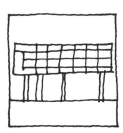

4 Sobre pilares
O volume do corpo edificado liberta-se do solo, criando um espaço intermediário marcante

5 Depressão
O edifício cria um espaço voltado para si mesmo, os volumes se afundam com o próprio peso

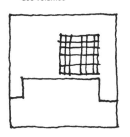

6 Platô
A fachada contínua é separada da rua por uma zona de base; a elevação topográfica liberta o edifício, criando um espaço especial

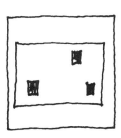

7 Ponto sobre superfície
Aberturas pontuais sobre a parede

8 Linha sobre superfície
Faixas horizontais ou verticais de janelas

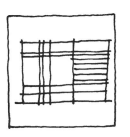

9 Estrutura sobre superfície
Subdivisão dos painéis de vidro e da construção constituem uma rede de linhas, que estruturam formalmente a fachada

10 Painéis de parede e pilares
Elementos de paredes pontuais, em faixas ou superfícies

11 Entalhe
Corte e criação de espaços vazios no volume

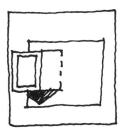

12 Desenvolvimento de formas livres
Elementos plásticos se desenvolvem a partir do volume

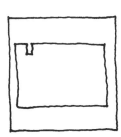

13 Cobertura plana
O fechamento horizontal acentua o corpo do edifício

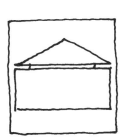

14 Cobertura como corpo geométrico
Inclinações da cobertura conformam uma figura geométrica

15 *All over*
Tratamento unificado, contínuo, entre cobertura e paredes

Tipologia
A estrutura tipológica de uma edificação desenvolve-se a partir da sua função, assim como de sua construção e situação (local) de implantação.
A estrutura tipológica é tridimensional e, por isso, deve ser entendida como tema espacial.

Topografia
O tema da topografia refere-se à localização da obra, que é única, e desenvolve a partir dela sua situação urbana ou sua relação com a paisagem natural.

A caracterização da obra urbana ou paisagística, no sentido de sua integração na paisagem natural, determina essencialmente a qualidade de seus espaços públicos.

Elementos arquitetônicos
Os componentes arquitetônicos, que conformam um edifício, sempre estão em relação com a forma final que assumirá o projeto e acompanham princípios formais, assim como técnicos e critérios de uso.

Fachada/aberturas → 7 – 9
Todas as aberturas conformam uma estrutura gráfica sobre a superfície da parede.
Uma mistura e combinação de diferentes princípios estruturais podem levar a uma solução sobrecarregada de fachada.

Elementos plásticos → 10 – 12
Elementos funcionais como balcões e varandas, assim também como pilares, conformam estruturas tridimensionais, que modelam a superfície das paredes. A estruturação normal das paredes não deve interferir, destruindo essa configuração.

Cobertura → 13 – 15
Somente a cobertura transforma o corpo construído em uma escultura fechada. Integração em contextos urbanos e concepção arquitetônica são determinantes na escolha da cobertura correta.

O processo de projetar

O PROJETO
O que é projetar?
Níveis de organização referenciais
Questionário
O projeto digital

Ver também:
Áreas externas
→ p. 268

51

O PROJETO
QUESTIONÁRIO

O processo de projetar

O PROJETO
O que é projetar?
Níveis de organização referenciais
Questionário
O projeto digital

A fase de projeto é geralmente acelerada, dando início às obras sem que o material para sua execução e condução esteja totalmente pronto. Assim não é de se admirar que os "desenhos definitivos", assim como o "orçamento definitivo", apareçam quase sempre quando a obra está praticamente acabada. Aqui deixam de funcionar os longos esclarecimentos e relatórios ao cliente; na realidade, importante é o trabalho rápido e eficiente do arquiteto, assim como uma preparação sólida no escritório e canteiro de obra.

Para cada construção têm-se com frequência as mesmas perguntas, efetuadas através de questionários individuais que já devem estar à mão no fechamento do contrato com o cliente, dando início imediatamente ao processo de elaboração do projeto. Existem naturalmente pontos específicos e diferenças, mas uma grande quantidade de elementos são suficientemente generalizáveis para permitir a utilização de tais questionários, mesmo que em princípio tenham caráter apenas sugestivo. O modelo de questionário que se apresenta a seguir é apenas uma parte do conjunto do material impresso, incluindo orçamentos, o qual deve existir em todo escritório de projeto ou construtora.

Questionário informativo sobre a obra encomendada

Dados da obra encomendada nº:
Cliente:
Obra:
Responsável pelo relatório:

I. Informações sobre o cliente
1. Qual é a importância da empresa? Situação financeira? Grau de atividade? Capital disponível De onde provêm as informações? } Confidencial!
2. Que perspectivas tem o negócio?
3. Quem é a pessoa principal? Seu representante? A quem devemos recorrer em última instância?
4. Quais os desejos especiais do cliente do ponto de vista artístico?
5. Como se posiciona perante as artes plásticas? E especialmente diante de nosso trabalho?
6. Quais as características pessoais do cliente que devem ser observadas?
7. Quem poderia nos trazer dificuldades? Por quê? Com quais consequências?
8. Teria o cliente interesse em uma publicação posterior sobre a obra?
9. Os desenhos necessitam ser compreensíveis também para leigos?
10. De quem recebeu orientação arquitetônica anteriormente?
11. Por quais motivos houve mudança de arquiteto?
12. O cliente já está planejando outras obras para o futuro? Quais? Qual o tamanho? Quando? Já existem projetos prontos para as mesmas? Existe a possibilidade de que venhamos a executar estes projetos? Já foi dado andamento a estas questões? Com quais resultados?

II. Ajuste de honorários
1. Quais são as bases para o cálculo de honorários?
2. Em que relação são computados os trabalhos de acabamentos e reformas?
3. A estimativa de custos da construção é importante para o cálculo do honorário?
4. Em que base é feito orçamento de custo da construção?
5. Devemos assumir os trabalhos de acabamento, instalações?
6. Existe contrato assinado ou apenas comprovação escrita dos acordos?

III. Pessoas e empresas envolvidas com a obra
1. Com quem devem-se efetuar as entrevistas preparatórias?
2. Quais são as áreas especiais e quem são os responsáveis pelas mesmas?
3. Quem controla as contas de custos?
4. Como devem ser efetivados as encomendas e os faturamentos?
5. Poderão ser feitas encomendas e pedidos diretamente em nome do cliente? Até que quantia? É necessária uma autorização por escrito?
6. Quem é recomendado pelo proprietário para executar a obra? (Profissão, endereço, telefone etc.)
7. É necessário um diretor de obras? Desejado? Com mais idade ou jovem? Quando? Permanente ou apenas temporariamente? Por quanto tempo?
8. O proprietário está satisfeito com as atribuições dadas ao diretor da obra por nós?
9. O proprietário coloca à disposição área para implantação de escritório na obra? Com equipamentos como telefone, computador etc.?

IV. Generalidades
1. No caso do terreno não ser ainda cercado, existe a necessidade de tapumes? Podem ser alugados para fixação de cartazes de propaganda? Deve-se colocar placa de obra? Quais os dados que deve conter?
2. Endereço exato do novo edifício em construção? Qual seu nome?
3. Endereço da estação mais próxima de transporte público?
4. A agência mais próxima de correios?
5. Existe telefone na obra?
6. Jornada de trabalho da mão de obra?

V. Informações para o projeto
1. Por quem foi elaborado o programa da construção? Está completo ou precisa ser ampliado; por nós ou por outras pessoas? Precisa ser mais uma vez aprovado pelo proprietário antes de iniciar-se o projeto?
2. Com quais edifícios, existentes ou em projeto, deverá relacionar-se a nova obra? → VIII, 9.
3. Existem determinações restritivas municipais ou estaduais? Planejamento regional?
4. Existem publicações em revistas sobre este tipo de edifício? O que temos em nossos arquivos a este respeito?
5. Onde se encontra solução do mesmo problema, perfeitamente resolvida?
6. Pode-se visitá-la? Já foi dado algum passo neste sentido?

VI. Fundamentos para o desenvolvimento formal do projeto
1. Como é o entorno? A paisagem? Árvores? Clima? Orientação? Direção dos ventos.
2. Qual a forma dos edifícios existentes? De que material são construídos? → VIII, 9.
3. Existem fotografias da área de entorno (com indicação do ponto onde foram tiradas)? Foram pedidas?
4. O que é necessário observar-se ainda para desenvolvimento da composição arquitetônica?
5. Altura e número de andares dos edifícios existentes? Alinhamentos? Ruas planejadas? Árvores (tipo, tamanho)?
6. Quais intervenções construtivas posteriores devem ser já agora consideradas?
7. É desejável um plano geral de urbanização ou plano de massas?
8. Existem prescrições locais quanto à aparência externa do edifício a ser construído?
9. Quem é o responsável pela aprovação do edifício do ponto de vista da forma? Qual sua posição? É aconselhável uma discussão já a nível de anteprojeto?.
10. Qual é o órgão superior a quem se pode recorrer em caso de desacordos? Como se dá este processo? Quanto tempo dura o atendimento de uma reclamação? Como funciona este órgão?

O PROJETO
QUESTIONÁRIO

VII. Fundamentos técnicos
1. Qual o tipo de subsolo da região?
2. Há análises do solo na área a construir? Em quais locais? Quais os resultados?
3. Qual a carga máxima admitida pelo terreno?
4. Nível normal do lençol freático? Nível para cheias? Nível máximo?
5. O terreno já foi uma vez construído anteriormente? Que tipo de edificação? Com quantos andares? Qual era a profundidade do subsolo?
6. Qual tipo de fundação parece ser adequado?
7. Com que materiais será construído o edifício? Piso do subsolo: Técnica construtiva? Carga? Estrutura? Sistema de impermeabilização? Revestimento? Pintura? Isolamento do lençol freático? Teto do subsolo: Técnica construtiva? Carga? Estrutura? Revestimento? Teto do andar térreo: Material? Carga? Estrutura? Revestimento? Cobertura: Técnica construtiva? Carga? Estrutura? Pintura de proteção? Tipo de telha ou outro material de cobertura? Calhas? Tubos de escoamento embutidos ou aparentes?
8. Quais isolamentos previstos? Acústico? Horizontal (piso)? Vertical (parede)? Contra vibrações? Térmico? Horizontal? Vertical?
9. Como deverão ser os pilares? E as paredes estruturais? Paredes internas divisórias?
10. Que tipo de escada será construída? Carga?
11. Tipos de janelas? Aço? Madeira? Sintéticas? Madeira/alumínio? Tipos de vidro? Com proteção acústica e solar? Moldura embutida ou aparente? Caixilharia simples, dupla ou de caixa?
12. Tipos de portas? Com batente normal? Com batente metálico? De madeira compensada? Aço? Com guarnecimento de borracha? Porta corta-fogo? Com trinco?
13. Tipo de calefação? Combustível utilizado? Reserva para quanto tempo? Fornalha à óleo? Aquecimento elétrico.
14. Qual o sistema de aquecimento de água? Qual a quantidade necessária? Em que períodos de tempo? Em que lugares? Quais os produtos químicos necessários para a água potável? É necessária previsão de equipamentos para correção da dureza da água?
15. Tipo de ventilação? Grau de renovação? Em quais ambientes? Eliminação de gases e névoa?
16. Existe refrigeração? Fabricação de gelo?
17. Abastecimento de água? $\varnothing$ das canalizações? $\varnothing$ das instalações de mangueiras do corpo de bombeiros? Pressão da água dentro dos encanamentos? Há grandes variações? Quais? Preço da água por m^3? Há torneiras ao ar livre? Reservatório de água da chuva?
18. Sistema de esgoto? Ligação com a rede pública? Onde? Qual $\varnothing$ do canal principal? Qual a profundidade? Para onde correm as águas servidas? Há possibilidade de construção de fossas? Já existem ou são permitidas? Tanque privado para tratamento da água? Tratamento apenas mecânico ou também biológico? Reservatório de água da chuva?
19. Qual $\varnothing$ dos encanamentos de gás? Poder calorífico? Preço por m^3? Desconto para instalações de grande consumo? Há restrições para instalação? Sistema de evacuação de gases?
20. Tipo de iluminação? Corrente elétrica? Voltagem? Possibilidades de ligação? Limite de consumo? Preço por kW? Tarifa noturna reduzida? Desconto para grande consumo? Transformador? Estação de alta tensão? Geradores próprios? Diesel, turbinas a vapor, energia eólica?
21. Serviço telefônico?
22. Sinais de chamada? Sonoros? Luminosos? De comando?
23. Tipo de elevadores? Para cargas pesadas? Descarga ao nível do chão ou em plataformas? Velocidade? Casa de máquinas em cima ou embaixo?
24. Qual outro sistema de transporte? Tamanho? Percurso? Correio pneumático?
25. Caixas de lixo? Onde? Tamanho? Para que tipo de lixo? Queima? Prensa para papel?
26. Outros.

VIII. Documentos e plantas necessárias para o projeto
1. Foi vista a inscrição no livro de registros de propriedades? Tem-se cópia da mesma? Existe em seu conteúdo algo que possa ser importante para o projeto?
2. Existem planos locais? Foram pedidos? Com indicação de meios e vias de transporte?
3. Existe planta de situação? Foi pedida? Com cerificado oficial?
4. Existe levantamento topográfico do terreno? Foi pedido?
5. Existe plano do sistema de abastecimento de água?
6. Existe plano do sistema de esgoto?
7. As ligações ao sistema de abastecimento de gás estão mostradas claramente em plano?
8. A rede de distribuição de energia elétrica está mostrada claramente em plano? Este é controlado pela usina fornecedora? Linha aérea ou subterrânea?
9. Existe documentação fotográfica das fachadas das edificações vizinhas? Podem-se perceber as técnicas construtivas utilizadas? (Planos de urbanização)
10. Assinalou-se um ponto fixo, inquestionável, para origem do levantamento topográfico?
11. É necessário um plano para o canteiro de obras?
12. Onde deve ser pedida a aprovação da obra? Quantas cópias devem ser enviadas? Em qual forma e tamanho de papel? Cópia heliográfica? Azul? Vermelha? Sobre tela? Como devem ser coloridos os desenhos? (Normas de apresentação de desenhos de projeto)
13. Quais as exigências para os cálculos estruturais e de resistência? Quem é o engenheiro autorizado para controle? A quem interessa? (Quem é indicado pelo Departamento de Obras?)

IX. Dados para contrato de obra
1. Qual a distância entre canteiro de obras e a próxima estação de trens de carga?
2. Existe ramal de ligação com a obra? Bitola normal? Estreita? Como são as instalações de descarga?
3. Como são as vias de acesso?
4. Quais os depósitos para materiais existentes? m^2 ao ar livre? m^2 cobertos? Em que nível em relação à obra? Podem trabalhar diversas firmas construtoras paralelamente sem problemas?
5. O proprietário assumirá o controle de algumas remessas isoladas assim como de alguns serviços de mão de obra? Quais? Limpeza? Vigilância? Trabalhos de jardinagem?
6. Haverá pagamento adiantado ou a dinheiro, diretamente? Ou dever-se-ão observar determinados prazos e distribuições?
7. Quais são os materiais construtivos usuais na região? Particularmente baratos? Qual o preço?

X. Prazos de entrega para
1. Croquis para reunião com os participantes do projeto?
2. Croquis para reunião com o proprietário?
3. Anteprojeto (escala) com orçamento prévio?
4. Projeto (escala)?
5. Orçamento?
6. Projeto de prefeitura, para pedido de aprovação, com cálculo de resistência e documentos necessários?
7. Tempo de demora para expedição do alvará de autorização? Qual é o caminho normal? Existe possibilidade de acelerar o processo?
8. Projeto executivo?
9. Abertura de concorrências?
10. Entrega de propostas?
11. Fechamento de contratos? Cronograma?
12. Começo da obra?
13. Entrega provisória (obra sem acabamentos)?
14. Entrega da obra acabada?
15. Pagamentos finalizados?

O processo de projetar

O PROJETO

O que é projetar?
Níveis de organização referenciais
Questionário
O projeto digital

O PROJETO
O PROJETO DIGITAL

O termo "projeto digital" descreve os diversos processos de desenvolvimento de projetos auxiliado por computadores. Nos casos mais simples, os programas **CAD** (Computer-Aided Design) substituem o lápis convencional. Eles simplificam alterações nos desenhos e proporcionam uma precisão inédita na representação gráfica. Ademais, modelos virtuais 3D permitem avaliar o objeto de diversos ângulos. Podem-se criar objetos e elementos construtivos com informações, como nome, tipo de objeto, fabricante, preços e outras propriedades. Esse método, conhecido como **BIM** (Building Information Modeling), permite editar e otimizar modelos 3D criados com diferentes programas e por diferentes autores. As plantas e os documentos podem ser atualizados por meio de redes, de modo que todos os envolvidos tenham sempre acesso ao status atual do projeto. Além de auxiliarem no processo clássico do projeto, computadores permitem calcular e avaliar uma infinidade de variantes a fim de otimizar os possíveis resultados. Para isso, costumam-se testar as propriedades dos objetos por métodos matemáticos. Com base nesse "código programado", o computador gera modelos baseados em propriedades organizacionais, técnicas e climáticas. A conexão direta entre as propriedades dos objetos e a etapa de produção dá lugar a possibilidades de produção individual a custos antes reservados a itens produzidos em massa.

Métodos digitais são divididos em projetos paramétricos (do todo ao detalhe) e projetos generativos (desenvolvimento da forma a partir da solução e da coordenação de detalhes individuais), conforme a direção do processo. → ❷

Projetos paramétricos

Esses projetos baseiam-se em modelos de geometria associativa. Definem-se as especificações dimensionais e interdependências dos objetos a serem desenhados, e, caso mudem as especificações individuais, todos os parâmetros dependentes (placeholders) mudam junto. Tal procedimento é bastante semelhante ao desenho clássico. Variantes podem ser criadas mais rapidamente porque qualquer mudança altera imediatamente os critérios dependentes correspondentes. No entanto, a avaliação dos resultados continua sendo tarefa do arquiteto. As especificações não se referem apenas à geometria, mas também a outras propriedades, como estática, serviços de construção e condições técnicas para condicionamento de ar.

Projetos generativos ou algorítmicos

Primeiro, planeja-se um processo baseado em regras no qual se especificam diversas condições e suas interdependências. A tarefa ou os subproblemas do projeto são então codificados em um programa que cria a forma do objeto desejado. Neste caso, é o próprio programa que cria e otimiza a avaliação dos critérios com base nas especificações das regras. Como as linguagens de programação diferem da sintaxe de nossa linguagem natural, existem interfaces que representam graficamente as interdependências e as entradas de parâmetros, eliminando a necessidade de aprender linguagens de programação complexas. → ❸

Parâmetros

Devido às infinitas possibilidades de seleção de parâmetros e conexões, devem-se definir parâmetros adequados. Além das especificações funcionais mencionadas, fórmulas matemáticas (p. ex., da teoria biônica ou do caos) também podem ser usadas para gerar formas. Parâmetros que influenciam a sustentabilidade de um edifício são particularmente úteis → ❹.

❶ Todos os envolvidos no planejamento podem participar do desenvolvimento do modelo digital. As mudanças são imediatamente visíveis para todos. As ferramentas necessárias para a execução são geradas a partir do modelo virtual

Projeto auxiliado por computador		
Definição	Projeto paramétrico	Projeto generativo
Técnica	Geometrias associativas	Criação de algoritmo
Processo	Do grande ao pequeno	Do pequeno ao grande
Exemplo		
Função do arquiteto	Determinar a forma básica, a forma geométrica e as relações matemáticas entre as partes individuais	Determinar as dependências entre as condições básicas, avaliação e seleção dos resultados gerados

❷ Esquema das funções computacionais durante o projeto

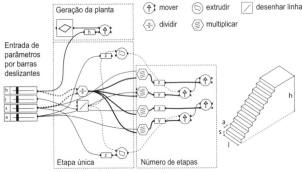

❸ Exemplo de uma interface gráfica de entrada para especificações, parâmetros e interdependências para construção de uma escadaria. Definem-se os parâmetros por meio de barras deslizantes. As caixas simbolizam as funções individuais, e as conexões simbolizam as relações

Desenvolvimento urbano	Arquitetura	Partes construtivas
Sombreamento	Sombreamento próprio	Capacidade de armazenamento de calor
Sombreamento próprio	Compacidade	Capacidade de carga
Orientação solar	Disposição do programa espacial	Peso
Densidade da construção	Comprimento das rotas de fuga	Divisão dos elementos de fachada
Superfícies impermeáveis	Comprimento das instalações	Divisão dos elementos geométricos na fachada
Distribuição de infraestrutura	Distribuição das janelas	Custo dos elementos

❹ Seleção de critérios que podem servir como parâmetro de sustentabilidade, divididos conforme a área de atuação

Programação do projeto (segundo sua função)	
É necessária uma nova construção ou é possível somente renovar a existente?	Fase 0
Revisão e otimização da situação do terreno	
O terreno é adequado ao programa do projeto? Situação, fluxos de tráfego etc.	

Otimização do projeto	Otimização espacial	
Ótima utilização e possível falta de uso (subsolo, sistema estrutural, circulação central etc.). Forma: tipologia, relação planta–fachada, atualidade e forma original etc. Conforto para o usuário	Organização do programa baseado em espaços realmente necessários Otimização da comunicação espacial	Fases 1–8
Tempo de uso Durabilidade, opções de conversão, renovabilidade		
Uso de materiais duráveis	Otimização da geometria das partes construtivas	
Longo tempo de vida, redução de medidas de manutenção e renovação Materiais adequados e possibilidade de envelhecimento	Para aumento do valor de uso, grandes áreas de aplicação, melhores possibilidades de reciclagem e reutilização	
Evitar materiais e partes construtivas de difícil separação Melhor capacidade de reciclagem e incentivo de reelaboração, uso continuado e reaproveitamento de materiais usados e partes construtivas		
Materiais e partes construtivas com baixo dano ambiental Reaplicação simplificada, facilidade de eliminação de resíduos, proteção do solo e lençol freático		

Demolição controlada no caso de impossibilidade de mudança de uso	
Separação de tipos de materiais e, na medida do possível, reaproveitamento de materiais nobres e partes construtivas	Futuro

 Regras fundamentais do projeto [01]. A revisão das necessidades do projeto e a otimização da situação do terreno não são considerados serviços arquitetônicos conforme a HOAI, pois têm de ser conduzidos antes da contratação.

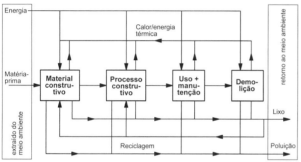

❷ Circulação de energia e matérias-primas nas fases de vida de um edifício

Dimensão ecológica	Direito de uso da área
	Uso, dispersão e mistura de matérias-primas minerais e energéticas
	Emissões nocivas de materiais sólidos, líquidos ou gases, que prejudicam a atmosfera e o meio ambiente
	Lixo que libera materiais nocivos que prejudicam ciclos da natureza de recursos valiosos
	Ruído, poeira e vibrações
Dimensão econômica	Custos dos ciclos de vida de um edifício
	Reforma e investimentos de manutenção em relação aos custos da construção original
Dimensão social	Criar e assegurar locais de trabalho
	Assegurar áreas de moradia adequadas segundo idades e capacidades financeiras
	Criar um adequado ambiente de moradia
	Criar espaços de moradia econômicos, aumento do número de proprietários
	Rede de comunicação entre trabalho, moradia e lazer nos conjuntos habitacionais
	"Morar saudável" dentro e fora do edifício

❸ Avaliação de aspectos da sustentabilidade

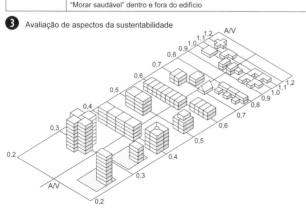

❹ Comparação da relação entre superfície de fachadas e área útil de edifícios por m² (Esquema Solarbüro, Dr. Peter Goretzki)

CONSTRUÇÕES SUSTENTÁVEIS
FUNDAMENTOS GERAIS, PROJETO E CONSTRUÇÃO

Sustentabilidade
Desde que entrou em vigor a Agenda 21 ratificada na Conferência Mundial do Meio Ambiente realizada no Rio de Janeiro em 1992, a palavra sustentabilidade transformou-se em conceito internacional e nacional de discussão de políticas ambientais.

O desenvolvimento sustentável tornou-se, há alguns anos, referência para o futuro da humanidade. "Desenvolvimento sustentável designa um tipo de desenvolvimento que vai ao encontro das necessidades da geração atual, sem prejudicar as possibilidades das gerações futuras de satisfazerem suas necessidades e de escolherem seu próprio estilo de vida" (*Relatório Brundtland*, 1987).

Na Alemanha, o Ministério do Meio Ambiente estabeleceu, em 1988, as seguintes regras de administração para um desenvolvimento sustentável:

Regeneração (recursos naturais renováveis podem ser utilizados em longo prazo somente no sentido da sua renovação);

Substituição (recursos naturais não renováveis só devem ser utilizados enquanto não houver outros materiais ou formas de energia que possam substituí-los);

Capacidade de adaptação (a liberação de materiais ou energia não deve ser, a longo prazo, maior do que a possibilidade de adaptação do ecossistema).

Construções sustentáveis
Um papel-chave para nosso desenvolvimento é ocupado pela construção e nosso meio ambiente construído. A construção e o funcionamento de edifícios sobrecarregam o meio ambiente substancialmente e, portanto, é necessário buscar a redução desses efeitos negativos. A construção e o uso de edifícios consomem uma grande parte dos recursos naturais, energia e água. O desenvolvimento sustentável da construção insere-se em um contexto econômico, ecológico e social. Construir de forma sustentável corresponde a uma série de medidas e concepções que necessitam ser adaptadas a cada projeto. Os efeitos sociais e culturais do projeto (função, forma e estética, preservação do patrimônio etc.) devem ser observados igualmente no conjunto de considerações.

Edifícios têm uma longa vida de uso e, portanto, medidas econômicas ou gastos adicionais têm efeito a longo prazo. A construção e o funcionamento de edifícios sobrecarregam o meio ambiente substancialmente e, portanto, é necessário buscar a redução desses efeitos negativos. A construção e o uso de edifícios consomem uma grande parte dos recursos naturais, energia e água. Para estabelecer comparações entre o consumo energético de diferentes materiais e métodos e incentivar a construção e gestão sustentáveis, foram desenvolvidos sistemas de avaliação que buscam analisar o ciclo de vida de um edifício em termos de sustentabilidade → p. 57 Certificação.

Arquitetura sustentável
A qualidade da arquitetura, do projeto e planejamento do edifício, tem uma função decisiva na sua sustentabilidade. As despesas para a construção estão sempre relacionadas com a previsão do tempo de uso; um maior tempo de uso justifica com frequência maiores despesas de projeto e execução.

O tempo de uso de edifícios é em média de 50 a 100 anos (2 a 3 gerações); muitas edificações, entretanto, encontram-se hoje em pleno uso e são muito mais antigas. Em geral, os ciclos de renovação e modernização são mais longos do que os técnicos (de funcionamento) do edifício. → p. 60 ❶.

Disso decorre que uma estrutura tipológica de uso múltiplo, sustentável, coloca-se em primeira instância; em segundo lugar estabelecem-se as questões técnicas de funcionamento. Portanto, o trabalho do arquiteto deve ser voltado, em primeira linha, ao projeto do edifício como composição de estrutura e forma.

A tarefa do arquiteto é minimizar o consumo de energia e o uso de sistemas tecnológicos por meio da composição arquitetônica, além de integrar os sistemas necessários de modo que se possam substituí-los ao final do respectivo ciclo de vida.

Um aspecto essencial da sustentabilidade é a qualidade artística do edifício, que influencia a vida útil da estrutura.

55

CONSTRUÇÕES SUSTENTÁVEIS
USO, REMOÇÕES E DEMOLIÇÕES

Existem alguns critérios essenciais para uma sustentabilidade da arquitetura:
– a relação do projeto com o local e programa da construção
– a qualidade formal da edificação, sua atualidade e originalidade
– estruturas efetivas e que permitam uma boa utilização
– durabilidade da construção e seus materiais
– uso adequado de materiais com capacidade de envelhecimento
– possibilidade de mudanças dentro do uso original
– uma possível mudança total de uso diante de determinadas necessidades

Na construção de edifícios está implícito um tempo de uso intensivo de matérias-primas e energia. Disto advém a grande importância de cada parte do ciclo de vida de uma edificação.

Uma grande parte do consumo de energia e matérias-primas é consequência da utilização de aparelhos técnicos e instalações. Novas edificações devem ser sempre projetadas com os padrões técnicos atualizados; em edifícios existentes é necessária a verificação regular para possíveis renovações (isolamento térmico, técnicas de funcionamento etc.) para permitir a continuidade de um uso econômico.

Ao lado da durabilidade e longo tempo de vida das técnicas de funcionamento, deve-se observar mecanismos e métodos para economia de recursos como objetivo fundamental. O ideal é prever a constituição de um sistema de circulação, no qual água e energia sejam reutilizadas.

O objetivo a ser alcançado é:
– saúde e conforto na fase de uso
– minimização de custos de energia, funcionamento e manutenção técnica, baixo custo de limpeza (em parte autolimpante: p. ex., fachadas, coberturas etc.)
– minimização de inspeções e custos de manutenção em geral

Regras e diretrizes:
– Diretrizes para economia de energia (EnEV)
– Energia elétrica em edifício sem subsolo; Associação de Engenheiros e Arquitetos da Suíça; recomendações (SIA 380/4)
– Provas de proteção térmica no verão (DIN 4108-2, DIN EN ISO 13791 e DIN EN ISO 13792)
– Automação do edifício (DIN 276, DIN EN 15232 e DIN 18386)
– Diretrizes para instalação de sistemas de calefação (HeizAnlV)

Tabelas

Calefação	Aquecimento de água potável
– Plano de otimização da técnica de regulagem e comando – No processo de regulagem, consideração da incidência solar através do zoneamento das instalações em função da fachada – Ciclos diferenciados de regras segundo partes construídas com diferentes exigências – Para espaços flexíveis, ampliação da concepção de regras – Tipo do espaço deve coordenar os valores e tempo do programa	– Teste indicador da possibilidade de abdicação à água quente – Para as áreas de uso permanente: Abastecimento de água quente: observação das condições de higiene para água potável, consumo racional de energia e de água, otimização do sistema e custos de funcionamento – Testar a possibilidade de aquecimento solar da água

❶ Economia potencial da energia para calefação

Iluminação	Aquecimento, resfriamento	Ventilação	Aparelhos elétricos
– Sempre que possível Uso de luz natural Iluminação artificial com alto grau de eficiência – Para lâmpadas fluorescentes, starter comandado eletronicamente – Controle de iluminação artificial dependente da luz do dia e da presença de pessoas no recinto – Economia na iluminação externa	– Utilização de energia renovável – Economia de energia, autorregulação, bombas de circulação – Construção com proteção contra o calor do verão – Cálculo da carga adicional para o caso da necessidade de ar-condicionado	– Diminuição do fluxo de ar a medidas necessárias – Rede de tubulações com pouca perda de pressão – Ventiladores e motores com alto grau de eficiência – Recuperação de calor entre ventilação e exaustão	– Aparelhos que economizam energia (funcionamento normal e *stand-by*) – Aparelhos de desligamento automático da rede (quando tecnicamente possível)

❷ Economia potencial da energia elétrica

Critérios ecológicos	– Danos ao meio ambiente resultantes do tratamento de restos de material para construção – Danos causados pelo transporte – Emissão de materiais prejudiciais à saúde – Emissões com efeitos globais (diminuição da camada de ozônio, acidez, aquecimento global) – Ruído, emissão de poeira – Ocupação de áreas livres – Utilização de novos materiais – Energia necessária na eliminação dos resíduos – Identificação e separação de materiais prejudiciais – Lixo e sua eliminação
Redução de danos ao meio ambiente por meio da reutilização de materiais (evitar nova produção)	– Transporte para a nova produção – Emissão de materiais prejudiciais à saúde – Ocupação de áreas livres – Utilização de recursos renováveis e não renováveis – Minimização da necessidade de energia para produção de materiais de construção – Lixo resultante da produção de materiais de construção e sua eliminação
Efeito através do aproveitamento térmico	– Grau de aproveitamento da queima de restos de material construtivo
Critérios econômicos	– Diretrizes, sua aplicação e fortalecimento – Aceitação dos produtos resultantes do tratamento de restos de materiais de construção – Capacidade necessária – Custos
Critérios técnicos	– Aplicação de alta qualidade – Realização tecnicamente possível

❸ Avaliação do processo de eliminação de resíduos

1.	– Evitar – Reutilizar, p. ex. vigas de aço, tijolos etc. – Continuar utilizando, p. ex. peças prontas com novas funções
2.	– Utilizar – Reutilizar (*recycling*), p. ex. peças de concreto recicladas – Continuar utilizando (*downcycling*), p. ex. blocos sílico-calcários como material de preenchimento – Aproveitamento térmico, p. ex. madeira da construção
3.	– Eliminação – Compostagem – Deposição do lixo

❹ Caminhos da eliminação de resíduos (lei básica da economia da circulação)

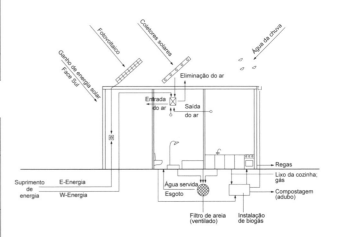

❺ Aplicação de sistemas de circulação em exemplos de um conjunto habitacional em Freiburg-Vauban. Arq. Common&Gies

CERTIFICAÇÃO
SISTEMAS

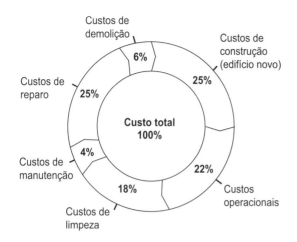

❶ Análise de custos do ciclo de vida de um edifício: percentual de cada fase em relação ao custo total (exemplo)

Construir de forma sustentável significa cultivar uma visão holística das fases de vida do edifício, **otimizando os gastos e o consumo de recursos durante o planejamento e considerando sempre o ciclo de vida completo da obra.** → ❶ Nos anos 90, começaram a ser desenvolvidos sistemas de certificação em todo o mundo (BREEAM (Reino Unido) 1990, LEED (EUA) 1993, WorldGBC 2002, DGNB 2007) a fim de **expor, comparar e avaliar sistematicamente a sustentabilidade dos edifícios**. A figura central no processo de certificação é o **auditor**, que é aprovado pela respectiva certificadora. Auditores avaliam o planejamento conforme os critérios de um determinado sistema de certificação (pré-avaliação); depois, verificam e analisam os documentos conforme as várias exigências específicas de tal sistema. Os resultados da pré-avaliação são registrados na forma de especificações para os envolvidos no planejamento. Após a conclusão do projeto de construção, o auditor prepara a documentação de acordo com as especificações do sistema de certificação e a submete ao órgão adequado, que concede o certificado (**selo de aprovação**) → ❷.

O processo de projetar

CERTIFICAÇÃO

Sistemas

Sistema de Certificação do Conselho Alemão de Construção Sustentável (DGNB)

Leadership in Energy & Environmental Design (LEED) do United States Green Building Council (USGBC)

Método de Avaliação Ambiental do Building Research Establishment (BREEAM)

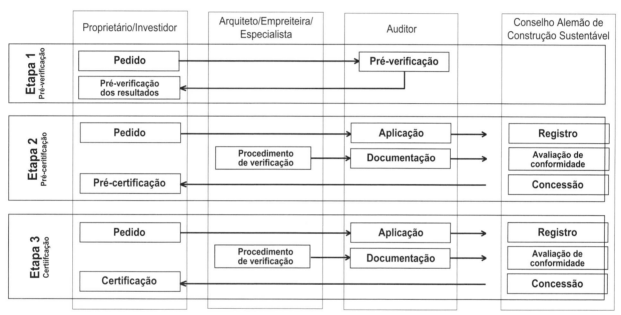

❷ Esquema de um **processo de certificação** (exemplo baseado no sistema DGNB)

❸ Estrutura de um **sistema de certificação** dividido em áreas temáticas gerais e específicas (exemplo baseado no sistema DGNB)

1. Pilar	Potencial de aquecimento global 3,29% Potencial de esgotamento do ozônio 1,10% Potencial de criação de ozônio 1,10% Potencial de acidificação 1,10% Potencial de eutrofização 1,10% Riscos ao meio ambiente local 3,29% Outros impactos sobre o meio ambiente global 1,10% Microclima 0,55% Consumo de energia primária não renovável 3,29% Consumo total de energia primária e proporção de energia primária renovável 2,20% Consumo de água potável e geração de esgoto 2,20% Uso do solo 2,20%
2. Pilar	Custos da construção ao longo do ciclo de vida 13,50% Capacidade de utilização por terceiros 9,00%
3. Pilar	Conforto térmico no inverno 1,61% Conforto térmico no verão 2,41% Higiene interior 2,41% Conforto acústico 0,80% Conforto visual 2,41% Grau de influência dos usuários 1,61% Qualidade dos espaços externos 0,80%. Segurança e risco de acidentes 0,80% Acessibilidade 1,61% Eficiência espacial 0,80% Convertibilidade 1,61% Acessibilidade pública 1,61% Conforto ciclístico 0,80% Criatividade em relação à concorrência 0,80%

❹ Áreas temáticas com critérios individuais e seus lugares na avaliação geral (retirado do certificado "Systems DGNB/Neubau Büro und Verwaltungsgebäude", versão 2008)

57

FACILITY MANAGEMENT
CAMPOS DE APLICAÇÃO

❶ Produto e produtores – desenvolvimento desde o começo da cultura

❷ O princípio do ciclo de vida de um edifício

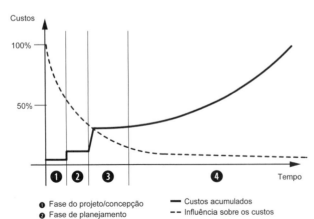

❸ Possibilidades de influência do projeto sobre os custos do edifício

Proprietário, construtor – responsabilidade e funções
O proprietário, aquele que encomenda o projeto, possui o poder de decisão sobre as características da futura obra e, assim, arca com uma parte essencial da responsabilidade sobre sua qualidade e sustentabilidade.
O arquiteto tem o papel central de consultor especializado, que dirige e coordena, durante a fase de planejamento e construção, todas as diferentes disciplinas envolvidas para obter um resultado que atenda aos objetivos formulados no projeto. Frente ao proprietário, o arquiteto assume uma posição com caráter típico de especialista – como força de persuasão para o uso de formas e soluções inovadoras – ao lado de modernas disciplinas de serviços – como transparência e confiança em relação aos custos e prazos.
Considerando-se o grande significado assumido pela ocupação de áreas a partir do séc. XXI, incentivando uma concorrência agressiva entre concursos e futuros usuários de edifícios, torna-se necessária a confrontação com as necessidades econômicas típicas dos proprietários construtores atuais.
Proprietários dividem-se entre futuros usuários e investidores:
– O futuro usuário é conduzido essencialmente por uma relação entre funcionalidade e forma, de um lado, e os custos relacionados, de outro.
– O investidor, ao contrário, se interessa pelo mercado do momento para ter sucesso de vendas e aluguéis.
Como consequência, é necessário estabelecer parâmetros essenciais diferenciados para o processo de desenvolvimento, projeto e realização, que, principalmente nos países anglo-americanos, conduziu a um alto grau de profissionalismo e de investimentos motivados pela perspectiva de sucesso.

Exigências complexas da construção
Tomado do ramo industrial, tem-se afirmado cada vez mais o princípio da criação de valor de áreas. Sob este conceito, entende-se uma complexa combinação de parâmetros quantitativos e qualitativos:
– Objetivo concreto de lucro com aluguéis, tirando efeitos de impostos e políticos.
– Projeção total de custos, de fácil acompanhamento, para toda a vida útil do edifício.
– Mudança consequente de uso segundo planejamento a longo prazo de necessidades, com todos os efeitos relevantes, principalmente de funcionamento sem incômodos.

Princípio do ciclo de vida
A forma moderna de pensar um projeto de arquitetura é marcada por uma preocupação integral, considerando todas as fases de vida de um edifício, o chamado "princípio do ciclo de vida" → ❷.
Nesse caso, são organizadas sistematicamente todas as fases relevantes, funcionais, estéticas, custos, prazos e questões de caráter organizacional. A transferência de conhecimentos da fase de funcionamento para a fase inicial do ciclo de vida do próximo projeto é de fundamental importância. Dessa forma, o edifício planejado se transforma em bem econômico de grande responsabilidade, que vai além de sua destinação original, estendendo-se ao seu uso e manutenção a longo prazo.

Desenvolvimento do projeto e elaboração do programa
A primeira fase de desenvolvimento do projeto é extremamente importante para o ciclo de vida da arquitetura. É nessa fase que os espaços e o programa de funções são trabalhados junto ao proprietário–usuário. No caso de investidores, desenvolve-se, em geral, cenários de edifícios para aluguel típico → ❸.
Através de um programa detalhado de espaços e funções o valor do projeto cresce de forma acentuada:
– Melhoria de relações funcionais de processos típicos de trabalho e comunicação (os chamados processos primários ou centrais) no edifício.
– Redução das áreas necessárias através do adensamento de usos.

FACILITY MANAGEMENT
MÉTODOS

O processo de projetar

FACILITY MANAGEMENT

Campos de aplicação
Métodos

DIN 32736
DIN 18960
GEFMA 100
(German Facility Management)
GEFMA 130

Uma nova disciplina
Designa-se *facility manager* o profissional dirigente do conjunto total de aspectos que dizem respeito ao funcionamento de uma edificação. Esta profissão desenvolveu-se no final do séc. XX nos Estados Unidos, contra a maioria dos especialistas da área imobiliária. Sua origem remete ao planejamento de ocupação de áreas. O *Facility Management* (FM) – ou gerenciamento de facilidades – se desenvolveu a partir da fusão de diversas profissões correlatas, como arquitetos, planejadores técnicos de edifícios ou da área de infraestrutura e serviços.

O FM permite economizar cerca de 30% dos custos operacionais em comparação a administrações convencionais de edifícios. Considerando-se que no ciclo de vida total de uma edificação os custos de funcionamento contribuem com cerca de 80% dos valores totais, a disciplina de FM conquistou rapidamente um papel fundamental na questão da sustentabilidade da arquitetura → ❶.

A **GEFMA** (German Facility Management Association) dá as diretrizes para este campo profissional.

O princípio básico é organizar a inter-relação e a otimização de diversos serviços em torno do edifício e seus usuários, serviços já existentes, mas que se encontram dispersos.

A raiz do sucesso do método está no trabalho do arquiteto. Nesse sentido, esse profissional é o mais importante sócio no desenvolvimento desse trabalho interdisciplinar, sendo, portanto, o profissional mais habilitado para assumir as funções dessa disciplina.

Estrutura e aspectos dos serviços
O FM apoia-se sobre quatro pontos básicos → ❷. Estes descrevem as diversas disciplinas envolvidas, organizadas segundo sua qualificação e motivos. Estes mostram-se muito heterogêneos, uma vez que o FM é, em essência, generalista; entretanto aponta caminhos típicos de especialização e dirige outras disciplinas de forma qualificada. Diante de tantas informações e opiniões que podem ser divergentes, o *facility manager* atua como consultor aos usuários e proprietários de imóveis, tornando claro os pontos em comum entre tantos temas especializados e complexos e tomando decisões importantes.

Assim como na arquitetura, outra característica desta profissão é a grande variação temática, do planejamento à área operacional, que requer uma qualificação especial, permitindo a discussão equilibrada com diferentes parceiros profissionais. O centro da formação profissional encontra-se na qualificação pessoal com foco em administração, direção e personalidade. Além disso, colocam-se outras qualificações igualmente importantes para o direcionamento sustentável de edificações complexas, entre as quais qualidades éticas e filosóficas, assim como autenticidade e integridade.

Facility Management – Métodos
Os métodos de trabalho relevantes do FM não se originaram no âmbito de regras da construção, senão da técnica industrial, como da indústria automobilística ou aeroviária. Todos os processos de planejamento e funcionamento, como bancos de dados de edificações, além de arquivos sobre a situação dos edifícios (CAFM, do inglês, dados técnicos de apoio-FM), são semelhantes a derivações de instrumentos da arquitetura moderna, desenho, concursos, memoriais descritivos e cadernetas de obras → ❷.

Na preparação do plano administrativo e na tomada de decisões são utilizadas características típicas de métodos de planejamento do setor industrial acima citado:
– Caracterização de um cenário com alternativas, observando custos totais
– Gestão de risco e qualificação complexa
– Mediação/direção psicologicamente baseada
– Apresentação gráfica clara (*information design*) de informações abstratas, muito variadas e complexas

❶ Fatores que são influenciáveis e dirigíveis através de *Facility Management*

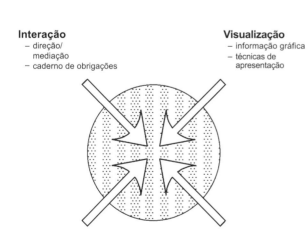

❷ Os quatro pontos base que definem *Facility Management*

❸ *Facility Management* – métodos

59

O processo de projetar

RECUPERAÇÃO DE EDIFÍCIOS HISTÓRICOS

Conservar e renovar
Preservação do Patrimônio Histórico
Tombamento
Levantamentos, documentação
Reaproveitamento e reconversão de uso

RECUPERAÇÃO DE EDIFÍCIOS HISTÓRICOS
CONSERVAR E RENOVAR

Depois de construídas, as edificações necessitam cuidados e manutenção. Partes e elementos construtivos possuem diferentes previsões de tempo de vida, que variam conforme sua função, uso e manutenção. Em consequência, a delimitação dos conceitos de intervenção entre manutenção, conservação, consertos ou substituições de materiais, até a reconversão de uso do objeto, é bastante fluida → ❶.

Para projetos arquitetônicos em edifícios históricos, as medidas devem ser distribuídas pelas categorias enumeradas abaixo. Junto às exigências para aprovação do projeto, estas permitem ao proprietário uma clara visão quanto a possíveis subvenções estatais, assim como a possibilidade de transferência de custos para locatários, além da estimativa concreta dos honorários do arquiteto → ❷.

O conjunto dessas medidas é geralmente denominado de **saneamento**, termo que advém da legislação da construção, mas que, entretanto, é aplicável apenas a medidas urbanísticas, sendo, nesse sentido, bastante generalizante no que diz respeito a intervenções individuais e, assim, não deve ser aplicado nos textos de contratos e cálculos de custos.

As diferentes medidas são apresentadas na **HOAI** (Tabela de honorários do Instituto de Arquitetos e Engenheiros da Alemanha):

Conservação:
Medidas para manutenção do estado de um objeto.

Restauro:
Medidas para reparação de um edifício, devolvendo-o a uma condição de uso condizente com o original, uma vez que este não tenha sido objeto de reconstrução ou modernização. Definição da DIN 31051 "Manutenção do estado de funcionalidade ou retorno a este estado".

Renovação:
Designa medidas construtivas que levam a uma melhoria na qualidade de uso do edifício a longo prazo, sem mudar sua função, p. ex. melhoria na iluminação, isolamento acústico, acessos (elevadores, acessibilidade) e no consumo de energia.

Reforma:
Refere-se a intervenções essenciais no objeto, sejam construtivas como em sua situação.

Ampliação:
São complementações de um objeto existente, p. ex. ampliação de andares ou edificação anexa.

Reconstrução:
Abrange a reconstrução de objetos destruídos, baseada em partes construídas ou elementos ainda existentes. Considera-se como novo edifício quando se tem a necessidade de projeto totalmente novo.

Reciclagem e reconversão de uso:
Designa a mudança do tipo de uso em relação ao edifício original. Como são dependentes de outras exigências construtivas, esses projetos necessitam de aprovação especial. A reciclagem de edifícios inclui a mudança de setores de utilização (p. ex., loja transformada em restaurante), assim como a reutilização de áreas (p. ex., espaço sob a cobertura transformado em moradia).

Preparação do projeto
Deve-se observar que, para todas as medidas de intervenção, em primeira instância a HOAI baseia-se em construções novas e reformas, onde as tarefas são esclarecidas. Os cálculos ali presentes não são suficientes para uma concepção comprometida com variações de uso e seus efeitos frente aos custos e problemas com os órgãos de preservação. As análises preliminares (medida construtiva possível e identificação dos danos) e a concepção de uso decorrente, com estimativas de custos, devem ser incorporadas no cálculo de custos no setor de "serviços especiais" ou, de preferência, como "consultoria e levantamento para o planejamento do projeto". Dessa forma, dá-se ao proprietário, desde o início, segurança sobre as etapas de desenvolvimento do projeto; a falta dessa programação básica é muitas vezes motivo para o aumento significativo de custos nas intervenções em edifícios preservados.

Vida útil dos elementos

até 10 anos
Fachada, pintura com cal
Verniz da janela, externa
Papéis de parede
Pisos têxteis
Revestimentos de piso
Bombas

até 20 anos
Papelão isolante, cobertura
Tintas minerais
Marquises, toldos
Partes construtivas externas de material sintético
Tintas sintéticas
Vidros isolantes
Juntas de silicone
Pisos de linóleo ou PVC
Torneiras
Aparelhos de medições e controle
Aparelhos elétricos
Caldeira para calefação
Instalações de ventilação e ar-condicionado

até 40 anos
Reboco externo
Juntas em paredes de tijolos aparentes
Janelas de material sintético
Acessórios de janela
Revestimento de fibra de coberturas
Calhas de zinco
Isolamento térmico conjugado
Contrapiso de argamassa flutuante
Instalações de calefação, radiadores
Instalações de água
Instalações elétricas
Elevadores

até 80 anos
Reboco externo
Concreto aparente
Estrutura do telhado:
- encaixes pregados
- encaixes colados
Telhas
Escadas internas de madeira
Portas
Janelas de madeira, alumínio
Peitoris externos de janelas:
- de concreto
- de pedra natural
Argamassa de assentamento sobre camada separadora
Contrapiso
Pisos de pedra/cerâmica
Peças do banheiro, porcelana
Esgoto

acima de 80 anos
Construções maciças de:
- tijolo
- bloco sílico-calcário
- concreto
Construções de aço
Revestimento de fachadas de:
- vidro
- pedra
Madeira com construção protetora contra a ação do tempo
Parte construtiva externa de aço, contra ferrugem
Estrutura de telhado de:
- madeira maciça
- aço
Ardósia, cobertura
Peitoris internos de janela:
- de pedra
- de madeira
Peitoril externo de ladrilho

 A perspectiva de tempo de vida de partes construtivas é influenciada pela qualidade de execução e manutenção da obra. Os custos de conservação podem ser reduzidos quando partes construtivas vulneráveis são construídas com um fácil acesso.

Medida	Definição	Custos Vantagens (impostos) Subvenções	Influência sobre HOAI	Necessidade de aprovação
Conservação	Inspeção Manutenção Conservação Melhorias	Custos de funcionamento	Aumento dos honorários de 8 a 50%	Não
Modernização	Melhorias do valor de uso	Investimentos, Medidas entre outras subvencionadas	Aumento dos honorários em ≈20–30%	Segundo condições
Reforma	Mudanças de uso	Investimentos	Aumento dos honorários em ≈20–30%	Sim
Ampliação	Novas construções em ligação com partes antigas conservadas	Investimentos	Aumento dos honorários em ≈20–30%	Sim

 Classificação de medidas a serem adotadas na renovação de edifícios segundo HOAI (Tabela de honorários, Instituto de Arquitetos e Engenheiros da Alemanha)

Conservação
A simples conservação e manutenção material de um bem ou monumento, com suas características históricas, danificações e vestígios.

Restauração
A reparação onde se tornam visíveis valores estéticos e históricos. Em primeiro plano coloca-se a avaliação de uma situação histórica; modificações deturpadoras podem ser extraídas. Aqui pode acontecer a eliminação ou recobrimento de épocas, em função da recuperação de uma determinada situação no desenvolvimento do objeto e sua impressão unitária.

Reconstrução
A reconstrução de edificações destruídas. No caso de inexistência de qualquer elemento original, pertence à categoria dos edifícios novos.

Anastilose = recomposição de uma edificação pela junção das partes originais existentes.

Translocação = transporte de edifício para outra localidade.

 Classificação de medidas a serem adotadas na renovação de edifícios segundo aspectos de preservação do patrimônio histórico

60

RECUPERAÇÃO DE EDIFÍCIOS HISTÓRICOS
PRESERVAÇÃO DO PATRIMÔNIO HISTÓRICO

Preservação do patrimônio histórico designa todas as medidas que servem para manter e conservar bens culturais em seu estado original. O objetivo é a conservação e transmissão de valores considerados preciosos, encontrados em determinados objetos arquitetônicos, mantendo a memória e incentivando a importância da identidade e continuidade, inerentes à ideia do bem cultural. Fundamentos importantes nesse campo foram formulados em 1964 na Carta de Veneza.
Edifícios preservados só podem ser conservados, via de regra, em combinação com uso consequente. Nesse caso, é exigido o compromisso entre preservação e renovação.

Órgão estatal de preservação
Entre as funções de um órgão de preservação encontra-se o inventário, a conservação e a divulgação de monumentos.
Outras tarefas do órgão são pesquisas de base científica, conservação e incentivo de tradições artesanais, consultoria especializada para proprietários e construtores, além da informação pública na forma de publicações, exposições, conferências e congressos.
A listagem dos bens tombados abrange todos os bens que estão sob proteção. Para cada bem individual deverá haver uma justificativa de seu valor de preservação. Os critérios de avaliação da importância do bem baseiam-se em aspectos históricos, artísticos, urbanísticos, científicos, técnicos e populares → ❶. Dependendo de cada legislação regional, as listas de bens diferenciam-se entre declaratórias ou constitutivas. P. 62 → ❸
A definição de quais aspectos do valor do bem deverão estar em primeiro plano leva a ações contraditórias sobre a sua conservação: preservação do estado atual ou reconstituição do estado original.→ ❷
A ação restauradora apoia-se na reconstituição de um determinado período histórico do estado da edificação. Tal abordagem valoriza as fases construtivas normalmente já existentes de um edifício, e aceita-se a eliminação de traços históricos considerados menos valiosos. No caso da reconstrução de partes construtivas existe o perigo de, diante de documentação inadequada do original, haver interpretações historicistas. Uma conservação do estado atual deixa transparecer o desenvolvimento histórico e o uso da edificação, ou seja, torna visível sua vida histórica, deixando, entretanto, de tornar clara a sua forma original (p. ex., prefeitura de Esslingen).
As duas abordagens têm suas razões, porém costumam assumir um caráter dogmático entre seus defensores. Ambas devem ser sempre discutidas, em cada caso particular, para então objetivar-se uma solução, uma vez que sua escolha define a forma de agir com o monumento. A argumentação que apoia a renovação baseada no desenvolvimento histórico, permitindo reformas e ampliações, encontra-se diante do dilema: para cada intervenção tem-se a perda de elementos históricos originais

Preservação do solo
A preservação do solo tem como objetivo a proteção dos testemunhos da humanidade em sítios arqueológicos. Ao contrário da preservação do patrimônio edilício, são aqui protegidos todos os sítios arqueológicos, descobertos ou não, que devem ser mantidos no solo como "arquivos", uma vez que cada pesquisa ou escavações completas significam sua destruição, impossibilitando que futuros métodos de pesquisa mais desenvolvidos possam vir a ser aplicados na área. Se a conservação não for possível, o responsável pela área deverá executar os trabalhos de levantamento e documentação (escavações arqueológicas). Essa obrigação estende-se também a sítios históricos descobertos durante trabalhos em canteiros de obras.

O processo de projetar

RECUPERAÇÃO DE EDIFÍCIOS HISTÓRICOS

Conservar e renovar
Preservação do Patrimônio Histórico
Tombamento
Levantamentos, documentação
Reaproveitamento e e reconversão de uso

Catedral de Florença

Significado artístico
Edifício como:
- obra artística/arquitetônica individual
- exemplo de um estilo de construção típico

Zeche (monumento industrial)

Significado técnico/científico
Edifício como exemplo de:
- construção especial ou iniciante de uma tipologia
- elaboração especial do ponto de vista artesanal
- situação original de construção ou sistema construtivo típicos, sem mudanças

Casa de Goethe

Significado histórico
Edifício como local de:
- importantes acontecimentos históricos
- atuação de personalidades importantes (nascimento, residência, morte)

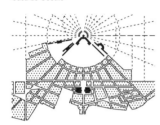
Mapa da cidade de Karlsruhe

Significado urbanístico
Edifício como parte de:
- um conjunto urbanístico projetado
- um setor urbano histórico desenvolvido de forma homogênea
- uma estrutura típica de vila

❶ Critérios de avaliação da representatividade histórica de monumentos

	Conservação	Restauração
Forma de avaliação	histórica documental material.	artística estética relacionada à forma e à função.
Valores a serem preservados	**Substância** estado original, com todas as modificações históricas, como instrumento de qualidade histórica e construtiva.	**Forma de expressão** visual/ ideia artística como meio de transmissão da qualidade do edifício.
Objetivo das medidas de preservação	Estado original, histórico, conservado o melhor possível. A História é visível no objeto.	Tornar claro, visível e reconstituir o estado original.
Tipos de medidas	**Manter através do conservar** controle permanente da construção. Reparação imediata de pequenos danos, com técnica original.	**Reconstituição** Reparação, eventualmente retorno ao estado original.
Reconstrução de objetos destruídos	Não permitida, no máximo em forma de anastilose (recuperação de material original).	Reconstrução do aspecto original com base em material de arquivo.
Reformas e ampliações contemporâneas	...difícil, uma vez que entra em conflito com exigências históricas no sentido da conservação; sua execução tem como efeito quase sempre a destruição de características e elementos históricos.	... difícil, uma vez que esta intervenção entra em conflito com a manutenção dos testemunhos artísticos originais.
Crítica	Dirigida a especialistas. Desfigurações de edifícios são conservadas. Reciclagem, mudanças de uso; reformas e renovações; são permitidas como fase do desenvolvimento histórico; no caso de interpretações rígidas (nenhuma destruição do testemunho histórico) praticamente irrealizável.	Eliminação do desenvolvimento histórico; destruição de anexações artísticas posteriores de grande valor. Para fontes de má qualidade: perigo de "invenção" histórica. Conflito frequente: qual estado, período, deve tornar-se visível.

❷ Diferentes posições e efeitos da restauração e conservação

61

RECUPERAÇÃO DE EDIFÍCIOS HISTÓRICOS
TOMBAMENTO

As leis de preservação do patrimônio são a base legal através da qual os governos exercem influência sobre a proteção de monumentos. Na Alemanha, a proteção do patrimônio está vinculada ao Ministério da Cultura dos estados, cada qual com sua legislação própria. No caso de conflito com outros setores legais, deve-se considerar o caso em especial. Conflitos usuais ocorrem devido às diretrizes de proteção contra incêndio ou interesses econômicos da liberdade de uso de imóveis, além da exigência de conservação do bem pelo proprietário. Como todos os interesses legais possuem igual valor, o estado procura decidir no sentido da preservação, agindo através da informação, assessoria e apoio financeiro (subvenções, descontos e incentivos fiscais).

Tipos de proteção do patrimônio histórico
No caso de monumento individual, a proteção abrange o objeto integralmente, além do entorno diretamente ligado a ele. Qualquer mudança em sua estrutura, seu caráter formal ou de uso devem ser aprovadas. Devido à proteção do entorno, as mudanças em edifícios da vizinhança, que influenciam na impressão do edifício preservado, também podem ter processo de aprovação exigido perante o órgão de preservação.

Na Alemanha, a legislação de preservação não faz diferenciação de valores e categorias. Uma classificação de níveis de preservação só ocorre em casos de manutenção de entorno de monumentos e da intenção de preservar grandes áreas urbanas em sua forma original. A proteção aqui se restringe, via de regra, ao aspecto formal externo dos bens em questão. A preservação de áreas, conjuntos ou outras regulamentações deste tipo são discutidas e regulamentadas pelas cidades e comunidades.

Dependentes da condução do processo segundo as leis da construção e da preservação do patrimônio, resultam procedimentos claramente diferenciados.

Para medidas de intervenção que se relacionam com áreas de preservação, todas as mudanças na fachada de um edifício, assim como transformações na paisagem, devem ser aprovadas pelos órgãos competentes, mesmo que a ação primordialmente não tenha exigência de aprovação de projeto → ❷.

Em função da grande gama de possibilidades diante das perguntas ligadas à preservação, além das diferentes posições dos preservadores, recomenda-se, no caso da programação de intervenções em um bem preservado, o contato desde o início com os órgãos competentes com o objetivo de encontrar conjuntamente uma solução adequada e viável.

Proteção do bem em seu estado original
Essa legislação tem por objetivo evitar que novas leis ou regulamentos tornem inadmissíveis os usos já existentes, bem como proteger edifícios cujo uso, do ponto de vista do Código de Obras, seria hoje inadequado, mas que foi aprovado em outras épocas. Edifícios que jamais poderiam ter sido aprovados não gozam desta proteção! A idade do bem não é importante. Os edifícios dessa categoria de proteção podem ser conservados e renovados, contudo, mantendo a sua identidade original. No caso de reciclagem, intervenções estruturais ou outras mudanças que exigem aprovação, interrompe-se o efeito desta lei. Nesse caso, o edifício precisa ser adequado às necessidades contemporâneas. Caso isso não aconteça, haverá o pedido de demolição do mesmo por meio do órgão competente. É fundamental um acordo desde o início entre o órgão de preservação e a secretaria de obras para avaliar até que ponto a legislação de proteção é válida. No processo de aprovação de projetos que envolvam bens preservados, exceções a diretrizes podem ser sempre discutidas. Por segurança, deve-se já no começo entrar em contato com os órgãos, em forma de um processo preliminar, com as questões necessárias.

 Princípio da divisão de funções da proteção e preservação de monumentos. Nos diferentes estados alemães essas divisões podem ser estruturadas de outras formas

	Bases legais	Efeitos
Monumento individual	Leis de preservação do patrimônio	Bem como objeto integral e seu aspecto (visual) protegido; qualquer mudança e intervenção necessitam de aprovação do órgão competente
Área ou conjunto preservado	Vizinhança direta a um bem tombado ou posição em área a ser preservada (com base na legislação de preservação)	Apenas as características externas são protegidas, não o bem integral. Mudanças externas necessitam de aprovação
Medidas de conservação	Posição em área determinada por norma (norma ligada ao Código de Obras)	Proteção vincula-se ao direito do solo, não às características formais do objeto em questão

 Diferenciação e efeitos de diferentes possibilidades de preservação

	Constitutivo Hamburgo, Westfalia, Renânia, Schleswig-Holstein.	Declaratório Baden-Württemberg, Baviera, Berlim, Brandemburgo, Bremen, Hessen, Mecklemburgo, Baixa Saxônia, Saarland, Saxônia, Sachsen-Anhalt e Turíngia.
Classificação dos valores dos monumentos	É registrado em arquivos que terminam com a inclusão na listagem	Bem é considerado pela sua qualidade e não depende do pedido de sua inclusão em lista ou índice
Inclusão na lista de bens a serem preservados	Procedimento formal, que serve à execução da lei de preservação. O proprietário deve ser informado do procedimento	Não possui consequências legais e serve apenas para informação científica. Proprietário não necessita ser informado
Consequências	Segurança legal para o proprietário, porém é um processo altamente burocrático para órgãos competentes e população	A classificação como patrimônio só é confirmada com o pedido oficial diante dos órgãos competentes

 Efeito legal do tipo de listagem e indexação de monumentos

RECUPERAÇÃO DE EDIFÍCIOS HISTÓRICOS
LEVANTAMENTOS, DOCUMENTAÇÃO

Fase de levantamentos

Os desenhos de levantamento e textos explicativos do objeto em seu estado atual são base fundamental para o planejamento das medidas de intervenção. De forma ideal fazem-se os levantamentos de campo e pesquisas antes da decisão quanto ao futuro uso do bem, uma vez que apenas o conhecimento aprofundado da obra e previsão dos custos podem levar a uma boa solução.
Levantamentos arquitetônicos e cadernetas de espaços devem ser elaborados no local pelos arquitetos responsáveis pelo projeto, independente do material que já possuam como base. Desta forma é possível ter uma visão geral do estado da obra e seus danos logo no início do projeto. As pesquisas e levantamentos deverão ocorrer, na medida do possível, sem prejuízos para o bem. No caso da necessidade de intervenções na construção durante essa fase, estas devem ser discutidas com o proprietário e o órgão de preservação e deverão ser executadas por especialistas (restauradores, escritórios de pesquisa etc.)

Levantamento arquitetônico, desenhos, trabalho de campo

O desenho e a exatidão do levantamento do estado de conservação do monumento dependem dos objetivos das medidas planejadas de recuperação. → ❻
A exatidão do desenho diferencia-se entre exatidão do levantamento de medidas e a da apresentação em planta, cortes, elevações. No caso do levantamento de medidas, a exatidão depende não só do instrumental utilizado, mas também da sistemática aplicada (tomada de ângulos, adições de medidas). Para o grau de exatidão I e II a tomada de medidas é, em geral, mais exata do que a desenhada. Assim, o material desenhado posteriormente será a base para o mapeamento de danos, de idades da edificação, documentação de resultados de pesquisa e, finalmente, base do projeto, catálogo de intervenções e documentação da execução.

Descrição do bem através de textos

Uma descrição geral deve conter todas as informações essenciais sobre a edificação: dados o sobre terreno, relação de propriedade, observações sobre a construção, usos, dados de financiamento, locatários e valor de aluguéis, idade do edifício, desenvolvimento histórico no tempo, diferentes fases construtivas e suas características formais, materiais construtivos, equipamentos básicos, equipamentos técnicos, estrutura, especializações construtivas e outras características. Cada espaço deverá ser descrito com textos e informações gráficas (croquis, desenhos, fotos) em uma caderneta de espaços, registrando todos os dados sobre o edifício em seu estado atual, assim como as medidas necessárias e os resultados executivos.
A numeração dos espaços é feita por pavimento, começando pelo corredor, em sentido horário. No número pode-se ler a referência ao pavimento (p. ex., E05 designa espaço no andar térreo (EG) ou 1.08, localizado no primeiro andar).

Pesquisa

As informações sobre as diversas etapas construtivas do edifício, as técnicas empregadas e as intervenções posteriores na sua estrutura servem não só para a caracterização do valor histórico de um edifício → p.61 → ❶, mas, principalmente, contribuem para a fundamentação do projeto de recuperação e facilitam o cálculo de seus custos. Algumas pesquisas podem ser feitas pelos próprios arquitetos, p. ex. pesquisas em arquivo (secretaria de obras, arquivo municipal etc.), outras devem ser executadas por profissionais especializados (área de restauração, pesquisas de ciências naturais quanto a materiais construtivos, cores, dendrocronologia, método de C14, análise de reboco e argamassa). Os resultados não só indicam as idades de desenvolvimento e zonas problemáticas resultantes de antigas reformas, como também orientam a escolha de materiais condizentes e fornecem uma indicação precisa de elementos fundamentais para projeto.→ ❶

O processo de projetar

RECUPERAÇÃO DE EDIFÍCIOS HISTÓRICOS

Conservar e renovar
Preservação do Patrimônio Histórico
Tombamento
Levantamentos, documentação
Reaproveitamento e reconversão de uso

❶ Pesquisa da edificação e documentação dão segurança ao proprietário sobre planejamento e custos; para o órgão de preservação fornecem base para critérios de valorização do bem, sua proteção e planos de subvenções

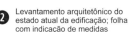

❷ Levantamento arquitetônico do estado atual da edificação; folha com indicação de medidas

❸ Levantamento arquitetônico: desenho de transposição do levantamento de campo

❹ Levantamento do estado atual do edifício: planta, croqui

❺ Levantamento do estado atual do edifício: planta, desenho de transposição do croqui de levantamento

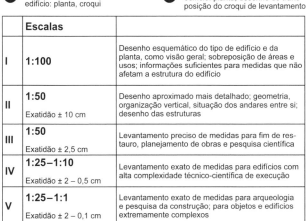

	Escalas	
I	1:100	Desenho esquemático do tipo de edifício e da planta, como visão geral; sobreposição de áreas e usos; informações suficientes para medidas que não afetam a estrutura do edifício
II	1:50 Exatidão ± 10 cm	Desenho aproximado mais detalhado; geometria, organização vertical, situação dos andares entre si; desenho das estruturas
III	1:50 Exatidão ± 2,5 cm	Levantamento preciso de medidas para fim de restauro, planejamento de obras e pesquisa científica
IV	1:25–1:10 Exatidão ± 2 – 0,5 cm	Levantamento exato de medidas para edifícios com alta complexidade técnico-científica de execução
V	1:25–1:1 Exatidão ± 2 – 0,1 cm	Levantamento exato de medidas para arqueologia e pesquisa da construção; para objetos e edifícios extremamente complexos

❻ Na DIN 1356 Parte 6 são definidos apenas os graus de exatidão 1 e 2; para projetos de edifícios históricos complexos e pesquisas científicas estes graus podem ser aumentados até 5.

Estado atual do bem

Levantamentos:
Levantamento de medidas (trabalho de campo)
Caderneta de espaços
Dendrocronologia
Pesquisa de cores, reboco,
análise de argamassas

Fontes externas

Pesquisa em arquivo:
Bibliografia
Diretrizes históricas
Arquivos da construção
Documentação do projeto, plantas
Fotos

PESQUISA DA EDIFICAÇÃO
Informações

Estimativa dos trabalhos/custos
Interesse privado
Proprietário

Estimativa do valor histórico
Interesse público, da sociedade
Órgão de preservação

63

RECUPERAÇÃO DE EDIFÍCIOS HISTÓRICOS
REAPROVEITAMENTO E RECONVERSÃO DE USO

Construções de concreto

A preservação de construções de valor histórico é apenas um dos aspectos de uma intervenção em edifícios antigos. A reconversão de uso ou reaproveitamento de edificações existentes é também uma contribuição para a conservação (sustentável) da edificação. Uma grande parte dos edifícios industriais e de escritórios do último século não atendem mais às necessidades atuais. A análise estática do sistema estrutural é fundamental para a aprovação e a definição dos métodos para o uso da edificação em questão. Essa análise deverá ser efetuada por engenheiro especializado, antes do planejamento e da fase de concepção do projeto, pois esses dados são muito importantes para a tomada de decisões sobre as possibilidades de uso do edifício.

Ao lado do parecer local, são também de grande importância os arquivos sobre a construção e o conhecimento das exigências históricas, uma vez que para construções de concreto pesquisas/levantamentos sem destruição são praticamente impossíveis.

Além das exigências estáticas, deve-se observar as características físico-construtivas. As necessidades relacionadas à proteção contra incêndios e à economia de energia (EnEV) são prioritárias. No caso, as medidas necessárias podem ser previstas e calculadas facilmente.

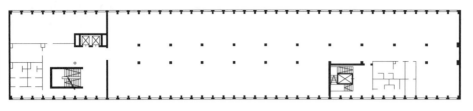

① Estado original de um edifício de escritórios construído em 1965

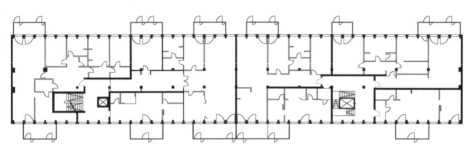

② Mudança para uso residencial, com apartamentos de 60–200 m^2

③ Reciclagem de antigos depósitos com mudança para uso residencial e de escritórios. Nova configuração das fachadas

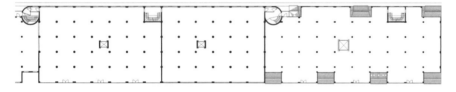

④ Planta do estado original

⑤ Variante com apartamentos ⑥ Variante com escritórios

Arq.: Kister Scheithauer Gross

RECUPERAÇÃO DE EDIFÍCIOS HISTÓRICOS
REAPROVEITAMENTO E RECONVERSÃO DE USO

Reforço de construções de alvenaria

O reaproveitamento de edifícios é tratada pela legislação de aprovação como projetos de edificações novas. Em geral, as lajes de pavimentos respondem às solicitações de proteção acústica, térmica e contra incêndios, não necessitando ser reestruturadas. As intervenções para melhoria da proteção acústica e contra incêndios ou do sistema estrutural, reduzem a altura dos pés-direitos. No exemplo de transformação do edifício de escritórios em prédio de apartamentos de grandes dimensões, as antigas lajes de pavimentos transportavam as cargas, apoiando-se sobre paredes internas. O problema só pode ser resolvido com a troca das lajes. O uso de camadas isolantes térmicas separadas permite um isolamento interno sem pontes térmicas, sem afetar a fachada → ❶ – ❼.
Reconversão de uso exige compromissos. Em um edifício fabril preservado, com grande profundidade e 5 m de altura interna, foi permitida a criação de um pátio interno e a redução do pé-direito para apartamentos dúplex.→ ❽

RECUPERAÇÃO DE EDIFÍCIOS HISTÓRICOS

Conservar e renovar
Preservação do Patrimônio Histórico
Tombamento
Levantamentos, documentação
Reaproveitamento e reconversão de uso

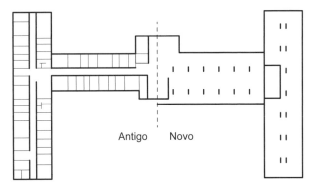

❶ O sistema estrutural original baseado em lajes de pavimento contínuas foi transformado em sistema de distribuição de cargas nas paredes do meio e externas

❷ Reciclagem de edifício de escritórios com mudança para uso habitacional. A ala principal foi ampliada em direção ao jardim; novos pavimentos e novo sistema estrutural permitiram uma grande variação de soluções de apartamentos

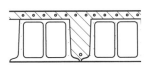
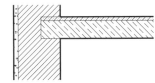
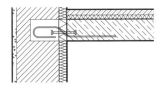

❸ O reforço das lajes mistas de concreto existentes só seria possível com grandes custos

❹ As antigas lajes mistas de concreto foram substituídas por nova construção com lajes de concreto armado; para evitar pontes de transmissão térmicas, a ligação entre laje e parede externa foi feita com camada isolante

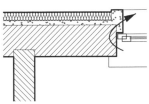
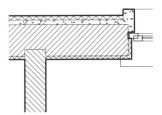
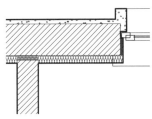

❺ Isolamento térmico contínuo externo. Perda da estruturação da fachada; pontes térmicas difíceis de serem evitadas

❻ Reboco isolante térmico externo; placas sílico-calcárias no interior. Efeito visual dos elementos de estruturação da fachada fica enfraquecido

❼ Reboco isolante térmico interno. Fachada não é modificada. Paredes internas são interligadas com redes isolantes para evitar pontes de transmissão térmica

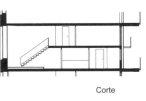

Corte

Vazio / Criança

Nível superior

Estar / Escritório / Jantar

Nível inferior

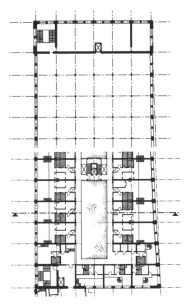

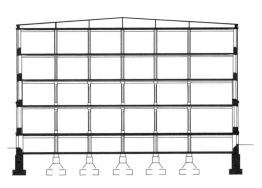

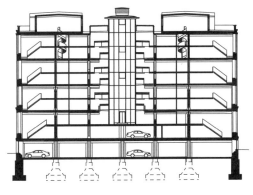

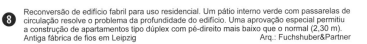

❽ Reconversão de edifício fabril para uso residencial. Um pátio interno verde com passarelas de circulação resolve o problema da profundidade do edifício. Uma aprovação especial permitiu a construção de apartamentos tipo dúplex com pé-direito mais baixo que o normal (2,30 m). Antiga fábrica de fios em Leipzig   Arq.: Fuchshuber&Partner

65

PROJETO E GERENCIAMENTO DA OBRA
BASE LEGAL (LEGISLAÇÃO ALEMÃ)

Direito da construção (BauGB)
Este conjunto de leis federais alemãs abrange todas as regulamentações mais importantes sobre a construção, assim como **regulamentos do projeto**. Estabelece para os municípios, em especial, os instrumentos de controle de uso do solo, como aplicação da legislação de planejamento. O instrumento mais importante é o **Plano Diretor** que abrange desde o zoneamento de usos até o plano de massas para ocupação de áreas. Além disso, tem-se no capítulo "Dados gerais sobre planejamento urbano", entre outros, a **regulamentação de zonas não planejadas internas e periféricas**, assim como das **relações de propriedade do solo**. A Lei especial de planejamento urbano tem também como objetivo estabelecer diretrizes para **renovação e desenvolvimento urbano**, assim como para mudanças estruturais de uso em zonas deterioradas.

Legislação sobre o uso do solo (BauNVO)
Esse conjunto de leis regulamenta em detalhe os usos estabelecidos pelos **Planos Diretores**. Subdivide-se em tipo de uso (p. ex., zona residencial, de serviços etc.), **taxa de ocupação** e **coeficiente de aproveitamento** (→ p. 74), **tipologia construtiva** (p. ex., aberta ou fechada) e recuos (p. ex., limites da construção, linhas construtivas).

Regulamentação da apresentação (PlanZV)
Decreto que regulamenta a forma unitária de apresentação dos projetos para aprovação.

Planejamento espacial (ROG)
Este conjunto de leis federais organiza em forma de legislação básica e diretrizes o planejamento espacial dos diferentes estados (**planejamento estadual** e **regional**). Concretiza-se basicamente em plano e programa de desenvolvimento estadual, assim como em planos regionais. Os objetivos ali estabelecidos devem ser observados em todos os níveis de planejamento locais. Os planos e medidas de desenvolvimento espacial (ROG) são aplicados como lei através de decretos estaduais regulamentadores (ROV).

Código de obras estadual (LBO)
Essa legislação estadual compõe-se do conjunto de regras da construção (**Código de Obras**) com as diretrizes ou exigências construtivas para edifícios e terrenos. Essa legislação visa fundamentalmente a eliminação de riscos, abrangendo questões como recuos, proteção contra incêndios e rotas de emergência, além da regulamentação do processo de aprovação de projetos.

Plano diretor
O Direito da Construção (BauGB) subdivide-se em dois níveis de aplicação: plano diretor preparatório (**zoneamento/FNP**) e plano diretor executivo (**plano de massas/BP** e **plano de massas específico/VBP**). Todos os planos diretores são desenvolvidos com participação pública, organizada segundo seus representantes, e os órgãos competentes. No **zoneamento** estabelece-se o uso do solo em todo o município, sendo de caráter obrigatório e participando dessa forma, de todos os níveis locais de planejamento. O **plano de massas** deriva do planejamento de usos, regulando a forma de ocupação de zonas delimitadas, controladas pela legislação urbana. A regulamentação final é estabelecida segundo artigo do Direito da Construção (BauGB).

O **plano de massas específico** é uma forma especial de plano de massas para determinada área com projeto concreto. Assim, vincula-se ao contrato executivo, com prazos de entrega, além de projeto de infraestrutura, com seus custos e divisão de financiamento entre privado e público. Todo o procedimento, incluindo o projeto de infraestrutura (VEP), é diretamente regulamentado pelo Direito da Construção (BauGB) e pela legislação sobre uso do solo (Bau NVO).

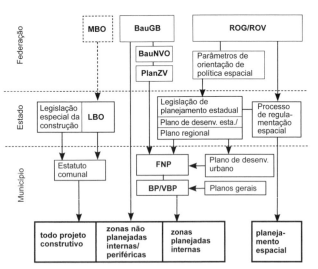

① Fases do processo construtivo e controle legal (encaminhamento básico)

legislação geral	áreas de aplicação, conceitos, exigências gerais	§ 1–3
o terreno e sua ocupação	ocupação do terreno	§ 4
	acessos e saídas	§ 5
	áreas de recuo, recuos em geral	§ 6
	divisão de terrenos	§ 7
	áreas livres, *playgrounds*	§ 8
a construção	forma	§ 9
	instalações para cartazes, distribuidores autom. de produtos	§ 10
	exigências gerais para execução da obra	§ 11–16a
	materiais de construção, técnicas de execução	§ 16b–25
	Resistência ao fogo de componentes	§ 26–32
	rotas de emergência, aberturas, peitoris	§ 33–38
	instalações técnicas	§ 39–46
	exigências dependentes do uso	§ 47–51
participantes do processo	obrigações básicas	§ 52
	proprietário	§ 53
	arquiteto, autor do projeto	§ 54
	investidor, empresário	§ 55
	diretor da obra	§ 56
órgãos de fiscalização/ desenvolvimento	construção, responsabilidade, funções	§ 57–58
	aprovação obrigatória; sem necessidade de aprovação	§ 59–62
	processo de aprovação	§ 63–77
	medidas de fiscalização da obra	§ 78–80
	fiscalização do órgão competente	§ 81–82
	restrições construtivas legais	§ 83
contravenções	punições sobre infrações, diretrizes administrativas	§ 84–87

② Constituição do Código de Obras (MBO) 2016; (visão geral)

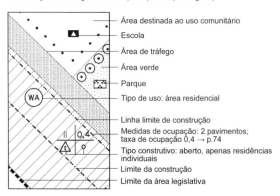

③ Determinações presentes no plano de massas (exemplo)

66

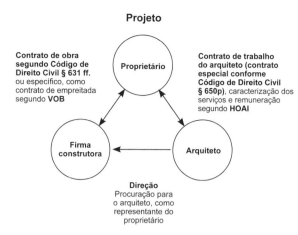

❶ Relações legais básicas entre os diferentes participantes de um processo de projeto de construção

	% Honorários	Fases/serviços	Nº
Projeto	2	Estudo preliminar	1
	7	Anteprojeto	2
	15	Projeto	3
	3	Projeto de prefeitura	4
Execução	25	Projeto executivo	5
	10	Preparação da entrega a firmas/empreitadas/concorrências	6
	4	Contrato com firmas para execução	7
	32	Fiscalização da obra	8
	2	Acompanhamento da obra e documentação	9

❷ Caracterização dos serviços em relação ao projeto, segundo HOAI § 34" [03]

PROJETO E GERENCIAMENTO DA OBRA
BASE LEGAL (LEGISLAÇÃO ALEMÃ)

Relações legais

De forma geral, as relações legais, no que diz respeito à construção e aos diferentes membros participantes do processo, são classificadas em **contratos de obra** no sentido do **Código de Direito Civil** e segundo as normas de adjudicação das obras de construção - **condições contratuais** (VOB) → ❶. **O essencial do contrato de obra é cumprir as condições preestabelecidas, isto é, a execução da obra tal como foi acordada, ao contrário de um contrato somente de serviços.**

HOAI

O HOAI (sistema de honorários de engenheiros e arquitetos na versão de 2013) regulamenta o cálculo da remuneração para os serviços realizados por arquitetos e engenheiros na Alemanha. Os serviços do arquiteto são descritos nas chamadas "caracterizações de serviço". Estes incluem tanto os **serviços básicos**, que são obrigatórios para a execução adequada de um pedido, quanto os **serviços especiais**, que são comissionados separadamente devido a requisitos especiais para a execução (p. ex., inventário). Os honorários por **serviços de consultoria** (como guia) não são vinculativos. As caracterizações de serviço são divididas em até nove fases: estudo preliminar, anteprojeto, projeto, projeto de prefeitura, projeto executivo, preparação da entrega a firmas/empreitadas/concorrências, contrato com firmas para execução, fiscalização da obra (supervisão da construção ou gerenciamento do local) e acompanhamento da obra e documentação (HOAI § 3 (2)), à qual se aloca uma porcentagem dos honorários totais. (Ver → ❷ para a fase de planejamento da obra.)

Os honorários por serviços (básicos) são determinados com base em uma tabela (HOAI § 35) e dependem da zona de honorários (ou das taxas adicionais dentro da zona de honorários) atribuída a um projeto de construção (HOAI § 5). Honorários por serviços especiais podem ser acordados livremente.

VOB

VOB (Regulamentação das atribuições do projeto e obra, segundo serviços) é uma regulamentação sem caráter de lei ou decreto, aplicada como um **contrato livre** entre as partes interessadas, como derivação e complementação do Código Civil. Diferencia-se em pontos essenciais do Código Civil (p. ex., nos aspectos entrega da obra, caracterização dos defeitos, pagamentos).

Decisões de órgãos competentes, assim como obras encomendadas pelo setor público, também são obrigadas a seguir as diretrizes estabelecidas por esta regulamentação.

Estrutura da regulamentação:
Parte A (DIN 1960) contém as diretrizes para elaboração de concorrências, entrega da obra a firmas e contratos da construção;
Parte B (DIN 1961) contém as condições gerais de contrato para execução dos serviços relacionados à obra
Parte C (DIN 18299 – 18386, DIN 18421, 18451) contém, classificados em especializações, contratos sobre condições técnicas em geral (**ATV**), segundo a seguinte sistematização:
0. Informações para a elaboração da descrição de serviços
(Apoio para concorrências detalhadas)
1. Áreas de aplicação (conceituação, definição das especialidades, limites para outras especializações)
2. Materiais/elementos construtivos (definição das condições para cada material e elemento construtivo utilizados, segundo as normas DIN)
3. Execução (definição de padrões executivos com referência às normas DIN vigentes)
4. Serviços secundários/serviços especiais (limite para os serviços secundários – sem remuneração – e especiais)
5. Cálculo de custos (regras de cálculo: unidades, deduções etc.)

PROJETO E GERENCIAMENTO DA OBRA
O CONTRATO DE TRABALHO DO ARQUITETO

O processo de projetar

PROJETO E GERENCIAMENTO DA OBRA
Base legal (legislação alemã)
Fases de desenvolvimento
Parâmetros de definição do uso da construção
Recuos
Custos

BGB
HOAI

Ver também:
HOAI → p. 67

§ 1 Objeto do contrato e serviços do arquiteto
§ 2 Deveres do cliente proprietário
§ 3 Fundamentos dos honorários do arquiteto
§ 4 Proteção da obra do arquiteto e do autor
§ 5 Extensão do período de planejamento e/ou construção, interrupção do contrato
§ 6 Entrega da obra e prazo de prescrição
§ 7 Reclamações por defeitos e responsabilidade
§ 8 Seguro de responsabilidade civil
§ 9 Compensação
§ 10 Rescisão antecipada do contrato
§ 11 Entrega e retenção de documentos
§ 12 Disposições finais
§ 13 Acordos adicionais

① Exemplo de estrutura de um contrato de obra com base no Código de Direito Civil Alemão (BGB) referente a contratos de trabalho e serviços [05].

Objeto do contrato
Para o arquiteto, é imprescindível descrever o resultado esperado com a maior precisão possível, pois só assim poderá provar que alcançou o objetivo acordado. É tarefa do arquiteto descrever os objetivos do cliente (tamanho, tipo de uso, orçamento, prazo, estilo etc.), pois esses formam a estrutura para o planejamento do trabalho. É obrigatório especificá-la no contrato do arquiteto ao se descrever o objeto do contrato.
Como em todo contrato de obra, entende-se que o objetivo exato do planejamento só se concretiza no decorrer do processo de planejamento. Tais concretizações também determinam os objetos do contrato, que devem ser acordados e documentados junto ao cliente proprietário.

Serviços do arquiteto
Em princípio, o arquiteto é responsável por todos os serviços de planejamento, coordenação e supervisão necessários para garantir um resultado final sem defeitos. É irrelevante se esses serviços estão ou não expressamente listados na HOAI (tabela de honorários na Alemanha). Cabe às partes envolvidas chegarem a um acordo caso haja disposições divergentes. No entanto, é preciso determinar quais serviços de planejamento devem ser prestados e quais fases do projeto de construção serão contempladas. Para isso, costuma-se usar a terminologia da HOAI como guia.

Tarefas do cliente proprietário
A contratação e, se necessário, a terceirização de serviços a especialistas e construtoras, a aprovação de projetos, a contratação de adendos, a aceitação de trabalhos de construção, dentre outros, são de responsabilidade do cliente proprietário. Embora haja jurisprudência sobre isso, não existem estipulações legais, então é aconselhável esclarecer tudo no contrato.

Fundamentos dos honorários
A negociação dos honorários do arquiteto não é totalmente arbitrária, pois acordos de honorários devem contemplar necessariamente as tarifas mínimas e máximas da HOAI → p. 67. Salvo acordo contratual em contrário, a HOAI determina os parâmetros para cobrança dos serviços básicos. Esses incluem a descrição dos serviços e sua tabela correspondente, a faixa de honorários, taxas adicionais, a distribuição proporcional da remuneração para cada fase de serviço e qualquer outra incumbência extra (p. ex., para reformas). Tais acordos também incluem a determinação dos custos da obra a serem utilizados no cálculo dos honorários (geralmente, referem-se aos cálculos de custo para a fase de desenvolvimento → p. 73). A HOAI regulamenta apenas os serviços básicos; serviços especiais e de consultoria podem ser acordados livremente.

Os direitos e as obrigações na relação entre o arquiteto e seu cliente são determinados pelo contrato de trabalho, que também pode ser celebrado oralmente. No entanto, o arquiteto deve insistir em um contrato por escrito, caso contrário não será possível provar posteriormente o conteúdo e o escopo contratuais. Contratos escritos também são importantes para a definição dos honorários. Legalmente, o contrato do arquiteto é um contrato de projeto e execução (§§ 631-651 BGB). A essência de um contrato de projeto e execução é que o contratado deve a seu cliente um resultado exitoso → p. 67. Somente diante dos resultados acordados é que o contratado receberá sua remuneração. Caso falhe em entregá-los, o contratado será obrigado a compensar o cliente pelos danos resultantes.

Proteção do trabalho do arquiteto
Esta parte do contrato estabelece os direitos autorais do arquiteto sobre seu trabalho (p. ex., em relação à divulgação).

Extensão do período de planejamento
Nesta seção, acordam-se os honorários em caso de necessidade de extensão do prazo de construção, desde que não tenha sido causada pelo arquiteto.

Entrega e prazo de prescrição
Serviços arquitetônicos também devem ser entregues. Se o contrato do arquiteto também incluir o acompanhamento da obra (LP 9), o serviço estará totalmente entregue apenas na conclusão da fiscalização da obra (LP 8).

Seguro de responsabilidade
Aqui define-se o valor do seguro de responsabilidade profissional do arquiteto. Na Alemanha, o arquiteto é obrigado a se segurar contra os riscos de responsabilidade decorrentes do desempenho de suas funções profissionais caso aja sob responsabilidade própria.
O montante do seguro depende do tipo e do escopo das atividades realizadas.
Estipulam-se montantes mínimos de cobertura para danos pessoais e materiais, e a seguradora poderá definir um teto para danos ocorridos dentro do ano de vigência do seguro.

Compensação
Nesta seção do contrato, descreve-se a possibilidade de compensar os honorários de uma das partes (arquiteto ou proprietário comercial do edifício) com base nas dívidas da outra parte.

Rescisão antecipada do contrato
Descrevem-se aqui as providências em caso de rescisão antecipada do contrato do arquiteto.
Na Alemanha, o contrato pode ser rescindido pelo cliente a qualquer momento; já o arquiteto só pode fazê-lo por justa causa. Se o arquiteto rescindir o contrato, só terá direito à remuneração pelos serviços prestados até o momento da rescisão.
Em todos os outros casos, o arquiteto tem direito à integralidade dos honorários contratualmente acordados (após dedução das despesas e demais emolumentos).

Entrega e retenção de documentos
Discute-se aqui a entrega dos documentos da obra ao cliente e a retenção obrigatória de tais documentos por parte do arquiteto (período mínimo: 10 anos)

Disposições finais
Em geral, inclui uma referência às emendas e aos aditamentos estabelecidos por escrito.

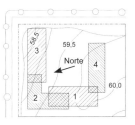
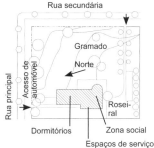

① Estudo de posicionamento da edificação no terreno; propostas de implantação

② Desenvolvimento do projeto a partir do estudo preliminar e em função da proposta de implantação

PROJETO E GERENCIAMENTO DA OBRA
FASES DE DESENVOLVIMENTO

Estudo preliminar

Serviços: [03]
1. Esclarecimento das características do projeto encomendado
2. Visita ao local
3. Discussão sobre a totalidade de serviços necessários
4. Assessoria para definição da equipe e escolha dos engenheiros especialistas
5. Compilação dos resultados

Serviços especiais:
Por exemplo, levantamentos, análise do local, estabelecimento do programa de espaços e funções, testes das relações e adaptação ao meio ambiente

Anteprojeto

Serviços: [03]
1. Análise dos fundamentos estabelecidos nos estudos preliminares
2. Definição dos objetivos (condições secundárias, conflitos)
3. Desenvolvimento do conceito de projeto, com alternativas (para as mesmas exigências) em forma de desenhos e descrições
4. Integração de outros especialistas
5. Esclarecimento das principais inter-relações e dependências (p. ex., desenho urbano, construção, instalações prediais)
6. Primeiro contato com órgãos públicos e outros especialistas vinculados à aprovação do projeto
7. Orçamentação segundo DIN 276 ou com base na legislação de cálculo de custos para obras residenciais
8. Crie um cronograma com os processos essenciais
9. Compilação dos resultados

Serviços especiais:
Por exemplo, assessoria junto a instituições de crédito, consulta prévia sobre restrições, apresentação do projeto em técnica especial, elaboração de cronograma e plano organizacional, planos adicionais para otimização do projeto (p. ex., diminuição do consumo de energia) extrapolando as exigências legais e de norma

Projeto

Serviços: [03]
1. Desenvolvimento do conceito do projeto com a contribuição de especialistas
2. Memorial descritivo
3. Desenho de todo o projeto segundo as normas técnica
4. Contato com os órgãos competentes e outros especialistas para esclarecimento sobre o processo de aprovação
5. Orçamentação segundo DIN 276 e comparação com o custo estimado
6. Desenvolvimento do cronograma de execução
7. Compilação e apresentação dos resultados

Serviços especiais: [03]
Por exemplo, pesquisa sobre alternativas na concepção do projeto e suas variações de custos, cálculo econômico, preparação e apresentação de um orçamento detalhado, desenvolvimento de plantas detalhadas

---

"[...] O trabalho começa com a elaboração de um programa:
1. *Situação do terreno, dimensões, topografia, posição das tubulações de abastecimento de água e escoamento de esgoto, diretrizes de ocupação, estudo de massas etc.*
2. *Exigências espaciais do ponto de vista das áreas, topografia, localização e das relações especiais entre elas*
3. *Medidas do mobiliário existente*
4. *Recursos à disposição para a construção, compra do terreno, sua preparação e infraestrutura etc.*
5. *Tipo de construção que deverá ser feita*

A partir de então começa o desenho esquemático dos ambientes, como simples retângulos, com as áreas necessárias em escala e a marcação do relacionamento pretendido dos espaços entre si e com os pontos cardeais [...]

Em vez de começar o projeto, faz-se em primeiro lugar, tendo em vista as áreas calculadas da futura edificação, o esclarecimento da sua implantação definitiva no terreno [...]

Questões sobre orientação solar, ventos dominantes, possibilidades de acesso, tipo de solo, posicionamento de árvores, entorno imediato são decisivas. São indispensáveis múltiplas tentativas para esgotar todas as possibilidades de soluções, e também como base de discussão de prós e contras, a não ser que já no primeiro momento uma solução de implantação apareça como única.

Com base neste tipo de investigação, a solução é encontrada na maioria das vezes rapidamente; a forma da construção surge mais claramente.

Em consequência, evidencia-se para o arquiteto uma ideia esquemática da totalidade da edificação e a atmosfera dos seus espaços, traduzida em sua volumetria e expressa em plantas e vistas.

Depois da elaboração do anteprojeto recomenda-se uma pausa, que traz um distanciamento do projeto e torna visível, com clareza, seus defeitos, trazendo também, na maioria das vezes, soluções corretivas, frequentemente através de conversas com colegas de trabalho e o proprietário.

A seguir começa o desenvolvimento do projeto e a determinação da construção e instalações. Na fase de projeto não se deve insensatamente economizar, pois o gasto de tempo na preparação é rapidamente compensado na fase da construção, tendo-se então o retorno na rapidez da execução e economia de juros dos empréstimos [...]".

③ As etapas do projeto (Neufert, *Bauentwurfslehre*, 1ª edição, p.34)

69

PROJETO E GERENCIAMENTO DA OBRA
FASES DE DESENVOLVIMENTO

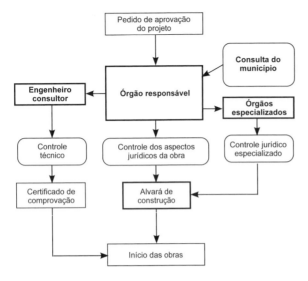

❶ Processo de aprovação (desenvolvimento básico)

Obrigatoriedade de aprovação
A construção, as transformações ou mudanças de uso de edifícios ou conjuntos edificados necessitam, em princípio, de aprovação e fiscalização por parte dos órgãos competentes (Código de Obras).

O **processo de aprovação de construção** é regulamentado no Código de Obras. No caso de instalações que requerem aprovação, o órgão fiscalizador do edifício deve verificar o cumprimento das disposições do Código de Obras relativas à permissibilidade, bem como os requisitos estabelecidos por esta Lei e pelo direito público. Desde que não sejam **construções especiais**, o **procedimento simplificado de licença de construção** pode ser aplicado a edifícios residenciais, outros edifícios de classes construtivas 1 a 3 (segundo o Código de Obras), edifício auxiliares e instalações estruturais não classificadas como edifícios.

Certas edificações estão **isentas do procedimento** e não requerem licenças de construção; isso se aplica, p. ex., a **edifícios de apenas um pavimento** com área bruta de até 10 m², **garagens** de até 30 m² e pé-direito médio de até 3 m² (fora as paredes externas → p. 66), **muros de arrimo e cercamentos** com altura de até 2 m, **mudanças em partes construtivas de reforço ou estruturais** para edifícios baixos e médios, **revestimentos de paredes externas** (com exceção de arranha-céus), pérgolas, coberturas de acessos, assim como **edificações dependentes de outros tipos de legislação de aprovação** (como usinas de geração de energia e construções de vias, estradas etc.) Nesses casos, a fiscalização fica a cargo dos órgãos especializados.

A **comunicação de obra** sem necessidade de pedido de aprovação é possível no caso de construção ou reforma de edifícios baixos e médios, que correspondam totalmente às diretrizes do plano de massas e cujas acessibilidade e infraestrutura estejam asseguradas. Entretanto, é possível que o órgão fiscalizador exija uma aprovação simplificada, dentro de um determinado prazo, ou mesmo que faça o requerimento provisório de paralisação da obra em caso de dúvidas.

Certificado de aprovação parcial de um projeto
Durante um processo de aprovação podem surgir algumas questões individuais (críticas) sobre o projeto (muitas vezes em função da ocupação do terreno), decorrentes de investigação inicial. Nessas situações, pode-se ter uma primeira aprovação, parcial, que fornece segurança para a continuidade de desenvolvimento do projeto. Esse certificado tem vigência legal de um ano após sua emissão, podendo este prazo ser prorrogado.

Projeto de prefeitura

Serviços:
1. Desenvolvimento do material para aprovação segundo as diretrizes do órgão público, incluindo o pedido de liberação em caso excepcional, com a colaboração de outros especialistas e segundo negociações necessárias com órgãos competentes.
2. Entrada com o requerimento de solicitação de aprovação
3. Elaboração e complementação das plantas e documentação, descrições e cálculos, com a colaboração de outros especialistas.

Serviços especiais: [03]
Por exemplo, atuação conjunta no sentido de aprovação da vizinhança, provas de natureza técnica, estrutural e/ou física para obtenção da aprovação oficial em casos individuais, apoio especializado e de organização para o proprietário em caso de conflitos, processos e demandas judiciais ou similares, mudança e correção do material de solicitação devido a situações que não sejam de responsabilidade do proprietário.

Material de solicitação para aprovação de projeto
Requerimento com os seguintes dados:
1. Nome e endereço do proprietário
2. Nome e endereço do autor do projeto
3. Designação da futura construção
4. Designação do terreno (rua, n°, n° do lote em cadastro etc.)
5. Acessos e fornecimento público
6. Informação sobre eventuais aprovações existentes
7. Todo o material necessário para aprovação (localização, implantação, desenhos arquitetônicos, memorial descritivo, comprovantes de segurança e outros de caráter técnico).

Todos os documentos deverão ser assinados pelo proprietário, pelo autor do projeto e outros especialistas colaboradores.
O requerimento deverá ser apresentado no município que (no caso de não contar com órgão de controle representativo) o encaminhará para a instituição competente para aprovação. A partir desta serão acionadas as diversas outras organizações que participam do processo (corpo de bombeiros, órgão de preservação etc.), além de ser feita a investigação com os proprietários de edifícios na vizinhança.

Aprovação do projeto
Após o desenvolvimento do processo, a aprovação é comunicada ao proprietário que recebe o alvará de construção (documento escrito), assim como todos os documentos gráficos para execução da obra. Para setores da construção ou etapas construtivas (p. ex., terraplanagem) pode-se pedir, antes da aprovação final, uma aprovação parcial para início das obras.
Tanto o alvará final como a aprovação parcial perdem a valia caso as obras não sejam iniciadas no período de um ano a partir da sua emissão ou caso as obras fiquem paralisadas por mais de um ano. Este prazo pode ser prorrogado com pedido especial.

Fiscalização do órgão competente
O Código de Obras prevê a fiscalização e controle da obra durante a sua construção. Esta pode ser feita em provas parciais ou limitar-se à fase inicial da construção (controle da construção quanto a segurança, proteção térmica e acústica, contra incêndios), além da verificação final. Com a entrega da certidão de conclusão da obra ou habite-se, a edificação poderá ser usada.

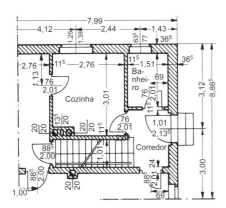

① Desenho de execução, com indicação de medidas, escala 1:50 (detalhe reduzido)

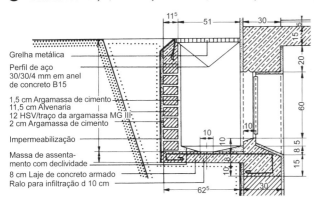

② Detalhe, poço de iluminação do subsolo, escala 1:20 (reduzido)

PROJETO E GERENCIAMENTO DA OBRA
FASES DE DESENVOLVIMENTO

Projeto executivo

Serviços:
1. Preparação do projeto executivo com todo o detalhamento necessário (em desenho e texto) para a execução, baseando-se no projeto de desenho e no plano de aprovação, até a obtenção de uma solução amadurecida para execução, que servirá de base para as fases seguintes.
2. Apresentação gráfica – desenhos – do projeto, com todas as indicações detalhadas para execução da obra, p. ex. desenhos definitivos da construção e seus detalhes, em escalas 1:50 até 1:1, com o acompanhamento necessário de textos.
3. Elaboração dos resultados de trabalho como base para os demais envolvidos no processo de planejamento, coordenação e integração dos serviços.
4. Desenvolvimento do cronograma.
5. Desenvolvimento do projeto executivo durante a execução do objeto.
6. Verificação dos planos de montagem em relação ao projeto executivo.

Serviços especiais:
Por exemplo, elaboração de memorial descritivo detalhado como base para a caderneta de obras e descrição do programa de serviços (*); comparação feita com as firmas construtoras entre programa de serviços e pranchas executivas, conferindo sua compatibilidade com o projeto original; desenvolvimento de modelos detalhados. Atuação conjunta no sistema de codificação das plantas. Prova e reconhecimento de projetos de terceiros, não pertencentes à equipe inicial de especialistas, com respeito à sua concordância com o projeto original (p. ex., plantas de oficinas, posicionamento e projeto de embasamento para fornecedores de maquinário etc.), enquanto essas intervenções não tiverem sido computadas no cálculo da obra em geral.

(*) Este serviço especial também pode ser enquadrado, total ou parcialmente, como serviço básico. Neste caso, são omitidos desta fase de desenvolvimento os serviços básicos correspondentes.

O processo de projetar

PROJETO E GERENCIAMENTO DA OBRA

Base legal (legislação alemã)
Fases de desenvolvimento
Parâmetros de definição do uso da construção
Recuos
Custos

Ver também:
HOAI → p. 67

Meios/instrumentos do projeto executivo
Desenhos de execução → ①, com todas as indicações e medidas necessárias para a obra (escala 1:50).
Desenhos de detalhes → ② complementam os desenhos de execução para determinadas partes da construção (escalas 1:20/10/5/1).
Desenhos especiais são desenvolvidos segundo necessidades de detalhamento construtivo (p. ex., construções em concreto armado, aço ou madeira etc.) e no lugar do desenho normal, tratando-se de elemento extraordinário (escala 1:50 ou outra, dependendo do caso).
Caderneta de ambientes → ❸ contém em forma de tabela todos os dados sobre dimensões (comprimento, largura, altura, área, volume) de cada ambiente ou parte deste, materiais (p. ex., revestimento das paredes, pisos etc.), equipamentos (p. ex., calefação, ventilação, instalações sanitárias, elétricas etc.). De certa maneira constituem a base para a descrição funcional de serviços. **Caderneta de ambientes e desenhos de execução podem ser inter-relacionados em sistema de *software*, para elaboração de cálculo de concorrências e empreitadas.**

A2 Denominação do ambiente				B2 Dimensões						B4 Instalações técnicas						B5 Valores/medidas				
1		2	3	1		2		3		1	2	3	4	5	6	1	3	6	Observações:	AP- apto
Ambiente nº/provisório		Uso	Usuário	Tipo	Área	Tipo	Pé-direito	Tipo	Volume	Calefação	Ventilação	Sanitários	Inst. el. /AV	Eletr./ /BV	Elevador	Temp.	V. ar	Luz		AU-área útil S-superfície L-linear
A	B	C		(moradores)		m²		m		m³								°C	FCH	LUX		
	AP	104	Corredor		AU	6,92	L	2,47	AU	14,87	–	–	–	SCH DB WVT	TAD SPA	–	20	1	–	AAD–Tomada para antena DB–Ponto de luz no teto GAD–Tomadas de aparelhos
	AP	204	Banheiro/ WC		AU	3,47	L	2,475	AU	8,588	WWH	ZWE	WA WB WC	WB STD PA	–	–	24	7	–	PA–Transformador SCH–Interruptor SP–Cuba SPA–Interfone
	AP	304	Cozinha		AU	6,09	L	2,47	AU	15,04	WWH	ZWE	SP	SCH STD WBS GAD DB	–	–	–	20	4	STD–Tomada TAD–Tomada para telefone WA–Banheira WB–Lavatório WB–Ponto de luz nas paredes
	AP	404	Varanda		AU	1,69	L	2,363	AU	4,000	–	–	–	–	–	–	–	–	–	WBS–como acima, c/interruptor WC–WC
	AP	504	Jardim de inverno		AU	19,77	L	2,47	AU	48,63	WWH	–	–	SCH STD DB	AAD	–	22	1	–	WVT–Distribuidor/apto WWH–Água quente para calefação
	AP	604	Rec. + inst.		S	0,36	L	2,475	AU	0,891	–	–	–	–	–	–	–	–	–	ZWE–Exaustor

❸ Caderneta de ambientes (forma resumida/exemplo)

O processo de projetar

PROJETO E GERENCIAMENTO DA OBRA

Base legal (legislação alemã)
Fases de desenvolvimento
Parâmetros de definição do uso da construção
Recuos
Custos

Ver também

HOAI → p. 67
VOB → p. 67

Documentos para concorrências – VOB/A			
Comunicação (pedido de apresentação de ofertas) + Condições de participação	Documentos para licitação da obra	Contratos	+ Licitação
	Conteúdo técnico	Conteúdo legal	
	(1) Memorial descritivo	(2) Condições especiais de contrato	
	(4) Determinações técnicas adicionais	(3) Condições adicionais de contrato	
	(5) Determinações técnicas gerais	(6) Condições gerais de contrato	
Adjudicação da obra			

❶ Lista de documentos necessários segundo VOB para abertura de concorrências e entrega de empreitadas; resumo para contrato

A **abertura de concorrências para empreitadas** visa a elaboração de contratos de execução da obra, garantidos pelos princípios do Direito Civil (→ p. 67). A obra pode ser distribuída em empreitadas quando os diversos documentos para a execução da mesma estiverem definidos (memorial descritivo, condições de contrato e concorrências, lugar e data do início do prazo, adjudicação, estabelecimento definitivos dos diversos prazos de entrega etc.).
Documentos para concorrências de execução da obra, com indicação dos preços e assinatura dos fornecedores ou representantes responsáveis, são aceitos como **ofertas** e anexados ao contrato de adjudicação da mesma, em contrato de execução → ❶.
Os contratos de construção devem ser redigidos com clareza para evitar divergências entre as partes.

Discriminação de serviços é condição base para desenvolvimento do futuro contrato de execução de obras, distinguindo entre índice de serviços a serem executados e programa de execução ou discriminação funcional.
Índice de serviços a serem executados → ❷ constitui-se da listagem de todos os serviços (obras) individuais (denominação segundo tipo, qualidade, quantidade, dimensão, classificados com número de ordem e posição, dentro de todo o conjunto a ser edificado). Pode ser organizado de forma solta (etapas construtivas, etapas de entrega) ou por títulos (organização segundo tipo de trabalho).
Discriminação funcional, com programa de serviços contém a descrição definidora das condições/exigências (formais, funcionais, técnicas, econômicas) para a execução final da obra. Abstém-se, ao contrário do índice, do detalhamento parcial dos serviços.
O índice de serviços é complementado por meio de **notas preliminares** na forma de **condições técnicas gerais de contrato** (VOB/B ou /C), **condições técnicas adicionais** da parte do proprietário/mandante da obra (p. ex., Ferrovia, Estado de Berlim), assim como **condições especiais**, onde são regulamentados aspectos ou exigências individuais.
Para a elaboração da discriminação funcional dos serviços utiliza-se hoje, praticamente sem exceção, *software* especial, que organiza a distribuição das empreitadas com datas, prazos, planejamento da execução.
O **livro geral de discriminação ou de serviços-padrão** para a construção auxilia a elaboração do memorial descritivo através de ofertas de elementos para composição de textos padronizados, para cada serviço individual, relacionados a cada área de operação dentro da obra (VOB/C). **Padrões impressos** para o índice de serviços assemelham-se às cadernetas de obras, contendo possibilidades de textos (textos formados com o destaque de partes), sendo no total bastante abrangentes. **Catálogos informativos** elaborados por fabricantes e fornecedores, com informações adicionais, auxiliam na solução de problemas em detalhes construtivos especiais.

PROJETO E GERENCIAMENTO DA OBRA
FASES DE DESENVOLVIMENTO

Preparação da entrega da obra a firmas construtoras/atuação na distribuição de empreitadas/concorrências

Serviços: [03]
1. Elaboração de um cronograma de concorrências.
2. Elaboração de especificações (incluindo índice de serviços a serem executados) segundo a área de trabalho, determinando e compilando quantidades com base no projeto executivo e utilizando as contribuições de outros participantes envolvidos no planejamento.
3. Compatibilização e coordenação entre as contribuições dos diversos especialistas participantes do projeto.
4. Determinação dos custos com base nas especificações de serviço cotadas pelo arquiteto.
5. Coordenação das concorrências do especialista.
6. Análise de concorrências e ofertas.
7. Levantamento de provas e valores das diversas ofertas, resultando em listagem de preços ligados a serviços prestados; levantamento de provas e valores das ofertas de serviços adicionais e alterados e adequação dos preços correspondentes.
8. Entrevistas com licitantes.
9. Preparação das propostas de adjudicação, documentação do processo de adjudicação.
10. Compilação dos documentos contratuais para todos os serviços.
11. Comparação dos resultados das propostas com os índices de serviços cotados pelo arquiteto ou com os cálculos de custos.
12. Atuação conjunta na realização de pedidos.

Serviços especiais:
Por exemplo, elaboração da discriminação de serviços e programa (memorial descritivo) de obras em função da caderneta de obras e caderneta de ambientes (*); elaboração de discriminação alternativa de serviços para áreas específicas delimitadas; elaboração de estimativa de custos comparada, utilizando material fornecido por colaboradores especialistas das diferentes áreas.
Comprovação e valorização das propostas e seus impactos no planejamento concertado; comprovação e valorização das ofertas, com listagem final (lista de níveis de preços, orçamentos) (*); elaboração, comprovação e valorização da lista de preços, orçamentos, segundo exigências especiais.

(*) Ver observação → p. 71

Exemplo 1 – Quantidades e preços por unidade fora do texto

Pos.	Qtde.	Descrição	Preço/unidade	Preço total
2.02	105,0	m² pavimento de concreto magro no subsolo, 15 cm de espessura. A superfície deverá apresentar caimento em direção ao ralo.		
		para 1 m²	35,70	3748,50

Desvantagem: a) muito espaço reservado para texto
b) nenhuma indicação da participação do preço unitário
c) preço unitário não expresso em palavras no texto

Exemplo 2 – Preço por unidade contido no texto

2.02   105,0   m² pavimento de concreto magro no subsolo, 15 cm de espessura. A superfície deverá apresentar caimento em direção ao ralo.
Mão de obra: € 24,60
Material: € 11,10
Outros: € –,–   para 1 m² 35,70   3748,50
Preço por unidade por extenso: Trinta e cinco 70/100

Desvantagem: quantidades e preço por unidade não se encontram na mesma linha

 Índice de serviços (exemplos)

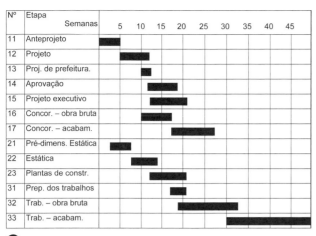

❶ Diagrama de barras: plano de desenvolvimento da obra

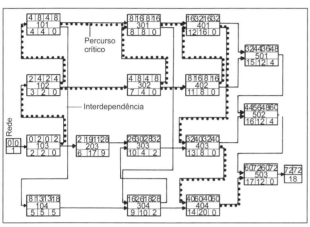

❷ Método de planejamento em rede (exemplo: setas de designação das etapas/operações/Critical-Path-Method, CPM)

Técnicas de organização de cronogramas de obra

Diagrama de barras → ❶ estabelece um sistema de coordenadas: na vertical, com etapas de trabalho/obra, e na horizontal com o tempo correspondente de sua execução. O tempo de duração de cada etapa é representado através do comprimento da barra horizontal. Sequências de etapas construtivas devem ser representadas também de forma contínua, umas sobre as outras. Devido à sua clareza e simplicidade de apresentação, este método é usado com frequência. Entretanto, a interdependência entre fases de trabalho (situações críticas), assim como direcionamento do processo, são muito difíceis de serem representados.

Diagrama de linhas (também conhecido como diagrama de tempo e trajetórias) apresenta em um sistema de coordenadas linear a correlação entre tempo de execução do serviço e trajetória ou quantificação das etapas. A velocidade da execução (inclinação ou ângulo entre trajetória e tempo), assim como distanciamentos críticos de cada etapa (bloqueio de fases entre si) podem ser lidos claramente neste sistema. Diagrama de linhas é utilizado principalmente em obras com claro direcionamento de execução (ruas, túneis etc.).

Método de planejamento em rede → ❷ serve para análise, planejamento e controle de processos de construção complexos, com diversas fontes (e tamanhos) de influência.
O desenvolvimento baseia-se em etapas ou acontecimentos parciais, que funcionam como **nós**, os métodos de nós–procedimentos (Metra-Potential-Method, MPM) e método de nós–acontecimentos (Program Evaluation and Rewiew Technique, PERT), ou **setas** (método de setas–procedimentos/Critical-Path-Method, CPM), com nós marcando início e fim de um processo. Os nós concentram os parâmetros essenciais do desenvolvimento das etapas e acontecimentos.

PROJETO E GERENCIAMENTO DA OBRA
FASES DE DESENVOLVIMENTO

Fiscalização da obra

Serviços: [03]
1. Acompanhamento da execução da obra conforme os procedimentos aprovados pelo poder público, plantas executivas e memorial descritivo, bem como com os regulamentos técnicos e diretrizes construtivas em geral.
2. Acompanhamento da execução das estruturas (caso de projetos simples ou muito simples) conforme padrões de segurança vigentes.
3. Coordenação dos trabalhos com outros especialistas.
4. Elaboração, desenvolvimento e acompanhamento do cronograma.
5. Documentação do progresso da obra (diário de obra).
6. Levantamentos da obra, em conjunto com as firmas participantes.
7. Auditoria de contas, incluindo verificação das medidas providenciadas pelas firmas construtoras.
8. Comparação dos resultados da auditoria com os números da ordem de trabalho, incluindo adendos.
9. Controle dos custos por meio de verificação das contas por serviços das diferentes firmas e comparação com o orçamento do contrato.
10. Verificação de custos segundo DIN 276, p. ex.
11. Organização do processo de recebimento de serviços acabados, incluindo a participação de outros especialistas envolvidos, constatação de defeitos e consultoria relativa ao processo de recebimento.
12. Pedido de aprovação oficial e participação no mesmo.
13. Reunião sistemática das pranchas de desenho e cálculos do projeto.
14. Listagem de todos os prazos de prescrição para queixas por defeitos.
15. Controle da eliminação dos defeitos da obra, constatados na entrega da fase construtiva determinada.

Serviços especiais:
Por exemplo, atuar na direção da obra como responsável, enquanto esta atuação corresponder de forma legal aos serviços básicos estipulados na tabela de honorários (HOAI).

Acompanhamento da obra

Serviços: [03]
1. Avaliação profissional dos defeitos detectados dentro do prazo de prescrição para reivindicações, no máximo até cinco anos após a aceitação do serviço, incluindo as inspeções necessárias.
2. Percorrer a obra para constatação de defeitos, considerando o prazo de prescrição para reivindicações frente às firmas executoras.
3. Atuação para liberação dos serviços relacionados à segurança.

Serviços especiais:
Por exemplo, monitoramento da retificação de defeitos dentro do prazo de prescrição, compilação da documentação da situação do edifício, compilação de equipamentos e listas de inventário, compilação de instruções de manutenção e cuidados, compilação de um conceito de manutenção, monitoramento da propriedade, zeladoria da propriedade, inspeções do edifício após a entrega, preparação de dossiês de planejamento e custos para arquivos de propriedade ou diretrizes de custos, avaliação de cálculos de rentabilidade.

O processo de projetar

PROJETO E GERENCIAMENTO DA OBRA

Base legal (legislação alemã)
Fases de desenvolvimento
Parâmetros de definição do uso da construção
Recuos
Custos

Ver também:
HOAI → p. 67

O processo de projetar

PROJETO E
GERENCIAMENTO
DA OBRA

Base legal
(legislação alemã)
Fases de
desenvolvimento
**Parâmetros de
definição do uso
da construção**
Recuos
Custos

DIN 277

Ver também:
BauNVO
→ p. 66
WoFIV
→ p. 66

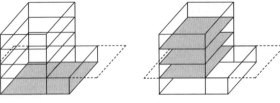

Taxa de ocupação:
$$\frac{\text{Área de implantação da construção}}{\text{Área do terreno}}$$

Coeficiente de aproveitamento:
$$\frac{\text{Área da construção}}{\text{Área do terreno}}$$

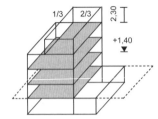

Coeficiente de volume construído permitido:
$$\frac{\text{Volume da edificação}}{\text{Área total do terreno}}$$

Pavimentos inteiros (segundo Código de Obras):
- no mínimo ⅔ da área de sobreposição entre pavimentos deverão ter a altura de 2,30 m;
- a altura parcial mínima entre piso e teto é de + 1,40 m

❶ Medidas reguladoras do uso do solo na construção

Regulamentação de áreas construídas habitacionais → p. 290
As diretrizes de regulamentação de áreas construídas habitacionais apoiam os cálculos de áreas segundo a legislação de desenvolvimento dos espaços da habitação:
As áreas de uma habitação compreendem todos os ambientes que pertencem a ela exclusivamente (inclusive jardins de inverno, piscinas fechadas e totalmente internas, sacadas, varandas, terraços, entretanto sem setor em subsolo como garagens e porão habitável), áreas comerciais e espaços que não estejam presentes no código de obras.
A área de um recinto é medida com base nos vãos entre partes construtivas, partindo da superfície acabada da parte construtiva (incluindo revestimentos de portas e janelas, rodapés, fogão, fornos, banheira, móveis embutidos, instalações aparentes, divisões construtivas móveis). Essa área básica é calculada em medidas de recinto acabado ou em função do projeto executivo.
As áreas básicas são computadas integralmente em recintos com pé-direito de no mínimo 2 metros; como metade, em recintos com pé-direito mínimo de 1 metro e no geral com menos de 2 metros; ou como um quarto, em sacadas, varandas, terraços etc.

Cálculo de áreas em edifícios comerciais para aluguel
As diretrizes de cálculo para áreas comerciais de aluguel da Associação de Desenvolvimento Imobiliário (GIF) procuram estabelecer uma unidade precisa padronizada para cálculo de áreas de aluguel comercial (GIF MF-G) e para escritórios (GIF MF-B).
As áreas de aluguel compõem-se de dois tipos de áreas conjuntamente:
1. **Áreas com direito de uso exclusivo**, unidades ou tipos indicados na DIN 277, garagens subterrâneas com número de vagas, áreas de uso dependentes (varandas, sacadas, átrios, áreas em recintos com altura entre 1,50 m e 2,30 m).
2. **Áreas com direito de uso coletivo**, apresentadas em espaços de uso coletivo (sanitários, áreas de serviços para empregados etc.) e áreas de circulação coletivas (saguões de acesso, corredores etc.).
Não pertencem às áreas de aluguel: escadas, elevadores, saídas de emergência, balcões de emergência, recintos para instalações prediais, poços, recintos de proteção, áreas de colunas, pilares e paredes portantes, áreas com pé-direito de 1,50 m ou mais baixas.
O cálculo das áreas é feito no nível do piso, entre paredes portantes (incluindo rodapés e elementos construtivos locais, como calefação); as alturas são determinadas entre canto superior do piso acabado e superfície inferior do teto (ou forro) acabado.

PROJETO E GERENCIAMENTO DA OBRA
PARÂMETROS DE DEFINIÇÃO DO USO DA CONSTRUÇÃO

Medidas reguladoras do uso do solo na construção → ❶
A legislação de uso do solo na Alemanha (BauNVO), ou lei de zoneamento, determina as medidas reguladoras da ocupação de terrenos para projetos.
A **taxa de ocupação** regula a relação permitida para terrenos vazios entre área construída (área construída incluindo garagens, estacionamentos e seus acessos, além de áreas secundárias e subterrâneas ou volume enterrado) e área total do terreno.
O **coeficiente de aproveitamento** regula a relação permitida entre área total de pavimentos da construção (calculada segundo perímetro de todos os pavimentos inteiros da construção, sem áreas secundárias, sacadas, varandas, terraços, pequenas construções permitidas em áreas de recuo) e área total do terreno.
Coeficiente de volume construído permitido determina quantos metros cúbicos a edificação poderá apresentar (calculados a partir das medidas externas da edificação, do piso do andar mais baixo até o pavimento superior de cobertura, com **andares inteiros**, incluindo áreas de permanência em pavimentos diferenciados unidos por escadas, paredes de fechamento e tetos, mas excluindo sacadas, terraços e pequenas construções permitidas em áreas de recuo) em relação à área total, em metros quadrados, do terreno.

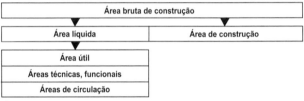

❷ Classificação das áreas básicas (segundo DIN 277-1)

Áreas básicas e volumes dos ambientes
A norma DIN 277 contém valores centrais para cálculo de áreas básicas e volumes em edifícios (volume superior, sem subsolo) → ❷; o conjunto de valores é subdividido em categorias, segundo a forma a que pertencem:
a com cobertura, fechado em todo o perímetro
b com cobertura, mas não fechado em todo o perímetro
c sem cobertura

A **área bruta construída** corresponde à soma de todas as áreas básicas em planta, de todos os pavimentos (sem as áreas de cobertura não habitáveis), medidas entre as linhas de fechamento externas das partes construídas, no nível do piso.
A **área básica de construção** corresponde à soma das áreas de elementos limitantes construtivos (áreas de paredes, pilares, apoios, chaminés, poços não acessíveis ao tráfego, vãos de portas, nichos, ranhuras), medidas com base nas linhas externas de fechamento, no nível do piso.
A **área líquida** corresponde à área útil entre partes construtivas (sem vãos de portas e janelas, ranhuras e nichos), medidas ao nível do piso. A área líquida é calculada com a composição da **área útil** (área associada à destinação de uso dos ambientes dentro do edifício) dividida em grupos de uso, das **áreas de função técnica** (áreas de compartimentos, p. ex. destinados a centrais de instalações prediais, poços acessíveis à circulação etc.) e **áreas de circulação** (p. ex., escadas, corredores, poço de elevadores, sacadas para saídas de emergência etc.)
O **volume bruto** da edificação é a soma das multiplicações de todas as áreas básicas (em planta) pelas alturas correspondentes (altura medida entre nível superior do piso de um pavimento e do pavimento seguinte; no subsolo porém, a partir do nível mais baixo da base da fundação; e na cobertura até o nível superior do recobrimento, sem escada externa, poços de iluminação, beirais, janelas salientes de cobertura). O **volume líquido** corresponde à multiplicação entre área líquida e altura do pé-direito.

PROJETO E GERENCIAMENTO DA OBRA
RECUOS

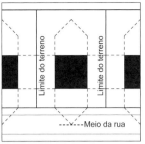

① Áreas de recuo

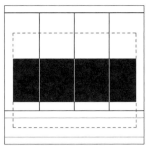

② Construção em limite do terreno

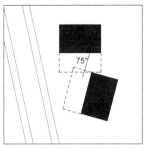

③ Sobreposição de áreas de recuo a partir de inclinação de 75°

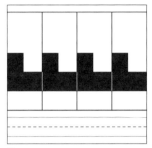

④ Sobreposição de áreas de recuo com criação de pátios

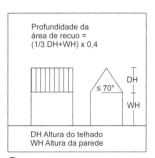

⑤ Profundidade das áreas de recuo

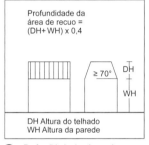

⑥ Profundidade das áreas de recuo com inclinação do telhado a partir de 70°

⑦ Profundidade das áreas de recuo para telhados com construções de janelas salientes

⑧ Partes construtivas avançadas

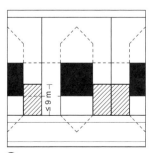

⑨ Garagem

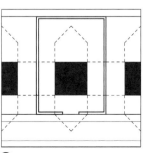

⑩ Muros e cercas

1. Frente às paredes de fechamento de uma edificação, no nível do terreno, deve-se manter distâncias em relação a construções vizinhas → ① – ②.
Isto é válido para todo o tipo de construção cujo efeito seja o mesmo de um edifício, frente a edificações e limites de terrenos. Áreas de recuo não são necessárias em relação a paredes externas construídas na divisa do lote, quando estas forem permitidas pela lei de uso do solo ou tiverem sido planejadas como tal → ②.

2. Áreas de recuos são demarcadas na superfície do terreno → ① – ②. Podem ser expandidas sobre áreas de tráfego, áreas verdes ou aquáticas, em uma distância correspondente até a metade destas. As áreas de recuo podem incorporar terrenos adjacentes de forma parcial ou integral, quando houver um apoio legal, garantindo a não construção dos mesmos.
Neste caso a regulamentação de recuos perde seu vigor.

3. Áreas de recuo não devem se sobrepor, a não ser que:
– as paredes externas se encontrem em uma inclinação maior do que 75° entre si → ③
– as paredes externas conformem pátios posteriores, protegidos, em edifícios geminados → ④
– haja permissão explícita de construção na área de recuo.

4. A profundidade da área de recuo é calculada segundo a altura das paredes → ④ – ⑥.
Esta é marcada perpendicularmente à parede. Como altura de parede denomina-se a medida entre nível superior do terreno até o ponto mais alto da parede ou o ponto de encontro entre parede e telhado → ④. A altura de telhados com inclinação ≤ 70° é calculada como um terço; ≥ 70° como altura total, a partir do final da parede → ⑤. O mesmo é válido para cálculo de construções de janelas salientes na cobertura (e suas paredes laterais!) → ⑦.

5. As profundidades das áreas de recuo diferenciam-se segundo os diferentes códigos de obras estaduais (LBO). Segundo a legislação federal (MBO), correspondem a 0,4 x H, apresentando entretanto um mínimo de 3 m (0,2 x H, mín. 3 m para áreas comerciais e industriais). Para edifícios com no máx. 7 m de altura, dois tipos diferentes de uso e até 400 m² de área construída, com no máximo três andares acima da superfície do terreno, são suficientes 3 m de recuo em geral. Em algumas legislações especiais podem conceder privilégios, como uma faixa lateral estreita.

6. Na medição das áreas de recuo não são contados elementos construtivos salientes em relação às paredes externas (cornijas, frisos, beirais etc.) → ⑧.
Partes construtivas (p. ex., sacadas) também não são consideradas no caso de:
– no total serem inferiores a um terço do comprimento da parede externa;
– avançarem no máximo 1,50 m em relação à parede;
– manterem uma distância mínima de 2 m em relação à divisa do terreno.

7. São permitidas as construções das seguintes edificações em áreas de recuos de edifícios (mesmo que não sejam construídas nas divisas do terreno ou diretamente ligadas ao edifício) → ⑨ – ⑩:
– garagens ou edifício sem área de uso permanente e cozinha, com altura média de paredes de até 3 m e comprimento total, dependendo do tamanho do terreno, de 9 m → ⑨;
– instalação de energia solar independente, com altura de até 3 m e comprimento total, dependendo do tamanho do terreno, de 9 m;
– muros de arrimo e cercamentos maciços em áreas industriais ou de serviços, ou em zonas residenciais, com uma altura de até 2 m → ⑩. O comprimento desses cercamentos não deve ultrapassar 15 m, senão deverão ser considerados no cálculo das áreas de recuo.

PROJETO E GERENCIAMENTO DA OBRA
CUSTOS

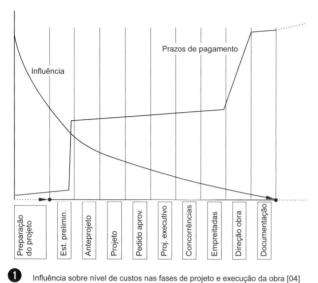

● Influência sobre nível de custos nas fases de projeto e execução da obra [04]

Grupos de custos			
1º nível de cálculo	2º nível	3º nível	Descrição
100			Terreno
200			Preparação, terraplanagem
300			Construção
	012 …		– Alvenaria
		012.111	– – Tijolo cerâmico furado (p. ex.) – paredes internas Tipo de tijolo: Hlz 12/1,6 Argamassa: II Espessura da parede: 11,5 cm
400			Técnica construtiva
500			Construções externas
600			Equipamentos, instalações
700			Custos secundários

 Classificação dos custos segundo DIN 276

Estimativa de custos segundo DIN 276
Tem a função de cálculo geral dos custos da obra. Em geral, ocorre na segunda fase de serviços ou anteprojeto.
Fundamentos para a estimativa de custos:
1. resultado do anteprojeto, desenhos, croquis etc.
2. cálculo de quantidades, segundo unidades por grupo de cálculo
3. esclarecimentos e descrição da obra
4. informações sobre o terreno e infraestrutura

A estimativa de custos deverá compreender o cálculo de todos os grupos até o 1º nível de detalhamento, apresentando no mínimo **7 dados unitários de custo**. A descrição exigida da obra deverá corresponder aos dados do anteprojeto.

Cálculo do custo da obra segundo DIN 276
É definido como "cálculo aproximado do valor real da obra" e integra a terceira fase de serviços (projeto).
Fundamentos para cálculo do custo da obra:
1. desenho do projeto completo, assim como desenvolvimento de detalhes
2. cálculo de quantidades, segundo unidades por grupo de cálculo
3. descrições da obra relevantes para o cálculo
O cálculo de custo da obra deverá compreender o cálculo de todos os grupos até o 2º nível de detalhamento, apresentando **40 dados unitários de custo**.
A descrição da obra deverá corresponder ao grau de informação do projeto.

(Desenhos e textos: Neddermann, Baukosten, *in*: DAB 12/03, 01/04, abreviados) [04]

O nível de influência sobre os custos da construção decresce fortemente durante o desenvolvimento da fase de projeto e construtiva. A maior influência sobre os custos da construção acontece durante a participação na preparação do projeto, uma vez que nessa fase são tomadas as decisões sobre dimensões, volume etc. do futuro edifício. Nas fases seguintes, a influência dos custos pode ser sentida apenas de forma reduzida em determinados setores. Em contrapartida, o fluxo de dinheiro, que no início é bastante baixo, sobe passo a passo → ●. Um controle eficiente de custos procura sempre estabelecer parâmetros redutores nas primeiras fases do projeto e serviços; o controle no que diz respeito ao projeto executivo (escolha de materiais, entre outros) não tem sido, de forma geral, bem-sucedido.

Obrigações segundo HOAI (Tabela de honorários na Alemanha)
A tabela de honorários para os serviços dos arquitetos determina quatro fases de cálculo de custos durante o projeto e a execução da obra: **estimativa de custos, cálculo do custo da obra, orçamentos detalhados, designação dos preços**. Este cálculo de custos faz parte dos serviços básicos da tabela de honorários → p. 69–73. Essa fase de cálculos dentro da tabela de serviços é de grande importância, pois a sua omissão poderá gerar consequências legais fatais em caso de pendências posteriores.

Princípios do cálculo de custos
Estes princípios são estabelecidos pela DIN 276.
A classificação dos custos é feita em sete **grupos** e três **níveis** de cálculo → ❷. Cada cálculo deve ser efetuado da mesma maneira, com base nos seguintes fatores determinantes:

1. **Declarações sobre os custos de todos os grupos**
2. **Descrição da construção**
3. **Nível de custos no momento do cálculo**
4. **Declaração de imposto de mais-valia**
5. **Data do cálculo**
6. **Referência ao projeto executivo correspondente**

Orçamento do índice de serviços a serem executados
O orçamento do índice de serviços corresponde ao cálculo detalhado de custos na fase de desenvolvimento 6 (preparação da entrega a concorrências).
O orçamento tem papel importante porque é o último cálculo de custos antes da conclusão do contrato com as firmas, e qualquer mudança subsequente nos serviços a serem prestados acarreta um risco de aumento dos custos.
O objetivo desse orçamento é, portanto, prever com maior precisão possível os custos reais de construção, levando em conta os preços unitários do índice de serviços determinado pelo arquiteto e comparando-os ao cálculo de custos feito antes da adjudicação do contrato. Somente assim é possível corrigir, durante esta fase, por meio de alterações nos serviços e nas quantidades, diferenças entre os resultados esperados da licitação e os custos calculados.

Designação dos preços
Tem a função de comprovante em relação aos custos calculados para efeitos de comparação e documentação. As bases dessa designação são: 1. Contas, comprovantes de cálculo; 2. Medidas; 3. Esclarecimentos.
Pode-se preparar a designação de preços de acordo com a norma DIN 276.
Na designação dos preços, os custos totais deverão ser classificados segundo os diferentes grupos, até o 2º nível de cálculo.

FUNDAÇÕES
TERRAPLANAGEM

Medições

Antes do início da terraplanagem, o futuro edifício será marcado no terreno em função da implantação do projeto aprovado em prefeitura e através de um engenheiro ou topógrafo. A escavação prevista será demarcada com estacas. → ❶ – ❹. Para segurança dos pontos demarcados, antes dos trabalhos de terra serão estendidas linhas, a chamada **estrutura de demarcação** → ❽ que delimita o fim do talude da área escavada. A partir dessa demarcação será estendido, após a terraplanagem, um sistema de **linhas perpendiculares** que determinará o perímetro do futuro edifício. No **cruzamento das linhas** serão definidos os **cantos externos** do edifício através de prumos.

As alturas também necessitam ser medidas e, para isso, orienta-se em pontos fixos de medida do entorno. Para o **nivelamento geométrico** a diferença de altura será lida em **escala**, fixada verticalmente ao aparelho de leitura, e o aparelho, **teodolito**, fixado horizontalmente → ❾. Com **réguas de referência horizontal**, a maioria de metal leve e com nível de bolha, com 3 m de comprimento, e **réguas limnimétricas**, estabelecem-se alturas intermediárias → ❻. No **nivelamento hidrostático** usa-se o sistema de mangueiras, segundo o princípio dos vasos comunicantes: mangueiras flexíveis preenchidas com água, em cujo final cilindros de vidro demarcados em mm mostram a altura da superfície da água, revelando a diferença de altura entre pontos, mesmo sem haver contato visual entre eles

Partes da construção

FUNDAÇÕES

Terraplanagem
Fundação
Impermeabilização e drenagem
Saneamento

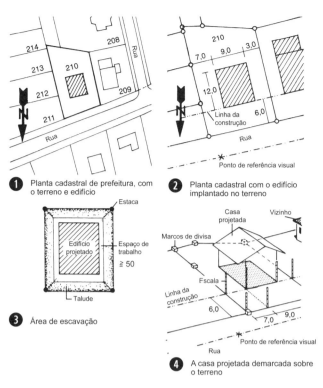

❶ Planta cadastral de prefeitura, com o terreno e edifício
❷ Planta cadastral com o edifício implantado no terreno
❸ Área de escavação
❹ A casa projetada demarcada sobre o terreno

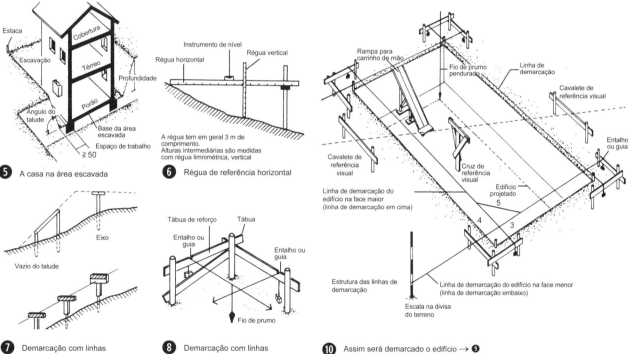

❺ A casa na área escavada
❻ Régua de referência horizontal
❼ Demarcação com linhas
❽ Demarcação com linhas
❿ Assim será demarcado o edifício → ❾

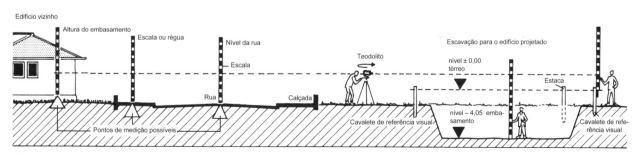

❾ Medição das alturas para o edifício

77

FUNDAÇÕES
TERRAPLANAGEM

Avaliações erradas quanto à escavação e ao nível do lençol freático, assim como sobre o funcionamento do tipo de fundação escolhido, conduzem quase sempre a danos irreparáveis, tanto técnicos como financeiros. Esses danos resultam especialmente do deslocamento lateral do solo, sob a carga da fundação, onde a estrutura de fundação afunda no solo ou tomba lateralmente (**recalque**), ou através da compressão do solo pelas cargas da fundação e/ou cargas vizinhas. As consequências são a deformação e o aparecimento de rachaduras na construção.

Levantamento do solo

Na falta de experiência local quanto à natureza, elasticidade, camadas, tipos de deposições e densidade do solo na área a ser construída, deve-se efetuar desde o início do projeto pesquisas de **levantamento do solo**. Um parecer especializado é fundamental, pois permite conhecer as diversas camadas através de **sondagens**, seja pela investigação superficial (manual/escavação à máquina) ou **perfurações** (manual a trado, introdução de tubo), com coleta de amostras. A profundidade das sondagens depende da topografia da obra em questão e das diferentes aflorações. O **nível do lençol freático** é medido com a introdução de tubos em perfurações; esse processo deverá ser feito em diversos pontos do terreno, pois, em geral, há variações de nível.

Levantamentos do solo para construção devem fornecer dados para um planejamento técnico e financeiro sem problemas para a execução da obra.
A análise de amostras do solo é feita com base em sua **granulação**, **quantidade de água**, **consistência**, **densidade**, **resistência** à **compressão** e **cisalhamento**, **permeabilidade** e **poluentes**. As sondagens indicam a resistência contínua e as diferentes camadas de aflorações para a profundidade pesquisada.
Provas de água do lençol freático são testadas quanto à **agressividade ao concreto**.

Os resultados das análises constituem um **parecer sobre o terreno**, material fundamental de informação para execução da obra.

Terraplanagem, escavações

Em geral, as escavações são delimitadas por taludes → ❶. Sem outros cálculos de segurança, para construções em condições normais, pode-se utilizar os seguintes ângulos de talude β:

a) para solo argiloso ou levemente argiloso	β ≤ 45°,
b) solo semiargiloso ou resistente	β ≤ 60°,
c) coluna de aço	β ≤ 80°.

Para segurança contra água superficial, geada ou ressecamento deve-se cobrir os taludes com **folha protetora**, **concreto injetado ou semelhante**, assim como se recomenda o desvio da água no seu canto superior → ❹. Para escavações profundas, mesmo para ângulos de taludes corretos, pode ocorrer deslizamento de terra e, por isso, devem ser estruturados com **platôs intermediários** → ❸. A construção de **muros de contenção** em taludes verticais é exigida em situações de escavações sem segurança ou com pouco espaço. Estes podem ser resolvidos com pranchões de madeira e ancoragem → ❾, apoios de aço preenchidos com madeira roliça → ❼, ou perfis de aço → ❻. Os muros de arrimo que farão **parte das fundações da construção final** são executados com **estacas moldadas** ou **canais preenchidos com material estrutural**, como concreto. Entre o pé do talude e linha-limite da futura edificação deve-se prever uma **faixa de trabalho** ≥ 50 cm → ❶ – ❷.

Partes da construção

FUNDAÇÕES

Terraplanagem
Fundação
Impermeabilização e drenagem
Saneamento

DIN EN 1997
DIN 1054

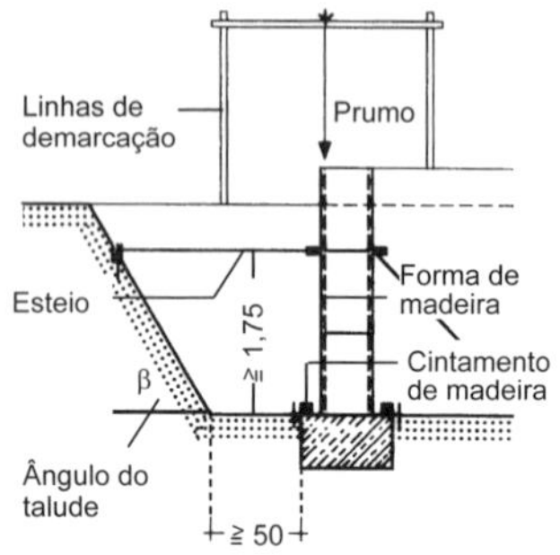

❶ Área de escavação com faixa de trabalho e talude

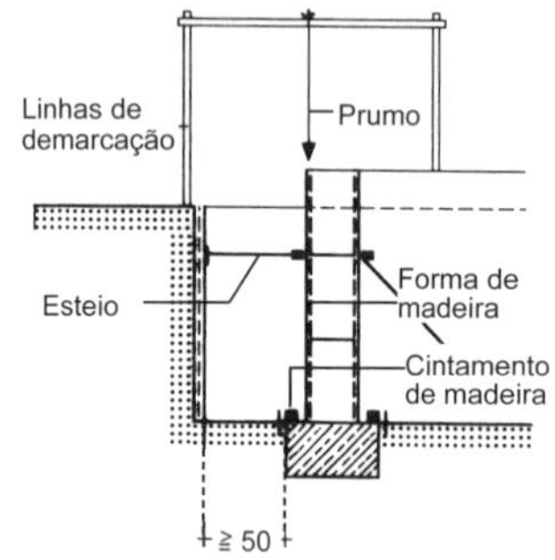

❷ Área de escavação com faixa de trabalho e talude perpendicular, com elementos de contenção

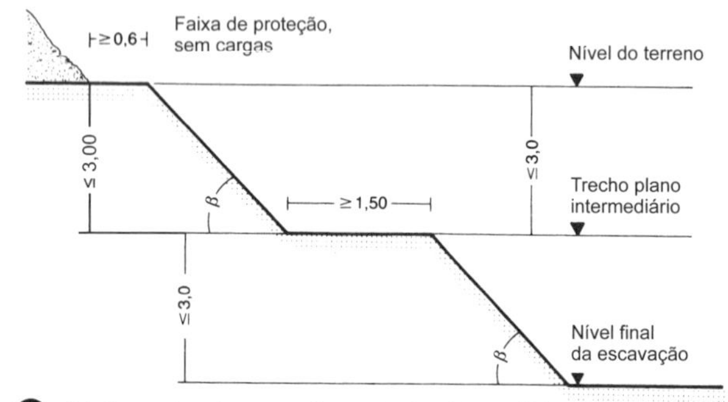

❸ Taludes em área de escavação, com trechos intermediários planos para recebimento de terra deslizada

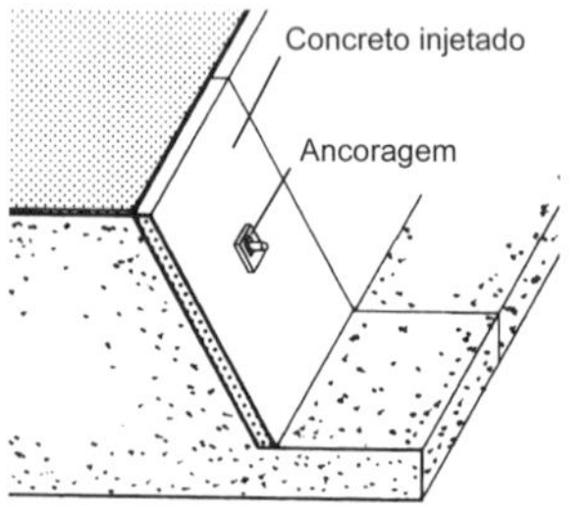

❹ Contenção de talude com concreto injetado

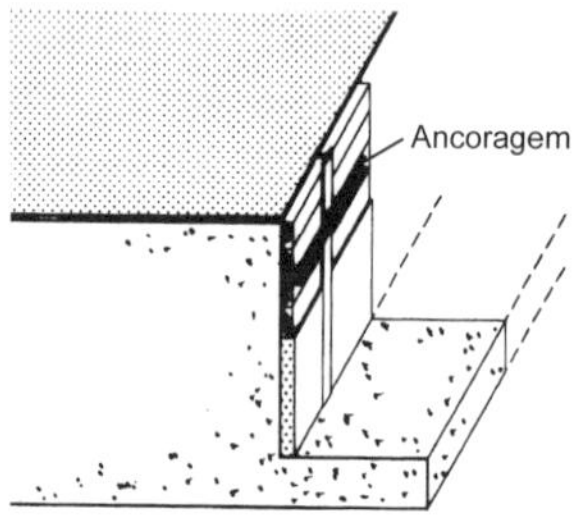

❺ Contenção de talude vertical com painéis de concreto

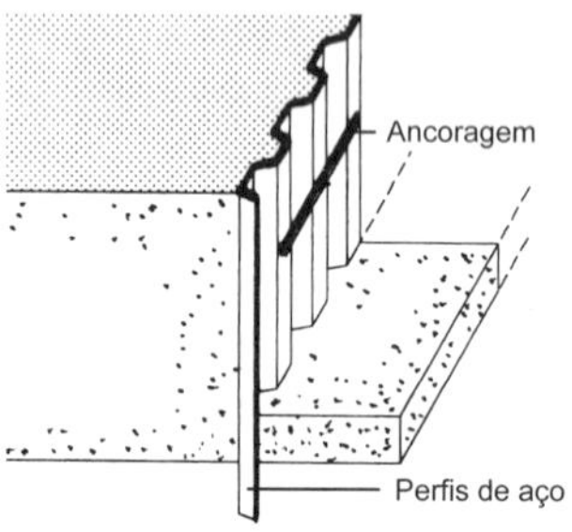

❻ Parede de perfis de aço

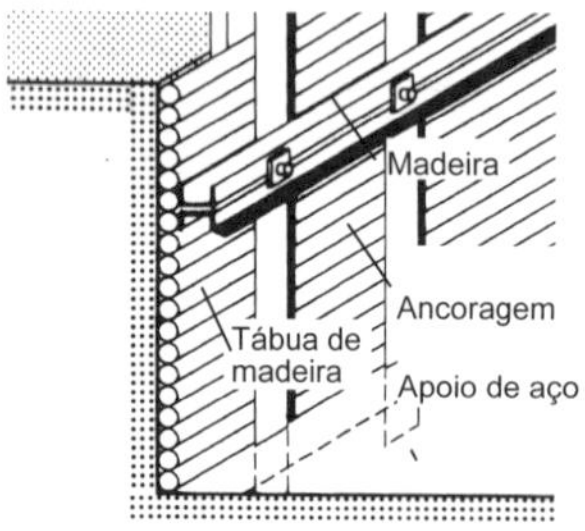

❼ Parede de suporte de madeira

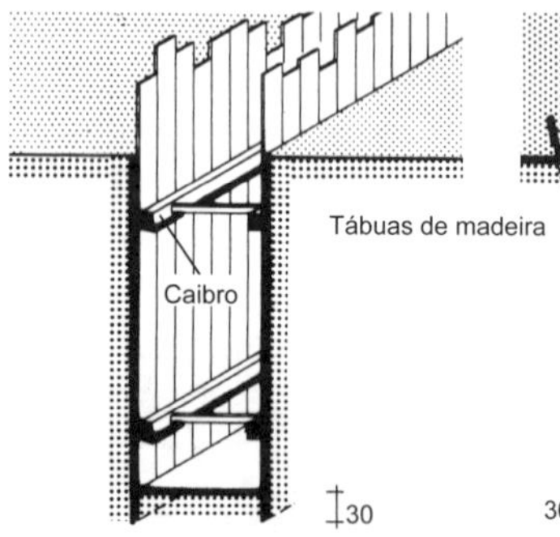

❽ Sistema de contenção vertical com pranchões, formando canal

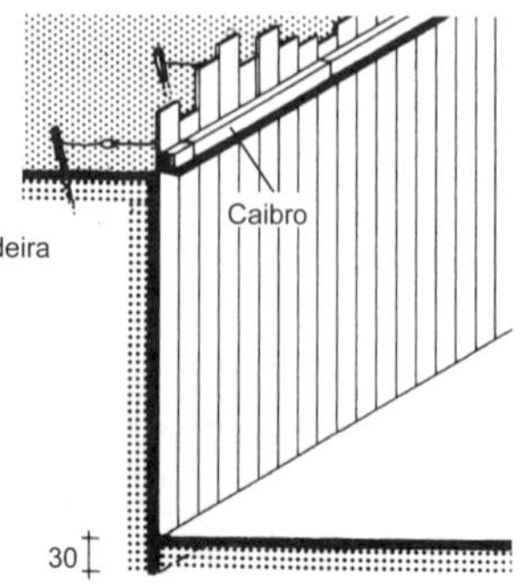

❾ Sistema de contenção vertical com pranchões

FUNDAÇÕES
TERRAPLANAGEM

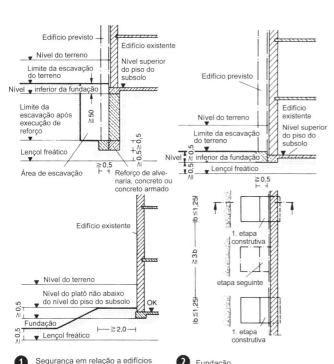

① Segurança em relação a edifícios vizinhos existentes

② Fundação

Reforços inferiores

Quando uma construção nova for feita na divisa do terreno, diretamente junto à edificação já existente, que apresente fundação acima do nível da projetada, é necessário o reforço da antiga estrutura para evitar recalques e suas consequências.

A escavação ao longo da fundação antiga e fatores estruturais relevantes devem ser planejados, preparados e executados minuciosamente, segundo as definições presentes na DIN 4123 → ❶ – ❷. **Durante a sua execução deverá haver a presença constante de especialista no canteiro de obras.**

No entanto, apesar de um planejamento e execução acurados, as medidas definidas na norma não podem garantir a ausência de possíveis **deformações mínimas no edifício existente, dependendo da sua situação e forma construtiva.**
Como inevitáveis têm-se **rachaduras finas e rebaixamentos** do fundamento em até 5 mm. Por isso, para uma **segurança de provas**, é recomendada uma inspeção com tomada de medidas e marcações do edifício existente com a presença de todos os interessados e antes de início das obras.

Lençol freático

Se a base da área escavada para o novo edifício estiver abaixo do nível do lençol freático deve-se tomar medidas especiais:
No caso da **contenção aberta**, a água será permanentemente bombeada a partir da base do terreno, valas e drenos → ❹. No caso de alturas acima de lençol freático é necessário um **sistema fechado**. Em áreas de escavação menores, a água subterrânea é bombeada por **bomba submersa** (distância de segurança ≥ 50 cm) → ❺.
Para áreas escavadas de grandes dimensões e profundidades, com rebaixamento do lençol freático, existe o perigo de influência sobre as condições do solo no entorno (recalque em edifícios vizinhos!) e sobre o abastecimento da rede pública de água → ❻.
Aqui, utilizam-se diversos métodos. A base da área escavada deverá ser **totalmente impermeabilizada para impedir a infiltração inferior de água**. Para o fechamento inferior, **abaixo do nível da água subterrânea**, faz-se a concretagem. A área escavada poderá ser bombeada após o enrijecimento do concreto, com o fechamento posterior de pontos ainda permeáveis.
Com o método de **injeção de alta pressão**, injeta-se uma suspensão de ligante mineral na terra, que forma uma camada de cimento impermeável junto ao solo natural. No caso de **fechamento flexível** da área escavada, utiliza-se silicato de sódio com enrijecedor químico. Este é pressionado no fundo do terreno, conformando uma camada impermeável.

Partes da construção

FUNDAÇÕES

Terraplanagem
Fundação
Impermeabilização e drenagem
Saneamento

DIN 4123

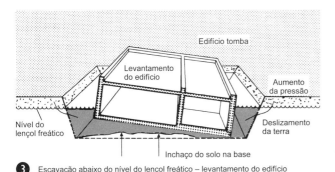

❸ Escavação abaixo do nível do lençol freático – levantamento do edifício

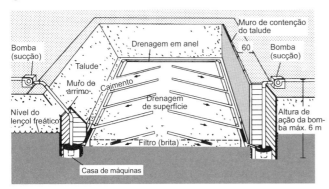

❹ Sistema aberto de contenção da água

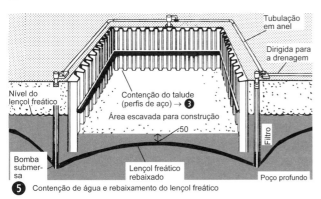

❺ Contenção de água e rebaixamento do lençol freático

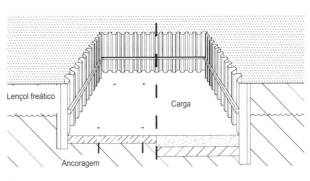

❻ Base protegida contra a flutuação

79

FUNDAÇÕES
FUNDAÇÃO

Na caracterização das fundações diferencia-se entre as superficiais ou rasas (**blocos ou sapatas isoladas** → ❶, **sapatas corridas** → ❷, **fundações associadas** → ❸) ou fundações profundas (estacas → ❹ → p. 81).

Fundações rasas ou superficiais

Fundações feitas de alvenaria de tijolos comuns ou de pedra: são possíveis tecnicamente, porém pouco utilizadas por serem dispendiosas.

Fundações de concreto simples: próprias para pequenas edificações, porém constituem uma solução pouco utilizada.

Fundações de concreto armado: próprias para soluções que exigem grande compressão do solo e grandes áreas de influência de cargas → ❼ – ❽. (Armação para distribuição das cargas → ⓬). No caso do concreto armado, em comparação com o concreto simples, economiza-se em altura, peso e profundidade das formas. Configuração das fundações com juntas de dilatação e em limites de outras edificações, já existentes → ❾.

Fundações associadas → ❿: para solos pouco resistentes, quando sapatas isoladas ou corridas não forem suficientes para distribuição da carga.

A base da fundação deve ficar em **zona livre de congelamento** devido à geada; isto significa que a camada inferior a ela não deverá movimentar-se em decorrência de congelamento e degelo. Segundo a DIN 1054, toma-se a profundidade de **0,80 m** como referência (para obras pesadas de engenharia 1,0 – 1,5 m).

Medidas para melhorar a resistência do solo.

a) **Compactação à vibração**, através de máquinas compactadoras com rolo compressor vibrador; compactação em área de 2,3–3 m; eixo de distanciamento das zonas 1,5 m. O terreno é preenchido com terra nova. A melhoria provém da granulação e camadas originais.

b) **Compactação com introdução de pequenos elementos** de material especial, de diferentes granulações, sob pressão e sem aglutinantes.

c) **Consolidação e compactação do solo**. Injeção de cimento; não recomendável para solos que reajam com o cimento. Injeção de produtos químicos (solução de sílex, cálcio clorado). Imediato e duradouro processo de petrificação, apenas recomendável para solos ricos em quartzo (pedrisco, areia, assim como pedras soltas).

Partes da construção

FUNDAÇÕES

Terraplanagem
Fundação
Impermeabilização e drenagem
Saneamento

DIN EN 1997
DIN 1054

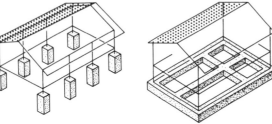

❶ Blocos, para edifício leve, sem subsolo

❷ Sapata corrida, solução usada com muita freqüência

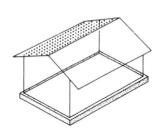

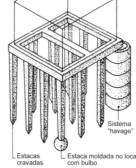

❸ Fundações associadas, laje maciça de concreto com proteção contra congelamento

❹ Estacas e poços cravados pelo sistema "havage"

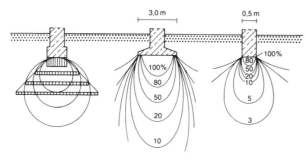

❺ Fundações largas distribuem as tensões em maior profundidade que as estreitas, para as mesmas condições de solo.

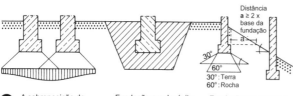

❻ A sobreposição de áreas de influência das fundações acarreta perigos de recalque, com aparecimento de rachaduras. Importante para a construção de edifícios novos junto a outros já existentes.

Fundação em depósito de areia com altura de 0,80 até 1,20 m, aplicada em camadas de 15 cm de espessura, cobertas com argila, distribuem a carga para grandes superfícies de terreno.

Fundação em encosta. Linha de distribuição de carga segue a inclinação natural.

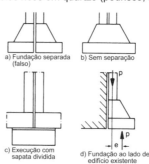

a) Fundação separada (falso)   b) Sem separação

c) Execução com sapata dividida   d) Fundação ao lado de edifício existente

❾ Forma da fundação na presença de junta de dilatação

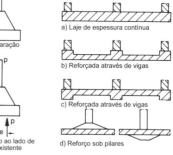

a) Laje de espessura contínua

b) Reforçada através de vigas

c) Reforçada através de vigas

d) Reforço sob pilares

❿ Corte transversal em fundação associada, com laje maciça

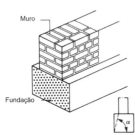

❼ Fundação direta de concreto simples

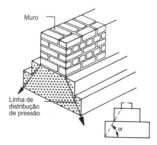

❽ Fundação direta, escalonada, de concreto simples

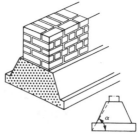
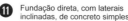

⓫ Fundação direta, com laterais inclinadas, de concreto simples

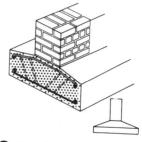

⓬ Fundação direta larga, de laje maciça de concreto armado

FUNDAÇÕES
FUNDAÇÃO

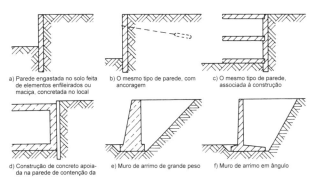

Construções normalizadas para casos de pressão ativa do solo (segundo DIN EN 1997, Parte 2)

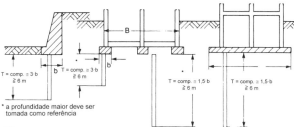

Profundidades mínimas para perfurações de sondagem segundo DIN EN 1997

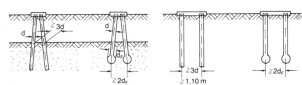

Estacas moldadas em obra, representação esquemática

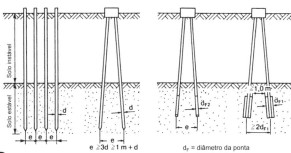

Estacas cravadas, representação esquemática

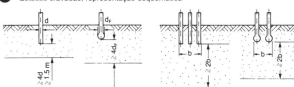

Profundidade necessária da camada de solo resistente, sob estacas moldadas no local (Valores referenciais)

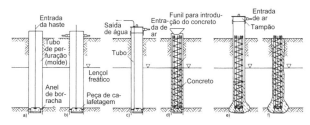

Tubulão, concretagem com concreto ciclópico (sistema Brechtel)

Fundações profundas

As fundações profundas são usadas quando as camadas do solo na área de implantação do edifício e onde serão distribuídas as cargas apresentam resistência adequada apenas em grande profundidade, tornando impossível a aplicação de fundações superficiais.

Em geral, utiliza-se estacas de concreto armado, que transmitem as cargas do edifício planejado através do solo inadequado até encontrar base apropriada. Para cálculo das estacas, mede-se a carga permitida pelo solo através de prospecções com análises segundo tipo, qualidades, flexibilidade, deposição e resistência das diversas camadas. As perfurações e a sondagem determinam os dados essenciais para estaqueamento no caso de a experiência local não fornecer informações suficientes.

Fundações profundas, conceitos básicos: Com **sistemas de atrito ou de ponta**, as estacas aumentam a resistência do solo artificialmente (o tipo de transferência de forças depende das características do solo e da natureza da estaca).

Estacas apoiadas: a distribuição da carga acontece através da ponta da estaca sobre camada de solo resistente, com ajuda adicional do atrito. Estacas "flutuantes": a ponta da estaca não atinge a camada resistente do solo. Camadas de pouca resistência são fortalecidas através da cravação das estacas.

Forma de distribuição das cargas: Estacas de atrito, fundamentalmente através do contato de sua superfície com as camadas resistentes. **Estacas de ponta**, principalmente através da pressão de sua extremidade sobre o solo. O atrito é aqui irrelevante. As pressões, dentro de níveis permitidos, podem ser ampliadas consideravelmente através de alargamento do pé de estacas moldadas em obra.

Posição das estacas: Estacas de solo: que em todo o comprimento encontram-se embebidas no solo. **Estacas longas:** que tocam o solo resistente apenas na extremidade final, sendo assim solicitadas também através de forças laterais de quebra.

A **forma de introdução da estaca** no solo diferencia o tipo de estaca e seu efeito, produzindo adensamento, recalque/consolidação ou soltura:

Estacas cravadas, que são "batidas" no solo; estacas **comprimidas**, em perfurações feitas especialmente. **Moldadas no local** em perfurações feitas com **trado**, ou **rotativas**, com as escavações efetuadas por hélices contínuas ou descontínuas; **introdução de tubos/moldes** (tipo Franki) e injeção de concreto.

Tipos de solicitação: estacas sob efeito de forças axiais, sujeitas a tração, que transmitem a carga ao solo através de atrito; **estacas sob efeito de compressão**, com transmissão de carga por pressão da ponta e atrito ao longo da superfície embebida no solo; **estacas sujeitas a forças horizontais**, com risco de curvatura, como p. ex. os tubulões.

Produção e instalação: estacas pré-fabricadas, são fornecidas no comprimento desejado, completamente prontas para serem cravadas, ou comprimidas, aparafusadas, ou instaladas em perfurações anteriormente executadas. **Estacas moldadas no local** em perfuração feita no solo (com trado espiral ou cravação de molde, compressão do pilão ou vibração). **Estacas mistas**, junção de elementos pré-fabricados e moldados em obra.

A vantagem das estacas moldadas no local é que a determinação de seu comprimento ocorre durante a implantação, como consequência do processo de perfuração, através da retirada de material e de testes das camadas do solo.

Partes da construção

FUNDAÇÕES

Terraplanagem
Fundação
Impermeabilização e drenagem
Saneamento

DIN EN 1536

FUNDAÇÕES
IMPERMEABILIZAÇÃO E DRENAGEM

Partes da construção

FUNDAÇÕES

Terraplanagem
Fundação
Impermeabilização e drenagem
Saneamento

DIN 4095
DIN 18195
DIN 18533

Impermeabilização
Superfícies de paredes externas, pisos e lajes de pavimentos que tenham contato com o solo necessitam de impermeabilização contra a **penetração de umidade**. Paredes externas e internas em área de subsolo ou em pavimento térreo diretamente construído no nível do terreno devem receber **impermeabilização horizontal** adicional contra **infiltrações**.

As infiltrações originam-se da **umidade do solo** (água de capilaridade, sob pressão ou represada, que sobe nas partes construtivas através da força capilar, agindo contra a ação da gravidade) ou da água da chuva que se **infiltra** no solo, podendo agir **sem pressão** (p. ex., sobre pátios aterrados que cobrem setor de subsolo) assim como **com pressão** ou temporariamente como **água represada** (água subterrânea ou enchente).

Até o edifício ser concluído, devem-se fornecer camadas de proteção adicionais para proteger a impermeabilização estrutural contra danos.

Os requisitos para materiais impermeabilizantes e suas aplicações eram anteriormente regulamentados pela norma DIN 18195, que agora está dividida em normas individuais para cinco diferentes áreas de aplicação [DIN 18531 a DIN 18535 / normas subsequentes] → ❹. A impermeabilização de componentes de construção aterrados é regulamentada pela DIN 18533. A partir de agora, a influência da água é dividida em oito classes – com base no componente e na intensidade da pressão. Também são novas as classes de rachadura e as classes de uso, que devem ser levadas em conta na seleção do tipo de impermeabilização.

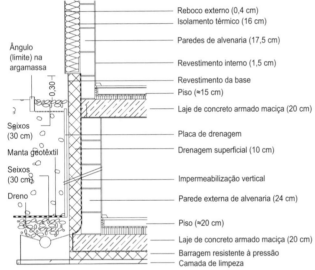

❶ Detalhe de junção do embasamento em edifício sem subsolo; paredes com estrutura de madeira; nível do terreno abaixo da linha do piso acabado; solo permeável

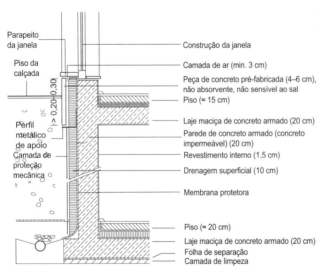

❷ Detalhe de junção do embasamento em edifício com subsolo fechado, paredes de tijolo e sistema de isolamento térmico em solo pouco permeável (incl. drenagem)

❸ Detalhe de junção do embasamento em edifício com subsolo; piso do pavimento térreo no nível da superfície da rua; execução como muro de contenção

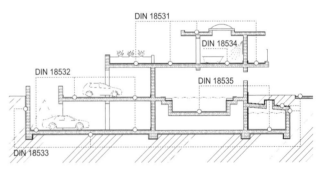

Impermeabilização de coberturas – Conceitos				
DIN 18531	DIN 18532	DIN 18533	DIN 18534	DIN 18535
Telhados, varandas, loggias, pergolados	Áreas de tráfego de concreto	Partes construtivas aterradas	Espaços internos	Recipientes e bacias

❹ Atribuição das normas DIN18531 - DIN 18535 às áreas de aplicação [1]

Classe de impacto da água	Tipo e nível de impacto da água sobre a camada de impermeabilização em componentes específicos do edifício
W1-E	Umidade do solo e água não pressurizada
W1 1-E	Umidade do solo e água não pressurizada em lajes de piso e paredes aterrados
W1 2-E	Umidade do solo e água não pressurizada em lajes de piso e paredes aterrados, com drenagem
W2-E	Água pressurizada
W2 1-E	Impacto moderado da água pressurizada ≤ 3 m Profundidade de imersão (HGW/HHW)
W2 2-E	Alto impacto da água pressurizada > 3 m Profundidade de imersão (HGW/HHW)
W3-E	Água não pressurizada em coberturas aterradas
W4-E	Respingos e umidade do solo na base da parede, bem como água capilar dentro e sob as paredes

❺ Classificação da influência da água conforme a DIN 18533 [1]

FUNDAÇÕES
IMPERMEABILIZAÇÃO E DRENAGEM

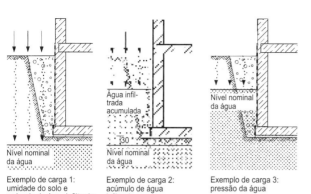

① Impacto da água em paredes aterradas, cargas segundo a DIN 18195

Exemplo de carga 1: umidade do solo e acúmulo de água infiltrada

Exemplo de carga 2: acúmulo de água infiltrada

Exemplo de carga 3: pressão da água

*mín. 30 cm abaixo da base do porão

Drenagem

Drenagem consiste no escoamento de água do terreno através de camadas de drenagem e tubos, para evitar a existência de água sob pressão.

Um sistema de drenagem compõe-se de instalações de drenos, de controle, de lavagem e escoamento. O termo dreno refere-se a tubos e camadas de drenagem. Dados técnicos para execução são regidos pela DIN 4095 → ❼.

O diâmetro nominal requerido para tubos de drenagem redondos pode ser determinado de acordo com → ❼. No caso de áreas maiores, deve-se prever drenagem da área inteira por meio de tubos, e, se necessário, providenciar instalações de controle. O objetivo deve ser criar uma queda livre em um curso d'água ou galeria pluvial, evitando assim o uso de bombas. Caso seja necessário utilizá-las, elas devem ficar protegidas contra a pressão das águas do rio ou esgoto por meio de tampas de refluxo.

Essa proteção deve ser acessível e precisa de manutenção. A água drenada também pode ser percolada em um subsolo absorvente; p. ex., por meio de um sumidouro.

Partes da construção

FUNDAÇÕES

Terraplanagem
Fundação
Impermeabilização e drenagem
Saneamento

DIN 4095
DIN 18195
DIN 18533

② Dreno com filtro misto

③ Drenagem com filtro em camadas

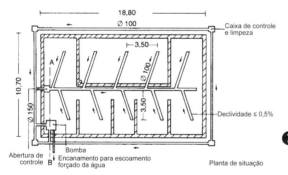

④ As paredes construídas perto da subida devem receber boa drenagem.

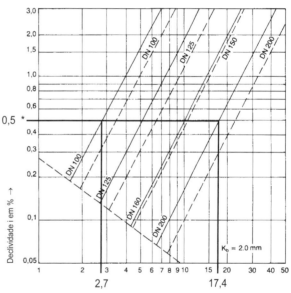

❼ Gráfico de dimensões para tubos de drenagem (com seção transversal circular segundo DIN 4095)

Muros de contenção

No momento em que houver **pressão de água** ou o desvio da água não for possível para um sistema de drenagem, deve-se construir muros impermeabilizados de concreto para contenção da mesma. Outra solução é a construção de camada resistente fechada, totalmente impermeável, composta de camadas de betume, metal isolante e superfície final de folha de material sintético, sobre a base e paredes laterais, conformando uma espécie de "banheira". Essa solução deve ser resistente a elementos agressivos presentes na água e não reagir a mudanças de forma devido a temperaturas, perda de material ou recalque → p. 82.

Atualmente, a solução mais utilizada em obra são os muros de contenção de concreto impermeável contra água sob pressão. Nesse caso, quando na área de subsolo a laje de piso for separada das paredes adjacentes por juntas, estas devem ser asseguradas. Como segurança adicional, as partes externas do muro de contenção receberão uma camada isolante de betume e resina sintética → ❻ – ❼.

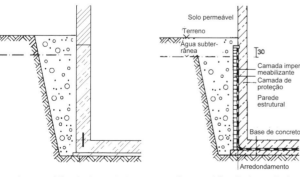

⑤ Impermeabilização de parede de subsolo contra a pressão da água, com barreira drenante.

⑥ Impermeabilização de parede de subsolo contra a pressão da água, com barreira drenante, camada de proteção, camada impermeabilizante e base de concreto.

FUNDAÇÕES
SANEAMENTO

Partes da construção

FUNDAÇÕES

Terraplanagem
Fundação
Impermeabilização
e drenagem
Saneamento

A umidade é o fator responsável pela maioria dos danos que afetam as edificações. A umidade do solo alcança as junções entre parede e embasamento ou solo em função da falta de camada impermeabilizante sobre a fundação e setores de subsolo, falta ou sistema de drenagem falho, assim como defeitos no escoamento de águas da cobertura, resultando na formação de água de superfície.

A recuperação deve ser feita baseando-se na eliminação das causas. A falta de impermeabilização horizontal em paredes geralmente acarreta grandes custos. No caso necessita-se de ação cuidadosa, uma vez que o transporte capilar de umidade deve ser interrompido. Partes construtivas cuja eliminação de umidade é altamente dispendiosa podem ser revestidas de argamassa especial, que auxiliam a evaporação da superfície molhada. O sal (ou mineral) resultante do processo pode ser retirado da superfície da argamassa sem que haja seu rompimento. A duração e a eficiência dessa forma de saneamento são, entretanto, muito menores do que o efeito normal obtido com argamassa sobre superfície seca.

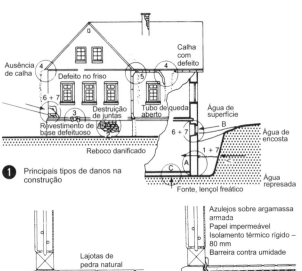

① Principais tipos de danos na construção

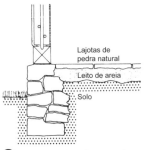

② Antigo piso de pedras naturais em área sem subsolo

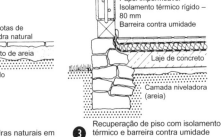

③ Recuperação de piso com isolamento térmico e barreira contra umidade sobre base de concreto e argamassa calcária

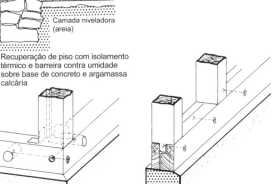

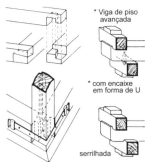

④ Estabilização de canto com ancoragem metálica

⑤ Encaixe de canto com nova fixação com parafusos

⑥ Substituição de peça horizontal por peças duplas com encaixe

⑦ Possibilidades de junções de peças horizontais (sistema de enxaimel) nos cantos (solicitação por tração e compressão)

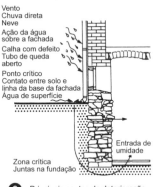

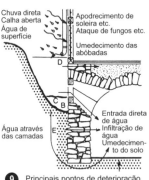

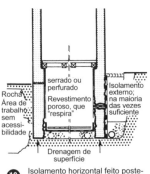

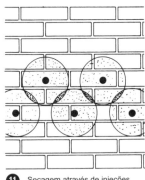

⑧ Principais pontos de deterioração causados por água sem pressão

⑨ Principais pontos de deterioração causados por água sob pressão

⑩ Isolamento horizontal feito posteriormente para secagem em área de subsolo

⑪ Secagem através de injeções localizadas

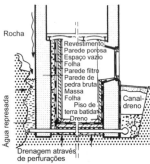

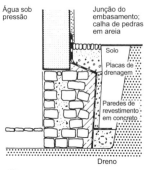

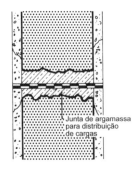

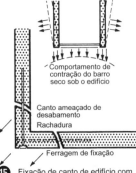

⑫ Secagem feita através do interior, em paredes externas de fechamento do edifício, parcialmente sem acesso

⑬ Recuperação de fundação direta (parede-base construídas no solo)

⑭ Isolamento horizontal inserido posteriormente (separação de paredes)

⑮ Fixação de canto de edifício com ameaça de desmoronamento

PAREDES
ALVENARIA DE PEDRAS NATURAIS

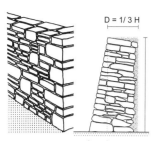

① Alvenaria de pedra seca/corte

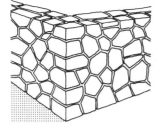

② Alvenaria de pedra bruta

Faz-se a distinção entre: **alvenaria com pedras aparelhadas desiguais**, **ciclópicas**, **fiadas de pedras estratificadas**, **cantaria** e **sistema misto**. As diretrizes para sua elaboração encontram-se na DIN 1053-1. Pedras extraídas em pedreiras estratificadas devem ser utilizadas na forma de camadas em que foram encontradas → ❶, ❸, ❹, uma vez que assim não só têm um efeito mais decorativo e natural, como também correto do ponto de vista da estática, tendo em vista que a carga é transmitida na maioria das vezes perpendicularmente às camadas.
O comprimento da pedra não deve ultrapassar quatro até cinco vezes a sua altura ou ser menor que ela. A dimensão das pedras é de grande importância, devendo-se prestar atenção a um bom assentamento das mesmas, em todos os lados. O assentamento em paredes de pedras naturais deve ser feito artesanalmente, em toda a seção transversal. Devem-se observar as seguintes exigências:

a) Encontro de, **no máximo, 3 juntas** na superfície frontal e traseira.
b) Uma junta vertical não deve ultrapassar mais do que duas camadas contínuas. Os ajustes das camadas para equilíbrio estático ocorrem a cada ≤ 1,5 m (altura dos andaimes de trabalho).
c) A cada dois elementos longitudinais sobrepõe-se, sobre a junção, um meio elemento; ou, devem-se intercalar camadas de elementos longitudinais inteiros com camadas de meios elementos.
d) A profundidade do meio elemento deve ser de no mínimo 1,5 vez a altura da camada (no mín., porém, 30 cm).
e) A profundidade do elemento longitudinal coincide aproximadamente com a altura da camada.
f) A sobreposição sobre a junta vertical deve ser ≥ 10 cm para paredes ou muros de pedras estratificadas, e = 15 cm para cantaria (paralelepípedos regulares) → ❺ – ❼.
g) Os cunhais formam-se de pedras de maiores dimensões → ❶ – ❻. Os ajustes para equilíbrio estático ocorrem a cada 1,5–2,0 m (altura dos andaimes de trabalho).

A espessura das juntas ≤ 3 cm varia segundo as irregularidades das superfícies. Assentam-se as pedras com argamassa de cal ou de cal e cimento, considerando que a argamassa de cimento simples origina manchas em determinados tipos de pedras. No caso de **sistema misto** pode-se incluir no cálculo estático parede de alvenaria anterior (seção atua estaticamente) → ❾. **Revestimentos com painéis ou placas** de 2,5 – 5 cm não estruturais precisam ser ancorados na parede principal → ❿.

Partes da construção

PAREDES

Alvenaria de pedras naturais
Alvenaria de elementos artificiais
Alvenaria de sistemas mistos
Renovação

DIN 1053-1

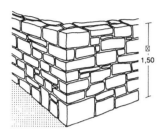

③ Alvenaria com pedras aparelhadas irregulares

④ Alvenaria com pedras estratificadas com juntas aparelhadas

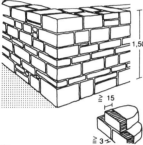

⑤ Alvenaria de pedras estratificadas com fiadas irregulares

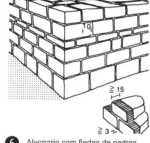

⑥ Alvenaria com fiadas de pedras regulares

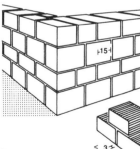

⑦ Cantaria com pedras em forma de paralelepípedo

⑧ Alvenaria mista

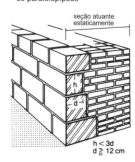

⑨ Alvenaria mista com seção transversal atuando estaticamente

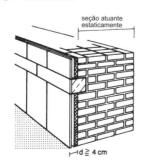

⑩ Revestimento de placas estaticamente não atuante

Tipo de pedra	Resistência à compressão N/mm²
Calcário, travertino, tufo vulcânico	20
Arenito mole (aglomerante argiloso)	30
Calcário duro e dolomita (inclusive mármore), basáltica e semelhantes	50
Arenito (aglomerante silicoso ou quartzo)	80
Granito, sienito, diorito, pórfiro com quartzo, meláfiro, diábase e semelhantes	120

⑪ Resistências mínimas à compressão por tipo de pedra

Classificação material	Resistência da pedra $\beta_{ped.}$ N/mm²	I MN/m²	II MN/m²	IIa MN/m²	III MN/m²
N1	≥ 20	0,2	0,5	0,8	1,2
	≥ 50	0,3	0,6	0,9	1,4
N2	≥ 20	0,4	0,9	1,4	1,8
	≥ 50	0,6	1,1	1,6	2,0
N3	≥ 20	0,5	1,5	2,0	2,5
	≥ 50	0,7	2,0	2,5	3,5
	≥ 100	1,0	2,5	3,0	4,0
N4	≥ 20	1,2	2,0	2,5	3,0
	≥ 50	2,0	3,5	4,0	5,0
	≥ 100	3,0	4,5	5,5	7,0

Valores básicos σ_o[1] Grupo da argamassa

[1] Para espessuras de juntas acima de 40 mm deve-se diminuir os valores básicos para σ_o 20%.

⑫ Valores básicos σ_o para pressões (tensão vertical) permitidas em alvenaria de pedras naturais com argamassa comum

Classif. material	Referência da alvenaria	Altura da junta/ comprimento da pedra h/l	Inclinação da junta tan α	Fator de transmissão η
N1	Pedras aparelhadas irregulares	≤ 0,25	≤ 0,30	≥ 0,50
N3	Pedras estratificadas	≤ 0,20	≤ 0,15	≥ 0,65
N3	Fiadas de pedras regulares	≤ 0,13	≤ 0,10	≥ 0,75
N4	Cantaria/paralelepípedos	≤ 0,07	≤ 0,05	≥ 0,85

⑬ Classificação das paredes de alvenaria segundo o tipo de pedra conforme DIN 1053-1

85

PAREDES
ALVENARIA DE ELEMENTOS ARTIFICIAIS

Partes da construção

PAREDES
Alvenaria de pedras naturais
Alvenaria de elementos artificiais
Alvenaria de sistemas mistos
Renovação

DIN EN 1996
DIN EN 771
DIN V 105
DIN V 106

Ver também:
Física da construção:
→ p. 152

❶ Parede simples de tijolo aparente

❷ Parede simples rebocada (isolamento térmico)

❸ Parede simples com revestimento externo para isolamento térmico e proteção contra desgaste climático

❹ Parede simples com composto de isolamento térmico

❺ Parede simples com isolamento térmico e proteção contra intempéries

❻ Com fachada pendurada

❼ Parede dupla sem câmara de ar intermediária

❽ Parede dupla com preenchimento da cavidade

❾ Parede dupla com câmara de ar intermediária para isolamento → p. 88 ❶ – ❷

❿ com ou sem câmara de ar, revestida externamente

Material construtivo

Para a elaboração de paredes de alvenaria há uma grande variedade de tipos, formas, tamanhos e qualidades de elementos construtivos artificiais (tijolos e blocos) → ⓫.
Além de **tijolos maciços**, também são utilizados **tijolos porosos**, **blocos sílico-calcários**, **tijolos de concreto aerado** e **blocos ocos de concreto leve**.
Em geral, suas medidas ou **formatos** derivam de múltiplos do formato normal (**NF**) ou do formato delgado (**DF**) → ⓫.

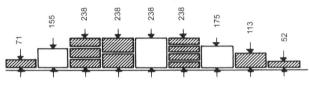

Designação	Formato	Comprimento em cm	Largura em cm	Altura em cm
Formato delgado	DF	24	11,5	5,2
Formato normal	NF	24	11,5	7,1
2 formato delgado	2 DF	24	11,5	11,3
3 formato delgado	3 DF	24	17,5	11,3

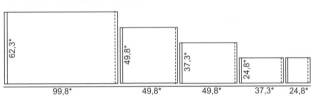

Designação	Formato	Comprimento em cm	Largura em cm	Altura em cm
Blocos*	4-8 DF	24,8	11,5 17,5 24,0 36,5	24,8
Elementos de design*		37,3 49,8 99,8	11,5 30,0 36,5	37,3 49,8 62,3

⓫ Formatos de tijolos e blocos (escolha) *Juntas entrelaçadas, leito fino de argamassa 4 mm

Construção de paredes externas, de fechamento do edifício

Parede simples externa → ❶ – ❷ não apresenta problemas físico-construtivos, porém, devido a questões de conforto térmico, só pode ser construída com elementos altamente isolantes (p. ex. blocos de concreto poroso), argamassa especial isolante, assim como reboco especial. No caso do uso de elemento construtivo não resistente a geadas, deve-se prever reboco ou revestimento apropriado. Se a alvenaria for aparente, as camadas de tijolos ou blocos devem ser realizadas em fiadas duplas, deixando-se uma junta intermediária (vertical) livre ou fechada com argamassa de forma defasada (câmaras de ar) com 20 mm de espessura.

Parede simples com camada isolante térmica → ❸ – ❻ (isolamento externo ou interno, Física da construção, p. 152), é solução de uso frequente.

Paredes duplas → ❼ – ❾ resultam da associação de uma parede interna portante e uma externa sem esforço estrutural, de revestimento contra intempéries. Geralmente apresentam preenchimento da cavidade (não ventilada) ou isolamento térmico com uma câmara de ar.

As diferentes camadas são ligadas por **grampos** feitos de aço inoxidável → p. 88 ❶ – ❷. A câmara de ar deve ter no mínimo 40 mm. As juntas de expansão vertical devem ficar dispostas no invólucro externo.

Também deve haver aberturas de ventilação na parte superior e inferior (p. ex. juntas verticais abertas), sendo que as aberturas inferiores também servem para drenagem.

PAREDES
ALVENARIA DE ELEMENTOS ARTIFICIAIS

Tipos de assentamento em paredes de alvenaria
Para a distribuição uniforme de cargas e trabalho eficiente da parede de alvenaria, sem formação de rachaduras em sua superfície, o assentamento dos elementos construtivos é feito em camadas, em técnicas de disposição denominadas de **aparelho**.
Considera-se o tipo de disposição dos elementos, segundo as diferentes camadas ou fiadas, por exemplo, de tijolo inteiro, meio-tijolo ou tijolo de espelho.

Camadas de tijolo inteiro: acompanham com o lado mais longo a face da parede. **Camadas de meio-tijolo**: inserem-se transversalmente à superfície da parede.

As fiadas devem subir perpendicularmente, criando um sistema geral de paredes em todo o edifício. As **juntas de sobreposição** devem "interligar"as diferentes fiadas dentro de um sistema de medidas, em sua maioria com a defasagem de no mínimo ¼ de tijolo. Para redução do número de juntas deve-se utilizar um maior número possível de elementos inteiros. (Para o sistema construtivo atual vigente, de paredes simples de elementos de grande formato, as juntas apresentam-se como pontos fracos na transmissão térmica, precisando ser executadas com argamassa leve ou com novos sistemas de encaixe → ❺.) Tipo e medida dos encaixes nas juntas conformam, ao lado da disposição dos elementos inteiros ou em metade, os diferentes padrões atuais de assentamentos em paredes.

Partes da construção

PAREDES
Alvenaria de pedras naturais
Alvenaria de elementos artificiais
Alvenaria de sistemas mistos
Renovação

DIN EN 1996

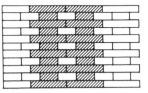
❶ Assentamento em bloco (aparelho inglês)

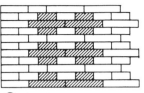
❷ Assentamento em cruz (aparelho belga)

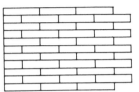
❸ Tijolos inteiros com juntas defasadas no meio

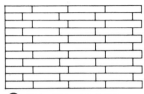
❹ Tijolos inteiros com juntas defasadas em ¼

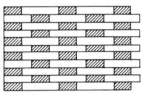
❺ Fiadas com um tijolo e ½ tijolo alternados

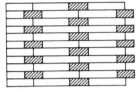
❻ Dois tijolos inteiros e ½ tijolo alternados em fiadas

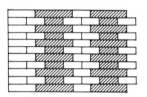
❼ Assentamento com relação um tijolo – ½ tijolo, com fiadas intermediárias de ½ tijolo (aparelho holandês)

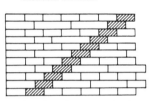
❽ Assentamento com camadas de 2 tijolos inteiros e um ½ tijolo, com fiadas intercaladas de ½ tijolo (assentamento escalonado)

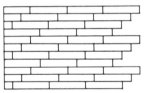
❾ Assentamento com tijolos inteiros com juntas com ¼ de defasagem crescente

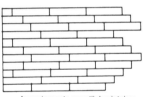
❿ Assentamento com tijolos inteiros com ¼ de defasagem à direita e à esquerda

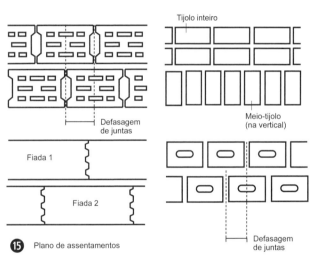
⓯ Plano de assentamentos

Assentamentos modernos de alvenaria apresentam essencialmente a tipologia de **tijolos inteiros** → ❸ com "juntas defasadas no meio" ou "defasadas em ¹/₃"; ou ainda com sistema de alternância de fiadas de tijolos inteiros e meios-tijolos, aparelho em bloco → ❶ ou em cruz → ❷.
Na alvenaria clássica, existem muitos outros exemplos de assentamento, como o sistema gótico → ❺ e o sistema belga → ❻.

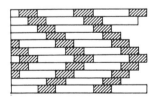
⓫ Fiadas de um tijolo e ½ tijolo com defasagem de ¼ à esquerda e à direita

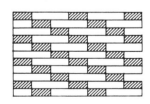
⓬ Fiadas de um tijolo e ½ tijolo com defasagem crescente de ½ à esquerda

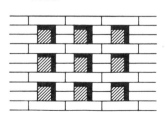
⓭ Para ventilação e luz, sistema de elementos vazados (vazio de ½ x ½ tijolo)

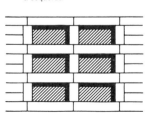
⓮ como → ⓭ (vazio de ½ x ¾ de tijolo)

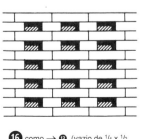
⓰ como → ⓭ (vazio de ¼ x ½ de tijolo)

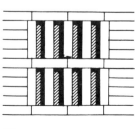
⓱ como → ⓭ (vazio de 1 x ¼ de tijolo)

87

PAREDES
ALVENARIA DE ELEMENTOS ARTIFICIAIS

① Parede dupla com camada de ar intermediária

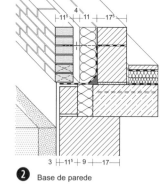
② Base de parede

Paredes portantes
Paredes que, além do peso próprio, recebem a carga do pavimento, são denominadas paredes portantes ou estruturais.

Paredes de contraventamento
Paredes de contraventamento são estruturas laminares que recebem cargas horizontais, como o efeito de ventos. Paredes internas são estabilizadas por meio de paredes de contraventamento, assim como por de lajes estruturais (efeito de estabilidade espacial).

Paredes não portantes
Paredes que são solicitadas apenas pelo peso próprio e não por cargas verticais ou horizontais denominam-se paredes não portantes ou não estruturais.

Ranhuras e nichos
Ranhuras e nichos podem ser executados na superfície de paredes; no entanto, sua execução deverá obedecer determinadas exigências → ④.

Ancoragem
Para todas as paredes externas e transversais que se destinam a distribuir cargas horizontais em edifícios com mais de dois andares ou com mais de 18 m de comprimento, assim também como para paredes com diversas ou grandes aberturas, deve-se instalar sistemas de ancoragem em anel no último pavimento superior, em geral em forma de vigas de concreto armado. Construtivamente estas podem ser incorporadas a pilares ou lajes maciças.

No cálculo de paredes de alvenaria pode-se utilizar, dentro de determinadas condições, um sistema simplificado, sem comprovantes → ③.

Parte construtiva	Condições		
	Espessura da parede (e em cm)	Altura da parede (h_S em cm)	Carga de tráfego (p em kN/m²)
Parede interna	≥ 11,5	≤ 275	≤ 5
	≤ 24		
	≤ 24	-	
Parede simples externa	≥ 17,5	≤ 275	
	≤ 24		
	≥ 24	≤ 12 e	
Parede portante Parede externa, dupla e Parede divisória externa, dupla	≥ 11,5	≤ 275	≤ 3
	≤ 17,5		
	≥ 17,5		≤ 5
	≤ 24		
	≥ 24	≤ 12 e	

③ Condições para uso do sistema simplificado de cálculo para paredes de alvenaria em edifícios de altura ≤ 20 m, segundo DIN 1053 – 1:1996 – 11 [02]

Espessura da parede (cm)	Ranhuras horizontais ou inclinadas, cortadas posteriormente (cm)		Ranhuras e nichos verticais, cortados posteriormente (cm)		Distância entre ranhura e nicho e aberturas na parede	Ranhuras e nichos verticais incorporados à construção da parede			
	Comprimento da ranhura		Profundidade da ranhura	Largura da ranhura		Largura da ranhura	Espessura restante da parede	Distância mínima entre ranhuras e nichos	
	Sem limite	≤1,25 m						e aberturas	entre si
	Profundidade da ranhura	Profundidade da ranhura							
≥ 11,5	-	-	≤ 1	≤ 10	≥ 11,5	-	-	2 vezes ≥ largura da ranhura ou ≥ 24	≥ Largura da ranhura
≥ 17,5	-	≤ 2,5	≤ 3	≤ 10		≤ 26	≥ 11,5		
≥ 24	≤ 1,5	≤ 2,5	≤ 3	≤ 15		≤ 38,5	≥ 11,5		
≥ 30	≤ 2	≤ 3	≤ 3	≤ 20		≤ 38,5	≥ 17,5		
≥ 36,5	≤ 2	≤ 3	≤ 3	≤ 20		≤ 38,5	≥ 24		

④ Sem comprovantes, permissão para ranhuras e nichos em paredes portantes segundo DIN 1053-1:1996-11 [03]

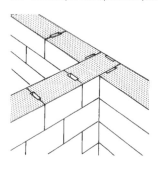
⑤ Alvenaria de tijolos porosos e conexão interna

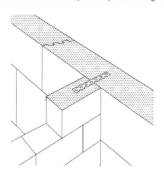
⑥ Conexão interna com grampos e materiais diferentes

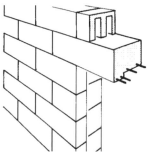
⑦ Blocos de concreto celular juntados com cola. Juntas: 1 mm

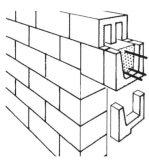
⑧ Tijolos "Poroton" unidos por argamassa

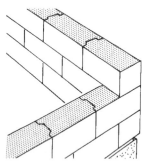
⑨ Canto de concreto aerado e junta em leito fino de argamassa

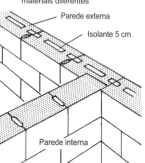
⑩ Alvenaria de blocos vazados com elementos em calha armados de reforço

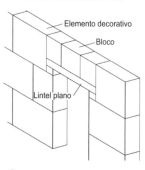
⑪ Alvenaria de grande porte e lintel plano sobre porta

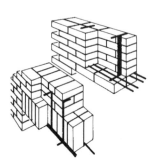
⑫ Blocos de encaixe com isolante e canais para preenchimento de argamassa

PAREDES
ALVENARIA DE SISTEMAS MISTOS

Paredes de concreto armado → ❶ – ❷

As paredes de concreto armado podem ser executadas em obra ou pré-fabricadas. As paredes **simples de concreto** por motivos térmicos só podem ser usadas externamente, via de regra, com camadas isolantes adicionais. Estas podem ser executadas em sistema integrados → ❶ ou em forma semelhante às de paredes de alvenaria duplas (soluções análogas p. 86), com isolamento térmico central e camada de ar. **Paredes de concreto armado duplas** → ❷ com isolamento térmico central, são encontradas com frequência como painéis pré-fabricados de grande formato para paredes externas.

Paredes executadas em madeira → ❻ – ❿

A mais antiga forma de construção com madeira é a de **troncos ou pranchões**, onde a madeira de perfil redondo ou em vigas retangulares é fixada uma sobre a outra, através de encaixes (dentes) → ❻. Economicamente vantajosa e a mais divulgada forma de construção é a que utiliza a **estrutura em esqueleto** (com fechamento dos painéis/paredes com diversos materiais), onde as cargas verticais se distribuem sobre toda a rede estrutural → ❼. Uma variante é o tipo de construção que utiliza painéis pré-fabricados, isolados termicamente → ❽. No caso da utilização de fechamentos de madeira, deve-se trabalhar com solução de beirais longos e prever a possibilidade de substituição de material, principalmente na área de respingos.

Partes da construção

PAREDES

Alvenaria de pedras naturais
Alvenaria de elementos artificiais
Alvenaria de sistemas mistos
Renovação

Ver também:
Vidro, p. 115
Física da construção, p. 152

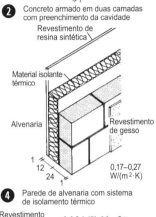

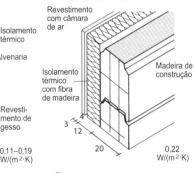

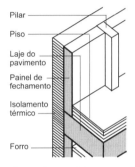

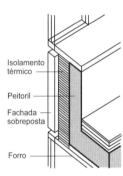

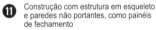

❶ Construção com estrutura em esqueleto e paredes não portantes, como painéis de fechamento

❷ Fachada sobreposta para ventilação

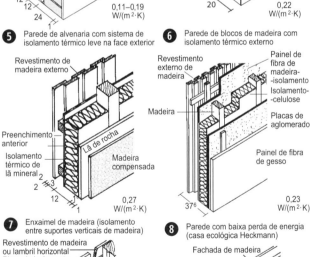

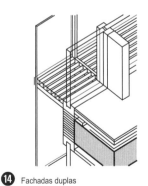

❸ Fachada sobreposta composta de diversos elementos em camadas

❹ Fachadas duplas

Paredes externas não estruturais

Paredes externas não estruturais encontram-se na forma de painéis múltiplos leves pré-fabricados (p. ex., junto a sistemas construtivos de pilares e vigas) → ⓫. Sua vantagem encontra-se na baixa sobrecarga do perímetro da laje, tempo curto de montagem e pequenas deformações posteriores.

Paredes cortina → ⓬ – ⓮ são produzidas na forma de elementos pré-fabricados de vidro e metal, como **painéis de fachada** de metal ou material sintético, como **elementos compostos de fachada**, ligados a janelas e peitoris, ou ainda **peças pré-fabricadas de concreto**. A maioria dos elementos com altura do pé-direito é fixada nas lajes do pavimento (ou nos pilares e vigas) por meio de perfis ou ancoragem, podendo ser combinada em diferentes comprimentos de paredes.

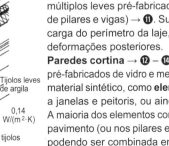

89

PAREDES
RENOVAÇÃO

Partes da construção

PAREDES

Alvenaria de pedras naturais
Alvenaria de elementos artificiais
Alvenaria de sistemas mistos
Renovação

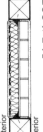

❶ Vedação feita com painel de barro estruturado, pedra bruta ou com tijolo cerâmico

Reboco externo mineral
Cal–silicato
Camada isolante 60 mm
Junção com argamassa
Tijolo maciço 52 mm
Reboco, cal
Junções elásticas (fibra mineral e borracha)

❸ Construção nova de painel de vedação para enxaimel, aparente no exterior e interior, executada com placas de fibra mineral e tijolos

Revestimento de madeira
Ripamento de 24/48 mm
Camada de ar
Isolamento térmico 40 mm
Reboco de cal antigo
Estaqueamento de varas de carvalho ou salgueiro
Reboco interno (cal)

❺ Isolamento externo com material de forte capacidade de difusão. Material isolante sob revestimento ventilado

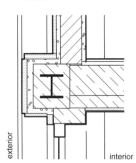

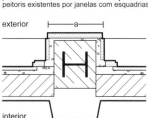

❼ Situação: Fachada de pedras naturais diante de construção de concreto

Na situação apresentada, as lajotas de pedra foram fixadas com argamassa sobre construção de concreto e peitoril de alvenaria. Para manter a aparência externa e permitir a abertura de portas-janelas de grandes dimensões para o interior, substituíram-se as janelas e peitoris existentes por janelas com esquadrias

Errado   Correto H ≥15

❷ Na renovação de acabamentos de paredes de barro, deve-se evitar uma linha tortuosa na passagem do novo material para o original

Reboco à base de silicato 15 mm
Tela
Placa de fibra mineral leve 20 mm
Painel de fibra mineral isolante 80 mm
Placa de fibra mineral leve 25 mm
Tela (não metálica)
Reboco (cal)

❹ Painel de vedação de enxaimel, aparente no exterior e interior, com execução simples (sem possibilidade de armazenagem térmica)

Revestimento externo mineral
Placas leves de fibra de madeira 25 mm
Placas isolantes de fibra mineral 2 x 40 mm
Ripamento 24/48 mm
Placas de gesso acartonado ou de fibra mineral leve e mantas/telas metálicas rebocadas

❻ Construção nova de painel de vedação com grande isolamento térmico; enxaimel, revestido interiormente; construção sem barreira à condensação

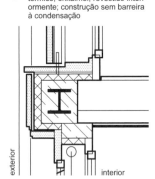

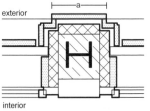

de mesma largura da parede, com peitoril integrado, de pedra natural. A montagem foi feita com lajotas fixadas em construção independente, anexando-se isolante térmico, sem interferir consideravelmente na solução visual do conjunto.
Arq. Kister Scheithauer, Colônia

❽ Capacidade térmica melhorada mantendo-se, entretanto, em princípio, o perfil característico da fachada e suas proporções

Paredes externas

Os danos em paredes externas resultam do desgaste natural do tempo (influência atmosférica), da falta de manutenção e, frequentemente, de reparos e modernizações feitos por pessoas não competentes. Na renovação e reconversão de uso, as paredes devem ser adaptadas a novas exigências de economia energética e estruturais.

Construções de enxaimel

As paredes construídas em sistema de enxaimel caracterizam-se pela separação entre parte construtiva de madeira, portante, e espaços preenchidos que não exercem qualquer função estrutural. A construção de madeira, originalmente feita sem qualquer ligação metálica, pode ser renovada quase sempre sem a introdução de aço ou elementos de ferro (a condensação de água nos metais poderá ser danosa para a madeira). No Norte da Alemanha, o preenchimento típico dos espaços é feito de alvenaria aparente; no Sul e regiões centrais usa-se o barro → ❶ – ❷. Como a madeira trabalha de forma constante, a presença de juntas entre a madeira e os fechamentos é inevitável. Ranhuras ou arremates triangulares ao longo dos caibros ajudam a fixar o preenchimento e evitam a passagem de ar. Elementos construtivos para proteger as paredes (como grandes beirais, rebocos de toda a superfície ou revestimento externo com ventilação intermediária) evitam danos produzidos pela infiltração de água. Pinturas impermeabilizantes e fechamento de juntas com material elástico seguram a umidade no interior do edifício e acabam produzindo grandes danos!

Espaços preenchidos com barro necessitam de reparos constantes e manutenção. Do ponto de vista das vantagens quanto ao aspecto artesanal, da física e biologia da construção, é um material insubstituível. Mesmo ataque de fungos e insetos daninhos são raros em comparação a outros materiais de fechamento. Até hoje não há um material ideal ou semelhante que seja recomendável para a substituição do uso do barro → ❶ + ❺. Construções externas de alvenaria enrijecem a edificação, indo contra o princípio do sistema de enxaimel; preenchimentos leves não têm armazenagem térmica eficiente.

Pedras naturais e fachadas de estuque

Paredes maciças, presentes em fachadas de pedras naturais ou de estuque, podem ser melhoradas energeticamente, via de regra, através de isolantes térmicos internos → p. 65 ❼. Na renovação de revestimentos de pedras introduz-se, por exemplo, uma camada isolante entre estas e a parede. As lajotas deverão ser fixadas em construção especial, independente; a forma e as proporções da fachada deverão ser mantidas. Se as medidas para a introdução de isolantes térmicos forem muito dispendiosas, pode-se estudar com os órgãos de fiscalização (ENEV) soluções compatíveis. Na introdução de sistemas isolantes externos, deve-se observar o eventual avanço sobre limites de áreas construídas e terrenos → ❼ + ❽.

Linhas	Parte construtiva	Solução	Edifícios residenciais e zonas em edifícios não residenciais com temperaturas Internas >19°C	Zonas em edifícios não residenciais com temperaturas internas de 12 até < 19°C
1	Paredes externas	Nº 1 a até d	0,24	0,35
4a	Tetos, telhados e sótãos	Nº 4.1	0,24	0,35
4b	Coberturas planas	Nº 4.2	0,20	0,35
5a	Tetos (lajes) e paredes limítrofes a ambientes não aquecidos ou com o solo	Nº 5 a, b, d e e	0,30	nenhuma exigência
5b	Pisos	Nº 5 c	0,50	nenhuma exigência
5c	Tetos, lajes em contato com ar externo	Nº 5 a até e	0,24	0,35

❾ Exigências para elementos construtivos de paredes e tetos segundo ENEV 2009 (Decreto regulamentador da economia de energia em edifícios – Alemanha) para renovação ou modificação de uso em edifícios históricos (janelas e portas → p. 110)

PAVIMENTOS
CONSTRUÇÃO DOS PAVIMENTOS

Os pavimentos separam andares entre si e, além de sua função estrutural, obedecem a exigências de proteção sonora e contra incêndios.

Além de seu principal material de construção (pedras naturais, tijolos, blocos, concreto, aço, madeira ou concreto leve), diferenciam-se segundo o **sistema estático de construção**: **em arco** (solicitados por compressão) ou **em superfície** (solicitados por flexão). Estes são fornecidos em forma de lajes maciças ou em combinação com vigas. As **lajes planas** são solicitadas por forças transversais, ou distribuídas em um ou dois eixos, com distribuição pontual ou linear de cargas. As formas usuais de lajes planas são: **lajes maciças de concreto armado** → ❾ – ⓫, com concreto feito em obra, pré-fabricadas ou com elementos pré-fabricados; **laje mista de concreto armado** → ❺, com tijolos cerâmicos furados, **lajes alveolares de concreto protendido** → ❻, de elementos unitários argamassados; ou em **sistema misto**, com vigas de aço → ⓮.

Construções com vigas resultam de elementos estruturais lineares, unitários, solicitados por cargas de flexão.

Junto às **vigas de madeira** → ❶ – ❹, utilizam-se **vigas de concreto armado** → ❼ – ❽, ⓭, e lajes sobre **vigas de aço** → ⓯.

Para a cobertura de grandes vãos, com grandes cargas, utilizam-se as **lajes nervuradas** → ⓬ e as **lajes de painéis maciços de concreto armado**.

Partes da construção

PAVIMENTOS

Construção dos pavimentos
Renovação
Saneamento do concreto
Pisos

DIN 1045
DIN 1055

Veja também:
Física da construção,
→ p. 152
Proteção contra incêndios,
→ p. 190

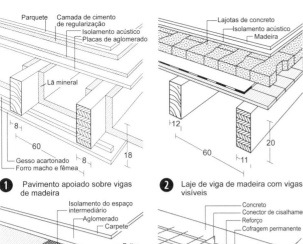

❶ Pavimento apoiado sobre vigas de madeira

❷ Laje de viga de madeira com vigas visíveis

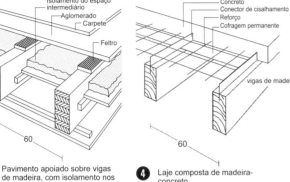

❸ Pavimento apoiado sobre vigas de madeira, com isolamento nos espaços intermediários

❹ Laje composta de madeira-concreto

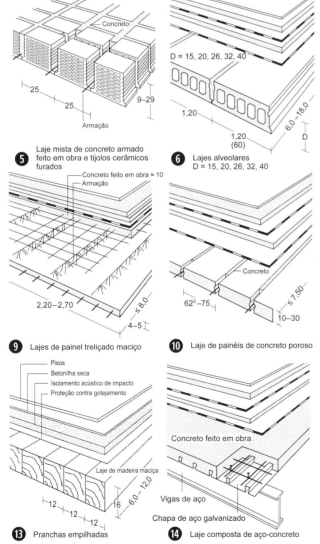

❺ Laje mista de concreto armado feito em obra e tijolos cerâmicos furados

❻ Lajes alveolares D = 15, 20, 26, 32, 40

❾ Lajes de painel treliçado maciço

❿ Laje de painéis de concreto poroso

⓭ Pranchas empilhadas

⓮ Laje composta de aço-concreto

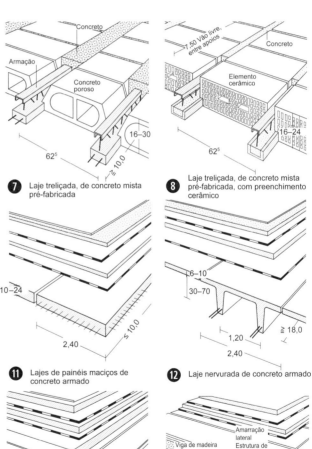

❼ Laje treliçada, de concreto mista pré-fabricada

❽ Laje treliçada, de concreto mista pré-fabricada, com preenchimento cerâmico

⓫ Lajes de painéis maciços de concreto armado

⓬ Laje nervurada de concreto armado

⓯ Laje com sistema de vigas de aço e elementos de fechamento de concreto

⓰ Laje de viga de madeira reforçada

91

PAVIMENTOS
RENOVAÇÃO

Partes da construção

PAVIMENTOS

Construção dos pavimentos
Renovação
Saneamento do concreto
Pisos

Pavimentos entre andares ou tetos

Nas construções antigas, o dimensionamento das vigas de sustentação dos pavimentos era feito de forma empírica pelos carpinteiros. Nesse procedimento, a distribuição das cargas dava-se regularmente sobre vigas transversais, que, por sua vez, eram apoiadas sobre uma ou mais vigas no sentido longitudinal. Em um antigo tratado da construção do ano de 1900, indicava-se uma relação entre altura e largura das vigas de 5:7 como base para os dimensionamentos. A regra: a metade da profundidade do recinto em decímetros ≅ a altura da viga em centímetros. Essa forma de dimensionamento costuma causar curvaturas acentuadas do vigamento, porém sem perigo de segurança se forem mantidos os valores permitidos de tensão. Possibilidades de saneamento → ❶. Como reforço contra a curvatura das vigas antigas, pode-se introduzir uma segunda viga paralela, de suporte. Para a melhoria da distribuição das cargas, podem ser inseridas vigas extras de madeira ou perfil de aço → ❶.

A diminuição dos vãos livres requer a construção de maior número de vigas de apoio ou de paredes estruturais transversais.

Todas as intervenções estruturais devem basear-se nos levantamentos detalhados das edificações, com análise de todas as funções de distribuição e rigidez. Para uma distribuição de cargas adequada, é necessária a comprovação das relações de forças em todos os pontos-chave de intercomunicação do sistema estrutural.

Em geral, as melhorias no isolamento acústico são obtidas com o aumento da massa do pavimento, sendo também necessária a verificação da capacidade da estrutura. Os problemas acústicos de impacto podem ser resolvidos com a separação do piso em relação à construção de apoio, além da troca do mesmo para elemento macio, como carpete → ❶.

Para obter padrões de construções novas, costuma ser necessário substituir completamente a antiga estrutura do pavimento → p. 65. Cuidados especiais são exigidos na implantação de áreas molhadas sobre pavimentos apoiados em vigas de madeira, uma vez que o controle de pontos de danos e da consequente infiltração de umidade é quase impossível → ❹ – ❾.

Construção de pavimento com tabuado novo sobre ripas

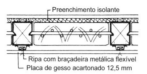
Isolamento de pavimento sobre vigas de madeira, sobre o subsolo

Melhoria técnica de isolamento acústico e térmico através de forro pendurado

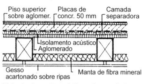
Melhoria de isolamento acústico de pavimento com construção mista de barro

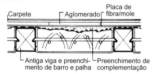
Construção de pavimento com isolamento acústico sobre massa asfáltica de assentamento

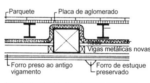
Maior isolamento acústico aéreo e de impacto para nova construção do pavimento

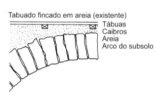
Novo revestimento do piso, carpete, sobre placas de aglomerado + isolamento acústico contra impacto

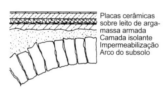
Introdução de estrutura nova de aço; o forro antigo de estuque sobre vigamento de madeira original foi totalmente preservado

❶ Variantes para renovação de pavimentos apoiados sobre vigas de madeira

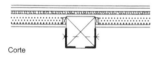

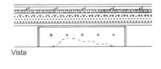

❷ Troca de piso de tábuas instalado sobre preenchimento de areia

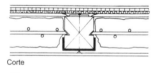

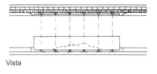

❸ Fortalecimento de pontos críticos em vigas junto aos campos com preenchimento

❻ Construção de piso e paredes em recintos úmidos de edifício de enxaimel

❼ Construção de piso e paredes em recintos úmidos em edifício de alvenaria com estrutura do pavimento sobre vigas de madeira

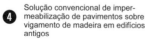

❹ Solução convencional de impermeabilização de pavimentos sobre vigamento de madeira em edifícios antigos

❺ Instalação de tubulações de esgoto sob novo piso

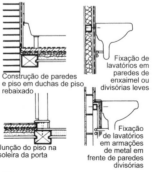

❽ Detalhes importantes em recintos úmidos

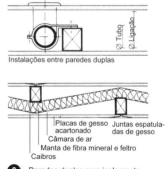

❾ Paredes duplas com isolamento térmico

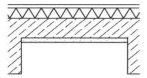 Argamassa flutuante para contrapiso

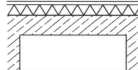 Argamassa flutuante para contrapiso

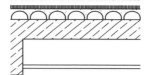 Revestimento de carpete sobre argamassa de assentamento sobre estrutura vazada

Concreto injetado (≈ 3 cm) aumenta a superfície de recobrimento da armação além da proteção acústica e contra incêndios

Forros necessitam resistência total ao fogo (F90) ou não podem ser considerados no cálculo. No caso, melhoram as condições acústicas de impacto

Forros F90 entre as vigas (pé-direito baixo). A proteção acústica de impacto pode ser melhorada através do uso de carpete

❶ Qualidade do concreto para lajes de pavimentos na renovação de edifícios antigos ou reconversão de uso da edificação

PAVIMENTOS
SANEAMENTO DO CONCRETO

Exigências

Antes do saneamento de construções de concreto deve ser feita uma análise do seu estado e danos existentes.
Os seguintes pontos devem ser especialmente observados:
Superfícies: danos resultantes da falta de recobrimento da armação, geralmente causados por falhas na execução ou por exigências menos rigorosas de leis anteriores da construção. A carbonização (transposição do meio alcalino em ácido por ação de meio ambiente agressivo) leva à corrosão da armação e a consequente destruição da superfície do concreto.
Juntas: massas impermeabilizantes devem ser renovadas no máx. a cada 10 anos para evitar o aparecimento de danos em função da penetração de água (p. ex. danos causados pelo congelamento).
Partes construtivas: para pequenas espessuras de paredes e lajes é necessária a implantação de medidas adicionais de proteção contra incêndio e acústica.
Materiais utilizados na renovação do concreto:
– Concreto simples e argamassa de cimento (CC)
– Concreto simples modificado com matéria sintética e argamassa de cimento (PCC)
– Concreto e argamassa com aditivos de resina (PC)
– Concreto e argamassa com aditivos de resina sintética não são recomendáveis para melhoria da resistência contra incêndios!
As superfícies precisam ser limpas e garantir a resistência para a medida de renovação indicada. A remoção de grandes camadas de concreto e a eliminação de ferrugem da armação devem ser feitas com jatos de água sob pressão. Se a reposição da camada for feita segundo a espessura indicada pela DIN 1045 não são exigidas outras medidas para proteção contra ferrugem. No caso de camadas de pequena espessura, necessita-se tratamento adicional neste sentido. Aqui também ocorrem maiores exigências para eliminação da ferrugem original.

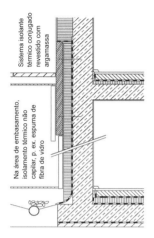

Avaliação da dimensão do problema	Método de prova/meios de teste
Sobras de material em áreas ocas	Bater com martelo ou barra de aço, método da esteira transportadora
Resistência da superfície à tensão	Esclerômetros, aparelho Herion entre outros
Resistência à compressão (sem destruição)	Teste de impacto
Largura das fissuras	Monitoramento das fissuras; identificação com lupa, escala para medida das larguras
Variação da largura das fissuras	Marcação com fita, relógios, foto, mapeamento, croquis
Carbonização	Teste de carbonatação com fenolftaleína
Existência de cloretos	Aspersão com nitrato de prata (qualitativo), resistência a penetração de íons (meio quantitativo)
Recobrimento da armação	Aparelhos de medição eletromagnética
Atividades de corrosão	Medida de campo potencial
Grau de ferrugem da armação	Escala de profundidade/medição

❷ Melhora de funcionamento de parede externa através de sistema de isolamento térmico conjugado

❸ Métodos de prova da qualidade do concreto [04]

Classificação do ambiente	Exemplos para condições ambientais	Armação de ferro Geral	Armação de ferro Superfície do elemento estrutural	Armação de ferro C40/50	Armação de aço para tração Geral	Armação de aço para tração Superfície do elemento estrutural	Armação de aço para tração C40/50
1	Espaços internos de residências e escritórios	15	15	15	25	25	25
2 2a	– Espaços com alto grau de umidade (p. ex. lavanderias) – Partes construtivas externas – Parte construtiva em solo não agressivo e/ou água	20	15	15	30	25	25
2b	– Parte construtiva externa exposta à geada – Parte construtiva em solo não agressivo e/ou água – Espaço interno com influência da umidade e geada	25	20	20	35	30	30
3	– Parte construtiva externa exposta a geada e orvalho	40	35	35	50	45	45
4 com geada	– Parte construtiva em zona de respingos ou submersa em água do mar, onde uma parte permanece na superfície – Parte construtiva em ar marinho (ação do sal), diretamente na costa	40	35	35	50	45	45
5 5a	Entorno de fraca ação química (em forma de gás, líquido, sólido), atmosfera industrial agressiva	25	20	20	35	30	30
5b	Entorno de ação química média (em forma de gás, líquido, sólido)	30	25	25	40	35	35
5c	Entorno de forte ação química (em forma de gás, líquido, sólido)	40	35	35	50	45	50

❹ Recobrimento mínimo da armação pelo concreto segundo EC 2 [05]

Antiga	B 15	B 20	B 25	B 30	–	B 40	–	B 50	–	B 60
Nova	C12/15	C16/20	C20/25	C25/30	C30/37	–	C35/45	C40/50	C45/55	C50/60

❺ Nova designação da resistência do concreto segundo EC 2

93

PAVIMENTOS
PISOS

Partes da construção

PAVIMENTOS

Construção dos pavimentos
Renovação
Saneamento do concreto
Pisos

DIN 18560

Veja também:
Física da construção, → p. 152
Proteção contra incêndios, → p. 190
Calefação, → p. 211

Construção de pisos

A construção de pisos é feita, via de regra, em diversas camadas que se classificam como a seguir, da superior para a inferior: camada de uso (**revestimento**), **camada niveladora de assentamento**, **camada separadora**, **impermeabilizante** e **isolante**. O tipo, a ordenação e a espessura das camadas dependem das exigências térmicas, acústicas e de proteção contra umidade (impermeabilização contra entrada de água pela face superior). A execução é feita primeiro com o **contrapiso** → ❶, camada **niveladora de assentamento sobre camada separadora** → ❷ ou **argamassa flutuante** → ❸ – ❽. Diferencia-se também, quanto à superfície de assentamento, entre argamassa de cimento, com cal hidratada e asfalto. A capacidade da massa de assentamento varia segundo sua espessura e qualidade, além da ação de outras camadas envolvidas, como isolamento. Deve-se observar ainda a presença ou não, e seu distanciamento, de juntas de dilatação.

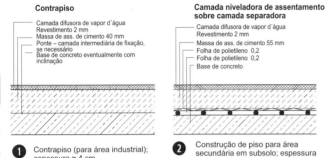

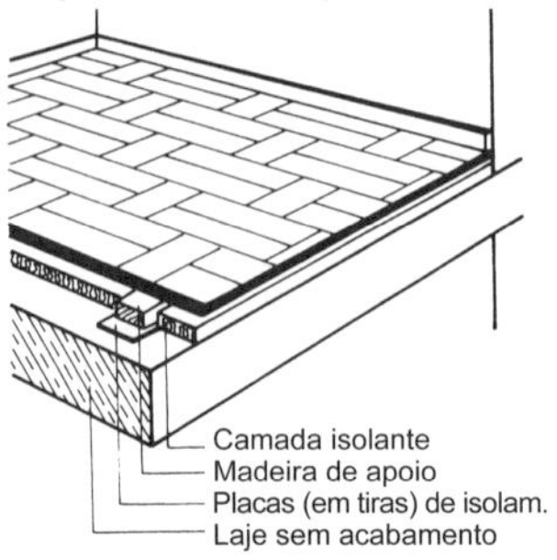

❶ Contrapiso (para área industrial); espessura ≈ 4 cm.

❷ Construção de piso para área secundária em subsolo; espessura ≈ 6 cm.

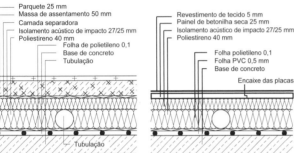

❸ Construção de piso em pavimento entre apartamentos; espessura ≈ 14,5 cm.

❹ como → ❺ 5 mas com nivelação a seco; espessura ≈ 10,0 cm.

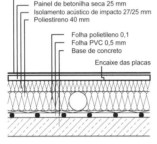

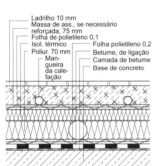

❺ Construção de piso de apartamento em área fria (com calefação de piso); espessura ≈18,5 cm.

❻ como → ❺ mas sem calefação no piso; espessura ≈16 cm.

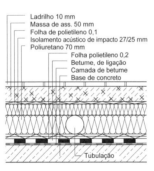

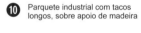

❾ Parquete industrial apoiado sobre madeira

❿ Parquete industrial com tacos longos, sobre apoio de madeira

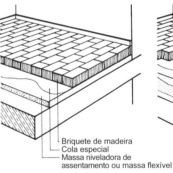

⓫ Pavimento de madeira RE (briquete) assentado sob pressão, com tratamento de superfície (área de vivência)

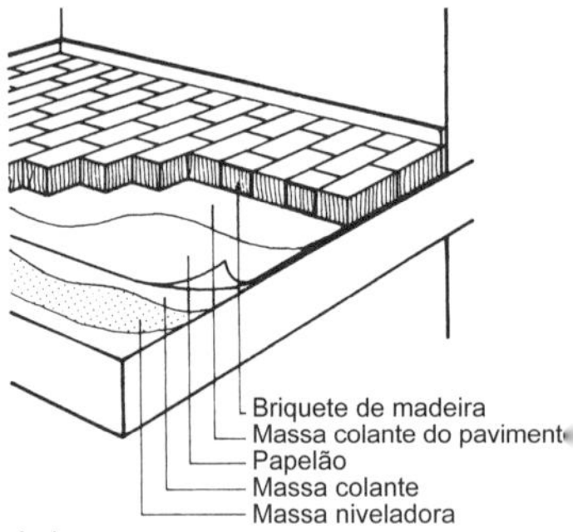

⓬ Pavimento de madeira GE (briquete) sobre piso anterior liso (industrial)

Elementos de nivelação pré-fabricados (nivelação a seco) têm assumido cada vez mais importância em função do encurtamento no tempo do processo construtivo. Constituem-se de painéis de madeira mistos, unindo, por exemplo, aglomerado com resina sintética, fibras de gesso ou gesso acartonado. A execução acontece com apoio livre (flutuante) sobre camada isolante ou argamassa seca → ❹ ou sobre madeira.

Parquete e briquetes de madeira

Os parquetes são fornecidos em forma de tacos, mosaicos, placas e assoalhos → ❾ – ❿. O revestimento superior é de carvalho ou outro tipo de madeira nobre. Tipos de madeira para assoalhos: pinheiro alemão, tábuas macho e fêmea; pinheiro nórdico, e americano, vermelho (no Brasil correspondem ao ipê ou peroba).

Os briquetes de madeira são executados com madeira de topo (quadrados ou redondos), sendo assentados sobre base de concreto → ⓫ – ⓬.

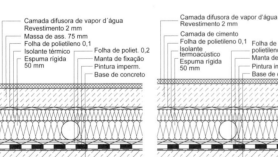

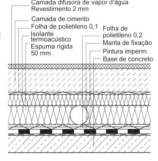

❼ Construção de piso para área industrial, direto sobre o solo; espessura ≈ 16 cm.

❽ como → ❼ mas para cargas maiores; espessura ≈ 19 cm.

94

PAVIMENTOS
PISOS

Revestimento de pisos
Lajotas de pedra natural: de calcário, ardósia e arenito podem ser empregadas com a superfície bruta, semipolida ou completamente polida → ❶ – ❷. Placas serradas de mármore, arenito ou de rocha eruptiva aceitam qualquer tratamento superficial. Assentamento sobre leito de argamassa ou coladas sobre massa niveladora.

Mosaicos: conjunto de pequenas peças/pedras de cores variadas. Material: vidro, cerâmica ou pedra natural; assentados sobre argamassa de cimento ou colados → ❸ – ❽.

Ladrilhos ou lajotas cerâmicos: de cerâmica grés, argila, mosaico ou lajotas cerâmicas impermeáveis, executadas pela junção de cacos em processo de eliminação de água a altas temperaturas, resultando em peças resistentes à geada e parcialmente à acidez, com desgaste mecânico muito baixo; nem sempre repelentes ao óleo → ❺ – ⓬.

Partes da construção

PAVIMENTOS

Construção dos pavimentos
Renovação
Saneamento do concreto
Pisos

❶ Pedras naturais irregulares

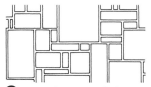
❷ Pedras naturais aparelhadas em assentamento romano

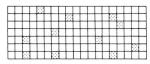
❸ Mosaico de pequenas peças quadradas 20/20, 33/33 mm

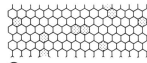
❹ Mosaico de pequenas peças hexagonais 25/39, 50/60 mm

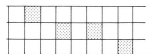
❺ Mosaico de peças quadradas 50/50, 69/69, 75/75 mm

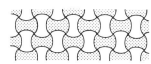
❻ Mosaico de peças pequenas com recortes circulares 35/35, 48/48 mm

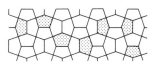
❼ Mosaico de pequenas peças pentagonais 45/32 mm

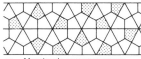
❽ Mosaico de pequenas peças resultantes da subdivisão do hexágono 57/80 mm

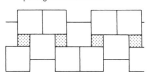
❾ Trama de quadrados com incrustação

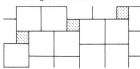
❿ Trama de quadrados com incrustação 100/100, 50/50 mm

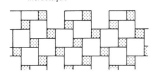
⓫ Trama de quadrados defasados com incrustação

⓬ Quadrados assentados em forma de tabuleiro de xadrez duplo

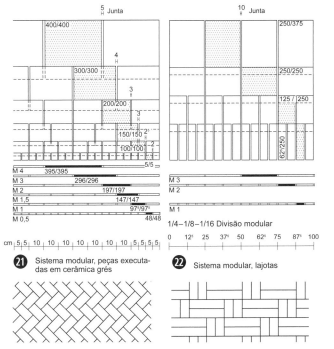

㉑ Sistema modular, peças executadas em cerâmica grés

㉒ Sistema modular, lajotas

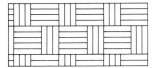
⓭ Parquet em mosaico

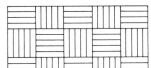
⓮ Trama de esteira

㉓ Lajotas, instalação em sistema espinha de peixe

㉔ Lajotas, trama de esteira

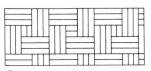
⓯ Parquet em mosaico

⓰ Parquet com assentamento em espinha de peixe

㉕ Assoalho em sistema espinha de peixe, com arremate

㉖ Sistema inglês, com arremate

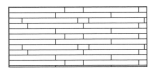
⓱ Piso de madeira, assoalho

⓲ Piso de madeira instalado em diagonal

㉗ Sequencial, com arremate, com divisão longitudinal

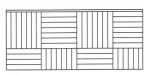
㉘ Em trama de esteira

⓳ Sistema inglês

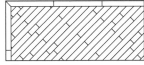
⓴ Em diagonal, com arremate

㉙ Parquet industrial feito de tábuas coladas

㉚ Em trama de cubos

95

COBERTURAS
FORMAS DAS COBERTURAS

Forma da cobertura e sua inclinação, a escolha do material de revestimento (cobertura), assim como a definição de seus **arremates** nas empenas e pingadeiras, conformam o aspecto do edifício. ❶ – ⓰ mostram formas elementares de coberturas.

Partes da construção

COBERTURAS

Formas das coberturas
Telhados
Coberturas planas

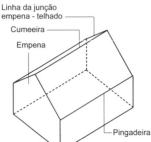
no mín. 2% de inclinação
❶ Cobertura plana

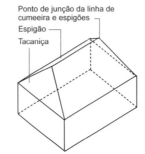
❷ Telhado de uma água

Cobertura		
Cobertura de placas, acessível ao trânsito	2° – 4° normal	3° – 4°
Cobertura de madeira e cimento	2,5° – 4° normal	3° – 4°
Cobertura com base de papelão, recoberta de cascalho	3° – 30° normal	4° – 10°
Cobertura com base de papelão duplo	4° – 50° normal	6° – 12°
Cobertura de zinco com junta vertical dupla (folhas de zinco)	3° – 90° normal	5° – 30°
Cobertura com base de papelão simples	8° – 15° normal	10° – 12°
Cobertura plana de chapas de aço	12° – 18° normal	15°
Cobertura de telha tipo francesa, com 4 ranhuras	18° – 50° normal	22° – 45°
Cobertura de tabuinhas de madeira	18° – 21° normal	19° – 20°
Cobertura tipo francesa, normal	20° – 33° normal	22°
Cobertura ondulada de aço e zinco	18° – 35° normal	25°
Cobertura ondulada de fibrocimento	5° – 90° normal	30°
Cobertura de ardósia sintética	20° – 90° normal	25° – 45°
Ardósia, cobertura dupla	25° – 90° normal	30° – 50°
Ardósia, cobertura normal	30° – 90° normal	45°
Cobertura de vidro	30° – 45° normal	33°
Cobertura de telhas de barro, dupla	30° – 60° normal	45°
Cobertura de telhas de barro, simples	35° – 60° normal	45°
Cobertura de telhas de barro, tipo flamenga	40° – 60° normal	45°
Tabuado de apoio e vedação	45° – 50° normal	45°
Cobertura de palha e junco	45° – 80° normal	60° – 70°

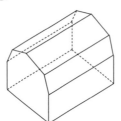
❸ Telhado de duas águas
Linha da junção empena - telhado
Cumeeira
Empena
Pingadeira

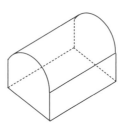
❹ Telhado de quatro águas
Ponto de junção da linha de cumeeira e espigões
Espigão
Tacaniça

❶ Inclinações e construções de telhados

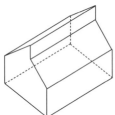
❺ Telhado de quatro águas com quebra do plano da tacaniça

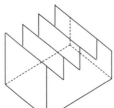
❻ Telhado de mansarda

❼ Cobertura em abóbada

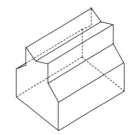
❽ Telhado combinado

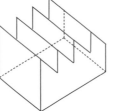
❾ Telhado combinando duas meias-águas, com defasagem (tipo americano)

❿ Telhado shed

⓫ Combinação de panos de água, conformando um sistema de dobradura (como uma folha de papel)

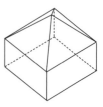
⓬ Telhado de quatro águas com superfícies regulares

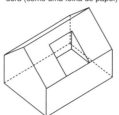
⓭ Janela rasgada longitudinalmente à superfície do telhado

⓮ Telhado com lucarna

⓯ Corte na água do telhado, incrustando janela

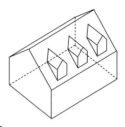
⓰ Sequência de lucarnas

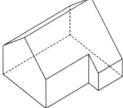
⓱ Telhado de duas águas trapezoidal

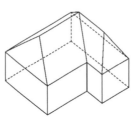
⓲ Telhado em L

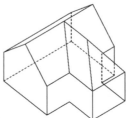
⓳ Telhado em T

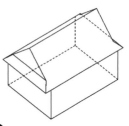
⓴ Telhado de duas águas com beiral

COBERTURAS
TELHADOS

Os telhados conformam o fechamento superior de edifícios e os protegem contra chuva e outras influências atmosféricas (vento, frio, calor). Eles se compõem de uma **parte estrutural**, recebendo um **material de revestimento**. A escolha da estrutura depende do material escolhido (madeira, aço, concreto armado), inclinação, tipo e peso do revestimento, carga (peso próprio, carga de tráfego, neve, vento) etc. O sistema estrutural tradicional das coberturas inclinadas é de madeira, a tradicional **armação triangular em tesoura, simples ou com tirantes**, cuja caracterização é feita pelas diferentes funções de seus componentes → ❶ – ❸.

Tesoura

Tesoura é a **forma mais simples de telhado**: os caibros se apoiam sobre vigas (**frechais**), montadas diretamente na alvenaria (princípio do telhado de duas águas) ou formam um espaço sob a cobertura, em sistema estrutural composto para distribuição das cargas, incluindo **pendural**, **pontaletes** e **escoras**. A tesoura com tirantes permite a criação de um espaço central de uso sob o telhado, mesmo para pequenas larguras de edifícios. Para maiores vãos e aumento no comprimento das empenas, aumenta-se o número de tirantes → ❷, ❺. Para a construção de grandes telhados, cobrindo grandes vãos, existem diversas variações construtivas possíveis deste sistema. (p. ex. Escorado e Travamento → ❾, ❿.)

Partes da construção

COBERTURAS

Formas das coberturas
Telhados
Coberturas planas

❶ Armação triangular simples

❷ Tesoura com tirantes

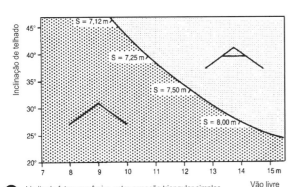

❸ Armação triangular com travamento – tesoura de linha alta

Inclinação do telhado em graus	Largura do vão L em cm	Altura das partes construtivas h
15–40	10–20	$h^2 \; \frac{1}{25} \times S$
30–60	10–20	$h^2 \; \frac{1}{30} \times S$

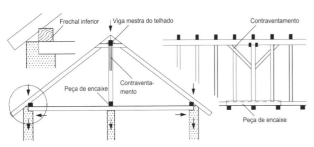

❹ Limite do fator econômico entre armação triangular simples e tesoura de linha alta (valores de referência), S = comprimento da viga

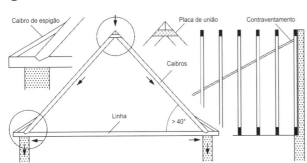

❺ Telhado em tesoura com tirante único

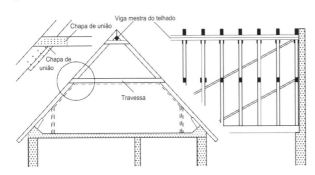

❻ Armação triangular simples

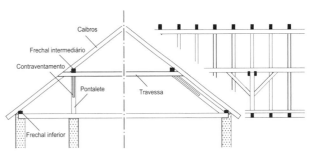

❽ Telhado em tesoura com tirante duplo

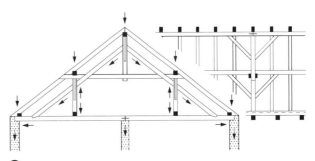

❾ Tesoura atirantada com pendural e pontaletes (tipo escorado)

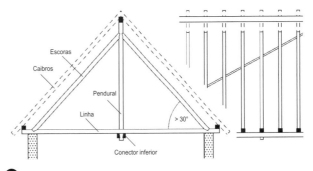

❿ Travamento simples

Armação triangular com travamento horizontal em sótão habitável

97

COBERTURAS
TELHADOS

Partes da construção

COBERTURAS
Formas das coberturas
Telhados
Coberturas planas

Telhado de armação triangular

Os telhados de armação triangular constituem-se de um sistema construtivo regular, composto de **duas empenas** apoiadas sobre **caibros** ajustadas ao longo das paredes (ou integradas em lajes maciças), que funciona segundo o princípio da rigidez do triângulo → p. 97 ❶.

O peso do telhado, sem o carregamento do piso, é descarregado sobre as paredes laterais do edifício, possibilitando a criação de grandes **espaços livres** sob a cobertura.

O apoio entre empena e viga deve ter um sistema de ancoragem para compensar a tração, geralmente uma peça de madeira que acaba influenciando a forma da cobertura, que apresenta uma "quebra" na região final (telhados modernos utilizam o reforço do canto da viga, incorporada à laje maciça de concreto, em solução que não interfere na forma do telhado → p. 97 ❻). Cobertura de edifícios de grande largura (com empenas mais longas que 4,5 m) levam a seções antieconômicas do madeiramento, recomendando-se o uso de **reforços horizontais intermediários** → p. 97 ❼. Este tipo de cobertura é apropriado para coberturas de até 12 m de largura (para vigas de até 8 m, os reforços apresentam até 4 m de comprimento). Maiores vãos livres são executados com técnicas modernas (p. ex. sistemas de treliça → ❸, madeira laminada, sistema Wellsteg → ❹) ou com sistemas octométricos de medidas, pré-fabricados → ❺.

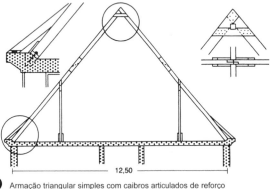

❶ Armação triangular simples com caibros articulados de reforço

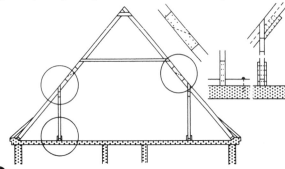

❷ Tesoura de linha alta, com caibros de reforço

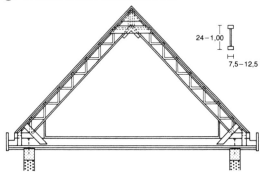

❸ Armação triangular com caibros em treliça de madeira (conexões coladas com garantia de longa durabilidade), com 45° de inclinação; vão entre apoios ≤ 25 m

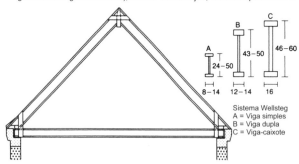

❹ Armação triangular com estrutura de madeira laminada (sistema Wellsteg); relação entre altura do perfil e vão entre apoios 1:15–1:20

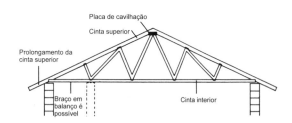

❺ Estrutura feita de treliças de placa de pregos. É uma construção econômica, mas a realização de extensões é limitada.

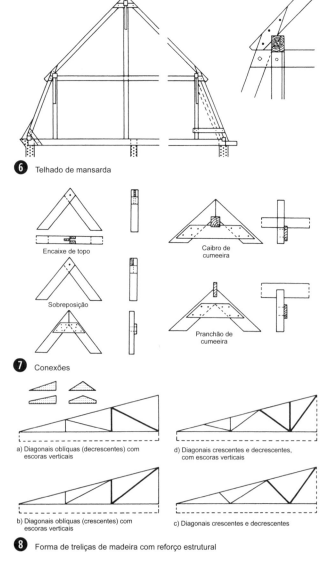

❻ Telhado de mansarda

❼ Conexões

❽ Forma de treliças de madeira com reforço estrutural

COBERTURAS
TELHADOS

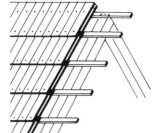

Recobrimento de telhados
Recobrimento de fibras naturais → ❶ executado em faixas de 1,2–1,4 m de comprimento, sobre ripas, com distanciamento de 20 a 30 cm, com pontas para cima, em espessura ≥ 28 cm (ideal 35–40 cm). Em regiões ensolaradas, duram de 60 a 70 anos; em regiões úmidas, mal atingem metade desse tempo.

Recobrimento de madeira, com tabuinhas → ❷ de carvalho, larício, pinheiro, cedro e também de abeto. A vida útil dessa cobertura depende da qualidade e do valor do material, da intensidade da ação atmosférica e da inclinação de telhado.

Regra geral: grau de inclinação de telhado = anos de vida. Este sistema é adequado para todas as formas de telhados.

Ardósia → ❸ – ❽ (para inclinação de 15°–90°) sobre tabuado com espessura ≥ 24 mm e ≥ 12 cm de largura. Manta contra poeira e vento. Zona de sobreposição das peças ≥ 8 cm (ideal 10 cm).

Diferencia-se entre revestimento de parede e de cobertura, forma exclusiva, tradicional (alemã), assim como forma rústica; existem ainda formas padronizadas com moldes, como padrão escama de peixe, triangular, octogonal etc.

Formas mais econômicas: padrão retangular e em arco, que também são válidos para ardósia artificial.

Telhas de argila (brutas ou esmaltadas) e **telhas de concreto** → ❾ – ⓭ em formas e qualidades diversas, incluindo uma vasta gama de telhas moldadas → ⓫, são o material de construção mais comum em muitas aplicações.

Partes da construção

COBERTURAS

Formas das coberturas
Telhados
Coberturas planas

❶ Cobertura de fibra natural, como palha ou junco, 0,70 KN/m² ⇃ ≥ 45°, usual 50°

❷ Cobertura de madeira, de tabuinhas, 0,25 KN/m² ⇃ 15°–90°

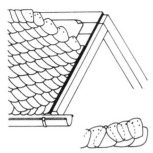
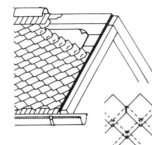

❸ Cobertura de ardósia alemã, sistema tradicional, 0,45–0,50 KN/m² → ❺ – ❽

❹ Cobertura de ardósia inglesa, também com placas de fibrocimento, 0,45–0,50 KN/m²

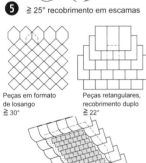

Tradicional sistema alemão ≥ 25° inclinação do telhado → ❽

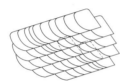

Recobrimento duplo, tradicional alemão, inclinação do telhado ≥ 22°

Cabeça, Costas, Peito, Pé

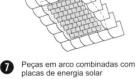

❺ ≥ 25° recobrimento em escamas

❻ ≥ 25° recobrimento peças em arco

Inclinação máxima para fixação
Peça chanfrada em ângulo mais aberto α = 37,5°
Em ângulo normal α = 37°
Em ângulo mais agudo α = 32,5°
Peça normal em arco α = 45°

Inclinação mínima para sobreposição e fixação
36 cm — 40°
Linha da pingadeira
— 1,0 m —

Inclinação do telhado a - e; arco d - b com tamanho de livre escolha; construção de uma perpendicular d - c; ligar pontos a - c, em paralelo à linha do beiral: c - b determina a inclinação mínima para fixação das peças

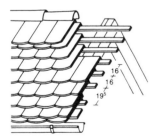

Peças em formato de losango ≥ 30°

Peças retangulares, recobrimento duplo ≥ 22°

❼ Peças em arco combinadas com placas de energia solar

❽ Inclinação mínima para fixação das peças, p. ex. 40°

1. Telhado de uma água – empena; telha de canto à direita
2. Telha de remate com pingadeira
3. Telha de cumeeira – telhado de uma água
4. Telha de remate com parede
5. Telha de remate lateral, telha final junto à pingadeira, à direita
6. Telha de remate lateral à direita
7. Telha de remate lateral à esquerda
8. Telhado de uma água – telha de remate de canto lateral à esquerda
9. Telha de cumeeira, à esquerda
10. Telha de cumeeira

11. Telha de empena à esquerda
12. Telha de remate, pingadeira, e empena à esquerda
13. Empena, telha de canto à esquerda
14. Telha de cumeeira e linha da empena à direita
15. Empena, telha de canto à direita
16. Telha de ligação com a cumeeira
17. Telha de empena, à direita
18. Telha de canto, pingadeira, e empena à direita
19. Telha no meio do pano do telhado
20. Telha de vidro

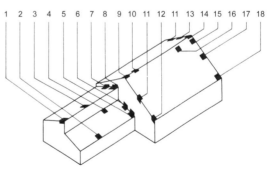

⓫ Designação das telhas segundo posicionamento na cobertura

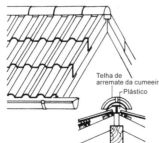

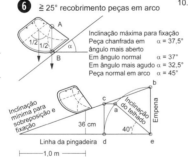

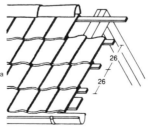

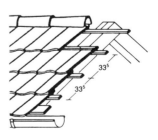

❾ Telhado com telha plana germânica, cerâmica, cobertura pesada 0,60 KN/m², 34–44 telhas/m²

❿ Telhas de concreto, 0,60–0,80 KN/m², inclinação 18°

⓬ Telha curva com sobreposição em um só lado (tipo flamenga), mais leve, 0,50 KN/m²

⓭ Telha plana, tipo francesa, 0,55 KN/m²

99

COBERTURAS
TELHADOS

Recobrimento de telhados (Continuação)

Coberturas de fibra de cimento → ❶ – ❷ de chapas onduladas com distância entre caibros de fixação de 70 a 145 cm para 1,60 m de comprimento da chapa; de 1,15 e 1,175 para 2,50 m. Sobreposição das chapas 150 ou 200 mm.

Coberturas metálicas ❺ – ❼ de zinco, titânio e zinco, cobre, alumínio, aço galvanizado etc. Com todas as peças em formatos para cumeeira, pingadeira, empenas etc. Folhas de cobre, formatos encontrados no mercado → ⓬. O cobre apresenta o maior coeficiente de dilatação em relação aos outros materiais de cobertura e, por isso, oferece vantagens em sua instalação ao ser pressionado, estendido ou comprimido. Sua pátina tem boa aceitação como efeito nas construções. Construção junto com alumínio, titânio, zinco e aço deve ser evitada; com chumbo e aço inoxidável não há problemas. Como as coberturas de cobre são impermeáveis em relação ao vapor d'água, adaptam-se bem a telhados com ventilação → p. 101.

Telha cerâmica germânica DIN 456 ou de concreto DIN 1116
   incluindo elementos verticais de madeira, nas junções das telhas 0,60
   para coberturas usuais, com telhas duplas, recobertas 0,80
Telha tipo francesa, com forma plana, DIN 456 0,60
Telha plana de barro ou tipo flamenga DIN 456 0,55
Telha plana DIN 1117 0,55
Telha tipo flamenga DIN 456 0,50
Telhas onduladas (sobreposição de um lado) DIN 1118 0,50
Telhas onduladas de grande formato (até 10 peças por m²) 0,50
Capa-canal sem argamassa; 0,7 com 0,90
Cobertura metálica de alumínio (alumínio 0,7 mm de espessura) sobre tabuado . 0,25
Telhado de cobre (folha de cobre 0,6 mm de espessura), sobre tabuado 0,30
Cobertura de folhas zincadas (0,63 mm de espessura), sobre base de madeira
   e papelão 0,30
Cobertura de ardósia (alemã) sobre papelão e madeira
   com grandes placas (360 mm x 280 mm) 0,50
   com pequenas placas (cerca de 200 mm x 150 mm) 0,45
Cobertura inglesa de ardósia sobre madeira
   sobre tabuado de madeira, recobrimento duplo 0,45
   sobre tabuado de madeira e papelão, e novamente madeira 0,55
Cobertura de ardósia alemã antiga, sobre madeiramento e papelão 0,50
   com recobrimento duplo 0,60
Telhas de aço onduladas, com recobrimento unilateral (zincadas segundo
   DIN 59231) sobre ripamento duplo 0,15
   sobre tabuado e papelão, e ripas 0,30
Telhas onduladas metálicas (chapas de aço zincado segundo DIN 59231),
   incluindo fixação 0,25
Telhado de zinco com chapas metálicas zincadas nº 13, sobre tabuado 0,30

⓫ Pesos para 1 m² de telhado com inclinação (sem vigas, caibros e escoras, mas incluindo as ripas). No caso de uso de argamassa, acrescentar 0,1 kN/m².

Partes da construção

COBERTURAS

Formas das coberturas
Telhados
Coberturas planas

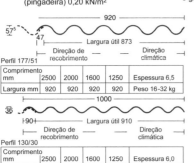

❶ Cobertura de chapas onduladas de cimento amianto com peças de cumeeira e arremates de ponta (pingadeira) 0,20 kN/m²

❷ Inclinações mínimas → ❶ e grande sobreposição

Perfil 177/51					
Comprimento mm	2500	2000	1600	1250	Espessura 6,5
Largura mm	920	920	920	920	Peso 16–32 kg

Perfil 130/30					
Comprimento mm	2500	2000	1600	1250	Espessura 6,0
Largura mm	1000	1000	1000	1000	Peso 15,8–31,5

❸ Chapas onduladas de fibra de cimento

❹ Possibilidades de fixação

❺ Chapa lisa de metal com perfil de recobrimento 0,25 KN/m²

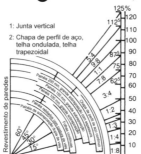

1: Junta vertical
2: Chapa de perfil de aço, telha ondulada, telha trapezoidal

❻ Inclinações mínimas para coberturas de aço galvanizado

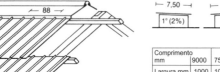

❼ Cobertura de telha metálica trapezoidal 0,15 KN/m²

Comprimento mm	9000	7500	4000	Espessura 8,0
Largura mm	1000	1000	1000	Peso 19 kg/m

❽ Elementos de grande tamanho para telhados e paredes (Canaletes)

Escoamento de água do telhado

Meio círculo   Quadrada

deitada

pendurada

apoiada, vertical

❾ Forma e posição da calha

Folha de zinco DIN 9721 no mín. 0,7 mm   (Zn)
Apoio da calha: aço galvanizado   (St 2)
Folha de aço DIN 1541 zincada a fogo   (St 2)
e com chumbo
Apoio da calha: aço galvanizado   (St 2)
Folha de cobre dureza média DIN 1787   (Cu)
Apoio da calha: cobre plano   (Cu)
Folha de alumínio pela metade DIN 1725   (Al)
Apoio da calha: aço galvanizado   (St 2)

(Exemplo: calha em meio círculo, pendurada, 333 Zn; 0,75 mm; com apoio 333 St Zn)

❿ Materiais

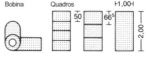

Formatos de mercado	Faixas	Quadros
Comprimento m	30–40	2,0
Largura máx. m	0,6 (0,66)	1,0
Espessura mm	0,1–2,0	0,2–2,0
Peso. kg/dm³	8,93	8,93

Bobina   Quadros

⓬ Forma de entrega e corte das folhas de cobre em bobina, para recobrimentos em quadros ou faixas

1/2 Onda normal
1 Onda
1 1/2 Onda

Prof. cobertura beiral/cumeeira	Altura do perfil 18–25 mm	26–50 mm
até 6 m	10° (17,4%)	5° (8,7%)
6–10 m	13° (22,5%)	8° (13,9%)
10–15 m	15° (25,9%)	10° (17,4%)
acima de 15 m	17° (29,2%)	12° (20,8%)

8–10°	200 mm com espes. de sobreposição
10–15°	150 mm sem espes. de sobreposição
ac.de 15°	100 mm sem espes. de sobreposição

⓭ Telha metálica ondulada: inclinação mín. do telhado, sobreposição lateral

Superfícies de escoamento para calhas em meio círculo m²	Medidas padrão mm ⌀	Largura em corte para calhas metálicas mm
até 25	70	200
acima de 25–40	80	200 (10 partes)
acima de 40–60	90	250 (8 partes)
acima de 60–90	125	285 (7 partes)
acima de 90–125	150	333 (6 partes)
acima de 125–175	180	400 (5 partes)
acima de 175–275	200	500 (4 partes)

Calhas devem em princípio ser instaladas com caimento. Velocidade maior de escoamento para evitar entupimentos, corrosão e congelamento. Os apoios para calhas são em geral de aço galvanizado planos, de uma largura de 20–50 mm e espessura de 4–6 mm.

⓮ Dimensão das calhas

Superfícies de escoamento para tubos de seção circular m²	Medida padrão para tubos de queda de águas pluviais mm ⌀	Largura em corte para tubos metálicos mm
até 20	50	167 (12 partes)
acima de 20–50	60	200 (10 partes)
acima de 50–90	70	250 (8 partes)
acima de 60–100	80	285 (7 partes)
acima de 90–120	100	333 (6 partes)
acima de 100–180	125	400 (5 partes)
acima de 180–250	150	500 (4 partes)
acima de 250–375	175	
acima de 325–500	200	

Fixação através de cintas metálicas (protegidas contra erosão), cuja seção interna corresponde à dimensão do tubo. Distância mín. do tubo à parede 20 mm. Distanciamento entre as cintas 2 m.

⓯ Dimensão dos tubos

COBERTURAS
TELHADOS

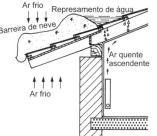
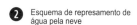

Sótãos habitáveis
Espaços diretamente sob o telhado serviam antigamente como "depósito" ventilado para conservação das colheitas. Os andares inferiores, habitados, eram protegidos do frio exatamente por este material armazenado → ❶. Hoje, esses espaços sob a cobertura costumam ser integrados ao uso e incorporados ao volume edificado. A adaptação aos novos usos segue, entretanto, diversas exigências da física da construção. As alturas das vigas são muitas vezes determinadas pela espessuras das camadas de isolamento necessárias.

Tipos construtivos
No caso de telhados com isolamento térmico, diferencia-se entre **telhados com e sem ventilação**: ao lado da camada de ar exigida para ambos os casos, entre o revestimento externo e fechamento interior ou forro, a cobertura com ventilação apresenta um sistema de circulação de ar entre forro e camada de isolamento térmico, prevista para eliminação da condensação do vapor d'água → ❸. Portanto, fala-se aqui também de **telhados sem ventilação** e **com ventilação**. **Telhados com ventilação precisam de uma altura adicional das vigas estruturais e funcionam de maneira eficiente somente com a introdução de uma camada contra condensação do vapor e sistema de circulação do ar**.
Na prática, hoje é dada preferência ao telhado sem ventilação.

Partes da construção

COBERTURAS

Formas das coberturas
Telhados
Coberturas planas

Ver também:
Física da construção p. 152

❶ Corte transversal em uma casa de fazenda nas montanhas com sótão
❷ Esquema de represamento de água pela neve

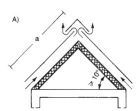
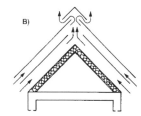

❸ Exemplos de coberturas com isolamento térmico (esquema de coberturas com ventilação)

❹ Telhado de viga com estrutura de telhado não ventilado, caixa ventilada no beiral
❺ Telhado não ventilado sobre vigas, beiral plano

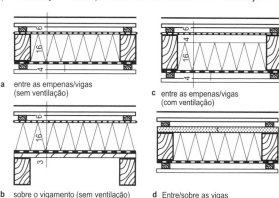

a entre as empenas/vigas (sem ventilação)
c entre as empenas/vigas (com ventilação)
b sobre o vigamento (sem ventilação)
d Entre/sobre as vigas

❿ Posição do isolamento térmico em telhados

Recobrimento de telhados, ripamento → p. 99
O **fechamento inferior**, diretamente abaixo do recobrimento externo, com rede de material sintético ou folha perfurada (manta de difusão), serve para o desvio de respingos ou entrada da neve.

O **forro** de madeira com encaixe macho e fêmea, com isolamento (p. ex. manta de betume) é previsto como solução para áreas problemáticas em vez do fechamento inferior simples.

Camada de ar para telhados com ventilação como sistema adicional para eliminação do vapor d'água condensado. A seção da camada pode ser calculada e depende da inclinação do telhado; regras na DIN 4108.

Isolamento térmico em geral em forma de mantas de fibra mineral, entre e abaixo das vigas de estrutura do telhado, ou como elementos pré-fabricados, em parte com perfis, camada contra condensação de vapor d'água voltada para o lado do ambiente interior e ripas pré-montadas para apoio da cobertura → ❿.

Camada contra a condensação do vapor d'água abaixo do isolamento térmico para impedir a presença de água condensada dentro da construção do telhado. Na sua instalação deve-se observar que **não haja qualquer troca de ar entre ambiente interior e área construtiva do telhado**. Perfurações, juntas e passagem de instalações em geral devem ser controladas.

Recobrimento interno ou forro em sua maioria de placas de gesso acartonado (observar o possível surgimento de rachaduras!).

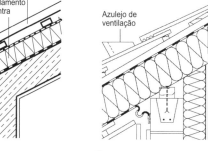

❻ Telhado de concreto com estrutura de telhado não ventilado
❼ Cobertura de uma água sem ventilação: detalhe da cumeeira

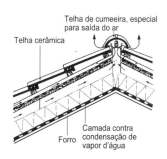

❽ Telhado com ventilação; pingadeira presa em beiral com vigas aparentes
❾ Detalhe de cumeeira em telhado com ventilação

101

COBERTURAS
COBERTURAS PLANAS

Entende-se por cobertura plana a cobertura de inclinação de até **5%**. Há coberturas absolutamente **sem caimento** como exceção, em situações particulares.
Em geral, as coberturas planas devem apresentar **caimento mínimo de 2%**. Devido a inevitáveis problemas de tolerância na construção de superfícies planas unitárias e em relação à flexão, é **recomendável uma inclinação mínima de 5%**.

Construção
Para a construção de coberturas planas encontram-se à disposição um grande número de soluções estruturais.
Em princípio diferencia-se entre **sistemas estruturais em planos** ou **lineares**:
Sistemas estruturais em planos constituem-se de elementos construtivos planos com um ou dois eixos, apoiados pontualmente ou linearmente, com cargas distribuídas sobre toda sua superfície (p. ex. lajes de pavimentos, grades, treliça espacial).
Sistemas estruturais lineares baseiam-se em elementos estruturais paralelos (p. ex. paredes portantes maciças, sistema de enxaimel, sistema de vigas em geral) que, na direção dos elementos estruturais, são complementados por elementos intermediários não portantes, como apoios secundários com estrutura de madeira, para distribuição das cargas da cobertura.
Os dois tipos de sistemas estruturais podem ser diferenciados pelo material utilizado, assim como pelo grau de decomposição das peças executadas:

Lajes → ❶
Coberturas planas são executadas em grande parte com lajes maciças de concreto armado. Estas são resistentes ao fogo, insensíveis à umidade e conformam, juntamente com paredes maciças, um sistema estrutural estável.
Sua desvantagem é o grande peso próprio, assim como a fase construtiva úmida e a pouca resistência térmica e sonora.
Movimentos decorrentes de dilatação térmica, alargamentos e encurtamentos, devem ser contrabalançados com juntas, apoios e camadas adicionais de isolantes.

Construção com sistema de vigas de apoio → ❶ – ❷
Esse tipo se enquadra no sistema estrutural linear. Como apoios utilizam-se perfis correntes de madeira, aço ou pré-fabricados de concreto armado, com peças intermediárias de diversos materiais. Para coberturas de grandes vãos empregam-se sistemas com treliças de madeira ou metálicas, madeiras laminadas, pórticos, paredes portantes especiais, pré-fabricadas, de chapas metálicas em altura, reforçadas contra flexão, assim como diferentes tramas e grelhas. Tensionamentos adicionais superficiais ou na parte inferior da estrutura permitem a diminuição da seção das vigas e contribuem assim para a execução de projetos mais leves, em filigrana.

Grelhas → ❶ – ❷
As grelhas constituem-se de um sistema estrutural reticulado plano, que permitem a cobertura de grandes vãos. Em geral, são constituídas de elementos pré-fabricados (p. ex. vigas de madeira laminada com nós metálicos ou treliça metálica), apropriando-se para cobertura de áreas industriais. No caso de áreas com exigências contra incêndios, recomendam-se medidas preventivas especiais de proteção estrutural.

Treliças espaciais → ❸ – ❹
Treliças espaciais são um desenvolvimento do sistema plano reticulado das grelhas. Interligam-se barras de aço, com ajuda de nós esféricos, em um sistema articulado que não necessita de outras formas adicionais de estabilização.

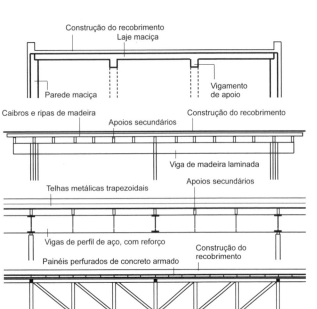

❶ Sistemas estruturais de coberturas planas (seleção); painéis, vigas e estrutura suporte do revestimento

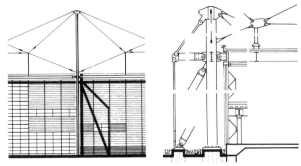

❷ Construção tensionada: Fleetguard fabric, Quimper, Arq. Rogers & Partner

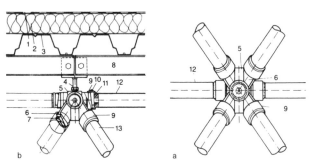

1 Impermeabilização da cobertura
2 Isolamento térmico
3 Telhas metálicas trapezoidais
4 Junção ajustável
5 Peça central
6 Peça chanfrada de fixação
7 Cunha
8 Viga de apoio do recobrimento
9 Anel
10 Pino de fixação do tubo no anel
11 Junção cilíndrica
12 Tubo horizontal
13 Tubo diagonal

❸ Treliça espacial (sistema de nós e barras tubulares KEBA); nós superior e médio)

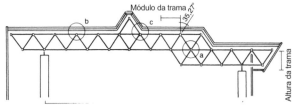

❹ Treliça espacial (sistema de nós e barras tubulares KEBA). Exemplo, detalhes → ❸

COBERTURAS
COBERTURAS PLANAS

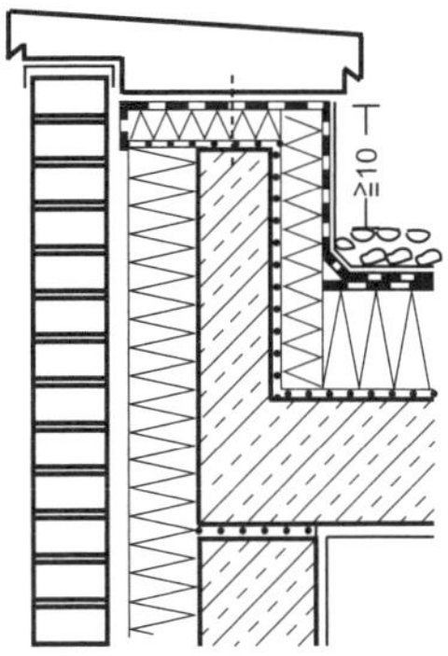

Tipos de construção
Para as coberturas planas (do ponto de vista da física da construção) diferencia-se entre dois tipos construtivos:

Sem ventilação, com laje maciça onde estrutura, camada contra condensação do vapor, isolamento térmico, impermeabilização e camadas intermediárias conformam um **conjunto único interligado**. Essas coberturas podem ser construídas de forma tradicional → ⓾. Para as coberturas planas → ❻ (do ponto de vista da física da construção) diferencia-se entre dois tipos construtivos:

Sem ventilação, com laje maciça onde estrutura, camada contra condensação do vapor, isolamento térmico, impermeabilização e camadas intermediárias conformam um **conjunto único interligado**. Essas coberturas podem ser construídas de forma tradicional; as outras camadas ficam soltas, asseguradas por seixos rolados. Em outros casos, podem ser executadas com isolamento interno → ❼.

Com ventilação, a estruturação da cobertura **separada em duas partes** onde uma **camada de ventilação** separa a impermeabilização (e seu sistema de apoio) do isolamento térmico → ❽ – ❾.
A vantagem dessa construção (eliminação do vapor condensado) é somente sentida se houver uma ventilação circulante eficiente e uma camada contra condensação do vapor d'água perfeita na parte inferior, voltada para o ambiente interno. **Caso contrário, a camada impermeabilizante funcionará de forma inversa, ocasionando umidade na área da cobertura!**

A drenagem e as bordas dos telhados devem ser cuidadosamente planejadas. Além do fluxo normal → ❹, deve-se prever um dreno de emergência → ❸.

Partes da construção

COBERTURAS
Formas das coberturas
Telhados
Coberturas planas

DIN 18531

Diretrizes para coberturas planas da Associação Alemã de Telhadistas

Ver também:
Física da construção
→ p. 152

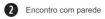
❶ Platibanda com revestimento de tijolos
❷ Encontro com parede

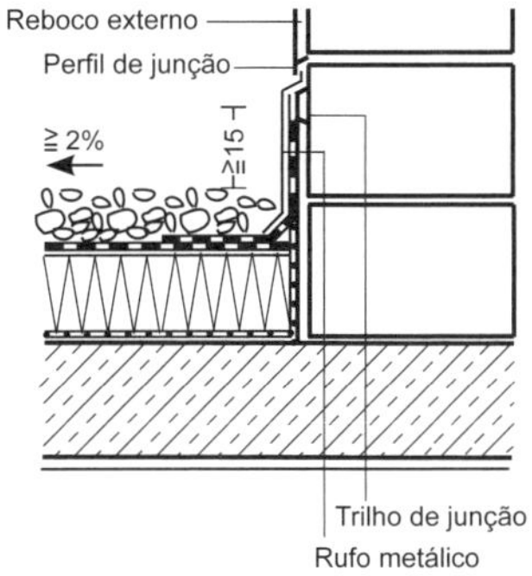

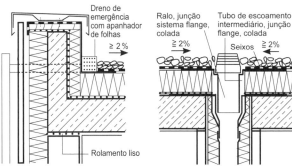
❸ Detalhe da borda do telhado com dreno de emergência
❹ Detalhe de ralo com impermeabilização

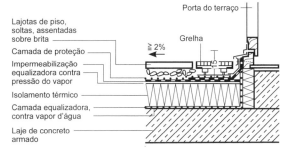
❺ Detalhe de acabamento em terraço, com grelha metálica

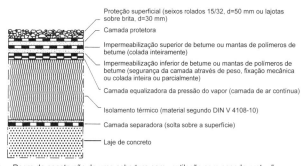
⓾ Regra da construção de uma cobertura sem ventilação com pesada proteção da superfície externa e diversas camadas de impermeabilização segundo DIN 18531-3:5-2010

Regras para a construção da cobertura sem ventilação → ⓾
Proteção da superfície externa com elementos pesados (seixos, d ≥ 5 cm, lajotas sobre brita ou plantação extensiva) ou proteção mais leve (mantas de betume) para evitar a formação de bolhas, choques de temperatura, solicitação mecânica da impermeabilização, danos de raios UV.

Camadas protetoras (p. ex. faixas de PVC, feltro sintético, granulado de borracha, proteção contra raízes).

Impermeabilização com diversas camadas de **mantas de betume ou polímeros de betume** e camada transportadora (superfícies inteiras, contínuas, coladas) ou uma camada de manta de material sintético e elastômero impermeabilizante.

A impermeabilização é assegurada através de compressão mecânica ou através de colagem em toda a superfície ou em partes.

Camada equalizadora da pressão de vapor com papelão corrugado ou manta perfurada de betume contra a formação de bolhas devido à evaporação do resto da umidade da parte construtiva inferior.

Isolamento com placas isolantes térmicas (cortiça, espuma rígida, fibras isolantes ou vidro celular), aplicados com juntas, encaixes denteados ou com ganchos em todos os lados. Escolha de material e medidas segundo DIN V 4108-10.

Camada separadora/equalizadora em sua maioria deixada solta.
Estrutura portante com caimento → p. 102, devido à dilatação térmica, apoiada sobre elemento elástico (consequente formação de junta de dilatação sobre as paredes portantes e separação entre parede interna e pavimento/laje de cobertura. Anteriormente colar faixas de poliestireno em sua face interna!)

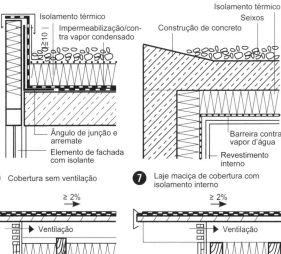
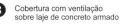

❻ Cobertura sem ventilação
❼ Laje maciça de cobertura com isolamento interno
❽ Cobertura com ventilação sobre laje de concreto armado
❾ Telhado com ventilação em estrutura de madeira (ver notas no texto!)

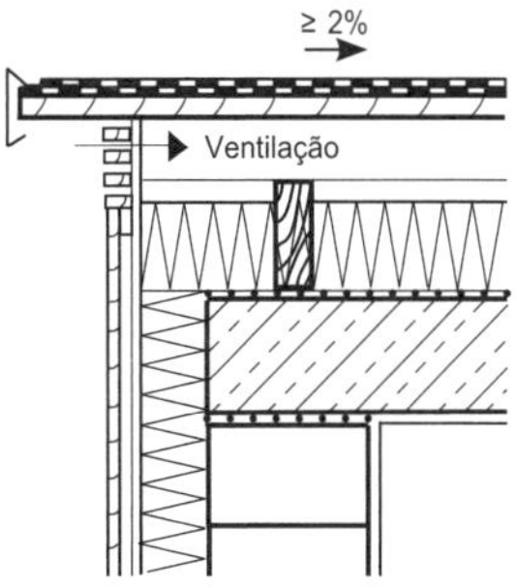

103

COBERTURAS
COBERTURAS PLANAS

Partes da construção

COBERTURAS
Formas das coberturas
Telhados
Coberturas planas

Coberturas verdes

Jardins de cobertura e coberturas verdes já existiam na Babilônia no século VI antes de Cristo. Em Berlim, por motivos de segurança contra incêndio, cobriam-se em 1890 as casas rurais com uma camada de húmus, onde vegetação se alojava e passava a crescer. Em consequência do movimento clássico Moderno na arquitetura e dos conhecimentos desenvolvidos sobre coberturas planas, redescobriu-se no século XX as já quase esquecidas coberturas verdes.

Qualidades das coberturas verdes

1. Isolamento através da camada de ar entre a grama e através da camada de terra, com o trabalho das raízes e micróbios preexistentes (processo de produção de calor).
2. Isolamento acústico e capacidade de armazenamento de calor.
3. Melhoria da qualidade do ar em zonas densamente ocupadas.
4. Melhoria do microclima.
5. A drenagem de águas na cidade e o controle da água natural para uso doméstico são melhorados.
6. Vantagens físico-construtivas.
   Radiações UV e fortes variações de temperatura são evitadas através da camada protetora de grama e terra.
7. Absorção de poeira.
8. Elementos formais/melhoria da qualidade de vida.
9. Recuperação de áreas verdes.

① Jardim de cobertura sobre edifícios de moradia: "elemento do programa para uma nova arquitetura"

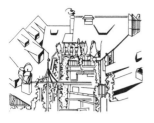
② Jardins de cobertura como reunião de recipientes plantados em balcões e terraços

③ Os jardins suspensos de Semiramis na Babilônia (no século VI a.C.)

④ Áreas verdes perdidas podem ser recuperadas através de coberturas plantadas

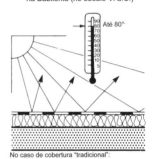
No caso de cobertura "tradicional":
⑤ Ar superaquecido e seco da cidade → ⑥

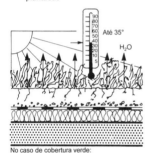
No caso de cobertura verde:
⑥ Ar fresco e úmido através de queima de energia na evaporação das plantas

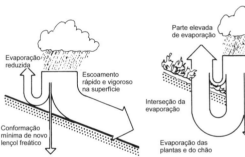
⑪ Divisão da precipitação das águas pluviais – superfície compacta → ⑫

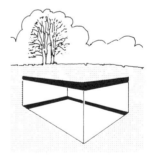
⑫ Divisão da precipitação de águas pluviais: superfície não construída

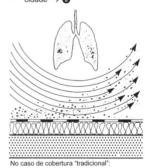
No caso de cobertura "tradicional":
⑦ Produção e dispersão de poeira → ⑧

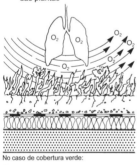
No caso de cobertura verde:
⑧ Melhoria da qualidade do ar da cidade através de filtragem e retenção da poeira, além da produção de oxigênio pelas plantas

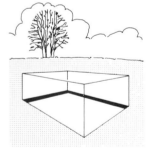
⑬ Com a construção de uma casa, perde-se toda vez um pedaço de paisagem → ⑭

⑭ Uma grande parte da superfície verde perdida, pode ser recuperada através do ajardinamento da cobertura

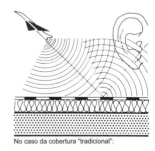
No caso da cobertura "tradicional":
⑨ Reflexão sonora em "superfície dura" → ⑩

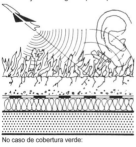
No caso de cobertura verde:
⑩ Absorção do som pela superfície plantada

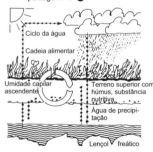
⑮ Água natural e cadeia de substâncias nutritivas

⑯ Valor físico-psíquico das áreas verdes (o bem-estar é influenciado positivamente através de áreas verdes)

COBERTURAS
COBERTURAS PLANAS

Inclinação da cobertura: no caso de cobertura de duas águas, a inclinação não deve ultrapassar 25 graus. Coberturas planas devem observar um caimento mínimo de 2 a 3%.

Tipos de coberturas verdes

Ajardinamento intensivo. A cobertura transforma-se em jardim habitável, com elementos decorativos como pérgolas e arcadas. Permanentes cuidados e manutenção são necessários. Plantações: grama, arbustos, árvores.

Ajardinamento extensivo. O ajardinamento requer uma camada fina de terreno e um mínimo em cuidados.
Plantações: musgo, grama, ervas, arbustos.

Jardins portáteis. Cubas ou outros recipientes com plantas, servem para decorar terraços, parapeitos e balcões.

Regas naturais através de água da chuva. A água ficará represada na camada de drenagem e na camada vegetal.

Água represada. Água de chuva fica represada na camada de drenagem e será mecanicamente reposta quando a umidade natural não for suficiente.

Irrigação através de mangueira irrigadora: libera gotículas na camada vegetal ou de drenagem, irrigando as plantas nos períodos de seca.

Irrigadoras de aspersão. Instalar aparelho sobre a camada vegetal.

Adubação. O adubo pode ser espalhado na camada vegetal ou adicionado à água de regas artificiais.

Partes da construção

COBERTURAS

Formas das coberturas
Telhados
Coberturas planas

① Ajardinamento intensivo

② Ajardinamento extensivo

③ Plantação em camadas de uma cobertura verde

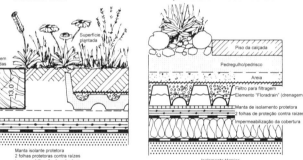
④ Recipientes ou cubas plantadas para áreas verdes em bordas

⑤ Cobertura ajardinada sistema Zinco-Floraterra

⑥ Cobertura ajardinada sistema Zinco-Floradrain

Nome botânico	Nome vulgar (cor da floração)	Altura	Floração
Saxifrage Aizoon	Gerânio-de-morangos (branco-rosa)	5 cm	VI
Sedum Acre	Dedinho de moça (amarelo)	8 cm	VI-VII
Sedum Album	Dedinho de moça (branco)	8 cm	VI-VII
Sedum Album "Coral Capet"	Tipo branco	5 cm	VI
Sedum Album "Laconicum"	Tipo branco	10 cm	VI
Sedum Album "Micranthum"	Tipo branco	5 cm	VI-VII
Sedum Album "Murale"	Tipo branco	8 cm	VI-VII
Sedum Album "Cloroticum"	(Verde-claro)	5 cm	VI-VII
Sedum Hybr.	(Amarelo)	8 cm	VI-VII
Sedum Floriferum	(Ouro)	10 cm	VIII-IX
Sedum Reflexum "Elegant"	(Amarelo)	12 cm	VI-VII
Sedum Sexangulare	(Amarelo)	5 cm	VI
Sedum "Weiße Tatra"	Tipo amarelo-claro	5 cm	VI
Sedum Spur. "Superbum"	Tipos diferenciados	5 cm	VI-VII
Sempervivum Arachnoideum	(Rosa)	6 cm	VI-VII

⑧ Espécies e tipologias comprovadas para coberturas verdes (seleção)

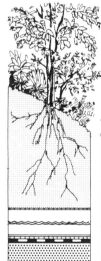

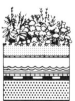

1 Proteção do solo com camada de palha, grama ou sintética
2 Mistura de terra
3 Manta de filtragem
4 Camada de drenagem
5 Folha protetora contra raízes
6 Camada separadora e de proteção
7 Impermeabilização da cobertura
8 Construção portante

Altura de crescimento da vegetação > 250 cm	até 250 cm	5–25 cm	5–20 cm	5–20 cm	5–10 cm	
Altura das camadas construtivas a partir de 35 cm	19–35 cm	14 cm	12 cm	12 cm	10 cm	
Carga de superfície 3,7 kN/m²	1,9–3,7 kN/m²	1,4 kN/m²	1,1 kN/m²	1,15 kN/m²	0,9 kN/m²	
Reserva de água 170 l/m²	80–170 l/m²	60 l/m²	45 l/m²	40 l/m²	30 l/m²	
Proteção do solo com camada de palha, grama ou sintética – cm	– cm	– cm	1 cm	– cm	1 cm	
Mistura de terra 23 cm	7–23 cm	5 cm	4 cm	7 cm	4 cm	
Camada de drenagem 12 cm	12 cm	9 cm	7 cm	5 cm	5 cm	
Irrigação manual ou automática	Manual ou automática	Manual ou automática	Manual	Manual	Manual	

⑦ Diferentes tipos de coberturas verdes

COBERTURAS
COBERTURAS PLANAS

Construção

Camadas vegetais. Utilizam-se argila expandida e ardósia. Elas oferecem: estabilidade estrutural, ventilação do terreno, armazenamento de água e modelação do piso. Funções: armazenar alimento, reação do terreno (valor do PH), ventilação, armazenamento de água.

Camada filtrante. Evita que a camada de drenagem seja enlameada, constituindo-se de material filtrante.

Camada de drenagem. Evita encharcamento das plantas. Material: mantas de fios trançados, folhas de polipropileno, placas de material sintético, material construtivo de proteção mecânica.

Camada protetora. Protege durante a fase de construção e contra carga puntual.

Camada protetora contra raízes. O trabalho das raízes é controlado através de folhas de PVC e geotêxteis (Bidim).

Camada separadora. Separa a construção portante da cobertura verde.

Exemplos → ❶ – ❽, mostram construções de coberturas planas normais e como variante, como cobertura ajardinada.

Anteriormente à plantação, precisa-se assegurar o estado perfeito da cobertura e a qualidade funcional de cada camada. O estado técnico da superfície da cobertura deve ser comprovado cuidadosamente.

Coberturas inclinadas → ❾ – ⓬, para serem ajardinadas necessitam emprego de trabalhos construtivos anteriores (perigo de escorregamento, secagem).

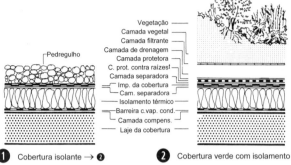

❶ Cobertura isolante → ❷   ❷ Cobertura verde com isolamento

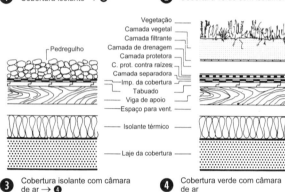

❸ Cobertura isolante com câmara de ar → ❹   ❹ Cobertura verde com câmara de ar

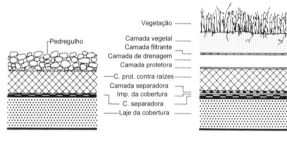

❺ Cobertura com impermeabilização invertida → ❻   ❻ Cobertura verde com câmara de ar

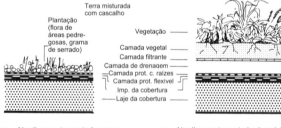

❼ Ajardinamento posterior com necessidades mínimas de intervenções construtivas   ❽ Ajardinamento posterior (parcialmente possível do ponto de vista estrutural e construtivo)

❾ Cobertura ajardinada com inclinação   ❿ Cobertura ajardinada com grande inclinação

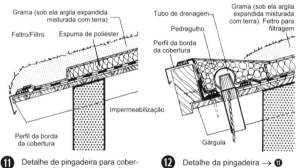

⓫ Detalhe de pingadeira para cobertura ajardinada com inclinação   ⓬ Detalhe da pingadeira → ⓫

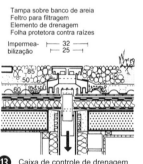
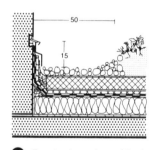

⓭ Caixa de controle de drenagem   ⓮ Encontro de parede com faixa de segurança de pedregulho

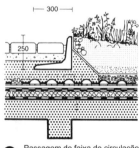

⓯ Passagem de faixa de circulação para cobertura com ajardinamento intensivo   ⓰ Passagem de calçada para ajardinamento intensivo e extensivo

JANELAS
DISPOSIÇÕES

DISPOSIÇÃO DAS JANELAS E ESPAÇOS INTERNOS

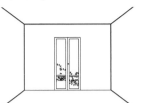
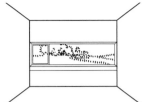
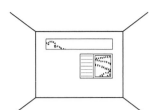
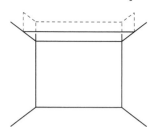

① Janela vertical, indo até o piso, calefação instalada no piso ou lateral, com radiadores

② Janela horizontal, com apenas uma folha de abertura na lateral, peitoril fechado para introdução do sistema de calefação

③ Composição de janelas, iluminação superior alcança maior profundidade no ambiente; pequena janela para vista do exterior e ventilação

④ Iluminação zenital para luz difusa sobre a parede

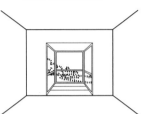
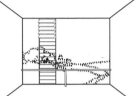
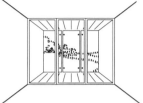
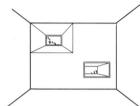

⑤ Janela saliente, chanfrada

⑥ Parede envidraçada até o piso, peitoril independente, faixa de vidros basculantes para ventilação com moldura isolada acusticamente

⑦ Duas superfícies envidraçadas com área intermediária acessível (efeito de conformação da fachada externa e jardim de inverno)

⑧ Parede modelada plasticamente com janelas salientes para fora ou para dentro

Partes da construção

JANELAS

Disposições
Exigências
Tipos
Conforto térmico
Isolamento acústico
Limpeza de fachadas
Janelas na cobertura
Iluminação zenital

DIN 5034

LOCALIZAÇÃO EM ALTURA

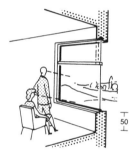

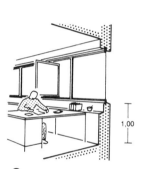

⑨ Em locais com vista panorâmica e diante de balcões ou terraços

⑩ Ambientes com vista panorâmica

⑪ Parapeito com altura normal (altura da mesa)

⑫ Em escritório

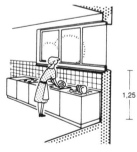

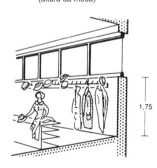
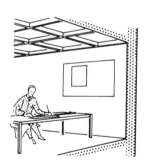

⑬ Na cozinha

⑭ Em escritório, sala de arquivo

⑮ Em guarda-roupa

⑯ Como iluminação zenital, p. ex. em salas de desenho

PROTEÇÃO VISUAL

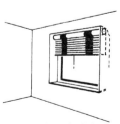

⑰ Prever espaço suficiente de paredes para cortinas nos cantos

⑱ Persianas verticais, cortinas de lamelas

⑲ Faixas de tecido, sistema de correr

⑳ Cortinas de enrolar de bambus ou varetas, ou ainda de tecido ou material sintético (para escurecer o ambiente)

107

PROTEÇÃO SOLAR

JANELAS

Disposições
Exigências
Tipos
Conforto térmico
Isolamento acústico
Limpeza de fachadas
Janelas na cobertura
Iluminação zenital

Ver também:
Iluminação natural, p.168
Sombreamento e proteção solar

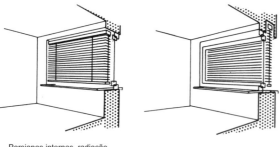
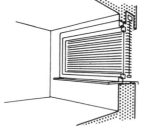

❶ Persianas internas, radiação solar e calor atravessam o vidro (somente proteção contra ofuscamento)

❷ Persiana externa

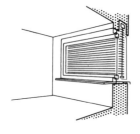

Lâmina de vidro; espaço com ventilação

❸ Persiana externa, instalada na fachada com fechamento de vidro de segurança (proteção solar)

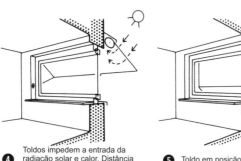

❹ Toldos impedem a entrada da radiação solar e calor. Distância até a parede impede o represamento de calor

❺ Toldo em posição vertical, articulado

Para 1,5 m² de área da abertura, superfície de vidro 1 m²/66%

Para 1,5 m² de área da abertura, superfície de vidro 0,92 m²/61%

Para 1,5 m² de área da abertura, superfície de vidro 0,89 m²/59%

Para 1,5 m² de área da abertura, superfície de vidro 0,87 m²/58%

Para 1,5 m² de área da abertura, superfície de vidro 0,84 m²/56%

❻ Exemplos de diminuição de superfícies envidraçadas através da subdivisão das janelas

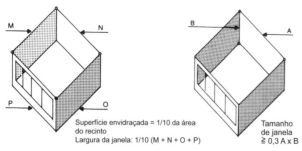

Superfície envidraçada = 1/10 da área do recinto
Largura da janela: 1/10 (M + N + O + P)

Tamanho de janela ≥ 0,3 A x B

❼ Dimensões de janelas em edifícios industriais

❽ Tamanho de janela para ambientes com pé-direito maior que 3,5 m

JANELAS
EXIGÊNCIAS

A janela assume como parte construtiva na parede, ao lado do caráter formal, três funções primordiais como abertura: regula a entrada da iluminação natural, a ventilação do ambiente e a inter-relação com o exterior, abrindo a vista para fora. Essas funções podem ser resolvidas também através de elementos individuais. Vitrôs basculantes de ventilação, iluminação zenital ou vitrines assumem, p. ex. apenas uma parte das funções descritas.

Para o tamanho e o posicionamento da janela no ambiente, além das diretrizes do Código de Obras, das normas DIN e das regras da iluminação natural (ver Iluminação natural, p. 168), deve-se seguir, acima de tudo, as exigências arquitetônicas. No efeito exterior contribuem para a organização da fachada. A posição da janela na parede é um aspecto de grande importância: instalada na face interior da parede, acentua a sua profundidade; instalada na face exterior, transforma a parede em superfície contínua. As proporções de largura e altura, construção e superfície de vidro (esquadrias, folhas de fechamento, caixilhos etc.) e sua relação com os outros componentes da fachada (com frequência esses fatores são ignorados na renovação) também são importantes. No espaço interior, as janelas são responsáveis pela qualidade da iluminação, que acentua de maneira marcante a arquitetura do ambiente. Sua posição em planta é essencialmente importante e, em alguns casos, requer a complementação por instalações de proteção solar e vidros especiais com filtros. O tipo de funcionamento da janela determina sua qualidade no aspecto da ventilação. Como as folhas se abrem no ambiente? Pode-se usar o parapeito quando a janela estiver aberta? (Janelas basculantes são desapropriadas para trocas de ar de uma só vez. Elas auxiliam lentamente o resfriamento do ambiente). Além disso, há as exigências do ponto de vista da segurança contra incêndios, contra arrombamentos e sua destruição. Classes de resistência → p. 118 e p. 129. Se a janela for usada como saída de emergência, deve ter uma dimensão mínima de 0,90 m x 1,20 m, com o peitoril inferior no máximo a uma altura de 1,20 m sobre o nível do piso.

Saneamento
Se as janelas forem trocadas por outras mais eficientes termicamente, deve-se observar principalmente a questão das junções. Deve-se observar, ao aprimorar as janelas, o perigo de condensação de vapor d'água em outras partes construtivas (entre batente e parede, p. ex.) podendo haver a formação de mofo. Para não alterar o efeito da fachada e qualidade da luz no ambiente deve-se conservar o tipo de vidro. (Observar esquadria, folhas, subdivisão do caixilho → ❻).

Construção residencial
A exigência mínima para aberturas em construção não acabada para espaços de permanência é medida segundo o Código de Obras e representa aproximadamente entre 1/8 e 1/10 da área do ambiente. Outros critérios de projeto são os recuos em relação a edifícios adjacentes (sombreamento) e as exigências de isolamento térmico. Para otimizar o balanço energético pode-se usar os mesmos critérios para áreas de trabalho.

Áreas de trabalho
Cálculo aproximado da superfície das janelas pode ser feito segundo a seguinte regra: a largura total de todas as aberturas para o exterior necessita ser no mínimo 1/10 da largura total de todas as paredes do ambiente → ❼. Deve ser possível haver uma ligação visual com o exterior na altura dos olhos (peitoril de 85 cm a 1,25 cm) → p. 107 ❾ – ⓰.
Para ambientes de trabalho a partir de 3,5 m de altura, a área da janela para penetração de iluminação natural deverá ser de no mínimo 30% da área da parede externa → ❽.
Para ambientes com medidas semelhantes a áreas de vivência é válido: altura mínima da superfície de vidro 1,3 m.
Para o reforço do uso de fontes de energia naturais, a otimização do ponto de vista de perdas e ganhos térmicos e de controle da iluminação através da janela, recomenda-se o trabalho de projeto conjunto com especialistas.

TIPOS DE JANELAS

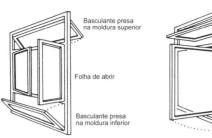
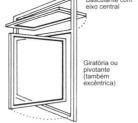
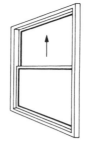

① Janela que se abre para fora e para dentro

② Janela giratória e basculante com eixo central

③ Janela de correr vertical ou guilhotina

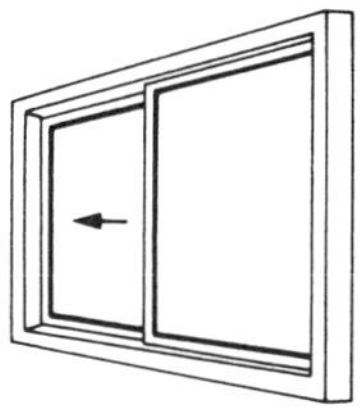

④ Janela de correr horizontal

JANELAS
TIPOS

Partes da construção

JANELAS

Disposições
Exigências
Tipos
Conforto térmico
Isolamento acústico
Limpeza de fachadas
Janelas na cobertura
Iluminação zenital

FORMAS DE ABERTURA E INSTALAÇÃO

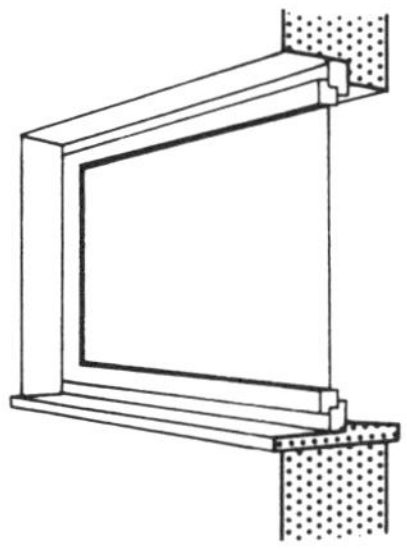

⑤ Janela com abertura para dentro, encaixada em ressalto superior externo

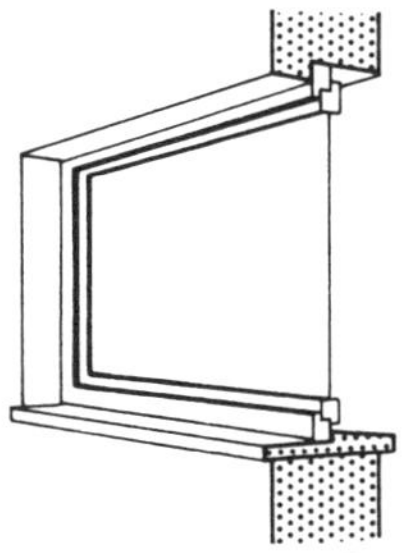

⑥ Janela com abertura para fora, encaixada em ressalto superior interno

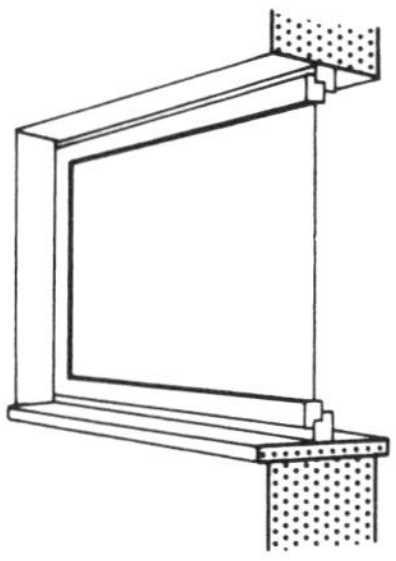

⑦ Esquadria maciça ajustada em vão liso, sem encaixes

⑧ Janela dupla (floreira)

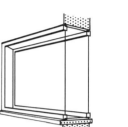

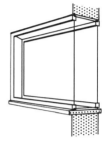

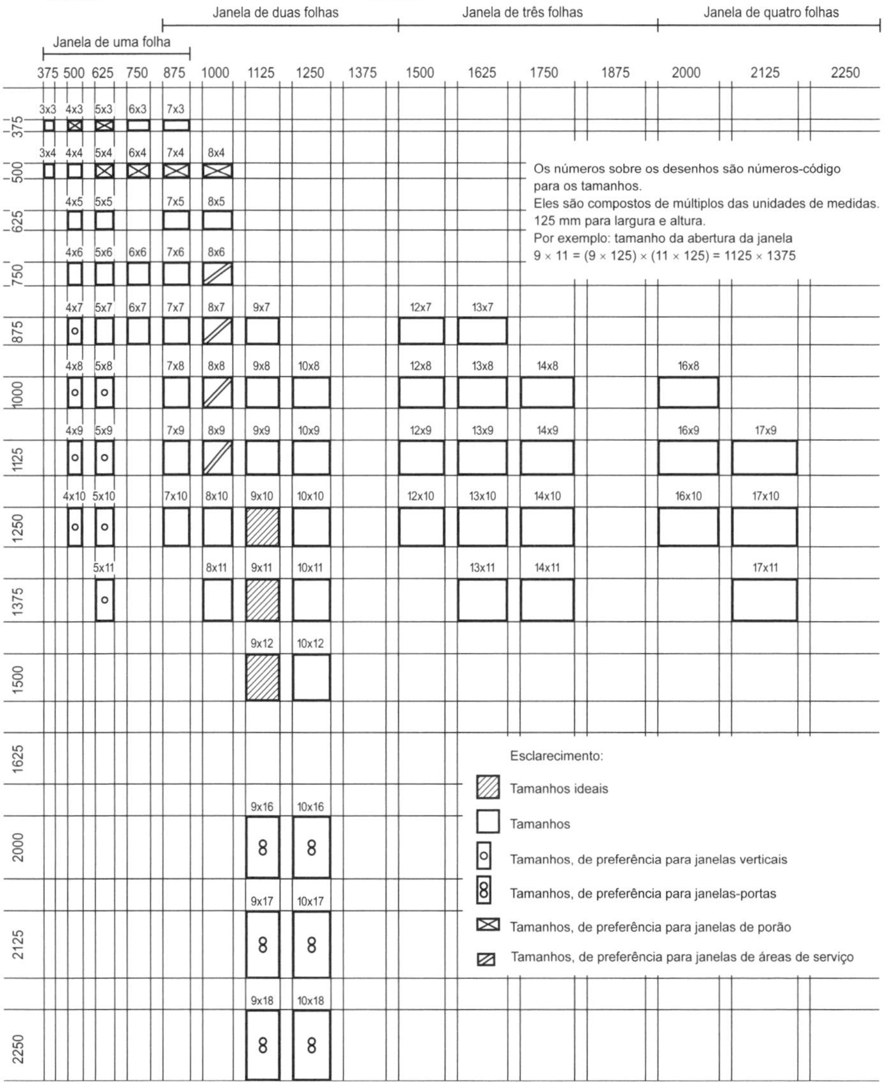

Os números sobre os desenhos são números-código para os tamanhos.
Eles são compostos de múltiplos das unidades de medidas.
125 mm para largura e altura.
Por exemplo: tamanho da abertura da janela
$9 \times 11 = (9 \times 125) \times (11 \times 125) = 1125 \times 1375$

Esclarecimento:
- ▨ Tamanhos ideais
- ☐ Tamanhos
- ◦ Tamanhos, de preferência para janelas verticais
- 8 Tamanhos, de preferência para janelas-portas
- ⊠ Tamanhos, de preferência para janelas de porão
- ▨ Tamanhos, de preferência para janelas de áreas de serviço

⑨ Medidas padrão para os vãos de janelas em construção não acabada (RR) DIN 18050

⑩ Forma de abertura e instalação 1 (aduela interior)

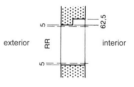

⑪ Forma de abertura e instalação 2 (aduela exterior)

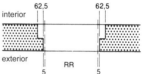

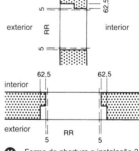

⑫ Forma de abertura 3 (sem encaixe)

109

JANELAS
CONFORTO TÉRMICO ENEV 2014

Partes da construção

JANELAS
Disposições
Exigências
Tipos
Conforto térmico
Isolamento
acústico
Limpeza de
fachadas
Janelas na
cobertura
Iluminação zenital

ENEV 2014
(Decreto regulador
do consumo
energético na
Alemanha)
Veja também:
– Vidro
– Física da
construção
– Iluminação
natural

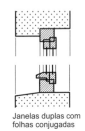
Janela simples

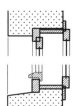
Janelas duplas com folhas conjugadas

Janelas duplas com folhas separadas

① Tipos de janelas segundo as folhas

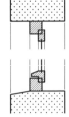
Janela com abertura para o interior, encaixada em ressalto na alvenaria

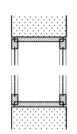
Janela com abertura para o interior, esquadria maciça ajustada no vão liso

Janela de duas folhas, uma interna e outra externa, com batente ocupando toda a largura da parede

② Tipos de janelas segundo a forma da esquadria e caixilho (na representação, exterior à esquerda e interior, à direita)

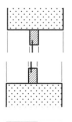
exterior
interior
Em caso de parede maciça, posicionamento favorável

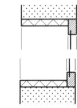
Para janela fixada na face interior

Fixada na face exterior, com isolamento térmico

Com proteção solar e vidro exterior contra impacto

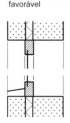
exterior
interior
Para isolamento térmico central; a janela deverá acompanhá-lo

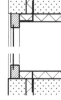
Fixada na face exterior, defasada em relação ao isolamento térmico; moldura complementa a largura da parede maciça

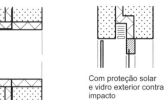
Com instalação para proteção solar na face exterior

③ Posição da janela na parede (na representação, exterior à esquerda e interior, à direita)

Classificação e tipo de janelas segundo a posição e número das folhas → ① e segundo a forma da esquadria e caixilharia → ②. Grandes exigências, como isolamento termoacústico, determinam uma grande variedade de formas e construções de janelas. Seu posicionamento na parede é elemento fundamental na caracterização da fachada. Deve-se observar o tipo de isolamento térmico e possível proteção solar a serem utilizados → ③. Uma chapa de vidro protetor, assim como a fachada dupla, servem como proteção contra ventos para o elemento sombreador e permitem uma ventilação natural do ambiente interno, mesmo com ventos fortes ou chuva. A instalação defasada entre linha de isolamento térmico e da janela deve ser evitada quando possível, pois leva a uma construção dispendiosa e muitas vezes falha de junções e impermeabilizações. O índice de tolerância permitido para medidas das aberturas encontra-se na DIN 18201. Variações para janelas e portas de até 3 m de comprimento ficam entre 12 mm, para partes construtivas de até 6 m, 16 mm.

Janelas e portas-janelas limitadas com ambientes internos aquecidos devem apresentar superfícies envidraçadas duplas, com vidro especial de isolamento.

Coeficiente de transmissão térmica da janela em edifícios novos deve ser calculado com todas as outras partes construtivas da edificação (EnEV 2009). Nesse cálculo não entra a parte de ganhos da energia solar → p. 155. Para novas edificações, renovação e trocas deve-se seguir os valores da tabela → ⑤. Além disso, deve-se observar para janelas, portas-janelas e janelas de cobertura as exigências de impermeabilização e de troca de ar mínima, Tab. → ④.

Li-nha	Parte construtiva	Medida a ser tomada	Edifício residencial e zonas em edifício não residencial com temp. internas >19°C	Zonas em edifícios não residenciais com temperaturas internas de 12°C até 19°C
			Coeficiente máximo de transmissão térmica $U_{máx}$ [1] em $W/(m^2 \cdot K)$	
2a	Janela externa, janela-porta	N° 2 a e b	1,30 [2]	1,90 [2]
2b	Janela de cobertura	N° 2 a e b	1,40 [2]	1,90 [2]
2c	Superf. envidraçada	N° 2 c	1,10 [3]	sem exigências
2d	Fachada-cortina	N° 6 Frase 1 Letra a	1,40 [4]	1,90 [4]
2e	Fachada-cortina	N° 6 Frase 1 Letra b	1,90 [4]	sem exigências
2f	Portas francesas com mecanismo articulado, dobrável, deslizante, de elevação	N° 2a	1,60 [2]	1,90 [2]
3a	Janela externa, janela-porta Cobertura envidraçada com vidros especiais	N° 2 a e b	2,00 [2]	2,80 [2]
3b	Vidros especiais	N° 2 c	1,60 [3]	sem exigências
3c	Fachada-cortina com vidros especiais	N° 6 Frase 2	2,3 [4]	3,0 [4]

1) Cálculo do coeficiente de transmissão térmica da parte construtiva, considerando a parte renovada e camadas existentes; para o cálculo de partes construtivas opacas, deve-se utilizar a DIN EN ISO 6946: 2008-04.
2) Valores medidos de coeficiente de transmissão térmica da janela; podem ser retirados das especificações técnicas do produto ou dos valores energéticos nominais determinados pelo Código de Obras para materiais construtivos. Aqui estão presentes principalmente os valores técnicos europeus, assim como da Lista de Regulamentação da Construção A, Parte 1 e baseados na experiência de controle em geral.
3) Valores medidos de coeficiente de transmissão térmica do vidro; podem ser retirados das especificações técnicas do produto ou dos valores energéticos nominais determinados pelo Código de Obras para materiais construtivos. Aqui estão presentes principalmente os valores técnicos europeus, assim como da Lista de Regulamentação da Construção A, Parte 1 e baseados na experiência de controle em geral. A nota de rodapé 2 deve ser aplicada em conformidade.
4) Transmitância térmica da parede da cortina; deve ser calculada de acordo com a norma DIN EN 13947: 2007-07.

Linha	N° de pav. do edifício	Classe da imperm. segundo DIN EN 12207-1:2000-06
1	até 2	2
2	mais do que 2	3

④ Classe da impermeabilização das juntas de janelas externas, janelas-portas e janelas instaladas na cobertura

⑤ A aplicação de valores máximos para partes construtivas individuais é permitida (segundo EnEV) apenas para construções novas, renovação e substituição em edifícios existentes

JANELAS
ISOLAMENTO TÉRMICO E ACÚSTICO

As melhorias gerais no isolamento acústico e térmico em molduras e folhas, resultante das crescentes exigências legais, é especialmente observável em perfis plásticos e metálicos → ❶ + ❷ e janelas de madeira → ❸ + ❹, (melhoria dos painéis → Vidro p. 116).
Para janelas com alto grau de isolamento acústico e térmico, as perdas ao abri-las são particularmente elevadas. A ventilação com recuperação térmica não só minimiza as perdas de calor no ar em circulação, mas também reduz significativamente os ruídos quando se deseja ar fresco. A recuperação térmica descentralizada é adequada para reequipagem caso haja troca ou construção de novas janelas. Esse sistema pode ser integrado às persianas ou ao batente, de modo que as aberturas de entrada e saída não fiquem à mostra na fachada. Equipamentos simples fazem a ventilação e a exaustão do ar por meio de um elemento de armazenamento térmico, enquanto trocadores de calor fazem a recuperação, ou seja, fazem com que o ar de saída aqueça continuamente o ar de entrada. Sistemas descentralizados não exigem tubulações complexas e são de fácil manutenção (→ ❺).

Partes da construção

JANELAS

Disposições
Exigências
Tipos
Conforto térmico
Isolamento acústico
Limpeza de fachadas
Janelas na cobertura
Iluminação zenital

DIN 4109
Ver também:
Vidro, p. 115
Isolamento acústico p. 157

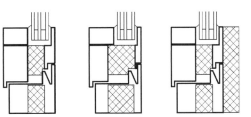

❶ Melhoria da função de isolamento térmico e acústico da estrutura por ampliação da camada de isolamento

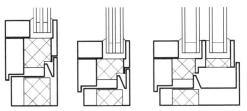

❷ Melhoria da função de isolamento térmico e acústico por meio de isolamento de alta qualidade, redução do tamanho da estrutura e acréscimo de folhas adicionais

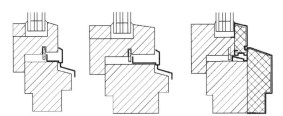

❸ Melhoria da função de isolamento térmico e acústico das janelas de madeira por meio de aumento do perfil e do acréscimo de uma camada de plástico. Aumento da profundidade do perfil padrão 78/78 com um revestimento (p. ex. alumínio) com isolamento

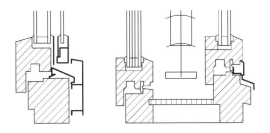

❹ Melhoria da função de isolamento térmico e acústico das janelas de madeira por meio de janelas compostas ou tipo caixa. No caso das janelas tipo caixa, as sombras no espaço entre as janelas ficam protegidas e são fáceis de manter

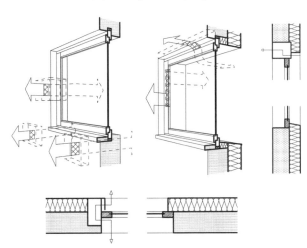

❺ A ventilação descentralizada com recuperação de calor pode ser integrada em conversões e edifícios novos. As aberturas de entrada e saída podem ser integradas de forma discreta à janela

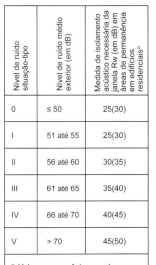

Tipo de rua	Distância entre janela e o meio da rua (m)	Tráfego diário nas duas direções por hora	Nível de ruído
Rua residen.	< 10		0
	< 35		0
	26 até 35	10 até 50	I
	11 até 25		II
	≤ 10		III
Rua residen. (2 direções)	> 100		0
	36 até 100		I
	26 até 35	50 até 200	II
	11 até 25		III
	≤ 10		IV
Estrada vicinal em localidade[1] (2 direções), Corredor em área res (2 direções)	101 até 300		I
	101 até 300		II
	36 até 100	200 até 1000	III
	11 até 35		IV
	≤ 10		
Avenidas,	101 até 300		III
	36 até 100	1000 até 3000	IV
Zona industrial (4 até 6 faixas)	> 35		V
	101 até 300		IV
Avenidas, anéis viários, e autoestradas	≤ 100	3000 até 5000	V

[1] Fora de localidades e em zonas industriais ou comerciais valem, para cada caso, o próximo valor mais alto de nível de ruído.

❻ Qual o nível de barulho?

Nível de ruído situação-tipo	Nível de ruído médio exterior (em dB)	Medida de isolamento acústico necessária da janela Rw (em dB) em áreas de permanência em edifícios residenciais[2]
0	≤ 50	25(30)
I	51 até 55	25(30)
II	56 até 60	30(35)
III	61 até 65	35(40)
IV	66 até 70	40(45)
V	> 70	45(50)

[2] Valores em parênteses valem para paredes externas e devem ser tomados também para as janelas no caso de elas ocuparem mais que 60% da área das paredes.

❼ Escolha do isolamento acústico apropriado

Classe de proteção	Nível do isolamento acústico	Informações para orientação quanto às características construtivas de janelas e elementos de ventilação
6	50	Janela dupla com encaixe especial com o batente, calafetada, grande distância entre vidros, vidros duplos espessos
5	45–49	Janela dupla com calafetagem especial, grande distância entre vidros, vidros duplos; janela dupla com batente diferenciado, calafetagem especial, distância entre vidros superior a ≈100 mm e vidros duplos espessos
4	40–44	Janela dupla com calafetagem especial e vidros temperados; janela dupla conjugada com calafetagem especial, distância entre vidros acima de ≈ 60 mm e vidro duplo espesso
3	35–39	Janela dupla sem calafetagem especial e com vidro temperado; janela dupla conjugada com calafetagem especial, distância normal entre vidros e vidros duplos; vidros isolantes em diversas camadas; vidros 12 mm fixos ou em janelas com calafetação
2	30–34	Janela dupla conjugada com calafetagem especial e vidro temperado; vidros isolantes em grande espessura, fixos ou em janelas com calafetagem; vidro 6 mm fixo ou em janela sem calafetagem
1	25–29	Janela dupla conjugada com calafetagem especial e vidro temperado; vidro com baixo isolamento acústico em janela sem isolamento adicional
0	20–24	Janela sem calafetagem com vidros simples ou comisolamento

❽ Classificação das janelas por tipo de proteção acústica (extraído de Diretrizes da Associação Alemã de Engenheiros, VDI, nº 2719)

111

Partes da construção

JANELAS

Disposições
Exigências
Tipos
Conforto térmico
Isolamento acústico
Limpeza de fachadas
Janelas na cobertura
Iluminação zenital

JANELAS
LIMPEZA DE FACHADAS

Monta-cargas para manutenção de fachadas e instalações de plataformas de circulação

Para proteção contra queda, podem ser utilizados cintos de segurança presos por tiras, cabos ou equipamentos de alta segurança → ❶.
Monta-cargas de fachada, assim como instalação de passarelas para limpeza de janelas (possibilitando assim superfícies envidraçadas fixas) → ❽ – ⓫, permitem os trabalhos de conserto e manutenção sem o uso de andaimes.

Além disso, se construídos suficentemente cedo, podem ser utilizados na montagem de elementos externos, como instalação de janelas, persianas etc., assim como, com pequenas alterações construtivas, podem fazer parte do equipamento de emergência contra incêndio. Exemplos de elementos deste tipo vão desde escada deslizante sobre trilhos, pendurada, até cabina, com ou sem trilhos, presa à cobertura ou à balaustrada, com curvas e desvios.

As escadas deslizantes de metal leve → ❷ movimentam-se através de trilhos, tendo uma largura de 724 a 840 mm, com altura total de no máx. 25 m, dependendo do edifício. A carga máxima possível é de 200 kg (2 homens com um aparelho). Outras variantes são as passarelas de circulação → ❺ e balcões de limpeza → ❻.

Além das regras técnicas para elevadores (TRA 900), devem ser observadas as regras e os regulamentos de segurança do trabalho das associações profissionais.

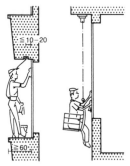
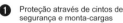

❶ Proteção através de cintos de segurança e monta-cargas

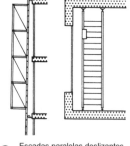

❷ Escadas paralelas deslizantes, com possibilidade de trabalho entre 3 e 4 andares

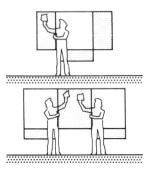
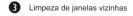

❸ Limpeza de janelas vizinhas

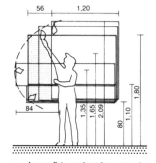

❹ A superfície sombreada representa limite de possibilidade de tamanho das janelas para limpeza confortável

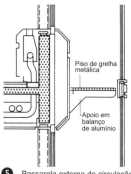

❺ Passarela externa de circulação

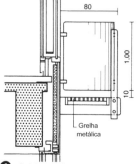

❻ Balcões de limpeza

Tipo de edifício	Janela de fachada	Janela de cobertura
		a cada
Escritório	a cada 3 meses*	12 meses
Escritório público	2 semanas	3 meses
Lojas	exterior, toda semana	6 meses
	interior, a cada 2 semanas	
Lojas (em ruas principais)	exterior, diariamente	3 meses
	interior, a cada semana	
Hospitais	3 meses	6 meses
Escolas	3–4 meses	12 meses
Hotéis (first class)	2 semanas	3 meses
Fábricas (trabalho de precisão)	4 semanas	3 meses
Fábricas (trabalho pesado)	2 meses	6 meses
Residência	4–6 semanas	–

* As janelas do térreo necessitam de limpeza com maior freqüência

❼ Intervalo de tempo para limpeza de fachadas

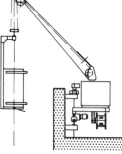

❽ Elevadores de fachada com cabine para uma pessoa

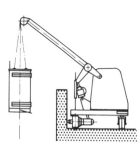

❾ Elevador de fachada controlado por grua, com braço unitário de sustentação

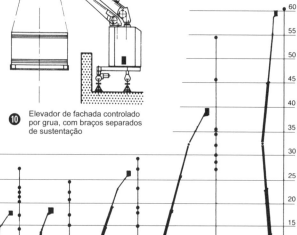

❿ Elevador de fachada controlado por grua, com braços separados de sustentação

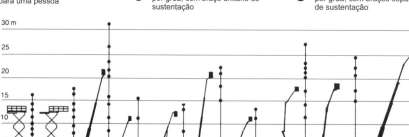

⓫ Plataformas de trabalho. Sistema Gardemann

JANELAS
JANELAS NA COBERTURA

No planejamento do tamanho das janelas é decisiva a qualidade de moradia dos ambientes.

As diretrizes para construções exigem, no caso de ambientes de vivência, 1/8 da área do ambiente para superfície de iluminação mínima → ⓫.

Janelas grandes, com muita superfície de luz, tornam os ambientes mais agradáveis.

Em ambientes secundários, determinar a largura das janelas segundo o espaçamento das vigas. Janelas largas e generosas para ambientes de vivência, conseguem-se através de troca ou de construção de vigas de ajuda.

Telhados muito inclinados determinam janelas curtas, telhados menos inclinados janelas longas. Janelas em telhados podem ser acopladas através de molduras, podendo ser ordenadas em fileira, lado a lado ou sobrepostas → ❹.

Partes da construção

JANELAS

Disposições
Exigências
Tipos
Conforto térmico
Isolamento acústico
Limpeza de fachadas
Janelas na cobertura
Iluminação zenital

Ver também:
→ p. 96

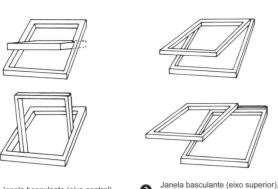

❶ Janela basculante (eixo central)

❷ Janela basculante (eixo superior), combinada com sistema de correr lateral

❸ Janela de correr, janela - porta

❹ Janela basculante, articulada com elementos verticais

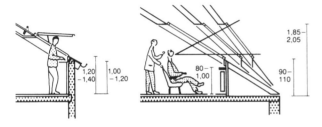

❺ Alturas de janelas integradas ao caimento do telhado

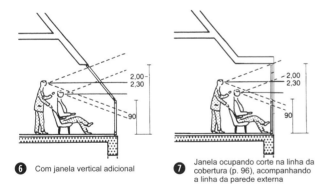

❻ Com janela vertical adicional

❼ Janela ocupando corte na linha da cobertura (p. 96), acompanhando a linha da parede externa

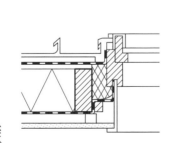

❽ Construção-variante, corte vertical

❾ Corte horizontal

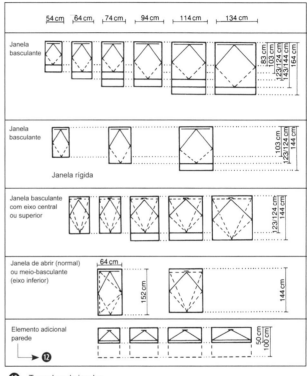

❿ Tamanhos de janelas

Tamanho da janela	54/83	54/103	64/103	74/103	74/123	74/144	144/123	114/144	134/144
Superfície de entrada de luz m²	0,21	0,28	0,36	0,44	0,55	0,66	0,93	1,12	1,36
Tamanho do ambiente m²	2	2–3	3–4	4–5	6–7	9	11	13 m²	

⓫ Relacionamento do tamanho da janela com a área do ambiente

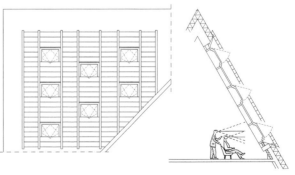

⓬ Fachada envidraçada, com janelas integradas para ventilação; proteção solar de tela metálica perfurada   Arq. Kister Scheithauer Gross

113

JANELAS
ILUMINAÇÃO ZENITAL

Para iluminação, ventilação e retirada de fumaça (efeito chaminé) de recintos em geral, galpões, caixas de escadas etc., encontram-se à disposição no mercado: cúpulas ou domus, elementos zenitais em grelha, válvulas para exaustão de fumaça, persianas fixas ou móveis, elementos que também podem ser confeccionados em material sintético (acrílico) refletor de calor.

Através da orientação do domo para o Sul, evita-se entrada de radiação direta solar e ofuscamento → ❹. Com o coroamento elevado através do domo, pode-se limitar a incidência de raios solares apenas para aqueles de grande inclinação, também com efeito positivo sobre o ofuscamento → ❶. Utilizando-se o domus como elemento de ventilação, deve-se localizá-lo em posição contrária aos ventos dominantes, para aproveitar o efeito de sucção. A entrada de ar deverá ser 20% menor que a abertura de saída. No caso de ventilação forçada, recomenda-se instalar o exaustor na base ou caixa de apoio do domo, tendo este uma potência de 150–1000 m³/h → ❷. O domo também pode ser utilizado como abertura de acesso pela cobertura.

No caso de instalação para retirada de fumaça, deve-se atentar para o uso de superfícies aerodinâmicas de sucção, com defasagem cíclica de 90°, visando o aproveitamento de todas as direções dos ventos.

Em caixas de escadas sobre 4 andares inteiros, exige-se abertura superior de ventilação e saída de fumaça. O vão luz da abertura é variável, até 5,50 m, em construção especial até 7,50 m, sem apoios intermediários.

O sistema de iluminação zenital proporciona ambientes com luz difusa, livres de ofuscamento → ⓮. O shed, com coroamento de fibra de vidro, é o de melhor funcionamento climático entre as coberturas zenitais deste tipo → ⓭.

Partes da construção

JANELAS

Disposições
Exigências
Tipos
Conforto térmico
Isolamento acústico
Limpeza de fachadas
Janelas na cobertura
Iluminação zenital

Ver também:
Iluminação natural, p. 168

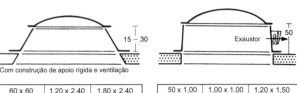

❶ Tipo usual de domo

❷ Domo com construção de apoio elevada

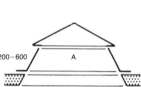

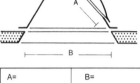

❸ Coroamento piramidal

❹ Domo orientado para a face Norte

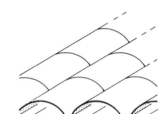

❺ Superfícies contínuas de iluminação zenital

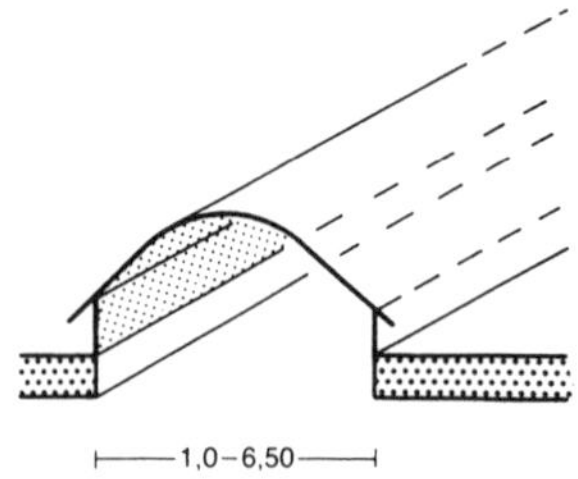

❻ Lanternim contínuo com cobertura em arco

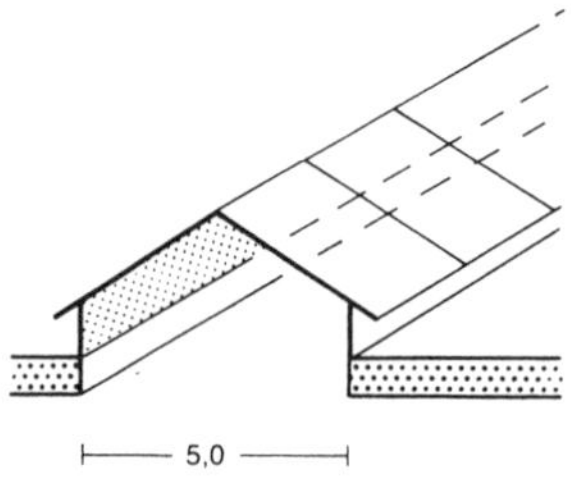

❼ Lanternim contínuo com cobertura de duas águas

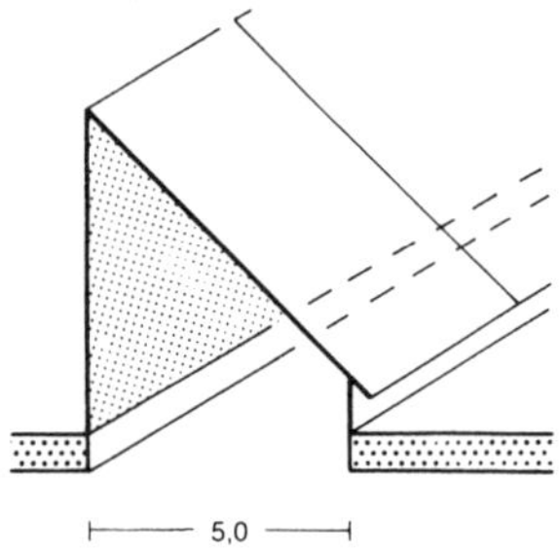

❽ Sistema de iluminação zenital com uma água – superfície inclinada transparente

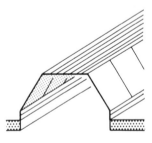

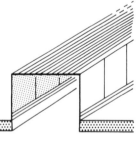

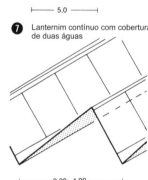

❾ Lanternim contínuo em forma de mansarda

❿ Lanternim transversal com superfície iluminante vertical

⓫ Shed – 60°, inclinado

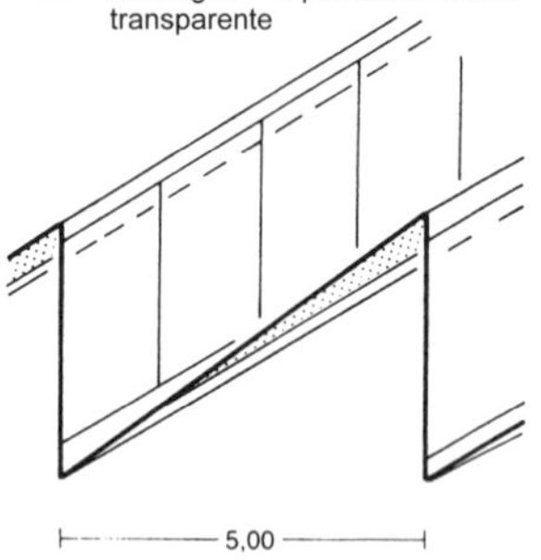

⓬ Shed – 90°, vertical

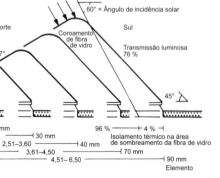

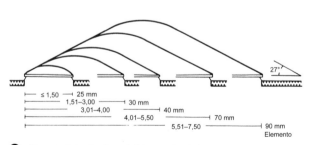

⓭ Elemento zenital tipo shed, de placas de poliéster reforçadas com fibra de vidro

⓮ Elemento de iluminação zenital de camadas duplas

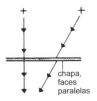

VIDROS
FUNDAMENTOS

Material transparente, que permite a passagem da luz

A definição de tamanho, cores, medidas de janelas e iluminação de um ambiente, baseados no conhecimento do fator de transmissão da luz, sua difusão e reflexão, são de importância definitiva para um bom resultado tanto arquitetônico como econômico.

Diferencia-se entre: **material opaco** com reflexão dirigida, difusão uniforme ou parcial dos raios incidentes e **material permeável à luz** com transmissão dirigida → ❶, difusa → ❷ ou mista → ❸.

Observar: **vidros foscos** com face interna trabalhada (preferível também do ponto de vista de acúmulo de sujeira) absorvem menor quantidade de luz do que os vidros com face externa fosca.

Fabricação

O vidro plano, estendido mecanicamente ou por flutuação, é usado tal como sai das máquinas, sem tratamento posterior. A chapa de vidro é clara, transparente, incolor, de espessura regular e com ambas as faces polidas. O procedimento básico de elaboração dos vidros *float* modifica-se de forma mínima através da procedência da matéria-prima. A influência sobre os valores físicos do material também é imperceptível. Segundo a DIN EN 572–1 pode haver pequena exceção do ponto de vista da cor e de fatores de transmissão de luz e calor. Na elaboração de vidros coloridos utiliza-se a adição de óxidos metálicos; o espectro de cores possíveis é, entretanto, pequeno. Uma grande variedade de colorações e motivos é obtida através da esmaltação ou técnica de serigrafia, que só podem ser aplicadas em vidros temperados.

Superfícies de vidro com inclinação maior do que 10° em relação à vertical são consideradas para cálculo como coberturas envidraçadas, devido às cargas adicionais (peso próprio, neve, vento, influências climáticas), e estão sujeitas às regras de projeto e construção para envidraçados verticais e horizontais/suspensos, especificadas pela DIN 18008.

Características

Do ponto de vista físico, o vidro é uma substância líquida resfriada. É tido como material frágil, mas que consegue suportar forças de pressão; entretanto, o fator de resistência à tração é de somente 1/10 da resistência à compressão. Se os limites de elasticidade através de tensões mecânicas ou térmicas forem alcançados, haverá a quebra do material. O vidro normal quebra em cacos pontiagudos de diferentes tamanhos, apresentando, portanto, problemas de segurança. As características do vidro podem ser reguladas por meio de diferentes processos.

O pós-tratamento térmico ou químico do vidro confere uma tensão interna ao material, o que aumenta sua resistência à tração e flexão → ❻. No caso de quebra, o pré-tensionamento produz uma forma de pulverização do material (vidros temperados).

Películas permitem variar as influências quanto à permeabilidade ou reflexão para determinados comprimentos de ondas (p. ex. vidros de proteção térmica).

Duas ou mais chapas podem apresentar uma camada intermediária, que tem diversas funções. As folhas podem evitar a queda dos cacos em caso de estilhaçamento (vidros de segurança compostos → p. 117 → ❹) e diversas camadas são eficientes contra arrombamentos. Películas intermediárias impressas, coloridas, oferecem diversas formas gráficas, decorativas; camadas gelatinosas impedem a entrada de radiações térmicas indesejáveis (vidros de segurança contra incêndios → p. 122).

Partes da construção

VIDROS

Fundamentos
Vidros isolantes
Vidros de segurança e isolantes acústicos
Vidros com variações ópticas
Vidros fundidos
Perfis de vidro
Blocos de vidro
Vidro à prova de fogo
Fachadas envidraçadas

DIN EN 410

❶ Transmissão direta da luz através de vidros planos, com desvio lateral de raios oblíquos
❷ Difusão uniforme da luz através de vidro opalino leitoso, alabastro etc.
❸ Semidifusão da luz pelo vidro fantasia, seda, vidro opalino claro etc.

Material	Difusão	Espessura mm	Reflexão v.H.	Transparência v.H.	Absorção v.H
Vidro plano comum	nula	2 – 4	6 – 8	90 – 92	2 – 4
Vidro espelhado	nula	6 – 8	8	88	4
Vidro armado	nula	6 – 8	9	74	17
Vidro bruto	nula	4 – 6	8	88	4
Vidro impresso, fantasia	pouca	3,2 – 5,9	7 – 24	57 – 90	3 – 21
Vidro plano, fosco extern.	pouca	1,75 – 3,1	7 – 20	63 – 87	4 – 17
Vidro plano, fosco inter.	pouca	1,75 – 3,1	6 – 16	77 – 89	3 – 11
Porcelana	boa	3,0	72 – 77	2 – 8	20 – 21
Mármore polido	boa	7,3 – 10	30 – 71	3 – 8	24 – 65
Mármore impregnado	boa	3 – 5	27 – 54	12 – 40	11 – 49
Alabastro	boa	11,2 – 13,4	49 – 67	17 – 30	14 – 21
Papelão pouco impregnado	boa		69	8	23
Pergaminho sem tingimento	boa		48	42	10
Pergaminho amarelo-claro	boa		37	41	22
Pergaminho amarelo-escuro	boa		36	14	50
Seda branca	quase boa		28 – 38	61 – 71	1
Seda colorida	quase boa		5 – 24	13 – 54	27 – 80
Laminado	boa	1,1 – 2,8	32 – 39	20 – 36	26 – 48

❹ Características luminotécnicas dos materiais transparentes ou translúcidos, graus de reflexão → p. 181 ❷

g O coeficiente total de transmissão de energia g refere-se a comprimentos de onda de 300 mm até 2500 mm. Este é a soma da passagem direta de radiações e da contribuição de radiações secundárias térmicas (irradiação e convecção) para o interior.
τ_L A contribuição do coeficiente de transmissão luminosa τ_L refere-se à zona de comprimentos de onda da luz visível de 380 mm até 780 mm e é comparável com a sensibilidade à claridade do olho humano.
τ_{UV} A transmissão de raios UV τ_{UV} para radiações ultra violeta é dada para zona de comprimentos de onda de 280 nm até 380 nm.
U_g O coeficiente de condutibilidade térmica U_g (DIN EN 673) de uma superfície de vidro fornece a quantidade de perda de energia por segundo e por m² para uma variação de temperatura de 1°K. Quanto mais baixo este valor, tanto menor é a perda de calor. Películas, preenchimento de gás e largura do espaço entre chapas influenciam o coeficiente de forma definitiva.
R_a O índice de reprodução da cor R_a descreve a qualidade de reprodução das cores de um vidro. Um valor R_a maior que 90 significa uma boa qualidade reprodutiva.

❺ Dados luminotécnicos e energéticos são encontrados nas normas europeias DIN EN 410.

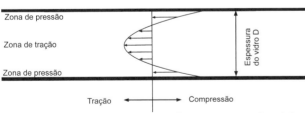

A chapa é rapidamente aquecida a cerca de 680°C. Através do sopro de ar frio, as faces externas resfriam mais rapidamente e endurecem. Durante a continuidade do resfriamento, as zonas periféricas enrijecidas impedem a compressão da zona central. As faces externas são, então, pressionadas, enquanto a camada central é submetida à tração. No caso de forças de flexão atuarem sobre o vidro, primeiro serão compensadas as forças de tensão existentes no material. Através desse processo, a resistência à tensão de um vidro float normal de ≈ 45 N/mm² é melhorada para 120 N/mm².

❻ Características de chapas de vidro pré-tensionadas. Seção transversal de um painel de vidro mostrando a distribuição da pressão e da tensão

115

VIDROS
VIDROS ISOLANTES

Vidros isolantes multicamadas
São compostos por duas ou três chapas de vidro conjugadas. Na zona periférica, as chapas apresentam elemento para manter a distância intermediária, que é preenchida por ar ou gás.
Pode-se melhorar significativamente o coeficiente de condutibilidade térmica do vidro por meio da aplicação de película nas chapas. Por conta disso, esses vidros, que protegem contra o calor e a radiação solar, passaram a substituir os vidros isolantes simples (sem película) desde a publicação do Decreto de Isolamento Térmico em 1995 e do Decreto de Economia Energética (EnEV) em 2002. Somente em casos excepcionais o EnEV recomenda o uso de vidros duplos isolantes simples não revestidos.
Os tipos atuais encontrados no mercado oferecem uma grande variedade de efeitos óticos e valores físico-construtivos, além de tamanhos. Combinações com vidros armados ou fundidos coloridos levam eventualmente à quebra, em função do efeito da radiação solar e das tensões decorrentes, e, portanto, devem ser evitadas. Também devem ser observadas as medidas dos vidros, a escolha do tipo de isolante segundo a norma DIN, as regras técnicas de sobreposição linear e de segurança do sistema, além das condições de trabalho para instalação.
Só devem ser utilizados produtos inseridos na lista de regras da construção.

Vidros isolantes térmicos
Os vidros isolantes térmicos são visualmente neutros, de tal forma que se assemelham aos isolantes normais. Os baixos coeficientes de condutibilidade térmica (valor U_g) são obtidos com a introdução de película metálica na posição 3. As películas em vidros isolantes térmicos possuem baixa emissividade, daí a denominação destes vidros low-E. Melhores coeficientes de condutibilidade térmica são obtidos através da camada de gás adicional. Esses vidros apresentam uma alta permeabilidade à luz e energia em geral, permitindo, assim, o uso passivo da radiação solar e sua conversão em energia. No caso da película se localizar na posição 2, diminui-se a passagem de energia em geral. O efeito visual, em especial para sequências de chapas, pode ser ocasionalmente diferenciado. Existem, ainda, outras possibilidades de melhoria, resultantes do uso de perfis de aço inoxidável ou plástico em vez dos habituais perfis de alumínio no composto de vidro.

Vidros isolantes solares
Vidros protetores contra a radiação solar caracterizam-se pela elevada permeabilidade à passagem da luz e, ao mesmo tempo, baixa permeabilidade à energia conjunta de radiação. Exemplos de aplicações típicas são edifícios com ar condicionado ou com janelas relativamente grandes, casos em que essas unidades retardam o aquecimento dos recintos. Isso ocorre graças a um revestimento fino à base de metais preciosos, que protege o espaço entre as placas. As unidades de controle solar costumam receber dois valores: o primeiro indica a transmitância da luz, e o segundo, a transmitância total da energia em porcentagens. As unidades de controle solar estão disponíveis em diferentes cores e graus de reflexão da luz. Para a escolha da cor, deve-se observar amostras dos padrões fornecidas pelos fabricantes. Uma unidade absoluta das cores na superfície da fachada é praticamente impossível por problemas de fabricação, principalmente na substituição posterior de peças. Em vidros altamente espelhados, devido à variação de pressão no espaço entre os vidros, podem ocorrer deformações na imagem refletida. Na transparência do interior para o exterior, em geral, não há perdas na qualidade de reprodução das cores, ocorrendo apenas pequena mudança de tom quando comparadas com a imagem através de uma janela aberta. Este tom pode ser acentuado dependendo do tipo de vidro isolante.

Partes da construção

VIDROS
Fundamentos
Vidros isolantes
Vidros de segurança e isolantes acústicos
Vidros com variações ópticas
Vidros fundidos
Perfis de vidro
Blocos de vidro
Vidro à prova de fogo
Fachadas envidraçadas

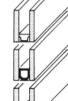
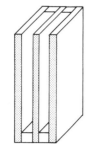
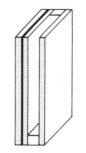

❶ O vidro isolante pode resultar da combinação de duas ou três chapas. As características específicas podem ser acentuadas através de diversas combinações, como o uso de películas adicionais e vidros compostos

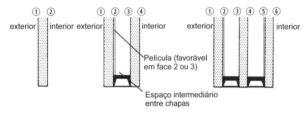

❷ Designação da face do vidro em relação à película de revestimento

Tipo do vidro	Espessura/ chapa externa (mm)	Coeficiente de transm. da luz T_L (%)	Reflexão da luz para fora R_{LA} (%)	Permeabilidade à energia, total g (%)
Vidro float	4	82	12	60
Exterior	6	81	11	59
THERMOPLUS®S3	8	81	11	57
na pos.3	10	80	11	56

❸ Valores energéticos e luminotécnicos para vidros de proteção térmica para diferentes espessuras da chapa externa e película aplicada na face interna (pos. 3). Chapa interna: vidro float claro com espessura de 4 mm [07]

Tipo do vidro	Espessura/ chapa externa (mm)	Coeficiente de transm. da luz T_L (%)	Reflexão da luz para fora R_{LA} (%)	Permeabilidade à energia, total g (%)
Vidro float	4	80	14	59
Exterior	6	79	14	57
THERMOPLUS®S3	8	78	14	56
na pos.2	10	78	14	55

❹ Valores energéticos e luminotécnicos para vidros de proteção térmica para diferentes espessuras da chapa externa com película (pos.2). Chapa interna: vidro float claro com espessura de 4 mm [07]

Tipo de vidro		Coeficiente de transm. da luz T_L(%)	Coef. de permeabilidade à energia, total g (%)	Valor Ug (W/m²K) segundo DIN EN 673 SZR Argônio 12 mm	Valor Ug Argônio 14 mm	Valor Ug Criptônio 8 mm	Valor Ug Criptônio 16 mm	Grau de reflexão da luz exter.	Grau de reflexão da luz inter.	Grau de transmissão UV T_{UV} (%)	Grau de absorção A_{Ea} (%)	Índice de reprodução em geral das cores R_A
Azul	45/25	46	26	0,7	0,6	0,7	0,5	20	20	4	39	94
Bri-lhante	65/36	65	36	0,7	0,6	0,6	0,5	15	16	7	29	94
	63/34	64	35	0,7	0,6	0,6	0,5	18	19	7	30	95
	59/32	61	33	0,7	0,6	0,6	0,5	18	20	7	28	93
	54/30	55	29	0,7	0,6	0,6	0,5	12	17	7	38	90
	45/24	46	25	0,7	0,6	0,6	0,5	20	21	5	40	91
	27/16	28	17	0,7	0,6	0,6	0,5	26	21	4	47	87
Neutro	63/39	64	40	0,7	0,6	0,6	0,5	12	14	12	24	95
Prate-ado	45/28	46	29	0,7	0,6	0,6	0,5	40	41	11	23	94

❺ Construção de painel de vidro isolante de controle solar Infrastop® III. Camadas 6 (SZR) 4 (SZR) 4 mm ou 6 (SZR) 4 (SZR) 4 mm, com valor neutro 63/39, respectivamente.
Dados técnicos e físicos sob incidência vertical de radiação. [07]

VIDROS
VIDROS ISOLANTES

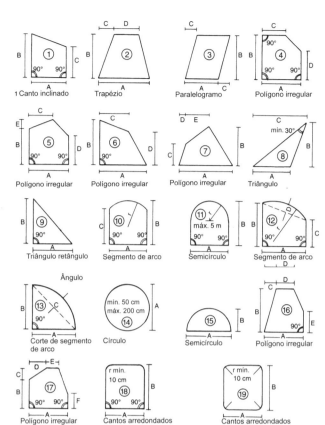

① Formas de chapas-padrão encontradas no mercado (exemplos)

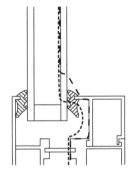

② Caminho percorrido pela radiação térmica na junção entre vidro e perfil da janela com isolamento térmico [06]

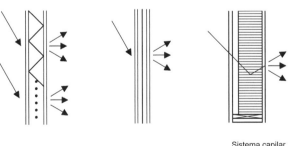

③ Chapas de vidro com espaço intermediário preenchido
④ Vidros de segurança compostos
⑤ Vidros translúcidos isolantes térmicos

Chapas padrão podem ser representadas de forma esquemática e medidas segundo sistemas. No caso de ângulos agudos (menores que 30°), deve-se recortar o canto em chanfrado de no mínimo 10 mm de largura. Formatos pequenos de chapas (face ≤ 60 cm) devem ser evitados, pois podem sofrer rupturas com facilidade, além de perderem a elasticidade, ocasionando problemas de impermeabilização → ①.

Melhorias térmicas
Através do decreto para economia de energia (EnEV) e do aumento de rigor das normas, a melhoria do funcionamento do sistema de manutenção do espaço intermediário entre chapas de vidro ganhou grande significado. Nesse caso, a preocupação principal tem sido a característica térmica do sistema. Essa melhoria não é apresentada no valor U_g, mas através da condutibilidade térmica ao longo da superfície do vidro segundo o fator Ψ, o que tem apresentado resultados positivos. Através dessa melhoria do isolamento térmico em áreas críticas, como entre vidro e caixilho, foi possível obter melhoras na temperatura da face interna, voltada para o ambiente, em relação ao sistema convencional de peça de alumínio. Como consequência, há menor efeito de condensação de vapor d'água decorrente de situações de grande presença de umidade → ②. No caso de caixilhos de madeira, também evitam a formação de fungos.

Direcionamento dos raios luminosos e proteção solar em espaços intermediários entre chapas de vidro
No espaço intermediário entre chapas de vidro isolantes podem ser integrados diversos sistemas de desvio dos raios luminosos → ③. Elementos rígidos utilizam a reflexão ou refração para permitir uma luz difusa no ambiente ou deixar entrar luz solar indireta; dependendo da posição do Sol, eliminam o efeito de ofuscamento ou dirigem a luz para o fundo do ambiente.
Persianas internas, que podem mudar a inclinação ou mesmo serem recolhidas, são protegidas nessa posição intermediária contra sujeira e choques. Podem ser dirigidas de forma manual ou com motores elétricos. As chapas adjacentes devem ser de vidro temperado, que suportam a tensão resultante da elevação de temperatura. A largura do espaço intermediário é de 20 mm a 27 mm, conforme a fabricação.

Isolamento térmico no espaço intermediário entre chapas de vidro
Isolamento térmico transparente → ⑤ permite grande coeficiente de isolamento térmico junto à elevada transmissão de calor. Esse sistema é também difusor da luz. Tubos de vidro ou plástico, perpendiculares à superfície das chapas, são instalados em seu interior. Estes refletem a luz para o interior e impedem a movimentação do ar para grandes distanciamentos entre as chapas do vidro isolante. Vidros múltiplos, com diversas chapas e preenchimento de partículas (semelhantes à espuma), possuem sistema com maior reflexão térmica para o exterior. Os vidros isolantes transparentes necessitam no verão de protetores externos para sombreamento. Costumam ser utilizados em conjunto com paredes térmicas (que armazenam calor).

Sistema autolimpante na face mais sujeita à ação do tempo
Diversos fabricantes oferecem vidros com películas sobre a posição 1 (→ p. 116) que auxiliam a autolimpeza de vidros isolantes.
Devido a essa película, decorrem pequenas transformações na coloração do vidro, além de mudanças nos valores-padrão de isolamento. Esse revestimento pode ser aplicado sobre vidros isolantes térmicos e solares, entretanto, com consulta do fabricante, também no que diz respeito às regras e recomendações quanto à limpeza da fachada. As diretrizes de manuseio e instalação fornecidas pelo fabricante devem ser rigorosamente seguidas.

Partes da construção

VIDROS

Fundamentos
Vidros isolantes
Vidros de segurança e isolantes acústicos
Vidros com variações ópticas
Vidros fundidos
Perfis de vidro
Blocos de vidro
Vidro à prova de fogo
Fachadas envidraçadas

VIDROS
VIDROS DE SEGURANÇA E ISOLANTES ACÚSTICOS

Isolamento acústico

Todos os vidros isolantes térmicos e solares podem preencher adicionalmente as funções de isolamento acústico, isto com a introdução de medidas especiais. Estas, entretanto, afetam os valores de coeficiente de transmissão da luz, o valor g assim como Ug. Essas mudanças precisam ser comprovadas do ponto de vista da proteção térmica segundo EnEV.

Hoje em dia, só se utiliza vidro laminado com uma película de isolamento acústico. Por motivos ambientais, não se preenche mais o espaço entre os painéis com gás pesado.

Nos manuais dos diferentes fabricantes são oferecidas listas com todos os tipos de combinações, que devem ser consultadas antes de cada projeto. Devem ser usados apenas produtos testados, com garantia.

Classificação das janelas segundo o isolamento acústico → p. 111 ❽ e p. 157.

Junto ao valor da medida de isolamento acústico R_w definem-se na DIN EN ISO 717-1 um grande espectro de adaptações, no qual o valor R_w é ajustado à sensibilidade do ouvido a diferentes situações de ruído → ❷.

Vidros de segurança

Essa exigência leva à constituição de chapas grossas de vidro, originando uma coloração esverdeada. Este efeito pode ser melhorado com a introdução de vidro branco. As combinações com proteção térmica e solar são possíveis.

Vidros de segurança à prova de choque (uso privado) DIN EN 356

Vidros de segurança para proprietários privados para reduzir o perigo de arrombamentos até vidros de alta segurança segundo as diretrizes da VDS (União das Seguradoras Alemãs). Para essas exigências, adotam-se vidros de segurança compostos, com no mínimo duas chapas unidas por folhas sintéticas de grande elasticidade.

Vidros de segurança à prova de choque (uso comercial) DIN EN 356

Nesse caso, a segurança desejada só pode ser obtida com a composição de diversas chapas de vidro onde, entretanto, diferentes espessuras de vidros e películas internas são utilizadas.

No caso de uso em zonas asseguradas, valem as diretrizes da VDS, com classes de resistência a arrombamentos EH1, EH2 e EH3.

Vidros de segurança à prova de bala DIN 1063

Segundo as normas europeias, classificam-se em diferentes níveis "BR" de resistência (segundo DIN 52290-2):

Classe BR 1:	fuzil .22
Classe BR 1:	fuzil .22
Classe BR 2	(C1): pistola automática 9 mm
Classe BR 3 (C2):	pistola automática .357 Magnum
Classe BR 4 (C3):	pistola automática .44 Magnum
Classe BR 5:	fuzil 5,56 x 45
Classe BR 6 (C4):	fuzil 7,62 x 51 munição-padrão
Classe BR 7 (C5):	fuzil 7,62 x 51 munição pesada
Classe SG 1:	espingarda calibre 12/70 (um tiro)
Classe SG 2:	espingarda calibre 12/70 (três tiros)

Esses vidros também são produzidos na categoria "sem estilhaços" (na face interna).

O envidraçamento de bancos, caixas etc. deve ser feito segundo as diretrizes das associações profissionais, que fornecem informações (BGI) com soluções técnicas, não descartando, entretanto, outras soluções igualmente seguras.

Vidros de segurança à prova de explosões

As propriedades de resistência a explosões de janelas e portas devem ser determinadas por meio de um teste de componentes. O teste e a classificação são realizados em uma amostra representativa do componente em questão, composta de vidro e moldura. O teste é feito ou com um tubo de choque ou ao ar livre.

Partes da construção

VIDROS
- Fundamentos
- Vidros isolantes
- **Vidros de segurança e isolantes acústicos**
- Vidros com variações ópticas
- Vidros fundidos
- Perfis de vidro
- Blocos de vidro
- Vidro à prova de fogo
- Fachadas envidraçadas

DIN EN ISO 717-1
DIN EN 356
DIN EN 1063
DIN EN 13123

---

1. Peso da chapa: quanto mais pesada for a chapa de vidro, tanto maior será, via de regra, o valor do isolamento acústico da mesma.
2. Quanto maior a elasticidade da chapa de vidro (p. ex. com ligação de resina fundida), tanto maior será, via de regra, o seu valor de isolamento acústico.
3. As espessuras das chapas externa e interna deverão ser diferentes. Quanto mais diferenciadas, tanto maior será o valor do isolamento acústico.

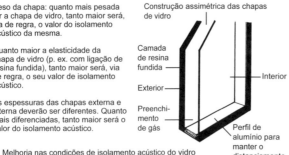

❶ Melhoria nas condições de isolamento acústico do vidro

C	– trânsito de automóveis – tráfego em linha férrea, com velocidade média e alta – avião a jato, a pouca distância – fábrica que irradia ruído de médias e altas frequências
C_{tr}	– tráfego de cidades – tráfego em linha férrea, com velocidade baixa – avião a hélice – avião a jato, a grande distância – música em discoteca – fábrica que irradia ruído de baixas e médias frequências

❷ Valores de adaptação C e C_{tr} para a medida de isolamento acústico R_w para situações acústicas especiais segundo DIN EN ISO 717-1
C 100–5000 ou C_{tr} 100–5000 denominam um espectro avançado de frequências

Tipo TH S3	Construção mm	Rw dB	C dB	Ctr dB	C 100-5000 dB	Ctr 100-5000 dB	Espessura mm	Peso kg/m2	U_g W/(m²K) DIN EN 673
PHONSTOP® com preenchimento de argônio									
28/37	8 (16) 4	37	-2	-5	-1	-5	28	30	1,1
29/39 LN	4 (16) 8,8	39	-2	-7	-2	-7	29	31	1,1
32/40	10 (16) 6	40	-2	-5	-1	-5	32	40	1,1
30/40 V	8 VSG (16) 6 VSG	40	-2	-6	-1	-6	31	37	1,1
29/40LN	6 (16) 6,8	40	-2	-6	-1	-6	29	31	1,1
36/42 V	12 VSG (16) 8 VSG	42	-1	-4	0	-4	37	52	1,1
31/42 LN	8 (16) 6,8	42	-3	-7	-2	-7	31	36	1,1
37/43 LN	8 (16) 12,8	43	-2	-6	-1	-6	37	51	1,1
35/44 LN	10 (16) 8,8	44	-2	-6	-1	-6	35	46	1,1
39/45 L	10 (16) 12,8 L	45	-2	-6	-1	-6	39	56	1,1
39/48 L	12,8 L (16) 9,5 L	48	-2	-7	-1	-7	39	52	1,1
46/51 LN)	16,8 (16) 12,8	51	-1	-6	0	-6	46	72	1,1

❸ Coeficientes de isolamento acústico e adaptação do espectro (C,Ctr) para vidros Phonstop®. Extraído de [07]

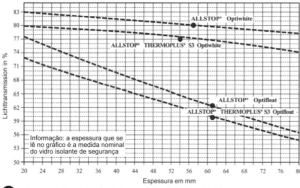

❹ Comparação entre valor de transmissão da luz do vidro de segurança com ou sem vidro branco [06]

Superfícies envidraçadas antirroubo DIN 52290-3 DIN 52290-4	DIN EN 356	Janelas e portas antirroubo DIN V ENV 1627	Segundo as diretrizes da Regulamentação da Associação Alemã de Seguradoras para Prevenção contra Danos	Regulamentação para Prevenção contra Acidentes
A1	P2A	–	–	–
A2	P3A	–	–	P3A
A3	P4A	RC 2	EH01	–
–	P5A	RC 3	EH02	–
B1	P6B	RC 4	EH1	–
B2	P7B	RC 5	EH2	P7B
B3	P8B	RC 6	EH3	–

* Necessário certificado da Associação Alemã de Seguradoras

❺ Tabela de comparação das classes de segurança. A tabela dá apenas uma visão geral! Os valores exigidos em cada caso devem corresponder à solução do projeto e ser comprovados

VIDROS

VIDROS COM VARIAÇÕES ÓPTICAS

Vidros cuja capacidade de transmissão é variável. Podem ser diferenciados em vidros de variação automática e os que se modificam com alterações em sua estrutura. Os primeiros já são fabricados com condicionantes para reagir automaticamente a determinadas influências, como vidros termotrópicos. Para os segundos, a mudança da camada de gás no espaço intermediário entre chapas ou a submissão a tensão podem variar a transmissibilidade luminosa.

Vidros termotrópicos

Esses vidros compostos reagem à variação de temperatura passando da transparência à opacidade (dispersão da luz). Esse efeito é obtido através da mistura de dois componentes com diferentes capacidades de queima da energia luminosa, orientando sua estrutura segundo a temperatura. Nesse caso, a queima da energia é variável e acontece na camada intermediária. O resultado é reversível.

Vidros eletrocromáticos

Para esses vidros varia-se a transmissibilidade através da introdução de tensão na camada intermediária, que reage. Para vidros em interiores pode-se utilizar cristal líquido no espaço intermediário entre as chapas (folhas LCD funcionam entre −40°C e +40°C sem problemas). Outros sistemas utilizam as qualidades de determinados materiais para captação e devolução de íons (submetidos a tensão), transformando a transmissibilidade da luz e sua coloração. Esses vidros são também apropriados para uso externo.

VIDROS FUNDIDOS

Características

Sob a definição de vidro fundido entende-se o vidro feito à máquina que, através de rolos compressores, recebe determinada estruturação superficial. Ele não é claro, transparente. Seu uso é adequado em compartimentos onde o vidro claro não é desejado (banheiro, WC) ou é utilizado como elemento de decoração. São classificados segundo o tipo de ornamentação em: vidro fantasia branco e colorido, vidro armado branco e colorido e armado fantasia, branco ou colorido. Vidros armados não são mais classificados como vidros isolantes. A exceção dá-se em seu uso em coberturas envidraçadas.

A maioria dos vidros fundidos pode ser desenvolvida também como isolante ou de segurança. Em geral, tem-se a face estruturada voltada para fora para facilitar a fixação de bordas. Pode também ser voltada para o espaço intermediário entre chapas para facilitar a limpeza. Vidros fundidos coloridos não podem ser usados em combinação com vidros float, temperados e de segurança em geral, assim como com vidros térmicos e protetores solares.

PORTAS DE VIDRO

Portas de vidro inteiriço

As medidas das portas correspondem às dos batentes segundo DIN 18111 ("batentes de aço para portas de madeira") → ❸ + ❹. Podem ser montadas com todos os tipos de batentes apresentados na norma. Os vidros usados são do tipo temperado, pois, no caso de quebra violenta, a chapa de vidro se transforma em uma rede de pequenos cacos mais ou menos independentes. Sua espessura normal é de 10 a 12 mm correspondendo a necessidades estáticas normais. Para escolha encontram-se vidros fundidos estruturados, assim como vidros float gravados. Chapas temperadas gravadas também podem ser encomendadas (a impressão dá-se na folha intermediária).

Conjuntos de portas de vidro podem ser instalados, com bandeiras e partes fixas laterais. Outras possibilidades são portas de correr, sanfonadas, em arco ou segmento de arco. Diversas cores e estruturas de vidro são encontradas no mercado, assim como formas padronizadas e especiais.

Partes da construção

VIDROS

Fundamentos
Vidros isolantes
Vidros de segurança e isolantes acústicos
Vidros com variações ópticas
Vidros fundidos
Perfis de vidro
Blocos de vidro
Vidro à prova de fogo
Fachadas envidraçadas

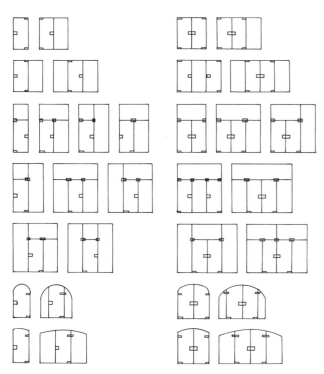

❶ Superfície do vidro fundido, p. ex. vidro fantasia
❷ Perfil de vidro fundido
❸ Vidro fundido com estrutura amorfa, superfície áspera, transparente, translúcido

① Efeito de difusão e variação da luz em vidros fundidos

② Portas de vidro (com bandeira e partes fixas laterais), padrão de portas de uma e duas folhas

Encaixe DORMA	Distância do ponto de rotação mm	Folha		
		Espessura do vidro mm	Largura mm	Peso kg
Universal	55, 65	8, 10, 12	≤ 1300	≤ 130
Universal anti-trava	15	8, 10	≤ 1100	≤ 80
ARCOS Universal	55, 65	8, 10, 12	≤ 1100	≤ 110
MUNDUS Comfort	55, 65, 70	8, 10, 12	≤ 1100	≤ 150
Mundus Premium	55, 65, 70	8–22	≤ 1300	≤ 200

③ Pesos e dimensões máximas das folhas das portas de vidro. Dependendo do tipo de encaixe, podem ser instaladas folhas de vidro temperado DELODUR® (ou de vidro laminado SIGLA na Mundus Premium) nas dimensões mencionadas acima. [07]

	Tamanho em 1/1 G mm × mm	Tamanho em 2/2 G mm × mm	Tamanho em 3/3 G mm × mm
Medida externa da folha padrão	709 × 1972 709 × 2097	834 × 1972 834 × 2097	959 × 1972 959 × 2097
Medida entre dentes do batente	716 × 1983 716 × 2108	841 × 1983 841 × 2108	966 × 1983 966 × 2108
Medida do vão em construção não acabada	750 × 2000 750 × 2125	875 × 2000 875 × 2125	1000 × 2000 1000 × 2125

④ Portas de vidro – medidas DIN 18 111 [07]

119

VIDROS
PERFIS DE VIDRO

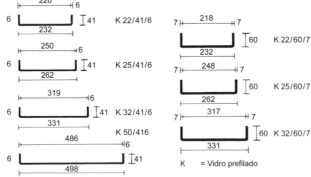

Partes da construção

VIDROS
Fundamentos
Vidros isolantes
Vidros de segurança e isolantes acústicos
Vidros com variações ópticas
Vidros fundidos
Perfis de vidro
Blocos de vidro
Vidro à prova de fogo
Fachadas envidraçadas

❶ Perfis de vidro para construção – cortes transversais DIN EN 572-7

K = Vidro prefilado

Trata-se de um perfil em forma de U, apresentando as mesmas características técnicas dos vidros fundidos.

Sem problemas de manutenção, são apropriados também para caixas de elevadores e coberturas. Evitam ofuscamento nos ambientes. Tipos especiais: Profilit – bronze, topázio, ametista. Como vidro isolante térmico – Reglit e Profilit Plus 1,7, com vidro revestido de película térmica de óxido metálico – alcançam valores k de 1,8 W/m²K.

Vidros isolantes solares: tipos R-Bernstein e P-Antisol, através da reflexão de raios ultravioleta e infravermelhos, assim como da absorção dos mesmos, permitem a proteção de artigos sensíveis à faixa de radiação UV. A transmissão de energia radiada para o ambiente envidraçado é reduzida, diminuindo a ação aquecedora da superfície de vidro. A transmissão luminosa permanece constante. No caso de áreas esportivas com necessidade de vidros de proteção contra choques, recomendam-se os tipos Reglit-SP2 e Profilit-k22/60/7 não armados (segurança contra batida de bola, DIN 18032). Estes vidros também apresentam boa resistência ao fogo (DIN 4102). Os perfis normais e especiais podem ser armados no sentido longitudinal.

Os vidros perfilados só podem ser usados mediante aprovação dos órgãos competentes locais.

Altura acima do nível superior do terreno. Abertura para iluminação	até 8 m	I até 20 m	até 100 m	até 8 m	II até 20 m	até 100 m	até 8 m	III até 20 m	até 100 m
Tipo vidro → ❶	L*	L*	L*	L*	L*	L*	L*	L*	L*
K 22/41/6	2,67	2,11	1,80	3,19	2,52	2,15	3,77	2,98	2,55
K 25/41/6	2,53	2,00	1,70	3,02	2,39	2,03	3,57	2,82	2,41
K 32/41/6	2,27	1,80	1,53	2,72	2,15	1,83	3,21	2,54	2,17
K 50/41/6	1,88	1,49	1,27	2,25	1,78	1,52	2,66	2,11	1,80
K 22/60/7	4,22	3,33	2,84	5,04	3,98	3,40	5,96	4,71	4,02
K 25/60/7	3,99	3,16	2,69	4,77	3,77	3,22	5,65	4,46	3,81
K 32/60/7	3,59	2,84	2,42	4,29	3,39	2,89	5,08	4,02	3,43

❷ Edifício fechado (0,8 · 1,25 · g)

Altura acima do nível superior do terreno. Abertura para iluminação	h/a = 0,25; – (1,5 · q)						H/a = 0,5; – (1,7 · q)					
	até 8 m	até 20 m	até 100 m	até 8 m	até 20 m	até 100 m	até 8 m	até 20 m	até 100 m	até 8 m	até 20 m	até 100 m
Tipo vidro → ❶	L*	L*	L*	L*	L*	L*	L*	L*	L*	L*	L*	L*
K 22/41/6	2,18	1,72	1,47	3,08	2,44	2,08	2,05	1,62	1,38	2,90	2,29	1,95
K 25/41/6	2,06	1,63	1,39	2,92	2,31	1,97	1,94	1,53	1,31	2,74	2,17	1,85
K 32/41/6	1,85	1,47	1,25	2,62	2,07	1,77	1,74	1,38	1,17	2,46	1,95	1,66
K 50/41/6	1,54	1,22	1,04	2,17	1,72	1,47	1,44	1,14	0,97	2,04	1,61	1,38
K 22/60/7	3,44	2,72	2,32	4,87	3,85	3,28	3,23	2,56	2,18	4,57	3,62	3,08
K 25/60/7	3,26	2,58	2,20	4,61	3,64	3,11	3,06	2,42	2,06	4,33	3,42	2,92
K 32/60/7	2,93	2,32	1,98	4,15	3,28	2,80	2,76	2,18	1,86	3,90	3,08	2,63

L* = Comprimento da faixa envidraçada em metros

❸ Edifício aberto

Transmissão da luz:	simples	até 86%
	duplo	até 75%
Isolamento acústico:	simples	até 29 dB
	duplo	até 41 dB
	triplo	até 55 dB
Isolamento térmico:	simples	k = 5,6 W/m²K
	duplo	NP U₉ = 2,8 W/m²K
		SP U₉ = 2,7 W/m²K

❹ Dados físicos

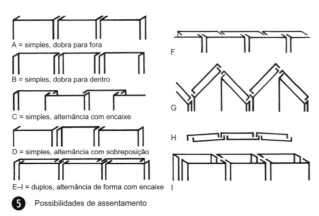

A = simples, dobra para fora
B = simples, dobra para dentro
C = simples, alternância com encaixe
D = simples, alternância com sobreposição
E–I = duplos, alternância de forma com encaixe

❺ Possibilidades de assentamento

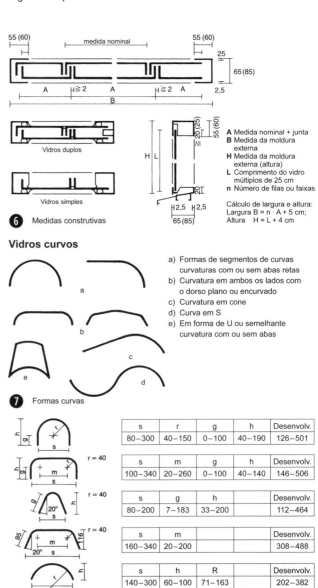

A Medida nominal + junta
B Medida da moldura externa
H Medida da moldura externa (altura)
L Comprimento do vidro múltiplos de 25 cm
n Número de filas ou faixas

Cálculo de largura e altura:
Largura B = n · A + 5 cm;
Altura H = L + 4 cm

❻ Medidas construtivas

Vidros curvos

a) Formas de segmentos de curvas curvaturas com ou sem abas retas
b) Curvatura em ambos os lados com o dorso plano ou encurvado
c) Curvatura em cone
d) Curva em S
e) Em forma de U ou semelhante curvatura com ou sem abas

❼ Formas curvas

s	r	g	h	Desenvolv.
80–300	40–150	0–100	40–190	126–501

r = 40

s	m	g	h	Desenvolv.
100–340	20–260	0–100	40–140	146–506

r = 40

s	g	h	Desenvolv.
80–200	7–183	33–200	112–464

r = 40

s	m	Desenvolv.
160–340	20–200	308–488

s	h	R	Desenvolv.
140–300	60–100	71–163	202–382

❽ Exemplos de execução de curvas em vidros ornamentais (medidas em mm)

VIDROS
BLOCOS DE VIDRO

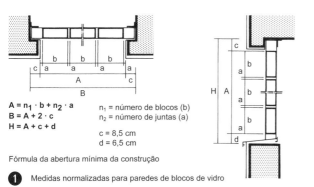

$A = n_1 \cdot b + n_2 \cdot a$
$B = A + 2 \cdot c$
$H = A + c + d$

n_1 = número de blocos (b)
n_2 = número de juntas (a)

$c = 8,5$ cm
$d = 6,5$ cm

Fórmula da abertura mínima da construção

① Medidas normalizadas para paredes de blocos de vidro

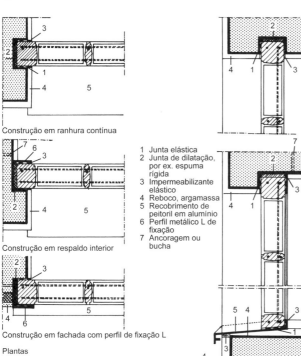

1 Junta elástica
2 Junta de dilatação, por ex. espuma rígida
3 Impermeabilizante elástico
4 Reboco, argamassa
5 Recobrimento de peitoril em alumínio
6 Perfil metálico L de fixação
7 Ancoragem ou bucha

② Exemplos de construção de paredes com blocos de vidro

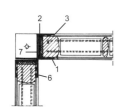

1 Junta elástica
2 Junta de dilatação, p. ex. espuma rígida
3 Impermeabilizante elástico
4 Reboco, argamassa
5 Recobrimento de peitoril em alumínio
6 Perfil metálico U de fixação
7 Perfil metálico L
8 Ancoragem ou bucha

③ Construção com perfil U e isolamento térmico externo

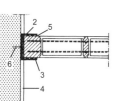

1 Junta elástica
2 Junta de dilatação, p. ex. espuma rígida
3 Impermeabilizante elástico
4 Revestimento
5 Perfil metálico U
6 Ancoragem ou bucha

④ Fixação de parede interna com perfil U

Blocos de vidro são elementos ocos de vidro, constituídos de duas partes prensadas e fundidas. Neste processo, cria-se um espaço intermediário, hermeticamente fechado, no seu interior. Ambas as faces externas podem ser lisas e transparentes, até fortemente ornamentadas e translúcidas. Podem ser produzidos em diversos tamanhos, sem revestimento, com revestimento externo ou interno, ou coloridos na massa. As áreas de aplicação são extensas, interna e externamente: p. ex. em paredes luminosas e divisórias de ambientes (também em ginásios esportivos), janelas, faixas de iluminação, parapeitos de balcões e paredes de terraços etc. Este tipo de envidraçamento apresenta resistência ao fogo da categoria G 60 até G 120, ou F60; como parede dupla de área máxima de 3,5 m², em sentido vertical ou horizontal. O uso dos blocos de vidro como elementos construtivos é regulamentado pela DIN 4242, levando-se em consideração que não devem ser utilizados com função estrutural.

As qualidades do material são: bom isolamento térmico e acústico, elevada transmissão de luz (até 82% – dependendo do tratamento superficial, transparente até translúcido), difusão luminosa e sem ofuscamentos, grande resistência a choques. Isolamento térmico de uma parede de blocos de vidro: com argamassa de cimento, valor $k = 3,2$ W/m²K; com argamassa leve $U_g = 2,9$ W/m²K; blocos especiais até $U_g = 1,5$ W/m²K.

Partes da construção

VIDROS

Fundamentos
Vidros isolantes
Vidros de segurança e isolantes acústicos
Vidros com variações ópticas
Vidros fundidos
Perfis de vidro
Blocos de vidro
Vidro à prova de fogo
Fachadas envidraçadas

DIN 4242,
4102-3,
DIN EN 1051

Raio mínimo R para espessura do bloco de vidro de 8 cm
Juntas < 1,0 cm não devem ser consideradas

Medida nominal do bloco de vidro	11,5 cm	19,0 cm	24,0 cm
Largura da junta c de 1,5 cm	200,0 cm	295,0 cm	370,0 cm
Largura da junta c de 1,8 cm	95,0 cm	180,0 cm	215,0 cm
Largura da junta c de 2,3 cm	65,0 cm	105,0 cm	135,0 cm

⑤ Raios mínimos para paredes de blocos de vidro

	Dimensões mm	Peso kg	Peças m²	Peças embalagem/caixa	Peças paleta
	115 x 115 x 80	1,0	64	10	1.000
	146 x 146 x 98 6" x 6" x 4"	1,8	42	8	512
	190 x 190 x 50	2,0	25	14	504
	190 x 190 x 80	2,3	25	10	360
	190 x 190 x 100	2,8	25	8	288
	197 x 197 x 98 8" x 8" x 4"	3,0	25	8	288
	240 x 115 x 80	2,1	32	10	500
	240 x 240 x 80	3,9	16	5	250
	300 x 300 x 100	7,0	10	4	128

⑥ Dimensões dos blocos de vidro

Paredes de blocos de vidro

As paredes de blocos de vidro que preenchem os requisitos da Tab. → **⑦**, podem ser executadas sem maiores cálculos, sem armadura. Devido à necessidade construtiva de estruturação das faixas de borda, devem-se observar as exigências da DIN 4242.

Organização das juntas	Espessura mm	Medidas da parede lado menor m	Medidas da parede lado maior m	Carga do vento kN/m
contínuas	≥ 80	≤ 1,5	≥ 1,5	≤ 0,8
defasadas			≤ 6,0	

⑦ Exigências para construção de paredes de blocos de vidro sem armadura

121

VIDROS
BLOCOS DE VIDRO

Isolamento acústico

Apenas através do peso próprio de uma parede de blocos de vidro com

1,00 kN/m² para blocos de vidro de 80 mm,
1,25 kN/m² para blocos de vidro de 100 mm,
1,42 kN/m² para blocos de vidro especiais, tem-se um efeito de isolamento acústico de qualidade particularmente boa. Materiais construtivos limitantes devem apresentar um isolamento acústico igual. Construções com blocos de vidro oferecem solução ideal em todas as situações em que existam altas exigências de isolamento sonoro aéreo. Ao lado de solução econômica do isolamento acústico, permitem a iluminação do ambiente, combinadas com ventilação através de pequenas aberturas ou mesmo janelas nas dimensões menores possíveis.

Devem-se observar as diretrizes da DIN 4109, sobre isolamento acústico para edifícios. Os valores de medidas de isolamento acústico R'w, DIN 52210, são dados na tabela → ❶

R'w = LSM + 52 db (LSM = medida de isolamento sonoro aéreo)
Construções de blocos de vidro simples cobrem as exigências de isolamento acústico até à classe 5 → ❷.

Blocos de vidro com armadura de aço DIN 1051

Blocos de vidro à prova de incêndio podem, assim como nas paredes de blocos de vidro comuns, serem fixados ao vão com ou sem perfil U, sendo todos os elementos de ligação, em princípio, idênticos. Levando em consideração a forte dilatação linear devida ao fogo e o aparecimento de fumaça com gases tóxicos, deve-se ter as paredes de blocos de vidro, em todos os lados, em leito de placas de fibra mineral (lã de rocha) → ❹. A classe de resistência ao fogo de até G 120 ou F 60 poderá ser obtida conforme o tipo de construção ou fabricante.

VIDROS À PROVA DE FOGO

O vidro normal em área de proteção contra incêndio só pode ser usado de forma limitada. Em caso de incêndio os vidros simples, sob a ação do calor unilateral, explodem em grandes estilhaços, ameaçando a propagação ainda maior do fogo. O uso cada vez maior de fachadas envidraçadas em edifícios altos, assim como parapeitos e paredes divisórias de vidro, contribuíram para um aumento de risco de propagação em caso de começo de incêndio. Para aprovação de projetos de áreas envidraçadas em zonas de risco, é necessário teste de tempo de resistência ao fogo segundo as exigências da DIN 4102, que determina as classes de resistência por tipo de vidro.

Classe "G" de resistência

Os chamados "vidros-G" devem impedir a passagem de chamas e gases tóxicos durante um determinado espaço de tempo de incêndio (p. ex. G 30 = 30 minutos). Para cada "vidro-G" e sua instalação há necessidade de aprovação do órgão público competente. Superfícies envidraçadas "G" apresentam três possibilidades: Vidro armado com trama soldada ponto por ponto, no máx. 60 a 90 minutos de resistência. Vidros pré-tensionados de boro-silicato, como p. ex. Pyran

Combinações especiais de vidros de segurança e isolantes

Vidros de segurança F precisam evitar a passagem de fumaça, propagação de fogos, além de impedir a radiação térmica. Para isso são utilizadas chapas de vidro com uma camada gelatinosa, que se transforma em espuma ou se evapora, absorvendo a energia e evitando a condução da radiação térmica para as chapas de vidro. Tanto as chapas como suas ligações com outros materiais construtivos, além da caixilharia, necessitam ser especialmente testadas e aprovadas.

Medidas de proteção contra incêndios se efetivam apenas em conjunto, com a avaliação de todos materiais limitantes. Capítulo Proteção contra Incêndios → p. 190.

Formato do bloco de vidro mm	Medida de isolamento acústico LSM	Valor da medida R'w
190 x 190 x 80	– 12 dB	40 dB
240 x 240 x 80	– 10 dB	42 dB
240x115x80	– 7 dB	45 dB
300x300x100	– 11 dB	41 dB
Paredes duplas de 240 x 240 x 80	– 2 dB	50 dB

❶ Proteção acústica com superfícies de blocos de vidro

Classe de isolamento acústico	Rw	Alcançável com janelas de blocos de vidro em paredes
6	50 dB	paredes duplas
5	45–49 dB	paredes simples
4	40–44 dB	paredes simples
3	35–39 dB	paredes simples
2	30–34 dB	paredes simples
1	25–29 dB	paredes simples
0	25 dB	paredes simples

❷ Classes de isolantes acústicos para janelas (VDI 2719 – Normas Industriais)

Tipo do local	Valores padrão de níveis sonoros permitidos em um local, de ruídos vindos de fora		
	nível médio*		nível médio máximo
1 Locais de permanência em moradias, quartos de hotel, quartos de hospitais e sanatórios	durante o dia 30–40 dB (A)	à noite 20–30 dB (A)	durante o dia 40–50 dB (A) à noite 30–40 dB (A)
2 Salas de aula, escritórios individuais silenciosos, locais de estudos e pesquisas, bibliotecas, salas de conferências, consultório médico e salas de operação, igrejas, auditórios	30–40 dB (A)		40–50 dB (A)
3 Escritórios com diversas pessoas	35–45 dB (A)		45–55 dB (A)
4 Escritórios conjuntos, restaurantes, lojas, balcões e guichês	40–50 dB (A)		50–60 dB (A)
5 Recepção, saguão de espera ou de entrada	45–55 dB (A)		55–65 dB (A)
6 Óperas, teatros, cinemas	25 dB (A)		35 dB (A)
7 Estúdios de gravação sonora	Observar exigências especiais		

❸ Valores padrão de níveis sonoros para determinados usos de locais (VDI-Richtlinien 2719)

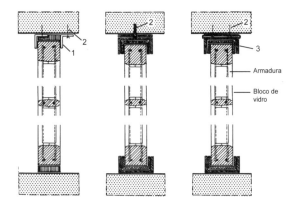

1 Perfil em ângulo reto de aço 50 × 55 mm
  Comprimentos ≧ 100 mm, no mínimo 4 peças por campo envidraçado
2 Buchas permitidas contra incêndio com parafusos de aço M10
3 Chapas de aço para fixação da parede de vidro (soldadas)

❹ Detalhes de construção – blocos de vidro à prova de fogo

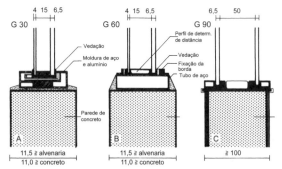

❺ Envidraçamento com resistência ao fogo "classe - G"

VIDROS
FACHADAS ENVIDRAÇADAS

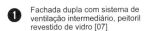

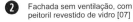

① Fachada dupla com sistema de ventilação intermediário, peitoril revestido de vidro [07]

② Fachada sem ventilação, com peitoril revestido de vidro [07]

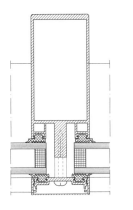

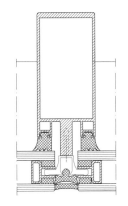

③ Construção de fachada de vidro; vidros presos em trilhos no teto

④ Fachada com superfície contínua envidraçada (acompanhando o limite dos pavimentos)

Fachadas com sistema de ventilação
Esse tipo de fachada é dupla, com um espaço intermediário ventilado com ≈ 40 mm; o revestimento externo pode ser de painéis de vidro simples ou duplo. Deve-se prever um razoável e controlável escoamento da condensação.
O revestimento da fachada pode ser fixado de todos os lados ou de apenas dois, ou ainda de modo pontual conforme as diretrizes da DIN 18008.
As chapas de vidro podem ter sua face interior totalmente colorida ou parcialmente gravada com óxido de metal em sistema de serigrafia. Para a adaptação da cor ao vidro protetor solar são possíveis diversos procedimentos na sua fabricação. Amostras devem ser recolhidas previamente para garantir o funcionamento e a qualidade.
Todos os cantos visíveis devem ser lapidados e polidos; cantos não visíveis devem ser lapidados.

Fachadas sem sistema de ventilação
As fachadas podem ser estruturadas por vigas e pilares ou elementos de fechamento contínuos da altura dos pavimentos. Em ambos os casos apresentam revestimentos de vidro sobre as partes construtivas não transparentes, como peitoris.
A instalação dos painéis de vidro pode conter, por exemplo internamente, isolamento térmico além de uma camada de difusão de vapor, como chapa de alumínio.
Construções mistas podem ser efetivadas quando, diante da fachada simples, não ventilada, uma segunda superfície inteiramente envidraçada for instalada, proporcionando um aspecto de superfície contínua. Deve-se observar a camada com sistema de escoamento de água.

Fachadas envidraçadas com superfície contínua
A fachada de vidro é caracterizada por uma superfície contínua de aspecto unitário. Essa aparência só é obtida quando as chapas de vidro forem fixadas aos perfis metálicos de fixação. A execução desse sistema necessita aprovação individual, para cada caso. A estrutura colada deve ser feita com material controlado por instituições competentes (p. ex. Dow Corning GmbH – Aprovações N°-Z-70.1-75).
Na Alemanha, todas as fachadas acima de 8 m devem ter estruturas adicionais de segurança mecânica das chapas.
A vedação do vidro isolante deve ser resistente aos raios ou à radiação UV, por exemplo, por meio de serigrafia.

Fachadas com vidros protetores contra incêndio
Vidros de segurança contra o fogo F no envidraçamento de fachadas podem ser instalados somente conforme condições específicas, pois a camada isolante de espuma não pode ser aquecida acima de 50–60°C. Essa condição só é mantida para fachadas ensolaradas, com uma proteção eficaz e garantida de sombreamento.

Proteções de visibilidade em chapas de vidro
Esses elementos costumam ser instalados nas chapas de vidro de forma adicional à proteção solar transparente. Trata-se de películas de óxido de metal, aplicadas sobre vidros temperados. A face que recebe a película deve voltar-se para fora. No entanto, segundo a norma DIN 18008, essas formas de proteção podem ser aplicadas em uma ou duas faces ou, ainda, de modo pontual. No caso do uso pontual necessita-se de aprovação especial, para cada caso.

Redução da influência de radares

A redução das reflexões das emissões produzidas por radares em fachadas de edifícios grandes próximos a aeroportos é exigência da Associação Alemã de Segurança Aeroviária (DFS). O objetivo é amenizar a reflexão de sinais de radares que alcançam grandes fachadas; os sinais refletidos podem ocasionar falsas interpretações nas torres de controle dos aeroportos, influenciando o tráfego aéreo.
Com a aplicação de películas especiais pode-se resolver o problema com absorção e transferência das fases (interferência) dos sinais incidentes nos vidros isolantes. Em função do alto grau de exigências do vidro isolante, cada caso deverá ser calculado isoladamente. Valores de energia e luminosidade serão calculados para a composição específica do vidro.
O nível exigido de redução depende de diversos fatores, como o tamanho do edifício, a distância e a orientação em relação à estação do radar.
Em princípio, deve haver um parecer de especialistas de instituto reconhecido para cada edifício para, então, serem definidas as medidas necessárias. O fabricante produzirá o vidro apropriado para cada caso.
Todos os outros elementos de fachada devem constar no parecer para fixar as medidas gerais de execução da fachada.

Partes da construção

VIDROS

Fundamentos
Vidros isolantes
Vidros de segurança e isolantes acústicos
Vidros com variações ópticas
Vidros fundidos
Perfis de vidro
Blocos de vidro
Vidro à prova de fogo
Fachadas envidraçadas

123

Partes da construção

PORTAS

Disposição
Construções
Portas especiais
Portões
Fechaduras
Segurança de edifícios e áreas

DIN 107 → p. 12

PORTAS
DISPOSIÇÃO

As portas no interior de um edifício precisam ser dispostas com cuidado, uma vez que uma distribuição desfavorável ou portas desnecessárias podem prejudicar o uso do ambiente e ocasionar perda de espaços → ❶ – ❷.

A abertura da porta diferencia-se em relação à sua direção: para dentro do ambiente ou para fora, no corredor. Normalmente as portas abrem-se para dentro do ambiente. A denominação do tipo de porta pode ser feita segundo os seguintes parâmetros: posição e função, direção de abertura da folha, ângulo de abertura, batente e moldura, forma construtiva da folha, tipo de movimento e fechamento do vão.

Portas interiores: de quartos, entrada de apartamentos, porões, banheiros, WC e áreas de serviço.

Portas exteriores: porta de entrada de casas, portões, portas de terraços e balcões.

Formas especiais como as portas pendulares e as chamadas "balance door" → ❼ requisitam esforço mínimo para abertura. No entanto, os sistemas de dobradiças e fechaduras são caros e oferecem perigo de acidentes. São apropriadas para passagens em corredor, vestíbulos etc.

A largura da porta prende-se à sua função e naturalmente ao uso do ambiente que ela fecha.
O tamanho mínimo do vão luz é de 55 cm.
Em moradias tem-se a largura do vão luz de:
Portas de uma folha,
  para quartos   ≈ 80 cm
  para ambientes
  secundários,
  banheiros, WC   ≈ 70 cm
  para portas de
  apartamentos   ≈ 90 cm
  portas de entrada de casas
                         até 115 cm
Portas de duas folhas,
  para quartos   ≈ 170 cm
  portas de entrada
  de casas   140–225 cm
Altura do vão luz para portas internas:
  no mínimo   185 cm
  normal   195–200 cm

Portas de correr e giratórias não são apropriadas como portas principais e de saída, uma vez que, no caso de perigo, impedem um caminho rápido de emergência.

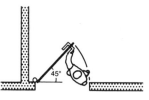
❶ De maneira geral, forma correta de abrir a porta

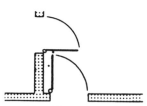
❷ Para uso do ambiente, disposição favorável da

❸ Disposição com duas portas contíguas em um canto, ambas abrindo para o interior do mesmo ambiente

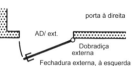
Abertura para a esquerda, para o interior

Abertura para a direita, para o interior

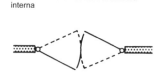
Porta de duas folhas com fechadura interna

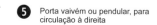
Folha com abertura à direita, para o exterior — Folha com abertura à esquerda, para o exterior

❹ Denominação de porta segundo sua relação com o ambiente e direção de abertura das folhas. A porta é observada a partir do posicionamento da dobradiça e seu sentido de abertura

❺ Porta vaivém ou pendular, para circulação à direita

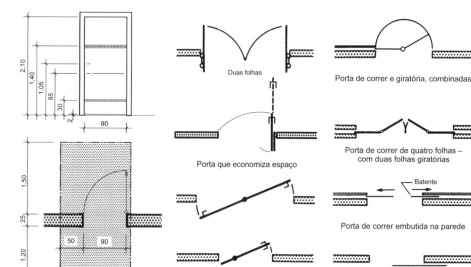

❻ Medida mínima para construção acessível com identificação de áreas de uso

❼ Portas giratórias: de uma folha, com ponto de giro descentralizado (abaixo) e central, para circulação à direita (acima)

❽ Porta de correr em frente da parede

Porta com altura do pé-direito e sem soleira

Porta sem soleira mas com ligação superior de parede com o teto

Porta com linha de batente em desnível no piso e com parede superior

Porta com soleira em desnível e parede superior

Porta com linha de batente em desnível no piso (batente inteiro) e com parede superior

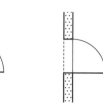
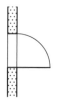

❾ Representação com parede (ligação com o teto) e soleira, em planta (aqui em detalhamento esc. 1:100). Diferenças de altura no piso são marcadas com linha contínua; a parede superior com linha pontilhada

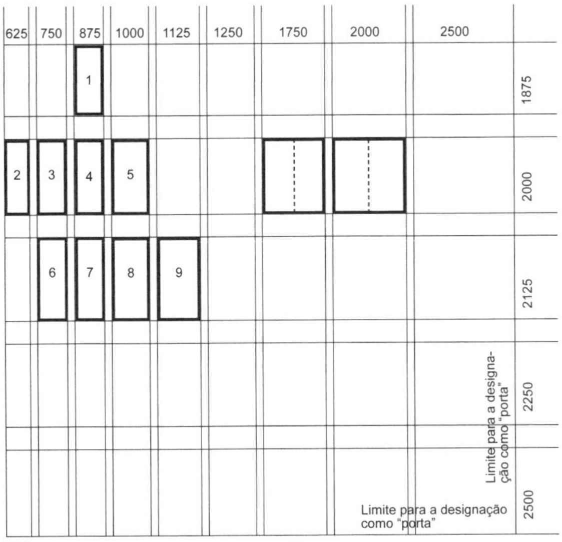

PORTAS
CONSTRUÇÕES

Medidas-padrão

Medidas para aberturas na parede para instalação de portas → ❶ são medidas diretrizes construtivas contidas na DIN 4172. Se, em casos excepcionais, outras dimensões forem necessárias, deverão ser utilizadas medidas inteiras, múltiplas de 125 mm. Designação de uma abertura na parede de 875 mm de largura e 2000 mm de altura (medida-padrão): abertura na parede DIN 18100 – 875 * 2000. Para estabelecimento da largura da porta (vão em construção não acabada) deve-se observar a construção do batente, pois diferentes soluções podem alterar a largura do vão livre de passagem em comparação com uma porta tradicional com guarnição → ❺ – ❿.

Construções de batentes

Para a escolha de uma das três formas clássicas de batentes deve-se observar, além das diferentes espessuras (diferença entre medida de construção não acabada e vão de passagem), as diversas variantes de junção com a porta, cuja folha poderá ser com ou sem recorte (dente), além da sua posição em relação à parede. No caso de portas com folha sem encaixe (dente) → ❾ deve-se observar a boa execução do conjunto, pois diferenças de medidas nos batentes, assim como portas fora de prumo, são imediatamente visíveis. A ligação entre batente e parede só apresenta boa solução a longo prazo com juntas especiais. O mesmo ocorre em relação ao teto, onde arremates apresentam-se problemáticos em reformas posteriores.

Partes da construção

PORTAS

Disposição
Construções
Portas especiais
Portões
Fechaduras
Segurança de edifícios e áreas

DIN 4172, 18100, 18111

❶ Dimensões de vãos segundo DIN4172 → ❷

	Medida-padrão	Medida da folha da porta		Medidas no batente			
	Vãos para portas em paredes DIN 18100	Medida externa da folha da porta (Medida padrão)	Medida interna (entre dentes) da folha da porta Medida nominal	Vão luz do batente (largura entre dentes)	Vão luz do batente (altura entre dente e piso)		Dimensões da abertura conforme DIN 18111
			Difer. perm. ±1	Difer. perm. +2 ±0	Difer. perm. ±1	Difer. perm. ±0 −2	
1	875	1875	860	1860	834	1847	841	1858	811
2	625	2000	610	1985	584	1972	591	1983	561
3	750	2000	735	1985	709	1972	716	1983	686
4	875	2000	860	1985	834	1972	841	1983	811
5	1000	2000	985	1985	959	1972	966	1983	936
6	750	2125	735	2110	709	2097	716	2108	586
7	875	2125	860	2110	834	2097	841	2108	811
8	1000	2125	985	2110	959	2097	966	2108	938
9	1125	2125	1110	2110	1084	2097	1091	2108	1061

❷ Folhas de porta com dentes e batentes inteiros DIN 18101

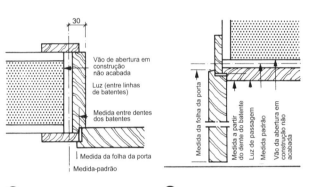

❺ Largura da porta, com guarnição ❻ Altura da porta, com guarnição

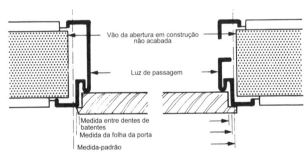

❸ Batentes de aço DIN 18111

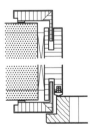 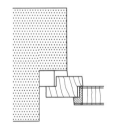

❼ Porta com guarnição ❽ Porta com batente individualizado, como ressalto

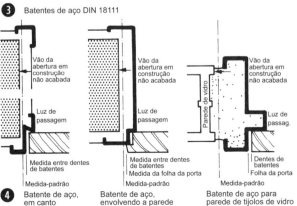

❹ Batente de aço, em canto | Batente de aço, envolvendo a parede | Batente de aço para parede de tijolos de vidro

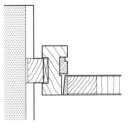 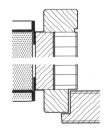

❾ Porta com batente central; folha da porta sem dente de encaixe ❿ Porta com batente inteiriço, fixado em perfis metálicos de arremate da parede

125

PORTAS
PORTAS ESPECIAIS

Portas giratórias → ❶ – ❻
São construídas de forma a serem ajustadas às necessidades, p. ex. para circulação intensa no verão, podem-se ter as folhas dobradas em linha no meio, permitindo acesso e saída de pessoas ao mesmo tempo. O grupo de folhas também pode ser afastado lateralmente, para circulação em uma só direção (p. ex. fechamento de loja no fim do dia) → ❹ – ❺.

Portas automáticas, acionadas por sensores eletrônicos, com sistema de radar ou por contato no piso → ❼ – ❽, assim como contatos pneumáticos também no piso. Barreiras luminosas (sensores de luz) para portas de correr automáticas, são apropriadas para saídas de emergência em edifícios administrativos, com sistemas de folhas de até 8 m de largura. "Cortinas de ar" para entrada de edifícios → ⓳, à noite podem receber fechamento de portas metálicas de correr verticais → ❾.

Fechamento de ambientes por **portas dobráveis** empurradas lateralmente → ❿, sanfonadas com eixo mediano em relação às folhas → ⓫, podem ser solução para aberturas de grandes dimensões. Este sistema combina movimento giratório e de correr. As portas sanfonadas podem ser feitas de madeira compensada, couro artificial ou tecido → ⓬.

Portas telescópicas são compostas de diversas folhas, que se encaixam umas sobre as outras. As utilizadas com encaixe exterior apresentam folhas simples → ⓭, enquanto que as de encaixes interiores são duplas → ⓮.

Portas de correr → ⓯ + ⓲ possibilitam boa separação de ambientes (proteção acústica), porém não podem ser movimentadas sem ferramenta. Planejar espaço para depósito das folhas enroladas!

Portas "cortina", de enrolar, presas em cima → ⓱ ou desenvolvidas lateralmente → ⓰, permitem separação de grandes ambientes.

Partes da construção

PORTAS
Disposição
Construções
Portas especiais
Portões
Fechaduras
Segurança de edifícios e áreas

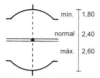
❶ Porta giratória de duas folhas

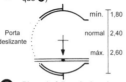
❷ de três folhas (mais confortável que ❸)

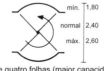
❸ de quatro folhas (maior capacidade que ❷)

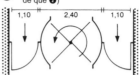
❹ Com as quatro folhas dobradas juntas

❺ Bloco de folhas deslocado lateralmente

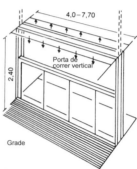
❻ Porta giratória com saídas extras de emergência

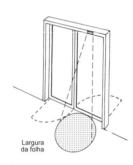
❼ Porta giratória automática

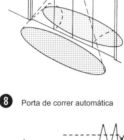
❽ Porta de correr automática

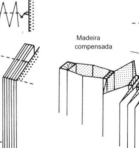
❾ Sistema com porta de correr vertical → ⓳

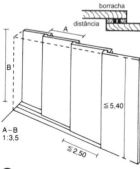
❿ Porta dobrável de funcionamento lateral

⓫ Porta sanfonada, com eixo guia mediano

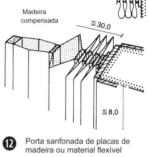
⓬ Porta sanfonada de placas de madeira ou material flexível

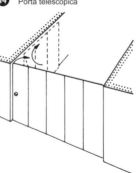
⓭ Porta telescópica

⓮ Porta telescópica

⓯ Porta de enrolar

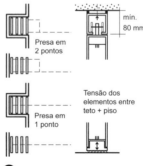
⓰ Porta "cortina" divisória, segundo DIN 10032/ Parte 4 → p. 463 ❺ – ❽

⓱ Porta de correr articulada, para fechamento em esquina

⓲ Portas de correr variáveis

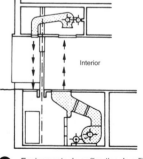
⓳ Equipamento de ar ("cortina de ar") para entrada de edifícios → ❾

126

PORTAS
PORTÕES

Portões basculantes para garagens e semelhantes → ❶, portão basculante articulado com mola ou contra-peso. Portões simples ou duplos, em parte de vidro, totalmente de vidro, com preenchimento de madeira, material sintético, alumínio, chapas de aço zincadas. Medida de passagem máxima 4,82 x 1,96 m. Superfície máxima de folha ≈ 10 m². Também construídos em forma curva ou segmentos de curva. Manejamento confortável através de controle remoto. Portões sanfonados verticais → ❸, articulado (secionado) → ❹, telescópico → ❺, de enrolar → ❻ de alumínio para fixação sob o teto, simples ou duplos, ideais para edifícios industriais, garagens e oficinas de grande porte. Largura máxima de 18 m e altura de 6 m. Portões manejáveis através de: interruptores de puxar (cordas), sensores luminosos, sensores de movimento, controle remoto através de contato com o piso (soleira). Construção de manejamento fácil, porta pendular de PVC → ❸ com placas simples de PVC transparente, de alta resistência de uso e contra pancadas, também encontrado em sistema de cortina, em faixas → ❹. Portas corta-fogo T30–T90, com uma ou duas folhas → ❺. Portão corta-fogo de correr → ❻. Fechamentos corta-fogo, como portões deslizantes, sanfonados ou basculantes, devem funcionar independentemente da rede elétrica. Em caso de incêndio, fechamento automático (Fischer–Riegel).

Partes da construção

PORTAS

Disposição
Construções
Portas especiais
Portões
Fechaduras
Segurança de edifícios e áreas

Ver também:
Medidas de proteção contra incêndios p. 190

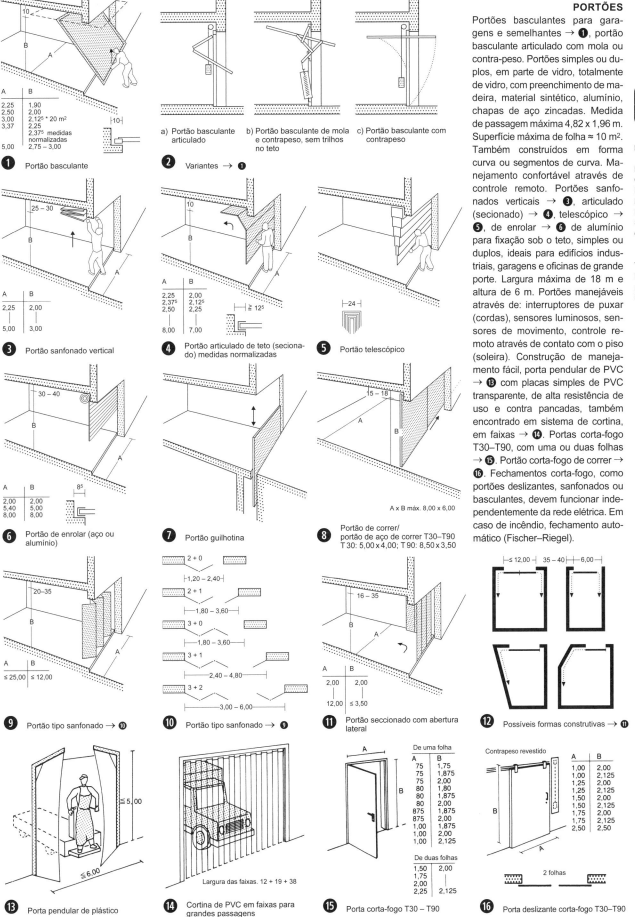

❶ Portão basculante
❷ Variantes → ❶
  a) Portão basculante articulado
  b) Portão basculante de mola e contrapeso, sem trilhos no teto
  c) Portão basculante com contrapeso
❸ Portão sanfonado vertical
❹ Portão articulado de teto (secionado) medidas normalizadas
❺ Portão telescópico
❻ Portão de enrolar (aço ou alumínio)
❼ Portão guilhotina
❽ Portão de correr/ portão de aço de correr T30–T90 T 30: 5,00 x 4,00; T 90: 8,50 x 3,50
❾ Portão tipo sanfonado → ❿
❿ Portão tipo sanfonado → ❾
⓫ Portão seccionado com abertura lateral
⓬ Possíveis formas construtivas → ⓫
⓭ Porta pendular de plástico
⓮ Cortina de PVC em faixas para grandes passagens
⓯ Porta corta-fogo T30 – T90
⓰ Porta deslizante corta-fogo T30–T90

127

PORTAS
FECHADURAS

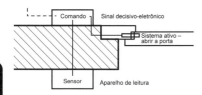

Para grandes exigências de segurança, deve-se separar sensor e comando (setor de comando em zona segura). Com a manipulação do sensor (p. ex. curto circuito) não poderá haver continuidade de funcionamento do comando

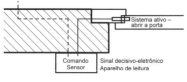

Com o controle de acesso em área vigiada, pode-se instalar sensor e comando na mesma parte construtiva

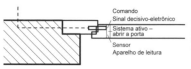

Cilindros eletromecânicos possuem sensores e aparelhos de comando; o papel ativo assume a fechadura mecânica

---- event. ligação com sistema central de vigia

❶ Ordenação dos componentes eletrônicos para fechadura de conjunto construído, em dependência das exigências de segurança. O funcionamento poderá ser autônomo (*off-line*), assim como também em ligação com uma central de controle (*on-line*)

Fechaduras com sistema mecânico
Fechaduras cilíndricas oferecem grande segurança, uma vez que sua abertura com ferramentas é praticamente impossível.
Tambores são fornecidos segundo a necessidade com prolongamento de um ou dos dois lados a cada 5 mm, para se ajustarem à espessura da porta.

Plano do sistema de fechaduras
Para planejamento e encomenda do sistema de fechaduras é necessário um plano de conjunto, associado à cédula de segurança. Somente com a apresentação desse documento podem ser feitas chaves substitutivas.

Sistema de fechaduras centralizado
Nesse sistema, uma chave principal fecha a porta de entrada do edifício e outras de caráter geral, como porta para o pátio, setor de subsolo, assim como a porta de entrada do apartamento. Apropriado para conjuntos habitacionais e prédios de apartamentos em geral.

Sistema de fechaduras hierarquizado
Uma chave principal (chave mestra) pode abrir diversos cilindros de todo o conjunto. Pode-se estabelecer uma estrutura de permissão de acesso para funcionamento do sistema. Cada cilindro tem também uma chave própria e pode ser fechado por ela com exclusividade, além da chave principal.
Pontos fracos que devem ser previstos no planejamento do edifício → ❸.

Controle eletrônico de acesso
As desvantagens das fechaduras mecânicas são a impossibilidade de mudar o sistema hierárquico e o trabalho necessário caso haja perdas de chave (a troca de cilindro é cara). No caso de sistemas de fechamento eletrônico, a entrada de pessoas pode ser permitida ou proibida a curto prazo, sem necessidade de mudança de parte construtiva. Fechaduras cilíndricas eletromecânicas também permitem mudanças posteriores sem novas instalações. Fechaduras eletrônicas complexas permitem ligação com rede de identificação individual, classificação de espaços e tempo de uso, além de horários ou turnos de trabalho → ❶ + ❷.
No setor privado, empregam-se também fechaduras com código, que permitem o acesso a pessoas que conhecem a combinação numérica. Certas pessoas escolhidas, como carteiro, instaladores, fornecedores etc., podem ter fácil acesso às edificações.

Saídas de emergência e portas para casos de pânico
Desde 2004, diversas exigências quanto às fechaduras foram estabelecidas para saídas de emergência (DIN EN 179) e portas para escoamento em caso de pânico (DIN EN 1125). Essas portas precisam ser testadas inteiramente, aprovadas e sinalizadas para identificação.

Portas para escoamento em casos de pânico são instaladas em edifícios ou setores com acesso de público, onde a saída de emergência não é automaticamente identificável pelos usuários.

Meios de identificação

meios de identificação eletrônicos
Informações de identificação são lidas pelo sensor e comparadas com os dados guardados; a avaliação é feita por um sistema de comando. Dependendo do tipo de transmissão dos dados pode-se diferenciar os seguintes sistemas:

	com contato
passivo	Faixas magnéticas – de fabricação econômica, mas fácil de serem copiadas (pouca capacidade de armazenagem, dados universais de palavras chave) Cartões com chip + possibilidade de cifragem de dados maior capacidade de armazenamento do que as faixas magnéticas
ativo	Chave com chip, com pilha; dados se transmitem por contato + cilindros eletromecânicos sem pilha própria são possíveis

	sem contato
passivo	Meio de identificação utiliza a energia emitida pelo emissor em questão para obter resposta de identificação e localização (p. ex. RFID chips) + não necessita energia própria – pequena zona de alcance de no máx. 1 m
ativo	Emissores infravermelhos ou de rádio – utiliza energia própria + zona de alcance > 1 m

identificação biométrica
Para identificação, o sensor apreende características individuais da pessoa e compara com um banco de dados. Devido à complexidade do mecanismo de reconhecimento, diferencia-se entre identificação e verificação.

Identificação	o usuário só é reconhecido segundo dados biométricos armazenados, exigindo mais do computador, que precisa analisar todos os dados de referência e compará-los entre si

Verificação	o usuário tem uma senha ou outro tipo de identificação. Através dos dados biométricos armazenados, a identidade da pessoa é verificada + sistema duplo oferece maior segurança + acesso rápido aos dados biométricos

Arquivos de atas, células de banheiro, caixas de correio, portas de passagem e emergência, guarda-roupas, frigoríficos, portas de móveis, portas de perfil metálico, portões de correr, portas de armários, escrivaninhas, gavetas, cabines de vestiários	perigosas
Casa de máquinas de elevadores, caixa de interruptores de elevadores, centrais de eletricidade, portas de garagens, portões basculantes de garagens, portões de trama metálica, portas da central de aquecimento, portas do porão, aberturas para abastecimento de óleo para calefação, caixas de distribuição	forte perigo
Portas de escritório, escotilhas no telhado, janelas basculantes e de abrir, centrais de computadores, portas de entrada, grades, portas de casas, portas levadiças, janelas do porão, domo, interruptores, portas de apartamentos	muito perigosas

❷ Chaves convencionais têm sido cada vez mais complementadas e substituídas por meios de identificação eletrônicos e biométricos

❸ Lista de checagem em zonas sujeitas a roubo

PORTAS
SEGURANÇA DE EDIFÍCIOS E ÁREAS

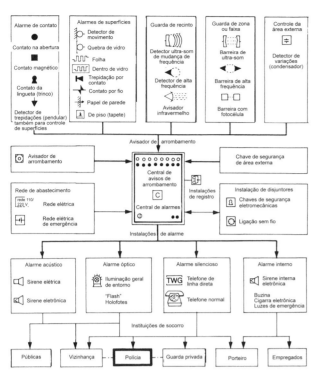

① Instalação de alarme contra arrombamento – construção e tipos de efeitos

WK 1	oferece segurança básica contra arrombamentos que acontecem através de ação corporal (pontapé), arrancamento de parte construtiva etc.
WK 2	resiste a tentativa de arrombamento com ferramentas simples (chave de fenda, alicate, cunha etc.) Portas dessa classe impedem mais do que 80% das tentativas de roubo.
WK 3	resistência a arrombamentos com pé de cabra ou chave de fenda especial.
WK 4	impede o arrombamento com martelo, machado, marreta ou furadeira.
WK 5 – 6	portas de segurança da classe WK5 e WK6 resistem durante bastante tempo o arrombamento com furadeira, serra, lima.

② Classes de resistência de partes construtivas segundo DINV ENV 1627

Classe de resistência	Janela	Portas externas	Janelas de correr com persiana integrada
WK 1	–	–	ER 1
WK 2	EF 0/1	ET 1	ER 2
WK 3	EF 2	ET 2	ER 3
WK 4	EF 3	ET 3	ER 4
WK 5	–	–	ER 5
WK 6	–	–	ER 6

③ Tabela de correlações entre antigas e novas classes de resistência. Uma relação entre parte construtiva e classe de resistência com valores antigos não é mais permitida

---

Equipamentos de segurança abrangem todas as medidas necessárias à proteção contra a criminalidade à pessoa física e a objetos. Em princípio, todos os materiais construtivos são vulneráveis, mesmo tratando-se do aço ou concreto armado, tendo-se como parâmetro para instalação de equipamentos especiais, apenas o grau de necessidade de proteção. Este é dado por uma análise da segurança, do edifício ou área, dos pontos vulneráveis, fixando custos relacionados ao uso. O Órgão de Segurança Pública auxilia na escolha de sistemas de proteção e instalações de vigia.

Sistema de segurança mecânico, diz respeito a intervenções construtivas no edifício, oferecendo resistência aos agressores que só pode ser vencida com o uso de violência.
Critério básico é o valor de resistência, considerando-se os pontos principais com necessidade de intervenção; p. ex.: em apartamentos, porta de entrada, janelas e poços de ventilação do porão; em lojas, as vitrinas, entradas, janelas e iluminação zenital, cercamentos. Elementos de segurança mecânica são, entre outros, grades metálicas, portas metálicas de enrolar na entrada de edifícios, também em aberturas de ventilação (podem ser fixas), persianas externas seguras, fechaduras de segurança, correntes e sensores luminosos. Para vidros tem eficiência a introdução de trama metálica interna, com resistência ao rompimento. Chapas de acrílico e policarbonatos oferecem elevada proteção.

Sistema elétrico de vigia constitui equipamento de alarme automático, para o caso de tentativa de arrombamento ou entrada em ambiente protegido. O critério básico é o tempo entre acionamento do alarme e ação do sistema de guarda.

1. Alarme contra arrombamento e assalto destina-se à proteção de pessoas e objetos encontrados no local.
Este sistema não evita a entrada do agressor, porém pode denunciá-lo o mais cedo possível.
Segurança ideal só pode ser alcançada através de intervenção mecânica, conjuntamente com sistema de alarme.
Medidas quanto à vigia: guarita externa, vigia interna no ambiente, guarda de objeto isolado, sistemas de armadilha etc.

2. Alarme contra incêndio inclui desde sistema pessoal para reconhecimento de perigo e pedido de ajuda direto, até sensores de identificação de incêndio e alarme. Ambos têm a função de proteger pessoas e objetos.

3. Sistemas de segurança de áreas têm a função de controle de zonas ou terrenos, ao redor de edificações. Eles visam proteger o objeto através de medidas efetivadas no entorno, ou seja, na área livre em que se implanta, indo até os limites do terreno, constituindo-se de medidas mecânicas construtivas, eletrônicas (detectores), e/ou de organização de pessoal para guarda. Objetivo: limitação jurídica, bloqueamento, impedimento, retardamento, alarme imediato, detecção de pessoas, veículos. Observação, identificação, tentativas de sabotagem, espionagem. Construção: medidas construtivas, cercas, valas, muros, barreiras, portões, controle de acesso, iluminação. Medidas elétricas/eletrônicas: central diretora, detectores, sensores, vídeo/televisão, sistema de controle de acesso, passagem das informações para centrais de computador, rádio, TV, telefone de linha direta. Organização de pessoal de vigia, observação, guarda, grupo de segurança, tropas de intervenção, pessoal técnico, cães de guarda, plano de telefone de emergência.

Partes da construção

PORTAS

Disposição
Construções
Portas especiais
Portões
Fechaduras
Segurança de edifícios e áreas

DIN 57100
DIN EN 50174-2
DIN EN 62368-1

PORTAS
SEGURANÇA DE EDIFÍCIOS E ÁREAS

Partes da construção

PORTAS

Disposição
Construções
Portas especiais
Portões
Fechaduras
Segurança de edifícios e áreas

DIN 57100
DIN EN 50174-2
DIN EN 62368-1

Símbolos → p. 19

3. Sistema de segurança de produtos, também chamado de sistema antifurto para lojas, constitui-se de medidas eletrônicas de controle de mercadorias, evitando seu afastamento ilegal de um determinado recinto ou zona delimitada (controlada). Funciona durante horário normal de atividade da loja.

4. Sistema de controle de acesso, eletrônico, que em combinação com sistema mecânico, permite a entrada em edifício, recinto ou zona, somente através da apresentação de elemento de identidade.
O controle eletrônico da identidade da pessoa é feito diante do local. A combinação entre controle de acesso e determinação da hora é tecnicamente possível. → p. 128

5. Sistema de comunicação à distância, com transmissão e troca de dados, entre duas estações diferenciadas, através da rede normal de comunicação (sistema de telecomunicações ou internet). São sistemas que permitem controle à distância, medições, direcionamento, diagnóstico, regulamentação, questionários à distância, controle de dados de informação, controle de situação de cada objeto.

6. Sistema de vigia, observação, direcionamento, controle, identificação de movimento, através de câmara e monitores, manuais e/ou automáticos, dentro ou fora dos objetos, dia e noite, 365 dias por ano.

7. Sistema de alarme em elevadores instalados em: elevadores de passageiros, de serviços e de carga pesada. Tem a função de segurança para o usuário e são concebidos em princípio para libertar pessoas presas no equipamento devido a pane. Estas podem se comunicar com pessoal de controle e socorro.

Alarme de arrombamento: ● exatamente apropriado / ○ ainda apropriado

1) Muitos avisadores têm restrições de uso, p. ex. não devem ser usados em combinação com vidro armado.
2) Especialmente como instalação de fechamento.
3) Apenas quando na porta houver chave de detonação de alarme.
4) Quando apenas a porta de saída for segurada.
5) Como armadilha.
6) Contato magnético, forma especial para pisos.
7) Não utilizar em faixas de contato com as mãos, com perigo de trepidação.
8) Existem domus já construídos com sistema de alarme.
9) Observar limitações relativas ao peso do vidro.
10) No caso de decorações de alto valor, recomenda-se segurança de cada objeto individual.
11) Recomenda-se uso de detectores de variações (condensadores).
12) E/ou incluídos no sistema de segurança do recinto.

❶ Alarme de contato e de superfície. Objetivo básico: contra arrombamentos

Critérios comparativos	Detector – ultrassom	Detector de movimento – ultrassom	Detector de movimento – alta frequência	Detector – infravermelho
Característica de controle – direção de movimento				
Zona de controle por unidade – valor em uma direção valor de alcance	Montagem de teto 90–110 m² montagem de parede ≈ 40 m² até 9 m	dependendo do aparelho 30 até 50 m² até 14 m	dependendo do aparelho 150–200 m² até 25 m	dependendo do aparelho 60 até 80 m² recintos até 12 m corredores até 60 m
Vigia total de recinto (acima de 80% do ambiente sob controle)	eficiente	não eficiente	não eficiente	eficiente
Instalação típica	– ambientes peq. até grandes – corredores – controle total/parcial ambiente	– ambientes peq. até grandes – controle parcial – armadilhas	– ambientes longos, grandes – controle parcial – armadilhas grandes espaços	– ambientes peq. até gran. – controle total ou parcial – armadilhas – avisadores de incêndio
abaixo de 0°C	permitido sob controle	permitido sob controle	permitido	permitido
de 0° até 50°C	permitido	permitido	permitido	permitido
acima de 50°C	não permitido	não permitido	permitido	não permitido
É possível maior número de sistemas de alarme em um recinto?	sem problemas	com cuidado	com cuidado	sem problemas
Influência de recintos vizinhos ou zonas de tráfego limites	sem problemas	sem problemas	não recomendável	sem problemas
Motivos prováveis de falso alarme	– ruídos fortes na zona de frequência do ultrassom – aquecedor do ar na proximidade do avisador – fortes turbulências do ar – paredes instáveis – objetos c/ movimento próprio p. ex. pequenos animais	– forte ruído na zona de frequência do ultrassom – aquecimento do ar – turbulências – paredes instáveis – objetos c/ movimento próprio, p. ex. pequenos animais – fatores de distúrbio na proximidade do avisador (alta sensibilidade)	– desvio de radiação através de reflexão em elementos metálicos – paredes e janelas permeáveis a radiações – paredes instáveis – objetos c/ movimento próprio, p. ex. pequenos animais – ventiladores – efeitos eletromagnéticos	– fontes de calor com rápida mudança de temperatura, p. ex. lâmpadas incandescentes, calefação elétrica, lareira aberta – influência de luz forte, direta e variável sobre o avisador – objeto c/ movimento próprio, p. ex. pequenos animais

❷ Segurança de recintos – critérios principais de comparação

ESCADAS
PRINCÍPIOS

As determinações sobre a construção de escadas são variadas segundo os códigos de obras municipais, cabendo à DIN 18065 a regulamentação do dimensionamento. No caso de áreas de trabalho deve-se observar as diretrizes das associações profissionais.

Em edifícios residências, com no máximo 2 apartamentos, a largura da escada deverá ser de no mínimo 0,80 m, 17/28 espelho/piso. Segundo a lei, para escadas não importantes vale a relação 0,50 m, 21/21, valendo para escadas de importância 1,00 m, 17/28. Em prédios de apartamentos exige-se largura de 1,25 m.

Além disso, a largura da escada de edifícios públicos é calculada de acordo com o tempo de evacuação desejado → p. 426 Estádios.

Os lanços devem apresentar ≧ 3 degraus até ≤ 18 degraus → ❺.
Largura de patamares = n (vezes) comprimento do passo + 1 piso (p. ex. com degraus de 17/29 = 1 × 63 + 29 = 92 cm, ou então 2 × 63 + 29 = 1,55 m). As portas que se abrem para a caixa de escadas não devem prejudicar a circulação nos patamares.

A regra dos 18 degraus é uma recomendação. Para escadas que têm um caráter essencialmente representativo, pode-se evitar o uso de patamares, dependendo da altura a ser interligada.

Partes da construção

ESCADAS

Princípios
Regras
Construções
Rampas
Escadas helicoidais
Escadas de emergência
Escadas rolantes
Esteiras rolantes

DIN 18065
Ver também:
Acessibilidade
→ p. 31

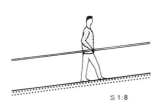
❶ Passo normal de um adulto em superfície horizontal

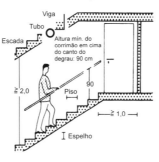
❷ Superfícies inclinadas diminuem a dimensão do passo. Subida confortável de 1:10 – 1:8

❸ Relação confortável para escada normal: 17/29. O comprimento do passo é igual a 2 espelhos + 1 piso = cerca de 62,5 cm

❹ Escada de marinheiro com corrimão

❺ Escada normal 17/29. Patamar no máx. após 18 degraus para escadas normais segundo o Código de Obras. Escadas representativas ligando até 4 m de altura entre pavimentos podem ser executadas sem patamar.

❻ Escadas sem corrimão

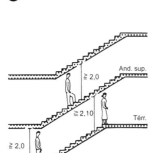
❼ Escadas construídas com sobreposição adequada dos lanços, economiza espaço

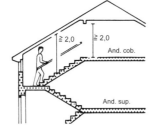
❽ Quando a escada acompanha o sentido das vigas e barrotes, economiza-se em espaço e em custos de troca de elementos construtivos

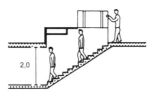
❾ Porta de alçapão (de abrir, lateral) deve ser combinada com escadas de acesso ao porão, quando o pé-direito for muito baixo

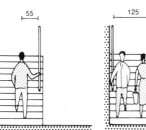
❿ Para escadas curvas ou caracol a distância entre linha de trânsito e corrimão é de 35–40 cm

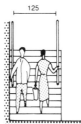
⓫ Para escadas retas, a distância entre linha central de trânsito e corrimão é de 55 cm

⓬ Escadas para trânsito de pessoas em duas direções ao mesmo tempo

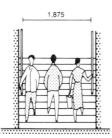
⓭ Largura ≧ 1,875, para passagem de três pessoas

Altura entre pavimentos	Escada de 2 lanços Inclin. mais plana (boa)		Esc. de 1, 3 lanços, escadas de acesso a edifícios Inclin. mais plana (boa)	
	Nº de degraus	Espelho	Nº de degraus	Espelho
a	b	c	f	g
2250	–	–	13	173,0
2500	14	178,5	15	166,6
2625	–	–	15	175,0
2750	16	171,8	–	–
3000	18	166,6	17	176,4

⓮ Altura entre pavimentos e inclinação da escada

Regulamentos para larguras de lances de escadas
mín. 0,50 m — Escadas não necessárias em apartamentos e prédios residenciais com até 2 unidades
mín. 0,60 m — Escadas não necessárias em outros edifícios
mín. 0,80 m — Escadas necessárias em apartamentos e prédios residenciais com até 2 unidades
mín. 1,00 m — Escadas necessárias em outros edifícios
mín. 1,20 m — Espaços de aglomeração
máx. 2,40 m — Espaços de aglomeração (1,20–2,40 m degraus de 60 cm)
máx. 4,00 m — (DIN 18065) em lances mais largos: planejar grades intermediárias

a: grades com aberturas largas
BG/GUV -SR S2 .... máx. 11 cm
DIN 18065 .... máx. 12 cm
ASR 12/1-3 .... máx. 18 cm
b: altura do corrimão
(independente da altura da grade)
DIN 18065 .... 0,80–1,15 m
edifício acessível .... 0,85–0,90 m
em creches e jardins de infância .. 0,60–0,75 m
c: altura da grade
(grades de proteção)
(LBO) .... mín. 0,90 m
se mais de 12 m .... 1,10 m
locais de trabalho .... mín. 1,00 m
também se aplica a escolas, espaços de reunião etc., pois também são locais de trabalho
e: extensão da grade
edifício acessível .... mín. 30 cm

⓯ Mede-se a largura dos lances pelo espaço entre os corrimãos. Escadas de acesso público contam necessariamente com dois corrimãos, um de cada lado, enquanto em edifícios comerciais e residenciais acessíveis prevê-se no mínimo um corrimão. Este deve estar sempre à direita no momento da descida. Na medida do possível, é sempre melhor ter corrimãos de ambos os lados!

⓰ Altura de grades e corrimãos, aberturas nas grades

131

ESCADAS
REGRAS

As possibilidades criativas envolvendo escadas e rotas de acesso são muitas: da escada residencial mais íngreme a elaboradas escadarias exteriores, o importante é produzir a sensação de escala adequada ao contexto. Isto resulta de seu desenho e das mais variadas conformações que podem assumir, sejam escadas internas até acessos externos generosos, sobre os quais o subir e descer transforma-se em um caminhar. O percorrer uma escada requer em média um consumo de energia 7 vezes maior do que o andar normal numa superfície plana.
Para subir uma escada é fisiologicamente favorável uma inclinação de 30° e uma relação de degraus de:

$$\frac{\text{Alt. degrau (espelho)}}{\text{Prof. degrau (piso)}} = \frac{17}{29}$$

Esta relação é determinada através do comprimento dos passos de uma pessoa adulta ($\approx 59 - 65$ cm). Para estabelecimento de uma relação favorável com mínimo consumo de energia, é válida a seguinte fórmula:
2 espelhos + 1 piso = 63 (1 passo). Para estabelecimento de medidas e desenho de uma escada, deve-se levar em consideração não só as relações acima citadas, como também seu caráter funcional e intenção formal. Não só é importante a ligação entre dois pontos em diferentes alturas, como também a forma em que se dá esta ligação. Para escadas ao ar livre, para circulação de massas, dá-se preferência a degraus baixos de 12 x 41 a 16 x 30 cm. Escadas de escritório e de emergência, ao contrário, devem possibilitar rápido vencimento de altura.
Toda escada importante tem que se instalar num espaço próprio, cujo acesso e saída para o exterior estejam organizados de maneira tal, que possam ser utilizados como caminho de fuga, sem perigo. Largura da saída ≧ largura da escada.
A partir de qualquer ponto de um ambiente de permanência, assim como recinto em subsolo, a caixa de escada ou saída para escada principal, deverão poder ser alcançadas dentro de um raio de distância de no mín. ≤ 35 m. Havendo necessidade de maior número de escadas, estas devem ser distribuídas de modo a encurtar o caminho de emergência. As portas de ligação da caixa de escadas com subsolo, sótão, oficinas, lojas, depósitos e espaços semelhantes, deve-rão ser do tipo corta-fogo, com resistência de duração T30.

Partes da construção

ESCADAS
- Princípios
- **Regras**
- Construções
- Rampas
- Escadas helicoidais
- Escadas de emergência
- Escadas rolantes
- Esteiras rolantes

DIN 18065
GUV-I 561

1 Escadas
2 Porão e sótão; que não conduzem a áreas habitáveis, assim como não necessárias segundo o Código de Obras; escadas adicionais na tabela → ❸, linhas 2, 3 e 5
3 Escadas necessárias segundo o Código de Obras; que conduzem a áreas de vivência, para edifícios residenciais com no máximo 2 apartamentos, segundo tabela → ❸, linha 1
4 Escadas necessárias segundo o Código de Obras; em outros edifícios da tabela → ❸, linha 4

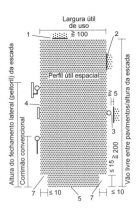

❶ Inclinação de rampas, escadas e escadas tipo marinheiro

1 Limite superior do perfil útil espacial, p. ex. parte inferior do próximo lanço
2 Limite lateral do perfil útil espacial, p. ex. revestimento da parede
3 ... p. ex. através do canto interior de corrimão unilateral; distância deste para a parede mín. 5 cm
4 p. ex. através da distância entre cantos internos de corrimão (corrimãos bilaterais)
5 Limite inferior do perfil útil espacial
6 Limite superior, p. ex. através de inclinações do telhado
7 Limite inferior (limitação) ocasionado, p. ex., por revestimentos laterais da escada

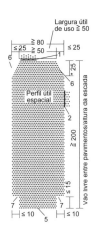

❷ Escadas – perfil útil espacial

Linha	Tipo de edifício	Tipo de escada	Largura útil da escada, mín.	Espelho s[2]	Piso a[3]
1	Edifício residencial com no máx. 2 apartamentos	Escadas que levam a ambientes de vivência	80	20	23
2		Esc. de porão, que não levam a áreas de permanência	80	21	21
3		Esc. de sótão, que não levam a áreas de permanência	50	21	21
4	Outros edifícios	Escadas necessárias segundo o Código de Obras	100	19	26
5	Todos edifícios	Escadas adicionais, não necessárias segundo o Código de Obras	50	21	21

1) Também inclui apartamento com mezanino em edifício com mais de 2 apartamentos
2) porém não < 14 cm,
3) porém não > 37 cm = determinação da relação s/a de inclinação s/a
4) Para degraus cujo piso for menor do que 26 cm, a área de intersecção u deverá ter um tamanho tal que o total de 26 cm do piso (a + u) seja alcançado
5) Para degraus cujo piso for menor do que 24 cm, a área de intersecção u deverá ter um tamanho tal que o total de 24 cm do piso (a + u) seja alcançado

❸ Escadas de edifícios
Dimensões-limite de espelhos e pisos em edifícios com escadas segundo DIN 18065

Escopo/edifícios	Gradientes em cm	Piso a em cm
Escadarias abertas, creches	14–16	32–30
Espaços de aglomeração, edifícios administrativos, escolas	15–17	31–29
Outras construções	16–19	30–26
Escadas em porões	17–19	28–26

Em um mesmo edifício, todos os degraus devem ter a mesma altura e a mesma profundidade

❹ Medidas de espelhos e pisos conforme recomendações das companhias de seguro de acidentes

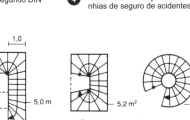

Figura ❺: 16 espelhos 17/29; pé-direito de 1 andar 2,75 m; largura da escada 1,0 m.

❺ Escadas sem patamar ocupam praticamente a mesma área para diferentes formas dos lanços; através de mudança de direcionamento varia-se apenas o formato dos degraus na entrada e saída. Do ponto de vista arquitetônico, deve-se utilizar, de preferência, escadas retas ou helicoidais. As últimas têm a vantagem de que a entrada e a saída da escada no próximo pavimento situam-se sobrepostas

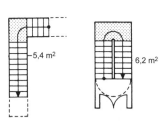

❻ Escadas com patamares ocupam a mesma área das escadas retas + áreas de patamares. Essas escadas são obrigatórias em caso de escadas necessárias com altura entre pavimentos ≧ 2,75 m. Largura do patamar ≧ largura útil de passagem da escada.

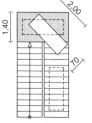
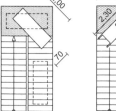
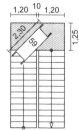

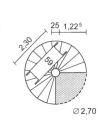

❼ Espaço mínimo necessário para transporte de móveis
❽ Para transporte de macas
❾ No caso de escada em caracol

ESCADAS
CONSTRUÇÕES

Perfis de degraus

Para escadas de edifícios que seguem as regras de construções acessíveis, os pisos dos degraus não devem se sobrepor! Para serem evitadas as manchas desagradáveis de graxa de sapato nos espelhos verticais de escada, ocasionadas pelo roçar da parte traseira do sapato → ❶, devem-se construir os espelhos com leve inclinação para dentro, o que também proporciona aumento da área do piso. Para largura de piso (b) menor que 260 mm, os degraus devem se sobrepor pelo menos ≥ 30 mm, o mesmo para escadas sem fechamento dos espelhos. Na altura do corrimão, uma pessoa necessita de maior quantidade de espaço; na altura dos pés, muito menos. Por conseguinte, pode-se optar pela fixação dos corrimãos na face lateral externa dos degraus, privilegiando um maior vão central. Coros, tribunas, galerias, balcões, devem receber parapeito, a partir de uma altura de 1 m sobre o piso inferior. A altura do parapeito será de:

Para altura de queda
< 12 m H = 90 cm

Para altura de queda
> 12 m H = 1,00 m.

Para locais de trabalho e quando o centro da escada entre lanços tiver uma largura máx. de 20 cm, para altura maior que 12 m H vale:

altura de queda > 12 m H = 1,10 m

Escadas de mão têm inclinação entre 45° e 75°. Quando o espaço existente for pequeno para o desenvolvimento normal em extensão de uma escada, deve-se escolher uma com degraus defasados → ❽ + ❿. O valor do espelho deste tipo de escada deverá ser baixo, ≤ 20 cm. A largura do piso (sempre alternadamente) é medida sobre o eixo a + b → ❿ pisadas dos pés direito e esquerdo.

Partes da construção

ESCADAS
Princípios
Regras
Construções
Rampas
Escadas helicoidais
Escadas de emergência
Escadas rolantes
Esteiras rolantes

DIN 18065

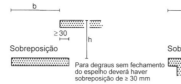

❶ Perfis de degraus para escadas ingremes. No caso de escadas projetadas de acordo com a norma DIN 18040 (Acessibilidade), o espelho deve ser vertical, sem rebaixamentos. Permite-se um chanfro de até 2 cm.

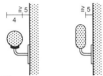

❷ Perfis de corrimãos • Perfil de madeira ou de aço para corrimãos de aço • Perfil de madeira ou de aço para corrimãos de vidro; perfil fixado diretamente no vidro

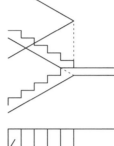
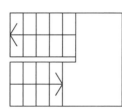
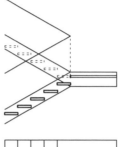
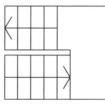

❸ Efeitos dos diferentes princípios construtivos sobre a geometria da escada, para obtenção de altura uniforme do corrimão

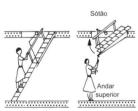

❹ Em falta de espaço, é suficiente para o sótão a escada de alçapão dobrável de alumínio ou madeira

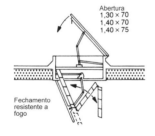

❺ Saída em cobertura plana, com escada de alçapão dobrável

Pé-direito do ambiente	Escada de alçapão Tamanho (cm)
220–280	100 × 60 (70)
220–300	120 × 60 (70)
220–300	130 × 60 (70 + 80)
240–300	140 × 60 (70 + 80)

Largura da caixa:
B = 59; 69; 79 cm

Comprimento da caixa:
L = 120; 130; 140 cm

Altura da caixa:
H = 25 cm

❻ Escadas de alçapão dobráveis → ❼ – ❽

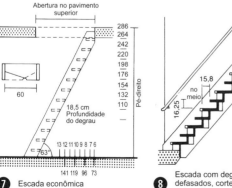

❼ Escada econômica

❽ Escada com degraus de pisos defasados, corte passando pelo meio

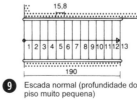

❾ Escada normal (profundidade do piso muito pequena)

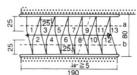

❿ Planta dos pisos: em a e b ≥ 20 cm

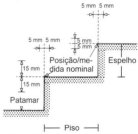

As tolerâncias não devem exceder ou ficar abaixo das dimensões limite prescritas!

⓫ Tolerância quanto à posição das pontas de degrau.

133

ESCADAS
RAMPAS
ESCADAS HELICOIDAIS

Partes da construção

ESCADAS

Princípios
Regras
Construções
Rampas
Escadas helicoidais
Escadas de emergência
Escadas rolantes
Esteiras rolantes

DIN 18065

Pedestres e pessoas em cadeiras de rodas, assim como usuários de carrinhos de bebê, não devem sofrer empecilhos no vencimento de alturas → p. 32 Acessibilidade. O ideal é, no caso, o uso de rampas → ❶, rampas escalonadas → ❷, escadas em rampa → ❸, com inclinações de → ❶.

Escadas helicoidais, em fuso (com pilar central)

A partir de cerca de 210 cm de diâmetro do buraco, é permitida a construção, segundo a DIN 18065 "como escada principal de uso", de escadas caracol em habitações para uma ou duas famílias (largura mín. de circulação de 80 cm); e a partir ⌀ 260 cm, para outros tipos de edificação (com largura mín. de superfície útil de 1,00 m).

As escadas em fuso com largura de piso inferior a 80 cm, só são permitidas como "escadas não importantes", em porões, sótãos, ambientes secundários.

Também quando houver outro caminho de fuga, em caso de emergência. Esse tipo especial de escada helicoidal economiza espaço e tem construção estável com pilar central → ❺ – ❻.

O eixo central pode ser eliminado, o que leva à escada caracol aberta, com lateral contínua dos degraus e espaço central vazado → ❿ – ⓫. A linha de desenvolvimento de uma escada helicoidal pode ser escolhida livremente entre a série presente na DIN 18065. O piso é medido sobre essa linha; nas áreas em curva, o piso funciona como corda (pontos de corte determinados pelos cantos frontais do degrau sobre a linha curva).

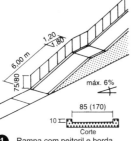
❶ Rampa com peitoril e borda marcada para cadeiras de rodas

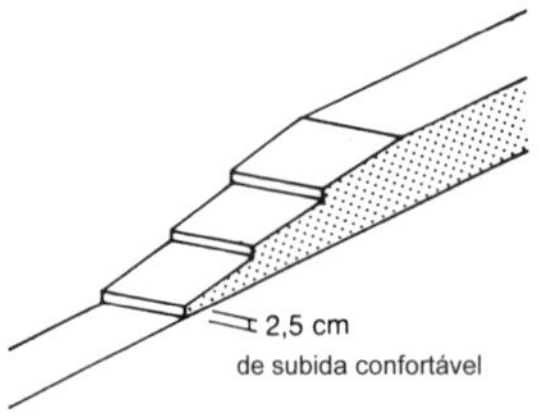

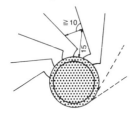
❷ Rampa escalonada

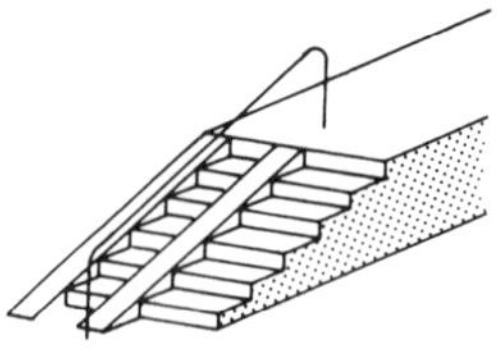

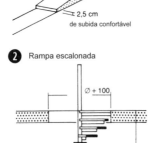
❸ Escada em rampa

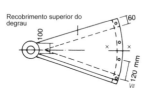
Através da tangência do canto do degrau com o pilar central, obtém-se o alargamento da outra extremidade do mesmo

❹ Degraus de escada helicoidal – pisos em planta

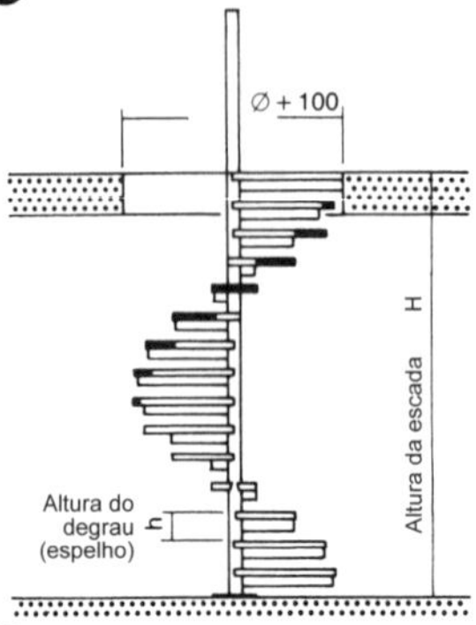

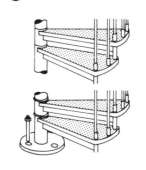
❺ Escada helicoidal com pilar central ("fuso")

❻ Degraus em madeira ou aço + piso de pedra artificial ou natural

❼ Detalhe da construção do piso

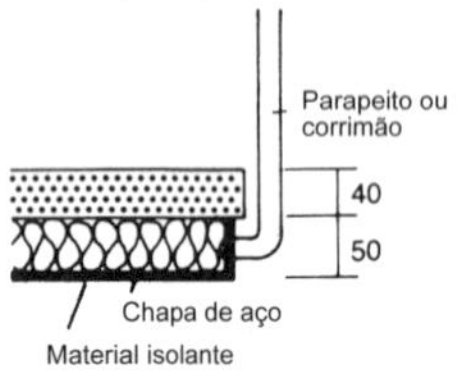

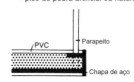
❽ Degrau de madeira maciça

❾ PVC sobre camada de cimento

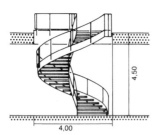
❿ Escada helicoidal de grandes dimensões

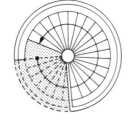
⓫ Planta ❿

⓬ Escada econômica (tipo "fuso"), com degraus defasados
Escada própria para acessos a ambientes sem permanência de uso, em vez das escadas de marinheiro; isto quando se necessita planejar a entrada com espaço giratório mínimo de 180°

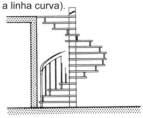
⓮ Escada helicoidal autoportante

⓯ Escada helicoidal instalada entre paredes

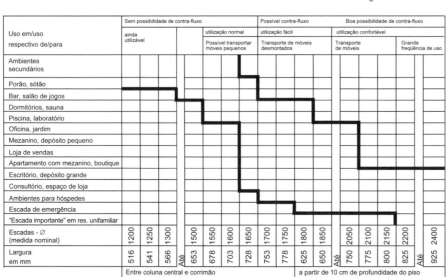
⓭ Determinação do tamanho mínimo de escadas helicoidais com pilar central, segundo tipo de uso

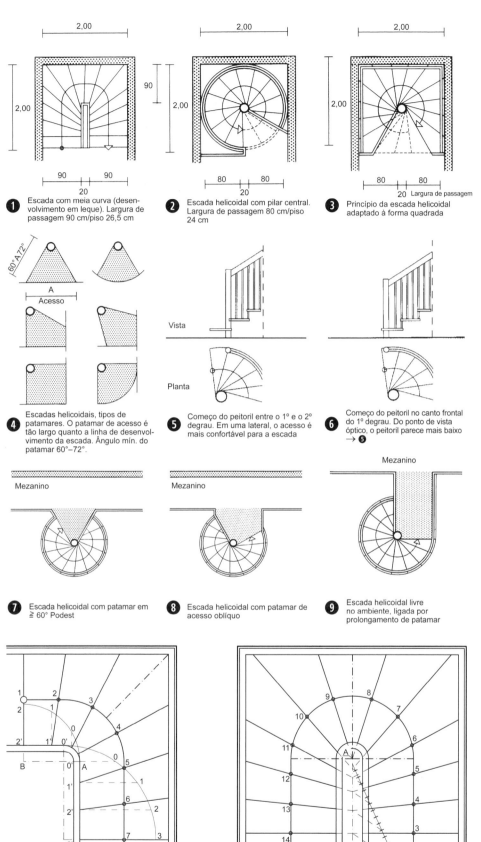

ESCADAS
ESCADAS HELICOIDAIS

Escadas helicoidais, mesmo parecendo ser bastante espaçosas, não devem ser projetadas em casos onde cada cm de piso necessite ser considerado. Comparação → ❶ + ❷. Escadas em nicho de 2 x 2 m.

O melhor efeito das escadas helicoidais acontece quando elas fazem a ligação com mezaninos ou passagens suspensas com peitoril → ❼ – ❾. A construção em espaço livre tem efeito marcante.
Patamares de acesso devem ter um ângulo de no mín. 60° → ❹.
Começo de peitoril entre 1º e 2º degrau contribui para melhor sensação espacial → ❺ – ❻.
Diâmetro de escada helicoidal a partir de 190 cm pode ser utilizado na construção de escadas únicas de ligação em edifícios residenciais, com largura útil de passagem de 80 cm → ❷ – ❸.
Uma ordenação uniforme de degraus oblíquos em curvas de escadas pode ser obtida através de construções geométricas. Nesse caso, o grau de tolerância para forma dos degraus é alto.

Método de divisão em curvas → ❿
1. Desenhar a linha de desenvolvimento
2. Marcar os degraus sobre a linha; começar pelo degrau do canto
3. Marcar a largura mínima do degrau e os cantos do piso
4. O ponto de encontro B da linha do último degrau com o eixo da escada é o centro da curva; a tangente (linha interna da escada) determina o ponto A, limite interior do degrau oblíquo
5. Marcar o ponto 0' sobre a tangente da curva na outra direção. Marcar ponto 0
6. O grande arco entre 0 e o último degrau em reta deve ser subdividido em setores iguais; mesmo número de degraus que acontecerão nesse trecho
7. As perpendiculares a partir desses pontos sobre a face interna da escada darão os pontos das linhas dos degraus

Método de divisão proporcional → ⓫
1. Desenhar a linha de desenvolvimento
2. Marcar os degraus sobre a linha
3. Para números pares de espelhos e iguais tamanhos dos lanços de subida e descida; primeiro marcar o piso mediano simétrico no eixo da escada (no exemplo 8–9). Para número ímpar de espelhos; primeiro marcar o espelho médio sobre o eixo da escada
4. Largura mínima do degrau mais estreito será marcada na face interior da escada. Dos pontos resultantes, traçar as linhas do piso (degrau)
5. Prolongar as linhas e marcar o ponto A
6. Último degrau em linha reta; prolongar até o eixo da escada (ponto B)
7. AB será dividido em trechos proporcionais na relação 1:2:3:4... (tantas divisões quanto o número de degraus). A divisão será aplicada para definir as linhas de degraus, de escolha livre
8. As linhas dianteiras dos degraus em curva são marcadas com a união dos pontos da reta subdividida e os pontos marcados sobre o eixo da escada

Partes da construção

ESCADAS

Princípios
Regras
Construções
Rampas
Escadas helicoidais
Escadas de emergência
Escadas rolantes
Esteiras rolantes

DIN 18056

Partes da construção

ESCADAS

Princípios
Regras
Construções
Rampas
Escadas helicoidais
Escadas de emergência
Escadas rolantes
Esteiras rolantes

DIN 18065

ESCADAS
ESCADAS DE EMERGÊNCIA

Rotas de emergência
Din 18799, 24532, 14094

A localização da escada de emergência deve permitir que as pessoas em perigo possam chamar a atenção para si de áreas púbicas de trânsito nas proximidades.

As escadas de emergência são instalações em edifícios com a função de salvar pessoas em perigo → ❶ – ❹ + ❸.

Escadas verticais, escadas fixas no exterior de edifício, têm a função de acesso a coberturas, chaminés, silos, reservatórios, tanques, máquinas etc.

A partir de uma altura de 5 m essas escadas devem ser protegidas por grades. Cada lanço deve ter no máximo 10 m, exigindo patamares intermediários → ❷ – ❸. Diâmetro da gaiola protetora 0,70 m.

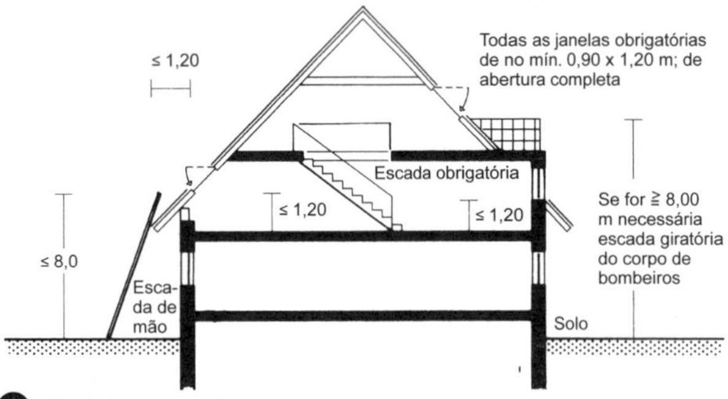

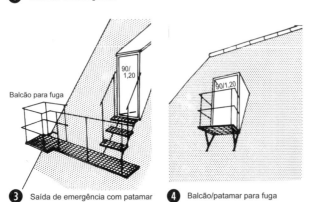

❶ Caminho de emergência ❷ Janela de telhado como saída de emergência

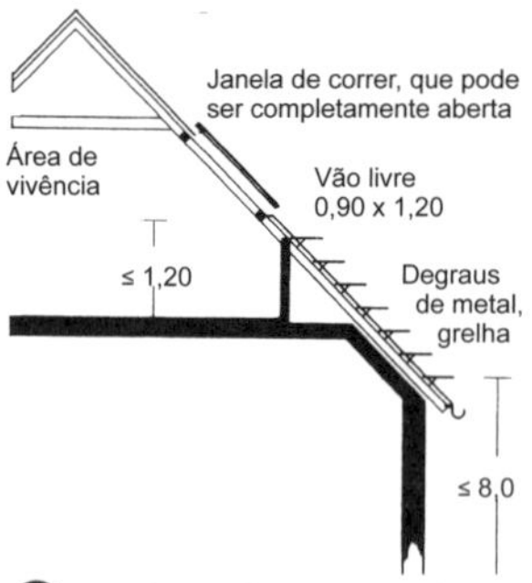

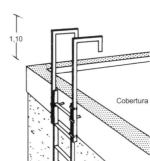

❸ Saída de emergência com patamar ❹ Balcão/patamar para fuga ❺ Escada telescópica vertical

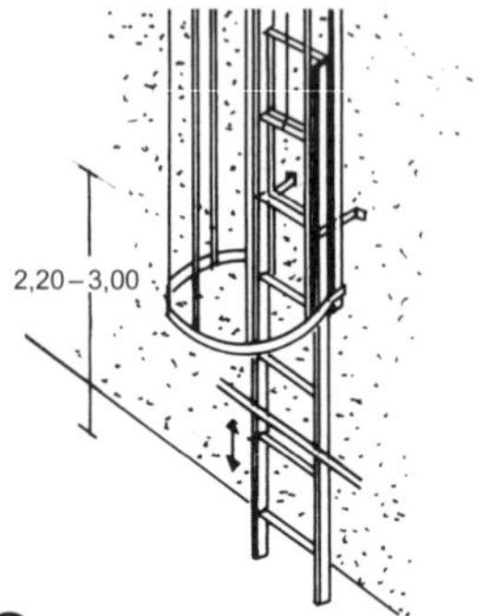

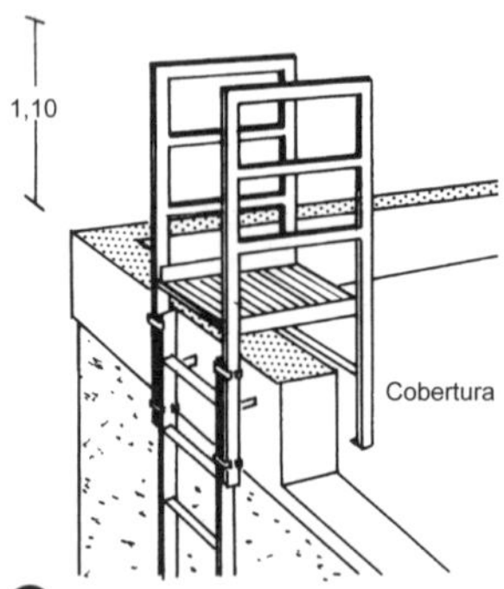

❻ Escada vertical com patamar ❼ Prolongamento da escada vertical ❽ Patamar com peitoril

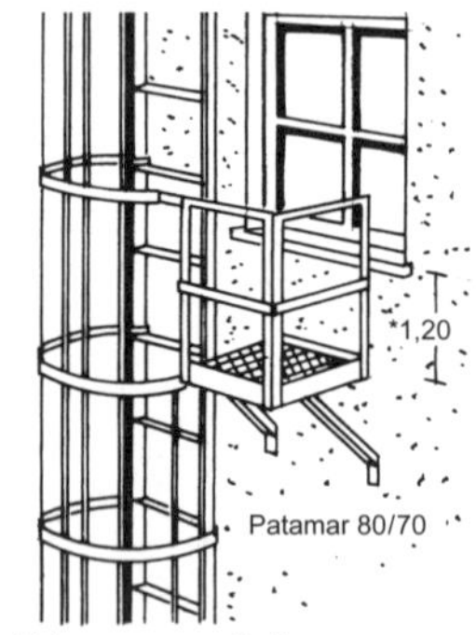

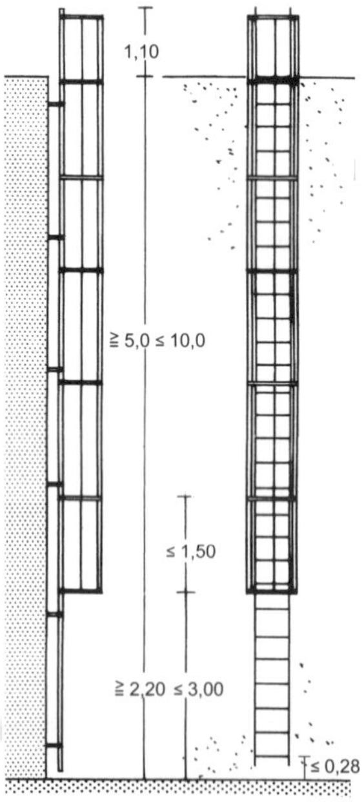

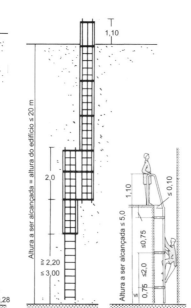

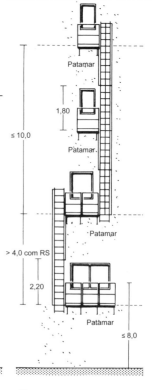

❾ Escada vertical unitária com grade de proteção ❿ Escada vertical com deslocamento ⓫ Escada vertical incorporada ao edifício ⓬ Escada vertical com patamares intermediários ⓭ Escada de emergência

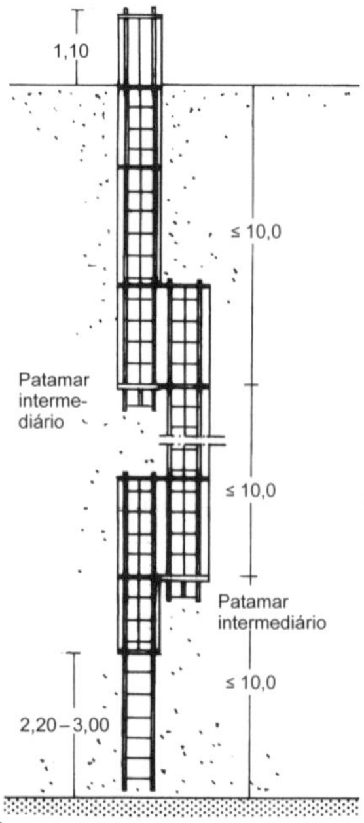

Dimensões → ❾		
Altura do edifício m de/até	Grade protetora RS	Fixação na parede/ pares
3,0– 4,0	—	3
4,0– 5,0	—	3
5,0– 6,0	RS	4
6,0– 7,0	RS	4
7,0– 8,0	RS	5
8,0– 9,0	RS	5
9,0–10,0	RS	6
Instalação com deslocamento → ❿ + ⓬		
10,0–11,0	RS	8
Sobreposição a partir de 1 m até...		
19,0–20,0	RS	13

136

ESCADAS ROLANTES
PARA LOJAS E EDIFÍCIOS DE ESCRITÓRIOS

Partes da construção

ESCADAS ROLANTES
ESTEIRAS ROLANTES

DIN EN 115

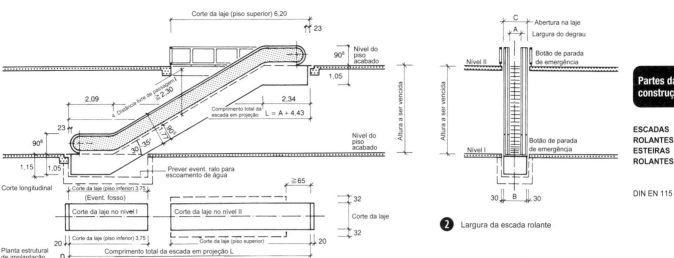

① Escada rolante em corte longitudinal / planta estrutural de implantação

② Largura da escada rolante

Capacidade de transporte
$Q = 3600 \times \dfrac{G_p \times v}{t} \times f$ (pessoas/h)
onde
G_p = n° de pessoas por hora (1;1,5; 2)
v (m/s) = velocidade
t = profundidade do degrau
f = 0,5 – 0,8 grau de uso da escada rolante

③ Fórmula para cálculo geral da capacidade de transporte

Largura degrau	800	1000
A	80–820	1005–1020
B	1320–1420	1570–1620
C	1480	1680
Potência por hora	7000–8000 Pessoas	8000–10000 Pessoas

④ Larguras e rendimentos para escadas rolantes com 30° ou 35° (27° 18°) de inclinação. Largura dos degraus → ②

Velocidade	Tempo de percurso para uma pessoa	Com uma largura suficiente para	
		1 pessoa	2 pessoas lado a lado
0,5 m/s	~ 18 s	4000	8000
0,65 m/s	~ 14 s	5000	10000
		Pessoas/h transportadas	

⑤ Dados sobre a potência

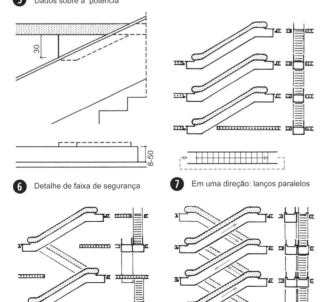

⑥ Detalhe de faixa de segurança

⑦ Em uma direção: lanços paralelos

⑧ Em uma direção: lanços alternados

⑨ Em duas direções: lanços cruzados

Para instalação e funcionamento vigoram as diretrizes para escadas e esteiras rolantes (Richtlinien für Fahrtreppen und Fahrsteige), com a função de transporte contínuo de grandes massas de público. (Observe-se aqui que, em sentido construtivo, não se pode considerá-las como escadas.) Escadas rolantes, p. ex. em lojas, possuem uma inclinação de 30° ou 35°, sendo que a de 35° é a mais econômica, ocupando menor área em planta.

Para vencimento de grandes diferenças de altura, recomenda-se a inclinação de 30°, por motivos psicológicos. A potência necessária é praticamente a mesma.

Como equipamento de circulação em edifícios ligados a transporte (aeroportos, metrô etc.) deve-se usar, na medida do possível, âgulos de inclinação de 27°–28°.

A inclinação angular é confortável para a relação de subida de 16 x 30 cm.

Para largura dos degraus, segue-se norma universal onde são adotados: 60 cm (1 pessoa), 80 cm (1–2 pessoas), 100 cm (2 pessoas) → ③ – ⑤. Com 100 cm de largura, uma pessoa com carga tem suficiente espaço de movimento.

Na entrada e saída da escada rolante, devem-se prever espaços com profundidade ≧ 2,50 m, suficientes para o problema de congestionamentos.

Em edifícios de lojas de departamentos, escritórios e administrativos, galpões de feiras e aeroportos, deve-se ter, via de regra, uma velocidade de 0,5 m/s.

Em estações de metrô e instalações de transporte público, dá-se preferência a 0,65 m/s.

Distribuição média dos meios de transporte internos em grandes lojas: escadas fixas, 2%; elevadores 8%; escadas rolantes, 90%; ou seja, aprox. três quartos do transporte de pessoas acontece por meio de escadas rolantes.

A média de uma escada rolante para cada 1500 m² de área de vendas deve ser portanto, hoje, diminuída para um ideal de 500–700 m².

Escadas rolantes em edifícios destinados a transporte (seguem as mesmas diretrizes das escadas rolantes em geral): apresentam grandes exigências quanto a função, construção e segurança.
Ângulos de inclinação: 27°, 18° e 30°.
Medidas das potências → ① – ②, ④

Comprimentos em planta → ①
Para inclinação de 30° = 1,732 × altura do andar
Para inclinação de 35° = 1,428 × altura do andar
Exemplo: altura do andar 4,50 m e inclinação 30° (35° em parte não são permitidos em alguns países) Comprimento em planta: 1,732 × 4,5 = 7,794. Adicionando as superfícies horizontais de entrada e saída, tem-se um comprimento de aprox. 9 m. Ou seja, ao mesmo tempo podem estar de pé sobre a escada rolante, aprox. 20 pessoas.

137

ESTEIRAS ROLANTES

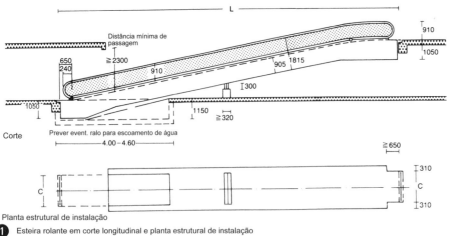
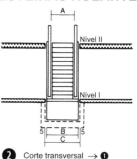

Partes da construção

ESCADAS ROLANTES
ESTEIRAS ROLANTES

DIN EN 115

① Esteira rolante em corte longitudinal e planta estrutural de instalação

② Corte transversal → ①

Tipo	60	80	100
A	600	800	1000
B	1220	1420	1620
C	1300	1500	1700

③ Medidas → ① – ②

ESTEIRAS ROLANTES PARA GRANDES ARMAZÉNS (DIRETRIZES COMUNS PARA RAMPAS E ESCADAS ROLANTES)

Diretrizes de funcionamento segundo DIN EN 115

Esteiras rolantes são meios de movimento para grande quantidade de pessoas, em superfícies horizontais ou de inclinação suave. A vantagem deste sistema está em poder transportar, com possibilidade mínima de perigo de acidentes, pessoas com carrinhos de bebê, em cadeiras de rodas, com carrinhos de compras, bicicletas e bagagens. Para projeto das mesmas, deve-se observar cuidadosamente o tráfego previsto de pessoas, para ser atingido um dimensionamento de capacidade ideal. A potência é calculada em função da largura interna, velocidade e fator de ocupação.

Capacidade para transporte de 6000–12000 pessoas/h é possível. Inclinação máx. da esteira é de 12° = 21%. Velocidade normal de 0,5– 0,6 m/s na horizontal; em seguida, até 4°, um pouco mais rápida, com até 0,75 m/s.

Esteiras rolantes curtas têm cerca de 30 metros de comprimento. As de grande comprimento podem atingir até 250 m. Deve-se dar preferência a seqüências de esteiras curtas, tendo em vista dar maior possibilidade de entrada e saída às pessoas.

As esteiras duplas → ⑨ – ⑩ são mais vantajosas que as simples → ⑦ – ⑧, com sistema de propulsão horizontal. A altura construtiva mínima de 180 mm, permite a instalação em edifícios já existentes.

Valores segundo as cotangentes da inclinação de esteiras rolantes.

Valores de cálculo do comprimento da esteira rolante com inclinação:
Comprimento da passarela rolante = cotg × α × altura de transporte + comprimento do acesso + comprimento da saída para a cotangente da inclinação da passarela rolante:

Ângulo gradiente α em °	10°	11°	12°
cotg α	5,6713	5,1446	4,7046

Por exemplo, altura de transporte 5m, gradiente 12°
Comprimento médio = 4,7046 x 5 m = (arrendondado) 23,52 m
Comprimento do acesso e da saída aprox. 2,5-3,00 m, dependendo do fabricante
No exemplo, o comprimento da passarela é de aprox. 26 m.

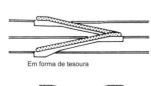
Em uma direção

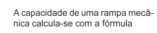
Em uma direção: lanços paralelos

⑤ 1 pessoa com carrinho de compras de 60 cm. Largura 80 cm

Em forma de tesoura

⑥ 2 pessoas, 1 m de largura

Cruzadas

A capacidade de uma rampa mecânica calcula-se com a fórmula

$$Q = \frac{K \cdot B \cdot V \cdot 3600}{0,25} \text{ pessoas/h}$$

Contrárias

onde: B = largura livre em metros, V = velocidade em m/s, K = fator de ocupação. Entre 0,5 e 0,9; média de valor: 0,7. O 0,25 na divisória deriva-se de uma superfície de 0,25 m²/pessoa.

④ Montagem de esteiras rolantes

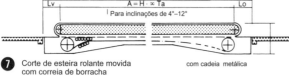
⑦ Corte de esteira rolante movida com correia de borracha   com cadeia metálica

Correia de borracha   Cadeia metálica

⑧ Planta → ⑦

⑨ Corte esquemático de esteira rolante dupla → ⑩

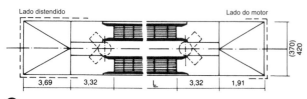
Lado distendido   Lado do motor

⑩ Planta de esteira rolante dupla com sistema de propulsão horizontal → ⑨

Esteira rol. horizontal	com cadeia met.	com correia de borracha	esteiras duplas
Largura útil S	800 + 1000	750 + 950	2 x 800 + 2 x 1000
Largura externa B	1370 + 1570	1370 + 1570	3700 + 4200
Construção	tipo de construção em superfície ≧ 4°		
Comprimento de uma seção	12 –16 m		~10 m
Distância entre instalações	segundo exigências		
Comp. possível desejado L	225 m = ≧ 300 m		
Capacidade	40m/min		11 000 Pess./h

⑪ Dimensões e desempenho de esteiras horizontais → ⑦ – ⑧

ELEVADORES
PRINCÍPIOS

Para todos os tipos de edifícios, os elevadores devem se localizar em princípio na área de intersecção de fluxos de trânsito. Deve-se observar o espaço suficiente para espera → p. 141, que não deve coincidir com escada ou degraus adjacentes (exigências da DIN 18040, acessibilidade). A ligação com áreas de trânsito deve ser projetada com cuidado. Existem dois sistemas de funcionamento de elevadores:
1. Cabos tracionados por polias (elevadores a cabo) → ❶
2. Elevadores hidráulicos → ❷ – ❸

Elevadores a cabo: em situação ideal têm o sistema de funcionamento montado sobre a caixa. O peso da cabine vazia, assim como das cargas, são compensados pelo contrapeso.
Sistema de funcionamento superior e lateral, ou inferior e lateral, tem necessidade de direcionamento adicional e aumenta os custos de utilização. Máquinas e sistema de funcionamento podem ser localizados em um recinto especial ou na própria caixa → p. 146.
No caso dos **elevadores hidráulicos**, existe a pressão de pistões hidráulicos → ❷ – ❸. Sua instalação pode ser direta e indireta. A instalação direta, com um tubo de proteção que penetra no solo, não é mais adequada diante das modernas exigências no que diz respeito à preservação da água subterrânea. A aplicação de sistema tracionado → ❸ B – D pode ser usada em casos especiais. O sistema hidráulico tracionado equaliza em parte o peso da cabine, o que pode ser melhorado com introdução de pesos extra → ❸ D uma vez que o motor de bombeamento só trabalha quando a carga movimentar o pistão para cima. A descida acontece com abertura de válvula, sem necessidade de gasto de energia extra, cujo consumo se reduz à metade.

Partes da construção

ELEVADORES

Princípios
Funcionamento
Edifícios residenciais
Edifícios públicos
Monta-cargas
Elevadores hidráulicos
Elevadores especiais

DIN 15306,
DIN 15309,
DIN EN 81,
Diretrizes para construção de elevadores 95/16/EG

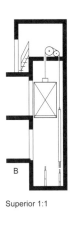
A — Sistema de funcionamento superior 2:1
B — Superior 1:1
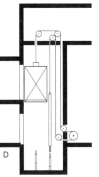
C — Superior lateral 1:1
D — Inferior lateral 1:1

❶ Elevador a cabo

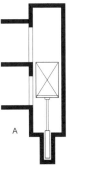
A — Instalação direta, pistão central, em reentrância no solo
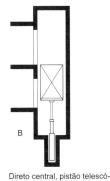
B — Direto central, pistão telescópico, em reentrância no solo
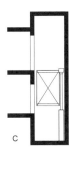
C — Direto, lateral
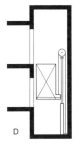
D — Indireto lateral

❷ Elevadores hidráulicos

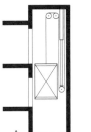
A — Pistão suspenso, que funciona por pressão 2:1
B — Pistão suspenso, que funciona por tração 1:1
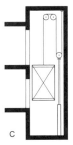
C — Pistão tracionado, sistema indireto 2:1
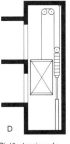
D — Pistão tracionado, com peso extra

❸ Elevadores hidráulicos especiais → ❶ – ❷

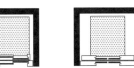

Porta telescópica, de correr, que se abre para um dos lados
Largura da caixa = 1,5 × largura, vão livre de passagem + 27 cm ≧ 1,60 m

Portas de correr, de abertura central: largura da caixa = 2 × largura, vão livre de passagem + 20 cm ≧ 1,80 m, para cabines que devem ser esvaziadas rapidamente

Porta telescópica, em quatro partes: largura da caixa depende do tipo de sistema de funcionamento do elevador

Portas telescópicas de seis partes: para cabines com grande abertura (p. ex. em hospitais + comércio/indústria)

❹ Relação entre tipo de abertura das portas do elevador e largura da caixa

630 kg 8 Pess.
⊢ 80 ⊣
⊢1,10⊣
⊢ LC 1,60 ⊣
1,40 / PC 1,66

⊢ 90 ⊣
⊢1,10⊣
⊢ LC 1,67 ⊣
1,40 / PC 1,66

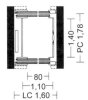
⊢ 80 ⊣
⊢1,10⊣
⊢ LC 1,60 ⊣
1,40 / PC 1,78

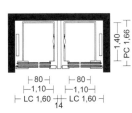
⊢ 80 ⊣ ⊢ 80 ⊣
⊢1,10⊣ ⊢1,10⊣
⊢ LC 1,60 ⊥ LC 1,60 ⊣
           14
1,40 / PC 1,66

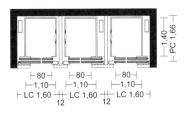
⊢ 80 ⊣ ⊢ 80 ⊣ ⊢ 80 ⊣
⊢1,10⊣ ⊢1,10⊣ ⊢1,10⊣
⊢ LC 1,60 ⊥ LC 1,60 ⊥ LC 1,60 ⊣
           12   12
1,40 / PC 1,66

LC: Largura da caixa
PC: Profundidade da caixa

❺ Plantas de elevadores → p. 141 — Também para usuário cadeirante — Com portas opostas — Dois elevadores paralelos — Três elevadores paralelos

139

ELEVADORES
FUNCIONAMENTO

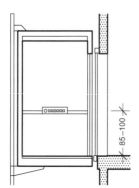

① Botões de funcionamento adaptados ao uso de pessoas com deficiência ou necessidades especiais, instalados a uma altura de 85–100 cm acima do piso e no meio da cabine → ②. Quando possível em placas horizontais com teclas de ≈ 3 x 3 cm; sinais gravados com contraste e em relevo; sinal acústico adicional

Partes da construção

ELEVADORES

Princípios
Funcionamento
Edifícios residenciais
Edifícios públicos
Monta-cargas
Elevadores hidráulicos
Elevadores especiais

DIN 15306,
DIN 15309,
DIN EN 81,
Diretrizes para construção de elevadores 95/16/EG

Elevadores em hospitais → p. 507

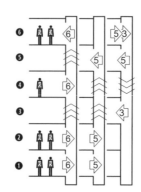

② Botões de funcionamento adaptados ao uso de PCDs e PNEs

③ Serviço conveniente de transporte de passageiros para grupo de 3 elevadores através de controle automático

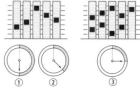

Tempo de alcance do andar desejado
① 5 caixas com funcionamento convencional
② 5 caixas com controle automático
③ 4 caixas com sistema de elevadores tipo TWIN

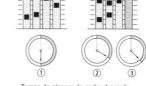

Tempo de alcance do andar desejado
① 4 c. com funcionamento convencional
② 2 c. com sist. de elevadores tipo TWIN
③ 2 caixas com cabines duplas

④ Grau de efeito sobre eficiência de elevadores com diversas cabines para o mesmo número de caixas

⑤ Grau de efeito sobre eficiência de elevadores com diversas cabines com redução do número de caixas

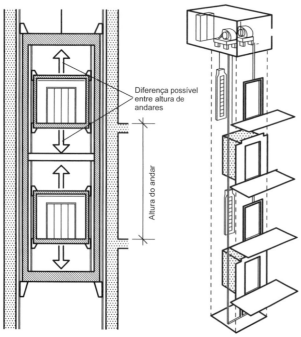

⑥ Cabines duplas com sistema mecânico para equalização das diferentes alturas dos andares

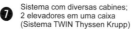

⑦ Sistema com diversas cabines; 2 elevadores em uma caixa (Sistema TWIN Thyssen Krupp)

Funcionamento com sistema coletivo de um botão

O sistema registra os pedidos de destinação de andares desejados, mas movimenta-se segundo um comando interno até o andar mais alto e mais baixo do percurso. As solicitações externas só são consideradas na descida, para transporte dos passageiros para as principais paradas. Esse sistema simples é adequado para edifícios com elevadores de pouca frequência de uso, tendo apartamentos ou garagem como paradas principais.

Funcionamento com sistema coletivo de dois botões

Para esse sistema, que depende da direção do movimento, escolhe-se com o botão externo à direção a ser tomada pelo elevador. O elevador segue a ordem de destinação comandada externamente, parando, entretanto, para a entrada de passageiros durante o percurso. Esse sistema é principalmente utilizado centros comerciais ou escritórios, onde paradas intermediárias são frequentes. No caso de grupo de elevadores, as solicitações de paradas podem ser atendidas por todos os elevadores.

Controle automático das destinações

Nesse caso, o usuário deve registrar em um terminal a destinação desejada. O sistema envia um elevador para atendimento. Em geral, a cabine não é dotada de botões.

Quando houver grupo de elevadores, o controle automático permite uma clara otimização da capacidade de transporte. O usuário não necessita escolher entre elevador expresso e normal; também não há necessidade de visibilidade dos elevadores a partir de todos os acessos. Elevadores especiais, como o de dois andares ou com mais de uma cabine, podem ser integrados aos grupos.

Esse sistema de controle é indicado para arranha-céus ou em edifícios com diversos níveis de segurança, onde é necessária documentação de acesso, uma vez que seu funcionamento pode ser integrado a meios de identificação (leitura de cartões, códigos etc.), p. ex. para hóspedes de hotel, funcionários e visitantes → ❸.

Elevadores de dois andares

Duas cabines acopladas uma sobre a outra, que servem conjuntamente dois andares consecutivos. Para mesmo tamanho de caixa, há a possibilidade de maior transporte de passageiros, principalmente no caso de elevadores expressos. O hall e o *sky lobby* devem ser executados também com pé-direito duplo. No caso de serviço de apenas um andar, o fluxo de passageiros deve ser regulado entre andares pares e ímpares através de escadas rolantes ligadas ao setor de acesso. Elevadores duplos são adequados para ligações de restaurantes e terraços de cobertura ou como elevador expresso para o *sky lobby* em arranha-céus → ❻.

Elevadores com diversas cabines

Dois ou mais elevadores transitam – cada um com seu sistema de roldana e contrapeso – sobrepostos e independentes nos mesmos cabos condutores → ❼.

Com um sistema de controle automático de destinações serão registradas, já antes da chegada da cabine, a direção de movimento e a parada desejada; em função disto, o controle do elevador apropriado (chamado pelo botão) recebe a ordem e evita que os elevadores venham a se atrapalhar mutuamente → ❸.

Com esse sistema pode-se obter um aumento de capacidade de até 30% para o mesmo número de caixas. Entretanto, recomenda-se o seu uso em grupos de elevadores que cubram pelo menos 50 m de altura. Como as cabines são instaladas sobrepostas em uma caixa, não havendo possibilidade de ultrapassagem, a ligação entre o primeiro e o último andares só é possível com baldeação. Consequentemente, recomenda-se sempre a instalação paralela de um elevador expresso → ❹ + ❺.

ELEVADORES
EDIFÍCIOS RESIDENCIAIS

O transporte vertical em edifícios novos e de múltiplos andares é executado preponderantemente por elevadores. O arquiteto, via de regra, é auxiliado no projeto de sua instalação por engenheiros especializados. No caso de grandes edifícios, de muitos andares, é de se ter como objetivo um nó central de circulação, com a concentração dos elevadores. Elevadores de carga e de pessoas devem ser implantados claramente em separado; ao mesmo tempo deve-se considerar no projeto que, nos momentos de pico, o elevador de carga possa ser utilizado para transporte de pessoas.
Para elevadores em edifícios residenciais são estabelecidas as seguintes capacidades de carga.

400 kg (pequeno elevador) p/ transporte de pessoas e eventualmente carga.
630 kg (elevador médio) p/ uso com carrinho de bebê e cadeira de rodas.
1000 kg (elevador grande) p/ transporte de macas, caixões, mó-veis e cadeiras de rodas para defcientes físicos → ❽.

Áreas de espera diante da porta da caixa do elevador devem ser projetadas e calculadas da seguinte maneira,
- que o entrar e sair dos usuários do elevador, mesmo com bagagem de mão, não seja prejudicado além de um mínimo inevitável;
- que os elevadores maiores, com suas respectivas instalações, possam transportar carga (p. ex. carrinhos de bebê, cadeira de rodas, macas, caixões, móveis), sem perigo de danos a pessoas, construção e elevador, no ato de carregar ou descarregar; isto, dentro dos limites de estorvo inevitável, aceito pelos usuários normais do elevador.

Área de espera em frente a elevador único
A profundidade mínima utilizável entre a porta na parede da caixa do elevador e a parede frontal, medida na direção da cabine, deve ser a mesma da profundidade da cabine → ❷.
A área mínima utilizável deverá ser o produto entre profundidade da cabine e largura da caixa.
Área de espera de elevadores vizinhos
A profundidade mínima utilizável entre a porta da caixa do elevador e a parede fronteira, medida na direção da cabine, deverá corresponder à profundidade da cabine maior (mais profunda).

Partes da construção

ELEVADORES

Princípios
Funcionamento
Edifícios residenciais
Edifícios públicos
Monta-cargas
Elevadores hidráulicos
Elevadores especiais

DIN 15306,
DIN 15309,
DIN EN 81,
Diretrizes para construção de elevadores 95/16/EG

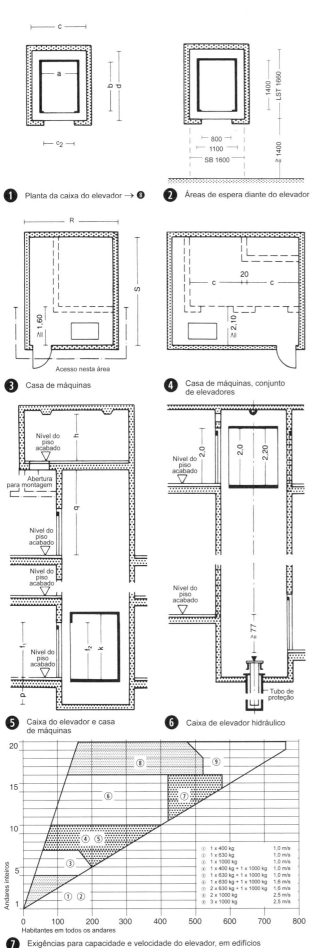

❶ Planta da caixa do elevador → ❽
❷ Áreas de espera diante do elevador
❸ Casa de máquinas
❹ Casa de máquinas, conjunto de elevadores
❺ Caixa do elevador e casa de máquinas
❻ Caixa de elevador hidráulico
❼ Exigências para capacidade e velocidade do elevador, em edifícios residenciais normais

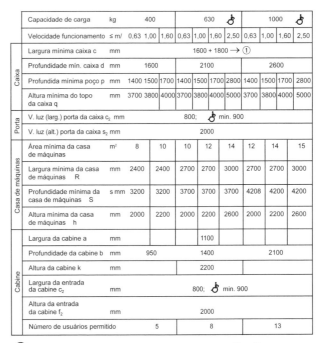

	Capacidade de carga	kg	400			630 ♿				1000 ♿			
	Velocidade funcionamento ≤ m/		0,63	1,00	1,60	0,63	1,00	1,60	2,50	0,63	1,00	1,60	2,50
Caixa	Largura mínima caixa c	mm				1600 + 1800 → ①							
	Profundidade mín. caixa d	mm		1600			2100				2600		
	Profundidade mínima poço p	mm	1400	1500	1700	1400	1500	1700	2800	1400	1500	1700	2800
	Altura mínima do topo da caixa q	mm	3700	3800	4000	3700	3800	4000	5000	3700	3800	4000	5000
Porta	V. luz (larg.) porta da caixa c₂	mm				800; ♿ min. 900							
	V. luz (alt.) porta da caixa s₂	mm				2000							
Casa de máquinas	Área mínima da casa de máquinas	m²	8	10	10	10	12	14	12	12	14	14	15
	Largura mínima da casa de máquinas R	mm	2400	2400	2700	2700	2700	3000	2700	2700	2700	2700	3000
	Profundidade mínima da casa de máquinas S	mm	3200	3200	3700	3700	3700	3700	4208	4200	4200	4200	4200
	Altura mínima da casa de máquinas h	mm	2000	2200	2000	2000	2200	2600	2000	2000	2200	2200	2600
Cabine	Largura da cabine a	mm				1100							
	Profundidade da cabine b	mm		950			1400				2100		
	Altura da cabine k	mm				2200							
	Largura da entrada da cabine c₂	mm				800; ♿ min. 900							
	Altura da entrada da cabine f₂	mm				2000							
	Número de usuários permitido			5			8				13		

❽ Medidas construtivas, medida da cabine e das portas → ❶ – ❻

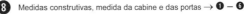

141

ELEVADORES
EDIFÍCIOS PÚBLICOS

A função do edifício determina, em princípio, o tipo de elevador necessário. Pode-se distinguir, na categoria de elevadores de passageiros, aqueles destinados ao transporte vertical de pessoas e de doentes. Tratando-se de equipamentos de longo período de vida (a vida de um elevador é de 25–40 anos), devem ser planejados prevendo ao atendimento das necessidades crescentes de uso em 10 anos. Reformas em instalações erradas ou insuficientes são caras ou mesmo, às vezes, impossíveis. No projeto devem ser consideradas principalmente as relações de tráfego, organizando os elevadores, preferencialmente, em grupos no saguão principal de entrada.
Análise do tráfego: fórmulas e definições.
Tempo de subida e descida: o tempo que cada tipo de elevador necessita para um ciclo completo.
Tempo médio de espera: tempo decorrido entre chamada e chegada da cabine.

Tempo médio de espera (s) = $\dfrac{\text{tempo de subida e descida (s)}}{\text{número de elevadores/grupo}}$

Capacidade: dentro de um intervalo de 5 minutos; a capacidade máxima (em pessoas) pode ser calculada segundo:

$$\frac{300 \text{ (s)} \times \text{ocupação da cabine (pessoas)}}{\text{tempo de sub. e desc.(s)} \times \text{n de elevadores/grupo}}$$

Capacidade percentual:

Capacidade% = $\dfrac{100 \times \text{capacidade (pessoas)}}{\text{ocupação do edifício (pessoas)}}$

Partes da construção

ELEVADORES

Princípios
Funcionamento
Edifícios residenciais
Edifícios públicos
Monta-cargas
Elevadores hidráulicos
Elevadores especiais

DIN 15306,
DIN 15309,
DIN EN 81,
Diretrizes para construção de elevadores 95/16/EG

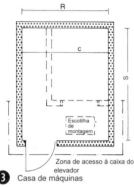

❶ Corte da caixa de um elevador   ❷ Elevador para transporte em hospitais (camas, macas)

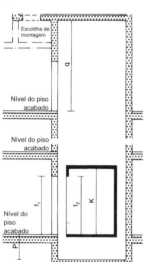

❸ Casa de máquinas   ❹ Casa de máquinas conjunta para grupos de elevadores

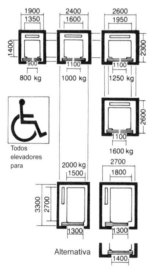

❺ Caixa de elevador único   ❻ Representação para os elevadores apresentados em → ❽ – ❾

Capacidade de transporte kg	800 ♂				1000 (1250) ♂				1600 ♂			
Velocidade nominal m/s	0,63	1,0	1,6	2,5	0,63	1,0	1,6	2,5	0,63	1,0	1,6	2,5
Largura mín. da caixa c	1900				2400 (2600)				2600			
Profundidade mín. caixa d	2300				2300 (2600)				2600			
Profundidade mín. do poço p	1400	1500	1700	2800	1400	1700		2800	1400	1900		2800
Altura mín. do topo da caixa q	3800	4000	5000		4200			5200	4400			5400
Largura da porta da caixa c_1	800; ♂ min. 900				1100				1100			
Altura da porta da caixa f_1	2000				2100				2100			
Área mín. da casa de máquinas m²	15		18		20				25			
Largura mínima da casa de máquinas R	2500		2800		3200				3200			
profundidade mín. da casa de máquinas S	3700		4900		4900				5500			
Altura mín. da casa de máquinas h	2200		2800		2400			2800	2800			
Largura da cabine a	1350				1500				1950			
Profundidade da cabine b	1400				1400				1750			
Altura da cabine k	2200				2300				2300			
Largura da porta cabine e_2	800 ♂ min. 900				1100				1100			
Altura da porta da cabine f_2	2000				2100				2100			
Número de usuários permitido	10				13 (16)				21			

❽ Elevadores de passageiros para edifícios não residenciais (escritórios, bancos, hotéis); elevador que permite o uso por cadeirante
Medidas construtivas em mm → ❶ – ❻

Capacidade de transporte kg	1600				2000				2500			
Velocidade nominal m/s	0,63	1,0	1,6	2,5	0,63	1,0	1,6	2,5	0,63	1,0	1,6	2,5
Largura mín. da caixa c	2400								2700			
Profundidade mín. caixa d	3000								3300			
Profundidade mín. do poço p	1800	1700	1900	2800	1600	1700	1900	2800	1800	1900	2100	3000
Altura mín. do topo da caixa q	4400		5400		4400			5400	4800			5600
Largura da porta da caixa c_1[7]	1300								1300 (1400)[6]			
Altura da porta da caixa f_1	2100											
Área mín. da casa de máquinas m²	26				27				29			
Largura mínima da casa de máquinas r	3200								3500			
profundidade mín. da casa de máquinas s	5500				5800							
Altura mín. da casa de máquinas h	2800											
Largura da cabine a	1400				1500				1800			
Profundidade da cabine b	2400				2700							
Altura da cabine k	2300											
Largura da porta cabine e_2[7]	1300								1300 (1400)[5]			
Altura da porta da cabine f_2	2100											
Número de usuários permitido	21				26				33			

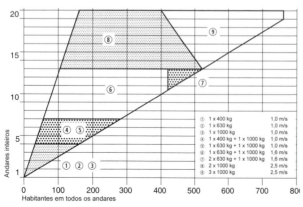

❼ Exigências de capacidade e velocidade para edifícios residenciais, com ou sem andar destinado a escritórios

❾ Medidas para elevadores para transporte de doentes (camas, macas) → ❶ – ❻

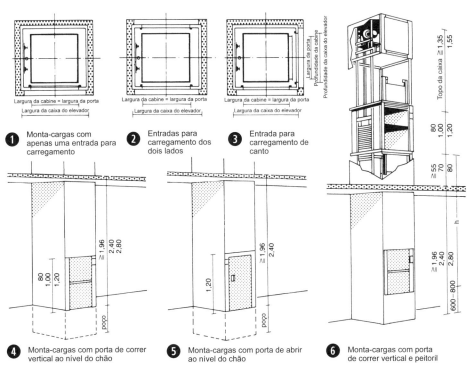

① Monta-cargas com apenas uma entrada para carregamento
② Entradas para carregamento dos dois lados
③ Entrada para carregamento de canto
④ Monta-cargas com porta de correr vertical ao nível do chão
⑤ Monta-cargas com porta de abrir ao nível do chão
⑥ Monta-cargas com porta de correr vertical e peitoril

ELEVADORES
MONTA-CARGAS

Monta-cargas: capacidade ≤ 300 kg; área da cabine ≤ 1,0 m²; para cargas pequenas, processos (pastas), comida etc. Não pode ser ocupado por pessoas. Esqueleto da caixa, em geral de perfil de aço fixado no poço ou no teto. Em todos os lados deve ser revestido com material não inflamável → ❶ – ❻. Cálculo do desempenho de elevadores de carga → ❼. A seguinte fórmula é utilizada para cálculo do tempo para ida e volta, uma vez

$$Z = 2\frac{h}{v} + B_z + H(t_1 + t_2) = \ldots s$$

2 = fator constante para ida e volta

h = altura a ser vencida, v = velocidade de funcionamento, Ct = tempo de carregamento e descarregamento em s, P = número de paradas.

t_1 = tempo de aceleração e retardo em s.

t_2 = tempo de abertura e fechamento da porta do elevador. Para porta de uma folha, 6 s; para porta de duas folhas, 10 s; para porta vertical de correr, cerca de 3 s.

A capacidade de desempenho F é calculada a partir do tempo de ida e volta D, segundo a seguinte fórmula:

$$F = \frac{60}{z} = \text{viagens/minuto}$$

Z = tempo de ida e volta em s

Determinações construtivas: a casa de máquinas deve poder ser fechada, ser suficientemente iluminada e ter dimensões tais, que possa ser controlada sem perigo de acidentes. Sua altura deverá ser ≤ 1,8 m. Monta-cargas para alimentos em edifícios hospitalares: para a superfície interna da caixa, exige-se que seja lisa e lavável.

Elevadores de carga

Elevadores de carga destinam-se ao transporte vertical de
a) produtos, mercadorias ou
b) transporte do pessoal, empregados, encarregados do serviço.

Detalhes sobre processo de parada

Elevadores de carga sem desaceleração: ± 20–40 mm

Elevadores de passageiros e de carga com desaceleração: ± 10–30 mm.

Velocidades: 0,25 – 0,4 até 0,63 – 1,0 m/s.

Partes da construção

ELEVADORES

Princípios
Funcionamento
Edifícios residenciais
Edifícios públicos
Monta-cargas
Elevadores hidráulicos
Elevadores especiais

DIN 15306,
DIN 15309,
DIN EN 81,
Diretrizes para construção de elevadores 95/16/EG

Determinações para a cabine de carga	1 Com uma entrada e duas entradas opostas							Entrada de canto e com entrada oposta adicional				
Carga de uso [kg]			100				300			100		
Velocidade [m/s]			0,45				0,3			0,45		
Largura da cabine = largura da porta	400	500	600	700	800	800	800	500	600	700	800	800
Profundidade da cabine	400	500	600	700	800	1000	1000	500	600	700	800	1000
Altura da cabine = altura da porta			800			1200	1200			800		1200
Largura porta entrada carregamento no canto	–	–	–	–	–	–	–	350	450	550	650	850
Largura da caixa	720	820	920	1020	1120	1120	1120	820	920	1020	1120	1120
Profundidade da caixa	580	680	780	880	980	1180	1180	680	780	880	980	1180
Altura do topo da caixa mín.			1990			2590	2590			2145		2745
Largura da porta da casa de máquinas	500	500	600	700	800	800	800	500	600	700	800	800
Altura da porta da casa de máquinas				600						600		
Dist. mín. entre pontos carregamento 1.)			1930			2730	2730			1930		2730
Dist. mín. entre pontos carregamento 2.)			700				450			700		
Altura do peitoril mín. apenas para a primeira parada (inferior)			600			800	800			600		800

⑦ Medidas construtivas para monta-cargas → ❶ – ❻

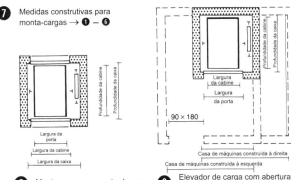

⑧ Monta-cargas com entradas em dois lados para carregamento
⑨ Elevador de carga com abertura única para carregamento, e casa de máquinas

Capacidade de carga	kg	630	1000	1600	2000	2500	3200
Velocidade	m/s	← 0,40		0,63		1,00 →	
Dimensões da cabine	mm						
Largura		1100	1300	1500	1500	1800	2000
Profundidade*		1570	1870	2470	2870	2870	3070
Altura		2200	2200	2200	2200	2200	2200
Dimensões da porta	mm						
Largura**		1100	1300	1500	1500	1800	2000
Altura		2200	2200	2200	2200	2200	2200
Dimensões do eixo	mm						
Largura		1800	2000	2200	2300	2600	2900
Profundidade		1700	2000	2600	3000	3000	3200
Altura do poço 0,4 e 0,63	m/s	1200	1300	1300	1300	1300	1400
1,0	m/s	1300	1300	1600	1600	1800	1900
Altura até topo da caixa 0,4 e 0,63	m/s	3700	3800	3900	4000	4100	4200
1,0	m/s	3800	3900	4200	4200	4400	4400
Altura do topo da caixa		1900	1900	1900	2100	1900	1900

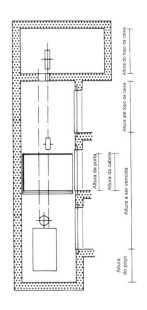

⑩ Medidas construtivas – sistema de roldanas – elevadores de carga → ❽ – ❾
⑪ Corte transversal da caixa do elevador → ❽ – ❾

143

ELEVADORES
ELEVADORES HIDRÁULICOS

Os elevadores hidráulicos preenchem os requisitos de transporte econômico para cargas pesadas em pequenas diferenças de altura. Conseqüente é seu uso para vencimento de alturas em até 12 m. A casa de máquinas pode ser instalada em espaço independente da caixa. Segundo as normas de carregamento, os elevadores com deslocamento por ação direta (cabine impulsionada diretamente pelo pistão), podem transportar até 20 t em uma altura de no máximo 17 m → ❶ – ❸, e os com **deslocamento por ação indireta** (cabine elevada através de cabos tracionados por sistema de polia, acionado pela haste do pistão), no máx. 7 t, para alturas de até 34 m. A velocidade dos elevadores hidráulicos vai de 0,2 m/s até 0,8 m/s, não havendo necessidade de construção no topo para casa de máquinas. Os tipos são variados → ❻ – ❾. O mais utilizado é o pistão central direto enterrado → ❶ – ❸. Neste sistema, tem-se um limite de tolerância para compressão da base, independente da carga, de ± 3 mm. O vão luz em altura das portas do elevador é de no mínimo 50–100 mm maior que em portas de elevadores normais, para permitir a nivelação entre cabine e piso do pavimento. Os tipos de portas utilizadas são: de abrir (para dentro ou para fora), de correr, manuais ou absolutamente automáticas, centralizadas ou unilaterais.

Partes da construção

ELEVADORES

Princípios
Funcionamento
Edifícios residenciais
Edifícios públicos
Monta-cargas
Elevadores hidráulicos
Elevadores especiais

DIN 15306,
DIN 15309,
DIN EN 81,
Diretrizes para construção de elevadores 95/16/EG

❶ Planta da caixa

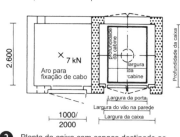

❷ Planta da caixa com espaço destinado ao mecanismo de funcionamento

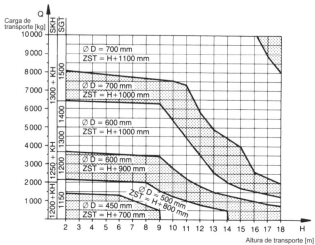

❹ Diagrama para determinação da altura do topo da caixa (SKH); altura do poço (SGT); altura da perfuração cilíndrica para entrada do pistão (ZST); seção do cilindro (D); KH: altura da cabine

❸ Corte da caixa

Carga de transporte		Q ≠ 5000 kg	Q ≠ 10000 kg
Largura da caixa	=	KB + 500	KB + 550
Profundidade da caixa	=	Prof. cabine + 150 para entrada única	
		Prof. cab. + 100 p/ entr. em dois lados opostos	
Medidas da casa de máquinas ≈	Largura =	2000	2200
(Outras instalações casa de máquinas, possível em até 5 m de distância em relação à caixa; maiores distâncias, seg. projeto)	Profund. =	2600	2800
	Altura =	2200	2700

❺ Dados técnicos → ❶ – ❸

Capacidade de transporte kg		630	1000	1600
Velocidade m/s		0,30	0,18	0,23
		0,47	0,28	0,39
Altura de transporte máx. m		6,0	7,0	7,0
Medidas da cabine mm	Larg.	1100	1300	1500
	Profun.	1500	1700	2200
	Alt.	2200	2200	2200
Medidas da porta mm	Larg.	1100	1300	1500
	Alt.	2200	2200	2200
Medidas da caixa mm	Larg.	1650	1900	2150
	Profun.	1600	1800	2300
	Alt. poço	1200	1400	1600
	Alt. topo	3200	3200	3200

❻ Cabine impulsionada por sistema de pistão direto, instalado lateralmente 1:1 — Medidas → ❻

❼ Com pistões duplos (sistema direto) 1:1

Capacidade de transporte kg		1600	2000	2500	3200
Velocidade m/s		0,15	0,18	0,24	0,20
		0,24	0,30	0,38	0,30
Altura de transporte máx. m		6,0	7,0	7,0	7,0
Medidas da cabine mm	Larg.	1500	1500	1800	2000
	Profun.	2200	2700	2700	3500
	Alt.	2200	2200	2200	2200
Medidas da porta mm	Larg.	1500	1500	1800	2000
	Alt.	2200	2200	2200	2200
Medidas da caixa mm	Larg.	2200	2200	2600	2800
	Profun.	2800	2800	2800	3600
	Alt. poço	1300	1300	1300	1300
	Alt. topo	3450	3450	3450	3450

Dimensões → ❼

Capacidade de transporte kg		630	1000	1600
Velocidade m/s		0,28	0,30	0,24
		0,46	0,50	0,42
		0,78	0,80	0,62
Altura de transporte máx. m		13,0	16,0	18,0
Medidas da cabine mm	Larg.	1100	1300	1500
	Profun.	1500	1900	2200
	Alt.	2200	2200	2200
Medidas da porta mm	Larg.	1100	1300	1500
	Alt.	2200	2200	2200
Medidas da caixa mm	Larg.	1650	1900	2150
	Profun.	1600	2000	2300
	Alt. poço	1200	1400	1600
	Alt. topo	3200	3200	3200

❽ Cabine elevada por cabos tracionados por polia, acionada pela haste do pistão 2:1 — Dimensões → ❽

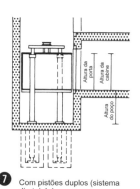

❾ Sistema tracionado por polias + pistões duplos 2:1

Capacidade de transporte kg		1600	2000	2500	3000
Velocidade m/s		0,23	0,19	0,25	0,21
		0,39	0,32	0,39	0,31
		0,61	0,50	0,64	0,51
Altura de transporte máx. m		13,0	14,0	16,0	18,0
Medidas da cabine mm	Larg.	1500	1500	1800	2000
	Profun.	2200	2700	2700	3500
	Alt.	2200	2200	2200	2200
Medidas da porta mm	Larg.	1500	1500	1800	2000
	Alt.	2200	2200	2200	2200
Medidas da caixa mm	Larg.	2300	2300	2600	2900
	Profun.	2300	2800	2800	3600
	Alt. poço	1300	1300	1300	1300
	Alt. topo	3400	3550	3650	3650

Dimensões → ❾

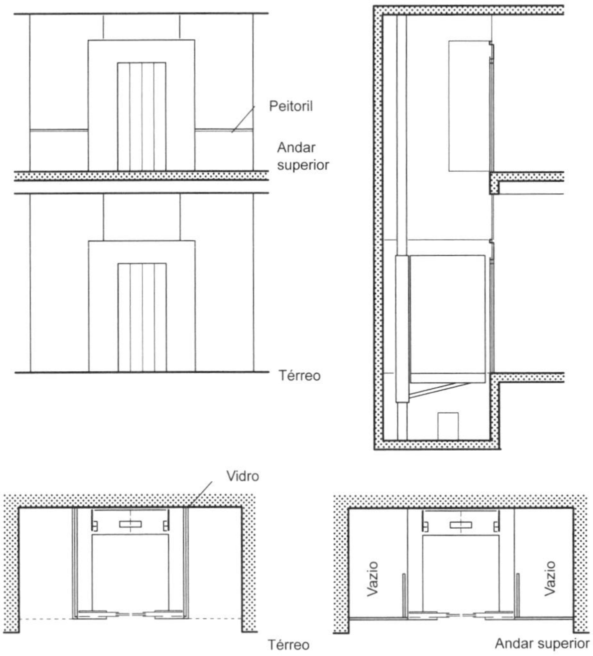

ELEVADORES
ELEVADORES ESPECIAIS

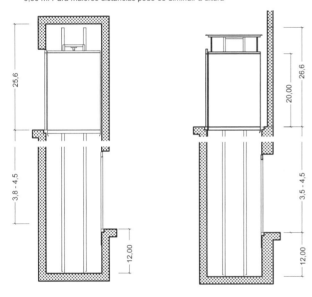

Elevadores envidraçados
Elevadores de vidro oferecem vista livre e melhoram a sensação de segurança do usuário. Sua execução pode ser feita com caixas também de vidro (observar condições contra incêndios) ou sem caixa (elevadores panorâmicos) → ❶. Estes podem ser construídos somente em edifícios onde as caixas dos elevadores não forem utilizadas como parte do sistema de segurança contra propagação do fogo. Por este motivo é difícil a inclusão de elevadores panorâmicos no cálculo de trânsito, movimentação de pessoas, no edifício. A superfície de vidro deve contribuir para que não haja contato entre qualquer parte em movimento e a mão do usuário, ou qualquer objeto que esteja carregando. Como não se trata de construção normalizada, necessita de aprovação especial.

Elevadores especiais
(sem transporte de passageiros)
Elevadores que transportam lixo acondicionado ou outros produtos, p. ex., podem ser instalados dentro ou à frente de edifícios → ❷. Estes podem ser construídos somente em edifícios onde as caixas dos elevadores não forem utilizadas como parte do sistema de segurança contra propagação do fogo. Por este motivo é difícil a inclusão de elevadores panorâmicos no cálculo de trânsito, movimentação de pessoas, no edifício.
A superfície de vidro deve contribuir para que não haja contato entre qualquer parte em movimento e a mão do usuário, ou qualquer objeto que esteja carregando. Como não se trata de construção normalizada, necessita de aprovação especial.

Elevadores com medidas reduzidas de caixa
No saneamento de edifícios é muitas vezes difícil ou de execução dispendiosa a construção de poços e casa de máquinas no topo da caixa segundo EN 81. Há modelos especiais com poços reduzidos (mín. ≈ 80 mm) e topo com mín. ≈ 2500 mm (sobre a última posição de parada) → ❸ – ❺. No uso de elevadores sem casa de máquinas deve-se observar condições especiais na caixa (ventilação, possibilidade de condensação do vapor d'água, medidas contra incêndios). Essas exigências devem constar dos dados de fabricação do elevador, uma vez que este necessita ser testado e aprovado antes de sua instalação.
Entre as instalações especiais encontram-se os **elevadores para pessoas com deficiência ou necessidades especiais** → ❻ que só podem ser utilizados por um grupo selecionado de pessoas. Através do funcionamento com botões de segurança (a ordem só é transmitida quando o botão é pressionado durante todo o trajeto) e outras medidas semelhantes, podem ser executados na forma de construções econômicas sem poço e portas de cabine.

Partes da construção

ELEVADORES

Princípios
Funcionamento
Edifícios residenciais
Edifícios públicos
Monta-cargas
Elevadores hidráulicos
Elevadores especiais

DIN 15306,
DIN 15309,
DIN EN 81,
Diretrizes para construção de elevadores
95/16/EG

❶ Para elevadores envidraçados, deve ser evitado o contato com as partes em movimento. Cercamento ou portas das caixas de no mín. 3,5 m de altura; em outros lados mín. 2,5 m, com a distância para partes em movimento de no mín. 0,50 m. Para maiores distâncias pode-se diminuir a altura

❷ Elevadores especiais. Como **não é permitido o transporte de passageiros**, pode ser construído sem portas de cabine, resultando uma relação positiva entre seção da caixa e área útil da cabine

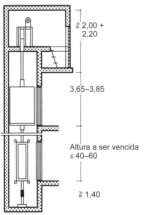
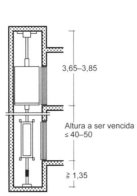
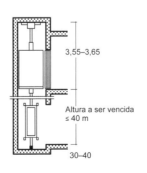
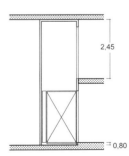

❸ Elevador com cabos segundo DIN EN 81, com casa de máquinas e poço

❹ Construção especial sem casa de máquinas

❺ Construção especial sem casa de máquinas e com poço reduzido

❻ Elevador para pessoas com deficiência ou necessidades especiais

145

ENERGIAS RENOVÁVEIS
VISÃO GERAL

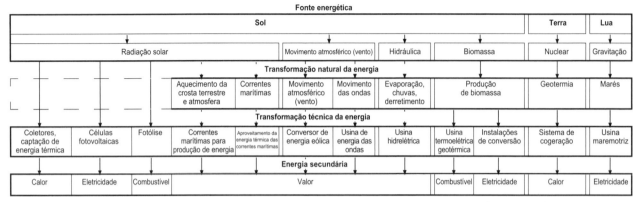

① Energias renováveis e sua usabilidade

Medidas passivas	Medidas ativas	Medidas híbridas
Urbanismo ecológico	Uso da energia termoelétrica	Reservatório térmicos (frio e calor), em relação com sistemas ativos
Forma e orientação dos edifícios	Conjuntos com "energia-total" sustentável	Controle da incidência do ar sobre edifício/terrenos
Transmissibilidade térmica	Energia solar	
Sistema de isolamento térmico	Fotovoltaica	
Tipos especiais de vidros	Temperatura de partes/materiais construtivos	
Fachadas duplas, zonas tampão	Bomba de calor	
Pátios	Geotermia	
	Células a combustível	
	Conservação de energia em caldeiras	
	Sistemas de resfriamento (p. ex. reservatórios)	

② Medidas de tecnologia sustentável para edificações

③ Objetivos e medidas importantes na concepção tecnológica e energética do edifício [01]

Tecnologia de edificações

ENERGIAS RENOVÁVEIS

Visão geral
Energia solar
Termelétrica, termelétrica de ciclo combinado, células de combustível
Bioenergia
Geoenergia e bombas de calor
Armazenamento de gelo

A escassez de recursos e o aumento de custos no setor energético colocam, cada vez mais, a questão da energia renovável no primeiro plano.

A construção e o funcionamento de edifícios ocupam uma grande parte do consumo de energia. O limite e o consumo das reservas energéticas convencionais fundamentam a necessidade da busca de alternativas e mais possibilidades de economia.

O desenvolvimento e a propagação de novos sistemas e aparelhos têm sido apoiados por programas de incentivo por leis e programas governamentais de incentivo (regulamentados, entre outros, pela Lei de Fontes de Energia Renovável (EEG)). Sobretudo, a questão da otimização de projetos arquitetônicos tem assumido papel fundamental.

A previsão de necessidade de energia térmica e elétrica para cada caso concreto deve ser comparada com as possibilidades locais, definindo escolhas e resultados eficientes de uso.

Novos sistemas e aparelhos cada vez mais eficientes são desenvolvidos, exigindo que as edificações existentes também sejam testadas e reequipadas de forma contínua para obter a eficiência energética.

As possibilidades de uso de energia sustentável são múltiplas e estão em permanente desenvolvimento. A forma e abrangência do seu uso dependem das condições e possibilidades locais, do tipo de construção, assim como dos recursos econômicos disponíveis.

ENERGIAS RENOVÁVEIS
ENERGIA SOLAR

Sistema fotovoltaico

Esse sistema, onde a energia solar é transformada através de células solares em energia elétrica, é hoje um elemento essencial no projeto ecológico de edifícios, uma vez que produz energia renovável. Células solares utilizam radiação solar direta ou difusa. Deve-se evitar sombreamento das superfícies coletoras; sombreamentos parciais têm grave influência negativa, maior do que sombras temporárias. A eficiência do sistema depende de aspectos climáticos e das relações espaciais do entorno → ❶.

No hemisfério Norte, a orientação ideal localiza-se entre 20° e 35° ao Sul. Em locais ideais tem-se, em anos médios na Alemanha, uma produção de 800 a 900 kWh/m^2; em condições ideais cerca de 1.100 kWh/m^2. Como regra geral, para cada kW produzido necessita-se de uma área de 7,5 m^2 de painéis solares.

As células solares são combinadas em grandes unidades (módulos). Diferentes tipos de módulos são encontrados no mercado (mono e multicristalinos, amorfos), caracterizados segundo a capacidade, o grau de eficiência e aparência. As células monocristalinas são cinza-escuro até pretas, uniformes; multicristalinas apresentam superfície cinza até azulada: também são possíveis módulos semitransparentes. A transformação da tensão vinda das células solares em energia alternada é feita, com perdas mínimas, por transformadores. Devido à alta exigência de alimentação, a maioria dos sistemas era conectada à rede: a eletricidade proveniente da célula solar é alimentada na rede, sendo necessário um medidor de alimentação separado. Atualmente, é mais vantajoso usar individualmente.

Grandes instalações fotovoltaicas devem funcionar com diferentes inclinações ou orientações, com geradores solares e sistemas de armazenamento separados, visando melhores possibilidades de adaptação. Instalações acopladas à rede de fornecimento de energia elétrica comum trabalham de forma totalmente automática, não precisam de manutenção e têm um tempo de funcionamento de no mín. 20 anos.

A energia elétrica fornecida por sistema solar e armazenada na rede pública recebe na Alemanha, durante determinado período, incentivo financeiro regulado pela EEG (Lei de energia renovável). Elementos fotovoltaicos podem ser integrados ao edifício de diversas maneiras (ou construídos posteriormente). São fabricados para a construção externa, podendo ser utilizados de forma independente, como cobertura ou elemento de fachada. Células solares são resistentes aos raios UV e à ação do tempo.

Podem assumir um importante papel na caracterização formal do edifício, além de exercer diferentes funções: proteção sonora, visual, de radiação solar e contra a ação do tempo. Em geral, as células solares são instaladas na cobertura, havendo, no caso, diversas possibilidades: instalação sobre o telhado (independente; em sua maioria, construções posteriores, sobre edifícios existentes), integração à superfície do telhado ou, finalmente, como telhado em si. A instalação de módulos solares também é possível na fachada; no caso, deve-se optar por construções com ventilação anterior, para evitar a queda de rendimento → ❸ + ❹.

Tecnologia de edificações

ENERGIAS RENOVÁVEIS

Visão geral
Energia solar
Termelétrica, termelétrica de ciclo combinado, células de combustível
Bioenergia
Geoenergia e bombas de calor
Armazenamento de gelo

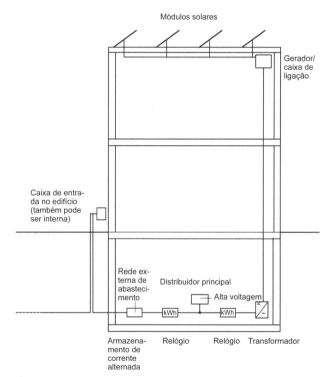

❶ Eficiência de elementos fotovoltaicos dependendo da disposição e orientação [03]

❷ Princípio de funcionamento de uma instalação fotovoltaica ligada à rede elétrica [04]

❸ Possibilidade de disposição de elementos fotovoltaicos sobre o telhado

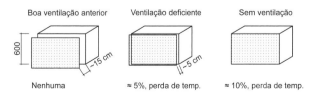

❹ Elementos fotovoltaicos na fachada; grau de perda de eficiência [04]

147

ENERGIAS RENOVÁVEIS
SISTEMA DE COGERAÇÃO E CÉLULA A COMBUSTÍVEL

Usinas térmicas associadas combinam a produção de energia térmica e mecânica, transformadas em eletricidade em um gerador. Esse sistema também é chamado de cogeração de energia. A ideia básica é a geração de energia elétrica através do uso da inevitável queima de combustão, com produção de calor. Em pequenas instalações (para um ou mais edifícios) são utilizados motores ou turbinas a gás, ao invés do ciclo do vapor, usual nas usinas de maior porte.
Sob a definição de **sistema de cogeração** entende-se uma usina onde é produzida, simultaneamente, energia térmica e elétrica.
O dimensionamento do sistema tem grande importância na sua eficiência e economia. A energia resultante do processo termomecânico compõe-se de energia elétrica (1/3) e calor (2/3). A necessidade desigual de consumo de energia de um edifício, durante o dia e estação do ano, determina o dimensionamento da usina em relação à produção de eletricidade ou calor. Quando as instalações se orientam para a geração de energia térmica, a falta ou excesso de energia elétrica são compensados pela rede pública de abastecimento; no caso de o planejamento ser baseado na produção de eletricidade, o excesso de calor produzido ficará armazenado em reservatórios intermediários (falta de calor requer também abastecimento adicional).
O sistema de cogeração costuma ser usado para produção térmica, ou seja, é planejado para o consumo de aquecimento. Em novos projetos, é importante a caracterização das necessidades das edificações no tempo (calor e eletricidade). Essas necessidades podem ser calculadas, relativamente precisas, através de curvas. Em sua maioria, as instalações cobrem, com sua produção, as necessidades básicas; a energia elétrica em excesso é absorvida pela rede pública (é necessário relógio adicional de medição de consumo). Em situações de pico, a energia térmica deverá ser complementada externamente.
Os módulos do sistema de cogeração são oferecidos em diversos tamanhos. O menor módulo (ou micro), para residência unifamiliar, tem uma capacidade elétrica de cerca de 2 kW, movido a motor a gás. Pequenos módulos, de até 30 kW, podem ser instalados para conjuntos de até 6 unidades de moradia. Sistemas compactos cobrem necessidades de potência de até 400 kW; grandes, acima deste valor. A área necessária para instalação corresponde a 4 m² para sistemas pequenos, com até 5,5 kW; para 15 kW, cerca de 6,5 m²; deve-se calcular, ainda, área para as caldeiras.
Na instalação dentro do edifício, deve-se observar ventilação circulante suficiente, com chaminé para eliminação de gases, acima da cobertura. Os módulos devem ser construídos com isolamento acústico suficiente, totalmente separados de áreas de permanência.
Nas **células a combustível** tem-se a produção de energia elétrica e calor, a partir de água e oxigênio, através de um processo eletroquímico. As células são compostas de elétrodos (ânodo e cátodo) e um eletrólito. Este separa os elétrodos dos elementos de reação adicionais. As células a combustível produzem energia elétrica que, através da válvula inversora, é transformada em corrente alternada. O calor produzido no processo é utilizado para aquecimento de edifícios. O hidrogênio é obtido de gás natural ou metano.
As células a combustível geram simultaneamente, como o sistema de cogeração, energia elétrica e térmica, entretanto sem efeito mecânico e produção de ruídos. Também como no outro sistema, a escolha do tipo de célula influencia na sua capacidade e, assim, depende do tipo de necessidade energética da edificação. Nesse caso também é necessário o recobrimento de situações de pico, com abastecimento complementar. A produção de calor em excesso, nos meses quentes, pode ser absorvida por sistema de refrigeração.
As células a combustível distinguem-se segundo o grau de temperatura (altas e baixas) e o tipo de eletrólito empregado. As de baixas temperaturas são indicadas para pequenas construções (residências unifamiliares ou indústrias de pequeno porte); as de altas temperaturas são recomendáveis apenas para instalações de grande porte, pois produzem eletricidade e calor em grande quantidade. As altas temperaturas têm de ser conduzidas para os diversos usos, no caso, segundo rede intermediária de distribuição térmica.
Células a combustível são apropriadas tanto para novos edifícios como para reformas e renovações.

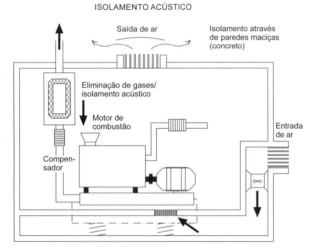

① Princípio de funcionamento do sistema de cogeração [02]

Tecnologia de edificações

ENERGIAS RENOVÁVEIS

Visão geral
Energia solar
**Termelétrica,
termelétrica
de ciclo
combinado,
células de
combustível**
Bioenergia
Geoenergia e
bombas de calor
Armazenamento
de gelo

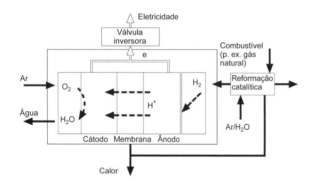

② Usina termomecânica e medidas construtivas [04]

③ Princípio de constituição de uma célula a combustível [04]

Denominação	Abreviatura	Temp. de funcionamento	Eletrólito	Combustível	Oxidante	Área de uso
Célula alcalina	AFC	80 °C	Hidróxido alcalino	Hidrogênio	Oxigênio	Astronáutica
Célula com membrana polimérica	PEMFC	80 °C	Eletrólito polimérico	Hidrogênio, metanol	Oxigênio/ar	Tráfego, pequenos veículos a motor
Célula de ácido fosfórico	PAFC	200 °C	Ácido fosfórico	Gás natural	Ar	Usinas térmicas
Célula de carbonato fundido	MCFC	650 °C	Carbonato de lítio e potássio	Gás natural, carvão, biogás	Ar	Usinas térmicas e elétricas
Célula de óxido sólido	SOFC	1000 °C	Óxido de zircônio	Gás natural, carvão, biogás	Ar	Usinas térmicas e elétricas

④ Visão geral dos tipos de células a combustível

Tipo de madeira	kWh/m³	kWh/kg	Tipo de madeira	kWh/m³	kWh/kg
Bordo	1.900	4,1	Pinheiro	1.700	4,4
Bétula	1.900	4,3	Larício	1.700	4,4
Faia	2.100	4,0	Choupo	1.200	4,1
Carvalho	2.100	4,2	Robínia	2.100	4,1
Álamo	1.500	4,1	Abeto	1.400	4,5
Freixo	2.100	4,2	Salgueiro	1.400	4,1

❶ Valores térmicos (de aquecimento) para cada tipo de madeira [04]

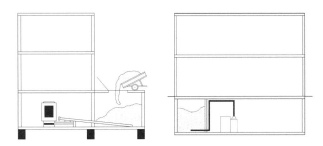

❷ Aquecimento de aparas de madeira com alimentação automática [04]

❸ Caldeira de aquecimento com pellets de madeira com depósito para o material em recinto no subsolo [04]

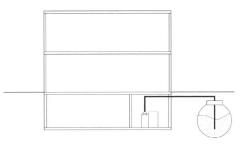

❹ Caldeira de aquecimento com pellets de madeira com depósito para o material em tanque subterrâneo [04]

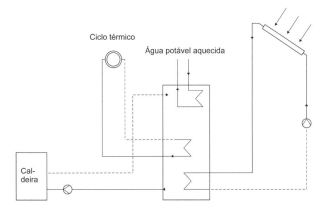

❺ Usina térmica com sistema de energia solar, caldeira com aquecimento de madeira e zona intermediária de armazenamento [04]

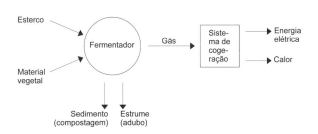

❻ Princípio de uso do biogás na agricultura

ENERGIAS RENOVÁVEIS
BIOENERGIA

Utilização da biomassa
O uso energético da biomassa ocorre através de procedimentos termoquímicos ou biológicos (queima, gaseificação ou condensação). Hoje são especialmente importantes o biodiesel, a madeira e os resíduos agrícolas. O biodiesel é o resultado da liquidificação de matéria-prima rica em óleo. Pode substituir o uso do óleo e do gás para aquecimento, além de ser aplicado em sistema de cogeração (produção de calor e eletricidade), com caldeiras especiais.

Madeira como fonte de energia
A madeira existe à disposição em grande quantidade, podendo ser utilizada de diversas formas. A quantidade de água da madeira recém-cortada é de 40%–50%. A madeira seca naturalmente possui 15%–20% de água, sendo que sua capacidade de aquecimento é duas vezes maior. A diferenciação da eficiência térmica é feita segundo o tipo de madeira, grau de umidade, densidade e valor térmico, assim como tamanho, forma e sistema de produção. No mercado, é possível encontrar madeira em pedaços, aparas e pellets.
Para instalações de pequeno porte, de até 15 kW (valor nominal de produção térmica), pode-se utilizar madeira natural em pedaços; junto à madeira de corte de árvores (de folhas ou agulhas), podem-se usar restos de formas de produção industrial (evitar o uso de madeira velha). Em instalações de grande porte, pode-se usar também serragem, palha, entre outros.
Em função do melhor controle de emissões, prioriza-se a queima centralizada, frente aos sistemas individuais. Em comparação com as manuais, as caldeiras com abastecimento automático são mais eficientes do ponto de vista do valor das emissões.
Para pellets ou aparas, o combustível é retirado de recintos próximos ou tanques, com esteiras de transporte ou sistema de sucção, até câmara intermediária, de onde entram nas estufas.
A continuidade de abastecimento resulta em bons valores de produção e permite melhor controle de eficiência.
Os pellets, resíduos prensados da indústria madeireira com grande quantidade de energia (4,3–5 kWh/kg, ≈1/3 da energia produzida pelo óleo), são fornecidos em tanques móveis e bombeados em reservatórios (a tecnologia e a área necessária são equivalentes às do sistema de óleo para aquecimento).
O tamanho das caldeiras também é equivalente ao usado para aquecimento a óleo ou gás. As medidas-padrão de segurança são, entretanto, menores. Recipientes para aparas são abastecidos por caminhões basculantes.
O prolongamento do tempo de queima na caldeira pode ser obtido com reservas intermediárias de aparas e pellets (para lenha, essa reserva é obrigatória), considerando-se uma capacidade nominal de 40 l por kW. Estações de queima de combustível sólido, com produção de energia térmica de até 1 MW, não necessitam de aprovação.
Uma outra técnica utilizada é a de gaseificação da madeira (p. ex. aparas) para o sistema de cogeração. No caso, utiliza-se um motor de ignição movido a óleo.
A combinação entre caldeira de queima de madeira e sistema de energia solar é recomendada, propiciando o aquecimento contínuo da água (água preaquecida pelo sistema solar, recebe aquecimento posterior da caldeira) → ❺.

Biogás
O sistema de produção de biogás na agricultura, advindo do esterco e matéria-prima vegetal, tem adquirido uma importância cada vez maior por causa de seu grande potencial. A gaseificação da biomassa ocorre em um fermentador, que alimenta a usina termoelétrica. O esterco transforma-se em estrume (adubo), utilizado na adubação dos campos; os sedimentos resultantes podem ser utilizados em compostagem.
A gaseificação da biomassa é um processo permanente e sensível, que requer observação constante. Na Alemanha, as instalações necessitam de aprovação segundo diretrizes da Lei de controle de emissões.
Também é possível o uso de gás resultante de depósitos de lixo (fermentação de resíduos sólidos) para produção de calor e energia elétrica. Com o uso de sondas ou drenagem de gás pode-se transportar o produto para o sistema de cogeração ou utilizá-lo como gás de aquecimento.

Tecnologia de edificações

ENERGIAS RENOVÁVEIS

Visão geral
Energia solar
Termelétrica, termelétrica de ciclo combinado, células de combustível
Bioenergia
Geoenergia e bombas de calor
Armazenamento de gelo

ENERGIAS RENOVÁVEIS
GEOENERGIA E BOMBAS DE CALOR

Energia geotérmica, próxima à superfície terrestre
Refere-se ao uso de energia geotérmica, que se encontra em até 400 m de profundidade. O aumento de temperatura corresponde a cerca de 3 K/100 m de profundidade, sendo que em profundidades de 10 m a 20 m as temperaturas podem ser calculadas entre 7°C–11°C. A fluência de calor da zona superficial terrestre pode sofrer influências atmosféricas e das temperaturas do entorno. As temperaturas relativamente constantes podem ser utilizadas para aquecimento e refrigeração. Existem diversos processos para ganho de energia:

Coletores de energia geotérmica
Tubos de plástico ou de metal instalados horizontalmente no solo. O distanciamento e a profundidade dependem do tipo de solo. O recolhimento de energia fica entre 10 e 40 W/m². Estes coletores não devem ser recobertos por construção e a superfície não deverá ser selada.

Sondas
Caracterizam-se por necessidade mínima de área e maior eficiência térmica, em comparação com os coletores. São instaladas como sistema direto, ou raramente indireto, em ciclos fechados. No sistema indireto tem-se, p. ex., um ciclo básico ligado à bomba de calor através de permutadores de calor. Existem diferentes formas construtivas: tubo em U ou sonda dupla em tubo, sonda coaxial; para uma boa transmissão de energia térmica, a perfuração para a passagem da sonda deve ser pressionada com suspensão de bentonita/cimento. A capacidade de produção fica entre 20 e 70 W/m.

Captação em lençol freático
É possível o resfriamento direto da água subterrânea: permutadores de calor, semelhantes a aquecedores de imersão, são levados até o lençol freático através de perfurações e ligados com a bomba de calor.
É muito difundida a retirada e devolução da água do lençol freático através de bombeamento da água para poços. Essas instalações (assim como o sistema com sondas) necessitam de aprovação especial; a escavação necessária dos poços deve ser feita apenas por firmas reconhecidas.
O uso da energia captada é feito diretamente, através de aquecimento de partes construtivas, ou com o uso de bombas de calor.
A adequação do aproveitamento do ar e água superficial como fonte térmica deve ser pesquisada em casos concretos (as grandes variações de temperatura durante o ano apresentam-se como obstáculo).

Bomba de calor
O calor terrestre é utilizado através de um processo termodinâmico com o apoio de energia mecânica. Três quartos da energia utilizada para aquecimento provêm do meio ambiente; o restante é utilizado como energia elétrica para funcionamento de compressores de gás. São especialmente importantes as chamadas bombas de calor, em relação à ideia de produção permanente de energia, uma vez que podem ser utilizadas para aquecimento e refrigeração.
Uma bomba de calor compõe-se essencialmente de evaporador, compressor, condensador e válvula inversora; essas partes são unidas por tubos, em um sistema fechado, onde circula fluido refrigerante, que retira o calor do entorno através de evaporação. Em estado gasoso, o fluido é então comprimido (elevação de temperatura e pressão). Um segundo permutador de calor transfere o calor para o sistema de aquecimento. Nesse momento, o fluido readquire sua forma líquida. A válvula inversora funciona para a descompressão do fluido, voltando à pressão baixa inicial.
Esse sistema é utilizável para aquecimento com baixa capacidade (excelente para calefação direta de pisos, p. ex.) e aquecimento central de água. A energia térmica produzida pela bomba de calor deve ser imediatamente conduzida para aproveitamento, recomendando-se a construção de reservatório intermediário (para sistemas de aquecimento de piso não há necessidade).
O equilíbrio ambiental de uma bomba de calor depende fortemente da fonte de baixa temperatura usada (sonda geotérmica, armazenamento de gelo, ar externo), da eletricidade usada (parte da eletricidade renovável) e do projeto completo do sistema de aquecimento, refrigeração.

Água	Água superficial	Rios, lagos, mar
	Água subterrânea	Lençol freático, fontes subterrâneas, poços, água termal
	Calor perdido	Água refrigerada, água servida comunal e doméstica, água servida industrial, calor produzido por iluminação artificial
	Água em ciclo fechado	Água para aquecimento, rede de abastecimento pública, água utilizada na produção industrial
Ar	Ar externo, eliminação de ar por equipamento, eliminação de ar industrial, calor produzido pela iluminação artificial, calor produzido pelas pessoas, calor da produção industrial	
Terra		
Sol		

❶ Fontes de energia térmica para uso através de bombas de calor

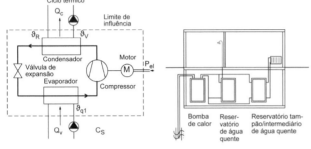

❷ Princípio de funcionamento de uma bomba de calor [02]

❸ Instalações completas de uma bomba de calor

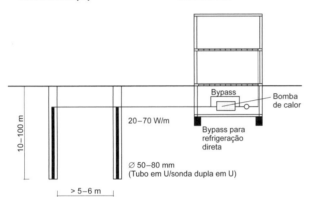

❹ Sondas para captação de calor, como fonte para a bomba de calor (em combinação com sistema de aquecimento de partes construtivas) [04]

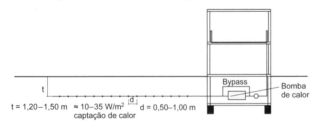

❺ Coletores instalados no solo, como fonte de abastecimento para a bomba de calor [04]

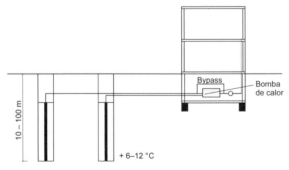

❻ Lençol freático como fonte de abastecimento para bomba de calor (em combinação com calefação de piso) [04]

ENERGIAS RENOVÁVEIS
ARMAZENAMENTO DE GELO

O sistema de armazenamento de gelo é baseado no princípio físico de calor de cristalização. A solução combina a tecnologia da bomba de calor, a energia do verão e um tanque de armazenamento, onde o calor da cristalização é usado para gerar aquecimento e refrigeração.

Sistema tecnológico: o sistema de armazenamento de gelo faz uso da energia da cristalização da água → ❸. O princípio baseia-se na transição de fase líquida da água para a fase sólida; p. ex.: quando a água é resfriada de 80 para 0 graus Celsius, 80 unidades de energia utilizáveis são liberadas. A mesma quantidade de energia é liberada novamente quando a água passa do estado sólido, gelo; por isso o sistema recebe a denominação de armazenamento de gelo. Através dessa mudança de fase controlada, podem ser obtidos ganhos de energia, p. ex. em um tanque de armazenamento de 10 m³, que corresponde ao teor de energia de 100 litros de óleo de aquecimento.

Sistema estrutural: em princípio, a estrutura do sistema de armazenamento de gelo consiste em três componentes: o tanque de armazenamento, fabricado em polietileno PE ou em concreto reforçado, uma bomba de calor e, se necessário, um absorvedor solar não esmaltado (semelhante a um coletor de energia solar, que basicamente remove o calor do ambiente). Além dos elementos de absorção, todas as fontes de calor são adequadas para a regeneração do tanque de armazenamento, como ar, energia térmica solar, energia termelétrica de ciclo combinado, resfriamento de edifícios etc. No caso dos tanques de armazenamento, geralmente são instalados no solo (com ≈10–15.000 m³ de volume). Os tanques de armazenamento são preenchidos com água normal e servem primariamente como uma fonte de calor para a bomba de calor. Eles podem ser instalados e colocados em operação sem procedimentos de aprovação de órgãos fiscalizadores, pois, em caso de dano, não há preocupações de comprometimento de águas subterrâneas. Além disso, a baixa profundidade de instalação de aproximadamente 4–8 metros, em contraste com poços profundos para sondas geotérmicas, dispensam a necessidade de autorização.

Bomba valor e comutador de calor: Este princípio é implementado por meio de um comutador de calor e de uma bomba de calor. No repositório de armazenamento, encontram-se dois comutadores de calor: o de regeneração (na parte interna da parede externa), consistindo de um tubo plástico que transfere o calor das fontes termais disponíveis para o conteúdo do tanque (água). Através da parede do tanque de armazenamento corre adicionalmente a energia geotérmica para o interior do reservatório, aquecendo também a água. O segundo comutador de calor é de retirada, localizado dentro do tanque de armazenamento. Através dele, a bomba de calor remove a energia ou o calor da água. O conteúdo do tanque é resfriado de baixo para cima e de dentro para fora. Isso ocorre até próximo da parede, pois é nesse local onde o tanque é mais quente.

Ciclo anual do armazenamento de gelo → ❷: Na combinação, p. ex., com um absorvedor solar, a bomba de calor extrai primeiramente a energia ambiente (calor e radiação solar) no início da temporada de uso de aquecimento. Se o fornecimento não for suficiente para cobrir as necessidades de consumo de energia elétrica e calor, o calor é então extraído gradualmente da água através do comutador de calor até que o conteúdo do armazenamento atinja o ponto de congelamento. Nesse ponto, tem início a mudança de fase da água para o gelo, gerando mais ganho de energia. A bomba de calor torna-se cada vez mais a fonte de maior calor (gerenciamento de fonte). Para restaurar o tanque de armazenamento de gelo, em épocas que não são de calor, através do ar externo e do comutador de aquecimento de regeneração, a energia térmica é novamente acumulada e armazenada e o tanque torna-se quente. Em temperaturas externas acima da temperatura de armazenamento, a bomba de calor é operada diretamente com a energia do coletor de ar-energia solar ou por outras fontes de regeneração. Em dias quentes de verão e com um dimensionamento correspondente ao tanque de armazenamento de gelo, esse também pode contribuir para a refrigeração de ambientes. Neste caso, o calor é extraído dos ambientes e armazenado no "armazenador de gelo" para uso posterior (temporada de aquecimento). Qual fonte de calor é usado e o modo de uso depende do respectivo potencial de temperatura e da demanda. A decisão é tomada pelo gerenciamento de fontes de calor no controle da bomba de calor.

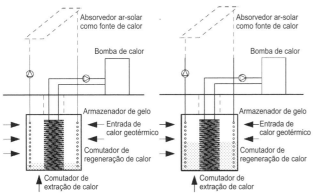

❶ Função de um sistema de armazenamento de gelo solar Painéis solares alimentam o calor para o tanque de armazenamento de gelo enterrado no jardim, que além disso também pode absorver energia geotérmica. Uma bomba quente extrai o calor do armazenamento para fornecimento de aquecimento e água quente

① Irradiação solar
② Calor do ar ambiente
③ Calor geotérmico
④ Absorção ar-solar
⑤ Bomba de calor/água-solar
⑥ Armazenador de gelo
⑦ Comutador de regeneração de calor
⑧ Comutador de extração de calor

Primavera:
o armazenador está congelado, externamente, no lado interno do comutador de regeneração

Verão:
o armazenador está parcialmente congelado. A regeneração pode ser desligada, e pode ser feito agora o resfriamento.

Outono:
o armazenador está praticamente ou totalmente descongelado e pronto para o inverno.

Inverno:
o conteúdo do armazenador está majoritariamente ou apenas parcialmente em estado líquido.

❷ Ciclo anual do armazenador de gelo
Além dos absorvedores, todas as fontes de calor são adequadas para a regeneração do sistemas de armazenamento, como ventilação, energia solar, energia termelétrica de ciclo combinado, refrigeração de edifícios etc.

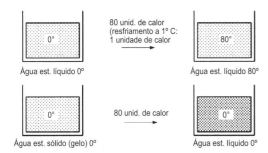

❸ Princípio da energia de cristalização: quando a água é resfriada de 80 para zero graus Celsius, são liberadas 80 unidades de calor utilizáveis são liberadas (acima). A mesma quantidade de energia é liberada novamente quando a água volta ao estado sólido. Transição do estado agregado do gelo (abaixo)

Tecnologia de edificações

ENERGIAS RENOVÁVEIS

Visão geral
Energia solar
Termelétrica, termelétrica de ciclo combinado, células de combustível
Bioenergia
Geoenergia e bombas de calor
Armazenamento de gelo

151

FÍSICA DA CONSTRUÇÃO
ISOLAMENTO TÉRMICO

Medidas técnicas de proteção térmica em edifícios são necessárias para limitar as perdas de calor e eliminar os danos causados por condensação de água sobre superfícies construídas. Essas medidas são especificadas de forma legislativa e em normas, como o **Decreto para economia energética (EnEV 2014/a a partir de 2016)** com valores limite para **necessidades primárias de energia**; e a regulamentação da **transmissão necessária de calor** (para contrabalançar perdas) em edifícios habitacionais e comerciais → p. 155. O cálculo do coeficiente de condutibilidade térmica U, os valores de medidas energéticas (coeficiente de resistência térmica, condutibilidade térmica), assim como conceitos e denominações básicos são descritos a seguir.

Quantidade de calor: em Wh (=1,16 kcal); temperatura em °C; diferença de temperatura em K (Kelvin; antiga denominação grd); 1,16 Wh (=1 kcal) eleva a temperatura de 1000 g de água em 1 K.

Troca de calor através de convecção, condução, irradiação e difusão do vapor d'água; pode ter a velocidade reduzida mas não ser completamente evitada pelo isolamento térmico.

Condutibilidade térmica λ W/mK (kcal/mhK) é qualidade específica da cada **material**; quanto menor seu valor, tanto menor será a condutibilidade térmica do material. Os valores encontrados na DIN 4108 contêm aproximações de aplicação prática (temperatura, umidade, envelhecimento).

Coeficiente de resistência térmica R, em m^2K/W é específico da espessura das camadas. $R = d/λ$ (d = espessura da camada em m). O cálculo da resistência térmica é importante para a determinação do coeficiente de condutibilidade térmica U, segundo DIN EN ISO 6946 → ❸ – ❹.

Resistência à propagação térmica é o valor de isolamento térmico no elemento construtivo, representado pela camada de ar aprisionada. Faz-se a diferenciação entre a parte construtiva externa (**Re**) e interna (**Ri**).

Resistência à transmissão térmica 1/U, em m^2K/W ($m^2hK/kcal$), é a soma de resistências de um elemento construtivo contra a passagem de calor (coeficiente de resistência térmica e resistência à propagação térmica): **1/U = Ri + R + Re**

Coeficiente de condutibilidade térmica U, em W/m^2 ($kcal/m^22hK$), é o valor recíproco da resistência à transmissão térmica 1/U; é hoje o fator mais importante para cálculo do isolamento térmico. A DIN 4108 e o Decreto para economia de energia (EnEV 2014) fornecem os valores máximos para diferentes casos.
Para o cálculo do valor-U segundo DIN EN ISO 6046 são tomados valores de medida para cada material construtivo (condutibilidade térmica λ, coeficiente de resistência térmica **R**), que são descritos na DIN 4108 – 4 ou DIN EN 12524. Em → ❸ – ❹ é mostrado o cálculo do coeficiente de condutibilidade térmica U tomando como exemplos uma **parede externa**, com isolamento térmico direto, e uma **cobertura inclinada**.
Esta parte construtiva compõe-se de um setor de vigamento (15%), com isolamento entre as vigas de madeira (85%). O coeficiente de resistência térmica **R** é calculado, no caso, como valor médio entre o valor máximo limite **R'T** e o mínimo **R"T**. Para o cálculo do valor **R'T**, tem-se a adição das partes de vigas e de isolamento em função da sua porcentagem em área. No cálculo de **R"T**, tem-se a soma das resistências à propagação e transmissão térmicas individuais.

❶ Desenvolvimento da temperatura em elemento construtivo heterogêneo, com mais de uma camada

❷ Desenvolvimento da temperatura em elemento construtivo heterogêneo, com mais de uma camada

Parede externa com isolamento térmico

$0,24 W/m^2 K R$
obrig. $1,2 m^2K/W$
segundo DIN 4108-2

Coeficiente de condutibilidade térmica
$U_{exist}. h = 0,23 W/m^2 K$

Camada de material construtivo	RD kg/m³	Espessura (d) m	FG kg/m²	λ W/mK	d/λ m²K/W
	Re				0,040
1	Reboco externo		0,01		
2					
3	Isolamento	30	0,12	3,6	0,040	4,000
4	Alvenaria	1800	0,24	432,0	0,990	0,242
5	Gesso	1400	0,01	14,0	0,700	0,014
6	Ri					0,130
Σ					RT =	4,43

❸ Cálculo do coeficiente de condutibilidade térmica (valor-U), segundo DIN EN ISO 6946, para parede externa com isolamento térmico

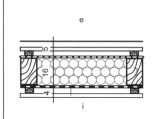

Cobertura inclinada

U neces. $0,24 W/m^2K$
R neces. $1,75 m^2K/W$
segundo DIN 4108-2

Parte do isolamento fa 85%
Parte do vigamento fb 15%

Coeficiente de condutibilidade térmica em média
$U_{exist}. = 0,24 W/m^2K$

	Camada de material construtivo	RD kg/m³	Espessura (d) m	FG kg/m²	λ W/mK	d/λ m²K/W
	Re					0,040
1	Recobrimento do telhado					
2	Caibros e ripas					
3	Folha de proteção interna					
4	Isolamento	30	0,20	4,8	0,040	5,000
	Vigamento	600	0,20	96,0	0,130	1,231
5	Barreira contra condensação					
6	Ripamento, camada fechada de ar		0,025			0,16
7	Placas de gesso acartonado	900	0,0125	11,3	0,250	0,050
	Ri					0,100
Σ	valor superior limite R'T = 1/(fa/RT,Isolamento + fb/RT,Vigamento) = 4,09
	valor inferior limite R"T = Re + R1 + R2 + R3 + R4 + R5 + R6 + R7 + Ri = 4,17
	R'T = (R'T + R"T)/2 = **4,13**

❹ Cálculo do coeficiente de condutibilidade térmica (valor-U), segundo DIN EN ISO 6946 para uma cobertura inclinada

---

Tecnologia de edificações

FÍSICA DA CONSTRUÇÃO

Isolamento térmico
Isolamento acústico
Acústica de ambientes
Para-raios

EnEV 2014 / a partir de 2016
obrig. 0,24 W/m 2 K R obrig.
DIN EN ISO 6946
DIN EN 12524
DIN 4108

FÍSICA DA CONSTRUÇÃO
ISOLAMENTO TÉRMICO

Tempe-ratura do ar	Temperatura de condensação para umidade relativa do ar de										
	35%	40%	45%	50%	55%	**60%**	65%	70%	75%	80%	85%
30°C	12,9	14,9	16,8	18,4	20,0	21,4	22,7	23,9	25,1	26,2	27,2
25°C	8,5	10,5	12,2	13,9	15,3	16,7	18,0	19,1	20,3	21,3	22,3
24°C	7,6	9,6	11,3	12,9	14,4	15,8	17,0	18,2	19,3	20,3	21,3
23°C	6,7	8,7	10,4	12,0	13,5	14,8	16,1	17,2	18,3	19,4	20,3
22°C	5,9	7,8	9,5	11,1	12,5	13,9	15,1	16,3	17,4	18,4	19,4
21°C	5,0	6,9	8,6	10,2	11,6	12,9	14,2	15,3	16,4	17,4	18,4
20°C	4,1	6,0	7,7	9,3	10,7	12,0	13,2	14,3	15,4	16,4	17,4
19°C	3,2	5,1	6,8	8,3	9,8	11,1	12,3	13,4	14,5	15,5	16,4
18°C	2,3	4,2	5,9	7,4	8,8	10,1	11,3	12,5	13,5	14,5	15,4
17°C	1,4	3,3	5,0	6,5	7,9	9,2	10,4	11,5	12,5	13,5	14,5
16°C	0,5	2,4	4,1	5,6	7,0	8,2	9,4	10,5	11,6	12,6	13,5
15°C	-0,3	1,5	3,2	4,7	6,1	7,3	8,5	9,6	10,6	11,6	12,5

❶ Temperatura de condensação, em função da dependência temperatura do ar – umidade relativa do ar

Temp. °C	Pressão parcial vapor máx. (kp/m²)
– 10	26,9
– 5	40,9
± 0	62,3
± 5	88,9
+ 10	125,2
+ 15	173,9
+ 20	238,1
+ 25	323,0

❷ Pressão parcial do vapor d'água do ar

Temperatura externa (°C)	Umidade relativa do ar		
	50	60	70
– 12	33,5%	25%	17,8%
– 15	30,8%	23%	16,2%
– 18	28,4%	21%	15,0%

❸ Contribuição máx. da camada de ar limitante, até o limite da formação de vapor (x)

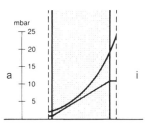

❹ A pressão parcial de vapor permanece abaixo dos valores máximos; não há condensação

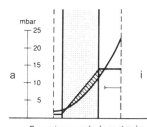

❺ Excessiva camada de ar através de isolamento térmico pequeno: condensação no interior e superfícies do elemento construtivo. x = contribuição máx. permitida para camada de ar limitante

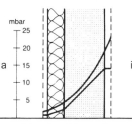

❻ O fator de posicionamento = a curva decresce no sentido exterior: bom!

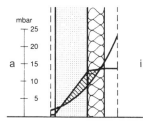

❼ Distribuição incorreta de camadas: a curva cresce no sentido exterior: condensação no interior do elemento construtivo!

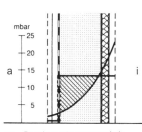

❽ Barreira contra vapor no lado frio: condensação no elemento construtivo!

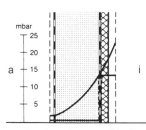

❾ Barreira contra vapor adicional no lado aquecido impede a condensação

Difusão do vapor d'água

O ar ambiente contém água em forma de vapor. A quantidade de água no ar dependente da temperatura é denominada **umidade relativa do ar**. Nesse caso, deve-se observar que o ar quente pode absorver uma maior quantidade de vapor d'água do que o ar frio. A cada mudança nas relações de temperatura pode-se ter, por isso, grandes variações da umidade relativa do ar, mesmo com a permanência do valor de umidade absoluto.

A condição principal para a condensação da água é a **elevação da umidade relativa do ar com o simultâneo abaixamento da temperatura**. Em caso extremo, o fenômeno acontece com tanta força, que o ar não consegue mais manter a água em forma de vapor, assumindo forma líquida (a água escorre sobre as superfícies).

A pressão do ar atmosférico corresponde a 1 bar ou 1000 mbar (também denominado hecto-Pascal); no caso de mistura de ar e vapor d'água, uma parte desta pressão é produzida pelo vapor d'água – a chamada **pressão parcial de vapor d'água** ou de forma resumida, pressão parcial de vapor. Para fins práticos, utiliza-se esta medida para determinação da quantidade de vapor d'água no ar (→ ❷), onde pode-se ver com mais clareza as considerações sobre a difusão (0,6 mbar = 1 g de água/kg de ar ≙). As diferenças de pressões parciais de vapor representam portanto apenas as diferentes composições em moléculas de vapor d'água para iguais pressões totais do ar.

A difusão ou dispersão do vapor d'água também pode ser fator de equilíbrio das diferenças da pressão parcial do vapor, através da sua trajetória em elementos construtivos e suas camadas. As camadas dos elementos construtivos oferecem por sua vez uma resistência à **difusão**; esta corresponde a uma camada de ar de igual resistência; o cálculo é feito como produto da espessura da camada d e o valor de **resistência à difusão m**. Com a difusão, ocorre dentro do elemento construtivo uma queda da pressão parcial do vapor; analogamente à curva de temperatura; esta diminuição de pressão distribui-se pelas camadas individuais, segundo a participação de cada uma no valor geral de resistência à difusão do elemento construtivo. As camadas de ar limitantes são irrelevantes, tendo em vista sua pequena espessura (externa, 0,5; interna 2 cm).
Exemplo: Interior 20°/50% ≙ 11,7 mbar; exterior – 15°/80% ≙ 1,3 mbar; diferença 10,4 mbar; parede (24 cm, tijolo furado): mxd 4,5 × 24 = 108 cm. Reboco (1,0 cm): mxd = 6 × 1,0 = 6 cm. 108 + 6 = 114 cm (100 %) (108 cm ≙ 94,7 % =^ 9,8 mbar, 6 cm =^ 5,3 % ≙ 0,6 mbar).

❿ Cálculo da pressão parcial de vapor d'água

Exemplos de difusão

Devem-se evitar danos à construção provocados pela condensação do vapor d'água. A condensação aparece ali onde a quantidade realde vapor d'água ameaça tornar-se maior relativamente às mudanças de temperatura. Nos exemplos → ❹ – ❾ tem-se a representação do elemento construtivo com as camadas de ar limitantes, em relação de escala com o valor de isolamento térmico; a linha em curva ascendente é – dada através da linha reta do desenvolvimento da temperatura – a curva de pressão parcial máxima do vapor.

Importante para evitarem-se danos:
Isolamento térmico suficiente
No exemplo → ❹ o elemento construtivo único homogêneo não apresenta condensação; no ex. → ❺ a condensação aparece na superfície interna, conseqüência clara da participação de uma camada de ar limitante muito grande. A camada de ar limitante deve ter uma participação X determinada, na resistência à transmissão térmica 1/µ, não devendo ultrapassá-la → ❸.

Distribuição correta das camadas
A tendência de crescimento da curva de difusão deve ser internamente inclinada, tornando-se horizontal externamente → ❻, de outra maneira, ocorre a condensação → ❼. Esta tendência é dada através do fator de posicionamento µλ: valor elevado de resistência à difusão interno, boa condutibilidade térmica = elevado fator de posicionamento µλ; baixo valor de resistência à difusão externa, má condutibilidade térmica = fator de posicionamento µλ baixo.

Barreira contra vapor em posição correta
Quando a camada de barreira contra vapor encontrar-se no lado exterior, a queda integral de pressão ocorrerá ali; o resultado será a condensação → ❽; desejando-se evitar esta situação, deve-se construir a barreira no interior, em que as camadas, até à barreira contra vapor, tiverem uma participação determinada, não podendo ultrapassar o valor X, no valor total da resistência à transmissão térmica 1/U → ❾.

Tecnologia de edificações

FÍSICA DA CONSTRUÇÃO

Isolamento térmico
Isolamento acústico
Acústica de ambientes
Para-raios

EnEV 2014/ ab 2016
DIN EN ISO 6946
DIN EN 12524
DIN 4108

FÍSICA DA CONSTRUÇÃO
ISOLAMENTO TÉRMICO

Tipo de construção sem barreira contra vapor → ❶ – ❷

As formas construtivas tradicionais não apresentam barreira contra vapor.

Distribuição de camadas a fim de evitar condensação → p. 153. No caso de ambientes com alto teor de umidade são necessários o cálculo e representação gráfica da curva de pressão do vapor.

Importante: na superfície externa da camada de isolamento térmico, usando-se reboco normal, há perigo de rachaduras provocadas por estancamento de calor e pouca resistência à tensão, recomendando-se por isso aplicação de reboco mineral sobre trama de fibra reforçada (ou plástico modificado).

Tipo de construção com barreira contra vapor → ❸ – ❹

Forma construtiva moderna ("coberturas quentes"; "fachadas quentes") com camada de barreira contra vapor localizada na superfície externa do elemento construtivo e assim efetivando uma barreira no interior do mesmo à condensação. Para evitar a condensação nas partes construtivas internas, as camadas até a barreira contra vapor não devem ultrapassar um determinado valor de resistência à transmissão térmica → p. 153. As fachadas quentes requerem técnica de execução apurada, estabelecendo-se no mercado, por este motivo, como sistemas pré-fabricados (construções em sanduíche). Para as coberturas quentes tem-se, sob a impermeabilização, uma camada equalizadora da pressão do vapor; sob a barreira contra vapor é somente obrigatória a construção de camada para nivelamento de tensões.

Forma construtiva com ventilação sob "membranas" ou revestimentos externos → ❺ – ❻

A ventilação interna sob superfície de revestimento substitui o efeito da barreira contra vapor. Exigências: a seção transversal do espaço de ventilação deverá ser em todos os pontos mín. 20 mm (para paredes duplas no mín. 40 mm, DIN 1053). Funcionamento através de diferença de altura (caimento mínimo de 10% entre ponto de entrada e saída de ar). Para pequenos caimentos é necessária a presença de barreira contra vapor, acarretando senão passagem de vapor e condensação na membrana externa. As camadas da "membrana interna", ou elemento construtivo em si, continuarão sendo distribuídas da mesma forma que para construções sem barreira contra vapor. A "**membrana interna**" deverá ser **sempre isolada** do ar!

Pontes térmicas são locais no elemento construtivo que – em relação a seu entorno – apresentam baixo isolamento térmico. Devido a isso, eleva-se ali a porcentagem de participação da camada limitante de ar no valor de resistência à transmissão térmica, de tal forma que a temperatura superficial na parte interna do local em que acontece a ponte de calor abaixa, podendo resultar em condensação de vapor d'água. O **aumento de custos de calefação** devido às pontes térmicas não é entretanto significativo, enquanto estas forem relativamente pequenas.

Para evitar a **condensação** em superfícies construtivas, com suas consequências desagradáveis como a presença de mofo, deve-se elevar a temperatura na superfície interior (p. ex. diminuição da perda de calor através de isolamento contra o frio externo, aumento da superfície de aquecimento da ponte térmica, boa condução dos elementos limitantes, injeção de ar quente).

Dessa maneira a resistência de transmissão térmica **Ri** fica reduzida em relação à ponte térmica, diminuindo-se também a porcentagem de ar limitante como resistência à transmissão térmica **1/U** → p. 152.

Os exemplos típicos são mostrados em → ❾ – ❿. Entretanto um canto normal de edificação pode conformar uma ponte de calor → ❼, porque ali uma pequena superfície interna de saída de calor, confronta-se com uma grande superfície externa absorvedora do mesmo; além disso o isolamento das camadas de ar limitantes é muito maior em um canto, do que em superfícies livres.

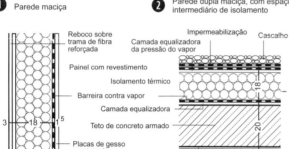

❶ Parede maciça

❷ Parede dupla maciça, com espaço intermediário de isolamento

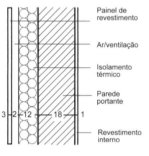

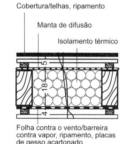

❸ Fachada com isolamento térmico; elementos pré-fabricados

❹ Cobertura plana com isolamento → p. 103

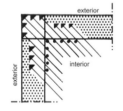

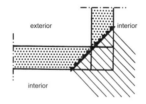

❺ Parede maciça, com espaço de ventilação intermediária, sob a fachada

❻ Cobertura inclinada com ventilação

❼ na superfície interior de cantos expostos ocorre condensação

❽ em cantos dirigidos para o interior não ocorre condensação

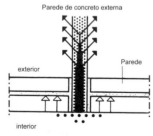

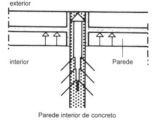

❾ para grandes superfícies expostas de pontes térmicas, há ocorrência de condensação (maior retirada de calor em proporção à unidade de superfície)

❿ para grande superfície interna de ponte térmica, a retirada de calor relativa à unidade de superfície é muito menor

---

Tecnologia de edificações

FÍSICA DA CONSTRUÇÃO

Isolamento térmico
Isolamento acústico
Acústica de ambientes
Para-raios

EnEV 2014/ ab 2016
DIN EN ISO 6946
DIN EN ISO12524
DIN 4108

FÍSICA DA CONSTRUÇÃO
ISOLAMENTO TÉRMICO

Decreto regulador do consumo energético na Alemanha (EnEV)
O decreto regulador do consumo energético na Alemanha (EnEV) constitui parte do direito administrativo econômico alemão. O decreto estabelece requisitos estruturais padrão para o consumo eficiente de energia operacional dos edifícios. O EnEV entrou em vigor pela primeira vez em 2002. A versão atualmente em vigor de 2014 com um padrão estendido para novos edifícios a partir de 2016 **(EnEV 2014/2016)** substitui e torna mais rígidos os requisitos do decreto de consumo de energia anteriormente em vigor (EnEV 2009). Outras alterações estão previstas.
Como parte da comprovação de proteção térmica de acordo com o EnEV, é exigida a realização de uma **avaliação geral** para **os sistemas de aquecimento, aquecimento de água, ventilação, refrigeração e iluminação** de edifícios. Não só o consumo energético para aquecimento, refrigeração, preparação de aquecimento da água e para a iluminação dos ambientes são objetos de controle, mas são calculadas também as condições de limite padrão. Quantidade de energia primária, que circulará pelo gerador de aquecimento e água quente etc. Se for utilizada energia elétrica, gerada a partir de energias renováveis, esta pode vir a ser deduzida da demanda final de energia.

Elementos do decreto regulador do consumo energético na Alemanha por meio de exemplo de uma residência (construção nova):
Ao planejar edifícios residenciais, deve ser comprovado que a demanda anual de energia primária para aquecimento, água quente e ventilação não excede o valor limite **permitido pelo EnEv (Edifícios residenciais com eficiência energética)**. O valor máximo é determinado por meio de um edifício abstrato de referência com as mesmas dimensões, na mesma orientação projeto técnica que o edifício residencial planejado (**métodos de referência**). Para o cálculo da demanda primária de energia é possível, alternativamente, aplicar a norma **DIN V 18599** ou **DIN EN 832** em conjunto com a **DIN V 4108, Seção 6.** ou **DIN V 4701, Seção 10**. (Somente para edifícios residenciais sem sistema de refrigeração.) Informações sobre o projeto técnico do edifício de referência no que diz respeito aos coeficientes de transferência de calor dos componentes, sobretaxas de ponte térmica e tecnologia estrutural estão disponíveis no **Apêndice 1** do § 3 e 9 do EnEV.

Isolamento mínimo de calor
A perda de calor no inverno pelo envelope externo de um edifício residencial não pode exceder os valores máximos permitidos, de acordo com o § 3 do EnEV (Isolamento térmico mínimo). Os valores mais elevados dependem do respectivo tipo de construção, sendo classificados em edifícios pequenos e grandes em espaço livre, construído unilateralmente, bem como outros edifícios residenciais e em expansões de grande escala → p. 156 ❶.
O parâmetro de avaliação é a **perda de calor de transmissão específica**, calculada a partir dos coeficientes médios de transferência de calor (valores U) dos componentes individuais do envelope exterior transmissor de calor (parede externa, telhado, piso, janelas, portas). Para sua determinação, são necessários os valores de características energéticas dos produtos de edificações individuais. Esses são os chamados valores de dimensionamento de condutividade do calor e a resistência à transmissão de calor para materiais de construção e estruturas e valores de projeto para coeficientes de transferência de calor de vidros, janelas e portas, incluindo esquadrias.

Os valores de projeto podem ser obtidos usando-se a tabela da **DIN EN 12524** ou **DIN 4108-4** ou **regulamentações gerais de autoridades de reguladoras da construção civil**.

Pontes térmicas
Na determinação da demanda primária de energia, é considerada também a influência das pontes térmicas. Para um bom isolamento térmico, é importante não somente dispor de componentes de alta retenção de calor, mas também conexões de **componentes altamente detalhadas**, pois nessa área de conexões há um alto risco de drenagem de calor e poucos componentes de edificação laterais acima da temperatura de superfície durante o período de demanda de aquecimento. O consumo de energia para aquecimento adicional, bem como a **possibilidade de condensação e mofo** como consequência. Além disso, deve-se ter em mente que este efeito de ponte térmica é essencialmente potencializado em componentes de edificação de alto isolamento térmico do que em componentes com baixo isolamento térmico.

Proteção solar
O EnEv 2007 § 3, seção 4 é a referência para o isolamento térmico de edifícios residenciais. Isso depende basicamente das seguintes variáveis influenciadoras:
Grau de energia total transmitida pela superfície envidraçada, inclinação e orientação da janela, porcentagem relativa à moldura da janela, eficiência da proteção solar, porcentagem da área de janelas na fachada (relativa a cada ambiente), clima regional (localização do edifício), construção leve ou pesada (capacidade de armazenamento de calor). Alternativamente, um cálculo de simulação baseado nas condições climáticas reais no canteiro de obras também é válido.

Estanqueidade e ventilação
Segundo o § 6 do EnEV 2007, as construções novas devem ser feitas de tal forma que as superfícies envolventes, transmissoras de calor, incluindo juntas, sejam tecnicamente desenvolvidas para, a longo prazo, apresentarem-se herméticas à passagem de ar.
A permeabilidade das juntas de janelas externas, portas francesas e janelas claraboias deve estar de acordo com os requisitos da DIN EN 12207. Uma verificação da estanqueidade pode ser determinada considerando-se no cálculo a demanda anual de energia primária na prova de isolamento térmico (Blower-Door-Test-Bonus). Além da estanqueidade, de acordo com o cálculo do EnEV, também deve ser preservada a troca mínima de ar em edifícios prontos. No caso de sistemas de ventilação mecânica é permitido o cálculo da recuperação de calor ou a redução regulada da taxa de troca de ar se a estanqueidade do edifício for comprovada. Além disso, os sistemas de ventilação devem ser equipados com dispositivos que permitem a influência dos fluxos de volume de ar por unidade de utilização pelo usuário.

Tecnologia de instalações
Sistemas de aquecimento de edifícios residenciais, bem como **sistemas de fornecimento de água quente e instalações de distribuição** devem ser construídos de acordo com os § 13 e § 14 do EnEV. A **caldeira** devem ter eficiência energética, ou seja, deve atender aos requisitos para o comissionamento de caldeiras e outros sistemas geradores de calor. **Aquecimentos centrais** devem ter dispositivos automáticos centrais para controlar o fornecimento de calor e a operação elétrica, e deve ser possível regulá-los individualmente por ambiente. **Bombas de circulação** em sistemas de água quente devem poder ser automaticamente ligadas e desligadas.
Tanques de água quente, distribuição de calor e canalizações de água quente devem estar de acordo com as exigências do EnEV.

Tecnologia de edificações

FÍSICA DA CONSTRUÇÃO

Isolamento térmico
Isolamento acústico
Acústica de ambientes
Para-raios

EnEV 2014/ ab 2016
DIN EN 832
DIN V 18599
DIN 4108
DIN EN ISO 12524

FÍSICA DA CONSTRUÇÃO
ISOLAMENTO TÉRMICO

O Certificado de Energia
Em princípio é necessário apresentar, de acordo com a Portaria de Economia de Energia (**EnEV 2014 / de 2016**) §16., dentro de determinado prazo e com determinadas restrições, um certificado de energia para construções novas e reformas onde haja consequências de cálculo para o restante da edificação, assim como, via de regra, para venda ou aluguel de edifícios (exceção: p. ex. edifícios sob preservação).

O Certificado de Energia documenta a necessidade energética, ou seja, o consumo de energia de um edifício e permite, por meio de gráfico, uma comparação clara com a média de edifícios semelhantes → ❷.

O processo de cálculo do valor de energia nominal no certificado é dado por meio do decreto regulador do consumo energético na Alemanha (EnEV) → p. 155: a **necessidade de energia** é dada através da necessidade de energia primária e da necessidade final de energia; o **consumo de energia** através do valor nominal de consumo energético.

A **necessidade de energia primária** configura a eficiência energética total de um edifício. Essa leva em consideração, junto à energia final, também a cadeia de condições anteriores (p. ex. prospecção, extração, distribuição, transformação) da fonte de energia em questão. Valores pequenos referem-se a necessidades baixas e, assim, alta eficiência do sistema e uso de recursos com preservação do meio ambiente. A **necessidade de energia** calculada por meio de regras técnicas fornece a quantidade de energia anual necessária para calefação, ventilação e água quente (para edifícios não residenciais também para resfriamento e iluminação) e é fator de medida para cômputo da eficiência energética do edifício e suas instalações técnicas. Valores pequenos assinalam uma necessidade baixa e assim uma alta eficiência energética. Essas informações fazem parte da documentação da construção e outros dados da edificação, sendo calculadas numericamente com a incorporação de condições estandardizadas (p. ex. dados climáticos, condições de uso, temperatura interior). Dessa forma, a qualidade energética do edifício será documentada independente das condições de uso e clima, sendo que, entretanto, os valores calculados, em função das condições estandardizadas, não permitem associação direta com o consumo real de energia.

O **valor nominal de consumo de energia** é calculado para o edifício com base nos custos de calefação e água quente e outros dados de consumo. Por meio de um fator climático tem-se a correção do consumo de energia para calefação a um valor médio em toda a Alemanha.
Apesar de o valor nominal de consumo de energia fornecer indicação sobre a qualidade energética do edifício e suas instalações de calefação, podem acontecer claros desvios em função das diferenças do controle de aquecimento e ventilação pelo usuário.

O EnEV 2014 possui um formulário padrão para o Certificado de Energia de edifícios residenciais e não residenciais → ❸.
Para edifícios públicos > 1000 m² o Certificado deverá ser pendurado em lugar visível. Os Certificados de Energia são elaborados por pessoal especializado, tendo prazo de validade de até 10 anos. Se forem possíveis medidas consequentes de melhoria da qualidade energética do edifício, essas aparecerão no Certificado de Energia como recomendação de modernização. O Certificado também oferece vantagens para comercialização dos imóveis, fomento de investimentos assim como segurança adicional para decisões de compra e aluguel.

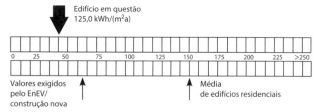

❶ Valores máximos de perda de calor de transmissão específica de edifícios residenciais H'T (W/m²K), em relação à área circundante transmissora de calor, de acordo com o EnEV 2014

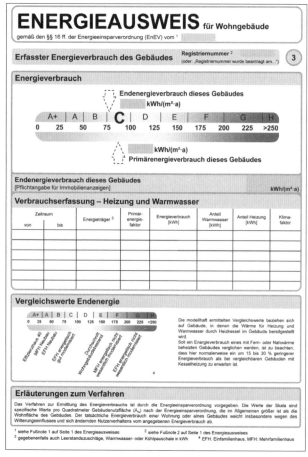

❷ Gráfico de análise por comparação das necessidades anuais de energia de um edifício determinado com as de um edifício médio (exemplo)

❸ Formulário padrão de um Certificado de Energia para edifício residencial com gráfico de análise e valores comparativos (excerto) [06]

FÍSICA DA CONSTRUÇÃO
ISOLAMENTO ACÚSTICO

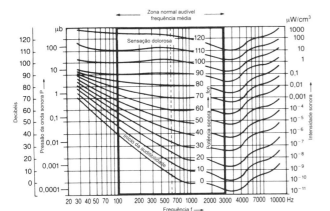

① Relação entre potência do som (fon), pressão da onda sonora (μb), intensidade relativa ou nível do som (db) e intensidade sonora (μW/cm²)

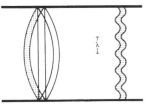
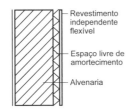

② Representação de ondas curvas em uma parede para frequências normais: a parede não balança inteira (→a), senão vibra em suas partes internas (→b)

③ Melhoria do isolamento acústico aéreo em até + 7 dB, com camada de revestimento flexível independente e espaço intermediário livre de amortecimento

0–10	Início da percepção auditiva
20	Ciciar de folhagem
30	Limite inferior de ruídos caseiros normais
40	Nível médio de ruídos caseiros. Conversação em voz baixa. Rua de moradia tranquila.
50	Conversação normal. Música de rádio com alto-falante normal em compartimento fechado.
60	Ruído de aspirador de pó. Barulho normal de rua de comércio.
70	Máquina de escrever (unidade). Campainha de telefone a 1m de distância.
80	Rua de muito tráfego. Sala de máquinas de escrever.
90	Oficinas ruidosas.
100	Buzina Bosch a 7 m de distância. Motocicleta.
100–130	Indústria muito ruidosa (caldeiraria etc.)

④ Escala de potências sonoras (medidas em dB(A))

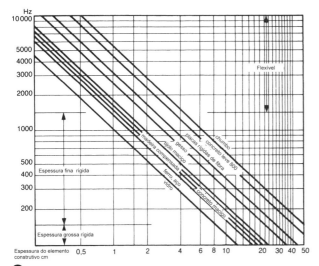

⑤ Limite de frequência para placas construtivas de diferentes materiais

Som

O som propaga-se de forma mecânica através de oscilações e ondas de pressão, que produzem diminuto aumento e diminuição da pressão, medidos em microbar (mb), em relação à pressão atmosférica (= 1,0333 kg/cm²). Como referência, a variação da pressão para a fala em voz alta é igual a cerca de um milionésimo da pressão atmosférica. As **ondas sonoras audíveis** por nós localizam-se na frequência de **20 Hz a 2.000 Hz**; 1 Hz (Hertz) = 1 oscilação/segundo (para o **isolamento acústico na construção** a zona entre 100 e 3200 Hz é a mais importante, é a faixa na qual o ouvido humano é mais sensível). A pressão da onda sonora é perceptível pelo ouvido humano do **limite audível** até o **limiar de dor** → ①. Essa faixa de audição é subdividida em 12 partes = **12 Bel (b)** (segundo A.G. Bell, inventor do telefone). Uma vez que 1/10 Bel = **1 decibel** (dB) é a diferença de pressão de onda sonora ainda perceptível pelo ouvido humano, para frequência normal de 1000 Hz, adotou-se o decibel como unidade física para intensidade sonora relativa (nível do som) → ①. O nível de intensidade sonora é dado, em sua maioria, em db (A); para valores acima de 60 dB, utiliza-se dB (B), medida que corresponde aproximadamente ao antigo fon.

Isolamento acústico

Como isolamento acústico entendem-se todas as medidas que diminuem a propagação do som entre fonte emissora e ouvinte (evitar completamente é impossível). Quando fonte e ouvinte encontrarem-se em um recinto único, isto ocorre através da **absorção**; no caso de estarem em ambientes separados, ocorre basicamente através de **isolamento acústico**. No segundo caso, diferencia-se, em função do tipo de interferência sonora, entre **som aéreo** (quando o som propaga-se através do ar), som **propagado por via sólida** (quando a fonte sonora age diretamente sobre parte construtiva) e propagação por **impacto** (transmissão por via sólida, onde a interferência é produzida basicamente pelo caminhar, p. ex. sobre escadas e pavimentos).

Para especificação do isolamento acústico utiliza-se, para propagação sonora aérea, de maneira geral, a diferença de via de regra, a medida de isolamento acústico avaliada de R9w, isto é, a diferença entre nível da fonte (espaço com ruído) e espaço receptor (silencioso), considerando as propagações secundárias, através de partes construtivas adjacentes. Para isolamento acústico de impacto, tem-se para cálculo, analogamente, o valor normal de nível sonoro L'n,w.

A propagação do som no ar como onda oval transforma-se em ondas curvas de pequeno comprimento em materiais rígidos → ② (a velocidade de propagação das ondas ovais é de 340 m/s; para ondas curtas, depende do material, espessura das camadas e frequência).
A **frequência limite** é aquela que permite a propagação do som das ondas curtas, em um material construtivo, também com a velocidade de 340 m/s; para essa frequência ocorre a passagem do som do ar para a matéria e vice-versa de forma excelente, ou seja, nesse caso, o isolamento acústico do material é péssimo. Para elementos construtivos pesados/rígidos, a frequência localiza-se em nível superior; para elementos construtivos de pouca espessura/flexíveis, a frequência localiza-se abaixo → ⑤.
Em princípio, o **isolamento acústico** acontece através da **massa**, ou seja, partes construtivas pesadas, de grande espessura, onde a energia sonora passa, primeiramente, do ar para o material, sendo transmitida então pela sua vibração, perdendo-se, finalmente, no retorno, em novo contato com o ar.
Quando o material é diretamente atingido por impacto, o seu isolamento natural é baixo.
Construções leves isolantes acústicas, com revestimentos de camadas flexíveis (com espaço livre de amortecimento, para evitar a reflexão sonora) são apropriados para redução da passagem do som na sequência ar–material construtivo–ar–material construtivo–ar → ③.

Tecnologia de edificações

FÍSICA DA CONSTRUÇÃO

Isolamento térmico
Isolamento acústico
Acústica de ambientes
Para-raios

DIN 4109

157

FÍSICA DA CONSTRUÇÃO
ISOLAMENTO ACÚSTICO

Isolamento acústico aéreo

No caso do som aéreo, a onda sonora propagada pelo ar entra em contato com o elemento construtivo → ❶; com isso aumenta a influência da frequência limite sobre o isolamento acústico → ❻.

DIN 4109 coloca os valores necessários para isolamento acústico aéreo para proteção da propagação sonora de apartamentos vizinhos ou áreas de trabalho (valores testados de medidas de isolamento, inclusive propagação por caminhos secundários R'w) → ❼.

Em relação à propagação sonora de impacto, o isolamento acústico de ruído aéreo utiliza muito mais a influência de distúrbios de "caminhos secundários". (Por este motivo, o comprovante do isolamento de paredes é dado sempre sob a condição da "consideração dos caminhos secundários usuais dos elementos construtivos".) Como "caminho secundário" consideram-se especialmente elementos construtivos particularmente rígidos, com peso superficial entre 10 e 160 kg/m², por este motivo as paredes divisórias entre moradias, onde estes elementos construtivos são ligados como paredes transversais, devem apresentar um peso mínimo de 400 kg/m².

Portas e janelas com seus baixos valores de isolamento acústico → ❺, influenciam o isolamento da transmissão sonora aérea de forma bastante negativa, mesmo para pequenas superfícies das aberturas, resultando em valores de medidas de isolamento aritmeticamente abaixo das médias exigidas.

Em virtude disso, coloca-se em primeiro lugar o melhoramento da vedação acústica das portas e janelas. **Paredes** com isolamento acústico não suficiente, podem ser melhoradas através da adição de uma camada flexível de revestimento externo → p. 157 ❸; paredes duplas são isoladas acusticamente de forma excelente quando forem flexíveis e preenchidas com material isolante elástico ou tendo este material como revestimento sobre toda a sua superfície, em camadas absolutamente separadas. Paredes de material flexível são em geral pouco sensíveis a pequenas pontes de ruídos. Para paredes duplas isoladas acusticamente existem formas-tipo de construção comprovadas.

A utilização de revestimento externo sobre materiais isolantes de rigidez normal (p. ex. sobre isopor), diminui consideravelmente o efeito de isolamento acústico!

Tecnologia de edificações

FÍSICA DA CONSTRUÇÃO

Isolamento térmico
Isolamento acústico
Acústica de ambientes
Para-raios

DIN 4109
VDI 4100

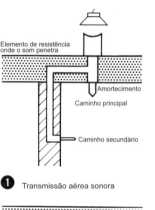
❶ Transmissão aérea sonora

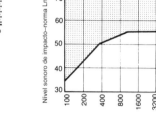
❷ Curva recomendada para som aéreo

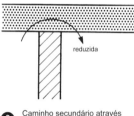
❸ Caminho secundário através de elementos construtivos limitantes

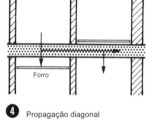
❹ Propagação diagonal

1	Porta simples com soleira sem vedação especial	até 20 dB
2	Porta pesada com soleira e boa vedação	até 30 dB
3	Porta dupla com soleira sem vedação especial, podendo abrir-se individualmente	até 30 dB
4	Porta dupla pesada com soleira e vedação	até 40 dB
5	Janela simples sem vedação especial	até 15 dB
6	Janela simples com boa vedação	até 25 dB
7	Janelas duplas em caixa, sem vedação especial	até 25 dB
8	Janelas duplas em caixa, com boa vedação	até 30 dB
9	Vidro isolante 4/12 – 16/4 mm	até 32 dB

❺ Isolamento acústico de portas e janelas, conforme DIN 4109 [07]

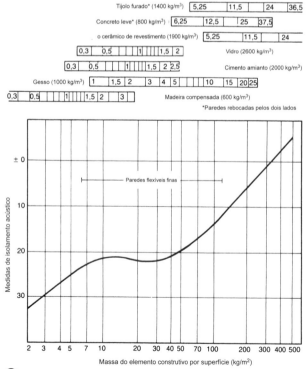
❻ Isolamento de som aéreo, peso por superfície e espessura do material (segundo Gösele)

Parte construtiva	Isolamento acústico aéreo R'w [dB]	Isolamento acústico de impacto L'n,w [dB]
Edifícios de apartamentos com moradia e áreas de trabalho		
Paredes divisórias entre apartamentos	53	
Paredes junto a corredor e escadas	52	
Lajes de pavimentos/escadas	54	53
Pavimentos sobre subsolo, corredores, escadas	52	53
Lanço de escadas, patamares		58
Portas de acesso para corredor interno	27	
Escolas e estabelecimentos de ensino		
Paredes entre salas de aula e escadas	47	
Lajes de pavimento entre salas de aula	55	53
Portas da sala de aula para corredor	53	
Hotéis, hospitais, sanatórios		
Paredes de quartos de hóspedes ou doentes, consultórios	47	
Lajes de pavimento em geral	54	53
Lanço de escadas, patamares		58
Portas de consultórios	37	

Os valores de isolamento acústico dados para os elementos construtivos divisórios são válidos para todos os componentes envolvidos com a propagação sonora e caminhos secundários para passagem do som.
Os valores para portas referem-se somente à passagem do som através delas.

❼ Proteção para áreas de permanência contra propagação de som a partir de apartamentos vizinhos e áreas de trabalho (exigências mínimas segundo DIN 4109, Tabela 3, excerto) [07]

158

FÍSICA DA CONSTRUÇÃO
ISOLAMENTO ACÚSTICO

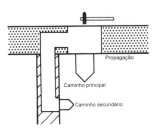

① Parede dupla limítrofe entre duas moradias, com junta de separação contínua em corte

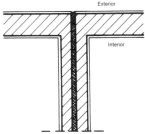

② Planta → ①

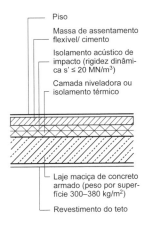

③ Propagação sonora por impacto

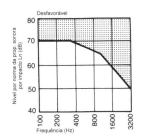

④ Curva recomendada para propagação sonora por impacto (ruído de passos)

Paredes limítrofes entre moradias

A figura → ① mostra uma parede divisória dupla entre apartamentos, com uma junta de separação contínua, inclusive através da fundação. A **massa distribuída pela superfície** de cada parede com reboco deverá corresponder no **mínimo a 150 kg/m²**; a espessura da junta de separação terá **30 mm**. Aumentando-se o espaçamento (junta) para mais de 50 mm, a distribuição do peso da parede poderá ser de 100 kg/m². O **espaço livre da junta** necessita ter tratamento adequado para evitar pontes de transmissão sonora (segundo DIN 18165, parte 2, instalação tipo T, painéis de isolamento acústico de impacto, de fibras compactas). Para paredes construídas de **concreto** (feito em obra), recomenda-se o uso de painéis de fibra mineral, adequados às solicitações resultantes do processo de concretagem. No caso de o peso **ultrapassar 200 kg/m²**, com espessura da junta **acima de 30 mm**, não há necessidade de camada isolante intermediária (medidas construtivas podem evitar a formação de pontes de transmissão sonora, como o espaçamento ser mantido por guias, que podem ser retiradas posteriormente).

Para paredes duplas, o **valor calculado de isolamento acústico R'w,R** pode ser extraído da soma das massas distribuídas pela superfície de cada parede (p. ex. segundo DIN 4109, folha anexa 1, Tabela 1).

Paredes duplas com junta contínua podem melhorar o desempenho do isolamento acústico em 12 dB.

Tecnologia de edificações

FÍSICA DA CONSTRUÇÃO

Isolamento térmico
Isolamento acústico
Acústica de ambientes
Para-raios

DIN 4109

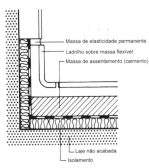

⑨ Execução da borda com camada de assentamento flexível

⑩ Piso de ladrilhos sobre camada flexível (banheiros)

Isolamento acústico de impacto

Para os ruídos transmitidos por impacto, o teto entre pavimentos é diretamente levado a vibrar. A curva segundo DIN 4109 → ④ determina um **nível sonoro normal para impacto** no piso, ou seja, o nível máximo a ser ouvido no cômodo localizado imediatamente abaixo, quando uma pessoa caminha normalmente no andar de cima. Além disso, deve-se descontar 3 dB do valor de fabricação dos materiais, tendo em vista o processo de envelhecimento e desgaste.

Forma usual de isolamento acústico por impacto, através de **massa de assentamento**: camada de isolamento flexível amortecedora, recoberta com **camada de proteção**, ambas sobrepostas por camada de assentamento de cimento, anidrido, manta asfáltica (com espessura determinada pela DIN 4109, Folha 3); conforma ao mesmo tempo também isolamento acústico aéreo, sendo válida para todos os tipos de lajes de pavimentos (com **bordas** sempre livres → ⑨, com junta elástica, mesmo no caso de piso de ladrilhos → ⑩, tendo em vista que a camada de assentamento é sensível a pontes sonoras).

Em tetos com isolamento acústico quase suficiente, podem-se alcançar bons resultados com a natureza de acabamento do piso, como o uso de pisos muito moles ou elásticos; ou utilizando-se forros flexíveis. A influência no isolamento acústico da massa de assentamento flexível ou do acabamento amortecedor do piso pode ser medida em dB segundo valores estipulados pela VM (Medidas para melhoramento do isolamento acústico).

⑤ Laje maciça com massa de assentamento flexível do piso (R'w 55-57 dB, L'n,w ≈50 dB) → p. 158 ⑦

⑥ Laje mista com preenchimento cerâmico em abóbada, com melhoramento técnico-acústico (R'w ≈58 dB, L'n,w ≈47 dB) → p. 158 ⑦

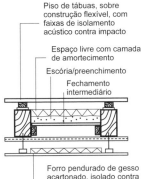

⑦ Pavimento convencional de vigas de madeira em estado original (R'w ≈45 dB, L'n,w ≈66 dB) → p. 158 ⑦

⑧ Pavimento convencional de vigas de madeira com melhoramento técnico-acústico (R'w ≈54 dB, L'n,w ≈50 dB) → p. 158 ⑦

159

FÍSICA DA CONSTRUÇÃO
ISOLAMENTO ACÚSTICO

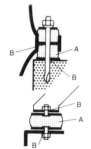
① Passagem de tubulação isolada

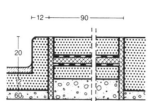
② Base de caldeira de calefação isolada acusticamente, com 90 cm de largura

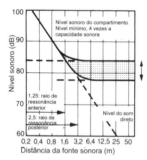

A material de isolamento acústico de impacto, p. ex. borracha
B espaço livre, eventualmente preenchido com material isolante sonoro de impacto

③ Elemento de metal e borracha

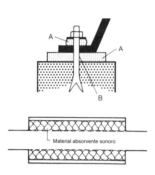
④ Canal com material absorvente sonoro – amortecimento por "telefonia"

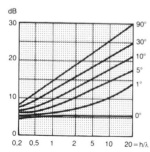
⑤ Através da absorção do som, pode-se diminuir o nível do som refletido. Assim o "raio de ressonância" será aumentado, abaixando ao mesmo tempo o nível de ruído fora do raio anterior.

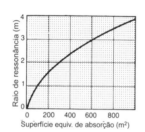
⑥ Raio de ressonância e capacidade de absorção de um ambiente

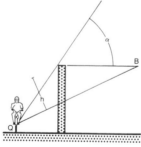
⑦ Efeito do isolamento acústico através de barreiras ao ar livre (A.I.King). Nas ordenadas é dada a quantidade de isolamento, dependente do ângulo α → ⑧; altura e comprimento da onda λ. Exemplo: α = 30°; h = 2,50 m: para 500 Hz (zona de frequência média) ≙ 340/500 = 0,68 comprimentos de ondas; sendo h/λ = 2,50/0,68 = 3,68, tem uma barreira = 17 dB.

⑧ Esquema de proporções → ⑦
Q = fonte sonora;
B = ouvinte

Ruídos nas instalações prediais

Esse tipo de ruído ocorre como ruído em metais, na tubulação ou de enchimento e esvaziamento.

O nível sonoro máximo permitido nas instalações prediais em apartamentos (influência sobre vizinhos) é de 35 dB (A). Elementos técnicos produtores de ruídos (tubulação de água e esgoto, de gás, pontos de despejo de lixo, elevadores) não devem ser construídos diretamente adjacentes a áreas de vivência tranquilas (salas de estar, dormitórios).

Ruído em metais: ajuda através de uso de metais com amortecimento de ruídos comprovado, com nível ≤ 20 db. Apenas para instalações em paredes internas divisórias ou limítrofes com compartimentos de equipamentos, permite-se um nível de ruído ≤ 30 db. O amortecimento de ruído deve ser feito com escolha correta dos metais, adicionado a uso de isolamento acústico adequado.

Ruído na tubulação: através da formação de turbilhão dentro do encanamento. Ajuda: uso de curvas ao invés de ângulos; dimensionamento suficiente para escoamento; apoios isolados acusticamente → ①.

Ruído de enchimento: p. ex. ao encher-se a banheira ou semelhante. Ajuda: eliminar vibrações; usar torneiras de aspersão, com pressão de ar; isolar os pés da banheira, assim como os contatos das bordas (estes através de juntas de material elástico).

Ruído de esvaziamento (ruído de gargarejo): ajuda através de dimensionamento correto e ventilação do encanamento de despejo.

Caldeira de calefação deve ter isolamento acústico: sobre base especial → ②, com construção inferior absorvente sonora; capa isolante para a fornalha; ligação com a chaminé por meio de tubos isolados; ligação com a rede de radiadores por compensadores elásticos (borracha).

Tubos de ventilação são transmissores sonoros; os tubos de ventilação e instalações de ar condicionado serão isolados segundo o sistema de isolamento acústico de "telefonia", que é constituído de pacotes absorvedores entre os quais o ar flui → ④. Quanto mais espesso o pacote, mais baixas serão as frequências. Os tubos de ventilação já deverão conter em si isolamento acústico → ④!

Absorção acústica

A absorção do som não evita, na maioria das vezes – ao contrário do isolamento acústico – a passagem do som através de um elemento construtivo. Ela também não influi no som, que diretamente da fonte atinge o ouvido, agindo em princípio, basicamente, sobre o som refletido.

A onda sonora (som direto) enfraquece com a distância da fonte produtora; entretanto, em um determinado "raio de ressonância" em torno da fonte, o som refletido é tão alto ou até mais alto, que o som direto → ⑤. Ao diminuir-se a reflexão sonora, reduz-se o nível do som refletido, fora do "raio de ressonância"; o "raio de ressonância" em si ficará maior.

A capacidade de absorção de um compartimento é dada em m² de superfície equivalente absorvedora sonora. Em caso ideal, a superfície total do ambiente corresponderia à área de absorção. Para uma ressonância de 1,5 s – ideal, p. ex., para piscinas cobertas – a área equivalente de absorção sonora deverá ser de A = 0,1 m² por m³ de volume do compartimento v; para a metade do tempo de ressonância, considerar-se-ia o dobro.

Proteção contra ruído externo

Para isolamento contra ruídos externos (p. ex. tráfego etc.) existem as seguintes possibilidades:

Estudo correto de projeto: ambientes de vivência e repouso isolados das fontes de ruído, na medida do possível; paredes externas com isolamento acústico, assim como portas externas e janelas (no caso de aberturas envidraçadas fixas, com sistema de ventilação); construção de barreira sonora na fachada; proteção sonora através de tratamento do terreno, p. ex. paisagístico: taludes, muros e plantações.

No caso de taludes ou muros e outras barreiras, pode-se ver o efeito de isolamento acústico no gráfico → ⑦ para os diferentes comprimentos de ondas (comprimento de onda de aproximadamente 340 m/frequência).

FÍSICA DA CONSTRUÇÃO
ISOLAMENTO ACÚSTICO

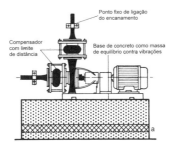
① Exemplo para mola individual

② Apoio de aparelhos sobre camada de base flexível

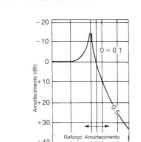
③ Efeito de camadas elásticas de apoio

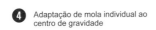
④ Adaptação de mola individual ao centro de gravidade

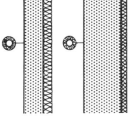
⑤ Parede leve = grandes vibrações
Parede pesada = pequenas vibrações

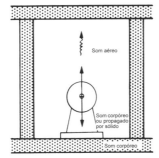
⑥ Estímulo produzido por som corpóreo

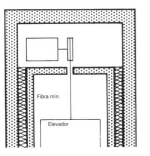
⑦ Caixas de elevadores separadas com junta preenchida por fibra mineral ≥ 3 cm

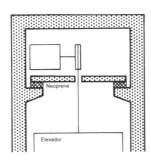
⑧ Topo da caixa sobre neoprene

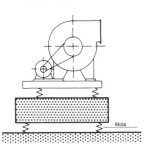
⑨ Ventilador com apoios elásticos duplos

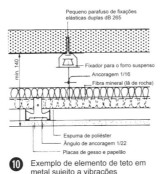
⑩ Exemplo de elemento de teto em metal sujeito a vibrações

Som propagado por sólidos

Vibrações em corpos sólidos são designadas como som propagado por sólidos ou som de vibração.
Este é originado através de som aéreo ou por contato direto, mecânico → ⑥.
Como a transmissão de forças é maior através de contato mecânico do que pela pressão do ar, o resultado audível é, na maioria das vezes, maior para o primeiro caso. Quase sempre ocorrem fenômenos de ressonância os quais, em limitadas zonas de frequência, levam a reflexões sonoras elevadas.
Quando o som refletido no ar tiver um só tom, é originado quase sempre por fonte mecânica. O isolamento contra som de vibração deve portanto objetivar o impedimento de contato mecânico assim como a sua transmissão posterior.

Medidas contra a transmissão do som por sólidos

Nas **instalações prediais** devem-se utilizar apenas metais com controle de isolamento acústico, além de manter-se a pressão da água o mais baixo possível.
A velocidade da água tem efeito secundário. **Banheiras** devem ser instaladas sobre massa de assentamento flexível e separadas das paredes (uso de juntas!).
Instalações de WC presas à parede originam transmissão direta de som por impacto. Para minorar este efeito, evitar ligações rígidas e optar por eventual introdução de camadas flexíveis intermediárias. Instalar encanamento de água e esgoto com material elástico de apoio e sem contato direto com os elementos construtivos. A tubulação deve acompanhar as determinações da DIN 4109, recomendando a sua instalação em paredes com peso superficial > 250 kg/m^2 → ⑤.
Construir **elevadores** com caixas separadas → ⑦ e preencher juntas com ≥ 3 cm de fibra mineral; ou apoiar o topo da caixa sobre neoprene → ⑧.
Bombas e aparelhos precisam ser apoiados sobre base isolada acusticamente e com sistema de funcionamento ligado de forma elástica.
O uso de compensadores, descarregando pressões maiores, contribui para manter a pressão constante em longos eixos de tubulações → ①.
Como material isolante amortecedor para fundações são especialmente apropriadas as placas de granulado de borracha, devido à sua elevada resistência à pressão. Eventualmente pode ser adicionado material isolante contra som de impacto, como fibra mineral ou espuma de polietileno.
Não recomendados são cortiça, borracha dura e semelhantes, uma vez que estes materiais apresentam grande rigidez. Quanto maior é a capacidade de compressão do material, sem sobrecarga, tanto melhor será seu funcionamento.
Para materiais isolantes aplicados em superfícies, a carga deverá ser em sua maioria > 0,5 N/mm^2. Quando esta capacidade não for alcançada, necessitam-se de elementos individuais adicionais, relacionados ao peso do aparelho; estes serão de neoprene ou aço → ⑥.
Molas metálicas, devido à pequena rigidez, obtêm os melhores resultados de isolamento acústico por impacto → ①.
Em casos especiais usam-se também **"colchões" de ar**. Para mola individual é necessária a adaptação ao centro de gravidade, para distribuição regular da carga sobre o elemento → ④.
Na ocorrência de fontes periódicas de ruído, p. ex. massas em balanço ou em movimento circular, não deverá haver concordância entre a frequência de produção de ruído e a frequência própria do sistema fixado de forma flexível.
Através da ressonância originam-se grandes vibrações que, em elementos com baixo amortecimento sonoro, podem produzir rompimentos → ③.
Os melhores resultados de amortecimento sonoro são alcançados através de sobreposição de camadas flexíveis → ⑨.
Relacionamentos desfavoráveis, como p. ex. em fundações sobre camada flexível, podem ocasionar escalonamento de problemas!

Tecnologia de edificações

FÍSICA DA CONSTRUÇÃO

Isolamento térmico
Isolamento acústico
Acústica de ambientes
Para-raios

DIN 4109

FÍSICA DA CONSTRUÇÃO
ACÚSTICA DE AMBIENTES

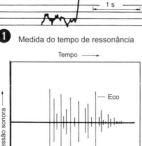

❶ Medida do tempo de ressonância

❷ Princípio do eco

❸ Zonas ideais de tempo de ressonância

Função do local	Tempo de ressonância	
Fala	Cabaré	0,8
	Teatro	1,0
	Conferência	
Música	Música de câmara	1,0 ... 1,5
	Ópera	1,3 ... 1,6
	Concerto	1,7 ... 2,1
	Órgão	2,5 ... 3,0

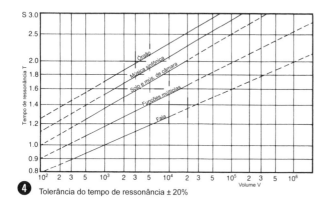

❹ Tolerância do tempo de ressonância ± 20%

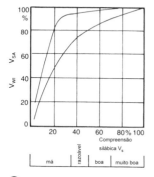

❺ Compreensibilidade da palavra falada

❻ Tabela de volumes V = f (tipo)

Função ou uso	Número designador de volume em m³/lugar	Volume máximo em m³
Auditório Teatro	3 ... 5	5000
Função mista de teatro e música	4 ... 7	8000
Teatro de ópera, operetas	5 ... 8	15000
Salas de mús. de câmara	6 ... 10	10000
Salas de concerto para mús. sinfônica	8 ... 12	25000
Salas para oratórios e mús. de órgão	10 ... 14	30000

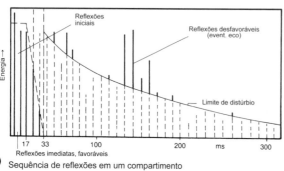

❼ Sequência de reflexões em um compartimento

O projeto acústico deve objetivar condições de perfeita auditibilidade em locais destinados a apresentações de música, teatro, conferências etc.
Devem-se observar diferentes influências, sendo entre elas muito importantes:

Tempo de ressonância:
Duração para uma queda de nível sonoro de 60 db após o momento de emissão da fonte sonora → ❶. Medida válida para a zona −5 dB até 35 dB (DIN 52216 – Medida do tempo de ressonância em auditórios).

Superfícies de absorção:
Quantidade de material absorvente, assim como o eco.
O cálculo do **tempo de ressonância** para um **volume V do ambiente** é feito através da **fórmula de Sabine**:

$$t = \frac{0{,}163 \cdot V}{\alpha s \cdot S}$$

O **grau de absorção** αs é específico do material e é determinado em laboratório. A **área individual S** (p. ex. pessoas, cadeiras, decoração etc.), do total de superfícies absorventes de cada ambiente, é colocada como valor específico no cálculo. O tempo de ressonância é calculado para as frequências f = 125, 250, 500, 1.000, 2.000, 4.000 Hz. Indicações de medidas médias tomam como referência o valor de 500 Hz.

Quando no desenho da curva de tempo de ressonância com caída direta, sobressaírem pontas individuais, estas serão denominadas de "eco" → ❶. Os critérios a respeito do eco variam em valor de tempo e intensidade com respeito à música ou à apresentação falada. → ❷.
Como salas de música necessitam de tempo de ressonância mais longo, a presença de ecos nestes ambientes não é tão crítica.

Exigências dos locais
Tempo de ressonância:
O valor ideal depende do objetivo de uso (música, fala → ❸) e volume do local.
Depende da frequência, sendo mais longo para baixas, e mais curto para altas frequências. Para f = 500 Hz, pode ser conduzido para valores ideais, dependendo da relação de proximidade → ❹.

Auditibilidade da fala:
Importante para compreensão das palavras faladas → ❺.
Não é normalizada, sendo usuais diferentes termos designativos como – compreensão de frases, de sílabas, classificação pela composição das palavras.
Na medição da composição das palavras considera-se 70% como percentagem de alta qualidade de compreensão auditiva.
Na determinação da auditibilidade da palavra falada, deve-se considerar a capacidade coletiva de audição de sílabas sem sentido, p. ex. lin, ter, que funcionam como componentes na composição de palavras.
Métodos modernos utilizam sinais modulados de rumores (método RASTI), chegando, com poucos recursos, a bons resultados reproduzíveis.

Impressões do local:
Correspondem às sensações auditivas, em tempo e direção, que provêm do local através de reflexões. Para música as reflexões difusas favorecem a sonoridade, enquanto que reflexões imediatas, com retardamento de até 80 ms (correspondentes a 27 m de diferença de caminho sonoro percorrido) em relação ao som direto, contribuem para maior clareza sonora → ❻. Palavra falada exige retardamento curto, de até 50 ms, para preservar a compreensibilidade.

FÍSICA DA CONSTRUÇÃO
ACÚSTICA DE AMBIENTES

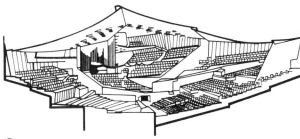

① Filarmônica de Berlim com platéia escalonada

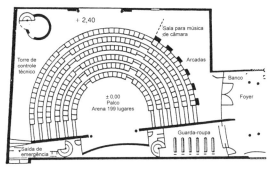

② Palco de pequena sala para música de câmara - Beethovenarchiv, em Bonn

Estruturas primárias

A organização espacial da estrutura primária do local é o critério fundamental do planejamento acústico. O som refletido imediatamente nas laterais tem melhor efeito subjetivo para audição, também musical, do que sons refletidos no teto, mesmo para tempos de retardamento muito pequenos (assimetria de percepção acústica), uma vez que cada ouvido é atingido por sinais diferenciados. **Compartimentos estreitos, de pé-direito alto, com paredes refletoras geometricamente estruturadas e teto de reflexão difusa**, são os que possuem sistema de funcionamento acústico mais simples.
O **volume técnico necessário** depende da destinação do espaço → p. 162 ⑥.
Valores referenciais por pessoa são **4 m³/pessoa** para a fala e **10 m³/pessoa** para música (concertos).
Para volumes pequenos não há tempo de ressonância suficiente.

Forma do local: para música são especialmente apropriados compartimentos longos e de pé-direito alto, com **paredes** geometricamente estruturadas para reflexão (reflexões laterais imediatas). Na proximidade do palco necessitam-se de superfícies refletoras para reflexões iniciais e equilíbrio da orquestra. As **paredes posteriores** do local não devem refletir o som de volta na direção do palco, havendo risco de ocorrência de eco. Superfícies paralelas, sem estruturação, devem ser evitadas, porque podem ocasionar a formação de eco por rebatimento ou seja, através de reflexões multiplicadas → ③. Através de quebras com ângulos > 5° pode-se destruir o paralelismo, alcançando a reflexão difusa → ④.
A função do **teto**, condicionando a escolha de uma forma adequada para o mesmo, é conduzir o som até à zona posterior do compartimento → ⑤ – ⑥. Para formas desfavoráveis ocorrem grandes diferenças de intensidade sonora, devido à concentração de sons.
Menos favoráveis são locais com paredes posteriores divergentes, uma vez que as reflexões podem ter um efeito muito fraco → ⑦.
Através de **superfícies adicionais de reflexão** (platôs escalonados), pode-se compensar esta desvantagem do ambiente, como foi efetuado p. ex. na Filarmônica de Berlim e de Colônia → ① onde as paredes apresentam dobraduras acentuadas para condução sonora.
A **localização do palco** deve, de preferência, ser na parte mais estreita do local. Para a fala ou pequenas salas de concerto (música de câmara), é possível sua implantação longitudinalmente (Beethovenarchiv → ②). Os palcos devem ficar em nível claramente mais elevado do que a plateia, para apoiar a propagação do som direto, evitando a queda imediata do nível sonoro → ⑨.
Com vantagens acústicas também pode-se ter a **elevação** das filas de cadeiras (recepção sonora direta, uniforme, em todos os lugares). O perfil da curva é determinado por espiral logarítmica → ⑧.
(Espaços de uso múltiplo, com palcos variáveis e plateia plana, são frequentemente problemáticos para apresentações musicais.)

Tecnologia de edificações

FÍSICA DA CONSTRUÇÃO

Isolamento térmico
Isolamento acústico
Acústica de ambientes
Para-raios

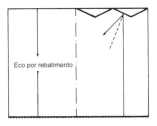

③ Eco por rebatimento ocasionado por paredes paralelas, não estruturadas

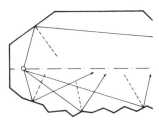

④ Reflexão difusa através de quebras ao longo da superfície da parede

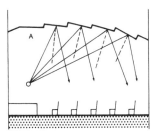

⑤ No caso de música, horizontal; para fala, com inclinação para baixo

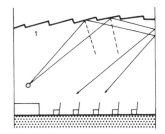

⑥ Forma de teto desfavorável

⑦ Inclinações das paredes

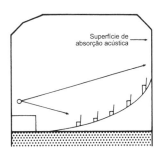

⑧ Som direto uniforme para todos os lugares, através da elevação das fileiras de cadeiras. A curva segue uma espiral logarítmica

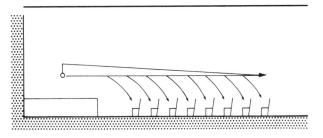

⑨ Caída do nível sonoro sobre superfícies absorventes

163

FÍSICA DA CONSTRUÇÃO
ACÚSTICA DE AMBIENTES

Estruturas secundárias
Para o cálculo do tempo de ressonância, considera-se toda a superfície absorvente do ambiente, isto é, todas superfícies individuais (p. ex. cadeiras, pessoas, decoração) entram no cálculo, com seu grau específico de absorção (fórmula de Sabine p. 162).
Através da escolha, disposição e materiais das **estruturas secundárias** pode-se compensar desvantagens resultantes de uma estrutura primária mal resolvida.

Superfícies acústicas flexíveis (de controle eletrônico) possibilitam também mudanças na determinação do tempo de ressonância.

Superfícies secundárias de reflexão
Superfícies de reflexão podem compensar desvantagens da estrutura primária insuficiente (paredes que se afastam, através da introdução de quebras; forma do teto, com tecidos pendurados ou painéis → ❶ – ❷).
Com a execução apropriada da curvatura do teto, consegue-se excelente condução sonora → ❽.

Reflexões difusas: superfícies com provável formação de ecos, devem ser trabalhadas para refletir difusamente, isto é, para a distribuição diversificada dos sons incidentes → ❸. Reflexões difusas levam, através da distribuição equilibrada dos sons, a curvas lisas, igualmente equilibradas do tempo de ressonância. Estruturações ritmadas de superfícies e dobras exigem ângulos > 5°. Com o mesmo efeito têm-se estruturas superficiais marcantes, parapeitos, nichos etc., através de uma divisão das ondas sonoras ou defasagem do tempo das reflexões → ❹.

Superfícies absorventes
Evitam a concentração sonora e adaptam o tempo de ressonância a valores desejados. A compensação, para atingir o tempo de ressonância desejado, decorre da combinação de superfícies absorventes com qualidades diferenciadas.
Estas são determinadas pelas suas estruturas:
– Superfícies vibrantes absorvem **frequências baixas**. Massa da superfície, distância e preenchimento do espaço vazio podem ser variados para aperfeiçoamento qualitativo dos efeitos → ❺.
– Superfícies com aberturas diante de espaços vazios, absorvem em sua maioria **frequências médias** (caixa de ressonância de madeira). Proporção das aberturas, volume dos espaços vazios e amortecimento dos espaços vazios determinam a frequência, altura e forma da absorção máxima → ❻.
– Materiais porosos são apropriados para absorção de **altas frequências**. Espessura das camadas e resistência à corrente influenciam o processo em direção a baixas frequências → ❼. Uma mudança adequada entre superfícies absorventes e refletoras tem efeito sobre a reflexão igual a uma estruturação marcante da superfície → ❸.

Cadeiras
Com frequência tem-se a determinação do tempo de ressonância dada pela absorção relacionada a pessoas e cadeiras. Para tornar esse efeito independente do público presente, deve-se instalar cadeiras onde o assento e a parte frontal do encosto tenham alta capacidade de absorção (área equivalente à ocupada pela pessoa sentada).
Superfícies absorventes adicionais para altas frequências só são necessárias quando o volume específico do ambiente for ultrapassado de forma elevada (p. 162 → ❻). Quando o volume do ambiente e a distribuição das cadeiras forem compatíveis, há a necessidade de correções do tempo de ressonância, na maioria dos casos, apenas para baixas frequências.

❶ Placas acústicas para direcionamento sonoro
❷ Composição de elementos refletores em superfícies desfavoráveis
❸ a) Reflexão difusa através de mudança de material; b) Superfície de reflexão difusa
❹ Difusão alcançada pela defasagem de tempo das reflexões
❺ Absorção de baixas frequências através de superfície vibratória
❻ Comportamento de caixas de ressonância quanto à absorção sonora
❼ Absorção de materiais porosos
❽ Formação de foco em superfícies curvas

FÍSICA DA CONSTRUÇÃO
PARA-RAIOS

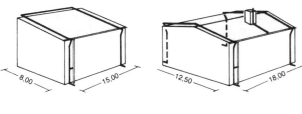
① Telhado de uma água

② Telhado com pouca inclinação

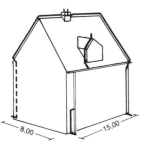
③ Telhado de duas águas

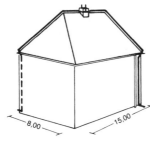
④ Telhado de quatro águas

⑤ Telhado de pavilhão

⑥ Shed

Por volta do 50° de latitude, em uma hora durante uma trovoada, ocorrem mais ou menos 60 raios que atingem a terra e 200 a 250 descargas entre nuvens.

Num círculo de 30 m em volta do ponto de caída de um raio (árvore, parede etc.), pessoas que se encontrem ao ar livre serão afetadas pela tensão entre os pés e o chão, quando estiverem em movimento.

Danos em construções ocorrem através de superaquecimento provocado pela caída do raio que, ao atingir depósitos de água ou pontos de concentração de umidade, provoca a evaporação com repentino aumento de pressão, o que pode, por sua vez, ocasionar detonação de muros, postes, árvores etc.

Sistema de captação
Um sistema de pára-raios constitui-se de instalação captadora, fio condutor e distribuidor na terra, tendo a função de, com ajuda da ponta captadora, fixar a queda do raio e assegurar assim ao edifício uma zona de segurança (gaiola Faraday). Telhados, balcões, chaminés, elementos de ventilação, têm papel importante no estabelecimento do sistema de para-raios, devendo ser ligados à rede geral de descarga.

Instalações de captação.
Os elementos captadores de raios são hastes metálicas, condutores de telhado, superfícies e panos de cobertura, corpos. Nenhum ponto da superfície do telhado deverá estar afastado a uma distância maior que 15 m em relação ao captador de raios.

No caso de coberturas de palha, devido ao perigo de incêndio provocado pelas faíscas, devem-se colocar fitas metálicas a uma distância de 60 cm acima da cumeeira, apoiadas sobre madeira → ⑧ – ⑨.

Quando a descarga elétrica do raio atravessa a resistência da ligação terra, ocorre uma queda de tensão, p. ex.: 100.000 A × 5 cm = 500.000 V. Sob este elevado potencial encontram-se, no momento preciso da queda do raio, todo o sistema de pára-raio e todos os elementos metálicos ligados a ele.

A medida efetiva de ligação de todos os elementos metálicos, de maiores dimensões e condutores, ao sistema de pára-raios, é denominada equalizador de potencial.

Tecnologia de edificações

FÍSICA DA CONSTRUÇÃO

Isolamento térmico
Isolamento acústico
Acústica de ambientes
Para-raios

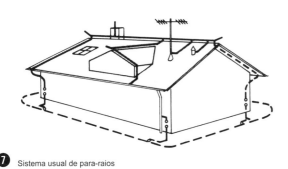
⑦ Sistema usual de para-raios

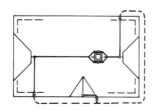
⑧ Edifício coberto de palha, em planta e elevação: cabo da cumeeira está a uma altura de 60 cm sobre ela, apoiado sobre estacas de madeira; a descida é feita com 40 cm de distância sobre a superfície do telhado, até fio terra coletor de conjunto

⑨ Símbolos gráficos para os componentes de um sistema de para-raios

165

FÍSICA DA CONSTRUÇÃO
PARA-RAIOS

Aterramento

O sistema terra tem a função de distribuir a eletricidade do raio dentro do solo de forma rápida e uniforme. Diferencia-se entre instalação-terra em profundidade e em superfície. **Em superfície** será conduzida em forma linear ou em anel. De preferência os condutores devem ser colocados em um leito de concreto → ⑫ – ⑬.
Em forma de bastão, constituem-se de canos, hastes cilíndricas ou barras de perfil aberto. Estes, sem isolamento, penetram no solo o mais profundamente possível até atingirem uma baixa resistência à propagação (baixa tensão) → ⑫ – ⑬.
O grau de resistência de propagação do aterramento diferencia-se segundo o solo e sua umidade → ⑪.
Se os bastões atingirem uma profundidade maior do que 6 m, serão designados de instalação-terra profunda. Um irradiador-terra, ao contrário, constitui-se de fitas que, de um ponto único, encaminham-se em diferentes direções (forma radial).

❶ Edifício de estrutura metálica: a estrutura deve estar ligada ao cabo de cumeeira assim como ao fio terra

❷ Edifício de madeira com cobertura metálica: o telhado será ligado ao cabo de cumeeira e ao fio terra

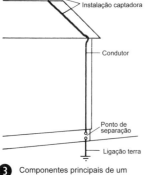
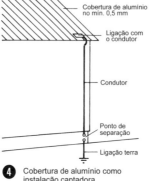

❸ Componentes principais de um sistema de pára-raios

❹ Cobertura de alumínio como instalação captadora

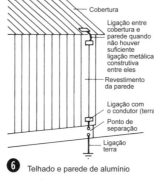

❺ Revestimento de parede de alumínio como condutor

❻ Telhado e parede de alumínio

Tipo de inst. terr.	Solo pantanoso	Argiloso	Arenoso úmido	Cascalho úmido	Arenoso e de cascalho seco	Pedregoso	Resistência à propagação
Fita-terra comprimento em m	12	40	80	200	400	1200	
Tubo-terra profundidade em m	6	20	40	100	200	600	5
Fita-terra comprimento em m	6	20	40	100	200	600	
Tubo-terra profundidade em m	3	10	20	50	100	300	10
Fita-terra comprimento em m	4	13	27	67	133	400	
Tubo-terra profundidade em m	2	7	14	34	70	200	15
Fita-terra comprimento em m	2	7	13	33	67	200	
Tubo-terra profundidade em m	1	3	7	17	33	100	30

⑪ Resistência de propagação de fitas ou tubos-terra, para diferentes tipos de solo

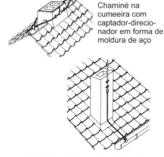
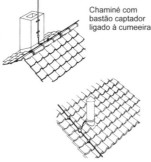
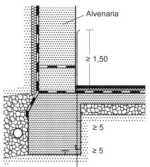
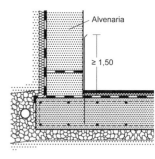

❼ Bastão captador na chaminé, próximo ao fim da água do telhado, ligado à calha

❽ Todos os elementos construtivos metálicos e canos de ventilação devem ser ligados ao sistema de pára-raios

⑫ Ligação-terra em fundação de concreto simples

⑬ Ligação-terra em fundação de concreto armado

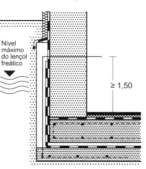
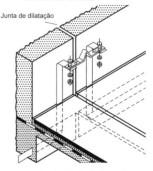

❾ Suporte de fiação de alta voltagem não deve ser ligado imediatamente ao sistema. Distância do ponto captador no caso de instalação aberta (faixa isolante) = 3 cm

❿ No caso de elementos construtivos de aço com instalação elétrica, instalar proteção de alta-tensão

⑭ Disposição do sistema de ligação à terra no caso de impermeabilização para isolamento do lençol freático

⑮ Ponte sobre junta de dilatação, com fita extensível no interior da construção

FÍSICA DA CONSTRUÇÃO
PARA-RAIOS

Zonas de proteção contra raios
Em princípio, há a subdivisão em zonas de proteção relativas ao objeto/edifício a ser protegido (LPZ, Lightning Protection Zone) → ❻.

Zona de proteção 0A:
A zona de proteção 0A encontra-se fora da edificação a ser protegida. Nessa área são possíveis descargas diretas de raios; a zona encontra-se sob efeito direto do campo de descarga.

Zona de proteção 0B:
Através das instalações de captação sobre e ao lado da edificação a ser protegida pode-se ter nessa zona a descarga direta de raios. Tais descargas podem ser selecionadas, excluindo raios de determinadas classes de proteção. Também ocorre o efeito direto do campo de descarga. Essa zona, externa à edificação, é denominada zona de proteção 0B.

Zona de proteção 1:
Essa zona serve para a proteção da edificação em si. O limite para a zona de proteção 0 é feito, via de regra, através da cobertura, das paredes externas e do subsolo do edifício; esse sistema deverá ter um grau de eficiência, segundo determinadas exigências, para a proteção das partes construtivas externas.

Zona de proteção 2 ou mais elevadas:
Pode ser recomendada a instalação de outras zonas de proteção, dentro da zona 1. Por exemplo, a central de computação como zona de proteção 2 e aparelhos eletrônicos como zona de proteção 3.

Tecnologia de edificações

FÍSICA DA CONSTRUÇÃO

Isolamento térmico
Isolamento acústico
Acústica de ambientes
Para-raios

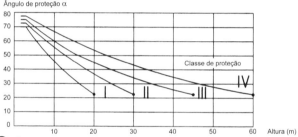

❶ Princípio da equalização de potenciais para proteção contra raios

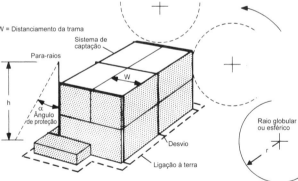

❷ Ângulo de proteção em dependência da classificação do raio e da altura acima da área a ser protegida

Classe de proteção [P]	Efetividade [E]	Raio (r) do raio esférico [r]	Distanciamento da trama [w]	Distâncias típicas de desvios	Ângulo de proteção [α]	Valor máximo da descarga do raio [î]
I	98%	20 m	5 m x 5 m	10 m	→ ❷	200 kA
II	95%	30 m	10 m x 10 m	15 m		150 kA
III	90%	45 m	15 m x 15 m	20 m		100 kA
IV	80%	60 m	20 m x 20 m	25 m		

❺ Classificação da proteção contra raios

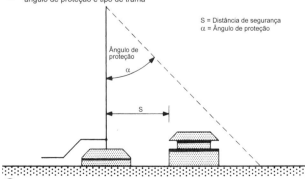

❸ Processo de instalação de sistema de captação: raio globular ou esférico, ângulo de proteção e tipo de trama

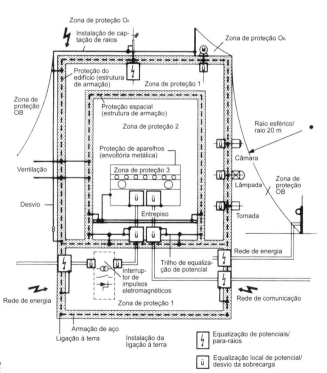

❹ Coberturas protegidas por para-raios

❻ Subdivisão de um edifício em zonas de proteção contra raios

167

ILUMINAÇÃO NATURAL
RECURSOS NATURAIS

A observância e a utilização de recursos naturais desempenham um papel cada vez mais importante na arquitetura. Portanto, é necessário ter uma compreensão abrangente do efeito da radiação solar na respectiva localização geográfica. A radiação global exerce influência sobre todos os edifícios, todos os espaços urbanos e sobre as pessoas que neles habitam. No planejamento de construção civil, estas influências naturais não só devem ser consideradas, como devem ser utilizadas de forma positiva. O planejamento específico da utilização da luz natural é fundamental neste contexto.

Espectro da radiação solar

A luz natural é a parte visível da radiação celestial natural → ❶. No campo da radiação eletromagnética, a luz visível ocupa uma seção relativamente pequena de cerca de 380–780 nm de comprimento de onda. Nesta faixa de radiação, o sol tem a maior intensidade de seu espectro eletromagnético. Seu escopo, sua qualidade e a sua dinâmica não se comparam a qualquer fonte de luz artificial. Os seres humanos dependem da luz natural não apenas para sua capacidade de visão, mas também para o seu biorritmo. Eles se adaptaram ao longo da evolução ao ciclo extremamente estável dos dias e das estações do ano. A mudança de condições astronômicas e com ela da iluminância → ❸ de algumas centenas de milhares de Lux é percebida à luz natural como luminosidade agradável, enquanto tais valores e alternância de luminosidade com uma fonte de luz artificial são insuportáveis. As diferentes luminâncias (luminosidade da superfície percebida pelo olho) em ambiente ao ar livre são, apesar da alta mudança de iluminância (fluxo de luminosidade que atinge a superfície), relativamente baixas, uma razão aproximada de 1:5 → ❺. A luz natural também influencia o ritmo do dia, o relógio biológico humano, tendo maior influência na faixa azul do espectro → ❷. A exposição ao ar livre e em espaços com luz natural é, portanto, em muitos aspectos, importante para o bem-estar cotidiano. A luz natural está disponível gratuitamente, embora por um período limitado de tempo e em uma variação constante do planejamento diurno.

A luz natural é, portanto, um excelente recurso para a arquitetura. No entanto, nem sempre é necessária na intensidade disponibilizada no momento. A luz natural serve ao consumo; porém, a superexposição de edifícios, objetos e pessoas a ela deve ser evitada. Para que seja possível controlar a luz natural em um edifício, todos os aspectos devem ser conhecidos e estar integrados no processo de planejamento. A luz solar e os seus efeitos energéticos simplificados devem ser considerados em dois componentes: luz solar direta (insolação) e quantidade de luz natural (exposição). Uma insolação pode depender do uso, da situação ou da localização. Assim, via de regra, a insolação de uma praça central da cidade, um terraço ou uma sala de estar não somente é benéfica, como também muitas vezes um requisito. No local de trabalho, por outro lado, a insolação direta é indesejada e uma proteção é necessária. A quantidade de luz natural que idealmente deve penetrar em uma sala varia principalmente de acordo com a sua finalidade de uso. Assim, em um museu, deve ser definido um limite inferior a fim de proteger as peças expostas e para que seja possível apreciá-las sem reflexão. Em um escritório ou sala de aula, a luminância excessiva deve ser evitada (→ p. 183) nas áreas de abertura do edifício, mas quantidades significativamente maiores de luz natural são desejáveis. A dinâmica da luz natural e as diferentes necessidades de acordo com a luz e posição do sol tornam o planejamento muito complexo. Os métodos e auxílios para isso são igualmente diversos. Quais efeitos devem ser alcançados ou evitados pela insolação e exposição devem ser acordados entre quem planeja e o cliente.

Para isso, há normas, regras e recomendações especificamente elaboradas que levam consideração a luz natural.

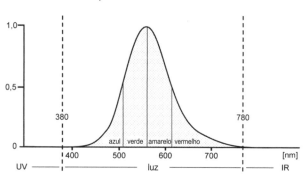

❶ Seção do espectro energético da radiação eletromagnética. O espectro perceptível emitido pelo sol varia de infravermelho à radiação ultravioleta com o máximo, na faixa de luz visível para os seres humanos.

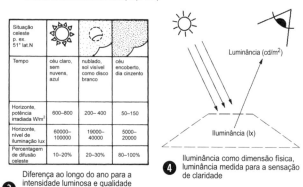

❷ Sensibilidade espectral do olho à luz natural (máximo na faixa verde-amarela, efeito melanótico na área azul (→ p. 174)

❸ Diferença ao longo do ano para a intensidade luminosa e qualidade da luz natural em diferentes condições meteorológicas

❹ Iluminância como dimensão física, luminância medida para a sensação de claridade

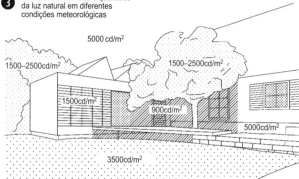

❺ Distribuição típica de luminância ao ar livre. Iluminância máxima, mas pouca diferença na luminância (cd/m²)

ILUMINAÇÃO NATURAL
METEOROLOGIA E RADIAÇÃO

As radiações térmicas, a insolação e a intensidade da luz diurna na superfície da Terra são determinadas, ao longo do ano, através das latitudes geográficas, do tempo (clima) e das características celestes (céu claro, encoberto, parcialmente nublado etc.)

Conhecimentos básicos das radiações físicas

A radiação solar é uma "fonte inconstante" de calor. Apenas uma pequena quantidade da energia solar alcança a superfície terrestre em forma de calor, uma vez que a atmosfera enfraquece a radiação, deixando-a atingir a Terra com intensidades irregulares.
Esta diminuição é conseqüência principalmente da ação de fatores de turvação, como difusão, reflexão e absorção dos raios através de poeira e partículas (causa da luz diurna difusa), assim como quantidades de vapor d'água, dióxido de carbono e ozônio existente no ar.
Distribuição da energia total na superfície terrestre: cerca de 6% de raios ultravioleta, em zona de comprimentos de onda entre 0,2–0,38 µm; aproximadamente 50% de raios visíveis, em comprimentos de onda de 0,38–0,78 µm (o máximo na zona de luz visível localiza-se em ≈0,5 µm); aprox. 40% de raios infravermelhos, em comprimentos de onda de 0,78–3,0 µm.

Radiação global

Chamamos de radiação global a radiação solar que atinge toda a superfície da terra em um plano horizontal. Se for necessária para uma área inclinada (p. ex. fachada, telhado), deve ser complementada por componentes refletivos no solo.
A radiação global produz calor e luz ao mesmo tempo, ou seja, os raios solares de onda curta são convertidos por meio da absorção pela superfície em radiação de calor de ondas longas. As áreas aquecidas elevam a temperatura do ar nos ambientes internos, no chamado efeito estufa → ❹ Este calor deve ser usado passiva e ativamente pela arquitetura, bem como a luz natural que ocorre simultaneamente.
A radiação global é composta de radiação direta do sol e radiação difusa → ❸ A radiação direta atinge a rota direta até a superfície da terra. A radiação difusa é previamente difundida pelas nuvens, água e partículas. A soma anual da radiação global em uma superfície horizontal na Alemanha está entre 900 e 1.200 kWh/m². A gama de um valor atual é muito elevada.

Nível de iluminação e intensidade de radiação

Dependendo das condições meteorológicas, a radiação global pode ser inferior a 100 e até superior a 1.000 W/m². A flutuação de nuvens individuais elevam a radiação global em comparação a um céu limpo, devido à radiação difusa adicional. Isso tem um efeito correspondente na parte perceptível da radiação.
A potência das radiações diminui bastante para presença de céu coberto de nuvens, caindo para aprox. 200 W/m², sendo que para radiação difusa (céu nublado com permanente encobrimento do sol) tem-se valores de 50–200 W/m². De forma análoga, tem-se o resultado para o nível de iluminação diurna em lux → ❸ .

Sol e calor

O calor natural ao ar livre depende da posição do sol e da capacidade irradiadora do solo. Por este motivo a curva de calor claudica mais ou menos 1 mês atrás da curva máxima do sol; assim sendo, o dia mais quente não é 21 de junho, senão posiciona-se entre os últimos dias de julho; e o dia mais frio não é 21 de dezembro, senão posiciona-se entre os últimos dias de janeiro. Obviamente as condições e características do local são muito diferenciadas.

Tecnologia de edificações

ILUMINAÇÃO NATURAL

Recursos naturais
Meteorologia e radiação
Fundamentos de astronomia
Insolação
Sombreamento
Orientação
Exposição
Cálculo de luminância
Ciclo da luz natural
Proteção solar e de refletividade
Sistemas de luz natural

DIN 5034
DIN EN 17037

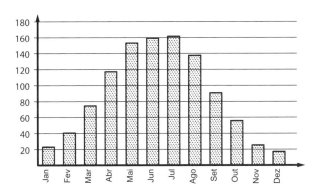

❶ Mapa da radiação solar da Alemanha para o verão
Radiação global média em kWh/m² de abril a setembro (1976–1989)

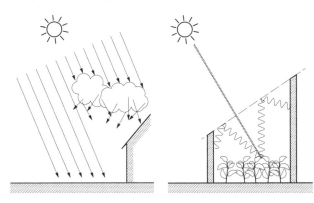

❷ Radiação global mensal (KWh/m²), média ao longo ano 1981-2010 (de acordo com a DWD)

❸ Radiação direta e difusa   ❹ Efeito estufa

ILUMINAÇÃO NATURAL
FUNDAMENTOS DE ASTRONOMIA

Os raios solares que atingem a atmosfera terrestre são em grande parte constantes. Como o eixo da terra é inclinado em 23,5° e em rotação, a radiação atinge um ponto da superfície da terra em um ângulo sempre diferente e com intensidade variada, dependendo do ângulo do sol e das condições celestes. Devido à grande distância do sol e porque está localizado no plano da órbita elíptica da terra, seus raios atingem sempre em paralelo a este nível. A luz solar direta é, portanto, usada como radiação paralela em todos os cálculos.

Azimute e ângulo de elevação

A posição do sol é representada por dois ângulos: o azimute (projeção de planta baixa) e o ângulo de elevação (projeção de altitude). O azimute descreve o desvio horizontal do Norte → ❸. Ele está entre 0 e 360 graus e é medido no sentido horário (Norte = 0 graus, Leste = 90 graus). O ângulo de elevação é o ângulo formado pelo ponto central do sol com o horizonte a partir do ponto de vista → ❷. O ângulo vertical em que o raio do sol atinge a terra determina o volume de radiação solar que a superfície terrestre. Quanto mais plano for o ângulo de elevação, mais radiação solar penetra a atmosfera e é absorvida em intensidade correspondente. O ângulo mais plano é responsável pela maior redução em relação à superfície terrestre (lei dos cossenos) → ❺.

Posição solar

Via de regra, para um local específico, a posição do sol é determinada com a ajuda de cálculos feitos por computador. Para isso existem diversos programas de *software* disponíveis que podem ser usados para se obter dados astronômicos. Devido à inclinação do eixo da terra de 23,5 graus e, portanto, diferentes distâncias do sol, isso resulta em quatro seções anuais, que por sua vez introduzem as respectivas estações do ano:
Equinócio em 21 de março/21 setembro às 12 horas (declínio do sol de 0°, já que o sol é perpendicular à Linha do Equador). Solstício de verão (dia mais longo) em 21 de junho às 12 horas (declínio do sol de +23,5°). Solstício de inverno (dia mais curto) em 21 de dezembro às 12 horas (declínio do sol de –23,5°). Em termos simplificados, o ângulo de elevação (γs) para todas as latitudes setentrionais pode ser determinado na seção relevante do ano, levando-se em consideração a respectiva declinação solar. Para os equinócios:
γs = 90° menos a latitude norte (p. ex. γs = 90° – 50° = 39°)
Da mesma maneira, o ângulo de elevação para o momento dos solstícios deve ser corrigido pela declinação solar. Para os solstícios de verão:
γs = 90° menos latitude norte mais 23,5° (p. ex. γs = 90° – 51° + 23,5° = 62,5°)
Para os solstícios de inverno:
γs = 90° menos latitude norte menos 23,5° (p. ex. γs = 90° – 51°– 23,5° = 15,5°)

Posição do sol, determinação do tempo

A posição do sol e o estado do céu determinam as condições da luz natural, dependendo da hora do dia e da estação. A indicação atual para a hora do dia (p. ex., para diagramas de posição solar) é o tempo solar verdadeiro (TSV). Cada lugar tem uma atribuição de fuso horário, no qual se aplica o horário uniforme (horário de fuso). Se o dado de tempo do fuso for de interesse, o TSV deve ser convertido no horário de fuso. Para a Alemanha, trata-se da Hora da Europa Central (CET) = TSV + equação de tempo + diferença de tempo, no qual um possível horário de verão deve ser levado em conta (Horário de verão da Europa Central, CEST = CET + 1 hora).

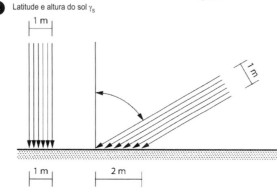

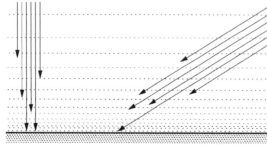

ILUMINAÇÃO NATURAL
INSOLAÇÃO

A insolação é um elemento essencial de qualidade para a maioria das edificações. Isso se aplica em particular a ambientes que compõem um apartamento, como sala de estar, quarto, escritório, quarto infantil. No norte da Europa, a insolação deve ser particularmente observada no inverno, pois tem um efeito positivo sobre o bem-estar. A análise das possibilidades de insolação é uma base importante para decisões sobre a forma de um edifício, das fachadas e janelas, bem como o arranjo dos ambientes, dependendo do uso e da orientação.

Horas mínimas de sol e normas

Nas normas, são recomendadas quantidades mínimas de horas de sol em áreas comuns (p. ex. habitação) para determinados dias de referência por ano nos quais um ambiente deve absorver radiação solar.

Como base para cálculo e avaliação, serve a norma "Luz natural em interiores" DIN 5034 (DIN 5034-1:2011-07 ou versões subsequentes, atualmente DIN EN 17037:2016-08 preliminar "Luz natural em edifícios" prEN 17037:2016).

DIN 5034-1:2011-07:

Com base nos dados de equinócio (dia de referência 21 de março) e no sol de inverno com base em 17 de janeiro, os ambientes são analisados. A situação de insolação é examinada em um ponto no centro das janelas.

Os requisitos para equinócios são que pelo menos um ambiente comum do apartamento tenha, no mínimo, 4 horas de insolação. Também deve ser garantida a insolação suficiente no inverno, com o mínimo de 1 hora de sol em 17 de janeiro para um ambiente comum.

Norma preliminar EN 17037:2016:

A norma preliminar EN 17037:2016 recomenda no anexo D3 que para o 21 de março haja a quantidade de pelo menos 1,5 hora de insolação. Além disso, a norma define uma qualidade "média" de insolação com um tempo de insolação de 3 horas e uma "intensa" com 4 horas. Isso se refere a "ambientes como salas de estar em residências, em quartos de pacientes em hospitais e salas em jardim de infância etc. ou em qualquer ambiente onde a luz natural seja importante" (prEN 17037:2016). Para um edifício residencial, o requisito mínimo deve ser cumprido. A verificação de acordo com a norma prEN 17037:2016 devem ser feita no ponto central e na parte interior da janela ou abertura do telhado. O ponto de referência deve estar pelo menos 1,2 m acima do chão e 0,3 m acima do parapeito da janela. A norma tem caráter recomendador, mas é considerada o "estado da arte".

É frequentemente usada no contexto de procedimentos de planejamento de desenvolvimento e licenciamento de construção, como base para a determinação de insolação e exposição suficientes (→ p. 174). Isso se aplica, em particular, se o limite de espaçamento entre edifícios prescrito no respectivo código de construção local precisa ser ultrapassado.

Determinação da insolação de edifícios

A verificação da insolação mínima deve ser baseada em pontos de referência na abertura de luz natural. A insolação é considerada a partir do ângulo de altura mínimo (6° de acordo com a DIN 5034). Qualquer construção, sejam edifícios vizinhos ou componentes adjacentes, deve ser considerada como sombreamento. Se o ponto de referência for levado em conta em vários períodos de tempo de sombreamento, a duração da insolação é calculada no dia de referência pela soma de todos os tempos de insolação. A Fig. ❸ mostra a situação de insolação no ponto de referência da janela P em 21 de Março. A sombra do edifício C é determinada pelo ângulo azimute até o canto do edifício $α_a = 180 - 7°13' = 172°87'$ e $α_b = 180 + 82°9' = 262°9'$. O ponto de referência P é, portanto, ensolarado a partir das 7:23 h até às 13:49h (D = 6 h e 26 min).

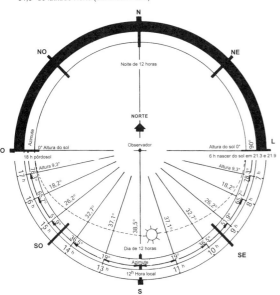

❶ Diagrama do movimento solar no **Solstício de verão** (próximo a 21 de junho), o dia mais longo do ano; 51,5° de latitude Norte (Dortmund-Halle)

❷ Diagrama do movimento solar do **Equinócio de primavera** (próximo de 21 de março). **Equinócio de outono** (próximo de 23 de setembro)

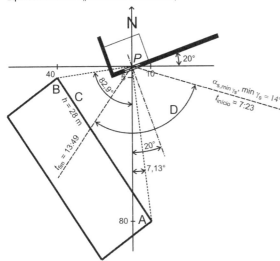

❸ Exemplo de determinação gráfica do tempo de insolação em um ponto de referência P em 21 de março (de acordo com prEN17037:2016, p. 46)

ILUMINAÇÃO NATURAL
INSOLAÇÃO

Há diversos gráficos e métodos de cálculo disponíveis para a determinação e documentação visual dos tempos de insolação. As análises do modelo físico só são adequadas em casos individuais e de maneira restrita.

Diagramas da posição solar

É possível calcular a posição do sol com o uso de um diagrama de posição solar, dispensando, assim, o uso do computador. Nesse caso, a posição do sol é determinada no decorrer do ano pela leitura do ângulo de elevação e o azimute em um local específico e para um ponto específico no tempo no ano. A Fig. → ❶ mostra um diagrama horizontal da posição solar para a latitude norte 51° (LN) no tempo solar verdadeiro (Kassel). Por exemplo, em 23.9, o nascer do sol é às 6:00h em α_s = 90° (Leste), às 12:00 horas é no mesmo dia α_s = 180° (Sul) e o ângulo de elevação é 39°, o pôr do sol é no mesmo dia às 18:00 horas α_s = 270°.

Gráfico de sombreamento

Para um ponto, como a fachada ou a sala, com a ajuda de cálculos feitos por computador, podem ser determinados os tempos de insolação ou sombreamento ao longo do ano → ❷
Ângulo de elevação solar e azimute são determinados para elevação e planta baixa do edifício, sendo sobreposta a silhueta das faixas de insolação sobre a construção. Também é mostrado quantitativamente os níveis de ocorrência máxima de insolação.

Simulações computadorizadas

Para uma execução de construção complexa em muitos pontos ou áreas e sobre uma longa seção de tempo (ao longo do ano), devem ser realizadas simulações por computador. Em primeiro lugar, é necessário criar um modelo tridimensional do edifício em questão, ou seja, o edifício analisado, e de todos os edifícios e outros elementos circundantes, que são que podem criar uma sombra. Dependendo do que se busca conhecer é que se define o programa de computador apropriado, p. ex. além do estudo de suficiência de insolação, também podem ser criados desenhos espaciais tridimensionais. O curso de sombreamento ou insolação podem ser simulados para o intervalo de tempo. Como análise de suporte às decisões de projeto, as simulações de insolação ou sombreamento podem ser usadas em dimensões maiores. A escala para estudos de planejamento urbano pode ser usada para verificar as distâncias e alturas de edifícios planejados e em planos diretores, bem como de áreas de praças e paisagismo, que otimizam a qualidade de habitação → ❸.
Na análise de um único edifício, a forma de construção, saliência, varandas, posições e tamanhos de aberturas transparentes podem ser analisadas e otimizadas em detalhes.

Horas e duração solar

O ano completo de 365 dias compreende 8.760 horas. A duração de "claridade de luz natural" equivale a uma média de aproximadamente 4.300 horas. A quantidade de horas de sol na Alemanha flutua entre 1300 e 1900 horas por ano, das quais pelo menos 3/4 ocorrem no verão (ver Atlas Solar Europeu). Na maior parte do ano, ou seja, 2/3 do horário de verão, mais ou menos luz solar dispersa é recebida, dependendo das condições climáticas locais na terra.

Probabilidade de radiação solar

Em uma consideração quantitativa de insolação, deve-se considerar a probabilidade de incidência solar. Em relação ao tempo solar geograficamente possível, subtrai-se o tempo de formação de neblina e nuvens. Na norma DIN 4710 são informadas as probabilidades de radiação solar para vários locais → ❹. Além disso, dependendo do local, os serviços meteorológicos podem fornecer dados.

Tecnologia de edificações

ILUMINAÇÃO NATURAL

Recursos naturais
Meteorologia e radiação
Fundamentos de Astronomia
Insolação
Sombreamento
Orientação
Exposição
Cálculo de luminância
Ciclo da luz natural
Proteção solar e de refletividade
Sistemas de luz natural

DIN 5034
DIN EN 17037

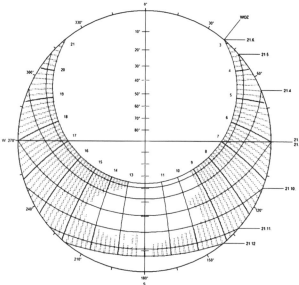

❶ Azimute solars e elevação solar γs 51° LN (Alemanha central, Aachen, Colônia, Kassel) dependendo da época do ano e do dia.

❷ A área livre no diagrama de posição solar mostra os tempos de insolação ou sombreamento em um ponto no espaço (cálculo de ilustração)

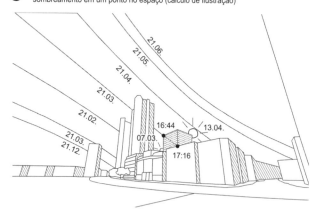

❸ Vista de uma posição na praça urbana sob as faixas solares e em qual medida ocorre sombreamento, por meio dos edifícios no perimetro

Horário	4-5	5-6	6-7	7-8	8-9	9-10	10-11	11-12	12-13	13-14	14-15	15-16	16-17	17-18	18-19	19-20
Janeiro					0,05	0,16	0,23	0,26	0,27	0,26	0,22	0,12				
Fevereiro				0,04	0,17	0,27	0,33	0,35	0,36	0,36	0,33	0,25	0,09			
Março			0,04	0,21	0,35	0,41	0,45	0,47	0,47	0,45	0,41	0,31	0,08			
Abril		0,04	0,26	0,40	0,47	0,50	0,52	0,53	0,53	0,53	0,51	0,48	0,43	0,32	0,09	
Maio	0,02	0,23	0,41	0,49	0,53	0,56	0,56	0,56	0,56	0,55	0,54	0,51	0,48	0,42	0,29	0,05
Junho	0,09	0,33	0,47	0,52	0,56	0,57	0,58	0,57	0,56	0,56	0,55	0,53	0,50	0,47	0,38	0,15
Julho	0,04	0,26	0,43	0,49	0,53	0,55	0,56	0,55	0,56	0,56	0,55	0,52	0,51	0,46	0,36	0,10
Agosto		0,10	0,32	0,44	0,54	0,55	0,57	0,57	0,56	0,56	0,54	0,51	0,48	0,39	0,17	0,01
Setembro		0,01	0,12	0,34	0,46	0,53	0,57	0,58	0,58	0,57	0,56	0,52	0,44	0,22	0,02	
Outubro				0,12	0,27	0,35	0,41	0,44	0,46	0,47	0,45	0,40	0,24	0,02		
Novembro					0,07	0,17	0,23	0,26	0,27	0,26	0,22	0,14	0,02			
Dezembro					0,02	0,11	0,18	0,21	0,22	0,22	0,18	0,06				

❹ Probabilidades de radiação solar de acordo com DIN 4710 (Fator 1=100%)

ILUMINAÇÃO NATURAL
ORIENTAÇÃO E PERSPECTIVA

Com a orientação conhecida dos edifícios e suas aberturas para as direções cardeais, a quantidade de luz natural nos ambientes pode ser influenciada. O projeto das aberturas do edifício (janelas, claraboias e persianas de vidro) pode ser otimizado no que se refere a tamanho, posição, profundidade e treliças, de modo a obter a insolação desejada ou evitá-la. As Fig. → ❶ – ❻ mostram como a orientação das fachadas e janelas em um local com 51,5° de latitude se comporta na movimentação do sol de inverno e verão, bem como sobre os equinócios, na ausência de sombreamento:

Orientação leste e oeste
As janelas leste e oeste recebem horizontalmente no equinócio os raios incidentes, que se elevam no solstício de verão. Devido à radiação solar plana eles são quase totalmente livres de sombra da marquise. Os raios solares planos nas laterais leste e oeste são adequados em edifícios residenciais para varandas mais profundas e nas laterais orientais para terraços à prova de vento → ❶ + ❷

Orientação Sul
Sol e calor penetram profundamente no edifício no inverno. No verão, o calor e os raios solares podem ser bem amenizados por meio de marquises e varandas. As janelas estão livres de sombra, com insolação abrangente na maioria das horas de sol e são particularmente adequadas para quartos durante todo o ano. Os ângulos solares são inclinados no verão e planos no inverno → ❸ + ❹

Orientação Norte
As janelas ao Norte são apenas ligeiramente ensolaradas no verão em torno do solstício com ângulos solares planos. Em edifícios comerciais, (p. ex. escritório) é necessário observar, no entanto, a entrada de calor e uma possível incidência de brilho no verão → ❺ + ❻

Alinhamento de edifícios residenciais
A orientação de alinhamento de edifícios residenciais depende do tamanho dos apartamentos. Se o eixo longo se orientar, p. ex. Norte–Sul, ambos os lados longos da fachada recebem insolação, mas sem um longo tempo de insolação no período de inverno. Em um alinhamento Leste–Oeste, as plantas baixas devem ser "esticado" e os ambientes de estar, bem como escadas, sala adjacente e cozinha devem ser planejados no Norte → ❼ + ❽

Varandas e terraços
A direção cardeal é um critério importante para a qualidade habitacional de varandas e terraços. No caso das varandas, deve-se observar o arranjo sobreposto ou lateral e seu efeito sobre a insolação dos ambientes habitacionais. Da mesma maneira, a profundidade das varandas e do parapeito são relevantes. → ❾ + ❿

Perspectiva e linha de visão
Uma linha de visão para o exterior não significa apenas percepção ótica da situação externa, mas também transmite informações sobre a situação do entorno e as condições climáticas. Assim, as vistas do edifício contribuem para combater sintomas de cansaço e para o bem-estar psicológico. A qualidade da vista depende, em particular, da qualidade do entorno, das dimensões de janelas e da distância do espectador da janela. A regulamentação de construção civil e na norma DIN 5034 estipula valores mínimos para tamanhos de janelas, que, no entanto, podem diferir. De acordo com a DIN 5034, a largura do vidro transparente deve ser ≥ 55% da largura do quarto. A norma preliminar EN 17037:2016 recomenda que haja oportunidade para mudanças de cenário de vista no edifício. Assim, devem ser projetadas conexões de visão em diferentes níveis, p. ex. para a visualização do céu, da paisagem (vista de longa distância) e vistas do nível do piso. A norma preliminar prevê diferentes classes de qualificações visuais.

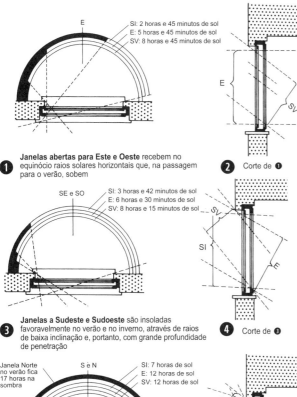

❶ Janelas abertas para Este e Oeste recebem no equinócio raios solares horizontais que, na passagem para o verão, sobem

❷ Corte de ❶

❸ Janelas a Sudeste e Sudoeste são insoladas favoravelmente no verão e no inverno, através de raios de baixa inclinação e, portanto, com grande profundidade de penetração

❹ Corte de ❸

❺ Janelas voltadas para o Norte recebem pouco sol no verão, na passagem do solstício; janelas voltadas para o Sul recebem radiação de baixa inclinação no inverno e alta inclinação no verão. São adequadas especialmente para ambientes que devem receber insolação tanto no inverno como no verão.

❻ Corte de ❺

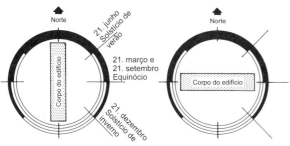

❼ Direção Norte–Sul: ambos os lados insolados; nenhuma janela Norte, mas também nenhuma Sul; em consequência, em novembro, dezembro e janeiro, em todos os ambientes, nenhuma insolação

❽ Direção Leste–Oeste: melhor solução para apartamentos pequenos, com 1–2 ambientes; para o Sul, estar e dormitório (eventualmente indo até à face Norte); para o Norte escada, banheiro, hall, pequena cozinha etc.

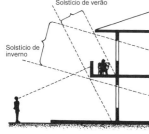 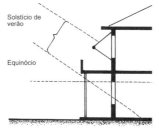

❾ Face Sul: sol e calor penetram na casa no inverno. No verão devem ser afastados da parede e das janelas, devido ao superaquecimento

❿ Face Este: os raios solares de pouca inclinação permitem terraços largos e na maioria protegidos de ventos, sem impedir insolação direta

Tecnologia de edificações

ILUMINAÇÃO NATURAL

Recursos naturais
Meteorologia e radiação
Fundamentos de astronomia
Insolação
Sombreamento
Orientação
Exposição
Cálculo de luminância
Ciclo da luz natural
Proteção solar e de refletividade
Sistemas de luz natural

DIN 5034
DIN EN 17037

173

ILUMINAÇÃO NATURAL
EXPOSIÇÃO À LUZ NATURAL

A exposição de ambientes interiores à luz natural é um critério fundamental para as condições visuais ideais e o bem-estar das pessoas, especialmente em permanências de longo prazo. É, portanto, recomendado que os ambientes sejam iluminados pela luz natural na maioria dos dias do ano e estações. Isso se aplica em particular a todos os ambientes de convivência. Para salas de estar, é necessário um determinado número de horas de sol (→ p. 171). Para ambientes de trabalho, uma sensação de insolação não é necessariamente recomendada nas normas. No entanto, a experiência de absorção do sol através das vistas de áreas ensolaradas ou em espaços de descanso representa qualidade. A DIN 5034-1 (2011-07) estabelece requisitos mínimos de iluminação. Na norma preliminar EN 17037:2016, são recomendados níveis de qualidade (mínimo, médio, alto).

Fatores de influência
A iluminância exterior em constante mudança determina a quantidade máxima de luz natural disponível para o interior → **❶**. Depende do estado do céu, do sombreamento e do reflexo da superfície exterior. Quando a luz natural atinge o edifício, a qualidade dos materiais das aberturas do edifício influencia a quantidade, direção e qualidade da luz natural que entram na sala (p. ex. através da transmissão, cor, reflexão, refração e dispersão do vidro e proteção contra sol e brilho). As propriedades de estrutura, cor e reflexão da superfície são importantes para a luz que atinge o olho humano.

Critérios de qualidade
Para a medição e avaliação da luz natural nos ambientes interiores, foram estabelecidas dimensões de diretrizes como a iluminância e o quociente de luz natural. Além disso, a uniformidade, a reflexão, a reprodução de cores e o ofuscamento (luminâncias) são critérios importantes para a qualidade da luz natural. O efeito biológico da luz natural é estimado pela taxa metabólica. Para o bem-estar psicológico, a qualidade da linha de visão para o exterior é importante (→ p. 173).

O efeito conjunto destas características diferentes da luz diurna tem grande influência sobre a claridade de um ambiente interno. Para execução de determinados trabalhos com exigências visuais, é necessário um nível de iluminação para a luz diurna, de acordo com os objetivos da percepção espacial para cada atividade.

A uniformidade (G) é a relação da menor iluminância (luminância) para a iluminância média (luminância) em uma área e caracteriza o ciclo de luz natural em um ambiente interno.

Luz natural e biorritmo (efeito melanótico)
O ritmo de vigília-sono dos seres humanos é controlado por uma proteína (melanopsina) nas células nervosas do olho, que reage em particular à porção azul do espectro de luz (→ p. 168). Essas ondas também são geradas por luz artificial. No entanto, a luz natural, especialmente ao ar livre, é mais eficaz, pois pode agir em humanos em intensidade muito maior. Criando espaços altamente expostos ao ar livre (terraços), é possível preparar espaços externos (terraços) para que os usuários recebam a dosagem de luz relevante para a saúde. Certificações, como o WELL Building Standard 54, aplicado internacionalmente, exigem a comprovação do efeito biológico da luz. O parâmetro é a determinação do Equivalent Melanopic Lux (z-ótico Lux, EML), o qual, p. ex., é considerado suficiente se pelo menos 75% dos ambientes de trabalho tiverem pelo menos 200 EML. Este valor mínimo deve ser indicado no nível vertical em 1,20 m acima do piso acabado, o que corresponde à altura dos olhos no local de trabalho. Neste cálculo ou medição é analisada a luz natural e a luz artificial. O WELL Building Standard 54 é periodicamente atualizado.

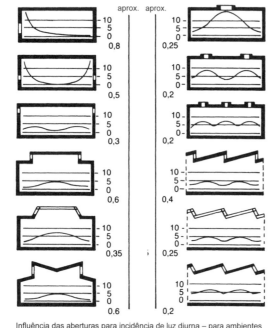

❶ Nível de iluminação horizontal Eex para céu encoberto, em 51° de latitude N, dependente da hora do dia e estação do ano. E_e = radiação global horiz.

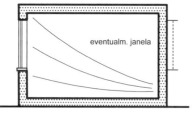

❷ Influência das aberturas para incidência de luz diurna – para ambientes de igual medida. kJ = superfície da janela / área do ambiente = 1 : 6 – no desenvolvimento do coeficiente de luz diurna.
Deve-se adicionar ao $C.L.D_{min}$ = 5% o valor kJ necessário

Orientação da janela:
a) para o Sol, céu claro, nível de iluminação uniforme
b) céu encoberto
c) céu claro, sem Sol

❸ Nível de iluminação diurna em um recinto, para diferentes condições celestes

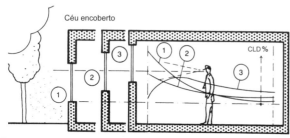

❹ Desenvolvimento diferenciado da iluminação natural para posições variadas de janelas

ILUMINAÇÃO NATURAL
CÁLCULO DE LUMINÂNCIA

O nível de claridade de um ambiente interior sob influência da luz natural é apenas aproximado, devido à dinâmica da luz natural. A base para essas previsões é fornecida por modelos astronômicos. Estes são cientificamente desenvolvidos com base em medições e são usados em todo o mundo. Da mesma forma, é usado um padrão e uma parametrização dos resultados de acordo com a norma para o modelo do céu nublado ISO 15469:2004 *standard overcast sky* (TIPO 16), para determinar o quociente da luz natural.

Quociente de luz natural (D)

O quociente da luz natural indica a razão de exposição em um ponto de um plano no interior para a iluminação horizontal predominante simultaneamente no ambiente exterior. As proporções de luz solar direta são desconsideradas ao determinar o quociente de luz natural. O quociente de luz natural é sempre dado como porcentagem. Se, p. ex. há uma iluminância exterior de 10.000 lux e uma iluminância interior alta de 500 lux, então D=5%. O quociente de luz natural permanece assim constante com a mudança de exposição na Alemanha, a força iluminadora ao ar livre do céu nublado varia em contraste com o dia e estações de cerca de 5000 lux no inverno, até 20000 lux no verão.

O plano horizontal de referência (plano de trabalho) para o nível de iluminação da luz diurna, em ambiente interno, é fixado na DIN 5034 → ❸. Ele apresenta uma altura crescente, a partir de 0,85 m sobre o nível da superfície do piso. A distância do plano às superfícies verticais de fechamento do ambiente é de 1 m. Sobre este plano, determinam-se os pontos (EP) para medida do nível de iluminação horizontal. Uma grade apropriada deve ser selecionada para os pontos de cálculo. Os valores podem então ser exibidos como uma curva do quociente de luz natural. A curva mostra o curso da iluminação horizontal na sala. Além disso, a uniformidade é determinada a partir de valores dos quocientes de luz natural (razão D_{min} $D_{máx}$).

Requisitos mínimos

O quociente de luz natural é usado nas normas e diretrizes como uma dimensão de avaliação. Os valores mínimos e níveis de qualidade estão ancorados nas normas, bem como a base para cálculo e avaliação. A DIN é usada como base para avaliação e cálculo. A quantidade de luz natural disponível no interior é expressa por meio do quociente de luz natural (D). A DIN 5034 recomenda quocientes mínimos de luz natural para áreas de convivência. A norma preliminar (EN 17037:2016) prevê o cálculo das iluminâncias em um plano de referência em gradientes curtos (meia ou uma hora). O *software* (teste de qualidade, ver CIE 171:2006) e dados climáticos para o local em questão são aplicados. O requisito mínimo (de acordo com a DIN 5034-1:2011-07) para quantidade de luz natural em espaços de convivência, p. ex. no caso da luz lateral, D ≥ 0,9%, nas seguintes condições: D em meia profundidade do espaço, a 0,85 m acima do chão, e a uma distância de 1 m das duas paredes laterais, no centro dos dois pontos, pelo menos 0,9%, no menos favorável dos dois pontos, 0,75%.

Ambientes de trabalho

Para os espaços de trabalho, também devem ser observadas as Regras Técnicas para Locais de Trabalho. Elas contêm informações sobre a Portaria de Local de Trabalho (ArbStattV). A exigência de luz natural suficiente é cumprida se um quociente de luz natural superior a 2% for alcançado em espaços de trabalho (ASR A3 4-Abril de 2011). Os requisitos também se aplicam a espaços de convivência em salas de descanso.

Tecnologia de edificações

ILUMINAÇÃO NATURAL

Recursos naturais
Meteorologia e radiação
Fundamentos de astronomia
Insolação
Sombreamento
Orientação
Exposição
Cálculo de luminância
Ciclo da luz natural
Proteção solar e de refletividade
Sistemas de luz natural

DIN 5034
DIN EN 17037

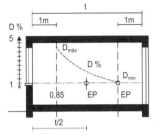

① DH = Porção de luz celeste – incidência de luz natural < α°
② DV = Porção de edificação
③ DR = Porção de reflexo interior
④ τ = Grau de transmissão de luz dos envidraçamentos
⑤ k1 = Porção de treliças e estrutura de janelas
⑥ k2 = Treliça de envidraçamentos
⑦ k3 = Ângulo de incidência da luz natural
⑧ Posição e dimensões de janela p. 174 → ❹

❶ Luz diurna e nível de iluminação interno no ponto P

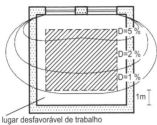

❷ Coeficiente de luz diurna C.L.D % com plano horizontal de referência, em corte

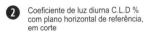

❸ Desenvolvimento do coeficiente de luz diurna C.L.D % em planta, com 2 janelas laterais

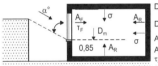

Determinação de valores

$D_m = \dfrac{A_J}{A_R} \times \dfrac{\tau \times \alpha°}{(1-\sigma_m)}$ %

A_J = Área da janela m²
A_R = Todas superfícies do recinto m²
τ_J = Grau de transmissão da janela
$\alpha°$ = Ângulo de incidência da luz diurna
σ_m = Grau de reflexão médio das superfícies do recinto
$\sigma_m(0,5)$ = superfícies claras
$\sigma_m(0,2)$ = superfícies escuras

❹ Coeficiente médio de luz diurna C.L.Dm, fatores de influência

Recomendação	Tipo de abertura de luz natural	Iluminância	Quociente de luz natural
Qualidade mínima de luz natural		300 lx sobre 50% do ambiente, 50% de horas de luz natural 100 lx sobre 100% do ambiente, 50% de horas de luz natural	$D_D > D_{300}$ sobre 50% do ambiente e $D_{TM} > D_{100}$ mais de 100% do ambiente
		300 lx sobre 100% do ambiente, 50% de horas de luz natural	$D_D > D_{300}$ sobre 100% do ambiente
Qualidade média da luz natural		500 lx sobre 50% do ambiente, 50% de horas de luz natural 300 lx sobre 100% do ambiente, 50% de horas de luz natural	$D_D > D_{500}$ sobre 50% do ambiente e $D_{TM} > D_{300}$ mais de 100% do ambiente
		500 lx sobre 100% do ambiente, 50% de horas de luz natural	$D_D > D_{500}$ sobre 100% do ambiente
Alta qualidade da luz natural de um ambiente		750 lx sobre 50% do ambiente, 50% de horas de luz natural 500 lx sobre 100% do ambiente, 100% de horas de luz natural	$D_D > D_{750}$ sobre 50% do ambiente e $D_{TM} > D_{500}$ mais de 100% do ambiente
		750 lx sobre 100% do ambiente, 50% de horas de luz natural	$D_D > D_{750}$ sobre 100% do ambiente

❺ Os três níveis de recomendações para o fornecimento de luz natural por aberturas de luz natural da fachada e da claraboia do telhado, de acordo com a DIN EN 17037:2016-08 (no prelo, ainda preliminar)

ILUMINAÇÃO NATURAL
CICLO DA LUZ NATURAL

O ciclo da luz natural no ambiente interior e, ao mesmo tempo, a possibilidade de visualização são influenciados pelo desenho da fachada, ou seja, na transição do interior para o exterior. Uma estrutura escalonada e multicamadas da fachada apoia os diferentes requisitos de luz natural durante as mudanças de estações. Por meio do uso de sistemas flexíveis e móveis para proteção solar e de claridade, a quantidade e distribuição da luz natural no ambiente pode ser dosada. Além disso, a complementação com luz artificial, p. ex. na profundidade do ambiente, pode melhorar a curva de luz. A necessidade de iluminação artificial pode ser significativamente reduzida por essa estratégia, especialmente nos períodos de transição (p. ex. à noite, no outono). Para isso é necessário via de regra um interruptor separado do grupo de iluminação necessária para a complementação da luz natural. Para a otimização almejada no ambiente interior é possível instalar um controle automático. Os requisitos durante o período de proteção térmica no verão (proteção contra superaquecimento) são então integrados ao sistema de controle e têm prioridade. → ❶

Uniformidade e contraste

A distribuição da luz natural em planos horizontais e verticais do ambiente (p. ex., superfícies de parede) pode ser obtida pelo cálculo de iluminância e pode ser representada numericamente ou por meio de reprodução de falsa cor. Isso fornece informações sobre as diferenças de luminosidade e, portanto, sobre a percepção espacial. Por exemplo, se houver um alto contraste entre os planos horizontais perto da janela e áreas de parede de fundo, o ambiente pode apresentar uma atmosfera sombria, desequilibrada.

Portanto, uma boa uniformidade deve ser em obtida em espaços de convivência e de trabalho (Uniformidade $G = D_{min}/D_{máx}$) e pode ser então comprovada por um cálculo. Em espaços como corredores, foyers ou igrejas, por outro lado, o forte contraste devido à incidência de luz pode ser um elemento desejado do projeto. Tais efeitos de iluminação podem ser verificados e visualizados por meio de simulações computadorizadas.

Luz lateral

O ciclo de luz natural de um espaço com luz lateral mostra na seção vertical a queda significativa da incidência, da fachada para a profundidade da sala
A Fig. → p. 174 ❹ + ❺ evidencia como o posicionamento e a dimensão das janelas, bem como o telhado podem configurar a incidência de luz natural. Nos espaços de convivência, a uniformidade do quociente de luz natural D de G ≥ 1: 6 não deve ser excedida.

Janela alta

Uma abertura horizontal ou inclinada no telhado (claraboia, telhado de galpão, teto de átrio) gera uma porção muito maior de incidência de luz natural e uniformidade do que aberturas de fachada. A luminância do céu no zênite é três vezes maior do que no horizonte. → ❻ A inclinação das aberturas da claraboia do telhado determina o percentual de luz cortado pela seção da abóboda da claraboia. Isso também influencia a insolação direta (p. ex. impedimento devido à orientação norte – telhado de galpão). No caso de envidraçamento de claraboia vertical, espera-se o menor nível de iluminância no interior. Com uma abertura horizontal, por outro lado, uma maior quantidade de luz é irradiada. Para criar uma iluminação ambiente adequada com claraboias deve se seguir a DIN 5034 $D_{min}/D_{máx}$ ≥ 0,5, D_{min} ≥ 2%, em espaços de trabalho ≥ 4%; Uniformidade G ≥ 1:2. O uso de claraboias é um excelente complemento à exposição lateral. No entanto, não pode ser a única solução para ambientes, devido à ausência de vista. O chamado efeito caverna causa estresse psicológico. Em galpões ou museus a claraboia é, portanto, um elemento muito importante.

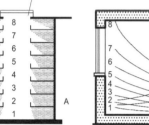

❶ Equilíbrio entre luz natural e artificial: 1. Desenvolvimento da luz natural CLD %; 2. Compensação com luz artificial; 3. Proteção contra ofuscamento; 4. Superfície refletora

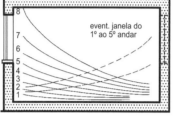

❷ Corte transversal através do pátio, 1º – 8º andar, com cobertura de vidro

❸ Situações da iluminação natural do 1º ao 8º andar, em um pátio; detalhe → ❷

Profundidade do espaço	Porção de área da janela medida na área do ambiente
8 m	aprox. 16–20%
8–11 m	aprox. 25%
11–14 m	aprox. 30%
14 m	aprox. 35% da área do espaço

❹ Tamanhos de janelas estimados em diferentes profundidades do ambiente para alcançar um quociente de luz natural de D_{min} ≥ 2%.

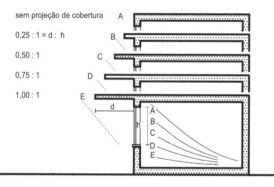

❺ Desenvolvimento da iluminação natural em um recinto, com parte construtiva projetada sobre a janela, com céu encoberto

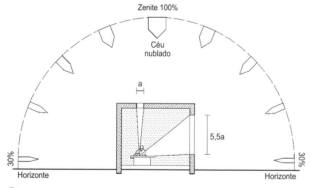

❻ A claraboia de tamanho A produz o mesmo quociente de luz natural que a luz lateral 5,5 x a

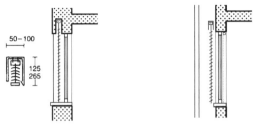

① Cálculo do elemento horizontal de proteção solar

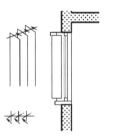

② **Venezianas, lamelas fixas**
Elementos externos, de excelente adaptação; proteção solar adequada para todas as orientações

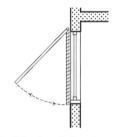

③ **Lamelas**
Entre fachada de vidro e parede; efeito estufa deve ser evitado com sistema adequado de ventilação

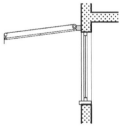

④ **Lamelas**
Elementos móveis verticais; sistema adequado para todas orientações; não há problema de estagnação de calor

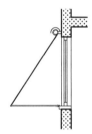

⑤ **Folhas basculantes e de correr** são um sistema bastante simples e efetivo de proteção solar; eventualmente com lamelas móveis

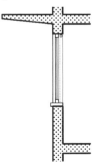

⑥ **Toldos horizontais**
Boa proteção solar, mas sujeitos à ação do tempo; na medida do possível, controle automático de funcionamento, ligado a sensor atmosférico

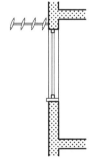

⑦ **Toldo inclinado**
Boa proteção solar, melhor estabilidade aos ventos, pouca vista em comparação com ⑥

⑧ **Marquise**
Também como beiral, sacada etc.; rígido; depende da orientação

⑨ **Marquise de elementos vazados** Proteção solar e contra ofuscamento; rígida; translúcida, estruturada ou lamelas, rígidas

ILUMINAÇÃO NATURAL
PROTEÇÃO SOLAR E CONTRA OFUSCAMENTO

A proteção contra irradiação excessiva de calor, luz solar direta e claridade é parte importante do planejamento da luz natural. Na concepção de dispositivos de proteção solar e contra ofuscamento, vários aspectos devem ser considerados. Características de estrutura, transparência, cor e reflectância determinam os materiais de proteção solar e contra ofuscamento. A quantidade e a direção de incidência da luz natural têm impacto na demanda energética de refrigeração e nas possibilidades de uso de energia solar passiva, além do controle automático. Deve-se observar também que as aberturas de janela ou claraboia não devem ser limitadas na sua função de ventilação. Também deve ser garantida a redução de calor na parte traseira de elementos de sombreamento. Primeiramente, uma coordenação integrada de todos os aspectos permite o uso ideal da proteção solar e de luminosidade no edifício e, portanto, um bom fornecimento de luz natural. Uma grande variedade de elementos serve como proteção contra a luz solar direta na área de aberturas de edifícios e de suas partes internas. Além disso componentes e edificações vizinhos também têm efeito sobre o sombreamento, que pode ser um efeito desejado ou evitado de forma planejada.

Sol direto

A penetração dos raios solares no ambiente é desejada ou indesejada, dependendo da sua função de uso. Para a maioria dos espaços de convivência e, em particular, para os locais de trabalho, são necessárias medidas de proteção. Várias opções de planejamento estão disponíveis, algumas das quais também podem ser combinadas. Em uma fase de planejamento inicial, deve se considerar a proteção solar estrutural por meio do distanciamento de edificações, marquises e arranjo dos espaços no edifício. Árvores, cercas e pergolados favorecem a proteção natural contra o sol. Esses elementos podem oferecer proteção de vegetação duradoura ou como plantas decíduas no inverno, deixando passar luz e calor. Na área da fachada ou aberturas de telhado ou horizontal, lâminas de proteção solar são recomendadas. Elas são particularmente eficazes se forem expostas e ajustáveis, podendo ser direcionadas de acordo com o ângulo do sol. No caso de proteção solar têxtil, deve-se observar a situação de perspectiva e uma menor autonomia da luz natural (uso do espaço sem luz artificial). Sistemas de proteção solar também podem ser usados internamente no espaço da fachada (fachadas duplas) ou integradas à estrutura de vidro. Além disso, sistemas de controle de luz natural também estão disponíveis → p. 178 ❸ – ❾. Os materiais dos sistemas de proteção solar podem influenciar a perspectiva, dependendo da cor, estrutura e proporção de orifícios. Quanto mais forte o contraste de cores entre o material e o exterior, melhor visibilidade de dentro para fora. As diferentes propriedades físicas de construção devem ser observadas.

Ofuscamento

O efeito de ofuscamento dos raios solares diretos já é muitas vezes evitado pela proteção solar. Além disso, a luminância do céu também pode levar a ofuscamento, mesmo sem exposição direta à luz solar. Deste modo, um espaço de trabalho com janelas ao norte geralmente não requer proteção solar, porém, uma proteção contra ofuscamento pode ser necessária. Com céu nublado, a luminância do céu pode ser muito alta, de modo que deve ser considerada a proteção para janelas em qualquer orientação. Além disso, o ofuscamento é causado pela reflexão direta e de áreas de superfícies e por contrastes de luminância desagradáveis. Nesses casos, pode ser necessário certificar-se de que as superfícies tenham revestimento fosco. Medidas típicas anti-ofuscamento são telas internas, têxteis que podem ser movidas. Uma proteção contra ofuscamento geralmente pode, via de regra, permitir uma alta transmissão de luz. Uma combinação de energia solar e proteção antiofuscamento pode ser útil.

Tecnologia de edificações

ILUMINAÇÃO NATURAL

Recursos naturais
Meteorologia e radiação
Fundamentos de Astronomia
Insolação
Sombreamento
Orientação
Exposição
Cálculo de iluminação
Ciclo da luz natural
Proteção solar e contra ofuscamento
Sistemas de luz natural

DIN 5034
E DIN EN 17037

Tecnologia de edificações

ILUMINAÇÃO NATURAL

Recursos naturais
Meteorologia e radiação
Fundamentos de astronomia
Insolação
Sombreamento
Orientação
Exposição
Cálculo de luminância
Ciclo da luz natural
Proteção solar e de refletividade
Sistemas de luz natural

DIN 5034
E DIN EN 17037

ILUMINAÇÃO NATURAL
SISTEMAS DE LUZ NATURAL

Além do uso de sistemas de proteção solar e contra ofuscamento, existem muitas técnicas para o controle, direcionamento e dispersão da luz natural. O objetivo é aproveitar melhor a luz natural por meio da distribuição planejada e da ocultação, reflexão ou desvio da radiação indesejada. Os raios solares podem ser ocultados, refletidos ou desviados, dependendo do ângulo de incidência, por um sistema de controle de luz. O ofuscamento pode ser evitado, a luminância na superfície do vidro pode ser reduzida, se necessário, para alcançar um efeito de luz difusa (materiais translúcidos). A penetração de raios quentes e a necessidade de luz artificial pode ser reduzida. Outro componente do projeto é a qualidade do vidro, que pode ser configurado em suas propriedades de transmissão, reflexão e absorção. Devido a revestimentos ou laminações especiais, vidros seletivos refletem comprimentos de onda específicos. Eles servem, p. ex., para reduzir a radiação de calor. Em combinação com um sistema de controle de luz natural (p. ex. prisma), deve-se escolher o vidro com as propriedades adequadas. Vidros gradientes que alteram a capacidade de transmissão de luz por meio de componentes químicos ou processos elétricos (p. ex. vidro eletrocrômico) funcionam como uma proteção solar e contra ofuscamento variável. Quanto menor a transmissão de luz mais se deve observar como a qualidade da luz natural incidente vai sendo modificada (p. ex. reprodução de cores alterada devido ao vidro mais escuro).

Princípios

1. Reflexão das radiações térmicas indesejadas através de películas isolantes (vidros combinados). Através de diferentes tipos de películas e da construção das chapas de vidro, pode-se ter a fixação do valor desejável da passagem de energia (valor g), de transmitância luminosa (valor LT), grau de reflexão (efeito de espelho) e de reprodução das cores.

2. Eliminação de ofuscamento dos raios solares diretos e uso da luz difusa do zênite. Em sua maioria, sistema rígido, que reflete a luz na região angular. Espelhos, prismas ou outro elemento de direcionamento da luz são integrados na construção da janela ou chapa de vidro. Há necessidade de escolha da orientação do sistema em relação ao Sol.

3. Direcionamento e difusão da luz solar direta (via de regra através de espelhos), refletida para o teto, para evitar ofuscamento. Aqui é necessário sistema móvel, que possa ser adaptado ao ângulo de incidência do raio solar para cada momento.

4. Espelhamento da incidência solar direta. Espelhos refletem a luz solar e a direcionam para um ponto específico. Para este fim, pode-se utilizar um grupo de espelhos simples e fixo que irradia e reflete, dependendo da posição do sol. A respectiva orientação deve ser calculada. Heliostatos são usados para ajustar o ângulo solar. A escolha do sistemas de luz natural requer um planejamento e cálculo cuidadosos. Os sistemas devem ser avaliados em conjunto com outros aspectos referentes à luz natural e à energia.

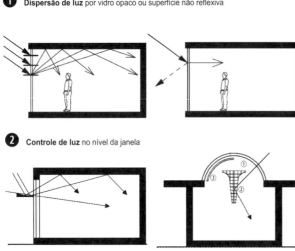

❶ **Dispersão de luz** por vidro opaco ou superfície não reflexiva

❷ **Controle de luz** no nível da janela

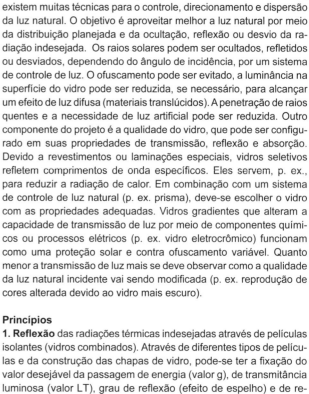

– Direcionamento
– Superfície encurvada de reflexão; elemento construtivo em balanço

❸ **Corte da entrada da luz**

① Cúpula de vidro ② Espelho ③ Proteção solar
p. ex. Reichstag, Berlim, arq. Foster
– Direcionamento da luz: iluminação através de reflexão direta e indireta

❹ **Espelho**

❺ **Prismas:** eliminam ofuscamento e direcionam a luz, dependendo da estação do ano

❻ **Persianas:** entre chapas de vidro isolante, com diferentes ângulos de posicionamento, para evitar ofuscamento na parte inferior e iluminar o teto (parte superior)

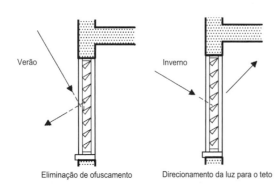

Verão — Eliminação de ofuscamento
Inverno — Direcionamento da luz para o teto

❼ **Perfis espelhados:** entre chapas de vidro isolante, direcionamento da luz dependente da posição do Sol no verão e inverno

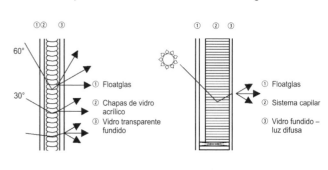

❽ **Vidros com direcionamento da luz**
Direcionamento para luz direta e difusa
Observar a perda de transparência

① Floatglas
② Chapas de vidro acrílico
③ Vidro transparente fundido

❾ **Isolante térmico translúcido**
– Direcionamento da luz
– Alta transmitância luminosa
– Dispersão dos raios luminosos
Observar a perda da transparência

① Floatglas
② Sistema capilar
③ Vidro fundido – luz difusa

178

ILUMINAÇÃO ARTIFICIAL
OLHO HUMANO E PERCEPÇÃO

A percepção humana é na sua maior parte proveniente do processo visual. Uma orientação segura e rápida, a absorção de informações claras e, por último, mas não menos importante, uma percepção da atmosfera do ambiente estão intimamente relacionados a um **planejamento de iluminação** adequado. A luz artificial complementa ou substitui a luz natural e forma, em conjunto com as cores e superfícies, a imagem da arquitetura. Cada decisão de projeto exerce uma influência sobre o resultado da imagem formada na cabeça. Portanto, o conhecimento do **processo de percepção visual** é útil para o uso direcionado de luz, cores e texturas. O efeito da profundidade de diferentes cores está relacionado a diferentes refrações de luz, de comprimentos de ondas diferentes, no cristalino. O olho curva-se no cristalino de acordo com a distância e o comprimento de ondas (acomodação) para criar uma imagem o mais nítida possível. Assim, o azul surge mais longe e o vermelho mais próximo a uma mesma incidência, pois as lentes só podem se curvar apenas a um valor de cor intermediário e assim os raios de luz azuis agrupam-se na frente e os vermelhos na parte de trás da fóvea. Texturas de superficiais criam sombras e permitem identificar a direção da luz no ambiente. Contrastes chamam a atenção e permitem uma **orientação** rápida no espaço. Por outro lado, contrates fortes criam ofuscamento e irritação. Em diferenças elevadas de claridade, os olhos devem realizar um ajuste (adaptação). Essa mudança é feita pelo cérebro, em apenas alguns segundos, da escuridão à luz, mas do ambiente claro ao escuro, o **tempo de adaptação** pode ser de mais de um minuto (entradas de estacionamento subterrâneo, salas de cinema).

O **processo da visão** começa com a incidência de ondas eletromagnéticas no olho → ❶. Uma parte dessa radiação causa uma reação nos receptores na retina. Essas ondas descrevem a luz visível em uma faixa de comprimento de onda de 380 nm (azul) e 780 nm (vermelho). A radiação eletromagnética fora desta faixa de comprimento de onda é invisível aos olhos → ❸.

O olho humano pode ajustar também uma **ampla faixa de luminosidade**. O olho é capaz de ajustar-se da luz do luar com iluminância a menos de um lux ao máximo de brilho solar de até 100.000 lux por meio do estreitamento da pupila e, acima de tudo, por um processo perceptivo modificado. Os receptores são divididos em 3 grupos de cones, com o mais alto sensibilidade à luz para vermelho (575 nm), verde (535 nm) e azul (445 nm) e os chamados bastonetes, que não diferenciam cores, mas que são sensíveis aos mais ínfimos valores de claridade e movimento do que os cones → ❷. O verdadeiro **processo de percepção** ocorre no cérebro, com a criação de imagens claras com valores de cores constantes. A pouca luz no globo ocular com a baixa resolução dos cones não pode por si só explicar a visão aguçada. A luz tem um forte efeito sobre nosso corpo e é a fonte sensorial mais forte para o nosso ritmo circadiano, o relógio interno humano. No início dos anos 2000, foi descoberto outro receptor na retina, sensível apenas a uma faixa estreita de ondas azuis. Este receptor controla significativamente o nosso **ritmo diurno-noturno**. Em um ciclo regular, são liberados os hormônios que nos preparam para a fase do sono. O hormônio do sono, a melatonina, contribui para um aumento do cansaço e é responsável pelo ritmo cronobiológico humano → ❹. Ter um sono regular é um fator importante para a saúde. Por isso, no horário noturno deve se evitar uma iluminação com componentes azuis, caso contrário a liberação da melatonina é suprimida. Assim luminárias com tons variáveis e um controle correspondente do gradiente azul pode produzir um ciclo de azul na luz que simula o ciclo da luz natural. Do contrário, uma luz rica em azul pode criar fases de vigília. As necessidades humanas de luz são variadas, de modo que requisitos de normatização não podem considerar todas as necessidades. Em particular, isso se aplica aos idosos, que necessitam de maior iluminância para uma visão mais clara.

Tecnologia de edificações

ILUMINAÇÃO ARTIFICIAL

Olho humano e percepção
Cores e reflexão
Grandezas luminotécnicas
Lâmpadas
Luminárias
Iluminação interior e normas
DIN EN 12464
Aspectos do planejamento de iluminação
Luz em exteriores
Bons critérios
Controle, Simulação

DIN 5035
DIN EN 12665
DIN EN 12464

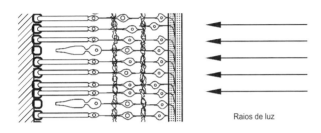

❶ O olho humano

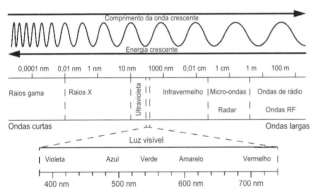

❷ A retina consiste em várias camadas, formadas por diferentes células sensoriais sensíveis à luz.

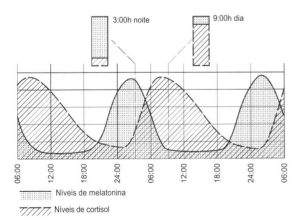

❸ Comprimentos de onda

❹ Mudanças nos níveis de melatonina e cortisol no ciclo diurno

ILUMINAÇÃO ARTIFICIAL
CORES E REFLEXÃO

A imagem do mundo em nosso cérebro é criada pela reflexão de luz invisível em materiais com uma cor e textura definida. Quanto mais raios de luz são refletidos, mais clara é a superfície. A luz não refletida é absorvida pelo objeto e convertida em radiação quente ou transmitida para outro meio → ❸.

Os valores de reflexão dados na tabela como exemplo (→ p. 181 ❷) ajudam a combinar diferentes materiais para criar intencionalmente contrastes ou uma claridade homogênea, apesar das diferentes superfícies.

Devido ao comportamento de reflexão do objeto, apenas uma determinada parte das ondas de luz é refletida no olho. Se, p. ex., os comprimentos de onda vermelhas e azuis são absorvidos, a superfície aparece como verde. Essa **mistura de cores subtrativas** funciona com a absorção de ondas de luz e descreve a impressão de cor alcançada ao misturar tintas aplicadas à superfície → ❶. Com cores subtrativas, se mistura a cor ou se alterna o filtro de absorção colorido um após o outro. As cores primárias são azul (ciano), roxo (magenta) e amarelo. Estas cores primárias são misturadas e as cores secundárias azul, verde e vermelho são criadas. Esta mistura de cor física não é uma mera reversão da mistura de cores aditiva. O objeto irradiado com luz envia uma onda de luz, que como resultado do processo de absorção, atinge os receptores da retina, que encontram sua sensibilidade máxima para azul, verde e vermelho. Se uma luz branca for enviada através de um filtro de absorção colorido, as áreas de cores complementares são filtradas. No caso de um filtro amarelo, p. ex., a radiação azul. Se agora essa onda de luz atinge os cones sensíveis ao azul, nenhuma radiação é detectada e um amarelo é percebido. As diferentes ondas de luz se misturam quando sobrepostas. Essa **mistura de cores aditivas** da luz leva a um círculo de cores das três cores básicas da luz RGB (vermelho, verde, azul) → ❷. Este princípio torna-se a formação de luz colorida usada a partir da mistura de LEDs vermelhos, verdes e azuis. Se for possível o controle digital dos três e LEDs individuais de até 256 níveis (8 bits), então se multiplicam os possíveis locais de cor para mais de 16 milhões. Para descrever a luz branca em sua impressão de cor, usa-se como referência o corpo de Planck, que é aquecido. Quanto mais alta é a temperatura em Kelvin, mais azul e mais fria é a cor irradiada. Assim, uma cor de luz de 2500 K corresponde a uma lâmpada incandescente e 5000 K, a uma lâmpada fluorescente fria. LEDs com um ponto de branco ajustável (*tuneable white*) dimerizam entre dois LEDs de temperatura de cor mais alta e mais baixa e podem, com isso, representar em uma linha reta no triângulo de cores todas as cores de luz branca. Isso é especialmente útil no ajuste entre um complemento de luz natural frio para uma iluminação noturna com uma lâmpada de cor de luz mais quente. Lâmpadas que não são irradiadoras de temperatura (não são incandescentes) não têm seu ponto de cor, via de regra, diretamente na curva de Planck. Para que sua cor de luz seja dada mesmo assim, especifica-se uma temperatura de cor correlata na área de proximidade da curva. Por outro lado, o olho é sensível externamente na percepção de tons de branco. Por isso, luminárias com supostamente a mesma cor têm aparências diferentes. Para marcar os diferentes pontos de cor que aparecem aos olhos como o mesmo, são utilizadas as **Elipses MacAdam** Se as lâmpadas ou LED encontram-se dentro de tal elipse, elas aparecem para a maioria das pessoas como tendo a mesma cor. Ao classificar LEDs em 2 elipses MacAdams, os pontos de cor dos LEDs correspondem dentro da área a 2 elipses. Uma classificação dentro de apenas uma elipse é qualitativamente melhor, mas requer um maior esforço de classificação e maior margem de erro.

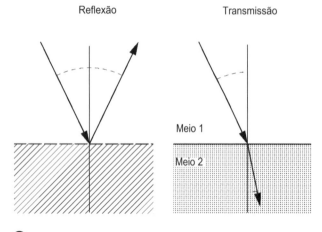

❶ Círculo de cores CMY: sistema de cores substrativas (cores na impressão)
❷ Círculo de cores RGB: sistema de cores aditivas, cores por meio de adição de luz
❸ Reflexão e transmissão

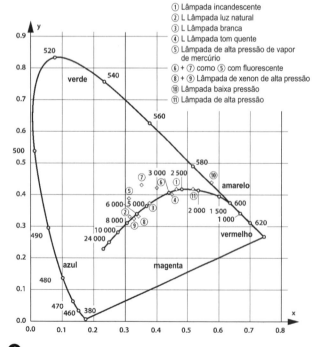

❹ Espaço de cor CIE com curvas da Lei de Planck

ILUMINAÇÃO ARTIFICIAL
GRANDEZAS LUMINOTÉCNICAS

Unidades luminotécnicas
A quantidade de luz percebida pelo olho, como radiação, é designada de fluxo luminoso ϕ (radiação visível). O fluxo luminoso de luzes pontuais diminui inversamente proporcional ao quadrado da distância, pois a superfície irradiada aumenta respectivamente. A intensidade luminosa é definida pelo fluxo luminoso emitido em uma direção definida, em um determinado ângulo sólido. O nível de iluminação E (em um ponto sobre uma superfície) é o quociente entre fluxo luminoso incidente sobre uma superfície elementar.

Valores típicos:
Radiação global (céu claro).................................. máx. 100 000 lx
Radiação global (céu encoberto)............................ máx. 20 000 lx
Condições visuais ideais....................................... 2000 lx
Iluminação de local de trabalho.............................. 500 lx
Iluminação de corredor.. 100 lx
Iluminação pública.. 5-15 lx
Iluminação lunar.. 0,2 lx

A intensidade luminosa irradiada por unidade de superfície é a **Luminância L**. Ela é responsável pela claridade percebida e também pelo ofuscamento. A luminância de áreas de superfície espacial difusa consiste da iluminância E e do grau de reflectância $\rho(L=E \cdot \rho/\pi)$.

Valores de exemplo:
Céu claro... 8.000 cd/m²
Céu nublado.. 2.000 cd/m²
Céu noturno claro.. 0,001 cd/m²

O grau de reflectância $\rho \rightarrow$ ❷ é a razão da luz refletida para a quantidade de luz incidente. Durante o reflexo, as perdas de energia na forma de transmissão e absorção ocorrem em lâmpadas que convertem energia elétrica (W) em saída de luz (lm). Uma medida da eficiência da lâmpada é sua eficiência energética (lm/W).

As normas **definem o valor de manutenção da iluminância (Em)**. É o valor abaixo do qual a iluminância média não deve ultrapassar. A fim de compensar a redução da iluminância ao longo do tempo, o novo sistema deve ter respectivamente uma iluminância mais elevada (novo valor). A diminuição é registrada pelo **coeficiente de manutenção**, que é composto pelo coeficiente de manutenção do fluxo luminoso da lâmpada (diminuição no fluxo luminoso ao longo do ciclo de vida útil), o fator de vida útil da lâmpada (falha da lâmpada ao longo da vida útil), o fator de manutenção da luminária (contaminação do sistema ótico da luminária) e o fator de manutenção do espaço (deterioração dos graus de reflectância nas superfícies do ambiente).
Valor de manutenção = novo valor × Coeficiente de manutenção
Coeficiente de manutenção = LLWF*LLF*LWF*RWF
Na prática, são aplicados fatores de manutenção entre 0,5 e 0,8.
A relação de iluminância mínima a luminação média é chamada de **uniformidade** da iluminância.
A impressão de cor de objetos iluminados por uma fonte de luz é descrita pela **reprodução de cor**. Com base em um índice de reprodução de cores, pode-se determinar o nível de reprodução de cores. O mais comum é o índice geral de reprodução de cores (IRC ou Ra), de acordo com a CIE 1974 → ❺, onde um valor médio para um conjunto definido de 8 cores de teste é determinado. Para descrever melhor a qualidade da luz, com a introdução do LED, o número de cores de teste foi ampliado para 14 ou 15 (R_e). Para um outro Índice GAI (Índice de Gamut) se avalia qual parte do espaço de cor perceptível pode ser formado com a fonte de luz. Deste modo, a naturalidade da luz é descrita.

Tecnologia de edificações

ILUMINAÇÃO ARTIFICIAL

Olho humano
e percepção
Cores e reflexão
Grandezas luminotécnicas
Lâmpadas
Luminárias
Iluminação
interior
e normas
DIN EN 12464
Aspectos do planejamento de iluminação
Luz em exteriores
Bons critérios
Controle,
Simulação

DIN 5035
DIN EN 12665
DIN EN 12464

Grandezas luminosas e simbologia de fórmula		Unidade luminosa e simbologia		Fórmula
Fluxo luminoso	φ	Lumen	(lm)	φ = Ω · I
Intensidade de luz	I	Candela	(cd)	I = φ / Ω
Iluminância	E	Lux	(lx)	E = φ / área
Luminância	L	(cd/m²)		L = I / área
Ângulo sólido	Ω	Steradian	(sr)	Ω = área/ Raio²

❶ Fatores da radiação e técnicos da luz

	Grau de reflectância em %		Grau de reflectância em %
Superfícies coloridas:		**Metal**	
Branco	70 a 85	Alumínio, ultrapuro, alto brilho de	80 a 90
Cinza claro	40 a 60	Alumínio, anodizado, fosco	80 a 85
Cinza médio	25 a 35	Alumínio, polido	65 a 75
Cinza escuro	15 a 25	Alumínio, fosco	55 a 76
Azul claro	40 a 50	Tinta alumínio, fosca	55 a 65
Azul escuro	15 a 20	Cromo, polido de	60 a 70
Verde claro	45 a 55	Cobre, altamente polido	60 a 70
Verde escuro	15 a 20	Latão, altamente polido	70 a 75
Amarelo claro	50 a 65	Níquel, altamente polido	50 a 60
Marrom	10 a 40	Espelho prateado por trás de vidro	80 a 90
Vermelho claro	35 a 50	Prata, altamente polida	90 a 92
Vermelho escuro	10 a 35	Aço, galvanizado	30 a 40
Materiais:		**Madeira**	
Tijolo		Carvalho, claro, polido	25 a 35
Amarelo claro	40 a 60	Carvalho, escuro, polido	10 a 15
Marrom claro	25 a 40	Bétula, clara,	40 a 50
Vermelho escuro	10 a 15	**Pedra**	
Concreto		Granito, escuro	10 a 15
		Granito	20 a 25
		Calcário	35 a 55
Cinza claro	40 a 60	Mármore, polido	30 a 70
Cinza escuro	20 a 40	Arenito	20 a 40

❷ Grau de reflectância dos materiais de construção

❸ Símbolos de iluminação genéricos para planos de arquitetura

❹ Símbolos de iluminação para projetos de arquitetura segundo DIN 40717

Escala	Índice Ra	Áreas típicas de aplicação
1A	> 90	Estruturas cromáticas, galerias
1B	90 > Ra > 80	Apartamentos, hotéis, restaurantes, escritórios, escolas, hospitais, indústrias gráficas e têxteis
2A	80 > Ra > 70 / 70 > Ra > 60	Indústrias
3	60 > Ra > 40	Indústrias e outras áreas de atividades com pouca necessidade de reprodução de cores
4	40 > Ra > 20	outros

❺ Reprodução das cores para lâmpadas segundo DIN 5035

ILUMINAÇÃO ARTIFICIAL
LÂMPADAS

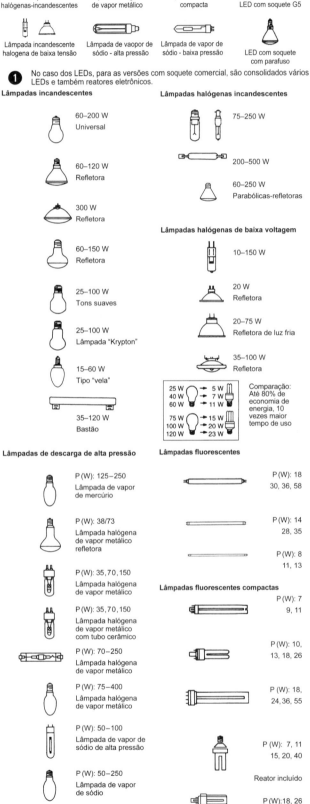

1. Lâmpadas incandescentes
Lâmpadas incandescentes são radiadores de temperatura nas quais, para a produção de luz, um fio metálico condutor é tornado incandescente. Por esse motivo, uma grande parte da energia é transformada em radiação térmica (infravermelha) e apenas uma parte relativamente pequena torna-se luz visível (≈15%–20%). Características: branco quente, totalmente dimerizável, sem cintilação e uma excelente reprodução de cor. Baixa eficiência energética (aproximadamente 6–12 lm/W) e com vida útil de ≈1000 horas. Exceto por algumas versões especiais, essas lâmpadas não podem mais ser comercializadas na UE.

Lâmpadas incandescentes halógenas atingem elevado grau de luminância através da forma compacta. No bulbo, há gás halógeno que impede a eliminação de tungstênio no processo de incandescência (mantém assim a capacidade de aproveitamento). São especialmente adequadas ao uso em *spots*. As lâmpadas halógenas incandescentes têm um efeito brilhante, melhor capacidade de aproveitamento (até 24 lm/W) do que as lâmpadas incandescentes comuns e duração de uso de ≈4.000–6.000 horas (para lâmpadas de baixa voltagem). Para potências de até 75 W, a energia básica é de 12 V. Aqui deve-se ter um transformador ligado à rede de abastecimento de energia elétrica. Para potências de 75 W a 2.000 W, existem lâmpadas no mercado para a rede de 220 V.

2. Lâmpadas de descarga:
No bulbo dessas lâmpadas encontra-se um gás que, colocado sob tensão, produz luz. Características típicas das lâmpadas de descarga: funcionamento basicamente com reatores e, dependendo do caso, com aparelho de ignição; elevada capacidade de aproveitamento e tempo de vida relativamente longo, entre 5.000 e 20.000 horas de uso; pouca produção de calor; a cor da luz depende do tipo de lâmpada utilizado – branca quente, branca neutra ou luz do dia; reprodução das cores razoável até muito boa; possibilidade de sombreamento limitada; funcionamento sem vibrações ópticas somente com a introdução de reatores. As lâmpadas desse tipo diferenciam-se segundo o tipo de gás e sua pressão dentro do bulbo.

Lâmpada de mercúrio – lâmpada de baixa pressão
Em forma tubular, conhecida como lâmpada fluorescente, é o tipo de lâmpada mais utilizado. Através da descarga, ocorrem no interior da lâmpada basicamente radiações UV, que são transformadas em luz visível através do revestimento do bulbo. Capacidade de aproveitamento de 104 lm/W.

Lâmpada fluorescente compacta
Foram desenvolvidas em substituição às lâmpadas incandescentes. Os reatores são integrados no soquete. Sua capacidade de aproveitamento é menor do que a das lâmpadas fluorescentes tubulares.

Lâmpada de vapor de mercúrio e sódio – lâmpada de alta pressão
Nas lâmpadas de alta pressão, a luz é produzida através de um arco luminoso entre eletrodos. Essas lâmpadas são caracterizadas pela longa durabilidade e elevada capacidade de aproveitamento. Têm, entretanto, má qualidade de reprodução de cores (mercúrio, azul; sódio, amarelo). Daí seu uso apenas em fábricas, oficinas, depósitos e iluminação externa. Lâmpadas HID, com revestimento, oferecem melhor qualidade de reprodução cromática.

Lâmpada halógena de vapor metálico – lâmpada de alta pressão
Produzem luz com boa reprodução cromática (cor da luz branca, tons quentes, possível luz diurna) e elevada capacidade de aproveitamento. A fonte luminosa pontual, compacta, permite direcionamento preciso da luminosidade. A elevada luminância e grande porcentagem em radiação UV devem ser considerados na escolha da lâmpada, para evitar ofuscamento, reflexões e descoloração de objetos sensíveis à ação dos raios ultravioleta. Com sistema cerâmico há coloração constante através do tempo de uso.

LED
Diodo emissor de luz (LED). Um corpo de cristal rígido é levado à produção de luz quando energizado (diodo semicondutor). Através da escolha do cristal tem-se a coloração da luz. A luz branca é obtida com a combinação de diversos LEDs coloridos ou através de camadas de revestimento luminescentes, que transformam a radiação original colorida em luz branca. As luminâncias colocam-se hoje no mesmo nível das lâmpadas halógenas de baixa voltagem, devendo ser melhoradas no futuro. Vantagens: pequena dimensão da fonte luminosa, pouca diminuição da eficiência luminosa no período de uso, nenhuma radiação ultravioleta e infravermelha, pouco sensível a golpes, longo tempo de uso (≈25.000–50.000 h).

ILUMINAÇÃO ARTIFICIAL
LUMINÁRIAS

As luminárias são divididas de acordo com sua aplicação em: **luminárias técnicas**, nas quais a função assume papel primordial; **luminárias decorativas**, nas quais a forma de design é outro aspecto considerado. Após o local de uso, as luminárias são divididas em luminárias para interiores e exteriores. A seleção da luminária é feita de acordo com a distribuição de luz desejada e a possibilidade de montagem.

A intensidade luminosa define o fluxo luminoso emitido em uma direção, em um determinado ângulo sólido. Em coordenadas polares (geralmente em 2 planos) a unidade cd/klm é usada para luminárias, pois, via de regra, a distribuição de luz permanece a mesma em diferentes saídas de luz. Marcações de luminárias definem a proteção do consumidor e o escopo de aplicação.

A **classe de proteção** indica até que ponto o consumidor está protegido contra choque elétrico.

Tecnologia de edificações

ILUMINAÇÃO ARTIFICIAL

Olho humano e percepção
Color e reflexão
Grandezas luminotécnicas
Lâmpadas
Luminárias
Iluminação de interiores e Normas
DIN EN 12464
Aspectos do planejamento de iluminação
Luz em exteriores
Bons critérios
Controle e Simulação

DIN 5035
DIN EN 12665
DIN EN 12464

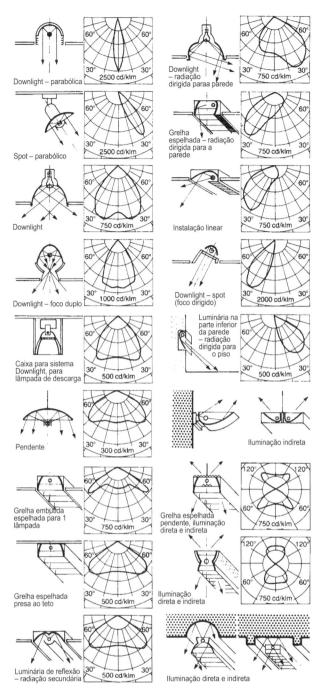

① Luminárias e distribuição da luz

Proteção Classe I	⏚	Conexão de rede com conduíte de proteção necessário. Condutor (L), Terra (N) e Condutor de proteção (PE).
Proteção Classe II	☐	Proteção via isolamento duplo ou reforçado
Proteção Classe III	◇	Operação em baixa tensão de até 50 V (CA) ou 120 V (CC)

③ **Tipo de proteção** define a adequação das luminárias para condições ambientais diferentes

ENEC		Certificação reconhecida na Europa, usado por órgãos regionais.
VDE		Aprovação de um centro nacional de verificação
GS		Comprovação de conformidade com a Lei de Testes de Equipamentos
CE	C€	Comprovação do fabricante da luminária de que o dispositivo está em conformidade com a legislação nacional e europeia
UL		Marcas comerciais para luminárias testadas e aprovadas nos EUA
EMV		Comprovação da compatibilidade eletromagnética da luminária
Ex		Aprovação para uso em ambientes com risco de explosão

Letras de designação: IP	Exemplo: IP 44
Primeira série numeral: 0–6	Grau de proteção contra toque e corpos estranhos
Segunda série numeral: 0–8	Grau de proteção contra entrada de água

1ª série de números	Invólucro protetor	2ª série de números	Invólucro protetor
0	Sem proteção	0	Sem proteção
1	Proteção contra corpos estranhos grandes (> 50 mm)	1	Proteção contra gotejamento vertical
2	Contra corpos estranhos médios (> 12 mm)	2	Contra gotejamento com inclinação de até 15°
3	Contra corpos estranhos pequenos (< 2,5 mm)	3	Contra água borrifada
4	Contra corpos estranhos granulares (< 1 mm)	4	Contra água esguichada
5	Contra deposição de poeira	5	Contra jato d'água
6	Contra infiltração de poeira	6	Contra entrada de água de enchente
		7	Contra entrada de água ao mergulhar
		8	Contra entrada de água quando em profundidade

② Protetores de luminárias

④ **Marcas de certificação** comprova o cumprimento de determinadas normas e leis e a verificação correspondente.

ILUMINAÇÃO ARTIFICIAL
ILUMINAÇÃO DE INTERIORES

Tipos de iluminação ou luminárias para interiores

Iluminação direta, simétrica → ❶. De uso preferencial para iluminação geral de locais de trabalho, de reuniões, de circulação de público e zonas de tráfego. Para alcançar um nível de iluminação estipulado, este sistema necessita relativamente de baixa potência elétrica. Ver valores padrão de potências específicas para ligações. O ângulo de quebra de ofuscamento para a luminária em locais de trabalho e reuniões é de ≈30°; em casos de grande exigência de conforto visual, 40° ou mais. Num projeto de iluminação deve-se partir de um ângulo de radiação de 70° a 90°.

Downlight e grelha – radiação dirigida para a parede → ❷. Para iluminação uniforme em zona de parede. O efeito sobre o ambiente é o de iluminação direta.

Downlight – spot → ❹. Para distribuição regular de luminárias no teto, com um resultado de luminosidade diferenciada no ambiente. O refletor relativamente compacto, permite movimentos de inclinação e giro de 360°.

Iluminação indireta → ❻. Esta concepção é marcada pelas características de impressão de claridade do local, mesmo para baixos níveis de iluminação, e eliminação de ofuscamento por reflexão. A exigência principal deste sistema é a altura suficiente do ambiente, além de cuidadosa interligação entre iluminação e "arquitetura do teto". Para iluminação de locais de trabalho, há uma limitação da luminância no teto de 1000 cd/m^2 (acima do ângulo de emissão de 65°). A energia consumida por este sistema é até 3 vezes maior que a necessária para iluminação direta.

Iluminação conjugada – direta e indireta → ❺. Esta forma é recomendada para locais em que há necessidade de impressão de claridade, mas com consumo razoável de energia (70% direta, 30% indireta), requisitando entretanto altura suficiente (h ≥ 3 m).

Radiação dirigida para o teto ou para o piso → ❻ + ❼. Para iluminação de superfícies de teto assim como de piso.

Luminárias em trilhos, com radiação dirigida para a parede → ❾. Sem componente de radiação direta no ambiente, são utilizadas principalmente em áreas de museus e exposições. O nível de iluminação vertical de 50 lx, 150 lx e 300 lx, é típico das recomendações e exigências para exposições.

Luminárias em trilhos, refletores → ❿. Podem ser diferenciados segundo o ângulo de radiação: 10° (*spot*), 30° (*flood* ou projetor), 90° (refletor de parede). Ajuste do espectro através do filtro de cor. A proteção contra ofuscamento é fornecida por grades e abas anti-ofuscamento. O cálculo da iluminação interior baseia-se na Norma DIN EN 12464 Parte 1 (Iluminação de locais de trabalho em interiores).

A ser considerado:
Valor de manutenção da iluminância (E_m), uniformidade da iluminância (U_o), Ofuscamento (UGR_L). Além disso, é feita a comparação com a reprodução de cor da fonte de luz com o valor mínimo da reprodução de cor Índice (R_a).

A **Iluminação de segurança** é abordada na Norma DIN EN 1838, contendo informações sobre iluminação de segurança para rotas de fuga, incluindo sinalização de segurança, iluminação antipânico e iluminação de emergência para locais de trabalho com riscos especiais. Para as áreas de aplicação, a iluminância horizontal no piso, a irregularidade (U_d) e a limitação do ofuscamento fisiológico são especificados. A iluminação de segurança deve manter um tempo mínimo de funcionamento. A fonte de alimentação em caso de emergência é fornecida por uma bateria de luminária, uma bateria central ou protegida por um gerador de emergência → p. 187 ❺.

Sinalização de segurança é caracterizada pela distância de reconhecimento.

O máximo de **distância de reconhecimento** é determinado pela altura do produto e o fator de distância 100 (para caracteres iluminados) ou 200 (para caracteres retroiluminados). O funcionamento das luminárias de segurança deve ser verificada regularmente. Para um monitoramento remoto automático, são instalados componentes eletrônicos.

Luminárias de segurança podem ser usadas como luminárias independentes ou como componentes de iluminação integrada na iluminação geral. As luminárias não devem ser do tipo ajustáveis.

Tecnologia de edificações

ILUMINAÇÃO ARTIFICIAL

Olho humano e percepção
Color e reflexão
Grandezas luminotécnicas
Lâmpadas
Luminárias
Iluminação de interiores e Normas
DIN EN 12464
Aspectos do planejamento de iluminação
Luz em exteriores
Bons critérios
Controle e Simulação

DIN 5035
DIN EN 12665
DIN EN 12464

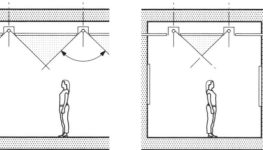
❶ Iluminação direta simétrica

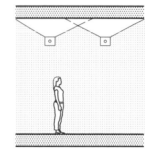
❷ Radiação refletida pela parede efeito de iluminação direta

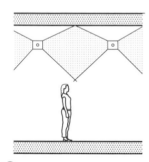
❸ Spot - foco luminoso

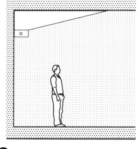
❹ Iluminação indireta

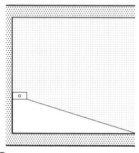
❺ Iluminação direta combinada com indireta

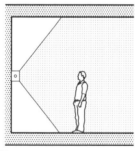
❻ Iluminação na altura superior da parede, dirigida para o teto

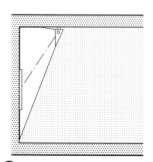
❼ Iluminação na altura inferior da parede, dirigida para o piso

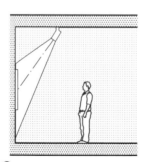
❽ Luminária de parede ou arandela Iluminação direta e indireta

❾ Luminária difusa em trilho

❿ Holofote em trilho

ILUMINAÇÃO ARTIFICIAL
DIRETRIZES PARA ILUMINAÇÃO ARTIFICIAL EM LOCAIS DE TRABALHO - ASR 7/3, DIN EN 12464 – 1 (EXTRATO)

Locais de trabalho internos

Tipo do local — En/lx
Tipo de atividade

Locais de apoio:
Zonas de tráfego em depósito	50
Posto de atendimento	200
Cantinas, copas	200
Local de descanso	100
Salão de ginástica	300
Vestiário, lavatórios, sanitários	200
Enfermaria	500
Instalações técnicas, central de aparelhos, interruptores	200
Telex e correio, central telefônica	500
Expedição, embalagens	300
Depósitos, armazém	100

Depósitos de estantes altas
Circulação sem tráfego de pessoas	20
Circulação com tráfego de pessoas	150

Tráfego, circulação:
–Sem pessoas	20
–Para pessoas	100
–Para pessoas e veículos	150
Escadas, escadas rolantes, esteiras rolantes, rampas de carregamento, setor de carregamento	150

Escritórios ou semelhante:
Deposição, cópias	300
Circulação	300
Escrever, máquina de escrever	500
Ler, processamento de dados	500
Desenho técnico	750
Sala de reuniões	500
Balcão de atendimento	300
Atendimento público	200
CAD	500

Indústria química:
Instalações com controle remoto	50
Instalações com eventual intervenção manual	100
Locais de trabalho de permanente ocupação para processos em instalações técnicas	200
Controle	300
Laboratórios	300
Trabalhos com grande necessidade de acuidade visual	500
Ensaio de corantes	1000

Cerâmica, ladrilhos, vidro, produtos de vidro:
Locais ou zonas de trabalho em fornos, misturadoras, trituradoras	200
Laminar, prensar, formar, soprar o vidro	300
Esmerilhar, foscar, brunir o vidro, dar forma a instrumentos (ópticos)	500
Trabalhos de decoração	500
Lapidação e polimento à mão	750
Trabalhos delicados	1000
Secagem/Processamento pedras sintéticas	1500

Siderúrgicas, laminagem, fundições:
Instalações de produção sem intervenção	50
Instalações de produção com intervenção	100
Locais de trabalho de permanente ocupação nas instalações de produção	200
Espera	300
Controle	500

Trabalho do metal e com metal:
Forja de formas livres	200
Forja em forma	200
Solda	300
Trabalhos com máquinas grandes e médias	300
Trabalhos delicados à máquina	500
Controle	750
Laminação a frio	200
Construção de gradeados de arame	300
Trabalho com folhas pesadas	200
Trabalho com folhas leves	300
Fabricação de ferramentas	750
Montagem, bruta	200
Montagem, meio-fina	300
Montagem, fina	500
Trabalhos em sub-solo	50
Trabalhos em nível elevado	100
Reciclagem de areia	200
Acabamento	200
Local de trabalho no misturador	200
Galpão de fundição	200
Despejamento	200
Formas feitas à máquina	200
Formas feitas à mão	300
Construção de chassis	300
Construção de modelos	500
Galvanização	300
Pintura	300
Controle da fabricação de ferramentas	750
Trabalhos finos de mecânica	1000
Construção de carrocerias	500
Laqueamento	750
Laqueamento em trabalho noturno	1000
Estofamentos	1000
Linha de montagem	500
Inspeção	1000

Usinas de força:
Alto-forno	50
Casa das caldeiras	100
Compartimento de controle do equilíbrio da pressão	200
Casa de máquinas	200
Áreas de apoio	200
Instalações de interruptores no edifício	100
Instalação de interruptores ao ar livre	20
Controle	500
Revisão	500

Indústria eletrotécnica:
Fabricação de cabos e fios, montagem, enrolamento de bobinas de fios grossos	300
Montagem de aparelhos telefônicos	750
bobinas de fios médios	500
Montagem de aparelhos delicados ajuste, teste	750 / 1500
Montagem de peças delicadas, peças eletrônicas	1500

Fabricação de relógios e jóias:
Fabricação de jóias	1000
Lapidação de pedras preciosas	1500
Oficinas de relógios e produtos ópticos	1500

Trabalho com madeira:
Valas de vapor	150
Serra de toras	300
Construção, montagem	300
Escolha de madeira folheada, envernizada, torneada, modelos de marcenaria	750
Trabalho em máquina	500
Acabamentos nobres	500
Controle de qualidade	1000

Fabricação de papel e artes gráficas:
Corte da madeira	200
Máquinas de papel, fabricação do papelão	300
Encadernação de livros, impressão de papéis de parede	500

Tipografia
Corte, douração, estampagem, gravação em metal, pedra ou placas, impressão à máquina, formação de matrizes	500
Impressão manual, escolha de papel	500
Retoque, litogravura, composição tipográfica manual ou à máquina	1000
Controle de cores, para impressão em várias cores	1500
Gravura em cobre ou aço	2000

Indústria do couro:
Trabalho em tonéis	200
Preparação do couro	300
Trabalhos de selaria	500
Tintura	750
Tintura do couro à máquina	500
Controle de qualidade de alta exigência	1000
Teste das cores	1000

Indústria têxtil:
Trabalho em tanques	200
Fiação	300
Tinturas	500
Fiar, fazer malha, tecer	500
Costurar, estampar	750
Acabamentos, guarnições	750
Limpeza	1000
Controle do produto, controle das cores	1000
Material sintético	1500
Estampagem à máquina	500

Indústria de alimentos e artigos especiais:
Locais de trabalho geral	200
Mistura, desempacotamento	300
Matadouros, leiterias, moinhos	500
Corte e seleção	300
Fabricação de produtos finos e cigarros	500
Controle de qualidade, decoração, seleção	500
Laboratórios	500
Controle cromático	1000

Comércio, serviços, de grande porte e individuais:
Locais de vendas, permanentemente ocupados	300
Trabalho de caixa	500

Manufaturas e ofícios (exemplos de diferentes áreas):
Pintura de peças de ferro	200
Montagem de instalações de calefação e ventilação	200
Fechaduras	300
Oficinas mecânicas	500
Carpintaria	500
Oficinas de reparos	500
Oficina de rádio e televisão	500

Serviços de atendimento
Recepção/caixa/balcão	300
Cozinha	500
Refeitório, restaurante	200
Bufê	300
Restaurante self-service	200
Sala de conferências	500
Lavanderia e lavagem química	300
Passar/prensar	300
Controle e reparos	750
Cabeleireiro	600
Cosmética	750

Trabalho com plástico
Fundição	500
Formas, manufatura	300
Estampagem	300

Locais de trabalho externos

Tipo de trabalho externo, vias e zonas de tráfego oficinas — En/lx

Circulação na área da fábrica, vias de serviços
Portões	50
Caminhos de pedestres	5
Ciclovia	$E_{min} \geq 3$
Vias de serviços com área de carga/descarga ou com forte trânsito secundário, com limite de velocidade ≤ 30 km/h	10
Vias de serviços com área de carga/descarga ou com forte trânsito secundário, com limite de velocidade	20

Estacionamentos 3

Portos
Contêineres – zona de tráfego e deposição	20
Carga e descarga de contêineres	100
Instalações de cais, pontas	5
Embarcação de carga	20
Embarcação de produtos (líquidos, a granel)	10
Setor de trabalho, Embalagens	20
Produtos a granel	5
Líquidos perigosos	5
Estacionamento de veículos privados	30
Cais passageiros	50
Docas	50
Oficinas	50

Áreas de transbordo, embarcação, trabalho em depósito, estantes
Produtos embalados	30
Produtos a granel	10

Linhas férreas
Linhas férreas, estações de carga, 1 transporte público	3
2 outro tipo de tráfego	5
Plataforma de embarque DIN 67525	
Área de baldeação	30
Travessias de nível	20

Canteiros de obra
Construção acima do nível do solo	20
Construção em subsolo	20
Construção metálica	30
Túnel	30

Instalações químicas de grande porte 10

Usinas energéticas
Zona de circulação
1 usina comum	10
2 usina atômica	20
Central de funcionamento	20

Minas
1 Iluminação de orientação	3
2 Iluminação adicional no local de trabalho	20

Estação de tratamento de águas
Caminhos	5
Tanques	–
Posto de gasolina	100

❶ Tabela dos valores básicos dos níveis nominais de iluminação em locais de trabalho

---

Tecnologia de edificações

ILUMINAÇÃO ARTIFICIAL

Olho humano e percepção
Color e reflexão
Grandezas luminotécnicas
Lâmpadas
Luminárias
Iluminação de interiores e Normas
DIN EN 12464
Aspectos do planejamento de iluminação
Luz em exteriores
Bons critérios
Controle e Simulação

DIN 5035
DIN EN 12665
DIN EN 12464

ILUMINAÇÃO ARTIFICIAL
ASPECTOS DO PLANEJAMENTO DE ILUMINAÇÃO

Aspectos do planejamento de iluminação

Todo projeto arquitetônico é igualmente um projeto de iluminação. Na percepção externa, a luz natural define o corpo da edificação, juntamente com uma iluminação de fachada adicional, se necessário, para um efeito noturno. O interior é afetado pela escolha de materiais e a colocação de luminárias, em combinação com a luz natural. Estando plenamente ciente desses fatores, os detalhes de fachada evoluíram desde os primórdios da arquitetura, para alcançar um efeito de sombra direcionado. Isso passou a pertencer, então, ao conhecimento básico do arquiteto. Somente no século XX um grupo de planejadores se estabeleceu atuando exclusivamente na questão da iluminação em edifícios. Esses designers de iluminação trabalham em estreita colaboração com os arquitetos para estabelecer um tratamento planejado da luz e das propriedades reflexivas da superfície com as possibilidades altamente complexas e técnicas de luminárias e controles de iluminação. Obviamente, os aspectos do design de iluminação estão intimamente relacionados ao desenvolvimento do projeto arquitetônico:

Tipologia de edificações

A estrutura de construção e o uso são a base para o design de iluminação. Cada arquitetura é construída para um propósito. Edifícios comerciais tem como aspectos centrais a qualidade do local de trabalho e a ergonomia da iluminação. No caso de um arranha-céu, o efeito de longa distância pode ser obtido pela decoração do corpo do edifício. Em um shopping center, a luz deve servir para aumentar a atratividade e facilitar a orientação. Na iluminação de um hotel, a atmosfera está em primeiro plano e em um Museu, o objetivo é a melhor qualidade perceptiva dos objetos expostos.

Expectativa de iluminação

Tipologia e escala são a base para o surgimento de uma expectativa de luz. Espaços altos e grandes devem ser iluminados em grande estilo. Em um hotel 5 estrelas, o hóspede pode ter a expectativa de iluminação diferente de uma pousada.

Entorno

A incorporação do edifício no espaço paisagístico, seja ele urbano de alta densidade ou alinhado a várias casas, influencia a vista, o potencial da luz natural e a harmonia no ambiente. Se uma iluminação de fachada contribui positivamente, depende principalmente do meio ambiente e da iluminação do entorno na vizinhança.

Distribuição da luz

Com as possibilidades técnicas, quase qualquer distribuição de luz é possível em ambientes. Além da iluminação uniforme, é possível criar uma claridade intencionada e ponderada das superfícies internas. A luz acrescenta outra camada sobre a arquitetura e o estruturado espaço, com sua própria hierarquia. Isso pode ser em conformidade com a arquitetura ou como definição de contraponto. Cada espaço só pode ser construído uma vez, mas iluminado dezenas de vezes diferentes.

Claridade e contraste

A claridade absoluta depende das especificações da Norma, de acordo com a atmosfera desejada. A vivacidade do espaço é criada pelo equilíbrio entre luz e sombra ou áreas mais escuras. Contrastes resultantes da escolha de cores ou da distribuição da claridade direcionam o olhar e harmonizam o espaço.

1 Formas cúbicas, bordas agudas e elementos arredondados dão o tom da arquitetura

Dinâmica

Arquitetura é algo fixo e majoritariamente imutável; o que não se aplica de modo algum à luz. Com um arranjo de diferentes luminárias e um controle de iluminação, é possível se estabelecer um elemento de dinamicidade na arquitetura. Isso começa com o uso de uma sala de jantar para o café da manhã, graças a uma luz diferente e vai até soluções baseadas em cenografia e espaços que podem assumir aparências completamente diferentes.

Cor

Durante o dia, a luz artificial deve complementar a luz natural na direção e cor. No entanto, para acompanhar mudança de cor da luz natural ao luz do dia, usa-se a luz artificial dinâmica. O da luz colorida pode, na melhor das hipóteses, afetar a percepção e na pior delas causar irritação.

Integração versus elementos de design

Luminárias não podem ser visivelmente integradas em elementos arquitetônicos e manter todo seu potencial de efeito. Em outras situações, as luminárias são a escolha certa para atuarem como dominantes ou como elemento complementar de design. Elas têm, portanto, além do seu efeito de iluminação, uma relação simbiótica com a arquitetura.

Emissão de luz

Através das aberturas de janelas para o exterior, a luz penetra o interior e complementa a emissão de luz, com uma eventual iluminação de fachada para os arredores e natureza em geral. Toda emissão de luz deve ser, portanto, em princípio, cuidadosamente desestimulada e minimizada.

Controle operacional

Sistemas de iluminação complexos requerem um sistema de controle que interliga luminárias e sensores. Deve-se verificar não apenas a compatibilidade com todos os elementos, mas também a leveza e a finalidade de uso adaptada.

Energia

Toda luminária elétrica requer energia. Embora o consumo de energia por lux por meio de lâmpadas eficientes, especialmente o LED, tenha sido reduzido, a demanda de energia é continuamente crescente, devido a sistemas mais sofisticados.
O projetista tem que considerar a economia e planejar apenas luminárias adequadas à finalidade.

Manutenção

Além da instalação e do consumo de energia, a manutenção do sistema de iluminação tem altos requisitos de acessibilidade. Luminárias, durabilidade de componentes elétricos e a impermeabilidade de soquetes são aspectos de planejamento importantes para a operação permanente

Descarte

O rápido desenvolvimento técnico de sistemas de iluminação acarreta na possibilidade de diversas substituições das luminárias durante o ciclo de vida útil do edifício. Portanto o planejamento, o descarte e o retorno dos componentes ao processo produtivo deve ser levado em consideração

2 Luz e sombra dão visibilidade à arquitetura

ILUMINAÇÃO ARTIFICIAL
LUZ NO AMBIENTE EXTERNO

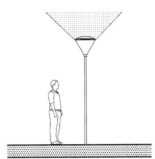

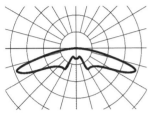
❶ Recomenda-se luminárias cobertas

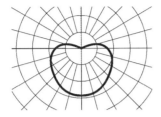
❷ Luminárias com irradiação 360 graus ou fortemente lateral não devem ser usadas

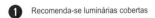
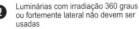

① Luminária fixa
② Luminária de haste
③ Luminária suspensa
④ Luminária embutida
⑤ Luminária montada em superfície
⑥ Balizador direcional
⑦ Balizador

❸ Tipo de instalação de luminárias exteriores

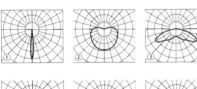

① rotacionalmente simétrico muito estreita
② rotacionalmente simétrica uniforme
③ rotacionalmente simétrica larga
④ radiação estreita a larga com dois níveis de simetria
⑤ radiação assimétrica e larga com alguma simetria
⑥ Radiação extremamente assimétrica com um nível de simetria

❹ Distribuição de luz de luminárias exteriores

Requisito	Tipo de iluminação de emergência		
	Iluminação de segurança		Iluminação de *standby*
	para locais de trabalho de alto risco	para rotas de evacuação/resgate	
Valor de manutenção da iluminância - Valor mínimo $\bar{E}_{min}$ - Valor médio $\bar{E}_m$	nenhuma definição 10% de $\bar{E}_m$	1 lx nenhuma definição	Se o trabalho deve ser executado sem interrupção, aplicam-se os valores usados em operação de redes.
Uniformidade $\bar{E}_{min}/\bar{E}_m$	1:10	1:40	
Reprodução de cor R_a	≥40	≥40	Se o trabalho deve ser concluído, é necessário o mín. de 10% dos valores usados em operação de redes.
Duração nominal	Durante toda a duração do risco	1 h	
Retardo de ativação - até 50% de $\bar{E}_m$ ou $\bar{E}_{min}$ - até 100% de $\bar{E}_m$ ou $\bar{E}_{min}$	0,5 s sem definição	5 s 60 s	Retardo de ativação (para lâmpadas de alta pressão ininterruptas) máx. de 0,5 segundos

❺ Requisitos em áreas de trabalho, de acordo com a DIN EN 1838 [13].
Luminárias com irradiações omnidirecionais ou fortemente iluminada nas laterais não devem ser usadas [13].

Uma boa iluminação exterior aprimora a segurança e a qualidade de vida. Baixas iluminâncias e altos contrastes (ofuscamento) reduzem nossa acuidade visual nos horários mais escuros. Na maioria dos casos, ilumina-se diretamente não todo o espaço visual, mas apenas os planos horizontais. Sombras fortes e iluminação irregular pioram a percepção visual. A iluminação exterior pode melhorar o desempenho de nossa visão apenas em pequena medida, em comparação com a iluminação natural vertical. A iluminação exterior cria, em muitos casos, um nível de adaptação no qual apenas uma visão dimerizada é possível (o reconhecimento de cores é limitado).

Em princípio, a iluminação exterior cumpre três tarefas: o **desempenho visual** de acordo com a tarefa visual, a segurança e proteção das pessoas, além de promover a proteção material, o **conforto visual** e a transmissão da sensação de bem-estar.

As áreas mais importantes de aplicação para iluminação exterior são vias públicas, locais de trabalho ao ar livre e instalações esportivas. Na Europa, aplicam-se requisitos para iluminação. A iluminação de rua e locais públicos consta da Norma DIN EN 13201. O cálculo da luz da iluminação exterior para locais de trabalho baseia-se na Norma DIN EN 12464 Parte 2 (Iluminação de locais de trabalho ao ar livre). Para instalações esportivas, recomenda-se os requisitos de iluminação da Norma DIN EN 12193. A boa escolha de holofotes e iluminação eleva a qualidade dos espaços exteriores, realça e aumenta o nível de atividade civil. Eles também aumentam a segurança de objetos de valor. O uso de fontes de luz modernas e de sistemas de controle adaptados reduzem os custos de energia e de manutenção. A iluminação exterior deve evitar ter um efeito perturbador em humanos e animais. Muitas pessoas reclamam do clareamento do céu por meio de iluminação artificial. Uma **emissão de luz direta no céu noturno** deve ser evitada, a fim de reduzir o distúrbio fisiológico para humanos e animais → ❶ – ❷.

Na iluminação de vias públicas e praças, as luminárias devem irradiar apenas para baixo. O desligamento ou a redução da intensidade à noite geralmente útil.

Fachadas de edifícios e objetos devem ser iluminados o mais precisamente possível. Em vez de iluminação plana, sugere-se uma iluminação de realce. Quanto mais escuro o ambiente, menos luz é necessária para se realçar os elementos.

Placas de neon e áreas publicitárias iluminadas devem ter sua luminância ajustada ao ambiente. Em muitas cidades, há especificações que regulamentam o funcionamento de placares luminosos e iluminados. Cidades e localidades podem elaborar suas especificações de iluminação (**Plano diretor de iluminação**), para regular a iluminação de exteriores. Com isso, locais e objetos importantes podem ser protegidos pela sublimação de luz na proporção certa.

Emissões de luz enquadram-se na categoria de efeitos nocivos ao meio ambiente, se, de acordo com a Lei Federal de Controle de Emissões (BlmSchG), causarem incômodo e comprometimentos significativos, devido ao tipo, extensão e duração, ao público geral ou ao entorno. Nos regulamentos da BlmSchG, dependendo do tipo de área, são determinados os valores limite de emissão para espaços sujeitos à proteção. Esses incluem áreas de convivência, quartos de dormir, salas de aula, escritórios e espaços de trabalho. Desse modo, são avaliados os níveis de claridade do espaço em áreas de convivência no local de emissão e avalia. O controle de emissão também é determinado pelos municípios para áreas públicas (ruas, praças).

Tecnologia de edificações

ILUMINAÇÃO ARTIFICIAL

Olho e percepção
Color e reflexão
Grandezas luminotécnicas
Luminárias
Iluminação de interiores e Normas
DINE EN 12464
Aspectos do planejamento de iluminação
Luz no ambiente externo
Bons critérios
Controle, ...
Simulação

DIN 5035
DIN EN 12665
DIN EN 12464

ILUMINAÇÃO ARTIFICIAL
BONS CRITÉRIOS

Bons critérios quantitativos de iluminação
A **distribuição de luminância** no ambiente do espectador regula o estado de adaptação da visão. É determinado pelos graus de reflectância da superfície e da iluminância. Uma luminância equilibrada aumenta a acuidade visual, a sensibilidade ao contraste e o desempenho da visão.

Os **graus de reflectância** das áreas de superfície devem seguir os limites:
Tetos 0,7 a 0,9
Paredes 0,5 a 0,8
Piso 0,2 a 0,4
Objetos maiores (p. ex. móveis) 0,2 a 0,7

As **iluminâncias intermediárias** nas principais áreas de superfície devem exceder 50 lx nas paredes e 30 lx no teto (correspondência ideal a 75 lx e 50 lx). O valor de manutenção da iluminância na área de tarefa visual é definido de acordo com sua função e deve seguir a Norma DIN EN 12464-1. Se o intervalo de tarefa visual não é conhecida, toda a área deve ser considerada. Para alcançar uma luminância equilibrada, a iluminância da área de entorno imediata e da área de fundo na área de tarefa visual deve ser ajustada. Uma luminância muito elevada pode causar **ofuscamento**. Há dois tipos de ofuscamento: o psicológico (causa uma sensação desagradável) e o fisiológico, que prejudica fortemente a visão. Uma medida de ofuscamento psicológico causado pela iluminação é expressa em **Valor UGR** (Unified Glare Rating, Índice de Ofuscamento Unificado). O valor UGR é determinado de acordo com a tarefa visual definida na Norma DIN EN 12464-1. Para limitar o ofuscamento das luminárias, essas são blindadas (p. ex. luzes de grade). O ofuscamento fisiológico deve ser evitado em interiores. A iluminação deve evidenciar a forma e a estrutura do ambiente. Nesse ponto, a **direção da luz** desempenha um papel fundamental. Deve haver um equilíbrio entre luz difusa e direcionada. A iluminação excessivamente difusa impede a formação de sombras e a percepção de profundidade do espaço. Uma luz muito fortemente direcionada, por outro lado, gera sombras duras que podem ter um efeito ofuscante. A atmosfera do ambiente é essencialmente determinada pela **cor da luz**.

Uma cor de luz da luz branca é expressa pela temperatura da cor (T_{Cp}) em graus Kelvin (K). A cor de luz da luz natural muda durante o dia. A luz artificial pode ter uma cor sólida ou ser regulável. As lâmpadas são diferenciadas por grupos de cores de luz:

Cor de luz	Temperatura de cor mais próxima T_{CP}
branco quente	abaixo de 3300 K
branco neutro	de 3300 K a 5300 K
luz natural branca	mais de 5300 K

A escolha de uma cor de luz depende de vários aspectos psicológicos e estéticos. O **espectro de luz** de uma fonte de luz se desvia do espectro de luz natural do sol. A capacidade de reprodução correta das cores naturais de superfície dependem do fator de **reprodução de cor** da fonte de luz.

Efeitos cintilantes e estroboscópicos podem ser usados em determinadas fontes de luz e técnicas de dimerização. Esses efeitos devem ser evitados, pois geram fadiga, dores de cabeça e podem ser perigosos em ambientes com trabalho em máquinas. Deve-se observar o uso de uma boa iluminação sob os bons critérios quantitativos e sobretudo critérios arquitetônicos.

Cálculo luminotécnico → ❺ + ❻ Iluminâncias (horizontal E_h e vertical E_v) geradas por luminárias individuais podem ser, sob a lei de distância fotométrica, determinada pela geometria espacial (altura H, distância D e ângulo de incidência luminosa A).

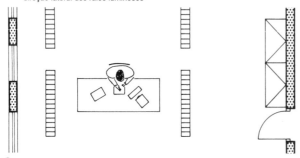
❶ Disposição correta das luminárias em relação ao plano de trabalho; direção lateral dos raios luminosos

❷ Superfícies do plano de trabalho, monitor, teclado, papéis, não devem ser brilhantes

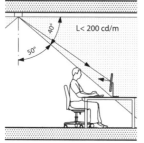
❸ Luminárias que podem produzir reflexos, devem apresentar baixas luminâncias em áreas críticas

❹ Luminância para iluminação indireta

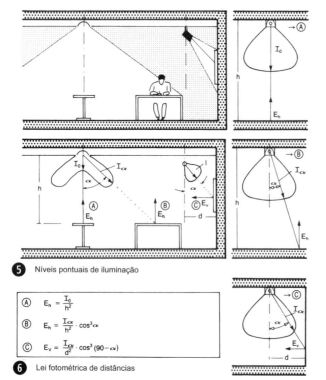
❺ Níveis pontuais de iluminação

Ⓐ $E_h = \dfrac{I_0}{h^2}$

Ⓑ $E_h = \dfrac{I_\alpha}{h^2} \cdot \cos^3 \alpha$

Ⓒ $E_v = \dfrac{I_\alpha}{d^2} \cdot \cos^3 (90-\alpha)$

❻ Lei fotométrica de distâncias

ILUMINAÇÃO ARTIFICIAL
CONTROLE

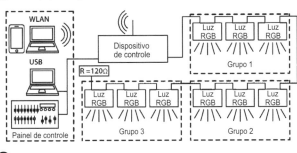

❶ DALI (Representação do sistema TRILUX GmbH & Co KG)

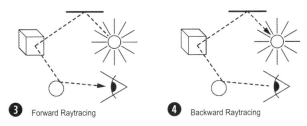

❷ DMX (Representação do sistema TRILUX GmbH & Co KG)

❸ Forward Raytracing   ❹ Backward Raytracing

Raytracing
No Forward Raytracing → ❸, o raio de luz sai da lâmpada e seu reflexo é calculado nas áreas de superfície. O método é particularmente adequado para o desenvolvimento de lentes ou refletores. Para a visualização arquitetônica a partir de um ponto de vista, o processo é muito trabalhoso, pois nem todos os raios de luz são relevantes. Por isso, como alternativa é usado o Backward Raytracing → ❹. No processo, os raios vistos a partir da posição ocular do espectador são enviado para o plano de imagem e refletidos por um longo tempo até que atinjam uma luminária. Este sistema é usado em programas de renderização de iluminação geral de luminárias como raytracing híbrido.

HDR
A tela comporta apenas uma diferença limitada de brilho em um único pixel, representada em 256 níveis. Este não é tão grande quanto o alcance dinâmico da realidade. Em 1985, Greg Ward Larson desenvolveu o *software* Radiance, que armazena uma dinâmica mais profunda no conjunto de dados e fornece significativamente mais informações do que apenas a imagem renderizada. Isso possibilita ao *software* calcular e representar o interior de áreas mais claras ou escuras, em comparação ao cálculo limitado de 256 níveis de brilho.

Controle
Com a introdução do LED na tecnologia de iluminação, as luminárias tornaram-se mais complexas. Muitos dispositivos de LED individuais permitem com um chip a mudança de cor ou, com um chip RGB, a mistura aditiva de cores. A possibilidade cenográfica requer controle, as cenas estáticas individuais ou progressões dinâmicas pode ser implementadas. A comunicação entre as luminárias ocorre por meio de protocolos padronizados que integram as várias luminárias no sistema geral. Sistemas de controle inteligente de edifícios oferecem controles de iluminação e respectivos protocolos.

1-10 V
Com linhas de controle de dois fios é possível transmitir uma tensão entre 1 e 10 V. Este sinal analógico controla um dispositivo interruptor ou um dimmer. Em cabos de longo comprimento, pode levar a uma queda de tensão e, portanto, a diferentes condições operacionais das luminárias. Este protocolo de sinal pode não atender a requisitos complexos.

DALI
DALI (Digital Addressable Lighting Interface) é o protocolo atual de iluminação arquitetônica, baseado em um sinal digital cuja padronização é estabelecida pela Norma DIN EN 62386-101. Uma linha de controle pode fornecer até 64 endereços, divididos em, no máximo, 16 grupos. Dentre os componentes DALI, além das luminárias, estão disponíveis também elementos operacionais, como botões, interruptores ou controles, bem como sensores de movimento e de claridade.

DMX 512-A
DMX (Digital Multiplex) é um sinal de controle desenvolvido para uso na tecnologia de eventos. Neste sistema, faróis individuais possuem uma grande quantidade de endereços (canais) e podem atender a requisitos altamente elevados por meio da programação de movimento. Podem ser atribuídos até 512 canais no DMX-A com uma profundidade de dados de até 16 bits (65.536 níveis). Isso permite movimentos suaves dos faróis motorizados. Devido às possibilidades estendidas do DMX em comparação ao DALI, o sistema é usado em projetos arquitetônicos complexos e, em particular, em exposições ou palcos.

SIMULAÇÃO

Simulação
Para cada vista arquitetônica, as luzes devem ser definidas. A imagem renderizada mostra a curva de luz nas texturas do modelo 3D. É assim que as simulações de arquitetura e iluminação funcionam de acordo com o mesmos princípios.
Mesmo programas simples de cálculo de iluminação são necessários para os resultados de definição de áreas de superfície espacial em reflexão e nível de brilho. Assim, é possível medir a curva de distribuição de luz da luminária a ser transferida para a distribuição no ambiente.
Os métodos de cálculo diferem, em princípio, na radiosidade e nos métodos de *raytracing*.

Radiosidade (rastreamento de raios)
A radiosidade é usada para calcular a iluminância em todas as áreas de superfície. O fluxo luminoso emitido pelas luminárias é refletido em várias direções sobre as superfícies da sala para calcular a distribuição geral. Assim, os requisitos normativos podem ser comprovados e as distribuições de luz de cada superfície ponto a ponto na iluminância, bem como falsos gradientes de cor podem ser mostrados. Por meio das propriedades de reflectância dadas é possível representar a iluminância também em luminâncias.

Tecnologia de edificações

ILUMINAÇÃO ARTIFICIAL

Olho humano e percepção
Cores e reflexão
Grandezas luminotécnicas
Lâmpadas
Luminárias
Iluminação de interiores e normas
DIN EN 12464
Aspectos do planejamento de iluminação
Iluminação de exteriores
Bons critérios
**Controle,
Simulação**

DIN 5035
DIN EN 12665
DIN EN 12464

189

PROTEÇÃO CONTRA INCÊNDIOS
FUNDAMENTOS

Toda construção deverá ser feita tendo em vista o nível de combustão de seus materiais, o tempo de resistência ao fogo das partes construtivas (classes de resistência), a capacidade de fechamento hermético das aberturas, assim como a organização das rotas de fuga, que permitam evitar o **surgimento de incêndios**, assim como **propagação do fogo e da fumaça**, tornando possível o **salvamento de pessoas e animais**, assim como o efetivo o **trabalho de extinção**.

Basicamente, há três categorias de medidas preventivas contra incêndios → ❶:
As **medidas construtivas** referem-se à concepção do projeto (rotas de fuga, número e disposição das escadas, assim como o tamanho dos setores de controle e interrupção de incêndios). Elas incluem também todas as soluções construtivas da edificação e suas partes construtivas (p. ex. seções transversais mínimas, revestimentos, películas, disposição das passagens verticais para encanamentos, introdução de portas corta-fogo e vidros de segurança contra incêndios etc.) Sob aspectos **técnicos de preservação contra incêndios** têm-se todas as medidas técnicas utilizadas no combate ao fogo (alarmes para fogo e fumaça, sprinklers, instalações para eliminação de calor e fumaça). As **medidas de organização** englobam a inclusão de órgãos e técnicos especializados, assim como a elaboração de normas e planos.

As exigências construtivas gerais baseiam-se nas diretrizes estipuladas através do Código de obras (na Alemanha, **MBO**):
Para edifícios da **classe 1 – 5** (regulamentação quanto a uso, metragem e altura) são colocadas, junto a exigências técnicas construtivas em relação aos recuos → p. 75 e diretrizes para paredes estruturais, pilares, paredes externas, divisórias, pavimentos e coberturas, telhados, (§§ 27–32) → p. 193 a 195, bem como a execução das rotas de emergência (§ 33–36).
Edifícios especiais, segundo o Código de obras (MBO), são sujeitos a exigências extraordinárias, estipuladas em decretos e determinações ampliadas → ❷.

No projeto de edifícios dessa categoria é imprescindível, desde o início, o trabalho conjunto com especialistas para a elaboração de uma concepção integrada de prevenção e ação em caso de incêndio.

Rotas de fuga
Unidades de uso, com pelo menos um espaço de permanência, necessitam de, no mínimo, **2 saídas de emergência independentes, para o exterior**, por andar.
Para unidade de uso que não se localiza no térreo, há a necessidade de **escada obrigatória em espaço (caixa da escada) próprio** para a primeira rota de fuga; a segunda saída de emergência deverá ocorrer por outra escada ou setor da unidade com fácil acesso dos equipamentos do corpo de bombeiros → ❸. Em cada ponto de um espaço de permanência, deve-se ter pelo menos uma saída para uma escada obrigatória (de emergência) ou para o exterior, com um distanciamento de, no máximo, 35 m → ❹.
Uma segunda rota de fuga não é exigida quando a saída de emergência for por uma **escada de segurança** → ❺, onde não há possibilidade de acesso de fogo e fumaça (com balcões ou comportas corta-fogo).
O material construtivo das escadas de emergência, assim como posicionamento, construção, revestimento e aberturas da caixa da escada, acompanham diretrizes especiais. Para **corredores de fuga**, que conduzem as rotas de fuga das unidades de uso e espaços de permanência até as escadas e saídas de emergência para o exterior, vigoram também leis especiais de prevenção contra incêndios.

❶ Medidas de prevenção contra incêndios (diferentes das medidas de combate de incêndio do corpo de bombeiros)

Denominação	Conteúdo
DIN 4102	Comportamento combustível de materiais e partes construtivas
DIN EN 13501	Classificação de produtos e tipos de construção segundo seu comportamento combustível
MBO	Código de obras, com exigências gerais de prevenção contra incêndios
MIndBauR	Diretrizes para medidas construtivas em edifícios industriais
MVStättV	Regulamentação para áreas de reunião de pessoas
MSchulBauR	Diretrizes para construções escolares
MHHR	Diretrizes para construções de arranha-céus
ArbStättV/ ASR	Regulamentação e diretrizes para áreas de trabalho
BGV	Diretrizes da associação profissional do comércio/serviços
VdS/ CEA	Regulamentos e cadernos de informação das seguradoras

❷ Regras técnicas para prevenção contra incêndios na Alemanha (seleção)

❸ Primeira e segunda rota de fuga para pavimento não localizado no térreo (esquema) (MBO)

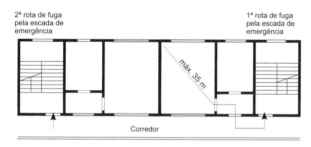

❹ Primeira e segunda rota de fuga, por duas escadas de emergência, com corredor de ligação (esquema) (MBO)

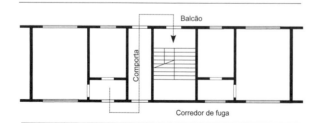

❺ Saída de emergência com rota de fuga pela escada de emergência (esquema) (MBO §§ 33) → Arranha-céus, p. 507

PROTEÇÃO CONTRA INCÊNDIOS
CLASSIFICAÇÃO

O Código de Obras alemão diferencia os elementos construtivos de acordo com os requisitos de capacidade de resistência ao fogo, capacidade alta ou normal retardante de fogo, fabricados a partir de componentes total ou parcialmente combustíveis, bem como componentes especiais (com requisitos especiais de técnica de proteção contra incêndio). Os **materiais** componentes diferenciam-se de acordo com sua classificação de reação ao fogo em não combustível, altamente, normal ou pouco combustível.

Para a classificação, o Código de Obras alemão diferencia entre produtos **regulamentados** e **não regulamentados**, bem como produtos especiais: produtos regulados correspondem basicamente à **lista de regulamentação de obras** do Deutschen Instituts für Bautechnik (DiBt) com as determinações técnicas construtivas e são verificadas ou respectivamente identificadas (marcação Ü, marcação CE) de acordo com a comprovação de conformidade ou desvio das regulamentações técnicas.

A utilização de produtos não regulados deve ser comprovada no âmbito de um certificado de inspeção geral de construção civil (AbP), uma aprovação geral de construção (AbZ) ou uma comprovação de conformidade em casos individuais (ZiE).

A **classificação** dos produtos de acordo com sua resistência ao fogo segue os princípios básicos do sistema de classificação europeu, de acordo com a **DIN EN 13501**, ou como complementação alternativa, de acordo com a classificação alemã até então válida, de acordo com a **DIN 4102** → ❶ (a DIN EN 13501 contém uma variedade de classes e combinações de requisitos adicionais para efeitos colaterais de incêndio, como evolução de fumaça e gotículas flamejantes).

A **atribuição das classes aos requisitos do Código de Obras alemão** está igualmente determinada na lista de regulamentação de construção. A Tabela → ❷ apresenta trechos das classes, de acordo com a norma DIN 13501 (ou DIN 4102), como requisitos mínimos de garantia de proteção dos padrões de segurança em vigor na Alemanha.

Requisitos de supervisão predial, de acordo com o MBO	Requisitos adicionais		DIN EN 13501-1	DIN 4102-1
	sem fumaça	sem gotejamento/queda flamejante		
não combustível	x	x	A1	A1
mínimo	x	x	A2 s1 dO	A2
altamente combustível	x	x	B,C-s1 d0	B1
		x	A2 -s1 d0 A2,B,C-s3 d0	
	x		A2,B,C-s1 d1 A2,B,C-s1d2	
mínimo	x	x	A2,B,C-s3 d2	
combustível		x	D-s1 d0 D-s2 d0 D-s3 d0 E	B2
			D-s1 d2 D-s2 d2 D-s3 d2	
mínimo			E-d2	
levemente combustível			F	B3

❶ Classificação da comportamento ao fogo de **materiais de construção** de acordo com o Código de Obras alemão (MBO), DIN EN 13501-1: 2010-01 e DIN 4102-1: 1998-5 [09]

Designação oficial	Componentes construtivos portantes		Paredes internas não portantes	Paredes externas não portantes	Tetos falsos independentes
	Sem barreira de espaço	Com barreira de espaço			
retardante	R 30	REI 30	EI 30	E 30 (i → o) EI 30 (i ← o)	EI 30 (a ↔ b)
	F 30	F 30	F 30	W 30	F 30 ambas as direções
altamente retardante	R 60	REI 60	EI 60	E 60 (i → o) EI 60 (i ← o)	EI 60 (a ↔ b)
	F 60	F 60	F 60	W 60	F 60 ambas as direções
corta-fogo	R 90	REI 90	EI 90	E 90 (i → o) EI 90 (i ← o)	EI 90 (a ↔ b)
	F90	F 90	F 90	W 90	F 60 ambas as direções
Duração de resistência 120 min.	R 120	REI 120	-	-	-
	F 120	F 120	-	-	-
Parede corta-fogo	-	REI-M 90	EI-M 90	-	-
	-	F 90 A	F 90 A	-	-

❷ Classes de resistência ao fogo de componentes de construção, de acordo com a norma DIN EN 13501-1/ 2 e sua atribuição às denominações oficiais de acordo com a Lista de Regulamentação da Construção A (trecho) (itálico: Classificação de acordo com a norma DIN 4102) [08]

Derivação da abreviação	Critério	Área de aplicação
R (Resistência)	Capacidade de resistência	para descrição da resistência a chamas
E (Estanqueidade)	Barreira de espaço	
I (Isolamento)	Isolamento térmico (sob a influência do fogo)	
W (Radiação)	Limitação da penetração de radiação	
M (Mecânico)	Ação mecânica nas paredes (carga de choque)	
S (Fumaça)	Limitação da passagem de fumaça (estanqueidade, taxa de vazamento)	Portas de proteção contra fumaça, Barreiras corta-fogo, sistemas de ventilação
C (Fechamento)	Propriedade de fechamento automático (se necessário com o número de ciclos de carregamento)	Portas com proteção contra fumaça, barreiras corta-fogo (incluindo barreiras para sistemas de esteira)
P	Manutenção do fornecimento de energia e/ou de transmissão de sinal	Sistemas de cabeamento elétrico geral
I_1, I_2	Diferentes critérios de isolamento térmico	Barreiras corta-fogo (incluindo barreiras para sistemas de esteira)
f (total)	Estresse em piso duplo curva de temperatura total (fogo total)	Piso duplo
...200, 300,...(C°)	Indicação de estresse de temperatura	Portas de proteção contra a fumaça
u → o i → o i ↔ o (dentro - fora)	Direção da duração de resistência classificada	Paredes externas não portantes, baias/canaletas de instalação, abas/escotilhas de ventilação
a → b a ← b a ↔ b (para cima - para baixo)	Direção da duração de resistência classificada	Tetos
v_e, h_o (vertical, horizontal)	para instalação vertical/ horizontal	Dutos/escotilhas de ventilação
Informações adicionais sobre a classificação de comportamento ao fogo de materiais de construção, de acordo com a DIN EN 13501-1		
s (fumaça)	Evolução da fumaça	Requisito de evolução da fumaça
d (gotículas)	Gotejamento/queda flamejante	Requisitos para gotejamento/ queda flamejante
...fl	Classe de comportamento ao fogo	para revestimentos de piso

❸ Critérios de classificação e informações adicionais para a classificação de resistência ao fogo, de acordo com a DIN EN 13501-2 - 4 e com a Lista de regulamentação da construção civil A [08]

Tecnologia de edificações

PROTEÇÃO CONTRA INCÊNDIOS

Fundamentos
Classificação
Paredes
corta-fogo
Partes construtivas
Vidros à prova
de fogo
Portas corta-fogo
Instalações
hidráulicas contra
incêndios
Eliminação de
fumaça e calor
Sprinklers
Outros sistemas
para extinção
de incêndio
MBO
DIN 4102
DIN EN 13501

PROTEÇÃO CONTRA INCÊNDIOS
PAREDES CORTA-FOGO

As **paredes corta-fogo** devem ser executadas, segundo MBO (Código de obras, Alemanha), nos seguintes casos: para **fechamento** de edificações, quando a parede estiver a menos de 2,5 m do limite do terreno, entre edificações alinhadas em um mesmo terreno, assim como para a **subdivisão** de grandes edificações em setores de controle contra incêndios, com não mais do que **40 m**.

Paredes corta-fogo devem ser resistentes ao fogo (no que diz respeito à classe de materiais de sua composição, de substâncias não combustíveis (**REI-M 90/F90A**). Elas devem, via de regra, ser executadas de forma contínua, das fundações até **30 cm acima da cobertura** (no mín. 50 cm para coberturas leves, p. ex. em edifícios industriais) ou com limite de laje de concreto → ❻.
Para edifícios baixos, devem ser construídas até o limite de recobrimento do telhado.

Tubulações através de paredes corta-fogo necessitam de classe de resistência de 90 minutos contra o fogo.

Em geral, **aberturas** nesse tipo de parede **não são permitidas**. No interior dos edifícios, podem ser construídas, entretanto, com fechamentos herméticos.

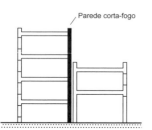

❶ Parede corta-fogo contínua, em um plano

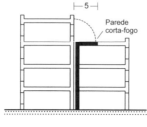

❷ Deslocamento de parede corta-fogo

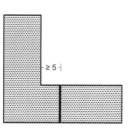

❸ A parede corta-fogo deve ultrapassar a altura da cobertura do edifício mais alto

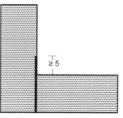

❹ Para parede corta-fogo em edifício mais baixo, a laje de cobertura deve ser executada com alta resistência ao fogo (mesma qualidade da parede corta-fogo)

Parede corta-fogo com distância ≥ 5 m do canto interno

Parede corta-fogo diretamente no canto interno, prolongada ≥ 5 m em uma lateral (Variante 1)

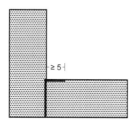
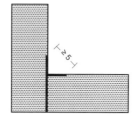

Parede corta-fogo em canto interno, prolongada ≥ 5 m em uma lateral (Variante 2)

Parede corta-fogo prolongada em ambas as laterais

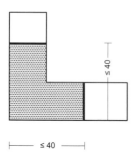

Parede corta-fogo executada a ≤ 40 m do canto externo

Parede corta-fogo, para ângulo de junção acima de 120°, deve permanecer no limite da construção

❺ Execução de paredes corta-fogo em edifícios em esquina

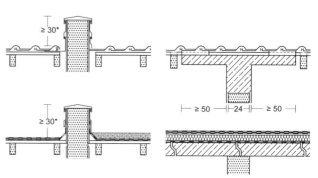

Parede corta-fogo no mín. 30 cm acima da cobertura (em edifícios industriais no mín. 50 cm*)

Junção com laje resistente ao fogo

❻ Junções da parede corta-fogo na cobertura

Tipo de tijolo	Classe de densidade	Fator de desgaste	Espessura permitida	Espessura mín. de parede necessária (em mm)	
				Parede corta-fogo simples	Paredes corta-fogo dupla
DIN V 105-1	≥1,4	1,0	DIN 1053-1	240 (175)	2 x 175 (2 x 150)
	≥ 1,2			300 (175)	2 x 200 (2 x 150)
DIN V 105-2	≥ 0,9			365 (175)	2 x 240 (2 x 150)
Perfuração B	≥ 0,8			300 (240)	2 x 240 (2 x 175)
Tijolo perfurado vertical leve (HLzW)	≥ 0,8				(2 x 175)
DIN V 105-6	≥ 0,9	0,6	Conforme permitido pela inspeção	240 (175)	(2 x 175)
		1,0		(240)	(2 x 175)

*Os valores entre parênteses aplicam-se à alvenaria gessada em ambos os lados. No caso de paredes de folha dupla, o gesso só é necessário apenas externamente [10].

❼ Espessuras mínimas de materiais construtivos para paredes corta-fogo simples ou duplas de alvenaria (seleção segundo DIN 4102-4/A1/ 2004-11, Tabela 45)

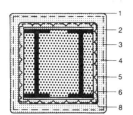

1 Argamassa de cal e cimento.
2 ≥ 5 mm cal lisa ou reboco de cal e cimento, argamassa do grupo Io. II segundo DIN 18550.
3 Tela metálica.
4 ≥ 35 mm, reboco de cimento com vermiculita.
5 Arame de ligação.
6 Chapa de metal corrugado.
7 Barras e tubos cilíndricos metálicos, ≥ 5 mm, para manter o distanciamento.
8 Núcleo, em altura de pelo menos 1,5 m acima do piso, concretado ou preenchido com alvenaria.

❶ Pilar de aço com recobrimento (reboco) (F90)

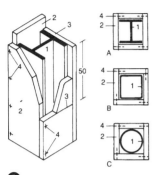

1 Viga de aço
2 Painel de proteção contra fogo (p. ex. PROMATEC®)
3 Junta defasada dos painéis
4 Parafusos de fixação
h Altura do perfil
b Largura do perfil
D Espessura do painel de revestimento

❷ Pilar de aço com painéis de proteção contra incêndio (F 30 A – F 180 A)

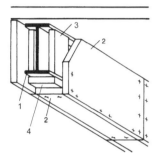

1 Viga de aço
2 Painel de proteção contra fogo (p. ex. PROMATEC®)
3 Elementos de fixação
4 Elemento de base
h Altura do perfil
b Largura do perfil

❸ Viga de aço com revestimento de proteção contra incêndio F30-A – F180-A

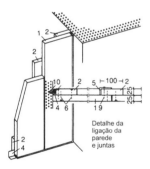
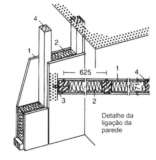
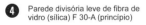
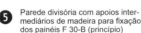

❹ Parede divisória leve de fibra de vidro (sílica) F 30-A (princípio)

❺ Parede divisória com apoios intermediários de madeira para fixação dos painéis F 30-B (princípio)

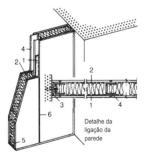
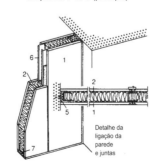
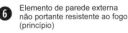

❻ Elemento de parede externa não portante resistente ao fogo (princípio)

❼ Parede divisória de fibra de vidro resistente ao fogo (princípio)

PROTEÇÃO CONTRA INCÊNDIOS
PARTES CONSTRUTIVAS

Paredes, pilares

O Código de Obras da Alemanha (MBO) estabelece as exigências para paredes e pilares, que se baseiam nos seguintes aspectos básicos:

Paredes estruturais ou de **contraventamento** e **pilares** necessitam, para edifícios da **categoria 5** (com altura acima de 22 m), ser resistentes ao fogo; para edifícios da **categoria 4** (com altura de até 13 m), devem funcionar como barreira à propagação. Essas regras não são válidas para os andares de cobertura.
No **setor de subsolo** devem ser **resistentes ao fogo** (em edifícios da pouca altura devem funcionar como **barreira**).

Paredes não estruturais e partes construtivas não portantes de paredes externas devem ser executadas em materiais não combustíveis (pelo menos como barreiras contra a propagação do fogo).
Revestimentos de paredes externas, incluindo isolamento e construção básica, devem ser executados em material dificilmente inflamável. Para edifícios de pouca altura, são permitidos materiais de combustão normal, desde que a propagação do fogo para partes construtivas limitantes possa ser evitada de forma eficiente.

Tempo de resistência ao fogo em min. DIN 4102/ DIN EN 13501-2	30	60	90	120	180
Componentes	F 30/ R 30	F 60/ R 60	F 90/ R 90	F 120/ R 120	F 160/ R 160
Parede externa não portante	W 30/ E 30 [1]/ EI 30 [2]	W 60/ E 60 [1]/ EI 60 [2]	W 90/ E 90 [1]/ EI 90 [2]	W 120/ E 120 [1]/ EI 120 [2]	W 180/ E 180 [1]/ EI 180 [2]
Barreira de proteção contra incêndio	F 30/ EI 30	F 60/ EI 60	F 90/ EI 90	F 120/ EI 120	F 180/ EI 180
Vidros F	F 30/ EI 30	F 60/ EI 60	F 90/ EI 90	F 120/ EI 120	F 180/ EI 180
Vidros G	G 30/ E 30	G 60/ E 60	G 90/ E 90	G 120/ E 120	G 180/ E 180

[1] de dentro para fora
[2] de fora para dentro

❽ Comportamento combustível de materiais construtivos (seleção) 2010-02

Paredes divisórias

A capacidade de resistência ao fogo de paredes divisórias entre unidades de uso (ou entre unidades de uso e outros recintos) deve acompanhar os padrões de qualidade dos elementos estruturais do pavimento em questão. Elas devem ter a mesma altura do andar, entre pisos, sem acabamento (na cobertura, até o recobrimento). As aberturas devem ter tamanho e número necessários ao uso, apresentando fechamentos de material não inflamável e herméticos (fechamento automático).

Construção

A Tab. → **❽** apresenta uma classificação de materiais construtivos para execução de paredes maciças estruturais ou não. Pilares e vigas de aço recebem hoje, normalmente, uma caixa de **revestimento** contra fogo; sua espessura depende das dimensões do perfil metálico e da classe de resistência ao fogo exigida → **❶** – **❸**. Além disso, existem **revestimentos de espuma** (até F90) e construções mistas, através de **concretagem** (com armação adicional, F60).
Paredes não portantes divisórias são executadas como construção padronizada, em diferentes qualidades → **❹** – **❻**.

Tecnologia de edificações

PROTEÇÃO CONTRA INCÊNDIOS

Fundamentos
Classificação
Paredes corta-fogo
Partes construtivas
Vidros à prova de fogo
Portas corta-fogo
Instalações hidráulicas contra incêndios
Eliminação de fumaça e calor
Sprinklers
Outros sistemas para extinção de incêndio
MBO
DIN 4102
DIN EN 13501

PROTEÇÃO CONTRA INCÊNDIOS
PARTES CONSTRUTIVAS

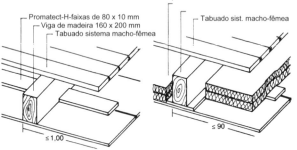

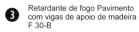
① Resistente ao fogo Laje de pavimento de concreto armado F 90 – A

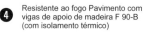
② Resistente ao fogo Laje de pavimento de concreto armado F 90 – A, com camada niveladora/piso flutuante

③ Retardante de fogo Pavimento com vigas de apoio de madeira F 30-B

④ Resistente ao fogo Pavimento com vigas de apoio de madeira F 90-B (com isolamento térmico)

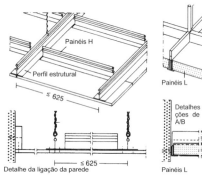

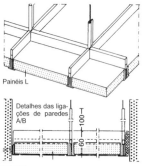

⑤ Resistente ao fogo Forro rígido de fibra de vidro (sílica), com placas individuais apoiadas em estrutura metálica F 90-A (esquema)

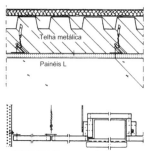

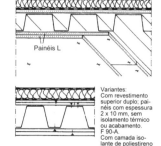

⑥ Retardante de fogo Cobertura de telha metálica trapezoidal (forro de fibra de vidro/ sílica) F 30-AB

⑦ Cobertura de telha metálica trapezoidal F 90-A F 90-AB

Lajes de pavimentos

O Código de Obras da Alemanha (**MBO**) fornece as exigências quanto a lajes de pavimentos, de subsolo e eventuais aberturas, baseadas nas seguintes características básicas:

Lajes de pavimentos para edifícios da classe 5 (MBO) devem ser **resistentes ao fogo**; em edifícios de Classe 4 (MBO), bem como em edifícios de Classe 1 e 2 (MBO), **retardantes de fogo**. Isso não se aplica aos pisos superiores de áreas de sótão sem varandas acima (exceto corredores abertos, que servem como corredores de emergência).

Em **áreas de porão** de edifícios de Classe 3 a 5 (MBO), elas devem ser **resistentes ao fogo**; em edifícios de Classe 1 e 2 (MBO), **retardantes de fogo**.

Aberturas no teto, quando adequadas para o tempo de resistência ao fogo prescrito são permitidas. Se aberturas forem necessárias, devem ser executadas com **barreiras corta-fogo** em um projeto de teto com tempo de resistência ao fogo correspondente.

Exceções se aplicam a edifícios de Classe 1 e 2 (MBO), tetos de sótãos, varandas e tetos no interior de apartamentos.

Do ponto de vista técnico para prevenção de incêndios, faz-se a diferenciação entre os diferentes tipos de lajes:

Lajes maciças (p. ex. de concreto armado → ①, lajes tipo prel) oferecem resistência ao fogo, sob determinadas condições, **sem outras medidas de proteção**.

Vigas de madeira, de aço ou estruturas metálicas trapezoidais necessitam ser protegidas contra fogo na **parte inferior** (forro → ⑤) e superior (piso, massa de assentamento).

A instalação de tetos autossustentadores com sua própria classe de resistência ao fogo (p. ex. para proteger instalações em aberturas do teto) também é amplamente utilizada.

O nível de proteção contra incêndio é, em geral, comprovado por certificado → p. 191. No caso, toma-se para teste a **construção como um todo**.

Coberturas/telhados

Também regulamentadas segundo **MBO**, cujas exigências são:
O recobrimento do telhado deve constituir, em geral, uma **"cobertura rígida"**, resistente à **entrada do fogo e radiação de calor**.

Beirais, platibandas, elementos sobre a cobertura, elementos de iluminação zenital, coberturas transparentes etc. devem conservar **medidas mínimas** de distanciamento até paredes corta-fogo.

Para telhados encadeados (p. ex. em **casas geminadas**), há exigências especiais. Para **anexos** em paredes externas, com aberturas ou sem classificação de resistência ao fogo, deve-se ter, suporte na parte construtiva, a uma distância de segurança de 5 m, a mesma classe de resistência da laje do edifício principal.

Pode-se ter exceções, nesse sentido, para edifícios de até 2 andares.

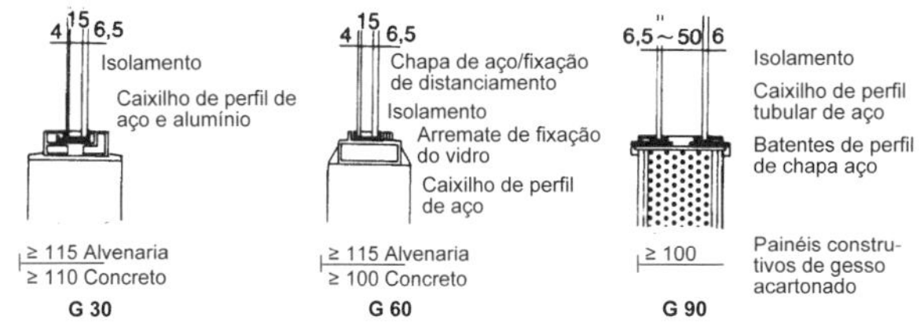

PROTEÇÃO CONTRA INCÊNDIOS
VIDROS À PROVA DE FOGO

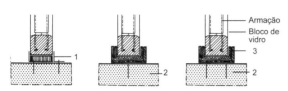

① Vidros da classe de resistência G

1 Perfil de aço 50 cm x 55 cm
Comprimento ≥ 100 mm, para campos de envidraçamento mín. com 4 peças
2 Parafusos e buchas M 10, permitidos na categoria proteção contra incêndios
3 Chapa de aço para fixação da parede de vidro (soldada)

② Detalhes construtivos – blocos de vidro como barreira contra o fogo

Tempo de resistência ao fogo em min. DIN 4102/ DIN EN 13501-2	30	60	90	120	180
Vidros F	F 30/ EI 30	F 60/ EI 60	F 90/ EI 90	F 120/ EI 120	F 180/ EI 180
Vidros G	G 30/ E 30	G 60/ E 60	G 90/ E 90	G 120/ E 120	G 180/ E 180

③ Classes de resistência ao fogo de elementos construtivos segundo DIN EN 13501 – 2: 2008-01 e DIN 4102 – 2, 5: 1977-09

Superfícies envidraçadas tipo G → ❶
Como vidros à prova de fogo de classe de resistência G, são considerados os elementos construtivos que permitem a passagem de luz em posição vertical, inclinada ou horizontal, destinados a, segundo sua classe de resistência ao fogo, impedir a propagação do fogo e fumaça, porém não a passagem da radiação térmica.

Construção
A fabricação dos vidros G é realizada da seguinte forma:
– blocos de vidro segundo DIN 18175
– vidro armado, com rede metálica soldada pontualmente
– vidros de segurança combinados, como ligação de vidros isolantes
– vidros temperados de borossilicato.

Aplicação
Devido às exigências de controle da construção, os vidros G só podem ser usados em áreas onde não houver altas exigências quanto a incêndios.
Um **setor típico de aplicação** é o de fechamento de aberturas em corredores, utilizados para rotas de fuga, com resistência ao fogo de F 30 (barreira contra propagação). O canto inferior da superfície envidraçada deve, entretanto, estar a uma altura mínima de **1,80 m** sobre o piso, para o corredor poder ser usado em caso de incêndio (**faixa livre de radiação**).

Os vidros G também são utilizados em fachadas de arranha-céus, quando estes são subdivididos horizontalmente em zonas de proteção contra incêndios, para evitar a **propagação das chamas** de andar para andar → p. 507. Para edifícios com cantos interiores, a propagação das chamas através de janelas nessa área só pode ser evitada por vidros tipo F.

Superfícies envidraçadas à prova de fogo são elementos construtivos transparentes constituídos por vidros (tamanho de uma chapa com até ≈1,20 m x 2,40 m) que, segundo sua classificação de resistência, instalados em caixilhos especiais com separação térmica, podem resistir ao fogo durante 30, 60, 90 ou 120 minutos.
O uso de vidros à prova de fogo no projeto requer **aprovação** especial. A aprovação é feita, em geral, pelo fabricante, com controle da obra, para determinados **sistemas construtivos** → p. 191.
Muitos dos vidros à prova de fogo não são isolantes de raios UV, o que deve ser observado no seu uso em fachadas.
Vidros à prova de fogo são classificados pela DIN EN 13501-2 e DIN 4102-3 em **classes de resistência** → ❸:

Superfícies envidraçadas tipo F
Como vidros à prova de fogo de classe de resistência F, são considerados os elementos construtivos que permitem a passagem de luz em posição vertical, inclinada ou horizontal, destinados a, segundo sua classe de resistência ao fogo, **impedir a propagação do fogo e fumaça, assim como da radiação térmica**. Durante todo tempo de resistência ao fogo, deve haver isolamento térmico, o que significa que, a superfície do vidro F em contato com o fogo, durante esse tempo, não deve ter elevação de temperatura acima de determinado valor médio (140 K). No teste de carregamento é necessário um comprovante de carga própria. Em caso de incêndio, os vidros F perdem a transparência e comportam-se como uma parede.

Construção
A fabricação dos vidros F é realizada das seguinte forma:
– vidros temperados, fabricados como os vidros isolantes, em que a câmara intermediária é preenchida com substância orgânica, à base de água (gel).
– vidros compostos de diversas chapas (3 ou 4 chapas de vidros *float*), entre as quais há películas de material não orgânico (p. ex. silicato de sódio), que agem contra a propagação do fogo.
A sua instalação ocorre, segundo controle, como sistema conjunto de elementos pré-fabricados, em alvenaria, concreto armado etc. No caso de incêndio, a chapa voltada para o fogo arrebenta, deixando livre o silicato de sódio, que assume a forma de espuma, compensando o calor com a perda de água. A camada de gel é composta por polímero, que contém uma solução de sal, não orgânica, rica em água. No caso de incêndio, conforma-se uma camada isolante térmica; grande quantidade de energia é consumida através da evaporação. Esse procedimento repete--se em cada camada, até que o gel seja totalmente consumido. Através da queima, o vidro muda de coloração e evita a passagem das radiações.

Aplicação
Em geral, os vidros F são utilizados em ambientes internos; existe, entretanto, desenvolvimento e construções especiais para áreas externas. Como os vidros, na face resistente ao fogo, recebem temperaturas em geral menores do que a de combustão (durante o tempo de resistência ao fogo), podem ser usados perfis de aço ou madeira dura como caixilhos. Para classe de resistência T (T = porta) valem as mesmas medidas e exigências que para a classe F.

Tecnologia de edificações

PROTEÇÃO CONTRA INCÊNDIOS

Fundamentos
Classificação
Paredes corta-fogo
Partes construtivas
Vidros à prova de fogo
Portas corta-fogo
Instalações hidráulicas contra incêndios
Eliminação de fumaça e calor
Sprinklers
Outros sistemas para extinção de incêndio
MBO
DIN 4102
DIN EN 13501

195

PROTEÇÃO CONTRA INCÊNDIOS
PORTAS CORTA-FOGO

As portas corta-fogo têm a função de, como fechamento de aberturas em paredes ou tetos, manter a classe de resistência ao fogo correspondente à sua classificação.

Aplicação (seleção)
No caso de aberturas serem feitas em **barreiras corta-fogo**, dentro do edifício, é obrigatório o uso de portas corta-fogo de fechamento hermético e automático. Aberturas em **paredes divisórias resistentes ao fogo** devem ser equipadas com portas com tempo mínimo de resistência.
Setores em **subsolo, sótão, oficinas, lojas** etc. precisam ser separados das escadas de saída por portas corta-fogo, automáticas e herméticas à passagem de fumaça e fogo.
Fechamentos de aberturas entre **patamares de escadas e corredores de fuga**, assim como **subdivisões de corredores de fuga com mais de 30 m**, também devem ser feitos utilizando portas corta-fogo → p. 190.

Componentes
Fechamentos contra fogo são uma **unidade** constituída de **folha ou folhas da porta**, **parte envidraçada** (caso exista), **batentes e sistemas de fixação, dobradiças, molas de fechamento automático** ou **trancas, regulador da sequência de fechamento** (para portas com 2 folhas), instalações especiais para portões de enrolar, de correr ou telescópicos, **sistema de fechamento automático** (as portas, por motivos de uso, são mantidas com frequência abertas, fechando-se automaticamente em caso de incêndio, através de **mecanismo de funcionamento elétrico e sistemas de alarme**).

Formas construtivas
Os fechamentos corta-fogo podem ser feitos em forma de **portinholas** de uma folha (dimensões de até 62,5 cm x 175 cm), portas normais ou de correr, de uma ou mais folhas (também metálicas, com superfícies parcialmente envidraçadas; de madeira ou portas de vidros especiais), com dimensões de até cerca de 250 cm x 250 cm; ou executados como **portões de correr, telescópicos ou de enrolar**, com dimensões acima de 250 cm x 250 cm → ❸.

Certificado de eficiência
Portas metálicas, correspondentes às diretrizes estabelecidas pela **DIN 18082**, são liberadas para portas corta-fogo de acordo com o MBO → ❶.
Para todos os outros tipos de fechamento de proteção contra incêndios é exigida a aprovação de órgão competente (Alemanha), segundo a classificação da DIN 4102 e DIN EN 13501 → p. 191.
Nesse caso, é sempre necessária a análise das junções entre elementos de fechamento e tipos de paredes onde são instalados.

Particularidades sobre esse tema encontram-se na **Lista de regulamentação de partes construtivas** do Instituto Alemão de técnica da construção (DiBt) → p. 191.

Portas contra fumaça
Em determinadas situações, há a necessidade de instalação de portas contra fumaça (DIN 18095) para evitar a propagação da mesma (mantendo-se fechada). Elas necessitam também de certificado de eficiência.
Em geral, as portas corta-fogo também atuam como barreiras à propagação de fumaça, segundo a DIN 18095.

❶ Portas corta-fogo T 30 – 2, segundo DIN 18082

Exigências sujeitas a aprovação	Fechamentos corta-fogo (de aberturas)	Portas contra fumaça	Proteção de cabos	Proteção da tubulação
contra fogo	EI² 30 C	F 60/ R 60	F 90/ R 90	F 120/ R 120	F 160/ R 160
altamente resistente ao fogo	W 30/ E 30 [1] EI 30 [2]	W 60/ E 60 [1] EI 60 [2]	W 90/ E 90 [1] EI 90 [2]	W 120/ E 120 [1] EI 120 [2]	W 180/ E 180 [1] EI 180 [2]
resistente ao fogo	T 30/ EI² 30 C	T 60/ EI² 60 C	T 90/ EI² 90 C	T 120/ EI² 120 C	T 180/ EI² 180 C
resistência de 120 min.	F 30/ EI 30	F 60/ EI 60	F 90/ EI 90	F 120/ EI 120	F 180/ EI 180
hermético à passagem da fumaça/fechamento automático	G 30/ E 30	G 60/ E 60	G 90/ E 90	G 120/ E 120	G 180/ E 180

1) de dentro para fora
2) de fora para dentro

❷ Classes de resistência ao fogo de **elementos construtivos** especiais segundo DIN EN 13501-2, 3, 4 e sua relação com as exigências construtivas sujeitas a aprovação (seleção)

Denominação	Largura (medida nominal) mm	Altura (medida nominal) mm
T30-1 portinhola	625	625–1750
T30-1 porta de aço segundo DIN 18082	625–1250	1750–2250
T30-1 porta metálica com vidro	625–1250	1750–2250
T30-2 porta metálica com iluminação superior e laterais de vidro fixo	1250–2500	1750–2250
T30-1 porta metálica com iluminação superior e laterais de vidro fixo	ilimitada	≤ 4000
T30-1 porta de vidro	625–1250	1750–2250
T30-2 porta de vidro	1250–2500	1750–2250

Foram dadas as menores e maiores dimensões permitidas (medidas nominais das folhas) em mm.
T30-1 porta corta-fogo de 1 folha
T30-2 porta corta-fogo de 2 folhas
T60-1 porta corta-fogo de alta eficiência de 1 folha
T60-2 porta corta-fogo de alta eficiência de 2 folhas

❸ Tamanhos possíveis de portas corta-fogo (seleção)

PROTEÇÃO CONTRA INCÊNDIOS
INSTALAÇÕES HIDRÁULICAS CONTRA INCÊNDIOS

Instalações hidráulicas contra incêndios constituem as tubulações fixas, instaladas em complexos construídos, com pontos de ligação direta para mangueiras, conectadas a sistema de abastecimento de água com registro especial para o corpo de bombeiros. Servem para fornecer água suficiente para extinção de incêndios, seja em um pavimento ou setor isolado de um edifício. As instalações hidráulicas contra incêndios são prescritas em forma de diretrizes extraordinárias construtivas, também em casos especiais, sendo controladas por órgão competente.

Sistemas
Em função da forma de abastecimento da água, são classificados em:

Sistema de tubulações **"secas"** → ❷ correspondentes às instalações hidráulicas acionadas segundo necessidade, através do corpo de bombeiros, por meio de bombas. Em geral, a água é retirada de hidrantes da rede pública de abastecimento.
Tubulações "secas" **não** são ligadas diretamente à rede de abastecimento de água potável. Elas devem ter uma seção nominal mínima de 80 mm e apresentar sistema de esvaziamento e tubos para entrada e saída de ar.

Sistema de tubulações **"molhadas"** → ❸ corresponde às instalações hidráulicas em permanente estado de pressão, encontrando-se **imediatamente pronto para funcionamento**. Ligam-se, em cada pavimento, a **hidrantes**, instalados nas paredes → ❶ com mangueira, guardados em nichos/armários.
Água parada dentro do sistema hidráulico contra incêndios é proibida, tendo em vista o desenvolvimento de bactérias! Por esse motivo, via de regra, tem-se a **ligação combinada do sistema** à rede pública de abastecimento do edifício, com conexão conjunta. O cálculo é feito de forma a evitar que, durante a extinção do incêndio, haja falta de água potável na edificação. Assim, para conjuntos edificados de maior porte, é necessário um maior número de pontos de abastecimento de água.
Nesse sistema combinado, necessita-se a **permanente renovação da água** dentro da tubulação contra incêndios para garantir a qualidade da água do conjunto. Por isso, deve-se ter a instalação de ponto de escoamento constante (uso permanente), com sistema automático.

Sistemas de tubulações **"secas/molhadas"** → ❹ correspondem às instalações hidráulicas que permanecem, normalmente, sem água, podendo ser utilizadas, em caso de necessidade, com água proveniente da rede pública. Nesse caso, há **pequeno retardamento** para o uso da água no combate ao incêndio; por outro lado, evita-se as desvantagens do sistema combinado (água parada, risco de congelamento etc.).

Todo sistema hidráulico de combate a incêndios deve ser instalado com caimento na direção da estação de esvaziamento. O dimensionamento mínimo (seções nominais), estabelecido por norma, não deve ser diminuído. A conexão fixa da boca de abastecimento, segundo DIN 14461-2, deve estar a uma altura de 800 mm + 200 mm acima do nível do piso → ❶.

Na instalação do sistema hidráulico em nichos, deve-se observar espessuras das paredes, do ponto de vista das exigências técnicas de proteção contra incêndios.

Tecnologia de edificações

PROTEÇÃO CONTRA INCÊNDIOS
Fundamentos
Classificação
Paredes corta-fogo
Partes construtivas
Vidros à prova de fogo
Portas corta-fogo
Instalações hidráulicas contra incêndios
Eliminação de fumaça e calor
Sprinklers
Outros sistemas para extinção de incêndio

MBO
DIN 14461
DIN 14462

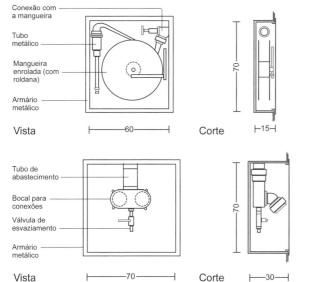

❶ Sistema de recolhimento de água para combate a incêndios: para tubulação "seca" (abaixo) e hidrante de parede (acima), segundo DIN 14461 (esquema)

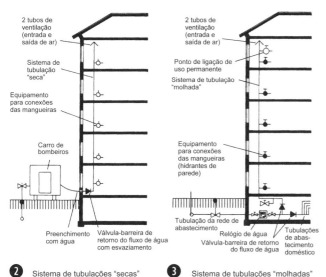

❷ Sistema de tubulações "secas"   ❸ Sistema de tubulações "molhadas"

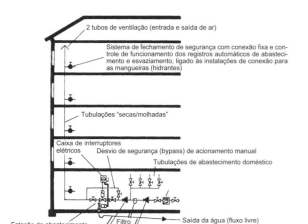

❹ Sistema de tubulações "secas/molhadas" (exemplo para DN 50 até 150/PN 16) (PN = pressão nominal)

PROTEÇÃO CONTRA INCÊNDIOS
ELIMINAÇÃO DE FUMAÇA E CALOR

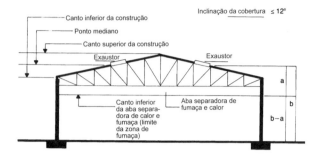

Instalações de exaustores de fumaça e calor constituem-se de aparelhos para exaustão desses elementos, assim como aparelhos de controle e acionamento, bloco de acionamento mecânico de aberturas, condutores elétricos, sistema de ventilação, rolôs e elementos verticais para impedir a passagem de fumaça, acessórios. No caso de incêndio, esses equipamentos devem **eliminar a fumaça e o calor**, mantendo as rotas de emergência sem fumaça. Eles servem para: facilitar o combate ao incêndio, garantir uma camada mínima de fumaça acima do piso, retardar ou evitar a propagação total do incêndio, proteger equipamentos, reduzir a formação de gases combustíveis, que levam à destruição térmica de produtos, assim como diminuir a solicitação térmica de partes construtivas.

Faz-se a diferença entre diversos sistemas:

Exaustores com sistema de ventilação natural apoiam-se no **princípio da dinâmica térmica dos gases combustíveis** (p. ex. domus). Seu efeito depende de:
– eficiência de funcionamento aerodinâmico das aberturas;
– influência dos ventos;
– dimensionamento da abertura para entrada de ar;
- momento preciso de abertura;
– sistema construtivo (p. ex. disposição e tamanho do edifício).

Para sistemas de **funcionamento mecânico**, tem-se a eliminação de gases através de **ventilação forçada** (p. ex. ventiladores).
A **eliminação de calor** é feita em princípio através de aberturas nas paredes e cobertura que, em caso de incêndio (p. ex. através da dissolução de juntas impermeabilizantes), abrem-se automaticamente.

Setores de aplicação e medidas
O Código de Obras da Alemanha (MBO) regula o uso de instalações para eliminação de fumaça e calor em alguns casos:
Em edifícios com escadas coletivas internas ou em edifícios com mais de 5 andares, deve-se ter **no patamar mais alto** um sistema desse tipo (dimensão mínima de **1 m²**), que pode ser acionado tanto a partir do térreo como do andar superior.
Em **poços de elevadores** também é necessária a instalação de sistemas contra fumaça e calor (dimensionamento: 2,5% da área útil do poço do elevador; no mín. **0,10 m²**).

Para edifícios especiais (áreas de reuniões de pessoas, industriais etc.) pode haver exigências específicas → ❶ – ❷.

As instalações para eliminação de fumaça e calor devem ser previstas, entre outros, em:
– lojas (de um pavimento), centros de produção e depósito que ocupem áreas superdimensionadas;
– edifícios com rotas de fuga longas, quando estas não puderem ser mantidas livres de fumaça de outra maneira;
– edifícios que, segundo diretrizes, necessitem de proteção especial;
– edifícios com materiais ou decorações nobres e altamente sensíveis à fumaça, quando houver necessidade de proteção elevada.

Em geral as instalações são medidas segundo sua capacidade de manter uma camada sem fumaça acima do piso, ao que se segue o cálculo da eficiência termodinâmica das aberturas → ❷. (Em relação % entre área útil do espaço a ser mantido sem fumaça e superfície eficiente da abertura.) Os valores exigidos são variados de acordo com o local de aplicação do sistema, além das diretrizes legais.

❶ Uso de exaustores para eliminação de fumaça e calor em cobertura de ginásio (exemplo)

Tipos de usos	Risco de incêndio
Risco baixo Escolas (determinadas áreas)	LH
Risco médio Fábrica de cimento	OH1
Laboratório fotográfico	OH2
Tinturaria	OH3
Oficina de laqueação (materiais solúveis à água)	OH4
Risco alto Gráfica, tipografia	HHP1
Fábrica de automóveis	HHP2
Produção de pneus (automóveis/caminhões)	HHP3
Produção de fogos de artifício	HHP4

Na classificação em categorias de produtos armazenados, especialmente para produtos mistos, deve-se ter também a determinação das embalagens (inflamável/não inflamável). Deve-se especificar o tipo de embalagem (palete de madeira, sacos, caixas de papelão, latas), assim como seu volume e quantidade de material sintético presente

Risco de incêndio	Altura máx. de armazenagem dos produtos	Grupos de dimensionamento (GD)
LH		1
OH 1		2
OH 2		3
OH 3		
OH 4		
HHP 1	6,8	4
HHP 2	5,0	
HHP 3	3,2	3
HHP 4	2,3	4
HHS 1	6,8	3
HHS 2	5,0	4
HHS 3	3,2	5
HHS 4	2,3	3

Alt. calculada do teto b (m)	Alt. calculada da camada de fumaça a (m)	Porcentagem α GD 1	GD 2	GD 6	GD 7
4,0	1,00	0,30	0,43	1,29	1,46
4,5	1,50	0,25	0,35	1,05	1,19
	1,25	0,31	0,43	1,30	1,47
5,0	2,00	0,21	0,30	0,91	1,03
	1,75	0,26	0,37	1,10	1,24
	1,50	0,31	0,44	1,33	1,50
	1,25	0,38	0,54	1,61	1,82
5,5	2,50	0,19	0,27	0,82	0,92
	2,25	0,23	0,32	0,97	1,10
	2,00	0,27	0,38	1,15	1,30

Relação entre categorias de risco de incêndio e grupos de dimensionamento (GD) (exemplo)

Tabela de dimensionamentos das áreas necessárias para eliminação de fumaça (exemplo)

O fundamento para dimensionamento de um sistema de ventilação para eliminação de fumaça e calor é o **cálculo da área da abertura ou aparelho (aerodinâmica eficiente) necessários**. Para isso são necessários **grupos de dimensionamento**, vinculados ao uso dos recintos, dependentes da velocidade de propagação do fogo. Esta, por sua vez, determina o **fator de risco de incêndio e espessura da camada de fumaça** (no mín. 2,50 m), determinando as dimensões e a altura da instalação (canto superior em relação ao canto inferior da camada de fumaça) e **área das aberturas para entrada de ar** (esta, em geral, **1,5 vezes** a área da abertura para exaustão do ar). Essas medidas relacionam-se, por sua vez, com a área do espaço de onde será retirada a fumaça (espaços maiores do que **1.600 m²** devem ser subdivididos em setores menores, através de rolôs/elementos verticais, também dependentes da camada de fumaça e da altura calculada do teto).
Observando-se os dados da altura da camada de fumaça e altura do teto, pode-se ler, em tabela, as áreas necessárias das aberturas, que determinam a escolha dos sistemas e aparelhos apropriados. Estes devem ser distribuídos, na medida do possível, uniformemente na cobertura (relação mínima: um exaustor a cada 200 m²).
Além disso, deve-se considerar as **distâncias entre aparelhos** entre si e até as bordas da cobertura (5 m – 20 m), assim como em relação a paredes corta-fogo (5 m), para evitar a passagem de chamas.
Para coberturas inclinadas, devem ser instalados nas partes altas (em caso de shed, medidas especiais). Um único exaustor deve ter **tamanho mínimo** de 1 m x 1 m, não devendo ultrapassar determinadas dimensões máximas. Por esse motivo, recomenda-se o uso de diversos aparelhos com pequenas aberturas.

❷ Dimensionamento de instalação de ventilação natural para eliminação de fumaça e calor segundo DIN 18232 e VdS CEA (normas de segurança) 4001: 2005-09 (2) (esquema)

PROTEÇÃO CONTRA INCÊNDIOS
SPRINKLERS

Os *sprinklers* enquadram-se na técnica de combate a incêndio com **sistema automático**. Compõe-se por uma rede fixa de tubos, sob pressão, nos quais são conectados **chuveiros** com distâncias regulares. A rede de tubulações, devido a problemas de manutenção, é instalada aparente ou no espaço vazio do forro, sendo ligada, normalmente, ao sistema de abastecimento de água potável, através de um recipiente de depósito intermediário.

Quando a **temperatura** do entorno sobe, devido a efeito de incêndio, acima do nível que aciona o funcionamento do *sprinkler* (≈30°C, acima da temperatura máxima esperada do ambiente), abrem-se as conexões, a água sob pressão jorra nos chuveiros, distribuindo-se em determinada área de ação. Junto às instalações de sprinklers, existe sempre um sistema de **alarme mecânico-acústico**.

Áreas de aplicação

As instalações de *sprinklers* são necessárias em muitos casos, quando as exigências construtivas de prevenção contra incêndios ou de rotas de fuga não puderem ser atendidas de outra forma. Para diversos tipos de construções especiais (p. ex. **depósitos, hotéis, arranha-céus, hospitais, shopping centers etc.**) o uso de *sprinklers* é **obrigatório**. Detalhes para projeto de implantação do sistema encontram-se nas normas e decretos de regulamentação do uso.

Sistemas

Sistema de *sprinkler* "molhado" → ❶ é o mais utilizado; nele a rede de tubulação, anterior à chamada estação de alarme das válvulas de fluxo, encontra-se permanentemente preenchida com água. Com o acionamento do *sprinkler*, a **água jorra livremente** sobre o setor delimitado.

Sistema de *sprinkler* "seco" → ❶ é aquele em que a rede de tubulações, anterior à estação de alarme das válvulas de fluxo, encontra-se preenchida de ar sob pressão, que impede a entrada da água na rede de encanamentos. Com o acionamento do chuveiro automático, é interrompida a pressão, permitindo a passagem da água (a saída da água ocorre, portanto, com **retardamento**).

Sistema "seco" rápido é aquele com pouco retardamento, onde a abertura da válvula acontece **antes** de o *sprinkler* ser acionado, quando a válvula é atingida por chama ou fumaça.

Sistema misto compõe-se de sistema "seco" (p. ex. em área do edifício sujeita a congelamento), conectado, entretanto, com a rede de tubulações de *sprinklers* em sistema "molhado", instalados em outra parte do edifício.

Sistema pré-controlado compõe-se de sistema "seco" (para evitar alarmes falsos, p. ex. causado por *sprinkler* com defeito), acionado somente através de central de alarme.

Sprinkler

Uma construção bastante usual é do ***sprinkler* com bulbo de vidro (ampola) termossensível**, assim como a do *sprinkler* que funciona com o **derretimento da solda** (eutética), através da influência da temperatura. Segundo o **tipo de jato de água** diferenciam-se em ***sprinkler* normal** → ❷ com jato esférico, dirigido para o teto e para o piso (podem ser instalados faceando a superfície do teto ou pendurados); e ***sprinkler* cônico** → ❷ com um jato parabólico, dirigido para o piso (instalação como a anterior). Além desses modelos básicos, há ainda ***sprinklers* laterais** e outros tipos especiais, como ***wide-throw***.

Tecnologia de edificações

PROTEÇÃO CONTRA INCÊNDIOS

Fundamentos
Classificação
Paredes
corta-fogo
Partes construtivas
Vidros à prova
de fogo
Portas corta-fogo
Instalações
hidráulicas contra
incêndios
Eliminação de
fumaça e calor
Sprinklers
Outros sistemas
para extinção
de incêndio

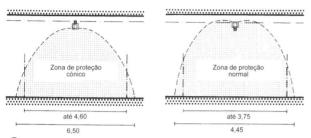

❶ Instalação de um sistema de chuveiros automáticos (*sprinkler*): sistema "molhado" e "seco"

❷ Forma parabólica característica do jato de água produzido pelos chuveiros de tipo cônico e normal (exemplo)

Dimensionamento de instalações de *sprinklers*

É feito segundo as necessidades de proteção de áreas com **risco de incêndio**. Estas são definidas nas **diretrizes da VdS CEA** (normas de segurança alemãs) → p. 190 classificadas para *sprinklers* segundo classes de risco de incêndio (**LH/ light hazard, OH/ordinary hazard, HHP/hight hazard production, HHS/hight hazard storage**).

Outros valores básicos para o dimensionamento dos *sprinklers* são: **área de ação**, calculada para a quantidade de água utilizada, a **área máxima de proteção do *sprinkler*** (dependente do tipo do aparelho e risco de incêndio), a **quantidade de água para abastecimento**, isto é, quantidade de água por minuto que é espargida sobre a área de proteção, assim como o **tempo de funcionamento** do sistema, durante o qual há necessidade de fornecimento de água corrente.

Classe de risco de incêndio	(Quantidade de água mín. mm/min	Área de ação (m≈)	
		Sistema "molhado"	Sistema "seco"/"molhado-seco"
LH	2,25	84	não permitido!
OH1	5,0	72	90
OH2	5,0	144	180
OH3	5,0	216	270
OH4	5,0	360	não permitido!
HHP1	7,5	260	325
HHP2	10,0	260	325
HHP3	12,5	260	325
HHP4	especificações especiais!		

❸ Capacidade e área de ação, para diferentes classes de risco de incêndio, segundo VdS CEA (normas de segurança alemãs) 4001: 2003-01

PROTEÇÃO CONTRA INCÊNDIOS
OUTROS SISTEMAS PARA EXTINÇÃO DE INCÊNDIO

Extintores de água pressurizada

Os extintores à água funcionam com instalações de injetores abertos/esguichos, ligados, em espaços regulares, a uma rede fixa de tubulações.

A rede de tubulações, não preenchida de água, encontra-se permanentemente preparada para entrar em ação.

Com o acionamento do sistema, a água da rede de fornecimento público flui sob pressão, na rede interna de injetores.

A distribuição dos injetores e quantidade de água depende da forma e tamanho do recinto, tipo de ambiente/função, tipo e quantidade dos produtos a serem protegidos, altura e forma de depósito/armazenagem, influência de ventos, devendo permanecer em uma faixa entre 5 e 60 litros por minuto, por m².

Para distribuição em grupos de proteção dentro de grandes recintos, as áreas de concentração dos injetores deverão localizar-se entre 100 m² e 400 m².

A área de ação dos injetores para ambientes ≥ 200 m², subdivididos em setores, é determinada segundo a necessidade de água dos dois maiores grupos de proteção. Para determinação da área de ação total, parte-se dos pontos de intersecção entre as linhas de ação dos diversos grupos de proteção. Deve-se considerar, no caso, que todos os grupos localizados em um raio de até 7 m de distância de um foco hipotético do incêndio devem ser abastecidos com água.

Extintores de água pressurizada são instalados p. ex. em garagens de aviões, galpões para queima de lixo, palcos, transformadores, reservatórios/depósitos de líquidos inflamáveis, canais para passagem de cabos, silos de serragem, fabricação de painéis de madeira compensada, usinas elétricas, instalações hidráulicas com bombas movidas a óleo, fábricas de fogos de artifícios e munições. (Extrato da DIN 1988, Parte 6, DIN 14494, VdS 2109 8/90)

Extintores de gás carbônico – CO₂

Esse tipo de extintor baseia-se no princípio de **redução da quantidade oxigênio do ar** até um valor, onde há interrupção da combustão. O **CO₂** é utilizado como extintor em forma de gás. Os equipamentos de CO₂ têm a função de agir contra incêndio em sua fase inicial, mantendo a concentração ativa de gás carbônico o maior tempo possível, até ser eliminado o perigo de reativação do fogo. O CO₂ pode expandir-se, rápida e uniformemente, resultando em ação protetora para o recinto inteiro. As instalações do sistema constituem-se de **bujões carregados**, válvulas e **rede fixa de tubulações** com injetores distribuídos na zona de proteção, associados a **detectores de incêndio, sistemas de controle e alarme**, assim como **acionamento automático**.

Em instalações destinadas à proteção de recintos, cada equipamento/injetor deverá corresponder a no máximo 30 m².

Para recintos com altura maior do que 5 m, deve-se ter a distribuição dos injetores de CO₂ não somente na parte superior do ambiente, sob o teto, mas também a uma altura de 1/3 do pé-direito.

A extinção de fogo com CO₂ ocorre quando este entra em contato com os seguintes materiais ou elementos: líquidos inflamáveis e outros materiais de comportamento semelhante em caso de incêndio; gases inflamáveis, com medidas de precaução, impedindo, após a extinção do incêndio, o perigo de composição de mistura de gás-ar explosiva; equipamentos e/ou instalações elétricas ou eletrônicas; materiais sólidos combustíveis como madeira, papel e tecidos, onde a extinção requer grande concentração de CO₂ e longo tempo e ação.

O CO₂ é adequado para extinção dos seguintes tipos de incêndio: queima de papel, madeira, tecidos, entre outros; materiais compostos de oxigênio e produtos químicos em geral, que reagem com CO₂, p. ex. metais alcalinos ou híbridos. **Para instalação de sistemas de extinção à base de CO₂ deve-se ter fortes medidas de segurança, uma vez que soluções com concentração acima de 5% têm efeito mortal, venenoso e corrosivo. Só podem, por esse motivo, ser instalados por firmas reconhecidas pelos órgãos competentes de aprovação.** (Extrato da VdS 2093: 2006-09)

Extintores de pó químico

Extintores de pó químico constituem-se de quantidades homogêneas de produtos químicos, apropriados ao combate ao fogo. Os seus principais componentes entre outros são: carbonato hidrogenado de sódio/potássio, sulfato de potássio, sódio/potássio clórico, fosfato/sulfato de amônio

Tendo em vista que os pós químicos podem ser utilizados sob condições extremas de variação de temperaturas, de – 20 até + 60°C, podem ser aplicados tanto em edifícios, recintos fechados, como em áreas livres de instalações industriais.

Pós químicos são adequados à extinção de incêndios dos seguintes materiais ou equipamentos: materiais sólidos inflamáveis como madeira, papel e tecidos, onde, entretanto, deve ser usado um tipo apropriado de pó químico; líquidos inflamáveis e outros materiais de comportamento seme-lhante em caso de incêndio; gases inflamáveis; metais inflamáveis como o alumínio, magnésio e suas ligas, sendo que somente pós químicos especiais podem ser utilizados.

Exemplos de instalações locais usuais de extintores de pós químicos em setores industriais: setores de processamento químico, reservatórios subterrâneos de óleo, área escavada para proteção de tanques, estações de abastecimento de combustíveis, de bombeamento, pontos de entrega de óleo e gás.

Pós químicos não devem ser utilizados como meio de combate a incêndios nos seguintes casos/exemplos de instalações, equipamentos e setores funcionais:

– Equipamentos, máquinas e instalações sensíveis à poeira, assim como instalações elétricas de baixa tensão (p. ex. instalações telefônicas, central de informações e processamento, instalações de medição e controle, central de distribuidores com fusíveis e relés etc.)

– Setores ou objetos com risco de incompatibilidade química com o elemento componente do extintor (perigo de reação química) (Extrato da VdS 3038 – normas de segurança alemãs)

Extintores de espuma

Os extintores de espuma resultam da **mistura de água e material espumante** revolvidos em contato com o ar. O material em si resulta de síntese protéica (albumina), contendo igualmente elementos adicionais à base de flúor. Diversas formas de composição resultam na constituição de espumas pesadas, médias e leves. Elementos espumantes à base de proteína e fluor-proteína são utilizados apenas na composição das espumas pesadas.

Extintores de espuma são utilizados em incêndios em edifícios, recintos e também ao ar livre. Também podem ser utilizados para recobrir áreas, como medida preventiva.

Para uso contra líquidos solventes da espuma, como álcool, éster, cetonas etc., deve-se tomar medidas especiais de precaução: o extintor deverá ter quantidade suficiente de espuma para cobrir a área incendiada, ou melhor, a superfície ativa deverá ser coberta. As medidas de especificação dos extintores de espuma baseiam-se principalmente no fornecimento de água, necessidade de material espumante, valor espumante (relação entre volume de espuma e mistura de água e elemento espumante) e tempo mínimo de funcionamento

Para instalações de extintores de espuma pesada e média, a espuma deverá recobrir e atuar sobre toda a superfície de proteção, sendo consideradas ainda a distância de alcance do jato, eventuais obstáculos, distanciamento e tipo dos objetos a serem protegidos.

Para instalações de extintores de espuma leve, a espuma deverá preencher a edificação ou recinto para atuação.

No caso de proteção simultânea de diversos objetos isolados, através de instalações de extintores de espuma pesada e média, a quantidade de água necessária deverá ser estabelecida a partir do objeto que apresentar maiores dimensões. O abastecimento de água deve corresponder a um tempo de funcionamento de 120 min. para extintores de espuma pesada e 60 min. para os de espuma média. (Extrato da VdS 2108 – normas de segurança alemãs)

INSTALAÇÕES PREDIAIS
ESGOTO, ÁGUAS PLUVIAIS

Fonte: Bohne: Technischer Ausbau von Gebauden, Wiesbaden 2014.

Instalações de águas pluviais e de esgoto para edifícios e terrenos

Instalações de escoamento de águas servidas para edificações são construídas, na medida do possível, segundo os princípios da lei da gravidade (a legislação europeia válida para essas instalações consta da DIN EN 12056). A sequência de normas é válida exclusivamente para edifícios habitacionais, comerciais e industriais, como tubulação interna. Na Alemanha, outras determinações encontram-se na DIN 1986–100. No exterior das edificações, as outras indicações seguidas são da DIN EN 752 → ❶.

Cálculo

O cálculo de dimensionamentos é feito com base na vazão esperada no sistema de tubulação, dependente do tipo de uso e da forma de escoamento das águas servidas. Basicamente é feita a separação entre esgoto e águas pluviais. Até o limite da propriedade, as águas residuais e pluviais captadas devem ser descarregadas separadamente, em princípio, de acordo com a DIN 1986-100 → ❷.

Denominação da tubulação

Tubo de queda consiste na tubulação vertical do edifício, que conduz o esgoto e água pluvial para uma tubulação horizontal, ventilada acima da cobertura.

A **tubulação básica** é aquela instalada no solo (inacessível) ou sob o piso, que recolhe a água vinda de tubos de queda de águas pluviais, conexões e bueiros.

Tubulação de ventilação é a continuação do tubo de queda acima da cobertura, para permitir uma equalização da pressão sobre o conduto livre, através de entrada e saída de ar.

Coletores em conjunto ou tronco correspondem às funções da tubulação básica, sendo instalados, entretanto, sob a laje do pavimento de subsolo ou nas paredes desse pavimento.

Tubulação de ligação (de despejo) são as instalações entre o sifão da peça de onde vem o despejo, até o tubo de queda ou encanamento de condução à distância.

O **canal de ligação** é a tubulação que leva a água servida, do último ponto de despejo dentro do terreno, até o canal público de escoamento.

Determinação das tubulações de esgoto

A vazão esperada de águas servidas é calculada segundo:

$$Q_S = K \cdot \sqrt{\Sigma(DU)}$$

Q_S vazão da água servida l/s
K fator de escoamento
DU valor dos despejos de cada peça (Design Units) l/s

A vazão total de águas servidas é dada segundo

Tipo de edifício	Fator de escoamento K
uso não constante, p. ex. em moradias, pensões, escritórios	0,5
uso constante, p. ex. em hospitais, escolas, restaurantes, hotéis	0,7
uso frequente, p. ex. em banheiros públicos e/ou chuveiros públicos	1,0
uso especial, p. ex. em laboratórios	1,2

$$Q_{tot} = Q_S + Q_C + Q_P$$

Q_{tot} vazão total l/s
Q_S vazão da água servida l/s
Q_C vazão constante l/s
Q_P corrente de impulso de bomba l/s

Os valores maiores (Q_S ou Q_{tot}) ou o valor de despejo maior, da ligação de determinada peça de utilização, são primordiais no dimensionamento. Devido aos diferentes sistemas de escoamento de esgotos dentro da comunidade europeia, a DIN EN 12056-2 definiu 4 sistemas básicos. Estes diferenciam-se segundo o grau de preenchimento dos tubos de ligação e na subdivisão/sistema dos tubos condutores principais → ❺. Na Alemanha, são válidos os sistemas I e IV → ❸.

Tecnologia de edificações

INSTALAÇÕES PREDIAIS

Esgoto, águas pluviais
Ventilação forçada
Calefação
Fossas sépticas

DIN EN 12056
DIN 1986
DIN EN 752
DIN EN 1610

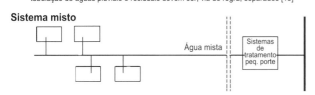

Dentro do prédio aplicam-se:
DIN EN 12056
DIN 1986 -100

Fora, aplicam-se:
DIN EN 752
DIN EN 1610
DIN EN 1610
ATV A 127, 139, 142

① Tubulação de conexão única
② Tubulação de conexão coletiva
③ Tubulação de queda
④ Tubulação de coleta
⑤ Tubulação de ventilação
⑥ Tubulação básica
⑦ Canal de conexão

❶ Águas pluviais e residuais de um prédio escoam pela tubulação horizontal, que geralmente está localizada abaixo do piso do porão. Desse ponto, as águas residuais são transportadas até a canalização de esgotos urbana. Os sistemas de tubulação de águas pluviais e residuais devem ser, via de regra, separados [13]

❷ Com o sistema de misto, águas pluviais e residuais são alimentadas conjuntamente para o sistema de tratamento de águas residuais municipal. Precipitações intensas podem causar o refluxo e vazamento de níveis mais profundos de águas residuais não protegidas. No sistema separado, águas pluviais e residuais são descarregadas separadamente, aliviando, desta forma, a sobrecarga no sistema de tratamento. O refluxo de águas pluviais não pode, dessa forma, causar danos ao edifício [13]

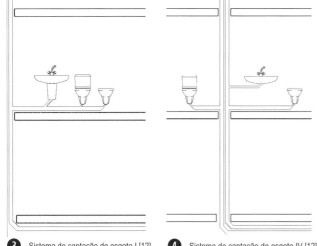

❸ Sistema de captação de esgoto I [12]   ❹ Sistema de captação de esgoto IV [12]

Sistema I	Sistema de linha individual com cabos de conexão parcialmente preenchidos (grau de preenchimento h/di = 0,5)
Sistema II	Tubulações de queda único, sistema de ligação das tubulações, parcialmente preenchido, grau de preenchimento h/di 0,7
Sistema III	Tubulações de queda único, com ligação totalmente cheia, grau de preenchimento h/di 1
Sistema IV	Divisão em 2 sistemas de tubulações (água servida sem bacilos fecais, esgoto)

❺ Sistema de captação de esgoto, válido na Alemanha: sistemas I e IV [13]

201

INSTALAÇÕES PREDIAIS
ESGOTO, ÁGUAS PLUVIAIS

Dimensionamento das tubulações

As seções calculadas são dadas em dimensão (diâmetro) nominal (DN); estas são apresentadas na tabela → ❹ como diâmetro interno mínimo.

Unidade de descarga	Valor de despejo (DU)	Seção ou diâmetro nominal
Pia, bidê	0,5	DN 40
Chuveiro sem dispositivo de fechamento do ralo	0,6	DN 50
Chuveiro com dispositivo de fechamento do ralo	0,8	DN 50
Mictório com caixa de descarga	0,8	DN 50
Mictório com válvula de descarga	0,5	DN 50
Mictório de parede	0,2	DN 50
Mictório sem descarga	0,1	DN 50
Banheira	0,8	DN 50
Pia de cozinha e lavadora de louça*	0,8	DN 50
Lavadora de louça	0,8	DN 50
Lavadora de roupa de até 6 kg	0,8	DN 50
Lavadora de roupa de até 12 kg	1,5	DN 56/60
WC com caixa de descarga de 4 l – 4,5 l	1,8	DN 80/DN 90
WC com caixa de descarga de 6 l/válvula de descarga	2,0	DN 80–DN 100
WC com caixa de descarga de 7,5 l/válvula de descarga	2,0	não utilizável
WC com caixa de descarga de 9 l/válvula de descarga	2,5	DN 100
Ralo de piso DN 50	0,8	DN 50
Ralo de piso DN 70	1,5	DN 70
Ralo de piso DN 100	2,0	DN 100

* com sifão integrado

❶ Valores de despejo (DU) das diferentes unidades de descarga (de acordo com a Tabela 4 na DIN 1986-100) e dimensões de tubulações de conexão individual (DN)

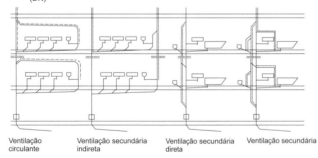

Ventilação circulante Ventilação secundária indireta Ventilação secundária direta Ventilação secundária

❷ Sistema de ventilação para instalações de esgoto: Sistemas de circulação de ar ventilam as tubulações de conexão coletiva. Ventilação indireta e direta secundária, bem como ventilação secundária aliviam tubulações de alta capacidade e grande comprimento [11]

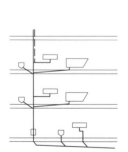 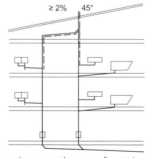

❸ Ventilação principal de tubulações de queda, começando na conexão superior de um equipamento de drenagem. A ventilação de várias tubulações de queda pode ser feita em conjunto (p. ex. no caso de tubulações de queda pouco espaçadas, como em hotéis) [11]

Dimensão nominal DN DN	Diâmetro interno mínimo $d_{i\ min.\ (mm)}$
30	26
40	34
50	44
56	49
60	56
70	68
80	75
90	79
100	96
125	113
150	146
200	184
225	207
250	230
300	290

❹ Diâmetros nominais (DN) com correspondentes diâmetros internos mínimos $d_{i\ min.}$ (segundo tabela 1 na DIN EN 12056-2)

Tipo de tubulação	Caimento mínimo	Relação com normas e parágrafos
Tubo de ligação não ventilado	1,0%	DIN EN 12056-2, Tab. 5
Tubo de ligação ventilado	0,5%	DIN 1986-100, Parágrafo 8.3.2.2 DIN EN 12056-2, Tab. 8
Tubulação básica e coletora de conjunto a) de esgoto	0,5%	DIN 1986-100, Parágrafo 8.3.4,
b) de águas pluviais (grau de preenchimento 0,7)	0,5%	DIN 1986-100, Parágrafo 9.3.5.2
Tubulação básica e coletora de conjunto DN 90	1,5%	DIN 1986-100, Tabela A.2
Tubulação básica de águas pluviais fora do edifício (grau de preenchimento 0,7) até DN 200	0,5%*	DIN 1986-100, Parágrafo 9.3.5.2
a partir de DN 250	1 : DN*	

* velocidade do fluxo máx. 2,5 m/s. Atrás de caixa com fluxo contínuo aberto, pode ser calculada para preenchimento total, sem pressão adicional.

❺ Caimentos mínimos das tubulações para funcionamento como condutos livres

Entrada e saída de ar das tubulações → ❷ + ❸

Sistemas de escoamento de esgoto também se diferenciam segundo o tipo de ventilação da tubulação. Em princípio, faz-se a diferenciação entre ventilação principal e secundária. Ao lado da ventilação principal, diferencia-se entre ventilação circulante, ventilação secundária indireta ou direta, ventilação secundária e principal com válvula adicional. O corte transversal do duto de ventilação principal de conjunto deve, no mínimo, ter o mesmo tamanho que a metade da soma dos cortes transversais dos dutos de ventilação principal individuais. A dimensão nominal do duto de ventilação de conjunto deve ser, no mín., 1 unidade dimensional maior que o diâmetro nominal do tubo correspondente de ventilação individual.

INSTALAÇÕES PREDIAIS
ESGOTO, ÁGUAS PLUVIAIS

Limites de aplicação para os diferentes sistemas com ventilação (coletores individuais ou de conjunto/tronco), podem ser retirados das tabelas seguintes → ❶ – ❸.

Dimensionamento das tubulações

Os coletores individuais e de conjunto são calculados segundo as tabelas a seguir (Tabelas segundo Geberit) → ❺ + ❻.

O **dimensionamento dos tubos de queda** para esgoto diferencia-se segundo os sistemas de ventilação → ❹ + ❼.

Limites de aplicação	Sistema I	Sistema IV
comprimento máx. do tubo (l)	4,0 m	10,0 m
n° máx. de conexões em cotovelo de 90°	3*	3*
máx. altura para conduto livre (H) (com 45° ou declividade maior)	1,0 m	1,0 m
caimento mínimo	1 %	1,5 %

* Conexão terminal não incluída

❶ Limites de aplicação das tubulações individuais sem ventilação (correspondente à Tabela 5 da DIN EN 12056-2)

Limites de aplicação	Sistema I	Sistema IV
comprimento máx. do tubo (l)	10,0 m	nenhuma limitação
máx. de conexões em cotovelo de 90°	nenhuma limitação	nenhuma limitação
máx. altura para conduto livre (H) (com 45° ou declividade maior	3,0 m	3,0 m
caimento mínimo	0,5 %	0,5 %

* Conexão terminal não incluída

❷ Limites de aplicação das tubulações individuais ou em conjunto com ventilação (correspondente à Tabela 8 da DIN EN 12056-2)

DN	Comprimento máx. da tubulação m	Curvas máx. 90°	Máx. diferença de altura m	Caimento mín.
50	4,0	3	1,0	1 %
56	4,0	3	1,0	1 %
70	4,0	3	1,0	1 %
80	10,0	3	1,0	1 %
90	10,0	3	1,0	1 %
100	10,0	3	1,0	1 %

❸ Limites de aplicação das tubulações em conjunto sem ventilação (correspondente à DIN 1986-100, parágrafo 8.3.2.2)

Tubo de queda para esgoto com ventilação principal	$Q_{máx}$ (l/s)	
DN	Ramificação	Ramificação com raio interno
60	0,5	0,7
70	1,5	2,0
80*	2,0	2,6
90	2,7	3,5
100 **	4,0	5,2
125	5,8	7,6
150	9,5	12,4
200	16,0	21,0

* Seção nominal mínima para ligações de bacias sanitárias com o sistema II
** Seção nominal mínima para ligações de bacias sanitárias com o sistema I, III, IV

❹ Vazão de esgoto permitida $Q_{máx}$ e diâmetro nominal DN para tubos de queda com ventilação principal (correspondente à Tabela 11 na DIN EN 12056-2)

K = 0,5	K = 0,7	K = 1,0	DN	d_i mm
Σ DU	Σ DU	Σ DU		
1,0	1,0	0,8	50	44
2,0	2,0	1,0	50/60	49/56
9,0	4,6	2,2	70*	68
13,0**	8,0**	4,0	80	75
13,0**	10,0**	5,0	90	79
16,0	12,0	6,4	100	96

* sem bacias sanitárias
** no máximo 2 bacias sanitárias

❺ Dimensões de coletores de conjunto sem ventilação (correspondente à Tabela 5 da DIN 1986-100)

K = 0,5	K = 0,7	K = 1,0	DN	d_i mm
Σ DU	Σ DU	Σ DU		
3,0	2,0	1,0	50	44
5,0	4,6	2,2	56/60	49/56
13,0	10,0	5,0	70*	68
16,0	13,0	9,0	80	75
20,0	16,0	11,0	90	79
25,0	20,0	14,0	100	96

* sem bacias sanitárias

❻ Dimensões de coletores de conjunto com ventilação (medidas simplificadas, ao invés do cálculo detalhado, segundo as regras para coletores em conjunto; ou seja, segundo Prandtl-Colebrook)

Tubo de queda para esgoto com ventilação principal	Ventilação secundária	$Q_{máx}$ (l/s)	
DN	DN	Ramificação	Ramificação com raio interno
60	50	0,7	0,9
70	50	2,0	2,6
80*	50	2,6	3,4
90	50	3,5	4,6
100**	50	5,6	7,3
125	70	12,4***	10,0
150	80	14,1	18,3
200	100	21,0	27,3

* Seção nominal mínima para ligações de bacias sanitárias com o sistema II
** Seção nominal mínima para ligações de bacias sanitárias com o sistema I, III, IV
*** Para este valor, deve-se tratar de um erro da DIN EN 12045-2. Recomenda-se a correção para 8,4

❼ Vazão de esgoto permitida $Q_{máx}$ e diâmetro nominal DN para tubos de queda com ventilação secundária (correspondente à Tabela 12 da DIN EN 12056-2)

Tecnologia de edificações

INSTALAÇÕES PREDIAIS

Esgoto, águas pluviais
Ventilação forçada
Calefação
Fossas sépticas

203

INSTALAÇÕES PREDIAIS
ESGOTO, ÁGUAS PLUVIAIS

Coletores básicos e de conjunto (coletores tronco)

Dentro do edifício, os coletores tronco devem apresentar grau de preenchimento de h/D Index i = 0,5, considerando-se o caimento mínimo de 0,5%, depois da contribuição das tubulações da estação elevatória de esgoto, também com grau de preenchimento de h/D Index i = 0,7.

Cai-mentos	DN 80		DN 90		DN 100		DN 125		DN 150		DN 200		DN 225		DN 250		DN 300	
i	$Q_{máx}$	v	$Q_{máx}$	v	$Q_{máx}$	v	$Q_{máx}$	v	$Q_{máx}$	v	$Q_{máx}$	v	$Q_{máx}$	v	$Q_{máx}$	v	$Q_{máx}$	v
cm/m	l/s	m/s	l/s	m/s	l/s	m/s	l/s	m/s	l/s	m/s	l/s	m/s	l/s	m/s	l/s	m/s	l/s	m/s
0,50	–	–	–	–	1,8	0,5	2,8	0,5	5,4	0,6	10,0	0,8	15,9	0,8	18,9	0,9	34,1	1,0
1,0	1,3	0,6	1,5	0,6	2,5	0,7	4,1	0,8	7,7	0,9	14,2	1,1	22,5	1,2	26,9	1,2	48,3	1,4
1,50	1,5	0,7	1,8	0,7	3,1	0,8	5,0	1,0	9,4	1,1	17,4	1,3	27,6	1,5	32,9	1,5	59,2	1,8
2,00	1,8	0,8	2,1	0,8	3,5	1,0	5,7	1,1	10,9	1,3	20,1	1,5	31,9	1,7	38,1	1,8	68,4	2,0
2,50	2,0	0,9	2,4	1,0	4,0	1,1	6,4	1,2	12,2	1,5	22,5	1,7	35,7	1,9	42,6	2,0	76,6	2,3
3,00	2,2	1,0	2,6	1,1	4,4	1,2	7,1	1,4	13,3	1,6	24,7	1,9	39,2	2,1	46,7	2,2	83,9	2,5
3,50	2,4	1,1	2,9	1,1	4,7	1,3	7,6	1,5	14,4	1,7	26,6	2,0	42,3	2,2	50,4	2,3	90,7	2,7
4,00	2,6	1,2	3,1	1,2	5,0	1,4	8,2	1,6	15,4	1,8	28,5	2,1	45,2	2,4	53,9	2,5	96,9	2,9
4,50	2,8	1,2	3,2	1,3	5,3	1,5	8,7	1,7	16,3	2,0	30,2	2,3	48,0	2,5	57,2	2,7	102,8	3,1
5,00	1,2	2,9	3,4	1,4	5,6	1,6	9,1	1,8	17,2	2,1	31,9	2,4	50,6	2,7	60,3	2,8	108,4	3,2

❶ Tubulação de esgoto permitida, grau de preenchimento 50% (h/di= 0,5) (correspondente à tabela B.1 da DIN EN 12056)

Cai-mentos	DN 80		DN 90		DN 100		DN 125		DN 150		DN 200		DN 225		DN 250		DN 300	
i	$Q_{máx}$	n	$Q_{máx}$	n	$Q_{máx}$	n	$Q_{máx}$	n	$Q_{máx}$	n	$Q_{máx}$	n	$Q_{máx}$	n	$Q_{máx}$	n	$Q_{máx}$	n
cm/m	l/s	m/s	l/s	m/s	l/s	m/s	l/s	m/s	l/s	m/s	l/s	m/s	l/s	m/s	l/s	m/s	l/s	m/s
0,50	1,5	0,5	–	–	2,9	0,5	4,8	0,6	9,0	0,7	16,7	0,8	26,5	0,9	31,6	1,0	56,8	1,1
1,0	2,2	0,7	2,5	0,6	4,2	0,8	6,8	0,9	12,8	1,0	23,7	1,2	37,6	1,3	44,9	1,4	80,6	1,6
1,50	2,6	0,8	3,0	0,8	5,1	1,0	8,3	1,1	15,7	1,3	29,1	1,5	46,2	1,6	55,0	1,7	98,8	2,0
2,00	3,1	0,9	3,5	0,9	5,9	1,1	9,6	1,2	18,2	1,5	33,6	1,7	53,3	1,9	63,3	2,0	114,2	2,3
2,50	3,4	1,0	4,0	1,1	6,7	1,2	10,8	1,4	20,33	1,6	37,6	1,9	59,7	2,1	71,7	2,2	127,7	2,6
3,00	3,8	1,1	4,3	1,2	7,3	1,3	11,8	1,5	22,3	1,8	41,2	2,1	65,4	2,3	77,9	2,4	140,0	2,8
3,50	4,1	1,2	4,7	1,3	7,9	1,5	12,8	1,6	24,1	1,9	44,5	2,2	70,6	2,5	84,2	2,6	151,2	3,0
4,00	4,4	1,3	5,0	1,3	8,4	1,6	13,7	1,8	25,8	2,1	47,6	2,4	75,5	2,7	90,0	2,8	161,7	3,2
4,50	4,6	1,4	5,3	1,4	8,9	1,7	14,5	1,9	27,3	2,2	50,5	2,5	80,1	2,8	95,5	3,0	171,5	3,4
5,00	4,9	1,5	5,6	1,5	9,4	1,7	15,3	2,0	28,8	2,3	53,3	2,7	84,5	3,0	100,7	3,1	180,8	3,6

❷ Tubulação de esgoto permitida, grau de preenchimento 70% (h/di= 0,7) (correspondente à tabela B.2 da DIN EN 12056)

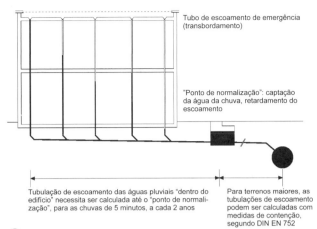

1 Limitação das áreas de aplicação; DIN EN 12056, DIN 1986-100 e DIN EN 725 [12]

Nº	Tipo de superfície	Coeficiente de escoamento
1	Superfícies impermeáveis, p. ex.	
	– telhados	1,0
	– áreas concretadas	1,0
	– rampas	1,0
	– superfícies pavimentadas com juntas isolantes	1,0
	– coberturas com pintura asfáltica	1,0
	– pavimentação com juntas impermeáveis	1,0
	– coberturas com revestimento de cascalho	0,5
	– coberturas ajardinadas*	
	– para ajardinamento intensivo	0,3
	– para ajardinamento extensivo, a partir de camada de 10 cm para implantação	0,3
	– para ajardinamento extensivo, com camada inferior a 10 cm para implantação	0,5
2	Superfícies parcialmente impermeáveis e de escoamento fraco, p. ex.	
	– lajotas de concreto sobre areia ou pedrisco, pisos de placas/lajotas	0,7
	– placas ou lajotas com rejunte ≥ 15%, p. ex. 10 cm x 10 cm e menores	0,6
	– superfícies com capacidade de infiltração	0,5
	– *playground* com pavimentação parcial	0,3
	– áreas de piso sintético	0,6
	– área de terra batida	0,4
	– gramados	0,3
3	Superfícies permeáveis com ou sem encanamento significativo para escoamento das águas pluviais, p. ex.	0,0
	– estacionamento com áreas verdes, piso de saibro ou pedrisco, seixo rolado, também com trechos pavimentados, como	0,0
	– caminhos de jardim, com superfície de infiltração	0,0
	– acessos e estacionamentos com grelha plantada (grama)	0,0
	* Segundo diretrizes para projeto, execução e tratamento de coberturas ajardinadas (Diretrizes para telhados verdes)	

2 Coeficiente de escoamento C para cálculo do fluxo de escoamento (corresponde à Tabela 6 da DIN 1986-100)

INSTALAÇÕES PREDIAIS
ESGOTO, ÁGUAS PLUVIAIS

Medição da drenagem de águas pluviais

As águas de chuva que caem sobre as coberturas são captadas por sistema de tubulação. O objetivo principal é levar a água pluvial de áreas construídas para o terreno, onde será devolvida ao lençol freático através de sistema de infiltração. Quando não for possível, a água pluvial será conduzida em sistema misto ou separado. Para ligação com o canal de rede pública, deve-se observar as medidas limite. Em determinadas condições, deve-se prever encanamento com dimensionamento de retorno, em forma de rede superdimensionada ou tanque/reservatório. Cada superfície de cobertura deve, no mín., ter um ponto de escoamento e um sistema para transbordamento, com saída livre. As águas pluviais, também decorrentes de pequenas superfícies de cobertura, não devem ser conduzidas ao sistema de captação de esgoto. As tubulações são calculadas para índices médios de precipitação. Como chuvas fortes também precisam ser consideradas, é necessária a previsão de medidas de escoamento de emergência, como tubos de transbordamento, diminuição da pressão no tubo de queda etc., para limitação de danos.

O escoamento das águas pluviais é calculado segundo a DIN EN 12056-3 ou DIN 1986-100:

$$Q = r_{D(T)} \cdot C \cdot A \cdot \frac{1}{10.000}$$ em que se tem:

$r_{D(T)}$ precipitação pluviométrica estimada em l/s/ha, calculada sob base estatística
cinco minutos de precipitação, que é esperada a cada 2 anos
C   coeficiente de escoamento (de acordo com Tab. → **2**)
A   em planta, superfície captadora da precipitação em m^2

Deve-se considerar o valor D = 5 min. para a medição de duração de precipitação. O índice recorrência anual é determinado pela finalidade de uso. O índice de recorrência anual do cálculo pluvial para terrenos sem sistema de retenção pluvial deve ser de, no mínimo, uma vez a cada dois anos (T=2). Para áreas de telhado, o índice de recorrência anual do cálculo pluvial deve ser estipulado em 5 anos (T=5).

Áreas eficazes para drenagem são áreas de telhados, fachadas e terrenos pavimentados. Telhados planos aplicam-se como áreas projetadas. Áreas de fachadas aplicam-se somente se for possível a drenagem de água pluvial sob a influência do vento. Áreas de terreno pavimentadas, desde que conectadas ao sistema de tubulação, devem ser consideradas. Calhas de telhado devem ser consideradas de acordo com a descarga do sistema de drenagem e com o projeto relacionado. Os critérios determinados pelos prerrequisitos são: cada ponto profundo deve ser um dreno, além disso, devido ao projeto drenos (p. ex. para aberturas e extensões), devem estar nas mesmas altitudes de no máximo 20 metros de distância um do outro. Todos os sistemas de desaguamento do telhado devem ter um sistema em comum e um de desaguamento de emergência. Áreas de telhado podem ser protegidas por aberturas em sótão ou por meio de um dreno de emergência livre. Em calhas, o desaguamento de emergência é feito pela borda de ataque da calha.

Escoamento em sistema de conduto livre

Os tubos de queda necessitam ser ligados ao ponto de escoamento da cobertura com, no mínimo, mesmo diâmetro nominal. O grau de preenchimento pode ser de 0,33. Coletores de conjunto e de escoamento básico devem apresentar grau de preenchimento 0,7 e caimento mínimo de 0,5 cm/m, no interior do edifício. Ná área externa de edifícios, a velocidade máxima de 2,5 m/s deve ser observada. Grau máximo de preenchimento, no caso, de 0,7.

Aqui, pode-se ter a construção de poço/reservatório com saída livre, com preenchimento completo sem pressão. O caimento mínimo para DN 200 é de 0,5 cm/m; a partir de DN 250, 1: DN.

O diâmetro mínimo das tubulações básicas é DN 100. Ná área externa de edifícios, as áreas de telhado conectadas também devem ser determinadas com o cálculo de precipitação pluvial bianual.

Tecnologia de edificações

INSTALAÇÕES PREDIAIS

Esgoto, águas pluviais
Ventilação forçada
Calefação
Fossas sépticas

DIN 1986
DIN EN 12056
DIN EN 725

205

INSTALAÇÕES PREDIAIS
ESGOTO, ÁGUAS PLUVIAIS

Área de aplicação	Tipos de uso livre de válvulas de retenção segundo DIN EN13564-1[a]
Água servida sem bacilos fecais / Águas pluviais	Tipos 2, 3 e 5
Água servida com bacilos fecais	Tipo 3 com referência "F"
Sistemas de reciclagem de uso de água pluviais [b]	Tipos 0, 1, 2

[a] Até a publicação da DIN EN 13564 -1 valem DIN 1997 e DIN 19578
[b] Apenas permitido para transbordamento de reservatórios subterrâneos, ligados a canal de escoamento (veja DIN 1989-1)

① Áreas de aplicação de válvulas de retenção (correspondente à Tabela 2 da DIN 1986-100)

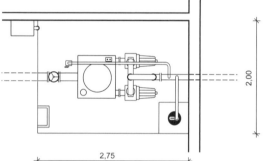

② Estação elevatória para escoamento de águas servidas, como instalação dupla (segundo DIN 12056-4) [11]

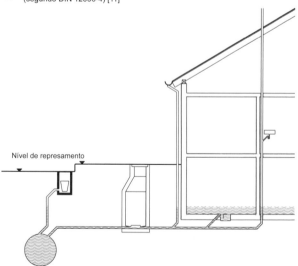

③ Represamento no tubo de escoamento de um sistema misto, em decorrência de sobrecarga do fluxo de água após chuva forte. No ponto mais profundo do sistema de escoamento, tem-se o encontro do esgoto com a água pluvial (inexistência de sistema de segurança) [11]

Escoamento de água pluvial de coberturas, sob pressão (conduto forçado)

O uso desse sistema hidráulico requer a comprovação de sua necessidade. O represamento de água na área de entrada do condutor, responsável pela adoção deste tipo de funcionamento, não é considerado como inundação de superfície da cobertura enquanto as diretrizes para as bocas de escoamento da DIN EN 1253 estiverem preservadas.

Superfícies de cobertura que preveem sua inundação, p. ex. devem apresentar solução estrutural adicional e de impermeabilização até a altura atingida pela água. Para o escoamento de água pluvial sob pressão, tem-se como altura disponível, no máximo, a diferença entre boca de escoamento na cobertura e nível da água represada. Na passagem entre sistema coletor sob pressão para o de conduto livre, deve-se ter a redução da velocidade da corrente para < 2,5 m/s.

Proteção contra represamento

Para pontos de despejo abaixo do nível de represamento, deve-se ter o asseguramento através de estação elevatória, com curva contra retorno e válvula de contenção, para evitar retorno da canalização pública local (DIN 12056-4). Para as válvulas de contenção, há limites de aplicação → ①.

Em estações elevatórias de esgoto, nas quais o despejo não deve ser interrompido, necessita-se a construção em sistema duplo → ②. Para águas pluviais escoadas abaixo do nível de represamento local estipulado, deve-se também prever sistema de bombas. As instalações devem ser feitas de modo a evitar danos no caso de acontecer a chamada chuva crítica instantânea a cada 100 anos $r_{5(100)}$ (proteção de superfícies como, entradas de moradias, de subsolo, acessos a garagem, pátios internos).

Para superfícies maiores abaixo do nível de represamento, sem danos possíveis para edifícios ou qualquer elemento com necessidade de proteção, deve-se ter a certificação de inundação possível segundo DIN 752-4 para precipitações da categoria $r_{15(30)}$. A estação elevatória necessita ser calculada para um mínimo de $r_{5(2)}$.

Superfícies de cobertura, que podem ter o escoamento das águas pluviais sem auxílio de tubos livres de emergência, necessitam de cálculo estrutural para possíveis inundações, além da comprovação de sobrecarga de despejo interna até determinado "ponto de normalização". Ambos os cálculos, de inundação e sobrecarga de despejo, deverão ser feitos com base nas chuvas críticas a cada 100 anos, $r_{5(100)}$.

Esgoto especial

Em princípio, o tratamento de esgoto industrial é realizado para que este possa ser incorporado à rede de captação normal. Em consequência, há a necessidade de construções especiais de separação e tratamento de efluentes, às quais pertencem:
separação de óleos e gorduras, de líquidos leves, de densidades e emulsão. Para óleos minerais e líquidos leves, as regulamentações encontram-se na DIN 1999. As instalações compõem-se, via de regra, de caixa de lama, separador e caixa receptora de provas → ②.
Em especial, superfícies onde acontece a lavagem de veículos, sua manutenção e abastecimento com combustível, devem ter a instalação de separador para líquidos leves no sistema de captação das águas servidas.

Estações elevatórias de esgoto

Estações elevatórias consistem de agregados de motobombas hidráulicas com reservatórios de coleta, bem como tubulações e equipamentos auxiliares. Elas são instaladas para conduzir os resíduos sob o nível do efluente até a canalização pública. Estações elevatórias também são utilizadas quando o canal de saneamento público está acima da conexão de esgoto do edifício, por meio de uma linha de vazão livre. A tubulação de pressão, caso não acordado de outro modo com o órgão regulador, é canalizada em *loop* para acima do nível do efluente.

INSTALAÇÕES PREDIAIS
VENTILAÇÃO FORÇADA

Fonte: Bohne: Technischer Ausbau von Gebauden, Wiesbaden 2014

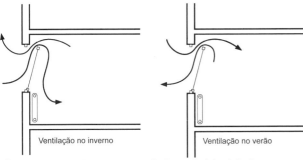

① Comparação do fluxo de ar para ventilação através de janela (no inverno e no verão) [12]

| Sistema I | Ventilação unilateral com abertura em parede externa |
| Sistema II | Ventilação cruzada, em paredes externas opostas ou em parede externa e superfície do telhado |

② Sistemas de ventilação natural segundo as Diretrizes para áreas de trabalho (ASR 3.6 – Alemanha). As seções transversais para ventilação livre são dadas na Tab. → ④

Grupo espacial A	Áreas de trabalho sentado, em sua maioria (p. ex. escritórios)
Grupo espacial B	Áreas de trabalho em pé, em sua maioria (p. ex. lojas)
Grupo espacial C	Áreas de trabalho mistas (sentado e em pé), onde haja influência de cheiros fortes, ou para trabalho braçal/corporal acentuado

③ Grupos espaciais

Sistema	Sistema I Ventilação unilateral	Sistema II Ventilação transversal
Profundidade máx permitida com base na altura livre do espaço (h) [m]	Profundidade do espaço = 2,5 x h (em h>4 m: profundidade máx.= 10 m) (velocidade do ar em seção transversal presumida = 0,08 m/s)	Profundidade do espaço = 5,0 x h (em h>4 m: profundidade máx. = 20 m) (velocidade do ar na seção transversal presumida = 0,14 m/s)
Área de abertura para segurança da arejamento mínimo para ventilação contínuo [m²/pessoa]	0,35	0,20
Área de abertura para segurança de arejamento mínimo para ventilação Push [m²/10 m² pessoa)	1,05	0,60

④ Área mínima de abertura para ventilação contínua e para ventilação Push (de acordo com ASR 3 6)

Temperatura do ar [°C]	Umidade relativa do ar [%]
20	80
22	70
24	62
26	55

⑤ Umidade relativa do ar recomendada, dependendo da temperatura (de acordo com ASR 3 .6)

Ventilação natural
A qualidade do ar em ambientes internos e edifícios é um dos fatores preponderantes na determinação do conforto dos usuários, critério fundamental para o seu bem-estar. Se a ventilação não for efetuada de forma mecânica, tem-se a chamada ventilação natural, que se caracteriza pela troca de ar, através de janela, poços ou outro tipo de abertura na edificação. A ventilação, no caso, ocorre com a pressão do vento sobre e entorno do edifício, que é dependente de múltiplos parâmetros externos. Além disso, modifica-se a troca de ar em decorrência da relação térmica dentro e fora do edifício. Para a determinação da qualidade da ventilação natural é de importância, também, o tipo de troca de ar proporcionado pelo ambiente ou edifício. No caso de um edifício ser ventilado basicamente de forma natural, deve-se observar limites, estipulados segundo:
– localização do edifício no contexto urbano;
– velocidade dos ventos no local de implantação do edifício;
– emissão de ruídos no local;
– estrutura do edifício, profundidade dos ambientes, espaços internos, resistência à pressão dentro do edifício;
– térmica do edifício ou dos ambientes.

As relações de fluxos de ar, através da abertura de janelas, diferenciam-se no inverno e no verão, segundo as diferenças de temperatura interna e externa do ambiente → ①. Para espaços destinados ao trabalho, as Diretrizes para áreas de trabalho indicam a descrição do sistema natural de ventilação, também diferenciado em parâmetros:
– Ventilação através de janela
– Através de poço de ventilação
– Através de elementos na cobertura
– Ventilação através de outros sistemas

A qualidade do ar é definida como adequada apenas quando o ar respirável nas áreas de trabalho for saudável e o nível de qualidade for semelhante ao ar puro, externo (a não ser que o ar externo seja poluído, com concentração de CO_2, óxido de nitrogênio etc.)
Os diferentes sistemas de ventilação natural são catalogados em: → ②.
Esses sistemas são válidos para áreas de referência de 6 m²/funcionário.
Além disso, há a divisão em espaços específicos A, B, C → ③.
A **seção transversal para ventilação** natural pode ser calculada segundo → ④ (extrato da ASR 3.6).
Deve ser possível a diminuição da entrada de ar através de elementos móveis de fechamento. O fluxo mínimo de entrada de ar, em volume, segundo as diretrizes da ASR 5, corresponde aproximadamente ao volume de ar externo recomendado para controle dos valores máximos de CO_2, que não devem ser ultrapassados.
Valores recomendados:
Para atividades executadas basicamente pela pessoa sentada:
20–40 m³ / h · pessoa
Para atividades executadas basicamente pela pessoa em pé:
40–60 m³ / h · pessoa
Para trabalho braçal/corporal:
65 m³ / h · pessoa
Para o primeiro grupo (atividades executadas por pessoa sentada), recomenda-se uma observação detalhada da situação para uma concepção que abranja todo o tempo de trabalho. É ainda recomendável o cálculo de fluxo de ar, em volume necessário, em função da sobrecarga de CO_2 externa e da frequência de uso do espaço.

Tecnologia de edificações

INSTALAÇÕES PREDIAIS

Esgoto, águas pluviais
Ventilação forçada
Calefação
Fossas sépticas

INSTALAÇÕES PREDIAIS
VENTILAÇÃO FORÇADA

Tecnologia de edificações

INSTALAÇÕES PREDIAIS

Esgoto, águas pluviais
Ventilação forçada
Calefação
Fossas sépticas

DIN 18017

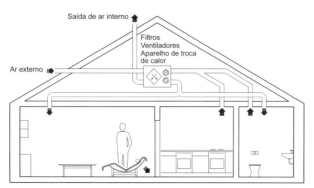

① Sistema central de ventilação em moradia, com recuperação de calor. O ar externo insuflado, depois de passar por filtros, é levado ao sistema de troca de calor (elétrico), onde recupera o calor emanado pelo ar viciado, que sai da moradia. Em geral, este ar penetra em diversos ambientes, antes de ser retirado por sucção. O ar da cozinha e sanitários, entretanto, não deve entrar em contato com o dos outros ambientes [12]

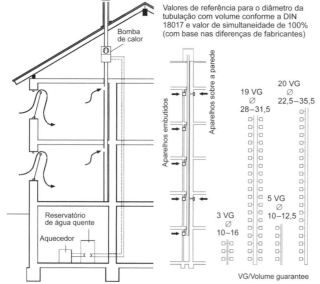

② Centrais de ventilação com produção de calor através de bomba de calor e armazenamento em reservatório de água quente. A energia térmica restante é fornecida por aquecedor [12]

③ Instalações de ventilação unitária, com eliminação conjunta do ar (tubulação principal), substituem grandes baterias de caixas de ventilação [12]

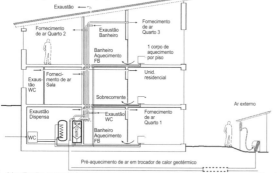

④ Ventilação controlada para moradias, com troca de calor em sistema geotérmico (prédio de apartamentos) [12]

	Duração de funcionamento No mínimo 12 h/dia *1	Duração de funcionamento indeterminada *2
Nicho para cozinhar	40 m³/h	60 m³/h
Cozinha, ventilação básica	40 m³/h	60 m³/h
Cozinha, ventilação intensiva	200 m³/h	200 m³/h
Banheiro com/sem WC	40 m³/h	60 m³/h
WC	20 m³/h	30 m³/h

*1 Funcionamento com carga básica
*2 Funcionamento controlado segundo necessidade

⑤ Volume ou fluxo de ar planejado, segundo DIN 1945 Parte 5, para ambientes sem janelas

Ventilação controlada em moradias
Por motivos higiênicos e de física da construção é necessária a troca do ar viciado dos ambientes, insuflando-se ar puro, rico em oxigênio. Aqui faz-se a diferenciação entre ventilação nominal (exigida pela física da construção) e ventilação segundo necessidades (exigências do ponto de vista higiênico; ventilação básica).

Ventilação nominal: uma troca de ar de no mínimo 0,5–1 vez por hora pode assegurar que, em espaços normais de moradia, não venham ocorrer danos construtivos. Umidade do ar elevada, devido a pouca troca de ar (juntas herméticas), pode levar à formação de manchas e mofo. Este fenômeno ocorre mais claramente onde as janelas foram saneadas, inclusive suas junções, sem ter havido melhoramento na superfície isolante térmica da edificação.

Ventilação segundo as necessidades: a transpiração do corpo, a fumaça de cigarros e os odores de cozinha e sanitários contribuem para a perda de qualidade do ar dos ambientes, tornando-se necessária a sua renovação.

Por motivos higiênicos, recomenda-se uma troca de ar de:
0,5–1 vez/h em zonas de estar, vivência e dormitórios;
4–5 vezes/h em sanitários, localizados internamente;
0,5–25 vezes/h na cozinha (sobrecarga em fluxos).

Ventilação mecânica para moradias unifamiliares
A ventilação mecânica, com ganho de energia térmica, deve agir de forma a renovar o ar ambiente e controlar a perda de calor ocasionada pela saída do ar, dentro de determinados limites. Em espaços em que a umidade e odores são gerados (banheiro, cozinha), o ar é extraído e descarregado pelo telhado.

Para a ventilação mecânica com **produção térmica** → ① o ar que sai do ambiente entra em contato térmico com o que entra, em um sistema de troca de calor. No mínimo 80% do calor (grau de temperatura de troca) deve ser recuperado para o ar que entra.

Centrais de ventilação com produção de calor
Nesse sistema, o ar externo penetra no ambiente através de frestas/juntas e aberturas. A quantidade necessária de calor deve ser fornecida por sistema de calefação normal (estático ou de superfície). A quantidade de calor inerente ao ar que é transportado do edifício (saída do ar viciado) perder-se-ia, no caso de não ser tratada adequadamente. O baixo nível de temperatura (≈20°C–24°C) impede uma recuperação térmica no sistema de calefação. Uma possibilidade de reciclagem do nível baixo de temperatura é a sua utilização em bombas de calor. Essa energia térmica pode ser então armazenada, p. ex. para aquecimento de reservatórios de água potável → ②.

Instalações de ventilação unitária, com eliminação conjunta do ar (tubulação principal) → ③
Segundo a 18017-3 Parte 3, há a necessidade de apenas um duto vertical para saída de ar. No caso, pode-se ter, dependendo da fabricação, até 20 andares com dois exaustores por andar (também para duas unidades de moradia, lado a lado). O duto principal para saída do ar tem um diâmetro de 10 mm a 35 mm, podendo ser instalado normalmente em um poço de instalações prediais. As caixas de ventilação (com rotor radial), embutidas ou sobre as paredes, têm uma capacidade de 50 ou 90 m³/h. Portinholas herméticas evitam a perda de calor ou emanação de odores no momento em que o sistema estiver parado, assumindo também função de proteção contra incêndio (classe de resistência ao fogo L90).

Ventilação de moradias com troca de calor em sistema geotérmico → ④
O sistema de resfriamento geotérmico fornece ar fresco no verão. Através da sucção do ar externo, com até 30°C, pode-se ter, com esse sistema, a redução da temperatura para 20°C. No inverno, ao contrário, tem-se o preaquecimento do ar externo (−10°C até 2°C). O aquecimento posterior do ar, em edifícios com bom isolamento térmico, pode ser suficiente para dias de inverno ameno.

INSTALAÇÕES PREDIAIS
VENTILAÇÃO FORÇADA

Funções da ventilação forçada

Em áreas internas de permanência deve-se ter uma qualidade de ar com nível correspondente à sensação de conforto das pessoas. Os seguintes componentes de conforto podem ser influenciados através do uso da ventilação forçada:
– pureza do ar/ nível de odores
– temperatura do ar
– movimentação do ar
– umidade do ar

Construção de instalações técnicas de ventilação

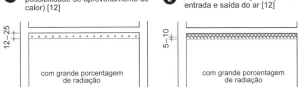

❶ Ventilação sob pressão (não há possibilidade de aproveitamento do calor) [12]
❷ Sistema de ventilação forçada, da entrada e saída do ar [12]

As instalações técnicas de ventilação compõem-se, via de regra, de um sistema de sucção do ar externo, aparelhos centrais de preparação, rede de distribuição do ar e injetores de ar nos ambientes → ❷. Dependendo do efeito desejado, podem ser executados diferentes sistemas. Também é feita a diferenciação entre sistemas que funcionam somente com o movimento do ar ou em combinação com água. A primeira distinção faz-se entre sistema com função de ventilação e sem esta função. O primeiro necessita de fornecimento suficiente de ar externo. Junto à função de ventilar, esses sistemas podem ainda exercer funções de aquecimento, refrigeração, prover ou retirar umidade do ar. Instalações sem ventilação exercem as mesmas funções, apenas sem a troca de ar viciado dos ambientes. Outra diferenciação entre sistemas técnicos decorre do tipo e forma de tratamento do ar. No caso, tem-se como base o tratamento termodinâmico funcional (calefação, refrigeração, umedecimento, retirada de umidade).

Sistemas onde o ar é transportado e filtrado chamam-se **instalações de ventilação**. Quando nenhum ar externo for acionado, trata-se de uma **instalação de circulação**.

Sistemas com ar e água

Instalações técnicas de ventilação que funcionam combinadas com sistemas de calefação e refrigeração, movidos a água. Pertencem a esta categoria:

Tetos refrigerados → ❸ – ❾

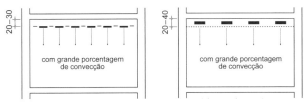

❸ Sistema de tetos refrigerados, para pequenas alturas entre pavimentos; p. ex. forros metálicos e sistema de tubulação capilar [11]

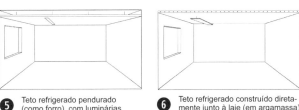

❹ Sistema de refrigeração em combinação com forro, p. ex. forros acústicos. Uma instalação posterior é quase sempre possível [11]

Promovem um resfriamento estático do ambiente. Em vez de uma movimentação mecânica do ar, há a troca de radiações entre água fria em tubulação no teto e o ar do ambiente. A troca de ar pode ser restringida a um mínimo saudável, por motivos de higiene. Em escritórios, a carga térmica interna, isto é, o calor produzido por pessoas, aparelhos e iluminação artificial, é maior, via de regra, do que a perda de calor pela superfície do edifício. O aquecimento ocorre primariamente quando os ambientes não estão em uso. Esta situação é causada pelas baixas cargas de aquecimento devido ao bom isolamento térmico do edifício e aumento das cargas de calor interno, principalmente por equipamentos de informática, iluminação quente e pessoas. Para dissipá-los em cerca de 40-80 W/m^2 são necessários sistemas de condicionado convencional, altas taxas de circulação de ar, dutos volumosos e unidades centrais. Esse sistema tem sido cada vez mais substituído pelos tetos refrigerados (sistema também denominado de "climatização silenciosa", uma vez que não há a influência de ruído dos ventiladores. Em vez de ar, tem-se a água como meio de transporte térmico).

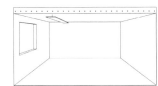

❺ Teto refrigerado pendurado (como forro), com luminárias integradas [12]
❻ Teto refrigerado construído diretamente junto à laje (em argamassa), com luminária pendente [12]
❼ Placa de refrigeração pendurada, com luminária integrada [12]
❽ Teto com reservatório para refrigeração, com luminária pendente [12]

Vantagens dos tetos refrigerados:

Pouca necessidade de espaço para instalação de canais, caixas e centrais. Baixos custos energéticos, economia de energia. Boa aceitação, por ser um sistema silencioso e em função da baixa velocidade de movimentação do ar no ambiente. Capacidade de resfriamento de até 100 W/m^2. Uma variante do sistema de refrigeração por radiação ou convecção livre são as **placas de refrigeração**, penduradas no teto → ❼, que têm, entretanto, em virtude da superfície limitada, eficiência de funcionamento menor do que o sistema superficial. Podem ser feitas combinações, entretanto, com sistema convencional (p. ex. chapa perfurada aumenta o efeito de convecção), reservatório de elemento refrigerante no teto e outras soluções semelhantes.

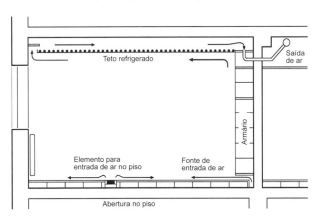

❾ Sistema de refrigeração em combinação com forro, p. ex. forros acústicos. Uma instalação posterior é quase sempre possível [12]

Tecnologia de edificações

INSTALAÇÕES PREDIAIS

Esgoto, águas pluviais
Ventilação forçada
Calefação
Fossas sépticas

209

INSTALAÇÕES PREDIAIS
VENTILAÇÃO FORÇADA

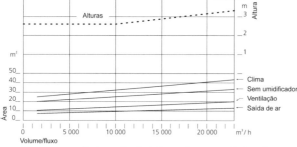

① Central de climatização no subsolo [11]
② Central de climatização no pavimento superior [11]
③ Central de entrada de ar no subsolo. Sistema de saída de ar localizado na cobertura (ar condicionado por indução). Sem circulação de ar [11]
④ Central de climatização em pavimento intermediário. Solução favorável para arranha-céus [11]

Centrais de climatização → ① - ④

Localização de centrais de climatização as estações de tratamento de ar devem ser geralmente montadas em prédios a partir de 3 pavimentos completos ou mais em salas especiais (sistema central de ventilação) quando houver a condução de correspondentes canais de ventilação nos diversos pavimentos e setores delimitados, de proteção contra incêndio. A acomodação conjunta do sistema central de ar condicionado e do sistema de aquecimento em um ambiente não é admissível, devido aos requisitos de proteção contra incêndio.

Sistemas de ventilação e ar condicionado têm a sua central, na maioria dos casos, em um pavimento técnico, próximo à central de calefação e de refrigeração. A localização de centrais de ventilação e calefação em um único recinto não é permitida (proteção contra incêndio). Deve-se observar no projeto, entretanto, uma relação com o núcleo do edifício, com seu poço vertical de instalações técnicas. Também deve-se considerar os distanciamentos horizontais e verticais das zonas que mais utilizam o sistema de ar condicionado (p. ex. cozinhas industriais, salas de refeições ou centros de processamento de dados). A integração formal de um pavimento técnico no corpo do edifício pode influenciar fortemente seu aspecto final. Se for implantado em um dos andares superiores, terá como consequência a presença de um pavimento praticamente sem janelas (emissão de ruídos); em contrapartida, terá elementos para saída de ar, sobressaindo do conjunto como pavimento de altura mais elevada.

Dimensões dos recintos

Pode-se ter o cálculo aproximado da necessidade espacial de centrais de climatização nas normas estabelecidas pela VDI 2052 (Associação de engenheiros alemães), levando-se em consideração o fluxo/volume previsto e o tipo de tratamento do ar. Exemplo de cálculo para um edifício de escritórios → ⑤ + ⑥.

Elementos de ventilação localizados na fachada → ⑦ - ⑨

Também são denominados de **aparelhos de ventilação descentralizada**. Esses aparelhos são instalados junto à fachada, com ligações técnicas diretas de ventilação. Em frente aos ventiladores-convectores, com rotores, há o transporte do fluxo de ar, junto à fachada, para dentro dos aparelhos. Dessa forma, não há necessidade de outras instalações no interior do edifício. Esse sistema pode ser instalado de diferentes formas, p. ex. trazendo ar sob o piso de corredores, combinando entrada e saída de ar, ou ainda ligados a central de retirada de ar no interior do edifício. Também é importante observar a ação da pressão dos ventos sobre o volume/fluxo de ar desejado. Dependendo da localização e concepção do edifício, a temperatura da fachada também pode influenciar no resultado.

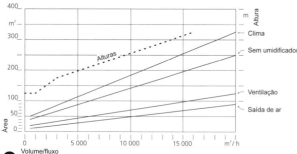

⑤ Diagrama para cálculo aproximado da área e altura necessária de recintos para a central de climatização, com a instalação de diversos aparelhos para fluxo de ar de até 50 m³/s. VDI 3803, para instalações de pequeno porte [11]

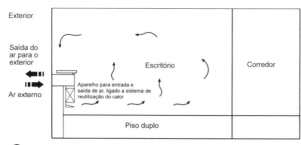

⑥ Idem, para instalações de grande porte [11]

⑦ Aparelho combinado de entrada e saída de ar instalado no parapeito [12]

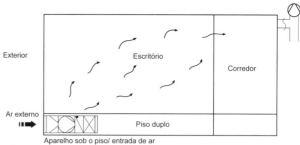

⑧ Sistema de entrada de ar para o corredor, instalado em piso duplo, combinado com central para saída do ar [12]

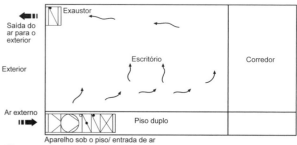

⑨ Sistema de entrada de ar instalado em piso duplo, combinado com aparelho para formação de corrente de ar superior [12]

INSTALAÇÕES PREDIAIS
CALEFAÇÃO

Instalações de calefação

Os sistemas de aquecimento para edifícios utilizam, em geral, como meio transportador de calor, a água, raramente o ar (transporte pelo vapor, em uso apenas em instalações industriais). A temperatura necessária do meio de transporte (água, ar, vapor) é dependente do meio em si e da superfície a ser aquecida. Para ser atingido um nível de temperatura desejado no meio de transporte, há a necessidade de uma fonte térmica. A maioria destas utiliza, como fonte primária de energia, gás natural ou óleo. Em geral, esses elementos são queimados em caldeiras a uma temperatura de 1.000°C, sendo esta temperatura transferida, p. ex., para a água. Como a temperatura de 70°C é, via de regra, suficiente para o meio utilizado no aquecimento, recomenda-se cada vez mais evitar-se o uso de combustível fóssil na calefação.

Novos sistemas ecológicos de aquecimento utilizam outras possibilidades térmicas, como a energia geotérmica → p. 150, em ligação com bombas de calor, que também combinam a produção de calor e eletricidade (sistema de cogeração); ou ainda o uso de fontes de energia neutras no que diz respeito às emissões de CO_2, como madeira. Também existe a possibilidade de fontes sazonais de armazenamento de energia térmica, como o sistema solar, utilizando a radiação do verão.

Distribuição do calor

O sistema mais usual de aquecimento é o que utiliza a água. Esta é utilizada como meio de transporte térmico, depois de ser aquecida em centros de geração de calor (em sua maioria caldeiras), indo até os convectores/radiadores nas edificações. A água resfriada retorna à caldeira onde se reaquece (corrente para frente e de retorno). Aquecedores à água atingem uma temperatura máxima (na corrente positiva) de cerca de 100°C. Hoje, as temperaturas escolhidas ficam entre 45°C e 70°C, ou seja, no nível de temperaturas baixas. Sistemas com temperaturas acima de 120°C são utilizados apenas através de fornecimento à distância, por usinas térmicas.

A distribuição de calor ocorre, em geral, como sistema de circulação fechado, bombeado. Diferenciam-se, no caso, os tipos de tubulação → ❷ – ❼.

Sistema de geração de calor a gás ou óleo

Gás-combustível: cada vez mais se utiliza o gás de petróleo para aquecimento. Vantagens e desvantagens do gás-combustível: nenhum custo de armazenamento. Custos de manutenção baixos. Cálculo de custos depois do consumo. Pode ser utilizado em áreas de proteção de mananciais. Fácil regulagem, grau de rendimento anual alto. Pode ser implantado para aquecimento de apartamentos individuais ou ambientes em geral (termogás). Pouca sobrecarga do meio ambiente. Dependência de rede de abastecimento. Maiores custos energéticos. Para mudança do sistema a óleo para um a gás, é necessário o saneamento da chaminé.

Óleo-combustível: hoje a forma ainda mais divulgada de combustível para aquecimento com uso de óleos leves. Vantagens e desvantagens do uso de óleo combustível. Independente de rede de abastecimento pública. Fácil de regular. Custos altos para depósito e sistema de tanques. Em edifícios de apartamentos para aluguel, ocorre aumento de custos em relação aos espaços utilizados para depósito. Em áreas de reserva natural de água e regiões afetadas por enchentes, somente possível atendendo a normas rigorosas estabelecidas. Cálculo de custos e cobrança antes do uso. Grande sobrecarga contra o meio ambiente.

Materiais combustíveis sólidos: como carvão de pedra, carvão vegetal ou madeira, são cada vez menos utilizados para aquecimento de edifícios. Sendo que a queima destes materiais desprende grande quantidade de elementos nocivos ao meio ambiente, existem muitas restrições legais estabelecidas pela Secretaria do Meio Ambiente. Vantagens e desvantagens dos combustíveis sólidos: independência de importação de energia (tratando-se da Alemanha). Custo baixo da matéria-prima. Custos altos de funcionamento das instalações. Necessidade de grandes depósitos. Grande desprendimento de gases nocivos. De difícil regulagem.

Tecnologia de edificações

INSTALAÇÕES PREDIAIS

Esgoto, águas pluviais
Ventilação forçada
Calefação
Fossas sépticas

DIN EN 12828
DIN EN 12831
DIN EN 215
DIN EN 442
DIN EN 1264
DIN EN 12170
DIN EN 12171

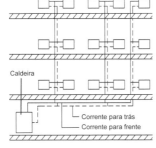

❶ Compartimento para instalação do calorífico para combustível sólido com capacidade ≥ 50 kW, volume mínimo 8 m³

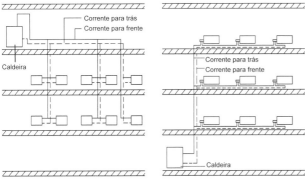

❷ Princípio de um sistema de aquecimento de água: a água assimila o calor gerado pela caldeira e o conduz para as zonas de distribuição. Uma bomba produz a permanente circulação da água [11]

❸ Sistema de duas canalizações com divisão inferior e distribuidores verticais

❹ Sistema de duas canalizações com divisão superior e distribuidores verticais

❺ Sistema de uma canalização com válvulas especiais e distribuição horizontal

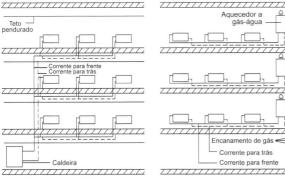

❻ Sistema de duas canalizações com distribuidores horizontais (padrão em edifícios de escritórios)

❼ Sistema de uma canalização com distribuição horizontal por andar

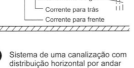

211

INSTALAÇÕES PREDIAIS
CALEFAÇÃO

Aquecimento dos ambientes

Disposição dos aquecedores e movimentação do ar → ① – ④
Abaixo da janela, os aquecedores podem evitar a formação de correntes frias de ar. O ar frio, vindo da superfície envidraçada, é aquecido imediatamente pela temperatura do ar aquecido em ascensão → ①.

Aquecedores apoiados em paredes internas podem levar à circulação do ar, onde o ar frio, próximo do piso e ar quente, no teto, estabelecem um movimento contínuo. Diferenças acentuadas de temperatura entre teto e piso podem ocasionar efeitos de desconforto no ambiente → ②.

Aquecimento de superfície (piso, teto ou paredes) ocorre através do aquecimento das superfícies que conformam o ambiente, com temperaturas proporcionalmente baixas. O fornecimento regular de calor acontece basicamente por irradiação. Com a sobrecarga reduzida de consumo de energia sobre os edifícios, segundo as diretrizes europeias de economia energética (EnEV), este sistema pode ser aplicado sem problemas com a questão do conforto nos ambientes → ③.

Convectores. Em aparelhos de convecção o calor não é irradiado, senão é transmitido diretamente às moléculas do ar. Por este motivo os aparelhos de convecção podem ser revestidos ou embutidos, sem perderem a eficiência térmica. A eficiência de um aparelho de convecção depende da altura da caixa sobre o corpo do aquecedor → ④, ver também p. 213.

Tipos de aquecedores

Radiadores modulados (tubulares): há modelos de aço ou tubos de aço e de ferro fundido. A irradiação de calor dá-se em um valor de até 40% da sua capacidade térmica.

Radiadores de tubos de aço: são encontrados no mercado com sistema de 2 a 6 tubos; não apresentam cantos e possuem alta eficiência em comparação com seu comprimento → ⑦.

Radiadores de aço → ⑥ modulados: são soldados em blocos, permitindo ainda a junção de diversos blocos. Até há poucos anos, esse era o sistema-padrão utilizado para aquecimento a partir da água. Hoje são mais utilizados os sistemas planos.

Radiadores de ferro fundido: têm pouca aceitação no mercado. Reagem vagarosamente aos impulsos de variação de temperatura; têm, entretanto, boa resistência à corrosão → ⑤.

Aquecedores planos: compõem-se de chapas duplas de aço, lisas ou com perfil, por onde passa a água. A parte frontal fornece calor por irradiação. Na parte traseira ocorre a produção de calor com o aquecimento do ar por convecção. Com a junção de variadas chapas, sobe o valor térmico por convecção. Na prática, há a disposição de até três chapas. Devido à sua pequena profundidade construtiva (2 cm–5 cm) podem ser instalados em pequenos nichos ou livres no ambiente; podem fornecer até 40% de sua capacidade térmica, de forma irradiada; necessitam de temperaturas relativamente baixas de funcionamento (é possível o uso com energia geotérmica). Para melhorar a eficiência, podem ser instalados perfis metálicos entre as chapas (sistema de convecção) → ⑨.

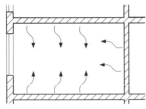

① Movimento do ar para radiadores localizados junto à janela

② Movimento do ar para radiadores localizados em paredes internas

③ Movimento do ar para aquecedores de superfície (paredes, teto ou piso)

④ Movimento do ar para convectores embutidos

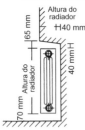

⑤ Medidas construtivas de radiadores de ferro fundido DIN 4720

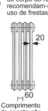

⑥ Medidas construtivas de radiadores de aço DIN 4722

Altura do radiador	Distância entre eixos	Profundidade do radiador
280	220	250
430	350	70, 110, 160, 220
580	500	70, 110, 160, 220
680	600	160
980	900	70, 160, 220

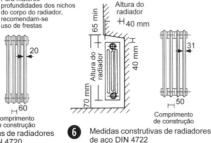

⑦ Radiador tubular (3 tubos)

⑧ Medidas construtivas de radiadores de ferro fundido DIN 4703, Parte 1, medidas normalizadas em mm

2 fileiras, com chapas de convecção ≈14% de participação na radiação

2 fileiras, com uma chapa de convecção ≈18% de participação na radiação

2 fileiras, sem convectores ≈21% de participação na radiação

Altura do radiador	Distância entre eixos	Profundidade do radiador
300	200	160, 250
450	350	70, 110, 160, 220
600	600	70, 110, 160, 220
1000	900	70, 110, 160, 220

⑨ Corte horizontal em radiador plano

⑩ Medidas construtivas de radiadores de aço DIN 4703 – Parte 1

⑪ Curvas de temperatura do ambiente para avaliação fisiológica do calor produzido pelo sistema de aquecimento

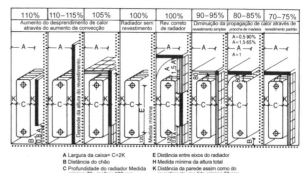

A Largura da caixa= C+2K
B Distância do chão
C Profundidade do radiador Medida mínima 70, melhor 120 mm
E Distância entre eixos do radiador
H Medida mínima da altura total
K Distância da parede assim como do revestimento; medida mínima 50 mm

⑫ Variações no desprendimento de calor relativas aos revestimentos dos radiadores

INSTALAÇÕES PREDIAIS
CALEFAÇÃO

em espiral: distribuição regular de temperatura

em forma de meandros: distribuição de calor de dentro para fora

sinuosidade reversível: distribuição regular de temperatura, com fluxo para frente e de retorno paralelos

1 Execução de pisos com calefação; diferentes disposições da tubulação

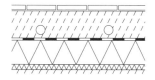

Construção do piso:
- revestimento do piso
- camada niveladora/massa (recobrimento dos tubos, no mín. 45 mm)
- PE - película 0,2 mm
- isolamento 40 mm
- isolamento acústico de impacto
- laje do pavimento

2 Calefação instalada no piso (instalação "molhada")

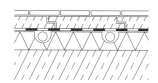

Construção do piso:
- revestimento do piso
- camada niveladora seca 45 mm
- PE - película 0,2 mm
- módulos de instalação/isolamento 30 mm
- isolamento acústico de impacto
- laje do pavimento

3 Calefação instalada no piso (instalação "seca")

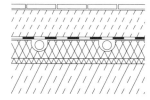

Construção do piso:
- revestimento do piso
- camada niveladora seca (p. ex. cerâmica) 20 mm
- PE - película 0,2 mm
- módulos de instalação/isolamento 30 mm
- laje do pavimento

4 Calefação instalada no piso (instalação dos tubos na camada isolante)

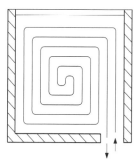

5 Variação da execução, para o teto

Para **convectores** acontece o fornecimento de calor basicamente por convecção → p. 212. A vantagem desse sistema é a velocidade de aquecimento e as desvantagens são a forte movimentação do ar e, assim, de poeira, e a geração de ruído. Para o aumento da eficiência em convectores com caixa de pouca altura (p. ex. no nível do piso), pode-se ter a inclusão de ventiladores. Em áreas de vivência este sistema não é recomendado, devido ao ruído.

Para aberturas com superfícies envidraçadas até o nível do piso, usa-se o **convector embutido no piso** → **6** (principalmente para folhas de fechamento de correr).

Miniconvectores, instalados na camada niveladora de assentamento → **7**, podem ser combinados com sistema de calefação de piso. Eles são especialmente adequados a fases de transição, evitando-se a ativação do sistema de piso, que ocorre, em geral, com retardamento.

Revestimentos dos corpos de aquecimento: podem ser executados de formas variadas. O grau de produtividade cai, em geral, entre 10% e 15%. Através de aberturas insuficientes para entrada e saída de ar, pode-se ter perdas de até 30%, que têm de ser compensadas com o aumento da superfície de aquecimento.

Para revestimentos metálicos, o fornecimento de calor é praticamente integral; para materiais com baixa capacidade de condução de calor, há forte redução da radiação → p. 212 → **12**.

No caso da **calefação de piso** → **1** – **4** ocorre a transmissão do calor da superfície do piso não só para o ar ambiente, mas também para o teto e as paredes. A transmissão do calor para o ar acontece por convecção, ou seja, através da movimentação deste sobre a superfície aquecida. Para o teto e as paredes, há radiação. A capacidade térmica, dependendo do revestimento do piso, pode ser bastante elevada, cerca de 70–110 W/m². Como revestimento do piso, são adequados cerâmica, madeira e tecido, que não ultrapassem um valor de resistência à condução térmica de 0,15 m² kW. A camada de assentamento deverá seguir as normas da DIN 18560 e do Boletim Informativo da Associação de Construtores da Alemanha.

Tecnologia de edificações

INSTALAÇÕES PREDIAIS

Esgoto, águas pluviais
Ventilação forçada
Calefação
Fossas sépticas

DIN 18560

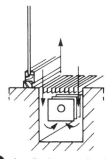

6 Aparelho de convecção sob o nível do piso; entrada inferior do ar

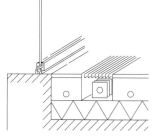

7 Miniconvector (no nível da camada niveladora) em combinação com calefação de piso (esquema)

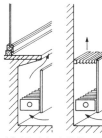
a) Embaixo da janela

b) Diante de parede lisa

c) Livre (aquecimento de 2 ambientes)

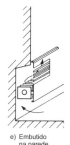
d) Embutido na parede   e) Embutido na parede

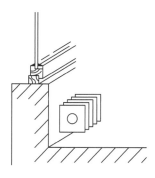

8 Convector plano

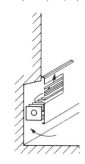

9 Convector instalado em nicho

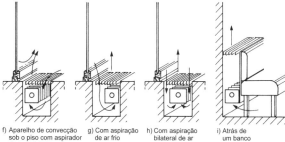

f) Aparelho de convecção sob o piso com aspirador de ar ambiente
g) Com aspiração de ar frio
h) Com aspiração bilateral de ar
i) Atrás de um banco

10 Diferentes possibilidades de construção de convectores

213

INSTALAÇÕES PREDIAIS
CALEFAÇÃO

A espessura da camada depende do tipo de material utilizado, da forma de aplicação e da carga adicional que irá sofrer. No caso de uso de massa de cimento e tubos de aquecimento diretamente assentados sobre camada de isolamento térmico, deve-se prever um recobrimento da tubulação de no mínimo 45 mm. Sem revestimento superior de piso, tem-se uma altura de conjunto total da instalação de no mín. 75 mm. Em geral a massa de assentamento sofre processo de dilatação durante o aquecimento, considerando-se ainda a presença de diferença de temperatura entre as partes superior e inferior da mesma. Em virtude das dilatações diferenciadas, ocorrem, no caso de pisos cerâmicos, tensões na parte superior da massa de assentamento, que podem ser neutralizadas apenas através de armadura (mantas estruturadas) intermediárias. No caso de carpete não há necessidade destas medidas, tendo em vista ser mínima a diferença entre temperaturas.

Na DIN 4725 (aquecimento do piso – água quente) são permitidas temperaturas superficiais no piso de no máx.: no caso de ambientes de permanência prolongada, 29°C; na zona periférica 35°C, considerando que esta deverá ter no máx. 1 m de largura. Em banheiros é válida uma temperatura superficial de piso 9°C acima das temperaturas normais, uma vez que as necessidades de calor nestes compartimentos raramente ultrapassam 90 W/m^2.

Depósitos de óleo para calefação.

A quantidade de óleo armazenado deve ser suficiente para no mín. 3 meses e no máx. um período de aquecimento. No recinto/central de calefação deverão ser armazenados no máx. 5.000 litros. Os tambores de armazenamento deverão ser envolvidos por superfícies protetoras com capacidade de recepção de todo o óleo depositado, em caso de vazamento ou pane. Para tambores em valas escavadas no solo, é necessário sistema de segurança para escoamento, p. ex. tambores de paredes duplas ou invólucro interno de material plástico. Em áreas de reservas de mananciais existem restrições especiais quanto a quantidades máximas depositadas e sistemas de proteção. No caso de edifícios em andares utiliza-se bateria de tanques individuais de matéria plástica com volume de 500–2000 litros cada um, ou tanques de aço, com tamanho de livre escolha, soldados *in loco*. O compartimento de depósito deve ser acessível facilmente.

Os tanques necessitam de controle regular de vazamentos. Também aqui é necessário que o espaço de localização dos tanques seja apto a recolher a quantidade integral de óleo depositado em caso de pane. A instalação deverá apresentar ainda tubulação de abastecimento e sistema de ventilação, com sistema de segurança para transbordamento e, dependendo do caso, banheira protetora (p. ex. para tanques instalados no solo).

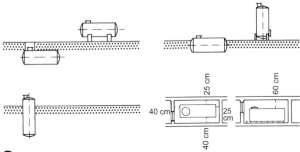

1 Possibilidades de posicionamento de tambores normalizados para depósito de óleo

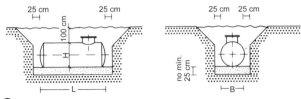

2 Valas para a implantação de tambores de óleo no solo

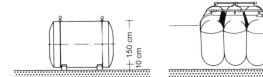

3 Bateria de tambores de nylon (poliamida), vista lateral

4 Bateria de tambores de nylon (poliamida)

Conteúdo-nominal V em litros (dm^3)	Dimensão máx. em mm		Peso m. (com acessórios) em kg
	Comprimento l	Profundidade t	
1000	(1100)	1100	(1100)	720	≈30–50 kg
1500	(1600)	1650	(1720)	720	≈40–60 kg
2000		2150		720	≈50–80 kg

5 Medidas construtivas de baterias de recipientes de material sintético (tambores)

Conteúdo V mínimo em m^3	Dimensionamento em mm (mínimo)					Peso em kg de		
	Perímetro externo d$_1$	Comprimento l	Espessura do metal			1,1 1ª camada	1,2 A/C	B
			s 1ª camada	s cada 2ª camada	Distância entre apoios LW			
1	1000	1510	5	3	–	265	–	–
3	1250	2740	5	3	–	325	–	–
5	1600	2820	5	3	500	700	700	790
7	1600	3740	3	3	500	885	930	980
10	1600	5350	5	3	500	1200	1250	1300
16	1600	8570	5	3	500	1800	1850	1900
20	2000	6969	6	3	600	2300	2400	2450
25	2000	8540	6	3	600	2750	2850	2900
30	2000	10120	6	3	600	3300	3400	3450
40	2500	8800	7	4(5)	600	4200	4400	4450
50	2500	10800	7	4	600	5100	5300	5350
60	2500	12800	7	4	600	6100	6300	6350
						Peso em kg de		
						1,3 A	2,1 B	2,2 B
1,7	1250	1590	5	–	500	–	–	390
2,8	1600	1670	5	–	500	–	–	390
3,8	1600	2130	5	–	500	–	–	600
5	1600	2820	5	3	500	700	745	740
6	2000	2220	5	–	500	–	–	930
7	1600	3740	5	3	500	885	930	935
10	1600	5350	5	3	500	1250	1250	1250
16	1600	8570	5	3	500	1800	1950	1850
20	2000	6960	6	3	600	2300	2350	2350
25	2000	8540	6	3	600	2750	2800	2800
30	2000	10120	6	3	600	3300	3350	–
	2500	6665	7	–	600	–	–	3350
40	2500	8800	7	4	600	4200	4250	4250
50	2500	10800	7	4	600	5100	5150	–
	2900	8400	9	–	600	–	–	6150
60	2500	12800	7	4	600	6100	6150	–
	2900	9585	9	–	600	–	–	6900

6 Dimensionamento para reservatórios de óleo cilíndricos (tambores) → **7**

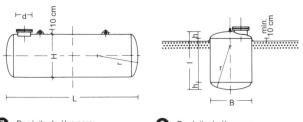

7 Depósito de óleo para aquecimento, vista lateral

8 Depósito de óleo para aquecimento, vista frontal

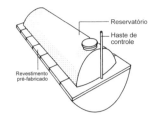

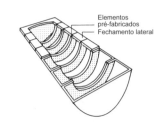

9 Depósito com invólucro de segurança

10 Banheira de concreto protetora para reservatórios de óleo

Tecnologia de edificações

INSTALAÇÕES PREDIAIS

Esgoto, águas pluviais
Ventilação forçada
Calefação
Fossas sépticas

DIN 4725
DIN 4755
DIN 51603

ABASTECIMENTO E DESCARTE
ENERGIA ELÉTRICA DE EMERGÊNCIA

Energia elétrica de emergência produzida por grupo eletrógeno com motor diesel

Esse sistema é utilizado para a produção de energia elétrica com motores (em sua maioria movidos a diesel), com a ajuda de geradores. No caso da queda do fornecimento de energia pública, pode-se usar esse sistema por tempo determinado (não são apropriados para fornecimento permanente de energia), assumindo o fornecimento de emergência para, p. ex. iluminação de segurança, elevadores e outras instalações críticas (sala de operações em hospitais, centrais de computação, produção industrial etc.) Seus componentes são um motor diesel e um gerador, montados sobre estrutura metálica, com camada elástica intermediária (também podem ser montados sobre o piso, com base estrutural ou fundação), além de um sistema de ignição e uma bateria → ❶.

Existem modelos móveis (em contêineres) ou estações, incluindo quadro de interruptores.

A potência de funcionamento depende da especificação, ficando entre 5 e 2.000 kVA (quilovolt-ampère).

Para o projeto, deve-se considerar os seguintes fatores:
– eficiência do grupo eletrógeno;
– isolamento acústico;
– eliminação de gases.

Áreas de instalação

Dependendo da potência e da forma construtiva do sistema, há diferentes tamanhos, alturas e aberturas da área onde podem ser instalados → ❸.

A entrada e a saída de ar podem ser feitas através de poços para ventilação → ❶.

Existe também a possibilidade de associação com o sistema de eliminação de gases (tubo para saída de gases produzidos pelo motor diesel), com a saída de ar efetivando-se em poço vertical / chaminé, sobre a cobertura → ❸ + ❹.

No caso, deve-se observar a necessidade de isolamento acústico → ❸ + ❹.

As especificações quanto à quantidade de ar e ao dimensionamento das aberturas de ventilação são dadas pelos fabricantes do grupo eletrógeno.

Devido ao alto nível de ruído do sistema, em testes e durante sua manutenção, recomenda-se sua instalação longe de áreas de permanência do edifício que necessitem de silêncio, como enfermaria em hospital. É possível, entretanto, a aplicação de medidas para redução e minimização de ruídos (⌀ DIN 4109, Proteção acústica em edifícios sem setor de subsolo). Outra possibilidade é a instalação do gerador e do motor diesel sobre estrutura com molas (fator de amortecimento), para evitar a propagação direta do som.

Sistema ininterrupto de energia UPS

Entre o momento de interrupção do abastecimento de energia elétrica e o funcionamento do gerador, passam-se, em geral, 15 segundos. Para evitar a falta momentânea de energia, utiliza-se o sistema UPS. De forma estática, trata-se do uso de baterias, que são permanentemente carregadas. Dependendo do tipo de equipamento e das necessidades, o sistema UPS deverá proteger a rede elétrica dos seguintes danos potenciais: falta de energia, variação das tensões, elevação máxima ou queda mínima da tensão, influência de raios/elevação da tensão em até 20.000 V, distúrbios e mudanças da frequência.

Enquanto o sistema UPS pode regular problemas de abastecimento de energia de 30 a 60 minutos no máximo, os geradores conseguem substituir por um período maior de tempo, e de forma constante, a falta de energia elétrica.

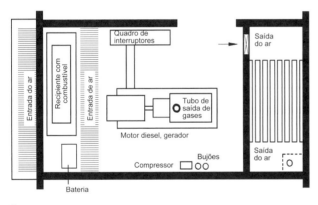

❶ Recinto para instalação de gerador a diesel, com entrada e saída separadas de ar

Capacidade em kVA	20–60	100–200	250–500	650–1500
Tamanho do recinto em m	5,0–4,0	6,0–4,5	7,5–5,0	10,5–5,5
Altura do recinto em m	3,0	3,5	4,0	4,0
Largura da porta/ portão m	2,0–1,5	2,0–1,5	2,2–2,0	2,2–2,0

❷ Dimensionamento dos recintos para geradores

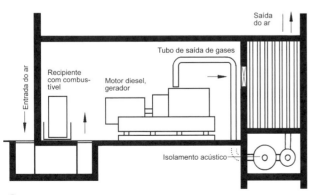

❸ Recinto para instalação de gerador a diesel, com entrada e saída separadas de ar

❹ Corte → ❸

ABASTECIMENTO E DESCARTE
ESTAÇÕES DE TRATAMENTO DE ÁGUAS RESIDUAIS

Sistemas de tratamento de águas residuais obedecem às estruturas de engenharia civil nos quais arquitetos responsáveis pela execução podem participar como engenheiros especializados. Essas instalações têm a finalidade de escoamento das águas residuais domésticas e comerciais. Na Alemanha, é obrigatório que a canalização esteja conectada ao sistema de saneamento público. As águas residuais são via de regra tratadas por organismos municipais. Somente no caso de pequenas ocupações, para as quais a conexão com o sistema de saneamento público é demasiada complexa, e em caso de operações industriais são autorizadas instalações de tratamento de águas residuais individuais. As instalações são classificadas de acordo com o porte → ❷, que se concentra em valores populacionais (VEP), baseados no quantitativo de habitantes (QH) da área de captação e do cálculo de equivalente populacional (CEP) → ❶, que é usado como valor de referência para a avaliação de águas residuais industriais em conjunto.

Aplica-se a fórmula VEP + QH = CEP

Para o equivalente populacional, são fornecidos diversos valores de referência, de acordo com o processo de limpeza. As interrelações entre os diversos valores permitem chegar ao cálculo de tipo e grau de poluição, e o impacto sobre posterior processamento dos resíduos na estação de tratamento → ❸.

Processos de limpeza:
Físico
De modo mecânico, componentes sólidos, areia, sólidos suspensos, óleos são removidos por ancinhos, bacias de assentamento e separadores de óleos.
Químico
Processos químicos removem poluentes tóxicos de águas residuais industriais, que podem desequilibrar sensivelmente processos biológicos (floculação, precipitação, neutralização do pH, oxidação abiótica). Estes ocorrem em bacias especiais, condicionados aos tipos de poluentes contidos nas água residuais nos pré e pós estágios.
Biológico
Compostos orgânicos são desintegrados por meio de oxidação bioquímica sob fornecimento de oxigênio e, em seguida, são depositados como lodo. Esta decomposição predominantemente aeróbica ocorre por meio de bactérias em tanques de aeração, sob fornecimento ativo de oxigênio ou por meio da formação de um tapete bacteriano em corpos de gotejamento. Em processos anaeróbicos, os ingredientes orgânicos de bactérias são exalados via ácido para metano, dióxido de carbono e hidrocarbonetos. Esses processos ocupam menos espaço, devido a uma maior concentração de lodo no processo de limpeza, dispensando a necessidade de ventilação, e é possível decompor substâncias que não podem ser removidas aerobicamente. Neste caso, esse processo pode representar um ganho de energia de processo (metano) direto. O processo em si, no entanto, reage sensivelmente às flutuações na condição de entrada e no fluxo de tratamento. É, portanto, predominante em águas residuais altamente concentradas e em grandes reservatórios. A água purificada é transportada em águas captadoras (água corrente aberta), pois têm a maior taxa de purificação de água natural e, portanto, os poluentes ainda existentes podem ser naturalmente degradados.

Valor de equivalente populacional VEP 150 l Consumo de água por habitante/dia corresponde a:
1 posição em instalações hoteleiras com serviço de gastronomia e alto e no máximo três vezes utilização de um assento em 24 horas
3 posições em instalações hoteleiras sem serviço de gastronomia
10 posições em bares sem serviço de gastronomia
2 funcionários em fábricas ou oficinas sem serviço de gastronomia
3 funcionários em prédios administrativos sem serviço de gastronomia

Classificação de porte de estações de tratamento	Dimensão de expansão (EP)
GK 1	< 1000
GK 2	1.000–5.000
GK 3	5.001–10.000
GK 4	10.001–100.000
GK 5	>100.000

❶ Cálculo de equivalente populacional para pequenas empresas e escritórios

❷ Classificação para estações de tratamento em valores populacionais (EP)

Valor de equivalente populacional VEP		
DBO5 (Demanda Bioquímica de Oxigênio) corresponde à quantidade de oxigênio necessária para realizar a decomposição da matéria orgânica em 5 dias	DBO5	60 g/d
DQO (demanda química de oxigênio) define a quantidade de substâncias sob a quantidade de oxigênio necessária para realizar a sua oxidação química	DQO	120 g/d
TOC ou GOC informa a quantidade de limite total de carbono orgânico	TOC	45 g/d
Sólidos suspensos na água devido à mesma densidade boiando na água e que não são removidos por suspensão ou sedimentação	Sólidos suspensos	70 g/d
Nitrogênio Total Kjeldahl (TKN), parâmetro para o nitrogênio organicamente ligado	TKN	11 g/d
Fósforo	P	1,8 g/d

❸ Equivalentes populacionais para a avaliação de águas residuais industriais por dia (d) Determinação de acordo com o volume de poluentes

❹ Estação de tratamento Ebern. Exemplo de planta de um sistema de médio porte em área rural GK 4 (18.000 EP)

Estação
① Estação transformadora
② Áreas de expansão
③ Instalações de medição Venturi
④ Área de armazenamento de areia de esgoto
⑤ Bacia pós-tratamento
⑥ Tanques de aeração
⑦ Minimizador de oxigênio
⑧ Estação de bombeamento de lodo
⑨ Silo de lodo

Edifícios administrativos
⑩ Edifícios administrativos
⑪ Pessoal
⑫ Sala de equipamentos
⑬ Central de controle
⑭ Vestiários e banheiro
⑮ Laboratório
⑯ Depósito
⑰ Oficina
⑱ Área de tanques
⑲ Sala de ventilação

Edifício de peneiramento
⑳ Edifício de peneiramento
㉑ Sala de controle
㉒ Peneiramento fino
㉓ Separador de areia
㉔ Vagões
㉕ Câmara de coleta de areia
㉖ Eliminador de gorduras
㉗ Veículos operacionais

❺ Edifícios de peneiramento e administrativo da estação de tratamento Ebern

Arq. strunz_architekten

ABASTECIMENTO E DESCARTE
ESTAÇÕES DE TRATAMENTO DE PEQUENO PORTE

① Variações da forma básica para câmaras de fossas sépticas
① concretada em obra ou fechada com muros,
② e ③ pré-fabricadas de concreto

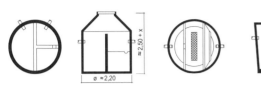

② Fossas sépticas com um poço de sedimentação ou com peças pré-fabricadas de concreto; plantas e cortes

③ Estação de tratamento de base vegetal
① Poço de sedimentação multi-câmara, ② Eixo da bombeamento, ③ Camada vegetal com filtragem horizontal, ④ Câmara de inspeção, ⑤ Lagoa de estabilização, ⑥ Drenagem para poço de receptação

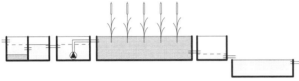

④ Princípio para construção de instalação de filtragem, plantas e cortes
① fossa ou tanque para deposição da parte sólida, ② tanque de separação,
③ coletores de distribuição, ④ condutores, ⑤ tanque de recolhimento,
⑦ canal para devolução

Se a propriedade não estiver conectada a um sistema de canalização de esgoto, pequenas estações de tratamento (até 50 EP) devem ser instaladas no edifício ou no terreno a ser construído.
Estas contam geralmente com 2 ou 3 processos de câmara com fase biológica. As instalações podem ser subterrâneas pré-fabricadas em plástico ou concreto. Para isso, são necessários cerca de 10 m^2 (4 EP) de área.
Os intervalos de manutenção e controle dependem do tipo de processos, que podem influenciar significativamente os custos operacionais dessas estações. As instalações devem servir apenas para águas residuais de cozinhas, lavatórios, banheiros e salas de banho).

Princípios de funcionamento de uma fossa séptica:
1. Tratamento mecânico, retirada de lama em diversas câmaras de deposição de resíduos sólidos → ❶ + ❷.
2. Tratamento biológico por meio de um corpo de gotejamento, em uma estação de tratamento de base vegetal em uma vala de filtragem ou por meio de gotejamento sob o solo. Em termos de estrutura, uma pequena estação consiste em:
Poço de sedimentação multicâmara, eixo de distribuição, fase de limpeza biológica, eixo de coleta, poço de receptação.
Processo de tratamento
A água servida doméstica é levada primeiramente para uma câmara, onde, através de processo mecânico, é retirada a lama, com a deposição do material sólido → ❶ + ❷.
Compostos orgânicos de carbono são desintegrados na fase de limpeza biológica.
Outros processos:
A água residual pré-tratada é canalizada por meio de um **corpo de gotejamento** com um biofilme contendo bactérias ativas de limpeza.
Em **estações de tratamento de base vegetal**, a água residual é conduzida via um leito vegetal. As bactérias se instalam simbioticamente nas raízes das plantas pantanosas. Área necessária de aprox. 5 m^2/EP + pré-tratamento + bombeamento + armazenamento de lodo + Lagoa de estabilização.
Em **poços de filtragem**, a água residual se infiltra por uma camada de cascalho fino (2–8 mm), a chamada filtragem a granel, em uma tubulação de alta profundidade (mín. de 1,25 m). A tubulação de drenagem do poço de filtragem (canalização de drenagem) drena via um poço de coleta em um poço de receptação ou infiltração.
Se possível, a água purificada deve ser conduzida em um poço de receptação, pois a água corrente tem a capacidade de ainda decompor poluentes presentes, devido às suas propriedades de autolimpeza da água corrente → ❸.

	Câmaras múltiplas – deposição da parte sólida		Câmaras múltiplas – tratamento anaeróbico
Número de câmaras	2	3–4	≥ 3
Volume de uso específico	300 l/E*	300 l/E*	1.500 l/E*
Volume de uso total mínimo de	3.000 l	3.000 l	6.000 l
Volume de uso total máximo de	4.000 l	–	–
Conteúdo de 1 câmara	2/3 do volume de uso total	1/2 do volume de uso total	1/2 do volume de uso total
Profundidade mínima da água	1,20 m	1,20 m	1,20 m
Profundidade permitida para volume de uso de 3.000–4.000 l	1,90 m	1,90 m	1,90 m
> 4.000–10.000 l	–	2,20 m	2,20 m
>10.000–50.000 l	–	2,50 m	2,50 m
>50.000 l	–	3,00 m	3,00 m

* Para cada unidade de moradia de até 50 m^2 de área, deve-se contar com pelo menos 2 moradores; acima de 50 m^2, com no mín. 4.

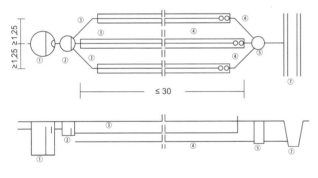

⑤ Dimensões das instalações de uma fossa: câmaras múltiplas – deposição da parte sólida - tratamento anaeróbico

Tecnologia de edificações

ABASTECIMENTO E DESCARTE

Energia elétrica de emergência
Estações de tratamento
Estações de tratamento de pequeno porte
Plataformas de carga
Pátios de carregamento
Coleta seletiva de lixo
Coleta de lixo

ABASTECIMENTO E DESCARTE
PLATAFORMAS DE CARGA

Em função de um processo de carga e descarga sem problemas, deve haver um nivelamento entre plataforma e altura do veículo de carga, o que é feito em geral por meio de plataformas móveis ou pontes. Neste caso, o compartimento de carga do veículo poderá ser mais alto ou mais baixo do que a plataforma base → ❸ – ❹, podendo-se ainda utilizar a alternativa de cunhas de alumínio (facilmente transportáveis), ideais para o nivelamento de veículos mais baixos → ❻. Pontes móveis de chapas de metal leve, com diversas inclinações, podendo também ser movidas lateralmente, são outro recurso utilizado para compensação de diferenças de altura → ❸ + ❾.
Outros sistemas possíveis são as pontes simples, transportáveis sobre rodas ou manualmente → ❹, ou as automáticas, movidas por macacos hidráulicos, com borda frontal de adaptação → ❿.
Plataformas sobre elevadores hidráulicos em formato de tesoura, permitem a compensação de nível entre pátio e compartimento do veículo de carga → ❽, entre plataforma base e o veículo → ❼.
Para permanente nivelamento em relação à altura do caminhão, durante carga e descarga de mercadorias → ❿, podem-se utilizar equipamentos móveis como as empilhadeiras manuais ou motorizadas, estas oferecidas com sistema elétrico ou movidas a diesel, gasolina ou gás → ❷.

Tecnologia de edificações

ABASTECIMENTO E DESCARTE

Energia elétrica de emergência
Estações de tratamento
Estações de tratamento de pequeno porte
Plataformas de carga
Pátios de carregamento
Coleta seletiva de lixo
Coleta de lixo

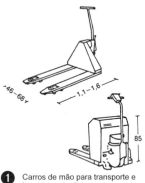

❶ Carros de mão para transporte e levantamento de carga

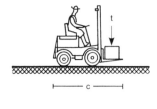

❷ Empilhadeiras: veículos motorizados para transporte e levantamento de carga/dimensões

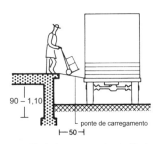

❸ Ponte de carregamento adaptável ao local. Altura normal da rampa 1,10 m; para veículos grandes 1,25 m

❹ Chapa flexível como ponte de carga

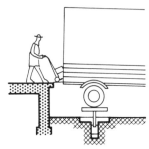

❺ Levantamento do eixo anterior por macaco hidráulico

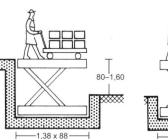

❻ Rampa móvel para adaptação livre da altura de carga

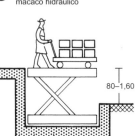

❼ Plataforma com elevador hidráulico em tesoura

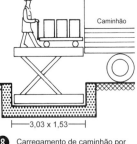

❽ Carregamento de caminhão por plataforma com elevador hidráulico

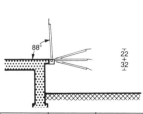

Comprim. mm	Largura mm	Carga kg
1500	1500	3000
1750	1500	3000
1750	1750	5000

❾ Ponte móvel de carga, com diferentes inclinações e movimento lateral

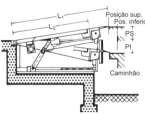

PS	PI	C_1	C_2	L	Carga$_{kp}$
290	300	2300	2000	1500	3000
360	300	2800	2500	1750	4000
430	300	3300	3000	2000	5000

❿ Ponte de carga

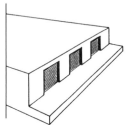

⓫ Plataforma simples → ❸ – ❻

⓬ Plataformas de carga: inclinadas ou em posição horizontal, movidas por elevador → ❽

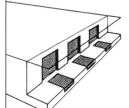

⓭ Plataformas cobertas com sistema de elevadores hidráulicos para carga → ❿

⓮ Área interna de carga com plataformas movidas por elevadores eletro-hidráulicos → ❿

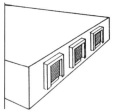

⓯ Sistema integrado entre plataforma de carga e proteção contra o tempo

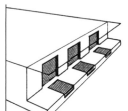

⓰ Plataformas de carga escalonadas em áreas com pouco espaço para manobras

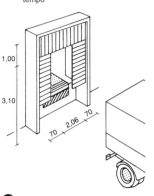

⓱ Segmentos de borracha; isolamento dos portões

⓲ Saliências arredondadas de borracha; isolamento dos portões

218

ABASTECIMENTO E DESCARTE
PÁTIOS DE CARREGAMENTO

Para firmas de transporte de carga com até cerca de 200 m², parte-se do uso de pequenos caminhões de transporte, que podem estacionar normalmente (estacionamentos normais). Estabelecimentos com mais de 200 m² necessitam de área de estacionamento de 3,5 m x 12 m, por caminhão. Os veículos devem, na medida do possível, entrar e sair sem manobras. Bases de dimensionamento médio para grandes lojas e supermercados → Tab. ❶. Para pátios de carregamento cobertos, onde se carregam e descarregam contêineres, utiliza-se uma altura mínima do pé-direito de 4,90 m. Largura de rampa reta, com uma faixa, de no mín. 3,50 m; com tráfego em dois sentidos, no mín. 6,75 m. As rampas não deverão apresentar inclinação maior do que 10%. Mudanças de inclinação maiores do que 8% devem ser arredondadas (raio de 50 m). Para mudanças de inclinação, é necessário considerar aumento de alturas, dependendo do tipo de caminhão e do seu comprimento. Na Alemanha, as rampas em curva seguem as diretrizes do Instituto de pesquisa de tráfego.

Distância de segurança entre dois caminhões estacionados paralelamente: no caso de plataformas, no mínimo 1,50 m; aberturas para carga, no mín. 3,00 m.

Tecnologia de edificações

ABASTECIMENTO E DESCARTE

Energia elétrica de emergência
Estações de tratamento
Estações de tratamento de pequeno porte
Plataformas de carga
Pátios de carregamento
Coleta seletiva de lixo
Coleta de lixo

	Área comercial [m²]			
	5000–10000	10000–15000	15000–20000	20000–30000
Caminhões/lugar na plataforma de carregamento	2–3	3–4	4–5	5–6
Área de espera p/ entregas	100	120	180	250
Nº e tamanho dos caminhões	1:2,00 x 3,00 1:2,00 x 4,20	2:2,00 x 3,00 1:2,00 x 4,20	3:2,00 x 3,00 1:2,00 x 4,20	2:2,00 x 3,00 2:2,00 x 4,20
Área diante de elevadores m²	20	30	40	40
Área p/coleta do lixo [m²]	30	30	50	100
Vasilhames/caixas	20	40	60	80
Depósito de papel	15	25	35	35
Prensa estacionária com contêiner [m]	3,00 x 9,00 diante da rampa de carregamento			
Prensa de fardos com contêiner [m]	2,50 x 9,00 diante da rampa de carregamento			

❶ Pátios de carregamento de lojas e *shopping centers*

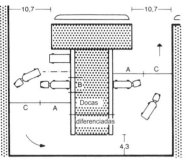

❷ Carga e descarga com pátio de manobras

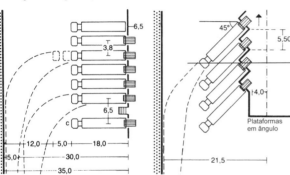

❸ Plataformas de carga e descarga: veículos estacionados muito próximos necessitam trafegar um trecho em linha reta, antes de iniciar a curva de saída

❹ Plataformas de carga e descarga

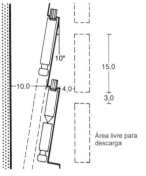

❺ Docas de carga e descarga com plataformas elevadas e descarga lateral

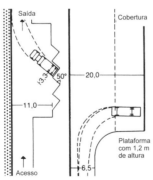

❻ Áreas mínimas necessárias para plataformas de descarga

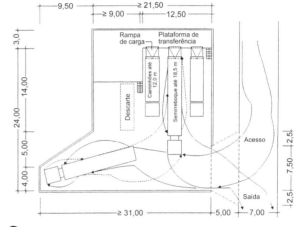

❼ Pátio de carregamento aberto para loja/supermercado [13]

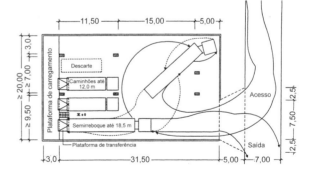

❽ Pátio coberto de carregamento; pé-direito mín. de 4,90 m, sob a iluminação (também para passagem de caminhões-contêiner de lixo). A mobilidade dos veículos deve ser comprovada nas curvas. Observar posicionamento dos pilares [14]

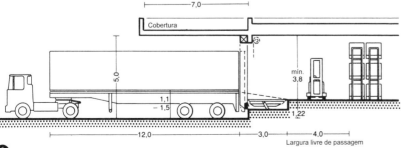

❾ Corte transversal em uma doca de carga com plataforma de altura regulável

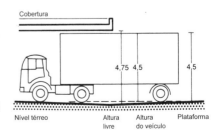

❿ Dimensões para doca de carga coberta

219

ABASTECIMENTO E DESCARTE
COLETA SELETIVA DE LIXO

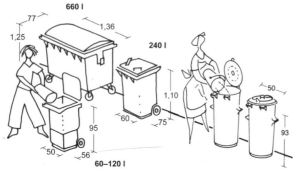

① Contêineres e latões de lixo (segundo DIN EN 840)

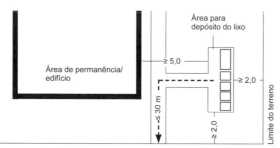

② Disposição de áreas para contêineres e latões de lixo (segundo Código de obras de Berlim)

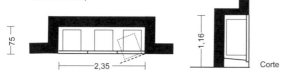

③ Construção em nicho para depósito de latões, para 360 l de lixo doméstico (esquema)

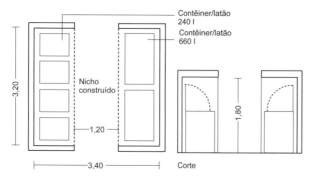

④ Área construída coberta para 1680 l de lixo doméstico (esquema)

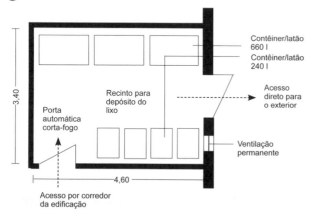

⑤ Recinto para depósito de 2490 l de lixo doméstico (esquema), dentro de edificação com até 13 m de altura

O **lixo** deve ser recolhido separadamente, por tipo, e removido por especialistas.

Para isso, há recintos de depósito, de fácil acesso para o trabalho dos lixeiros, dentro ou fora dos edifícios. No interior da edificação, deve haver contêineres de diferentes tamanhos destinados aos diferentes tipos de resíduos → ①.

Devido aos fatores de segurança ou perigo de incêndio de resíduos sólidos (e possível problema de cheiros), o **Código de Obras** da Alemanha prevê:

Resíduos sólidos podem ser armazenados temporariamente **no interior** de edifícios, quando estes contiverem mais do que 2 apartamentos ou área útil de 400 m², entretanto apenas quando o **recinto de depósito de lixo coletivo** atender as seguintes exigências:

1. Paredes e teto, como fechamento do espaço, com resistência ao fogo igual à da estrutura portante
2. Aberturas entre edifício principal e recinto podem ser fechadas por sistema corta-fogo, hermeticamente
3. Os recipientes armazenados podem ser esvaziados diretamente pelo exterior
4. Existe uma ventilação eficiente, permanente.

Lixo residual [litros/semana]	≈40
Resíduos orgânicos [litros/semana]	≈20
Recicláveis [litros/semana]	≈30
Papel [litros/semana]	≈20
Vidro [litros/semana]	≈5

⑥ Resíduos gerados por uma residência com 2 moradores (valores referenciais)

Da mesma maneira, para o depósito de resíduos sólidos em áreas **externas** à edificação, alguns **códigos de obras estaduais** determinam:

Áreas de depósito de lixo devem ter distanciamento de **5 m** em relação a aberturas do setor de permanência do edifício e a materiais combustíveis; **2 m** em relação ao limite do terreno. O solo deve ser **compactado** para a movimentação dos contêineres. A distância para vias de tráfego não deve ultrapassar **30 m** → ②.

Além disso, deve-se garantir que as áreas de coleta para os contêineres em áreas externas dos edifícios sejam acessíveis, mesmo em mau tempo, com iluminação e, se necessário, cobertura.

Lixo comercial

Recintos para coleta de lixo comercial devem ocupar somente um nível, diretamente ligado ao setor de abastecimento. Suas dimensões estão relacionadas com o porte do estabelecimento, ficando em geral entre **90 m² e 200 m²**.

Se a remoção for feita por caminhões, com recolhimento de contêineres, necessita-se de uma altura livre do recinto (com iluminação e *sprinklers*) de no mín. 4,80 m–4,90 m.

Nos casos de produção de maior quantidade de resíduos, recomenda-se a instalação de **trituradores industriais de resíduos** e de **prensas de fardos**. Para escritórios e edifícios administrativos, deve-se ter ainda um **eliminador de arquivos**.

Recintos para recebimento de lixo orgânico (**resíduo líquido**) devem ser resfriados.

Para objetos de grandes dimensões, prever espaço de armazenamento em cada andar (na proximidade do elevador), evitando-se usar a área diante do elevador como depósito.

ABASTECIMENTO E DESCARTE
COLETA DE LIXO

Instalações coletivas, para jogar o lixo em cada andar, podem ser previstas para edifícios de apartamentos com diversos pavimentos, para facilitar o transporte do lixo de cada morador/andar até os contêineres de coleta.

Estas instalações foram muito utilizadas durante certo tempo, principalmente em edifícios de moradia com mais de 5 andares, onde eram obrigatórias. Hoje são construídas apenas segundo projetos especiais, em função dos problemas de manutenção e novas exigências construtivas (coleta seletiva de lixo, proteção contra incêndio). **O projeto é feito de forma geral por firmas especializadas, com a assinatura de contrato especial para manutenção posterior do sistema.**

As instalações de coleta por andar podem propagar facilmente incêndios, de pavimento para pavimento, apresentando **problemas elevados de segurança**. Em alguns códigos de obras, na Alemanha, são proibidas ou têm a construção associada a medidas especiais.

Construção

As instalações de coleta de lixo por andar constituem-se dos seguintes elementos: **poço para remessa, estação de recolhimento** por andar, **recinto de recolhimento final**, conjunto, com contêineres, prensas etc. e **sistema de ventilação**.

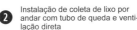

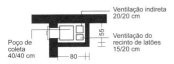

❶ Instalação de coleta de lixo por andar com tubo de queda e ventilação indireta
❷ Instalação de coleta de lixo por andar com tubo de queda e ventilação direta
❸ Remessa do lixo
❹ Remessa do lixo
❺ Planta do poço de coleta de lixo com ventilação indireta
❻ Planta do poço de coleta de lixo com ventilação direta

Tipo de lixo	Diâmetro do poço [cm]		Proteção contra incêndio
	Tubo de queda	Ventilação	
Lixo doméstico solto	40	25	Resistente
Sacos de lixo 110 l	50	30	
Papel (lixo de escritório)	55	30	
Roupas (residência)	30	15	
Roupas (hotel, hospital)	40–50	25–30	

❾ Dimensões do poço de remessa de lixo (valores referenciais)

Processo construtivo

As instalações devem apresentar **aberturas separadas para remessa de diferentes tipos de lixo**, assim como **recipientes seletivos de coleta geral**. A área de recolhimento deverá ficar **longe de espaços de vivência**.

Os poços, onde o lixo é jogado, e os recintos de recepção e armazenamento deverão ser construídos com **materiais resistentes ao fogo**. **Revestimentos, isolantes, paredes internas**, assim como todos os equipamentos próximos às instalações de coleta, devem ser de **material não combustível**.

Pode ser exigida a instalação de **extintores de incêndio** automáticos → ❷.

Os **poços** para remessa do lixo devem ser **perpendiculares**, sem **mudança de seção**, até seu ponto mais alto. É necessária **ventilação** permanente → ❶ – ❷.

A execução do sistema deverá ser feita de modo a evitar a propagação de fogo, fumaça, cheiros e poeira pelo edifício, assim como a transmissão sonora. O transporte do lixo deverá ser seguro.

As **aberturas por onde o lixo é jogado** → ❸ – ❹ não devem permitir a remessa de objetos grandes, evitando também a propagação de poeira indesejável (a parte superior do poço é equipada com **abertura de limpeza**). Todas as aberturas devem ter **fechamento à prova de fogo**.

Recinto de recolhimento final → ❼ – ❽ amplo é calculado com dimensionamento suficiente, tendo acessos internos fechados por **portas corta-fogo**. Os contêineres de lixo devem ter acesso livre para o exterior, para serem esvaziados; é necessária a **ventilação** permanente do recinto e **ralo** central com sifão. O lixo é armazenado em **contêineres móveis**.

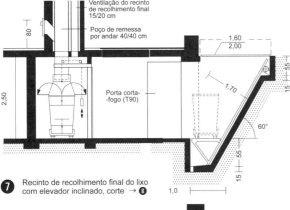

❼ Recinto de recolhimento final do lixo com elevador inclinado, corte → ❽

❽ Planta do recinto de recolhimento final do lixo → ❼

Tecnologia de edificações

ABASTECIMENTO E DESCARTE

Energia elétrica de emergência
Estações de tratamento
Estações de tratamento de pequeno porte
Plataformas de carga
Pátios de carregamento
Coleta seletiva de lixo
Coleta de lixo

221

CHAMINÉS, POÇOS DE VENTILAÇÃO
CHAMINÉS

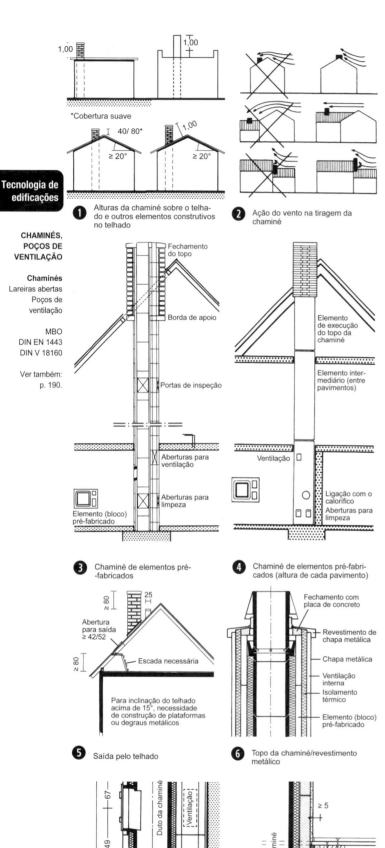

Tecnologia de edificações

CHAMINÉS, POÇOS DE VENTILAÇÃO

Chaminés
Lareiras abertas
Poços de ventilação

MBO
DIN EN 1443
DIN V 18160

Ver também:
p. 190.

❶ Alturas da chaminé sobre o telhado e outros elementos construtivos no telhado

❷ Ação do vento na tiragem da chaminé

❸ Chaminé de elementos pré-fabricados

❹ Chaminé de elementos pré-fabricados (altura de cada pavimento)

❺ Saída pelo telhado

❻ Topo da chaminé/revestimento metálico

❼ Base da chaminé

❽ Distância da viga de madeira do telhado até a chaminé

Chaminés domésticas são poços construídos dentro do edifício ou externamente, que servem para eliminação ao ar livre, sobre a superfície do telhado, de fumaça e gases produzidos por centrais de aquecimento a fogo. Em uma **chaminé** ligam-se: centrais de aquecimento a fogo com uma capacidade de produção de calor de mais de **20 kW**, ou fonte energética a gás, de mais de **30 kW**. Todas unidades de aquecimento referentes a edifícios com mais de 5 andares inteiros. Lareiras abertas e fornalhas com área de queima aberta. Toda central de aquecimento com pavio de queima e ventilação. Em uma **chaminé de conjunto**, podem ser ligados até três caloríficos para combustível sólido ou líquido, com capacidade nominal ≤ 20 KW ou a gás, com ≤ 30 KW.

Seção transversal
A **seção transversal mínima** para chaminés com elementos pré-fabricados é de **100 cm^2**, o lado menor com no mínimo 10 cm (para chaminés de alvenaria 140 cm^2 e 13,5 cm). O lado maior não deverá ultrapassar 1,5 vez o comprimento do lado menor.
A seção transversal pode ser calculada individualmente ou suas medidas podem ser retiradas de tabelas comprovadas, fornecidas por fabricantes → ❾ – ❿.
Para evitar a condensação de vapor, a chaminé deverá trabalhar com capacidade total.

Proteção contra incêndio
A superfície externa da chaminé deve distanciar-se ≥ **5 cm** de materiais inflamáveis ou com difícil extinção, em caso de chamas. Materiais não combustíveis podem ser construídos diretamente, mantendo, entretanto, uma junta isolante de 2 cm.

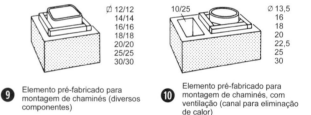

❾ Elemento pré-fabricado para montagem de chaminés (diversos componentes)

❿ Elemento pré-fabricado para montagem de chaminés, com ventilação (canal para eliminação de calor)

Alturas
A **altura mínima** (distância entre calorífico e boca da chaminé) é de **4 m**. A boca da chaminé deve localizar-se ≥ **40 cm** acima do ponto mais alto de telhados com inclinação ≥ 20°, ou **1 m** acima de outros tipos de cobertura. Chaminés próximas a elementos construídos sobre o telhado, em uma distância menor do que 1,5–3 vezes a altura deste, deverão ultrapassá-lo em ≥ 1 m. No caso de coberturas planas com parapeito circundante, a boca da chaminé ficará ≥ 1 m acima deste → ❶.

Execução
Ao lado das tradicionais chaminés de tijolos simples, executam-se hoje, via de regra, **sistemas múltiplos** com **componentes** (com duto para fumaça, isolante térmico, revestimento externo de concreto com ventilação) → ❾ – ❿. Paralelamente, há o sistema de **chaminés pré-fabricadas** → ❹ com unidades de montagem por pavimento e as totalmente prontas, com duto de aço.
As chaminés devem ser executadas com **materiais resistentes ao fogo** e serem capazes de impedir a passagem de gases; a temperatura da face externa não deve ultrapassar **100°C**.
Requerem **fundações** e reforço estrutural em altura. Toda chaminé possui uma **abertura para limpeza** → ❼ (≥ 10/18 cm, no mínimo 20 cm abaixo da ligação do calorífico mais inferior). Chaminés que não puderem ser limpas pela boca (topo), deverão ter uma abertura extra dentro do telhado.

CHAMINÉS, POÇOS DE VENTILAÇÃO
LAREIRAS ABERTAS

Os chamados **sistemas de combustão únicos** são regulamentados pela Legislação de Proteção Contra Emissões (BImSchV) e estão sujeitos a aprovação (**prova de usabilidade, selos Ü e CE**).

Eles estão sujeitos a regulamentos rigorosos de eficiência, proteção contra incêndios e valores máximos de partículas em suspensão. No entanto, ficam isentas desses valores máximos sistemas de combustão utilizados para aquecer um único cômodo e que representem a única fonte de calor na unidade residencial. Também ficam isentos de substituição e reforma as lareiras básicas, fogões de cozinha, fornos de assar, aquecedores de água para banho, lareiras abertas de uso ocasional e lareiras construídas antes de 1950.

A DIN 18891 distingue entre dois tipos básicos de lareira:
Lareiras fechadas contam com uma porta de fechamento automático, e sua chaminé pode ser compartilhada por mais de uma lareira.
Lareiras abertas podem ser operadas tanto de modo fechado quanto de modo aberto; portanto, aplicam-se requisitos especiais relativos ao fornecimento de ar para combustão e à proteção de pisos de material inflamável.

Cada uma dessas lareiras deve estar conectada a uma **chaminé própria** com uma seção transversal adaptada ao fogo. → ❷.

Lareira e chaminé a serem construídas diretamente lado a lado. A **altura eficaz de chaminé** da cúpula de fumaça até a boca da chaminé é de ≥ **4,5 m**.

Lareiras devem ser construídas conforme padrões de segurança (localização, p. ex.) e ser feitas de materiais não combustíveis. Elementos cerâmicos refratários e tijolos são recomendados para chaminés, assim como concreto resistente ao fogo ou ferro fundido. O coletor de fumaça pode ser de chapa de aço, latão ou cobre.

Normalmente, lareiras **dependem da combustão do ar ambiente**, a menos que, por designação explícita do Instituto Alemão de Tecnologia da Construção (DiBt), a lareira seja **independente** nesse quesito. No primeiro caso, o ar para combustão chega diretamente do recinto ou por meio de uma fonte externa. O melhor é a construção de canais que tragam a ventilação

próxima à boca da câmara de fogo → ❸. A partir da boca da câmara de fogo devem-se guardar distâncias ≥ **80 cm frontais**, superiores e laterais, em relação a materiais inflamáveis e elementos como mobiliário de madeira etc. → ❷.

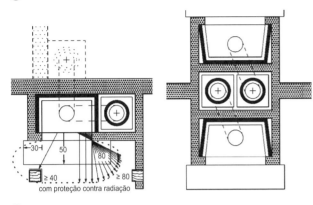

❶ Formas das áreas de radiação

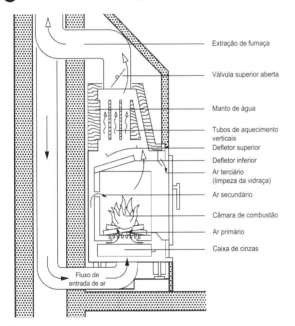

❷ Lareira com aberturas unilaterais, que se abrem em ambientes diferentes

Tipos de lareiras		Possibilidades de instalação
Lareiras de aquecimento	Fornos	autônomas (lareira) alimentação mecânica (forno de pellets) dependente/independente do ar ambiente portador de água/suporte de aquecimento
	Fornos de pellets	
Lareiras clássicas	Compartimento de forno	
	Lareira aberta	sempre dependente do ar ambiente! Remontável
Lareiras embutidas	Lareiras de azulejo	pode ser autônoma, forno básico/compartimento de forno de ar quente/forno combinado, lareira de azulejo portadora da água
	Lareiras de pedra natural	
Lareiras decorativas	Lareira a etanol, gel, gás	pode ser autônoma/móvel

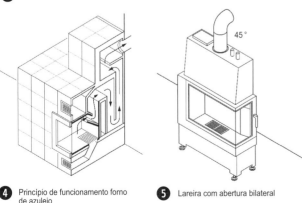

❸ Duto de ar em chaminé fechada

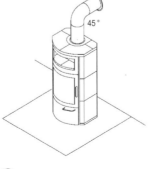

❹ Princípio de funcionamento forno de azulejo

❺ Lareira com abertura bilateral

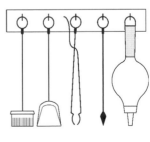

❻ Forno autônomo

❼ Instrumentos para lareira

Tecnologia de edificações

CHAMINÉS, POÇOS DE VENTILAÇÃO

Chaminés
Lareiras abertas
Poços de ventilação

BImSchV
DIN18891

223

CHAMINÉS, POÇOS DE VENTILAÇÃO
POÇOS DE VENTILAÇÃO

Banheiros e toaletes construídos no interior do edifício precisam ser ventilados através de poços ou canais de entrada e saída de ar. Tradicionalmente tinha-se a construção de dutos, como chaminés, ao lado do edifício. Hoje são construídos como parte das instalações prediais, em poços de instalações técnicas.

Sistema de ventilação sem exaustores

Poços de ventilação sem ventiladores → ❶ – ❷ praticamente não precisam de manutenção, necessitando, entretanto, relativamente, de bastante espaço. O funcionamento (**efeito térmico**) depende fortemente das relações climáticas e tem baixo desempenho para alta pressão atmosférica. Devido à transmissão acústica e perda de calor, hoje não são mais considerados eficientes, sendo, entretanto, encontrados, com frequência, em edifícios antigos.
Para cada espaço, há a necessidade de um poço, terminando acima da cobertura, com acabamento segundo as diretrizes das chaminés → p. 222, com uma seção transversal de 140 cm². Na parte inferior, deve estar conectado com canal de entrada de ar fresco.

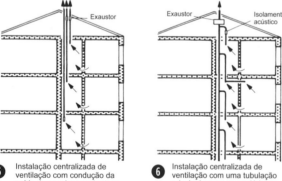

| Seção do poço principal | Número permitido de poços de ligações secundárias para altura conjunta de atuação média ||| Medida interna ||
cm²	até 10 m	10–15 m	acima de 15 m	Poço principal cm	Poço secundário cm
340	5	6	7	20 x 17	9 x 17
400	6	7	8	20 x 20	12 x 20
500	8	9	10	25 x 20	12 x 20
340	5	6	7	20 x 17	2 x 9/17
400	6	7	8	20 x 20	2 x 12/20
500	8	9	10	25 x 20	2 x 12 x 20
340	5	6	7	2 x 20/17	9 x 17
400	6	7	8	2 x 20/20	12 x 20
500	8	9	10	2 x 25/20	12 x 20

❾ Tabela de medidas para poços de ventilação de instalações de conjunto com funcionamento térmico

Sistema de ventilação forçada/ventiladores

Para ventilação necessária em espaços sanitários de edificações residenciais e não residenciais, como escolas, hotéis, restaurantes e semelhantes, como sistema de exaustor, com uma caixa de entrada, servindo a um ou mais ambientes → ❸ – ❹. Instalações de ventilação devem ser calculadas para uma troca de ar do compartimento de no mínimo 4 vezes por hora.
Para WC, mesmo com bacia sanitária, é suficiente um volume de corrente de 60 m³/h e para sanitários com WC, considerando uma bacia sanitária de cada vez, 30 m³/h. Os compartimentos localizados no interior do edifício e que devem ser ventilados, necessitam de uma abertura constante para estabelecimento da corrente. A superfície desta abertura deve apresentar 10 cm² para cada m³ do compartimento. Portas não hermeticamente fechadas podem ser consideradas como uma contribuição de 25 cm².
Em banheiros, com o movimento de ar, não se devem ter temperaturas abaixo de 22°C.
A velocidade da corrente em zona de permanência deve ser > 0,2 m/s.
A saída de ar é encaminhada para o exterior; no caso de instalação individual, poderá ser conduzida para espaço sob a cobertura, não habitado e com ventilação permanente. Toda instalação individual deverá ter uma tubulação principal própria.
Instalações centralizadas de ventilação possuem, para alguns compartimentos de permanência, uma tubulação principal conjunta → ❻.

Proteção contra incêndios

Segundo a legislação da construção, os dutos de ventilação, inclusive revestimentos e isolamento, não devem ser de material combustível. Instalações de ventilação forçada em edifícios com mais de dois pavimentos devem ser construídas de forma que fogo e a fumaça não possam ser transportados para outro andar ou setor separado por parede corta-fogo (setor delimitado de proteção contra incêndio).

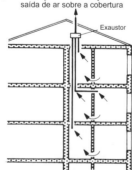
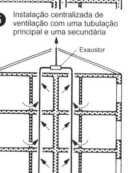

MALHA VIÁRIA
ESPAÇOS URBANOS

Projeto

Ruas conformam espaços por meio da sua relação com as construções adjacentes. Em planta, essa relação pode ser claramente visualizada quando ruas e praças são apresentadas em preto e as áreas edificadas em branco → ❶.
A distância frontal entre edifícios (separados pela via de circulação) e as suas alturas condicionam a impressão final do espaço construído. Através do ângulo visual de cerca de 45° pode-se ter uma grande variação de efeitos espaciais, entre fechado, em forma de desfiladeiro, até o aberto, com caráter de praça → ❷.

Objetivos do projeto das áreas de circulação, junto às exigências de tráfego e de caráter técnico são: conseguir uma relação de identidade, fornecer orientação e qualidade ambiental (também de permanência).

Identidade desenvolve-se a partir da acentuação do caráter de qualidade local, relação topográfica e eixos visuais. Lugares "únicos" melhoram o sentido de orientação e fornecem possibilidade de identificação.

Junto às fachadas dos edifícios, as árvores também têm um papel importante na conformação espacial. Elas podem, p. ex. limitar o espaço da rua na sua vertical. As árvores podem conduzir o olhar, gerar relações de escala e preencher lacunas → ❺.

MALHA VIÁRIA

Espaços urbanos
Tipos de vias
Utilização urbana
Espaços viários
Cruzamentos
Bicicletário
Zonas de desaceleração
Proteção acústica

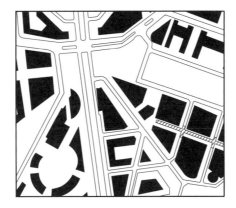

❶ O espaço urbano e as vias de tráfego ficam legíveis quando as vias de circulação são pintadas de preto, uma vez que o olho percebe as áreas negras como elementos contínuos e as brancas como espaços soltos

A porcentagem do setor de limitação do espaço, presente no campo visual, influi na relação da percepção espacial, no grau de sensação de abertura ou fechamento do espaço. A percepção de detalhes construtivos também depende do distanciamento do observador ao edifício → p. 48. Da fórmula apresentada na p. 48 pode-se ter a relação entre a distância do observador até o edifício, assim como da escala do desenho. O grau de detalhamento da escala pode, então, ser relacionado a uma distância determinada do observador até o objeto.
As relações de escala, em função dos distanciamentos, correspondem, segundo à fórmula, a cerca de:
Esc. 1:100   120–170 m
Esc. 1: 50   50–80 m
Esc. 1: 20   10–20 m

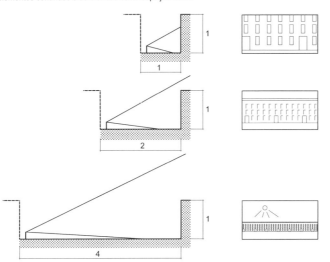

❷ A relação entre largura e altura determina a conformação do espaço da rua e seus efeitos [01]

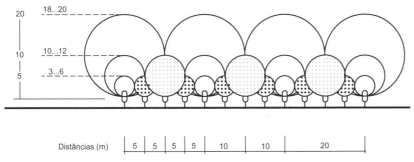

❸ Na escolha do distanciamento entre os tipos de vegetação, deve-se considerar a necessidade de área para árvores que irão atingir grande altura [02]

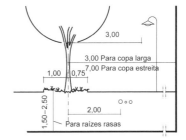

❹ Distância entre árvores e outros elementos da rua

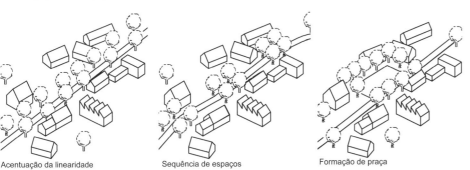

Acentuação da linearidade   Sequência de espaços   Formação de praça   Configuração de ilhas

❺ Estruturação de espaço, ocupado sem clara forma inicial, com uso de árvores

225

MALHA VIÁRIA
TIPOS DE VIAS

Na Alemanha, os fundamentos para um planejamento viário seguem, além da legislação urbana, como a StVO (diretrizes de planejamento de trânsito), as orientações e diretrizes da FSGV (Sociedade de Pesquisa de Vias e Sistemas de Tráfego), responsável pela representação das "regras técnicas reconhecidas" e pelo "estado da arte de tecnologia".

Atualmente, o planejamento de estradas não segue mais exclusivamente o volume de tráfego existente e estimado, mas deve também visar um ajuste sustentável que leva em consideração amplamente a malha viária do seu entorno. Os objetivos e caminhos para se atingir isso são formulados nas Diretrizes para o Planejamento de Malha Viária (RIN) da FGSV. Elas auxiliam o planejamento integrado do transporte, desde o planejamento em nível macro, como planejamento de circulação urbana e programas de desenvolvimento regionais, até a definição de rotas concretas e necessidades de transporte individual e local no âmbito do transporte público.

Classificação
Como parte da rede viária, requer classificação e base no planejamento de ruas de uma avaliação em conexão com a função de ligação. A RIN (Diretriz para o Planejamento de Malha Viária) diferencia:

Nível de função de ligação
Definido pela finalidade de conexão entre as localidades por ele conectadas e contempla desde a conexão de metrópoles até a conexão de terrenos à malha viária.

Localização da via
A situação diferencia ruas dentro e fora da região. Rodovias (AS) e estradas regionais (LS) são por lei "sem passeio". Nelas, não são permitidas ligações diretas de passeio para edificações. Vias urbanas podem, no âmbito da legislação comunitária e em ligações especialmente importante, também serem definidas como sem passeio. (VS) As vias "com passeio" incluem vias de trânsito principais (HS) e vias de acesso (ES) dentro de zonas construídas.

Função da via
Indica a finalidade de uso da via, cuja classificação é: função de conexão (ligar um lugar a outro), função de desenvolvimento (fornecimento e descarte) e função residencial (ruas como *habitat*). Após a avaliação desses critérios, pode ser feita uma classificação de ligações na categoria viária planejada desejada, de acordo com a tabela → ❷.

Rodovias e estradas rurais
Vias das categorias AS e LS servem quase somente ao tráfego de veículos. O projeto depende da velocidade média planejada, nível de função de ligação e do grupo de categorias. Os cruzamentos são determinados de acordo com a estimativa de tráfego de veículos. No caso de terrenos adjacentes: faixa não edificável e zonas de ocupação restrita → ❸ + ❹.

Vias urbanas
O tráfego de ligação e de acesso representa apenas uma função parcial do trânsito nas vias internas. Ele serve ainda como espaço comum com uma grande variedade de finalidades → ❸.

Para o planejamento urbano, têm relevância decisiva os edifícios históricos, eixos visuais urbanos, a qualidade do espaço, bem como a largura das vias e a altura das edificações do entorno. Eles formam a identidade de um lugar. O volume de tráfego em uma via urbana depende de sua função na rede de transporte. Para terrenos com edificação restrita, elas servem como vias de acesso. O tráfego resultante depende do porte e das funções das edificações adjacentes. Sua posição entre centros locais condiciona a função de ligação e os modos e fluxos de transporte resultantes. Um dos objetivos do planejamento integrado da rede viária é reduzir o máximo possível esses fluxos por meio do planejamento espacial e do planejamento urbano, e direcioná-los para favorecer os meios de transporte mais econômicos.

Grupo de categorias / Nível funcional da conexão		Rodovias AS	Estradas LS	Vias principais sem passeio VS	Vias principais com passeio HS	Vias de acesso ES
Continental	0	AS 0		-	-	-
Grande porte	I	AS I	LS I		-	-
Suprarregional	II	AS II	LS II	VS II		-
Regional	III	-	LS III	VS III	HS III	
Local	IV	-	LS IV	-	HS IV	ES IV
Pequeno porte	V	-	LS V	-	-	ES V

❶ Tabela para determinação de categorias de vias [03]

Categoria de grupos		Categoria		Distanciamento padrão [km]	Velocidade ideal de carros e caminhões [km/h]
AS	Rodovias	AS 0/I	Rodovia federal	40–500	100–120
		AS II	Rodovia suprarregional, Rodovia urbana	10–70	70–90
LS	Estradas rurais	LS I	Rodovia de ligação	40–160	80–90
		LS II	Rodovia suprarregional	10–70	70–80
		LS III	Rodovia regional	5–35	60–70
		LS IV	Estrada de curta distância	até 15	50–60
		LS V	Estrada de ligação	–	–
VS	Via principal sem passeio	VS II	Via principal sem passeio		40–60
		VS III	Via principal sem passeio		30–50
HS	Vias principais com passeio	HS III	Vias principais urbanas, intermunicipais		20–30
		HS IV	Vias principais urbanas, intermunicipais		15–25
ES	Vias de acesso	ES IV	Via coletora		–
		ES V	Via residencial		–

❷ Tabela para determinação de seções transversais em vias sem passeio público [03]

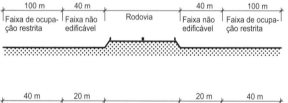

❸ Proibição/restrição de construção na área de rodovias e estradas rurais

Faixa não edificável	São proibidas edificações elevadas, é proibida a publicidade urbana. É possível planejar locais de estacionamento, caso o plano diretor não proíba
Zona de ocupação restrita	Todo e qualquer plano de edificação exige a aprovação do departamento de estradas e rodagem

❹ Faixa não edificável e de ocupação restrita servem para garantir a segurança e a leveza da circulação do tráfego. As medidas visam a prevenção de distrações, atritos e perigos aos usuários.

MALHA VIÁRIA
UTILIZAÇÃO URBANA

Requisitos de uso de vias urbanas

Elas fazem parte do espaço público e, além de favorecer o tráfego de ligação, têm múltiplas finalidades. Desde a motorização, as ruas passaram a servir principalmente para o tráfego de veículos. O planejamento urbano e os projetos de intervenções da atualidade no setor de circulação têm por objetivo alcançar uma relação equilibrada entre tráfego de veículos e outras funções importantes do espaço da rua, como:

Área de comunicação	descanso, passeio, caminhada, demonstrações, passeatas...
Área recreativa	andar de bicicleta, skates, jogar bola, brincar de esconde-esconde, pega-pega
Uso comercial	mercados, serviço de gastronomia na calçada
Áreas verdes	eliminação de poeira e gases poluentes, produção de oxigênio, melhora do microclima

Áreas de circulação de pedestres e de ciclovias

Estas áreas devem ser projetadas considerando também os requisitos de lazer infantil, com configurações diversas e interessantes. Devem ter proteção climática por meio de árvores, arcadas e, em casos individuais, coberturas de proteção. Calçadas nas marginais de vias não devem ser mais estreitas do que 2,5 m, se possível. Apenas no caso de baixo tráfego de pedestres justifica-se um perfil de calçada com largura estreita de 1,5 m. Em muitos casos, no entanto, maior largura é mais apropriada. Próximo a escolas, *shopping centers*, instalações de lazer, deve-se buscar uma largura mínima de 3 m. → p. 229 ❶ – ❼
O tipo de uso e frequência de tráfego da via determinam a localização e disposição de zonas de carga/descarga, estacionamento e áreas de ciclovia → p. 229. Se estes estiverem localizados na área lateral, deve-se demarcar a área do passeio por uma faixa de limite de 30 cm de largura, de modo que, em particular os deficientes visuais, possam perceber a limitação. Isso pode ser obtido alterando-se significativamente o tipo de revestimento da calçada, com uma diferença significativa na luminância e nas características da superfície tátil perceptível. As faixas táteis feitas de placas de piso guia servem para orientação de deficientes visuais. O entorno das faixas de guia, aviso e de atenção deve ser o mais plano possível (sem placas chanfradas ou pedras de calçamento). Se possível, as áreas de travessia devem ser divididas em uma área restrita, marcada por campos de alerta para cadeirantes e uma área de meio-fio para deficientes visuais, pois uma área e passagem sem borda não é identificável por deficientes visuais! → ❶
Nas ruas residenciais com princípio misto, a separação da via e da área lateral deve ser feita por meios-fios para facilitar a orientação de deficientes visuais.

Transporte

MALHA VIÁRIA

Espaços urbanos
Tipos de vias
Utilização urbana
Espaços viários
Cruzamentos
Bicicletário
Zonas de desaceleração
Proteção acústica

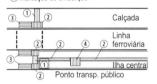

❶ Medidas básicas para diferentes usos na área destinada a pedestres/calçadas [04]

① Faixas de atenção
② Faixas direcionais
③ Faixas de alerta
④ Marcação de embarque

Campo de atenção

Placas direcionais ou de aviso

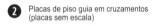
❷ Placas de piso guia em cruzamentos (placas sem escala)

❸ Placas de piso guia para def. visuais

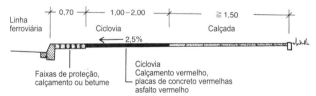
❹ Via-Ciclovia-Calçada

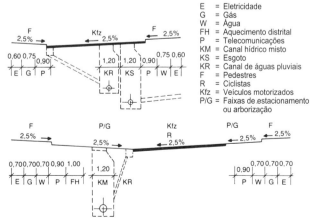

E = Eletricidade
G = Gás
W = Água
FH = Aquecimento distrital
P = Telecomunicações
KM = Canal hídrico misto
KS = Esgoto
KR = Canal de águas pluviais
F = Pedestres
R = Ciclistas
Kfz = Veículos motorizados
P/G = Faixas de estacionamento ou arborização

❺ Larguras básicas das linhas de alimentação e arranjo no espaço urbano [05]

Pessoa	Largura
Def. visual com bengala longa	1,20
Def. visual com cão-guia	1,20
Def. visual acompanhado	1,30
Pessoa com bengala	0,85
Pessoa com muleta	1,00
Cadeirante	1,10
Pessoa com carrinho de bebê	1,00

Distância	Espaço de segurança
da borda da pista	0,50
dos veículos estacionados em linha	0,75
dos veículos estacionados inclinados ou instalação vertical	0,25
das áreas de circulação de pedestres	0,25
de edificações, muradas, canteiros de árvores, instalações de trânsito e outros equipamentos	0,25

❻ Área de circulação de calçada [05]

❼ Áreas de segurança de ciclovias marginais [05]

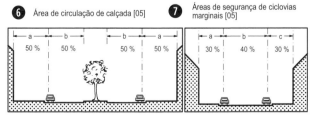

❽ Relação desejada de larguras entre área de passagem de veículos e para pedestres [01]

MALHA VIÁRIA
ESPAÇOS VIÁRIOS

O espaço para circulação de veículos, resulta de suas necessidades dimensionais, do conjunto de exigências relativas às distâncias laterais e superiores do veículo para movimentação livre (0,25 m), dos espaços reservados para tráfego contrário, assim como das sarjetas e faixa intermediária de limite lateral da pista, calhas e elementos para escoamento de águas pluviais. Largura máxima do veículo é determinada pela norma europeia (2,55 m). A largura da área de segurança lateral (S) é medida a partir da borda da área de circulação do tráfego até a lateral. A largura da faixa de segurança de tráfego, é medida a partir do limite lateral da pista de circulação em direção às bordas. O valor normal é 25 cm. Para veículos estacionários, o espaço de circulação é eliminado → ❸ para ciclistas, depende da posição do espaço de trânsito → ⓫.
O espaço de circulação de tráfego de bicicletas consiste de faixas de 1,00 m de largura e 2,25 m de altura. As ciclovias têm, portanto, 2,00 m de largura (mín 1,60 m para baixo volume de tráfego), a fim de permitir a ultrapassagem. Áreas e faixas de segurança devem ser claramente sinalizadas de cores distintas na via, mas devem ser trafegáveis. O espaço de circulação de tráfego de pedestres deve ter 0,75 m de largura e 2,25 m de altura para cada faixa. Se a calçada e a ciclovia forem integradas, resulta em uma largura de calçada de no mín. 2,30 m (faixa de limite de 0,30 m, 1,80 m de espaço de circulação de pedestres e 0,20 m de área segurança para paredes e cercas).
A altura de segurança para passagem sob construções é de 4,20 m, para circulação de veículos, é de 4,50 m, recomendando-se 4,70 m. A altura do vão livre para ciclovias e calçadas é de 2,50 m.

A faixa de proteção
faz parte da via motorizada, compartilhada por outros veículos, se necessário, sendo marcada por sinalização horizontal (largura de 1 m de comprimento, 1 m de intervalo), com largura padrão de 1,5 m, mín. 1,25 m. Instalações, se não houver espaço suficiente para a própria ciclovia e houver baixos volumes de caminhões.

Ciclovias
são parte da via que não é utilizada por outros veículos, sendo marcada por sinalização horizontal (faixa larga contínua) com largura padrão de 1,5 m, mín. 1,25 m.
Instalações, se não houver espaço suficiente para ciclovia própria para o caso de baixos volumes de caminhões.

Faixa de bicicletas
é uma pista separada da via motorizada por meio de uma borda, faixa de estacionamento ou faixas verdes. Pode ser integrada ao pavimento ou ser uma via separada.

Transporte

MALHA VIÁRIA
Espaços urbanos
Tipos de vias
Utilização urbana
Espaços viários
Cruzamentos
Bicicletário
Zonas de desaceleração
Proteção acústica

S^s = Área de segurança lateral
S^o = Área de segurança superior
F = Calçada
L_R = Limitação da área livre
V_R = Limitação da área de tráfego
R = Ciclistas
KFZ = Veículos motorizados

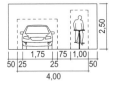
❶ Nomeação e medida de espaço livre [05]

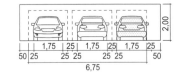

❷ Automóvel/bicicleta [05]

❸ Tráfego carros/caminhões/estacionamento [05]

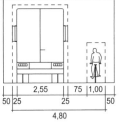
❹ Caminhão/bicicleta Ultrapassagem [05]

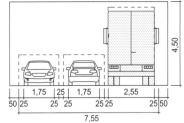
❺ Tráfego carros/caminhões/estacionamento [05]

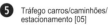

❻ Automóvel/automóvel [05]
❼ Encontro de carros/bicicletas [05]

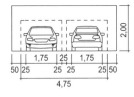
❽ Caminhão/caminhão [05]

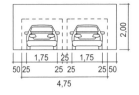
❾ Caminhão/automóvel [05]

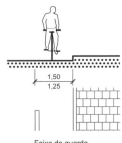

Faixa de guarda

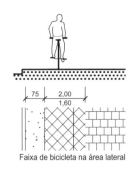
Faixa de bicicleta na área lateral

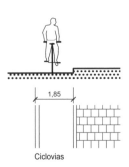

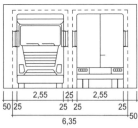
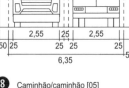
Ciclovias

❿ Tráfego de bicicletas na via, por meio de marcação separada [06]

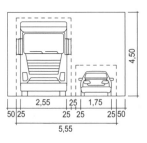
⓫ Ciclovia estruturalmente separada com faixas de segurança para a via [06]

Faixas de segurança	Largura
da borda da pista com instalações fixas nas faixas de segurança ou em velocidades de trânsito superiores a 50 km/h	0,75 m
da borda da pista em outros casos	0,50 m
dos veículos estacionados longitudinalmente	0,75 m
dos veículos inclinadamente e perpendicularmente. A faixa de extensão pode ser incluídas no cálculo	1,10 m

MALHA VIÁRIA
CRUZAMENTOS

Seções transversais das vias urbanas
Para determinar as larguras das áreas laterais e de pistas urbanas, a diretriz RaSt 06 da FGSV indicam seções transversais adequadas para ruas, que podem ser escolhidas com a ajuda de uma matriz baseada nos requisitos de uso e volumes de tráfego.

Caso as seções transversais recomendadas não se encaixem no perfil de via existente, o planejamento deve seguir o ponto de vista do planejamento urbano: primeiramente, são determinados os usos de marginais necessárias e a área lateral necessária para uso de pedestres e ciclistas, necessária para o tráfego esperado. Em seguida, é determinada a largura possível via.

Como ponto de referência, podem servir a fundamentação, de acordo com a → ❽ p. 227

Transporte

MALHA VIÁRIA

Espaços urbanos
Tipos de vias
Utilização urbana
Espaços viários
Cruzamentos
Bicicletário
Zonas de desaceleração
Proteção acústica

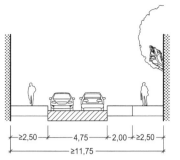

Legenda:
- Pista motorizada
- Pista motorizada com faixa de guarda para ciclistas
- Área lateral/Faixas centrais
- R — Ciclovia/Faixas de bicicletas
- P — Estacionamentos
- P/L — Estacionamento/Carga e descarga

❶ Rua residencial com baixa densidade de tráfego e sem transporte público. Larguras das calçadas: mín. 1,50 m apenas em situações restritas; mín. 2,50 deve ser sempre buscado para atender aos pedestres [05]

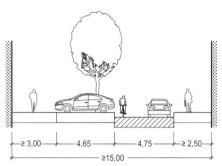

❷ Rua residencial com baixa densidade de tráfego, transporte público e alta demanda de estacionamento [05]

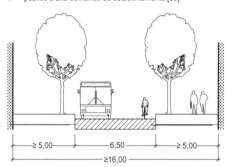

❸ Rua residencial com baixa densidade de tráfego e transporte público [05]

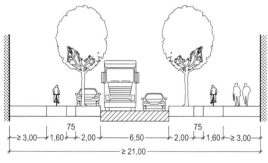

❹ Rua comercial com média densidade de tráfego, transporte público e tráfego de carga [05]

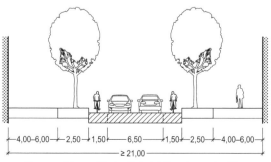

❺ Rua comercial com média densidade de tráfego, transporte público, transporte de carga e faixa de guarda para ciclovia [05]

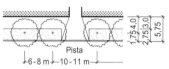

Área lateral 5,75 m, calçada (3 m) com entrada de veículos e árvores de copa pequena

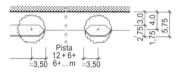

Área lateral 5,75 m, calçada (3 m), árvores de copa pequena e baias de estacionamento

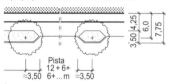

Área lateral 7,75 m, calçada (4,25 de largura) com ciclovia, árvores de copa grande e baias de estacionamento

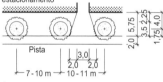

Área lateral 5,75 m, calçada (2,25 ao lado das faixas verdes), árvores de copa pequena e faixas de estacionamento

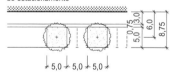

Espaço lateral 8,75 m, calçada (2,25 próx. ao tronco), árvores de copa pequena e faixa de estacionamento

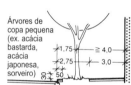
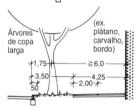
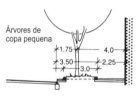
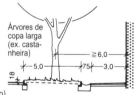

❼ Exemplos para a configuração das áreas laterais de vias com passeio e arborização → p. 227 ❸

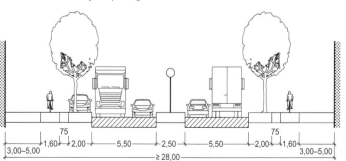

❻ Rua comercial com alta densidade de tráfego, transporte público e área de carga/descarga RaSt 06 [05]

229

MALHA VIÁRIA
BICICLETÁRIO

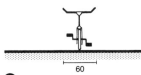

① Medidas básicas de bicicletas

② Bicicleta com bagageiro (cesta) e assento para transporte de criança

Medidas básicas das bicicletas → ① – ②. Observar ainda acessórios, como bagageiro ou assentos para transporte de crianças, ou tipos de bicicletas especiais, como a de posição "deitada" do ciclista, com 2,35 m de comprimento, e as duplas, com dois selins, com 2,60 m de comprimento. Carretas de três rodas podem ser atreladas às bicicletas, tendo 1,60 m de comprimento por 1,00 m de largura. Existem ainda bicicletas especiais para deficientes físicos ou para transporte de carga.

Os suportes para bicicletas deverão apresentar distanciamento confortável → ③ havendo senão o risco de ocorrência de ferimentos, sujeira ou danos para as pessoas e bicicletas, ao estacionar, fechar com corrente antirroubo, carregar, descarregar etc. Em suportes duplos, bilaterais, pode-se economizar espaço através da sobreposição das rodas dianteiras, sendo problemática a construção com defasagem de alturas, devido à possibilidade de danos → ⑫.

Valores de orientação e limites construtivos, determinam o número adequado de suportes a serem construídos → ⑪.

Os suportes deverão apresentar apoio seguro, mesmo para bicicletas com carregamento, de preferência permitindo o encosto vertical, assim como travamento da roda dianteira e chassi, presos por corrente de segurança. O melhor sistema é o de armação tubular → ⑨ como meia altura para bicicletas de criança.

Suporte de armação tubular com distância de 1,20 m entre cada → ⑨.

O espaço intermediário de circulação entre fileiras de suportes deverá ser de 1,80 m → ⑦ – ⑨, devendo-se prever também passagens transversais regulares, buscando uma organização clara e de fácil orientação.

Espaços extraordinários são previstos de acordo com a necessidade, p. ex. para carretas ou bicicletas especiais.

Suportes sem possibilidade de fecho de segurança, deverão ser construídos apenas em áreas internas, com acesso controlado.

No caso de áreas de permanência de muitas horas, é necessária a previsão de cobertura e iluminação.

O planejamento de uma área de estacionamento para bicicletas deverá levar em consideração, principalmente, o posicionamento próximo ao objetivo (lugar), facilidade de encontro, conforto de acesso e controle social (transeuntes, moradores etc.), recomendando-se inclusive vigilância organizada, para o caso de áreas junto a grandes apresentações e eventos, estações, piscinas públicas e centros comerciais. Estacionamentos de automóveis podem ser aproveitados também para bicicletas.

Transporte

MALHA VIÁRIA
Espaços urbanos
Tipos de vias
Utilização urbana
Espaços viários
Cruzamentos
Bicicletário
Zonas de desaceleração
Proteção acústica

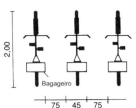

③ Estacionamento confortável de bicicletas

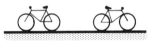

④ Estacionamento apertado

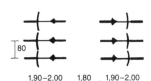

⑤ Medidas básicas para suportes horizontais paralelos

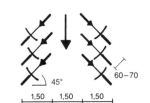

⑥ Disposição em ângulo, com uma só altura

⑦ Disposição paralela horizontal, com alternância de alturas das rodas dianteiras

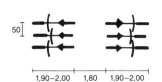

⑧ Disposição em ângulo, com alternância de alturas das rodas dianteiras

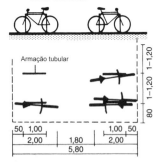

⑨ Suporte de armação tubular

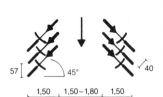

⑩ Sistema de sobreposição das rodas dianteiras

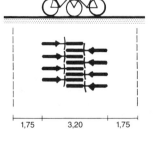

⑫ Estacionamento em fileiras paralelas, com sobreposição das rodas dianteiras, deixando passagem intermediária

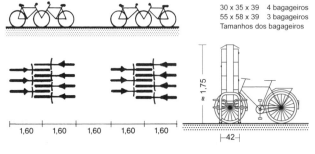

⑬ Sistema de suporte para bicicletas com armários/ bagageiros anexos

Apartamentos	1 para cada 30 m² de área total de moradia
Visitantes para apartamentos privados	1 para cada 200 m² de área total de moradia
Residência universitária, casa de estudantes	1 para cada cama
Escolas em geral	0,7 para cada lugar de estudo/ estudante
Escolas públicas livres, para adultos	0,5 para cada lugar de estudo/ estudante
Edifícios com auditórios, anfiteatros	0,7 para cada cadeira
Bibliotecas	1 para cada 40 m² de área útil
Restaurante universitário	0,3 para cada cadeira
Áreas de trabalho	0,3 para cada lugar de trabalho/ funcionário
Comércio, lojas, com necessidade diurna	1 para cada 25 m² de área de vendas
Centros comerciais	1 para cada 80 m² de área de vendas
Lojas de atendimento periódico	1 para cada 35 m² de área de vendas
Escritórios, consultórios médicos	0,2 cada número de clientes ao mesmo tempo
Áreas e ginásios esportivos, piscinas cobertas	0,5 para cada cabine de vestiário
Áreas concentração pessoas além do entorno próximo	1 para cada 20 lugares para visitantes
Outras áreas de reunião de pessoas	1 para cada 7 lugares para visitantes
Restaurantes locais	1 para cada 7 cadeiras
Biergarten ("Jardins de cerveja")	1 para cada 2 cadeiras

Quando houver mais de um uso concomitantemente em um edifício, deverão ser adicionados para cálculo os valores necessários de cada um.

⑪ Valores de orientação para cálculo da capacidade para áreas de estacionamento de bicicletas

30 x 35 x 39   4 bagageiros
55 x 58 x 39   3 bagageiros
Tamanhos dos bagageiros

230

MALHA VIÁRIA
BICICLETÁRIO

Bicicletários

Para atratividade e sustentabilidade do transporte público, é ideal ter uma boa ligação com o tráfego de bicicletas. Bicicletas modernas e elétricas (*e-bikes*) exigem área de sombra e proteção especial contra roubo. Para proteção climática, estacionamentos cobertos → ❼ – ❿.

Para bicicletas de nível superior, podem ser configurados boxes de estacionamento, com proteção independente, via máquina de moedas ou com bilheteria → ❻. Para um alto volume de bicicletas em estações rodoviárias e ferroviárias são indicados bicicletários próprios. Em conexão com as instalações de serviço, como conjunto de instalações de serviço de áreas de reparo, aluguel, e estação de carregamento de *e-bikes*, é possível planejar também instalações de monitoramento e administração do estacionamento. Controle automático de acesso com sistema bilhetes de estacionamento de operação 24 horas → ⓫. Deve-se projetar áreas adicionais, como estacionamento para bicicletas especiais (múltiplos lugares, reclináveis, instalação suspensa), áreas para depósito de bicicletas embaladas (por funcionários das instalações de serviço), armários para equipamentos de proteção, banheiros, possivelmente projetados com chuveiros.

No caso de novo planejamento, pode ser previsto estacionamentos em andares, onde os ciclistas pode estacionar usando seus próprios cadeados → ❺. Em caso de conversão de uso de áreas existentes pode se optar por depósitos (suspenso, inclinado) para uma utilização ideal do espaço → ❶ – ❸. Não projetar corredores de passagem muito estreitos entre as baias.

Largura do corredor: quanto maior a baia, mais larga a passagem, mín. 1,50 m, ideal 2,00 m; em andares, baias de 3,00 m; em longas fileiras, uma passagem a cada 15 m.

Transporte

MALHA VIÁRIA

Espaços urbanos
Tipos de vias
Utilização urbana
Espaços viários
Cruzamentos
Bicicletário
Zonas de desaceleração
Proteção acústica

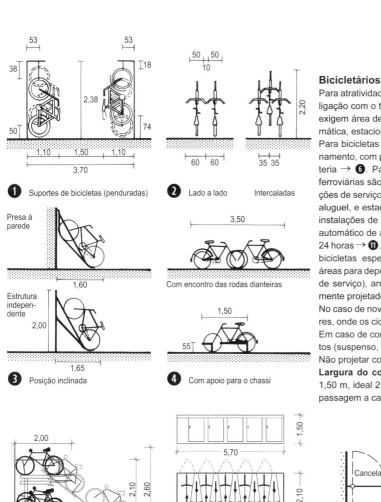

❶ Suportes de bicicletas (penduradas)
❷ Lado a lado Intercaladas
Presa à parede
Com encontro das rodas dianteiras
Estrutura independente
❸ Posição inclinada
❹ Com apoio para o chassi
❺ Baias suspensas
❻ Baias de bicicleta com cadeado

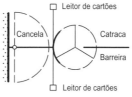

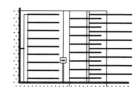

⓫ 24h Controle de acesso com catraca para pessoas e cancela para ciclistas

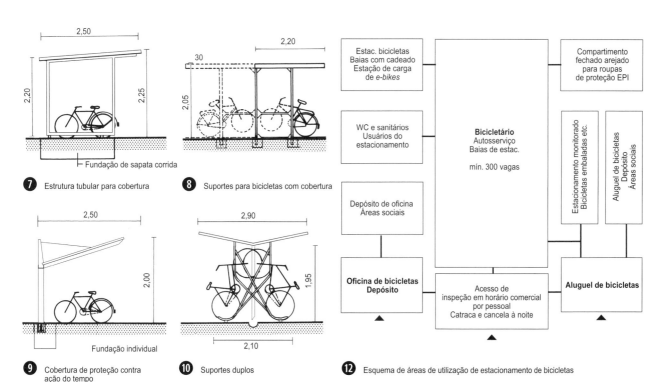

❼ Estrutura tubular para cobertura
❽ Suportes para bicicletas com cobertura
❾ Cobertura de proteção contra ação do tempo
❿ Suportes duplos
⓬ Esquema de áreas de utilização de estacionamento de bicicletas

231

MALHA VIÁRIA
ZONAS DE DESACELERAÇÃO

Para reduzir os riscos causados pelo tráfego em áreas residenciais e áreas comuns urbanas e melhorar a qualidade da convivência, as medidas de redução de ruído do trânsito devem assegurar o deslocamento e a redução da velocidade do tráfego de veículos. Antes de qualquer medida local, de acordo com a RIN (Diretriz para o Planejamento de Malha Viária) do FGSV, deve-se verificar se os objetivos desejados podem ser alcançados por meio de medidas adotadas na rede de transporte do entorno. Além do risco de acidentes com outros usuários de trânsito, há também o risco para pedestres, crianças, ciclistas e poluição sonora para os moradores. Limitações de velocidade por meio de sinalização adequada devem ser apoiadas por medidas estruturais que visam efeito sobre a dinâmica do trânsito. Essas podem ser minirrotatórias → ❶, lombadas de deslocamento → ❷ – ❸ e platôs parciais sobre a pista → ❹. A criação de "vias de *loop*" interliga o tráfego, isso também pode ser alcançado retrospectivamente por cruzamentos de bloqueio diagonal. Ciclistas, veículos de utilidade pública e de emergência devem ser capazes de transpassar → ❺.

As medidas devem sempre considerar o aspecto da poluição sonora em situações de frenagem e aceleração nas barreiras viárias e na produção sonora de superfícies pavimentadas.

Nas linhas rodoviárias regulares intervenções estruturais devem ser evitadas e, quando necessárias, devem ser acordadas com as operadoras de transporte.

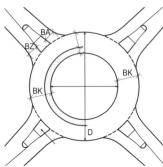

Limites de aplicação	Mini-rotatória	Pequena rotatória
Valor mín.	13	26
Valor de controle	—	30 m–35
Obergrenze	22	40
Largura faixa de acesso		
Entrada BZ		3,25–3,75
Saída BA		3,50–4,00
Esquina arredondada		
Entrada RZ	8–10	10–14
Saída Ra	8–10	12–16

Elemento	Mini-rotatória	Rotatória pequena			
Diâmetro externo D	13,00–22,00	26,00	30	35,00	≥ 40,00
Largura da rotatória BK	4,00–6,00	9,00	8,00	7,00	6,50

❶ Desaceleração nas vias por meio de rotatórias [05]

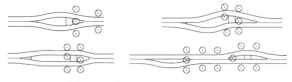

❷ Redução de velocidade em entradas
Estreitamento da vias visível por meio de separação da pistas
Profundidade de pista mín 1,75 m [05]

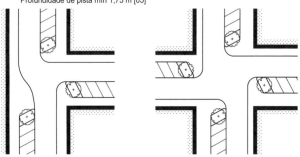

❸ Desaceleração no afluxo, por meio de deslocamento das pistas [05]

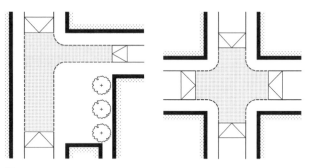

❹ Desaceleração por meio de elevação de pistas [05]

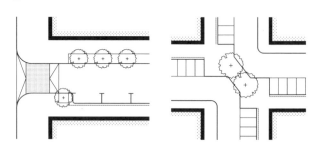

❺ Desaceleração por meio de separação ótica ou física.
A separação dos cruzamentos deve dar acessibilidade a veículos de emergência [05]

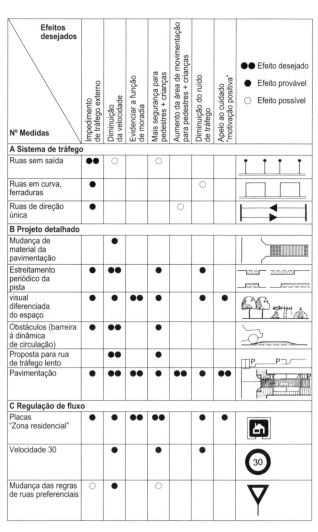

❻ Desaceleração do tráfego: Visão geral das medidas e impactos

MALHA VIÁRIA
PROTEÇÃO ACÚSTICA

Diretrizes para proteção acústica ao longo de vias de tráfego

A conscientização crescente em relação ao meio ambiente fez com que o tema proteção acústica, especialmente no que diz respeito a zonas de tráfego, adquirisse cada vez mais importância. Especialmente a intensidade sonora resultante de interferência de tráfego e adensamento das áreas construídas requerem isolamento suficiente em forma de elevações artificiais de terra, paredes isolante-acústicas, pirâmides isolantes → ❶ – ❼. O nível de ruído de tráfego deve ser reduzido, ao encontrar a parede isolante, em ≥ 25 dB (A). Este enfraquecimento do nível sonoro é designado de Δ A (RUA) e serve como medida modificada de isolamento acústico para vias de trânsito. As paredes isolantes acústicas podem ser diferenciadas em: refletoras Δ A < 4 dB; absorvedoras 4 dB (A) ≤ A ≤ 8 dB (A); altamente absorventes 8 dB (A) ≤ A.

A DIN 18005/Parte 1 e *Richtlinien für den Lärmschutz an Strassen* (RLS–90) fornecem elementos e diretrizes para cálculo. O nível de eficiência da barreira sonora não depende somente do material de que é feita, mas fundamentalmente da sua altura, criando uma zona de sombreamento em relação ao ruído produzido pelos veículos. Entretanto, comparando-se com o efeito ótico de uma zona de sombra, esta área acústica não é íntegra, sendo que, através de pequenas curvaturas, o som pode penetrar na zona de sombreamento. Esta possibilidade vai diminuindo conforme mais elevado for o obstáculo acústico, e assim maior o caminho a ser percorrido pela onda sonora desviada. O mercado oferece um grande número de elementos pré-fabricados de concreto, assim como paredes de proteção acústica de vidro, madeira ou aço.

Transporte

MALHA VIÁRIA

Espaços urbanos
Tipos de vias
Utilização urbana
Espaços viários
Cruzamentos
Bicicletário
Zonas de desaceleração
Proteção acústica

Ver também:
Isolamento acústico
p. 118,
e Janela p. 111

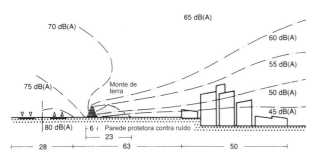

❶ Efeito sobre o nível sonoro com monte de terra ou parede protetora contra ruído (mapa de isófonos)

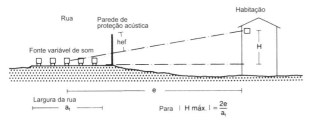

❷ Diagrama para estabelecimento da altura necessária para a parede protetora acústica

Para | H máx. $l = \dfrac{2e}{a_t}$

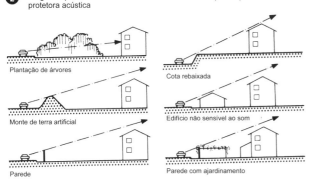

❸ Medidas para isolamento acústico em ruas de tráfego

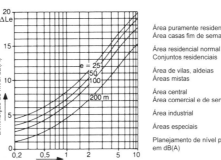

❽ Diminuição do nível sonoro

	Dia	Noite
Área puramente residencial Área casas fim de semana	50	35
Área residencial normal Conjuntos residenciais	35	40
Área de vilas, aldeias Áreas mistas	60	45
Área central Área comercial e de serviços	65	50
Área industrial	70	70
Áreas especiais	45–70	35–70

Planejamento de nível para áreas construídas em dB(A)

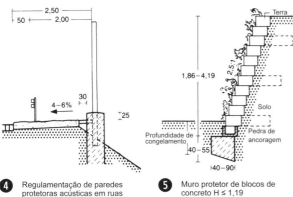

❹ Regulamentação de paredes protetoras acústicas em ruas

❺ Muro protetor de blocos de concreto H ≤ 1,19

❻ Pirâmide de proteção sonora (elementos pré-fabricados de concreto)

❼ Barreira (ajardinada) contra som

Redução necessária		10	15	20	25	30	35
Distância neces. em m	Campos	75–125	125–250	225–400	375–555	–	–
	Floresta	50–75	75–100	100–125	125–175	175–225	200–250

❾ Redução do nível sonoro pelo distanciamento

Parede ou barreira alta em m	1	2	3	4	5	6	7
Redução em dB(A)	6	10	14	16,5	18,5	20,5	23,5

❿ Redução do nível sonoro pela altura

Sobrecarga de tráfego em ambas as direções durante o dia/veículos/h	Ordenação dos tipos de ruas segundo carga de tráfego	Distância pontos de emissão a partir do meio da pista em m	Categoria nível de ruído
<10	Ruas residenciais	–	0
10–50	Rua residencial (2 pistas)	>35 26–35 11–25 ≤10	0 I II III
>50–200	Rua de conjuntos residenciais (2 pistas)	>100 36–100 26–35 11–25 ≤ 10	0 I II III IV
>200–1000	Estrada rural atravess. localidade e conjuntos residenciais (2 pistas)	101–300 36–100 11–35 ≤10	I II III IV
	Estrada rural fora e dentro de áreas de serviços e ind. (2 pistas)	101–300 36–100 11–35 ≤10	II III IV V
>1000–3000	Avenidas principais urbanas e ruas em áreas ind. e de serviços (2 pistas)	101–300 36–100 <35	IV IV V
>3000–5000	Autoestradas/avenidas urbanas (4–6 pistas)	101–300 ≤100	IV V

⓫ Estimativa do ruído provocado pelo tráfego existente ou esperado

233

ESTACIONAMENTOS
VEÍCULOS

Medidas, raios de curvas e peso de veículos típicos, tendo em vista necessidades espaciais e diretrizes para construção de garagens, estacionamentos, acessos, pistas de circulação e saídas. As dimensões de veículos, classificados de acordo com o StVZO, já são atualmente excedidas mesmo por veículos compactos. Além disso, a especificação da largura do veículo de acordo com o StVZO não inclui partes salientes, como retrovisores. Isso deve ser considerado, especialmente em projetos de vagas de estacionamento. Todas as larguras dos veículos aqui mostrados são medidas incluindo os retrovisores. As informações de massa referem-se ao peso total permitido.

Transporte

ESTACIONA-
MENTOS

Veículos
Curvas
Vagas de estacionamento
Edifícios-garagem
Rampas
Diretrizes para construção de garagens
Garagens mecanizadas
Veículos – caminhões
Estacionamentos e curvas para caminhões
Áreas de serviços em rodovias
Postos de gasolina
Lavagem automática de automóveis

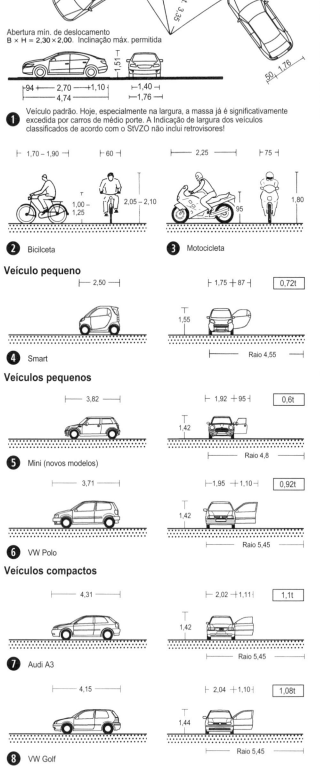

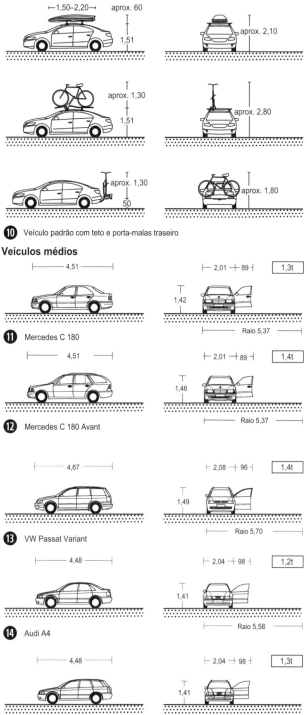

ESTACIONAMENTOS
VEÍCULOS

Veículos médios classe superior

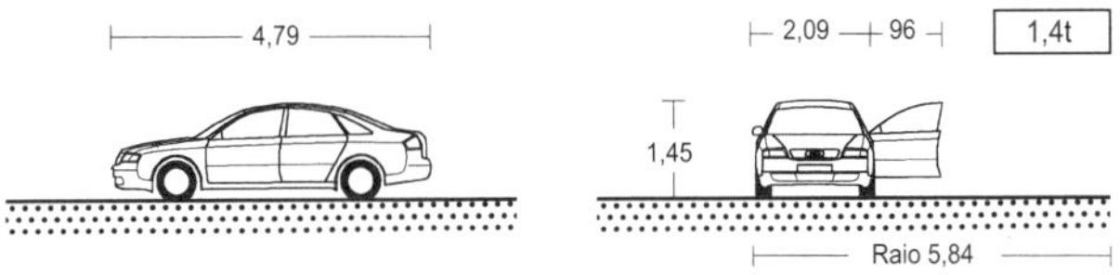

① Audi A6

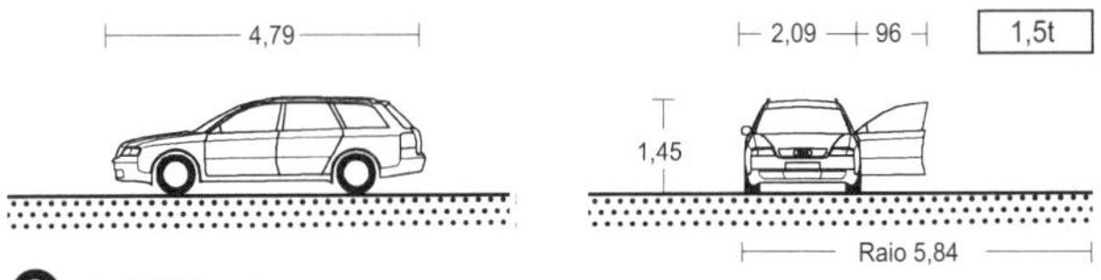

② Audi A6 Avant

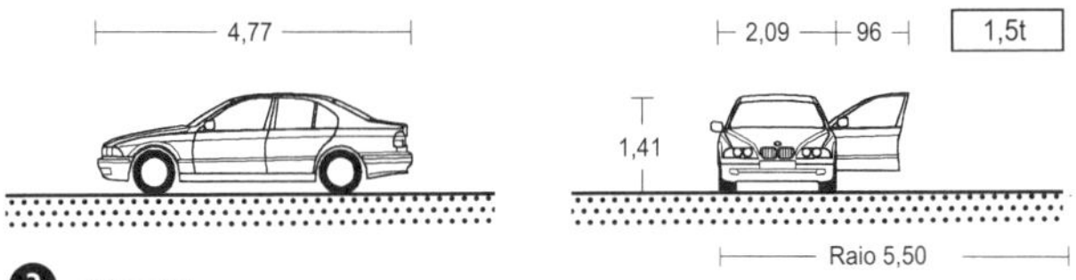

③ BMW 5er

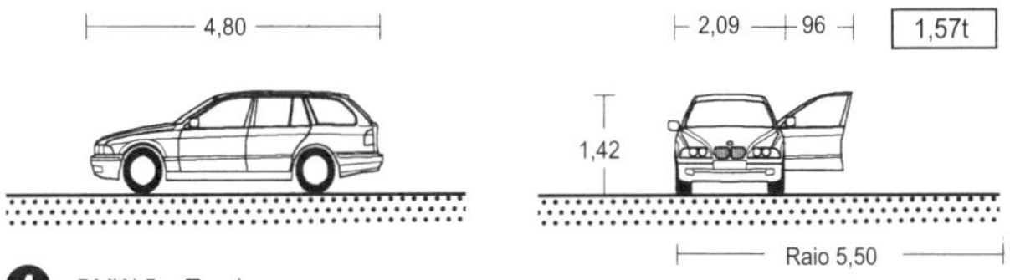

④ BMW 5er Touring

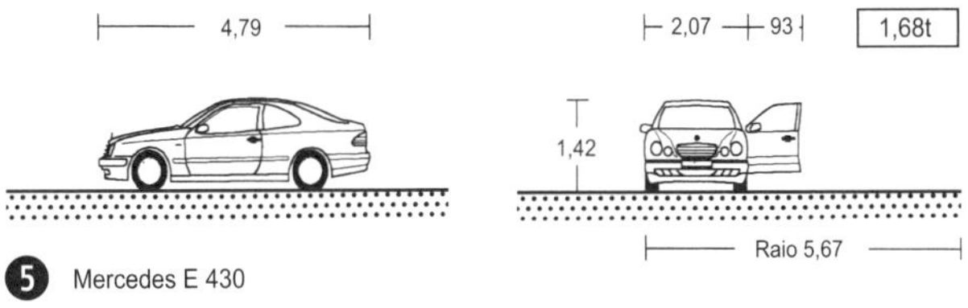

⑤ Mercedes E 430

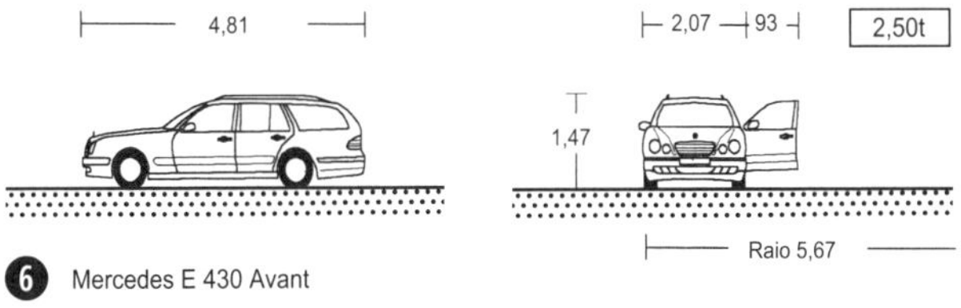

⑥ Mercedes E 430 Avant

Veículos de luxo

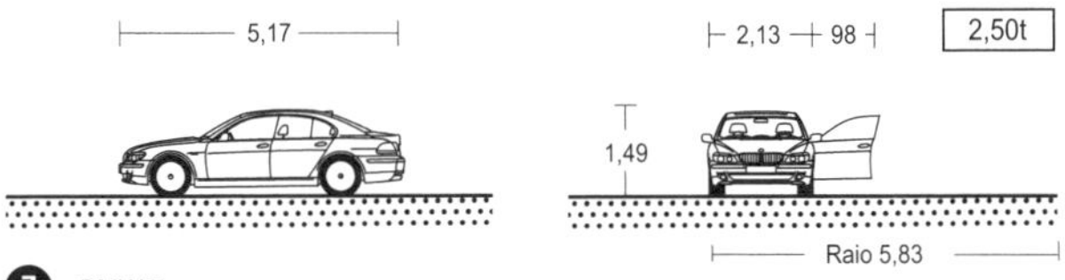

⑦ BMW 7er

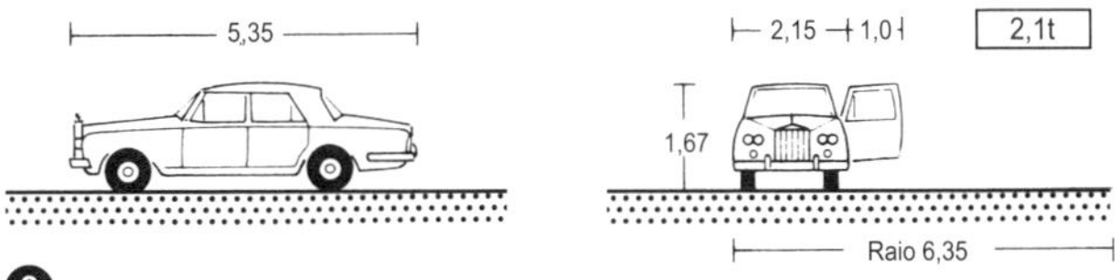

⑧ Rolls-Royce

Veículos esportivos

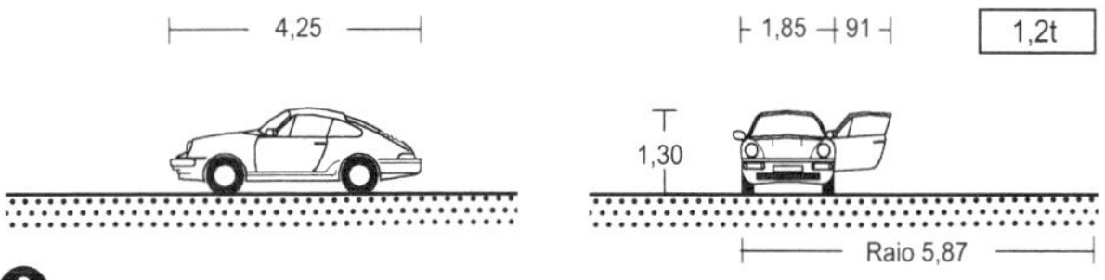

⑨ Porsche 911

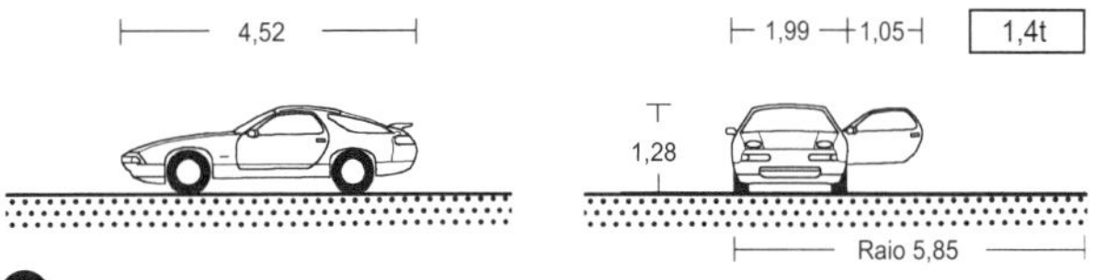

⑩ Porsche 928

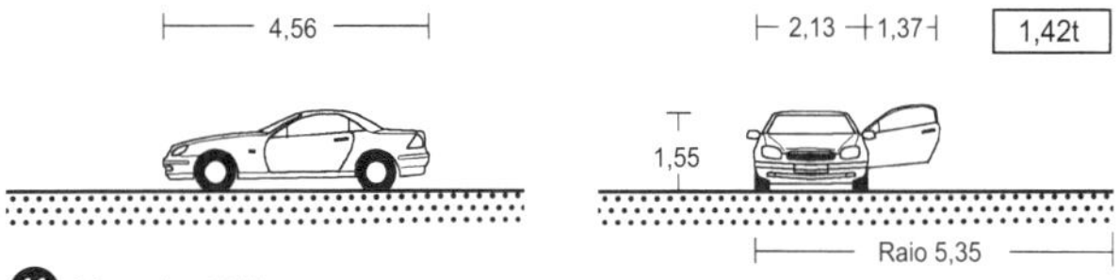

⑪ Mercedes CLK

Utilitários esportivos (SUV)

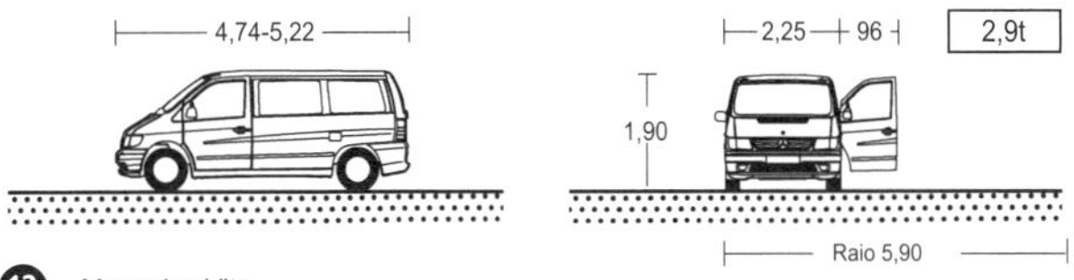

⑫ Mercedes Vito

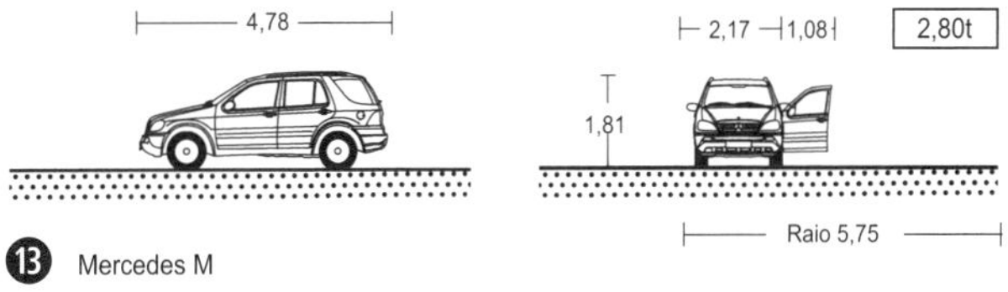

⑬ Mercedes M

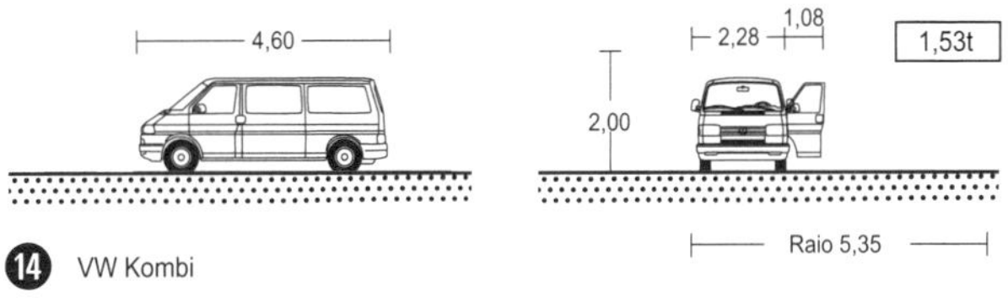

⑭ VW Kombi

Veículos motorhome

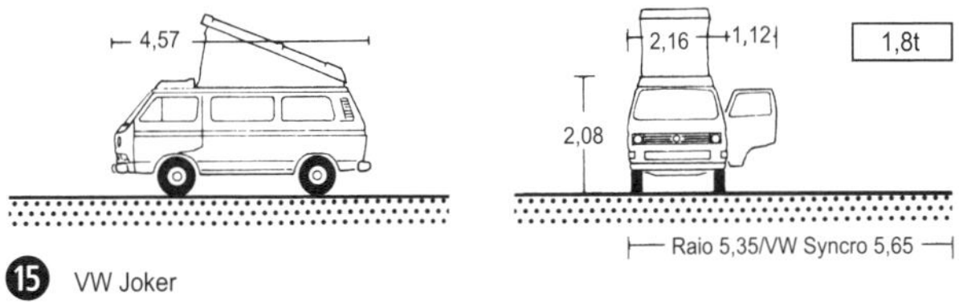

⑮ VW Joker

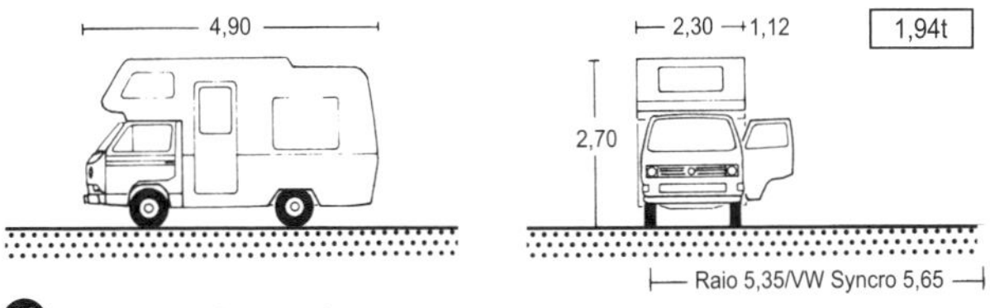

⑯ VW Karman-Cheetan, Gipsy

Transporte

ESTACIONA-
MENTOS

Veículos
Curvas
Vagas de
estacionamento
Edifícios-garagem
Rampas
Diretrizes para
construção de
garagens
Garagens
mecanizadas
Veículos –
caminhões
Estacionamentos
e curvas para
caminhões
Áreas de serviços
em rodovias
Postos de
gasolina
Lavagem
automática de
automóveis

235

ESTACIONAMENTOS
CURVAS

O tipo, o tamanho e o desenho de um gabarito de giro dependem dos veículos e da função de planejamento urbano, de acordo com o respectivo uso da área. As necessidades de brigadas de incêndio e de serviços de coleta de lixo devem ser consideradas na definição de gabaritos de giro. Os retornos podem ser construídos em forma de bolsões → ❶ – ❷, ou de rotatórias – sistema circular com ou sem ilha central → ❸ – ❼, sendo que os bolsões exigem manobras por parte dos veículos. O melhor sistema é o de rotatórias (curvas circulares), no qual os veículos podem transitar diretamente.

Os retornos são construídos assimetricamente, por motivos técnicos de direcionamento dos veículos, ampliados à esquerda → ❸, ❺ – ❼. Ao longo das bordas externas da curva, deve-se deixar uma zona livre suficientemente larga, sem construções fixas rígidas, para permitir a passagem de elementos dos veículos que vão além de suas dimensões normais (p. ex., trechos de carregamento). No caso de rotatórias, a ilha central poderá ser plantada → ❻, ❼.

O bolsão → ❶ é apropriado apenas para uso de automóveis, não sendo necessário para pistas com mais do que 6 m de largura, no caso da presença de áreas frontais de garagens ou calçadas que possam ser utilizadas para retorno.

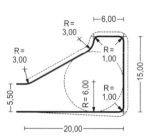

❶ Requisito de área de giro para veículos [05]

❷ Requisito de área de giro para veículos de até 9,00 m de comprimento (veículo de 2 eixos) [05]

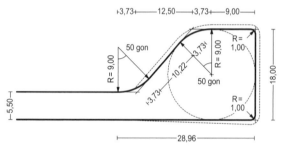

❸ Requisito de área de giro unilateral para veículos de até 10,00 m de comprimento (veículo de 3 eixos) [05]

❹ Requisito de área de giro bilaterais para veículos de até 10,00 m de comprimento (veículo de 3 eixos) [05]

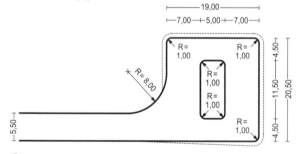

❺ Requisito de espaço para círculo de manobra de veículo de coleta de lixo de 2 eixos [05]

❻ Requisito de espaço para círculo de manobra de veículo de coleta de lixo de 3 eixos [05]

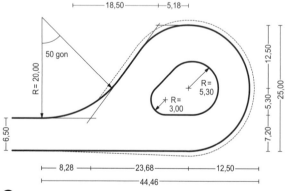

❼ Requisitos de área de giro para caminhões [05]

	Dimensões externas						
Tipo de veículo	Comprimento [m]	Distância entre rodas [m]	Parte avançada (além da roda) dianteira [m]	traseira [m]	Largura [m]	Altura [m]	Raio da curva, externo [m]
Bicicleta	1,90				0,60	1,00	
Motocicleta pequena	1,80				0,60	1,00	
Bicicleta c/ motor	2,20				0,70	1,00	
Automóvel (passageiros)	4,74	2,70	0,94	1,10	1,76	1,51	5,85
Transporte de carga:							
Perua/trailer	6,89	3,95	0,96	1,98	2,17	2,70	7,35
Caminhões (2 eixos)	9,46	5,20	1,40	2,86	2,29	3,80	9,77
Caminhões (3 eixos)[1]	10,10	5,30[1]	1,48	3,32	2,50[4]	3,80	10,05
Caminhões com carreta:	18,71						
Veículo motor (3 eixos)[1]	9,70	5,28[1]	1,50	2,92	2,55[4]	4,00	10,30
Carreta (2 eixos)	7,45	4,84	1,35[3]	1,26	2,55	4,00	10,30
Truck:	16,50						
Veículo motor (2 eixos)	6,08	3,80	1,43	0,85	2,55[4]	4,00	7,90
Carreta (3 eixos)[1]	13,61	7,75[1]	1,61	4,25	2,55	4,00	7,90
Ônibus:							
De viagem, de linha	12,00	5,80	2,85	3,35	2,55[4]	3,70[6]	10,50
De viagem, de linha[2]	13,70	6,35[2]	2,87	4,48	2,55[4]	3,70[6]	11,25
De viagem, de linha[2]	14,95	6,95[2]	3,10	4,90	2,55[4]	3,70[6]	11,95
Articulados	18,00	5,98/5,99	2,65	3,37	2,55[4]	2,95	11,80
Caminhão de lixo:							
2 eixos	9,03	4,60	1,35	3,08	2,55[4]	3,55	9,40
3 eixos	9,90	4,77[1]	1,53	3,60	2,55[4]	3,55	10,25
3 eixos[2]	9,95	3,90	1,35	4,70	2,55[4]	3,55	8,60
Valores máx. autorização p/circulação de veículos (StVZO):							
Veículos de carga	12,00				2,55[4][5]	4,00[6]	12,50
Carretas	12,00						
Caminhão com carreta	18,75						
Truck com carreta	16,50						
Ônibus articulado	18,00						

Observações: [1] Para veículos com 3 eixos, o último eixo é computado com o médio. [2] Para veículos com 3 eixos, a posição da roda é contada entre eixo frontal e traseiro. [3] Sem comprimento da carreta. [4] Sem espelho lateral. [5] Construções superiores em veículos climatizados até 2,60 m. [6] Ônibus de 2 andares 4 m.

❽ Parâmetros de veículos classificados e valores máximos de acordo com o StVZO [07] → p. 235 e p. 244

Tipo de rua	Uso da zona	Veículos de referência para cálculo	R (m)	Observações
Movimentada Caminho só para moradores Pouco movimentada Rua só para moradores	Residencial	Automóveis	6	– Retorno para automóveis – para caminhões de lixo regras especiais (p. ex. ligação de ruas através de caminhos de uso limitado)
Rua só para moradores	Preponderantemente residencial	Automóveis, caminhões de lixo de 2 eixos	8	– Retorno para ônibus pequenos assim como para a maioria dos caminhões de lixo – Possibilidades de retorno através de manobra para todos, segundo Código de Trânsito, para veículos autorizados
Rua só para moradores	Residencial, com grande influência de serviços	Automóveis, caminhões de lixo de 3 eixos, ônibus padrão, ônibus articulados	10 11 12,5	– Retornos suficientes para número preponderante de veículos de carga autorizados e linhas de ônibus antigas – Retorno para novas linhas de ônibus – Retorno para ônibus articulados
	Preponderantemente serviços	Caminhões Ônibus articulados	12,5	– Retorno para os maiores veículos autorizados pelo Código de Trânsito

Nos limites externos das curvas de retorno, devem ser previstas faixas livres de 1,00 m de largura, para veículos de grande comprimento.

❾ Recomendações para fixação dos raios de curva (R)

Transporte

ESTACIONAMENTOS

Veículos
Curvas
Vagas de estacionamento
Edifícios-garagem
Rampas
Diretrizes para construção de garagens
Garagens mecanizadas
Veículos – caminhões
Estacionamentos e curvas para caminhões
Áreas de serviços em rodovias
Postos de gasolina
Lavagem automática de automóveis

ESTACIONAMENTOS
VAGAS DE ESTACIONAMENTO

São áreas de estacionamento demarcadas para veículos em espaços públicos. Em áreas privadas são chamadas de vagas de estacionamento privado. O estabelecimento de baias de estacionamento é regulamentado na Alemanha pela EAR 05 (Diretrizes para Instalações de Trânsito Estacionário da FGSV). As normas para vagas de estacionamento são regulamentadas pela legislação de construção civil. Os regulamentos para garagens (alguns dos quais integrados a regulamentos especiais de construção) determinam dimensões diversas, dependendo da unidade federativa, a fim de se adequar ao crescente número de veículos. No entanto, as dimensões das vagas não devem ser inferiores às recomendadas pelo EAR 05. A marcação da área da vaga é delimitada por uma faixa de tinta (branca ou amarela) de 12 a 20 cm que proporciona uma melhor visibilidade da vaga contra a parede por cerca de 1,0 m de altura. Em arranjos contra paredes ou na borda de plataformas de estacionamento, para evitar ultrapassagens da área, devem ser previstas cordas de isolamento, defletores ou gradeamento até a altura do eixo, em vagas de carros posicionados um contra o outro, a uma altura de 10 cm.

Dormentes para limitação dianteira. Em vagas de estacionamento paralelas à via, uma largura de 2 m só é permitida se houver uma faixa lateral alta, além de componentes de no mín. 2,3 m → ❶. A saliência (70 cm) pode ser adicionada ao comprimento da vaga de estacionamento se o limite dianteiro for definido por um meio-fio → ❸ – ❺ e → p. 238 ❿.

Transporte

ESTACIONAMENTOS

Veículos
Curvas
Vagas de estacionamento
Edifícios-garagem
Rampas
Diretrizes para construção de garagens
Garagens mecanizadas
Veículos – caminhões
Estacionamentos e curvas para caminhões
Áreas de serviços em rodovias
Postos de gasolina
Lavagem automática de automóveis

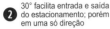
❶ Estacionamento paralelo à pista

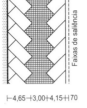
❷ 30° facilita entrada e saída do estacionamento; porém em uma só direção

❸ 45° estacionamento inclinado, somente em uma direção de tráfego

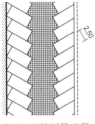
❹ 60° de inclinação somente em uma direção de tráfego

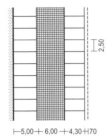
❺ 90° entrada e saída do estacionamento possível nos dois sentidos. Passagem central com 5,50 m acarreta dificuldade de manobra

Disposição das vagas em relação à faixa de passagem dos veículos, em ângulo de	Largura exigida da faixa de passagem/acesso (em m), para larguras de vagas de estacionamento de		
	2,30 m	2,40 m	2,50 m
90°*	6,50 m	6,00 m	5,50 m
75°	5,50 m	5,25 m	5,00 m
60°	4,50 m	4,25 m	4,00 m
45°*	3,50 m	3,25 m	3,00 m
até 30°	3,00 m	3,00 m	3,00 m

*Os valores da M-GarVO (Portaria de garagem modelo), de acordo com o EAR 05, faixas de passagem de veículos a 90° e 2,50 m de largura, com mín. 6,00 m de vaga

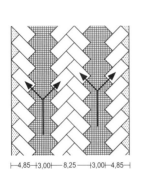
❻ 45° somente na direção de tráfego

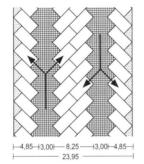
❼ Disposição inclinada

⓫ Tabela de larguras para passagem dos veículos (largura-padrão da vaga 2,50 m; esse valor só poderá ser reduzido em áreas não públicas)

Disposição das vagas de estacionamento	Área necessária por vaga sobre 100 m incluindo acesso m²	N° possível de vagas sobre 100 m² de área	N° possível de vagas sobre 100 m de comprimento de rua (unil.)
→ ❶ 0° paralelo à rua. Estacionar e sair do estacionamento difícil – favorável para ruas estreitas.	22,5	4,4	17
→ ❷ 30° inclinado em relação à rua. Entrada e saída do estacionamento fácil. Ocupação intensiva de área.	30,8 (27,6)	3,2 (3,6)	20 (21)
→ ❸ 45° inclinado em relação à rua. Boa entrada e saída do estacionamento. Área por vaga de estacionamento relativamente pouca. Sistema usual.	24 (21,7)	4,2 (4,6)	29 (31)
→ ❹ 60° inclinado em relação à rua. Entrada e saída do estacionamento relativamente boa. Área por vaga de est. pouca. Sistema utilizado com frequência.	22,5 (20,5)	4,4 (4,9)	34 (37)
→ ❺ 90° perpendicular à rua. Área menor necessária por vaga. Necessidade de curva fechada para o veículo.	20 (19,0)	5 (5,3)	40 (44)

Os valores dados são válidos para vagas com largura de 2,50 m.
Os valores entre parênteses (vagas com largura de 2,30 m) só podem ser utilizados em casos especiais, comprovados

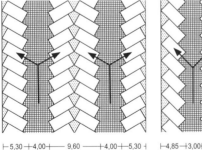
❽ 60° estacionamento na direção de tráfego

❾ Estacionamento apenas com tráfego direcional (espaço para arborização)

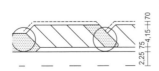

❿ As faixas intermediárias oferecem espaço para estacionamento. Faixas estreitas evitam o uso compartilhado da pista contrária e permitem estacionamento, independentemente do fluxo de tráfego [08]

⓬ Tabela de requisitos de área

237

ESTACIONAMENTOS
VAGAS DE ESTACIONAMENTO

No caso de as vagas de estacionamento serem limitadas por pilares, paredes ou outros tipos de apoio, deve-se aumentar a largura da mesma lateralmente (correspondendo à área limitada) em 0,10 m → ❶ – ❸. Esta regra não é válida para estacionamentos com elevadores de superfície e garagens automatizadas. Quando as vagas forem limitadas por meios-fios (separando, p. ex., ciclovias e calçadas), estes podem funcionar como trava de rodas → ❹ + ❽. Exemplos mostram como estacionamentos podem ser, em projeto, integrados à área entorno, sem prejuízo de suas funções → ❺ – ❼. Para ganhar espaços livres, pode-se rebaixar os estacionamentos parcial ou totalmente ou ocultá-los utilizando coberturas ajardinadas. A cobertura verde tem função decorativa, mas também de sombreamento e melhora da situação ecológica (absorção de poeira) → ❼.

Transporte

ESTACIONA-
MENTOS
Veículos
Curvas
Vagas de estacionamento
Edifícios-garagem
Rampas
Diretrizes para construção de garagens
Garagens mecanizadas
Veículos – caminhões
Estacionamentos e curvas para caminhões
Áreas de serviços em rodovias
Postos de gasolina
Lavagem automática de automóveis

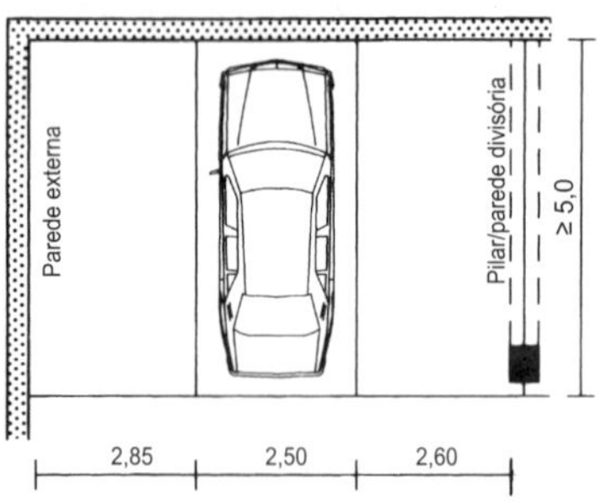

❶ Vagas limitadas por pilares ou paredes devem ter maior largura

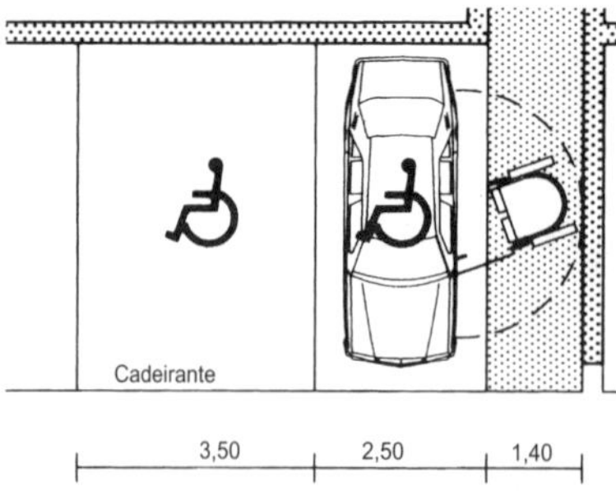

❷ Baia de estacionamento para cadeirantes, mín. 3,50 de largura. Rotas de acessos podem ser calculadas em conjunto

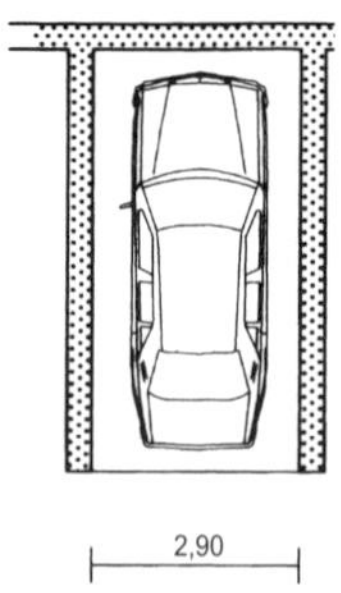

❸ Vagas individuais, mín 2,90 de largura com assistência mecânica, vagas mais estreitas também são possíveis

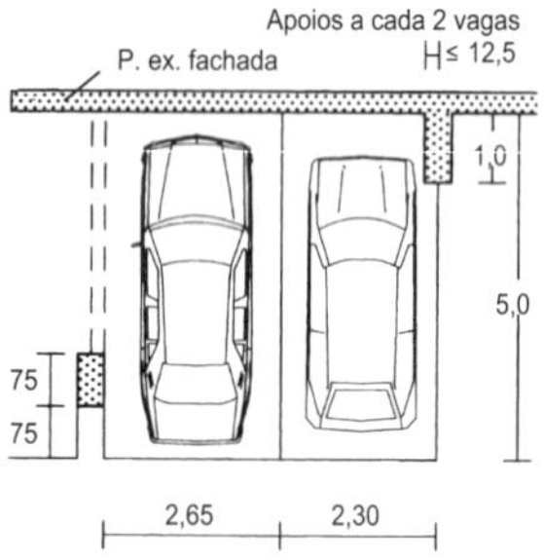

❹ Em construções privadas é possível a redução das larguras

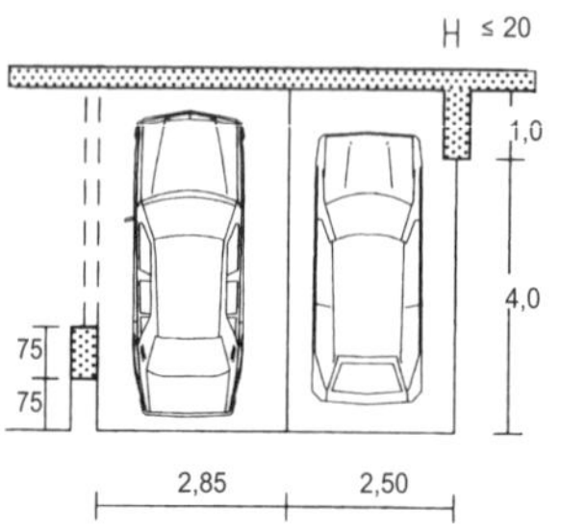

❺ Estacionamento confortável para entrada e saída das vagas

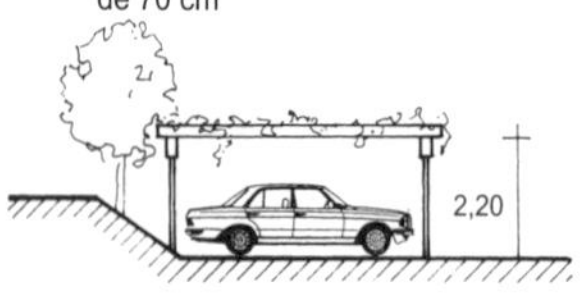

❻ Para bordas de meio-fio, deve ser calculada uma área de saliência de 70 cm

❼ Estacionamento rebaixado

❽ Estacionamento atrás de elevação de terra

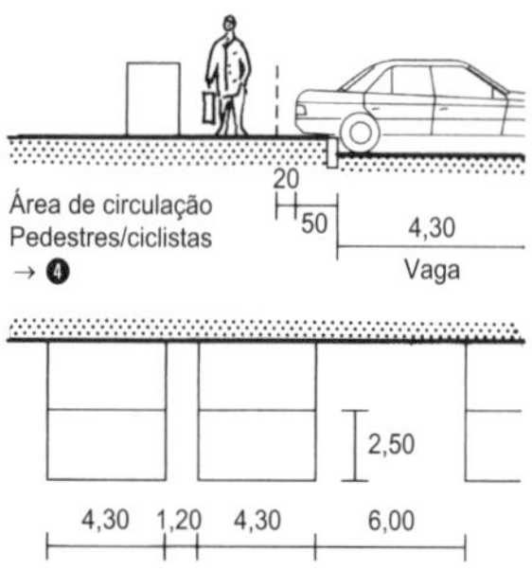

❾ Cobertura ajardinada

❿ Organização das vagas em blocos

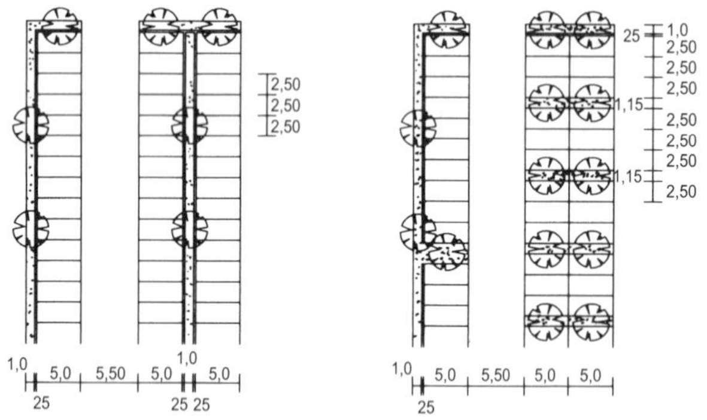

⓫ Área de estacionamento com arborização, perpendicular à via, sem áreas de saliência

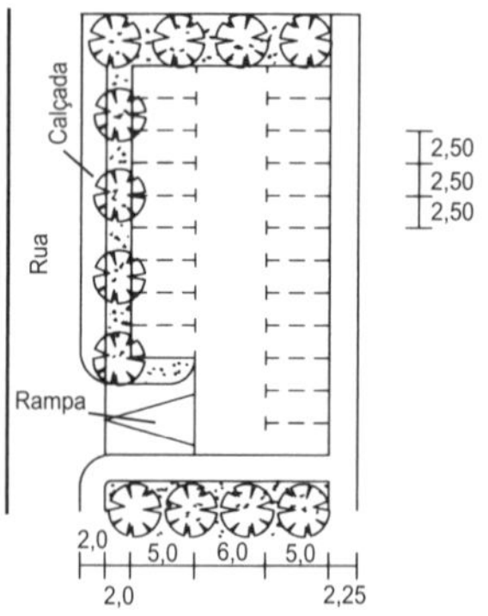

⓬ Estacionamentos rebaixados → ❺ – ❻

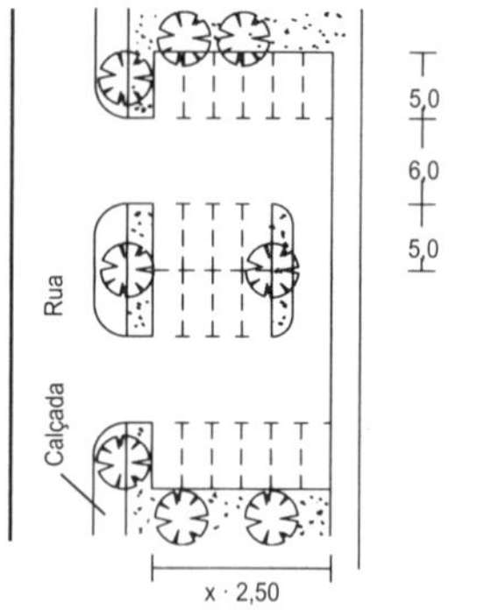

⓭ Estacionamentos de rua

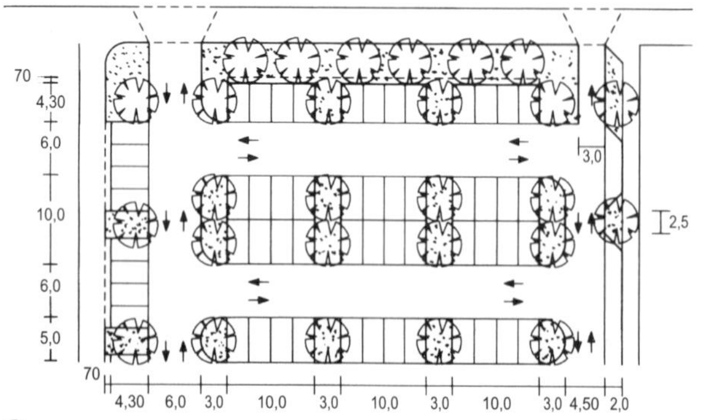

⓮ Estacionamentos com áreas de saliência [08]

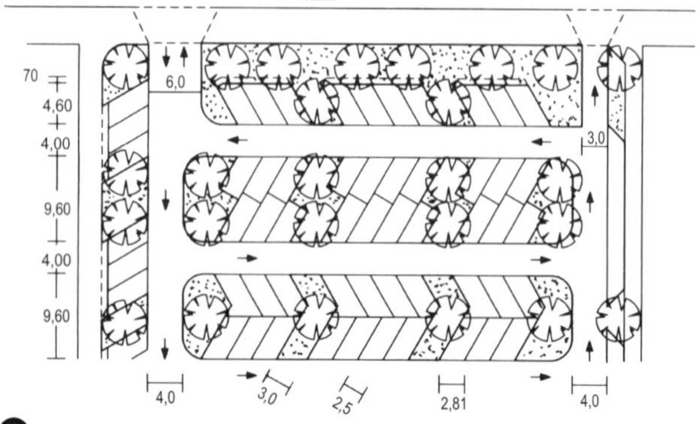

⓯ Variante: vagas de estacionamento oblíquas [08]

ESTACIONAMENTOS
EDIFÍCIOS-GARAGEM

Para a disposição da circulação de acesso e vagas têm-se as mesmas diretrizes dos estacionamentos normais, em superfície. As normas para construção de garagens determinam 2,30 m como largura mínima das vagas. Sociedades de pesquisa de tráfego recomendam, entretanto, tendo em vista os tamanhos dos veículos atuais, 2,50 m, para todas as garagens de uso público.

Todos elementos estruturais dos edifícios-garagem (lajes de pavimentos/paredes/pilares/elementos de rigidez) devem ser resistentes ao fogo. Para garagens abertas, o sistema construtivo deverá impedir a propagação do fogo. Para garagens de superfície ou subterrâneas, recomenda-se altura de pé-direito das passagens de 2,20 m. Para as placas informativas de pedestres e veículos, deve-se considerar um acréscimo de 25 cm. Tendo em vista a possibilidade de execução de nova camada de revestimento posterior, são necessários mais 5 cm. Assim sendo, tem-se uma altura entre pavimentos de 2,75 a 3,50 m, dependendo do tipo de construção escolhido, incluindo uma altura total de 2,50 m por andar, mais elemento estrutural. Uma modulação relativamente estreita das distâncias entre pilares pode, para adequada altura dos andares, diminuir os custos construtivos, sem prejuízo funcional → ❷ – ❸. Construção com grandes vãos livres têm 7 a 12% menos áreas de apoio → ❹. Garagens subterrâneas apresentam custos em geral bem mais altos, tanto construtivos como de funcionamento, em comparação com as construídas acima do nível do terreno.

Rampas e áreas de acesso em declive devem ser calculadas e apresentar formas adequadas → ❽. Estacionamentos em áreas com declividade, em linha reta ou curva, resultam da inclinação adequada do pavimento → p. 240, sendo que no caso de sistema em curva circular → ❻, os veículos trafegam nos dois lados. Através do gráfico → ❶ podem-se obter as áreas necessárias, já na fase de anteprojeto, incluindo as superfícies de circulação, de estacionamento para um determinado número de veículos. Exemplos → p. 240 e p. 241 apresentam formas de edifícios-garagem e disposições das rampas de acesso.

Construções de concreto armado (concretagem em obra, elementos pré-fabricados ou com sistemas construtivos mistos) preenchem de melhor maneira os requisistos de resistência contra incêndios. As estruturas metálicas em geral são utilizadas como elementos de apoio secundários, necessitando, por motivos de proteção contra fogo, ser revestidas de concreto, placas não inflamáveis ou rebocos especiais. O peso total permitido para carga de tráfego em garagens é de 3,5 kN/m^2; para rampas 5 kN/m^2. Coberturas ajardinadas, 10 kN/m^2.

Transporte

ESTACIONAMENTOS

Veículos
Curvas
Vagas de estacionamento
Edifícios-garagem
Rampas
Diretrizes para construção de garagens
Garagens mecanizadas
Veículos – caminhões
Estacionamentos e curvas para caminhões
Áreas de serviços em rodovias
Postos de gasolina
Lavagem automática de automóveis

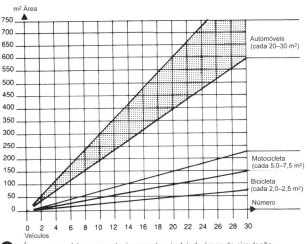

❶ Áreas necessárias para estacionamentos, incluindo áreas de circulação → p. 237 Tab. ⑫

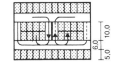

❷ Rampas longitudinais, medidas exatas na → p. 237

❸ Rampas transversais

❹ Posição possível dos pilares. Estacionamento em 90° Desfavorável para veículos com portas deslizantes!

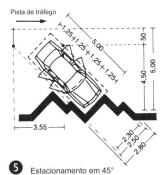

❺ Estacionamento em 45°

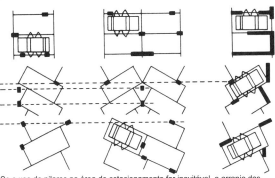

❻ Se o uso de pilares na área do estacionamento for inevitável, o arranjo das vagas deve estar de acordo com o posicionamento dos pilares. Configurações possíveis de pilares com diferentes espaçamentos

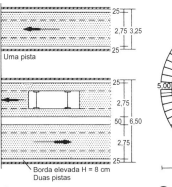

❼ Largura mínima de rampas na seção retilínea

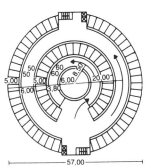

❽ Estacionamento em declive, de forma circular

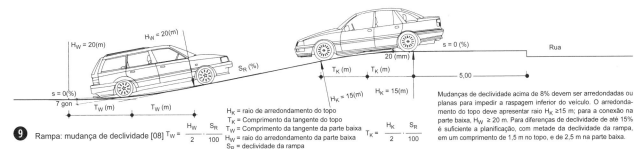

❾ Rampa: mudança de declividade [08] $T_W = \dfrac{H_W}{2} \cdot \dfrac{S_R}{100}$ $T_K = \dfrac{H_K}{2} \cdot \dfrac{S_R}{100}$

H_K = raio de arredondamento do topo
T_K = Comprimento da tangente do topo
T_W = Comprimento da tangente da parte baixa
H_W = raio do arredondamento da parte baixa
S_R = declividade da rampa

Mudanças de declividade acima de 8% devem ser arredondadas ou planas para impedir a raspagem inferior do veículo. O arredondamento do topo deve apresentar raio H_K ≥15 m; para a conexão na parte baixa, H_W ≥ 20 m. Para diferenças de declividade de até 15% é suficiente a planificação, com metade da declividade da rampa, em um comprimento de 1,5 m no topo, e de 2,5 m na parte baixa.

239

ESTACIONAMENTOS
RAMPAS

Para vencer grandes diferenças de níveis e alcançar os pavimentos individuais em garagens construídas em andares, existem variados sistemas de rampas. A declividade da rampa deverá ser de 15%, não devendo ultrapassar o valor de 20% nas garagens pequenas. Entre área de tráfego público e garagens devem ter vias de entrada e saídas de ≥ 3 m de comprimento. Entre as áreas de trânsito público e rampas com mais de 10% de inclinação deve haver uma superfície inclinada de ≥ 3 m. A inclinação de rampa longa no caso de rampas espiraladas deve ser medidas no meio da pista. Possíveis arranjos de rampa → ❶.

Níveis de piso inclinado (sistema de rampa completa sem perdas). Todo complexo do estacionamento consiste de níveis inclinados.
Inclinação do sistema ≥ 6 %.

Sistema de rampas inteiras, sem perdas, com as vagas de estacionamento ao longo da área em declive correspondente à ligação entre pavimentos; solução que propicia economia de espaço. Declividade ≥ 6 %.

Sistema de rampas interligando meios pavimentos, com **defasagem de níveis** (rampas D'Humy): as vagas de estacionamento são também defasadas em meio nível, sendo a diferença de altura coberta por rampas curtas. Sistema que economiza espaço, mas que, em contrapartida, não permite uma forma fluida de tráfego, sendo recomendado apenas para garagens pequenas → ❶, ❻ e ❽.

Rampas circulares ou **em caracol** representam um sistema construtivo relativamente complicado e pouco claro. O uso da forma circular resulta em má possibilidade de aproveitamento das áreas restantes → ❶ – ❺. Rampas em curva devem apresentar uma declividade transversal ≥ 3%; o raio da linha limite da faixa de circulação interna ≥ 5 m. Nas garagens grandes, caso haja circulação de pedestres, as rampas necessitam de calçada elevada, com largura ≥ 80 cm (ou deve-se construir área especial separada com esta função).

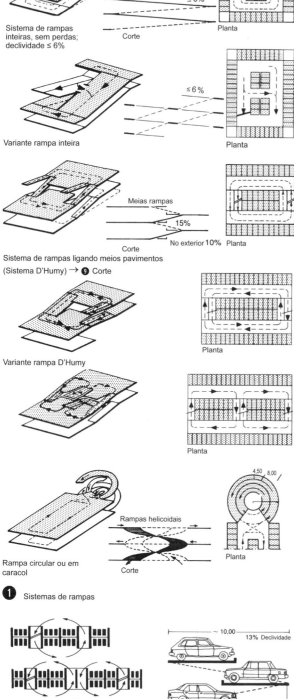

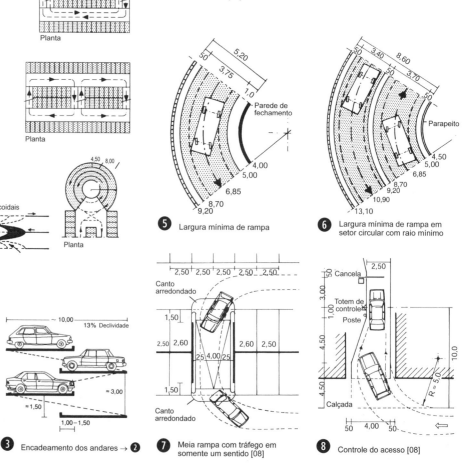

R_i m	5	6	7	8	9	10	12	14	16	18
f m	3,70	3,60	3,50	3,45	3,40	3,35	3,25	3,15	3,10	3,05

R_i = Raio interno em metros
f = Largura da via em metros

❹ Larguras de vias para rampas curvadas para tráfego direcional, de acordo com o raio interno [08]

ESTACIONAMENTOS
DIRETRIZES PARA CONSTRUÇÃO DE GARAGENS

Segundo Portaria de garagem modelo: Garagens pequenas ≤ 100 m²; médias 100–1.000 m² e grandes ≥ 1.000 m² de área útil. Garagens subterrâneas são aquelas cujo piso encontra-se, em média, em um nível ≥1,5–0 m abaixo da superfície do terreno. As garagens grandes devem apresentar os acessos e as saídas de veículos em sistemas de circulação separados; a localização indicada dentro de localidades é a próxima de equipamentos urbanos centralizadores de tráfego, como estações ferroviárias, aeroportos, centros comerciais, teatros, cinemas, escritórios e edifícios administrativos, além de grandes conjuntos residenciais. Garagens médias e grandes devem apresentar altura livre de passagem de 2,0 m, também sob vigas, tubos de ventilação e outros elementos construtivos. O térreo deve apresentar pé-direito constante, em altura regulamentar, uma vez que, na maioria das vezes, abriga outros usos. Obrigatoriedade de rotas de emergência com no máx. 30 m dirigidas para escadas ou saídas.

Para veículos de transporte de pequeno porte ou peruas, a altura livre será = 2,50 m. As cargas sobre as lajes de pavimento são regulamentadas pela DIN 1055; garagens abertas apresentam aberturas sem possibilidade de fechamento, dirigidas para o exterior do edifício (dimensões = um terço da superfície total das paredes periféricas, paredes opostas com 70 m no máximo de distância), deixando a passagem constante de ventilação cruzada, mesmo com o uso de elementos construtivos contra a chuva. Outras recomendações de planejamento são fornecidas pelo EAR 05 (recomendações para instalações de trânsito estacionário da FGSV).

Nas dimensões mínimas para entradas e saídas, assim como da largura para circulação intermediária de veículos, deve-se observar que estas não incluem áreas em curva. Especialmente para ligações retilíneas entre rampas e faixas de circulação, deve-se deixar espaço suficiente para efetivação da curva pelo veículo, respeitando o raio mínimo exigido. Seu movimento também deverá ocorrer sem manobras, principalmente no caso de veículos maiores → p. 240 ❼. O planejamento do fluxo de veículos necessita ser comprovado com as necessidades espaciais, tendo em vista a linha da curva secundária, demarcada pelas rodas traseiras.

Critérios de qualidade dos edifícios-garagem
As fachadas dessas edificações devem ser adaptadas, em suas relações de escala, ao entorno próximo. É favorável o uso da área exterior com outras funções, como em → ❶, no caso escritórios. Outros critérios: ligação com elementos urbanísticos, iluminação e ventilação naturais, incorporação de áreas verdes, sistema simplificado de controle e pagamento, boa ligação com sistema de transportes públicos (*park and ride*).

Segurança de uso
Câmaras de vigilância, superfícies envidraçadas na recepção e áreas intermediárias (observar medidas de proteção contra incêndio), contato visual com o exterior, visibilidade livre através de grande distanciamento entre pilares, claridade, diferenciação dos andares por cores, numeração e outros meios para identificação das vagas para fácil reconhecimento.

Transporte

ESTACIONA-
MENTOS

Veículos
Curvas
Vagas de estacionamento
Edifícios-garagem
Rampas
Diretrizes para construção de garagens
Garagens mecanizadas
Veículos – caminhões
Estacionamentos e curvas para caminhões
Áreas de serviços em rodovias
Postos de gasolina
Lavagem automática de automóveis

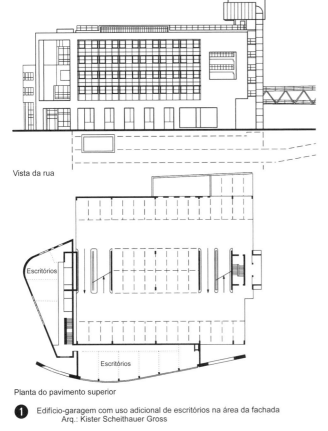

Vista da rua

Planta do pavimento superior

❶ Edifício-garagem com uso adicional de escritórios na área da fachada Arq.: Kister Scheithauer Gross

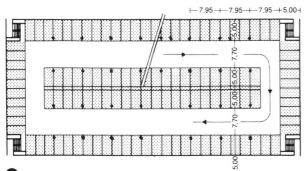

❷ Planta de edifício-garagem com rampa de acesso

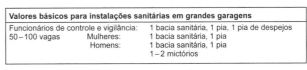

❸ Tabela de determinação das instalações sanitárias em grandes garagens

Valores básicos para instalações sanitárias em grandes garagens		
Funcionários de controle e vigilância: 50–100 vagas		1 bacia sanitária, 1 pia, 1 pia de despejos
	Mulheres:	1 bacia sanitária, 1 pia
	Homens:	1 bacia sanitária, 1 pia 1–2 mictórios

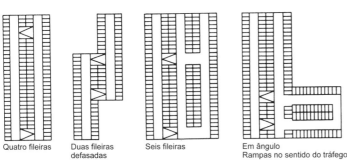
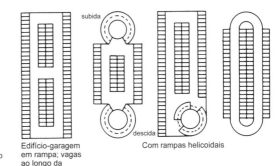

Quatro fileiras | Duas fileiras defasadas | Seis fileiras | Em ângulo Rampas no sentido do tráfego | Edifício-garagem em rampa; vagas ao longo da declividade | Com rampas helicoidais

❹ Exemplos de plantas/distribuição de vagas e sistemas de rampas

ESTACIONAMENTOS
GARAGENS MECANIZADAS

ESTACIONA-MENTOS

Veículos
Curvas
Vagas de estacionamento
Edifícios-garagem
Rampas
Diretrizes para construção de garagens
Garagens mecanizadas
Veículos – caminhões
Estacionamentos e curvas para caminhões
Áreas de serviços em rodovias
Postos de gasolina
Lavagem automática de automóveis

Em geral, sistemas mecanizados não são utilizados em estacionamentos públicos. Na definição e implantação do sistema, deve-se observar os tipos de veículos com altura maior que a normal (p. ex. jipe, peruas, utilitários).

Através de plataformas mecânicas podem-se estacionar 2 automóveis, um sobre o outro, em vagas unitárias → ❶ + ❷. O controle do sistema é elétrico, sendo acionado, no caso de falta de energia elétrica, por bombeamento manual. Elevadores de automóveis, permitidos para até 3 veículos → ❼ + ❽, geralmente são instalados em garagens enfileiradas em pátios ou em edifícios-garagem, controlados por interruptor no portão de acesso. Carga permitida para cada vaga, 2500 kg. Declividade do acesso e saída da garagem ≤ 14%.

Sistema de plataformas deslocáveis → ❿ + ⓫ possibilitam economia de espaço para diversas alturas da garagem. Os veículos são estacionados sobre plataformas que são deslocadas por sistema central, permitindo a liberação da circulação de acesso e saída.

Plataformas com deslocamento longitudinal: são movimentadas por acionamento de botão → ⓫. Quando não ocupadas, permitem que os veículos trafeguem sobre elas.

Deslocamento transversal → ❿: é utilizado quando houver profundidade suficiente para estacionamento em fileira de 2, 3 ou mais veículos, evitando grande perda de espaço de circulação. Este sistema é instalado prevendo o alcance livre da última vaga pelo usuário.

Elevadores de superfície (*parklift*) → ❶ – ❾. Estacionamento dependente; podem ser instalados ao ar livre somente se comprovada a horizontalidade das plataformas → ❶, veja também p. 243.

Também podem ser executados ao ar livre

❶ Estacionamento dependente para 2 veículos

❷ Estacionamento dependente, oblíquo, sem rebaixamento

2,60 – 3,00   4,90 – 5,15 – 5,35
❸ Com assistência automática, são possíveis larguras mínimas de garagem de até 1,65 m

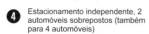

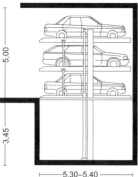

❹ Estacionamento independente, 2 automóveis sobrepostos (também para 4 automóveis)

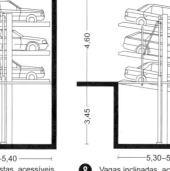

❺ Economia de espaço, sistema inclinado

❻ Planta

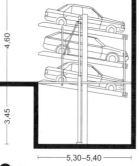

❼ 3 vagas sobrepostas, acessíveis de forma direta

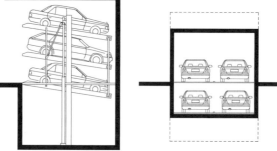

❽ Vagas inclinadas, acessíveis de forma direta

❾ Elevadores (parklift) duplos → ❸ + ❻

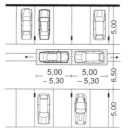

❿ Plataformas – deslocáveis transversalmente

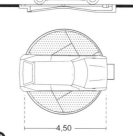

⓫ Plataformas – deslocáveis longitudinalmente

⓬ Plataforma giratória, 360°

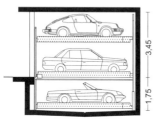

E/S = entrada e saída   LV = lugar vazio   PS = pavimento superior   T = térreo   S = subsolo

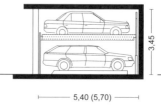

⓭ Sistema combinado de elevadores com 3 níveis e setor enterrado

⓮ Sistema combinado de elevadores com 2 níveis e setor enterrado

⓯ Sistema combinado de elevadores com 2 níveis

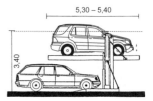

⓰ Ao utilizar sistema mecanizado, observar as diferentes alturas dos veículos

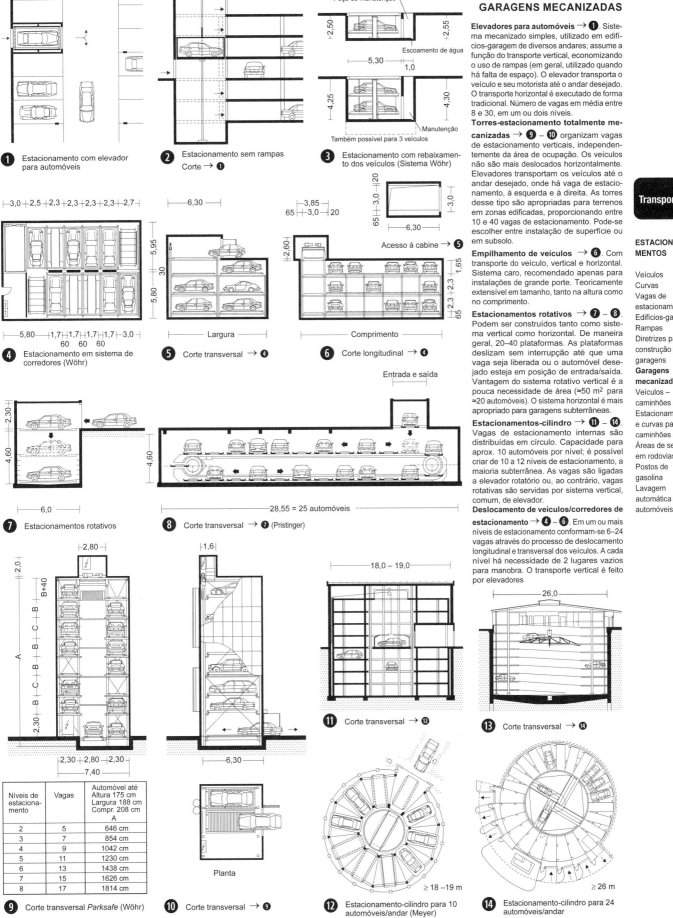

ESTACIONAMENTOS
GARAGENS MECANIZADAS

Elevadores para automóveis → ①. Sistema mecanizado simples, utilizado em edifícios-garagem de diversos andares; assume a função do transporte vertical, economizando o uso de rampas (em geral, utilizado quando há falta de espaço). O elevador transporta o veículo e seu motorista até o andar desejado. O transporte horizontal é executado de forma tradicional. Número de vagas em média entre 8 e 30, em um ou dois níveis.

Torres-estacionamento totalmente mecanizadas → ⑨ – ⑩ organizam vagas de estacionamento verticais, independentemente da área de ocupação. Os veículos não são mais deslocados horizontalmente. Elevadores transportam os veículos até o andar desejado, onde há vaga de estacionamento, à esquerda e à direita. As torres desse tipo são apropriadas para terrenos em zonas edificadas, proporcionando entre 10 e 40 vagas de estacionamento. Pode-se escolher entre instalação de superfície ou em subsolo.

Empilhamento de veículos → ⑥. Com transporte do veículo, vertical e horizontal. Sistema caro, recomendado apenas para instalações de grande porte. Teoricamente extensível em tamanho, tanto na altura como no comprimento.

Estacionamentos rotativos → ⑦ – ⑧. Podem ser construídos tanto como sistema vertical como horizontal. De maneira geral, 20–40 plataformas. As plataformas deslizam sem interrupção até que uma vaga seja liberada ou o automóvel desejado esteja em posição de entrada/saída. Vantagem do sistema rotativo vertical é a pouca necessidade de área (≈50 m² para ≈20 automóveis). O sistema horizontal é mais apropriado para garagens subterrâneas.

Estacionamentos-cilindro → ⑪ – ⑭. Vagas de estacionamento internas são distribuídas em círculo. Capacidade para aprox. 10 automóveis por nível; é possível criar de 10 a 12 níveis de estacionamento, a maioria subterrânea. As vagas são ligadas a elevador rotatório ou, ao contrário, vagas rotativas são servidas por sistema vertical, comum, de elevador.

Deslocamento de veículos/corredores de estacionamento → ④ – ⑥. Em um ou mais níveis de estacionamento conformam-se 6–24 vagas através do processo de deslocamento longitudinal e transversal dos veículos. A cada nível há necessidade de 2 lugares vazios para manobra. O transporte vertical é feito por elevadores

Transporte

ESTACIONA-
MENTOS

Veículos
Curvas
Vagas de estacionamento
Edifícios-garagem
Rampas
Diretrizes para construção de garagens
Garagens mecanizadas
Veículos – caminhões
Estacionamentos e curvas para caminhões
Áreas de serviços em rodovias
Postos de gasolina
Lavagem automática de automóveis

ESTACIONAMENTOS
VEÍCULOS – CAMINHÕES

Valores básicos para veículos classificados → p. 236. Há uma tendência para veículos ainda maiores (EuroCombis) que atualmente só são testados com licenças especiais em alguns países. Os valores para raios de giro podem diferir significativamente, dependendo do fabricante. De acordo com o StVZO, o peso máximo permitido é fixado em 40 t por vagão (44 t para transporte de contêineres de 40″). O StVZO também determina a carga máxima de eixos individuais para preservar as rodovias. Dependendo do arranjo do eixo, são calculados os pesos máximos especiais.

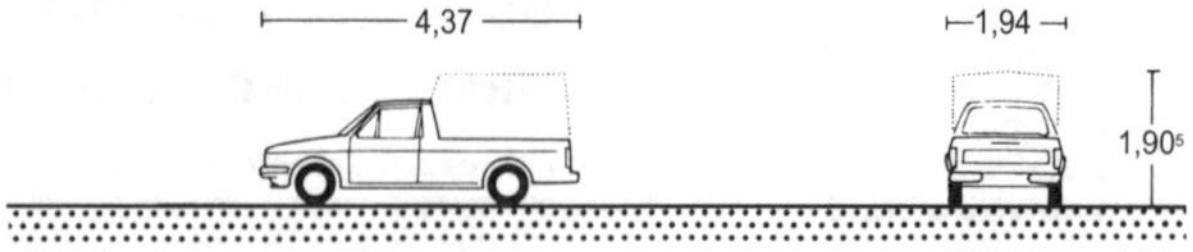

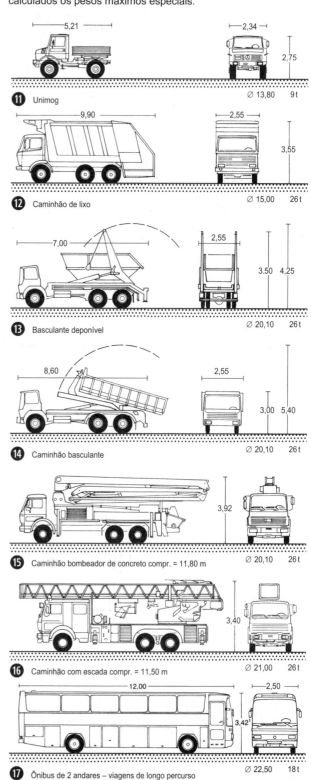

① Caddy – caminhonete Ø 12,00 1,1 t
② Veículos de entrega Ø 14,00 3,5 t
③ Caminhonete Ø 12,50 3,5 t
④ Caminhonete Ø 15,00 3,5 t
⑤ Caminhão com 2 eixos Ø 20,10 19 t
⑥ Caminhão com 3 eixos Ø 20,10 26 t
⑦ Caminhão com 4 eixos Ø 19,60 32 t
⑧ Truck com carreta compr. = 16,50 m Ø 16,00 40 t
⑨ Caminhão com carreta compr. = 18,71 m Ø 20,60 40 t
⑩ Caminhão com carreta acoplada compr. = 18 m; larg. = 2,50 m Ø 20,00
⑪ Unimog Ø 13,80 9 t
⑫ Caminhão de lixo Ø 15,00 26 t
⑬ Basculante deponível Ø 20,10 26 t
⑭ Caminhão basculante Ø 20,10 26 t
⑮ Caminhão bombeador de concreto compr. = 11,80 m Ø 20,10 26 t
⑯ Caminhão com escada compr. = 11,50 m Ø 21,00 26 t
⑰ Ônibus de 2 andares – viagens de longo percurso Ø 22,50 18 t

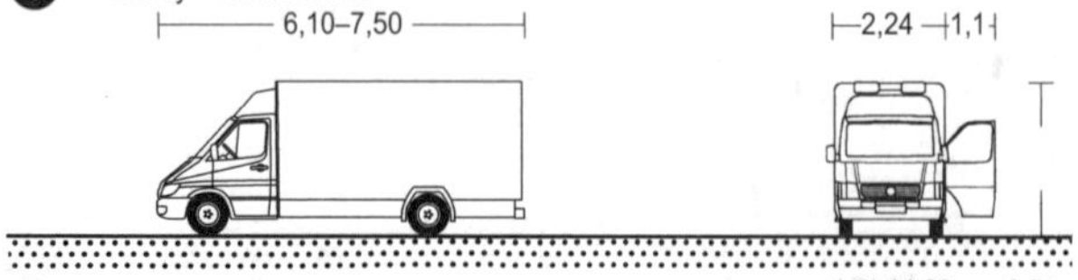

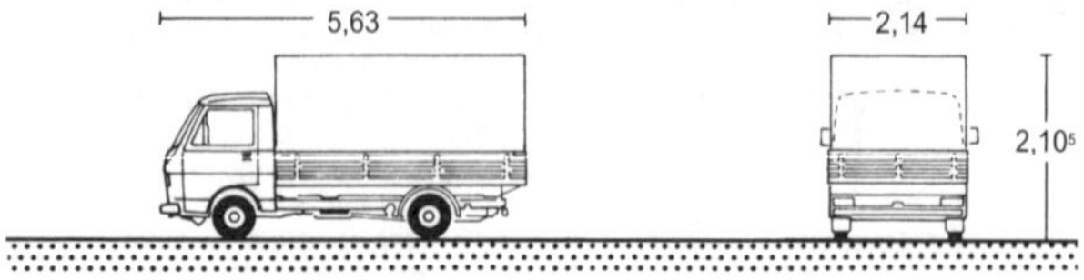

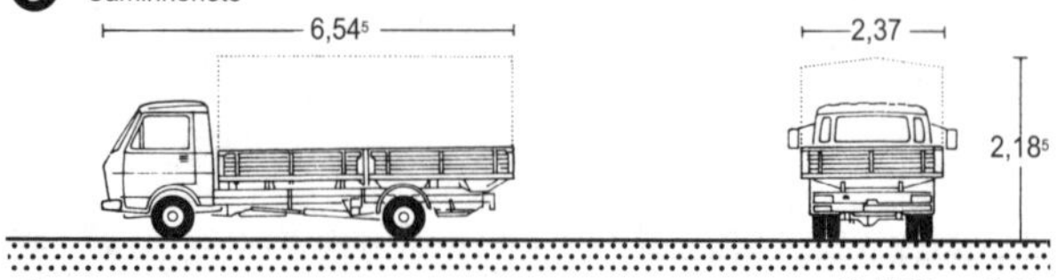

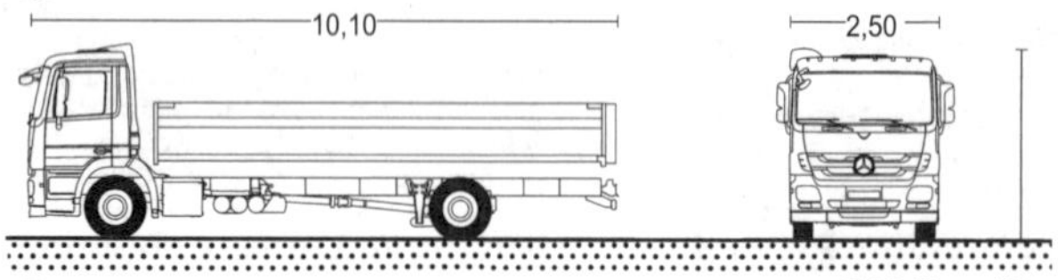

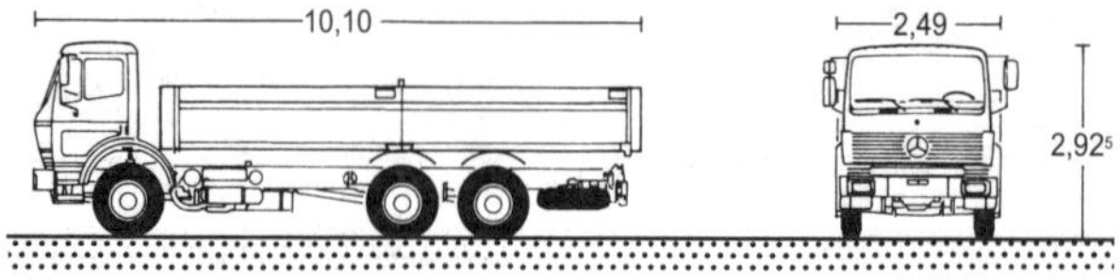

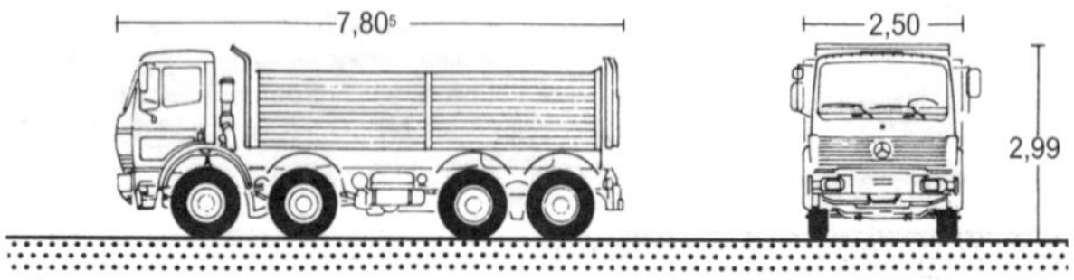

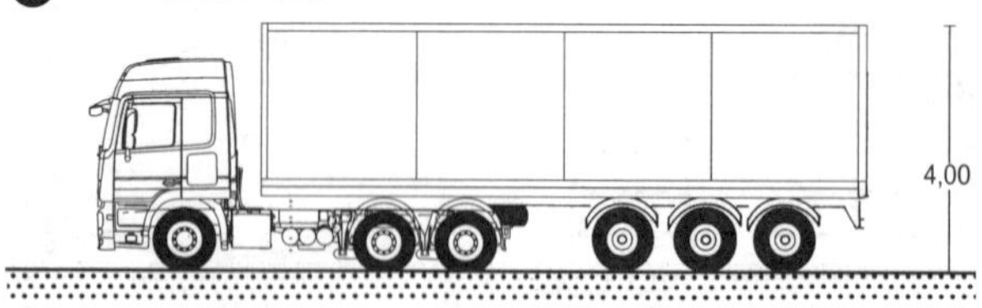

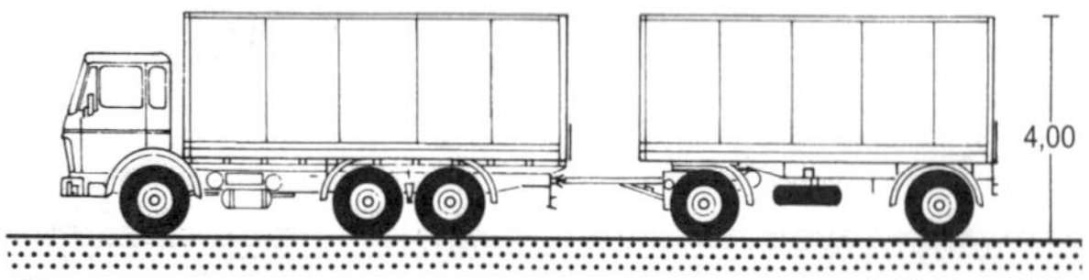

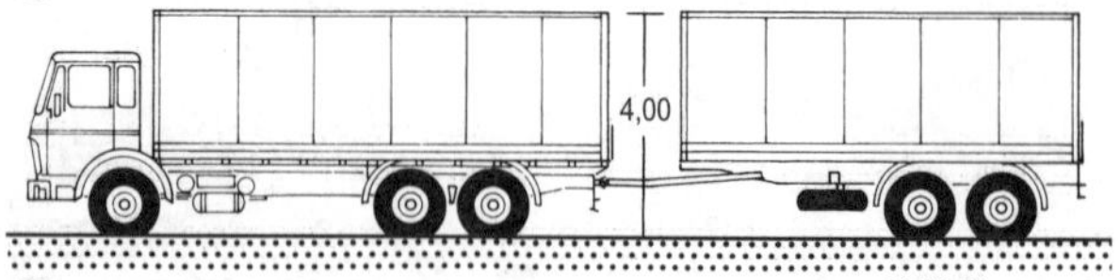

Transporte

ESTACIONA-
MENTOS

Veículos
Curvas
Vagas de estacionamento
Edifícios-garagem
Rampas
Diretrizes para construção de garagens
Garagens mecanizadas
Veículos – caminhões
Estacionamentos e curvas para caminhões
Áreas de serviços em rodovias
Postos de gasolina
Lavagem automática de automóveis

244

ESTACIONAMENTOS

ESTACIONAMENTOS E CURVAS PARA CAMINHÕES

Faixas de demarcação do piso para veículos de carga não são apropriadas, tendo em vista a grande variedade de tamanhos por eles apresentados.

As dimensões fundamentais para vias de circulação e áreas de estacionamento de veículos de carga resultam das medidas do tamanho do veículo em movimento retilíneo, em curva e em manobra de entrada e saída da vaga de estacionamento. Para controle de verificação, utilize curvas de arrasto dinâmicas o máximo possível.

Curvas para veículos de grande porte: raio de curva externa, 12 m; na quantidade de caminhões permitidos, 10 m de raio de giro externo → p. 236.

Transporte

ESTACIONA-
MENTOS

Veículos
Curvas
Vagas de estacionamento
Edifícios-garagem
Rampas
Diretrizes para construção de garagens
Garagens mecanizadas
Veículos – caminhões
Estacionamentos e curvas para caminhões
Áreas de serviços em rodovias
Postos de gasolina
Lavagem automática de automóveis

Ver também:
Abastecimento – coleta de lixo p. 218

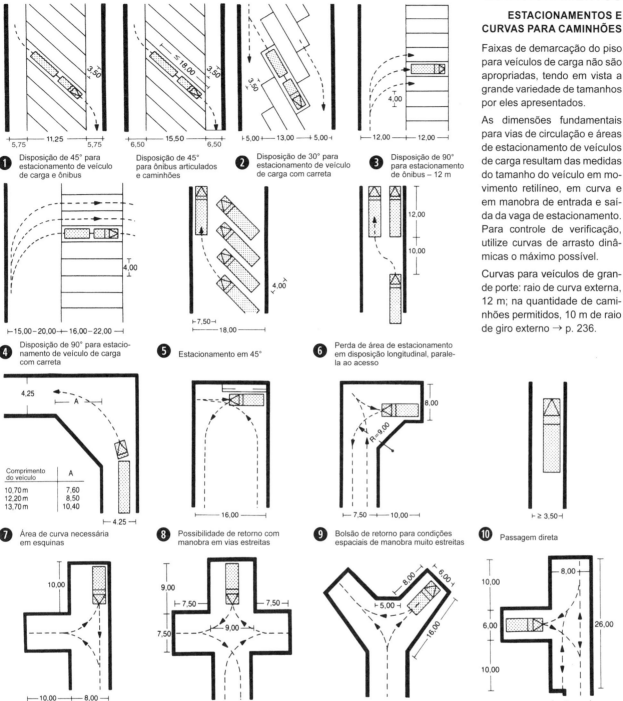

① Disposição de 45° para estacionamento de veículo de carga e ônibus
② Disposição de 30° para estacionamento de veículo de carga com carreta
③ Disposição de 90° para estacionamento de ônibus – 12 m
④ Disposição de 90° para estacionamento de veículo de carga com carreta
⑤ Estacionamento em 45°
⑥ Perda de área de estacionamento em disposição longitudinal, paralela ao acesso
⑦ Área de curva necessária em esquinas
⑧ Possibilidade de retorno com manobra em vias estreitas
⑨ Bolsão de retorno para condições espaciais de manobra muito estreitas
⑩ Passagem direta
⑪ Outras possibilidades com normas de áreas de retorno para veículos de carga

⑫ Estacionamento isolado

⑬ Estacionamento em fila, com veículos paralelos

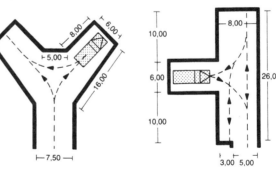

Zona livre para entrada e saída de	Comprimento do veículo a	Largura por vaga b	Zona livre c
Caminhões 22t	10,00	3,00 3,65 4,25	14,00 13,10 11,90
Caminhões unitários	12,00	3,00 3,65 4,25	14,65 13,50 12,80
Caminhões com carreta	15,00	3,00 3,65 4,25	17,35 15,00 14,65

⑭ Tabela para ⑫ e ⑬ Tabela com veículos de medição de acordo com a STVO → p. 236

245

ESTACIONAMENTOS
ÁREAS DE SERVIÇOS EM RODOVIAS

Através do aumento da capacidade de tráfego de caminhões e da necessidade de áreas de repouso para os motoristas, gera atualmente uma grande necessidade de áreas de serviços nas rodovias. Para rodovias federais, aplicam-se as recomendações para áreas de serviço nas estradas (ERS) determinadas pela FGSV.

Áreas de serviços
Na Alemanha, as áreas de serviços em rodovias são administradas por sociedades de postos de gasolina e serviços de apoio, de atendimento ao público. Localizam-se diretamente ao longo das estradas, com acessos próprios. Junto ao posto de gasolina, outros serviços são oferecidos em sistema de arrendamento. Dependendo do tamanho das instalações, podem oferecer serviços de lanchonete, restaurante, loja e de hotelaria.

Áreas de serviços afastadas
Diferenciam-se das outras, localizadas às margens das rodovias, por não apresentarem acessos próprios, diretos. As duas denominações aparecem no código de regulamentação de áreas de trânsito na Alemanha. Placas de aviso, indicando a localização desse tipo de áreas de serviços, só são permitidas nas rodovias quando estas preencherem requisitos especiais.

Postos de serviços
Em zonas urbanas, na maioria em área industrial, faz-se a combinação de postos de gasolina e centros de lavagem automática de veículos. Esse tipo de serviço tem a manutenção do veículo como objetivo principal.

Transporte

ESTACIONA-
MENTOS

Veículos
Curvas
Vagas de estacionamento
Edifícios-garagem
Rampas
Diretrizes para construção de garagens
Garagens mecanizadas
Veículos – caminhões
Estacionamentos e curvas para caminhões
Áreas de serviços em rodovias
Postos de gasolina
Lavagem automática de automóveis

❶ Organograma de área de serviços para 100 pessoas

ZONA DE CLIENTES	≈ m²		
Loja/vendas	**345,0**	**Depósitos**	**70,6**
① Dependendo da estrutura de arrendamento, divisão variável	345,0	⑫ Freezer	2,7
		⑬ Geladeiras	8,8
		⑭ Geladeiras	6,3
Clientes/área molhada	**94,8**	㉑ Lavagem da louça	13,0
② Corredor dos sanitários	24,8	㉓ Preparação	13,7
③ Fraldário	3,4	㉒/㉔/㉕ Depósito	26,1
④ Chuveiros	8,4		
⑤ WC masculino	22,3	**Administração/pessoal**	**57,4**
⑥ Material de limpeza	6,9	⑮ Escritório	25,6
⑦ WC feminino	22,5	⑯/⑰ Vestiários	
⑧ WC PCD/PNE	6,5	Masculino/feminino	18,1
		⑱ Estar funcionários	6,9
ZONA ADMINISTRATIVA		⑳ WC funcionários	
⑨ Corredor do setor admin.	39,5	Masculino/feminino	6,8
Técnica	**25,9**		
⑩ Eletricidade	7,3	**Área líquida em planta**	**633,2**
⑪ Calefação	15,3		
⑲ Mídia	3,3		

❷ Para instalações menores, os serviços de posto de gasolina e os demais são combinados em um só edifício

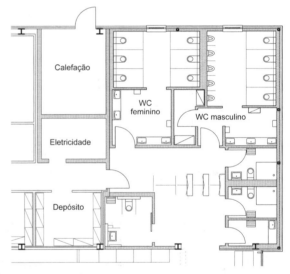

❸ O setor de sanitários das áreas de serviços das rodovias também é arrendado individualmente. É possível a cobrança de taxa de uso através de catracas

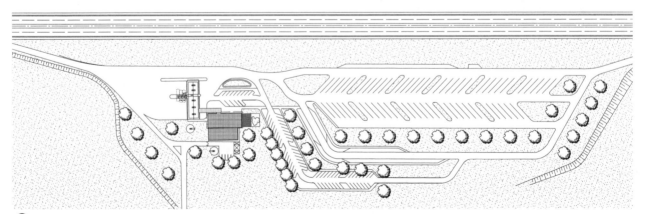

❹ Implantação de posto de gasolina e área de serviços de apoio

Projeto: Autobahn Tank u. Rast AG

246

ESTACIONAMENTOS
POSTOS DE GASOLINA

Os postos de gasolina servem para o abastecimento de combustíveis e óleos lubrificantes, na sua maioria em combinação com serviços de reparos e manutenção dos veículos. Como na Alemanha os postos não têm horário de funcionamento regulado pelo controle de funcionamento de lojas em geral (horário livre de abertura), ocorre um grande crescimento no setor de vendas de autopeças e produtos em geral (pequeno mercado).

Diretrizes importantes e regras técnicas:
Além dos regulamentos pertinentes, deve-se também observar as normas de circulação de água e inflamáveis.
WHG Legislação do uso de água doméstica
VAwS Decreto de regulamentação de áreas construídas do ponto de vista da contaminação da água (exigências quanto ao funcionamento e controle)
TRwS Regras técnicas para controle de água contaminada
TRbF Regras técnicas sobre líquidos inflamáveis

A construção de postos de gasolina deve ser realizada por firmas especializadas. As normas estaduais regulam:
1. Área de estacionamento/tamanho da vaga (2,50 m × 5,00 m = 12,50 m^2);
2. Número necessário de vagas (p. ex. dependendo das condições do posto, área coberta, número de bombas, pessoal encarregado);
3. Superfície livre de estacionamento de espera, na área de lavagem de veículos (p. ex. superfície suficiente para absorção da demanda de 50% da capacidade horária do equipamento de lavagem).

Para planejamento de áreas destinadas ao atendimento de veículos, considerar as dimensões padronizadas relativas às diferentes categorias:
Curvas de retorno: automóveis 12,50 m; caminhões 26 m
Larguras dos veículos: automóveis 1,85 m; caminhões 2,50 m
Comprimentos dos veículos: automóveis 5 m; caminhões 18 m com carreta.

Do conjunto de dados acima, resultam as dimensões das ilhas destinadas às bombas e larguras das faixas de circulação → ❸.
O revestimento do piso na área das bombas deve ser impermeável, com bordas laterais de fechamento ou declividade (comprimento da mangueira + 1 m). O escoamento das águas da área deve ser recolhido por separadores de água e óleo; recomendável uso de cobertura. No caso de postos de combustível privados, com consumo baixo (regulado por legislação estadual), as medidas para as áreas impermeáveis e instalação de bombas são reduzidas.

Bombas de gasolina
As bombas devem ser instaladas sobre ilhas, com distância lateral de proteção de no mín. 20 cm e altura do piso de no mín 12 cm → ❷.
Quando possível, cada bomba deve oferecer todos os tipos de combustível (MPD – *multi product dispender*). Para uso privado, existem bombas simples com sistema eletrônico para controle personalizado do uso e das quantidades → ❶.
Para automóveis que funcionam a gás, existem bombas especiais. Não há exigências quanto ao tipo de piso, uma vez que não se trata de líquido e, portanto, não há risco de contaminação da água. Em contrapartida, deve-se tomar medidas contra a propagação de gás no caso de vazamentos (elevação de terra ou rebaixamentos, que possam auxiliar a ação do vento na sua dispersão).

Estações de recarga elétrica
Os requisitos legais para o controle de áreas de carregamento estão atualmente (2015) em andamento na Alemanha, razão pela qual existem vários sistemas de fabricantes concorrentes no país. Os princípios de "recarga" consistem de estações de carregamento com fio, baterias de reposição e estações de carregamento indutivo, colunas de carregamento ou estações de parede (montadas na parede), devido aos tempos de carregamento mais longos sempre em conexão com as vagas de estacionamento. Corrente para carga direta (requer tomada especial) ou corrente alternada (requer conversores de carga no veículo). Tomadas residenciais (230V 16A) são adequadas apenas em determinadas condições. Para a recarga rápida, conexões de 400V com 32 A ou 64 A devem ser fornecidas. Colunas de carregamento em espaços públicos devem ser projetadas com proteção anticolisão.

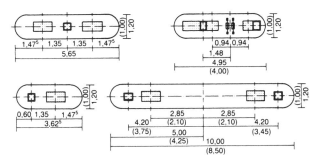

❶ Bomba de gasolina usual, atualmente – MPD (Multi Product Dispenser) – oferece até 5 tipos de combustíveis, com serviço de atendimento instalado em ambos os lados. Bombas duplas ou de um só tipo de combustível hoje são instaladas apenas em firmas, para uso privado.

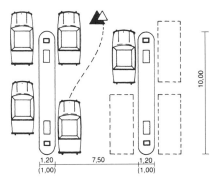

❷ Dimensões das ilhas para instalação das bombas de gasolina (soluções mínimas)

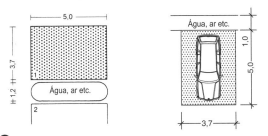

❸ Duas ilhas longas, paralelas à direção da rua de acesso (exige disciplina dos motoristas); (soluções mínimas)

❹ Área de controle de água, ar, troca de óleo em sistema de autoatendimento etc.

Sistema	Tempo aprox. de carga (de acordo com capacidade da bateria)	Valor
230 V 16 A Corrente alternada	5–12 h	Tomadas residenciais comuns não são projetadas para o uso prolongado
Norma de recarga no veículo. 400 V 32 ou 62 A	0,5–2 h (85% da capacidade)	Tomadas de alimentação DC evitam conversores/carregadores no veículo, tornam as colunas de carga mais caras, necessitam de tomada com cabo de comunicação. Conexão de carga pode ser feita com alimentação residencial
Estação de troca de baterias		Até agora usado principalmente no transporte público para manter os veículos em operação contínua
Carga indutiva	Aprox. 12h	Transmissão de corrente sem fio, corrente máx. de carga corresponde atualmente às tomadas residenciais

❺ Tempo de carregamento de veículos elétricos

247

ESTACIONAMENTOS
POSTOS DE GASOLINA

Áreas necessárias
No caso de postos simples, é suficiente terreno com área de cerca de 800 m², com serviços adicionais, cerca de 1.000 m². Postos de grandes dimensões precisam de 2.000 m² ou mais → ❷.

Função e localização
O motorista deverá poder executar os serviços de enchimento do tanque, abastecimento de óleo do motor, água do radiador, pressão de ar dos pneus e, eventualmente, examinar e preencher o nível de água da bateria, assim como do limpador de para-brisas, dispondo ainda de material de limpeza dos vidros, faróis e das mãos. Além disso, poderá comprar produtos no mercado anexo, utilizar os sanitários, executar outros trabalhos de manutenção do veículo (aspirar o pó, lavar).

Para a implantação do posto, é importante considerar o fácil acesso, boa visibilidade, reconhecimento à distância pelo usuário, na medida do possível diretamente na parte frontal da via de circulação.

Em saídas de localidades, esses postos devem ser localizados à direita e fora da área de influência de semáforos (congestionamentos). A implantação em esquinas é desfavorável e deve ser compensada com acessos através de ruas laterais.

Transporte

ESTACIONA-
MENTOS

Veículos
Curvas
Vagas de estacionamento
Edifícios-garagem
Rampas
Diretrizes para construção de garagens
Garagens mecanizadas
Veículos – caminhões
Estacionamentos e curvas para caminhões
Áreas de serviços em rodovias
Postos de gasolina
Lavagem automática de automóveis

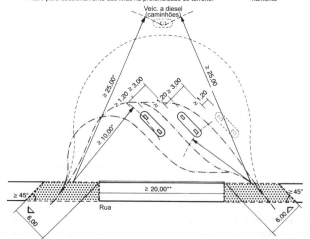

❶ Planta de posto de gasolina com área de vendas, alimentação e lavagem automática de carros (Posto Allguth, Unterföhring) Arq.: Haack + Höpfner, Munique

❷ Posto de gasolina com área de acesso e saída de circulação livre

❸ Sem áreas de acomodação de tráfego de entrada e saída

* Apenas exigido para acompanhamento da direção de tráfego no lado do acesso
** ≥ 20,00 para 2 ilhas de bombas em posição paralela à rua; para maior número de ilhas, ampliação dentro das medidas determinadas. ≥ 16,00 para escalonamento das ilhas na profundidade do terreno.

Número suficiente de vagas de estacionamento

* Apenas exigido para acompanhamento da direção de tráfego no lado do acesso.
** ≥ 16,00 para escalonamento das bombas de gasolina ao longo da profundidade do terreno; ≥ 30,00 para veículos diesel (caminhões ≥ 3,5 t).
*** ≥ 8,50 m para ruas com trânsito nos dois sentidos e/ou possibilidades de acesso variadas ao posto.

Caminhões tanque para abastecimento fora da zona de tráfego dos usuários

❹ Posto de gasolina localizado em centro habitado, com disposição inclinada das ilhas de abastecimento em relação à via de acesso (uso predominante seguindo a direção de tráfego)

❺ Posto de gasolina para veículos abastecidos por gasolina ou óleo diesel (caminhões ≥ 3,5 t) dentro de centros habitados

248

ESTACIONAMENTOS
LAVAGEM AUTOMÁTICA DE AUTOMÓVEIS

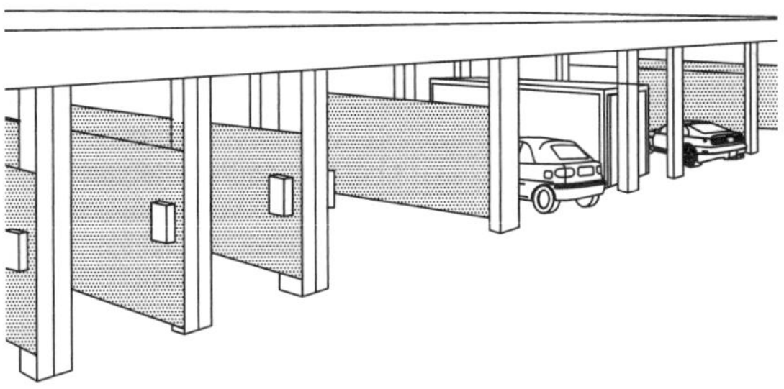

Posto de lavagem automática
Servem à lavagem de veículos, observando princípios ecológicos. Para automóveis, como serviço de uso público, para caminhões, nos terrenos ocupados pelas empresas de transporte. Para canteiros de obras e depósitos de resíduos existem sistemas portáteis de lavagem de pneus.

Como no caso dos postos de gasolina, são válidas aqui as diretrizes de proteção de águas e mananciais. Os postos de lavagem necessitam de 100 a 600 litros de água por automóvel, dependendo do sistema. Essa água deverá ser, pelo menos, 80% reutilizada. Para sistemas fechados (sem ligação com rede de esgoto), há um processo de aprovação simplificado. Por centro de lavagem é necessário um tanque de recolhimento (também de lama) com cerca de 50 m³ (tanque subterrâneo, Ø 3 m); água fresca é utilizada para reposição de evaporação, redução do teor de sal no inverno, para enxaguar no final e para passagem de cera líquida.

Boxes de lavagem com sistema de autoatendimento
Em sua maioria, vagas com cobertura, nas quais o próprio motorista lava seu veículo com água sob pressão e escovas manuais. Em instalações de pequeno porte, há um ou dois boxes de lavagem; em áreas maiores, com até 12 boxes, pode-se ter um serviço centralizado de instalações técnicas → ❶ + ❷.

Pórticos de lavagem automática
Esse tipo de equipamento exige menos espaço: o cliente tem de descer do carro, o sistema de lavagem desliza, fixado a um portal, sobre o veículo parado. Esse sistema pode funcionar tanto em área coberta (solução ideal) como externa, na medida do possível, com a passagem livre do veículo. Como o pórtico, antes do início da lavagem, localiza-se à frente do veículo, as áreas cobertas devem ter as seguintes medidas mínimas: 9 m de comprimento, 4,60 m de largura e 3 m de altura (para automóveis com até 2,1 m); manter distância mínima de 50 cm entre pórtico e elemento construtivo fixo. Esse sistema permite lavar de 5.000 a 50.000 veículos por ano ou de 5 a 18 veículos por hora → ❸.

Túnel de lavagem e secagem automática
Os veículos são transportados por esteira através de pórticos e sistemas fixos de lavagem e secagem. Essa técnica permite alta frequência de uso e programas de lavagem diferenciados no mesmo período de tempo. Comprimento do túnel de 20 a 60 m. Esse sistema possibilita lavar de 30 a 100 automóveis por hora ou de 20.000 a 200.000 veículos por ano → ❹.

❶ Áreas de lavagem automática, com sistema de autoatendimento, cobertas e com divisórias para evitar saída da água

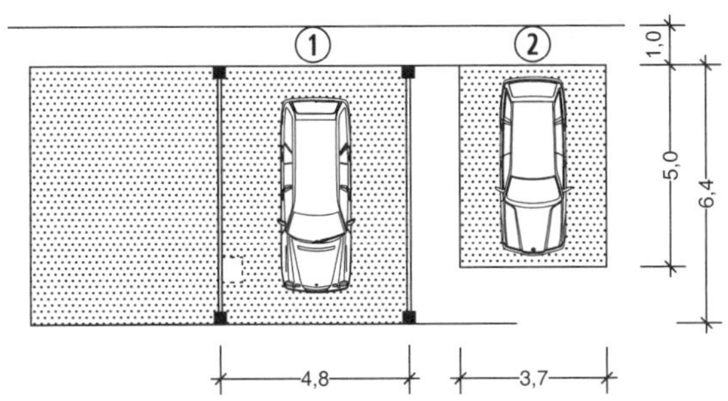

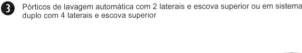

❷ Dimensões para áreas de lavagem, com sistema de autoatendimento
① Boxe executado com paredes divisórias e instalações técnicas centralizadas
② Medidas mínimas para área ao ar livre

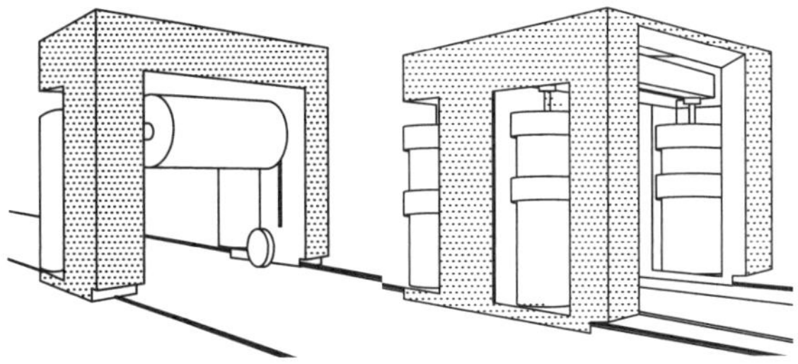

❸ Pórticos de lavagem automática com 2 laterais e escova superior ou em sistema duplo com 4 laterais e escova superior

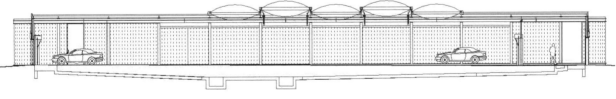

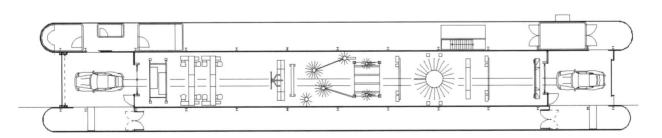

❹ Planta e corte através de área de lavagem do Posto Allguth, Germering. As superfícies laterais contínuas, envidraçadas (de um lado, para os funcionários e instalações técnicas, e de outro para os clientes, cada qual com 2,80 m de largura) tornam visíveis as funções do túnel de lavagem   Arq.: Haack + Höpfner, Munique

Transporte

ESTACIONA-
MENTOS

Veículos
Curvas
Vagas de estacionamento
Edifícios-garagem
Rampas
Diretrizes para construção de garagens
Garagens mecanizadas
Veículos – caminhões
Estacionamentos e curvas para caminhões
Áreas de serviços em rodovias
Postos de gasolina
Lavagem automática de automóveis

TRANSPORTE COLETIVO
CONDIÇÕES E MEIOS DE TRANSPORTE

	Metrô/trens rápidos urbanos (m)	Bondes/ônibus (m)
Centro de grande porte, dividido em Zona central Zona com grande densidade de uso Zona com baixa densidade de uso	400 600 1.000	300 400 600
Centro médio, dividido em Região central Zona com grande densidade de uso Zona com baixa densidade de uso	400 600 1.000	300 400 600
Centro secundário, dividido em Região central Restante da área	600 1.000	400 500
Municípios/localidades	1.000	600
Para trens urbanos, valem os dados dos bondes e metrô, dependendo das suas funções e nível de desenvolvimento		

❶ Áreas de influência/atendimento de paradas de meios de transporte público [09]

❷ Distância média entre paradas, em metros (apenas para orientação geral, dependendo dos dados locais) [05]

Ônibus, bonde	250 até 600
Metrô	400 até 1.500
Trens rápidos urbanos	600 até 2.500

	Ônibus	Metrô perfil pequeno (Berlim)	Metrô (Munique)	Trens urbanos rápidos
Comprimento dos vagões/ formações	Ônibus comum 12 m Ônibus articulado 18m (dimensões especiais até 22m) Ônibus artic. duplo 25 m Ônibus comum + reboque 25 m	Veículo único 15–45 m Formação em trem segundo BOStrab até 75 m	114 m Vagões unificados sem divisões	ET 423: 67,4 m Tração múltipla possível
Largura	2,55 m	mín. 2,20 m máx. 2,65 m	2,90 m	3,02 m
Altura	≈ 2,90 até 4,10 m (duplo)	mín. 3,20 m máx. 3,40 m	3,45 m	4,30 m*
Alt. da plataforma	0,12–0,24 m	0,20–1,00 m	1,00 m	por sistema 0,55 m 0,76 m 0,96 m

❸ Medidas de reconhecimento dos meios de transporte [09]
 * Altura sem coletores de eletricidade, instalados no teto

❹ Acessibilidade para veículos de transporte público: Distância e elevação devem ser de no máximo 5 cm

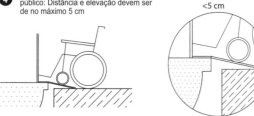

❺ Ao utilizar auxílios de embarque integrados ao veículo, o gradiente de subida não deve exceder 12%. Esta regra consta da Diretiva de Veículo e não cumpre as regras de acessibilidade (risco de tombamento)

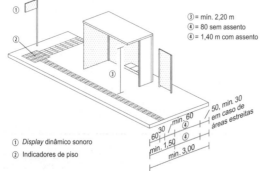

① Display dinâmico sonoro
② Indicadores de piso

③ = mín. 2,20 m
④ = 80 sem assento
④ = 1,40 m com assento

❻ Abrigo de passageiros no transporte público com dimensões de distância mínima, de acordo com a RASt 06, quando instalado no meio da via

Diretrizes legais: Allgemeines Eisenbahngesetz (AEG, Legislação geral das ferrovias); Personenbeförderungs Gesetz (PBefG, Legislação para sistemas de transporte coletivo); Verordnung über den Bau und Betrieb der Strassenbahnen (BOStrab, Regulamentação da construção e funcionamento das linhas de bondes); Regulamentação sobre a operação de veículos automotores no transporte de passageiros (**BOKraft**), ÖPNV Gesetze der Länder (Legislação estadual dos transportes coletivos).

Regulamentações: Sociedade de Pesquisa de Vias e Sistemas de Tráfego (FGSV), Colônia Orientação para Sistemas de Transporte Público (**EAO 2013**), Notas sobre o projeto de Sistemas de Transporte Público (**HVO 2009**), Diretrizes para a construção de vias urbanas (**RASt 06**).

Áreas de ocupação (zonas residenciais ou industriais e de serviços) devem ser servidas por linhas de transporte coletivo; a efetividade da ligação é dada segundo as distâncias (em linha aérea) entre área a ser servida e paradas/terminais, conforme a Tabela ❶.

Todas as áreas a serem servidas devem apresentar uma ocupação homogênea, ter mais de 200 habitantes ou ter um número elevado de profissionais e estudantes em trânsito, assim como apresentar outros centros geradores de tráfego (local com funções especiais).

Além dos ônibus, há outros meios de transporte coletivo como alternativa eficiente ao transporte individual do ponto de vista da rapidez, conforto e atratividade:

– **Linhas férreas urbanas rápidas**: em sua maioria eletrificadas, funcionando em sistemas fechados de trilhos dentro da área urbana (na superfície ou em subsolo) ou incluindo a região de subúrbio (trens rápidos), com cruzamentos de nível, onde têm tráfego preferencial absoluto.

– **Linhas férreas urbanas**: Sistemas de transporte urbano local, parcialmente independentes do tráfego rodoviário como metrôs, acima do solo em uma malha ferroviária especial com cruzamentos elevados em relação ao tráfego rodoviário. Como regra, há um tratamento preferencial sobre o tráfego rodoviário geral (comutação prioritária).

– **Bondes**: em vias ferroviárias com ligação rodoviária ou independentes. Ao usar o espaço de transporte público, VLTs e bondes estão sujeitos às regulamentações do StVO.

São possíveis ainda sistemas mistos, como linha férrea urbana e bondes sobre os mesmos trilhos, ou bondes utilizando linhas de ferrovias (p. ex. em Karlsruhe). As linhas férreas (com trilhos) também podem ser usadas por ônibus (como corredores), com melhor aproveitamento da rede de equipamentos (paradas) e do sistema de semáforos e preferenciais.

Perfil dos trilhos:

Trilho padrão	1.435 mm
Trilho metrado	1.000 mm

Acessibilidade

Até 2022, o governo exige a implementação de acessibilidade completa no transporte público. Curtas distâncias a pé na troca de trem, sinalização de alto contraste das paradas, boas opções de orientação e visibilidade e corredores sem cruzamentos não só ajudam pessoas com deficiência física, mas também melhoram a imagem do transporte público.

Para garantir a acessibilidade no transporte público, a distância entre a plataforma e o veículo não deve exceder 5 cm de largura e 5 cm de altura → ❹.

Abrigo de passageiros

Elementos adicionais individuais permitem a adaptação às regras locais de configuração. Devem ser fornecidas máquinas de bilhetagem e informações dinâmicas aos passageiros (acústica e visual). Abrigos devem atender às necessidades de segurança dos passageiros por meio da visibilidade e iluminação suficiente → ❻.

TRANSPORTE COLETIVO
VLTs

Distanciamento entre eixos de vias férreas: dependendo dos meios de transporte e suas dimensões, no mínimo 2,60 m ou 2,95 m, recomendando-se 3,10 m, para compensação das projeções dos vagões em curvas de raio médio. O vão em largura = largura do vagão e suas projeções geométricas nas curvas e valores adicionáveis, em relação às elevações e oscilações dos vagões (no mín. 2 m x 0,15 m).

Raios de curvas dos trilhos: de preferência maiores do que 50 m; em ramificações e curvas de retorno no mín. 25 m.

Declividade para subidas: no máx. 40%, excepcionalmente 90%.

Inclinação transversal: no máx. 1:10, com elevação máx., no caso de bitola normal, de 165 mm, e para bitola de 120 mm. Se for possível, desenvolver um círculo externo de transição, ao longo da curvatura da linha férrea, que deverá entrar em concordância com a rampa em elevação.

Sistema de rede aérea de contato: Fornecimento de energia para VLTs e bondes com linha aérea e contato aéreo. As tensões e mastros das linhas aéreas definem o espaço da via. Deve ser escolhida uma variante adequada ao espaço. No caso dos metrôs, bem como trens urbanos em Berlim e Hamburgo, a fonte de alimentação é através de trilhos laterais.

Pontos de cruzamento: De acordo com a BoStrab, devem ser projetadas instalações entre a via rodoviária e ferroviária. Barreiras de circulação garantem que pedestres estejam alinhados à chegada de trens. Em passagens retas com vários mastros de sinal, há o risco de má interpretação se diferentes sinalizações forem exibidas uma após a outra.

Transporte

TRANSPORTE PÚBLICO

Condições e meios de transporte
VLTs
Ônibus e paradas
Sistemas de integração
Transporte ferroviário

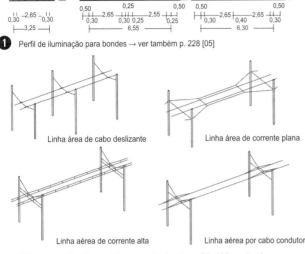

① Perfil de iluminação para bondes → ver também p. 228 [05]

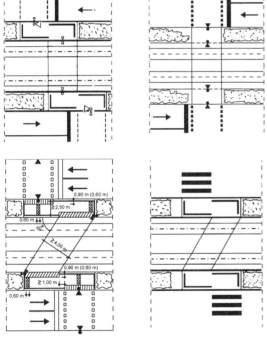

② Linhas aéreas de cabo condutor e corrente plana tem efeito bidimensional reduzido pelas linhas de cabo condutor e linhas aéreas de corrente alta têm um efeito tridimensional mais complexo [16]

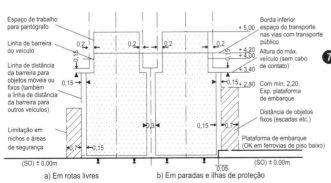

③ Pontos de travessia em forma de Z chamam a atenção para a chegada de trens, e transições retas são mais curtas e fáceis para deficientes visuais [17]

④ Necessidade de espaço do VLT no espaço viário

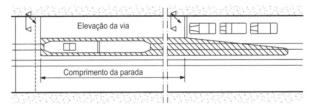

⑤ Paradas dinâmicas, a elevação da via permite o acesso ao nível de altura do bonde. No entanto, indicadores de piso são críticos. Recomenda-se no mínimo faixas de pavimentação brilhantes [10]

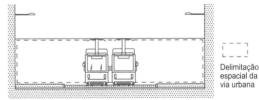

⑥ Via estreita com faixa ferroviária integrada [16]

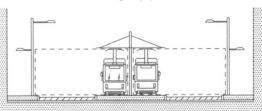

⑦ Espaço viário com linha ferroviária integrada. Separação por meio de postes centrais e diferentes luminâncias. [16]

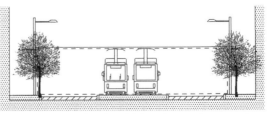

⑧ Espaço rodoviário com via ferroviária própria integrada, separação apenas em áreas laterais e vias por meio de árvores e postes de iluminação, devido à ampla área de circulação [16]

251

TRANSPORTE COLETIVO
ÔNIBUS E PARADAS

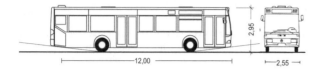
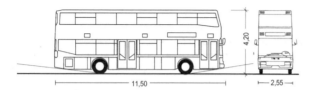
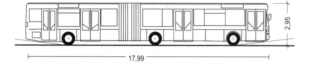

Dimensão dos veículos mais utilizados: aprox. 12 m ou 18 m de comprimento, com licença especial também possível para veículos com 22–24 m de comprimento. Na sua construção devem-se observar principalmente as ampliações necessárias para as curvas de circulação e rotatórias, necessariamente com curvas de arrasto dinâmicas (→ p. 253 ❽ – ⓫). O embarque em paradas devem ser o mais reto possível para manter a distância entre o veículo e o meio-fio ao mínimo. O treinamento especial de condutores para o meio-fio permite a chegada prática na parada necessária sem desgaste de pneus → ❷.

Paradas após ou antes de cruzamentos para uma acessibilidade ideal e para facilitar o fluxo do trânsito. Paradas de ônibus estendidas até a via com faixas de estacionamento ou como parada de acostamento na via → ❸.

Em **pontos de integração** com várias linhas, um arranjo dentado das paradas permite curtas distâncias entre os veículos e a chegada e saída independentes. O comprimento das paradas depende dos ônibus utilizados (12 m ou 18 m) com um comprimento adicional. Curtas distâncias de integração por meio de plataformas centrais de embarque → ❹.

Dispositivos de **assistência de embarque** integrados aos veículos, como rampas e elevadores extensíveis, permitem acessibilidade em diferentes alturas de meio-fio. O "ajoelhamento", ou seja, o rebaixamento do piso do veículo na área de embarque em até 10 cm permite alturas de entrada de 23 a 27 cm. Para alcançar acessibilidade, a altura do piso do veículo e do meio-fio devem ser equiparadas.
Na área de paradas ferroviárias, deve ser fornecido espaço para estacionamentos de veículos (*Park & Ride*) e bicicletas (*Bike & Ride*).

❶ Dimensões de ônibus com piso interno baixo (degrau de acesso 30 cm – 35 cm/ com mecanismo de rebaixamento, redução possível de 7 a 10 cm.

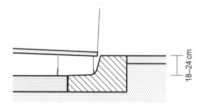

❷ Meios-fios especiais permitem uma chegada precisa, sem desgaste de pneus ou meios-fios.

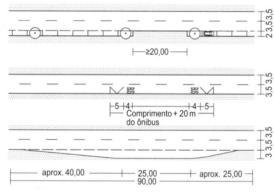

❸ Paradas integradas promovem a acessibilidade e a precisão de acesso para embarque (distância do canto da plataforma de embarque – veículo ≤ 5cm). As parada cobertas com acessibilidade exigem entradas e saídas longas e são, portanto, suscetíveis a estacionamento irregular [05]

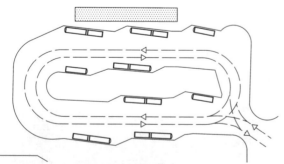

❹ Estação de integração, baias de parada em arranjo dentado permitem a aproximação prática do meio-fio (acessibilidade), a plataforma central de ônibus oferece curtas distâncias para troca de veículos

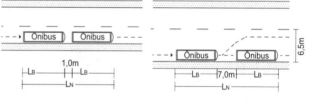

❺ Arranjo quando os ônibus seguem viagem conforme a ordem de chegada.

❻ O arranjo permite saídas independentes dos veículos, mas os que chegam precisam de mais espaço para manobra.

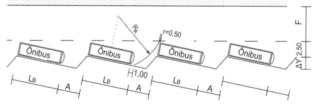

A = Distância do ônibus
F = Distância da quina traseira esquerda do ônibus para a borda da pista
ΔY = Posição inclinada
RA = Raio de saída, medido na quina direita dianteira do ônibus
r = Distância de segurança
LB = Ônibus longo

A[m]	ΔY [m]	RA [m]	F[m]
4,00	2,10	10,70	6,45
5,00	2,00	11,90	6,33
6,00	1,90	13,60	6,25
7,00	1,80	15,60	6,20

❼ O arranjo dentado permite uma boa aproximação da plataforma de ônibus (acessibilidade) e condução não direcionada a pequenas distâncias de veículos.

TRANSPORTE COLETIVO
SISTEMAS DE INTEGRAÇÃO E ÔNIBUS DE LONGA DISTÂNCIA

Integrações de ônibus e trem
Distâncias curtas devem ser buscadas para promover a acessibilidade nas estações de integração. Idealmente, é vantajoso permitir a troca de transporte sem mudança de plataforma por meio de uma plataforma de embarque central → ❶ – ❸.

Rodoviárias de longa distância
Ônibus de longa distância devem ser conectados ao transporte público local. Portanto, em estações ferroviárias com ligação para o transporte local, deve haver espaços de espera com proteção climática e com infraestrutura, como instalações sanitárias, lanchonete, informações e bilheteria.

❶ Ligação de parada final
VOLT-Ônibus com curto caminho para troca na mesma direção [17]

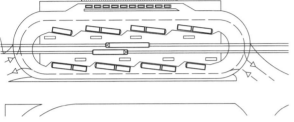

❷ Ponto de ligação de VLT, linhas de ônibus e tráfego de táxis

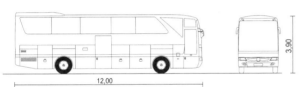

❹ Ônibus de viagem

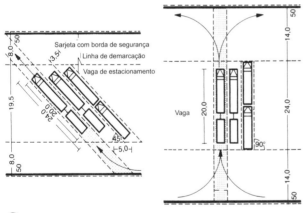

❻ Espaço necessário para ônibus padrão e articulados em estacionamentos

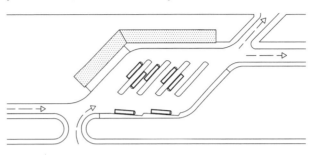

❸ Rodoviária com plataformas separadas de chegada e partida, estacionamentos de posição inclinada ao longo da borda

❺ Vista e corte transversal de uma plataforma de ônibus coberta com proteção climática.

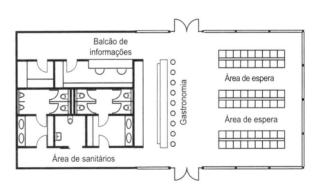

❼ Rodoviária de longa distância com salão de espera, abastecimento gastronômico e informações

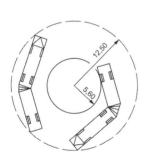

❽ Círculo de giro: cada ônibus deve ser capaz de fazer um giro completo sem a linha externa ou o círculo interno.

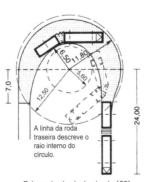

❾ Esboço de círculo de giro de 180° para veículos articulados de 17 m de comprimento.

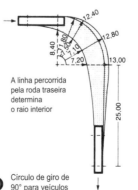

❿ Círculo de giro de 90° para veículos estacionários de 12 m

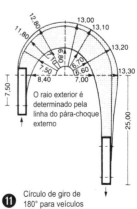

⓫ Círculo de giro de 180° para veículos estacionários de 12 m

TRANSPORTE PÚBLICO

Condições e meios de transporte
VLTs
Ônibus e paradas
Sistemas de integração
Transporte ferroviário

253

TRANSPORTE COLETIVO
TRANSPORTE FERROVIÁRIO

As ferrovias geralmente têm dimensões muito específicas para cada localidade. Linhas férreas são, em geral, dimensionadas em função do local. Por esse motivo, as alturas de plataformas e pisos dos vagões devem ser adequadas entre si, permitindo a entrada e descida dos passageiros sem problemas.

Organização das plataformas de embarque

Disposição lateral ou central da plataforma, dependendo dos aspectos construtivos, de funcionamento e planejamento de tráfego.
A plataforma central é mais simples para a orientação dos passageiros, mas requer duas direções de linhas férreas. As estações localizam-se em maior profundidade, uma vez que é necessário um andar intermediário, que pode ser usado por pedestres, na travessia subterrânea de ruas. Para plataformas laterais, necessita-se do dobro de acessos e escadas, assim como de construções anexas (quiosque, painéis de rotas e horários etc.) Os vagões abrem somente para o lado direito. Em viadutos/linhas elevadas, o embarque em plataforma lateral é favorável, podendo esta ser "pendurada" à estrutura do conjunto sem perda de espaço junto aos pilares.
Para melhor orientação dos passageiros, as paradas em sequência devem apresentar a mesma disposição espacial, na medida do possível.

Comprimentos das plataformas de embarque

Depende do comprimento dos trens mais longos, previstos para uso da estação. Para metrô e trens rápidos urbanos, deve-se prever ainda uma distância de frenagem adicional de 5 m.
Para bondes, também é possível o uso de pontos de parada duplos. Em linhas operadas automaticamente, devido à necessidade de precisão de parada de acordo com o posicionamento das portas, os pontos de embarque serão marcados ou devem ser implementadas portas de embarque.

Largura das plataformas de embarque

A largura depende do número previsto de passageiros e da localização, tipo e largura das entradas e saídas. Requisitos → p. 255.
Plataforma de embarque, escadas e elevadores devem ser planejados de forma a dispersar o número de passageiros em cada parada, sem congestionamentos.
Como largura mínima tem-se:
– plataforma lateral, 3 m;
– plataforma central, com escada no final, 6 m;
– com escada dentro da área útil da plataforma, 7 m.

Escadas escadas-rolantes

As escadas podem ser localizadas no final da plataforma ou no meio de sua área útil. Sua largura (para escada comum) deve ser múltipla de 0,60 m (no mínimo 2,40 m), adicionando-se espaço de corrimão e bordas. Corrimãos em ambas as laterais; a partir de 6 m, prever também corrimão central → ❸ – ❺, ❼.
Escadas rolantes aumentam o nível de conforto dos usuários, aceleram e concentram o fluxo de tráfego; elas devem ser implantadas para fluxos médios e elevados de passageiros. Sua largura deverá ser de 1 – 1,5 faixa (ideal com 2 faixas) (degraus com largura de 800 mm – 1.000 mm); largura da construção entre 1,40 e 1,65 m, dependendo da firma produtora.

Elevadores

Nas paradas ferroviárias, especialmente em baixas e altas altitudes, os elevadores de passageiros devem ser instalados adicionalmente (também posteriormente) para permitir a acessibilidade de pessoas com deficiência física ou restrição de mobilidade (carrinhos, malas etc.), facilitando a circulação de passageiros → ❻.
Os elevadores devem ser claramente visíveis e com áreas de espera fora da área do fluxo principal de passageiros.

Superfícies da plataforma de embarque

Tanto quanto possível, evite inclinações transversais e longitudinais
- Máx. de inclinação longitudinal de 4 %
- Máx. de inclinação transversal de 2,5 %
Bordas de plataforma fabricadas com material de alta aderência para boa identificação por deficientes visuais com material de cor claramente contrastante. Para deficientes visuais, deve haver guias táteis de alto contraste que podem ser tocadas com bengala.

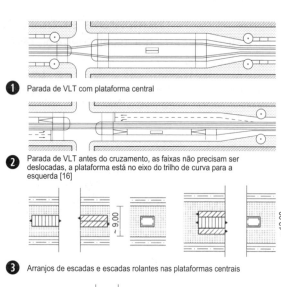

❶ Parada de VLT com plataforma central

❷ Parada de VLT antes do cruzamento, as faixas não precisam ser deslocadas, a plataforma está no eixo do trilho de curva para a esquerda [16]

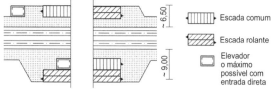

❸ Arranjos de escadas e escadas rolantes nas plataformas centrais

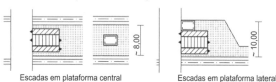

❹ Disposição das escadas em plataforma central ou lateral, escadas no âmbito da plataforma de embarque

Escada comum
Escada rolante
Elevador o máximo possível com entrada direta

Escadas em plataforma central — Escadas em plataforma lateral

❺ Arranjos de escadas em plataformas centrais e laterais. No caso de escadas na plataforma, são necessários elevadores com acesso separado

Nº de passageiros/ possibilidades de carga	Largura x profundidade (m)	Capacidade (kg)
8/uso por PCD/PNE	1,10 x 1,40	630
13/com carga	1,10 x 2,10	1000
19/com bicicleta	1,40 x 2,10	1450

❻ Dimensões mínimas de elevadores [10]

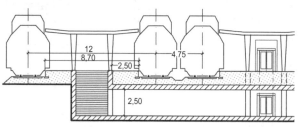

❼ Corte transversal através de plataforma de embarque, largura de escadas de acordo com o cálculo de volume de pessoas → p. 426 Elevador em frente às escadas [10]

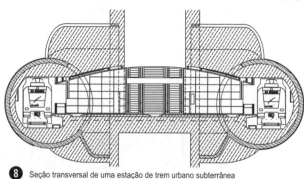

❽ Seção transversal de uma estação de trem urbano subterrânea

FERROVIAS
ESTAÇÕES DE TREM

Em princípio é feita a diferença entre parada de trens (plataforma de embarque diretamente ao longo da linha, em percurso livre, sem desvios) e estação ferroviária (com no mínimo um desvio/ramal para distribuição e possibilidade de curvas dos trens).

As estações ferroviárias são denominadas segundo a construção do sistema de trilhos e posicionamento do edifício central.

1. Estações de passagem (disposição usual, p. ex. em Colônia, Hannover etc.) → ❻
2. Terminais ou de topo (p. ex. em Leipizig, Munique) → ❹
3. Estações em andares, "torre" (com intersecção em diferentes níveis, p. ex. em Osnabrücke, Estação Central de Berlim)
4. Estações em ilha (edifício central entre trilhos; p. ex. em Halle/Saale) → ❽

A passagem dos trilhos para as estações, em áreas urbanas, ocorre na altura das ruas, sobre elevados, com passagem inferior das ruas, ou em valas ou túneis, com a passagem superior das ruas. Do traçado da linha férrea decorre o posicionamento e implantação da estação central → ❶–❻, onde, no entanto, a variante mais favorável, do ponto de vista urbanístico, é a solução subterrânea (p. ex. projeto Stuttgart 21, com a reforma da antiga estação central, de topo, para transformação em estação de passagem, subterrânea, com utilização da edificação original).

Determinantes básicos de projeto

Para projetos de edifícios novos ou de renovação, considera-se os seguintes princípios (o grau de importância segue a sequência abaixo):

1. Segurança de funcionamento e proteção contra acidentes
2. Sensação de segurança e bem-estar
3. Fácil orientação
4. Fácil manutenção da construção
5. Reconhecimento/identificação como marca
6. Beleza formal

As estações ferroviárias devem ligar-se com outros meios de transporte, na medida do possível em percursos curtos para pedestres. Linhas férreas rápidas urbanas e linhas de metrô, se possível, abaixo do edifício central. A proximidade a outros transportes coletivos é desejável. Além disso, prever estacionamentos de longa duração, acesso para táxis e veículos privados.

No saguão de entrada, junto às instalações de serviços da companhia férrea, como central de viagens, informações, área de espera, *lounge* (para estações maiores) e bagageiros para guarda de malas, há áreas arrendadas ou alugadas a empresas externas (em sua maioria, de serviços e comércio).

Passagens subterrâneas e elevadas de pedestres

A largura mínima para essas construções é de 2,50 m. Para larguras maiores, deve-se tomar medidas múltiplas de 0,80 m (medida de pessoa em movimento). Altura livre de no mínimo 2,50 m; abaixo de construções especiais são permitidos 2,25 m.

Acessos sem barreiras

Para um fluxo superior a mil passageiros por dia, deve-se ter, pelo menos, uma plataforma de embarque com acesso livre, sem barreiras. Rampas oferecem solução permanente e sem problemas de manutenção. Elevadores devem ser executados em sistema *roll-on/roll-off*, com cabines transparentes. No dimensionamento, tomar as medidas mínimas indicadas no código de obras estaduais. Observar soluções adequadas para o transporte de carrinhos de bebê, carrinhos de malas e bicicletas. O acesso para as plataformas de embarque deve ocorrer somente na direção longitudinal, com área de espera de 1,5 m x 1,5 m à frente do elevador.

Sobre o piso, demarcação com faixas-guia fabricadas em placas indicam os percursos, percebidos pelo tato e uso de cores. (→ p. 227). Nas plataformas serão demarcadas as áreas de segurança. Em corrimãos de escadas e rampas, deve haver a numeração das plataformas escrita em braille.

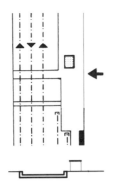

❶ Paradas junto a cruzamento de nível existente, com cancela, com mudança de plataforma

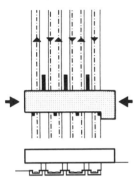

❷ Condução dos passageiros sobre os trilhos para estações pequenas, sem passagem direta de trens

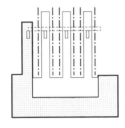

❸ Prédio de estação elevado acima dos trilhos. Ponte para os passageiros e bagagem

❹ Prédio de estação na cabeceira, de preferência no nível dos trilhos: apenas apropriado para terminais, necessitando senão de superfícies muito grandes

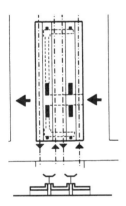
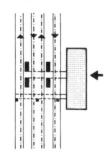
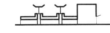

❺ Prédio de estação ferroviária subterrânea, sob a zona central dos trilhos. Percursos curtos, boa iluminação para o saguão de espera

❻ Prédio de estação lateral, abaixo do nível dos trilhos. Túnel para os passageiros e bagagem. Solução prática, usual na Alemanha

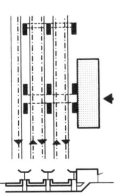
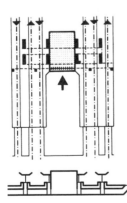

❼ Prédio de estação ferroviária lateral e no mesmo nível em relação aos trilhos. Túnel para passagem de pedestres, com escadas

❽ Prédio de estação ferroviária subterrâneo, entre os trilhos; acesso amplo, percursos curtos

Transporte

FERROVIAS

Estações de trem
Saguão e recepção
Plataformas de embarque
Equipamentos das plataformas

255

FERROVIAS
SAGUÃO E RECEPÇÃO

O edifício central de uma estação ferroviária tem a função de ligação entre rede ferroviária e outros meios de transporte. Os serviços administrados pela companhia ferroviária, instalados no saguão/recepção, limitam-se a ofertas essenciais como venda de passagens e viagens (centros de turismo), informações e guarda de bagagens. Para outros tipos de serviços alugam-se áreas/lojas → ❶ – ❷.

Centro de viagens

Tem como função o assessoramento pessoal do viajante e a venda de passagens. Seu mobiliário apresenta sistema modular, baseado na medida de 1 m. A dimensão mínima de um escritório de atendimento é de 2 m x 3 m. Os elementos são fornecidos completamente pré-montados. A instalação permite a adequação quanto às alturas, entre o funcionário sentado e o cliente em pé. O sistema é complementado pela ligação possível entre diversos elementos → ❹. Para o cliente que espera, deve-se prever espaço suficiente até o balcão de atendimento, na medida do possível em forma de fila centralizada, no caso da presença de vários guichês. Para agilizar os serviços, são oferecidos totens de autoatendimento, para venda automática de passagens → ❸.

ServicePoint

O centro de informações é o ponto central de comunicação com o viajante. Uma família de produtos foi desenvolvida para atender às diferentes exigências quanto à qualidade da informação e necessidades espaciais:

1. ServicePoint individual: implantado livre no saguão da estação, em diversos tamanhos, modular, adaptável a diferentes espaços, para 1 a 4 pessoas trabalhando ao mesmo tempo (para 2 pessoas: comp. larg. alt: 3 m x 5 m x 3,50 m).
2. ServicePoint integrado: na área da fachada ou dentro do saguão, junto ao guichê do centro de viagens, para 1 a 4 pessoas (comp. larg. alt. 2 m x 2,60 m x 3,10 m, para 1 pessoa trabalhando; a cada pessoa adicional, aumento no comprimento de 1,70 m).
3. ServicePoint móvel: estandes móveis para uso flexível no espaço da estação e até nas plataformas; para ocupação por 1 pessoa (comp. larg. alt. 0,90 m x 0,80 m x 2,30 m). Essas medidas correspondem ao estande planejado, podendo ser modificadas.

Escadas

A largura útil de uso deve ser múltipla de 0,80 m (medida do corpo em movimento), tendo, entretanto, no mínimo 2,40 m. A largura de escadas pode ser calculada, em função do número esperado de usuários, segundo a seguinte fórmula:

$$b_{Tn} = \frac{n_P}{v \cdot d \cdot t} + g$$

n_P	pessoas número de passageiros em horas de pico	
v m/s	velocidade média do passante	= 0,65
d pess./m²	densidade de tráfego de pessoas	= 1,0
t s	tempo de esvaziamento da plataforma	= 120–180 s
g m	medida do corpo em movimento	
	(em sentidos contrários)	= 0,80 m
	para linhas férreas urbanas	= 0,60 m

Medidas de escadas → p. 131. A área de congestionamento de pessoas frente à escada deverá ter 1,5 vezes a sua largura. O primeiro e o último degrau precisam ser marcados por faixa de contraste com 6 cm de largura (para os outros degraus é facultativo).

Escadas rolantes

Devem ser previstas para uma densidade de tráfego maior do que 3 mil pessoas por hora, ou para o uso de mais do que 500 pessoas, quando a diferença de nível for maior do que 8 m. A largura mínima deverá ser de 1 m para transporte de malas → p. 137.

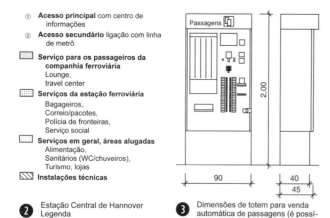

❶ Estação Central de Hannover, saguão/galeria

① **Acesso principal** com centro de informações
② **Acesso secundário** ligação com linha de metrô

▒ Serviço para os passageiros da companhia ferroviária
  Lounge,
  travel center

▦ Serviços da estação ferroviária
  Bagageiros,
  Correio/pacotes,
  Polícia de fronteiras,
  Serviço social

▫ Serviços em geral, áreas alugadas
  Alimentação,
  Sanitários (WC/chuveiros),
  Turismo, lojas

▨ Instalações técnicas

❷ Estação Central de Hannover Legenda

❸ Dimensões de totem para venda automática de passagens (é possível a construção livre ou embutida)

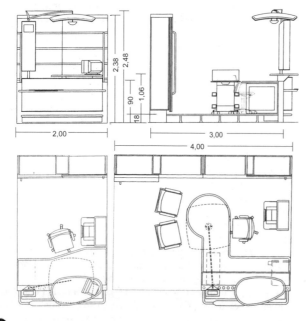

❹ Mobiliário em sistema modular, no centro de viagens [12]

FERROVIAS
PLATAFORMAS DE EMBARQUE

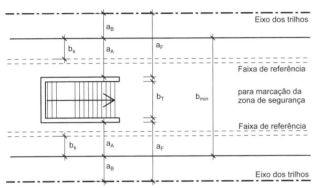

Largura da plataforma de embarque $b_{min} = b_T + 2w + 2(a_F - a_F)$

- a_F Distância mínima entre elementos fixos, como pilares, e o eixo dos trilhos
  - sobre a plataforma — min. $_{AF}$ = 3,00 m
  - no final da plataforma — min. $_{AF}$ = 2,50 m
- a_A Distância entre construções sobre a plataforma e sua borda, considerando largura de passagem sem barreiras e zona de perigo b_s
  - junto a elementos curtos (p. ex. pilares) — min. $a_A = b_s + 0,90$ m
  - junto a elementos longos, com pelo menos uma passagem — min. $a_A = b_s + 1,20$ m
- a_B Distância entre borda da plataforma e lateral dos trilhos = 1,65 m
- b_{min} Largura mín. da plataforma
- b_s Largura da zona de perigo
  - V ≥ 160 km/h b_s = 2,50 m – 1,65 m (para trilhos em linha reta)
  - 160 ≥ V ≥ 200 km/h b_s = 3,00 m – 1,65 m (para trilhos em linha reta)
- b_T Largura livre de escada ou rampa entre laterais de fechamento
- w Largura da lateral de fechamento, inclusive revestimento

❶ Larguras das plataformas de embarque e zonas com problemas de segurança

Classificação das plataformas de embarque	A	A 1	A 2	A 3	B	B 1	B 2	C	D
Comprimentos padronizados das plataformas	405 m	370 m	320 m	280 m	210 m	170 m	140 m	120 m	60 m

❷ Comprimentos de plataformas (A tráfego interurbano, de longo percurso; B tráfego suburbano, regional; C e D paradas secundárias). O ICE (trem rápido, expresso) necessita de 405 m, inteiro, e de 210 m, metade

Larguras
As plataformas de embarque são classificadas, segundo sua posição, em medianas (entre duas linhas de trilhos) ou externas (com apenas uma lateral). Sua largura é calculada basicamente em função do número esperado de passageiros. As medidas referenciais de cálculo são: zona de permanência, medida do corpo em movimento de no mínimo 0,80 m e largura da zona de segurança, que é calculada conforme a velocidade máxima dos trens que passam pela estação sem parar → ❶. As medidas de distância dos elementos em relação aos trilhos referem-se sempre ao eixo da linha férrea! Para trilhos retos, a distância entre a borda da plataforma de embarque até a pista é de 1,65 m.

Larguras mínimas para:
Plataforma externa = 2,50 m − 1,65 m + 2 · 0,80 m = 2,45 m
Plataforma mediana = 2 · (2,50 m − 1,65 m) + 2 · 0,80 m = 3,30 m

Alturas e comprimentos das plataformas de embarque
As alturas têm como referência o canto superior dos trilhos. Normalmente possuem 76 cm; para tráfego suburbano, regional, 55 cm; para trens rápidos urbanos, 96 cm. Em antigas estações ainda se encontram alturas de 38 cm. A altura e o comprimento das plataformas de embarque dependem das funções da estação → ❷. Os comprimentos podem ser aumentados tecnicamente, dependendo de cada caso, utilizando-se sistema de sinalização.

Cobertura das plataformas de embarque
Para coberturas, encontram-se no mercado três tipos padronizados. A escolha depende da importância da estação e dos custos de construção. Sistemas de coberturas planas com pilares, de rápida construção, com poucas exigências de fundação, são os mais econômicos, além de interromper apenas por pouco tempo o tráfego de trens durante sua instalação (as pausas com fechamento de linhas para construção representam aumento do pessoal de segurança, resguardo da linha principal e fechamento de outras). A construção de coberturas baseia-se em sistema de múltiplos de 30 cm (padrão 9 m). O pé-direito deve ter 3,25 m para permitir a fixação de painéis informativos (sob eles, passagem livre com altura de 2,5 m). Observar áreas necessárias para agrupamento de pessoas, de permanência, além das distâncias exigidas em relação aos trilhos. Do ponto de vista estrutural, além das características construtivas do telhado e elementos adicionais (técnicos e de informação), prever carga relativa ao deslocamento de ar produzido pela passagem dos trens.

Transporte

FERROVIAS

Estações de trem
Saguão e recepção
Plataformas de embarque
Equipamentos das plataformas

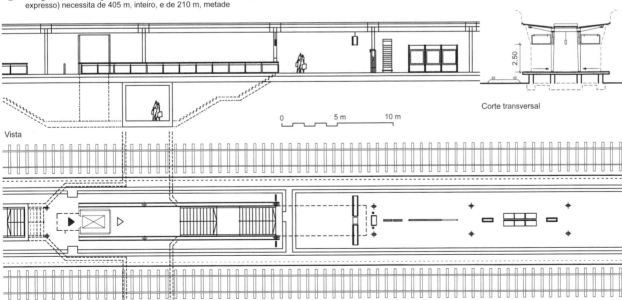

❸ Plataforma-padrão; cobertura modulada
Planta e vista

FERROVIAS
EQUIPAMENTOS DAS PLATAFORMAS

A aprovação dos projetos para construção de áreas associadas a ferrovias é feita pelo órgão nacional de transportes ferroviários na Alemanha (EBA). Pequenas construções, abaixo de 100m², são tecnicamente livres de aprovação. Equipamentos e elementos construtivos devem ser obrigatoriamente escolhidos, via de regra, dentro de catálogos com listagem de produtos, testados em função da otimização dos aspectos de segurança, custos de manutenção e *Corporate Design*.

Raster22®

Para elementos de proteção contra a ação do tempo, painéis de fechamento, vitrines e assentos, foi desenvolvido um sistema modular de produtos interdependentes – Raster22 – pela DB Station&Service AG. Baseado na modulação das placas de revestimento do piso das estações, de 30 cm, foi desenvolvido um sistema de medidas e conexões (90 cm e 150 cm). Para pilares e elementos de ligação, foi previsto um espaço construtivo de 12,5 cm, permitindo a instalação de painéis de fechamento ou vitrines, em campos de 77,5 ou 137,5 cm. As dimensões das vitrines derivam das medidas máximas dos cartazes "City Light-Posters", com cerca de 200 x 136 cm. As alturas são adequadas ao elemento condutor básico de 12,5 cm. Através desse sistema modular pode-se ter a integração de elementos construtivos de diversos fabricantes, facilitando o planejamento estrutural e de ligações técnicas. Para os assentos, existem dois sistemas de produtos à disposição: bancos ou assentos individuais. Diversos tipos de fixação e acabamentos (trama metálica de 4 mm, resistentes à ação do tempo e vandalismo), bases de madeira para áreas internas, oferecem uma gama variada de soluções finais.

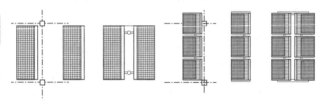

① Espaço necessário para os passageiros

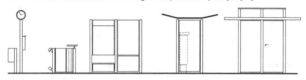

② Variantes de assentos, livres ou ligados a painéis de proteção [09]

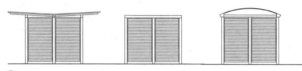

③ Mobiliário para plataformas de embarque, construídos segundo o sistema modular Raster22

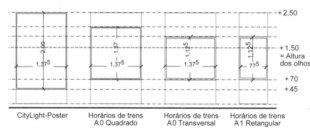

④ Variantes de coberturas para proteção climática

⑤ Vitrines para painéis de propaganda e planos de horários dos trens, em diferentes formatos. Para vitrines com iluminação, a diferença relativa aos tamanhos do papel é compensada com *passe-partout*. As alturas devem permitir a fácil leitura pelo usuário, também para pessoas de baixa estatura [13]

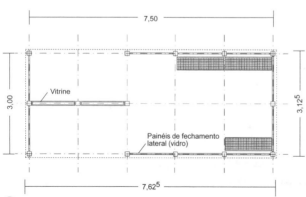

⑥ Proteção contra ação do tempo e contra ventos, tipo T em U, para plataformas de embarque medianas [13]

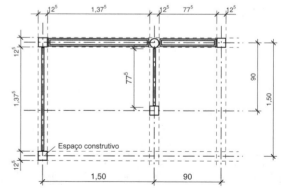

⑦ Raster22, alturas modulares

⑧ Raster22, planta modulada [13]

AVIAÇÃO
FUNDAMENTOS

O mercado aeroviário

Com a privatização do tráfego aéreo (linhas aéreas, aeroportos etc.) surgiu um mercado complexo com dura concorrência. O segmento destinado ao **transporte de passageiros** (viagens de negócios e de turismo, como voos de linha ou sistema charter) diferencia-se do especializado no **transporte de cargas**, que, por sua vez, é dividido em setores nacional, mercado europeu (no caso da Alemanha) e internacional. Tendo em vista os aspectos de **velocidade** (horários e tempo de voo, baldeações) e o **preço**, estabelecem-se as diversas estratégias das companhias de aviação → ❶. Como exemplo, o modelo *Hub-and-Spoke*: aeroportos internacionais (*hubs*) ligam-se por aviões de grande porte; um círculo de aeroportos nacionais faz a conexão regional; para tempos curtos de baldeação, os voos são interligados em horários (pontos) determinados → ❹;
o modelo **voos econômicos**: aeroportos econômicos (baixas taxas de decolagem e pouso) e *slots* baratos (horários desfavoráveis para decolagem) são interligados por aviões de porte médio.

As tradicionais formas de renda dos aeroportos, as taxas de decolagem e pouso, juntam-se hoje, cada vez mais, com formas adicionais de renda, como aluguel de áreas de escritórios e lojas. Esse desenvolvimento tem enorme influência no planejamento e projeto arquitetônico dos aeroportos atuais.

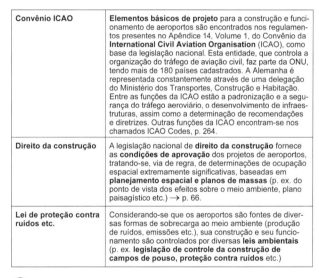

❶ Aviação como parte da rede intermodal de tráfego

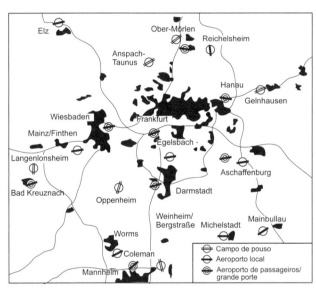

❷ Densidade de aeroportos (p. ex. região do Reno-Meno)

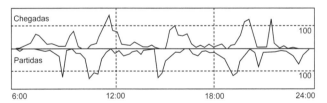

❹ Gráfico de funcionamento (por "pontos") de aeroporto internacional de grande porte (*hub*): número de voos/hora

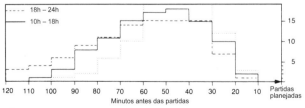

❺ Horários de chegada de passageiros, anteriores às partidas planejadas

Convênio ICAO	**Elementos básicos de projeto** para a construção e funcionamento de aeroportos são encontrados nos regulamentos presentes no Apêndice 14, Volume 1, do Convênio da **International Civil Aviation Organisation** (ICAO), como base da legislação nacional. Esta entidade, que controla a organização do tráfego de aviação civil, faz parte da ONU, tendo mais de 180 países cadastrados. A Alemanha é representada constantemente através de uma delegação do Ministério dos Transportes, Construção e Habitação. Entre as funções da ICAO estão a padronização e a segurança do tráfego aeroviário, o desenvolvimento de infraestruturas, assim como a determinação de recomendações e diretrizes. Outras funções da ICAO encontram-se nos chamados ICAO Codes, p. 264.
Direito da construção	A legislação nacional de **direito da construção** fornece as **condições de aprovação** dos projetos de aeroportos, tratando-se, via de regra, de determinações de ocupação espacial extremamente significativas, baseadas em **planejamento espacial e planos de massas** (p. ex. do ponto de vista dos efeitos sobre o meio ambiente, plano paisagístico etc.) → p. 66.
Lei de proteção contra ruídos etc.	Considerando-se que os aeroportos são fontes de diversas formas de sobrecarga ao meio ambiente (produção de ruídos, emissões etc.), sua construção e seu funcionamento são controlados por diversas **leis ambientais** (p. ex. **legislação de controle da construção de campos de pouso, proteção contra ruídos** etc.)

❸ Informações básicas do projeto

Proteção do meio ambiente

No contexto do planejamento da área e plano de massas, o projeto de aeroportos deve levar em consideração diversos aspectos vinculados à proteção ambiental (testes de concordância com medidas de preservação do meio ambiente, projeto paisagístico adequado etc. Junto à questão do tráfego de ligação da área, há a questão da sobrecarga de ruído das pistas de decolagem e pouso como critério fundamental de análise para controle do nível de ruído dentro de limites estabelecidos. Nesse caso, é analisada a superfície como um todo, onde é alcançado um nível de ruído específico, causado pelas decolagens e pousos de aeronaves.

Sobre isso, o funcionamento cotidiano de um aeroporto é confrontado com diversas questões de relação ambiental. Em primeiro plano, há a **proteção contra ruídos** (p. ex. controle dos voos noturnos, política de taxas, medidas construtivas para proteção acústica), seguida pela **proteção de mananciais** (p. ex. através de captação em tanques da água da chuva, para controle de seu teor, na zona de influência do tráfego de aviões); uso moderado de produtos químicos que possam sobrecarregar o meio ambiente (p. ex. produtos para degelo de aeronaves e áreas funcionais), terminando com a **administração da questão energética e ambiental, produção e coleta de lixo**.

Transporte

AVIAÇÃO

Fundamentos
Aeroportos
Pista de decolagem e pouso
Terminal
Rampas
Aviões

Convênio da Organização Internacional da Aviação Civil (ICAO), Apêndice 14, Volume 1
Legislação do transporte aeroviário (LuftVG)
Código de Obras (BauGB)
Regulamentação do funcionamento de aeroportos
Lei de proteção contra ruídos

AVIAÇÃO
AEROPORTOS

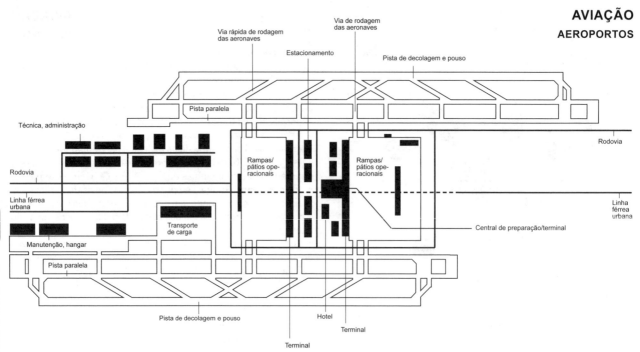

① Esquema de um aeroporto com representação das áreas funcionais, tendo como exemplo o aeroporto de Munique, esc. ≈1:4000 [14]

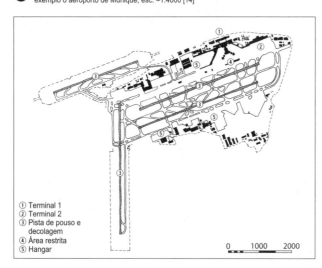

② Aeroporto de Frankfurt Main [15] (representação esquemática)

① Terminal 1
② Terminal 2
③ Pista de pouso e decolagem
④ Área restrita
⑤ Hangar

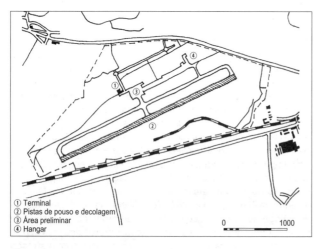

③ Campo de pouso Schwerin-Parchim [15] (representação esquemática)

① Terminal
② Pistas de pouso e decolagem
③ Área preliminar
④ Hangar

Classificação dos tipos de aeroportos

O termo geral campo de aviação é usado para denominar:
– Aeroportos (com zona de proteção em relação às construções entorno)
– Campos de pouso, aeroportos de pequeno porte (com zona limitada de proteção para construções entorno)
– Campos de pouso para planadores, heliportos

Aeroportos e campos de pouso subdividem-se segundo o tipo de tráfego, podendo destinar-se a linhas normais ou especiais de voo; no caso dos campos de pouso, estes podem ser abertos para o uso geral ou privados, destinados a serviços especiais, como fabricação de aeronaves ou clubes de aviação.

Parâmetros de projeto para aeroportos → ①

Sistema de pistas de decolagem e de pouso: o número e a disposição (distanciamento) são definidos pelo movimento de aeronaves possível por unidade de tempo → p. 261.

Terminal: edifício de preparação, acompanhando as exigências de funcionamento eficiente (passageiros, bagagens, também cargas, por unidade de tempo), definidas segundo os seguintes parâmetros: ligação com meios de transporte viários (estações ferroviárias interurbanas e urbanas, estacionamentos, comprimentos das vias de acesso), atendimento dos passageiros (número de *check-in-counters*), despacho das bagagens (número de balcões e capacidade dos sistemas de transporte, esteiras rolantes), organização do controle de passaportes e de segurança, controle antes da entrada na aeronave (tamanho das áreas de espera, número de balcões) → p. 262.

Rampas: esta área operacional incorpora estacionamento das aeronaves e pistas de rodagem para trânsito das mesmas, vias de passagem para veículos encarregados dos serviços de preparação das aeronaves, assim como áreas para equipamentos de montagem. O setor de rampas liga as pistas de decolagem e pouso, e as faixas de rodagem, com o terminal, sendo diretamente dependente dele do ponto de vista funcional. Rampas e terminal devem ser projetados conjuntamente → p. 263.

Edifícios secundários: para funcionamento de um aeroporto existe uma série de funções secundárias, que devem ser consideradas na concepção integral: administração, manutenção, corpo de bombeiros, transporte de cargas etc.

Áreas de serviços: (*non aviation*) espaços estratégicos de uso comercial (hotéis, restaurantes, estacionamentos, lojas etc.), independentes das funções imediatas de um aeroporto, têm assumido cada vez mais importância nos projetos → p. 262.

Rede de tráfego viário: a ligação confortável do aeroporto com uma rede de meios de transporte eficiente e com atendimento em horários predeterminados (sistema intermodal) tem importância decisiva no funcionamento regular do transporte aeroviário.

AVIAÇÃO
PISTA DE DECOLAGEM E POUSO

Pistas de decolagem e pouso (*runways*, abreviatura RWY) servem para a aceleração de partida e desaceleração de descida das aeronaves. Orientação, comprimento/largura e número de pistas são determinados segundo vários fatores:

A **direção** é dada pela distribuição local dos ventos e condições topográficas. O objetivo é alcançar uma possibilidade de funcionamento do aeroporto sem problemas, 95% do tempo. A frequência de ventos fortes transversais pode levar à exigência de construção de uma segunda pista de decolagem e pouso → ❷.

O **número** depende do volume de tráfego aéreo; para decolagens e pousos simultâneos, é favorável a disposição paralela com distância entre eixos de 1.310 m, onde se atinge a capacidade máxima de funcionamento → ❹.

Os **comprimentos/larguras** dependem dos tipos de aeronaves, condições climáticas e topográficas locais, como temperatura, pressão atmosférica (análoga à altura do aeroporto), inclinação do terreno etc. Aeroportos de grande porte possuem pistas de até 4.000 m de comprimento, com 40 a 65 m de largura. Em ambas as laterais e nas cabeceiras das pistas, há **áreas de proteção com limite de construção** (Legislação do transporte aeroviário), devendo ser mantidas livres → ❶. Para construções nessas áreas, deve-se ter aprovação especial dos órgãos competentes. Adicionalmente, há as **áreas limite para obstáculos** → ❸, onde também existem limitações para construção.

Pistas de decolagem e de pouso são denominadas segundo sua orientação, em relação aos pontos cardeais (em décimos de graus); para implantações paralelas acrescenta-se R (*right*) e L (*left*), ou C (*center*). Marcações e iluminação estabelecem códigos, determinando os diferentes trechos, eixos centrais, larguras e capacidades das pistas. As pistas de rolamento são desenvolvidas de tal forma que as aeronaves possam deixar a pista de pouso o mais rápido possível, assim como tomar posição de partida pelo caminho mais curto.

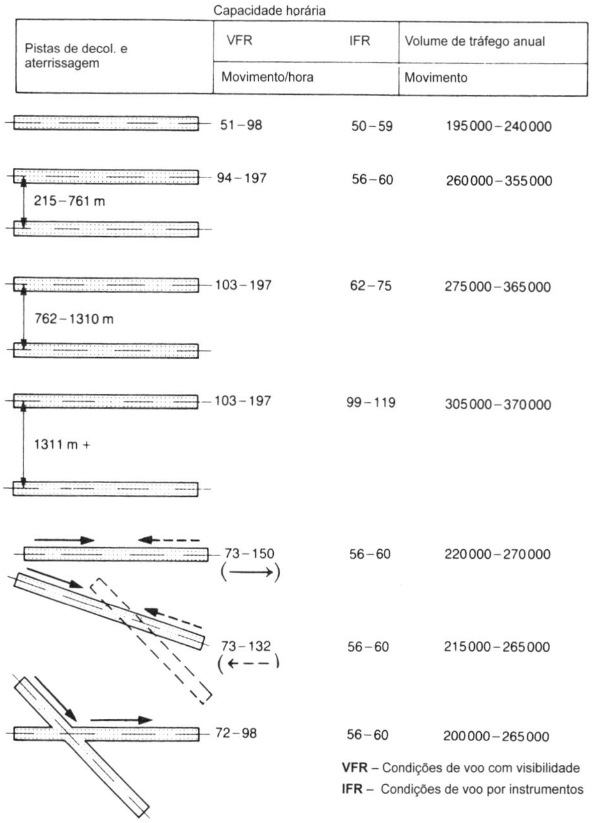

Transporte

AVIAÇÃO
Fundamentos
Aeroportos
Pista de decolagem e pouso
Terminal
Rampas
Aviões

Diretrizes para liberação de obstáculos de pistas de pouso e decolagem com operação de voos por instrumentos.

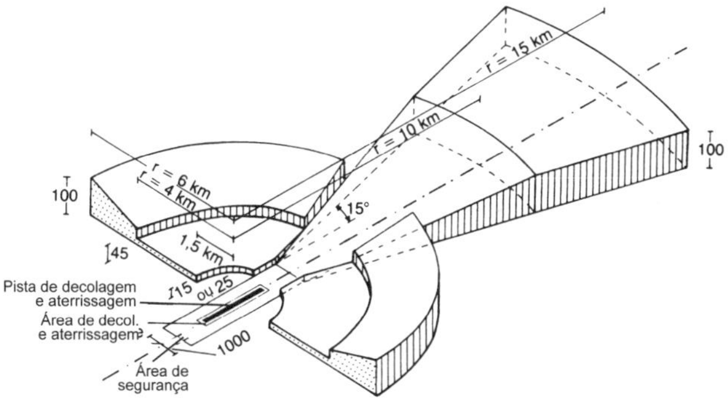

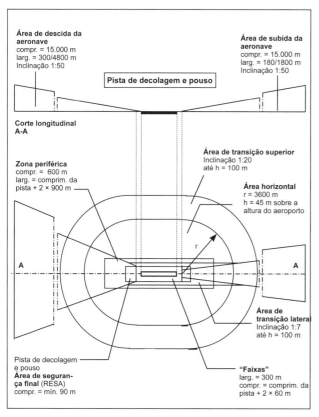

❶ Zona de proteção em relação a construções no entorno, para um aeroporto com pista de aterrissagem comandada por instrumentos (§ 12, Legislação do transporte aeroviário, LuftVG)

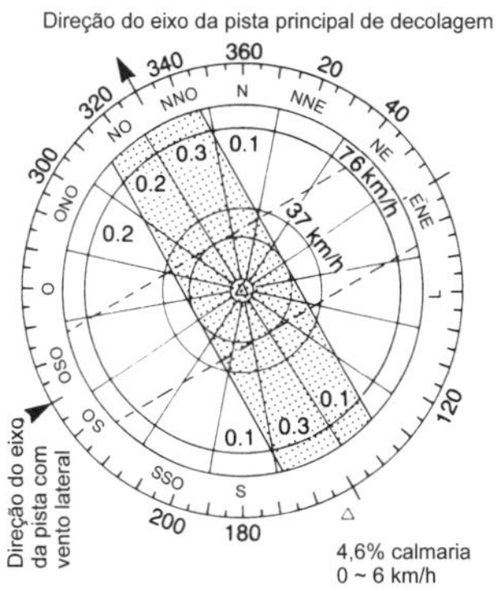

❷ Típica "rosa-dos-ventos" para orientação das pistas de decolagem e pouso (exemplos)

Direção	7–24 km/h	26–37 km/h	39–76 km/h	Total
N	4,8	1,3	0,1	6,2
NNE	3,7	0,8	—	4,5
NE	1,5	0,1	—	1,6
ENE	2,3	0,3	—	2,6
L	2,4	0,4	—	2,8
ESE	5,0	1,1	—	6,1
SE	6,4	3,2	0,1	9,7
SSE	7,3	7,7	0,3	15,3
S	4,4	2,2	0,1	6,7
SSO	2,6	0,9	—	3,5
OS	1,6	0,1	—	1,7
OSO	3,1	0,4	—	3,5
O	1,9	0,3	—	2,2
ONO	5,8	2,6	0,2	8,6
NO	4,8	2,4	0,2	7,4
NNO	7,8	4,9	0,3	13,0
Calmaria	(0–6 km/h)			4,6
Total				100,0

❸ Áreas limite para obstáculos para pistas de decolagem e pouso para voos comandados por instrumentos (exemplo de pistas de precisão segundo ICAO, Anexo 14 Code 3/4)

❹ Capacidade de funcionamento dos diferentes sistemas de pistas de decolagem e pouso (segundo: ICAO Airport Design Manual)

Pistas de decol. e aterrissagem	Capacidade horária VFR Movimento/hora	IFR	Volume de tráfego anual Movimento
51–98		50–59	195 000–240 000
215–761 m / 94–197		56–60	260 000–355 000
762–1310 m / 103–197		62–75	275 000–365 000
1311 m + / 103–197		99–119	305 000–370 000
73–150 (→)		56–60	220 000–270 000
73–132 (←--)		56–60	215 000–265 000
72–98		56–60	200 000–265 000

VFR – Condições de voo com visibilidade
IFR – Condições de voo por instrumentos

261

AVIAÇÃO
TERMINAL

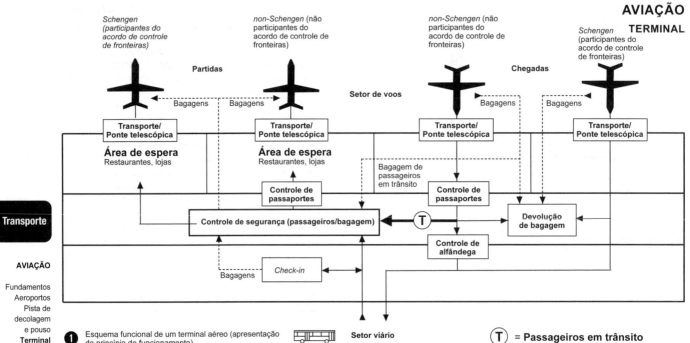

❶ Esquema funcional de um terminal aéreo (apresentação do princípio de funcionamento)   🚌 Setor viário   Ⓣ = Passageiros em trânsito

❷ Terminal em um só nível, coincidente com a rua de acesso

❸ Nível da rua de acesso coincidente com o térreo; terminal com 2 pavimentos

❹ Ruas de acesso em 2 níveis, assim como o terminal

❺ Nível da rua de acesso coincidente com o térreo; terminal com 2 pavimentos
--- Passageiros de chegada/desembarque
--- Passageiros de partida/embarque
--- Bagagens

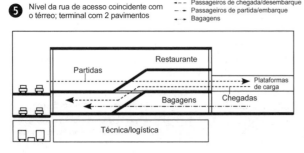

❻ Rua em 2 níveis/ligação com linha ferroviária urbana. Terminal em 3 níveis com piso destinado ao setor técnico

No projeto do terminal deve-se considerar complexas relações técnicas e funcionais → ❶ (limitação do setor público e de segurança, organização e dimensionamento do setor de preparação dos voos, zonas de movimentação e de espera, sistemas de transporte em diversos pavimentos), correlacionadas com outras diferentes exigências. A dimensão e o programa dão ao projeto um caráter urbanístico.

Preparação dos voos

Denomina-se setor de preparação de voos aquele destinado ao tráfego de passageiros, incluindo serviços de contato, *check-in* e controle de segurança, até a entrada do passageiro na aeronave. A preparação do voo ocorre em etapas determinadas → ❶ e é executada pela própria companhia de aviação ou por firmas especializadas (*Handling Agent*). A função básica desse setor é garantir que **nenhum passageiro ou bagagem sem controle possa entrar no avião, sendo impossível o encontro entre fluxo de passageiros controlados e não controlados**. Outro importante aspecto é a divisão entre passageiros nacionais e internacionais (*Shengen/non-Schengen*). Através dos diferentes graus de segurança, relativos aos diversos países de origem e destinação dos voos, assim como da presença de passageiros em trânsito dentro do aeroporto, constitui-se uma multiplicidade de percursos paralelos e pontos de controle, com as correspondentes áreas de espera. A velocidade de preparação dos voos e baldeações é critério decisivo para o sucesso do aeroporto na concorrência internacional, devendo, por isso, ocorrer de forma rápida e com trajetos os mais curtos possíveis.

Non aviation

Este setor inclui toda a área comercial do aeroporto, que não é ligada diretamente aos voos (hotel, centros de congressos, *shopping*, restaurantes etc.)
Nos aeroportos grandes, os lucros desse setor ultrapassam aos correspondentes a taxas de pousos e decolagens. Por isso, a organização do terminal fica condicionada a esses dois diferentes campos de interesse: os aspectos funcionais (percursos curtos e tempos de baldeação) e o posicionamento estratégico de serviços e comércio, assim como de hotéis, centros de congressos e outras instalações secundárias.

AVIAÇÃO
TERMINAL E RAMPAS

Concepção dos terminais

Os terminais diferenciam-se segundo a forma de posicionamento e estacionamento dos aviões, a inter-relação entre eles, assim como sua ligação com o edifício. No caso, junto à eficiência de funcionamento e área necessária, é de grande importância na definição da concepção do terminal a sua **possibilidade de ampliação**. Nos projetos de novos aeroportos consolidou-se a **concepção modular**: a forma mais utilizada é a **linear** com **satélites**, o que significa que uma edificação linear (terminal principal) é ligada em área de subsolo ou sobre pontes com unidades satélites (também lineares) → ❷. A passagem do terminal para o avião ocorre, via de regra, diretamente através de pontes telescópicas → ❶. Uma variação econômica, porém menos eficiente, é oferecida através de **transporte até a aeronave** → ❸, onde a passagem do edifício para o avião é feita por meio de ônibus. Outra concepção possível é a em forma de píer, com edifício central de recepção → ❹. Para dois ou mais estacionamentos (píer) deve-se ter espaço intermediário suficiente para rodagem de entrada e saída de pelo menos duas aeronaves, ao mesmo tempo, com o comprimento correspondente do percurso.

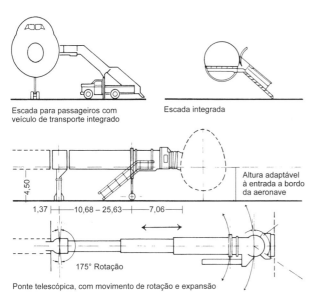

❶ Escadas para passageiros (*gangways*) e pontes telescópicas

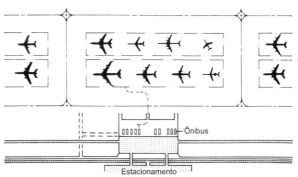

❸ Concepção com transporte de passageiros em ônibus

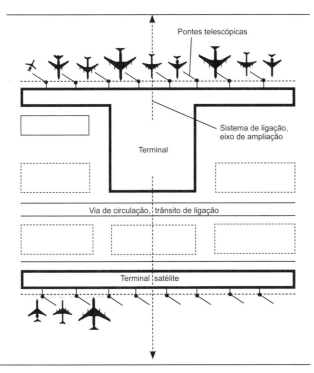

❷ Concepção linear, com satélites

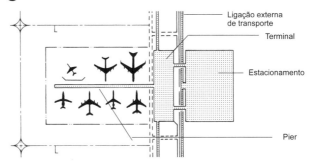

❹ Concepção em sistema de píer

Rampas

Áreas operacionais que abrangem estacionamento e pátio de manobras das aeronaves, pistas de rodagem das mesmas, pistas para trânsito dos veículos de apoio, assim como áreas para os aparelhos de preparação dos aviões. O dimensionamento e o sistema de orientação dessas vias funcionais são de grande importância para a eficiência e a segurança de funcionamento do aeroporto. As pistas de circulação permitem a ligação direta e segura com outros setores do aeroporto, com um mínimo de cruzamentos (com aeronaves em movimento) ou outras atividades funcionais. Essas vias podem transcorrer em posição anterior ou posterior aos aviões, ou lateralmente às asas. Se precisarem passar sob as pontes telescópicas, deve-se observar a altura suficiente para todos os tipos de veículo em ação na área. Em consequência da enorme mecanização dos serviços, com uso intensivo de contêineres na preparação das aeronaves, deve-se considerar área suficiente para estacionamento de veículos e aparelhos.

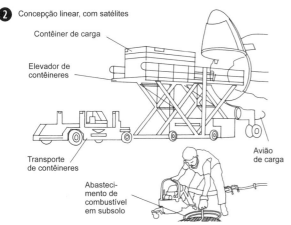

❺ Veículo da preparação da aeronave, com aparelhos: setor de rampas

Transporte

AVIAÇÃO

Fundamentos
Aeroportos
Pista de decolagem e pouso
Terminal
Rampas
Aviões

263

AVIAÇÃO
AVIÕES

Com o Convênio da International Civil Aviation Organisation (ICAO), Apêndice 14, as aeronaves foram classificadas em **categorias**, denominadas de A – F.

Categoria A	Aviões pequenos ou esportivos (Piper, Cessna entre outros)
Categoria B	RJ 100 Canadair RJ ATR 72 F 50/ F 100
Categoria C	Airbus A 319/ A 320/ A 321 Boeing B 737 MD 80
Categoria D	Airbus A 300/ A 310 Boeing B 767 MD 11
Categoria E	Airbus A 330/ A 340 Boeing B 747/ B 777
Categoria F	Airbus A 380

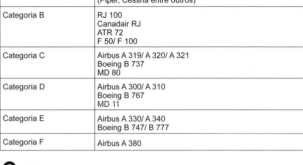

❼ Aviões padrão das categorias de aeronaves A – F

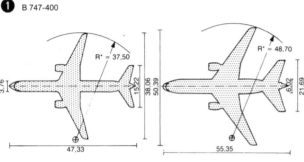

❶ B 747-400

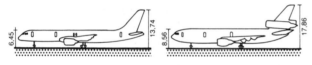

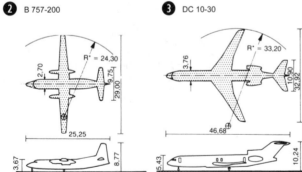

❷ B 757-200   ❸ DC 10-30

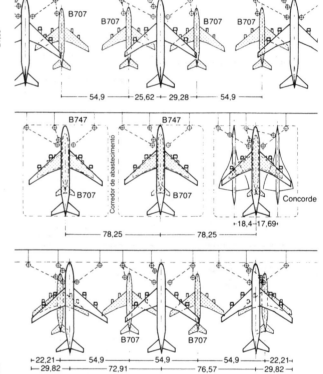

❽ Estacionamento paralelo das aeronaves

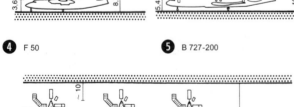

❹ F 50   ❺ B 727-200

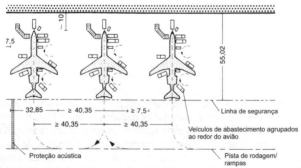

❻ Estacionamento das aeronaves no terminal: sistema *nose-in*

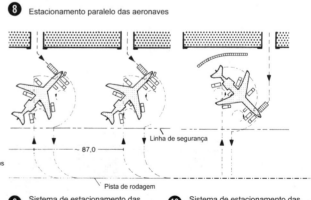

❾ Sistema de estacionamento das aeronaves *nose-in*, inclinado

❿ Sistema de estacionamento das aeronaves *nose-out*, inclinado

CEMITÉRIOS
NECROTÉRIO E CREMATÓRIO

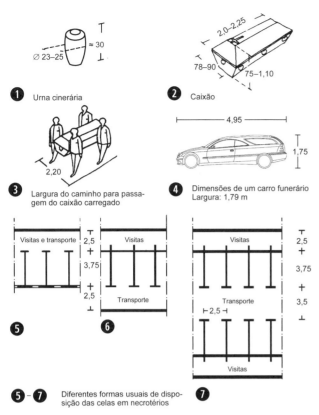

① Urna cinerária
② Caixão
③ Largura do caminho para passagem do caixão carregado
④ Dimensões de um carro funerário Largura: 1,79 m

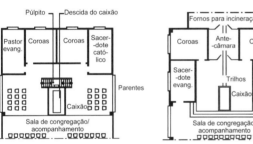

⑤ - ⑦ Diferentes formas usuais de disposição das celas em necrotérios

⑧ Detalhe esquemático de um crematório com a área de fornos sob a sala de congregação
⑨ Forno de incineração atrás da sala de exposição do caixão, separado por antecâmara

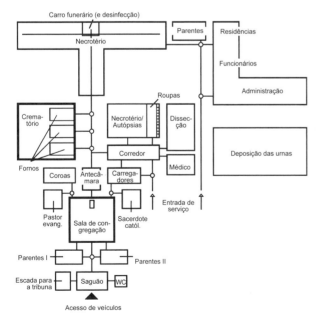

⑩ Esquema de relacionamento funcional entre o necrotério, as instalações do crematório e as dependências auxiliares em cemitério de grande porte

Urnas são vasos para depósito das cinzas ou da cápsula de cinzas, após a incineração de cadáveres. São em geral padronizadas, com limites de dimensões estabelecidos pelos cemitérios → ①. Os nichos de paredes, para deposição das urnas, apresentam em sua maioria 38 a 40 cm de largura e profundidade, com 50 a 60 cm de altura.

Os **caixões**, por sua vez, são feitos sob medida, adaptados ao defunto. O **necrotério** subdivide-se em celas, separadas por paredes leves de meia altura (divisórias de chapas metálicas ou madeira compensada) → ⑤.

Em complexos de grande porte, o corredor de transporte dos féretros é separado do corredor para visitas (familiares e acompanhantes) → ⑥, que podem observar o defunto através de vidros de segurança, até a cerimônia de enterro. Pilares salientes no limite de cada cela têm a função de isolar os grupos de familiares entre si → ⑥. Nas construções modernas, a tendência é suprimir o corredor extra para familiares → ⑤.

Celas: dimensões usuais: 2,2 x 3,5; 2,5 x 3,75: 3,0 x 3,5 m.

Sala de necrotério: espaço para a conservação dos corpos até o funeral. O espaço deve estar nas mediações de entrada ou na área central do cemitério, com rotas de acesso (cerca de 3,5-4,00 de largura) para carros funerários. O nível da **temperatura** no **necrotério** varia entre ≥ 2 °C até ≤ 12 °C. Este nível de resfriamento é mantido com a instalação de sistema central de calefação e refrigeração, além de ventilação constante, principalmente no verão. O piso da área será impermeável, liso e de fácil limpeza; as paredes serão, de preferência, simplesmente caiadas e freqüentemente renovadas. Grandes casas funerárias necessitam ainda de: 1 sala para vigia e pessoal encarregado do transporte dos cadáveres, com 15 a 20 m², equipada com WC e lavatórios/chuveiro, incluindo também área para os carros de transporte dos ataúdes (2,20 x 1,08 até 3,0 x 1,1 m).

Crematório: instalações para incineração de cadáveres; exemplo p. 267 → ②.

A **incineração**, também **chamada de cremação ou calcinação**, é atualmente a forma mais comum de sepultamento na Alemanha, tendo cada religião suas próprios preceitos e tradições a respeito. Nesta forma de funeral, o cadáver é cremado em seu caixão, em uma câmara de incineração. O forno atinge uma temperatura de pelo menos 850°C. Posteriormente, as cinzas são colocadas em um repositório, hermeticamente selado. Este é então acondicionado na urna desejada. Para o acompanhamento visual do processo de incineração, podem ser utilizados orifícios no forno.

Este ambiente está geralmente localizado no subsolo equipado com um sistema de rebaixamento do caixão → ⑧ ou atrás da sala de cerimônias, separado por comporta → ⑧–⑩ e p. 267 → ①.

O transporte horizontal é efetivado mais facilmente, de forma manual com roldana; o elevador, por sua vez, utiliza sistema hidráulico. A porta da antecâmara ou a tampa da abertura no piso fecham-se lentamente, à medida que o caixão vai desaparecendo.

O crematório localiza-se preferencialmente atrás da **capela do cemitério**, que se destina a todas as religiões (por este motivo dispondo de 2 salas para sacerdotes) e que serve à cerimônia de funeral. O tamanho da sala de congregação é variado, com lugares sentados ≤ 100 + 100 lugares em pé, além de 1 a 2 recintos para os parentes (o que não impede que ocupem também a sala geral), e espaços de apoio → ⑩.

Complementando, o **setor administrativo**, com 1 sala para o administrador, 2 a 3 salas de escritórios, 1 depósito de caixões, apartamento para um funcionário e para o zelador do cemitério, responsável pelos fornos etc. Atrás, **setor de jardinagem**, com estufas, habitação do jardineiro, igualmente recinto para o paisagista, área de estar para os trabalhadores, depósito de aparelhos e sementes, sanitários etc.

Paisagismo

CEMITÉRIOS

Necrotério e crematório
Jazigos e capela
Projetos

CEMITÉRIOS
JAZIGOS E CAPELA

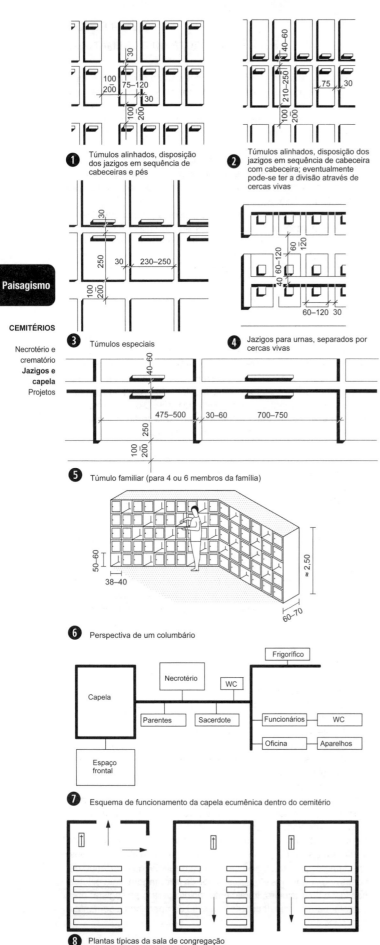

① Túmulos alinhados, disposição dos jazigos em sequência de cabeceiras e pés
② Túmulos alinhados, disposição dos jazigos em sequência de cabeceira com cabeceira; eventualmente pode-se ter a divisão através de cercas vivas
③ Túmulos especiais
④ Jazigos para urnas, separados por cercas vivas
⑤ Túmulo familiar (para 4 ou 6 membros da família)
⑥ Perspectiva de um columbário
⑦ Esquema de funcionamento da capela ecumênica dentro do cemitério
⑧ Plantas típicas da sala de congregação

Partes de um cemitério
Lugar de reunião de pessoas convidadas. Venda de coroas e flores, WCs. Nível do lençol freático ≥ 2,50 m–3 m com drenagem. Encanamento desenvolvido para regas.
Melhor uso da área é obtido com a implantação linear dos caminhos e distribuição das sepulturas em grupos, como unidades dimensionais: p. ex. depósito de urnas, jazigos perpétuos, sepulturas de crianças, adultos → ⑨ Tabela.
Dimensões de cada grupo: 30 m x 30 m–40 m x 40 m.
O plantio de árvores e arbustos caracteriza, em sua maioria, os espaços: faixas arborizadas, grandes árvores como fechamento ou já em área externa, arbustos altos ou cercas vivas como orientação, configurando ruas.

Jazigos e lápides
Dentro de área/grupo delimitado, apenas lajes ou pedras tumulares verticais, com tamanhos e cores em sua maioria unificada.

Forma do túmulo	altura	largura	espessura
túmulos simples	1,0–1,05	40–45	9–10
túmulos duplos, com plantação ao redor	120–125	50–55	10–12
túmulos triplos, em lugar especial	120	150	13–15

Os túmulos encontram-se no caminho principal, ao longo dos muros de fechamento do cemitério ou em término de percursos.
O depósito de urnas é feito em cinturões plantados, em gavetas ou ao longo de cercas vivas.

Profundidade das covas
Túmulos alinhados para adultos : 2,00–2,40 m
Crianças de até 10 anos : 1,50 m
Crianças de até 3 anos : 1,00 m
Área de terra (canteiro), antigamente 25 cm–30 cm, com bordas de pedra; hoje, inclinado, 15 cm–20 cm de altura ou totalmente plano.
As dimensões e o tempo de uso dos jazigos são variados, segundo o decreto de regulamentação dos cemitérios. Como orientação, têm-se os seguintes valores:

Tipo de jazigo	Dimensões [cm]	Espaço intermediário [cm]	Tempo de uso* (anos)
Túmulos alinhados para adultos	210 x 75–250 x 120	30	20–25
Túmulos alinhados para crianças de até 10 anos	150 x 60–150 x 75	30	20
Túmulos alinhados para crianças de até 3 anos	100 x 60	30	15
Túmulos na terra, com cercas vivas			
Cripta	300 x 150–350 x 150		40–100
Campos para urnas	300 x 120–350 x 150		50–100
Lugares principais	100 x 100–150 x 100	60	10–100
	150 x 150	100	30–100

* depende do solo

⑨ Dimensões e tempo de uso dos jazigos

Columbário (câmara sepulcral):
Possibilidade de guarda de urnas (quando estas não são enterradas), depois da cremação. Esse sistema pode ser instalado em recinto fechado ou em parede ao ar livre, onde as urnas são colocadas em nichos → ⑥. A parede da urna, na qual os depósitos de cinzas são colocados, geralmente é fechada com lajes de pedra.

Capela ecumênica:
Destinada a todas as confissões (por esse motivo, deve apresentar duas salas para sacerdotes). Dentro do cemitério tem um papel arquitetônico importante, ocupando posição central (em cemitérios grandes). Em cemitérios pequenos e médios, localiza-se na entrada ou no fim (ou na lateral) da rua interna principal.

Sala de congregação:
Ponto central da capela. O tipo de planta, com a consequente conformação espacial, tem grande influência sobre o desenvolvimento das cerimônias → ⑦.

CEMITÉRIOS
PROJETOS

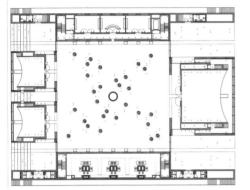

① Movimentação vertical e horizontal do caixão para a cremação

Térreo, com sala de congregação; pilares simbolizam uma floresta

Subsolo, com crematório

② Crematório Baumschulenweg Berlim Arq.: Schultes Frank Architekten

③ Cemitério como parque, com implantação geométrica. Gertraudenfriedhof Halle (Saale)

① Sala de cerimônias
② Administração
③ Depósito de urnas

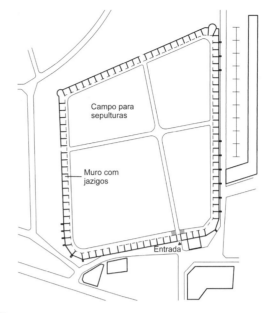

④ Cemitério como campus, murado. Cemitério em Halle (Saale)

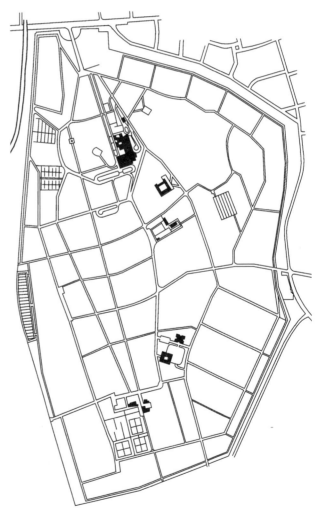

⑤ Cemitério como junção entre arquitetura e paisagismo. Skogskyrkogarden Woodland, cemitério em Estocolmo   Arq.: Gunnar Aspund, Sigurd Lewerentz

Paisagismo

CEMITÉRIOS

Necrotério
e crematório
Jazigos
e capela
Projetos

267

Aspectos horizontais

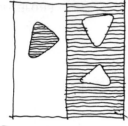
1 Relacionamento e contraposição

2 Justaposição

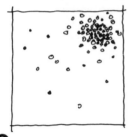
3 Individual e em conjunto

4 Estruturas

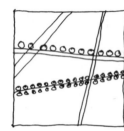
5 Linhas e pontos de encontro

6 Superfícies de materiais

Aspectos verticais

7 Paredes

8 Elemento solitário

9 Bordas

10 Volumes

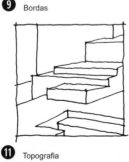
11 Topografia

12 Coberturas

Paisagismo

ESPAÇOS LIVRES

Aspectos do projeto
Árvores
Movimento de terra
Cercamentos
Pérgolas e trepadeiras
Caminhos, espaços livres, escadas
Captação de água da chuva
Vegetação
Medidas de engenharia biológica
Estufas
Tanques, lagos artificiais
Parques – exemplo

ASPECTOS E CONCEPÇÃO DO PROJETO

O conceito de **projeto paisagístico** contém dois aspectos aparentemente contraditórios. Sendo a ideia de paisagem tradicionalmente ligada à natureza intocada, o projeto incorpora o sentido de intervenção artificial.

Precisamos constatar, entretanto, que a natureza intocada não mais ocorre integralmente em grande parte do mundo ou acontece de forma temporária, i.e., em terrenos que se desenvolvem livremente durante períodos, sofrendo, no entanto, intervenções esporádicas.

Áreas construídas ou não construídas colocam-se hoje, frente a frente, em uma forte relação dialética; falamos aqui da paisagem urbana.

O resultado sobre o projeto paisagístico foi o desenvolvimento de uma forma de pensar os espaços semelhante à dos projetos arquitetônicos e urbanísticos.

Composições estéticas paisagísticas não se orientam mais em soluções clássicas de jardins ou como elementos verdes, decorativos, ao redor de edificações – trata-se de algo mais complexo, possuindo um aspecto de congenialidade com as questões de solução espacial, em unidade inseparável com as edificações e projetos urbanísticos. Dessa forma, os paisagistas trabalham hoje, assim como os engenheiros de estruturas e de instalações técnicas, integrados em equipes de projetos desde o início.

Os elementos básicos de composição são:

Aspectos horizontais

Como aspectos horizontais da concepção do projeto, considera-se a distribuição geral de superfícies livres no contexto do entorno. A organização espacial básica, do ponto de vista da ideia, função, desenvolvimento do projeto e forma, pode levar a resultados tanto horizontais (revestimentos de superfícies, gramados etc.) como verticais (edificações, árvores, pérgolas etc.)

Dependendo da concepção do projeto, o relacionamento de seus elementos pode repetir-se ou contrapor-se, assim como é possível a sobreposição de vários componentes. Espaços livres podem, p. ex. reproduzir materiais e componentes de volumes construídos ou contrastar com estes. É ideal o desenvolvimento de uma ideia, como linha condutora, sem barreiras funcionais e facilmente legível na conformação dos espaços.

Aspectos verticais

Os aspectos verticais da concepção de espaços livres derivam basicamente dos horizontais, concretizando-os. No caso, deve-se observar, junto à escolha de materiais, o relacionamento espacial com o entorno próximo. Se o espaço em questão localizar-se em uma depressão do terreno ou sobre uma elevação, terá como efeito espacial resultados totalmente diversos.

No cume de uma elevação ou em áreas abertas, amplas, uma cobertura, instalação de objeto, abrigo, entre outros, proporcionam uma sensação de definição espacial. Árvores ao longo de ruas podem devolver a sensação de escala humana, na proporção com edifício altos, criando pequenos espaços íntimos dentro de grandes áreas. Aspectos verticais, construtivos ou em forma de vegetação, devem estabelecer uma relação espacial consequente, integrando-se sem problemas no projeto arquitetônico/paisagístico total.

Formas de representação

Na escolha da forma de representação e tipo de desenho, é de grande importância a fase de desenvolvimento do projeto. Na fase de anteprojeto e de projeto ainda é usual a presença de croquis de esclarecimento. Nessas fases, a apresentação da ideia tem grande importância. Um desenho feito rapidamente à mão, em perspectiva ou não, pode esclarecer e convencer o cliente quanto a aspectos ainda abertos do projeto.

Na fase de detalhamento e execução, tem-se em primeiro plano a apresentação funcional das estruturas e componentes.

O tipo de representação depende também da concepção do projeto. Um projeto minimalista não escolherá formas rebuscadas de apresentação de árvores; o contrário, para projetos de outra categoria. A observação/percepção do "mundo" projetado deve ocorrer, na medida do possível, sem impedimentos do ponto de vista da linguagem de apresentação. Complementando a ideia do projeto, pode-se fornecer imagens escolhidas que, através de associações com determinados elementos projetados, possam auxiliar na sua compreensão.

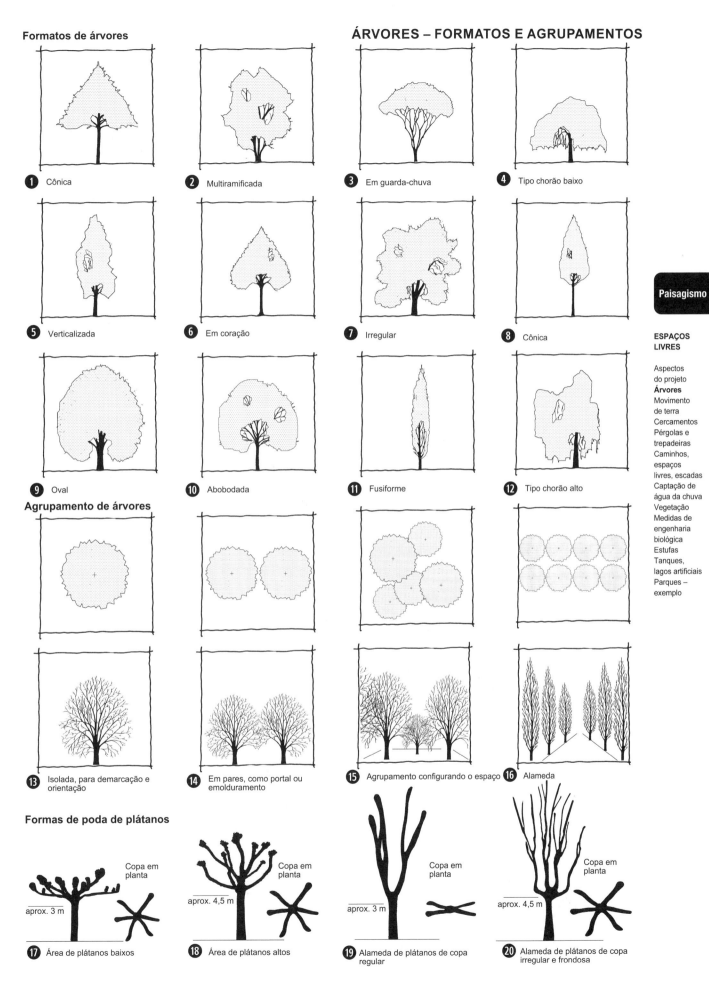

ÁRVORES – ÁRVORES URBANAS

As árvores urbanas são selecionadas por sua robustez e caracterizadas, além de sua estética, por sua resistência acima da média à poluição do ar causada por poeira, fuligem e poluentes gasosos. Deve-se observar que o crescimento não é significativamente afetado pela urina de cachorros e pelo sal empregado para degelo das ruas. Nos meses de verão, as árvores podem sofrer com altas temperaturas e longos períodos de seca. As seguintes árvores enfrentam relativamente bem esses chamados fatores de estresse de clima urbano → ❶ – ❿.

Uma árvore é um elemento de design (estético) de planejamento de espaços livres exteriores. A escolha por determinada espécie depende de sua rapidez de crescimento, tamanho final, forma e cor da folhagem, formato de troncos e galhos e adequação ao clima e contexto urbano. No projeto de planejamento de um espaço aberto com árvores, os três elementos essenciais de uma árvores devem ser incluídos; são eles:
1. O espaço de raiz (profundidade e largura para o desenvolvimento da raiz);
2. O tronco (circunferência, altura e altura da base da copa);
3. A copa (altura, forma e direção de ramificação, cores, formas e períodos de floração, folhas e frutos. Esses fatores interrelacionados variam de árvore para árvore e são de importância crucial. Em última análise, eles determinam o projeto e os critérios práticos de tomada de decisão.

Medidas de poda em árvores (poda da copa, poda de segurança, não confundir com cortes) podem configurar espaços → p. 269 ⓘ–⓴). Por conseguinte, devem ser realizadas por profissionais e devem respeitar o desenvolvimento natural da árvore, de modo que ela não seja danificada.

Paisagismo

ESPAÇOS LIVRES

Aspectos do projeto
Árvores
Movimento de terra
Cercamentos
Pérgolas e trepadeiras
Caminhos, espaços livres, escadas
Captação de água da chuva
Vegetação
Medidas de engenharia biológica
Estufas
Tanques, lagos artificiais
Parques – exemplo

❶ Bordo japonês (*Acer*)

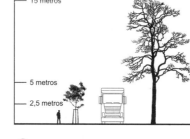
❷ Bétula (*Betulus*)

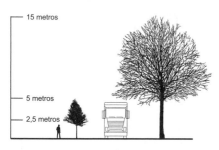
❸ Plátano (*Platanus*)

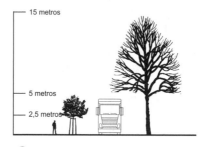
❹ Acácia (*Gleditsia*)

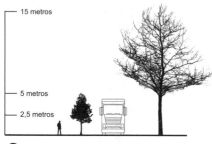
❺ Carpino (*Carpinus betulus*)

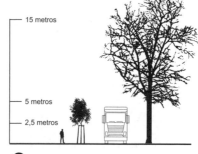
❻ Tília (*Tilia*)

❼ Plátano (*Platanus*)

❽ Robínia (*Robinia pseudoacacia*)

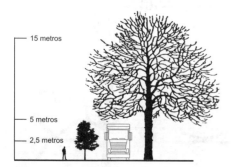
❾ Castanheiro-da-Índia (*Aesculus hippocastanum*)

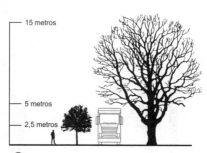
❿ Carvalho europeu (*Quercus robur*)

MOVIMENTO DE TERRA
SOLOS

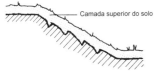

① Elevação feita com material da superfície do solo (medida de proteção em canteiro de obra)

② Interior com material de ligadura, com escalonamento pouco acentuado

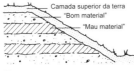

③ Trabalho do solo em declives pouco acentuados

④ Trabalho do solo em declives pouco acentuados

	Tipo do solo	Grupo do solo (DIN 18296) Exemplos	Descrição
1	Solo superficial/ primeira camada	OU; OH	camada superficial natural ou preparada artificialmente, misturada; contém além de material inorgânico, húmus e seres vivos
2	Solo em limite de liquidez	HN; HZ; F; OU, OT, OH, SU...GT com Ic < 0,5	solo com consistência mole, pegajosa, até líquida, que perde com muita dificuldade sua quantidade de água
3	Solúvel com facilidade	GW, GE, GI; SW,SE, SI; SU, ST; GU, GT; HN (com pouca água)	solo não argiloso; solo com d < 0,06 mm < 15% e d = 63 mm–300 mm < 30%; solo orgânico rígido
4	Solúvel mediano	UL, UM, TL, TM; SU, ST, GU, GT	solo misto com d < 0,06 mm ≥ 15% e d = 63 mm–300 mm < 30%; solo argiloso com plasticidade baixa até média
5	Solúvel com dificuldade	SU, ST; GU, GT; TA	solo da classe 3 e 4 com d = 63 mm–300 mm ≥ 30% ou d = 300 mm–600 mm < 30%; preponderantemente plástico com Ic ≥ 0,5
6	Solúvel com facilidade Rocha, solo semelhante	SU, ST; GU, GT; Z	solo da classe 3 até 5 com d = 300 mm–600 mm ≥ 30%; quebradiço, inconsistente, xistoso, mole ou rochas em decomposição ou solo afofado compactado
7	Solúvel com dificuldade Rocha	Z	apenas levemente decomposto, tipos de rochas minerais compostas; escória etc.; blocos de pedra ≥ 600 mm

⑤ Classificação dos solos segundo DIN 18300

Tipo		Peso kN/m³	Ângulo do declive em graus
Solo de aterro	afofado e seco	14,0	35–40
	afofado e naturalmente úmido	16,0	45
	afofado e saturado de água	18,0	27–30
	compactado e seco	17,0	42
	compactado e naturalmente úmido	19,0	37
Solo argiloso	afofado e seco		
	(Valores médios para solos leves)	15,0	40–45
	afofado e naturalmente úmido	15,5	45
	afofado e saturado de água		
	(Valores médios para tipos de solo médio)	20,0	20–25
	compactado e seco	18,0	40
	compactado e naturalmente úmido	18,5	70
Pedregoso	(Seixo rolado), tamanho médio e seco	18,0	30–45
	tamanho médio e úmido	20,0	25–30
	seco	18,0	35–40
Areia	fina e seca	16,0	30–35
	fina e naturalmente úmida	18,0	40
	fina e saturada de água	22,0	25
	grossa e seca	19,0–20,0	35
Cascalho	molhado	20,0–22,0	30–40
Barro	afofado e seco	16,0	40–50
	afofado e fortemente úmido	20,0	20–25
	firme e naturalmente úmido (solos pesados)	25,0	70
Areia seca e cascalho		14,0	35

⑥ Peso e ângulo de taludes (declives) para diferentes tipos de solo DIN 1055-2

Aspectos do projeto

Terrenos modelados contribuem, de maneira geral, para a formação de espaços interessantes (exercem grande influência na relação espacial). O olho humano procura nos espaços abertos pontos de referência ou visibilidade livre. Como exemplo pode-se ter a paisagem rural de colinas, com campos de pasto ou cultivados, e árvores isoladas. Esses aspectos podem ser obtidos com a modelagem dirigida do solo, associada a vegetação ou construções verticais.

Superfícies homogêneas especiais (gramados, vegetação arbustiva baixa, revestimentos de pisos) com centros rebaixados deixam os espaços parecerem mais amplos. O mesmo efeito de ampliação espacial é obtido por meio da modelagem do solo em forma ondulada ou em colinas. Dependendo da situação, pode-se ter o aproveitamento sinergético econômico da terra.

Definição de solo

O solo é a camada externa da crosta terrestre, caracterizada pela presença de organismos. Em geral, o solo é subdividido em **profundo** e **superficial**. O solo superficial é, em sua maioria, escuro, com presença intensa de organismos e raízes; o solo profundo mostra-se claro, com pouca decomposição ou presença de organismos e raízes. O solo profundo atinge camadas em profundidade até o desaparecimento da presença de decomposição ou crescimento de raízes, com o aparecimento de rochas.

Uma classificação dos tipos de solo segundo a DIN 18300 encontra-se na tabela → ⑤. Definições simplificadas são apresentadas na DIN 18196 e DIN EN ISO 22475-1. No caso, a aparência visual, cheiro e tentativa de modelagem podem dar uma ideia aproximada do tipo de solo.

Proteção da camada superior do solo em canteiros de obras: por deposição da terra em pequenas elevações → ①. Quando não estiverem em lugares sombreados, protegê-las com cobertura contra forte ressecamento (placas de grama, palha etc.) No caso de longo tempo depositadas, semear eventualmente plantas de forração. A posição das elevações de solo, deve ser mudada pelo menos uma vez por ano, acrescentando 0,5 kg de cal para cada m³.

Depois de aterros são necessárias **medidas de compactação**, principalmente se forem executados, imediatamente após, os trabalhos técnicos de jardinagem, plantação de grama e de espécies em geral (muito importante na instalação de caminhos e estabelecimento de áreas de uso).

1. O uso de uma niveladora mecânica fornece na maioria dos casos boa compactação para os aterros.
2. Recobrimento de terra apenas para bom material de aterro (areia ou cascalho).
3. Aplainar com rolo compactador massas de terra úmida, em camadas (cada camada de aterro 30–40 cm). Em princípio, aplainar de fora para dentro, i.e., do declive para o meio da superfície. Além disso, compactar com rolo a camada de aterro para construção de caminhos.
4. Para todos os terrenos firmes é possível comprimir ou cravar estacas.
5. Revolver material solto de aterro, não os de ligadura.

Para todos os trabalhos de compactação, levar em consideração o uso posterior da área. Em caminhos e lugares de uso em geral, compactar até à camada superior, enquanto que para gramados, deixar 10 cm de terra solta na superfície; para áreas plantadas deixar 40 cm.

Taludes, segurança de declives

Medida de prevenção contra erosão, deslizamentos de terra, dispersão pelo vento etc. Em princípio, visa-se conseguir uma encosta segura com materiais de aterro colocados em camadas. A conformação do perfil do subsolo → ②, evita, através de encadeamento, que a massa de aterro forme com a base uma superfície deslizante. Escalonamento para aterros elevados, em declives muito inclinados → ③, dá segurança contra deslizamentos (largura dos degraus ≥ 50 cm). Com degraus inclinados para o lado da encosta, prever valas longitudinais para que a água armazenada possa escoar.

271

MOVIMENTO DE TERRA
SOLOS

Planificação do terreno
No processo de planificação é, em geral, eliminada a camada superficial do solo, assim como qualquer tipo de obstáculo. Os seguintes critérios devem ser observados:
1. Segurança do perfil adequado do terreno (a curto e longo prazo)
2. Segurança do escoamento da água
3. Segurança do grau de compressão/compactação
4. Segurança da capacidade de carga e possibilidade de tráfego

A planificação do terreno deve atender a determinadas exigências de altura → ❶, que são testadas individualmente. De forma geral, a área planificada deve ter diversos graus de compactação, correspondentes ao tipo de uso.

Os graus de compressão individuais são, p. ex. avaliados segundo os módulos de deformação EV 2 → ❷ e diferenciam-se, sobretudo, na relação com as características do solo e carga do revestimento projetado. Para as áreas de uso do terreno e vias de circulação, tem-se apenas um projeto de planificação; para as áreas de vegetação, diferencia-se entre projeto aproximado e detalhado. Para áreas gramadas de uso esportivo, o projeto detalhado pode chegar a um nível de exatidão de no máx. 30 mm de diferença (em régua vertical) para 4 m de altura.

Afofamento do solo
Dependendo do tipo de solo e frequentemente após e durante diferentes atividades construtivas, pode ser necessária a compactação do terreno. Acima de tudo, o tráfego sobre áreas em estado úmido tem efeito negativo sobre a estrutura do solo. Em terrenos altamente compactados, as raízes da vegetação permanecem pequenas e rasas. Além disso, esse tipo de terreno é vulnerável tanto para a ação de secas como para a da água em excesso.

O afofamento da terra é feito a uma profundidade de 30 cm a 40 cm, apropriada para o uso de pás e instrumentos especiais. No caso, deve-se observar que o uso parcial de máquinas, quando necessário, pode levar à compressão em determinadas áreas.

Os instrumentos mais conhecidos são o arado de discos rotativos, aivecas e grades aradores. O uso de fresadoras encanteiradoras não deve ser nem muito frequente, nem intensivo, uma vez que destrói os torrões que estruturam o solo. Estes, após uma ação prolongada nesse sentido, ficam impermeáveis e tem de ser substituídos.

Melhorias do solo
Como melhoria do solo, entendem-se os procedimentos que ajudam a preparar rapidamente o solo para o plantio. Solos pouco apropriados, como os totalmente constituídos por areia ou argila, podem ser melhorados com ações efetivas. O risco de danos por seca (solos arenosos) ou acúmulo de água (argilosos) é diminuído através de misturas (adiciona-se solo argiloso ao arenoso e vice-versa). Uma melhoria do solo pode ser obtida com a introdução de turfa ou estrume, sendo estes caros e não disponíveis facilmente no mercado. Atualmente, para todos os tipos de solo, utiliza-se a biocompostagem de lixo orgânico para a preparação do plantio. A proporção mais comum é a de cerca de 10 litros de biocompostagem de qualidade reconhecida para cada m². Isto corresponde a uma camada com altura de 1 a 2 cm.

A compostagem é trabalhada sobre o solo – em profundidade não maior do que 20 cm. O efeito é a melhoria decisiva da estrutura do solo, com suficiente material nutritivo para o início do crescimento das plantas, evitando-se a adubação mineral adicional.

Os procedimentos de melhoria do solo ou sua compactação são efetivados também para otimização da sua capacidade de carga, como base de apoio. Isto é feito com frequência com o uso de elementos ligantes. No caso, objetiva-se a eficiência do solo, com melhoria de características deficitárias, como a apropriação ao tráfego etc. Procedimentos individuais nesse sentido podem ser vistos em → ❶.

Na Alemanha, costuma-se utilizar a denominação geral de "tratamento do solo" para esses procedimentos; internacionalmente, dá-se preferência à denominação de "estabilização do solo".

Características	ZTVE-StB	ZTV-LW	RLW
Variações da altura planejada (perfil correto do terreno)		nenhuma exigência	nenhuma exigência
- sob base natural/solo	+ 3 cm		
- sob base construída/betume	+ 2 cm		
- nível do solo compactado	+ 2 cm		
- nível superior do talude de proteção sonora	deve-se levar em conta posteriores deformações		
Nivelamento do terreno (variação relativa a régua de 4 m)			
- no caso de base construída	nenhuma exigência	< 2 cm	nenhuma exigência
- no caso de base natural	nenhuma exigência	nenhuma exigência	nenhuma exigência
- nível do solo compactado	< 2 cm	nenhuma exigência	nenhuma exigência
Inclinação transversal do terreno:			
- escavação não compactada; insensível à água	> 2,5 %	No mín. igual ao revestimento superior	Via de regra, como revestimento superior
- escavação, sensível à água	> 2,5 %		

❶ Exigências na planificação de terrenos, relativas à precisão das alturas, segundo ZTVE-StB, ZTV-LW e RLW (na sequência, Regulamentos das condições técnicas de áreas asfaltadas, abastecimento de água e setores agrícolas na Alemanha) [01]

Área de aplicação	Tipo de solo	Diretrizes	
		ZTVE-StB	RLW
		Módulo de deformação E	
Classe constr. rodovias até zonas peatonais (RStO/Regul. de área de tráfego)	base protegida contra geada ou construção inferior	120 MN/m²	100 MN/m²
Classe constr. vias privadas, ciclovias, calçadas (RStO)		100 MN/m²	80 MN/m²
Classe constr. rodovias até ciclovias (RStO)	Base sensível à geada ou construção inferior	45 MN/m²	
Estradas/vias rurais:			
- pouca carga de tráfego ou ligações secundárias ou fortalecimento da camada estrutural		-	30 MN/m²
- carga de tráfego média (corresponde à classe constr. ciclovias, calçadas) (RStO)	Sem referência ao tipo de solo	-	45 MN/m²
- Forte solicitação de carga e ligações principais (corresponde à classe constr. ciclovias) (RStO)		-	80 MN/m²

❷ Exigências mínimas para capacidade de carga em áreas planificadas [01]

❸ Medidas de melhorias do solo ou de sua rigidez, qualidades próprias do solo (prontas para uso) ou relativas, sob ação de diversas influências [01]

Legenda:
+ procedimento normal/efeito positivo
0 procedimento aplicado às vezes/eficaz sob condições
- procedimento não aplicado/nenhum efeito

Paisagismo

ESPAÇOS LIVRES

Aspectos do projeto
Árvores
Movimento de terra
Cercamentos
Pérgolas e trepadeiras
Caminhos, espaços livres, escadas
Captação de água da chuva
Vegetação
Medidas de engenharia biológica
Estufas
Tanques, lagos artificiais
Parques
– exemplo

CERCAMENTOS
MUROS E CERCAS

Aspectos do projeto de muros e cercas
Em princípio, deve-se observar, na elaboração do projeto, que muros e cercas estabelecem uma barreira visual vertical. No caso, objetiva-se a conformação de espaços determinados para uso ou contemplação (jardim ou pátio). Em grandes áreas, pode-se ter a subdivisão em espaços individuais, de forma geométrica ou orgânica. Em todo caso, é fundamental a escolha do material de cercamento. Há, p. ex. soluções com materiais que praticamente "saem do piso", integrando-se aos muros (pedra natural, ladrilhos etc.), em concepções homogêneas, com resultados harmônicos. Muros e cercas permitem uma grande variedade de formas e tipos de soluções.

Cercas são normalmente executadas em madeira ou em metal. Em geral, as cercas metálicas são mais duradouras, e as de madeira são mais baratas.

Cercas de madeira encontram-se normalmente em zonas rurais ou atendendo a exigências de uso espaciais (cercados para animais). Cercas funcionais, como as protetoras contra entrada de animais selvagens, podem ser integradas também em cercas vivas → ⑩.
As estacas ou os mourões devem ser implantados com proteção contra a umidade do solo → ⑮.

Cercas metálicas podem oferecer soluções de qualidade visual e duradouras. As cercas industrializadas, com redes metálicas ou grades → ⑭, possuem uma boa relação de custo e de solução de uso, sendo facilmente encontradas no mercado.

Gradis com trama metálica são mais estáveis do que o sistema de redes, sendo recomendados em função do fator de segurança. Em geral, a trama é variada nos espaçamentos verticais → ⑭.

Grades metálicas caras requerem projeto espacial, sendo executadas em serralherias. No detalhamento são válidos critérios como aspecto visual integral, trabalho das partes individuais (zinco, revestimentos etc.) e função. As cercas metálicas com proteção contra corrosão podem ser concretadas diretamente no solo.

Leis de vizinhança/Obrigatoriedade de delimitação de terrenos
Na Alemanha, a regulamentação de limites murados ou cercados está descrita na Lei de vizinhança, que integra os códigos de obras estaduais. Em geral, há a obrigatoriedade de cada proprietário fechar o limite do lado direito do seu terreno, visto a partir da rua. O limite de trás, comum, deve ser cercado conjuntamente por ambos proprietários; i.e., estes devem dividir os custos de um cercamento mínimo (de rede metálica, h = 1,25 m).

No caso de obrigatoriedade individual, o proprietário terá de arcar com a integridade dos custos; o muro ou cerca será construído dentro dos limites do seu terreno. Quanto aos cercamento comuns, estes devem localizar-se sobre a linha limite de divisão dos lotes.

A obrigatoriedade de fechamento de terrenos é dependente das relações locais. Exceções são resolvidas segundo a Lei de vizinhança. Em Berlim, p. ex., cercamentos com muro de arrimo, muros comuns ou cercas com até 2 m de altura não precisam de aprovação.

Paisagismo

ESPAÇOS LIVRES
Aspectos do projeto
Árvores
Movimento de terra
Cercamentos
Pérgolas e trepadeiras
Caminhos, espaços livres, escadas
Captação de água da chuva
Vegetação
Medidas de engenharia biológica
Estufas
Tanques, lagos artificiais
Parques – exemplo

① Cerca com postes ou estacas salientes

② Lamelas horizontais

③ Lamelas de madeira verticais

④ Cerca de pasto com madeira roliça de coroamento

⑤ de pranchões de madeira laminada

⑥ Cerca simples de madeira (varas)

⑦ Cerca de pasto com encaixes defasados

⑧ Tábuas toscas encaixadas em mourões

⑨ Redes metálicas, com módulo usual de 4–5,5 cm

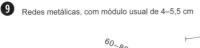

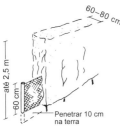

⑩ Cerca viva com tela metálica entremeada

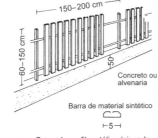

⑪ Cerca de perfil metálico (zincado a fogo) com barras de material sintético

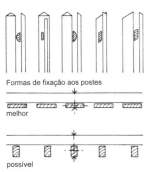

⑫ Cerca com vedação de ripas, unidas por sarrafos: parafusos na parte de trás; para ripas de pouca espessura, pode-se aparafusar pela frente

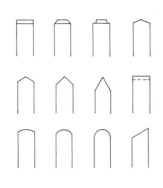

⑬ Formato das cabeças das ripas

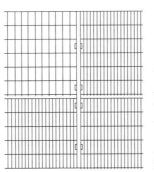
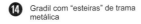

⑭ Gradil com "esteiras" de trama metálica

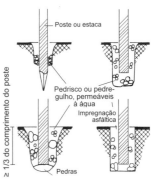

⑮ Postes ou estacas fincados ao chão para cercas, postes, mourões, entre outros

CERCAMENTOS
MUROS E CERCAS

Os **muros** diferenciam-se basicamente entre de arrimo ou isolados. Os muros de arrimo caracterizam-se pelo preenchimento de terra em uma das laterais → ❾, devendo-se observar as questões da umidade e adequação de materiais.

Os **muros de arrimo** podem ser executados em concreto, com ou sem revestimento→ ❿ ou como muro de pedra seca → ❾. A forma mais simples desse tipo de muro é a executada com perfil de concreto, fabricado industrialmente → ⓫ + ⓬. Esse tipo de muro é oferecido no mercado com armação do concreto a partir de 55 cm, tendo a vantagem da distribuição de cargas ser calculada e predefinida em toda a estrutura. Os **muros isolados** recebem efeito de umidade somente através da base (umidade do solo), não apresentando assim problemas na escolha de material. No caso, a dimensão dos elementos de construção escolhidos tem papel importante, uma vez que o muro apresenta vista para seus dois lados. Existe uma grande variedade de possibilidades de materiais e efeitos → ❶ + ❷, dependendo do elemento escolhido para fechamento (tijolos cerâmicos, pedras naturais, aparelhadas etc.).

Para proteção superior contra umidade pode-se utilizar coberturas (arremates) → ❺ + ❻.

De maneira geral, os muros devem ser calculados estaticamente acima de 1 m de altura. Para sua construção, são válidas as normas e diretrizes especializadas dos diversos materiais (tijolo cerâmico, pedras etc.). Em relação às juntas, observar a questão da compatibilidade de materiais, para evitar problemas de manchas, queda de revestimentos etc.

Arremates superiores

Contra a penetração da água da chuva, deve-se ter o coroamento de muros recoberto por arremates (placas, pedras de maiores dimensões, folhas metálicas etc.), onde o elemento de cobertura terá de apresentar um caimento de 0,5%. Juntas longitudinais não são permitidas, apenas juntas perpendiculares ao eixo do muro. Com um distanciamento mínimo de 3 cm da lateral do muro, é obrigatória a construção de pingadeiras → ❺ para proteger a estrutura.

No caso de muros de pedras naturais o coroamento poderá ser uniforme, do mesmo material. É também indicado o uso de folhas de zinco ou alumínio, pregadas ou aparafusadas → ❻.

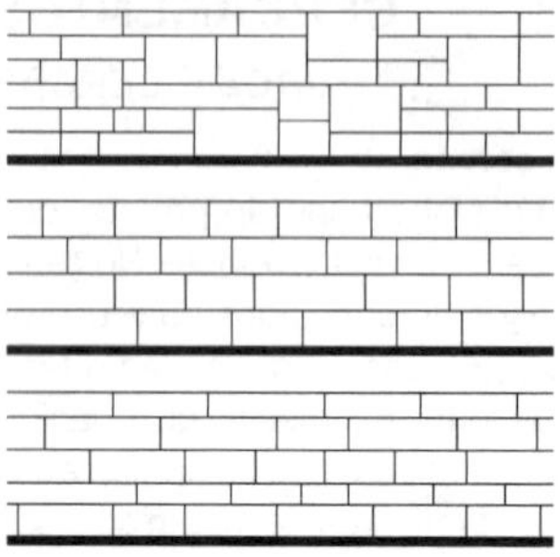

❶ Muro de pedra natural trabalhada, com diferentes formas de assentamento

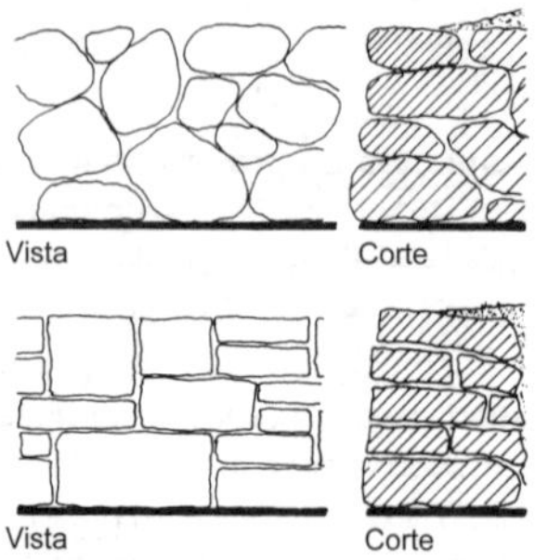

❷ Muros de pedra bruta

❸ Corte de um muro integrado com cerca de madeira

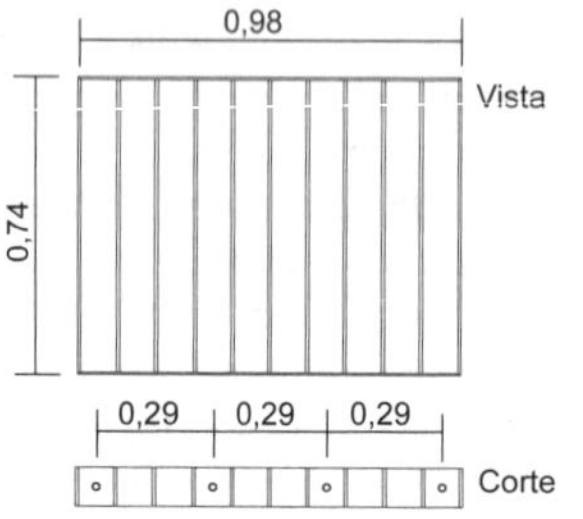

❹ Elementos de cerca, detalhe → ❸

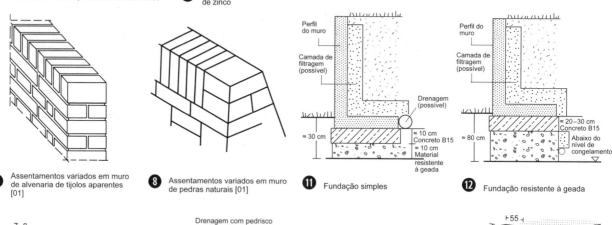

❺ Placas de concreto, de cobertura de muros

❻ Cobertura com folha de zinco

❼ Assentamentos variados em muro de alvenaria de tijolos aparentes [01]

❽ Assentamentos variados em muro de pedras naturais [01]

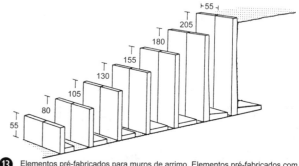

❾ Muro de arrimo de pedra seca natural: sistema especial de drenagem necessário dependendo do tipo de solo

❿ Muro de arrimo de concreto (também de elementos pré-fabricados → ⓭)

⓫ Fundação simples

⓬ Fundação resistente à geada

⓭ Elementos pré-fabricados para muros de arrimo. Elementos pré-fabricados com tamanhos padronizados de até ≈4,55 m, encontrados no mercado

Paisagismo

ESPAÇOS LIVRES

Aspectos do projeto
Árvores
Movimento de terra
Cercamentos
Pérgolas e trepadeiras
Caminhos, espaços livres, escadas
Captação de água da chuva
Vegetação
Medidas de engenharia biológica
Estufas
Tanques, lagos artificiais
Parques – exemplo

274

PÉRGOLAS E TREPADEIRAS
PÉRGOLAS

Aspectos do projeto de pérgolas e sistemas para apoio de trepadeiras

Juntamente à escolha significativa de materiais da pérgola projetada, deve-se observar com cuidado seu posicionamento dentro do espaço livre. Pergolados grandes assemelham-se a edifícios em sua estrutura espacial, comparando-se a eles, muitas vezes, em seus aspectos funcionais e estéticos. A implantação de pérgolas pode objetivar a criação de pontos de interesse visual ou lugar especial (conformação linear) ou ainda a separação de espaços com a criação de áreas de descanso (conformação pontual).

Para pérgolas cobertas por trepadeiras, é importante a escolha adequada das plantas (trepadeiras comuns ou com gavinhas), que influenciam a sua construção.

Denomina-se pérgola ou pergolado a construção de uma série de pilares ou colunas, com caráter espacial. No caso de uso de pilares de madeira, deve-se observar medidas contra umidade do solo → ❶ + ❷. Em geral, os pilares são de alvenaria → ❹ ou madeira simples → ❷. É obtido um efeito de leveza, quando o ripamento superior possui dimensões menores em relação à construção de apoio. Deve-se definir com antecipação se as trepadeiras deverão ser integradas. Espaldeiras são construções de suporte para o crescimento de plantas trepadeiras; podem ser utilizadas também como proteção visual. A forma clássica é a das espaldeiras para árvores frutíferas, encostadas à fachada. Em geral, são construídas de madeira → ❻ + ❼, ❿ – ⓮. Nos suportes gerais para trepadeiras, deve-se observar a altura do crescimento das plantas; eventualmente, a trepadeira não precisa, p. ex., alcançar o ponto mais alto da estrutura. Ao definir o sistema, recomenda-se a observação do efeito arquitetônico da estrutura de suporte sem plantas, sobre a fachada. Em princípio, deve-se ter o equilíbrio entre linhas estruturais e superfícies plantadas (ocupadas pelas trepadeiras), em dependência das condições locais.

Paisagismo

ESPAÇOS LIVRES

Aspectos do projeto
Árvores
Movimento de terra
Cercamentos
Pérgolas e trepadeiras
Caminhos, espaços livres, escadas
Captação de água da chuva
Vegetação
Medidas de engenharia biológica
Estufas
Tanques, lagos artificiais
Parques – exemplo

❶ Fixação dos postes para cercas e pérgolas

❷ Fixação dos postes para cercas e pérgolas

❸ Pérgola; fixação como em ❷

❹ Pérgola sobre pilar de alvenaria

❺ Fixação para pérgolas e espaldeiras, somente de madeira

	Altura
Videira	4–6 m
Abóbora	2–5 m
Lúpulo japonês	3–4 m
Convólvulo	3–4 m
Ervilha-de-cheiro	1–2 m
Feijão-da-espanha	2–4 m
Capuchinha	2–3 m

❻ Espaldeira de madeira (instalação subterrânea como em ❷)

❼ Espaldeira fixada em muro (espaçamento como uma função da plantação)

❽ Pergolado de elementos de aço

❾ Espécies anuais

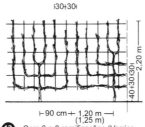

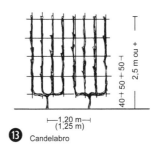

❿ Forma de suporte para arbustos escandentes (frutíferos). Plantação de arbustos unitários verticais

⓫ Suporte para arbustos em forma de U

⓬ Com 6 e 8 ramificações (Verrier – Palmette)

⓭ Candelabro

Espécies anuais	Alturas	Crescimento	Suporte	Folhagem	Indicação de regas	Floração/mês	Localização
Hera – *Hedera helix*	até 25 m	lento		inv.	–	9–10 esverdeada	○–●
Polygonum auberti	até 15 m	rápido	x necessário	ver.	+	7–9 branca	○–◐
Videira selvagem – *Parthenocissus spec.*	até 15 m	rápido		ver.	(+)	5–6 esverdeada	○◐
Clematis montana	até 8 m	rápido	x	ver.	+	5–6 branca	○◐
Glicínia – *Wisteria sinensis*	até 10 m	médio	x	ver.	(+)	5–6 azul	○◐
Vide-branca – *Clematis vitalba*	até 10 m	rápido	x	ver.	+	7–9 branca	○◐
Hortênsia trepadeira – *Hydrangea petiolares*	5 até 8 m	médio	(x) recomendável	ver.	–	6–7 branca	◐
Aristolochia macrophylla	até 10 m	médio	x	ver.	(+)	5–6 marrom	◐●
Jasmim-de-veneza – *Campsis radicans*	até 8 m	lento	(x) recomendável	ver.	+	7–8 laranja	○
Videira – *Vitis coignetiae*	até 10 m	médio	x	ver.	(+)	5–6 esverdeada	○◐
Videira – *Vitis vinifera*	até 10 m	médio	x	ver.	+	5–6 esverdeada	○◐
Fam. da madressilva – *Lonicera heckrottii*	3 até 4 m	médio	x	ver.	(+)	6–9 amarelo-vermelha	◐
Lúpulo – *Humulus lupulus*	4 até 6 m	rápido	x	ver.	–	5–6 esverdeada	◐
Madressilva – *Lonicera caprifolium*	até 5 m	médio	x	ver.	+	5–6 amarelo-vermelha	◐
Rosas trepadeiras	até 5 m	médio	x	ver.	–	6–8 diversa	○◐
Euonymus fortunei	2 até 4 m	lento	(x) recomendável	inv.	(+)	6–8 esverdeada	◐●
Clematis – híbridas	2 até 4 m	médio	x	ver.	+	6–9 diversa	○◐
Jasmim de inverno – *Jasminum nudiflorum*	até 3 m	lento	x	inv.	+	1–4 amarela	○◐

⓮ Informações gerais sobre algumas espécies de trepadeiras e sarmentosas

○ = lugar ensolarado   ◐ = meia-sombra   ● = sombra

275

PÉRGOLAS E TREPADEIRAS
SUPORTES PARA TREPADEIRAS

① Suportes de trepadeiras de cabos metálicos para fachadas verdes [03]

Suportes para trepadeiras podem ser usados na execução de fachadas verdes, assim como para plantas de cultivo (culturas). No segundo caso, tem-se como objetivo o distanciamento e forma de crescimento até a colheita, existindo diversos métodos possíveis → ❸ – ❼.

Os suportes para árvores frutíferas, em leque ou espaldeiras → ❽ + ❾ encontram-se em casas rurais, assim como de uso privado. Em plantações comerciais, utiliza-se sistemas de plantio modulados → ❿ – ⓯ para otimização da produção.

Fachadas verdes com plantas trepadeiras que não se fixam diretamente à sua superfície necessitam de suportes. Essas estruturas são normalmente feitas de madeira (recobrimento de áreas menores) ou metálicas (principalmente para maiores alturas) → ❶.

A distância entre cabos é fixada segundo o tipo de trepadeira. No caso, deve-se observar não só seu crescimento, como o tipo de fixação (trepadeiras comuns, sarmentosas etc.)

Pode-se utilizar alturas entre 2 m e 20 m. Algumas trepadeiras, em especial as sarmentosas (com gavinhas), como *Celastrus*, podem envolver e danificar árvores e calhas de escoamento de águas pluviais. A distância horizontal entre elementos para subida das plantas (grade etc.) deve ter entre 20 cm e 50 cm, dependendo do tipo de trepadeira. Os cabos metálicos devem ser revestidos com camada plástica, para proteger as plantas contra geada.

Do ponto de vista legal, para regulamentação dos suportes para fachadas verdes, há exigências especiais para paredes-cegas. Em geral, essas paredes não devem receber plantas, pois os suportes podem permitir a propagação de chamas.

De forma geral, as fachadas verdes são feitas em acordo com os proprietários, devendo-se esclarecer problemas com a vizinhança em casos de limites diretos.

Na Alemanha, os suportes para apoio de trepadeiras não necessitam de aprovação (segundo o código de obras), porém é necessário observar as diretrizes gerais da construção de cada estado. Além disso, pode haver restrições do ponto de vista da preservação/patrimônio histórico, assim como estatutos de regulamentação de fachadas.

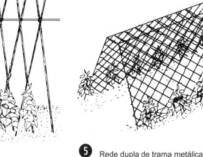

② Suporte horizontal para trepadeiras

③ Método Wigwam para 8–11 plantas

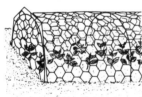

④ Método "cabana"

⑤ Rede dupla de trama metálica

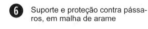

⑥ Suporte e proteção contra pássaros, em malha de arame

⑦ Suporte de trama de arame, para ervilhas

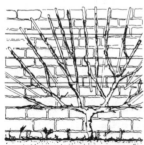

⑧ Leque: deixar apenas dois ramos crescerem, em ângulo de 45°. Na primavera desenvolve-se, a partir deles, a ramagem completa, em forma de leque

⑨ Espaldeira para arbustos escandentes, frutíferos: o tronco médio deve ser conduzido verticalmente e os ramos laterais, horizontalmente, à esquerda e à direita, sobre o suporte

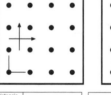
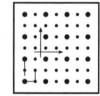

Distanciamento	Árvores por 1/4 ha
4 x 4 m	156 pés
6 x 6 m	69 pés
10 x 10 m	25 pés

Distanciamento	Árvores por 1/4 ha	
	árv.	outra esp.
4 x 4 x (2) m	156	156
6 x 6 x (3) m	69	69
10 x 10 x (5) m	25	25

Distanciamento	Árvores por 1/4 ha		
	árv.	1. outra	2. outra
6 x 3 x 3 m	69	69	103
8 x 4 x 4 m	39	39	58
10 x 5 x 5 m	25	25	37

⑩ Sistema quadrado de plantação

⑪ Sist. quadrado de plantação, em associação simples (com outra esp.)

⑫ Sistema quadrado de plantação, em associação dupla

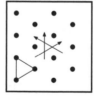

Distanciamento	Árvores por 1/4 ha
3 x 3 x 3 m	320 pés
4 x 4 x 4 m	178 pés
6 x 6 x 6 m	80 pés

Distanciamento	Árvores por 1/4 ha	
	árv.	outra esp.
1,5 x 3 x 3 m	320	320
2 x 4 x 6 m	178	178
3 x 6 x 6 m	80	80

Distanciamento	Árvores por 1/4 ha		
	árv.	1. outra	2. outra
3 x 3 x 3 m	80	80	160
4 x 4 x 4 m	44	44	88

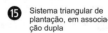

⑬ Sistema triangular de plantação

⑭ Sistema triangular de plantação, em associação simples

⑮ Sistema triangular de plantação, em associação dupla

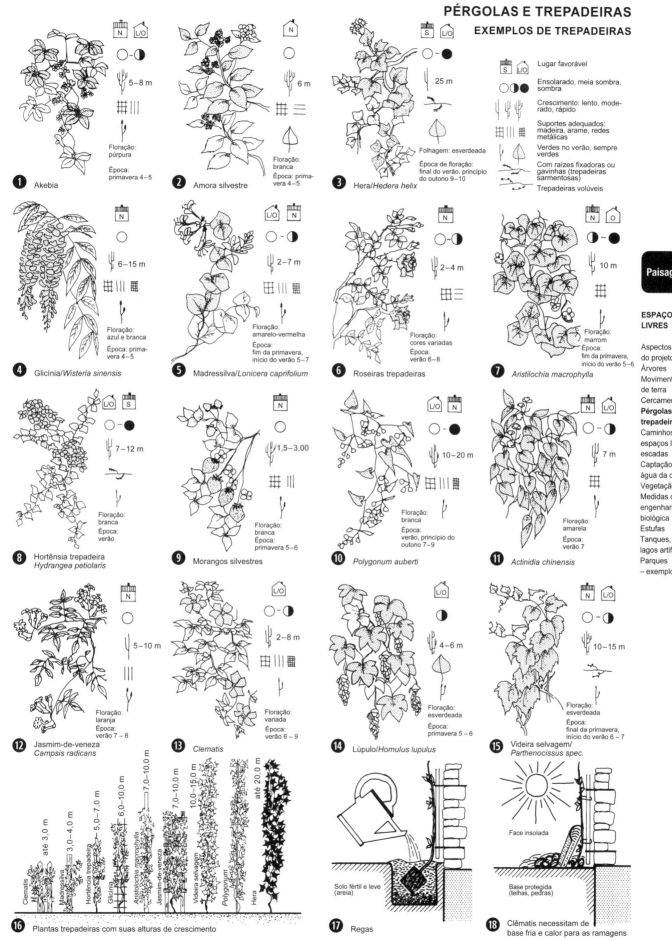

CAMINHOS, ESPAÇOS LIVRES, ESCADAS

Aspectos do projeto de caminhos e situações de espaços livres

No projeto de caminhos e áreas livres são fundamentais as questões da proporção com o entorno e a escolha dos materiais. Primeiramente, coloca-se a definição do uso, para a determinação das larguras dos caminhos e dimensionamento dos espaços livres, em relação direta com o entorno. Sobretudo, deve-se considerar as relações de escala humana. Finalmente, tem-se a escolha do material de revestimento dos pisos, dentro do projeto global, não esquecendo a referência especial com as zonas limítrofes, com suas edificações, ruas, cores e materiais. Pisos claros, com elementos de grande formato, parecem amplos. Com delimitações especiais ou estruturações, pode-se acentuar espacialmente o posicionamento de segmentos. De maneira geral é válida a regra de acentuar de forma legível a função de cada espaço.

Pisos para caminhos e espaços livres podem ser resolvidos com a junção de diferentes materiais. Para áreas de tráfego, utiliza-se asfalto, concreto ou concreto e pedra natural; também são utilizados caminhos de cascalho (para o corpo de bombeiros). Entretanto, para áreas de pouco trânsito, é comum o uso de lajotas, revestimentos de piso permeáveis ou madeira. Na Alemanha, para a construção de caminhos são válidas as diretrizes técnicas para execução de vias (RStO), que definem as relações de preparação do solo. De forma geral, existem dois sistemas de execução: impermeáveis (solução especial) ou permeáveis (normal) → ❼ – ❾, com materiais que permitem a infiltração da água ou com elementos com juntas abertas.

Caminhos com maior tráfego necessitam de consolidação das margens → ❼ – ❾. Quando são utilizados apenas por pedestres, podem ser executados de forma solta → ❹ + ❺ ou sobre base de concreto. De maneira geral, deve-se conservar uma inclinação suficiente da superfície para escoamento de água → ❶ – ❸ inclinação deverá ser sempre contrária às edificações adjacentes. Em áreas públicas é exigida uma declividade de sem espaço 2,5%. As diferentes formas de assentamento dos pisos → ❽ + ❾ dependem do tipo de material utilizado.

Para todos os tipos de pisos, o tratamento da superfície deverá observar as questões funcionais e de aparência. Em geral, para o uso de pedras naturais, a superfície é de forma rústica, estruturada, lavrada e tratada com jato de areia ou cortada. Observar a qualidade antiderrapante do piso.

Aspectos do projeto de escadas

As escadas cobrem diferenças de altura, sendo, assim, elementos verticais de projeto de grande importância, que exigem uma concepção detalhada dentro de um partido geral. As escadas largas, de degraus baixos, parecem suaves, amplas, assumindo caráter espacial forte. Quanto mais inclinada e estreita, maior será o efeito de funcionalidade.

Junto às dimensões, é de grande importância a escolha do material e das cores, em harmonia com a área livre do entorno. Aqui as soluções vão desde o uso de pedras naturais nobres, trabalhadas, até degraus de madeira dentro de um bosque. Em todos os casos, deve-se considerar no projeto outros componentes formais importantes, como corrimãos, para obter um resultado homogêneo. Um aspecto interessante pode ser o prolongamento do material de piso, antes e depois da escada, nos degraus de entrada e saída, criando uma passagem contínua. Observar também o perfil da escada, em relação com o entorno (proporcionalidade) e a perspectiva do usuário.

As escadas devem sempre seguir a regra de construção dos degraus (2 × e + p = < 65). Os degraus devem apresentar declividade na parte frontal → ❻, impedindo faixa de congelamento. Dependendo do tamanho da escada, são necessárias medidas de consolidação, com fundamentos → ❺ + ❻. Em sua maioria, deve-se instalar corrimãos a partir de três degraus. Na Alemanha, as regras precisas são encontradas nos códigos de obras estaduais. Especialmente em acessos para edificações ou estacionamentos de bicicletas, recomenda-se a construção de rampas integradas às escadas → ❼.

CAPTAÇÃO DE ÁGUA DA CHUVA
USO DAS ÁGUAS PLUVIAIS

As instalações de captação de águas pluviais, como calhas ou grelhas e ralos, podem ser encontrados em diferentes materiais (metal, ferro fundido) e formas (chapas em grelha, ranhuras no piso etc.). A definição desse material leva a soluções variadas de projeto, com efeitos que não devem ser subestimados. Sobretudo sua localização, p. ex. em relação aos padrões de revestimento do piso, deve ser pensada. Sistemas com solução integrada para captação e uso de águas pluviais podem ser aplicados como ideia de projeto. Aqui pode-se ter, p. ex. a modelagem do solo com depressões para infiltração da água, superfícies de água para armazenamento, canais e plantações semelhantes à vegetação natural. No caso, deve-se observar o cuidado com a topografia local. O projeto paisagístico pode integrar o uso da água pluvial e a necessidade de drenagem. Instalações técnicas como reservatórios (subterrâneos ou superficiais) e cisternas não devem aparecer no projeto em primeiro plano. O uso da água pluvial assumiu grande importância do ponto de vista ecológico e econômico, visando preservar o ciclo natural da água da chuva.

O **planejamento de uso otimizado das águas pluviais** significa que nenhuma água da chuva entrará na rede de esgotos. A ideia básica desse tipo de planejamento é evitar completamente ou diminuir a perda da água da chuva no local de origem e no entorno. Para isso, há as seguintes soluções: facilitar a infiltração, impedir a impermeabilização do solo, executar coberturas verdes e reciclar o uso da água pluvial.

Para a **drenagem** em geral, utiliza-se sistemas pontuais ou lineares. Dependendo do tipo de revestimento do piso, deve-se ter determinados caimentos para a condução da água em todas as estações do ano.

É necessário assegurar que as águas pluviais não venham a causar danos em edificações adjacentes ou superfícies vizinhas.

A água pluvial é captada por calhas e grelhas, sendo, então, conduzida através de ralos para a canalização subterrânea ou instalações de infiltração. A capacidade hidráulica do sistema e a dimensão da superfície coberta por ele podem ser calculados na Alemanha segundo as Diretrizes para construção de vias e drenagem (RAS-EW). Como regra geral é válido:

– para escoamento de águas em áreas rurais, fazendas: até ≈200 m^2 de superfície por ponto de escoamento
– para vias de tráfego: até ≈400 m^2 de superfície
– distanciamento entre os pontos de escoamento em vias: não mais do que 40 m

Infiltração (superfícies, depressões, reservatórios)
Junto à drenagem subterrânea também é possível utilizar o sistema superficial, através da modelagem do terreno. No processo de infiltração, utiliza-se elementos construtivos (tubos de drenagem, reservatórios, cisternas) ou depressões gramadas, com plantio de vegetação natural. São importantes as qualidades do solo e sua capacidade de infiltração (valor kf) em relação ao índice pluviométrico da região.

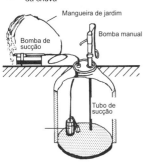

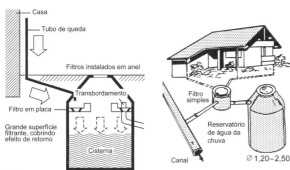

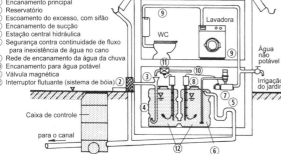

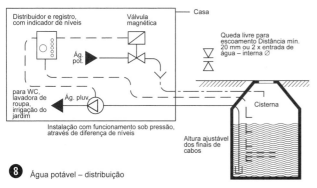

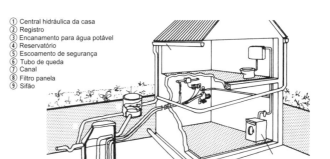

Paisagismo

ESPAÇOS LIVRES

Aspectos do projeto
Árvores
Movimento de terra
Cercamentos
Pérgolas e trepadeiras
Caminhos, espaços livres, escadas
Captação de água da chuva
Vegetação
Medidas de engenharia biológica
Estufas
Tanques, lagos artificiais
Parques
– exemplo

279

VEGETAÇÃO
PLANTAS

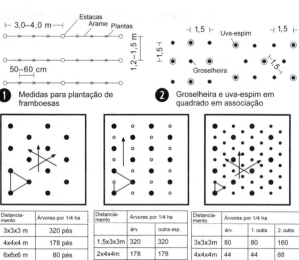

① Medidas para plantação de framboesas

② Groselheira e uva-espim em quadrado em associação

Distancia-mento	Árvores por 1/4 ha
3x3x3 m	320 pés
4x4x4 m	178 pés
6x6x6 m	80 pés

Distancia-mento	Árvores por 1/4 ha	
	árv.	outra esp.
1,5x3x3m	320	320
2x4x4m	178	178
3x6x6m	80	80

Distancia-mento	Árvores por 1/4 ha		
	árv.	1. outra	2. outra
3x3x3m	80	80	160
4x4x4m	44	44	88

③ Sistema triangular de plantação
④ Sistema triangular de plantação, em associação simples
⑤ Sistema triangular de plantação, em associação dupla

③ – ⑤ Sistema de plantio, segundo De Haas

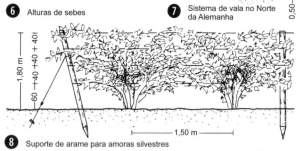

⑥ Alturas de sebes
⑦ Sistema de vala no Norte da Alemanha

⑧ Suporte de arame para amoras silvestres

⑨ Equilíbrio, como reflexão de imagem em espelho, entre as partes de superfície e subterrâneas da árvore: a copa e a rede de raízes ramificadas

⑩ Pirâmide, ou "árvore de Natal", evolui a partir do alongamento da forma básica de taça, com ramos laterais curtos, que não se quebram facilmente ao peso da neve e dos frutos. Taça, forma de árvore com centro aberto, lembra uma xícara ou taça. Os ramos crescem para fora, deixando entrar luz na copa

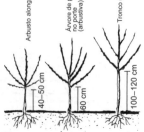

⑪ Para garantir uma forma desejada, deixar o tronco alto da árvore jovem e dois ou três ramos

⑫ Formas arbóreas para jardins de casas

Aspectos do projeto de plantio

O projeto paisagístico de plantio implica na conformação de espaços através da vegetação, ou seja, utilizando desde plantas comuns até bosques, arbustos, gramíneas, gramados e flores, apresentando uma grande possibilidade de variações. Todavia, antes da escolha da vegetação, deve-se ter o planejamento e a concepção global da área livre. O paisagismo moderno é pensado como arquitetura de espaços livres, onde a vegetação é integrada na forma total. São de grande importância os aspectos espaciais horizontais e verticais (árvores, bosques etc., em altura e forma), antes da escolha das plantas, famílias, gêneros e espécies. Depois do estabelecimento de unidades espaciais, deve-se definir de forma detalhada a vegetação, considerando-se aspectos como forma de crescimento, formato e cor da folhagem, cores e época da floração, colorido no outono e lugar apropriado (solo, insolação, iluminação). Deve-se também considerar o custo relativo aos cuidados e manutenção posteriores. A escolha da vegetação adequada é parte fundamental de um bom projeto paisagístico, estimulada pelo desafio da permanente mudança dos elementos, segundo as estações do ano e através da passagem do tempo.

Vegetação

Sob a classificação geral de arbustos, gramíneas, samambaias, plantas bulbosas e formações de matas e bosques, encontra-se uma infinidade de tipos de plantas. De maneira geral, via de regra utiliza-se na denominação o nome botânico, os quais derivam normalmente do latim e do grego. A designação científica é formada sistematicamente com a família da planta, gênero e espécie, tipo (p. ex. família *Araliaceae: Hedera helix Arborescens* – Hera, arbusto escandente). Com a classificação da Associação Alemã de Viveiros de Plantas (BdB) e suas abreviaturas, pode-se ter a noção exata dos tipos presentes no mercado para serem encomendados. Nessa classificação geral, encontram-se também as formas especiais de crescimento (p. ex. planta suspensa – pendente ou em coluna – Fastigiata).

A quantidade de pés depende do tipo de planta e espécie. Para áreas de cultivo intensivo de espécies frutíferas, há espaçamentos especiais → ② – ⑤. De forma geral, deve-se observar o planejamento com a definição de objetivos (p. ex. plantas de crescimento rápido). No caso de arbustos e alguns tipos de forração, são plantados de 6 a 12 pés/m²; para arbustos isolados de 0,5 a 2 pés/m²; uma cerca viva linear apresenta de 3 a 5 pés/m.

Na **entrega de mudas** deve-se observar um curto intervalo de tempo entre a saída do viveiro e o plantio em local determinado, não devendo ultrapassar 48 horas. Para transporte e entrega valem as diretrizes técnicas regulamentadas (ATV), assim como a DIN 18320. Para depósito intermediário, se necessário, deve-se proteger as plantas contra ressecamento, aquecimento excessivo ou congelamento. Neste sentido, é possível utilizar soluções como sobreposição de raízes, umedecimento, recobrimento das raízes com terra ou tecido. É recomendável situar o depósito em local protegido do vento e na sombra. As plantas devem ser totalmente empacotadas somente no caso de a plantação ainda não ter prazo determinado.

As melhores **épocas de plantio** costumam ser no outono e na primavera e, para árvores frutíferas, no final do outono. Em áreas com geada prematura pode-se plantar até outubro; em regiões de clima brando, o período de plantio estende-se até novembro.

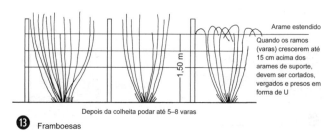

⑬ Framboesas

VEGETAÇÃO
PLANTAS E GRAMADOS

Os **trabalhos de plantio** são apresentados detalhadamente na DIN 18916. As covas devem ser cavadas com uma largura 1,5 vezes maior do que o diâmetro das raízes ou torrão. No momento da escavação, deve-se recolher a camada superior do solo, que será recolocada no local após o plantio. Árvores e arbustos maiores necessitam, após o plantio, de proteção contra a ação dos ventos, p. ex. **estacas** → ❷ – ❹. As estacas deverão ser fincadas fora da área do torrão e em direção contrária aos ventos principais. São usadas normalmente madeiras roliças, sem casca. Torrões conformados em vasos ou acondicionados em recipientes (para arbustos ou forrações) podem ser plantados diretamente no terreno com o uso de pás. A forma de plantio depende do tipo de planta. No plantio deve-se observar, principalmente, o **distanciamento dos limites** de terrenos vizinhos, mantendo as relações da **legislação de vizinhança**. Cercas vivas podem ser plantadas (em áreas laterais do terreno) até uma altura de 2 m com distanciamento de pés de 0,50 m, ou com mais de 2 m de altura e distanciamento de 1 m entre plantas. Pequenas árvores (a partir do meio do tronco) podem ter distanciamento de 1,50 m; árvores grandes, 3 m.

Para áreas limítrofes especiais (áreas públicas de tráfego, matas etc.) são válidas regras de exceção.

Na Alemanha, os **cuidados com as plantas** são considerados trabalhos especiais, regulamentados pela DIN 18916. No caso do plantio de árvores, pode-se perceber o desenvolvimento positivo através do crescimento de brotos e ramos, a partir do final de junho (hemisfério Norte). Para os arbustos, tem-se como referencial não só o crescimento dos ramos, mas também o das raízes. Para os plantios superficiais (forrações) o resultado positivo é medido pela quantidade de plantas desenvolvidas (quando no máx. 5% não conseguiram se desenvolver), proporcionando um resultado uniforme. Plantas anuais e bianuais, flores com bulbos, assim como todas as plantas que não necessitam de cuidados especiais, estão prontas para o desenvolvimento imediatamente após o plantio.

Gramados e semeaduras são apresentados com regras na DIN 18917. Junto à grama semeada, pode-se ter também os gramados em rolos ou placas, as chamadas gramas cultivadas em tapetes. Nas áreas gramadas, deve-se ter uma camada superficial nutritiva do solo de no mín. 10 cm. As gramas crescem a partir de 8°C, parando seu crescimento com cerca de 30°C. Sementes de grama estão prontas para semeadura após cerca de 6 semanas. Uma **escolha de tipos e quantidades de sementes** (grama comum, para esportes, campos floridos etc.) apresenta-se catalogada na Alemanha no Regulamento para mistura de sementes (RSM 2008), da série desenvolvida pela FLL (Sociedade de Pesquisa de Desenvolvimento Agrícola).

Os **cuidados com gramados** também são considerados trabalhos especiais, regulados pela DIN 18917. O sucesso do plantio é medido na porcentagem com bom crescimento (75% da área plantada). No caso de grandes áreas paisagísticas, considera-se cerca de 50%. Gramas em rolos ou placas têm seu sucesso garantido, quando houver o enraizamento com a camada de solo superior.

Paisagismo

ESPAÇOS LIVRES

Aspectos do projeto
Árvores
Movimento de terra
Cercamentos
Pérgolas e trepadeiras
Caminhos, espaços livres, escadas
Captação de água da chuva
Vegetação
Medidas de engenharia biológica
Estufas
Tanques, lagos artificiais
Parques – exemplo

❶ Para plantio de um pinheiro deve-se desprender o torrão do pano de estopa. A estaca de apoio é fixada diagonalmente

O colo deve ficar sobre a superfície do solo | Poste de apoio ao lado do torrão, na direção dos ventos | Os troncos serão protegidos por mantas de palha ou esteiras contra o sol

❷ Ancoragem de árvores

Troncos elevados serão ancorados com arames flexíveis

❸ Ancoragem de árvores

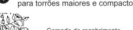

Rede ou tecido para distribuição da carga; cinta estável ancorada no solo

❹ Ancoragem sob o nível do terreno, para torrões maiores e compactos

Camada de degradação
Camada de estruturação
Formação do húmus
Camada principal de raízes
Produção pelo solo de substâncias nutritivas
Reservatório de substâncias nutritivas de acordo com a base fósforo, potássio, magnésio

Camada de recobrimento ou superficial (folhas, ramagens)
Camada de decomposição (bactérias, fungos, pequenos animais, p. ex. larvas)
Camada de húmus (microorganismos, bactérias nitrogenadas, algas, fungos)
Canais de penetração da água pluvial através de todas as camadas
Camada mineral (decomposição de rochas, reserva de água)
Solo pedregoso (rochas em decomposição)

❺ Cada camada de húmus constitui-se num elemento vital. Os "andares" possuem seus habitantes

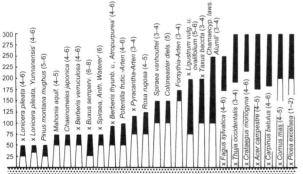

❻ Alturas de crescimento de sebes podadas e livres (espécies com x são especialmente apropriadas ao corte) (entre parênteses número de plantas necessárias por m)

Troncos altos	Replantio	Diâmetro do tronco cm	Altura do tronco cm	Largura da copa cm	Distanciamento entre pés cm	Intervalo de manutenção Anos vegetais	Outros
Tronco alto leve	2	8–10 10–12	≥ 180		distante	4	Conjuntos 5 pés por grupo
Tronco alto (replantado 3 x)	3	10–12 12–14 14–16 16–18 18–20 20–25	≥ 200		extra distante	4	
Tronco alto (replantado 4 x) c/frequência solitário	≥ 4	16–18 18–20 20–25 cada 5 cm até 50 cm cada 10 cm a partir de 50 cm	Altura total 300-400 400-500	60–100 100–150 150–200 200–300 400–500 500–700 700–900 900–1200 + 300 cm	extra distante	4	Torrão em rede ou recipiente Determinar o número de replantios
Árvore de aleia			bis 25 cm diâm. tronco ≥ 220 cm a partir de 25 cm diâm. tronco ≥ 250 cm		extra distante	4	

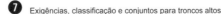

❼ Exigências, classificação e conjuntos para troncos altos

281

MEDIDAS DE ENGENHARIA BIOLÓGICA
PROTEÇÃO DE ENCOSTAS/TALUDES E MARGENS

Aspectos do projeto de medidas de engenharia biológica

As medidas de engenharia biológica procuram soluções, em sua maioria na área da biologia, para questões técnicas construtivas, como a proteção de encostas e de margens. Essas soluções devem ser vistas sempre como parte integrante de projetos globais, também no aspecto formal, colocando-se a questão se essas intervenções ficarão no final visíveis ou invisíveis. A experiência nessa área mostra a possibilidade de soluções vegetativas, onde antes seriam construídos muros. A solução de necessidades funcionais realiza-se através de uma concepção formal, espacial, associada à escolha adequada de materiais.

Na Alemanha, as regras de segurança para encostas e taludes encontram-se nas DIN 18918, DIN 19657, DIN 18310 e RAL-LG 3 (Diretrizes paisagísticas para construção de vias); nestas ocorre a subdivisão entre contenção de taludes e de margens.

Contenção de encostas

Para taludes com grande declividade, são necessárias a estruturação e o asseguramento da superfície. Desejáveis são os taludes longos, de pouca inclinação, arredondados, cuja superfície seja plantada com grama ou arbustos.

No caso de grandes declividades, pode-se fazer o asseguramento com placas de grama, tramas de estruturação, pavimentação ou muros.

Quando a inclinação for maior do que 1:2, as superfícies gramadas deverão ser fixadas com estacas de madeira. Gramas altas são adequadas para fixação de taludes com grandes inclinações, de 1:1,5 até 1:0,5. Sistemas de estruturação em tramas, auxiliam em áreas onde é difícil o desenvolvimento de plantação na superfície, podendo-se diferenciar entre "trama morta" e "viva", sendo que, no último caso, é necessário o plantio de vegetação com folhagem sobre o estaqueamento inicial.

Para segurança de taludes de grandes dimensões, como p. ex. na construção de estradas ou mesmo em loteamentos, as medidas de asseguramento poderão ser dispendiosas → ❶ – ❻.

Vigas ancoradas, com diferentes tipos de execução: p. ex. vigas horizontais e pilares verticais, com trama intermediária preenchida de concreto armado, injetado em obra → ❹.

❶ Muros de arrimo para taludes em terreno de pedras soltas, com sistema de cabo de ancoragem (Esquema Badberg II)

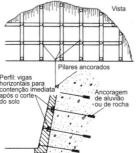

❷ Muro de arrimo em terreno de pedras soltas, com estacas ou parede estaqueada (com ou sem ancoragem)

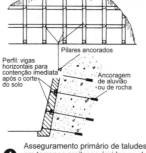

❸ Asseguramento de talude em terreno de pedras soltas: retirada paulatina de camadas de solo, de cima para baixo, com contenção imediata da parte cortada através de muro e ancoragem de aluvião

❹ Asseguramento primário de taludes em terrenos argilosos úmidos ou de terra solta parcialmente compacta, através de grelha ancorada

❺ Asseguramento de taludes em terrenos de pedras soltas: retirada paulatina de camadas de solo, com contenção imediata através de concreto injetado sobre rede metálica pregada (pregos próprios para área de aluvião)

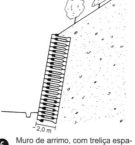

❻ Muro de arrimo, com treliça espacial de concreto (Krainer – sistema Ebensee)

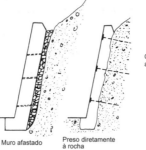

❼ Composição escalonada de muros de arrimo (Krainer), permitem espaço suficiente para o novo traçado da rua. A paisagem permanece verde

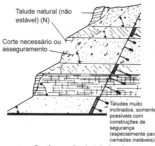

❽ Tipos de revestimento em encostas rochosas, como arrimo com preenchimento anterior ou parede direta (segundo L. Müller 1969)

❾ Conformação de taludes (e asseguramentos) em diferentes tipos de camadas de solos firmes

❿ Conformação de taludes (e asseguramentos) em diferentes tipos de camadas de solos firmes

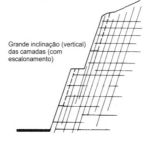

⓫ As curvas geológicas indicam a formação dos taludes em terrenos rochosos

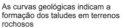

⓬ As curvas geológicas indicam a formação dos taludes em terrenos rochosos

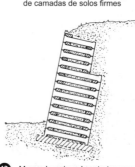

⓭ Muros de arrimo de estrutura em treliça (Krainer)

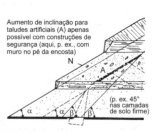

	Comprimento [cm]	Largura [cm]	Altura [cm]	Peso [kg/peça]
Elemento horizontal longo	250	30	10	168
Elemento horizontal em contato com o solo (primeiro)	280	30	10	188
Elemento horizontal	155	30	10	108
curto (metade)	125	30	10	88
Ligações transversais	90	15	25–32	118
Ligações transversais	130	15	25–32	68
Elementos para marcação do distanciamento	30	15	25–32	20
Elementos de distância	20	10	10	6

⓮ Muro de arrimo Krainer, sistema Ebensee → ❻ + ⓭

MEDIDAS DE ENGENHARIA BIOLÓGICA
PROTEÇÃO DE ENCOSTAS/TALUDES E MARGENS

Muros verdes de arrimo conseguem melhorar a qualidade de uso de terrenos, criando também espaços especiais em estradas, ruas e caminhos. Grandes alturas podem ser cobertas com esse sistema. Dependendo do sistema e da declividade, pode ser necessária, para muros altos, a sua ancoragem → ❻.

Proteção de margens

Para a execução dos muros de arrimo, a observação principal recai sobre a pressão da terra e as forças de ação da gravidade; para a proteção das margens, além desses aspectos, tem-se força da água e das ondas.

As proteções otimizadas das margens são obtidas com a preservação da vegetação natural dentro da área alagada → ❿; a formação saudável de rede de raízes evita a destruição das margens pela ação erosiva da água.

Em especial a linha externa da margem, que sofre ação permanente da passagem da água corrente em rios, abaixo e acima do nível da água, deve ser protegida contra a erosão do solo. Para isso, há diversos métodos, como estruturas de madeira roliça, varas de salgueiro, uso de rizomas ou esteiras de varas.

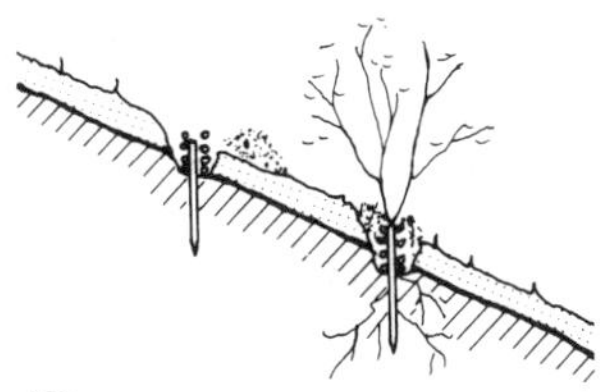

Paisagismo

ESPAÇOS LIVRES

Aspectos do projeto
Árvores
Movimento de terra
Cercamentos
Pérgolas e trepadeiras
Caminhos, espaços livres, escadas
Captação de água da chuva
Vegetação
Medidas de engenharia biológica
Estufas
Tanques, lagos artificiais
Parques – exemplo

❶ Trabalho de estruturação com trama "viva" (com plantações)

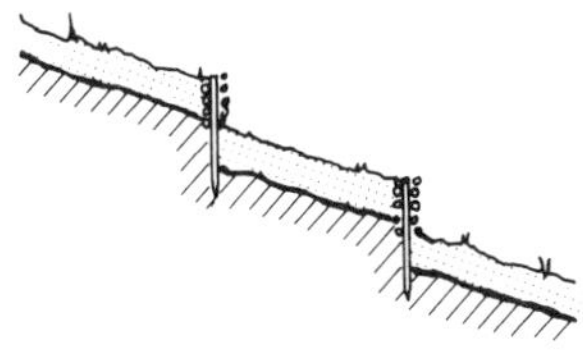

❷ Trabalho de estruturação com trama "morta" (sem plantação)

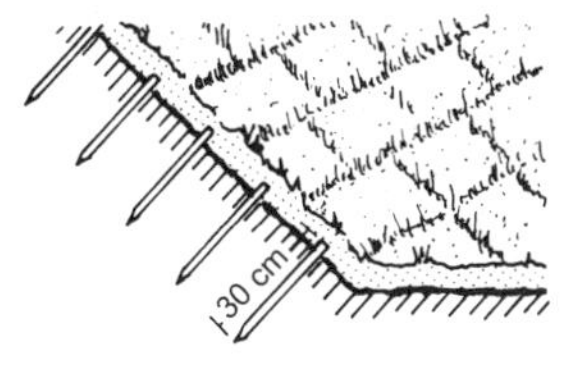

❸ Placas de grama fixadas com estacas, para inclinação ≥ 1:2

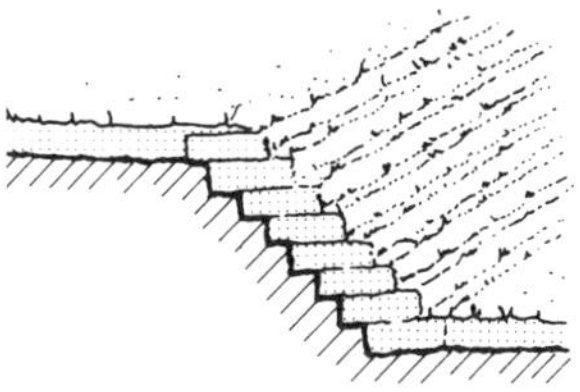

❹ Asseguramento com grama

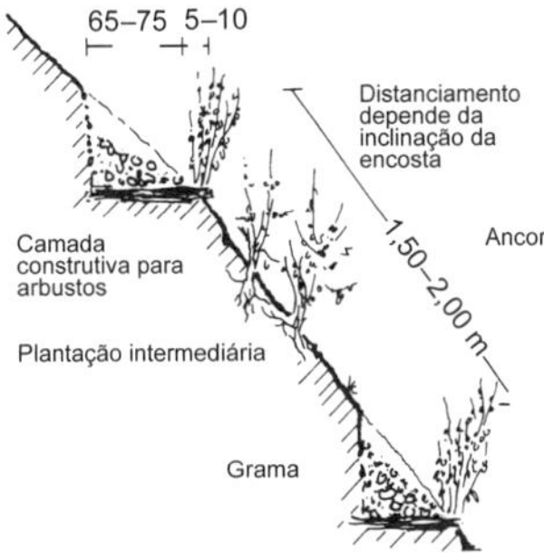

❺ Asseguramento de declives ao longo de paredes, com camada de arbustos, plantas intermediárias e grama

❻ Asseguramento da superfície da encosta com esqueleto metálico, sistema Weber

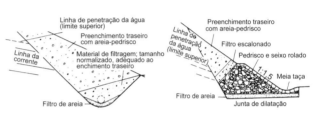
❼ Drenagem e escoramento de pé de encosta, por pedras e cascalho

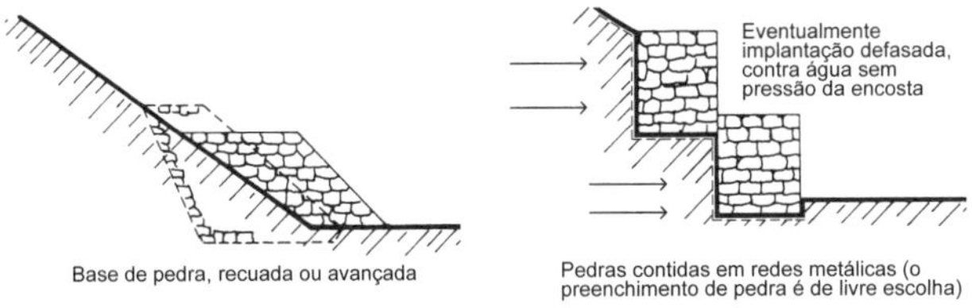

❽ Asseguramento de taludes através de construções de pedras – seixos rolados ou cascalho

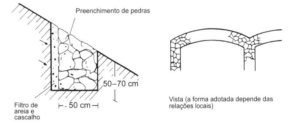
❾ Nervuras para drenagem e asseguramento de taludes

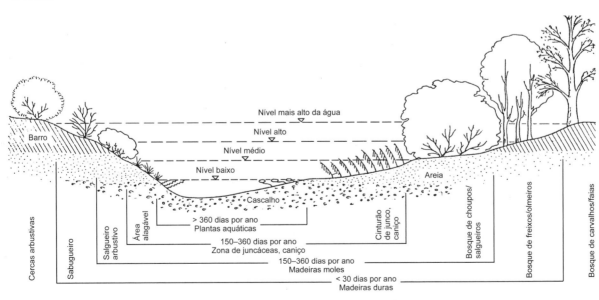
❿ Perfil da vegetação em margem de rio segundo Bittmann

283

ESTUFAS

A ventilação de construções de vidro deve ser limitada de tal forma que, com o sistema aberto, a temperatura interna se aproxime da externa. Para isso, é necessário que cerca de 20% da superfície da cobertura seja usada como faixa de ventilação ou ter janelas individuais à disposição. Protetores solares podem-se tornar importantes, quando a vegetação exterior for insuficiente para criar um clima suportável, no caso de altas radiações solares.

As proteções solares podem ser instaladas tanto interna como externamente, porém a solução mais econômica é a interna. Como proteção em si, a melhor solução entretanto é a externa, quando se puder ter um distanciamento suficiente entre protetor solar e superfície de vidro → ❶ e ❿ + ⓫.

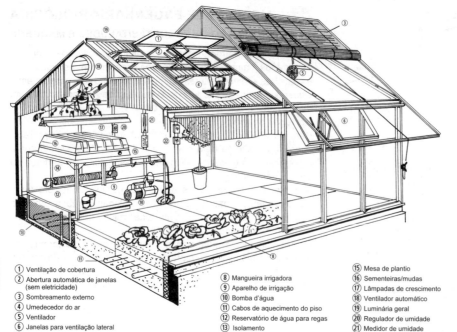

Paisagismo

① Ventilação de cobertura
② Abertura automática de janelas (sem eletricidade)
③ Sombreamento externo
④ Umedecedor do ar
⑤ Ventilador
⑥ Janelas para ventilação lateral
⑦ Placas duplas de acrílico
⑧ Mangueira irrigadora
⑨ Aparelho de irrigação
⑩ Bomba d'água
⑪ Cabos de aquecimento do piso
⑫ Reservatório de água para regas
⑬ Isolamento
⑭ Aquecedor
⑮ Mesa de plantio
⑯ Sementeiras/mudas
⑰ Lâmpadas de crescimento
⑱ Ventilador automático
⑲ Luminária geral
⑳ Regulador de umidade
㉑ Medidor de umidade
㉒ Regulador da temperatura ambiente

ESPAÇOS LIVRES

Aspectos do projeto
Árvores
Movimento de terra
Cercamentos
Pérgolas e trepadeiras
Caminhos, espaços livres, escadas
Captação de água da chuva
Vegetação
Medidas de engenharia biológica
Estufas
Tanques, lagos artificiais
Parques
– exemplo

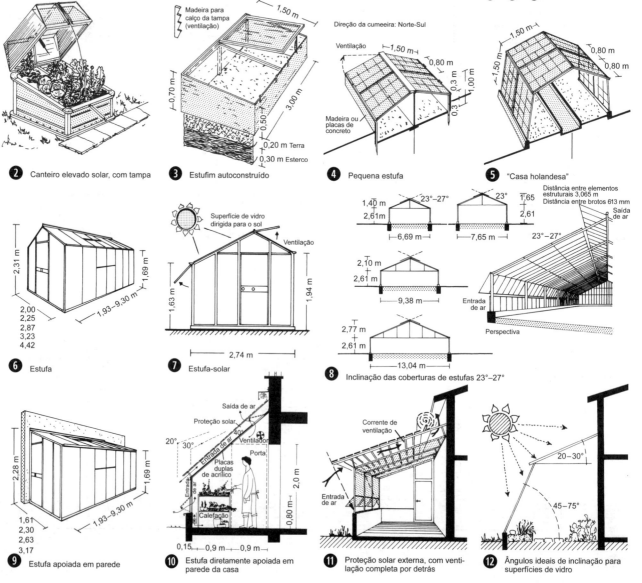

❶ Estufa com instalação correta e climatização
❷ Canteiro elevado solar, com tampa
❸ Estufim autoconstruído
❹ Pequena estufa
❺ "Casa holandesa"
❻ Estufa
❼ Estufa-solar
❽ Inclinação das coberturas de estufas 23°–27°
❾ Estufa apoiada em parede
❿ Estufa diretamente apoiada em parede da casa
⓫ Proteção solar externa, com ventilação completa por detrás
⓬ Ângulos ideais de inclinação para superfícies de vidro

TANQUES, LAGOS ARTIFICIAIS
LAGOS DE JARDIM

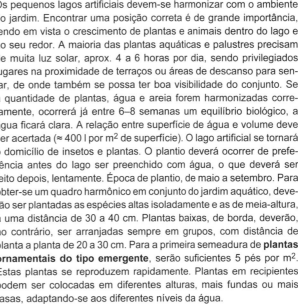

① Lago sobre solo com folha impermeável (plástico laminado), construído em forma de degraus

② Boa solução com tanque pré-fabricado

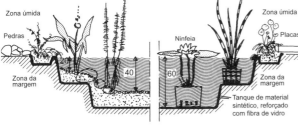

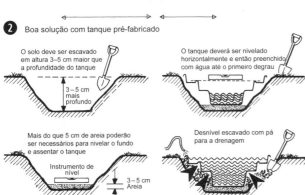

③ Construção correta de lago artificial em jardim

④ Os espaços vazios laterais devem ser preenchidos com terra

Os pequenos lagos artificiais devem-se harmonizar com o ambiente do jardim. Encontrar uma posição correta é de grande importância, tendo em vista o crescimento de plantas e animais dentro do lago e ao seu redor. A maioria das plantas aquáticas e palustres precisam de muita luz solar, aprox. 4 a 6 horas por dia, sendo privilegiados lugares na proximidade de terraços ou áreas de descanso para sentar, de onde também se possa ter boa visibilidade do conjunto. Se a quantidade de plantas, água e areia forem harmonizadas corretamente, ocorrerá já entre 6–8 semanas um equilíbrio biológico, a água ficará clara. A relação entre superfície de água e volume deve ser acertada (≈ 400 l por m² de superfície). O lago artificial se tornará o domicílio de insetos e plantas. O plantio deverá ocorrer de preferência antes do lago ser preenchido com água, o que deverá ser feito depois, lentamente. Época de plantio, de maio a setembro. Para obter-se um quadro harmônico em conjunto do jardim aquático, deverão ser plantadas as espécies altas isoladamente e as de meia-altura, a uma distância de 30 a 40 cm. Plantas baixas, de borda, deverão, ao contrário, ser arranjadas sempre em grupos, com distância de planta a planta de 20 a 30 cm. Para a primeira semeadura de **plantas ornamentais do tipo emergente**, serão suficientes 5 pés por m². Estas plantas se reproduzem rapidamente. Plantas em recipientes podem ser colocadas em diferentes alturas, mais fundas ou mais rasas, adaptando-se aos diferentes níveis da água.

As plantas podem ser plantadas em cestos, vasos ou diretamente em terra especial. O entorno do lago deverá ser planejado: zona lodosa e de água rasa → ① - ②, assim como canteiros úmidos, complementam o conjunto e estabelecem uma relação natural. O tamanho do lago artificial depende do jardim onde se insere. Ideal é cobrir uma área de 20 a 25 m², mas uma superfície de 3 a 5 m² já proporciona para muitas espécies um espaço vital. Quantidade generosa de água, 5 a 20 cm de profundidade, e com uma zona profunda de 80 cm no mínimo, são necessárias para suportar o inverno com a sobrevivência de insetos e larvas. A zona profunda oferece abrigo para fuga de todos os seus habitantes do reino animal.

No inverno, a água deverá ser deixada, para evitar o levantamento em consequência do congelamento do solo.

Peixes, sapos e anfíbios resistem ao frio apenas quando forem utilizadas medidas contra congelamento. Tanques pré-fabricados oferecem nichos para cestos ou vasos plantados, em níveis adequados e evitam o deslizamento de terra ou cascalhos → ② - ⑤.

Paisagismo

ESPAÇOS LIVRES

Aspectos do projeto
Árvores
Movimento de terra
Cercamentos
Pérgolas e trepadeiras
Caminhos, espaços livres, escadas
Captação de água da chuva
Vegetação
Medidas de engenharia biológica
Estufas
Tanques, lagos artificiais
Parques
– exemplo

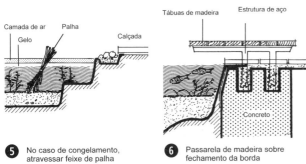

⑤ No caso de congelamento, atravessar feixe de palha

⑥ Passarela de madeira sobre fechamento da borda

⑦ Zona da margem

⑧ Corte transversal de um regato

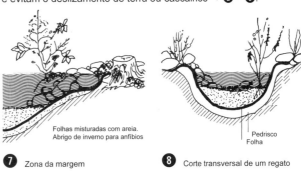

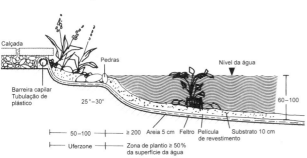

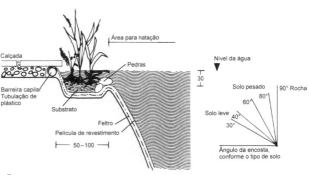

⑨ Conformação da margem

⑩ Em pequenos jardins, como solo pesado

285

TANQUES, LAGOS ARTIFICIAIS
LAGOS DE JARDIM COMO PISCINAS

A zona das margens deverá ser pensada detalhadamente, em função dos aspectos de limpeza, capilaridade → ❹ + ❺ ou exigências de uso → ❻ – ❽. As vantagens de uma piscina natural frente a uma piscina comum são os custos baixos (nenhuma necessidade de limpeza, bombas) e seu valor ecológico (efeito de biótopo, inexistência de alergias pelo uso do cloro). Entretanto, dependendo das temperaturas e condições do tempo, poderá haver a formação de algas, provocando turvação temporária da água. Em geral, esses problemas podem ser resolvidos rapidamente com o retorno natural às qualidades anteriores. Um pequeno regato pode fazer parte do lago; 8 a 10 m de comprimento são ideais → ❶ – ❷. Por hora, podem ser conduzidos cerca de 15 m³ de água sobre pedras e cascatas, possibilitando a sua oxigenação.

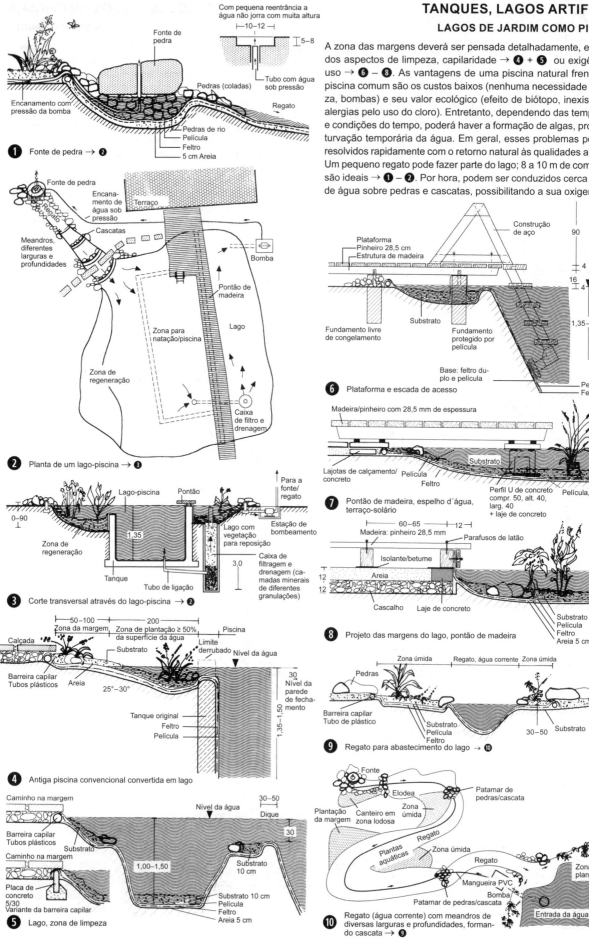

TANQUES, LAGOS ARTIFICIAIS
PLANTAS AQUÁTICAS

Lagos de jardins ecológicos, apropriados para natação (usados como piscinas), necessitam de uma zona autolimpante, que corresponde a cerca de 1/3 da superfície total, formada por plantas especiais.

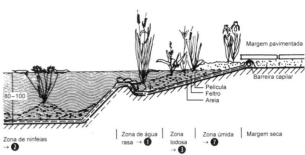

Nome científico	Época de floração	Cor da floração
Acorus calamus	VI–VII	verde-amarelo, marrom
Alisma plantago-aquatica	VI–VII	rosa-claro
Baldellia ranunculoides	VI–X	marrom
Butomus umbellatus	VI–VIII	rosa, branca, vermelha
Carex pseudocyperus	VI–VII	amarela
Glyceria maxima "Variegata"	V–VII	verde
Hippuris vulgaris	VII–VIII	sem característica
Orontium aquaticum	V–VI	amarelo-ouro
Polygonum amphibium	VI–VII	rosa
Pontederia cordata	VII–VIII	azul
Potamogeton crispus	VI–IX	discreta
Ranunculus lingua	VI–IX	amarela
Sagittaria sagittifolia	VI–VIII	branca, rosa
Scirpus lacustris	VII–VIII	marrom
Sparganium erectum	VII–VIII	verde, branca
Typha angustifolia	VI–VII	preta, marrom

❶ Zona de água rasa, profundidade da água de 10 cm – 40 cm → ❺

Nome científico	Época de floração	Cor da floração
Aponogeton distachyos	VII–X	branca
Hydrocharis morsus-ranae	VI–VIII	branca
Nuphar lutea	VI–VIII	amarelo-ovo
Nymphaea-Hybriden	VI–IX	depende do tipo
Nymphoides peltata	VI–VII	amarelo-ouro
Potamogeton natans	VI–IX	branca
Ranunculus aquatilis	VI–IX	branca
Stratiotes aloides	V–VII	branca
Trapa natans	VI–VII	branca, discreta

❷ Zona de ninfeias → ❺

Nome científico	Época de floração	Cor da floração
Calla palustris	VI–VII	branca
Caltha palustris	IV–VI	amarela
Carex grayi	VI–VIII	botõezinhos verdes
Equisetum variegatum	–	flores miúdas
Eriophorum angustifolium	V–VI	branca
Euphorbia palustris	IV–V	amarela
Juncus ensifolius	VII–IX	botõezinhos marrons
Lysimachia thyrsiflora	V–VI	amarela
Lysichiton americanus	IV–V	amarela
Mentha aquatica	VI–VIII	violeta-claro
Menyanthes trifoliata	V–VI	branca, rosa suave
Mimulus cupreus	V–X	vermelha
Myosotis palustris	VI–IX	azul-claro
Nasturtium officinale	IV–VI	branca
Onoclea sensibilis	–	sem floração
Veronica beccabunga	V–IX	azul-escuro

❸ Zona lodosa → ❺

❺ Profundidade das plantas

Callitriche stagnalis	sempre verdes, criam raízes na base do lago
Ceratophyllum demersum	sem raízes, hibernam como rebento na base do lago
Elodea canadensis	sempre verdes, plantar na base do lago; tendem à reprodução em massa
Hottonia palustris	sempre verdes, criam raízes na área lodosa
Myriophyllum	sempre verdes, criam raízes na base do lago
Potamogeton	plantar em recipientes, para controlar o crescimento
Ranunculus circinatus	sempre verdes, plantar na base do lago
Utricularia vulgaris	sem raízes, aprisionam insetos com pequenas bolhas; hibernam como rebento

❻ Plantas que produzem oxigênio para o lago

Nome científico	Época de floração	Cor da floração
Achillea ptarmica	VII–VIII	branca
Ajuga reptans	V–VI	violeta
Chelone obliqua	VIII–IX	rosa, vermelha
Darmera peltata	IV–V	rosa
Eupatorium cannabium	VII–IX	rosa
Filipendula ulmaria	VI–VII	branca
Ligularia przewalskii	VIII–IX	amarela
Lysimachia nummularia	VI–VII	amarela
Lythrum salicaria	VII–IX	violeta, vermelha
Osmunda regalis	VI–VII	esporos marrons
Polemonium caeruleum	VI–VII	azul até branca
Polygonum bistorta	V–VIII	rosa
Primula	de III até VII	depende do tipo
Ranunculus acris "Multiplex"	V–VI	amarela
Trollius-Hybriden	V–VI	tons amarelados

❼ Zona úmida → ❺

Paisagismo

ESPAÇOS LIVRES

Aspectos do projeto
Árvores
Movimento de terra
Cercamentos
Pérgolas e trepadeiras
Caminhos, espaços livres, escadas
Captação de água da chuva
Vegetação
Medidas de engenharia biológica
Estufas
Tanques, lagos artificiais
Parques
– exemplo

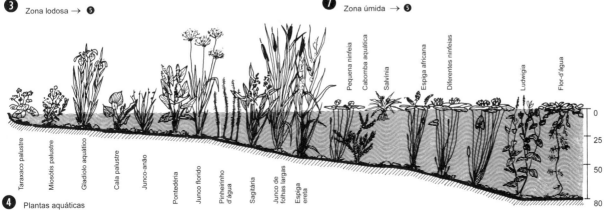

❹ Plantas aquáticas

287

PARQUES – EXEMPLO
SECRETARIA NACIONAL DO MEIO AMBIENTE - DESSAU

O projeto paisagístico do parque junto à Secretaria Nacional do Meio Ambiente, em Dessau, explora intensamente a temática da inter-relação entre edifício, áreas livres e área urbana, configurando um tema paisagístico próprio: natureza e movimento. Esse tema foi desenvolvido em dois aspectos paisagísticos: 1. no interior do edifício, 2. nos espaços ao seu redor. Elementos próximos à natureza fazem parte de um cenário, com temas associativos, ligados à função do edifício central, ou seja, o "meio ambiente".

O **plantio** seguiu princípios tanto funcionais como estéticos. Os componentes funcionais orientaram-se nos aspectos pragmáticos, segundo exigências de projetos de espaços livres, como limitação do terreno ou seu cercamento (cercas vivas de faias fecham o terreno a Oeste; no Leste, a circulação do corpo de bombeiros é demarcada por arbustos vermelhos e piso especial). Os componentes estéticos, por sua vez, ressaltaram o caráter escultural da vegetação, em contraposição à função do edifício planejado (campos plantados com gramíneas e ervas, rochas em sequência mostrando o desenvolvimento natural do terreno, cerca de 100 árvores novas plantadas, áreas de vegetação subdivididas, com diferentes revestimentos de pisos e forrações, além de arbustos).

O movimento de terra necessário foi utilizado na modelagem do terreno. **Caminhos e áreas livres** foram executados em mosaico ou com revestimento permeável, servindo também para passagem do corpo de bombeiros. Sua delimitação foi feita com trilhos da linha ferroviária existente no local, assim como através de perfis de aço. O sistema de orientação para cegos foi desenvolvido com lajotas de pedras naturais pretas, implantadas em pisos de revestimento claro. Áreas de permanência foram revestidas de travertino; as de acesso de veículos, com lajotas de concreto; as áreas de estacionamento, com lajotas com juntas gramadas ou cascalho, com vegetação intermediária. Situada a Leste do edifício central, a circulação principal do corpo de bombeiros foi asfaltada. A **água da chuva**, que provém da cobertura da cantina, é transportada, através de calhas abertas, para um lago impermeabilizado com a mistura de minerais e argila. Todo o **sistema de escoamento de água** das áreas construídas foi feito através de calhas, grelhas e caixas para infiltração, associados ao sistema original existente de águas pluviais. **Mobiliário** como bancos, cestas de lixo, estacionamento para bicicletas, obstáculos (fixos ou móveis), mastros de bandeiras, assim como objetos de arte, contribuíram para a complementação dos espaços livres.

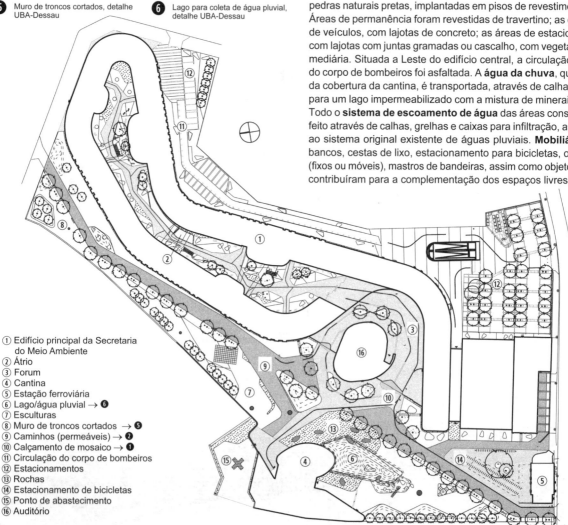

① Regra de execução de piso de mosaico, detalhe UBA-Dessau
② Caminho com recobrimento permeável com ligações estruturantes, detalhe UBA-Dessau
③ Calha para escoamento de água pluvial, ligada a edificação, detalhe UBA-Dessau
④ Calha, abastecimento do lago, detalhe UBA-Dessau
⑤ Muro de troncos cortados, detalhe UBA-Dessau
⑥ Lago para coleta de água pluvial, detalhe UBA-Dessau

① Edifício principal da Secretaria do Meio Ambiente
② Átrio
③ Forum
④ Cantina
⑤ Estação ferroviária
⑥ Lago/água pluvial → ⑥
⑦ Esculturas
⑧ Muro de troncos cortados → ⑤
⑨ Caminhos (permeáveis) → ②
⑩ Calçamento de mosaico → ①
⑪ Circulação do corpo de bombeiros
⑫ Estacionamentos
⑬ Rochas
⑭ Estacionamento de bicicletas
⑮ Ponto de abastecimento
⑯ Auditório

❼ Parque da Secretaria Nacional do Meio Ambiente (UBA), em Dessau

Arquitetos paisagistas: ST raum a.

ESPAÇOS LIVRES
Aspectos do projeto
Árvores
Movimento de terra
Cercamentos
Pérgolas e trepadeiras
Caminhos, espaços livres, escadas
Captação de água da chuva
Vegetação
Medidas de engenharia biológica
Estufas
Tanques, lagos artificiais
Parques – exemplo

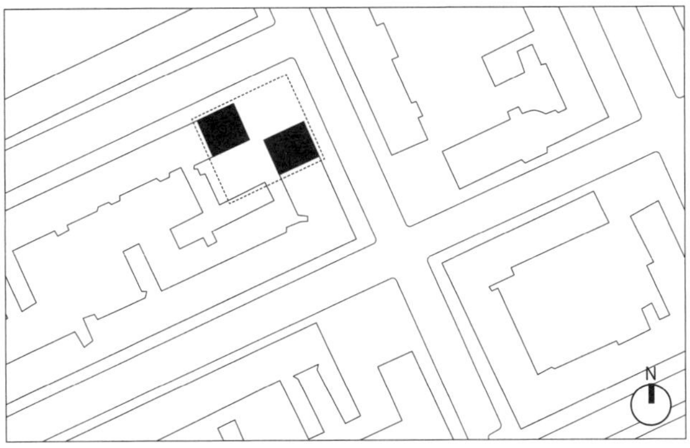

FUNDAMENTOS
FUNDAMENTOS DE PROJETO

Habitar, originalmente a conversão espacial para uso em função das necessidades humanas básicas, na sociedade moderna transformou-se na sobreposição de múltiplos fatores de influência, com exigências heterogêneas e padrões de qualidade individualizados.

Por um lado, **há padrões de vida**, **princípios** e reivindicações dos (potenciais) moradores **em uma sociedade em transformação**. De outro, há regulamentos da construção, concepções e exigências políticas e suas consequências urbanísticas → p. 290, assim como disposições arquitetônicas relativas ao **desenvolvimento urbano** → p. 292, **acessos**, p. 293 **orientação** → p. 297 e **plantas** → p. 298.

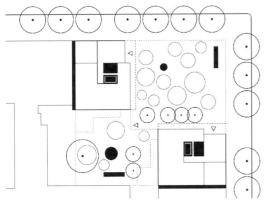

❶ Terreno e conceito de desenvolvimento → p. 292 ❹

Sociedade e indivíduo

Morar de forma moderna significa hoje delimitar, dentro de um contexto urbano, espacial e temporal, os interesses individuais e sociais no interior da moradia, atendendo às exigências de privacidade e sociabilidade (ou anonimato).

As funções clássicas e as inter-relações de uso dentro da moradia encontram-se em renovação motivada pela dissolução de padrões familiares tradicionais e a tendência cada vez maior de não separação espacial entre morar e trabalhar.

Os antigos conceitos e designações (quarto da criança, sala de estar etc.) perdem, em muitos casos, sua validez. Como consequência da quase inevitável individualização dos padrões de vida, hoje tem-se desde plantas feitas sob medida, com subdivisão espacial diferenciada e diversos ambientes luxuosos, até uma divisão neutra de áreas de uso, com espaços qualitativamente flexíveis e utilizáveis por famílias, grupos e múltiplas gerações, ou ainda modelos de "moradia e trabalho em um único lugar". → ❺

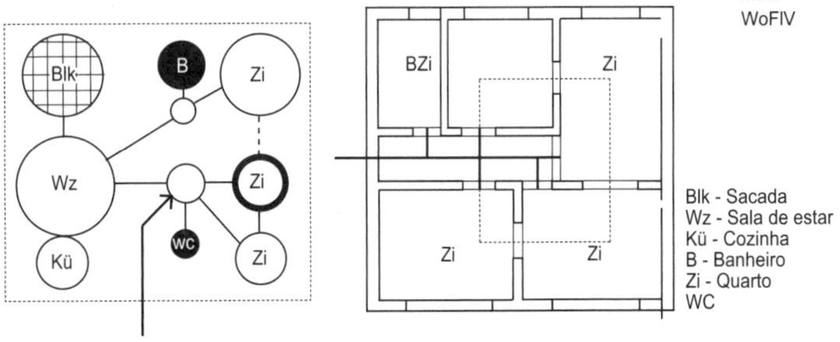

❷ Acessos e orientação → p. 294 ❶ Arq.: Zanderroth Áreas livres: Herrburg

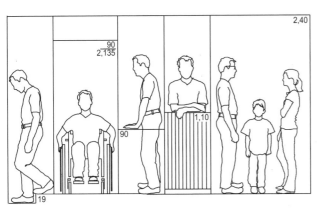

❸ Requisitos mínimos de área para apartamentos (conforme MBO)

❺ Padrão de vida individual vs. neutralidade de uso

Mudanças demográficas

O número de habitantes e a estrutura da população da Alemanha estão mudando, resultando em um novo cenário demográfico. Com uma população em declínio, a proporção de habitações com uma ou duas pessoas está aumentando significativamente (40 e 34% das habitações privadas, respectivamente (2009)). Isso vem acompanhado por um aumento significativo no espaço médio de vida/pessoa (47 m^2/pessoa (2010)). Com o aumento da média etária, aumenta também a demanda por moradias adequadas à idade (acessíveis), moradias comunitárias (assistidas ou não), moradias flexíveis e moradias multigeracionais. De modo geral, há uma necessidade crescente de integração social na vizinhança, além dos laços sociais tradicionais. Viver na cidade é visto por muitos como um modo de vida adequado, e os centros urbanos, por razões sociais, econômicas e ecológicas, viraram novamente foco de interesse para a construção de habitações.

❹ Medidas do corpo humano aplicadas a edifícios → p. 39 ❶ – ❻

Habitação

FUNDAMENTOS

Fundamentos de projeto
Política habitacional
Densidade habitacional

MBO
WoFIV

FUNDAMENTOS
POLÍTICA HABITACIONAL

Política habitacional
Diante das mudanças sociais decorrentes da industrialização, a construção habitacional desenvolve-se como tarefa fundamental a partir de meados do século XIX. Como resultado das guerras mundiais, esse fenômeno se estende até a segunda metade do século XX. Um ramo essencial da política estatal de desenvolvimento habitacional dirige-se, por esse motivo, tradicionalmente à regulamentação e à promoção da construção de moradias do ponto de vista social e econômico: desenvolvem-se, nesse sentido, sob a forma de leis reguladoras do desenvolvimento urbano e códigos de obras → p. 66, **padrões mínimos** para a proteção da privacidade, eliminação de perigos e proteção à saúde. Além disso, estabelecem-se **leis de desenvolvimento de áreas habitacionais** e um sistema cada vez mais complexo de financiamentos, subsídios, reduções tributárias e incentivos ao investimento privado em habitações, o que combate o déficit habitacional, cria uma classe de proprietários (promoção da oferta e demanda) e melhora a qualidade do estoque imobiliário. As **associações públicas de moradores** têm sido tradicionalmente os principais clientes no campo da habitação social.

Incorporações imobiliárias, grupos de construção e cooperativas
Após o fim dos subsídios habitacionais e a privatização dos estoques habitacionais públicos, a construção de moradias sociais chegou muitas vezes a um impasse. Disso resultou uma séria escassez de moradias populares para aluguel, especialmente em áreas urbanas com grande fluxo de pessoas.

Além da retomada do desenvolvimento de terrenos urbanos pelas associações públicas de moradores, os estados e municípios buscam cada vez mais instrumentos modernos para controlar o desenvolvimento urbano de forma socialmente responsável (p. ex. por meio de contratos de desenvolvimento urbano ou planejamentos baseados na relevância qualitativa do projeto). No entanto, atualmente a maioria dos projetos residenciais é executada por **investidores privados** e incorporações, cujo maior interesse está em projetos de maior escala em boas localidades.

Por motivos de maximização do lucro, essas habitações, que pertencem em sua maioria ao segmento "residenciais de luxo e de ponta", são construídas sob medida para consumidores com alto poder aquisitivo, em áreas cobiçadas, com especificações de design e mobiliário padronizadas e distribuições espaciais lucrativas, e costumam ser oferecidos na modalidade "pronto para morar". Como alternativa a esse desenvolvimento, as cooperativas privadas organizadas implementaram **vários projetos habitacionais** nos últimos anos. Por meio de ações que podem ser adquiridas e revendidas de forma flexível, essas cooperativas regulam o cenário habitacional coletivo e a responsabilidade mútua dos membros. Outra vantagem é que as cooperativas são mais unidas na aquisição de terrenos e na obtenção de empréstimos se comparadas a compradores individuais.

Nos últimos anos, também se fortaleceram os **grupos de construção** organizados sob a forma de sociedades de direito civil (GbR).

Além de desenvolver habitações individuais, tais grupos buscam executar ideais comuns de moradia e fomentar laços comunitários.

Especialmente em contextos urbanos, esses projetos possibilitam a aquisição de lotes não acessíveis a indivíduos. Os maiores problemas são o estabelecimento de um grupo estável e o financiamento, que tende a depender muito de capital próprio e, portanto, fica restrito a um público com poder financeiro correspondente.

Assim, o foco da construção de moradias é a preservação do estoque habitacional e sua renovação para o uso de energia de forma mais eficiente, a densificação e o fechamento de lacunas no contexto urbano e o desenvolvimento de terrenos baldios urbanos e suburbanos que caíram em negligência no decorrer da transição para uma sociedade pós-industrial.

Legislação para controle do desenvolvimento de áreas habitacionais (WoFG)
A política de desenvolvimento das áreas habitacionais foi fixada como lei de caráter social (legislação sobre o desenvolvimento social da habitação) em 13 de setembro de 2001.

Essa legislação abrange desde a construção de novas áreas habitacionais de aluguel, com o controle destes, até construções de edificações de uso próprio, a compra e a renovação de imóveis usados, assim como aquisição do direito de propriedade.

De vigor **estadual**, diferencia-se de estado para estado no que diz respeito à abrangência das subvenções, aspectos individuais quanto aos tamanhos das moradias subvencionadas, assim como condições de requerimento; essas características estão registradas em **listagem de determinações**.

A legislação destina-se a grupos de pessoas cujos rendimentos não ultrapassem limites fixados, assim como famílias com dois ou mais filhos, ou com membro com deficiência. A subvenção ocorre em forma de empréstimos condicionados, subsídios, garantias, certificados de qualificação e direito e oferta de terrenos a preço reduzido.

Legislação de controle das áreas construídas para uso habitacional (WoFlV)
As diretrizes para o cálculo de áreas de uso habitacional de 1º de janeiro de 2004 foram originalmente aplicadas **no cálculo de áreas residenciais em forma de legislação regulamentadora.**

Em muitos casos, porém, elas também formam a base para os cálculos da área habitacional em projetos com financiamento privado.

Essas diretrizes especificam que tipo de recinto pertence a uma habitação, a área de tais recintos e a porcentagem do espaço por eles ocupado em um projeto residencial → ❶ – ❸.

pertencentes às áreas úteis habitacionais	não pertencentes às áreas úteis habitacionais
1. Todos os recintos que pertencerem exclusivamente à moradia, i.e. destinados ao uso exclusivo dos moradores	1. Espaços secundários (subsolo, depósitos, área de serviço comuns, áreas para secagem de roupas, centrais de calefação, garagem)
2. Inclusive jardins de inverno, piscinas (quando totalmente fechados),	2. Usos especiais que não estejam incluídos no Código de Obras
3. Sacadas, varandas e terraços que pertencem exclusivamente à moradia	3. Áreas comerciais

❶ Ambientes/recintos que fazem parte da área útil, segundo a legislação de controle das áreas construídas para uso habitacional (extrato) 2003 [01]

a área útil do recinto inclui	a área útil de um recinto não inclui
a área entre vãos (a partir de superfícies acabadas) de partes construtivas, incluindo **as áreas de batentes (ou revestimentos)** de portas e janelas, **rodapés, móveis ou elementos fixos** (como fornos, lareiras e banheiras), **instalações aparentes, móveis embutidos, divisórias móveis de ambientes**	**chaminés, paredes de revestimento, revestimentos, pilares** (a partir de 1,50 m de altura e 0,1 m² de área), **escadas e patamares** (a partir do terceiro degrau), **nichos de portas, janelas ou paredes** (que não chegam até o piso ou que tenham uma profundidade máxima de 0,13 m)

❷ Área útil de um recinto segundo a legislação de controle das áreas construídas para uso habitacional (extrato) 2003 [04] (*A área deve ser determinada por medições do espaço habitacional já concluído ou com base em um desenho arquitetônico adequado.)

integral	para recintos ou partes destes com pé-direito de, no mínimo, 2 m
pela metade	para recintos ou partes destes com pé-direito mínimo de 1 m e menor que 2 m, para jardins de inverno e piscinas fechados, entre outros
via de regra, um quarto, entretanto, no máx., pela metade	para sacadas, varandas, jardins de cobertura e terraços

❸ Cálculo de áreas, grau de consideração segundo as diretrizes WoFlV de 2003 [01]

FUNDAMENTOS
DENSIDADE HABITACIONAL

Um critério decisivo no planejamento espacial urbano é a definição das medidas relacionadas ao uso da construção (densidade habitacional). A densidade habitacional é determinada nos planos de massas das cidades e municípios, ou é resultado indireto das determinações do Código de Obras, sobre as permissões de construção em áreas livres internas (da malha urbana) ou externas → p. 66. Índices de densidade habitacional derivam basicamente da área construída, do coeficiente de aproveitamento, assim como das determinações quanto ao número de pavimentos das edificações e da altura das mesmas → p. 74.

Densidade habitacional e tipos construtivos

O índice de densidade habitacional tem grande influência sobre a escolha do tipo de edificação a ser construído, condiciona os tipos de ligações (infraestrutura urbana) assim como os custos das mesmas e é decisivo na determinação das áreas para conjuntos habitacionais. Na tabela → ❶ encontram-se as referências de densidade de ocupação em relação aos diferentes tipos de edificações, em função de valores urbanísticos determinantes. Para maior clareza, colocou-se também a densidade habitacional média (moradores/ha). A densidade aumenta, partindo da casa isolada, passando pela tipologia das casas geminadas (duplas, em cadeia, alinhadas), até prédios de apartamentos de diversos andares, blocos e torres. Em função das áreas necessárias de terreno, blocos isolados ou conformando quadras, com alta densidade de ocupação, alcançam densidades habitacionais semelhantes às de uma torre de muitos andares.

Densidade habitacional e qualidade de moradia

A avaliação qualitativa da densidade habitacional é complexa e depende de uma série de fatores. Não pode ter como referência apenas o terreno ou o grupo de edificações que o ocupa, senão refere-se a uma inter-relação urbanística de maiores dimensões. Nesse sentido, desenvolveu-se o conceito de bairro como unidade urbanística, com infraestrutura própria (possibilidade de abastecimento, lazer, escola, jardim de infância, ligação com sistemas de transporte coletivo).

Outros pontos de referência são o número de habitantes, o qual deverá ser servido pela infraestrutura, assim como as possibilidades de deslocamento (meios de transporte, duração). Esses parâmetros sobrepõem-se às necessidades de área de habitação por morador e outras reivindicações espaciais, como privacidade e individualidade, assim como a ligação, distância e relacionamento com o centro da cidade, preços dos terrenos, comunicação com locais de trabalho etc. Modelos de cálculo demonstram que, para um coeficiente de ocupação de 0,8 (correspondente à área líquida dos terrenos ofertados) e para edificações em blocos com diversos andares, p. ex. pode-se constituir conjuntos residenciais com cerca de 6.500 moradores para uma área bruta de 75 ha (900 x 900 m). Isto significa distanciamentos menores do que 500 m para centros de abastecimento etc., que podem ser percorridos a pé ou com bicicleta.

Entretanto, para um coeficiente de aproveitamento de 0,4 e uma ocupação por casas isoladas, tem-se para 6.500 moradores cerca de 235 ha (1500 x 1500 m), ocasionando distâncias muito grandes para pedestres (em especial, idosos), mas relativamente reduzidas para o transporte público, resultando daí a dependência de uso diário do automóvel.

Tendo em vista as ligações de acesso e infraestrutura, e consequentemente do consumo de energia, pode-se dizer que entre o segundo modelo, de coeficiente de ocupação (0,4) e o primeiro (0,8), tem-se praticamente a duplicação de custos.

Em função dessas considerações fica claro que, o luxo (evitável) de morar em áreas verdes periféricas transformou grande parte da Alemanha em áreas dependentes do automóvel. Considerando-se um desenvolvimento urbano sustentável, do solo e fontes de energia, pode-se dizer que se trata de uma situação sem perspectivas de continuidade.
(segundo: Bott, von Haas. *Verdichter Wohnungsbau*, p. 44)

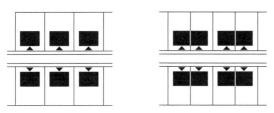

CASA ISOLADA (EM CONJUNTO)	CASA GEMINADAS, DUPLAS
Terreno 350 m²	Terreno 250 m²
Nº de pavimentos 2 (+D)	Nº de pavimentos 2
Área bruta da construção 150 (180)	Área bruta da construção 150
Coeficiente de aproveitamento 0,4 (0,5)	Coeficiente de aproveitamento 0,6
Nº de moradores/ha 70 (80)	Nº de moradores/ha 130
PKW/ha 40 (45)	PKW/ha 75

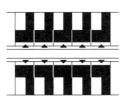 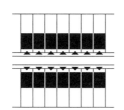

CASA GEMINADAS EM CADEIA/ COM PÁTIOS AJARDINADOS	CASAS GEMINADAS TRADICIONAIS
Terreno 200 m²	Terreno 150 m²
Nº de pavimentos 1	Nº de pavimentos 2
Área bruta da construção 160	Área bruta da construção 135
Coeficiente de aproveitamento 0,8	Coeficiente de aproveitamento 0,9
Nº de moradores/ha 130	Nº de moradores/ha 145
PKW/ha 75	PKW/ha 80

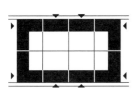 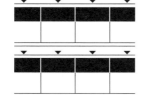

BLOCOS CONFORMANDO	PRÉDIO COM TERRAÇO
Terreno 750	Terreno 4
Nº de pavimentos 5	Coeficiente de aproveitamento 1,2
Coeficiente de aproveitamento 1,4	Nº de moradores/ha 200
Nº de moradores/ha 250	PKW/ha 115
PKW/ha 150	

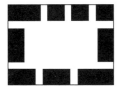 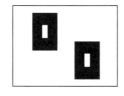

BLOCOS ABERTOS	SOLITÁRIA
Nº de pavimentos 6	Nº de pavimentos 8
Coeficiente de aproveitamento 1,6	Coeficiente de aproveitamento 1,8
Nº de moradores/ha 255	Nº de moradores/ha 380
PKW/ha 165	PKW/ha 220

❶ Índices de densidade habitacional urbana segundo tipologia da construção (valores de referência)

PLANEJAMENTO URBANO
CONTEXTO

Com a situação atual do mercado imobiliário, os métodos de construção também mudaram. As ideias de planejamento urbano do período Wilhelminiano e o planejamento dos assentamentos dos anos 1920 e 1950-70, com seu repertório de grandes estruturas abertas e fechadas, não correspondem mais às tendências atuais em termos de utilização da terra e dos lotes e tamanhos disponíveis. As novas tarefas do desenvolvimento urbano no contexto atual consistem principalmente em fechar lacunas → ❹ – ❻, ocupar os lotes remanescentes → ❽, promover a consolidação urbana → ❿ – ⓫, ❼ e favorecer a reconstrução crítica.

A criação de espaços públicos e semi-públicos e as infraestruturas sociais no setor de construção do setor privado também merecem atenção especial neste contexto → ❹, ❼, ⓫.

Outro aspecto é o desenvolvimento de bairros residenciais no centro da cidade e de terrenos baldios suburbanos abandonados no decurso da transição para uma era pós-industrial → ❾, ⓬ Uma parte significativa da construção de moradias continua sendo a manutenção, a preservação do estoque habitacional e sua renovação para o uso de energia de forma mais eficiente.

Habitação

PLANEJAMENTO URBANO

Contexto

Ver também:
GRZ/GFZ
→ p. 74
Direito da construção
→ p. 66

❶ Assentamento

❷ Assentamento disperso → p. 298 ❹

❸ Esquina fechada   ❹ Esquina aberta → p. 304 ❶

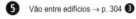
❺ Vão entre edifícios → p. 304 ❸

❻ Grupo → p. 304 ❷

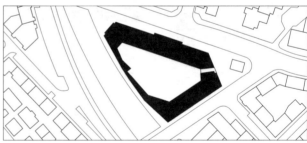

❿ Densificação urbana → p. 302 ❶

❼ Grupo → p. 310 ❹   ❽ Área remanescente

⓫ Construção sobre infraestrutura já existente   Arq.: Muller Sigrist

❾ Conjunto residencial → p. 307 ❷

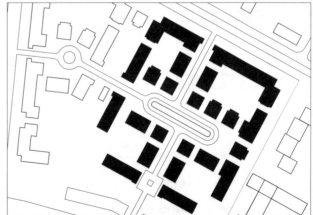
⓬ Desenvolvimento de terrenos industriais abandonados → p. 306 ❹

ACESSOS
LIGAÇÕES INDIVIDUAIS E EM FILEIRA

Com a escolha do tipo da edificação define-se também a escolha do acesso, que, por sua vez, tem efeito determinante na organização da planta e constitui-se em fator importante na definição dos custos. **A escolha do tipo de acesso também deve levar em conta a possibilidade de conversão (divisão de unidades residenciais.)** Em sua função de **rota de emergência**, os acessos são tema de diversas legislações de controle da construção → p. 190. Além disso, como acesso à casa isolada ou apartamento, ou como ligação entre unidades habitacionais, funcionam como área de atuação do morador **no entorno direto de sua moradia**, assumindo papel importante na **rede de interação social**.

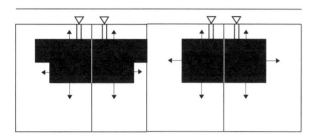

❶ Casa isolada independente → p. 298 ❷

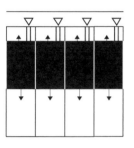 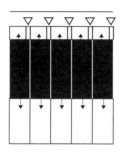

❷ Casas geminadas, duplas

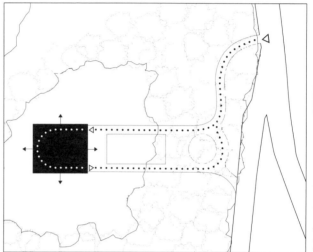

❼ Villa → p. 299 ❸

Princípios de definição dos acessos
Correspondentes ao princípio da adição de unidades habitacionais, as formas de acesso podem ser classificadas da seguinte maneira:
– casa isolada
– (horizontal) **em série**: casas geminadas, solução com passarelas
– (vertical) **em andares**: diferentes soluções de ligação vertical

Casa isolada – ligação em fileira
A edificação com acesso individual, implantada livre no terreno, é o protótipo da "casa própria".
Possui, em geral, uma entrada representativa, partindo do nível da rua, que é alcançada por meio de uma área de jardim (jardim frontal). A partir de cada andar pode-se ter acesso direto para outras áreas privadas ou semiprivadas (p. ex., jardins, terraços, pátios internos e terraços de cobertura) → ❶.

Conjuntos urbanos utilizam esses princípios de acessos também para apartamentos em andares superiores, que podem ter a entrada ligada diretamente à rua através de escada especial.
Casas geminadas oferecem todo o conforto de uma habitação com jardim, mas em uma modalidade mais econômica.

No caso do acesso a unidades em fileira (**casas geminadas tradicionais, em cadeia** e **com pátios**), a ligação individual costuma ocorrer a partir do nível da rua, onde cada morador possui uma ligação direta com o espaço público → ❷ – ❻. A consequência é um relacionamento direto entre público e privado. As alturas aconselhadas para esses conjuntos são de 2 a 3 andares.

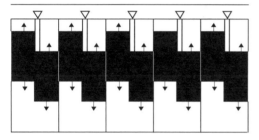

❸ Casas geminadas tradicionais, em fileira → p. 301 ❶ – ❷

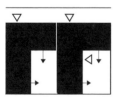 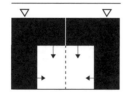

❹ Casas geminadas em cadeia → p. 301 ❸

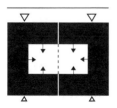 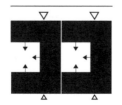

❺ Casas em esquina → p. 301 ❸

❻ Casas com pátio → p. 301 ❺

Habitação

ACESSOS

Ligações individuais e em fileira
Prédios de apartamentos
Soluções com corredores
Situações especiais

MBO
(Código de Obras)

293

ACESSOS
PRÉDIOS DE APARTAMENTOS

Apartamentos iguais ou semelhantes são, em geral, sobrepostos em diversos andares e interligados através de um sistema de comunicação/ acessos comum. A partir deste, tem-se a ligação de uma ou mais unidades de moradia. Esse sistema de ligação é caracterizado segundo o número de apartamentos por andar: **um, dois, três, quatro** ou **diversos**. A área destinada à comunicação e ao acesso, dentro desse sistema, transforma-se em zona semipública das moradias.

Edifício de um apartamento por andar → ① – ②
Ligação vertical para um único apartamento por andar. De maneira geral, trata-se de um sistema não econômico, pois a área destinada ao acesso é muito alta em proporção à área total; entretanto, proporciona a sensação do morar individualizado, como "casas geminadas" sobrepostas.

Edifícios de dois a quatro apartamentos por andar → ③ – ⑦
Os de tipo dois apartamentos por andar são os mais usuais, com o equilíbrio entre qualidade de moradia e economia. Muitas possibilidades de solução em planta (flexibilidade) com boa adaptação quanto à orientação. Os de **três apartamentos por andar** ⑤ – ⑥ oferecem bom inter-relacionamento entre qualidade de moradia e economia. Apropriados para construções em esquina. Por andar pode-se ter apartamentos com diferente número de ambientes. Os de quatro apartamentos por andar, dependendo da solução, podem oferecer qualidades de moradia e economia razoáveis.
Especialmente em **torres** com **quatro apartamentos por andar**, → ⑦ – ⑧ é possível criar uma orientação diferente por andar. Para prédios com mais de 5 andares inteiros, são necessários elevadores → p. 139. Caso os espaços de vivência se localizem a mais de 22 m a partir da superfície do terreno, aplicam-se as exigências de construção para **prédios residenciais altos** → p. 507.

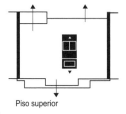
Térreo
① 1 acesso, escadaria interna, anexado de um lado → p. 304 ①

ACESSOS
Ligações individuais e em fileira
Prédios de apartamentos
Soluções com corredores
Situações especiais

MBO (Código de Obras)

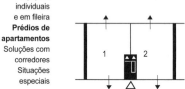
② 1 acesso, escadaria interna, anexado de dois lados → p. 304 ③

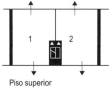
③ 2 acessos, orientação para dois lados com escadaria externa e térreo elevado

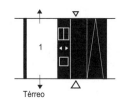
④ 2 acessos, orientação para dois lados com escadaria externa e elevador → p. 305 ②

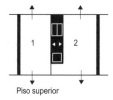

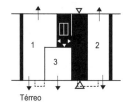
⑤ 3 acessos, orientação para dois lados com escadaria externa, apartamentos parcialmente fundidos

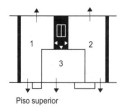

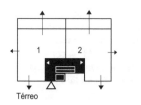
⑥ 2–4 acessos, orientação de um a três lados, com escadaria externa → p. 305 ⑤

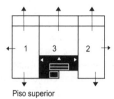

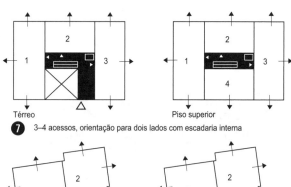
⑦ 3–4 acessos, orientação para dois lados com escadaria interna

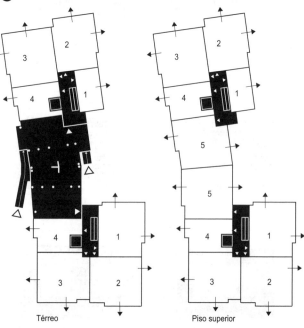
⑧ 5 acessos, orientação para quatro lados com escadaria externa → p. 307 ④

ACESSOS
SOLUÇÕES COM CORREDORES

No caso de acessos com sistema de corredores, os diversos pavimentos do edifício são interligados por **corredores** horizontais, que, por sua vez, se comunicam entre si e com o acesso principal por de **pontos verticais fixos** (construídos dentro do conjunto ou sobrepostos à fachada). Ao longo dos corredores, as unidades de moradia podem ser os corredores podem ser configurados internamente (**corredores internos**) ou externamente, ao longo da fachada (**corredores externos**), podendo assumir um caráter de passarela (dependendo do seu desenvolvimento), com as qualidades de uma rua **semipública**.

O desenvolvimento dessa "rua" diretamente ao longo das paredes dos apartamentos (para corredores internos, sem iluminação) condiciona a tendência de orientação unilateral das unidades. Por esse motivo, a multiplicidade de soluções com corredores de acesso baseia-se em unidades com andares sobrepostos (p. ex., tipo dúplex) ou defasados (meios andares), que permitem a possibilidade de apartamentos com abertura para duas fachadas opostas

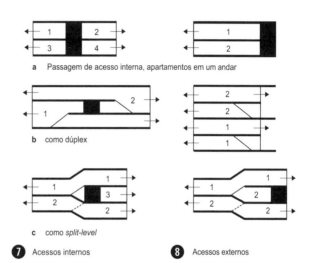

a Passagem de acesso interna, apartamentos em um andar

b como dúplex

c como *split-level*

❼ Acessos internos   ❽ Acessos externos

Corredores internos
Quando o corredor se localiza no interior do edifício → ❶. Apartamentos de um só pavimento têm a desvantagem da orientação em uma única face. Por esse motivo, o ideal é uma solução tipológica de apartamentos com 2 ou mais andares → ❷ – ❸

Corredores externos
Quando o corredor – acesso horizontal – se localiza ao longo de uma das fachadas do edifício. O corredor aberto, sob condições climáticas da Europa Central, não se apresenta sem problemas, uma vez que a ele só podem ser ligados, via de regra, espaços secundários.
Para apartamentos de um só pavimento, recomenda-se os de ambiente único ou de um dormitório → ❹.
As possibilidades são mais diversas quando as unidades de moradia ocupam dois ou mais níveis → ❺.
No caso da defasagem em **meios andares** há a possibilidade de interação funcional favorável, distribuída em dois pisos → ❻. As possibilidades de variações aumentam consideravelmente quando todos os apartamentos não forem projetados com a mesma profundidade (sendo esta a do edifício). A melhor solução é o encadeamento, com defasagens. Circulação horizontal **em cada 2º pavimento** → ❺ permite uma boa combinação entre apartamentos maiores, com diferentes pisos, e menores, no nível do acesso. Boas soluções também podem ser encontradas com a alternância de lados das passarelas externas.
O número de corredores de acesso pode ser reduzido utilizando-se da sobreposição espelhada de apartamentos tipo dúplex ou estruturados em meios andares (*split-level*).

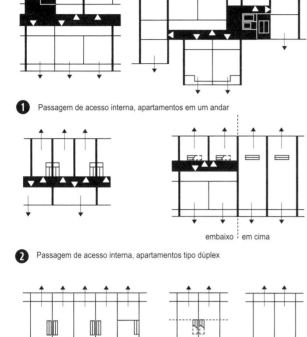

❶ Passagem de acesso interna, apartamentos em um andar

❷ Passagem de acesso interna, apartamentos tipo dúplex

❸ Passagem de acesso interna, apartamentos tipo dúplex → p. 303 ❶

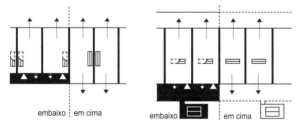

Passagem externa   semiaberta

❹ Passagem de acesso externa, apartamentos em um andar → p. 303 ❷

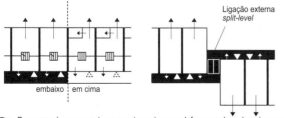

❺ Passagem de acesso externa, apartamentos tipo dúplex, com/sem pergolado → p. 303 ❻

Ligação externa *split-level*

❻ Passagem de acesso externa, apartamentos com defasagem de andares/passagem externa com defasagem de andares

Habitação

ACESSOS

Ligações individuais e em fileira
Prédios de apartamentos
Soluções com corredores
Situações especiais

MBO
(Código de Obras)

295

ACESSOS
SITUAÇÕES ESPECIAIS

Lotes de esquina podem ter diferentes comprimentos de fachada. No perímetro do bloco, a fachada de rua, mais longa, geralmente é acompanhada de uma fachada interna, mais curta. Isso leva a situações de **iluminação assimétrica**, que podem produzir um canto escuro. No canto interno, deve-se também levar em conta a distância até a propriedade adjacente e o potencial de **propagação do fogo** entre as diferentes unidades de uso do edifício → p. 192 ❺.
A disposição dos acessos determina o número, tamanho e organização das unidades residenciais: no caso de edifícios com 2 e 3 apartamentos por andar, a localização das escadarias nas diagonais de canto mostra-se adequada → ❶ – ❸ Passarelas de circulação → ❹ e formas mistas de passagens verticais e horizontais podem ser utilizadas → ❺.
Em plantas de um apartamento por andar, é sensato dispor os acessos na área da parede de incêndio. Em edifícios especiais (p. ex., prédios altos e arranha-céus), deve-se levar em consideração a posição da segunda saída de emergência. Lotes de canto e com ângulos obtusos produzem formas especiais → ❻.

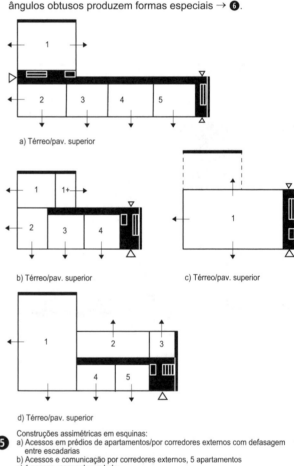

❶ Edifício em estilo Wilhelminiano de 2 andares (térreo com 3 unidades comerciais), escadaria principal interna com elevador (a), vão de iluminação (b), escadaria lateral (c) Localização em esquina, com anexos nos dois lados → p. 292 ❶

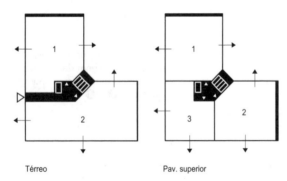

*Distância padrão segundo a MBO
**Contenção de incêndio

❷ 2/3 acessos, escada lateral voltada para a rua, contenção de incêndios por meio de parede fechada (esquerda) ou aninhamento dos apartamentos (direita) Localização em esquina, com anexos nos dois lados

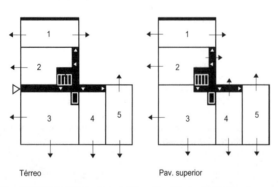

❸ 2/3 acessos, a escadaria lateral disposta diagonalmente impede a propagação de incêndios
Localização em esquina, com anexos nos dois lados

a) Térreo/pav. superior
b) Térreo/pav. superior
c) Térreo/pav. superior
d) Térreo/pav. superior

❺ Construções assimétricas em esquinas:
a) Acessos em prédios de apartamentos/por corredores externos com defasagem entre escadarias
b) Acessos e comunicação por corredores externos, 5 apartamentos
c) 1 acesso, anexo de um lado
d) Acessos e comunicação por corredores internos, 5 apartamentos

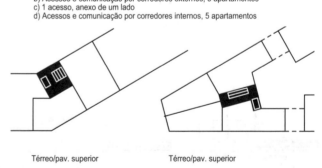

❹ Passarela de acesso externo com 5 apartamentos, localização de canto, com anexos nos dois lados

❻ Formas especiais em construções de esquina com ângulos agudos e obtusos

HABITAÇÃO
ORIENTAÇÃO

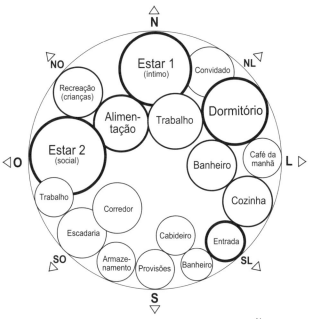

❶ Orientação das áreas de uma moradia com base nos pontos cardeais

A orientação do apartamento depende das condições do lote. A orientação baseada **nos pontos cardeais** é especialmente importante para o conceito da planta → ❶ – ❸. Além disso, **a topografia e a vegetação**, os **edifícios vizinhos** (em termos de vista e sombreamento), o alcance da **vista** e a localização da **via de acesso** são de importância decisiva para a qualidade da planta.

As formas construtivas abertas (casas isoladas ou geminadas) permitem maior flexibilidade em termos de rotação, sendo possível orientá-las com base em três ou quatro pontos cardeais. Lotes voltados para o **lado norte** da rua são particularmente favoráveis, pois contam com iluminação dos quatro lados. A entrada e os espaços secundários podem ficar voltados para o **sul** e sudoeste, enquanto a sala de estar e os quartos podem ficar voltados para os lados ensolarados (leste, norte, oeste), longe da rua, com saída e vista para o jardim. Se a propriedade estiver no lado sul da rua, deve-se construir o edifício no fundo do lote, apesar das despesas associadas à infraestrutura de um longo acesso, aproveitando a área ensolarada no jardim. Em terrenos a **leste** e **oeste** da rua, o edifício deve ficar no canto nordeste, para que jardins e áreas de vivência fiquem voltados para o lado leste, protegidos de ventos e sem interferência de sombreamento produzido por edifícios vizinhos durante as manhãs. → ❹

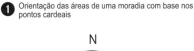
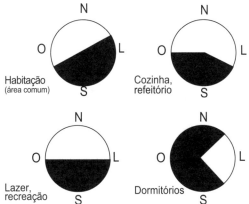

❷ Orientação solar preferencial conforme a função do recinto

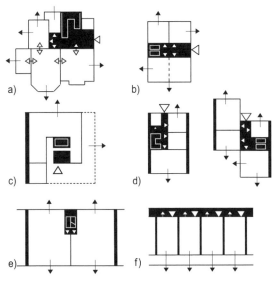

❸ Conceitos de planta para iluminação de 1 a 4 lados → p. 298.

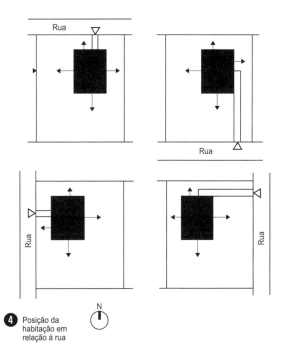

❹ Posição da habitação em relação à rua

A disposição dos recintos de uma moradia pode ser pensada com base nos pontos cardeais ou lados da propriedade ou organizados em uma área coerente, de uso flexível e iluminada do modo mais uniforme possível. **Plantas com orientação para três ou quatro lados** permitem formular individualmente a disposição dos ambientes de vivência, que podem se basear nas direções ideais para cada caso. Isso é possível em casas isoladas, edifícios de um apartamento por andar, coberturas, casas duplas, casas geminadas e casas ao final de fileiras → ❸ (a) – (c). Empreendimentos em terraços ou fileiras costumam ser **orientados para dois lados**, cada um voltado a direções cardeais opostas com qualidades diferentes. Nesses casos, a disposição espacial dos recintos resulta em salas ou quartos individuais iluminados apenas de um lado e, dependendo da profundidade do edifício, a espaços interiores não iluminados → ❸ (d), (e). **Apartamentos orientados para um único lado** com áreas adjacentes não iluminadas restringem naturalmente as possibilidades de disposição espacial → ❸ (f).

297

PLANTAS: CONCEITOS
CASAS ISOLADAS

Habitação

PLANTAS:
CONCEITOS

Casas isoladas
Casas em fileira,
geminadas
tradicionais
e geminadas
em cadeia
Apartamentos
Arranha-céus
Adaptabilidade

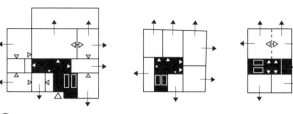

A "residência burguesa"
As casas desse tipo baseiam-se em uma ordenação axial, de um ou dois andares, herdada de modelos feudais. Esses edifícios independentes contavam com janelas em todos os lados e com uma entrada representativa, junto ao jardim. As áreas de vivência, os quartos e, por vezes, os quartos de serviço formam unidades independentes com seus anexos, sendo interligados por áreas de circulação que, dependendo do espaço disponível, ficam no centro ou no canto do edifício. As salas de estar e as áreas de uso comum às vezes se combinam em unidades maiores.

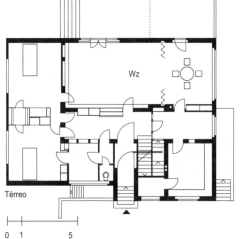

❶ Casa da Diretoria Bauhaus, Dessau 1926
7 quartos, aprox. 225 m², sem porão (+ terraço de 100 m²)
Arq.: Gropius [03]

❸ Conceito de planta para casas geminadas

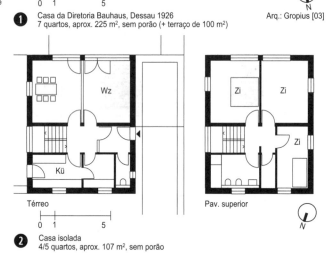

❷ Casa isolada
4/5 quartos, aprox. 107 m², sem porão

A "casa unifamiliar isolada" → ❶
A casa unifamiliar isolada é uma adaptação da residência burguesa para a construção privada de moradias dos novos bairros residenciais. Tamanhos de terrenos, infraestrutura e regulamentos de recuos dirigem-se, em geral, a este tipo de construção habitacional.
Em função da pouca largura dos terrenos voltada para a rua, costuma haver um giro das plantas originais, de forma que a entrada é feita pela lateral. O edifício é iluminado em todas as faces, as qualidades de representatividade do modelo original são identificadas, em sua maioria, apenas por alguns elementos comuns. A organização da planta é simples e funcional: a área de uso comum pode estender-se em toda a profundidade do edifício e receber iluminação em três faces. A falta de espaços externos semi ou totalmente privados, em decorrência da densidade da vizinhança, costuma ser sentida pelos moradores desse tipo de moradias, que procuram soluções improvisadas para o problema: cercas, pérgulas, marquises, *carports* etc.

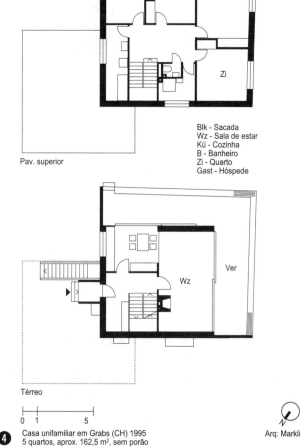

Blk - Sacada
Wz - Sala de estar
Kü - Cozinha
B - Banheiro
Zi - Quarto
Gast - Hóspede

❹ Casa unifamiliar em Grabs (CH) 1995
5 quartos, aprox. 162,5 m², sem porão
Arq: Markli

PLANTAS: CONCEITOS
CASAS ISOLADAS

Zi - Quarto
Wz - Sala de estar

❶ Loft convertido Wehrenbachhalde, Zurique (CH) 2002 — Arq.: burkhalter sumi
3 quartos, aprox. 221 m² (+ terraço de 135 m²)

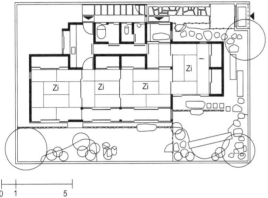

❷ Casa japonesa (projeto) — Arq.: Engel [04]
4 quartos, aprox. 62 m² (+ áreas livres de 106 m²)

Casas com pátio

Inspiradas nas casas com átrio (pátio interno), um dos tipos clássicos de moradia urbana mediterrânea, as casas com pátio contêm espaços interiores e exteriores **que se complementam para formar uma unidade estrutural coesiva**.

Enquanto no modelo mediterrâneo todos os recintos são iluminados e acessíveis pelo átrio, nas casas com pátio, os espaços externos privados ou semi-públicos servem como campo de referência para diferentes agrupamentos espaciais, como espaço visual central e como espaço externo de conexão com as áreas adjacentes em regiões climaticamente desfavoráveis.

Os vidros amplos permitem a integração fluida dos espaços interiores e exteriores, e as instalações minimalistas e sutilmente adaptadas à edificação aumentam o contraste visual com a vista ampla.

A relação com o exterior acontece através da fachada voltada para a rua. Assim, versões modernas das casas com pátio também se caracterizam muitas vezes por uma linguagem formal clara e uma atitude introvertida.

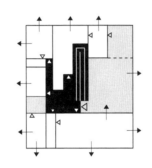
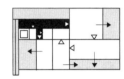
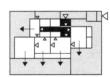

❹ Planta e área externa privada/semiaberta

Habitação

PLANTAS:
CONCEITOS

Casas isoladas
Casas em fileira,
geminadas
tradicionais
e geminadas
em cadeia
Apartamentos
Prédios
residenciais altos
Adaptabilidade

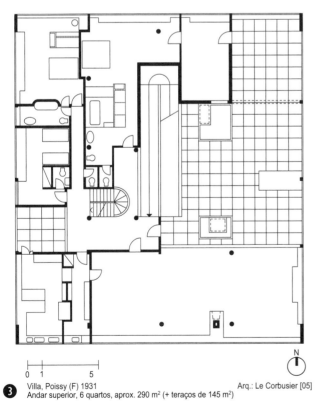

❺ Jardim no terraço → ❸   **❻** Térreo → ❸

Em edifícios independentes, os pátios muitas vezes se apresentam para o exterior como estruturas ortogonais estritas. A diversidade espacial das áreas abertas e fechadas fica ainda mais palpável no interior. A planta fluida (ou orgânica) deriva da análise das relações funcionais entre as áreas individuais de uma moradia e, com frequência, destina-se a um grupo específico de moradores. Esses pátios anexos total ou parcialmente fechados e o contraste com recintos de propriedade de base retangular resultam em uma interpenetração de sequências espaciais diferenciadas, com formas interessantes de comunicação visual, sem zonas neutras intermediárias.

❸ Villa, Poissy (F) 1931 — Arq.: Le Corbusier [05]
Andar superior, 6 quartos, aprox. 290 m² (+ terraços de 145 m²)

299

PLANTAS: CONCEITOS
CASAS ISOLADAS

Plantas livres

Nas plantas com disposições espaciais livres, os espaços abertos adjacentes podem servir parcialmente como área externa privada ou semi-pública integrada ao conceito da planta baixa. No exemplo → ❶ a área de entrada é delimitada de ambos os lados pela garagem com disposição defasada. O terraço fica cercado de três lados e fica voltado a sudoeste. No exemplo → ❷ observam-se áreas externas com diferentes funções, orientações e públicos entre os flancos das alas do edifício.

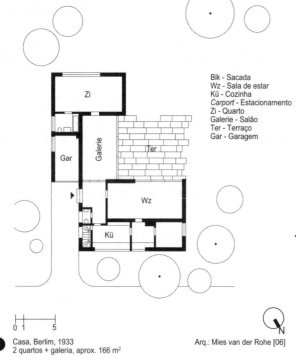

Blk - Sacada
Wz - Sala de estar
Kü - Cozinha
Carport - Estacionamento
Zi - Quarto
Galerie - Salão
Ter - Terraço
Gar - Garagem

Habitação

PLANTAS:
CONCEITOS

Casas isoladas
Casas em fileira,
geminadas
tradicionais
e geminadas
em cadeia
Apartamentos
Prédios
residenciais altos
Adaptabilidade

❶ Casa, Berlim, 1933
2 quartos + galeria, aprox. 166 m²
Arq.: Mies van der Rohe [06]

❸ Plantas de conceito aberto

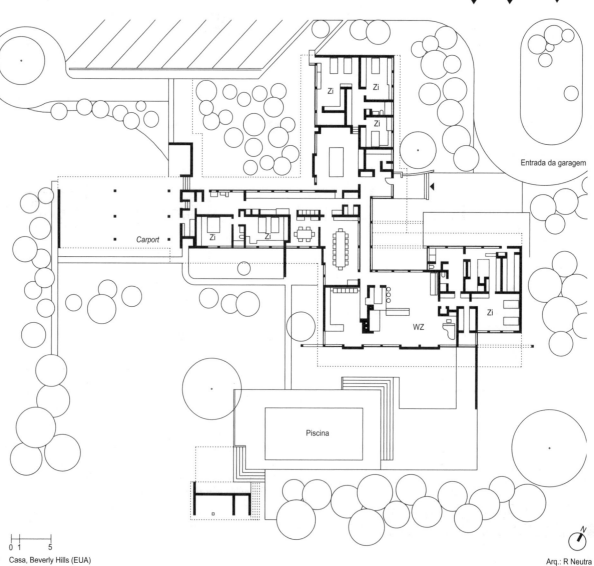

❷ Casa, Beverly Hills (EUA)
Arq.: R Neutra

300

PLANTAS: CONCEITOS
CASAS EM FILEIRA, GEMINADAS TRADICIONAIS E GEMINADAS EM CADEIA

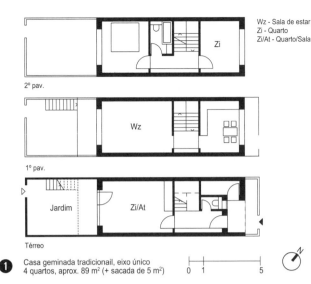

Wz - Sala de estar
Zi - Quarto
Zi/At - Quarto/Sala

① Casa geminada tradicionail, eixo único
4 quartos, aprox. 89 m² (+ sacada de 5 m²)

Casas geminadas interligadas por corredores externos

As casas geminadas proporcionam de forma variada a sensação do morar em casa própria. Nesse sentido, costumam reproduzir o repertório formal das casas isoladas → p. 298.

Em decorrência da densidade da vizinhança e da aparência externa padronizada, as casas geminadas têm sido menos procuradas nos últimos anos.

No entanto, esse tipo de edifício permite construções compactas, funcionais, econômicas e energeticamente eficientes. Plantas de um, um e meio e dois eixos com até duas salas individuais ao longo da parede frontal têm sido bem recebidas.

As áreas comuns podem ficar em qualquer ponto ao longo do comprimento do edifício e podem receber iluminação de ambos os lados. Nesse caso, há a fusão das qualidades de ambas as fachadas – ligação urbana e orientação.

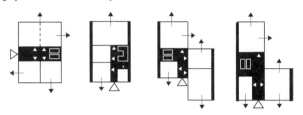

④ Construções independentes e integradas

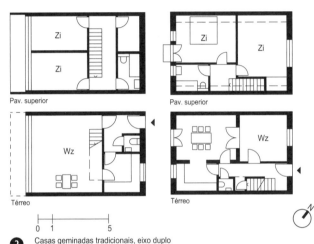

② Casas geminadas tradicionais, eixo duplo
3/4 quartos, aprox. 83 m²

Em terrenos de maiores dimensões, pode-se ter, para o mesmo tamanho de áreas que nas casas geminadas (programa), a formação de espaços externos privados ou semipúblicos variados e protegidos através de mudanças na concepção da planta.

No caso de casa geminadas tradicionais e em cadeia, isso é obtido **juntando-se as áreas angulares ou escalonadas da planta**, ou, no caso de **casas com jardins e pátios**, isso se dá por meio de pátios internos privados.

Habitação

PLANTAS: CONCEITOS

Casas isoladas
Casas em fileira, geminadas tradicionais e geminadas em cadeia
Apartamentos
Prédios residenciais altos
Adaptabilidade

③ Casas geminadas

⑤ Casas com pátios e jardins

Arq.: Wong

301

PLANTAS: CONCEITOS
CASAS EM FILEIRA, GEMINADAS TRADICIONAIS E GEMINADAS EM CADEIA

Iluminação

As casas geminadas clássicas costumam receber iluminação direta apenas pela frente, o que, em construções com profundidade superior a 9 metros e pé-direito padrão, resulta em zonas intermediárias com pouca ou nenhuma iluminação.

Essas zonas geralmente abrigam escadas ou recintos auxiliares, mas, em muitos casos, também atuam como salas de jantar ou parte da sala de estar → p. 301 ❶, ❷.

Com o auxílio de plantas em fileira e em esquinas, tenta-se eliminar essa zona central, aproximando-se ou afastando-se as áreas da planta e buscando-se uma orientação adicional voltada à luz solar → p. 301 ❸.

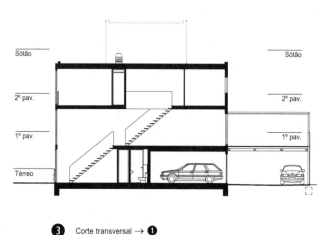

❸ Corte transversal → ❶

❶ Casas urbanas em Amsterdam-Osdorp (Holanda)   Arq.: Kempe Thill
4 (5) quartos, 125 (140) m² → p. 292 ❿

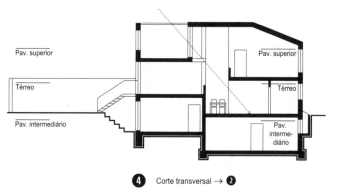

❹ Corte transversal → ❷

Cortes transversais

Em construções modernas padrão, o pé-direito dos recintos residenciais permite iluminar diretamente os recintos anteriores por até 4 ou 5 metros. Uma das possibilidades em casas geminadas estreitas e profundas é dividir transversalmente as seções do edifício: salas de altura dupla, andares superiores escalonados e espaços arejados permitem criar zonas interiores variadas e mais iluminadas → ❶.

Andares superiores escalonados também ajudam a criar ambientes diferenciados de iluminação direta e indireta dentro do edifício → ❷.

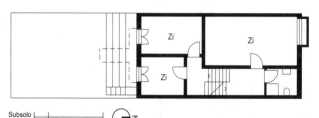

❷ Complexo residencial em Schopfheim,   Arq.: Günter Pfeifer
5 quartos, 135 m²

Habitação

PLANTAS: CONCEITOS

Casas isoladas
Casas em fileira, geminadas tradicionais e geminadas em cadeia
Apartamentos
Prédios residenciais altos
Adaptabilidade

302

PLANTAS: CONCEITOS
APARTAMENTOS

Acessos por corredores

Prédios com sistemas de acesso por corredores costumam contar com acessos externos ou internos dispostos no sentido longitudinal do edifício → p. 295.

Os corredores ficam dispostos ao longo de uma parede longitudinal (não iluminada no caso dos corredores internos), o que tende a criar uma orientação unilateral para as áreas de estar → ❷.

Assim, no caso de plantas de ambiente único, recomenda-se distribuir as habitações em um único piso.

Por meio de vestíbulos de entrada semi-privativos → ❸, andares escalonados → ❺ e conceitos de moradia de vários andares → ❶, podem-se evitar zonas escuras e criar espaços interiores diferenciados com mais variedade em termos de iluminação.

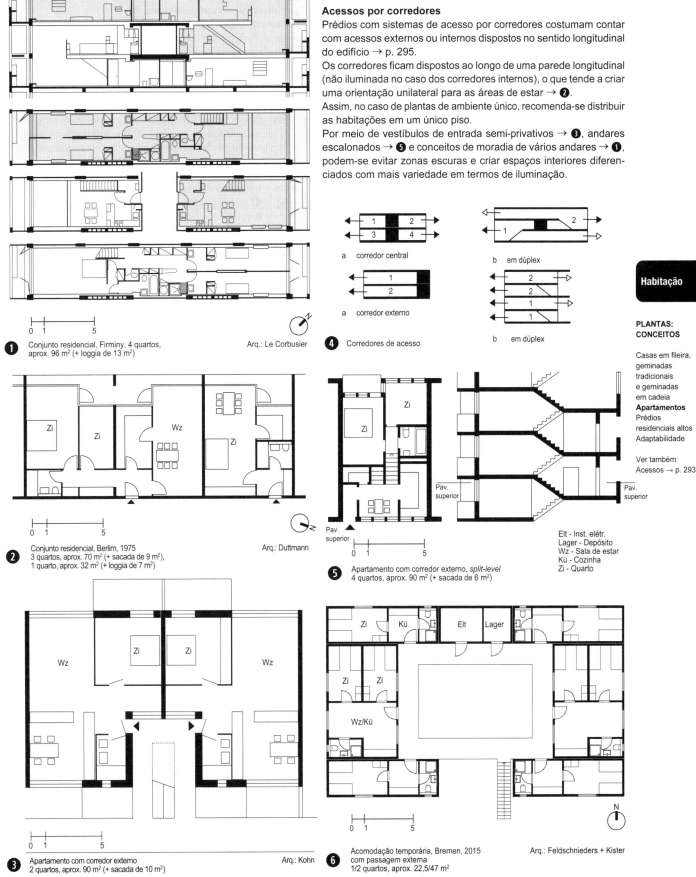

Habitação

PLANTAS: CONCEITOS

Casas em fileira, geminadas tradicionais e geminadas em cadeia
Apartamentos
Prédios residenciais altos
Adaptabilidade

Ver também:
Acessos → p. 293

303

PLANTAS: CONCEITOS
APARTAMENTOS

Apartamentos em um pavimento

Apartamentos que ocupam um andar inteiro contam também com apenas um acesso por pavimento, que se dá por meio de uma escadaria de uso público. Em edifícios urbanos de tamanho normal, esses apartamentos costumam ser espaçosos, ocupando um ou dois andares inteiros. Embora a proporção entre a área de acesso comum e a unidade residencial seja relativamente grande, esses edifícios são razoavelmente populares, especialmente em edifícios privados (ocupados pelos proprietários) de vários andares, pois dão ao morador a sensação de viver entre "suas próprias quatro paredes". Assim, essas modalidade por vezes é conhecida no mercado como *villa* ou *townhouse*.

Apartamentos que ocupam um andar inteiro são adequados para plantas urbanas especiais (p. ex. edifícios ao fim de uma fileira de casas) → ❶ ou lotes apertados → ❷. Escadarias centrais maximizam a área de fachada disponível para o projeto do apartamento e podem ser usadas como elementos de zoneamento → ❸.

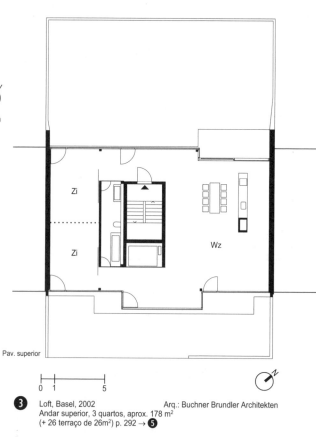

❸ Loft, Basel, 2002 Arq.: Buchner Brundler Architekten
Andar superior, 3 quartos, aprox. 178 m²
(+ 26 terraço de 26m²) p. 292 → ❺

Planta com agrupamento espacial–funcional

Essa ideia do início do século XX baseia-se na **separação de áreas dentro do apartamento** em "dois grupos espaciais": área de vivência (estar, cozinha, refeições) e área de dormitórios (dormitórios e banheiro).

Característico dessa tipologia construtiva é o chamado "corredor íntimo", uma área mínima de acesso a dois dormitórios e banheiro, separada claramente da área de vivência por porta.

A separação espacial dos grupos funcionais tem como objetivo criar um sistema de funcionamento sem atritos dentro do apartamento, para pequenas áreas úteis, com a minimização da circulação.

Em muitas habitações modernas, o "quarto principal" e o "banheiro principal" formam um grupo de recintos, enquanto os demais quartos, com banheiro separado, formam outro. A interface entre eles consiste ou em um corredor, ou em uma grande área comum.

Habitação

PLANTAS:
CONCEITOS

Casas em fileira,
geminadas
tradicionais
e geminadas
em cadeia
Apartamentos
Prédios
residenciais altos
Adaptabilidade

Ver também:

Acessos
→ p. 293
Desenvolvimento
urbano
→ p. 292

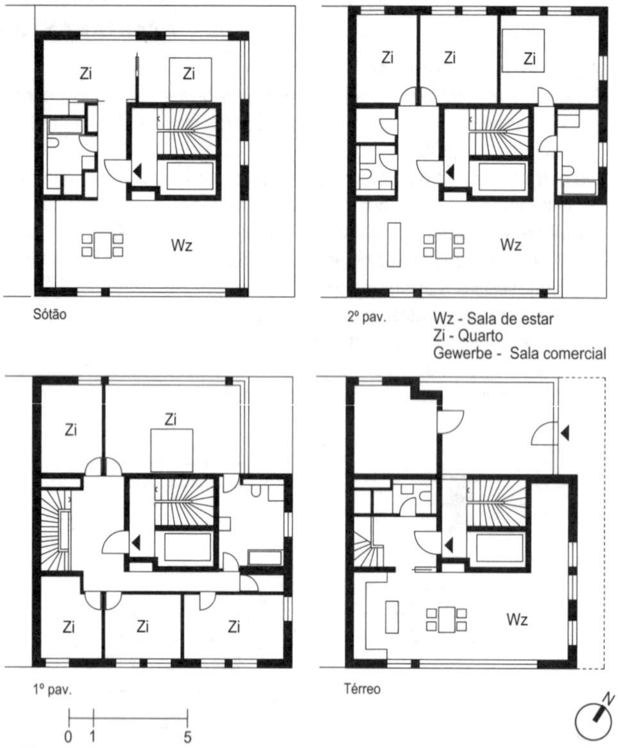

❶ Dúplex, Berlim, 2007 Arq.: Zanderroth
Térreo/1o andar, 5 quartos, 65 + 115 = 180 m²
2º - 4º andares, 4 quartos, 119 m²
Sótão, 3 quartos, 106 m²
p. 289 → ❶, ❷

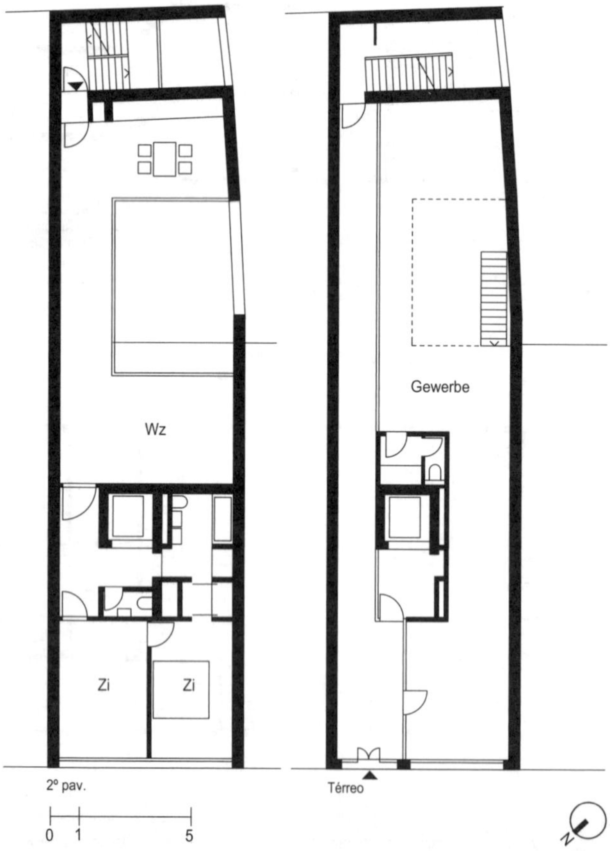

Wz - Sala de estar
Zi - Quarto
Gewerbe - Sala comercial

❷ Habitação e escritório, Basel, 1993 Arq.: Herzog & de Meuron
2º andar, 3 quartos, aprox. 115 m² (+ terraço de 3 m²)
p. 292 → ❻

PLANTAS: CONCEITOS
APARTAMENTOS

Dois apartamentos por andar

Pisos com dois apartamentos são a disposição clássica dos prédios residenciais urbanos.

A planta com corredor central é uma solução clássica dos primeiros prédios de apartamentos. Os ambientes são distribuídos ao longo das fachadas livres e se estruturam através das paredes portantes centrais e do corredor paralelo a elas.

Todos os ambientes podem ser acessados e utilizados separadamente. Áreas de uso comum e individual podem ser implantadas em fachadas opostas, adaptando-se às diferentes condições relativas à orientação solar.

A iluminação natural de toda a área de vivência é garantida; em edifícios de grande profundidade, o corredor central, de pouca iluminação, pode ser alargado e conformar uma espécie de vestíbulo. Esse tipo de apartamento tem sistema de circulação/acesso axial; o acesso pode se dar também através de zona transversal anterior. Na época da neutralidade de usos, o apartamento com corredor central permanece como solução funcional preferida pelos moradores.

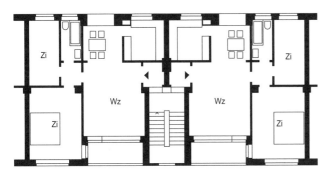

❶ Planta clássica com 2 apartamentos por andar acima: 3 quartos, 65 m², Frankfurt, 1928 abaixo: 3 quartos, aprox. 66 m² (+ sacada de 3m²), Berlim, 1929
Arq.: May
Arq.: Scharoun

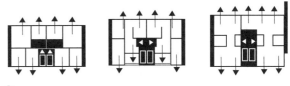

❹ Desenvolvimento da profundidade do edifício em plantas com vários apartamentos

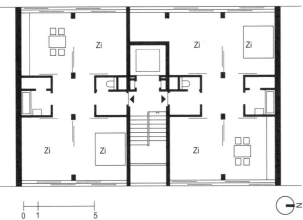

❷ Casa na Grieshofgasse, Viena, 1995
2 apartamentos por andar, 2-4 quartos, aprox. 90 m²
Arq.: Helmut Wimmer

❺ 3 apartamentos por andar, apartamento central flexível
2 quartos, aprox. 46 m²/2 quartos, aprox. 38 m²
Wz - Sala de estar
Kü - Cozinha
Zi - Quarto

A ampliação do corredor central

Em edifícios de grande profundidade, a ampliação da zona central do apartamento é uma solução para criar um espaço multiuso central. O espaço resultante é, ao mesmo tempo, área de vivência/estar e de circulação, sendo iluminado indiretamente, através de outros ambientes adjuntos, ou diretamente, através de cortes na fachada (p. ex. com a instalação de sacadas).

Esse espaço central pode ser comparado com o pátio (tipologia das casas com pátio), no melhor dos casos como área funcional neutra, de comunicação e lazer. O estabelecimento de um uso determinado costuma ser difícil.

Zona funcional central

Para edifícios com grande profundidade pode-se ter a ampliação da área central dos apartamentos, transformada em zona funcional secundária, deixando as fachadas completamente livres para implantação das áreas de vivência. Com iluminação artificial ou indireta, podem ser instalados nessa zona banheiros, cozinhas, armários e áreas de depósito; determinadas áreas de passagem e distanciamentos conseguem fazer a ligação com os espaços situados no entorno → ❷ – ❸.

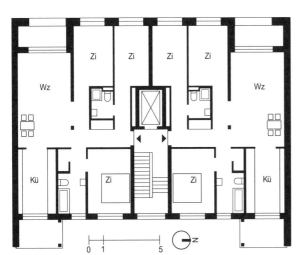

❸ Conjunto residencial Campo, em Frankfurt, 2008
2 apartamentos por piso, 4 quartos, aprox. 99 m² (+ loggia de 11m²)
Arq.: Stefan Forster

Habitação

PLANTAS: CONCEITOS

Casas em fileira, geminadas tradicionais e geminadas em cadeia
Apartamentos
Prédios residenciais altos
Adaptabilidade

PLANTAS: CONCEITOS
APARTAMENTOS

Duas unidades por andar (aninhamento)

Para dar espaço a usos mistos ou para criar áreas de uso flexível, podem-se empilhar ou aninhar plantas de diferentes tipos em uma mesma área de construção.

No exemplo → ❶ – ❷ os apartamentos podem ser usados independentemente um do outro, e, se necessário, podem ser combinados vertical e horizontalmente.

Os exemplos → ❸ – ❹ mostram uma planta ao estilo casa geminada com apartamentos no térreo e no primeiro andar. Estes se estendem por duas unidades e são acessados separadamente por meio de uma escada inserida entre duas casas geminadas.

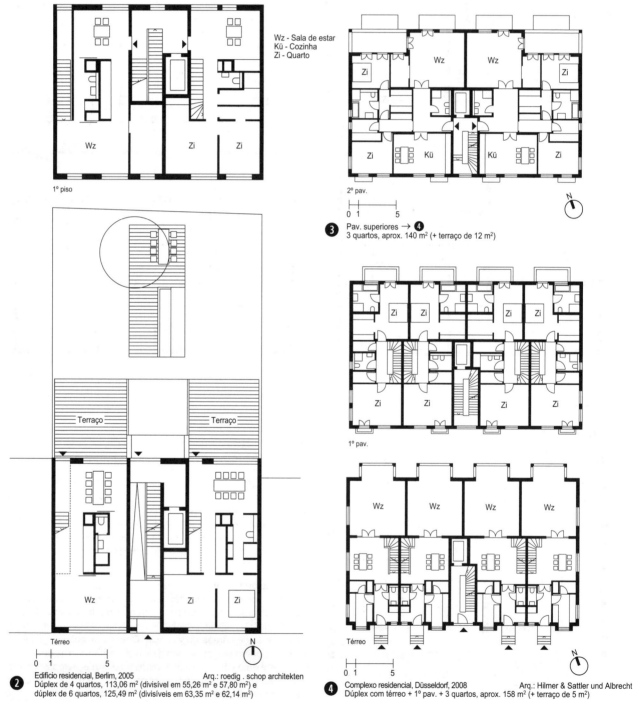

Habitação

PLANTAS: CONCEITOS

Casas em fileira, geminadas tradicionais e geminadas em cadeia
Apartamentos
Prédios residenciais altos
Adaptabilidade

Wz - Sala de estar
Kü - Cozinha
Zi - Quarto

❶ 2º pav. → ❷
2 quartos, 54,66 m² e 3 quartos, 77,37 m², combináveis

❷ Edifício residencial, Berlim, 2005 Arq.: roedig . schop architekten
Dúplex de 4 quartos, 113,06 m² (divisível em 55,26 m² e 57,80 m²) e dúplex de 6 quartos, 125,49 m² (divisíveis em 63,35 m² e 62,14 m²)

❸ Pav. superiores → ❹
3 quartos, aprox. 140 m² (+ terraço de 12 m²)

❹ Complexo residencial, Düsseldorf, 2008 Arq.: Hilmer & Sattler und Albrecht
Dúplex com térreo + 1º pav. + 3 quartos, aprox. 158 m² (+ terraço de 5 m²)

306

PLANTAS: CONCEITOS
APARTAMENTOS

Múltiplas unidades por andar

Utilizam-se múltiplos acessos por andar para dividir edifícios grandes e predominantemente abertos. Em muitos casos, edifícios de grandes dimensões resultam em tamanhos mistos de apartamentos, pois os apartamentos ao longo da fachada longitudinal do edifício às vezes recebem luz apenas de um lado. Os cantos do edifício, em contrapartida, são adequados para plantas mais generosas, com uma iluminação que chega diagonalmente dos dois lados. Se o espaço disponível permitir, a má iluminação pode ser parcialmente compensada por plantas escalonadas ou pela criação de áreas livres entre os recintos → ❹.

Áreas de acesso maiores dentro do edifício podem criar um ambiente de saguão aberto (iluminado de cima), com características especiais, ao qual se conectam os recintos indiretamente iluminados → ❷. Se houver mais de seis apartamentos conectados ou se o limite de altura for excedido, os pisos com vários apartamentos ficam sujeitos a regulamentos adicionais de proteção contra incêndios (como uma escadaria extra).

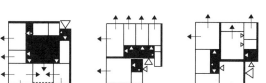

❸ Plantas de vários apartamentos (edifícios de esquina)

Habitação

PLANTAS

Casas em fileira, geminadas tradicionais e geminadas em cadeia
Apartamentos
Prédios residenciais altos
Adaptabilidade

Ver também:
Prédios residenciais altos
p. 505

Proteção contra incêndios
p. 190

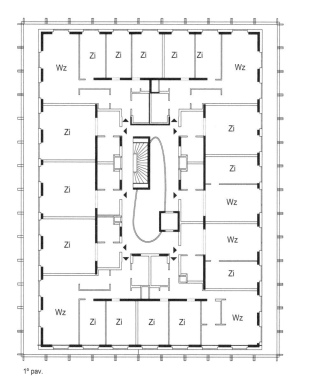

Einl - Quarto de hóspedes
Wz - Sala de estar
Wz/Kü - Sala/Cozinha
Kü - Cozinha
Zi - Quarto

Pav. superior

❹ Prédio residencial, Berlim, 1957   Arq.: Aalto
5 apartamentos, 4 quartos, aprox. 84m² (+ loggia de 10m²)

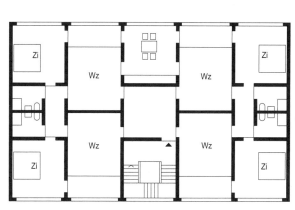

República

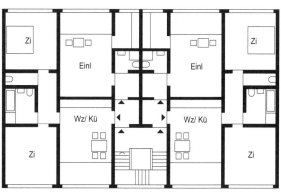

Apartamento de hóspedes

1º pav.

❷ Prédio residencial, Innsbruck, 2000   Arq.: Baumschlager Eberle
10 apartamentos, 2 quartos, aprox. 52-56 m², 3/4 quartos, 79-97 m²

❶ Bloco residencial, Munique, 2006 (projeto)   Arq.: Fink & Jocher
1-4 apartamentos, aprox. 200m² (+ terraço de 24m²)

307

PLANTAS: CONCEITOS
PRÉDIOS RESIDENCIAIS ALTOS

Prédios residenciais altos permitem maximizar a densidade dos espaços de moradia. Em conurbações com altos custos fundiários e grande crescimento populacional, a viabilidade econômica dos edifícios se dá por meio da expansão vertical. Para fins de licenciamento e regulamentação, na Europa se consideram prédios altos aqueles acima de 25 m, enquanto em algumas partes da Ásia eles começam a partir dos 100 m de altura. Quanto mais alto o edifício, maior é o espaço dedicado às áreas de acesso e mais numerosas são as exigências de proteção contra incêndio relativas a rotas de fuga (→ p. 505). Em pavimentos cuja área é compacta por razões estruturais, deve existir a possibilidade de dividi-los em diferentes tamanhos de apartamento. Como apartamentos mais altos são considerados mais atraentes, sua área útil muitas vezes aumenta conforme a altura, com as unidades mais altas sendo as mais luxuosas (lofts na cobertura podem chegar a 400–1300 m² de área de moradia). Nos prédios mais baixos, utilizam-se painéis de concreto para distribuir a iluminação uniformemente e a área de acesso fica na lateral, como uma galeria de acesso → ❶ + ❷. A escadaria pode ter ventilação natural, o que capacita que disperse a fumaça. Por razões estruturais, edifícios mais altos só podem ser construídos no formato de torre. Nesses, as áreas de acesso costumam ser centrais, o que possibilita o maior número possível de apartamentos por andar.
A figura ❸ mostra a conversão de um prédio comercial alto em um prédio residencial, com a zona de acesso na fachada externa. Aqui, foi possível dispor 7 apartamentos por andar, incluindo o acesso.

Habitação

PLANTAS: CONCEITOS
Casas em fileira, geminadas tradicionais e geminadas em cadeia
Apartamentos
Prédios residenciais altos
Adaptabilidade

Ver também:
Prédios residenciais altos
p. 505

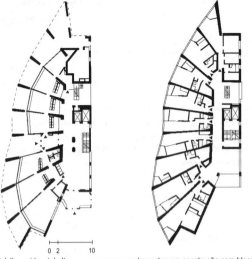
❶ Prédio residencial alto com pequenos apartamentos em construção com blocos, acesso e ventilação possíveis por passarelas externas   Arq.: Aalto [07]

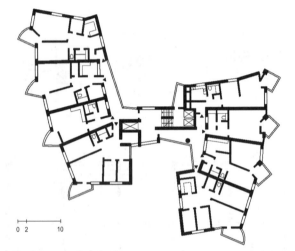
❷ Dois prédios altos com escadaria central, acesso aos apartamentos por passarela externa   Arq.: Scharoun

Prédio alto em painéis, 9 apartamentos por andar

Prédio alto em painéis, 8 apartamentos por andar

2 apartamentos por andar

3 apartamentos por andar

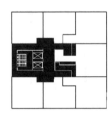
Torre de 7 apartamentos por andar com escada lateral (conversão da antiga torre comercial)

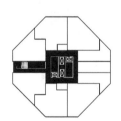
Torre de 8 apartamentos por andar com escada lateral e núcleo central de abastecimento

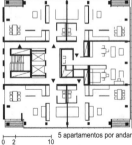
5 apartamentos por andar

7 apartamentos por andar

Antiga planta de escritório

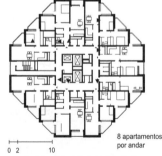
8 apartamentos por andar

❸ Conversão de uma torre comercial (por utilização do sistema estrutural) em torre residencial com 2-7 apartamentos por andar em Frankfurt am Main   Arq.: Stefan Forster Architekten

❹ Conservatório de Leipzig. As paredes transversais simétricas permitem diferentes disposições espaciais em plantas baixas variáveis

PLANTAS: CONCEITOS
PRÉDIOS RESIDENCIAIS ALTOS

A maioria dos prédios residenciais altos é construída nos centros urbanos das regiões economicamente emergentes da Ásia. Na Europa do século XX, esses edifícios foram um jeito de contornar a escassez de moradias causada pela guerra. Naquela época, construíram-se principalmente habitações sociais nas áreas periféricas das cidades (p. 308 → ❶ + ❷). Por muito tempo, a má reputação e as preocupações com a interferência no clima urbano (sombreamento, perturbação dos sistemas eólicos locais) impediram os investimentos nesse tipo de edifício. No entanto, agora é comum ver prédios altos de luxo localizados em áreas centrais da cidade, como é o caso na América do Norte desde o século XX → ❶ + ❷.

O prédio residencial Tower 2 (❸ e ❺), em Frankfurt am Main, atualmente em fase de planejamento, terá apartamentos ocupados pelos proprietários nos andares acima do lobby→ ❸. Quanto mais alto o apartamento, maior sua área → ❹. As varandas são formadas por blocos salientes que criam sombra, protegem contra o calor do verão e ajudam a estruturar a fachada. Para carros e bicicletas, há um estacionamento de vários andares diretamente ligado aos pavimentos inferiores.

A fim de diferenciar esse tipo de construção dos prédios de habitação social descritos acima, o *lobby* conta com uma portaria 24 horas.

Na escadaria de emergência, 2 lances de escadas em direções opostas conectam os pavimentos. Isso significa que todo andar tem acesso à extensão total da escada, e as saídas opostas levam a uma distribuição uniforme dos usuários em caso de emergência.

Habitação

PLANTAS: CONCEITOS

Casas em fileira, geminadas tradicionais e geminadas em cadeia
Apartamentos
Prédios residenciais altos
Adaptabilidade

Ver também:
Prédios residenciais altos
p. 505

Proteção contra incêndios
p. 190

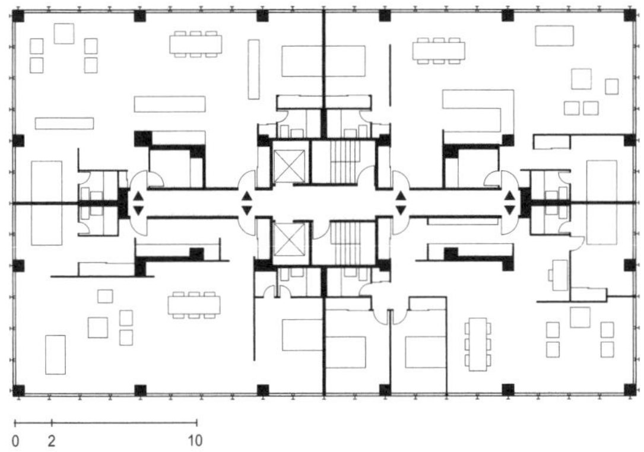

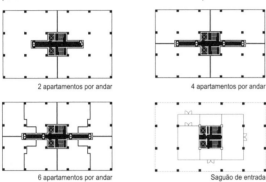

❶ Lake Shore Drive, prédio residencial alto com acesso central, 2–8 apartamentos por andar
Arq.: Mies van der Rohe

2 apartamentos por andar

4 apartamentos por andar

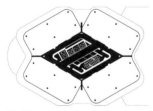
6 apartamentos por andar

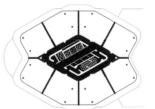
Saguão de entrada

❷ Lake Shore Drive, sistema de acesso com duas escadas centrais. O comprimento dos corredores de acesso pode ser adaptado ao número de apartamentos a serem desenvolvidos.

45°–48° pav., 1 apartamento por andar, cobertura

42° pav., 2 apartamentos por andar com dúplex

33°–41° pav., 4 apartamentos por andar, 188m² por apartamento

19°–20° pav., 8 apartamentos por andar, 90m² por apartamento

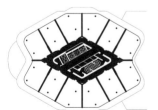
7°–18° pav., 12 apartamentos por andar, 45m² por apartamento

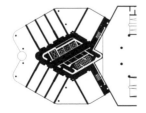
2°–6° pav., 12 apartamentos por andar, menores unidades do edifício, pensão

❸ Tower 2, Frankfurt am Main. Núcleo de acessos a pav. com 1 a 12 apartamentos, com escadaria de emergência
Arq.: Magnus Kaminiarz & Cie.

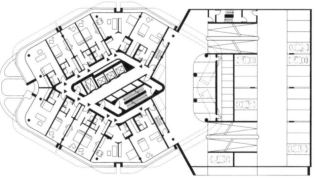

❹ 2°–6° pav., apartamentos de um e dois quartos com conexão para o estacionamento de vários andares

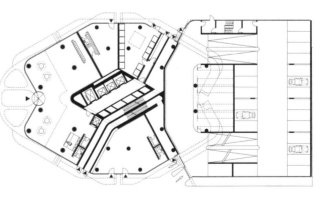

❺ Térreo com saguão, duas unidades comerciais, entrada do estacionamento, saídas de emergência e escadaria de emergência

309

PLANTAS: CONCEITOS
ADAPTABILIDADE

A ideia de uma planta adaptável já estava presente em inúmeros projetos desde os primórdios da arquitetura moderna → ❶. Esse conceito é uma variação da planta livre (*plan libre*), na qual os componentes inalteráveis ficam limitados aos elementos estruturalmente necessários (colunas, lajes de concreto), e o *layout* flexível da planta, que conta com paredes não estruturais, é concebido de modo a permitir a liberdade máxima.

A planta flexível oferece a possibilidade de usos duplos e espaços de moradia otimizados, sendo uma abordagem interessante para a arquitetura contemporânea quanto se discutem espaços de moradia mínimos e acessíveis. Além disso, é possível adaptar essas plantas às mudanças nas exigências de uso (expansão ou redução do espaço de moradia), bem como dividir e combinar os espaços existentes conforme a necessidade.

Esta abordagem está sendo adotada e desenvolvida em muitos projetos habitacionais modernos. A individualização dos padrões de vida e a sobreposição dos espaços de habitação e trabalho significam que plantas com divisões reversíveis e subunidades independentes são cada vez mais atraentes → ❷.
Considerações mais radicais sobre requisitos mínimos para reformas e ampliações DIY têm por objetivo possibilitar a criação de moradias populares em áreas urbanas de alta densidade → ❸.

A dissolução dos padrões de vida tradicionais leva a novos conceitos de planta baixa em que o espaço privado individual é minimizado em favor de áreas comuns que podem ser utilizadas conforme o necessário.

❶ Apartamento pequeno com planta flexível — Arq.: Fieger
2 quartos, 1/2 quartos, aprox. 48 m²

Habitação

PLANTAS:
CONCEITOS

Casas em fileira, geminadas tradicionais e geminadas em cadeia
Apartamentos
Prédios residenciais altos
Adaptabilidade

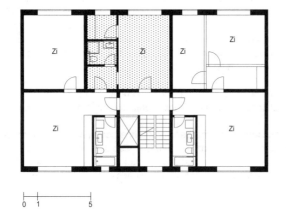

❷ Plano com salas divisíveis e plano conectável
2-3 quartos 2/ 3 quartos, aprox. 75/ 75+20 m²

2° pav.: apartamentos   3° + 4° pav.: dúplex

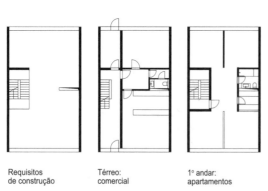

Requisitos de construção   Térreo: comercial   1° andar: apartamentos

❸ Planta flexível com especificações mínimas de construção
1 apartamento por pav., aprox. 86 m²/andar

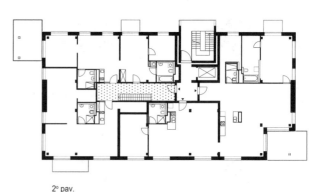

2° pav.

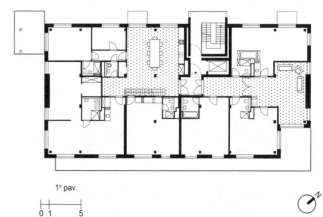

1° pav.

❹ Cluster flats, Berlim, 2014 — Arq.: carpaneto/ fatkoehl/ Bararchitekten
1-3 apartamentos por pav., dúplex, 13 quartos, aprox. 600 m²

ÁREAS BÁSICAS
ACESSO, CIRCULAÇÃO

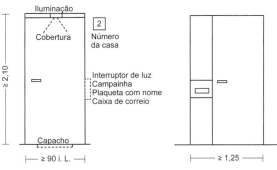

① Porta de entrada, dimensões mínimas

② Setor de acesso, dimensões mínimas

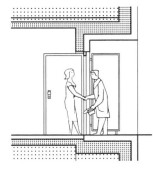

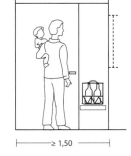

③ Corte, entrada coberta

④ Banco, prateleira para depósito da sacola de compras etc.

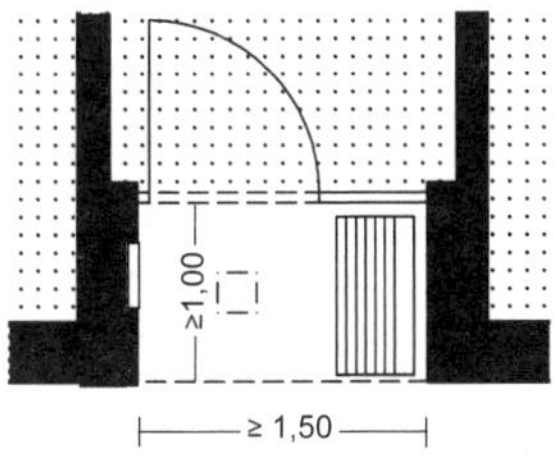

A entrada

A entrada corresponde ao "rosto" da casa, proporcionando aos visitantes a primeira impressão da residência. Uma série de funções precisam ser resolvidas de forma prática, mas também formalmente interessante → ❶.

Quando a entrada localizar-se ao ar livre deverá ser, na medida do possível, protegida dos ventos predominantes. Em casos extremos, recomenda-se a construção de para-vento → p. 312 (no caso de áreas de acesso amplas, com saguão para escadas e elevadores, estas fazem a função de proteção contra o tempo).

Segundo o **Código de Obras** (MBO) as portas de entrada que têm ligação com elevadores necessitam de vão livre de **90 cm** (passagem para cadeirante → DIN 18040). A altura, por sua vez, deverá ser de no mínimo 2,10 m. Deve-se evitar soleiras. Além disso, as portas de entrada precisam atender às exigências de proteção acústica e contra incêndios.

As áreas de acesso devem apresentar largura mínima de **1,25 m** (ideal 1,50 m) e profundidade de **1,00 m** para permitir a espera confortável e protegida diante da porta, para duas pessoas, pelo menos → ❹.
→ ❺ Maiores dimensões oferecem mais espaço de armazenamento → ❻, ❼–❽ mostram situações típicas de acesso a apartamentos ou casas isoladas.

A área centralizada de acessos, com escadas e elevador, é um elemento importante na entrada de prédios de apartamentos → p. 131. O tamanho e o tipo de elevador determinam as dimensões da área frontal de espera, que oferece espaço suficiente para diversas pessoas, cadeirante ou maca com paciente → ❾ – ⓬.

Habitação

ÁREAS BÁSICAS

Acesso, circulação
Cozinhas
Áreas de vivência
Banheiros
Áreas secundárias
Garagem

MBO
DIN 18040

Ver também:
Accesibilidade
→ p. 31
Isolamento acústico
→ p. 157
Portas
→ p. 124
Elevadores
→ p. 139

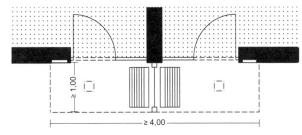

⑤ Planta baixa com entrada recuada → ❾

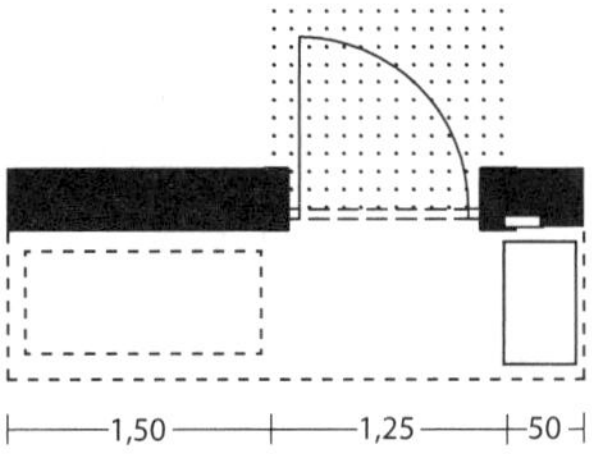

⑥ Entrada coberta com espaço lateral adicional

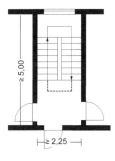

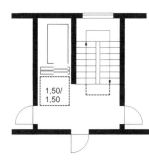

⑨ Escadas de acesso com dois lanços Tipologia de três apartamentos por andar

⑩ Organização espacial em paralelo: escadas e elevadores Tipologia de três apartamentos por andar

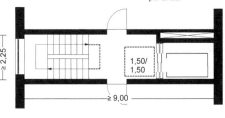

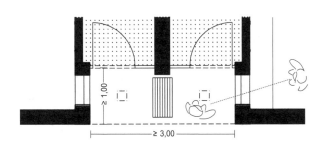

⑦ Duas entradas sob mesma cobertura

⑪ Organização espacial em lados opostos: escadas e elevadores Tipologia de dois apartamentos por andar

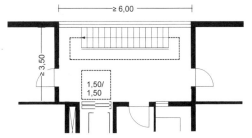

⑧ Casas geminadas com área de acesso comum

⑫ Escada de um lanço; organização espacial com defasagem entre escada e elevador: 3 apartamentos por andar

311

ÁREAS BÁSICAS
ACESSO, CIRCULAÇÃO

Vestíbulo

O vestíbulo (ou hall) deve ter uma clara conformação espacial; no caso de ser ligado diretamente com o exterior, a melhor solução é o seu fechamento com porta (para-vento). Como espaço, deve fornecer área de movimentação suficiente em diferentes situações → ❹. Nessa área, ocorrem **recepção, cumprimento dos visitantes, guarda-roupa, despedida**, assim como a primeira orientação, depois da entrada, dentro da moradia → ❶ – ❸. Diversos objetos devem ser dispostos em área restrita, de forma funcional → ❺, ❻. A partir do vestíbulo deve-se ter ligação direta com as áreas de uso comum, cozinha, WC e escadas.

❶ Necessidade espacial no vestíbulo para recepção confortável de pessoas

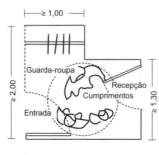

❷ Para retirada de casacos

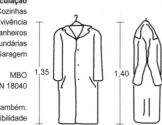

❸ Recepção, cumprimentos

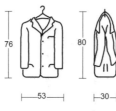

❹ Planta esquemática com indicação dos movimentos **acessível**

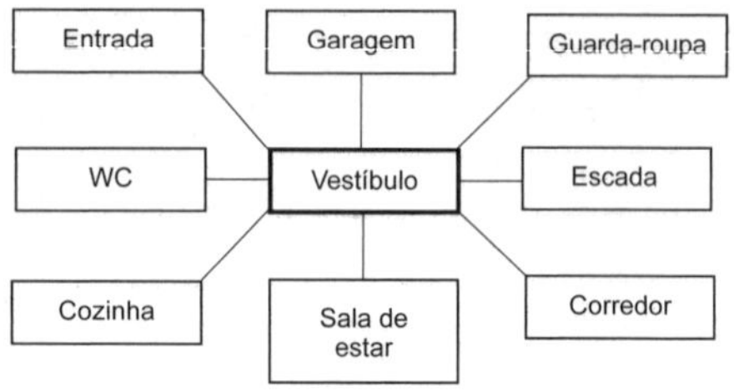

❼ Ligação entre vestíbulo e outros ambientes da casa

Habitação

ÁREAS BÁSICAS

Acesso,
circulação
Cozinhas
Áreas de vivência
Banheiros
Áreas secundárias
Garagem

MBO
DIN 18040

Ver também:
Acessibilidade
→ p. 31

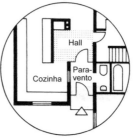

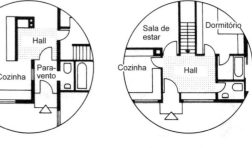

❽ Ligado ao para-vento

❾ Hall como centro de ligação para cozinha, WC, escada de acesso ao porão, banheiro e dormitório

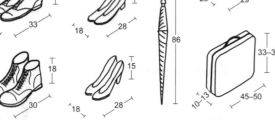

❺ Dimensões de casacos e paletós, guarda-chuvas, chapéus, malas, sapatos

❿ Entrada lateral

⓫ Com ligação direta para a escada de acesso ao porão

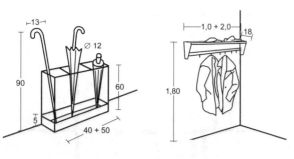

❻ Suporte para guarda-chuvas, com base impermeável; cabideiro (6 ganchos em 1 m)

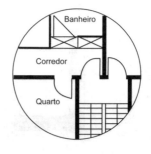

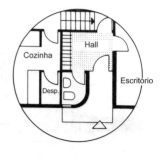

⓬ Vestíbulo em apartamento

⓭ Hall com ligação para sala de escritório

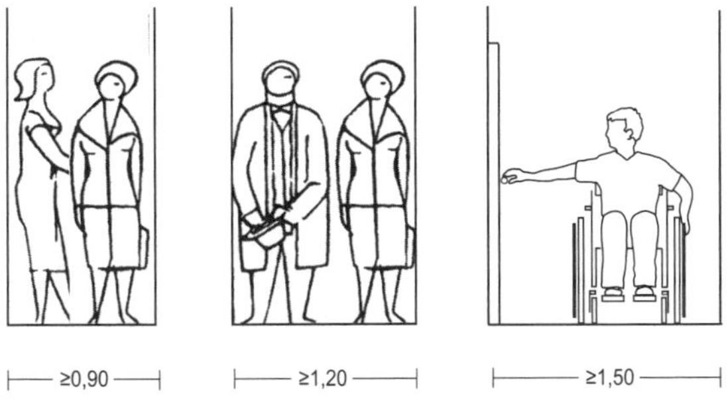

ÁREAS BÁSICAS
ACESSO, CIRCULAÇÃO

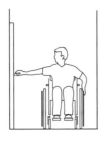

| ⊢ ≥0,90 ⊣ | ⊢ ≥1,20 ⊣ | ⊢ ≥1,50 ⊣ |

❶ Largura de corredores

Corredores
Corredores conformam áreas de ligação neutra entre os setores funcionais da casa. Apesar de não pertencerem verdadeiramente às áreas úteis da moradia, devem ser construídos, na medida do possível, de forma ampla e variada. Uma abertura parcial para a sala de estar e iluminação natural são desejáveis. Muitas vezes, os espaços dão a impressão de serem mais amplos apenas com o alargamento do corredor de ligação, que permite melhor disposição das portas, p. ex., em relação a camas e armários → ❺.

Larguras de corredores
A largura dos corredores depende do seu posicionamento, do número e sistema de abertura das portas, além de sua disposição (de um ou dos dois lados) e do número de usuários. A largura mínima dos corredores não deve ser inferior a 0,90 m (**de preferência 1,20 m**). **Para usuários de cadeiras de rodas, devem-se prever espaços de rotação adequados (1,50 x 1,50 m) → ❶, ❷.**
❸ – ⓮ mostram a melhor forma de acessos para diferentes tamanhos e formas de corredores, ligando ambientes com largura maior a 2 m. Nos exemplos foram tomadas medidas mínimas de 1 m para os corredores, onde duas pessoas podem se movimentar livremente. Essa largura, entretanto, não permite a instalação de armários normais, que deverão, no caso, ser embutidos → ❻, ❾.
Na disposição das portas, deve-se pensar no posicionamento de camas e armários dentro do ambiente (veja acima).

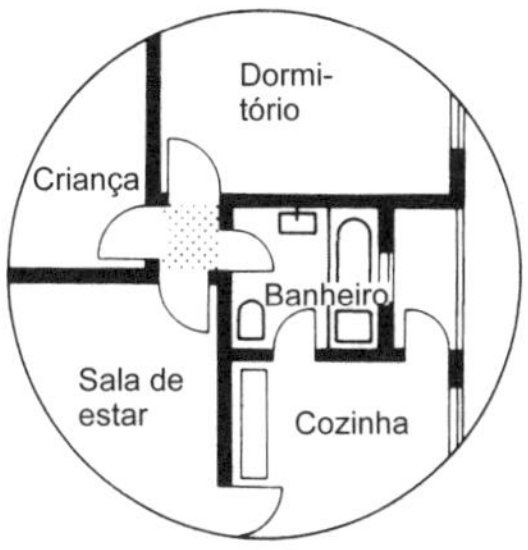

Tipo de corredor	pouco trânsito	trânsito regular
Portas de um só lado; abertura das portas em direção ao interior	0,90 m	**1,20 m**
Portas dos dois lados; abertura das portas em direção ao interior **com espaços de rotação para usuários de cadeira de rodas**	**1,50 m**	
Portas de um só lado; abertura das portas em direção ao corredor	1,40 m	1,80 m
Portas dos dois lados; abertura das portas em direção ao corredor		2,20 m
Portas dos dois lados, localizadas frente a frente; abertura em direção ao corredor	2,40 m	2,60 m

❷ Larguras mínimas de corredores dependentes da disposição das portas, direção de abertura e volume de circulação

Habitação

ÁREAS BÁSICAS

Acesso, circulação
Cozinhas
Áreas de vivência
Banheiros
Áreas secundárias
Garagem

DIN 18040

Ver também:
Acessibilidade
→ p. 31

❸ 1 m² de corredor = 4 ambientes, como nó de ligação entre dormitório, quarto da criança, banheiro e sala de estar

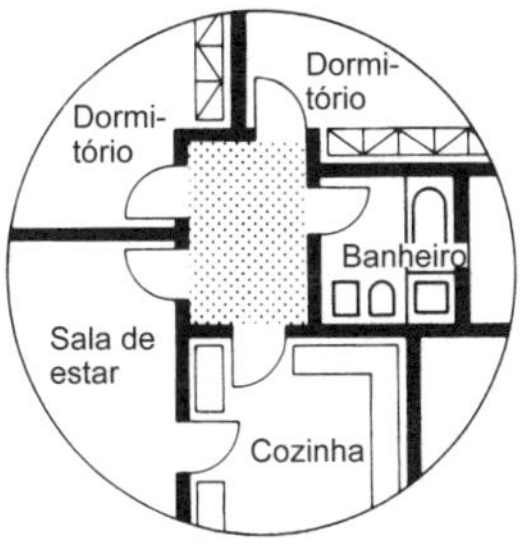

❹ 2 m² de corredor = 3 ambientes, senão como → ❸

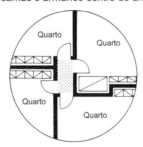
❾ 2 m² de corredor = 4 ambientes com armários embutidos e nichos para camas

❿ 3 m² de corredor = 6 ambientes

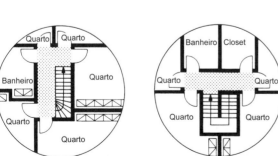

❺ 4 m² de corredor = 5 ambientes, com armários embutidos

❻ 5,2 m² de corredor = 6 ambientes, em parte com armários e camas embutidos

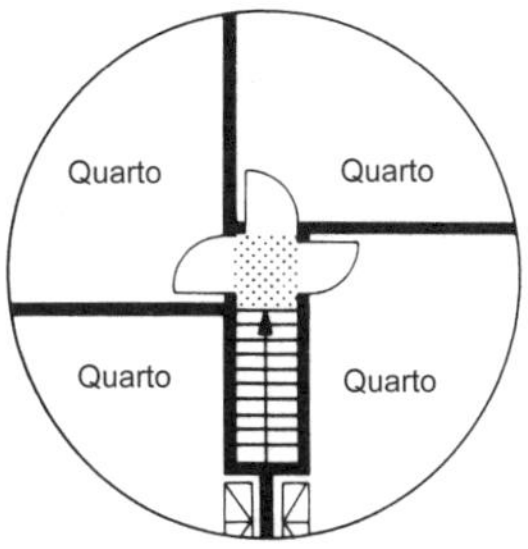

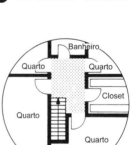
⓫ 1 m² de corredor = 3 ambientes grandes no fim de uma escada (último patamar)

⓬ 5 m² de corredor = 4 ambientes grandes e 2 compartimentos (banheiro, closet)

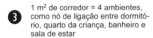

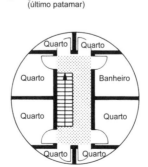
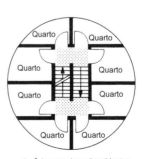

❼ 5 m² de corredor = 5 ambientes e 1 banheiro

❽ 4 m² de corredor = 4 ambientes, 1 banheiro e closet

⓭ 7 m² de corredor = 8 ambientes com escada

⓮ 4 m² de corredor = 4 ambientes grandes e 4 pequenos, em andares defasados (solução econômica, com utilização dos patamares da escada)

313

ÁREAS BÁSICAS
COZINHAS

A **cozinha** é um lugar de trabalho e, ao mesmo tempo, de permanência e ponto de encontro dos moradores e visitantes, com múltiplas relações com outros ambientes da moradia.

Segundo o Código de Obras (MBO), toda moradia (casa ou apartamento) deverá ter uma cozinha ou nicho para cozinhar. Em geral, cozinhas sem janelas são desfavoráveis, sendo permitidas apenas com sistema eficiente de ventilação.

Como **área de permanência**, a cozinha deverá ter um pé-direito mínimo de 2,40 m e uma área de janela (medida em obra bruta) de pelo menos ⅛ da área líquida do recinto.

Disposição espacial

A orientação da cozinha deverá ser para o Norte ou Nordeste (no hemisfério Norte), com relação direta com o setor de entrada (percurso menor para transporte de compras, lixo etc.), com o jardim/horta e com o porão. **Ligações aconselháveis dentro da moradia** incluem sala de jantar, área de serviços e despensa.

Na medida do possível, deve-se ter, a partir da cozinha, controle visual da porta de entrada, área recreativa das crianças e terraço → ❹.

❶ Dimensões exigidas em projeto de cozinhas * Altura mínima acima acima da bancada de trabalho na área do fogão e da pia

Habitação

ÁREAS BÁSICAS

Acesso, circulação
Cozinhas
Áreas de vivência
Banheiros
Áreas secundárias
Garagem

MBO
Código de Obras)
DIN EN 1116
DIN 18040

Ver também:
Acessibilidade
→ p. 31

 ❷ Ordenação das superfícies de trabalho na cozinha

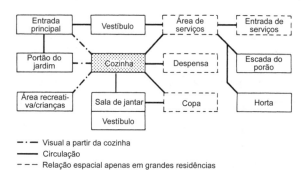

─·─ Visual a partir da cozinha
─── Circulação
─ ─ ─ Relação espacial apenas em grandes residências

❹ Relações espaciais para cozinhas maiores

Equipamentos	Área ocupada	
	Larg. em cm	Prof. em cm
Armários para louça, panelas, provisões etc.		
1 armário inferior	30–150	60
2 armário inteiro	60	60
3 armário superior	30–150	≤ 40
Geladeira e congelador		
4 geladeira	60	60
5 geladeira com congelador	60	60
6 freezer	≥ 90	Fabricante
Superfícies, bancadas de trabalho		
7 pequena superfície de trabalho entre fogão e pia	≥ 60	60
8 grandes bancadas de trabalho	≥ 120	60
9 superfície para deposição de aparelhos	≥ 60	60
10 superfície de deposição ao lado do fogão	≥ 30	60
11 superfície de deposição ao lado da pia	≥ 60	60
Equipamentos para cozinhar e assar		
12 fogão com forno e coifa	60	60
13 fogão elétrico com armário inferior	60–90	60
14 forno embutido com armário	60	60
15 forno de micro-ondas	60	60
Equipamentos para lavagem da louça		
16 pia e escorredor	≥ 90	60
17 pia (duas cubas) e escorredor	≥ 120	60
18 lava-louças	60	60
19 centro de lavagem (pia com escorredor, armário inferior e lava-louças)	≥ 90	60

❸ Medidas de equipamentos para a cozinha (DIN EN 1116)

Na **DIN EN 1116** encontram-se as **medidas coordenadoras para o mobiliário de cozinhas** → ❸. Os padrões de projeto, no que diz respeito às **áreas de movimentação**, antes desenvolvidos na DIN 18022, foram substituídos em 2007, de modo que as exigências para atender a pessoas com deficiência ou necessidades especiais ficaram sem informações suficientes.

Por esse motivo, as dimensões aqui enumeradas são de caráter absolutamente mínimo. **De maneira geral, devem ser adotados, no cálculo de cozinhas e suas áreas de movimentação, os parâmetros segundo DIN 18040 (Acessibilidade)** → p. 31.

Na instalação da cozinha, deve-se observar a **fluência na execução dos trabalhos**, com suficiente liberdade de movimento e economia de circulação.

Para o uso de equipamento e mobiliário, é imprescindível uma largura de **1,50 m** (mín. 1,20 m) entre os dois lados das bancadas de trabalho. Considerando uma profundidade de 60 cm da maioria dos equipamentos (em ambos os lados), incluindo área de movimentação, tem-se uma largura de **2,70 m** (mín. 2,40 m), mais cerca de 6 cm de afastamento das paredes.

A **altura das bancadas de trabalho** deverá ser adaptada, na medida do possível, à altura do usuário. Para a maioria dos fabricantes de móveis de cozinha, isso fica na faixa dos **85 aos 95 cm** → ❶. O trabalho em pé deverá ser evitado, o que pode ser melhorado com a introdução de planos de trabalho extensíveis.

De maneira geral, deve-se observar no projeto uma posição confortável do corpo durante o trabalho e boa iluminação → p. 318. Para a facilidade dos trabalhos, recomenda-se a **coordenação das diferentes superfícies de trabalho** entre si → ❷.

314

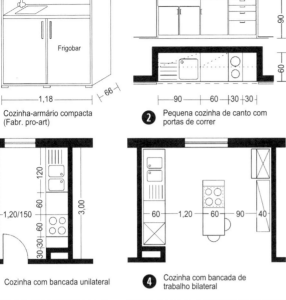

❶ Cozinha-armário compacta (Fabr. pro-art)
❷ Pequena cozinha de canto com portas de correr
❸ Cozinha com bancada unilateral
❹ Cozinha com bancada de trabalho bilateral
❺ Cozinha com forma de U
❻ Disposição em L com área de jantar

ÁREAS BÁSICAS
COZINHAS

Tipos de cozinhas
Os tipos de cozinhas classificam-se segundo sua disposição e forma das bancadas de trabalho. Faz-se uma diversificação essencial entre:
Quitinete ou **nicho para cozinhar**: respondem às exigências funcionais com muitas restrições (poucas superfícies de deposição, armários etc.), sendo apropriados mais para apartamentos de férias, residências de estudantes ou em forma de copa, para escritórios, instituições etc. Em geral, esses nichos não necessitam espaço próprio, podendo ser instalados em corredores ou áreas de passagem → ❶ – ❷.
A cozinha como área de trabalho: a forma dessas cozinhas, em geral com pequenas áreas úteis, é classificada conforme seu aspecto funcional em: com **bancada unilateral**, **bilateral** ou em **forma de U**; geralmente são padronizadas, como cozinhas moduladas. Nesse caso, a disposição dos equipamentos e bancadas tende a ser otimizada em função da racionalização do trabalho → ❾. O resultado são cozinhas dispostas em áreas de 5,5 m² a 8,5 m², com áreas de circulação de no mínimo 5,40 m em residências para mais de um habitante. Esses espaços limitam-se às atividades de preparo de alimentos na cozinha → ❸ – ❺.
A ligação com a área de refeições faz-se por corredor, podendo ser apoiada por abertura na parede, para passagem dos pratos.

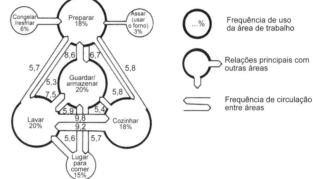

❾ Distribuição funcional da cozinha

Habitação

ÁREAS BÁSICAS

Acesso, circulação
Cozinhas
Áreas de vivência
Banheiros
Áreas secundárias
Garagem

MBO
(Código de Obras)
DIN EN 1116

Ver também:
Acessibilidade
p. 31

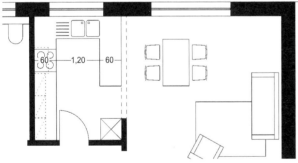

A **copa e cozinha**: esse tipo oferece, ao lado dos equipamentos normais da cozinha, uma área para refeições, com mesa, cadeiras ou bancos (p. ex. para tomar o café da manhã).
A cozinha transforma-se, nesse caso, em área de permanência, valorizada por qualidades de comunicação entre as pessoas. Esse tipo de cozinha ampliada pode ser projetado com área básica a partir de cerca de 10 m². A disposição em L é ideal, com portas de ligação para a sala de estar e corredor, com uma área de cerca de 14 m² → ❻.

Uma variação do sistema de copa e cozinha é a chamada "**cozinha aberta**", onde a cozinha é instalada espacial e visualmente junto à sala de estar e jantar.
Pode ser em forma de "cozinha americana modulada", i.e., como área funcional de trabalho ligada à sala de estar, ou, p. ex. ter a forma de balcão e área para refeições rápidas, servindo como divisor de ambientes → p. 319 ❸.
Projetos modernos de cozinhas distanciam-se novamente das formas moduladas, prontas. A nova concepção baseia-se na ideia de conjunto de elementos independentes, com diferentes funções e formas, que são agrupados espacialmente, como mobiliário, em ambientes, na medida do possível, amplos.
Cozinhas abertas necessitam de boa ventilação para afetar o mínimo possível a área de vivência da moradia. Em muitos casos, recomenda-se planejar uma divisória temporária de ambientes, como por meio de elementos deslizantes móveis → ❼.

❼ Cozinha aberta com relação espacial fluida (Formato em G) (→ p. 304 ❶)
❽ Perspectiva → ❼

315

ÁREAS BÁSICAS
COZINHAS

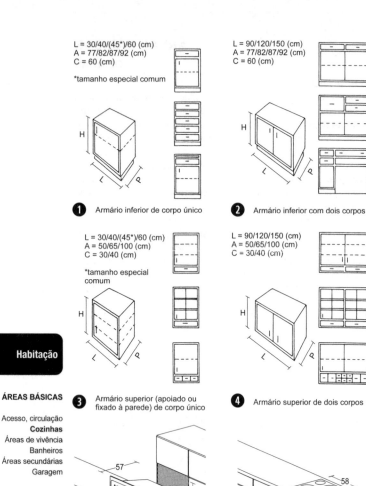

Habitação

ÁREAS BÁSICAS
Acesso, circulação
Cozinhas
Áreas de vivência
Banheiros
Áreas secundárias
Garagem

DIN EN 1116

Instalação e equipamentos da cozinha
Para o mobiliário da cozinha, existem à disposição múltiplos sistemas elementares com funções determinadas e dimensionamentos variados, utilizados em sua maioria junto com bancadas de trabalho e unidades de armazenamento contínuas:
Armários inferiores com gavetas grandes ou portas, para provisões, louças ou utensílios de maiores dimensões, assim como base para embutir aparelhos eletrodomésticos → ❶ – ❷.
Armários superiores para louças ou provisões, assim como para embutir aparelhos leves, como micro-ondas → ❸ – ❹.
Armários inteiros com altura de até 2 m, para armazenar provisões ou guardar vassouras e produtos de limpeza, assim como para embutir geladeiras, forno, entre outros.
Fogão e exaustor, com coifa com 2 – 4 bocas, como fogão elétrico ou à gás; com frequência com forno separado (embutido em armário) e integrado a bancada de trabalho → ❺ – ❼.
Pias de maneira geral com 1 a 2 cubas, em bancadas prontas, com escorredor integrado → ⓫ – ⓬.
O armário abaixo da pia costuma ser utilizado para a instalação da **lava-louças automática** → ❾, assim como para a colocação da lixeira.
A **geladeira** pode ser integrada a um armário inferior (em cozinhas menores) ou a armários inteiros; apresentar **congelador** (integrado ou separado) ou ser combinada com **freezer** → ⓯ – ⓰.
Durante o planejamento da cozinha, deve-se atentar à disposição dos **elementos de eletricidade, gás e água**!

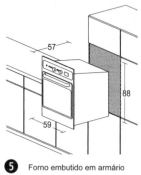

❺ Forno embutido em armário

❻ Placa do fogão

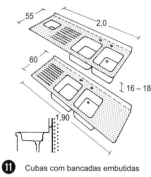

⓫ Cubas com bancadas embutidas

⓬ Cubas com bancadas embutidas

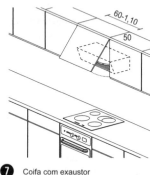

❼ Coifa com exaustor

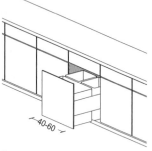

❽ Recipientes para separação de lixo

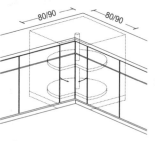

⓭ Bancada de esquina com armazenamento circular

⓮ Cozinha compacta

❾ Máquina de lavar louça

❿ Armário de panelas com gavetões

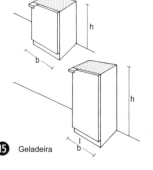

⓯ Geladeira

Geladeira

Vol. (l)	l (cm)	p (cm)	h (cm)
50	55	55–60	80–85
75	55	60–65	85
100	55–60	60–65	85
125	55–60	65–70	90–100
150	60–65	65–70	120–130
200	65–75	70–75	130–140
250	70–80	70–75	140–150

Geladeira embutida

Vol. (l)	l (cm)	p (cm)	h (cm)
50	55	50–55	80–85
75	55	55–60	85–90
100	55	60–65	90

⓰ Dimensões → ⓯

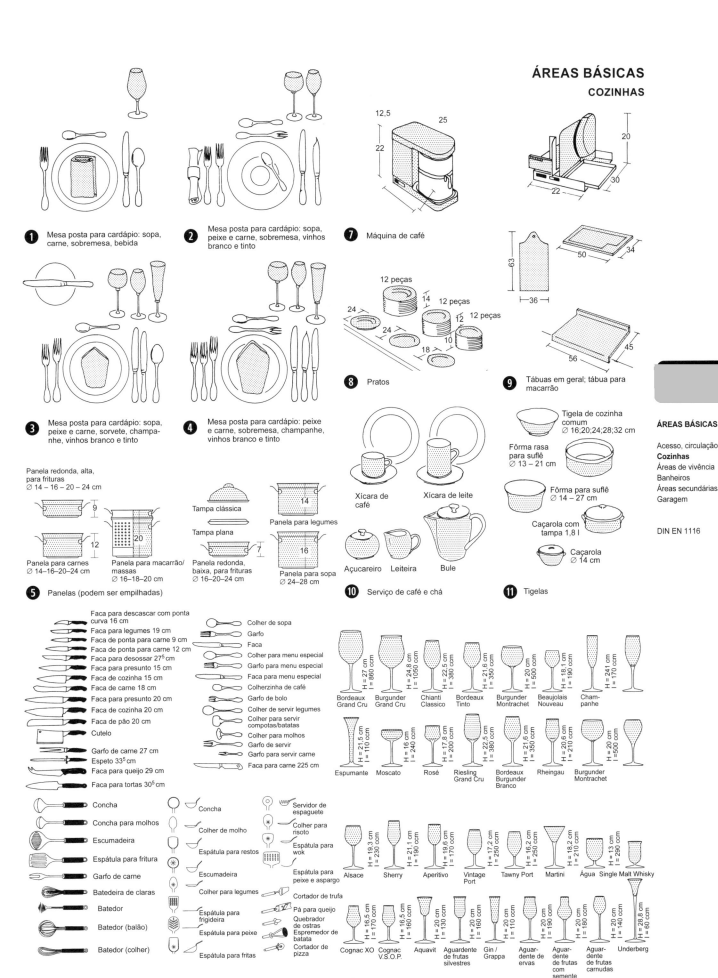

ÁREAS BÁSICAS
COZINHAS

ÁREAS BÁSICAS

Acesso, circulação
Cozinhas
Áreas de vivência
Banheiros
Áreas secundárias
Garagem

DIN EN 1116

ÁREAS BÁSICAS
COZINHAS

Sequência de trabalho

A disposição do mobiliário e equipamentos na cozinha deve promover uma sequência de trabalho racional e com economia de energia. Junto à colocação em série dos aparelhos e bancadas → p. 314, a disposição de superfícies frente a frente pode contribuir para a otimização e o encurtamento das sequências de trabalho → ❶.

A cozinha também pode ser utilizada por duas pessoas simultaneamente, para a mesma área, através da disposição adequada de bancadas e aparelhos → ❷.

Armários inteiros e superfícies para deposição devem ser localizados em determinadas zonas, sem problemas de acesso → ❸ – ❹. Alturas de alcance para usuários de cadeira de rodas → p. 31.

Bancadas ajustadas à altura necessária para as determinadas tarefas facilitam a execução dos trabalhos → ❽.

Cozinhas são as áreas de maior uso dentro das moradias, devendo, por isso, ser confortáveis e fáceis de limpar → ⓮.

A iluminação deverá ser fixada nos armários superiores (em sua superfície inferior) → ❼.

Recomenda-se peitoris de janelas com distanciamento suficiente em relação à bancada de trabalho, para evitar que, ao se abrir a janela, os objetos ali colocados sejam atingidos → ❸.

A disposição de interruptores e tomadas, assim como espaço necessário para instalações frente a paredes, radiadores para calefação e sua tubulação, devem ser considerados no planejamento das áreas de trabalho e seu dimensionamento.

Habitação

ÁREAS BÁSICAS
Acesso, circulação
Cozinhas
Áreas de vivência
Banheiros
Áreas secundárias
Garagem

Ver também:
Acessibilidade
→ p. 31

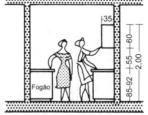
❶ Corte transversal de uma cozinha com duas bancadas de trabalho

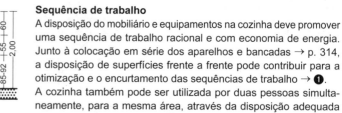
❷ Corte transversal de uma cozinha com lugar para duas pessoas trabalhando simultaneamente

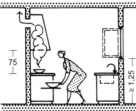
❸ Partes do fogão localizadas embaixo necessitam de espaço para movimento. Instalar coifa com exaustor sobre a área de cozimento

❹ Bancada de trabalho e deposição com 60 cm de profundidade

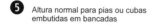
❺ Altura normal para pias ou cubas embutidas em bancadas

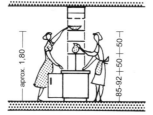
❻ Cozinha integrada com lugar para refeições através de abertura. Prateleiras para louça, com uso para os dois lados

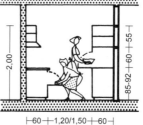
⓫ Trabalho lado a lado

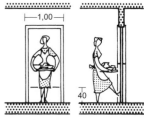
⓬ Entre cozinha e copa, de preferência instalar porta vaivém, podendo ser movimentada (empurrada) à altura do pé

❼ Iluminação correta e incorreta da cozinha

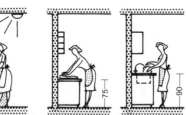
❽ A altura usual de 85 cm para bancada de trabalho, localiza-se em posição intermediária entre as alturas ideais para feitura de pães e bolos, e da pia

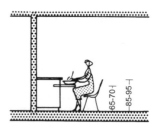
⓭ Bancadas de trabalho corrediças para atividades sentadas

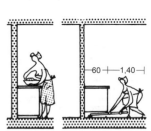
⓮ Posicionamento correto dos pés de armários para facilitar limpeza e trabalho ≥ 10 cm

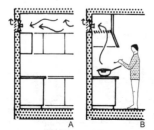
❾ Ventilação artificial por ventilador (A) ou exaustor (B)

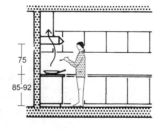
❿ Coifa sobre fogão

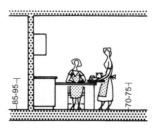
⓯ Mesa de correr

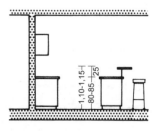
⓰ Bar

ÁREAS BÁSICAS
ÁREAS DE VIVÊNCIA

Áreas de refeições
A área de refeições exerce papel principal nas funções sociais, representativas e comunicativas na moradia. Constitui parte fundamental da vida comunitária e do relacionamento entre moradores. A abrangência de soluções vai desde o espaço para refeições rápidas na cozinha e área de refeições comuns dos moradores, até a sala de jantar especial, que serve também para recebimento de visitas. As exigências para o arranjo espacial e disposição da mesa e cadeiras são variadas. A mesa de refeições pode, de diversas formas tornar-se o centro da organização da habitação → p. 315 ❾.

Exigências mínimas
A área de refeições depende do tamanho da moradia. Deve, entretanto, apresentar lugar para no mínimo 4 pessoas.

Organização espacial
Em geral, são implantadas na face Sul ou Oeste (no hemisfério Norte). Uma ligação direta com a cozinha (ou copa) é recomendável. A possibilidade da sua extensão espacial para festas (através de portas de correr, entre outros) também é indicada. Na medida do possível, deve-se ter a ligação com sacadas e terraços.
No caso da necessidade de um espaço especial para café da manhã, recomenda-se a orientação Sul ou Leste. Quando instalado diretamente na cozinha, necessita uma área adicional, também de movimentação.

Equipamentos e necessidade espacial
Para comer confortavelmente uma pessoa necessita uma área de mesa com cerca de 60 x 40 cm → ❶.
Assim, há distanciamento suficiente em relação ao vizinho e espaço para louça, talheres etc.
No meio da mesa deve ser deixada uma faixa livre de 20 cm, para tigelas, panelas e travessas.
Uma área para refeições rápidas pode ser obtida através de tampo extensível, em uma altura de 70 a 75 cm → ❸.
Quando há espaço suficiente, pode-se ter uma mesa livre, acoplada a armário.
À esquerda e à direita da mesa deve-se ter uma área livre de movimentação de 80 cm (120 cm em espaços acessíveis).
Uma solução com economia de espaço é o uso de balcão (bar) com 40 cm de profundidade; tampo com sobreposição de 15 cm é a solução mais econômica. Nesse caso, banquetas ou cadeiras especiais são necessárias → ❸.
Uma área de refeições normal na cozinha pode requerer muito espaço, mas, em muitos casos, substitui a sala de jantar.
Uma solução confortável é a mesa redonda, com diâmetro mínimo de 90 cm (ideal 1,10–1,25 m).
Bancos de canto com mesa constituem a solução de menor necessidade espacial. No caso de haver mais de 3 usuários, deve-se aumentar o espaço de movimentação em 80 cm para a cadeira adicional.
A iluminação não deve causar ofuscamento.

Habitação

ÁREAS BÁSICAS

Acesso, circulação
Cozinhas
Áreas de vivência
Banheiros
Áreas secundárias
Garagem

DIN 18040

Ver também:
Acessibilidade
→ p. 31

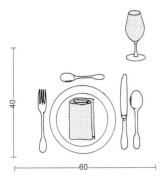
❶ Mesa posta para menu: sopa, carne, sobremesa, bebida

❷ Mesa posta para menu: sopa, peixe ou carne, *sorbet*, vinho espumante, branco e tinto

❸ Mesa extensível, bar (balcão e banqueta)

❹ Distância para abertura de gavetas e portas

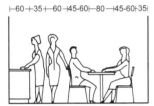
❺ Distância entre aparador e mesa

❻ Distância mínima entre mesa e parede

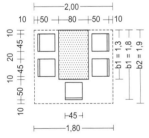
❼ Superfície mínima para deposição em áreas de refeição comum ou rápida, para 5 pessoas

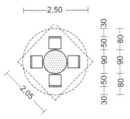
❽ Mesa redonda, 4 a 6 pessoas

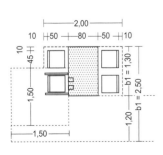
❾ Superfície mínima para deposição em áreas de refeição (4 pessoas), com entrada acessível e espaço de rotação

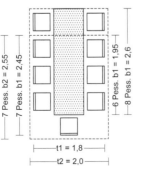
❿ Superfície mínima para deposição em áreas de refeição comum ou rápida, para 9 pessoas

Área de refeições de maiores dimensões	6–24 pess.
Largura da mesa	55–110 cm
Largura de cada lugar	55–70 cm
Espaço adicional para a cabeceira	10–20 cm

$\geq$ mesa redonda = $\dfrac{\text{largura do lugar} \times \text{pessoas}}{3,14}$

p. ex. para 60 cm (largura do lugar) e

6 pessoas = $\dfrac{60 \times 6}{3,14}$ = 1,04 m

Mesa e deiras para	Largura b1 b2 cm	Profundidade t1 t2 cm	Superf. deposiç. F1 F2 m²
4 pessoas	130 –	180 200	2,34 2,6
5 pessoas	180 190	180 200	3,24 3,8
6 pessoas	195 –	180 200	3,51 3,9
7 pessoas	245 255	180 200	4,41 5,1
8 pessoas	260 –	180 200	4,68 5,2

Superfície de deposição (mesas) mínima para áreas de refeições comuns ou rápidas

b1, t1, F1 s/ distância para afastamento da cadeira
b1, t1, F1 c/ distância para afastamento da cadeira

⓫ Superfície mínima para deposição em áreas de refeição comum ou rápida (4–8 pessoas)

⓬ Largura dos lugares e tamanho de mesas dependendo do número de pessoas

319

ÁREAS BÁSICAS
ÁREAS DE VIVÊNCIA

Áreas livres externas

Um enorme aumento da qualidade de moradia é obtido com a inter-relação entre espaços internos e áreas livres externas (sacadas, varandas e terraços). Estas se comportam como extensão dos ambientes de vivência, utilizadas principalmente nas estações quentes do ano (para descansar, deitar, dormir, ler, comer), além de poderem ser usadas como área de trabalho e recreativa para as crianças (de fácil observação e controle). Sacadas, varandas e terraços são contados parcialmente como área útil da habitação (via de regra calcula-se entre 25–50% da área total) → WoFIV p. 290. Essas áreas encontram-se em relação espacial-funcional direta com a sala de estar e escritório, assim como com as áreas de refeições. Em plantas com mais de um espaço exterior, estes também se conectam a dormitórios, cozinha etc.

Boa orientação, dimensões suficientes, assim como proteção visual, contra ruídos e intempéries (ventos, chuva, insolação extrema) são fatores essenciais na definição da qualidade dessas áreas externas. Para profundidades com funcionalidade mínima necessita-se calcular a área de peitoril (eventualmente floreiras).

Sacadas em canto → ❸ oferecem proteção visual e contra ventos, sendo mais confortáveis que as sacadas livres → ❹ (estas devem ser protegidas quando implantadas na face exposta a intempéries). As varandas → ❺ ampliam as áreas dos ambientes adjacentes (perda de calor), oferecendo a sensação de "ambiente ao ar livre". Sacadas escalonadas oferecem ótima privacidade e proteção contra ventos. → ❻ – ❼.

Habitação

ÁREAS BÁSICAS

Acesso, circulação
Cozinhas
Áreas de vivência
Banheiros
Áreas secundárias
Garagem

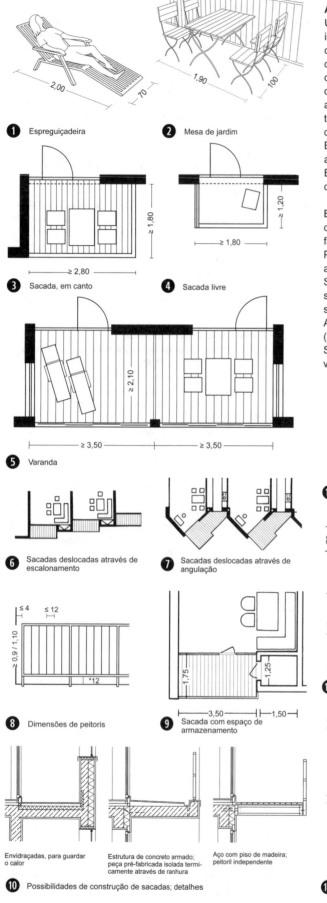

❶ Espreguiçadeira
❷ Mesa de jardim
❸ Sacada, em canto
❹ Sacada livre
❺ Varanda
❻ Sacadas deslocadas através de escalonamento
❼ Sacadas deslocadas através de angulação
❽ Dimensões de peitoris
❾ Sacada com espaço de armazenamento
❿ Possibilidades de construção de sacadas; detalhes

Envidraçadas, para guardar o calor | Estrutura de concreto armado; peça pré-fabricada isolada termicamente através de ranhura | Aço com piso de madeira; peitoril independente

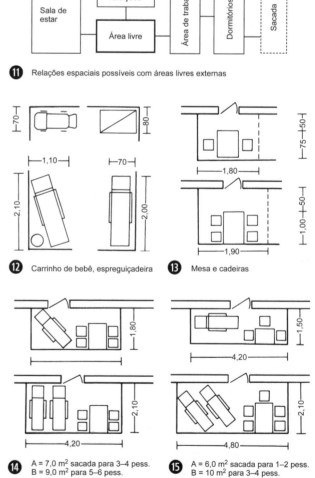

⓫ Relações espaciais possíveis com áreas livres externas

⓬ Carrinho de bebê, espreguiçadeira
⓭ Mesa e cadeiras
⓮ A = 7,0 m² sacada para 3–4 pess. B = 9,0 m² para 5–6 pess.
⓯ A = 6,0 m² sacada para 1–2 pess. B = 10 m² para 3–4 pess.

ÁREAS BÁSICAS
ÁREAS DE VIVÊNCIA

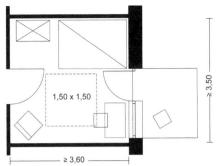

① Espaço único com usos múltiplos (áreas de movimentação apropriadas para cadeira de rodas)

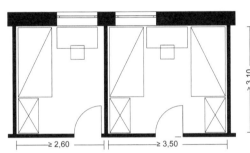

② Dormitório (casal) ampliado em closet

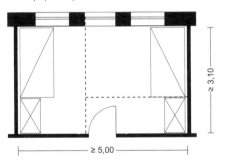

③ Dormitório pequeno e para duas camas

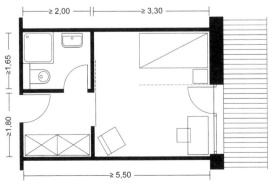

④ Dormitório para duas camas (com possibilidade de subdivisão)

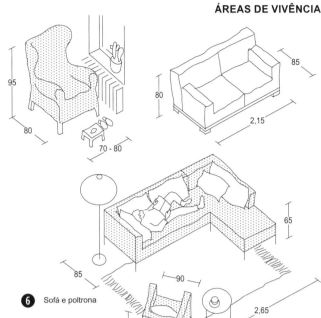

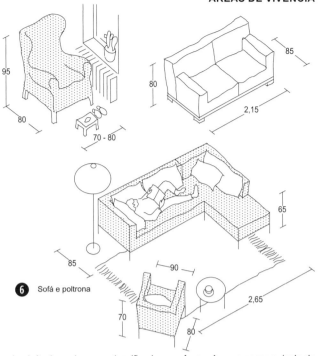

⑥ Sofá e poltrona

Áreas de vivência podem ser classificadas em **áreas de uso comum** (sala de estar, jantar, cozinha) e de **uso individual** (espaços de recolhimento) para uma ou duas pessoas (dormitório de casal, das crianças, de hóspedes).
Essa diferenciação leva a uma divisão espacial clara das moradias, principalmente nas construções de caráter comercial.
O uso real de muitas áreas de vivência é, entretanto, na maioria dos casos, muito mais variado. Atualmente, os dormitórios também servem como **espaço de trabalho, lazer** e **área de permanência**, assumindo, em parte, funções das áreas de vivência comunitárias. Nesse sentido, pode-se conceber cada espaço individual como um pequeno **apartamento** dentro da moradia.
→ ① mostra um espaço individual de uso múltiplo, com área de movimentação apropriada para cadeira de rodas, em uma área de aprox. 13 m² ampliada através de sacada.
→ ② – ③ mostram um dormitório tradicional com **dimensões mínimas** de cerca de 13 m², sendo o ideal 14m² (quarto de casal ou para duas camas) e um quarto simples, com cerca de 8 m². São orientados normalmente para a face Leste até Sudeste (casal) ou Sul até Oeste (crianças), separados da sala de estar, em zona especial da moradia.
→ ④ mostra como um dormitório amplo, para duas camas (16,5 m²), pode ser subdividido temporariamente (p. ex., quando as crianças se tornam adolescentes). A área de entrada resultante pode ser usada, p. ex., como armário comunal, com uma camada separada acima.
→ ⑤ mostra uma pequena unidade independente (suíte) de um apartamento, com banheiro e closet de aprox. 17,0 m².

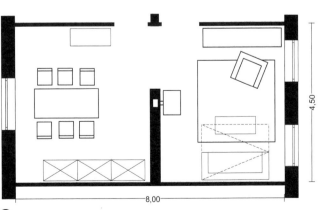

⑤ Pequena suíte com banheiro e closet

⑦ Sala de estar e de jantar em disposição clássica

Habitação

ÁREAS BÁSICAS

Acesso, circulação
Cozinhas
Áreas de vivência
Banheiros
Áreas secundárias
Garagem

MBO
DIN 18040

Ver também:
Habitação
→ p. 289
Acessibilidade
→ p. 31

ÁREAS BÁSICAS
ÁREAS DE VIVÊNCIA

Habitação

ÁREAS BÁSICAS

Acesso, circulação
Cozinhas
Áreas de vivência
Banheiros
Áreas secundárias
Garagem

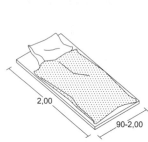

❶ **Futon** de lã de carneiro, que pode ser enrolado. Forma típica do dormitório japonês

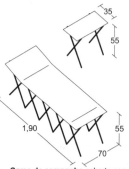

❷ **Cama de campanha** coberta com lona, dobrável até forma de banco

❸ **Cama de madeira** clássica com cabeceira

❹ **Sofá-cama**, edredom e travesseiros, enrolados durante o dia em capas com zíper

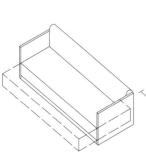

❺ **Sofá-cama**, roupa de cama e travesseiro enrolados durante o dia, em capas com zíper

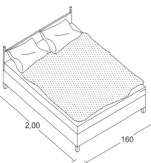

❻ **Cama de casal** estreita

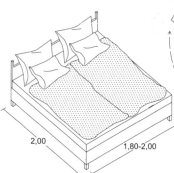

❼ **Cama de casal** larga com cabeceira

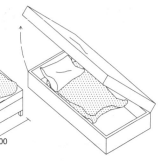

❽ **Sofá-cama** com compartimento embaixo do colchão para armazenar lençóis de cama durante o dia

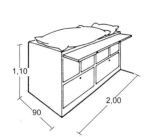

❾ **Cama alta** sobre armário com gavetas profundas, em cima placa de puxar e ao mesmo tempo proteção

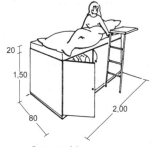

❿ **Cama-armário**, com pequeno armário de roupas, para pequenos ambientes, cabinas de barco, casas de fim de semana etc.

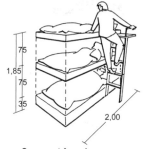

⓫ **Cama em três andares** para vagões-leito, casas de fim de semana e quartos de crianças (cada cama necessita de 0,338 m²)

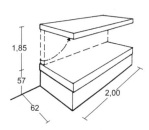

⓬ **Cama "Pullman"** para trailers ou vagões-leito, dobrável, a segunda cama serve de encosto

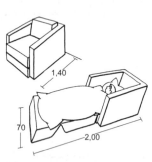

⓭ **Poltrona extensível**, necessitando de lugar especial para guardar a roupa de cama

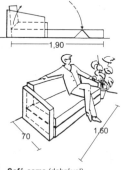

⓮ **Sofá-cama** (dobrável)

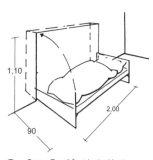

⓯ **Cama Frankfurt** (articulável lateralmente)

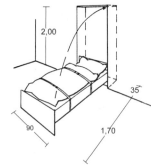

⓰ Cama **Frankfurt** (de embutir, no sentido longitudinal), também como cama de casal

⓱ **Cama dobrável** para 1 ou 2 pessoas, durante o dia guardada em armário

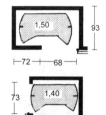

⓲ **Armários embutidos para camas dobráveis**: observar as portas estreitas

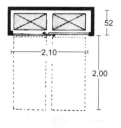

⓳ **Camas dobráveis** podem ser montadas em frente à porta do armário

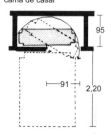

⓴ Para **camas dobráveis de girar**, a porta do armário permanece aberta durante a noite

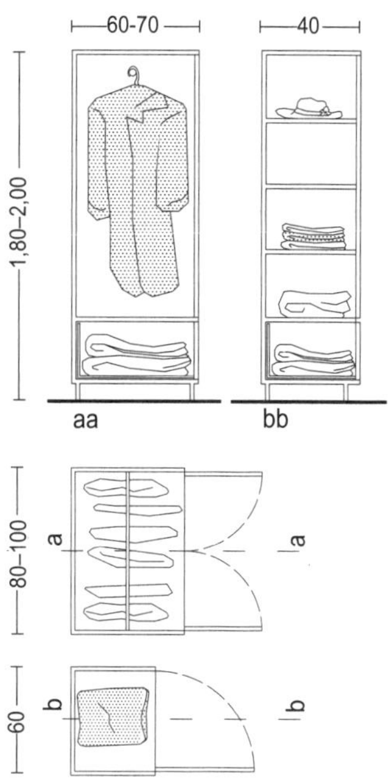

ÁREAS BÁSICAS
ÁREAS DE VIVÊNCIA

Construção e componentes

Armários para roupas comuns e de cama, mesa e banho fazem parte dos equipamentos essenciais de uma moradia. São utilizados para guardar peças de vestuário (grandes), roupa de cama, sapatos e malas e, em geral, são instalados nos dormitórios.

Os armários para roupas compõem-se basicamente de uma **área de gavetas**, **barra de cabides** e **prateleiras** adicionais. Podem ser livres, como **mobiliário independente** → ❶, **embutidos** (na parede, simples ou duplos) → ❷ – ❸ ou em forma de **closet** (armário acessível) → ❹ – ❻. Outra forma econômica são armários embutidos que servem como separação entre dormitórios → ❺. Para uso otimizado de espaços pequenos, recomenda-se os armários embutidos em nichos → ❼ com piso contínuo e portas de correr. Ao se planejar armários, deve-se levar em conta uma altura máxima de alcance de cerca de **1,80 m** (1,40 m para usuários de cadeiras de rodas).

No desenvolvimento do projeto de moradias deve-se prever áreas especiais para os armários, sendo, nesse caso, armários independentes mais apropriados para habitações de aluguel; armários embutidos são recomendados para imóveis utilizados pelos proprietários. Para armários construídos ao longo de paredes externas, deve-se observar os problemas de isolamento térmico e **ventilação** suficiente. A ventilação também é um fator decisivo na construção do closet interno → ❹.

Armários para roupas em geral e roupas de cama, mesa e banho
(peças em geral; exemplo)

Masculinas

2 ternos de verão	6 pijamas	2 chapéus de verão
2 ternos de inverno	12 camisas	2 chapéus de inverno
1 abrigo esportivo	12 camisetas de baixo	1 chapéu de palha
2 trenchcoat	6 camisetas	2 cachecóis
1 capa de chuva	12 cuecas	5 pares de sapatos
2 casacos de inverno	3 camisas de fraque	2 pares de botas
1 terno preto	8 lenços	2 pares de tênis
1 smoking, 1 fraque	24 pares de meias	2 pares de mocassins

Femininas

1 casaco de inverno
1 casaco de peles
2 trenchcoat e capa de chuva
4 terninhos
5 vestidos de lã ou similar
5 blusas
4 vestidos de noite
4 vestidos de verão

18 calcinhas
6 camisas
8 camisetas
6 pijamas e camisolas
15 pares de meias
8 pares de luvas
2 pares de tênis
4 chapéus

Outras

6 lençóis
6 lençóis de cima
12 fronhas
6 toalhas de banho
24 toalhas de rosto
6 panos de limpeza
6 lençóis
6 lençóis de cima
12 fronhas

Habitação

ÁREAS BÁSICAS

Acesso, circulação
Cozinhas
Áreas de vivência
Banheiros
Áreas secundárias
Garagem

Ver também:
Depósitos
→ p. 326

Acessibilidade
→ p. 31

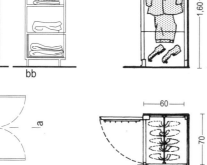
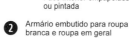

❶ Armário usual para roupa e roupa branca: Planta, Corte

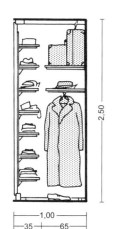
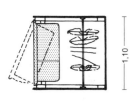

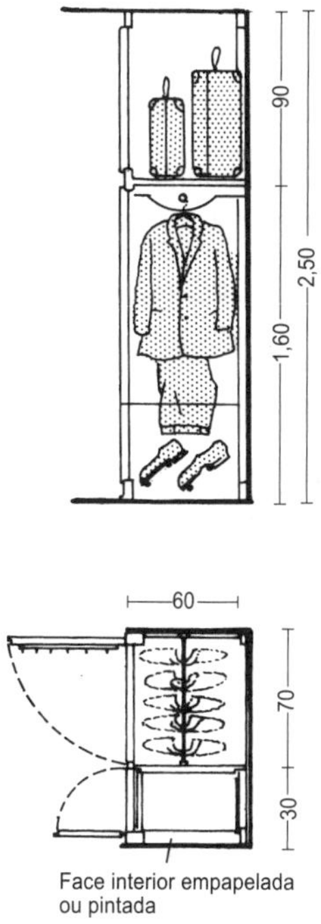

❷ Armário embutido para roupa branca e roupa em geral — Face interior empapelada ou pintada

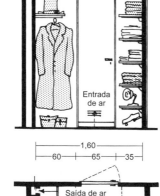

❸ Armário duplo embutido, economia de custos e espaço

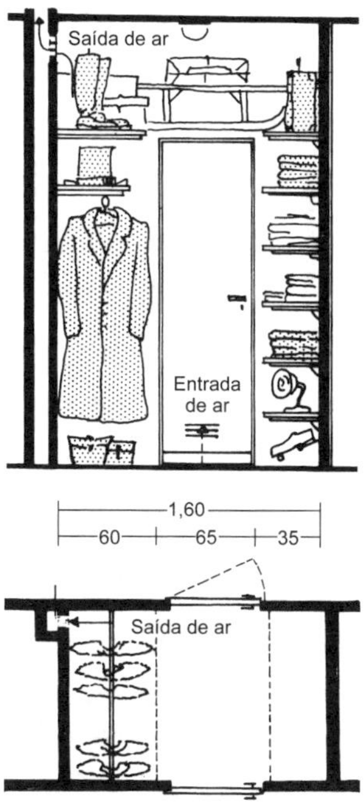

❹ Armário acessível (closet) entre dois ambientes

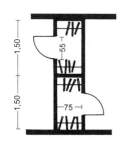

❺ Closets com acesso independente

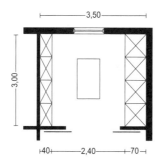

❻ Closet

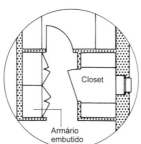

❼ Armário embutido e closet — Closet — Armário embutido

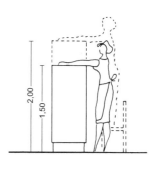

❽ Altura recomendável para armários livres

323

ÁREAS BÁSICAS
BANHEIROS

Segundo o Código de Obras (MBO), o banheiro como **espaço independente**, com **banheira/chuveiro** e **bacia sanitária** pertencem aos **equipamentos mínimos** de uma moradia. Em habitações maiores, pode-se prever área de banho e sanitário em espaços separados, assim como um lavabo/WC para hóspedes. A orientação para **Norte** é aconselhável (no hemisfério Norte), na medida do possível com **iluminação** e **ventilação naturais**. No caso de banheiros localizados no interior da planta, deve-se prever bom sistema de ventilação forçada (DIN 18017-3). Em geral, o banheiro se relaciona com o setor de dormitórios → ❺ – ❻, ❽ – ❿, sendo, entretanto, do ponto de vista técnico, favorável a ligação entre banheiro e cozinha (ou WC e cozinha), com poços de instalações → ❽ – ❾.

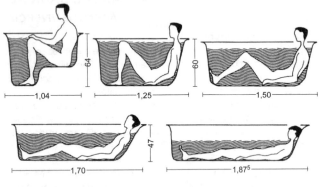

Necessidade de água quente para:	Quantidade de água quente necessária (l)	Temperatura da água (°C)	Tempo do banho (minutos)
Banho completo	140–160	40	15
Banho sentado	40	40	5
Lavagem dos pés	25	40	5
Chuveiro	40–75	40	6

Habitação

❶ Banheira e água quente necessária. Para banheiras curtas, maior consumo de água (valores básicos)

ÁREAS BÁSICAS

Acesso, circulação
Cozinhas
Áreas de vivência
Banheiros
Áreas secundárias
Garagem

MBO
(Código de Obras)

Ver também:
Proteção acústica
→ p. 157

Equipamentos/peças	Superfície ocupada	
	Largura cm	Profund. cm
Lavatórios e bidês		
1 Pia isolada	≥ 60	≥ 55
2 Lavatório duplo	≥120	≥ 55
3 Bancada para lavatório, com uma pia e armário inferior	≥ 70	≥ 60
4 Bancada para lavatório, com duas pias e armário inferior	≥140	≥ 60
5 Pia para lavagem de mãos	≥ 45	≥ 35
6 Bidê, apoiado no piso ou preso à parede	40	60
Banheiras		
7 Banheira	≥170	≥ 75
8 Ducha de piso rebaixado*	≥ 80	≥ 80*
WCs e mictórios		
9 Bacia sanitária com caixa de descarga ou válvula de pressão	40	75
10 Bacia sanitária sem caixa de descarga (caixa embutida na parede)	40	60
11 Mictório	40	40
Aparelhos de lavagem		
12 Máquina de lavar roupa	40 até 60	60
13 Secadora de roupa	60	60
Mobiliário		
14 Armários inferiores, superiores e inteiros	dependendo do fabricante	≥ 40

* Para ducha com piso rebaixado com largura = 90 ou 75 cm

❷ Dimensões necessárias para equipamentos/peças de banheiros e WCs

Disposição	Medidas	MD*	MI*
	M₁	1200	1050
	M₂	2100	1900
	M₃	1350	1200
	M	450	400
	MM	675	600
	MM₁	750	675
	MM₂	675	600
	M	450	400
	MM	675	600
	M₁	450	400
	MM₁	600	525
	M	450	400
	MM	675	600
	M₁	450	400
ou	M₂	550	500
	M₃	1100	1000
	M₂	750	700
	M₃	950	900

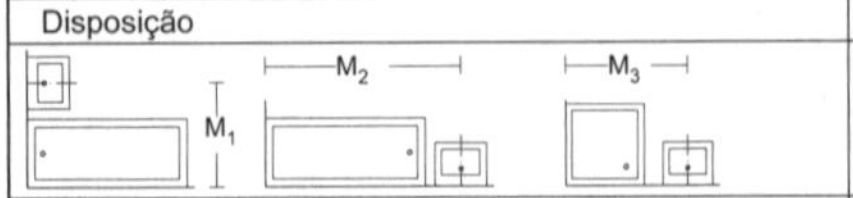

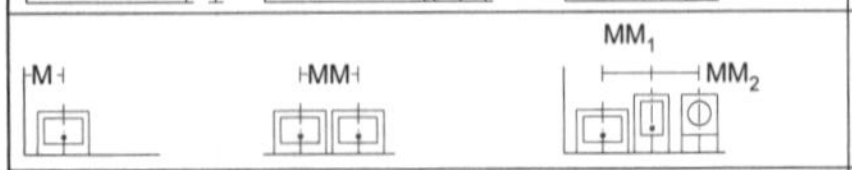

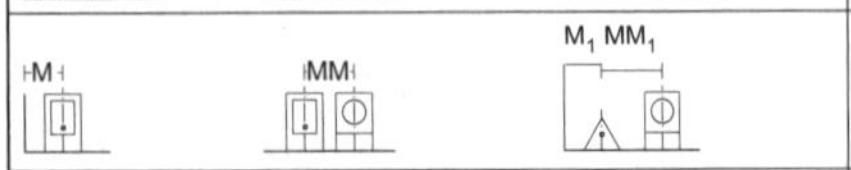

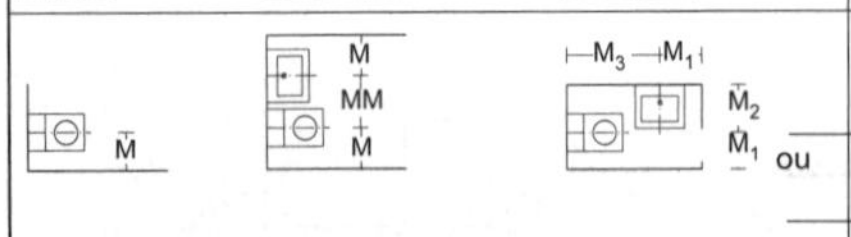

MD = dimensão média (recomendável)
MI = dimensão mínima (limite; não pode ser diminuída); * em mm

❸ Eixos e distâncias das paredes das peças sanitárias

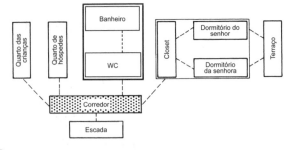

❹ Relação espacial com o banheiro

❺ Banheiro entre os dormitórios/WC com acesso pelo corredor

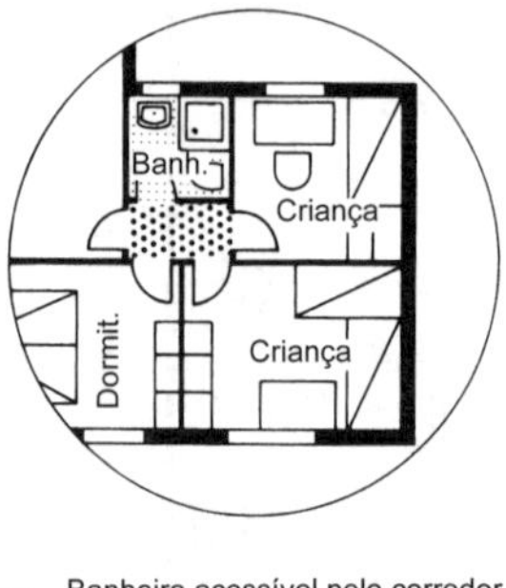

❻ Banheiro acessível pelo corredor de ligação entre sala de estar e três dormitórios

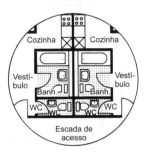

❼ Cozinha, banheiro e WC com uma parede de instalações

❽ Banheiro acessível pelo corredor de ligação entre sala de estar e três dormitórios

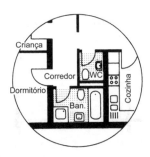

❾ Banheiro ligado a corredor interno

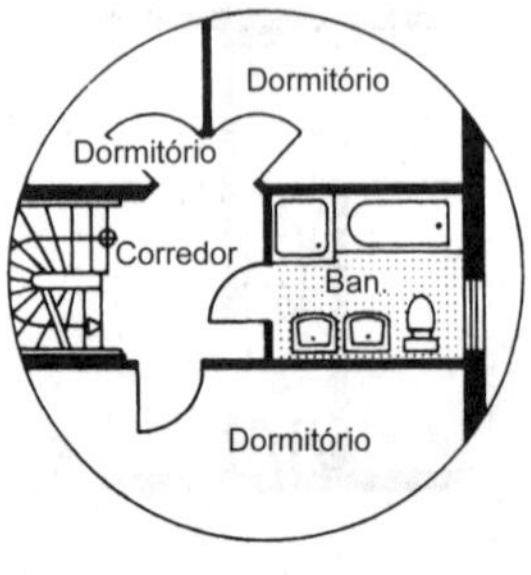

❿ Banheiro típico para casas geminadas

ÁREAS BÁSICAS
BANHEIROS

Construção e equipamentos

As normas reguladoras de projeto – Áreas de movimentação em banheiros – da DIN 18022 foram retiradas, sem substituição, em 2007, uma vez que eram insuficientes no que diz respeito a exigências para pessoas com deficiência ou necessidades especiais. Por isso, as medidas aqui indicadas devem ser tomadas como medidas absolutas mínimas. De maneira geral, recomenda-se a aplicação dos dimensionamentos indicados na **DIN 18040** – Acessibilidade → ⓫ → p. 31. Em geral, há a seguinte diferenciação essencial: **Lavabos** ou **WCs de hóspedes**, com bacia sanitária e lavatório → ❸ – ❹, **banheiros com chuveiro** e lavatório → ❺ – ❻, **banheiros com banheira,** lavatório e bacia sanitária → ❼ – ❽, **banheiros completos** com banheira, chuveiro, lavatório e bacia sanitária → ❿. Em função da alta umidade do ar e da **condensação** frequente do vapor, as superfícies do banheiro devem ser de fácil limpeza. Teto e revestimento (reboco) das paredes devem, ao mesmo tempo, absorver e devolver a umidade ao ambiente; os pisos necessitam ser **antiderrapantes**. No caso de inexistência de área de serviço na moradia, recomenda-se ligação e área livre para **lavadora de roupa** e secadora, além de previsão de espaço para a cesta de roupa suja. Ao lado do espelho, deve ser instalada pelo menos uma **tomada**, com proteção de contato. De maneira geral, devem ainda ser considerados os seguintes equipamentos: armários para toalhas e produtos de higiene, armário de remédios que possa ser trancado, toalheiro (eventualmente associado a radiador adicional de calefação), alça para apoio sobre a banheira.

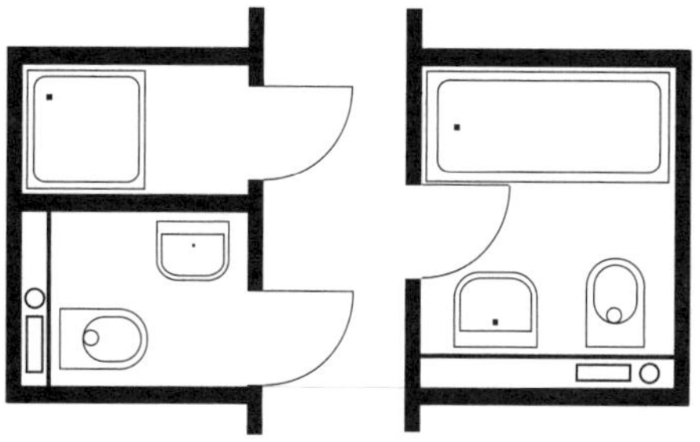

Habitação

ÁREAS BÁSICAS

Acesso, circulação
Cozinhas
Áreas de vivência
Banheiros
Áreas secundárias
Garagem

DIN 18040

Ver também:
Acessibilidade
→ p.31
Proteção acústica
→ p. 157

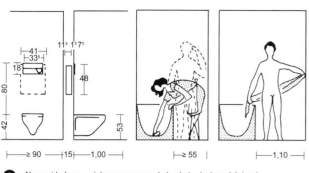

❶ Necessidade espacial para as peças do banheiro (valores básicos)
WC acessível com altura entre 46-48 cm

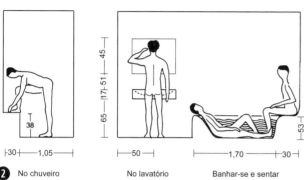

❷ No chuveiro   No lavatório   Banhar-se e sentar

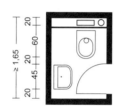

❸ WC e lavatório   ❹ WC e lavatório

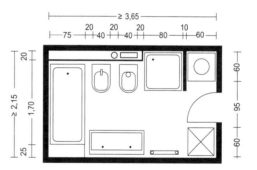

❾ Separação funcional do banheiro em espaços individuais

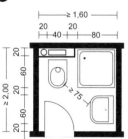

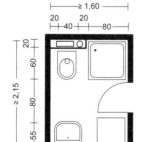

❺ Necessidade espacial para chuveiro   ❻ Chuveiro e máquina de lavar roupa

❿ Banheiro completo com pia dupla, bidê e lavadora de roupa

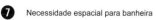
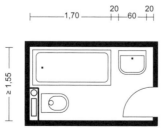

❼ Necessidade espacial para banheira   ❽ Banheiro com banheira

⓫ Banheiro adequado ao uso por cadeirante, com chuveiro

325

ÁREAS BÁSICAS
ÁREAS SECUNDÁRIAS

Depósitos

Os depósitos têm a função de armazenamento de aparelhos eletrodomésticos, ferramentas, produtos de limpeza, cestas e sacolas para compras, assim como de utensílios e objetos de grandes dimensões como malas, cestas de roupa, escadinhas.

Áreas suficientes para depósito contribuem de forma determinante para o conforto, principalmente em apartamentos. **O Código de Obras (MBO) prevê para cada unidade uma área suficiente nesse sentido**.

Além de áreas em subsolo e sob a cobertura do edifício, deve haver, dentro de cada apartamento, uma área com essa função ≥ 1 m² e vão livre de pelo menos 75 cm.

Para apartamentos maiores, deve-se planejar como área de depósito, na medida do possível, **2% da área útil** total (ideal quando distribuída em diversas partes da moradia). Nesse caso, recomenda-se, pelo menos, uma área diretamente ligada à cozinha.

Os depósitos podem ser construídos em forma de nichos (destinados a armários embutidos) ou como recintos fechados → ❶ – ❹. Por motivos espaciais, as portas devem abrir para fora.

A iluminação interna deve ser comandada por interruptor ao lado da porta. Deve-se também observar uma boa ventilação do local.

Despensas

No projeto de apartamentos ou casas, deve-se prever, além das áreas de depósitos em geral, uma área específica para despensa, com prateleiras até o teto para guardar mantimentos, alimentos (mesmo frescos, quando não facilmente deterioráveis) e bebidas. Formas básicas de uma despensa → ❺. A localização mais prática é ao lado da cozinha.

As despensas devem ser ventiladas, frescas e protegidas da incidência direta de raios solares → ❻ – ❽. Segundo necessidade, pode-se ter a ligação com um frigorífico, assim como área refrigerada para vinhos.

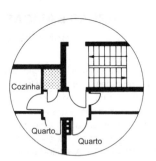
❶ Depósito em área interna do corredor

❷ Depósitos no corredor e dormitório

❸ Áreas de depósito/armário

❹ Depósito e sapateira na área de entrada

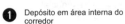

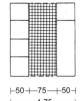
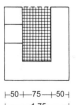
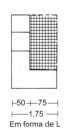

❺ Despensas → ❻ – ❽

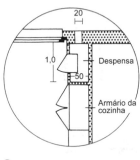
❻ Despensa ligada ao armário da cozinha, em série

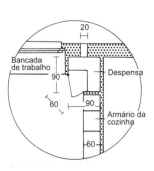
❼ Despensa de canto, ligada em série ao armário da cozinha

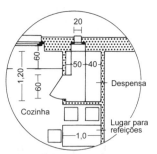
❿ Despensa conformando canto para refeições

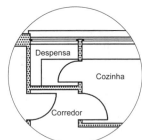
⓫ Despensa com janelas superiores

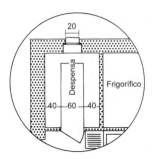
❽ Despensa de grandes dimensões

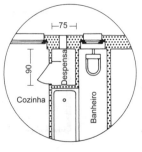
❾ Despensa para economia de espaço, contígua à banheira

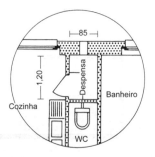
⓬ Como a anterior, contígua ao WC

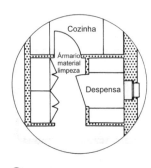
⓭ Despensa e depósito na área de acesso à cozinha

Habitação

ÁREAS BÁSICAS
Acesso, circulação
Cozinhas
Áreas de vivência
Banheiros
Áreas secundárias
Garagem

MBO

326

ÁREAS BÁSICAS
ÁREAS SECUNDÁRIAS

Área de serviço

As áreas de serviço têm a função de concentrar os serviços domésticos em um recinto: lavar e secar a roupa, passar e costurar. Também abrigam armários para pequenos aparelhos, produtos de limpeza, baldes, aspirador de pó, ferramentas e escadinha. Mesmo com a ocupação adicional de área, recomenda-se a construção da área de serviço, principalmente em apartamentos.

É indicada a localização na face Norte-Oeste (hemisfério Norte), junto à cozinha ou acessível através da mesma → ❾ – ⓮. Assim, é possível reunir sequências de trabalho, que podem ser executadas por uma só pessoa. Em casas isoladas, deve-se ter um acesso direto ao jardim (secagem da roupa).

No projeto da área de serviço, deve-se observar uma distribuição confortável dos aparelhos: tábua de passar roupa, na qual se trabalha de pé, requer outra instalação em comparação à em que se trabalha sentado → ❶ – ❸. O ideal é um sistema de adaptação de alturas. Deve-se prever uma bancada com 1,20 m de largura para apoiar as roupas.

Quanto à iluminação exigida, deve ser de boa qualidade e uniforme. (Nível de iluminação média ≈ 350 lux)

ÁREAS BÁSICAS

Acesso, circulação
Cozinhas
Áreas de vivência
Banheiros
Áreas secundárias
Garagem

❶ Dimensões espaciais necessárias para passar roupa em posição sentada

❷ Tábua de passar articulada na parede ou armário

❸ em máquina elétrica de passar

❹ Máquina de costura

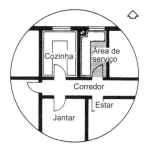

❺ Espaço necessário para o estendedor de roupa

❻ Esquema de ligação de ambientes com a área de serviço

❿ Junto à cozinha, acessível através do corredor

⓫ Acessível através da cozinha

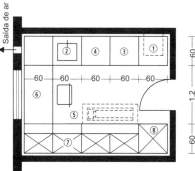

① Roupa suja (poço para remessa)
② Tanque
③ Lavadora
④ Secadora
⑤ Máquina elétrica de passar roupa
⑥ Bancada de trabalho
⑦ Armário superior
⑧ Armário inteiro

❼ Área de serviço em forma de U

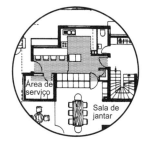

⓬ Cozinha – copa – área de serviço

⓭ Ao lado da área de refeições

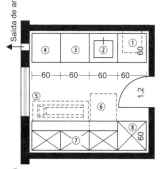

❽ Área de trabalho em paralelo

Equipamentos e espaços de instalação	Largura em cm	Melhor
Máquina automática de lavar e secadora como "central" de lavar e secar	60	60
Pia com aquecedor de água	60	60
Cesto de roupa suja	50	60
Bancada de trabalho para depositar a roupa	60	1,20
Passadora roupa automát.	≈100	1,00
Armário para pequenos aparelhos	50	60
Total	≈380	4,60

❾ Dimensões necessárias para localização de equipamentos

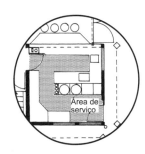

⓮ Cozinha – refeições – serviços

⓯ Espaço único com cozinha e área de serviço

327

ÁREAS BÁSICAS
ÁREAS SECUNDÁRIAS

Depósitos de uso comum

Além dos depósitos individuais por moradia, o Código de Obras (MBO) prevê, para edifícios maiores (a partir de 7 m de altura), **espaços coletivos para guardar carrinhos de bebê e bicicletas**, de **fácil localização e acesso**.

Áreas semelhantes devem, porém, ser previstas em outros tipos de edificações, assim como em casas isoladas.

Para o dimensionamento do espaço, deve-se partir do princípio **1 veículo/morador** (incluindo crianças!), considerando-se bicicletas, carrinhos de bebê, patinetes, triciclos e reboques → ❶.

O recinto deverá ser plano, possível de ser trancado e equipado com ganchos e apoios para garantir a segurança dos veículos guardados. Pode ser construído como depósito no interior do edifício (com acesso pela entrada geral do mesmo) ou como construção separada → ❷ – ❸.

Outros apoios para bicicletas adicionais, ao ar livre e em número suficiente, também deverão ser instalados, complementares aos depósitos dentro do edifício.

Subsolo

Em geral, para cada apartamento deve haver uma área de depósito individual no interior do mesmo → p. 326, assim como uma área adicional, fora dele. Esta é projetada geralmente no subsolo → ❹ – ❺, mas pode ser executada em forma de telheiro, na área do terreno. Espaços de depósito no subsolo devem ser secos e bem ventilados. Recomenda-se iluminação natural. Através da configuração das janelas, pode-se ter uma otimização da incidência dos raios luminosos → ❹.

Habitação

ÁREAS BÁSICAS

Acesso, circulação
Cozinhas
Áreas de vivência
Banheiros
Áreas secundárias
Garagem

MBO
(Código de Obras)

Ver também:
Áreas secundárias
→ p. 326

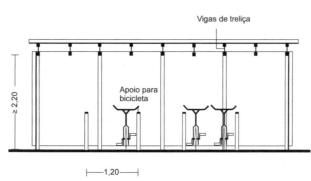

❶ Espaço necessário para bicicletas, carrinhos de bebê, reboques, triciclos, patinetes etc.

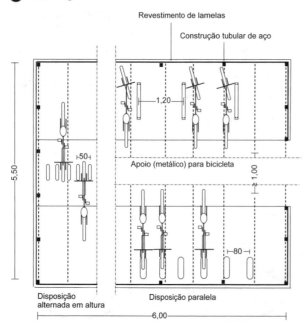

❷ Corte → ❸

❸ Espaço para guardar bicicletas e carrinhos de bebê, para cerca de 20 veículos (exemplo)

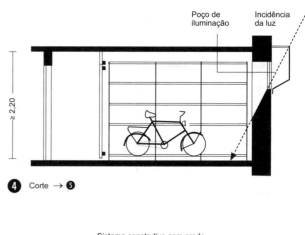

❹ Corte → ❺

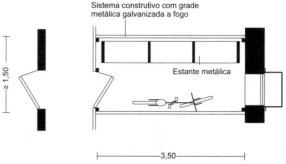

❺ Área em subsolo, compartimento individual por apartamento (exemplo)

ÁREAS BÁSICAS
GARAGENS E *CARPORTS*

Segundo o Código de Obras (MBO), os abrigos para veículos devem se localizar **no terreno** edificado ou em distância razoável, em outro terreno apropriado, cujo uso seja legalmente permitido para essa finalidade.

As vagas organizam-se de formas variadas, de garagens **individuais** ou **duplas**, até em conjunto, instaladas em construções isoladas ou em anexo às edificações de moradia.

Espaços necessários → ❼ – ⓬. Em edifícios privados, pode-se ter uma redução das áreas. **Espaço adicional necessário para usuários de cadeira de rodas** → ❾, ⓬.

Durante o planejamento, deve-se observar que, hoje, há uma tendência de aumento nas dimensões dos veículos modernos, inclusive em altura.

Ao lado das garagens, abrigos simples cobertos (*carports*) oferecem uma solução mais econômica; do ponto de vista da física da construção são recomendados (evitam a condensação sobre os automóveis frios no inverno!), além de economizarem espaço, com proteção suficiente contra intempéries (fechar com parede a face desfavorável).

É recomendável a combinação com um recinto fechado de depósito (para bicicletas etc.) → ⓫.

Os *carports* são especialmente apropriados para abrigos de veículos em conjunto → ⓬.

Exemplos da disposição e organização de vagas para automóveis em garagens/*carports*, em relação aos edifícios de moradia → ❸ – ❼.

Habitação

ÁREAS BÁSICAS
Acesso, circulação
Cozinhas
Áreas de vivência
Banheiros
Áreas secundárias
Garagem

DIN 18040

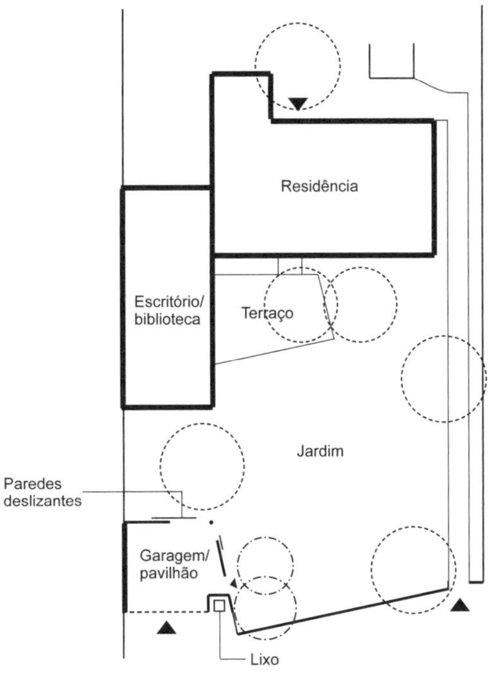

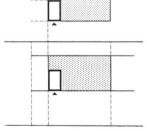

❶ Residência com garagem dupla frontal (também pode ser utilizada como pavilhão no jardim)   Arq.: Studio Paretaia

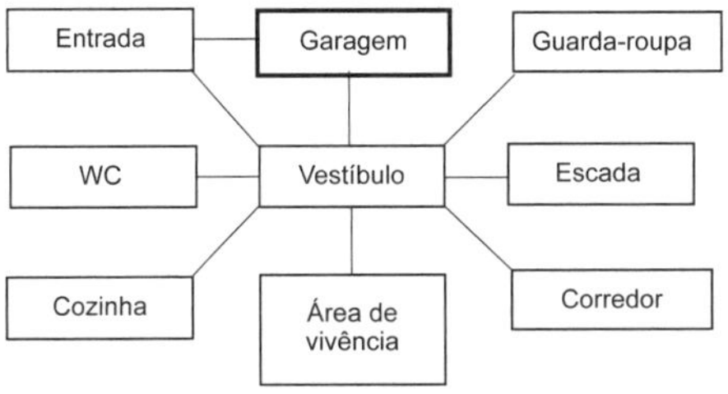

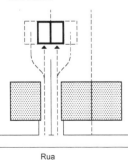

❷ Relações espaciais entre garagem e outras áreas da casa

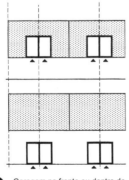

❸ Garagem ao lado ou dentro de casa isolada

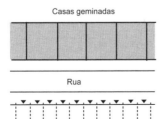

❹ Garagem na frente ou dentro de casas geminadas

❺ Garagem no fundo do terreno

❻ Garagens coletivas

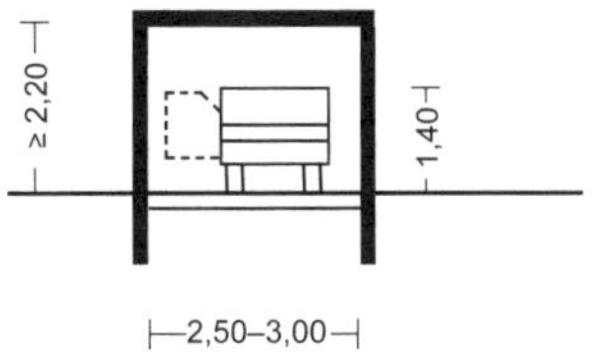

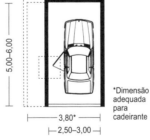

❼ Corte → ❾

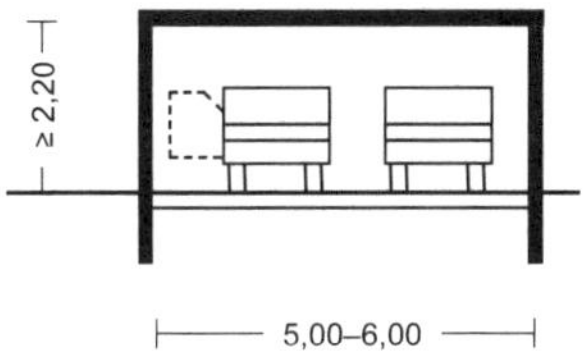

❽ Corte → ❿

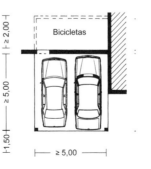

❾ Abrigo para um automóvel

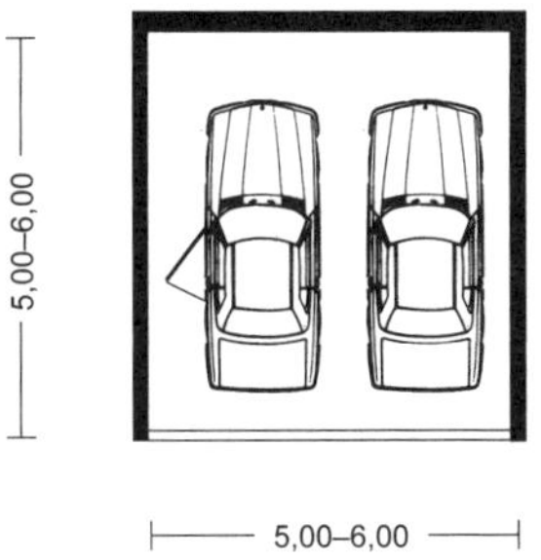

❿ Garagem dupla

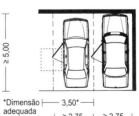

⓫ *Carport* para dois automóveis e, eventualmente, bicicletas

⓬ *Carport* como abrigo coletivo

329

Escopo de aplicação de acordo com a Portaria MVStätt V § 1°,1

FUNDAMENTOS
REGULAMENTAÇÃO MODELO DE LOCAIS DE EVENTOS

Escopo de aplicação
A organização dos locais de eventos é regida pela Regulamentação Modelo para Locais de Eventos (MVStättV 2005, alterada pela decisão da Comissão de Supervisão Predial de julho de 2014).
As normas estaduais de construção civil dos estados da Alemanha regem a extensão e o escopo da implementação do modelo.
Os objetivos das normas estruturais e operacionais são, além da frequentação segura, uma evacuação rápida em caso de perigo (acidente, incêndio etc.)

Locais de eventos em espaços de aglomeração
"Os locais de eventos são instalações estruturais ou partes de instalações estruturais que se destinam à presença simultânea de muitas pessoas durante eventos, em especial educativos, econômicos, sociais, culturais, artísticos, políticos, esportivo, além de bares e restaurantes." (§ 2°,1)
Estes incluem: teatros, cinemas, salas de concertos musicais, salas comunitárias, salas de palestras e conferências, centros de congressos, salões de prefeituras, salas multiuso, estádios, ginásios de esportes, restaurantes, auditórios, foyers, estúdios.

Os seguintes espaços estão **excluídos** deste regulamento:
– espaços dedicados a eventos religiosos (isso só se aplica durante as cerimônias e se a função for anotada na licença de construção);
– salas de aula em geral e escolas profissionalizantes (não excluindo auditórios em escolas);
– salas de exposições em museus;
– estruturas suspensas.

Um **local de eventos** de acordo com a MVStättV trata-se de um espaço capaz de acomodar no mínimo 200 visitantes. Para isso, a capacidade de visitantes é medida da seguinte forma: → ❺ – ❿.

Escopo de aplicação da Regulamentação: → ❶ – ❹ (§ 1°, 1)
As disposições desta regulamentação aplicam-se à construção e operação de:
1. Locais de eventos com salas com capacidade para mais de 200 visitantes → ❶. Também se aplicam a espaços de eventos com várias salas de reunião, que podem acomodar um total de mais de 200 visitantes, caso tais salas tenham rotas de acesso em comum → ❷.
2. Locais de eventos ao ar livre com áreas de palco e arquibancadas que não são estruturas suspensas e com capacidade total para mais de 1.000 visitantes. → ❸.
3. Estádios e instalações esportivas ao ar livre com arquibancadas fixas com capacidade para mais de 5.000 visitantes → ❹.

EVENTOS
MVStättV

Cálculo da capacidade de visitantes, de acordo com MVStättV § 1°, 2:

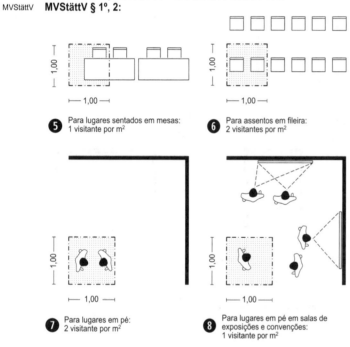

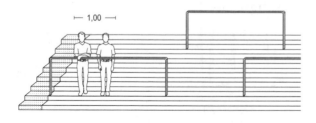

Para lugares sentados em mesas	1 visitante por m² de área da sala de eventos → ❺
Para lugares sentados em fileira	2 visitantes por m² de área da sala de eventos → ❻
Para lugares em pé	2 visitantes por m² de área da sala de eventos → ❼
Em salas de exposição	1 visitante por m² de área da sala de eventos → ❽
Para lugares em pé em fileiras de degraus	2 visitantes por metro corrido de degrau de arquibancada → ❾
Para outros espaços com lugares em pé, para cada 2 visitantes, é necessário no mínimo 1m². Áreas de acesso proibido a visitantes não estão incluídas no cálculo. Isso também se aplica a locais de eventos ao ar livre, instalações esportivas e estádios ao ar livre.	

❿ A medição da capacidade de visitantes ❺ – ❾

Medição da rota de fuga, de acordo com MVStättV § 1º, 7

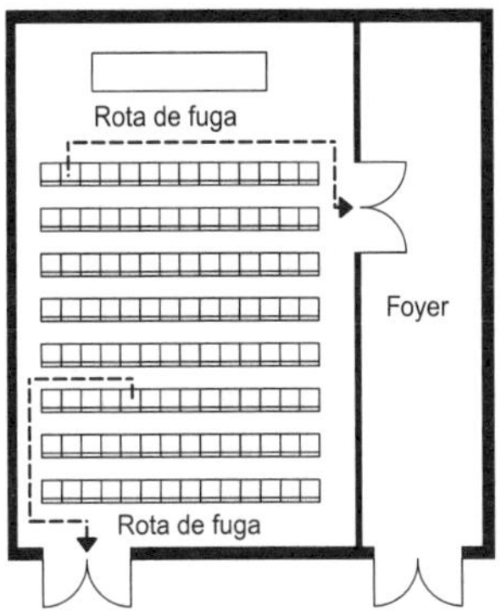

Altura livre	Distância máx. até a próxima saída
5,0 m	30 m
7,5 m	35 m
10,0 m	40 m
12,5 m	45 m
15,0 m	50 m
17,5 m	55 m
20,0 m	60 m
> 20,0 m	60 m
A distância de 60 m até a próxima saída não deve ser ultrapassada	

① Distância do assento de visitante até a saída mais próxima: máx. 30 m (§ 7º, 1)

② Extensões de rotas de fuga, de acordo com a altura dos espaços (§ 7º, 1)

③ Distância do assento de visitante até a saída mais próxima: máx. 30 m em uma altura livre de até 5,0 m (§ 7º, 1)

④ Para cada 2,50 m de altura livre adicional, é permitida uma extensão da rota de fuga em 5,0 m (§ 7º, 1) → ③

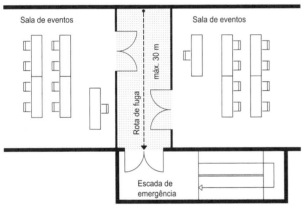

⑤ A distância de qualquer ponto de um corredor ou foyer → ⑥ obrigatório para a saída ao ar livre ou para uma escada de emergência não deve ser superior a 30 m (§ 7º, 3)

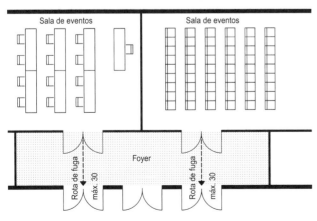

⑥ Rota de fuga via foyer até a saída para o ar livre → ⑤

FUNDAMENTOS
REGULAMENTAÇÃO MODELO DE LOCAIS DE EVENTOS

Medição de rota de saída de emergência (§ 7º)

A distância de cada assento de visitante até a saída mais próxima da sala de eventos ou arquibancada não deve ser superior a 30 m → ① – ④.
No caso de uma altura livre superior a 5 m, a cada altura adicional de 2,50 m acima do nível acessível para os visitantes, é permitida uma ampliação da distância em 5 m → ④.
A distância até a próxima saída não deve ser superior a 60 m (§ 7º, 1).
A distância de cada lugar em um palco até a saída mais próxima não deve exceder 30 m.
Corredores entre as paredes do palco e a abertura para a plateia ou decorações cenográficas devem ter um vão livre de 1,20 m. Em palcos de grandes dimensões, esses corredores são obrigatórios (§ 7º, 2).
A distância de qualquer lugar para um corredor obrigatório ou um foyer até a saída ao ar livre ou até uma escadaria de emergência não deve ser maior que 30 m (§ 7º, 3) → ⑤ – ⑥.
A largura das rotas de fuga deve ser medida de acordo com a maior quantidade possível de pessoas.
O vão livre de cada parte das rotas de fuga deve ser de pelo menos 1,20 m.
A largura mínima de cada seção das rotas de fuga para os visitantes deve ser de:
1. Locais de eventos ao ar livre e estádios esportivos: 1,20 m a cada 600 pessoas
2. Outros locais de eventos: 1,20 m a cada 200 pessoas
Para a contagem de pessoas, é permitida a extrapolação, ou seja, determinar valores medianos. → ⑦
Uma largura livre de 0,90 m é adequada para rotas de fuga de salas de eventos com, no máximo, 200 assentos e para rotas de fuga em casas de espetáculos.
Medição de valores medianos (cálculo de exemplo) para sala de eventos: capacidade para 325 visitantes:
325 visitantes × 0,006 m/visitante = 1,95 m (largura da rota de fuga)
Local de eventos ao ar livre: Capacidade para 890 visitantes:
890 visitantes × 0,002 m/visitante = 1,78 m (largura da rota de fuga)

Largura livre da rota de fuga	Quantidade de pessoas no local de eventos	Quantidade de pessoas em locais de eventos ao ar livre
1,20 m	200	600
1,40 m	233	700
1,50 m	250	750
1,80 m	300	900
2,50 m	416	1250
3,00 m	500	1500
3,20 m	533	1600

⑦ Medição do vão livre da rota de fuga de acordo com a quantidade de pessoas (§ 7º, 4)

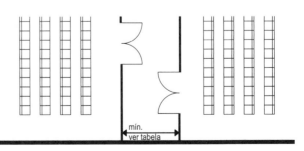

⑧ A largura das rotas de fuga deve ser medida de acordo com a maior quantidade possível de pessoas (§ 7º, 4) → ⑦

Eventos

EVENTOS

MVStättV

Implementação de rota de fuga, de acordo com MVStättV § 6º

FUNDAMENTOS
REGULAMENTAÇÃO MODELO DE LOCAIS DE EVENTOS

Medição de rota de saída de emergência (§ 7º)

As **salas de exposições** devem ser separadas por corredores de modo que a profundidade das áreas expositivas destinadas à instalação de estandes não ultrapasse 20 m.

A distância de cada ponto em um local de exposição para um corredor não deve exceder 20 m → ❼. Essa distância não é calculada no § 1º → p. 331.

Os corredores devem conduzir para as saídas da maneira mais retilínea possível.

A largura livre dos corredores e das saídas associadas deve ter, no mínimo, 3,0 m → ❼.

Para rotas de fuga de galerias de manutenção, é suficiente uma largura de 0,80 m.

O § 50, 3 do MBO permanece inalterado.

Implementação de rotas de fuga (§ 6º)

As rotas de fuga devem conduzir livremente até acessos ao transporte público. As rotas de fuga de locais de evento incluem, em especial, corredores e passagens escalonadas que devem ser mantidos livres. Também servem como rota de fuga saídas de salas, corredores e escadas obrigatórios, saídas ao ar livre, varandas, terraços e escadas externas, bem como caminhos de acesso ao ar livre na propriedade, devem ser mantidos livres (§ 6º,1) → ❶ – ❹.

Em locais de eventos, cada piso com salas para visitantes deve ter, no mínimo, dois recursos estruturais independentes. Isso se aplica às respectivas arquibancadas → ❺ – ❻.

A implementação de ambas as rotas de fuga em um piso através de um corredor comum é permitida.

As rotas de fuga devem ser implementadas através de varandas, terraços e escadas externas, caso não sejam seguras em situação de incêndio (§ 6º, 2). As rotas de fuga podem ser implementadas através de corredores, escadarias até as saídas ao ar livre, desde que haja outra rota de fuga estrutural independente (§ 6º, 3).

Para pisos com mais de 800 assentos de visitante cada, os locais de eventos devem ter apenas uma rota de fuga atribuída para cada piso (§ 6, 4). Salas de reunião e outras salas comuns com capacidade para mais de 100 pessoas ou com mais de 100 m² de área devem ter, cada uma, pelo menos duas saídas o mais distantes possível e opostas para o exterior ou para rotas de fuga (§ 6º, 5).

Saídas e outras rotas de fuga devem ser planejadas com sinalização duradoura visível e bem definida (§ 6º, 6).

Escadas (§ 8º)

A implementação de escadas de emergências atribuídas a outros pisos em uma área comum de escadaria (escada cascata) é permitida. A largura livre das escadas de emergência não deve exceder 2,40 m. As escadas e escadarias de emergência que servem ao tráfego geral de visitantes devem ter corrimãos fixos e seguros, sem extremidades livres em ambos as laterais. Os corrimãos devem se prolongar até o patamar. Escadas de emergência e para o tráfego geral de visitantes devem ter degraus de entrada fechados. Não são permitidas escadas de emergência em espiral.

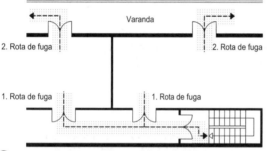

❶ Corredores e saídas devem ser mantidos livres como rota de fuga (§ 6º, 1)

❷ Varandas ou terraços usados como rotas de fuga devem ser mantidos livres (§ 6º, 1)

❸ Corredores e escadas de emergências devem ser mantidos livres (§ 6º, 1)

❹ Escadas externas usadas como rota de fuga devem ser mantidas livres (§ 6º, 1)

❺ Duas rotas de fuga estruturalmente independentes para piso superior (§ 6º, 2)

❻ Devem ser planejadas duas rotas de fuga estruturalmente independentes para o térreo (§ 6º, 2)

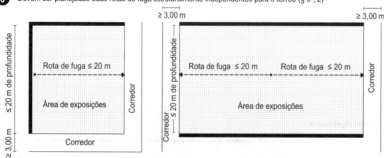

❼ Área de exposição máx. ≤ 20 m de profundidade. Distância de qualquer ponto de uma área de exposição para um corredor: 20 m (§ 7º, 5)

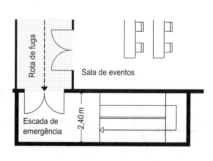

❽ A largura livre das escadas de emergência não deve exceder 2,40 m (§ 8º, 3)

EVENTOS
MVStättV

FUNDAMENTOS
REGULAMENTAÇÃO MODELO DE LOCAIS DE EVENTOS

Assentos, corredores e acesso de degraus (§ 10)

Os assentos dispostos em fileiras devem ser fixos. Caso haja cadeiras configuradas temporariamente, estas devem estar firmemente conectadas umas às outras nas fileiras individuais (MVStättV § 10, 1). As áreas de arquibancadas de locais de eventos com mais de 5.000 lugares sentados devem ter assentos individuais fixos (MVStättV § 10, 2).
Os assentos devem ter pelo menos 0,5 m de largura. Entre as fileiras de assentos, deve haver uma largura livre mín. de 0,40 m → ❶ – ❷ (MVStättV § 10, 3).
A área de lugares sentados deve estar disposta em blocos de no máximo 30 fileiras de assentos.
Os corredores entre os blocos e atrás devem ter largura mín. de 1,20 m. Os corredores devem levar à rota de fuga mais curta → ❸ (MVStättV § 10, 4).
Na lateral de um corredor, devem ser atribuídos no máximo 10 lugares sentados. Em locais ao ar livre e estádios esportivos, não devem exceder 20 lugares. Entre dois corredores laterais, podem ser dispostos 20 lugares. No caso de locais de eventos ao ar livre e estádios esportivos, no máx. 40 lugares → ❹ + ❺ (MVStättV § 10, 5). Em espaços para eventos, um máximo de 50 lugares podem ser dispostos entre dois corredores laterais se houver uma porta com largura livre de 1,20 m disposta em cada lateral da sala para um grande número de fileiras de assentos → ❻ (MVStättV § 10, 5).
De cada assento em mesa, a distância para um corredor não deve ser superior a 10 m. A distância entre mesas não deve ser inferior a 1,50 m (MVStättV § 10, 6).

Espaços para cadeirantes em locais de eventos

Em salas de eventos com assentos em fileira e até 5.000 assentos, deve-se calcular pelo menos 1%–2% de espaços para cadeirantes. Acima disso, deve-se considerar pelo menos 0,5%, com dois lugares livres como áreas para cadeirante. Os lugares e os acesso devem ser claramente sinalizados. Para locais de eventos, instalações esportivas e estádios esportivos ao ar livre, os parágrafos 1 e 2 (MVStättV § 10, 7) se aplicam.
Os degraus nos corredores devem ter uma inclinação mínima de 10 cm e máxima de 19 cm, com área mín. de 26 cm (MVStättV § 10, 8). O piso dos corredores entre fileiras de assentos e o piso das fileiras de lugares em pé devem ter a mesma altura, com a subsequente passagem de degrau (MVStättV § 10, 8). Áreas de degraus em salas multiuso com mais de 5.000 lugares e em estádios esportivos devem se destacar claramente das áreas de entorno por meio de codificação de cores (MVStättV § 10, 8).

Banheiros (§ 12)

Os locais de eventos devem ter banheiros masculinos e femininos separados. Toaletes devem ser dispostos para cada piso com lugares para visitantes.
No caso de a divisão dos banheiros estabelecida no parágrafo 2 não ser apropriada de acordo com o tipo de evento, uma distribuição diferente pode ser feita durante eventos, com os banheiros adequadamente sinalizados. Banheiros no entorno ou nas imediações dos locais de eventos podem ser usados, se estiverem acessíveis aos visitantes do local.

Toaletes para cadeirantes

Pelo menos um a cada 12 cabines sanitárias deve oferecer acessibilidade. Cada toalete deve ser equipado com sanitário e lavabo.

Vagas de estacionamento com acessibilidade (§ 13)

O número de vagas obrigatórias de estacionamento com acessibilidade deve ser de, pelo menos, metade da quantidade de vagas de estacionamento exigidas, de acordo com § 10, 7. Esses lugares devem ter sinalização permanente e serem facilmente identificáveis.

Eventos

EVENTOS

MVStättV

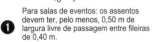

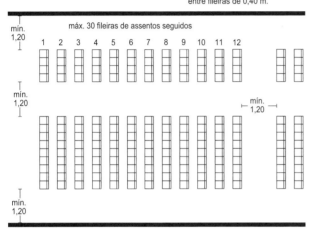

❶ Para salas de eventos: os assentos devem ter, pelo menos, 0,50 m de largura livre de passagem entre fileiras de 0,40 m.

❷ As determinações seguintes também se aplicam às arquibancadas: Os assentos devem ter, pelo menos, 0,50 m de largura livre de passagem entre fileiras de 0,40 m.

❸ Máx. 30 fileiras de assentos corridos. Corredores entre e por trás dos blocos devem ter, no mínimo, 1,20 m de largura (§ 10, 4)

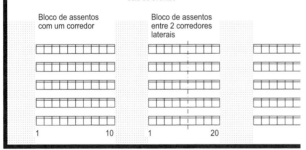

❹ Máx. 10 lugares corridos com um corredor lateral, no máx. 20 lugares corridos entre 2 corredores laterais (§ 10, 5)

❺ Máx. 20 lugares corridos com um corredor lateral, no máx. 40 lugares corridos entre 2 corredores laterais (§ 10, 5)

Lugares para visitantes	Banheiros femininos	Banheiros masculinos	Vasos sanitários
até 100	3	1	2
acima de 100 e a cada 100 adicionais	1,2	0,4	0,8
acima de 1.000, a cada 100 adicionais	0,9	0,3	0,6
mais de 20.000, a cada 100 adicionais	0,6	0,2	0,4

❻ Medidas de vasos sanitários e urinóis (§ 12)

333

Barreiras para fileiras de degraus

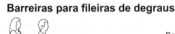

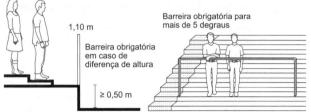

❶ Barreiras obrigatórias para diferenças de altura de mais de 0,50 m e para mais de 5 fileiras de degraus. Devem ter, pelo menos, 1,10 m de altura (§ 11, 2).

Barreiras para fileiras de assentos

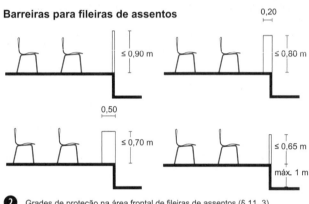

❷ Grades de proteção na área frontal de fileiras de assentos (§ 11, 3)

Palcos de grandes dimensões

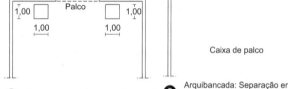

❸ Barreira em sala com lugares em pé, na área frontal diante do palco (§ 29, 1)

❹ Espaço reservado ao monitoramento de segurança contra incêndios no palco (§ 25, 1)

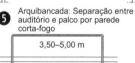

❺ Arquibancada: Separação entre auditório e palco por parede corta-fogo

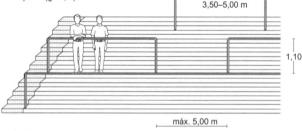

❻ Disposição de guarda-corpos: a cada 5 degraus, escalonados, degrau mais à frente equipado com guarda-corpo contínuo

Estádios esportivos

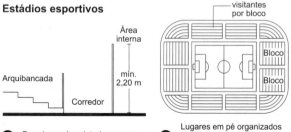

❼ Barreira na área interior com no mín. 2,20 m de altura (§ 27, 1)

❽ Lugares em pé organizados em bloco, barreira com, no mín., 2,20 m de altura (§ 27, 2)

FUNDAMENTOS
REGULAMENTAÇÃO MODELO DE LOCAIS DE EVENTOS

Barreiras e dispositivos de proteção (§ 11)
Áreas geralmente destinadas à circulação e diretamente adjacentes a áreas em níveis inferiores devem ser delimitadas com barreiras, desde que não estejam conectadas à superfície inferior por passagens ou rampas (§ 11, 1) → ❶.
Exceção: laterais e frente de palcos; áreas frontais de fileiras de degraus, se as fileiras não estiverem a mais de 0,50 m do piso ou da sala de eventos adiante; áreas frontais de fileiras de degraus se os encostos dos assentos da fileira de degraus adiante sobressaírem-se à fileira de assentos atrás em, pelo menos, 0,65 m. Barreiras, como grades, corrimãos, cercas, guarda-corpos, grades de barricada ou paredes de vidro, devem ter, pelo menos, 1,10 m de altura (§ 11, 2) → ❶. Na área frontal de fileiras de assentos, barreiras de 0,90 m de altura devem ser suficientes. Com parapeitos de no mín. 0,20 m, a largura de barreira suficiente é de no mín. 0,80 m. Com parapeitos de 0,50 m de largura, 0,70 m são suficientes. Se a fileira de degraus não estiver a mais de 1 m acima do piso da próxima fileira ou da sala de eventos, o espaço suficiente na área frontal da fileira é de 0,65 m (§ 11, 3) → ❷.

Palcos de grandes dimensões/Casas de espetáculos (§ 22)
Locais de eventos com palcos de grandes dimensões devem ter todas as áreas operacionais e de instalações necessárias ao palco separadas do espaço do público (§ 22, 1). A parede divisória entre o palco e o auditório deve ser resistente ao fogo e fabricada com parede corta-fogo. As portas desta parede divisória devem ser resistentes ao fogo e com fechamento automático (§ 22, 2) → ❺.

Espaço para o monitoramento de segurança contra incêndio (§ 25)
Em cada lado da abertura do palco, deve haver um lugar especial com uma área de, pelo menos, 1 x 1 m e uma altura mínima de 2,20 m. O monitoramento de segurança contra incêndio deve ter acesso e visualização facilitada do espaço (§ 25, 1) → ❹.

Guarda-corpo (§ 28)
Se mais de cinco degraus forem dispostos em sequência, deve haver uma barreira contínua de 1,10 m de altura à frente da fileira mais à dianteira → ❶. Após cada cinco degraus adicionais, devem ser instaladas barreiras da mesma altura (guarda-corpo), com no mínimo 3 m e no máximo 5,50 m de comprimento. As distâncias laterais entre os guarda-corpos não devem exceder 5 m. Após um máx. de cinco fileiras de lugares em pé, as distâncias devem ser escalonadas por guarda-corpos com ambas as laterais de, no mín., 0,25 m mais longo do que as distâncias laterais entre os guarda-corpos. Os guarda-corpos devem ser dispostos na borda frontal do degrau (§ 28, 1).

Barreiras em lugares em pé diante do palco (§ 29)
Se forem dispostos lugares em pé diretamente à dianteira do palco, tais lugares devem ser separados por uma barreira entre a área de palco e um corredor, com um espaço reservado de, no mín., 2 m de largura para o serviço de segurança e de emergência. (§ 29, 1) → ❸. Caso sejam dispostos mais de 5.000 lugares diante da área de palco, deve haver no mínimo mais duas barreiras formadas a partir da lateral de acesso dos lugares em pé. As barreiras devem ser distanciadas umas das outras nas laterais com no mín. 5 m e a uma distância de no mín. 10 m da área de palco (§ 29, 2).

Barreiras e formações de blocos em estádios esportivos (§ 27)
Os assentos em áreas internas devem ter barreiras de separação com, pelo menos, 2,20 m de altura. Tais barreiras devem ter portões de no mín. 1,80 m de largura que deem acesso às escadas e que possam ser facilmente abertos para a área interior, em caso de perigo (§ 27, 1). A área de lugares em pé deve ser disposta em blocos de, no máx., de 2.500 visitantes, com barreiras de separação de, no mín., 2,20 m de altura (§ 27, 2) → ❼.

CONJUNTO RESIDENCIAL PARA ESTUDANTES
DIRETRIZES GERAIS DE PROJETO

Em geral, os conjuntos residenciais para estudantes são construídos e administrados pelos centros acadêmicos. São situados nas proximidades das universidades e apresentam diferentes formas construtivas (20–30 unidades, conformando pátios, ou estruturas abertas, agrupadas, com 80 ou mais unidades). Sua função é a hospedagem de estudantes por tempo determinado, no período de duração do curso. As dimensões e os equipamentos dos cômodos costumam ser bastante limitados. As organizações em forma de quarto simples, apartamento (também duplo) e grupos de unidades são as soluções mais usuais. A disposição e o projeto das áreas comuns, dentro e fora das unidades, são fundamentais para uma boa aceitação dos conjuntos.

Exigências

Os apartamentos para estudantes – também denominados **alojamentos** – não são considerados moradias no sentido comum pelo Código de Obras (MBO). As exigências construtivas restringem-se essencialmente aos ambientes de permanência, com estabelecimento de áreas mínimas (8 m²), pé-direito (2,40 m), orientação, ventilação e iluminação (área da janela = ⅛ da área básica), acessos livres, sem barreiras, assim como rotas de emergência (duas rotas independentes em cada andar, uma delas como escada). As **diretrizes para construção habitacional** estudantil preveem medidas padronizadas para as unidades de moradia (≈12 m² por quarto simples e ≈16 m² para apartamentos). Sobre esses dados, deve-se ainda calcular áreas de uso comum adicionais.

Formas de moradia

Fundamentalmente, há a diferenciação entre moradias **em grupos** → ❷ – ❸ e **individuais** → ❹ – ❻.
No caso da solução em grupo, a área comum adquire grande importância. Um grupo de quartos (4 – 8), com uma área central comum funcional (banheiro, cozinha) pode ser solucionado com tipologia de planta **linear** → ❷ ou **centralizada** → ❸. A tipologia clássica (e anônima) de solução é a disposição das unidades de moradia ao longo de um corredor, com cozinha e banheiro coletivos. A solução que mais tem sido desenvolvida é o pequeno apartamento → ❹ (quarto com vestíbulo, banheiro e equipamentos de cozinha) e apartamento duplo → ❺ – ❻ (dois quartos com cozinha e banheiro comunitários). Esse tipo de moradia flexível pode ser ocupado tanto de forma individual como por casais (com filho).

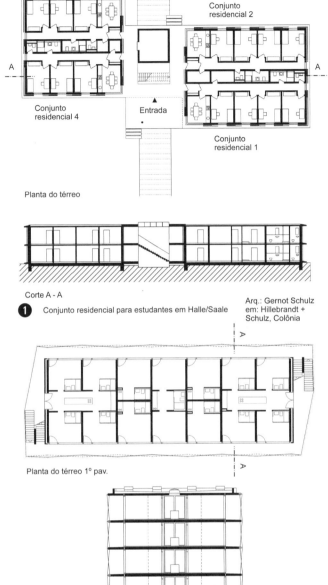

❶ Conjunto residencial para estudantes em Halle/Saale — Arq.: Gernot Schulz em: Hillebrandt + Schulz, Colônia

❷ Conjunto residencial para estudantes em Garching — Arq.: Fink e Jocher, Munique

❸ Conjunto residencial com grupos de quartos individuais, banheiros coletivos e cozinha central comunitária

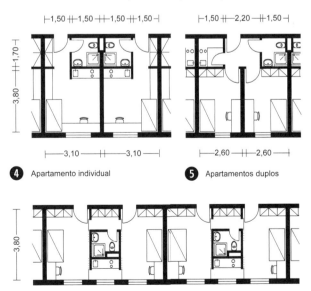

❹ Apartamento individual

❺ Apartamentos duplos

❻ Apartamentos duplos com banheiro e cozinha comunitários e zona de armários

Hospedagem

CONJUNTO RESIDENCIAL PARA ESTUDANTES

MBO (Código de Obras)

Diretrizes estaduais para construção habitacional para estudantes na Alemanha (StudheimRi)

335

RESIDÊNCIAS PARA IDOSOS
APARTAMENTOS PARA IDOSOS

Existem diversas formas de lares para pessoas idosas, dependendo do tipo de cuidado desejado e do grau de independência e mobilidade dos residentes.

Lares assistidos: apartamentos acessíveis (entre 20 e 200 unidades) em um edifício ou condomínio, com foco na independência dos residentes. Os apartamentos são complementados por salas comunais (às vezes com cozinha ou copa) para facilitar a socialização entre as pessoas. Esses lares também costumam oferecer serviços como atendimento especializado para mobilidade reduzida. Sempre que possível, constroem-se esses lares perto de lojas, médicos, clínicas e estabelecimentos culturais.

Muitas vezes, é sensato combiná-los com um hotel, clínica ou lar de idosos, pois tais locais oferecem instalações adicionais para refeições, cuidados cosméticos, bem-estar e terapia. A DIN 77800 descreve os serviços que devem estar à disposição em um lar assistido.

Lares auto-organizados: quartos ou apartamentos em um edifício ou condomínio nos quais os residentes participam ativamente, na medida do possível, das tarefas domésticas diárias.

Lares ambulatoriais: assemelham-se aos lares auto-organizados, mas contam com enfermeiros ambulatoriais que cuidam dos residentes em seus quartos/apartamentos e/ou das necessidades coletivas (p. ex. refeições, lavanderia, jardinagem etc.)

① Esquema de relacionamento espacial

② Sistema funcional de um centro de atendimento para idosos

Hospedagem

RESIDÊNCIAS PARA IDOSOS

Apartamentos para idosos
Lares de idosos e casas de repouso com serviço de enfermeira
Exemplos

DIN 18040-1
Acessibilidade
p. 31

① Sala de estar
② Sala de jantar
③ Cozinha
④ Dormitório
⑤ Banheiro
⑥ Sacada

③ Apartamento para 1 pessoa, aprox. 51 m²

④ Apartamento para 1 pessoa, aprox. 37m²

⑤ Apartamento para 2 pessoa, aprox. 72 m²

⑥ Apartamento para 2 pessoas, aprox. 64 m²

⑦ Apartamentos para idosos

⑧ Centro para idosos Frauensteinmatte, Zug — Arq.: Graber Pulver

RESIDÊNCIAS PARA IDOSOS
LARES DE IDOSOS E CASAS DE REPOUSO COM SERVIÇO DE ENFERMARIA

① Quarto com 1 leito, para idoso com serviço de assistência permanente

② Quarto com 2 leitos, para idosos com serviço de assistência permanente

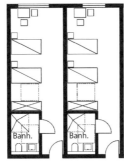

③ Quarto com 1 leito, para idoso com serviço de assistência permanente

④ Quarto com 2 leitos, para idosos com serviço de assistência permanente

Os **lares de idosos e as casas de repouso** são unidades residenciais de repouso e de cuidados para idosos, doentes crônicos e pessoas que necessitam de cuidados em longo prazo.

Esses lares são regulamentados pelas leis locais de cada região administrativa da Alemanha. Por meio de um serviço de acompanhamento ativo, que conta com assistência médica ou de enfermagem, busca-se o exercício, a manutenção ou recuperação das forças físicas perdidas. Os lares ficam em edifícios com salas de convivência, recreação e áreas terapêuticas adicionais. Deve haver uma separação clara entre o setor de moradias e de serviços → ⑥.

Dimensões de referência: Setor de moradias = 50%; quartos individuais = aprox. 18 m² por área de moradia individual; quartos duplos = aprox. 20 m² → ① – ④. No caso da construção de dormitório em separado = aprox. 7 m² em quarto individual; = 12 m² em quartos duplos.

Todas as áreas devem ser acessíveis para pessoas com deficiência e usuários de cadeira de rodas.

O lar pode ser dividido em grupos residenciais para criar mais privacidade. Esses grupos abrangem 8 a 10 moradores com uma área de estar comum e copa, que pode ser usada para as refeições diárias. A cada 2 grupos de moradias, deve-se prever 1 sala de atendimento/tratamento. As zonas de corredores servem não só à comunicação, sendo também dotadas de nichos espaciais para pontos de encontro.

Necessidade espacial:
– Salas de estar dos enfermeiros
– WCs e guarda-roupa
– Setor de tratamento com banheiros equipados com banheiras resistentes à ação de ácidos para banhos medicinais, pias, WC, bidê e chuveiro
– Depósito para material de limpeza com pia de despejos e lavagem de material contaminado (bacilos fecais)
– Lavanderia
– Áreas para depósito de cadeiras de rodas e aparelhos
– Equipamentos centrais podem ser localizados no térreo e subsolo ou distribuídos individualmente por departamento

Departamento de assistência a curto prazo: assume a assistência a moradores idosos em caso de emergência, p. ex. viagem de membros da família responsáveis pela pessoa, assim como em situações de necessidade de reabilitação após estadia em hospital e outros casos semelhantes.

Devem ser previstos espaços para: administração, reuniões, salas de uso comum para apresentações, festividades etc., café, terapias ocupacionais, ginástica, pedicura, cabeleireiro.

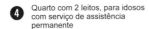

⑤ Corte transversal → ⑥

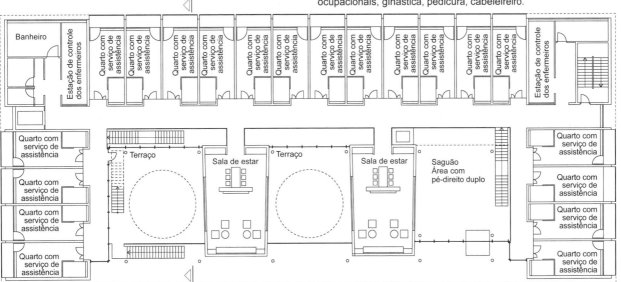

⑥ Conjunto residencial para idosos inválidos, Haus Gisingen, Feldkirch/Voralberg, primeiro pavimento

Arq.: Noldin & Noldin

RESIDÊNCIAS PARA IDOSOS
EXEMPLOS

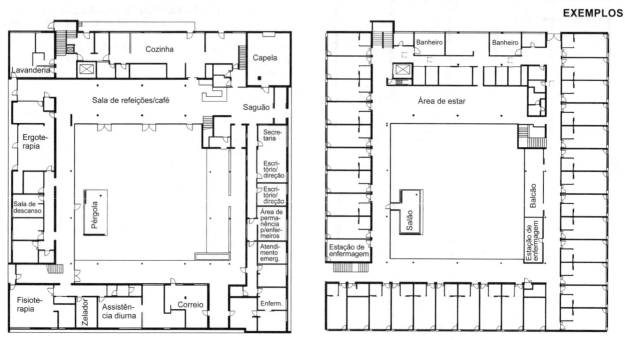

① Residência para idosos, também para idosos inválidos Haus Nofels, Feldkirch/Voralberg, térreo e pavimento superior   Arq.: Rainer Köberl

Hospedagem

RESIDÊNCIAS PARA IDOSOS

Apartamentos para idosos
Lares de idosos e casas de repouso com serviço de enfermeira
Exemplos

① Quarto com 1 leito 16 m^2
② Quarto com 2 leitos 24 m^2
③ Quarto para cadeirante 18 m^2
④ Banheiro da estação de tratamento
⑤ Área de permanência/para grupos
⑥ Ponto de encontro
⑦ Salão para refeições e festas
⑧ Cozinha
⑨ Distribuição das refeições
⑩ Administração
⑪ Estação de enfermagem
⑫ Recepção/quiosque
⑬ WC para visitantes
⑭ Aviário
⑮ Cabeleireiro
⑯ Espaço de apoio

② Conjunto residencial para idosos Elbe Fläming, Dessau-Rosslau, térreo   Arq.: Kister Scheithauer Gross

338

HOTÉIS
FUNDAMENTOS

O hotel, originalmente um estabelecimento simples e muitas vezes privado, com conexões locais com os mercados, portos e estações ferroviárias, é hoje uma **organização comercial** com uma ampla gama de requisitos (estruturais e organizacionais, dependências logísticas, especificações de mobiliário etc.) e projetada por uma equipe de especialistas. Além do desenvolvedor do hotel, arquiteto, designer de interiores e engenheiros, a equipe de projeto é composta por especialistas em operações e *marketing*, bem como por especialistas para qualquer oferta adicional planejada.

Os conceitos de hospedagem vão desde os hotéis clássicos de pernoite (*sleep and go*), caracterizados por diversas faixas de preço e conforto (p. ex. *budget hotels*, hotéis eficientes e de preço otimizado), a hotéis de conferência, de férias (com ofertas de lazer e recreação) e "hotéis-butique" (estabelecimentos individuais de administração privada).

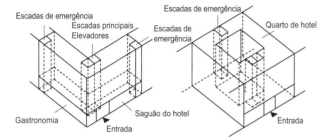

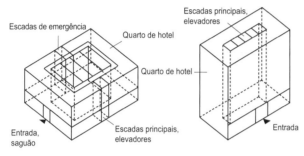

① Hotéis e suas formas básicas (seleção)

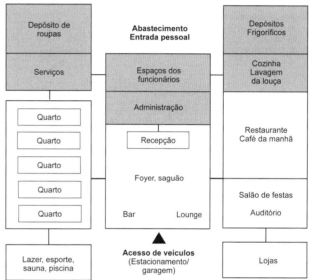

③ Espaços/funções e esquema de relacionamento com os acessos e a circulação em um hotel (**sem estacionamento subterrâneo nem instalações técnicas**)

Além de um conceito de utilização coerente, o formato do edifício e a disposição espacial básica das áreas funcionais são critérios essenciais para o sucesso no desenvolvimento de um hotel.
Devido à alta proporção do espaço ocupado pelos quartos em relação à área total, **otimizar os andares dos quartos** é de grande importância para a eficiência econômica de um hotel. Assim, o arquiteto deve otimizar a proporção entre os quartos e a área total → p. 342, limitar os diferentes tipos de quartos conforme o necessário, evitar cantos de utilização limitada e otimizar os corredores de acesso, o número de escadas e o número de elevadores.
A instalação de áreas técnicas, como p. ex. no subsolo, também deve ser levada em conta no planejamento do espaço.

A figura → ① mostra as **formas básicas** para hotéis.
A figura → ③ mostra um diagrama das áreas funcionais e das **relações básicas espaciais** dentro de um hotel.

As proporções entre as áreas funcionais podem variar muito dependendo do conceito do estabelecimento.

Código de Obras, Direito da construção, Plano de massas etc.	exigências gerais para aprovação da construção, tipo e dimensionamento dos usos etc. → p. 66
Código de obras estadual (LBO)	requisitos gerais de construção para edifícios e requisitos gerais de proteção contra incêndios
Nomas DIN	DIN 4109 Requisitos de isolamento acústico → p. 157 DIN 18040 Edifício sem barreiras → p. 31
Decreto regulador da construção de alojamentos (BeVO)	exigências adicionais para o edifício e partes construtivas em função do alojamento de grande número de pessoas (exigências construtivas para paredes, pilares, lajes, portas, saídas de emergência, corredores necessários, sistema de alarme, segurança etc.)
Diretrizes para construção de restaurantes (GBR)	exigências adicionais para restaurantes (essencialmente proteção contra incêndios)
Decreto regulador de projetos de áreas para reunião de pessoas	exigências adicionais para o edifício e partes construtivas em função da presença simultânea de grande número de pessoas (rotas de emergência, saídas, corredores, janelas, portas etc.)
Diretrizes para regulamentação de áreas de trabalho	exigências adicionais para o edifício e partes construtivas, do ponto de vista da segurança e saúde em áreas de trabalho
Regulamentos para garagens (GarVO)	Requisitos estruturais adicionais para a construção e operação de garagens
Diretrizes para operação de hotéis	requisitos estruturais adicionais para edifícios e componentes com relação aos padrões de qualidade individuais dos operadores de hotéis (especialmente para grandes empresas hoteleiras)
Outros	p. ex. determinações de grupos profissionais, diretrizes para prevenção de acidentes, exigências das seguradoras de propriedade, exigências da fiscalização sanitária e das autoridades comerciais.

② Legislação, diretrizes, determinações e decretos para projeto de alojamentos (escolha)

Hospedagem

HOTÉIS

Fundamentos
Áreas
Equipamentos, instalações
Quartos
Localização, exemplos

Direito da construção (BauGB)
Código de obras estadual (LBO)
Decreto regulador da construção de alojamentos (BeVO)
Diretrizes para construção de restaurantes (GBR)
Decreto para regulamentação de áreas com reunião de pessoas (VStättVO)
Decreto sobre condições de locais de trabalho (ArbStättV)
Diretrizes para locais de trabalho (ASR)
Regulamentos para garagens (GarVO)

Ver também:
Gastronomia
p. 345

339

HOTÉIS
ÁREAS

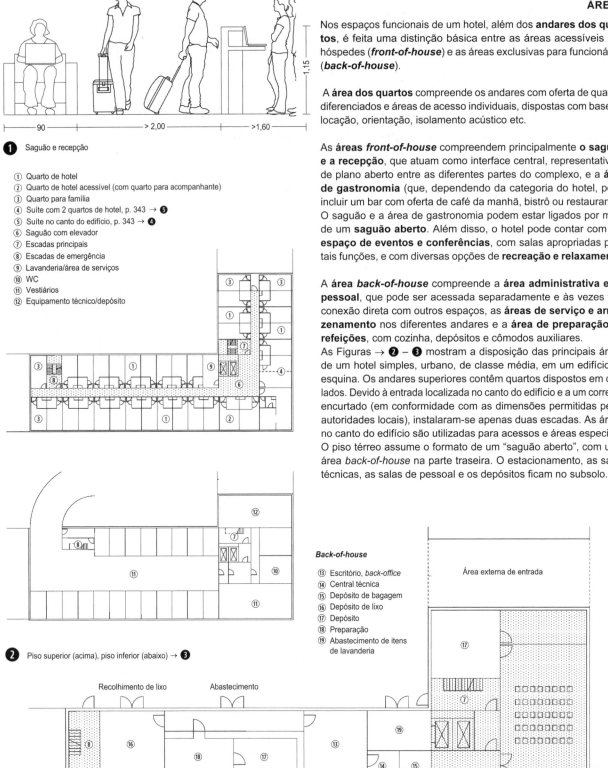

❶ Saguão e recepção

① Quarto de hotel
② Quarto de hotel acessível (com quarto para acompanhante)
③ Quarto para família
④ Suíte com 2 quartos de hotel, p. 343 → ❺
⑤ Suíte no canto do edifício, p. 343 → ❹
⑥ Saguão com elevador
⑦ Escadas principais
⑧ Escadas de emergência
⑨ Lavanderia/área de serviços
⑩ WC
⑪ Vestiários
⑫ Equipamento técnico/depósito

❷ Piso superior (acima), piso inferior (abaixo) → ❸

Nos espaços funcionais de um hotel, além dos **andares dos quartos**, é feita uma distinção básica entre as áreas acessíveis aos hóspedes (*front-of-house*) e as áreas exclusivas para funcionários (*back-of-house*).

A **área dos quartos** compreende os andares com oferta de quartos diferenciados e áreas de acesso individuais, dispostas com base na locação, orientação, isolamento acústico etc.

As **áreas *front-of-house*** compreendem principalmente **o saguão e a recepção**, que atuam como interface central, representativa e de plano aberto entre as diferentes partes do complexo, e a **área de gastronomia** (que, dependendo da categoria do hotel, pode incluir um bar com oferta de café da manhã, bistrô ou restaurante). O saguão e a área de gastronomia podem estar ligados por meio de um **saguão aberto**. Além disso, o hotel pode contar com um **espaço de eventos e conferências**, com salas apropriadas para tais funções, e com diversas opções de **recreação e relaxamento**.

A **área *back-of-house*** compreende a **área administrativa e de pessoal**, que pode ser acessada separadamente e às vezes tem conexão direta com outros espaços, as **áreas de serviço e armazenamento** nos diferentes andares e a **área de preparação de refeições**, com cozinha, depósitos e cômodos auxiliares.
As Figuras → ❷ – ❸ mostram a disposição das principais áreas de um hotel simples, urbano, de classe média, em um edifício de esquina. Os andares superiores contêm quartos dispostos em dois lados. Devido à entrada localizada no canto do edifício e a um corredor encurtado (em conformidade com as dimensões permitidas pelas autoridades locais), instalaram-se apenas duas escadas. As áreas no canto do edifício são utilizadas para acessos e áreas especiais. O piso térreo assume o formato de um "saguão aberto", com uma área *back-of-house* na parte traseira. O estacionamento, as salas técnicas, as salas de pessoal e os depósitos ficam no subsolo.

Back-of-house

⑬ Escritório, *back-office*
⑭ Central técnica
⑮ Depósito de bagagem
⑯ Depósito de lixo
⑰ Depósito
⑱ Preparação
⑲ Abastecimento de itens de lavanderia

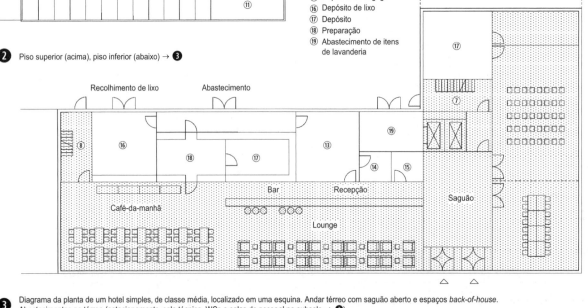

❸ Diagrama da planta de um hotel simples, de classe média, localizado em uma esquina. Andar térreo com saguão aberto e espaços *back-of-house*. Abastecimentos no térreo (estacionamento, sala técnica, WCs e salas de pessoal no subsolo → ❷)

HOTÉIS
EQUIPAMENTOS, INSTALAÇÕES

O mobiliário de um hotel varia muito conforme o padrão de qualidade desejado.

A Associação Alemã de Hotéis e Restaurantes (DEHOGA) e a Associação Alemã de Turismo oferecem a possibilidade de uma classificação voluntária conforme critérios uniformes relativos ao **edifício/quartos, mobiliário/equipamento, serviços, recreação e espaços internos para conferências**.

O padrão de um hotel é determinado com base em um sistema de pontos e documentado em categorias de até 5 estrelas. Aplicam-se os requisitos mínimos que devem ser satisfeitos em cada categoria. Como exemplo, os requisitos mínimos da DEHOGA para um **hotel 3 estrelas** estão listados a seguir:

Camas de solteiro mín. 0,90 x 1,90 m (camas de casal mín. 1,80 x 1,90 m), mesa de cabeceira ou estante junto à cama, um assento por cama, lâmpada de leitura, mesa, escrivaninha (superfície de trabalho mín. 0,5 m^2) com lâmpada, telefone e cofre no quarto, bebidas disponíveis no quarto, espelho de corpo inteiro, suporte para bagagem, cesto de lixo, guarda-roupa ou nicho com compartimentos para roupa, televisão com controle remoto, ganchos para casacos, cortinas ou persianas, instalações sanitárias (chuveiro/WC ou banheira/WC, pia com iluminação apropriada, espelho, tomada etc.), área de recepção com assentos, recepção separada, cofres disponíveis na recepção, recepção com disponibilidade de pessoal por 14 horas (24 horas acessível por telefone), acesso à Internet na área comum, salão de café da manhã, restaurante.

Hospedagem

HOTÉIS

Fundamentos
Áreas
Equipamentos, instalações
Quartos
Localização, exemplos

Associação Alemã de Hotéis e Restaurantes (DEHOGA)

Associação Alemã de Turismo (DTV)

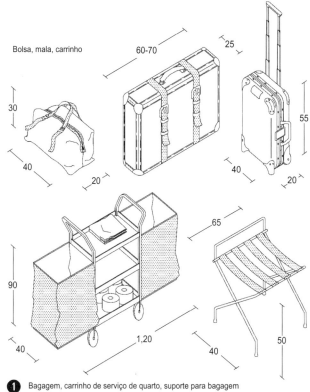

① Bagagem, carrinho de serviço de quarto, suporte para bagagem

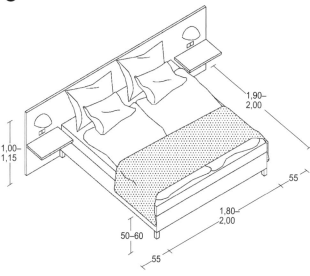

② Cama de casal (*double*, *king-size*) com cabeceira (*headboard*)

④ Cama de solteiro (*single* ou *twin*)

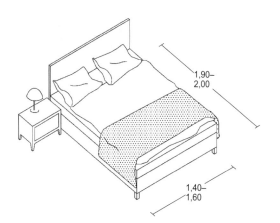

③ Cama de casal estreita (*french*, *queen-size*)

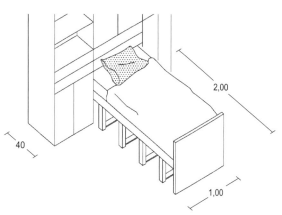

⑤ Cama retrátil (*Murphy*) em quarto executivo

341

HOTÉIS
QUARTOS

Quartos de hotel

Os quartos representam de 60 a 80% do total da área útil de um hotel. Projetá-los de modo otimizado é, portanto, de importância decisiva para a viabilidade econômica do estabelecimento. A qualidade dos quartos é também um critério essencial para a avaliação dos hóspedes. Assim, o cálculo do projeto de construção de um hotel geralmente se baseia nos custos por quarto, e elementos como a área de fachada, áreas do corredor, etc, são sempre definidos em relação à área dos quartos. A **proporção** entre os quartos e o restante do hotel desempenha um papel fundamental.

Para hotéis novos, tornou-se norma reduzir a largura dos quartos (e, assim, em muitos casos, a grade axial do edifício) ao mínimo estruturalmente necessário, alcançando por meio da profundidade a área necessária para cumprir com o padrão de qualidade. Dessa forma, é possível construir, dentro do setor de hotéis *budget*, quartos totalmente equipados com largura inferior a 3 m → ❸.

Deve-se levar em conta, porém, que a largura do quarto determina a disposição do banheiro, do guarda-roupa e da área de entrada. Aqui, a solução mais prevalente são banheiros internos, com iluminação artificial, acessíveis pela área de entrada → ❶. Pode-se também melhorar essa área por meio de paredes recuadas.

Devido à mudança nas funções dos quartos de hotel, que atualmente incluem moradia, recreação, trabalho e descanso busca-se levar em conta, especialmente nos hotéis de luxo, não só as exigências de conforto, mas também a necessidade de individualidade e identidade por meio de disposições espaciais diferenciadas. Por ex., soluções espaciais atraentes, como quartos mais amplos dão lugar a elementos como banheiros com iluminação natural → ❹.

Além dos clássicos quartos individuais e duplos, devem ser oferecidos quartos acessíveis → ❷, suítes, quartos comerciais e para famílias. Estes últimos podem ser criados combinando-se quartos vizinhos ou aproveitando-se espaços especiais (esquinas do edifício, áreas de acesso).

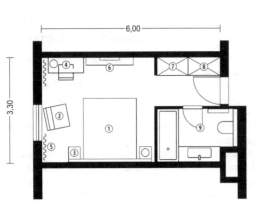

① Cama de casa (mín. 180/190)
② Assento
③ Mesa de cabeceira, luz de leitura
④ Escrivaninha com luminária
⑤ Cortina
⑥ TV com controle remoto
⑦ Armário com compartimentos e cofre
⑧ Cabideiro para casacos, armazenamento de bagagem
⑨ Banheiro

❶ Quarto duplo padrão com instalações e principais dimensões (3 estrelas com base na classificação DEHOGA) → p. 341

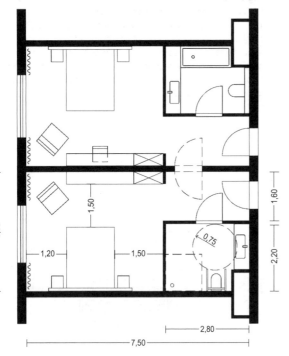

❷ Quarto de hotel acessível com conexão ao quarto vizinho (para acompanhantes)

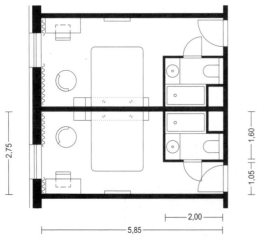

❸ Quarto de hotel com largura mínima   Arq.: Marggraf

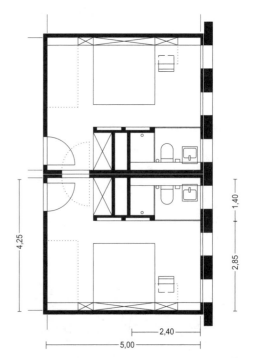

❹ Quarto de hotel pré-fabricado, banheiro na parede externa   OLK/RÜF

HOTÉIS
QUARTOS

Banheiros

A disposição e as instalações do banheiro são um critério essencial para a satisfação e avaliação dos hóspedes.

As **instalações básicas** no banheiro de um hotel de nível médio consiste em um chuveiro (de preferência do tipo *walk-in*), WC e pia → ❹. Banheiros em hotéis nas categorias superiores contam com banheiras, pias duplas largas, prateleiras adicionais, bidês e áreas separadas para chuveiro e WC → ❶ e ❹.

Dispor o banheiro no **interior do recinto**, com acesso pela área de entrada, tornou-se a solução padrão. No entanto, outras soluções também são possíveis, mas o trabalho adicional e os benefícios práticos têm de ser cuidadosamente ponderados → ❷ e ❸.

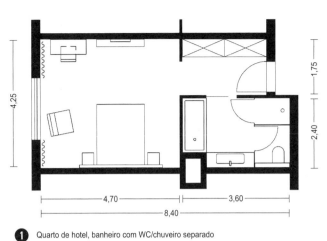

❶ Quarto de hotel, banheiro com WC/chuveiro separado

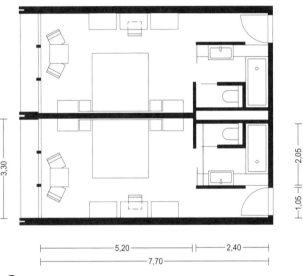

❷ Banheiro com porta para o quarto   Arq.: Jan Stormer Architekten → p. 344

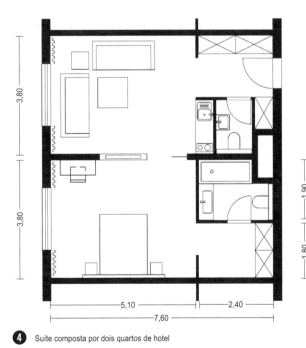

❹ Suíte composta por dois quartos de hotel

❸ Quarto de hotel com banheiro simplificado   Arq.: Studio Aisslinger → p. 344

❺ Utilização dos cantos da planta para uma suíte com área de estar e refeições

Hospedagem

HOTÉIS

Fundamentos
Áreas
Equipamentos, instalações
Quartos
Localização, exemplos

343

HOTÉIS
LOCALIZAÇÃO, EXEMPLOS

A localização do hotel é um critério essencial para seu sucesso. Por esse motivo, é comum que hotéis criem situações de planejamento urbano especiais, que em muitos casos são, ao menos parcialmente, acessíveis ao público.

Para o edifício 25hours, em Berlim → ❶ – ❷, converteu-se um bloco de escritórios já existente (parte de um conjunto de edifícios dos anos 50). O andar de entrada fica no 2º piso e conecta-se tanto à rua como aos telhados dos edifícios adjacentes. O bar e o restaurante ficam em uma extensão no telhado, envoltos em uma estrutura totalmente envidraçada.

O SIDE-Hotel, em Hamburgo → ❸ – ❺, cria uma curvatura na esquina de uma quadra da cidade. Sua forma resulta de um ângulo externo (que fecha a esquina do edifício) e de uma estrutura voltada ao lado oposto, que se projeta e encobre o ângulo por 4 andares. No meio da estrutura, o elemento arquitetônico central é um saguão de 30 metros, iluminado naturalmente, acima do *sky lounge* no 8º andar.

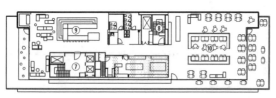

❶ Piso de entrada com saguão e recepção → ❷

① Entrada e recepção
② Lounge
③ Padaria/Café
④ Reuniões
⑤ Espaço de eventos
⑥ Terraço

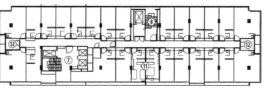

Piso superior (restaurante)

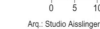

Piso normal (com quartos)

⑦ Escadas principais
⑧ Escadas de emergência
⑨ Bar
⑩ Restaurante
⑪ Quarto
⑫ Serviços

0   5   10

❷ 25hours, Berlim   Arq.: Studio Aisslinger

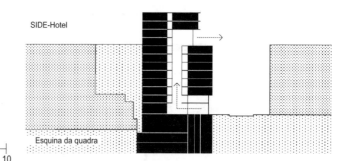

❹ Esquema de seção transveral → ❷, ❸ com estrutura de extensão

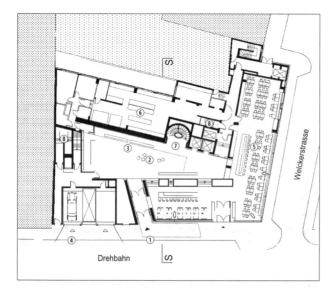

❸ SIDE-Hotel, Hamburgo, térreo

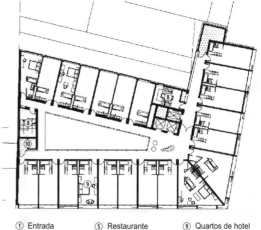

① Entrada
② Saguão
③ Recepção
④ Garagem
⑤ Restaurante
⑥ Cozinha
⑦ Escadas principais
⑧ Escadas de emergência
⑨ Quartos de hotel
⑩ Serviços

❺ Piso normal → ❸   Arq.: Jan Störmer Architekten

Hospedagem

HOTÉIS
Fundamentos
Áreas
Equipamentos, instalações
Quartos
Localização, exemplos

GASTRONOMIA
RESTAURANTES

Para comer confortavelmente, uma pessoa precisa dispor de uma superfície de mesa de aproximadamente 60 cm de largura e 40 cm de profundidade → ❷ – ❹, obtendo-se desta maneira suficiente distanciamento em relação ao vizinho. No meio da mesa, é necessária uma faixa livre com 20 cm de largura, para deposição de louça, tigelas e travessas, resultando em uma largura ideal total de 80–85 cm.
Para serviço de pratos são suficientes 70 cm de profundidade de mesa; em restaurantes rápidos, 60 cm.
Distância entre mesa e parede ≥ 75 cm → ❶, considerando-se que apenas uma cadeira já ocupa uma área de 50 cm. No caso de utilização deste espaço como corredor de serviço, a distância deverá ser ≥ 100 cm. Mesas redondas ocupam maior área, com uma diferença de até 50 cm.

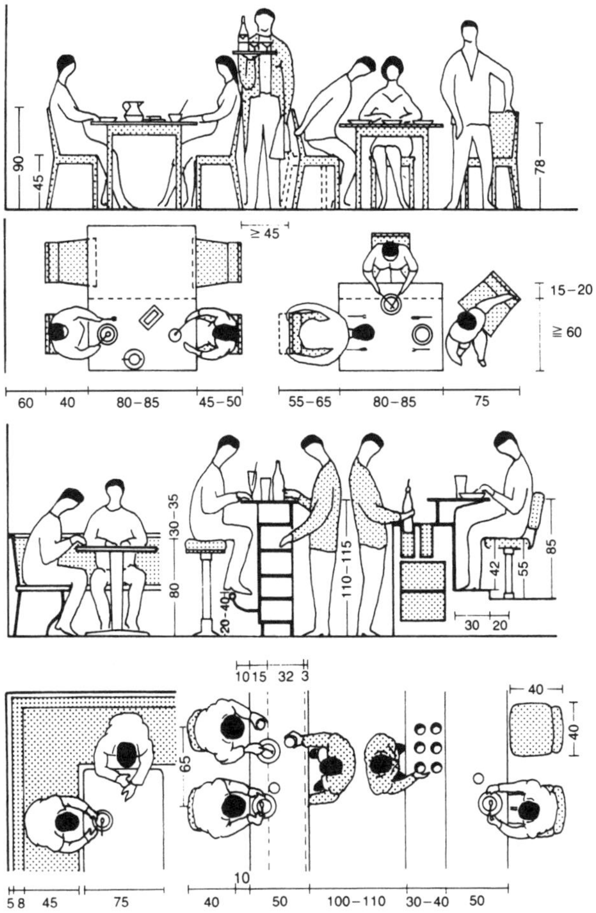

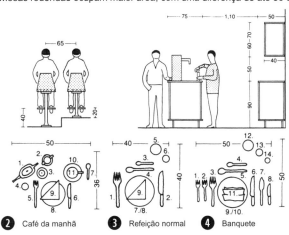

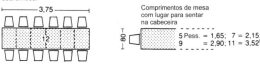

❷ Café da manhã ❸ Refeição normal ❹ Banquete

❷ **Mesa posta para café da manhã:** 1. bule de chá ou café; 2. leiteira; 3. manteigueira ou vasilha para geléia; 4. açucareiro; 5. garfo de sobremesa; 6. faca de sobremesa; 7. colher de chá ou café; 8. prato de sobremesa; 9. guardanapo; 10. pires; 11. xícara
❸ **Mesa posta para refeição simples:** 1. garfo; 2. faca; 3. colher de sobremesa; 4. colher de sopa; 5. copo de cerveja; 6. copo de vinho; 7. prato de sopa; 8. prato raso; 9. guardanapo.
❹ **Banquete:** 1. garfo de sobremesa; 2. garfo para peixe; 3. garfo normal: 4. colher de sobremesa; 5. colher de sopa; 6. faca; 7. faca para peixe; 8. faca de sobremesa; 9. prato de sopa; 10. prato raso; 11. guardanapo: 12. copo de cerveja; 13. copo de vinho; 14. copo para licores ou vinhos de sobremesa.

❶ Área necessária para atendimento/serviço e pessoas/clientes

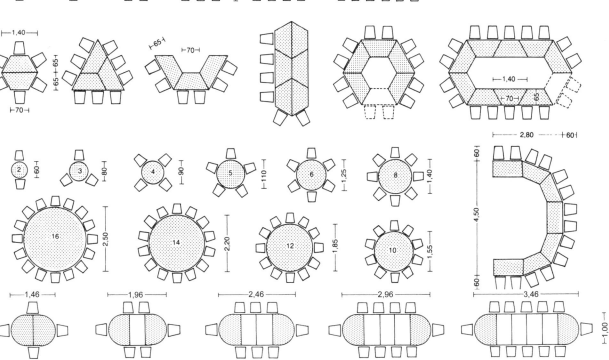

❺ Mesas/assentos. Requisitos de espaço e disposição
→ p. 318, 346–348

Hospedagem

GASTRONOMIA

Restaurantes
Espaços para refeições
Restaurantes rápidos
Cozinhas de restaurantes
Cozinhas industriais
Exemplos

Ver também:
Áreas de refeições
p. 319

345

GASTRONOMIA
RESTAURANTES

Antes do início do projeto de um restaurante, é necessário o desenvolvimento de um minucioso plano de funcionamento e organização juntamente com o proprietário. Neste deve ser estabelecido o seguinte: cardápios que serão oferecidos, sua qualidade e quantidade. Serviço de atendimento a ser escolhido: tipo à la carte com menus fixos ou variados (pratos do dia), servimento no prato ou bandeja, *self-service* ou sistema misto. Para a solução espacial é importante saber qual grupo será atendido, segundo ofertas gastronômicas. Da localização, resulta a tipologia do restaurante. Trabalho de cooperação com outros especialistas: planejamento de cozinhas, refrigeradores e frigoríficos, planejamento elétrico, de calefação, ventilação e da área de sanitários. O espaço fundamental é a sala de refeições, destinada aos clientes, cuja decoração e solução arquitetônica correspondem ao tipo de serviço apresentado. O número de mesas e cadeiras deverá ser calculado de forma geral, permitindo o agrupamento em diferentes soluções, prevendo-se uma mesa especial para clientes tradicionais. Salas secundárias ou áreas de reuniões também devem oferecer soluções de mobiliário independente, visando permitir o maior número possível de variações. Para pessoas de passagem, interessadas em refeições rápidas, prever balcão ou bar, entretanto com possibilidade para sentar. As áreas de refeições maiores deverão, de preferência, ser subdivididas em ambientes menores, individualizados. Entorno da área de refeições agrupam-se cozinha, áreas de serviços, toaletes, áreas de sanitários (também no subsolo) → ❽.
Pilares localizam-se preferencialmente em posição intermediária entre grupos de mesas ou junto ao canto de uma mesa → ❸. Pé-direito para a área destinada aos clientes com superfície ≤ 50 m² = 2,50 m; para superfícies maiores do que 50 m² = 2,75 m; para mais do que 100 m² ≥ 3,00 m. Sob ou sobre mezaninos ≥ 2,50 m. A organização e número de sanitários dependem do tipo de local.
Os corredores de emergência deverão apresentar 1,00 m de largura para cada 150 pessoas previstas na capacidade de funcionamento do local. Larguras mínimas livres: corredores normais, 0,80 m; portas, 0,90 m; corredores e saídas de emergência, 1,00 m → ❾.
Escadas de ligação com toaletes, lavatórios, salas do pessoal e depósitos: largura útil ≥ 1,10 m. Pé-direito livre de passagem ≥ 2,10 m, medidos perpendicularmente. Áreas de janelas ≥ 1/10 da superfície do restaurante.

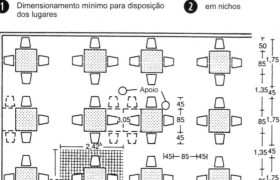

❶ Dimensionamento mínimo para disposição dos lugares   ❷ em nichos

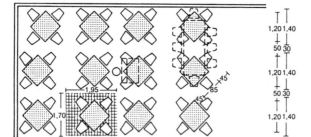

❸ Disposição paralela das mesas

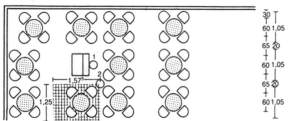

❹ Disposição das mesas em diagonal

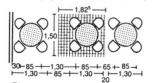

❺ Disposição com grande densidade de ocupação: mesas extremamente próximas

❻ Mesas em um café   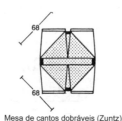 ❼ Mesa de cantos dobráveis (Zuntz)

❽ Esquema funcional de um restaurante de pequeno porte

Área da sala de refeições	Larg. útil das escadas
≤ 100 m²	≥ 1,10 m
≤ 250 m²	≥ 1,30 m
≤ 500 m²	≥ 1,65 m
≤ 1.000 m²	≥ 1,80 m
acima de 1.000 m² ≥ 2,10 m	

❾ Largura útil das escadas

N° de lug. clientes	N° bacias sanitárias Masc. Fem.	N° peças de mictório	Mict. em can. m lineares
≤ 50	1 1	2	2
≤ 50–200	2 2	4	3
≤ 200–400	3 4	6	4
≤ 400	– determinação como caso isolado –		

❿ Áreas de toaletes

Tipo	Ocupação das cadeiras por horário de refeição	Área necess. de cozinha m²/ cada horário de refeição	Área necess. da sala de refeições m²/ lugar (sentado)
Restaurante de luxo	1	0,7	1,8–2,0
Restaurante com grande rotatividade, p. ex. em lojas de departamentos	2–3	0,5–0,6	1,4–1,6
Restaurante normal	1,5	0,4–0,5	1,6–1,8
Restaurantes populares Pensões	1	0,3–0,4	1,6–1,8

Para depósitos, áreas destinadas ao pessoal etc., calcula-se um acréscimo de ≈ 80%
Refeição = lugar x n° de trocas (rotatividade)

⓫ Áreas necessárias

Mobiliário	N° de lugares (assentos)	Serviço de atendimento m²/lugar	Self-service m²/lugar
M. quadrada	4	1,25	1,25
M. retangular	4	1,10	1,25
M. retangular	6	1,00	1,05
M. retangular	8	1,10	1,10

⓬ Área necessária para as salas de refeições total: 1,4 m² até 1,6 m²/lugar

Corredores principais	no mín. 2,00 m de largura
Corredores intermediários	no mín. 0,90 m de largura
Corredores secundários	no mín. 1,20 m de largura

⓭ Largura dos corredores

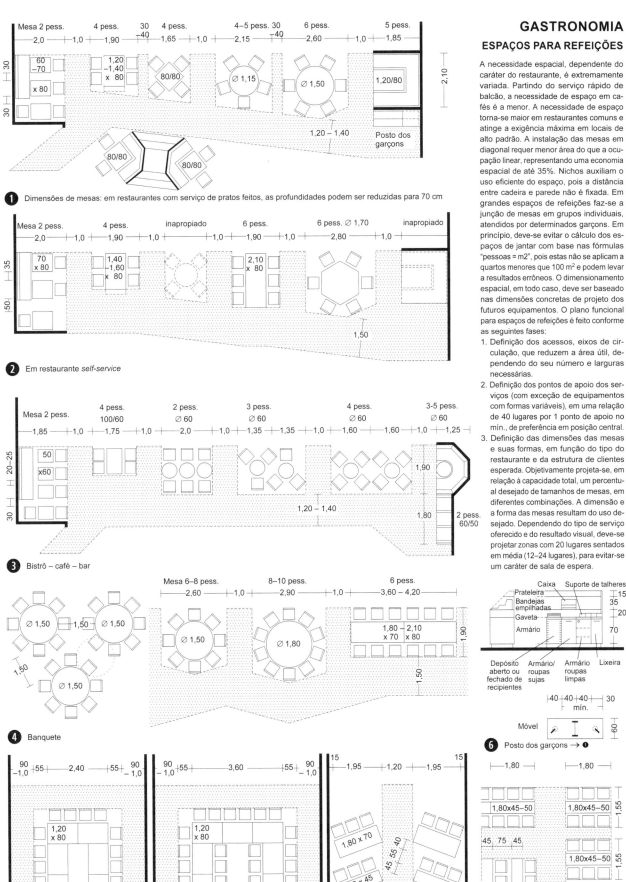

① Dimensões de mesas: em restaurantes com serviço de pratos feitos, as profundidades podem ser reduzidas para 70 cm

② Em restaurante *self-service*

③ Bistrô – café – bar

④ Banquete

⑤ Espaços para encontros, seminários, colóquios etc.

GASTRONOMIA
ESPAÇOS PARA REFEIÇÕES

A necessidade espacial, dependente do caráter do restaurante, é extremamente variada. Partindo do serviço rápido de balcão, a necessidade de espaço em cafés é a menor. A necessidade de espaço torna-se maior em restaurantes comuns e atinge a exigência máxima em locais de alto padrão. A instalação das mesas em diagonal requer menor área do que a ocupação linear, representando uma economia espacial de até 35%. Nichos auxiliam o uso eficiente do espaço, pois a distância entre cadeira e parede não é fixada. Em grandes espaços de refeições faz-se a junção de mesas em grupos individuais, atendidos por determinados garçons. Em princípio, deve-se evitar o cálculo dos espaços de jantar com base nas fórmulas "pessoas = m²", pois estas não se aplicam a quartos menores que 100 m² e podem levar a resultados errôneos. O dimensionamento espacial, em todo caso, deve ser baseado nas dimensões concretas de projeto dos futuros equipamentos. O plano funcional para espaços de refeições é feito conforme as seguintes fases:

1. Definição dos acessos, eixos de circulação, que reduzem a área útil, dependendo do seu número e larguras necessárias.
2. Definição dos pontos de apoio dos serviços (com exceção de equipamentos com formas variáveis), em uma relação de 40 lugares por 1 ponto de apoio no mín., de preferência em posição central.
3. Definição das dimensões das mesas e suas formas, em função do tipo do restaurante e da estrutura de clientes esperada. Objetivamente projeta-se, em relação à capacidade total, um percentual desejado de tamanhos de mesas, em diferentes combinações. A dimensão e a forma das mesas resultam do uso desejado. Dependendo do tipo de serviço oferecido e do resultado visual, deve-se projetar zonas com 20 lugares sentados em média (12–24 lugares), para evitar-se um caráter de sala de espera.

Hospedagem

GASTRONOMIA

Restaurantes
Espaços para refeições
Restaurantes rápidos
Cozinhas de restaurantes
Cozinhas industriais
Exemplos

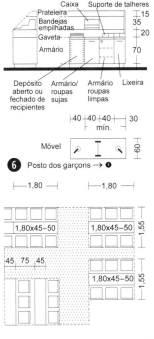

⑥ Posto dos garçons → ①

⑦ Eventos, congressos etc. sem refeição

347

GASTRONOMIA
RESTAURANTES RÁPIDOS

As variações rápidas e de grande fluxo de pessoas requerem maiores espaços de circulação para garantir um funcionamento sem conflitos. De dimensões mínimas, mesas e assentos são agrupados com grande densidade → ❶ – ❹.

Espaço de refeições calculado com 1,50–2,15 m² por pessoa é organizado em grupos de assentos/banquetas ao longo de balcões, na medida do possível longos → ❺ – ❻.

Exemplos de restaurante self-service, localizados em ruas movimentadas, junto a balcão com venda para passantes e quiosque → ❼ + ❽.

Em relação a restaurantes comuns, os restaurantes *self-service* permitem três vezes mais o uso do espaço através da rotatividade (tempo/pessoa/mesa). Tempo de refeição, em média 20 minutos → ❼ – ❽. É indicado o uso de mesas para 2 pessoas, com tamanho médio de 70/50 cm, organizadas individualmente, aos pares ou com pequeno distanciamento → ❷ + ❹. Pode-se também distribuir os lugares em mesas para 4–8 pessoas → ❽. Comprimento de unidades/balcões em ferradura → ❺ – ❻ ≤ 10–12 lugares, para distanciamentos de 62,5 cm = 7,5 m. Essa configuração também pode ser servida por garçom, com prato feito. Caixa na saída. Espaços de apoio com WCs, áreas dos funcionários e instalações técnicas localizam-se em subsolo.

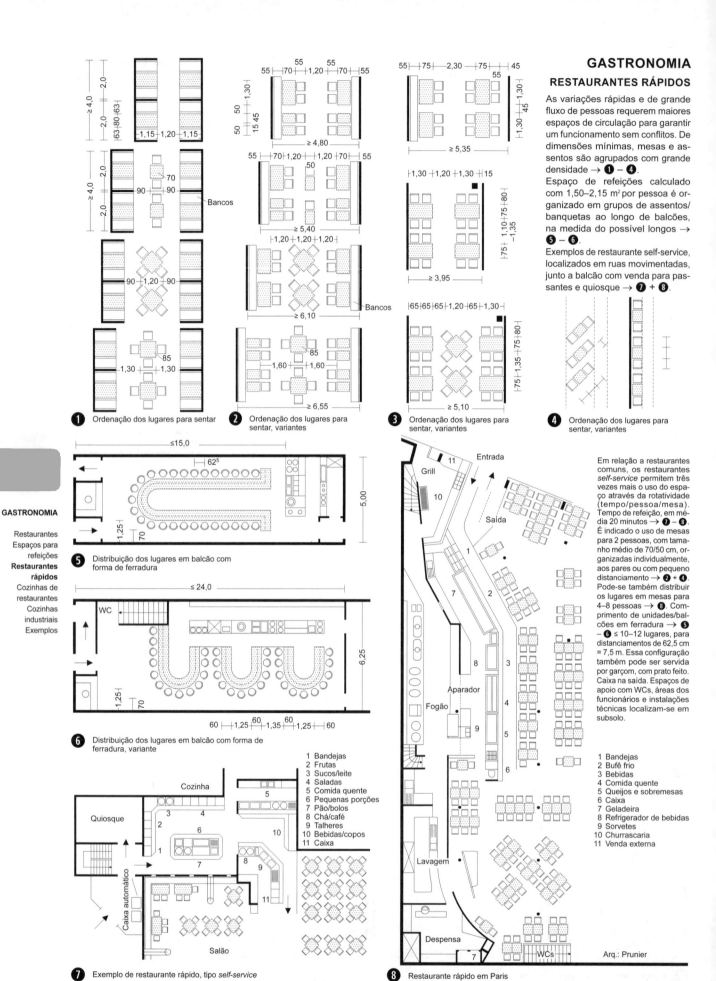

❶ Ordenação dos lugares para sentar
❷ Ordenação dos lugares para sentar, variantes
❸ Ordenação dos lugares para sentar, variantes
❹ Ordenação dos lugares para sentar, variantes
❺ Distribuição dos lugares em balcão com forma de ferradura
❻ Distribuição dos lugares em balcão com forma de ferradura, variante
❼ Exemplo de restaurante rápido, tipo *self-service*
❽ Restaurante rápido em Paris

GASTRONOMIA
Restaurantes
Espaços para refeições
Restaurantes rápidos
Cozinhas de restaurantes
Cozinhas industriais
Exemplos

1 Bandejas
2 Frutas
3 Sucos/leite
4 Saladas
5 Comida quente
6 Pequenas porções
7 Pão/bolos
8 Chá/café
9 Talheres
10 Bebidas/copos
11 Caixa

1 Bandejas
2 Bufê frio
3 Bebidas
4 Comida quente
5 Queijos e sobremesas
6 Caixa
7 Geladeira
8 Refrigerador de bebidas
9 Sorvetes
10 Churrascaria
11 Venda externa

Arq.: Prunier

GASTRONOMIA
COZINHAS DE RESTAURANTES

Snackbar → ❶ lanchonete, café-bistrô, restaurante. Capacidade para 55–60 lugares sentados (rotatividade com trocas de lugares de 2–4 vezes na hora do almoço e 2 vezes à noite). No tempo intermediário, serviço de café e lanches rápidos. Trabalho preponderantemente com produtos pré-produzidos. Depósito, com remessas diárias, não precisa ser grande.

Café-restaurante → ❷ com salão de chá. Tipo de serviço para áreas centrais, urbanas, de muito tráfego.

Café: Bebidas, confeitaria e refeições leves – quentes e frias

***Tea-Room*:** bebidas não alcoólicas, doces, sanduíches. Capacidade: ≈150 lugares sentados, funcionamento contínuo entre 6h30min–24h. Cozinha: produtos prontos, pré-produzidos; pequena área de depósito.

Cozinhas de grande porte para hotéis → ❸ assim como para restaurantes grandes, com áreas de apoio; produção para encomendas ou estabelecimentos externos. Capacidade: 800–1000 pessoas. Percurso de atendimento dos garçons na zona central, com serviço de atendimento extra nos terraços e jardins (ou áreas de lazer específicas, como pistas de boliche), com acesso direto para as áreas de apoio. Cozinha: parte posterior com equipamentos de maior porte.

Restaurante com serviço rápido de balcão e máquinas automáticas → ❹. Em sua maioria para almoços rápidos de empregados em horário de pausa, em restaurantes expressos, cantinas, lojas de departamentos e restaurantes de rodovias. Capacidade: 500 pessoas/hora. Cozinha: preparação de refeições já prontas, com exceção das saladas e sorvetes.

Restaurante *self-service* → ❺ apropriado para lojas de departamentos ou em ligação com edifícios de escritório. Cozinha: sem produção própria. Abastecimento externo e preparação por congelamento ou Cook & Chill → p. 352.

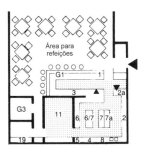

1 Balcão: distribuição das refeições e bebidas
2 Máquina de lavar louça
2a Devolução da louça usada
3 Bufê de bebidas com liquidificadores, tostadeira, preparação de lanches etc.
4 Forno e pequena área de preparação de doces
5 Armário de mantimentos
6 Molhos/*grill*
6/7 Fogão
7 Preparação
7a Caldeiras e panelas de pressão
6/7b Estufas; aquecimento dos pratos prontos através de lâmpadas
8 Lavagem de panelas e frigideiras
11 Depósito, vasilhames, escritório; ao invés de frigoríficos, refrigeradores e congeladores (normas de gastronomia)
19 Toaletes para o pessoal
G1 Balcão – bar e refeições
G3 Toaletes para os clientes/cabine para maquiagem

❶ *Snackbar*

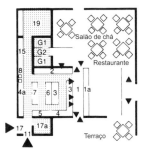

1 Percurso dos garçons
1a Estações de serviço e caixa
2 Lavadora de louça
3 Bufê de bebidas e liquidificador, tostadeira, sorvetes etc.
4 Doceria
4a Forno da doceria
5 Sanduíches
6 Preparação e aparelhos de aquecimento. Caldeirão para sopas
8 Lavagem de panelas e frigideiras
11 Depósito diário e vasilhames (empilhamento de produtos em depósito no subsolo)
15 Rouparia
17 Entrega de mercadorias
17a Bar
19 Toaletes e guarda-roupa do pessoal (guarda-roupa e lavatórios para o pessoal da cozinha em subsolo)
G1 Toaletes
G2 Cabinas telefônicas

❷ Café-restaurante

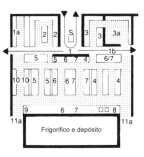

1 Percurso dos garçons
1a Distribuição de refeições e bebidas para o jardim
2 Zona de lavagem da louça
3 Distribuição das bebidas
3a Refrigeradores para as bebidas
4 Doceria
5 Cozinha de pratos frios
6 Cozinha de pratos quentes – zona de molhos/*grill*
6/7 Mesa com estufa
8 Lavagem de panelas e frigideiras
9 Preparação de legumes e verduras
10 Preparação de carnes
11a Acesso para entrega de mercadorias, área de vasilhames e depósito intermediário, escritório, guarda-roupa e toaletes do pessoal
S Equipamentos de serviço & caixa

❸ Cozinha de grande porte para hotel

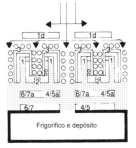

1 Balcão/bar de atendimento em forma de U
1d Máquinas automáticas para sistema *self-service*
2 Conexão de 2 balcões U, com máquina de lavar louça central (atendendo aos dois lados) incluindo ainda 2 pias para cada lado
3 Máquina de café, geladeira, área para panela de sopa
4/5 Preparação dos cardápios e saladas
4/5a Pratos frios – salada, sorvete, sobremesas
6/7 Aparelhos para cozimento, caldeirão para sopas, frigideiras
6/7a Pratos quentes – fritadeira, chapa para *grill*

❹ Restaurante com serviço rápido de balcão e máquinas automáticas

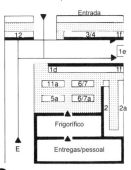

1d Bufê *self-service* com área para *grill* e frituras
1e Temperos para saladas, molhos
1f Caixa
2 Máquina de lavar louça
2a Devolução da louça usada
3/4 Sanduíches, bolos, sorvetes, café, bebidas. Serviço de atendimento na calçada é possível.
5a Bancada de preparação – pratos frios
6/7 Preparação, bateria de aparelhos de aquecimento, bar com atendimento para os dois lados (convectores automáticos ou sistema de fornos reguláveis)
6/7a Bancada de preparação – pratos quentes
11a Bateria de geladeiras, com abertura nas duas faces
12 Quiosque – vendas para a calçada e interior do local
E Entrada

❺ Restaurante *self-service*

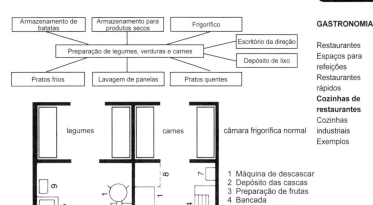

❻ Preparação separada de carnes e legumes e verduras

1 Máquina de descascar
2 Depósito das cascas
3 Preparação de frutas
4 Bancada
5 Máquina universal
6 Tábua de cortar
7 Pia – bancada de trabalho
8 Lavatório
9 Bancada de trabalho
10 Cortador universal
11 Freezer
12 Balança
13 Batedeira

1. Setores de trabalho em conjunto, sem separação espacial

Grupo de forno e fogão
| Produção |
| Preparação final |
| Distribuição |

2. Setores de trabalho – produção e preparação final separadas espacialmente

Grupo de forno e fogão
| Produção | Produção |
| Preparação final | Preparação final |
| Distribuição |

❼ Sistema americano para cozinhas de hotel. Grupo de forno e fogão organizado em paralelo à distribuição

Grupo de forno e fogão
| Setor de produção |

Grupo de forno e fogão
| Áreas de trabalho | Zona de preparação final | Áreas de trabalho |
| Distribuição |

❽ Sistema francês para cozinhas de hotel. Grupo de forno e fogão em conexão vertical com a distribuição. Separação entre setor de produção e preparação

Hospedagem

GASTRONOMIA

Restaurantes
Espaços para refeições
Restaurantes rápidos
Cozinhas de restaurantes
Cozinhas industriais
Exemplos

349

GASTRONOMIA
COZINHAS DE RESTAURANTES

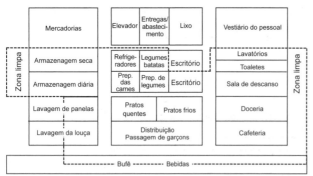

❶ Setor da cozinha – inter-relações funcionais entre "zona limpa" e "suja" (no caso de legumes com terra, devem ser preparados em área especial dentro da "zona suja")

A tendência atual de transformação dos restaurantes tradicionais em centros gastronômicos, com ofertas fortemente diferenciadas, influi não só no projeto espacial da área destinada ao atendimento dos clientes, como também no planejamento da cozinha. No caso, assumem especial relevância as cozinhas pequenas e médias, como forma primária para desenvolvimento dos novos tipos de serviços. Nessas cozinhas deve haver uma separação rigorosa entre as zonas sujas e limpas → ❶.

Sistema de normalização *gastronorm* (DIN 66075, EN 631).
Sobre uma base modular de 530 x 325 mm, estabelece medidas coordenadas para: recipientes, mesas, armários, aparelhos, utensílios, louça etc., assim como para unidades construtivas → p. 352 ❹.

Funções e organização de uma cozinha de restaurant → ❶ – ❷
A capacidade da cozinha de um restaurante depende, de forma primária, do número de lugares destinados aos clientes, suas exigências (tipo, abrangência e nível de qualidade dos cardápios oferecidos), a percentagem de produtos crus, preparados no momento da consumação (em contraposição a alimentos já prontos), assim como a frequência ou rotatividade dos clientes, durante o dia e horários de refeições.
Em restaurantes de atendimento rápido, calcula-se cerca de três vezes mais o número de lugares ocupados por hora; em restaurantes convencionais, aproximadamente duas vezes. Em restaurantes especializados ou de funcionamento noturno, calcula-se o tempo de permanência de cada cliente no local, em média, entre 1,3 a 2 horas.

Áreas necessárias em percentagem, por setor funcional → ❹
Os valores das áreas para setores independentes, com suas unidades funcionais especiais, diferenciados segundo instalações de cozinhas pequenas, médias e grandes, podem ser basicamente estabelecidos tomando → ❺ como base.

Larguras de corredores em depósitos, zonas de preparação e de produção, apresentam medidas diferenciadas, tendo em vista tratarem-se de percursos exclusivos de passagem ou com acúmulo de outros serviços. Devem-se ter, para cada caso, larguras estipuladas de: 0,90–1,20 m, corredores de trabalho; 1,50–1,80 m, trânsito secundário com tempo de permanência para determinados usos; e corredores principais (transporte e trânsito de pessoas nos dois sentidos), 2,10–3,30 m. Na zona da cozinha, em restaurantes pequenos até médios, são suficientes os corredores com larguras de 1,00–1,50 m.

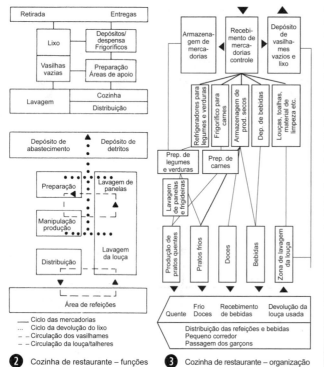

❷ Cozinha de restaurante – funções ❸ Cozinha de restaurante – organização

Setor	Percentagem em %
Recebimento de mercadorias, incluindo controle e depósito de lixo	10
Armazenagem em refrigeradores, congeladores e a seco	20
Depósitos diários	
Legumes e saladas	2
Pratos frios e sobremesas	8
Doces	8
Preparação de carnes	2
Cozinha – pratos quentes	8
Lavagem da louça	10
Áreas de circulação	17
Setor do pessoal e escritório	15
Total	100

❹ Bases dimensionais e requisitos espaciais para cozinhas em restaurantes

Número de lugares	80	120	200
Recebimento das mercadorias	0,05 – 0,075	0,05 – 0,067	0,05 – 0,06
Vasilhames vazios	0,05 – 0,075	0,05 – 0,067	0,05 – 0,06
Lixo	0,05 – 0,075	0,03 – 0,050	0,03 – 0,04
Entregas, abastecimento/eliminação	0,15 – 0,225	0,13 – 0,183	0,13 – 0,16
Frigoríficos para carnes	0,05 – 0,075	0,05 – 0,067	0,04 – 0,05
Frigoríficos para laticínios	0,05 – 0,075	0,05 – 0,067	0,04 – 0,05
Refrigeração de legumes e verduras	Refrigerador	0,03 – 0,05	0,03 – 0,05
	Refrigerador	Refrigerador	0,02 – 0,03
Congeladores	Refrigerador	Refrigerador	0,05 – 0,07
outros depósitos com refrigeração (doces, pratos frios)	0,05 – 0,075	0,05 – 0,067	0,06 – 0,08
Refrigeração das mercadorias	0,15 – 0,225	0,183 – 0,25	0,24 – 0,32
Armazenagem a seco produtos alimentícios	0,15 – 0,175	0,117 – 0,13	0,09 – 0,1
Armazenagem de bebidas	0,075 – 0,1	0,1 – 0,117	0,08 – 0,1
Armazenagem diária	0,075 – 0,1	0,067 – 0,083	0,07 – 0,08
Armazenagem sem refrigeração	0,3 – 0,375	0,283 – 0,33	0,24 – 0,28
Preparação – legumes, verduras	0,075 – 0,1	0,067 – 0,083	0,04 – 0,05
Preparação – carnes	0,075 – 0,1	0,05 – 0,067	0,04 – 0,05
Preparação – peixes, aves	0	0,03 – 0,05	0,03 – 0,04
Cozinha de pratos quentes	0,325 – 0,35	0,217 – 0,23	0,16 – 0,18
Coz. de pratos frios	0	0,05 – 0,067	0,04 – 0,05
Doceria	0	0	0,04 – 0,05
Lavagem de vasilhames	0,05 – 0,075	0,05 – 0,067	0,03 – 0,04
Escritório da direção da cozinha	0	0	0,03 – 0,04
Cozinha	0,525 – 0,625	0,47 – 0,567	0,41 – 0,5
Lavagem da louça	0,1 – 0,125	0,1 – 0,117	0,09 – 0,1
Distribuição/serviço de garçons	0,075 – 0,1	0,083 – 0,1	0,07 – 0,08
Lavagem da louça/serviço	0,175 – 0,225	0,183 – 0,217	0,16 – 0,18
= Total	1,3 – 1,675	1,25 – 1,55	1,18 – 1,44

❺ Setores de cozinha - requisitos (m²/lugares)

GASTRONOMIA
COZINHAS DE RESTAURANTES

Cozinhas para preparação de cardápios quentes necessitam dos seguintes equipamentos para cozer e assar, dentro da zona de produção: fogão (duas até oito bocas), coifa com exaustor, caldeiras, aparelhos para cozimento rápido, cozimento automático com sensores eletrônicos, cozimento a vapor e pressão, forno com sistema de convecção, banho-maria, forno para pães e assados em geral, chapas para frituras e *grill*, chapa basculante, forno alto dividido em seções, fritadeira, chapa de aquecimento, circulador de ar (para descongelamento de produtos), forno de micro-ondas, forno automático com transporte em esteiras (aparelhos automáticos de grande porte são utilizados apenas nas instalações de cozinha particularmente grandes). Os equipamentos principais devem ser organizados em blocos. As bancadas de trabalho e aparadores localizam-se de preferência entre os diversos aparelhos ou no final de cada bloco → ❶ – ❺.

Cozinhas para preparação de cardápios frios apresentam organização em paralelo com a cozinha de pratos quentes, no sentido de distribuição conjunta e setor de produção/utilização de pães. Equipamentos regulares: geladeira (conservação diária de produtos) e/ou bancada com refrigeração, diversas máquinas de cortar (pão, frios, carnes, queijos), batedeira, balança, tábuas de corte, vitrina refrigerada para saladas, tostadeira, aparelho de microondas, suficientes bancadas de trabalho e aparadores → ❻.

Distribuição das refeições: no caso de utilização de balcões, a área de distribuição deverá ser localizada em posição intermediária entre setor de preparação e salão de refeições/área dos clientes, necessitando de equipamentos suficientes no que diz respeito a aparadores, estufas com prateleiras aquecidas, assim como zona refrigerada para os pratos frios, prateleiras ou apoios para louça, recipientes para talheres. Em estabelecimentos grandes, também são incluídas sopeiras, cestas para pães e pratos fundos.

Devolução da louça e talheres usados. O setor de lavagem da louça diferencia-se essencialmente do destinado às panelas e utensílios. No caso de restaurantes com serviço de garçons, estes transportam a louça usada até o guichê/balcão de devolução → ⓬ – ⓯. Os elementos individuais componentes deste setor são: uma ou duas pias com escorredores, aparadores e prateleiras; (em cozinhas pequenas, anexam também área para panelas), além de lavadoras automáticas de diversas capacidades, incluindo lavagem de formas e outros meios/utensílios de produção. As lavadoras automáticas podem ser do tipo embutido (sob a bancada) ou industriais, de grandes dimensões. Bancada para recebimento da louça, classificação, pré-lavagem e aparadores em geral, também precisam ser previstos → ⓬ – ⓮.

Setor do pessoal ocupa cerca de 10–15% da área necessária para a cozinha, incluindo salas de escritório e serviços. Para o pessoal que trabalha na cozinha exigem-se: vestiários, lavatórios e toaletes; no caso de estabelecimento com mais de 10 empregados, sala de descanso adicional (legislação sobre locais de trabalho). A proximidade espacial dos vestiários e áreas sociais dos empregados, em relação à cozinha, é importante para evitar a passagem por zonas ou corredores sem aquecimento (riscos de saúde para pessoas que trabalham em áreas superaquecidas). As áreas de vestiários devem ser > 6 m², prevendo trocas de ar de quatro a seis vezes por hora, construídas com proteção contra defasagem visual e equipadas com armários individuais/por empregado, bem ventilados e possíveis de serem trancados. Para grandes estabelecimentos tem-se inclusive uma zona de separação entre uso de roupas habituais e uniforme de trabalho. Os lavatórios e sanitários serão dimensionados e equipados segundo as normas reguladoras para os ambientes de trabalho. Diretrizes gerais recomendam 5–6 m² para cada unidade sanitária (bacia sanitária/pia); para a área de lavatórios e duchas, a partir de 5 empregados de sexo masculino ou feminino, uma unidade com ≈5,5 m² (pia/chuveiro).

Ventilação (entrada e saída de ar): As cozinhas de grande porte necessitam da instalação de ventilação mecânica obrigatória (diretrizes da VDI – 2052, normas industriais alemãs), incluindo exaustores sobre fogões, chapas e semelhantes, chaminés, tubulações ou canais de ligação com exterior, troca de ar com entrada de ar fresco (não é permitido o sistema com apenas circulação do ar ambiente). Deve-se ainda observar o calor produzido por diversos aparelhos (p. ex. através de fogões de indução pode-se reduzir o efeito do calor não utilizado sobre o entorno).

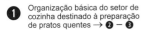

1 Fogão; 2 Fritadeira; 3 Chapas para frituras (basculante); 4 Caldeiras; 5 Bancada de trabalho-aparador; 6 Ponto individual para cozimentos (sobre apoio); 7 Forno alto, subdividido em seções; 8 Convector (automático); 9 Pia-lavatório; 10 Setor de depósito

❶ Organização básica do setor de cozinha destinado à preparação de pratos quentes → ❷ – ❸

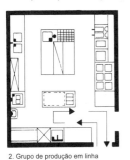

2. Grupo de produção em linha

❸ Cozinha para restaurante com 60–100 lugares

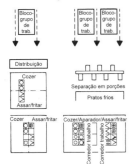

❺ Funções e organização da cozinha destinada à preparação de pratos quentes

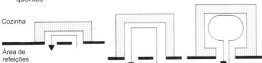

❼ Balcão, passagem dos garçons

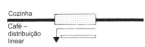

❽ Restaurante tipo *self-service*

❿ Bufê livre

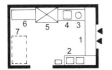

1 Devolução, mesa para classificação; 2 Pias; 3 Deposição da louça suja; 4 Pré-lavagem; 5 Máq. de lavar louça; 6 Escorredor em m lineares; 7 Aparador para louça pronta

⓬ Princípio de funcionamento do setor de lavagem da louça

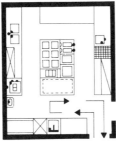

1. Grupo de produção em bloco

❷ Cozinha para restaurante com 60–100 lugares

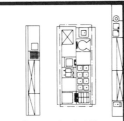

Cozer: aparelho para cozimento rápido, caldeira (80 l), bancada de trabalho, fogão com 8 bocas, 2 fornos, banho-maria e estufa
Assar, fritar: chapa basculante, bancada de trabalho, friteuse dupla, frigideira, forno com circulação de ar quente e aparador

❹ Cozinha de restaurante para preparação de 150–200 refeições

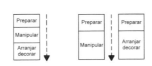

1 Bancada de trabalho em m lineares
2 Máq. de cortar
3 Congelador
4 Balança
5 Tábua para corte (80 x 40)
6 Batedeira
7 Aparador
8 Pia-lavatório

❻ Organização da cozinha destinada à preparação de pratos frios

❾ Restaurante tipo *self-service*

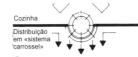

⓫ Restaurante tipo *self-service*

1 Devolução, mesa para classificação; 2 Pias; 3 Deposição da louça suja ; 4 Pré-lavagem; 5 Lava-louças; 6 Escorredor em m lineares; 7 Aparador para louça pronta

⓭ Princípio de funcionamento do setor de lavagem da louça

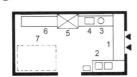

1 Pia; 2 Bancada de trabalho; 3 Lava-louças (embutida); 4 Lava-louças (tipo industrial); 5 Prateleiras; 6 Aparador

⓮ Princípio de funcionamento da área de lavagem de panelas

Pias: torneiras giratórias com misturadores e chuveirinho ligado a mangueira; ralo para captação de restos; lata de lixo próxima, parede com revestimento impermeável.

⓯ Funções e componentes do setor de lavagem

Hospedagem

GASTRONOMIA
Restaurantes
Espaços para refeições
Restaurantes rápidos
Cozinhas de restaurantes
Cozinhas industriais
Exemplos

GASTRONOMIA
COZINHAS INDUSTRIAIS

Para atendimento de muitas pessoas com refeições em escritórios, hospitais e estabelecimentos industriais, deve-se ter a distribuição de grande quantidade de alimentos em curto espaço de tempo. No sistema tradicional de preparação *cook and serve*, as cozinhas têm de estar preparadas para as horas de pico. O horário de trabalho dos funcionários também está diretamente relacionado ao ciclo de distribuição das refeições. Para maior eficiência e equilíbrio entre cozinha e funcionários, desenvolveu-se o sistema **Cook & Chill** → ❷ – ❸. Nesse caso, os alimentos são preparados de forma tradicional ou adquiridos como produtos pré-manipulados, rapidamente esquentados e guardados em refrigeradores. No caso de necessidade de regeneração em estufas, a preparação final é feita imediatamente antes do alimento ser servido. Trata-se, portanto, da dissociação das fases de produção e distribuição das refeições. Através da possibilidade de armazenamento das comidas preparadas, há o crescimento da capacidade de uso da cozinha. É possível produzir três vezes mais refeições do que em cozinhas industriais convencionais. O aumento de trabalho na produção, através do processo cozinhar–resfriar–aquecer, é compensado pela melhoria no aproveitamento da cozinha e eficiência na distribuição das refeições.

A preparação dos alimentos ocorre em cozinha equipada com aparelhos convencionais, porém com resfriador instantâneo (choque de resfriamento).

Um dos pontos fundamentais desse sistema é a higiene da produção (comparável ao sistema industrial de produção). Por isso, o projeto deve partir da separação consequente entre zonas "limpas" e "sujas" → p. 350 ❺.

Zona "suja":
engloba abastecimento de produtos, depósitos, recintos de preparação, área de lavagem, coleta e eliminação de lixo, depósito de produtos de limpeza.

Zona "limpa":
abrange depósito e preparação de alimentos pré-manipulados, produção das refeições, choque de resfriamento, porcionamento e embalagem, frigoríficos para comidas prontas e balcões para servir. Na produção dos alimentos, deve-se observar uma temperatura para cozimento de no mínimo 70°C; o posterior resfriamento imediato faz-se em 90 minutos, alcançando uma temperatura de 3°C (temperatura indicada também para armazenamento).

O **porcionamento de produtos frios** deve ser efetivado em temperatura ambiente de 12°C e o transporte para a área onde serão servidos em temperaturas de no máx. 3°C. A cadeia de circulação refrigerada até o consumidor não deve ser quebrada. As normas relativas à higiene devem ser rigorosamente observadas.

Mais recente, o tipo de cozinha *Cook & Chill-Assembly* caracteriza-se por trabalhar somente com porcionamentos, com a produção de componentes, que são transformados em refeições completas externamente. Nesse caso, não há necessidade de áreas de depósito, assim como dos setores de cozimento e fritura.

Os projetos de cozinha devem ser feitos necessariamente por especialista, pois envolvem diferentes critérios específicos, como os relativos à higiene dos funcionários.

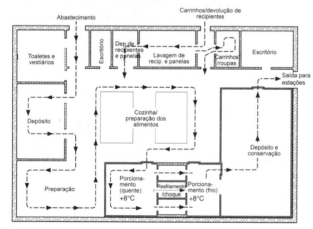

❶ Superfície necessária para cozinhas e áreas de serviços em restaurantes comuns e de hotéis. a - k = m² - exigência por pessoa para cada grupo de trabalho individual

❷ *Cook & Chill*, variantes na organização dos porcionamentos para diferentes exigências de distribuição

❸ Planta esquemática de uma cozinha *Cook & Chill*, com os percursos/etapas de produção
Desenho: FDS Consulting H. Uelze

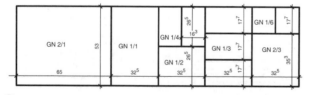

❹ Dimensões normalizadas segundo o sistema de normas para gastronomia (GN)

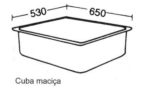

Cuba maciça

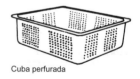

Cuba perfurada

❺ Recipientes para transporte e aquecimento, segundo as normas de dimensões para gastronomia (GN)

GASTRONOMIA
COZINHAS INDUSTRIAIS

Transporte em contêiner → ❶ em recipientes individualizados, com dimensões normalizadas → p. 352 ❹. Fornos e centros de fritura e preparação contínua, automáticos → ❹–❺. Principalmente na produção industrializada de alimentos.

As **estufas** possibilitam diferentes métodos de fervura e regeneração em um só aparelho. (Aquecimento a vapor, frituras e regeneração. As temperaturas de manipulação dos alimentos podem ser controladas através de computador.) O aquecimento pode ser a gás ou elétrico. Prever ponto de água. Para a produção *Cook & Chill*, proximidade direta com recinto de porcionamento frio ou resfriamento a choque. Gerador para frigorífico, se possível em recinto ao lado (ruído e perda de calor). Entre o recinto de resfriamento e o depósito localiza-se a área de porcionamento frio, que serve para controle, divisão em porções e preparação individualizada dos alimentos.

Junto a sistemas de distribuição com balcões/bufês quentes e frios → ❸, ❻ e ❼, a produção *Cook & Chill* é apropriada para o sistema de preparação na frente do cliente (*Front Cooking System*).

Em hospitais ou residências para idosos ocorre a distribuição de alimentos porcionados em esteiras. A regeneração pode ocorrer por indução, condução ou convecção em carrinhos especiais com bandejas. Dependendo do sistema, haverá a necessidade, p. ex., de louça especial ou ainda de espaço para estações de acoplagem. Em todos os sistemas, é possível haver refrigeração dos carrinhos de transporte, para garantir o ciclo da preparação fria – *Cook & Chill* sem interrupções e manter, ao mesmo tempo, resfriados os pratos frios de saladas e sobremesas. No caso de pratos quentes, em especial em grandes clínicas, com percursos longos, evita-se tanto o longo tempo de aquecimento, como a perda da temperatura exigida dos alimentos ao serem servidos.

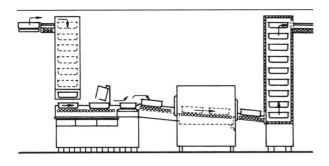

❶ Transporte em conteinêres em sistema *contiport*

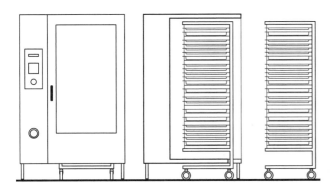

❷ Estufas; alimentos em bandejas ou cubas são regenerados

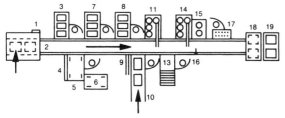

1 Distribuidor automático de louça, empilhador de bandejas
  Bancada com aquecimento inferior
  Pratos para recebimento dos alimentos
  Leitor automático de cartões perfurados
  Aparelho de distribuição
2 Esteira de transporte
3 Distribuição de batatas com controle eletrônico
4 Sobremesas e saladas (com quadro luminoso)
5 Carrinho de sobremesas
6 Carrinho de saladas
7 Distribuição de legumes com controle eletrônico
8 Distrib. de carnes com controle eletrônico
9 Quadro luminoso para dietas especiais
10 Esteira de transporte extra para dietas especiais
11 Aparelho de dosagem automática para molhos
12 Distribuidor de talheres
13 Distribuidor de recipientes para sopas
14 Dosagem automática das sopas
15 Distribuídos de tampas aquecidas
16 Selamento automático das tampas nos vasilhames de sopa
17 Ponto de controle para controle das dietas/cardápios
18 Empilhadeira automática de bandejas
19 Carrinho para transporte das bandejas

❸ Instalações para distribuição das refeições

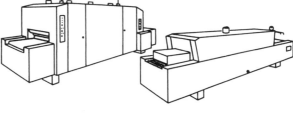

❹ Forno automático para processos de preparação de longa duração

❺ Centros de preparação contínua, automáticos

① Teto com ventilação
② Prateleiras para caçarolas + forno/*grill* elétrico
③ Bancada de trabalho/fogão
④ Parte inferior com geladeira, freezer, forno ou armário

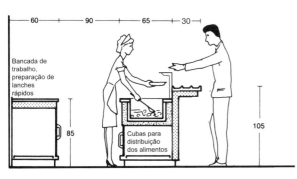

❻ Distribuição das refeições em uma cafeteria

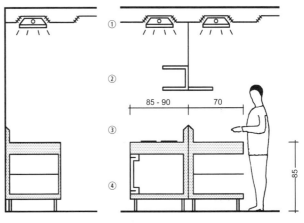

❼ Corte através de área de trabalho

Hospedagem

GASTRONOMIA

Restaurantes
Espaços para refeições
Restaurantes rápidos
Cozinhas de restaurantes
Cozinhas industriais
Exemplos

353

GASTRONOMIA
EXEMPLOS

Hospedagem

GASTRONOMIA
Restaurantes
Espaços para refeições
Restaurantes rápidos
Cozinhas de restaurantes
Cozinhas industriais
Exemplos

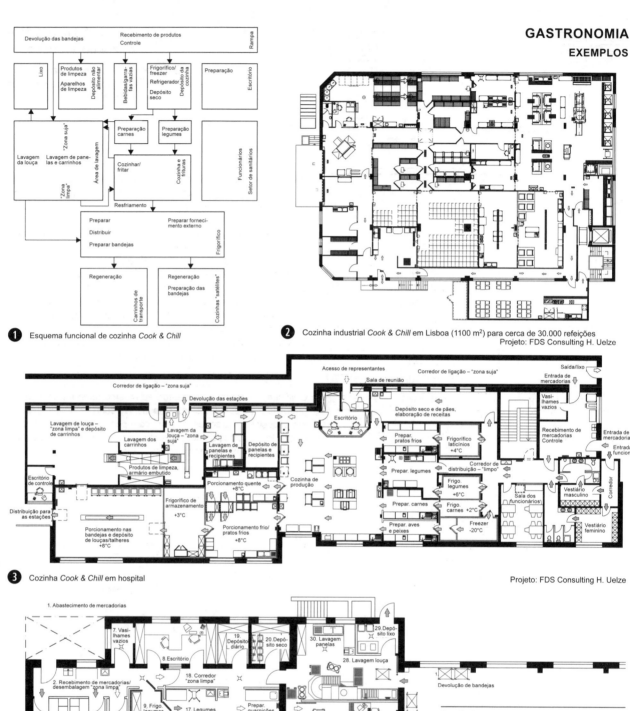

① Esquema funcional de cozinha *Cook & Chill*

② Cozinha industrial *Cook & Chill* em Lisboa (1100 m²) para cerca de 30.000 refeições
Projeto: FDS Consulting H. Uelze

③ Cozinha *Cook & Chill* em hospital
Projeto: FDS Consulting H. Uelze

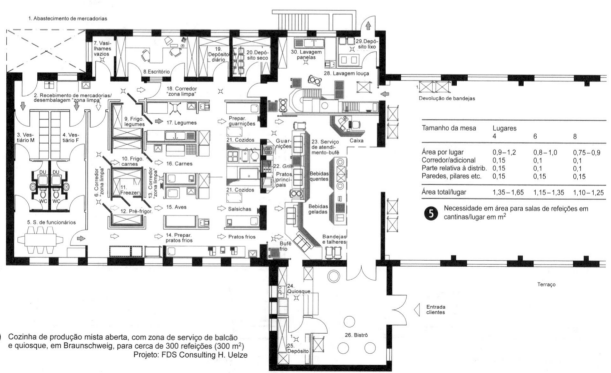

④ Cozinha de produção mista aberta, com zona de serviço de balcão e quiosque, em Braunschweig, para cerca de 300 refeições (300 m²)
Projeto: FDS Consulting H. Uelze

Tamanho da mesa	Lugares		
	4	6	8
Área por lugar	0,9–1,2	0,8–1,0	0,75–0,9
Corredor/adicional	0,15	0,1	0,1
Parte relativa à distrib.	0,15	0,1	0,1
Paredes, pilares etc.	0,15	0,15	0,15
Área total/lugar	1,35–1,65	1,15–1,35	1,10–1,25

⑤ Necessidade em área para salas de refeições em cantinas/lugar em m²

354

ALBERGUES DA JUVENTUDE
DIRETRIZES GERAIS DE PROJETO

Tradicionalmente, os albergues da juventude oferecem alojamentos a preços moderados para jovens, como hóspedes individuais ou em grupos, ou ainda classes escolares. Além disso, os serviços de um albergue moderno abrangem congressos, seminários, cursos para jovens e adultos, equipamentos de lazer, colônias de férias para escolas, excursões individuais ou em família. Em áreas rurais, há albergues para crianças (até 13 anos) e jovens (13–17 anos); nas cidades, os hotéis da juventude apresentam ofertas turísticas e culturais. A tendência atual é a construção de hotéis com padrão de três estrelas → p. 339.
Tamanho: 120–160 camas

Zonas funcionais

Dormitórios: para os albergues, consideram-se ≥ 4–6 (no máx. 8) camas por quarto, com quarto-extra para chefes de grupo (1 cama, 1 sofá-cama); para os hotéis, 2–4 camas por quarto, quarto com 1–2 camas e mesa de trabalho para os chefes de grupo ou responsáveis; quarto para família com 4–6 camas (a tendência atual é a separação de quartos dos pais e das crianças). Meninos e meninas ocupam áreas diferenciadas, em geral separadas por corredores com numerosas portas, que podem ser abertas segundo a necessidade, permitindo maior flexibilidade e contato dos grupos. Chuveiros e lavatórios devem ter ligação direta com os quartos; WCs separados e adequados ao uso por deficientes físicos; armários de bagagem que possam ser trancados. A cada andar, prever depósitos de material de limpeza, além de armários e equipamentos de limpeza para sapatos.

Salas de permanência e de uso diurno: 1 sala para cada 20–25 camas. Diversos refeitórios (também utilizados como espaço de acontecimentos); área de circulação multifuncional e cantos individualizados; cafés; auditório (o número de lugares depende do número de camas). Hall de entrada com acesso e escritório para registro e inscrição, além de sala da diretoria. Na área externa, zona para *camping* (barracas), com porta de acesso direta aos sanitários; áreas esportivas e recreativas em geral; estacionamentos para ônibus e automóveis, jardim. Internamente, em zona isolada acusticamente, tênis de mesa, oficinas e salas de *hobby*.

Área de apoio e serviços com cozinha de pratos individuais ou porções servidas em conjunto (travessas), carrinhos de servir, sem balcão *self-service*. Áreas de serviços e pessoal, com salas de descanso.

Zona de moradia com apartamento do diretor e quartos destinados aos empregados (12–15 m^2).

Fonte de informação: Jugendherbergsverband Detmold (Associação de Albergues para a Juventude de Detmold)

Hospedagem

ALBERGUES DA JUVENTUDE

MBO
(Código de Obras)

Diretrizes da Associação Alemã de Albergues da Juventude

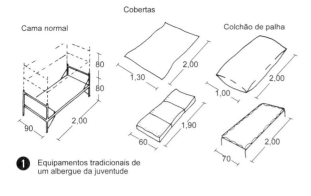

① Equipamentos tradicionais de um albergue da juventude

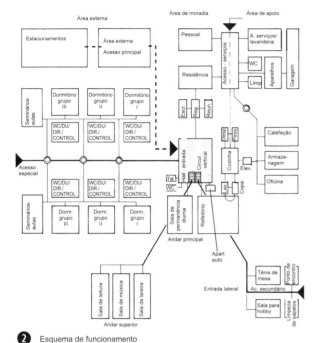

② Esquema de funcionamento

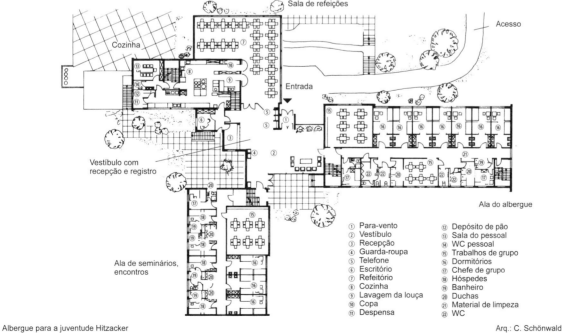

③ Albergue para a juventude Hitzacker

① Para-vento
② Vestíbulo
③ Recepção
④ Guarda-roupa
⑤ Telefone
⑥ Escritório
⑦ Refeitório
⑧ Cozinha
⑨ Lavagem da louça
⑩ Copa
⑪ Despensa
⑫ Depósito de pão
⑬ Sala do pessoal
⑭ WC pessoal
⑮ Trabalhos de grupo
⑯ Dormitórios
⑰ Chefe de grupo
⑱ Hóspedes
⑲ Banheiro
⑳ Duchas
㉑ Material de limpeza
㉒ WC

Arq.: C. Schönwald

CASAS PARA FÉRIAS/ CASAS DE FIM DE SEMANA
DIRETRIZES GERAIS DE PROJETO

As **casas para férias** têm uso temporário, na época de férias, pelos proprietários ou por hóspedes (aluguel). Podem ser concebidas individualmente, como uma edificação isolada em terreno próprio, ou juntamente a outras edificações ou mesmo como conjunto, obedecendo à legislação estadual de construção.

As **casas de fim de semana**, com determinadas isenções de legislação estadual quanto à qualidade das áreas de permanência, isolamento térmico, acústico e proteção contra incêndios, só podem ser construídas em terrenos específicos e têm suas dimensões fixadas em nome do decreto para áreas de campismo e férias dos diversos estados da Alemanha (p. ex. área do terreno máx. 40 m² + 10 m² de área externa, tipo terraço; altura máx. 3,50 m).

Os equipamentos das casas de férias para aluguel são de certa maneira controlados pela **Associação Alemã de Turismo**, que trabalha com sistema de classificação. De forma geral, as casas de férias devem ter uma área de estar, cozinha completa (separada espacialmente), banheiro com chuveiro, WC e pia, assim como um setor de dormitório.

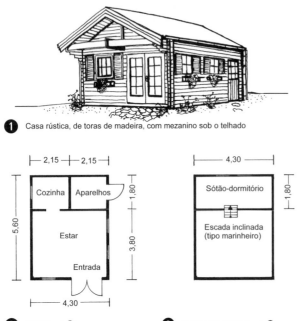

❶ Casa rústica, de toras de madeira, com mezanino sob o telhado

❷ Térreo → ❶

❸ Pavimento superior → ❶

Hospedagem

CASAS PARA FÉRIAS/CASAS DE FIM DE SEMANA

Decreto estadual para áreas de campismo e de fim de semana Associação Alemã de Turismo

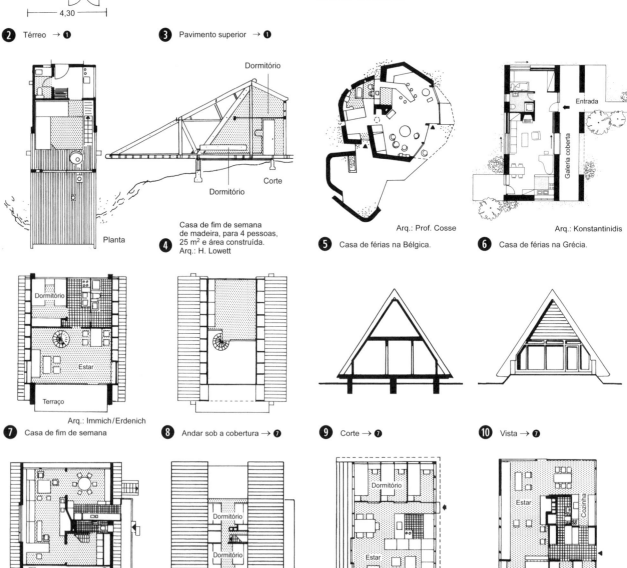

❹ Casa de fim de semana de madeira, para 4 pessoas, 25 m² e área construída. Arq.: H. Lowett

❺ Casa de férias na Bélgica. Arq.: Prof. Cosse

❻ Casa de férias na Grécia. Arq.: Konstantinidis

❼ Casa de fim de semana. Arq.: Immich/Erdenich

❽ Andar sob a cobertura → ❼

❾ Corte → ❼

❿ Vista → ❼

⓫ Térreo de casa de férias no Mar do Norte

⓬ Andar superior → ⓫ Arq.: Hagen

⓭ Casa de fim de semana. Arq.: Solvsten

⓮ Casa de férias em Bornholm. Arq.: Jensen

CAMPISMO
DIRETRIZES GERAIS DE PROJETO

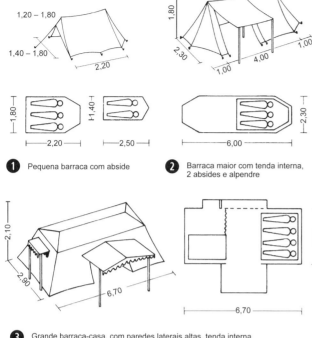

① Pequena barraca com abside

② Barraca maior com tenda interna, 2 absides e alpendre

③ Grande barraca-casa, com paredes laterais altas, tenda interna, alpendre e janelas

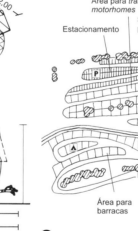

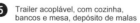

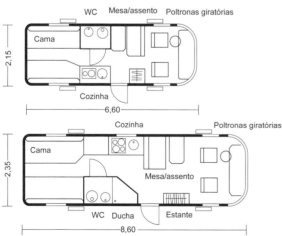

④ Trailer acoplável, com áreas agrupadas para cozinhar, comer e estar

⑤ Trailer acoplável, com cozinha, bancos e mesa, depósito de malas

⑥ Motorhome com grupo de assento/mesa, poltronas giratórias, camas e WC

Parques de campismo → ❼ permitem hospedagem econômica em barracas → ❶ – ❸ ou *trailers/motorhomes* → ❹ – ❺ / ❻). A gama de estabelecimentos abrange desde **parques de campismo naturais** em regiões de férias, a maioria integrada à paisagem (p. ex. na orla marítima), até os chamados **acampamentos para viajantes**, como alternativa mais econômica em relação a hotéis e motéis, em vias de acesso, em geral próximos a cidades. (Elemento básico: veículo de campismo.)

As exigências para instalação dos parques de campismo na Alemanha estão presentes no **Decreto estadual para áreas de campismo e de fim de semana**.
Em geral, necessita-se de:
um acesso através de via pública, com controle; recepção e administração; área de espera dos veículos; estacionamento para visitantes; vias internas de circulação (transitáveis por corpo de bombeiros), com largura mín. de 3 m.
Áreas para barracas e *motorhomes* localizam-se de forma separada. Para cada *trailer/motorhome* deve-se prever um lote individual. O tamanho dos lotes é de no mín. 75 m² (65 m² para trailer, com estacionamento separado do automóvel); são separados em blocos de 20 lotes, através de áreas livres (5 m de largura), como faixas de emergência. Essas faixas contra incêndio também podem ser construídas nas divisas com terrenos vizinhos

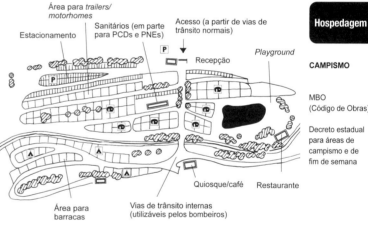

❼ Exemplo de parque de campismo com área para barracas e *trailers/motohomes*

Hospedagem

CAMPISMO

MBO
(Código de Obras)

Decreto estadual para áreas de campismo e de fim de semana

Equipamentos de uso comum
Os parques de campismo oferecem os seguintes equipamentos para os usuários:
Torneiras de água potável (1 torneira/20 lugares, ligada ao fornecimento público de água), **pontos de ligações elétricas** (nos lotes destinados a *trailers/motorhomes*; os modelos maiores dispõem de água, sistema de esgoto e eletricidade), **hidrantes e extintores** (1 extintor/40 lugares).
Sanitários: **toaletes** (diretrizes: 1 centro sanitário para cada 100 lugares: 4 WCs/2 mictórios/1 lavatório (masculino); 6 WCs/1 lavatório (feminino); 1 WC para PCDs e PNEs); **áreas de chuveiros** (diretrizes para 100 lugares: 3 chuveiros, 5 lavatórios masculinos e femininos; 1 chuveiro e lavatório para PCD e PNE); **pias e tanques para lavagem de louça e roupa; áreas para despejo de águas servidas e esgoto; latas de lixo, cabines telefônicas com telefone de emergência**, em quantidade suficiente e distribuídas por todo o parque; **quiosque, supermercado, lanchonete** ou centro de gastronomia; **equipamentos de lazer** (*playground*, campos de jogos, área com churrasqueira, centro de reunião e jogos).

357

CRECHES E JARDINS DE INFÂNCIA
CIRCULAÇÃO E FORMAS CONSTRUTIVAS

Instalações de creches e jardins de infâncias são projetadas com o foco principal nas crianças. Portanto, deve-se observar as necessidades das crianças e responsáveis. Como diretrizes, aplicam-se as normas dos respectivos planos diretores dos estados federais, de acordo com o DIN 18040-1. Deve-se observar ainda a norma DIN EN 1729-1 para mobiliário de cadeiras e mesas para instituições de ensino. Dependendo do conceito pedagógico, as salas a serem planejadas devem ser versáteis para permitir múltiplos usos, que estimulem a imaginação das crianças e que as permita adaptar o espaço ao seu próprio uso.

Centros de educação infantil
Abrigam instituições de acompanhamento e educação de crianças, incluindo creches, jardins de infância, áreas de permanência após a escola etc. Esses centros infantis são organizados com a mistura de tempos de permanência – período integral e meio período – com a assistência das crianças em grupos.

Creches
Instituições que recebem crianças pequenas, de bebês até os 3 anos de vida. Em geral, os grupos reúnem cerca de 10 crianças.

Jardins da infância
Para crianças de, no mín., 3 anos até a idade escolar. Eventualmente, possibilidade de almoço e repouso. O tamanho dos grupos costuma abranger cerca de 20 crianças.

Grupos de permanência após a escola
Instituições destinadas a crianças em idade escolar, até os 14 anos. Possibilidade de almoço depois da escola e acompanhamento das lições de casa. Creches são frequentemente projetadas juntamente com jardins de infância. O tamanho dos grupos é, via de regra, de 20 crianças.

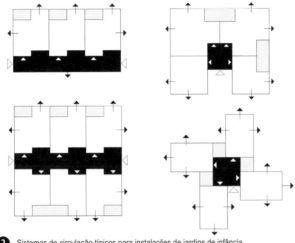

① Relação funcional entre espaços para atividades em grupo, guarda-roupa e setor de sanitários

② Sistemas de circulação típicos para instalações de jardins de infância

Formas construtivas típicas para instalações de jardins de infância

❸ Forma construtiva: agrupamento de pavilhões

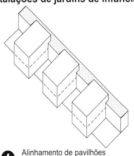
❹ Alinhamento de pavilhões

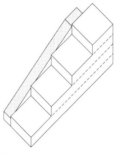
❺ Construção escalonada

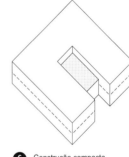
❻ Construção compacta

① Estacionamento de bicicletas
③ Secretaria, Administração
④ Copa principal
⑤ Dispensa de alimentos
⑥ Área de pessoal
⑦ Berçário
⑧ Sala multiuso de berçário
⑨ Recepção e vestiário
⑩ Banheiros
⑪ Lavanderia
⑫ Sala de carrinhos
⑬ Grupo de Jardim de infância
⑭ Sala multiuso – jardim de infância
⑮ Sala de lazer – jardim de infância
⑯ Copa
⑰ Área de creche
⑱ Sala de atividades
⑲ Sala multiuso – Creche
⑳ Sala de lazer e jogos
㉑ Vestiário
㉒ Peq. terraço

Térreo – Berçário   Piso 1 – Jardim de infância   Piso 2 – Creche

❼ Exemplo de instalações de jardim de infância de múltiplos andares com berçário, pré-escola, creche, Berlim, Schlesisches Tor   Arq.: Alvaro Siza Viera e Peter Brinkert

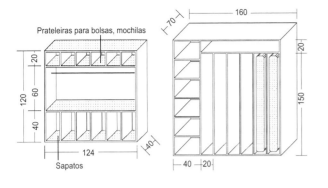

① Guarda-roupa para 6 crianças
② Armário para colchonetes (tamanhos: 140 x 70 cm ou 120 x 60cm)

Arranjo e circulação de áreas de grupo, salas auxiliares e de descanso, bem como espaços de banheiros

③ Salas de grupo, de descanso e de banheiro formam uma unidade. A área do banheiro está de frente para a sala de grupo, com passagem para nicho de vestiário

④ Arranjo escalonado de grupo e de sala adjacente

⑤ A sala de grupo está de frente para a sala de descanso, com passagem para área livre

⑥ Arranjo simples de sala de grupo, descanso e banheiros

CRECHES E JARDINS DE INFÂNCIA
CÔMODOS

A **sala de grupo** muitas vezes é a área principal de uma creche, portanto, desempenha um papel central no planejamento. A dimensão é determinada de acordo com o estado federativo alemão, sendo majoritariamente entre 2,0 m² e 4,0 m² por criança → p. 360 → ②. No caso de a sala de grupo ser o espaço principal, mas sejam necessários outros espaços, estes, podem ser planejados em níveis e plataformas; p. ex. plataformas de jogo semiabertas ou espaços aconchegantes. Em equipamentos de lazer com altura de até 1,50 m, devem haver barreiras de pelo menos 70 cm de altura; em equipamentos de lazer com altura superior a 1,50 m, as barreiras devem ter pelo menos 1,00 m.

A sala de grupo deve ter uma conexão de curta distância com a área de banheiros. Também é útil ter uma conexão direta com a área externa. No térreo, isso pode ser feito através de um terraço coberto; nos pisos superiores, através de um terraço de telhado. A sala de grupo deve ter luz natural suficiente e pode não ser orientada para o Norte. Janelas profundas e baixas dão às crianças a oportunidade de estarem à janela, brincar e ter uma vista do exterior. As **salas de descanso e soneca** servem para os horários de relaxamento e sono. Portanto, devem ser calmas e escuras o máximo possível. Para a soneca da tarde, colchões também podem ser espalhados na sala do grupo, com armário para armazenar os colchões → ②.

Áreas de tráfego e circulação também pode ser planejadas como áreas de lazer e recreação → ⑧, especialmente em conceitos abertos, nos quais as crianças não são atribuídas a um determinado grupo, mas podem escolher onde querem ficar. Conceitos semiabertos combinam a sensação de pertencimento e de autonomia. Escadas também servem como áreas de lazer e recreação. Neste caso, recomendam-se degraus largos com espaço para sentar.

Os **banheiros** ficam em suas respectivas salas de grupo ou podem contar com acesso central, via saguão ou corredor. Eles também podem ser compartilhados por duas salas. Elas também podem ser organizadas e compartilhadas entre duas salas de grupo. → ⑤

Idade	1	2	3	4	5	6	7	8	9	10	11	12
Altura em cm	75	85	94	101	108,5	115	121,5	127	131,5	137	143	148
Altura dos olhos em cm	64	74	83	91	96	103	108	113	117	122	127	131
Alcance do braço em cm	30	36	42	48	52	57	61	64	66	69	72	75

⑦ Medidas básicas para crianças [01]

Educação
Pesquisa

CRECHES E
JARDINS DE
INFÂNCIA

Circulação
e formas
construtivas
Cômodos
Espaços e
áreas livres
Requisito mínimo
do compartimento

Térreo — 1. Piso superior

① Pátio de entrada
② Praça
③ Sala de exercícios
④ Sala de grupo U 3
⑤ Caixa de areia U 3
⑥ Depósito
⑦ Administração
⑧ Cantina
⑨ Sala de grupo A
⑩ Terraço
⑪ Sala de informática
⑫ Sala de atividades
⑬ Ateliê
⑭ Sala de brincadeiras
⑮ Sanitário
⑯ Administração
⑰ Área ventilação
⑱ Sala de grupo de curta duração durante aulas ou seminários
⑲ Sala de grupo B
⑳ Sala de seminários

⑧ Jardim de Infância da Universidade de Colônia com 3 creches para cerca de 120 crianças a partir de 4 meses de idade, de acordo com o conceito pedagógico Reggio.
Exemplo de um jardim de infância com acesso a salão central
Arq.: Bottger Architects BDA, Colônia

359

CRECHES E JARDINS DE INFÂNCIA
REQUISITOS MÍNIMOS DE ÁREA
ESPAÇOS E ÁREAS LIVRES

Cozinha
Em função da concepção pedagógica da instituição, a cozinha pode ter diferentes valores como espaço; p. ex. como cozinha central, para todos os grupos, ou como bancada simples para cada grupo de trabalho. A diferenciação do piso para área de cozinha conjunta para crianças e adultos é recomendável.

Sala de refeições
Na maioria das vezes, utiliza-se a sala de atividades em grupo para este fim. Adequados também podem ser corredores ampliados, ou o saguão de acesso, acentuando o caráter comunal das refeições. Uma sala separada e projetada como espaço de alimentação ou uma cantina com copa adjacente oferece curtas distâncias até as mesas, limpeza simples e conveniência no fornecimento de refeições.

Salas multifuncionais complementam as salas de grupo, são flexíveis e permitem muitas possibilidades de uso e organização dos móveis. Geralmente, são ginásios ou pavilhões desportivos que também podem ser usados para outros eventos, como celebrações ou reuniões de pais. Deve ser possível bloquear a luz solar nesses espaços, e devem haver guarda-volumes e sanitários por perto.

Escadas
O espelho dos degraus não deve superar 16 cm; o piso, por sua vez, deverá apresentar entre 30 e 32 cm.

Áreas livres
Para o projeto de áreas externas são válidas as diretrizes da DIN 1176 para equipamentos lúdicos, DIN EN 1177 para os pisos (flexíveis, contra quedas) e DIN 18034 para *playgrounds* e áreas de recreação. Áreas protegidas contra mudanças climáticas (proteção contra sol e chuva) na área externa devem ser planejadas indispensavelmente As áreas livres externas devem ser projetadas de forma variada para estimular o maior número possível de experiências e aguçar a percepção das crianças para a natureza. No entanto, também devem ser consideradas diferentes possibilidades de movimentação, respeitando as diferenças de idade e de desenvolvimento. Neste caso, são úteis **paisagens com relevos**. Nos relevos, podem haver plantas, arbustos, cercas, gramado, flores etc. em diferentes níveis. No geral, hoje é dada atenção ao aumento do uso de materiais orgânicos.

Paisagismo/modelagem do terreno De maneira geral, hoje se dá mais atenção ao uso de materiais e elementos orgânicos. Nessa linha está, por exemplo, o uso de árvores nas quais as crianças podem subir, ou que são usadas para oferecer sombra, como elemento educativo ou tronco para sentar. Além disso, caixas de areia, casas de passarinho, cercas vivas, gramado, bem como pomares podem ser implantados. Pode-se implantar também: hortas comuns e de ervas, caixas de areia, abrigos para pássaros, muros de pedra seca, gramados etc. Para o tratamento de resíduos orgânicos, **uma caixa de compostagem** deve ser planejada. Para este fim, deve ser escolhido um local à meia sombra e ligeiramente remoto.

Além disso, **também podem ser oferecidas áreas para atividades com água**, como por exemplo, pequenas lagoas, riachos e sistemas de coleta de água da chuva. (Na criação de lagoas, a superfície da água deve ter pelo menos 6 m² e uma profundidade de 80 cm, para evitar situações de afogamento. Por medidas de segurança, pode-se estender uma rede de malha larga sobre a superfície da água ou montar internamente uma grade metálica a 10 cm da superfície.) Além disso, áreas de lama com areia e água para brincadeiras podem ser incluídas no projeto.

Altura recomendada	Lavatórios	WC – altura do assento
Creche	para ≈ 10 crianças	
Área de sanitários infantis	1 peça 45–60 cm	1 peça 20–25 cm
Jardim de infância	para ≈ 5 crianças	
Área de sanitários infantis	1 peça 45–60 cm	1 peça 25–30 cm
Grupos de permanência após a escola	para ≈ 10 crianças	
Meninas Meninos	1–2 peça 1–2 peça 65–70 cm	1 peça 1 peça 30–35 cm

1 Diretrizes para estabelecimento de alturas para lavatórios e WCs

Estado alemão	Sala de grupos: área mín por criança
Baden-Württemberg	2,2 m²
Baviera	2,0 m²
Berlim	4,5 m²
Brandemburgo	2,5 m²
Bremen	2,5 m²
Hamburgo	2,0 m²
Hessen	1,5 m²
Pomerânia-Mecklemburgo	2,5 m²
Baixa Saxônia	2,0 m²
Westfalia – Renânia do Norte	sem restrições
Renânia – Pfalz	Por criança deve-se ter espaço à disposição para que ela possa girar uma vez entorno de si mesma, sem problemas e livremente, com braços esticados
Saarland	2,0 m²
Saxônia	2,5 m²
Saxônia-Anhalt	2,5 m²
Schleswig-Holstein	2,5 m²
Turíngia	2,5 m²

2 Áreas mínimas por criança para as salas de atividades em grupos [01]

Estado alemão	Área mín. externa por criança
Baden-Württemberg	sem restrições
Baviera	suficientemente grande
Berlim	sem restrições
Brandemburgo	sem restrições
Bremen	sem restrições
Hamburgo	sem restrições
Hessen	6 m²
Pomerânia-Mecklemburgo	2,5 m²
Baixa Saxônia	para um grupo 200 m² ou 10 m² por criança
Westfalia – Renânia do Norte	sem restrições
Renânia – Pfalz	sem restrições
Saarland	no mín. 5,0 m²
Saxônia	10,0 m²
Saxônia-Anhalt	sem restrições
Schleswig-Holstein	no mín. 300 m² ou 10 m² por criança
Turíngia	10,0 m²

3 Áreas mínimas por criança para as áreas livres externas [01]

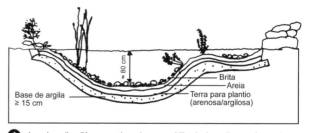

4 Lago/espelho d'água com base impermeabilizada de argila para área externa em centro de educação infantil

PLAYGROUNDS
EQUIPAMENTOS LÚDICOS

De acordo com a DIN 18034 (*Playgrounds* e espaços de lazer abertos – Requisitos de planejamento, construção e operação), um *playground* deve estimular os sentidos e a percepção do mundo ao ar livre (como ver, tocar, ouvir, cheirar, degustar), p. ex. por meio do uso de diversos elementos naturais, como areia, pedra, terra, casca, madeira, cascalho, bem como corpos d´água e vegetação que estimulem o equilíbrio, as habilidades e a coordenação motora (4.2.2.2). Diferentes áreas podem ser criadas dividindo o espaço em áreas livres para brincar, p. ex. por meio de árvores, arbustos, vegetação perene e grama. Também é possível usar muros ou outros elementos construtivos para alcançar esse objetivo (4.2.2.6). Os **acessos** aos *playgrounds* devem ser projetados de tal forma que as crianças estejam cientes dos limites do ambiente. Elas devem estar longe do tráfego e ter pelo menos um acesso livre de barreiras (5.3). *Playgrounds* devem possuir um ambiente eficaz (cercas densas, cercados etc.) contra ruas, trilhos, cursos d'água profundos, abismos e fontes de perigo semelhantes (5.2).
Equipamentos de *playground* → ❷ – ⓲ e sistemas estruturais cuja inclusão no espaço de lazer está prevista devem ser organizados de tal forma que diversas atividades em grupo e individuais, bem como circuitos de jogos bem concebidos sejam possíveis (4.4.3). Áreas de brincar com areia e lama devem ser parcialmente ensolarados e protegidos do vento. Eles não devem estar à sombra de edifícios. Parte da área de areia pode ser projetada como uma área de lama. A retirada de água deve ser limitada (4.4.1). Poças de água devem ser projetadas de tal forma que a profundidade da água aumente lentamente. A profundidade da água não deve exceder 40 cm (4.4.2).

Idade razoável	Distância	Dimensão de referência	Dimensão de área em m^2
menos de 6 anos	Caminhada de 200 m ou 6 min.	na área do bairro	pelo menos 500 m^2
6–12 anos	400 passos ou 10 min.	na área do bairro	pelo menos 5.000 m^2
A partir de 12 anos	1000 passos ou 15 min.	na área do distrito	pelo menos 10.000 m^2

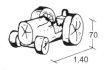
❶ Trator

❷ Caçamba → ❶

❸ Cavalo de índio

❹ Cavalo balanço

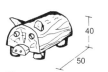
❺ Porco

❻ Caracol

❼ Balanço para criança pequena

❽ Mesa para forminhas de areia

❾ Caixa de areia/madeira de canto

❿ Caixa de areia/madeira roliça

⓫ Casa de brinquedo

⓬ Grupos de casas

⓭ Balanços duplos

⓮ Escorrega

⓯ Teleférico

⓰ Barras escalonadas

⓱ Gangorra

⓲ Torre com escorrega C/L/H 7,30/3,80/3,40

❸ Valores de diretrizes de acessibilidade e dimensão de área de *playgrounds*, de acordo com a faixa etária infantil (DIN 18034: 1999-12)

Legenda:
① Casa octogonal aberta
② Castelo de Lilipute
③ Gangorra
④ Brinquedos com água
⑤ Suporte para bicicletas
⑥ Mesas de pingue-pongue
⑦ Bancos com pérgola
⑧ Tábuas em forma de trampolim
⑨ Castelo com elementos de movimento
⑩ Ilha de Robinson
⑪ Fonte de água
⑫ Cruz giratória
⑬ Calçada
⑭ Anfiteatro

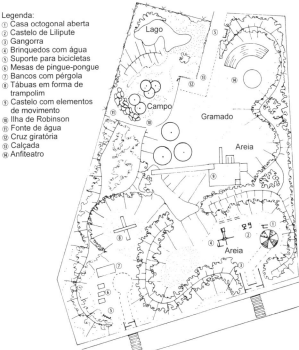
⓳ *Playground* Karnacksweg

Educação Pesquisa

PLAY-GROUNDS

Equipamentos lúdicos
Playgrounds temáticos

DIN EN 1176
DIN EN 1177
DIN 18034

361

PLAYGROUNDS
PLAYGROUNDS TEMÁTICOS

Playgrounds

Playgrounds são espaços abertos que proporcionam às crianças a oportunidade de desenvolver suas habilidades intelectuais e físicas e o desenvolvimento do seu comportamento social. As normas para *playgrounds* públicos estão disponíveis nas regulamentações de construção civil estaduais e municipais.

A necessidade de áreas para *playgrounds* é regulamentada no plano diretor dos municípios. Isso depende especialmente da localização, dimensões e estrutura do município, densidade populacional, e forma de desenvolvimento e estrutura, além de outras possibilidades existentes de atividades de lazer. Há distinção entre *playgrounds* públicos e privados. Na maioria dos estados federais, edifícios residenciais com mais de 3 apartamentos só podem ser construídos se contarem com espaço de lazer suficiente para crianças menores de 6 anos (exceto quando já há áreas de lazer nas proximidades). A dimensão da área de lazer depende da quantidade e tipo de apartamentos no terreno (ver regulamentação do respectivo município).

Playgrounds temáticos: *playgrounds* temáticos estimulam a imaginação das crianças e oferecem a possibilidade de representação de situações espaciais (p. ex. tema pirata, contos de fadas, como "1001 noites" ou "a outra estrela" → ❸. *Playgrounds* em museus podem conter material de aprendizagem relacionado ao museu, que retrata a história de uma cidade ou um espaço cultural. Signos culturais podem, assim, formar o pano de fundo do *playground*. Outros temas podem ser jogos aquáticos ou natureza.

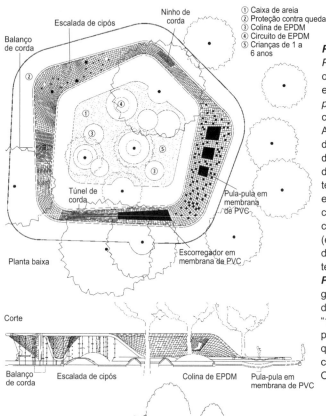

① Caixa de areia
② Proteção contra queda
③ Colina de EPDM
④ Circuito de EPDM
⑤ Crianças de 1 a 6 anos

Educação Pesquisa

PLAY-GROUNDS

Equipamentos lúdicos
Playgrounds temáticos

DIN EN 1176
DIN EN 1177
DIN 18034

❶ Playground em Schulberg com escultura espacial, Wiesbaden, ≈5.000 m². A escultura espacial forma um *loop*, um circuito de brincadeira sem interrupção, consistindo de dois anéis circulares com um diâmetro de ≈35 m. Os "anéis" estão conectados a uma rede de escalada de corda com seis estações de jogo ANNABAU Architektur und Landschaft GmbH

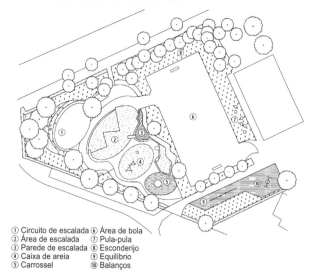

① Circuito de escalada
② Área de escalada
③ Parede de escalada
④ Caixa de areia
⑤ Carrossel
⑥ Área de bola
⑦ Pula-pula
⑧ Esconderijo
⑨ Equilíbrio
⑩ Balanços

❷ *Playground* sem barreiras Schmidt-Knobelsdorf-Strase, Berlim, aprox. 3.400 m². A acessibilidade de toda a instalação para todos os usuários é fornecida pelo design sem degraus para o circuito e áreas de caminhada. O *layout* de alto contraste das áreas de brincadeira e caminhada também permite às pessoas com deficiência visual uma boa orientação e uso do *playground*. Além disso, há também um carrossel para cadeirantes - Partner Landscape Architects BDLA.

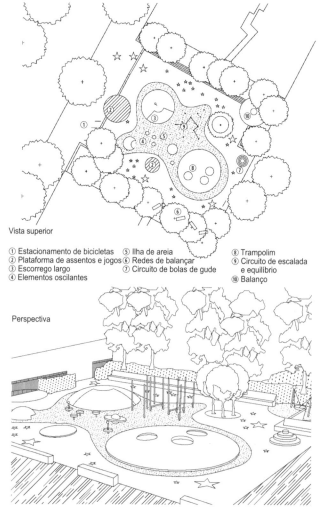

① Estacionamento de bicicletas
② Plataforma de assentos e jogos
③ Escorrego largo
④ Elementos oscilantes
⑤ Ilha de areia
⑥ Redes de balançar
⑦ Circuito de bolas de gude
⑧ Trampolim
⑨ Circuito de escalada e equilíbrio
⑩ Balanço

❸ *Playground* temático "A Outra Estrela", Dossestrase, Berlim, 576 m² Birke • Zimmermann, arquitetos paisagistas

ESCOLAS
ÁREAS DE APRENDIZAGEM – ENSINO

A transformação de uma sociedade industrial para uma sociedade do conhecimento, a equiparação internacional (estudo PISA), o incentivo crescente pelo direito à educação para todos os seres humano (direitos humanos), a migração demográfica e, em particular, a adesão da Alemanha aos direitos das pessoas com deficiência na ONU estão iniciando profundas mudanças no arcaico sistema escolar alemão. Com os novos desenvolvimentos de estruturas em todo o sistema educacional alemão (Acordo de Bolonha, Aprendizagem Ao Longo da Vida etc.), surgirá também uma nova compreensão sobre a construção de escolas no futuro.

Cluster
Dependendo do conceito pedagógico, o princípio de *cluster* combina várias séries escolares (geralmente 2ª a 6ª) em uma sala de aula com clara definição programática. Essas unidades também incluem salas de grupo e diferenciadas, salas de disciplinas específicas, de equipe, áreas de aprendizagem livre, áreas de horário integral ou outras áreas (sanitários, salas de armazenamento). Pode haver ainda cenários de aprendizagem semiabertos que são estruturados e facilmente identificáveis.

Conceito de espaço aberto/Cenário de aprendizagem/Zona de aprendizagem livre → ❶
As áreas de aprendizagem livre são espaços de grande dimensões para o ensino especializado ou multi-série. Se necessário, pode ser organizado de diferentes tamanhos com o uso de divisórias móveis, flexíveis ou mobília móvel (atenção para a acústica). Nesses conceitos, as áreas principais e secundárias (áreas de circulação) se sobrepõem. A evidente distinção entre sala de aula e corredor fica em segundo plano.

Sala de professores/Escritório/Sala de apoio da equipe
As tarefas e os espaços para professores se transformarão como resultado do cronograma escolar em tempo integral. Além das clássicas salas de professores, há estações de trabalho individuais ou para pequenos grupos de professores, onde eles podem fazer a preparação ou o acompanhamento das aulas ou trabalhar adequadamente. Isso requer salas adicionais, que podem ser equipadas com uma copa. Além disso, pode haver os chamados pontos de apoio para a equipe ou estações de equipe, que são acoplados às áreas de aprendizagem livre para a supervisão dos alunos ou para conversar com os pais.

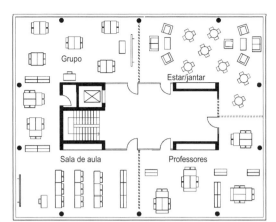

❶ Zona de aprendizagem aberta com *layout* flexível de sala (conceito de Espaço Aberto)

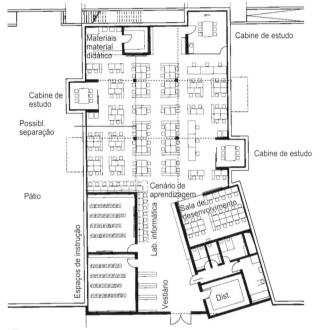

❷ Zona de aprendizagem aberta (cenários de aprendizagem) com cabines de estudo

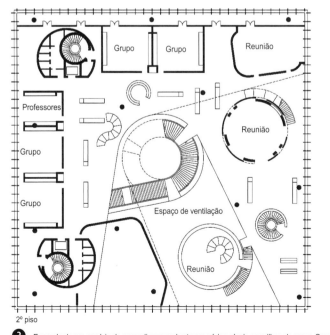
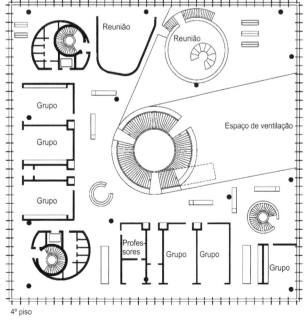

❸ Exemplo de um cenário de aprendizagem aberta em vários níveis com ilhas de recuo Orestad Gymnasium, Copenhagen — Arq.: 3XN

Educação Pesquisa

ESCOLAS

Áreas de ensino
Áreas de comunicação
Reforma de escolas
Intervalo, auditório, refeitório
Salas especializadas
Biblioteca, midiateca, copa
Instalações sanitárias
Modelo do programa de espaço
Exemplos
Ginásios esportivos escolares

ESCOLAS
ÁREAS DE APRENDIZAGEM – COMUNICAÇÃO

Um critério importante para o planejamento de uma escola é o processo de desenvolvimento precedente, no qual, além dos planejadores, sobretudo
os alunos e professores também devem estar envolvidos para responder às principais perguntas sobre o inventário espacial e os requisitos de acordo com suas declarações de missão e programas pedagógicos em conjunto. Questões como:
– Qual é a importância das associações de classe, das comunidades escolares, grupos, projetos etc.?
– Como esses grupos são organizados, como são individualmente incentivados?
– Que formas de deficiência exigem instalações especiais?
– Como é estruturada e organizada a rotina da escola?
– Que mídias serão usadas ou fornecidas?
– Como se dá a movimentação de pessoas dentro e fora das dependências da escola?
– Como a escola afetará a vizinhança?
– Quais os requisitos do público para a escola etc.?

Sala de grupo/diferenciação
Por um lado, a sala de grupo pode ser usada para diferenciar-se da sala de aula e permitir trabalhar separadamente e de forma diferenciada (espaço de diferenciação).
Por outro, também pode ser usada para atividades e ensino. Nesse caso, a sala de grupo deve estar localizada de preferência entre duas salas de aula com conexão direta entre essas salas de aula e os espaços em grupo.

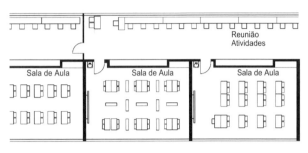

❶ Área de circulação ampliada como reunião e espaço de trabalho adicional (p. ex. estações de informática)

❷ Salas intermediárias com divisão: Nichos como sistema de comunicação e circulação de retorno

❸ Modernização da zona de acesso por corredores estendidos com espaços de trabalho e áreas de comunicação

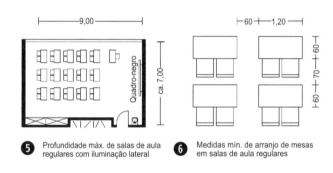

❺ Profundidade máx. de salas de aula regulares com iluminação lateral

❻ Medidas mín. de arranjo de mesas em salas de aula regulares

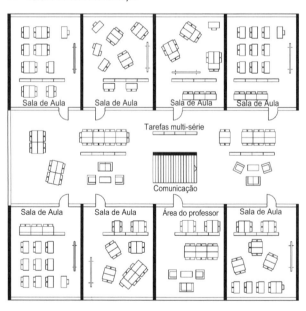

❹ Ativação da área de acesso como área de lazer e aprendizagem

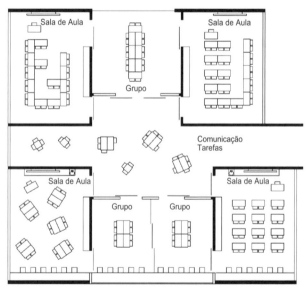

❼ Ampliação do corredor: zona intermediária para tarefas em grupo e individuais

ESCOLAS
Áreas de ensino
Áreas de comunicação
Reforma de escolas
Intervalo, auditório, refeitório
Salas especializadas
Biblioteca, midiateca, copa
Instalações sanitárias
Modelo do programa de espaço
Exemplos
Ginásios esportivos escolares

364

ESCOLAS
REFORMA DE ESCOLAS

Reforma de escolas

Como resultado dos desenvolvimentos e mudanças mencionadas, as estratégias de adaptação das edificações existentes também se fazem necessárias. As medidas de reforma possíveis diferem sobretudo para lidar com os seguintes aspectos:
– Tipo de escola (ensino fundamental, ensino médio, escola técnica)
– Ano de construção da escola existente (p. ex. escola Wilhelmina do Séc. XIX, escola da época da reconstrução dos anos 50, escolas da época da reforma educacional dos anos 1965 a 75 etc.)
– Tipologia da edificação (corredor central ou lateral, com ginásios, pátio interno ou pavilhão etc.)
– Áreas de uso (locais de aprendizagem, como salas de aula, grupos e espaços de creche, foyer, auditório, biblioteca etc.)

Medidas e princípios de reforma
– Qualificação das áreas de acesso (p. ex. ativação de área do corredor)
– Transparência por meio de aumento e interconexão dos espaços e formação de clusters (p. ex. salas de aula se tornam uma área de acesso, abertas por elementos de vidro e passam de local de aprendizagem fechado para aberto)
– Transparência e diferenciação pela conexão sequenciada de salas (fileira) (p. ex. por meio de divisórias conectadas com portas e vidros)
Outras medidas de reforma podem ser:
instalações e extensões, reversão de construção, reestruturação de envelopamento, anexos a partes do edifício já existentes etc.

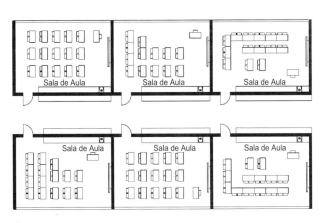

① Linearidade e ordenação bilateral de salas de aula ao longo de um corredor (*layout* geminado de uma "antiga escola de corredor central")

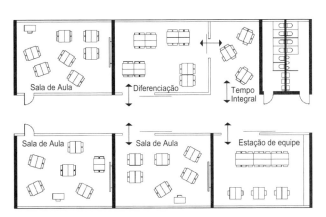

② Reforma de uma "escola de corredor central" em *cluster* – várias salas de aula transformadas em área para diferenciação, estação de equipe, tempo integral, sanitários etc.

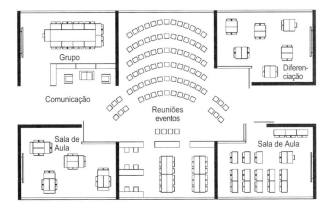

③ Transformação de "escola de corredor" geminada

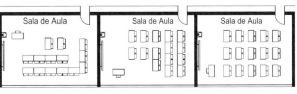

④ Linearidade do grupo e ordenação unilateral de salas de aula ao longo de um corredor (sistema montado em linha de um "antigo corredor da escola")

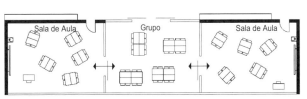

⑤ Transformação de "escola de corredor" em "princípio mochila" – Salas de aula com salas de grupo intermediárias – Interconexão linear.

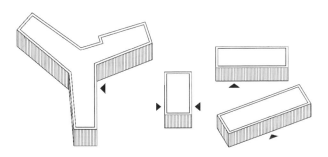

⑥ Tipo saguão com acesso central

⑦ Tipo pavilhão agrupado com acesso descentralizado

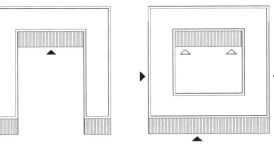

⑧ Plano aberto com acesso a um pátio central (tipo pátio interno)

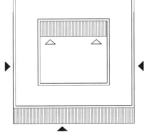

⑨ Plano fechado com acesso descentralizado (tipo pátio interno)

Educação Pesquisa

ESCOLAS
Áreas de ensino
Áreas de comunicação
Reforma de escolas
Intervalo, auditório, refeitório
Salas especializadas
Biblioteca, midiateca, copa
Instalações sanitárias
Modelo do programa de espaço
Exemplos
Ginásios esportivos escolares

365

ESCOLAS
DISTRIBUIÇÃO E COMUNICAÇÃO – INTERVALO, AUDITÓRIO, REFEITÓRIO

Com a mudança de mentalidade e de paradigma, os novos conceitos pedagógicos introduzem outros requisitos para as escolas e os prédios escolares. A escola (como edificação escolar), que atua como o terceiro pedagogo (depois dos pais e dos professores), assume o seu lugar, respondendo a essas mudanças e temas atuais de expansão e redução de unidades escolares, ensino em tempo integral, inclusão, migração, novos tipos de escola e estruturas, e novos conceitos pedagógicos.

Auditório
O auditório é o espaço de reunião central de uma escola e é reservado para apresentações, palestras, reuniões, cerimônias etc. Os novos objetivos de aprendizagem colocam o auditório como um espaço de aprendizagem e comunicação adicional. Os projetos de reforma podem prever um uso múltiplo do auditório; p. ex., criar sinergia entre auditório e biblioteca.
As áreas de acesso, como o foyer e as zonas de corredor estendidas, também são consideradas o "centro espacial" de uma escola.

Foyer e área de descanso
As zonas de foyer e áreas de tráfego estendidas, que têm como função primária serem zonas de distribuição, podem ser utilizadas como locais adicionais de comunicação (para reuniões, apresentações, palestras ou até mesmo para os horários de pausa). Como assentos, podem ser usados degraus de escada, projetados como arquibancadas. Como diretriz para áreas de pausa, deve haver aprox. 0,4-0,5 m²/ aluno. Cantinas também podem ser usadas como áreas de pausa. Em ligações cobertas entre prédios escolares e ginásios esportivos, esses podem ser projetados como salões de pausa ou como área esportiva coberta.

Inclusão
A Convenção das Nações Unidas sobre os Direitos das Pessoas com Deficiência visa promover oportunidades iguais para esse grupo da sociedade.
Os conceitos pedagógicos de educação inclusiva, caracterizados por respeito à diversidade e pela promoção da educação para todos, incluem menções à infraestrutura necessária para tal fim.
Para o prédio da escola e salas, a tarefa é espaços para diferentes formas de deficiência p. ex. para um ambiente acessível para cadeirantes ou para salas de inclusão.

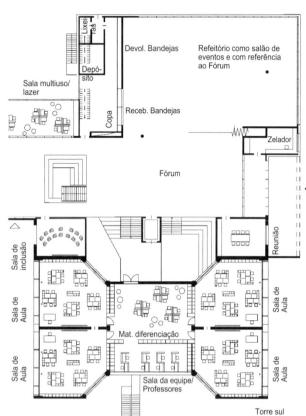

❶ Refeitório como salão de eventos e com relação com Fórum

Educação Pesquisa

ESCOLAS
Áreas de ensino
Áreas de comunicação
Reforma de escolas
Intervalo, auditório, refeitório
Salas especializadas
Biblioteca, midiateca, copa
Instalações sanitárias
Modelo do programa de espaço
Exemplos
Ginásios esportivos escolares

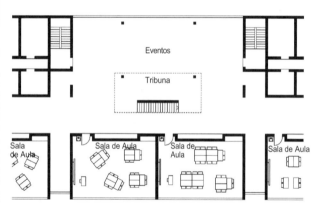

❷ Auditório como uma extensão das áreas de tráfego

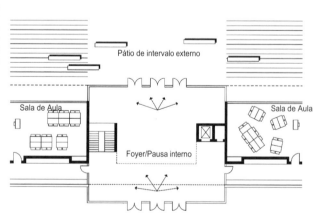

❸ Grande foyer, que também serve como uma área de pausa (uso múltiplo)

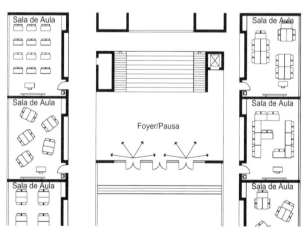

❹ Escadas como assento de degraus no foyer: Local para apresentações, pausas e comunicações.

ESCOLAS
SALAS ESPECIALIZADAS

Os estabelecimentos necessários para ensino das ciências naturais abrangem: sala de aula, laboratórios de experiências, preparação, coleções e fotografia. As salas de aula para biologia, física e química necessitam de ≈2,50 m²/bancada de trabalho. Para exposições e demonstrações, ≈4,50 m²/bancada de trabalho.

Salas para exposições e demonstrações de ciências naturais – biologia e química – física, química e biologia: ≈70 m²–80 m² → ❸.

Salas para aulas expositivas e experimentos em física, biologia e eventualmente química: ≈60 m², com instalação de lugares fixos de forma escalonada, assim como separação de entrada e saída. É possível, no caso, localização interna do ambiente, com iluminação artificial.

Sala de experiências e trabalhos em grupos para os alunos, em biologia e física, assim como em outras matérias onde seja possível a distribuição espacial dos alunos: para cada sala isolada ou área – ≈80 m².

Salas de preparação, coleção e depósito de material, para conjunto de matérias combinadas ou isoladas: em conjunto ≈30–40 ou ≈70 m², dependendo do tamanho da escola e da área destinada às ciências naturais. No caso, também é possível localização interna, com iluminação artificial.

Aulas de música e de arte

As salas de desenho devem ter uma iluminação natural uniforme, de preferência com orientação para o Norte. Na sala de música deve-se evitar conflitos com outras salas de aula através da sua localização e isolamento acústico adequado.

Aulas técnicas

As oficinas devem ser instaladas em setores onde o ruído não venha a perturbar as salas de aula convencionais. Devem ser situadas preferencialmente no térreo, separadas por diferentes técnicas de trabalho (madeira, papel, metal, plástico).

Laboratório fotográfico

A câmara escura inclui 1 ampliador para cada 2–3 alunos, e área molhada (bacias com elementos químicos), para revelação de negativos e reprodução de fotos, assim como nicho para secagem.

Orientação dos ambientes: em face de clima constante. Área necessária: depende do número de alunos, sendo em geral para grupos de trabalho de 6–14 alunos, com no mín. 3–4 m²/ bancada de trabalho.

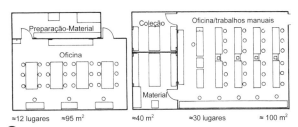

❻ Salas e distribuição espacial para ensinamento de matérias técnicas

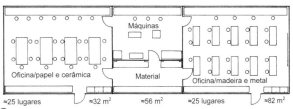

❼ Área de ensinamentos técnicos e/ou artesanais

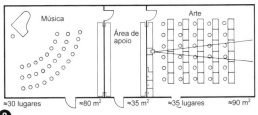

❽ Música e arte

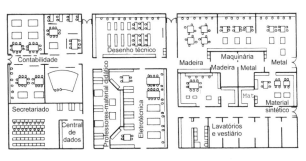

Educação Pesquisa

ESCOLAS
Áreas de ensino
Áreas de comunicação
Reforma de escolas
Intervalo, auditório, refeitório
Salas especializadas
Biblioteca, midiateca, copa
Instalações sanitárias
Modelo do programa de espaço
Exemplos
Ginásios esportivos escolares

367

ESCOLAS
BIBLIOTECA, MIDIATECA, COPA

① Sala de usos múltiplos
② Salas auditivas
③ Escritório
④ Catálogo central, fichários
⑤ Revistas, jornais
⑥ Mesas para trabalhos de grupo
⑦ Mesas individuais
⑧ Cabines para computadores
⑨ Informação, empréstimos
⑩ Auditório
⑪ Estúdio audiovisual
⑫ Depósito, arquivo
⑬ Leitura, consulta direta
⑭ Copiadora
⑮ Guarda-roupa, malas, bolsas e mochilas

❶ Exemplo de biblioteca escolar, com acervo de imagem e som

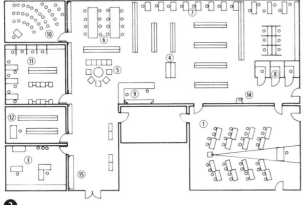

❷ Exemplo de biblioteca escolar, com acervo de imagem e som

Biblioteca, acervo de imagem e som, e instalações centrais
Centro de informações para aulas, especializações e tempo livre.
Usuários: alunos, professores e usuários externos, não pertencentes à escola.
A biblioteca compreende o acervo convencional para alunos e professores, incluindo seção de empréstimos, área de leitura e trabalho, assim como estantes para livros e revistas. O acervo correspon- dente a **imagem e som** constitui uma ampliação da biblioteca comum, com gravações e possibilidade de reproduções (*hardware*) para rádio, cinema, televisão, fitas gravadas em rolo ou cassetes – material audiovisual – com parcela correspondente em *software*.

Valores referenciais padrão para áreas de utilização:
De forma geral – biblioteca comum mais acervo de imagem e som – 0,35 – 0,55 m²/aluno.
Detalhadamente: Empréstimo e devolução de livros – por lugar de trabalho ≈5 m², incluindo área de fichas e catalogação com ≈20–40 m². Informação e consulta: Para cada bibliotecário – especialista em imagem e som ou semelhante – ≈10–20 m². O depósito de livros é feito em estantes, em forma compacta de 1000 livros em conjunto, com ≈30–40 livros por metro linear, de largura de prateleira ≈4 m². Prateleiras de acesso livre incl. áreas de movimentação, locais de leitura e catálogos por 1.000 volumes científicos ou obras de referência, ≈20–40 m². Zona de trabalho em geral por 1000 volumes de obras de referência ≈25m² para ≈5% dos alunos/professores. Considerando-se um mínimo de 30 áreas de trabalho, cada uma com 2 m², tem-se um total de 60 m² (trabalho ou cabine de leitura) 2,5–3,0 m² por sala de trabalho em grupo (8 a 10 pessoas) de 20 m² → ❶ – ❷.

Cozinha e áreas de apoio
Para salas de refeições que oferecem mais de 400 lugares deve-se observar as diretrizes do Decreto de regulamentação de espaços para reunião de pessoas (VstättVO). O tamanho e equipamentos dependem do tipo de serviço oferecido (p. ex., copa). Distribuição e recolhimento das refeições para crianças pequenas, na forma de distribuição em mesas conjuntas. Do contrário, sistema de *self-service* (estio bandeja, elevador monta-carga para restaurante, balcão, cafeteria, sistema *free-flow*, sistema rotativo etc.) A capacidade de distribuição das refeições é de 5–15 refeições/minuto ou 250–1000 refeições/hora, de acordo com o número do pessoal em serviço. Área necessária para distribuição – ≈40–60 m². Refeitório, dependendo do número de alunos e rotati-vidade, para cada lugar sentado, no mín. 1,20–1,40 m². Grandes espaços devem ser reestruturados em compartimentos individualizados. Para cada ≈ 40 lugares sentados, um lavatório na área de acesso → ❸ – ❹.

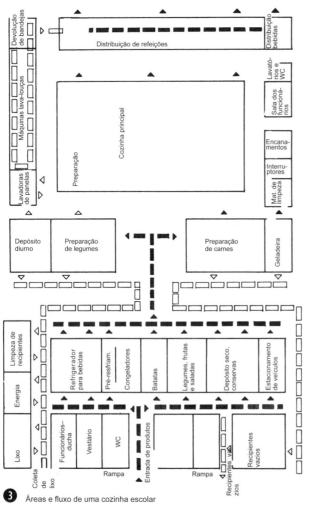

❸ Áreas e fluxo de uma cozinha escolar

❹ Distribuição de refeições, pratos e talheres e refeitório

Educação Pesquisa

ESCOLAS
Áreas de ensino
Áreas de comunicação
Reforma de escolas
Intervalo, auditório, refeitório
Salas especializadas
Biblioteca, midiateca, copa
Instalações sanitárias
Modelo do programa de espaço
Exemplos
Ginásios esportivos escolares

ESCOLAS
INSTALAÇÕES SANITÁRIAS, ESCADAS, PORTAS

Portas podem abrir para o interior ou exterior das salas de aulas. Portas de espaços com mais de 40 alunos ou com maior risco de incêndio (laboratórios de química, salas de oficinas) devem ser projetadas com abertura para o corredor. Para garantir que os alunos não estejam em risco devido a folhas de porta de abertura para fora, as portas devem ser reorganizadas em nichos → ❶.

Escadas: A razão de inclinação das escadas deve ser gradual em 2 s + a = 59–65 cm (s = inclinação da escada, a = degrau da escada) → ❷. As bordas das escadas devem ser chanfradas ou ligeiramente arredondadas. Rampas devem ter uma altura de 6% de inclinação (Construção de prédios escolares, DIN 58125, § 9,1).

Rotas de saída de emergência: Para cada sala de aula, deve haver pelo menos duas rotas de fuga independentes no mesmo piso para escape ao ar livre ou para escadas. Saídas de emergência podem levar ao exterior por meio de escadas externas (sem estruturas de escadaria, varandas, terraços nem telhados) em vez de a uma dessas rotas de fuga, contanto que tal disposição não seja perigosa em caso de incêndio. Nesses casos, essas saídas são consideradas como rotas de fuga para o exterior (Diretriz de Construção Escolar – modelo). Esta rota é considerada uma saída para o exterior (Diretriz de Construção Escolar Modelo).

Corredores necessários com apenas uma direção de fuga (corredores ramificados) não deve ser maior que 10 m (Diretriz de Construção Escolar Modelo).

❶ Largura mínima do rota de saída de emergência em corredores

❷ Razão de inclinação de escadas, bordas chanfradas ou ligeiramente arredondadas

❸ Banheiro-área de aula (de acordo com VDI 6000, Folha 6)

❹ Banheiros-área de aula (de acordo com VDI 6000, Folha 6)

❺ Exemplo de um banheiro área de pausa para cerca de 250 pessoas (de acordo com VDI 6000, Folha 6)

Sala	Dobradiça de porta com abertura para fora [cm]	Dobradiça com abertura para dentro [cm]
Célula de sanitário larga	90	90
Célula de sanitário profunda	125	150
Profundidade da sala em frente às cabines (antessala)	155	155
Profundidade da antessala para instalações sanitárias com toaletes de um lado e urinóis de outro	205	165
Profundidade da antessala para instalações sanitárias com toaletes em ambos os lados	200	125
Instalações sanitárias		

❻ Medida mínima para espaço de sanitários (VDI 6000, Folha 6)

Espaço	Equipamentos	Separação de gênero	Área	Utilização	Atribuição
Banheiros-área de aula	Área com antessala: 1 pia 2 sanitários	não	Próximo a uma sala de aula	Durante o horário de aula	Pré-escola Jardim de infância
Banheiros-área de aula Masculino	Área com antessala: 1 pia 1 sanitário 1 urinol	sim	Acessível via corredor ou ginásio/por andar	Várias turmas, durante o horário de aula	Escola fundamental Escola de ensino médio Para cada sala de aula sem WC, o caminho percorrido linear ou de escada deve ser de no máx. 40 m até o banheiro.
Banheiros-área de aula Feminino	Área com antessala: 1 pia 2 sanitários				
Banheiros-área de pausa Masculino	Área com antessala: 1 pia/60 pessoas 1 sanitário/40-50 pessoas 1 urinol/20-30 pessoas	sim	Acessível do pátio de recreio ou ginásio	Para alunos durante a pausa	Instalações sanitárias no nível do piso e não internas devem ser acessíveis pela área de pausa
Banheiros-área de pausa Feminino	Área com antessala: 1 pia/60 pessoas 1 sanitário/20-30 pessoas				
Banheiro professores Masculino	Área com antessala: 1 pia/20 pessoas 1 sanitário/20 pessoas 1 urinol/20 pessoas	sim	Atribuído à área de professores ou área administrativa	Durante a pausa	Possível ligação com área de vestiário dos professores
Banheiro professores Feminino	Área com antessala: 1 pia/20 pessoas 1 sanitário/20 pessoas				

❼ Requisitos de equipamentos de áreas de sanitários (VDI 6000 Folha 6)

Educação Pesquisa

ESCOLAS

Áreas de ensino
Áreas de comunicação
Reforma de escolas
Intervalo, auditório, refeitório
Sala especializada
Biblioteca, midiateca, copa
Instalações sanitárias
Modelo do programa de espaço
Exemplos
Ginásios esportivos escolares

ESCOLAS
PROGRAMA-PADRÃO PARA ESCOLAS DE ENSINO FUNDAMENTAL (CLASSES 1–4)

			1 capacidade de ocupação 4 classes 120 alunos		2 capacidades de ocupação 8 classes 240 alunos	
	Lugares	m²/sala de aula	Número	m²	Número	m²
Salas de aula em geral				326–390		592–748
Salas de aula	24–32	50–66	4	200–264	8	400–528
Salas para grupos	12–18	36–50			2	72–100
Salas de uso múltiplo	32	72	1	90	1	72
Salas de apoio		18–36	1	18	1	24
Sala de material didático		18–36	1	18	1	24
Salas específicas						96
Oficinas	16	72			1	72
Área de apoio		24			1	24
Sala de música	32	72				72
Biblioteca/setor de mídia				60		
Administração				36		102
Diretoria		12–18				
Secretaria		18–24		36		60
Sala dos professores		24–50				
Médico		18			1	1
Sala de reunião com pais		12			1	12
Zelador		12			1	12
Áreas comunitárias				92		92
Distribuição das refeições	24		1	24	1	24
Sala de refeições/uso múltiplo			1	50	1	50
Área de apoio	18–24		1	18	1	18
Área de serviços				24		66
Oficina do zelador	18				1	18
Depósito de produtos de limpeza	12				1	12
Depósitos em geral			1	24	1	36
Moradia do zelador					1	80
Ginásio esportivo					1	600
Áreas livres/quadras esportivas						
Pátios de recreio com equipamentos lúdicos				600		1200
Horta/jardim				150		300
Quadras			1 Unidade de treinamento		1 Unidade de treinamento	
Pista de corrida	4 Pistas					
Instalação para salto em distância	3 Pistas			400		400
Gramado para ginástica						
Área total						
Salas de aula em geral				326–390		592–748
Salas específicas						96
Biblioteca/setor de mídia				60		72
Administração				36		102
Área de serviços				24		66
Somatório				446–510		928–1084
m²/alunos				4,0		4,2

❶ Programa-padrão para escolas com base em regulamentações saxãs.

ESCOLAS
EXEMPLOS

① Pátio de recreio coberto ⑥ Sala de música
② Sala de aula ⑦ Trabalhos manuais/
③ Sala de grupo área de serviço
④ Depósito ⑧ Instalações prediais
⑤ Zelador ⑨ Sala de uso múltiplo

① Saguão para recreio
② Pátio de recreio
③ Ginásio esportivo
④ Sala de aula/física
⑤ Desenho/trabalhos manuais
⑥ Classes – cursos

❶ Ginásio Markt Indersdorf, 1º pavimento superior
Arq.: Allmann Sattler Wappner Architekten

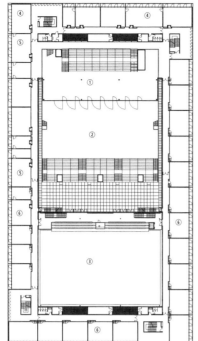

❸ Escola para desenvolvimento individual dos alunos (atendimento educacional especializado), Alzenau, escola fundamental e secundária básica, térreo
Arq.: Stefanie e Stephan Eberding

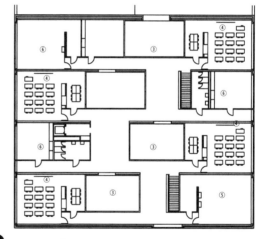

❹ 4º andar → **❺**

→ **❹** – **❺**
① Saguão de entrada
② Ginásio esportivo
③ Pátio/iluminação
④ Sala de aula com grupos
⑤ Trabalhos manuais
⑥ Religião/pedagogia/línguas

① Forum
② Palco
③ Refeitório
④ Cozinha
⑤ Área de serviço
⑥ Oficinas
⑦ Café dos alunos
⑧ Administração
⑨ Zelador
⑩ Salas de aula
⑪ Salas de trabalho em grupo
⑫ Salas especiais

❷ Escola Montessori, Aachen, escola unificada, térreo
Arq.: Prof. Ernst Kasper, Prof. Klaus Klever

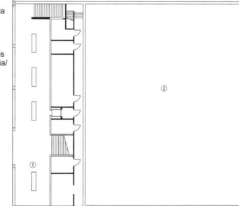

❺ Escola Volta, Basileia, térreo   Arq.: Miller & Maranta

**Educação
Pesquisa**

ESCOLAS

Áreas de ensino
Áreas de comunicação
Reforma de escolas
Intervalo, auditório, refeitório
Sala especializada
Biblioteca, midiateca, copa
Instalações sanitárias
Modelo do programa de espaço
Exemplos
Ginásios esportivos escolares

371

ESCOLAS
GINÁSIOS ESPORTIVOS ESCOLARES

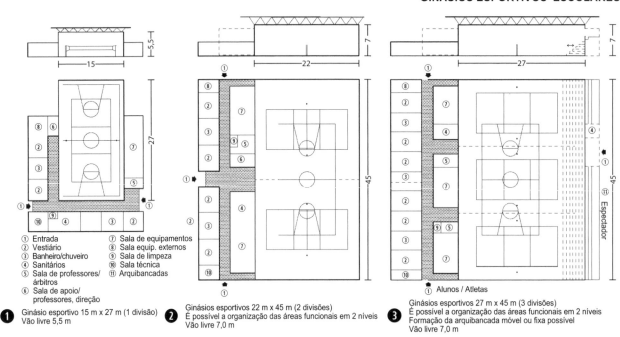

① Entrada
② Vestiário
③ Banheiro/chuveiro
④ Sanitários
⑤ Sala de professores/árbitros
⑥ Sala de apoio/professores, direção
⑦ Sala de equipamentos
⑧ Sala equip. externos
⑨ Sala de limpeza
⑩ Sala técnica
⑪ Arquibancadas

① Alunos / Atletas

❶ Ginásio esportivo 15 m x 27 m (1 divisão)
Vão livre 5,5 m

❷ Ginásios esportivos 22 m x 45 m (2 divisões)
É possível a organização das áreas funcionais em 2 níveis
Vão livre 7,0 m

❸ Ginásios esportivos 27 m x 45 m (3 divisões)
É possível a organização das áreas funcionais em 2 níveis
Formação da arquibancada móvel ou fixa possível
Vão livre 7,0 m

Tipo de ginásio esportivo		15m x 27m		22m x 45m / 22m x 40m		22m x 45m		27m x 45m		Ginásio esportivo duplo 2 x 22m x 45m			Ginásio esportivo duplo 2 x 22m x 45m			Ginásio esportivo duplo 2 x 22m x 45m		
Divisão do ginásio		-		divisível em 3 / 2 seções		divisível em 3 seções cada		divisível em 3 seções cada		divisível em 2 seções cada			divisível em 3 seções cada			divisível em 3 seções cada		
Perfil de espaço livro do ginásio:		5,5m		7,0m		7,0m		7,0m		cada seção: 7,0m			cada seção: 7,0m			cada seção: 7,0m		
Espectador	Possibilidade/Galeria:	-		x se necessário		x se necessário		-		x se necessário (seção menor)			x se necessário (seção menor)			-		
	Arquibancada (máx. 199 lugares):	-		-		-		x		-			-			x (seção menor)		
Descrição do espaço/Requisitos		Quantidade	área/espaço m²	Quantidade	área/espaço m²	Quantidade	área/espaço m²	Quantidade	área/espaço m²	Quantidade	por ginásio	área/espaço m²	Quantidade	por ginásio	área/espaço m²	Quantidade	por ginásio	área/espaço m²
Área líquida		1	405,00	1	990,00	1	990,00	1	1215,00	2	1	2 x 990,00	2	1	2 x 990,00	2	1	1125,00 / 1215,00
Cortina divisória dupla		-	-	1	-	2	-	2	-	2	1	-	4	2	-	4	2	-
Área de equipamentos, disposição lateral, 15 m x 4,5 m		1	67,50	-	-	-	-	-	-	-	-	-	-	-	-	-	-	-
Área de equipamentos, disposição lateral, 10,5 m x 4,5 m		-	-	2	47,25	3	47,25	3	47,25	4	2	47,25	6	3	47,25	6	3	47,25
Sala de professores/treinadores, exercícios, banheiros, administração		1	15,00	1	17,00	1	17,00	1	17,00	2	1	17,00	2	1	17,00	2	1	17,00
Sala de professores/treinadores/exercícios		1	13,00	1	15,00	1	15,00	1	15,00	2	1	15,00	2	1	15,00	2	1	15,00
Vestiário (Banco corrido min. 8 m)		4	18,00	-	-	-	-	-	-	-	-	-	-	-	-	-	-	-
Vestiário (Banco corrido min. 8 m)		-	-	4	23,00	6	23,00	6	23,00	8	4	23,00	12	6	23,00	12	6	23,00
Área de chuveiros (atribuição para cada 2 cabines de vestiário)		2	16,00	2	21,00	2	21,00	2	21,00	4	2	21,00	4	2	21,00	4	2	21,00
Área de chuveiros, divisível (atribuição para cada 2 cabines de vestiário)		-	-	-	-	1	25,00	1	25,00	2	1	25,00	2	1	25,00	2	1	25,00
Banheiro esportivo feminino no nível do ginásio		1	6,00	1	9,00	1	9,00	1	9,00	2	1	9,00	2	1	9,00	2	1	9,00
Banheiro esportivo masculino no nível do ginásio		1	6,00	1	9,00	1	9,00	1	9,00	2	1	9,00	2	1	9,00	2	1	9,00
Banheiro unissex para atletas, instalações acessíveis		1	6,00	1	6,00	1	6,00	1	6,00	2	1	6,00	2	1	6,00	2	1	6,00
Sanitários femininos no nível do ginásio		-	-	-	-	-	-	1	9,00	-	-	-	-	-	-	1	-	9,00
Sanitários masculinos no nível do ginásio		-	-	-	-	-	-	1	9,00	-	-	-	-	-	-	1	-	9,00
Sanitários unissex para espectadores, equipado com acessibilidade		-	-	-	-	-	-	1	6,00	-	-	-	-	-	-	1	-	6,00
Área de equipamentos externos, aprox. 3 m x 5 m, acessível para equipamentos de manutenção		1	15,00	1	15,00	1	15,00	1	15,00	1	-	15,00	1	-	15,00	1	-	15,00
Sala de ASG (no nível do ginásio)		1	4,00	1	4,00	1	4,00	1	4,00	2	1	4,00	2	1	4,00	2	1	4,00
Depósito		1	15,00	1	15,00	1	15,00	1	15,00	1	-	15,00	1	-	15,00	1	-	15,00
Antessala do ginásio		-	-	1	12,00	1	12,00	1	12,00	1	-	12,00	1	-	12,00	1	-	12,00

❹ Modelo de programa para ginásios esportivos escolares [03]

ESCOLAS
GINÁSIOS ESPORTIVOS ESCOLARES

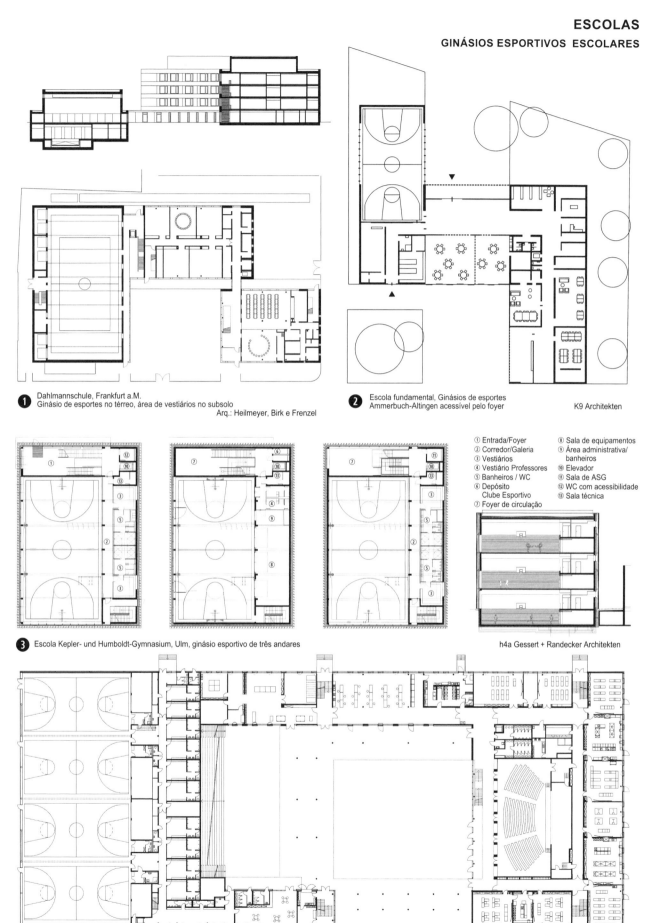

① Dahlmannschule, Frankfurt a.M.
Ginásio de esportes no térreo, área de vestiários no subsolo
Arq.: Heilmeyer, Birk e Frenzel

② Escola fundamental, Ginásios de esportes
Ammerbuch-Altingen acessível pelo foyer
K9 Architekten

① Entrada/Foyer
② Corredor/Galeria
③ Vestiários
④ Vestiário Professores
⑤ Banheiros / WC
⑥ Depósito Clube Esportivo
⑦ Foyer de circulação
⑧ Sala de equipamentos
⑨ Área administrativa/ banheiros
⑩ Elevador
⑪ Sala de ASG
⑫ WC com acessibilidade
⑬ Sala técnica

③ Escola Kepler- und Humboldt-Gymnasium, Ulm, ginásio esportivo de três andares
h4a Gessert + Randecker Architekten

④ Escola Freiherr-vom-Stein-Gymnasium, Munster Ginásio poliesportivo
Kresings Architektur

Educação Pesquisa

ESCOLAS

Áreas de ensino
Áreas de comunicação
Reforma de escolas
Intervalo, auditório, refeitório
Sala especializada
Biblioteca, midiateca, copa
Instalações sanitárias
Modelo do programa de espaço
Exemplos
Ginásios esportivos escolares

373

ESCOLAS DE ENSINO SUPERIOR
AUDITÓRIOS

Entre os **espaços centrais das escolas de ensino superior** encontram-se: Grande auditório (Audimax), sala de festas, administração, diretoria, casa de estudantes. Em complementação: bibliotecas, restaurantes/refeitórios, cantinas, áreas esportivas, residências de estudantes, estacionamentos → Capítulo Hospedagem.

Espaços básicos, para todos os cursos e ramos:
Auditórios para aulas normais ou especiais, espaços para seminários ou trabalhos de grupo (em parte com instalações de computador), para estudo aprofundado das matérias. Bibliotecas especializadas por ramo científico, salas de funcionários, de conferências, de provas etc.

Espaços para ramos específicos:

Ciências humanas: auditórios com pouca declividade para instalação dos assentos → ❸. Nenhuma exigência especial para instalação da lousa e projeções.

Disciplinas técnico-artísticas: p. ex. arquitetura, artes plásticas, música etc. – salas de todos os tipos para desenho, ateliês, oficinas, espaços de reunião e provas.

Tecnocientífico de ciências naturais: p. ex. engenharia civil, mecânica, eletrotécnica, física – salas de desenho, laboratórios de pesquisa, oficinas, galpões industriais e laboratórios de ensaio.

Ciências naturais e ligadas à medicina: p. ex. química, biologia, anatomia, fisiologia, higiene, patologia etc. – laboratórios organizados com espaços funcionais de apoio, oficinas científicas, laboratórios de experiências com animais e áreas anexas para abrigo e criação dos mesmos. Auditórios para demonstração ("teatros de anatomia"), com grande declividade para instalação dos assentos → ❹. Auditórios de ciências naturais com mesas para experiências e grande declividade para os assentos → ❻.

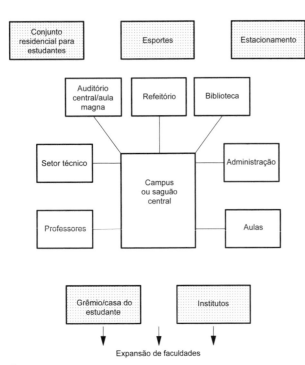

❶ Organização funcional–espacial esquemática para escolas superiores

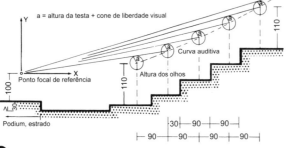

❷ Determinação gráfica da curva auditiva

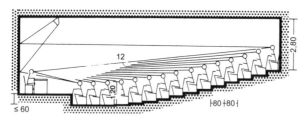

❸ Auditório-padrão (ciências humanas)

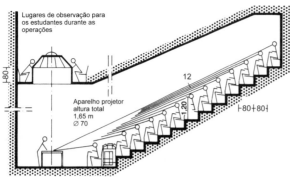

❹ Auditório para disciplinas expositivas, com demonstração sobre mesa frontal (medicina)

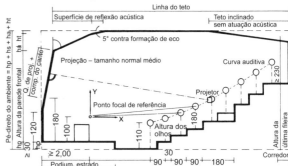

❺ Corte longitudinal em um auditório

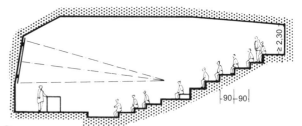

❻ Auditório com inclinação acentuada (ciências naturais)

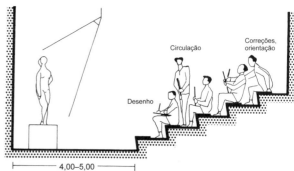

❼ Escalonamento em sala para desenho de modelo vivo: para cada estudante, área de assento de 0,65 m² (faculdades técnico-artísticas)

Educação Pesquisa

ESCOLAS DE ENSINO SUPERIOR

Auditórios
Exemplos de auditórios
Refeitório
Assentos, projeção
Salas para seminários e espaços de apoio
Laboratórios

ESCOLAS DE ENSINO SUPERIOR
AUDITÓRIOS

Grandes auditórios para aulas gerais, são instalados em edifícios independentes. Os de menores dimensões, específicos por curso, funcionam dentro das diferentes faculdades ou edifícios destinados a seminários. Os acessos, externos, devem dar-se com curtas distâncias em relação à área de pesquisas, com entrada pela parte posterior, atrás da última fileira de assentos, no caso de escalonamento. Para grandes auditórios, recomendam-se acessos pelo meio do recinto → ❸. Para os docentes, a entrada localiza-se na parte frontal, a partir da sala de preparação, o mesmo acontecendo com o transporte de aparelhos e equipamentos para experiências.

Tamanhos usuais para auditórios: 100, 150, 200, 300, 400, 600 e 800 lugares. As salas de até 200 lugares, com pé-direito de 3,50 m, podem ser integradas no edifício do instituto ou faculdade; para maior número de lugares, recomenda-se instalação em edifício próprio.

A mesa de experiências deve ser móvel e podendo ser substituída e adaptada para trabalhos de laboratório. Instalações para mídia também são necessárias.

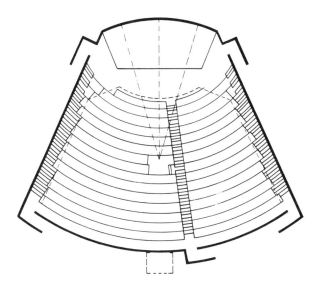

❶ 200 lugares, auditório de forma quadrada

❷ 400 lugares, auditório em forma de trapézio

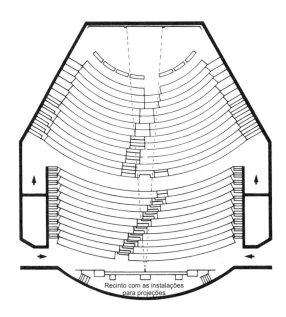

❸ Auditório com 800 lugares

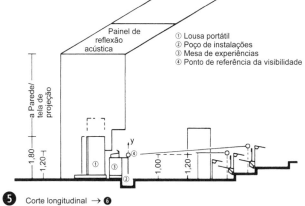

❹ Planta das instalações como barreira para entrada de luz e isolamento acústico

❺ Corte longitudinal → ❻

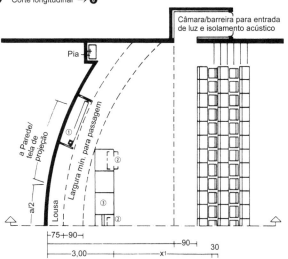

❻ Planta, área do pódio

Educação Pesquisa

ESCOLAS DE ENSINO SUPERIOR

Auditórios
Exemplos de auditórios/ refeitórios
Assentos
Salas de projeção, seminário e espaços de apoio
Laboratórios

ESCOLAS DE ENSINO SUPERIOR
EXEMPLOS DE AUDITÓRIOS/REFEITÓRIOS

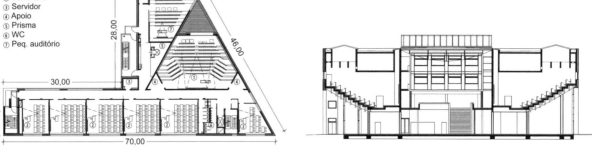

① Auditório principal
② Seminário
③ Servidor
④ Apoio
⑤ Prisma
⑥ WC
⑦ Peq. auditório

❶ Universidade de Bremerhaven, 3º pavimento
Arq.: Kister Scheithauer Gross

❹ Corte → ❺

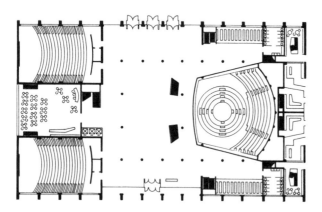

❷ Edifício de faculdade na Universidade de Friburgo
Saguão de entrada e aula magna ocupam a altura de dois andares.
Arq.: O.E. Schweizer

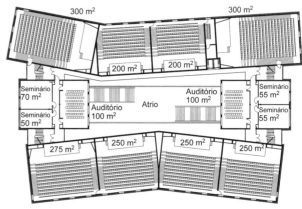

❺ Edifício com auditórios Gräfin Dönhoff, 1º pavimento, Frankfurt/Oder
Arq.: Yamaguchi e Essig Architekten BDA

Educação Pesquisa

ESCOLAS DE ENSINO SUPERIOR

Auditórios
Exemplos de auditórios/ refeitórios
Assentos, projeção
Salas para seminários e espaços de apoio
Laboratórios

① Auditório principal
② Projetor
③ Auditórios secundários
④ Sala de reuniões do conselho
⑤ Guarda-roupa

① Copa
② Entrega Ref.
③ Refeitório
④ Cafeteria
⑤ Biblioteca
⑥ Nichos de informática
⑦ Saída para estacionamento de bicicletas
⑧ Escadaria para o foyer
⑨ Salão
⑩ Saída para data center
⑪ Cafeteria volante
Átrio

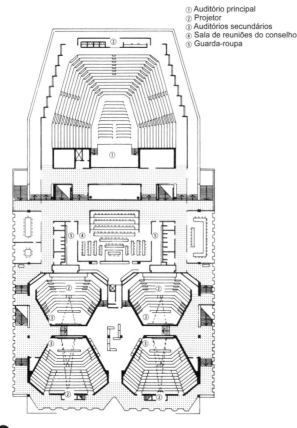

❸ Auditório da Escola Técnica Superior de Delf. Arq.: Brdek + Bakema

❻ Refeitório no estacionamento da Universidade de Leipzig, térreo
Arq.: behet bondzio lin Arquitetos

ESCOLAS DE ENSINO SUPERIOR
ASSENTOS, PROJEÇÃO

As **cadeiras para auditórios**, em geral fixas, compõem-se de assentos articulados, encosto e mesas → ❶ – ❸.

A disposição depende da função e/ou curso de destinação, número de lugares e do tipo de material didático utilizado (apresentação de diapositivos, instalações eletroacústicas etc.), com baixa ou alta necessidade de dispositivos técnicos. Alguns auditórios (cirurgia, clínica geral, física) exigem instalação dos assentos com declividade → ❶.

O espaço necessário para cada ouvinte depende da forma do assento, profundidade da mesa e caimento do piso. Por estudante, incluindo as áreas de passagem, para auditórios maiores e maior densidade de poltronas, é necessário 1,10 m^2/lugar; em salas menores, com posicionamento normal dos assentos, 0,80–0,95 m^2.

Áreas para projeção e lousa

Devem ser montadas em segmentos ou fixadas diretamente sobre parede retilínea frontal. Painéis em segmentos podem ser de correr, verticais (a maioria), com acionamento manual ou eletrônico; ou rebaixados, sob a área de projeção; ou ainda em forma de painéis portáteis.

O som deve cobrir toda a sala, uniformemente e sem eco. Forro para absorção e reflexão sonoras. Parede posterior revestida com material absorvente sonoro; outras paredes devem ser lisas. Iluminação recomendada (sem janelas): 600 lx (DIN 5035)

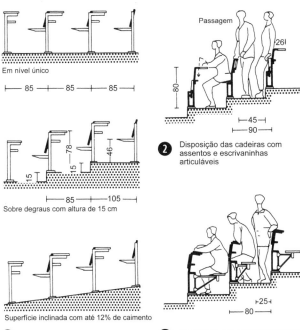

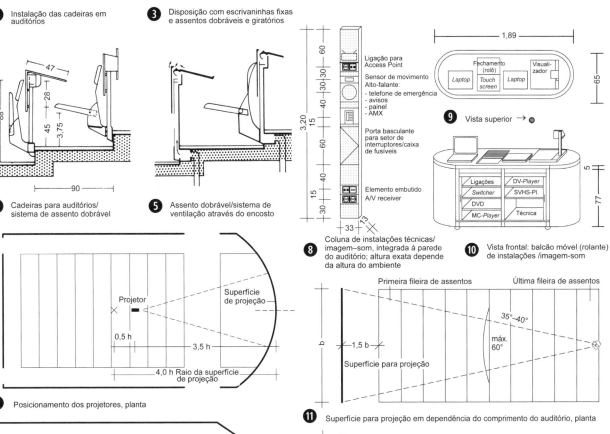

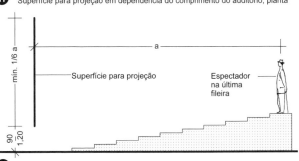

ESCOLAS DE ENSINO SUPERIOR

Auditórios
Exemplos de auditórios/refeitórios
Assentos, projeção
Salas para seminários e espaços de apoio
Laboratórios

377

ESCOLAS DE ENSINO SUPERIOR
SALAS PARA SEMINÁRIOS E ESPAÇOS DE APOIO

Os projetos de auditórios e salas de seminários devem seguir as diretrizes para áreas de reunião de pessoas (VstättVO). Também é necessário observar o espaço suficiente para usuário em cadeira de rodas → DIN 18040-1.

Áreas funcionais de complementação dos auditórios:
Todo auditório possui um recinto de apoio, diretamente acessível, sem função específica, podendo ser utilizado p. ex., como depósito. Para auditórios destinados a experiências, é suficiente prever-se uma área para preparação, com disposição espacial próxima e no mesmo nível em relação ao podium.

Valores padrão para dimensionamentos mínimos: para auditórios com planta de formato retangular, cerca de 0,2–0,25 m²/lugar; de formato trapezoidal, 0,15–0,18 m²/lugar. No caso de disciplinas de ciências naturais ou medicina, considerar 0,2–0,3 m²/lugar.

Para o funcionamento ordenado de auditórios construídos em edifícios independentes, é necessária a previsão de espaços para uso e permanência de pessoal, além de depósitos, comportando: recinto para pessoal de controle dos equipamentos, pessoal de limpeza, depósito para material de manutenção como lâmpadas, peças de troca, lousa, guarda-roupa etc. Tamanho mínimo por recinto 15 m²; área necessária para o conjunto de espaços de apoio m².

Sala de computadores:
As dimensões desse setor dependem do número e dimensão das mesas para computadores. O tamanho das mesas, por sua vez, depende das dimensões dos monitores.

Salas de aula convencionais:
Salas para seminários, tamanhos usuais: 20, 40, 50, 60 lugares, com mesas duplas portáteis; largura 1,20; profundidade 0,60; espaço necessário para cada estudante 1,90–2,00 m.

A disposição das mesas é variável dependendo do tipo de aula, trabalhos de grupo. No caso de ventilação através de aberturas em paredes externas de fechamento, as salas deverão ter uma profundidade máxima de 2,5 x o pé-direito da mesma.

Salas destinadas ao corpo docente e de pesquisa → ⑤:
Professor 20–24 m²
Assistente 15 m²
Auxiliares 20 m²
Secretários 15 m² (com uso duplo 20 m²)

Guarda-roupa e WCs:
Medidas aproximadas para ambos, como dimensões-padrão: 0,15–0,16 m²/lugar.

Bibliotecas de uso livre para faculdades e institutos → Bibliotecas
Apresentação de 30.000 a 200.000 exemplares, de consulta direta pelo usuário.
Disposição dos livros: → ⑥
Estantes com 6–7 níveis de prateleiras, até 2 m de altura (possibilidade de acesso),
Distância entre estantes 1,50–1,60 m,
Área necessária 1,0–1,2 m²/200 exemplares.
Área de leitura e trabalho: → ⑦
Largura 0,9–1,0 m/profundidade 0,8 m,
Área necessária 2,4–2,5 m² por mesa de trabalho.

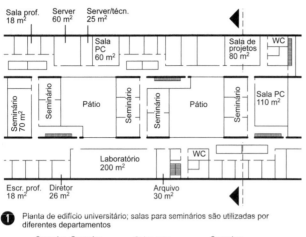

① Planta de edifício universitário; salas para seminários são utilizadas por diferentes departamentos

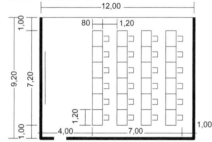

② Corte → ①, vão livre, estrutura de concreto armado tracionada, com cargas distribuídas nas paredes externas

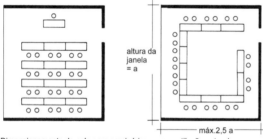

③ Dimensionamento: sala de computadores

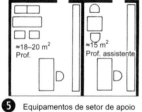 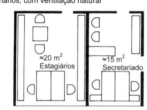

④ Dimensionamento de sala para seminários, com ventilação natural

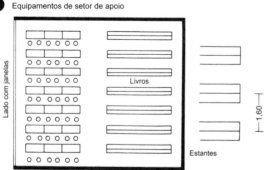

⑤ Equipamentos de setor de apoio

⑥ Equipamentos de setor de apoio

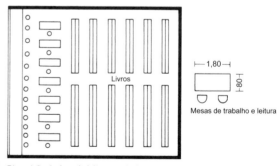

⑦ Disposição de área de leitura e estantes

ESCOLAS DE ENSINO SUPERIOR
LABORATÓRIOS

Os laboratórios diferenciam-se segundo a função e ramo de pesquisa para que se destinam. Segundo a **função**:

Laboratórios para aulas práticas, com um grande número de bancadas de trabalho em conjunto, e em sua maioria, com equipamentos básicos simples → ❸.

Laboratórios de pesquisa, em sua maioria em recintos pequenos, com equipamento especializado e áreas funcionais anexas, como recinto para aparelhos de pesos e medidas, centrífuga e autoclave, área para lavagem e pias, recintos climatizados ou refrigerados, com temperaturas constantes, câmara escura para fotografia etc. → ❷

Segundo a **área de conhecimento**:

Laboratórios de química e biologia são equipados com móveis embutidos. As salas têm alta circulação de ar, portanto, frequentemente equipada com barreiras de exaustão de ar (digestores) → p. 380 → ❼, para experiências com grande desprendimento de gases ou fumaça. Os digestores são frequentemente localizados nos próprios espaços.

Laboratórios de física, com mesas de experiência móveis e instalações elétricas diferenciadas, centralizadas em canaletas para passagem dos cabos, na parede ou no teto, com poucas exigências no que diz respeito à troca de ar → p. 380.

Laboratórios especiais de ensaio, p. ex. para trabalhos com isótopos, onde se utilizam substâncias radioativas com diferentes classes de segurança.

Laboratórios esterilizados, livres de poeira → ❹, com grandes exigências na filtragem do ar, p. ex. na área de microeletrônica, ou para experiências com substâncias especialmente perigosas, cuja penetração em outros espaços contíguos deve ser evitada através do sistema interno de circulação do ar ou pelo uso de filtros (microbiologia, genética, classes de segurança S1 – S4) → ❹.

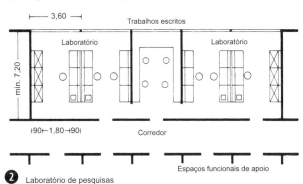

❶ Largura mínima para circulação entre bancadas de trabalho

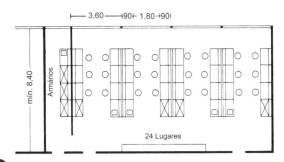

❷ Laboratório de pesquisas

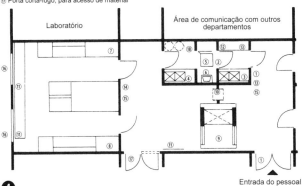

❸ Laboratórios para aulas práticas

Grau 3 de segurança:
① Placa de aviso
② Barreira de passagem com 2 portas. Portas de fechamento automático
③ Roupas normais
④ Roupas especiais de proteção
⑤ Rebaixo no piso (bacia) para desinfecção (event. tapete), prevendo instalação superior de ducha
⑥ Pia com instalações para desinfecção
⑦ Banco de trabalho (*Clean Bench*) com filtro de material particulado separado
⑧ Exaustor
⑨ Autoclave (no laboratório ou no edifício)
⑩ Aquecedores em placa (distância da parede - 7,5 cm)
⑫ Armário de controle de som, distribuidor elétrico, interruptores de emergência e de controle central das ligações, quadro de avisos
⑬ Aparelho de leitura da diferença de pressão (leitura interna e externa), com alarme acústico
⑭ Telefone de emergência
⑮ Interfone, abertura automática da porta
⑯ Janelas herméticas à passagem de gases, resistentes ao fogo, isoladas com chumbo
⑰ Porta corta-fogo, para acesso de material

Grau 4 de segurança:
② Barreira de acesso em câmara com 3 portas, herméticas à passagem de gases
⑤ Ducha individual, com coleta e desinfecção da água escoada
⑧ Bancada de trabalho fechada, à prova de gás, canais de ventilação e exaustão individuais, filtros HEPA adicionais
⑨ Autoclave acessível por dois lados. Portas fechadas alternadamente. Desinfecção da água condensada
⑩ Barreira contra transbordamento
⑱ Recipientes para roupas protetoras usadas

❹ Laboratório de segurança

Unidades do laboratório:
① Capela
② Mesas de trabalho
③ Reserva
④ Bancadas de trabalho a seco
⑤ Mesa para balanças
⑥ Bancadas de trabalho dos químicos
⑦ Corredor
⑧ Armários de material
⑨ Chuveiro para emergências (lavagem dos olhos)
⑩ Extintor de incêndio manual
⑪ Tomadas com instal. vertical
⑫ Ponte para passagem de tubos
⑬ Instalações de ventilação e ar condicionado

❺ Corte do laboratório de produção de matérias plásticas da BASF
  Arq.: Suter u. Suter

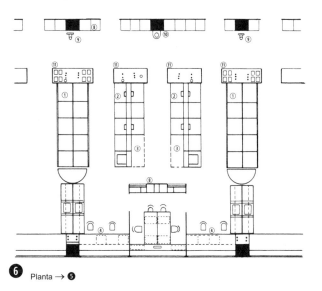

❻ Planta → ❺

ESCOLAS DE ENSINO SUPERIOR

Auditórios
Exemplos de auditórios/refeitórios
Assentos, projeção
Salas para seminários e espaços de apoio
Laboratórios

ESCOLAS DE ENSINO SUPERIOR
LABORATÓRIOS

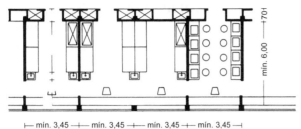

① Dimensões do laboratório determinadas a partir do tamanho das mesas (tamanho das bancadas de trabalho). Instalações e armários em paredes-corredor. Recinto com balanças em separado

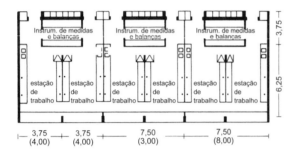

② Laboratório constituído de unidades modulares, com recinto para balanças e medições nas áreas frontais de acesso. Universitätsklinikum, Frankfurt/Main. Arq.: Schlempp + Schwethelm

③ Instalações em laboratório central (fábrica de tintas da Bayer AG)

④ Disposição espacial com poços de instalações acessíveis para controle

⑤ Mesa de laboratório para experiências químicas

⑥ Mesa de laboratório para experiências de física

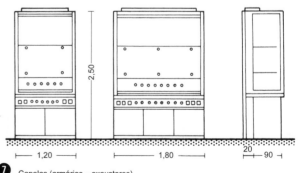

⑦ Capelas (armários – exaustores)

Laboratórios frios, trabalho sob condições extremas de temperatura.
Laboratórios fotográficos e câmaras escuras.
Em relação próxima às áreas de laboratórios, existem salas de trabalho sem instalações especiais: espaços ou células para deliberações, áreas sociais para o pessoal. Devem-se acrescentar ainda os recintos centrais de apoio, como: depósitos gerais; depósito e distribuição para os produtos químicos, com instalações especiais de segurança; depósito de isótopos, com recipientes de segurança etc.
Posição privilegiada ocupam os laboratórios destinados a experiências com determinados animais vivos, que necessitam de instalações especiais e exigem sistema de circulação de ar próprio.

Salas de ensaio em laboratórios:
A mesa de laboratório, fixa ou móvel, é a unidade básica para o dimensionamento das áreas de trabalho. Através das suas dimensões, incluindo as superfícies de trabalho e de passagem, conforma-se o chamado eixo do laboratório, com as unidades básicas espaciais → ① – ③.

Medidas regulares para mesas de trabalho normais:
120 cm de largura em laboratórios práticos; múltiplos deste número para laboratórios de pesquisa. Profundidade de 90 cm para bancadas de trabalho, incluindo bloco de instalações para fornecimento de energia → ⑤ – ⑥.
Mesas de laboratório e capelas, na sua maioria são construídos em sistema modular, com elementos de largura de 120 cm (as capelas apresentam 120 e 180 cm) → ⑦.
As instalações de energia deverão ser construídas como elementos independentes, centralizando todos os meios técnicos de abastecimento, confrontando-se diretamente com as mesas de laboratório e armários inferiores → ⑤ – ⑦.
A base das mesas, em geral, é tubular metálica, com o revestimento das bancadas de trabalho em placas de grês-cerâmico, sem juntas, ou mais raramente, de azulejos ou placas de material sintético, resistentes à agressão das substâncias químicas. Armários inferiores com revestimento sintético. Instalação feita pela parte superior.

Ventilação:
Instalações de alta e baixa pressão são recomendadas para evitar os sistemas de canais em corte, principalmente para institutos construídos em edifícios de diversos andares, com grande necessidade de trocas de ar.
Refrigeração e teor de umidade são regulados de acordo com as necessidades. (Troca de ar por hora 25m² por m² de área útil)
A troca de ar pode ser reduzida com a avaliação adequada dos riscos.

Instalações elétricas:
As centrais elétricas devem ser construídas em recintos fechados, à prova de fogo, não podendo ser atravessadas por redes e fiações externas.
Para valores elevados de ligações e tipos de correntes extraordinárias, prever estação de geradores própria no edifício.

ESCOLAS DE ENSINO SUPERIOR
LABORATÓRIOS

Disposição de poços de instalações prediais, pilares e elementos verticais de circulação:

Os poços de instalações conjuntas ficarão na área periférica, no topo do edifício, e as centrais de circulação no interior → ❶.
Outras soluções possíveis: o poço de instalações no topo do edifício e a central de circulação na lateral externa → ❷.
Os poços de instalações nas laterais, ao longo do edifício, com centrais de circulação intermediárias, também periféricas → ❸;
instalações individuais e central de circulação vertical, ambas no interior do edifício → ❹. Em edifícios em forma de cruz: instalações periféricas e circulação central interna → ❺, ou instalações e circulação internas → ❻.

Sistema de abastecimento vertical → ❾:
As redes de tubulações, em diversas prumadas instaladas ao longo da fachada ou internamente, deverão abastecer os laboratórios diretamente. A entrada e saída de ar para as capelas deverá ser descentralizada, com exaustores individuais sobre a cobertura. Vantagens: Eficiência máxima para abastecimentos individuais. Caminhos curtos para as ligações com as salas de laboratórios. Desvantagens: Flexibilidade limitada para concepção das plantas dos edifícios, maior necessidade de áreas para os andares técnicos.

Sistema horizontal de abastecimento → ❿:
Poços de concentração das instalações verticais encontram, em cada andar técnico, o sistema de distribuição horizontal que, através de condução superior ou inferior, abastece as mesas de laboratório diretamente. Vantagens: Pequena necessidade de área e tubulações para os poços de instalações, flexibilidade para a planta do edifício, facilidade de manutenção, centralização dos equipamentos de ventilação, instalações posteriores sem problemas. Uma alta densidade de instalações requer grandes áreas espaciais. Poços para o conjunto de tubulações verticais oferecem maior clareza de projeto, facilidade de acesso, permitindo trocas e ampliações posteriores das instalações. As tubulações deverão receber isolamentos: contra vapor condensado, térmico e acústico → ❼ – ❽.

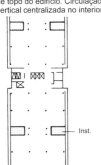

❶ Poço de instalações nas fachadas de topo do edifício. Circulação vertical centralizada no interior

❷ Poço de instalações nas fachadas de topo do edifício. Circulação vertical na fachada lateral

❸ Poços de inst. localizados ao longo das fachadas laterais. Circulação vertical intermediária, também periférica

❹ Poços de inst. individualizados e circulação vertical centralizada, ambos no interior do edifício

❺ Poços de inst. acoplados à circulação vertical, no interior do edifício

❻ Poços de inst. periféricos. Circulação vertical interior

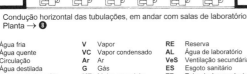

❼ Condução horizontal das tubulações, em andar com salas de laboratório. Planta → ❽

AF	Água fria	V	Vapor	RE	Reserva
AQ	Água quente	VC	Vapor condensado	AL	Água de laboratório
C	Circulação	Ar	Ar	VeS	Ventilação secundária
AD	Água destilada	G	Gás	ES	Esgoto sanitário
EAF	Entrada de água fria	ME	Meios especiais	TB	Tubo de águas pluviais
RAF	Retorno de água fria	E	Esvaziamento		
I	1. Grau de pressão				
II	2. Grau de pressão				

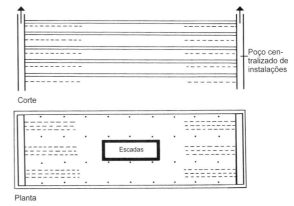

❽ Poço de instalações. Planta → ❼

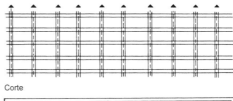

❾ Sistema de abastecimento vertical: prumadas individuais para tubulação, ligação horizontal direta com as mesas de laboratório etc. Limitação da flexibilidade da planta do edifício

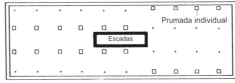

❿ Sistema de abastecimento horizontal: distribuição horizontal, através das lajes de pavimento. Grande liberdade para desenho da planta do edifício

ESCOLAS DE ENSINO SUPERIOR
LABORATÓRIOS

Sistema construtivo e modulação

Um sistema modular eficiente para a obtenção de espaços livres, sem pilares, corresponde às seguintes dimensões: 7,20 x 7,20 m; 7,20 x 8,40 m. Padrão de **altura entre pavimentos**, 4,00 m; pé-direito ≥ 3,00 m até a instalação da borda inferior.
O módulo construtivo baseia-se nos múltiplos do módulo tradicional de 120 x 120 cm (sistema decimal).

O uso do espaço é resultado do programa espacial e dos requisitos na planta baixa.
Espaços instalados elevados ou baixos, com iluminação artificial, resultam em zonas de diferentes usos e diferentes qualidades técnicas. Edifícios de laboratórios têm, portanto, grandes **zonas internas** e são projetados como **como sistemas de tripla ligação** → ❶ – ❸.
O comprimento do edifício é influenciado pela direção horizontal máxima da instalação.

A malha estrutural (distribuição dos pilares) deve estar deslocada da retícula de projeto dos espaços, tendo em vista maior flexibilidade para passagem das instalações. O sistema das paredes divisórias, para fechamento de ambientes individuais, deverá ser **independente do teto/forro**.
As paredes divisórias serão, de preferência, de montagem fácil, com superfície revestida de material resistente à ação de produtos químicos agressivos. Os **pisos** deverão ser de material impermeável e resistente a agentes químicos, sem juntas e com condutibilidade elétrica baixa. Via de regra, utilizam-se folhas sintéticas ou placas com juntas soldadas.

Construção de janelas (**vitrines**) – na própria porta ou ao lado dela – para visibilidade do laboratório a partir dos corredores.

Laboratórios de isótopos devem apresentar as superfícies de teto e paredes em material liso, sem poros; cantos arredondados, isolamento interno de chumbo ou concreto; controle das águas servidas. Células com chuveiro, entre a sala de laboratório e a saída. Recipientes de concreto para recebimento de restos "ativos" e lixo, cofres de concreto com portas de chumbo etc.

A mesa para balança é parte integrante de todo laboratório, na maioria em recinto próprio.

O andar de instalações – para centralização técnica do edifício – deve ser construído no subterrâneo ou na cobertura.

Sistema de identificação das instalações segundo a norma DIN 2403:
Água: verde
Água quente: verde-vermelho
Vapor: vermelho
Gás: amarelo
Ar sob pressão: azul
Nitrogênio: preto
Vácuo: cinza

❶ Planta parcial do Centro de Pesquisa do Câncer em Heidelberg. Arq.: Heine, Wischer e. Partner

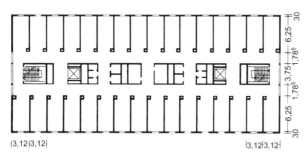

❷ Laboratório Físico – analítico (BASF, em Ludwigshafen)

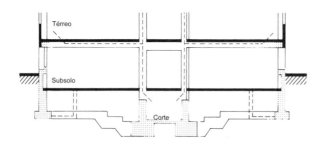

❸ Planta-tipo, flexível, para Instituto de atividades múltiplas. Arq.: W. Haake

❹ Corte transversal de laboratório com corredor central para passagem de instalações

❺ Canal principal para passagem das tubulações, que pode ser percorrido para inspeção: dependendo do número de canalizações, com diferentes cortes transversais

BIBLIOTECAS
FUNDAMENTOS

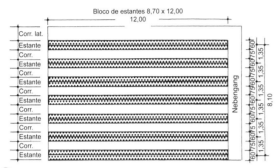

① Croqui sem escala, para esclarecimento de termos utilizados no cálculo das áreas ocupadas pelas estantes

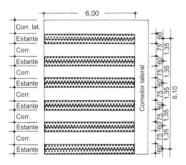

② Área ocupada por estantes de livros sem acesso público para consulta

③ Área ocupada por estantes de livros com acesso livre do público. Bloco de estantes 8,70 x 6,00

Zona de uso	Distância entre eixos em m
Estantes s/ acesso públ.	1,35 (1,20) 1,44
Estantes c/ acesso públ.	1,40 1,70
Informações e sala de leitura	1,60 2,00

Zona da biblioteca/ tipo de pavimento	Estantes depósito ou de acesso livre	Blocos compactos de estantes	Sala de leitura e de estantes de livre acesso	Administração
Sobre laje de pav. com distribuição transversal	7,5	12,5	5,0	5,0
Sobre laje de pav. sem distribuição transversal	8,5	15,0	5,0	5,0

④ Capacidade de carga para lajes de pavimentos em kN/m²

		Módulo construtivo						
		3,60	4,20	4,80	5,40	6,00	6,60	7,20	8,40
Z. de estantes s/ aces. públ. (M)			1,05		1,08		1,10		1,05
Z. de estantes c/ aces. públ. (H) M		1,20	1,20	1,20	1,10	1,20	1,20	1,20	1,12/1,2 1,29
Zona de estantes c/ aces. públ. (F) F		1,44	1,40	1,37	1,35	1,33 1,60	1,32 1,50 1,54	1,31 1,47	1,40 1,44 1,60 1,53
Salas de leitura (L) L		1,80		1,68 1,92		1,80	1,71 2,00	1,65 1,80	1,68
Mesas de trabalho (2,25)		2,40	2,10 2,10	2,40	2,10	2,40	2,20	2,07 2,40	2,10 2,10
Mesas de trabalho de grupo		3,60	4,20	4,80	3,60	4,00	4,40	3,60	4,20

⑤ Adaptação do módulo construtivo às funções essenciais da biblioteca

Bibliotecas públicas-municipais → p. 386: oferta ampla em forma de literatura e outros meios informativos, na medida do possível com acesso direto do usuário. As áreas cobertas pelo acervo abrangem todas as camadas da população e faixas etárias. As funções de biblioteca científica e pública, nas grandes cidades, são eventualmente combinadas.

Bibliotecas científicas → p. 387: acervo, informações e oferta de material literário, sobre aspectos de áreas especializadas do conhecimento, para aprendizado e pesquisa, em sua maioria aberto ao público para consulta direta, sem limitações.

Bibliotecas estaduais e nacional: bibliotecas supra-regionais e nacional, com acervo p. ex. da literatura produzida em um país ou em uma região (exemplares obrigatórios); abertas ao uso pelo público.

Bibliotecas especiais: bibliotecas científicas, destinadas ao acervo de literatura especializada e outros veículos de informação, de áreas específicas de conhecimento, com uso limitado.

Componentes

Em todas as bibliotecas há três setores: área do usuário, com consulta do acervo e leitura, estantes (acervo em si) e a administração. As áreas necessárias para cada um desses setores dependem do tipo da biblioteca.

Zona de consulta do acervo e leitura: para uma boa orientação do usuário (sistema visual claro, legível com facilidade, indicando caminhos, áreas funcionais e estantes), deve-se distribuir a zona da sala de leitura – com lugares para leitura e mesas de trabalho – em poucos níveis (considere-se aqui ainda, o problema de transporte dos livros), evitando-se de preferência, defasagem de andares. Ligações, na medida do possível, através de escadas. Todas as áreas de uso e salas de leitura deverão ser acessíveis por elevador (transporte de livros, deficientes físicos). A carga a ser suportada pela laje de pavimento na área de sala de leitura e estantes ≥ 5,0 kN/m².

Circuito de circulação com largura > 1,20 m; distância entre estantes – em área de acesso de público, sempre fixas – até um máx. de 1,30–1,40 m. Zona de entrada e sala de leitura devem ser separadas por zona de controle, com sistema de segurança para os livros, devendo-se, de preferência, adotar entrada e saída únicas, próximas do balcão de empréstimos e central de informações.

Fora da área de controle: guarda-volumes, armários com chave para guardar objetos pessoais, sanitários, cafeteria, área para leitura de jornais, de exposições, salas de conferências e congressos (eventualmente independentes da biblioteca para poderem ser usadas fora do horário de abertura da mesma), informação (centralizada), event. ainda catálogos e microfichas, terminais eletrônicos de consulta, devolução dos livros, retirada de material reservado.

Dentro da área de controle: balcão de informações, bibliografias, catálogos online, terminais, empréstimo e devolução apenas de livros utilizados na área de leitura, reserva, retirada de livros do acervo, copiadoras (em recintos especiais), estantes de exposições de livros, mesas de trabalho, acesso direto a estantes do acervo.

A oferta de mesas de trabalho para os usuários em bibliotecas universitárias depende do número de estudantes e da distribuição das diversas faculdades. Observar áreas especiais para pessoas com deficiência ou necessidades especiais (cadeirantes, cegos) e trabalhos com veículos especializados (aparelhos de leitura de microfilmes, de ampliação, PCs, terminais, CD-ROM e similares; seguir as diretrizes de regulamentação de áreas de trabalho com dados eletrônicos → p. 487), assim como para trabalhos individualizados (cabines, salas individuais). A área de leitura deverá ser localizada de preferência em setor com iluminação natural. Área necessária para lugar simples de leitura/trabalho 2,5 m²; por PC ou área individual de trabalho ≥ 4,0 m². Circulação com largura ≥ 1,20 m; vão entre estantes – em área de acesso do público sempre constante – até no máx. 1,30–1,40 m.

Educação Pesquisa

BIBLIOTECAS

Fundamentos
Mobiliário
Balcão de empréstimos e bibliotecas públicas
Bibliotecas científicas
Arquivo

383

BIBLIOTECAS
FUNDAMENTOS

Iluminação em áreas de uso público: de forma geral, ≈250–300 lx; área de leitura, trabalho, fichário, informações, empréstimos, 500 lx.

Clima em áreas de uso público: 20° ± 2°C, ~50 ± 5% de umidade relativa do ar; ventilação, com corrente de ar externo de 20 m^3/h pessoa; estes valores, dependendo das condições climáticas locais, podem ser, por tempo limitado, alterados. Evitar insolação direta, tendo em vista que as radiações térmicas e ultravioleta produzem danos ao papel e encadernações. Ar condicionado e semelhantes, devido ao grande consumo de energia e conseqüente alto custo de funcionamento, deve ser utilizado de forma limitada. Em edifícios de pouca profundidade, é possível a ventilação natural através de janelas.

Segurança em áreas de acesso público: **contra incêndio**, suficiente através do seguimento dos regulamentos construtivos do órgão local de controle da construção. **Contra arrombamentos**, através de acusadores de movimento e vidros de segurança. **Contra roubo**, instalações de segurança para os livros. Otimização da **segurança** para saídas de emergência sem vigilância, através de abertura automática, controlada eletronicamente por alarme. Sistema de segurança mecânico de **saídas de emergência**, mesmo com sinais acústicos e/ou ópticos, são menos eficientes.

Estantes para depósito, em área sem acesso público, devem ser instaladas preferencialmente no subsolo, favorável do ponto de vista do clima e da distribuição das cargas elevadas. "Torres de livros" não são recomendadas, tendo em vista altos custos de climatização, transporte e pessoal, além de redução da flexibilidade dentro dos limites da área de cada andar, dando-se preferência a projetos de grandes áreas interligadas, sem diferenças de nível. A distribuição dos blocos de estantes ("ocupação compacta") – fixos ou móveis – dá-se de acordo com o módulo estrutural do edifício (→ DIN – Relatório Especial 13). Aumento da capacidade em até ~ 100% é possível por meio de estantes móveis. Capacidade de carga da laje para estantes fixas no mín. 7,5 kN/m^2, para estantes móveis no mín. 12,5 kN/m^2 (→ DIN – Relatório especial 13).

Climatização na área de estantes para depósito: 18° ± 2°C, 50 ± 5% de umidade relativa do ar; ventilação, com corrente de ar externo ≥ 3 m^3/h · m^2, com filtragem necessária (de poeira, SO_2NO_x etc.), dependendo das condições ambientais locais. Utilizando-se nas paredes, materiais construtivos com grande capacidade de armazenamento de calor e umidade, pode-se reduzir o uso de ar condicionado. Ventilação leve, constante, importante para evitar formação de mofo, principalmente no caso de estantes móveis, que possuam a lateral aberta. Acervo especial (p. ex. de diapositivos, filmes ou elementos audiovisuais, assim como mapas, plantas e material gráfico) exige condições climáticas extraordinárias.

Capacidade de carga das lajes de pavimento na zona administrativa e de trabalho do acervo > 5,0 kN/m^2; nas zonas técnicas, dependendo do maquinário utilizado, poderá ser maior, com cálculo estrutural individual.

Construção: comprovou-se, pela flexibilidade construtiva, o uso de sistema estrutural em esqueleto de aço ou concreto armado, com módulos de > 7,20 x 7,20 m. Pé-direito dos ambientes ≥ 3,00 m.

Circulação: devem ser evitados cruzamentos e interferências entre circulações de usuários, pessoal e livros.

Transporte: o transporte horizontal de livros é feito em carrinhos (inexistência de degraus ou soleiras elevadas, cobrimento de diferenças de níveis através de rampas com inclinação ≤ 6% ou utilizando plataformas elevatórias), ou em esteiras rolantes; transporte vertical, feito por elevadores. Para o sistema mecanizado, prever: esteiras rolantes (planejamento cuidadoso do percurso; trechos de subida em diagonal; custos baixos de manutenção), recipientes de transporte mecânico (controlados mecanicamente, combinando trechos horizontais e verticais, com monta-cargas), recipientes de transporte automático (percurso horizontal ou vertical, automático, em sua maioria programado por computador – altos custos de investimento e, em parte, manutenção).

As **áreas necessárias** para estantes de livros dependem da forma de organização da biblioteca, acesso dos usuários, tipo de estante (fixas ou móveis), classificação sistemática por especialidades, subdivisão por formatos, assim como da relação com o módulo construtivo da edificação (tabelas → DIN, Relatório especial 13).

	Distância entre eixos para estantes duplas	Exemplares por 1 m de prateleira	Nº de prateleiras sobrepostas	Exemplares por m de prateleira em estante dupla	Área necessária para 1000 exemplares (m^2)	Exemplares por 1 m^2
Para estantes sem acesso do público (acréscimo de 20%)	1,20	30	6	360	3,99	250,6
		30	6,5	390	3,68	271,7
		25	6,5	325	4,43	225,7
		30	7	420	3,42	292,3
		25	6	300	4,80	208,3
	1,25	30	6	360	4,16	240,3
		30	6,5	390	3,84	260,4
		25	6,5	325	4,61	216,9
		30	7	420	3,56	280,8
		25	6	300	4,99	200,4
	1,30	30	6	360	4,33	230,9
		30	6,5	390	3,99	250,6
		25	6,5	325	4,80	208,3
		30	7	420	3,70	270,2
		25	6	300	5,19	192,6
	1,35	30	6	360	4,50	222,2
		30	6,5	390	4,15	240,9
		25	6,5	325	4,98	200,8
		30	7	420	3,85	259,7
		25	6	300	5,40	185,1
Estantes de livre acesso (acréscimo de 25%)	1,40	30	6	360	4,85	206,1
		30	6,5	390	4,47	223,7
		25	6,5	325	5,17	193,4
		30	7	420	4,16	240,3
		25	6	300	5,82	171,8
		20	5,5	220	7,63	131,0
	1,44	25	6	300	6,00	166,6
		25	5,5	275	6,53	153,1
		20	6	240	7,50	133,3
		20	5,5	220	8,17	122,3
	1,50	25	6	300	6,25	160,0
		25	5,5	275	6,81	146,8
		20	6	240	7,81	128,0
		20	5,5	220	8,51	117,5
Zona da sala de leitura (acréscimo de 25%)	1,68	25	6	300	7,00	142,8
		25	5,5	275	7,62	131,2
		20	6	240	8,75	114,2
		20	5,5	220	9,53	104,9
	1,80	20	5,5	220	10,22	97,8
		20	5	200	11,25	88,8
	1,87	20	5,5	220	10,62	94,1
		20	5	200	11,68	85,6
	2,10	20	5,5	220	11,92	83,8
		20	5	200	13,12	76,2
		20	4	160	16,40	60,9

Fonte: Schweigler

❶ Cálculo de áreas

Módulo construtivo	7,20 m x 7,20 m	7,50 m x 7,50 m	7,80 m x 7,80 m	8,40 m x 8,40 m
n x dist. entre eixos em m	6 x 1,20 / 5 x 1,44 / 4 x 1,80	6 x 1,25 / 5 x 1,50 / 4 x 1,87	6 x 1,30 / 5 x 1,56 / 4 x 1,95	6 x 1,20 / 5 x 1,40 / 4 x 1,68

Zona de uso	Livros por prateleira
Estante s/ acesso públ.	25–30
Estante c/ acesso públ.	20–25
Informações e salas de leitura	20

❷ Exemplo de distanciamento entre estantes para módulos construtivos usuais

❸ Número de livros por prateleira

Número de prateleiras	Distância entre eixos das estantes (m)							
	1,10	1,20	1,30	1,40	1,50	1,60	1,70	1,80
4	3,83	3,72	3,62	3,54	3,46	3,39	3,33	3,27
5	4,38	4,24	4,11	4,00	3,90	3,81	3,73	3,65
6	4,93	4,75	4,60	4,46	4,34	4,23	4,13	4,03
7	5,48	5,27	5,09	4,93	4,78	4,65	4,53	4,42
8	6,03	5,79	5,58	5,39	5,22	5,07	4,93	4,80
9	6,58	6,31	6,07	5,85	5,66	5,49	5,33	5,18

❹ Carga móvel sobre laje de pavimento, para diferente número de prateleiras e distância entre eixos de estantes

Prateleiras sobrepostas n	7	6	5	Tomando-se por base a distribuição de formatos de 25 cm – 65%
Altura máx. do livro em cm	25	30	35	25 até 30 cm – 25%
Profundidade média do livro em cm	18	20	22	30 até 35 cm – 10% resulta em uma distribuição necessária de carga de 7,5 kN/m^2
Carga por prateleiras em kN	0,38	0,51	0,55	

❺ Distribuição da carga sobre laje de pavimento com estantes sem acesso 7,5 kN/m^2

BIBLIOTECAS
MOBILIÁRIO

Sistemas modulados para balcão de informações e empréstimos, para todos os tipos de aparelhos e equipamentos (telefone, PC, terminais, leitura de microfichas), canais para passagem de cabos e rede de telecomunicações.

Armários com arquivos para fichas de catalogação, microfichas, diapositivos, filmes, cassetes e videocassetes, CDs; armários para mapas, plantas, material gráfico de grandes dimensões.

Estantes moduladas para livros, revistas, material audiovisual e de computador; estantes duplas, livres (suportes de perfil de aço, prateleiras metálicas ou de madeira): h ≈ 2,25 m; distância entre suportes ≈ 1,00 m; profundidade das prateleiras ≈ 0,25–0,30 m (profundidades especiais, p. ex. para jornais). O sistema de ajuste da altura entre prateleiras, deverá permitir a regulagem a cada 15 mm no mín.; a altura de uma estante dupla livre será de no máx. 5 vezes a profundidade (número de prateleiras). A capacidade da estante depende do número de prateleiras, calculando-se 25–30 livros/m linear (→ DIN – Relatório Especial 13). A distância entre estantes na zona sem acesso público (depósito) é > 0,75 cm; em zonas de uso acessíveis, maior.

Estantes móveis (apenas em depósitos) podem aumentar a capacidade de aproveitamento em cerca de 100%, no caso de módulos construtivos compatíveis a uma distribuição máx. dos blocos de estantes. Exigência: capacidade de carga da laje do pavimento ≥ 12,5 kN/m², (o aumento de custos é mínimo em relação à carga normal de 7,5 kN/m²).

Mesas de leitura de microfilme serão no futuro também utilizadas para apresentação de dados da mídia filmados (principalmente revistas). A tendência segue, entretanto, na direção da digitalização, uma vez que aqui as possibilidades de uso e acesso são melhores.

Estações de trabalho para a pesquisa do acervo online e mídias digitais (→ p. 487 Local de trabalho)

Educação
Pesquisa

BIBLIOTECAS
Fundamentos
Mobiliário
Balcão de empréstimos e bibliotecas públicas
Bibliotecas científicas
Arquivo

$A^1 = b \cdot e \cdot (1 + \frac{C\%}{100})$ Fórmula 1

A_1 – Área necessária para bancada livre de trabalho
l – Largura da mesa
e – Distância entre eixos de mesas frontais
C% – Aumento percentual para inclusão das áreas laterais de circulação

Sob as condições acima expostas, a área necessária para uma mesa de trabalho corresponde à cerca de 2,5 m²
Exemplo:
$A_1 = 1,00 \text{ m} \cdot (0,70 + 0,95) \cdot (1 + \frac{50}{100})$
$A_1 = 2,48 \text{ m}^2$

① Área para uma mesa de trabalho individual → ❸. Devem ser disponibilizadas tomadas para cada estação de trabalho!

② Distância mínima entre mesas

③ Cálculo de áreas → ❶ m² de áreas principais de uso

④ Área livre mínima em zona de leitura → ❺

⑤ Transporte de livros e passagem entre pessoas sentadas e em pé → ❹

⑥ Mesas individuais de trabalho – sistema Carrels

⑦ Distanciamentos mínimos

⑧ Mesa de leitura de microfichas – catálogos

⑨ Altura da estante: 5 prateleiras

⑩ Altura de estante para alunos

⑪ Altura de estante: 4 prateleiras – para crianças

⑫ Estantes para adultos, 5–6 prateleiras; para crianças, 4–5 prateleiras → ⑪

⑬ Estante para jornais

385

BIBLIOTECAS
BALCÃO DE EMPRÉSTIMOS E BIBLIOTECAS PÚBLICAS

Balcão de empréstimos

Setor de contato entre preparação e organização do acervo e de consulta normal às fichas e catálogos, sala de leitura com acesso direto às estantes, depósito e administração. No balcão frontal, efetua-se o empréstimo e a devolução dos livros, são dadas informações sobre a biblioteca, é feito o controle das pessoas na entrada e saída. Por esse motivo, o balcão é associado a uma série de exigências. Sistemas móveis, com elementos combinados, são apropriados somente para bibliotecas pequenas. Para bibliotecas maiores, principalmente quando o sistema de transporte de livros for integrado ao balcão, deve-se ter uma solução integral compacta. A altura do balcão depende das suas funções principais→ ❹. Altura ideal de 95 a 105 cm. Para bibliotecas utilizadas também por jovens e crianças, deve-se evitar estantes sobrepostas à sua superfície. A superfície de acabamento deverá ser resistente, em função do uso intensivo. Recomenda-se materiais que, após longo uso, ainda conservam boa aparência (p. ex. madeira maciça, linóleo ou revestimento laminado colorido). Instalações para telefones e computadores deverão ser previstas; observar iluminação suficiente e visual para o exterior (considerar as exigências para áreas de trabalho, uma vez que em balcão há uma situação de permanência do funcionário).

Bibliotecas públicas: oferecem literatura de conhecimento geral e outros meios de informação com acesso livre aos exemplares pelo público. Coleções sistematizadas com material impresso e outros meios de comunicação, centralizam-se em algumas bibliotecas maiores. As bibliotecas públicas em geral, não possuem função de montagem de acervo científico ou arquivístico, via de regra com pequeno número de estantes-depósito ou sem as mesmas. Os usuários são crianças, jovens e adultos. Este tipo de biblioteca orienta sua oferta em acervo e serviços, segundo as necessidades diretas dos usuários. Como ponto de encontro e lugar de comunicação (como uma praça central) para a população, oferecem paralelamente, além da tradicional oferta de livros, área de atividades livres (*browsing*), centro de consulta para a população, informações, café, cabinas de música, zonas de permanência e de apresentações, mesas de trabalho individuais e de grupo. Podem ainda pertencer à organização uma área destinada à biblioteca de música, arte e/ou uma biblioteca circulante.

O acervo, além de livros e jornais, inclui revistas, cadernos de publicações, jogos ou os novos veículos de comunicação (CD, vídeo, jogos-PC), que podem ser emprestados ou utilizados no local. O projeto dos espaços deve animar o usuário à permanência, com articulação das áreas para adultos, crianças e jovens, orientando o movimento através das atividades, sem compartimentações, senão estruturando o conjunto espacial em zonas fluidas de transição. As áreas são calculadas segundo o tamanho do acervo → ❸. O objetivo é alcançar a relação de 2 unidades (de meios de comunicação)/habitante. O tamanho mín. seria de 300 m² de área útil para 10.000 unidades de elementos(meios) do acervo. Critérios básicos de projeto: grandes espaços interdependentes, próximos da forma quadrada, de uso flexível, em comunicação horizontal ao invés de vertical (menor necessidade de pessoal). Passíveis de expansão e com áreas de acesso convidativas. As estantes na área de adultos apresentam 5 ou 6 prateleiras (altura máx. de alcance, 1,80 m → p. 385 ❾; na área de crianças, 4 prateleiras (altura de alcance, 1,20 m → p. 385 ⓫ – ⓬. Corredores intermediários não devem ultrapassar 3 m de comprimento. Formação também de nichos e áreas reservadas. O transporte dos livros é feito em carrinhos (C x H x L: 92 x 99 x 50), devendo-se prever monta-cargas nos acessos externos para fornecimento (em bibliotecas de grande porte, também podem ser construídas esteiras rolantes). Capacidade de carga das lajes de pavimento: 5,0 kN/m²; em zonas de estantes-depósito, semelhantes a estantes de livre acesso com maior densidade de distribuição, 7,5 kN/m²; estantes compactas (móveis), 12,5 kN ou 15,0 kN/m².

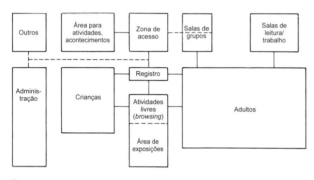

❶ Exigências para o balcão de empréstimos

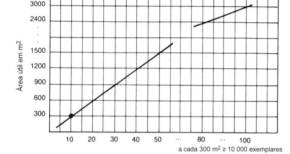

❷ Esquema funcional de biblioteca média

❸ Gráfico: área da biblioteca pública em dependência do tamanho do acervo

Caixa de correio Entrada para fornecedores/rampa	Serviço técnico Registro de entrada Depósito, classificação e distribuição Embalagem (empréstimos externos)
Administração Escritórios	Contabilidade
Bibliotecário Mesa de trabalho com área para depósito do material ≤ 2 m² Área para carrinho de transporte dos livros (50 cm x 100 cm)	Inventário Registro de títulos Etiquetagem Distribuição temática Catalogação
Serviço técnico Oficina de encadernação ≤ 50 m² Oficina de restauro ≤ 200 m² (para 4 funcionários) Depósito de material ≤ 15 m²	Encadernação Etiquetagem Restauro
Distribuição Sala de classificação ≤ 14 m²	Classificação Distribuição
Depósito/setor de empréstimos com acesso público	

❹ Caminho seguido pela preparação do livro, desde seu fornecimento até o setor de empréstimos

BIBLIOTECAS
BIBLIOTECAS CIENTÍFICAS

Bibliotecas científicas sempre tiveram um papel relevante na história da ciência e na vida das universidades. Sua função não é apenas ser um lugar para preservação de livros, mas um local onde se trabalha com livros. Importantes e decisivas obras da literatura mundial foram concebidas em bibliotecas. O projeto para a construção de bibliotecas pertence à categoria das grandes tarefas sociais, como demonstram exemplos arquitetônicos significativos do século XIX, apresentando soluções para alto grau de exigências (Biblioteca Laurenziana em Florença, Biblioteca Nacional de Paris).

Essas bibliotecas, com acervo literário e de outros meios de informação, para aprendizado e pesquisa, oferecem o uso do material da sala de leitura, assim como através de empréstimos das estantes fechadas (sem acesso), área de estantes de acesso direto ou em estantes nas próprias salas de leitura, incluindo também exposições rotativas de coleções. Além de livros e revistas, fazem parte do acervo todos os tipos de material de produção audiovisual, com conteúdos específicos. O número de lugares na sala de leitura depende do número de estudantes nas diferentes áreas de conhecimento científico. A orientação de uso baseia-se na sistematização temática do acervo. Como serviço especial é oferecido o empréstimo de livros de bibliotecas estrangeiras, assim como serviço de cópias e ampliações de microfilmes.

Exemplo Juridicum Halle (Saale) → ❶ – ❷.

Bibliotecas universitárias

Organizam-se em sistema unitário ou duplo. No sistema unitário, são administradas centralmente (acervo e serviços), possuindo, em geral, apenas poucas áreas de uso, em ramos ou bibliotecas especializadas. O sistema duplo compreende uma biblioteca central e um grande número de bibliotecas combinadas – de faculdades, ramos especializados ou instituições. O acervo, nesse caso, é aberto ao acesso direto do usuário, em salas de leitura, com o material exposto em estantes abertas ou fechadas. Esse tipo de apresentação é encontrado em quase todas as bibliotecas científicas. A relação entre consulta da estante e sala de leitura com controle é determinada pela estrutura do acervo e/ou tipo de organização, assim como conceito de funcionamento da biblioteca, não se esquecendo ainda da questão da oferta de espaços em edifícios já existentes.

Educação Pesquisa

BIBLIOTECAS

Fundamentos
Mobiliário
Balcão de empréstimos e bibliotecas públicas
Bibliotecas científicas
Arquivo

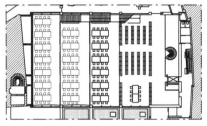
Corte sala de leitura

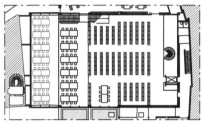
3º pav. Sala de leitura

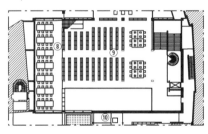
2º pav. Sala de leitura

1º pav. Sala de leitura

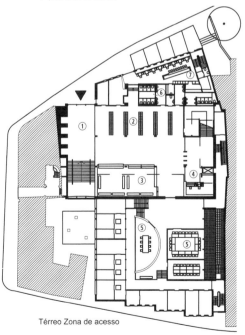

① Entrada principal
② Armários/bagageiros
③ Área de espera
④ Funcionários/controle
⑤ Sala de provas
⑥ WC
⑦ Café, acessível pelo exterior
⑧ Área de leitura
⑨ Estantes
⑩ Computadores

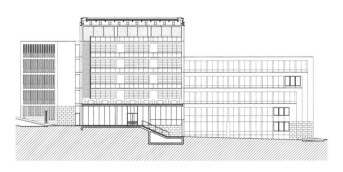

❶ Juridicum Halle, biblioteca jurídica especializada, em Halle Wittenberg

❷ Corte Juridicum Halle   Arq.: Thomas van den Valentyn, Gernot Schulz

387

BIBLIOTECAS
ARQUIVO

Fundamentos

Os arquivos, ao contrário das bibliotecas, não têm a função primordial de apresentar textos, imagens e som, senão a coleta e a conservação desses documentos a longo prazo.

Com esse objetivo, costumam integrar bibliotecas–museus ou universidades. O acervo de arquivos estaduais abrange todos os tipos de documentos, contratos de negócios, mapas, projetos e registros.

Para atender ao permanente crescimento desses acervos, é necessária a previsão de formas adequadas de depósito (estantes móveis/rolantes, arquivos de pastas; ver → p. 489 e p. 384). Deve-se observar especialmente a capacidade de carga dos pavimentos (→ p. 384). Para a conservação do material depositado é de grande importância o equilíbrio climático. Salas totalmente climatizadas não são uma boa solução, principalmente devido aos custos. A ventilação natural é recomendável, mas trazem problemas de entrada de poluentes; sistemas sem ventilação necessitam pelo menos de paredes maciças, com capacidade de difusão, que podem ser aquecidas em toda a superfície, com temperatura controlada.

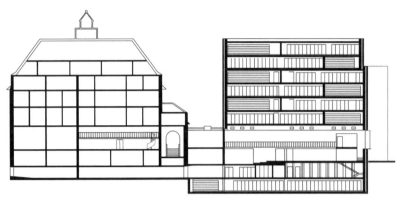

① Ampliação do Arquivo Estadual de Dresden — Corte através do prédio antigo e edifício novo do arquivo   Arq.: Kister Scheithauer Gross

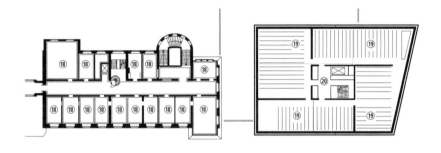

② As salas do arquivo são instaladas no entorno da zona central de circulação e ventilação. A divisão espacial é flexível, possibilitada por três acessos. Lajes protendidas de concreto possibilitam pavimentos com grandes cargas e pouca espessura, permitindo o uso de estantes rolantes

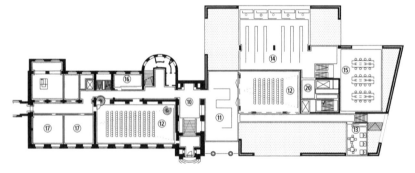

③ 1° pavimento faz a ligação com o prédio antigo. Aqui se localizam salas para seminários, cafeteria e salas de leitura

① Entrada com controle do usuário
② Informação, empréstimo
③ Depósito
④ Controle
⑤ Sala de leitura
⑥ Sala para mapas
⑦ Meios de procura
⑧ Oficinas
⑨ Entregas
⑩ Entrada de funcionários
⑪ Exposição
⑫ Seminários/conferências
⑬ Bistrô/café
⑭ Estantes de acesso livre/filmes
⑮ Sala de leitura/filmes
⑯ Correio
⑰ Direção
⑱ Administração
⑲ Arquivos
⑳ Escadas/zona de ventilação

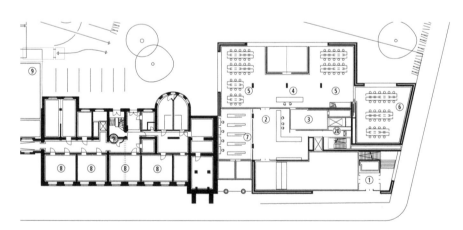

④ Térreo e 1° pavimento abrigam funções públicas. O foyer, no prédio novo, permite a ligação acessível com o antigo

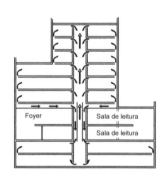

⑤ Princípio de ventilação. O ar entra no edifício através de poço central, sendo encaminhado para os pavimentos, em circulação permanente

---

Educação Pesquisa

BIBLIOTECAS
Fundamentos
Mobiliário
Balcão de empréstimos e bibliotecas públicas
Bibliotecas científicas
Arquivo

IGREJAS
ELEMENTOS LITÚRGICOS

Diretrizes para construção de igrejas
As paróquias e os bispados possuem diretrizes especiais para a construção de igrejas dentro de sua jurisdição, às quais devem ser acrescentadas, na elaboração de projetos, as determinações gerais para áreas de reunião de pessoas → p. 330. Para edifícios novos, reformas e renovações deve-se pedir a assessoria de comissão da diocese. A aprovação ocorre através do episcopado.
Como os edifícios religiosos servem às cerimônias de culto, sua forma arquitetônica deve desenvolver-se a partir da doutrina religiosa e suas liturgias.

Elementos litúrgicos
Constituem-se dos instrumentos de culto, utilizados para realização da missa.

Púlpito → ❸
Tribuna elevada para pregadores. O púlpito relaciona-se diretamente com o altar nos procedimentos litúrgicos; embora não haja uma regra fixa para seu posicionamento, costuma ser situado à direita do altar, quando se observa a partir da nave da igreja. A altura do púlpito (seu piso) varia entre 1 m e 1,20 m, a partir do nível do piso da igreja.

Ambão, estante para leitura → ❶
Apoio um pouco mais elevado, móvel, já existente nas primeiras igrejas, para leitura das epístolas. Apesar de ser totalmente móvel, deve estar na proximidade do altar-mor.

Altar
Mesa do Senhor, ponto central da Eucaristia. A mesa de sacramentos pode ser fixa ou móvel. A forma e o material também não são predeterminados. A maioria dos altares é retangular com altura de 0,95 m–1,00 m, totalmente independente para poder ser circundado sem problemas → ❽. Em igrejas protestantes também são possíveis outras formas. Os altares não devem ser utilizados antes da consagração episcopal.

Espaço ao redor do altar (presbitério)
Na face dianteira ao altar, deve-se ter uma distância mínima de 1,50 m; atrás e lateralmente, no mín. 0,80 m (altares que podem ser circundados). Com frequência constitui-se de plano elevado em um ou dois degraus.

Tabernáculo → ❺
Ou sacrário, armário para guardar as hóstias. Tabernáculo e altar relacionam-se fortemente, tanto no aspecto da cerimônia litúrgica quanto espacial.

Edifícios religiosos

IGREJAS

Elementos litúrgicos
Mobiliário, sacristia
Exemplos
Campanário

Ver também:
Órgãos → p. 413

389

IGREJAS
MOBILIÁRIO, SACRISTIA

Disposição dos bancos

Espaço necessário para bancos sem genuflexório → ❷
= 0,4–0,5 m², sem corredor; para banco com genuflexório (igreja católica) → ❶ = 0,43–0,52 m², sem corredor.

A disposição e a forma dos bancos têm grande importância no dimensionamento espacial, seu efeito, acústica e visibilidade. Para igrejas pequenas (capelas) é suficiente uma entrada lateral com 1 m de largura → ❸ com bancos para 6–10 lugares, ou um corredor central, com 1,60 m de largura como → ❺.

Devido à eventual radiação de frio das paredes externas, o sistema mais utilizado é o de 2 entradas laterais, com bancos centrais → ❻ com lugares para 12–18 pessoas.

Para igrejas mais largas pode-se ter maior número de corredores. A necessidade de área para pessoas sentadas varia entre 0,5 m²–1,0 m². (considerando-se apenas a área ocupada pela pessoa parada, são suficientes 0,25 m² – 0,35 m²). Os corredores são utilizados, em grande parte, para permanência de fiéis, principalmente ao longo da parede traseira. A largura das portas e escadas de saída deve ser determinada segundo necessidades de áreas onde há reunião de pessoas.

O corredor central, como eixo do altar, é espaço de festividades, casamentos e procissões.

Confessionário → ❿

Formado de três partes; no centro, fechado, cadeira de madeira para o padre, que escuta as confissões. O fiel fala através das duas aberturas laterais, com grades de aprox. 30 x 40 cm; o lado inferior da abertura deve ficar a cerca de 1 m acima do nível do piso. O confessionário deve ser situado no interior da igreja, em área não muito clara. Prever ventilação suficiente. Como alternativa atual, utiliza-se uma sala especial para essa função.

Sacristia → ⓫

Espaço secundário para o sacerdote e instrumentos litúrgicos. Deve localizar-se na proximidade direta, ao lado do altar-mor.

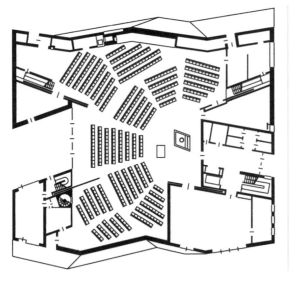

❼ Confessionários separados em espaços independentes

❽ Paredes móveis permitem transformações espaciais (espaço comum); igreja para dois confessionários, Freiburg — Arq.: Kister Scheithauer Gross

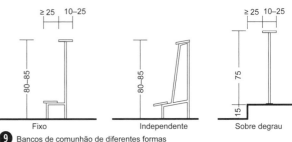

❾ Bancos de comunhão de diferentes formas

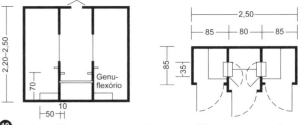

❿ Confessionário fechado, com duas laterais para os fiéis; corte vertical e horizontal

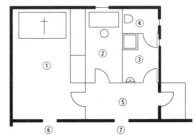

① Espaço principal com altar para hábito, paramentos etc.
② Sacristão
③ Antecâmara
④ WC
⑤ Corredor
⑥ Acesso para o altar-mor
⑦ Acesso para a nave da igreja

⓫ Exemplo de uma sacristia

Edifícios religiosos

IGREJAS
Elementos litúrgicos
Mobiliário, sacristia
Exemplos
Campanário

IGREJAS
EXEMPLOS

Quando o cristianismo foi adotado como religião oficial, na Antiguidade, pelo imperador romano Constantino I, começaram a surgir as primeiras construções cristãs em forma de basílica → ❶ + ❷. Até então, as congregações cristãs celebravam a eucaristia em espaços residenciais (igrejas domésticas). No ocidente latino, as igrejas erguidas após a Antiguidade tinham planta longitudinal, geralmente voltada ao leste. Já no oriente bizantino, as igrejas cristãs se caracterizaram por um edifício central com uma cúpula (ou uma basílica com cúpula), estilo cujo exemplo mais importante é a basílica de Santa Sofia, de 537 d.C., em Istambul (antiga Constantinopla), que marcou a transição de uma construção longitudinal para uma construção circular → ❸. Na Renascença, com a introdução da ideia de perspectiva e a retomada dos ideais da Antiguidade, desenvolveram-se novos formatos de planta baixa para a construção de igrejas, como plantas circulares → ❹, ovais, quadradas e em outros formatos daí derivados. No início do século XX, retomou-se o tema dos edifícios longitudinais e circulares → ❺ + ❻. Após 1945, as igrejas passaram por uma mudança estética significativa, que se refletiu em uma linguagem arquitetônica escultural → ❽ e se tornou um símbolo da democratização.

Devido ao declínio significativo de devotos praticantes, muitas igrejas têm sido recicladas a fim de dar-lhes um novo uso ❾ – ⓫.

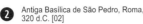

❶ Corte transversal de uma basílica de três naves com nave central elevada [01]

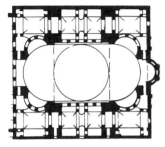

❷ Antiga Basílica de São Pedro, Roma, 320 d.C. [02]

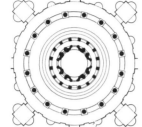

❸ Santa Sofia, 537 d.C., Constantinopla. Naves longitudinais com características de planta centralizada [02]. Arq.: Isidoro de Mileto, Antêmio de Trales

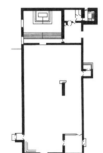

❹ Tempietto di Bramante, 1502, Roma. A planta centralizada é considerado o espaço ideal na Renascença. Na imagem: construção circular com pórtico e cúpula semicircular com lanterna. [02] Arq.: Donato Bramante

① Batistério
② Sacristia
③ Altar
④ Púlpito
⑤ Mesa do púlpito
⑥ Pia batismal

❼ Estruturas longitudinais, circulares e formas livres: formas arquitetônicas comuns em igrejas desde a Antiguidade, originalmente criadas a partir de basílicas romanas seculares.

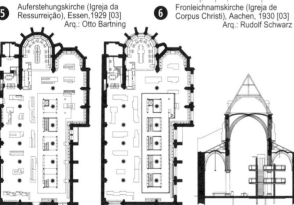

❺ Auferstehungskirche (Igreja da Ressurreição), Essen, 1929 [03] Arq.: Otto Bartning

❻ Fronleichnamskirche (Igreja de Corpus Christi), Aachen, 1930 [03] Arq.: Rudolf Schwarz

❽ Igreja de dois andares – salão da igreja no andar superior. Église Sainte-Bernadette du Banlay, Nevers, 1966 [04] Arq.: Claude Parent

Edifícios religiosos

IGREJAS

Elementos litúrgicos
Mobiliário, sacristia
Exemplos
Campanário

① Entrada
② Espaço de atividades
③ Sala de repouso
④ Sala lateral
⑤ Cozinha
⑥ Espaço multiuso
⑦ Área de recreação ao ar livre
⑧ Salas especiais

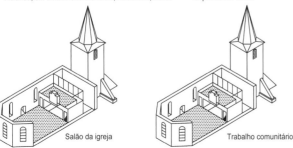

❾ Restauração da Igreja Dominicana, uma das mais antigas igrejas góticas da Holanda, em uma livraria com café, Maastricht, 2006. Arq.: Merkx + Girod

❿ Restauração da Igreja de São Sebastião (Arq.: Heinz Esser) de 1962 em uma creche de três andares, Münster, 2013. Arq.: Bolles + Wilson

⓫ Restauração da igreja protestante de Baumholder para diferentes usos, Baumholder, 2014

Arquitetos Heinrich Lessing

IGREJAS
CAMPANÁRIO

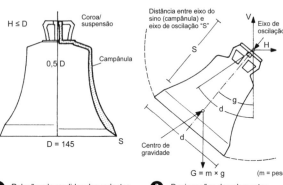

1 Relações de medidas dependentes da forma da campânula
2 Designações dos elementos componentes

3 Estrutura de suspensão quebrada, de aço
4 Estrutura de suspensão reta (com apoios rotativos)

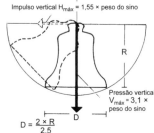
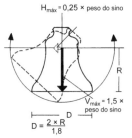

5 Impulso a ser observado na vertical
6 Sino com suspensão próxima ao centro de gravidade

7 Lamelas para propagação do som

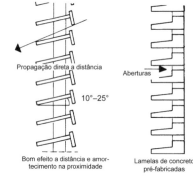

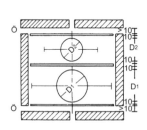

Abertura para passagem do som

8 Campanário (planta)

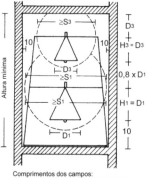

Comprimentos dos campos:
≥ S_3 = diâmetro do círculo de oscilação do sino 3 = 2,6 × D_3
≥ S_1 = do sino 1 = 2,6 × D_1
Abertura A para passagem do som (transversal à batida do badalo)

9 Dimensionamento do campanário (medidas mínimas)

Projeto
Observar as medidas da DIN 4178 (campanários).
Especialistas em construção de sinos podem dar informações sobre perímetro e tom/timbre do sino, acústica, peso. O fundidor, que dá forma ao sino através de molde, desenvolve também a armação que sustenta o sino, como base para dimensionamento do campanário e aberturas para propagação do som.
Engenheiros necessitam calcular a estrutura segundo os efeitos de cargas estáticas e dinâmicas.

Sinos: Peso, ligas metálicas e espessura da campânula, determinam o volume sonoro. Hoje utiliza-se sistema elétrico para toque dos sinos.

Torre sineira → **8** – **9**
Poderia ser comparada com um instrumento solista que, junto com outras torres vizinhas, constituísse uma orquestra. A amplitude sonora desejada determina a altura do campanário, que deve localizar-se acima dos edifícios adjacentes. A qualidade do tom dos sinos depende do material construtivo utilizado e elementos de projeto acústico.

Campanário: É ao mesmo tempo recinto de ressonância e de sustentação dos sinos, sendo determinante na qualidade de propagação do som. Fora das aberturas para emissão sonora, o recinto é completamente fechado. A frequência da torre não deverá ser a mesma dos sinos.

Lamelas para propagação do som → **7**
O melhor é a presença de diversas pequenas aberturas (transversais à direção da oscilação dos sinos ou batida do badalo na campânula) do que poucas de grande tamanho. O ângulo de radiação sonora não deverá ser superior a 30° em relação à horizontal, para proteção da vizinhança. A batida direta do badalo não deverá ser imediatamente transmitida, o que também é observado na instalação das lamelas para propagação sonora. A somatória de aberturas será no máx. 5% para superfície lisa e 10% para superfície rústica das paredes internas do campanário. Teto e laje de piso de concreto podem ser revestidos de madeira.

	a	b	a	b	a	b
	Diâmetro do sino d mm	Peso próprio G kN	Diâmetro do sino d mm	Peso próprio G kN	Diâmetro do sino d mm	Peso próprio G kN
Tom	\multicolumn{6}{c}{Campânula}					
	fina/leve		média		grossa/pesada	
fa	2300	70	2420	80	2580	110
fa # sol b	2200	60	2290	68	2430	90
sol	2100	50	2160	56	2300	75
sol # la b	2000	40	2030	46	2160	64
la	1880	34	1920	40	2040	54
la # si b	1760	28	1800	33	1920	45
si	1660	24	1700	27	1800	38
do	1560	20	1600	23	1700	32
do # ré b	1460	16,5	1500	19	1600	26
ré	1390	14,0	1420	16	1510	22
ré # mi b	1310	11,5	1340	13,5	1420	19
mi	1240	10,0	1270	11,5	1340	15
fa	1160	8,0	1190	9,5	1260	13
fa # sol b	1100	7,0	1120	8,0	1200	11
sol	1030	6,0	1060	6,6	1120	9,0
sol # la b	970	5,0	1000	5,5	1050	7,5
la	910	4,0	940	4,5	980	6,0
la # si b	850	3,4	880	4,0	930	5,0
si	810	2,9	830	3,2	870	4,2
do	760	2,4	780	2,7	820	3,5
do # ré b	720	2,0	740	2,3	770	3,0
ré	680	1,60	690	1,8	730	2,5
ré # mi b	630	1,40	650	1,6	680	2,0
mi	600	1,10	610	1,3	640	1,7
fa	570	0,90	580	1,1	600	1,4
fa # sol b	530	0,75	540	0,90	560	1,2
sol	490	0,65	500	0,75	530	1,0
sol # la b	460	0,50	470	0,60	500	0,80
la	450	0,40	460	0,50	470	0,70
la # si b	420	0,35	430	0,40	440	0,60
si	390	0,30	400	0,35	410	0,50
do	360	0,25	370	0,30	390	0,40
Forma s/valores	c = 0,77		c = 0,78		c = 0,80	

10 Valores de designação dos sinos

SINAGOGAS
DIRETRIZES GERAIS DE PROJETO

A sinagoga é um espaço de congregação e culto da fé judaica. Os elementos centrais de uma sinagoga são o púlpito de leitura da Torá (bimá/tebá) e a arca de rolos da Torá (Aron Hakodesch), também chamada de Arca Sagrada. Entre esses dois elementos encontra-se um corredor para a procissão solene, que antecede a leitura da Torá.

A primeira ordem de construção de um edifício sagrado resultou na Tenda de Reunião ou Tabernáculo, um alojamento temporário que abrigou as tábuas dos Dez Mandamentos, armazenados na chamada Arca da Aliança (Aron) (segundo relato bíblico, Êxodo 25–27) → ❶.

A construção de uma sinagoga é determinada pela tentativa de resolução de um conflito espacial que surge a partir da disposição de dois elementos igualmente importantes – a bimá e a Arca Sagrada – em um espaço de reverência. A bimá, posicionada no meio do salão, e a arca da Torá, que fica contra a parede voltada para Jerusalém, normalmente exigem formatos arquitetônicos distintos: uma nave e uma planta central.

Em sinagogas ortodoxas, o escrínio da Torá (Aron Hakodesch) localiza-se em sua maioria na parede oriental (Mirach), e o estrado do pregador (Almemor) no centro do espaço. Em sinagogas liberais, os dois elementos apresentam-se conjuntamente, ambos orientados para a parede Leste.

O recinto destinado às mulheres é, pelo menos simbolicamente, separado e fora do campo de visão dos homens, muitas vezes resolvido em forma de tribuna. Na entrada, encontra-se uma pia ou fonte para lavagem das mãos.

A banheira para abluções rituais (mikwa) antes dos cultos fica muitas vezes no subsolo, alimentada por água fresca, corrente, não conduzida por tublações metálicas. Em sinagogas liberais, encontram-se também órgãos, mas simples e de pequeno porte.

As simbologias da estrela de David, do candelabro de 7 braços e da tábua de leis mosaicas são elementos indispensáveis. Na decoração dos recintos jamais são utilizados motivos humanos, apenas ornamentos vegetais, geométricos ou caligráficos.

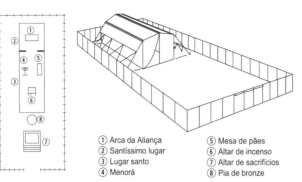

① Arca da Aliança
② Santíssimo lugar
③ Lugar santo
④ Menorá
⑤ Mesa de pães
⑥ Altar de incenso
⑦ Altar de sacrifícios
⑧ Pia de bronze

❶ Tenda de Reunião, a primeira casa de culto dos judeus, com tabernáculo e pátio fechado

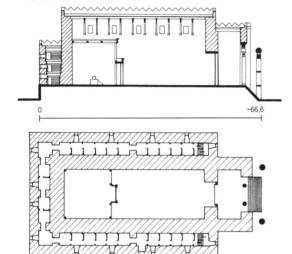

❷ Jerusalém, Templo de Salomão, corte longitudinal (acima), planta baixa

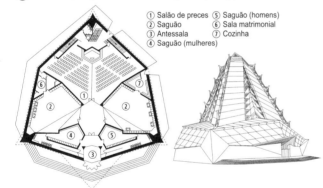

① Salão de preces
② Saguão
③ Antessala
④ Saguão (mulheres)
⑤ Saguão (homens)
⑥ Sala matrimonial
⑦ Cozinha

❸ Beth Sholom Congregation, Elkins Park, Pennsylvania, 1959.
Modelo para uma linguagem arquitetônica simbólica, em forma de arca de vidro.
Arq.: F. L. Wright

① Salão de preces
② Almemor
③ Aron Hakodesch
④ Cozinha kosher
⑤ Salão comunitário
⑥ Área administrativa
⑦ Salas sociais

❹ Sinagoga em Darmstadt
Salão de preces dentro do pátio interno
Arq.: Alfred Jacoby

Edifícios religiosos

SINAGOGAS

Diretrizes de projeto
Exemplos

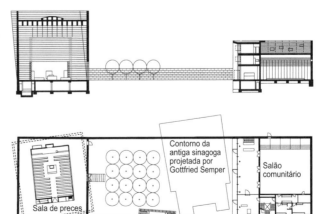

❺ Sinagoga em Dresden, 2001
Salão de preces e salão comunitário separados por pátio.
Arq.: Alfred Jacoby Wandel Hoefer Lorch + Hirsch

393

SINAGOGAS
EXEMPLOS

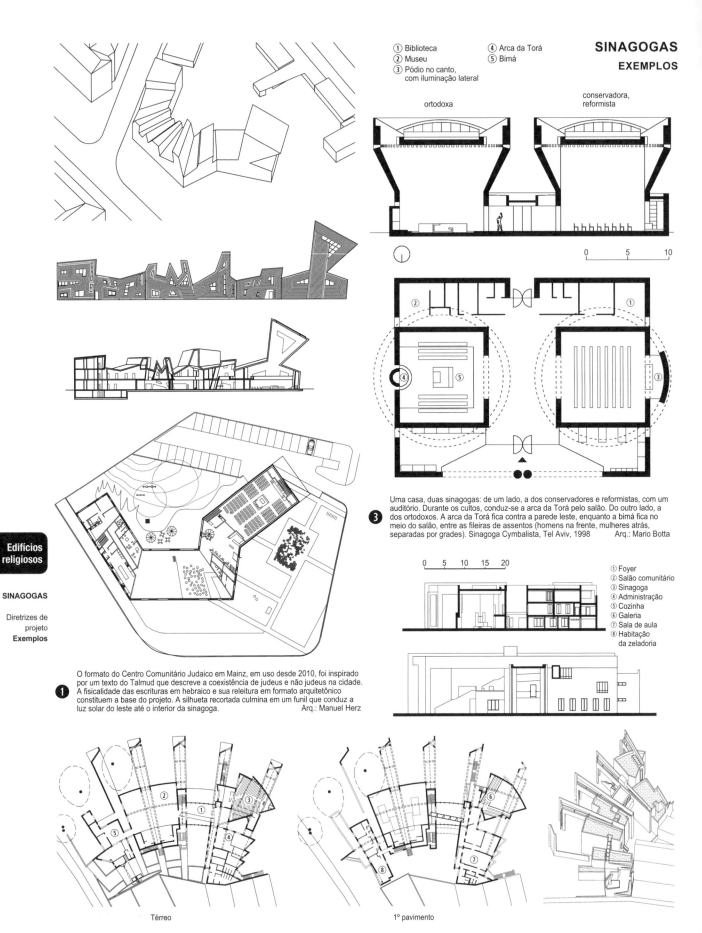

① Biblioteca
② Museu
③ Pódio no canto, com iluminação lateral
④ Arca da Torá
⑤ Bimá

ortodoxa — conservadora, reformista

Edifícios religiosos

SINAGOGAS
Diretrizes de projeto
Exemplos

❶ O formato do Centro Comunitário Judaico em Mainz, em uso desde 2010, foi inspirado por um texto do Talmud que descreve a coexistência de judeus e não judeus na cidade. A fisicalidade das escrituras em hebraico e sua releitura em formato arquitetônico constituem a base do projeto. A silhueta recortada culmina em um funil que conduz a luz solar do leste até o interior da sinagoga.
Arq.: Manuel Herz

❸ Uma casa, duas sinagogas: de um lado, a dos conservadores e reformistas, com um auditório. Durante os cultos, conduz-se a arca da Torá pelo salão. Do outro lado, a dos ortodoxos. A arca da Torá fica contra a parede leste, enquanto a bimá fica no meio do salão, entre as fileiras de assentos (homens na frente, mulheres atrás, separadas por grades). Sinagoga Cymbalista, Tel Aviv, 1998
Arq.: Mario Botta

① Foyer
② Salão comunitário
③ Sinagoga
④ Administração
⑤ Cozinha
⑥ Galeria
⑦ Sala de aula
⑧ Habitação da zeladoria

Térreo — 1º pavimento

❷ Centro Comunitário Judaico, Duisburg, 2000.
O edifício, com seus arcos, constitui um ponto de destaque arquitetônico entre as casas da rua, abrindo-se ao parque como um leque. Além disso, ele estabelece um diálogo marcante com seu entorno, respondendo às condições locais. Mesmo quando está praticamente fechado, suas colunas permitem o trânsito de pessoas.
Arq.: Zvi Hecker

MESQUITAS
DIRETRIZES GERAIS DE PROJETO

A mesquita (MASJED ou JAMIH) é uma casa de orações, centro cultural, local de encontro da sociedade, tribunal, escola (madrasas) e universidade. O Alcorão é, para o islamismo, a fonte das regras da vida, ensinamentos, direitos, religião etc. Ele ensina aos muçulmanos tudo o que devem saber para a vida cotidiana e para a vida religiosa. Nos países islâmicos, a mesquita localiza-se dentro do bazar/mercado (SOUK), em meio à vida pública.

Nas decorações os motivos humanos e de animais não são permitidos. Motivos vegetais e geométricos (ARABESKE), assim como versos do Alcorão em caligrafia árabe, são muito apreciados, tendo-se desenvolvido em forma de extremo refinamento, atingindo requintes de expressão cultural.

Sala de orações
Mesquitas consistem em uma sala de oração sagrada, com um nicho de orações (mirabe) na parede voltada para a Caaba, ao lado da qual fica o púlpito (minbar) para as orações de sexta-feira. Entre o minbar e o teólogo da mesquita (Imam), deve haver sempre um número ímpar de degraus. A separação entre homens e mulheres, muitas vezes apenas simbólica, pode ser feita utilizando-se uma tribuna/mezanino. A sala de orações deve ser projetada segundo o cálculo de 0,85 m² por pessoa → ❶ e geralmente conta com tapetes.

Portal
O portal é um elemento proeminente da arquitetura de importantes mesquitas.

Entrada
No setor de entrada encontram-se estantes para os alunos dos ensinamentos do Alcorão, além de áreas para o ritual da lavagem e duchas, com água sempre corrente. WCs utilizam bacias sanitárias altas, em sentido transversal à direção de Meca. Suas instalações apresentam acessos separados para homens e mulheres (estas no final da escada de acesso à tribuna de mulheres).

Minarete
Tradicionalmente, a oração era chamada do minarete, um elemento de construção enfaticamente vertical (torre). Mesquitas menores (mesquitas) raramente têm um minarete, mesquitas maiores (camii) sempre têm um.

Fonte
Muitas mesquitas possuem um pátio interno do mesmo tamanho que a sala de orações, utilizado como ampliação da mesma nos dias festivos. Ao centro localiza-se uma fonte (TSCHESCHME) para os rituais de lavagem; em países quentes plantam-se, geometricamente, árvores produtoras de sombra.

Áreas de apoio
Escritório, biblioteca, salas de aula e auditório, depósitos e apartamentos para moradia pelo menos do IMAM e MUEZZIN, complementam o programa de uma mesquita.

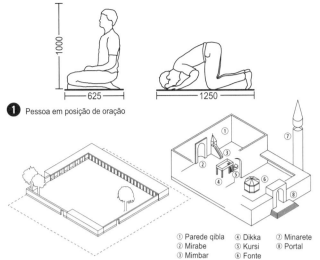

❶ Pessoa em posição de oração

❷ De acordo com Martin Frishman, a disposição espacial original da mesquita baseia-se na planta baixa da casa do Profeta Maomé em Medina [05]

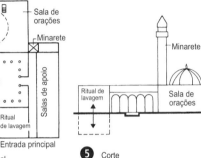

❸ Esquema original de uma mesquita com seus principais elementos segundo Martin Frishman [05]
① Parede qibla ④ Dikka ⑦ Minarete
② Mirabe ⑤ Kursi ⑧ Portal
③ Mimbar ⑥ Fonte

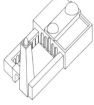

❹ Esquema funcional

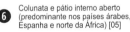

❺ Corte

Quatro tipos básicos de mesquita segundo Martin Frishman

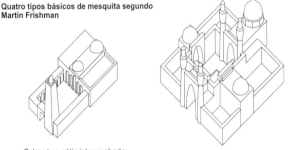

❻ Colunata e pátio interno aberto (predominante nos países árabes, Espanha e norte da África) [05]

❼ Pátio com quatro ivãs e dois eixos (Irã e Ásia Central)

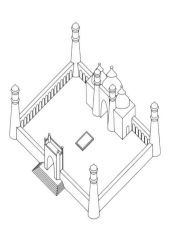

❽ Mesquita com três cúpulas e amplo pátio interno (Índia) [05]

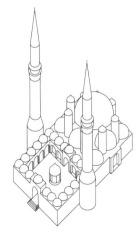

❾ Mesquita com cúpula central (Anatólia) [05]

❿ Mesquita Sultão Suleiman, Istambul, 1548-1559
Com a fundação do Império Otomano, cúpulas e conchas ganharam importância e tornaram-se típicas das mesquitas. Outro elemento típico desta mesquita turca é sua estrutura abobadada com uma cúpula central e meias cúpulas laterais. [06]   Arq.: Mimar Koca Sinan

Edifícios religiosos

MESQUITAS

Diretrizes de projeto
Exemplos

395

MESQUITAS
EXEMPLOS

Mesquitas são o centro da vida pública muçulmana, onde se realizam os rituais comunitários e as orações de sexta-feira. Trata-se de um local de encontros e congregações, e não de um edifício sagrado com função única, a exemplo de uma igreja cristã.

Mesquitas são a expressão arquitetônica do Islã. Segundo Martin Frishman, ao longo da história se desenvolveram quatro tipos de mesquitas nas diferentes regiões islâmicas do mundo, e cada uma das grandes mesquitas construídas até o século XX corresponde a pelo menos um destes tipos básicos: → ver também p. 395, ❻ – ❾:
1. Colunata com um pátio interno aberto (mesquita com pilares).
2. Mesquita com dois eixos e quatro ivãs (complexo definido por um pátio com dois ou quatro ivãs e um salão abobadado aberto de um lado).
3. Mesquita de três cúpulas com um amplo pátio interno.
4. Mesquita com cúpula central (grande espaço central coberto por uma cúpula).

Quando se trata de aspectos estéticos, atualmente há, para colocar de modo simplificado, duas grandes tendências. As mesquitas em países com população predominantemente muçulmana muitas vezes remontam estilisticamente a tradições regionais ou históricas de seus modelos otomanos, árabes ou persas. Em países não islâmicos ou em países fortemente marcados pela arquitetura moderna, a mesquita define-se tipologicamente por alguma singularidade e pelo grau com que serve à expressão da identidade muçulmana – mesmo que não tome emprestado elementos do cânone tradicional de formas, como cúpulas, minaretes e outros marcadores arquitetônicos óbvios. Veja, p. ex., a Mesquita Dupla em Amsterdã → ❷, a Mesquita Ur Rouf em Faydabad, Dhaka → p. 397 ❷ ou o Centro Islâmico Newport em Melbourne → p. 397 ❸.

① Salão de conferências
② Ginásio poliesportivo
③ Corredor de lojas (bazar)
④ Salão de preces
⑤ Praça com fonte
⑥ Sala de ablução ritual
⑦ Sala multiuso
⑧ Entrada da biblioteca (2 + 3 andares)
⑨ Salão de exposições
⑩ Recepção/centro de informações

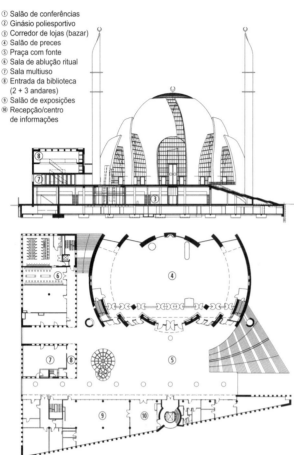

Edifícios religiosos

MESQUITAS
Diretrizes de projeto
Exemplos

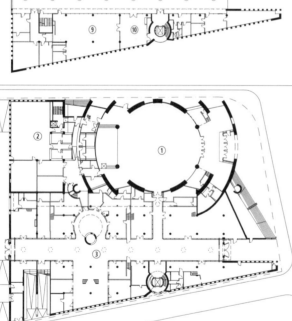

❶ Mesquita Central, Colônia, 2017
Uma combinação de tradição e modernidade, com uma cúpula de concreto e dois minaretes de 55m de altura, bem como um interior discretamente decorado.
Artista do salão de preces: Semih Irteş
Arq.: Paul Böhm

① Salão
② Entrada
③ Sala de reuniões
④ Salão de preces (comunidade turca)
⑤ Salão de preces (comunidade marroquina)
⑥ Escritório
⑦ Banheiro masculino
⑧ Banheiro feminino
⑨ Salão de seminários
⑩ Lavanderia
⑪ Depósito
⑫ Despensa

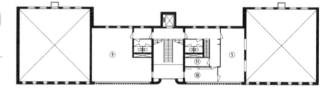

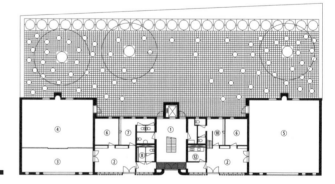

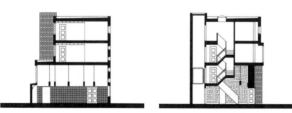

❷ Mesquita Dupla, Amsterdã, 2009
"Fusão" de duas salas de oração para as comunidades turco-islâmica e marroquino-islâmica, sem torre nem cúpula. Somente a fachada de tijolos contém elementos islâmicos para ornamentação.
Arq.: Marlies Rohmer

MESQUITAS
EXEMPLOS

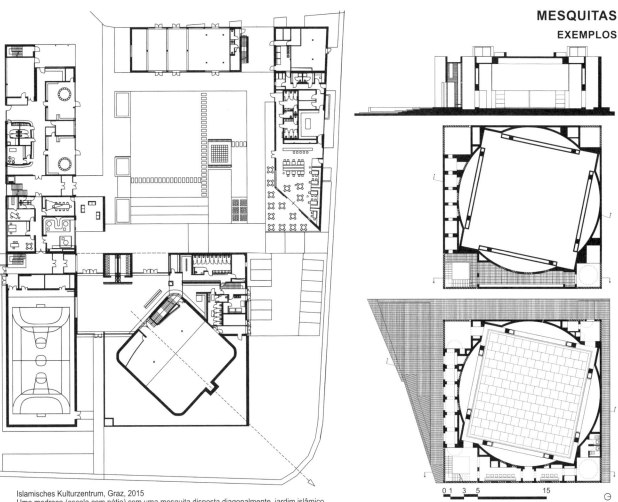

1 Islamisches Kulturzentrum, Graz, 2015
Uma madraça (escola com pátio) com uma mesquita disposta diagonalmente, jardim islâmico e fonte como elemento de design central, bem como um centro com salão multiuso, creche, escola e prédio administrativo. O centro cultural é um espaço de congregação para atividades religiosas e socioculturais, aberto ao público em geral, independente de sua crença religiosa ou origem.
GSP Archiktetur, Graz

2 Mesquista Bait Ur Rouf, Faydabad, Dhaka, 2012
Mesquita na região metropolitana de Dhaka, com tenda com iluminação superior para os espaços medianos do círculo. Arq.: Marina Tabassum

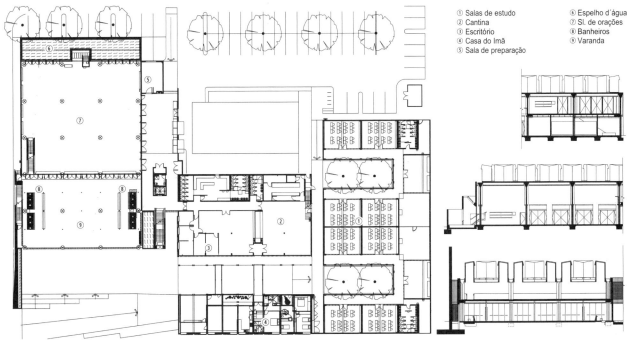

① Salas de estudo
② Cantina
③ Escritório
④ Casa do Imã
⑤ Sala de preparação
⑥ Espelho d'água
⑦ Sl. de orações
⑧ Banheiros
⑨ Varanda

3 Centro Islâmico de Newport, Melbourne, 2016
Um prolongamento contemporâneo, aberto e transparente da mesquita, com memorial de fundação integrativo, sem cúpula e sem minarete, com instalação de muro de orações voltado para a meca.
Arq.: Glenn Murcutt e Hakan Elevli

Edifícios religiosos

MESQUITAS

Diretrizes de projeto
Exemplos

MUSEUS
GENERALIDADES E ACESSOS

Um museu é uma coleção pública de testemunhos do desenvolvimento cultural humano. O acervo é colecionado, documentado, conservado, pesquisado, interpretado e, finalmente, comunicado por meio da sua exposição.

Dependendo da origem e do tipo de objeto a ser colecionado, classificam-se os diversos tipos de museus:

Museus de arte: Coleção de obras de arte (incluindo artesanato e artes gráficas).

Museus de história da cultura: Coleção de instrumentos, armas, vestimentas, documentos escritos etc., que pertencem ao desenvolvimento cultural de uma região geográfica determinada (museu do folclore, museus ao ar livre, museus geográficos, locais).

Museus etnológicos: Obras do desenvolvimento cultural de povos tradicionais e culturas remotas.

Museus científicos: Coleção de material didático e explicativo nas áreas de ciências naturais e técnicas.

O Stadtisches Museum Abteiberg für Zeitgenossische Kunst des 20. und 21. Jahrhunderts (Museu Municipal Abteiberg de Arte Contemporânea dos Séculos XX e XXI), em Mönchengladbach, caracteriza-se em particular por sua sensível integração no contexto topográfico, por seus edifícios altamente heterogêneos, pelos acessos especiais e por complexas conexões entre os recintos na área de exposição → ❸, resultando em áreas suspensas contínuas e jogos espaciais entre áreas abertas e fechadas.

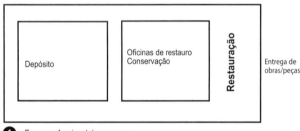

❶ Esquema funcional de um museu

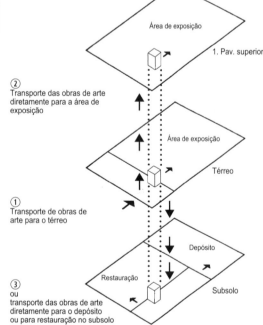

❷ Princípio do transporte de obras de arte. Especialmente em grandes museus, isso ocorre nas áreas não públicas. Daqui, as obras seguem diretamente para a área de exposição ou para a área de restauração e armazenamento.

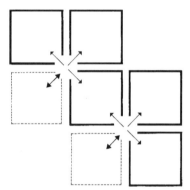

❸ Acesso aos espaços de exposição por meio dos cantos no Museu Abteiberg Mönchengladbach

Vista do sul

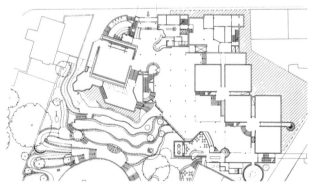

Planta do pav. principal (nível da Arbeitstrasse)

❹ Museu Abteiberg Mönchengladbach, 1982 — Arq.: Hans Hollein

398

MUSEUS
ESPAÇOS PARA EXPOSIÇÕES

A relação entre acervo e a forma de comunicação escolhida para apresentá-lo (concepção da exposição) é determinante na organização dos espaços destinados a exposições. Em princípio, pode-se diferenciar entre as seguintes tipologias → ❶ – ❻:

Planta livre → ❶:
exposição de peças grandes, visualmente autônomas, circulação livre, áreas funcionais em subsolo.

Espaço principal e secundário (*core and satellites*) → ❷:
espaço principal destinado à orientação dentro do museu; espaços secundários para exposições autônomas (temas/coleções).

Encadeamento linear → ❸:
sequência espacial linear, circulação controlada, orientação clara, entrada e saída separadas.

Labirinto → ❹:
circulação livre, percursos e direções variáveis, possibilidade de entrada e saída separadas.

Complexa → ❺:
combina grupos de espaços, com as características dos grupos → ❶ – ❹, organização complexa do acervo e concepção das exposições.

Circuito (*loop*) → ❻:
semelhante ao encadeamento linear → ❸, circulação controlada leva ao retorno até a entrada.

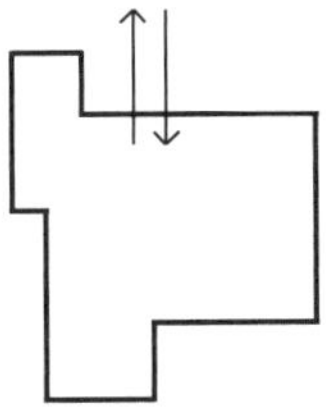

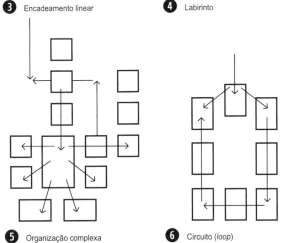

❶ Planta livre
❷ Espaço principal e secundário (*core and satellites*)
❸ Encadeamento linear
❹ Labirinto
❺ Organização complexa
❻ Circuito (*loop*)

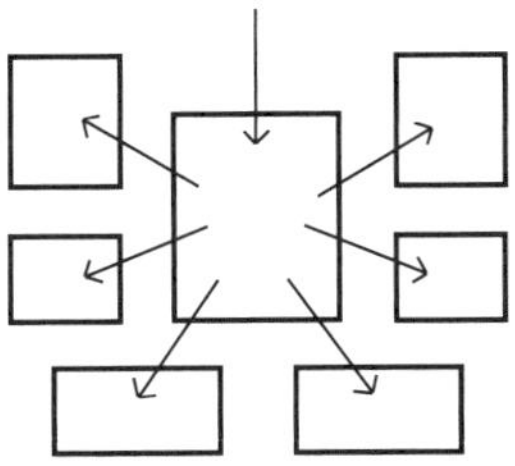

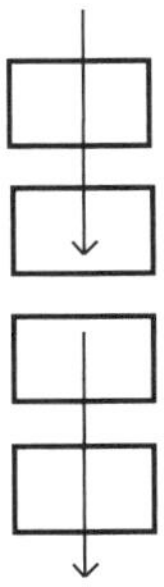

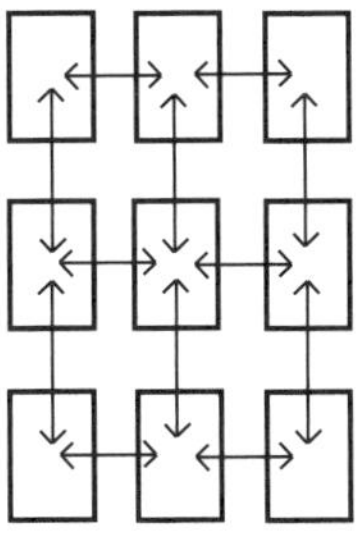

Concepção das exposições	Organização espacial
Orientada nas peças a serem expostas	planta livre → ❶
Orientada na sistematização	espaço principal e secundário (*core and satellites*) → ❷
Orientada na temática	encadeamento linear → ❸ circuito (*loop*) → ❻
Orientada em fatores complexos	labirinto → ❹ organização complexa → ❺

O tamanho e a altura das áreas de exposições e depósitos dependem das dimensões das peças/obras e tamanho do acervo; o pé-direito mínimo, entretanto, é de 4 m.

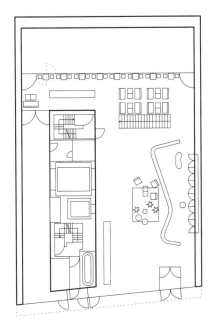

Planta baixa com área de entrada, bilheteria, livraria, café e pequena áreas de exposição

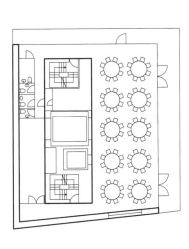

6º pav., espaço multiuso

Corte transversal

❼ Plantas baixas sobrepostas em seis cubos. New Museum New York, 2004

Arq.: azuyo Sejima + Ryue Nishizawa/SANAA

Cultura Lazer

MUSEUS

Generalidades, acessos
Espaços para exposições
Iluminação
Exemplos

399

MUSEUS
ILUMINAÇÃO

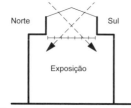
❷ Iluminação indireta, filtrada através de forro de vidro

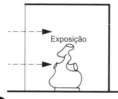
❸ Iluminação da exposição através de abertura superior, voltada para o Norte (hemisfério Norte)

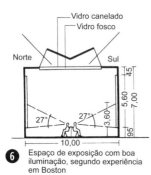
❹ Iluminação indireta, filtrada através de forro de vidro

❺ Iluminação lateral, do Norte (hemisfério Norte)

Iluminação: do ponto de vista da conservação, o princípio básico é limitar o máximo possível a exposição das peças à radiação. A fim de reduzir a exposição, o espectro de radiação deve ficar limitado ao espectro de luz visível, e as partes invisíveis devem ser filtradas na medida do possível. Isso se aplica tanto à luz natural quanto à luz artificial.

Atualmente, é fácil levar **iluminação natural** para dentro do museu graças a painéis de vidro modernos com baixo fator solar (valor g) e opções de filtragem de luz e radiação. Isso leva a uma redução do uso e da intensidade da luz artificial, preservando as características climáticas pré-definidas dos recintos. Tais fatores, aliados à possibilidade de escurecimento completo das salas de exposição (p. ex. fora do horário de abertura), permitem reduzir ainda mais a carga de radiação sobre as peças.

Por outro lado, **soluções de iluminação artifical** são mais fáceis de projetar, oferecem maior controle e permitem uma iluminação mais precisa das peças se comparadas à luz natural.

Categoria	Materiais	Intensidade máx. da luz
Objetos especialmente sensíveis à luz	Pergaminho, papel, gravuras, desenhos, manuscritos, aquarelas, carimbos, fotografias coloridas antigas, objetos etnográficos e de história natural (incl. espécimes botânicos), peles, penas, borboletas	50 lux
Objetos sensíveis à luz	Pinturas a óleo, esculturas em madeira, chifre, osso, marfim	150 lux
Objetos menos sensíveis à luz	Vidro, esmaltes coloridos, esmaltes cerâmicos, pedras preciosas	300 lux
Objetos não sensíveis à luz	Metais, pedras, cerâmica esmaltada indiferente	indiferente

❿ Diretrizes para intensidades luminosas máximas [1]

Clima ambiente na área de exposição: há diretrizes internacionais que indicam valores de aproximadamente 50% de umidade relativa a 20 °C, o que leva a custos operacionais e de manutenção elevados, atualmente inviáveis. Hoje em dia, o clima nas salas de exposição e depósito não é mais necessariamente mantido constante o ano todo. Aceitam-se oscilações sazonais, contanto que se evitem picos de curto prazo.

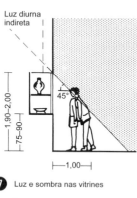
❻ Espaço de exposição com boa iluminação, segundo experiência em Boston

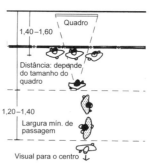
❼ Sala iluminada uniformemente, segundo sistema de S. Hurst Seager

❼ Luz e sombra nas vitrines

❽ Distâncias em função da iluminação

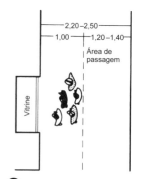
⓫ Visualização e área de circulação para obras fixadas na parede

⓬ Área diante de vitrines

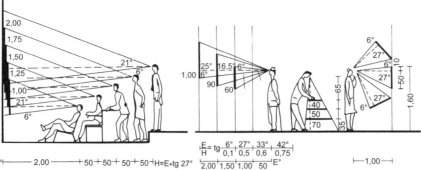
❾ Campo de visão – alturas, tamanhos, distâncias

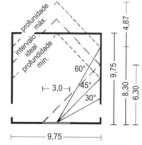
⓭ Sala de exposição com iluminação lateral

MUSEUS
EXEMPLOS

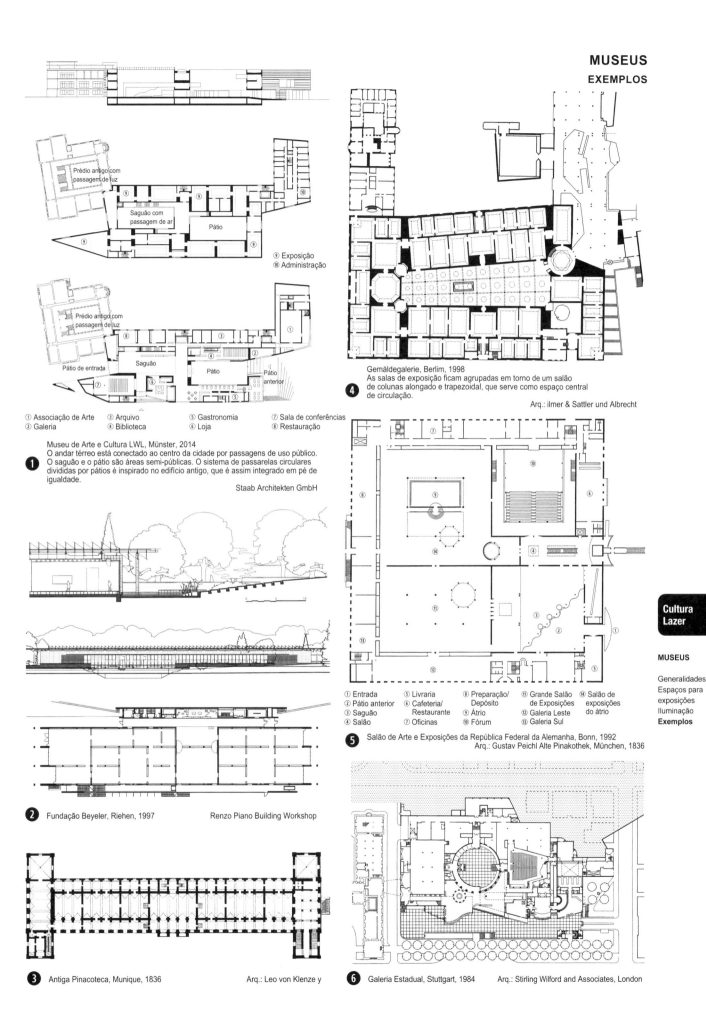

① Associação de Arte ③ Arquivo ⑤ Gastronomia ⑦ Sala de conferências
② Galeria ④ Biblioteca ⑥ Loja ⑧ Restauração

① Museu de Arte e Cultura LWL, Münster, 2014
O andar térreo está conectado ao centro da cidade por passagens de uso público. O saguão e o pátio são áreas semi-públicas. O sistema de passarelas circulares divididas por pátios é inspirado no edifício antigo, que é assim integrado em pé de igualdade.
Staab Architekten GmbH

② Fundação Beyeler, Riehen, 1997 Renzo Piano Building Workshop

③ Antiga Pinacoteca, Munique, 1836 Arq.: Leo von Klenze y

④ Gemäldegalerie, Berlim, 1998
As salas de exposição ficam agrupadas em torno de um salão de colunas alongado e trapezoidal, que serve como espaço central de circulação.
Arq.: ilmer & Sattler und Albrecht

① Entrada ⑤ Livraria ⑧ Preparação/Depósito ⑪ Grande Salão de Exposições ⑭ Salão de exposições do átrio
② Pátio anterior ⑥ Cafeteria/Restaurante ⑨ Átrio ⑫ Galeria Leste
③ Saguão ⑦ Oficinas ⑩ Fórum ⑬ Galeria Sul
④ Salão

⑤ Salão de Arte e Exposições da República Federal da Alemanha, Bonn, 1992
Arq.: Gustav Peichl Alte Pinakothek, München, 1836

⑥ Galeria Estadual, Stuttgart, 1984 Arq.: Stirling Wilford and Associates, London

Cultura Lazer

MUSEUS

Generalidades
Espaços para exposições
Iluminação
Exemplos

401

TEATROS
PANORAMA HISTÓRICO

O projeto de teatros requer a compreensão de conjuntos de fatores funcionais interdependentes de grande complexidade. Muitos deles tornam-se mais claros através do conhecimento da história do desenvolvimento dos teatros. Desde 2500 anos, a construção de teatros é objeto da preocupação contínua de diversas sociedades. Os projetos de teatro hoje trazem em si não só os aspectos tradicionais-históricos, como também procuram, permanentemente, fugir deles, apresentando soluções inovadoras. Alguns poucos exemplos sintetizam, de forma rápida, o desenvolvimento da tipologia construtiva através da História → ❶ – ❾ → p. 403 ❶ – ❻.

Antiguidade

O teatro de Dionísios marca o início da construção de teatros europeus → ❶. O teatro grego localizava-se fora da cidade, imerso na paisagem. Teatro Marcellus em Roma: foi o primeiro construído totalmente de pedra nessa cidade → ❷. A plateia e a parede de fechamento do palco eram unidas e tinham a mesma altura.

Idade Média

Teatro medieval itinerante. Palco e construções provisórios → ❸. Espaço interno do teatro Swan, segundo desenho de van de Witt de 1596. Apenas uma cortina separava a parte de frente e de trás do palco; o palco superior servia como balcão ou em cenas militares → ❹.

Renascimento

Teatro italiano do início do século XVI → ❺. Os primeiros teatros renascentistas foram construções temporárias de madeira, ocupando salas/recintos já existentes. Vasari projetou p. ex. um sistema construtivo, reutilizável, de madeira, para a execução do teatro dentro do Salone dei Cinquecento no Palazzo Vecchio de Florença. Teatro Olímpico, em Vicenza → ❻. Primeiro teatro independente da Renascença, que seguia a tradição da construção de teatros da Antiguidade. Plateia em semicírculo, em declive, e um palco construído com setor frontal, voltado para o público. Paralelamente, desenvolveram-se, a partir de pátios cercado com colunas, os teatros com galerias, camarotes e plateia em forma de ferradura. Teatro Farnese, Parma → ❽ + ❾ foi a primeira construção com sistema de cenário móvel, em palco profundo.

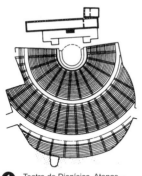

❶ Teatro de Dionísios, Atenas – planta 452/330 A.C

❷ Teatro Marcellus, Roma – planta 11500 lugares, XI A.C

❸ Planta de instalação de palco para representação medieval

❹ Interior do teatro Swan, Londres

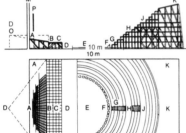

❺ Projeto de teatro de Sebastiano Serlio, 1545

TEATROS

Panorama histórico
Tipologia
Plateia, assentos e fileiras
Palco
Áreas de apoio
Oficinas e áreas do pessoal
Espaços destinados ao público
Renovação

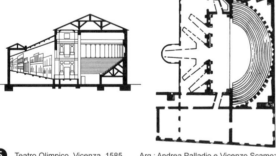

❻ Teatro Olímpico, Vicenza, 1585 — Corte e planta   Arq.: Andrea Palladio e Vicenzo Scamozzi

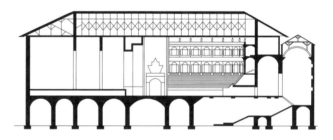

❽ Corte – Teatro Farnese, Parma, 1618–1628   Arq.: Giovanni Battista Aleotti

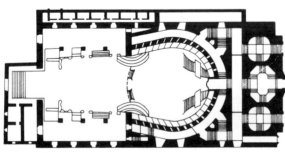

❼ Teatro San Carlo. Arq.: Antonio Medrano e Angelos Carasale, Nápoles, 1737

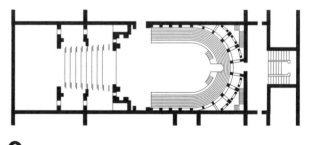

❾ Teatro Farnese, Parma 1618–1628   Arq.: Giovanni Battista Aleotti

TEATROS
TIPOLOGIA

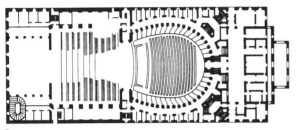

❶ Corte – Teatro alla Scala, Milão, 1779 — Arq.: Piermarini

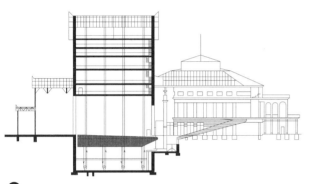

❷ Teatro alla Scala, Milão, 1779 — Arq.: Piermarini

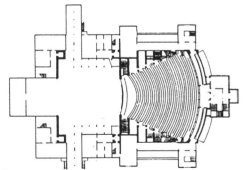

❸ Corte – Festspielhaus Bayreuth, 1876 — R. Wagner e arq.: O. Bruckwald

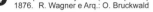

❹ Festspielhaus Bayreuth (Teatro para apresentação do Festival R. Wagner), 1876. R. Wagner e Arq.: O. Bruckwald

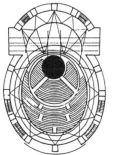

❺ Projeto de Walter Gropius - Totaltheater (o "teatro-total"), 1927

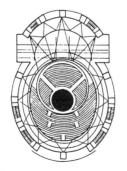

❻ → ❺ Palco com possibilidade de posições variadas

Barroco
O teatro com galerias e camarotes, com palco subdividido (com portal ou boca da cena, separando-o da plateia) estabeleceu-se como forma usual a partir do teatro San Carlo, em Nápoles p. 402 → ❼. Teatro alla Scala, → ❶ + ❷ é tido como exemplo para as construções das óperas do séc. XVIII e XIX; influenciou também a construção do novo Met, em 1966, em Nova Iorque.

Séculos XIX e XX
Festspielhaus Bayreuth (teatro para apresentação do festival Richard Wagner, na cidade de Bayreuth) → ❸ + ❹. Richard Wagner estabelece, com a construção da sua forma de teatro, um contraponto à grande Ópera de Paris. Comparativamente, tem-se ainda o projeto do "teatro-total" de W. Gropius/E. Piscator, leia-se *Die Bühne im Bauhaus* (O palco da Bauhaus), editado em Dessau, 1924, onde devem ser observadas as seguintes inovações: plateia giratória, palco com sistema de monta-cargas, acompanhando as possibilidades de projeções sobre paredes e tetos → ❺ + ❻. *Schaubühne* (traduzido ao pé da letra, "palco de apresentações") em Berlim, localizado na Lehniner Platz, foi o primeiro grande projeto de construção de um teatro flexível (reforma do edifício Universum, projetado por Mendelsohn em 1928) → p. 406 ❽ + ❾. Ópera da Bastilha, em Paris, representa até hoje a maior instalação de palcos do mundo, envolvendo um complexo de 10 prolongamentos de apoio, em dois diferentes níveis.

Tendências atuais para a construção de teatros
Podem ser observadas duas tendências básicas:
1. Conservação, restauração e modernização de teatros já existentes, construídos entre século XIX até meados do século XX → p. 411.
2. Construções novas, "experimentais", com espaços de caráter aberto, como a Schaubühne am Lehniner Platz, em Berlim → p. 406. No mesmo sentido encontram-se as diversas reformas e transformações de espaços, em oficinas de teatro, com dimensões podendo oferecer entre 80 a 160 lugares.

Ramos diferenciados na evolução da construção de teatros
1. Ópera: desenvolve-se a partir da tradição dos edifícios de ópera italianos dos séculos XVIII e XIX → ❶ + ❷. Sua característica espacial principal é uma clara separação entre plateia e palco, através do fosso da orquestra, assim como o número elevado de lugares (1.000 até aproximadamente 4.000 espectadores) com um sistema correspondente de distribuição de fileiras na plateia, camarotes, balcões, e galerias, como p. ex. na Ópera de Milão com 3600 lugares, Deutscher Oper em Berlim com 1986 lugares, Metropolitan Opera em Nova Iorque com 3.788 lugares, a Ópera da Bastilha em Paris com 2.700 lugares. Contraponto diante da forma plateia/camarote/balcões/galerias das construções das óperas, apresenta a Festspielhaus em Bayreuth, com a plateia concebida nos moldes de teatro grego-romano → ❸ + ❹. Em contrapartida, apresenta somente 1.645 lugares.

2. O teatro: desenvolve-se a partir da tradição do teatro reformista alemão do século XIX, caracterizando-se pela forma da plateia (onde os espectadores sentam-se sobre uma grande superfície inclinada ascendente, em curva), assim como pela presença marcante do proscênio (superfície utilizável para apresentações, anterior à boca do palco, ou seja, eliminando a separação atores – espectadores). Esta forma de teatro procura na verdade recuperar a tradição dos teatros ingleses → p. 402 ❹, i.e. o palco como elemento componente do espaço geral de apresentação. O uso de formas abertas e flexíveis foi intensificado através das experiências espaciais do teatro dos anos 70. Possibilidades de variações espaciais são apresentadas no exemplo de projeto do "Schaubühne" em Berlim → p. 406

3. Teatro em três partes: ainda como forma de teatro na Alemanha tem-se o chamado **espaço trifuncional** (misto de ópera e teatro convencional, incluindo musicais e operetas), caracterizado fortemente, entretanto, pela influência predominante da ópera. Exemplo: Teatro Municipal de Heilbronn, de Biste e Gerling, 1982.

4. Teatro musical: na realidade, não constitui tipologia construtiva própria, mas, em geral, trata-se da construção de espaços de teatro pela iniciativa privada para determinados espetáculos musicais. A maior exigência para o arquiteto encontra-se na adaptação do edifício à concepção do musical, levando em consideração o uso das instalações para produções posteriores.

Cultura Lazer

TEATROS
Panorama histórico
Tipologia
Plateia, assentos e fileiras
Palco
Áreas de apoio
Oficinas e áreas do pessoal
Espaços destinados ao público
Renovação

403

TEATROS
PLATEIA, ASSENTOS E FILEIRAS

As diversas diretrizes estaduais para espaços com reunião de pessoas (VStättVO, em seu capítulo referente a teatros) são, junto às normas da construção, determinantes legais nos projetos de teatros. Suas determinações partem de 200 espectadores. Aqui deve ser observado que as considerações não se limitam ao número de cadeiras, mas sim de espectadores (2 espectadores/m², no caso de fileiras de assentos, 2 espectadores por metro linear, no caso de pessoas em pé).

Plateia e palco/superfície útil destinada às apresentações
Dimensionamento da plateia: as áreas obrigatórias dependem do número de espectadores. Para público sentado, necessitam-se ≥ 0,5 m² por espectador. Estes valores resultam do seguinte cálculo:
Largura da cadeira vezes distanciamento entre fileiras

$$\begin{array}{ll} & \geq 0{,}45\ m^2 \quad /\text{lugar} \\ \text{Acréscimo} \geq 0{,}5 \times \geq 0{,}9 & = 0{,}05 \quad\quad /\text{lugar} \\ \hline & \geq 0{,}50\ m^2 \rightarrow \text{❶} \end{array}$$

Comprimentos das fileiras por corredor: 10 lugares → ❸ + ❺, ou 25 lugares, quando lateralmente houver uma porta de saída, com 1 m de largura, a cada 3–4 fileiras → ❹
Saídas e rotas de emergência 1,2 m de largura por 200 pessoas → ❸ – ❺. Assentos destinados a cadeirantes devem representar 1%, sendo instalados de forma acessível (no mínimo 2 lugares); estacionamento da cadeira de rodas em relação com assento para acompanhante.

Volume interno: resulta dos condicionantes fundamentais das exigências acústicas (ressonâncias) → p. 414 nos seguintes valores: teatro convencional, ≈4–5 m³/ espectador; ópera, ≈6–8 m³/espectador, sendo que o volume de ar, por motivos técnicos, não deve ser inferior, a fim de evitar a necessidade de grandes trocas de ar (perigo de formação de correntes).

Proporções da área de plateia: resultam das relações psicológicas de percepção e dos ângulos de visibilidade dos espectadores, seguindo o princípio de melhor visual possível a partir de todos os lugares.
1. Boa visibilidade sem movimentação da cabeça, porém com pequeno movimento dos olhos, em ≈30°.
2. Boa visibilidade com pequena movimentação, tanto da cabeça como dos olhos, em ≈60° → ❼.
3. Ângulo máximo de percepção sem movimento da cabeça: 110°, i.e. neste campo visual percebem-se todos os acontecimento "com o canto dos olhos". Além deste campo ocorrem inseguranças perceptivas, onde o campo visual nota apenas a presença de "alguma coisa".
4. Com rotação total da cabeça em conjunto movimentação dos ombros, tem-se um campo possível de percepção de 360°.

Proporções de uma plateia clássica (Óperas, espaços trifuncionais, salas de teatro tradicional) → ❼. A distância entre última fileira e boca do palco (linha de delimitação do início do palco) não deve ultrapassar os seguintes valores: teatro convencional, no máx. 24 m (distância máxima para percepção e reconhecimento das expressões faciais); ópera, 32 m (distância onde ainda podem ser reconhecidos grandes movimentos).

Largura da plateia resulta da necessidade de visibilidade suficiente do palco para os espectadores sentados nas laterais → ❽. Existem diversas variantes possíveis. As proporções harmônicas e em parte a boa acústica dos teatros clássicos dos séculos XVIII e XIX baseiam-se em regras especiais de relações proporcionais de medidas → ❾ + ❿.

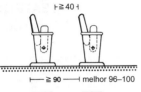
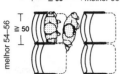

❶ As cadeiras devem ser instaladas de forma fixa, segundo as diretrizes para espaços com reunião de pessoas (VstättVO). As medidas mínimas não são suficientes para teatros!

❷ A disposição diagonal das cadeiras permite maior liberdade dos cotovelos

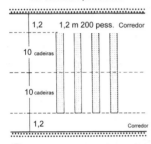
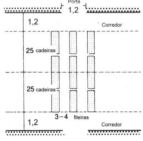

❸ Largura de fileira com 16 cadeiras/lugares

❹ Largura de fileira com 25 cadeiras/lugares, junto à porta

❺ Largura das fileiras: no máx. 10 lugares à esquerda e à direita de cada corredor de entrada

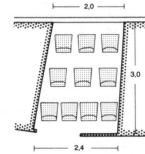

❻ Camarotes devem apresentar cadeiras soltas em número ≤ 10, ≥ ao número necessário de cadeiras fixas. Por pessoa ≤ 0,65 m² de área

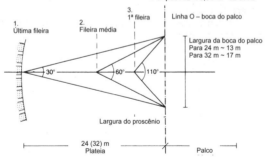

❼ Proporções da plateia tradicional. Vista aérea

I/II Largura da plateia
A   Última fileira
B/C   Largura da boca do palco
BCDE Área de apresentações do palco
P   Ponto referencial para determinação da largura da plateia

❽ Largura da plateia

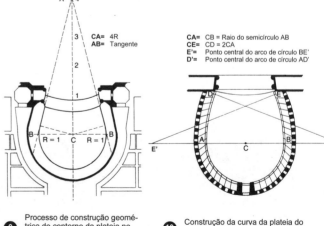

❾ Processo de construção geométrica do contorno da plateia no Grand Theatre de Bordeaux. Arq.: Victor Louis. 1778

CA = 4R
AB = Tangente

❿ Construção da curva da plateia do Teatro alla Scala, Milão. Arq.: Piermarini

CA = CB = Raio do semicírculo AB
CE = CD = 2CA
E' = Ponto central do arco de círculo BE'
D'= Ponto central do arco de círculo AD'

TEATRO
PLATEIA, ASSENTOS E FILEIRAS

① Desnível entre fileiras consecutivas (escalonamento da plateia)

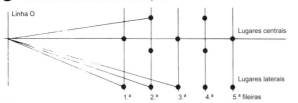

② Linha de declividade e suas modificações

③ A defasagem de posicionamento dos lugares em uma fileira é alcançada através de diferentes larguras das cadeiras (0,50–0,53–0,56)

④ Relações de contato entre público e palco, e entre espectadores entre si

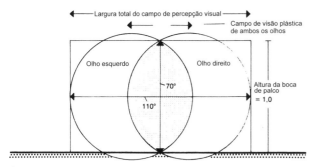

⑤ Efeito de percepção em relação às proporções da moldura da boca de palco

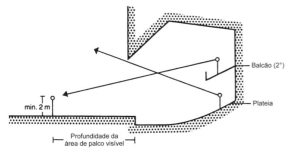

⑥ Teatro com balcões: visibilidade para o palco

Fileiras

Escalonamento das cadeiras (declividade) na área destinada aos espectadores, i.e. a elevação das fileiras seguindo a linha de visibilidade. A determinação das curvas de visibilidade é válida para toda a área de público, seja na plateia ou nos balcões → ①.

Parte-se do princípio de que os espectadores estão sentados em "espaços vazios" e assim apenas cada segunda fileira necessita de elevação total da visual (12 cm). Sobre o problema da visibilidade em teatros existem livros matemáticos especiais, em que, entre outras, a própria questão da distribuição ocasional dos espectadores de alturas diferentes é considerada. A disposição das fileiras em forma circular tem a função não só de proporcionar melhor visibilidade relativa ao palco, como também entre espectadores (efeito de segurança) → ④. Os degraus dos corredores devem ter espelhos entre 10 cm e 19 cm; as larguras dos pisos não devem ser menores que 26 cm. O piso em cada fileira precisa coincidir com o piso do degrau correspondente (de acesso) no corredor (VStättVO).

Perfil da área ocupada pelo público: em primeiro lugar determina-se a altura da boca de palco. Em teatros com lugares apenas na plateia, vale a seguinte relação

$$\frac{\text{altura da boca de palco}}{\text{largura da boca de palco}} = \frac{1}{1,6}$$

Desta forma conservam-se as relações da proporção áurea e respectivamente do campo de percepção fisiológico → ⑤. Uma vez determinados os valores do desnível do palco relativo à plateia, altura da boca do palco e declividade da plateia, e após a fixação do volume aéreo necessário, resulta a linha do teto em função das exigências acústicas. É desejável no caso que, os sons refletidos, a partir do palco e proscênio, distribuam-se equilibradamente por todo o recinto → ⑦. Na presença de balcões deve-se observar que, mesmo das fileiras mais elevadas, seja possível a visibilidade suficiente para a profundidade do palco → ⑥. Eventualmente pode tornar-se necessária a ampliação da altura da boca de palco.

Proporções em recintos experimentais → p. 406.

Estas referem-se a espaços para teatros neutros ou abertos, que permitem diferentes organizações de área de público e de apresentação (palco). As disposições diferenciadas são alcançadas através de:

A. Bases de palco móveis, assim como tribunas móveis para os espectadores, sobre piso fixo.
B. Movimentação do piso, que se constitui de tablado que pode ser elevado e abaixado. Esta solução é bastante dispendiosa e tecnicamente complexa, encontrando aplicação em salas maiores, para um mín. de 150–450 pessoas.

A solução tipo A, é apropriada especialmente para teatros menores e recintos sem uso determinado, que não possuem espaço livre suficiente sob o piso. O tamanho permitido é de no máx. 199 lugares, uma vez que a partir de 200 lugares, vigoram as diretrizes estabelecidas pelo código de locais para espetáculos públicos.
199 lugares × 0,5 m² = 100 m² (⅔) + 30 m² (⅓) palco = 130 m².

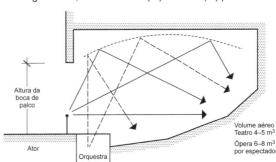

⑦ A acústica do local necessita ser adaptada por meio de medidas como forma do teto ou painéis refletores → p. 414.

Cultura Lazer

TEATROS
Panorama histórico
Tipologia
Plateia, assentos e fileiras
Palco
Áreas de apoio
Oficinas e áreas do pessoal
Espaços destinados ao público
Renovação

Ver também:
Acústica
Física da construção
→ p. 164

TEATROS
PALCO

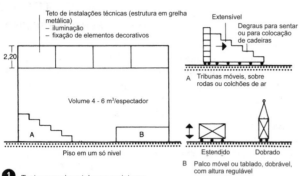

❶ Teatro experimental: espaço interno

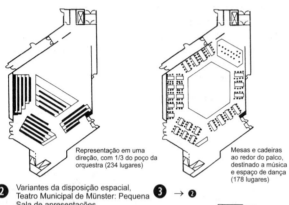

❷ Variantes da disposição espacial, Teatro Municipal de Münster: Pequena Sala de apresentações

❸ → ❷ Mesas e cadeiras ao redor do palco, destinado a música e espaço de dança (178 lugares)

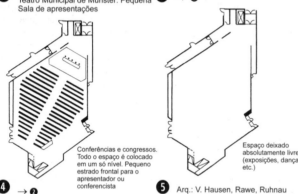

❹ → ❷ Conferências e congressos. Todo o espaço é colocado em um só nível. Pequeno estrado frontal para o apresentador ou conferencista

❺ Arq.: V. Hausen, Rawe, Ruhnau — Espaço deixado absolutamente livre (exposições, dança etc.)

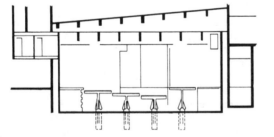

❻ Teatro de Ulm/ Podium: corte longitudinal — Arq.: Fr. Schäfer

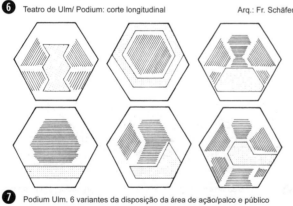

❼ Podium Ulm. 6 variantes da disposição da área de ação/palco e público

Tamanho do palco
Existem duas categorias de palco (definidas segundo as diretrizes de regulamentação de espaços para reunião de pessoas – MVStättVO – e válidas para espaços que abrigam mais de 200 pessoas): palcos (grandes) tradicionais e áreas de representação (teatros de ambiente único).

Palco tradicional
Com área maior do que 200 m² atrás da boca de cena; abrangendo palco superior, com altura de 2,5 m acima da boca de cena e palco inferior (fosso). As exigências essenciais dizem respeito às técnicas de proteção contra incêndios, com a separação entre palco e plateia. Um aspecto importante é a instalação de cortina de ferro protetora, no limite do palco.

Áreas de representação
São diferenciadas entre áreas de encenação com mais ou menos 200 m² e com necessidade ou não de instalação de *sprinklers*. A particularidade desses espaços de representação encontra-se nas diretrizes para instalações de cortinas e cenários, que se referem mais ao seu funcionamento do que ao projeto espacial em si.
Essa tipologia de palco livre corresponde principalmente ao chamado teatro experimental, podendo ser caracterizada pela conformação do piso (pisos elevatórios, tablados, patamares) e pela distribuição livre da área da plateia e de encenação (separação variada entre espectador e cena).
Exemplo, Schaubühne am Lehniner Platz, Berlim → ❽ – ❾.

Corte em teatro de ambiente único
Para espaços simples pode-se prescindir do uso de tetos de instalações técnicas → ❶ substituídos por equipamento manual (barras que podem ser movimentadas por manivelas). Em teatros maiores incorpora-se, com frequência, um espaço menor, flexível, para teatro experimental. Exemplo Podium Ulm, arq.: Schäfer, com 150 a 200 lugares, 1969 → ❻ + ❼.
Pequena sala do teatro de Münster, arq.: v. Hansen, Rawe, Ruhnau, 1971, 180 a 380 lugares: a região central do piso é variável (sistema elevatório) → ❷ – ❺.

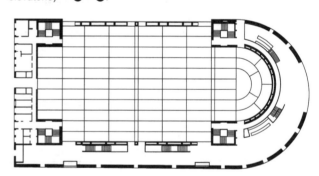

❽ Schaubühne am Lehniner Platz, Berlim, 1982 — Arq.: J. Sawade

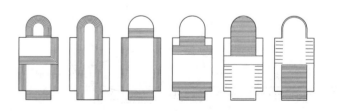

❾ Schaubühne, 6 variantes possíveis para disposição do palco

TEATROS
PALCO

Palco tradicional com cenário
O sistema de palco clássico dos séculos XVIII e XIX incluía apenas um espaço cênico principal; as mudanças ocorriam pela substituição, por deslocamento, de telões pintados (sistema rápido e com economia de espaço). Um pequeno palco posterior tinha a função de ampliar o efeito de perspectiva do espaço cênico → ❶.

Palco integral com áreas de apoio
Para a integração e mudança de cenários plasticamente elaborados, os palcos foram ampliados nas laterais e área de porão. Dessa forma, pode-se transportar rapidamente as peças de cenário durante a apresentação, utilizando carrinhos, estrados elevatórios e palcos giratórios → ❷.
Desde o começo, deve-se considerar no projeto as condições técnicas das áreas de apoio, p. ex. se o disco giratório se adapta a transporte por carrinho ou se haverá utilização de palco giratório simples, com um elemento elevatório, ou mesmo com altura de dois pavimentos.

Proporções do palco
As proporções do espaço cênico desenvolvem-se a partir das linhas de visibilidade da plateia. A área do palco incorpora a cena propriamente dita e o seu entorno, com os bastidores, circulação e oficinas. Em → ❸ + ❹ tem-se a construção de um palco integral. A mobilidade do palco integrado é obtida com a sua montagem em estrados de várias alturas, construídos de forma mecânica ou manual. A variabilidade da forma é obtida pela distribuição de superfícies de elementos isolados, tendo como medidas básicas 1 x 2 m.

Corte através da caixa de palco
O tamanho da caixa de palco depende do número de cenários prontos (telões) que podem ser rapidamente transportados (empurrados lateralmente ou rebaixados), para o espaço cênico. É normal a presença ainda de, no mínimo, um palco lateral e um inferior. A altura da caixa é determinada através da cortina de ferro, que deve ser fechada em 30 s, permitindo a separação completa entre palco e plateia. Regras com determinações contra incêndios: a cortina de ferro deverá estar ligada a paredes com proteção F 90, onde são proibidas instalações em geral (tubulações e eventuais construções de palco e cenários).

Sala de direção
Controle de som e luz, localizada em frente ao palco, com painel de som/remix, iluminação, central de computadores e técnicas de projeção → ❸.

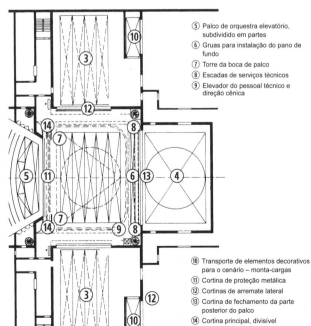

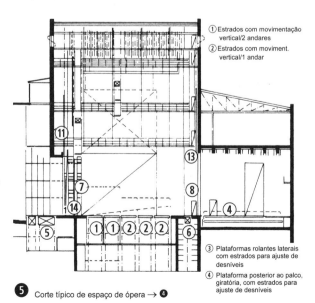

Cultura Lazer

TEATROS

Panorama histórico
Tipologia
Plateia, assentos e fileiras
Palco
Áreas de apoio
Oficinas e áreas do pessoal
Espaços destinados ao público
Renovação

407

TEATROS
ÁREAS DE APOIO

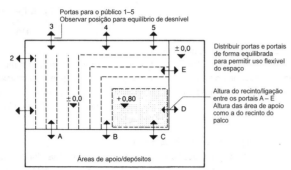

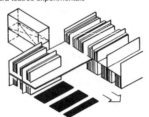

① Áreas de apoio do palco/depósitos para teatros experimentais

Depósito tradicional de cenários:
– em caixas em posição vertical, transportáveis manualmente; grande área necessária de circulação; altura: 9–12 m;
– em caixas em posição horizontal, transportáveis manualmente; grande área necessária de circulação.

Sistema de depósito moderno de cenários:
– carregamento dos containers de forma manual, a partir das áreas de apoio do palco, ou através de superfícies de depósito especiais;
– transporte dos containers até estantes externas;
– depósito em estantes de diversos andares, com sistema controlado por computadores.

② Depósito de cenários na proximidade do palco

③ Depósitos em contêiner

Palco de teatro experimental

Palcos necessitam de prolongamentos como áreas de apoio para os elementos de cenários, assim como para depósito de estrados, tablados e tribunas. Em princípio, a somatória das áreas de apoio deverá apresentar a mesma superfície do palco. Superfícies para depósito são calculadas a partir do conjunto de estrados e tribunas empilhados ou encaixados. As áreas de prolongamento de palco mais depósitos correspondem ≈30% do total da área do teatro → ①.

Sobre palcos livres ou tablados, em meio ao público, utiliza-se menor quantidade de elementos de cenário do que em palcos tradicionais.
– Motivo: deixar livre a visibilidade para o conjunto da cena, em todas as laterais.
– Diretrizes e exigências que limitam o uso de cenários, tendo em vista medidas de segurança (VStättVO).

Palco tradicional

As áreas de depósito, para guarda de objetos e elementos decorativos pertencentes ao cenário, classificam-se em: destinadas a objetos de decoração, telões pintados, mobiliário, instrumentos; ala para trajes, fantasias, sapatos, máscaras, perucas; setor de iluminação etc. Os depósitos de cenários e trajes/fantasias ocupam grandes superfícies.

Depósito de cenários: especialmente para peças e objetos pesados) com mesmo pé-direito que a altura do palco e diretamente ligado a ele. Para acessos e circulação de transporte (especialmente em relação à proteção contra incêndios e elevadores), deve-se principalmente considerar a altura das peças do cenário, calculando-se, via de regra, altura da boca do palco + 2 m. O dimensionamento da área de depósito, incluindo ainda a destinada a trajes e fantasias, depende do tamanho do teatro e repertório – número de peças, óperas etc., encenadas no local. Para teatros de apresentação de peças tradicionais e "espaços trifuncionais", calculam-se entre 15 a 20 encenações; para óperas até 50 ou mais.

Por peça encenada necessitam-se por volta de 20 a 25% da área total de palco como depósito, isto representa, para teatros tradicionais, aproximadamente 3 vezes a área de palco e para óperas, no mín. 10 vezes. A prática comprova que, ao longo do tempo, os depósitos tornam-se sempre muito pequenos, sendo necessária a sua construção fora do edifício principal, o que é válido especialmente para as Óperas.

Os grandes problemas de movimentação e manejo condicionaram a introdução de modernas técnicas de transporte e armazenamento guiado: sistema de containers com controle de computadores.

Por encenação, cerca de 2 a 4 containers (em casos excepcionais, para óperas, podem chegar a ser necessários até 12 containers).

Exemplo:

Grande Ópera de Berlim: depósitos interligados diretamente com o palco → ④.

Ópera de Mannheim: uso de containers, em construção independente, fora do edifício principal.

A superfície necessária para depósito de trajes, fantasias etc., também é calculada em função do repertório encenado e tamanho do corpo de artistas pertencente ao teatro em questão; p. ex. no caso das Óperas: ao lado dos artistas principais, coro e balé.

Espaço necessário por traje/peça de vestuário: 1–12 cm/peça ou 1–15 peças de vestuário por m linear de tubo (apoio dos cabides) → ⑥ – ⑦.

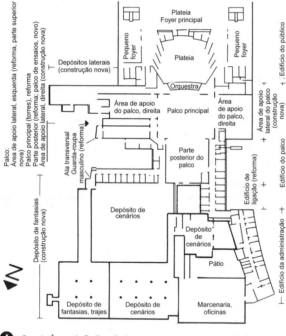

④ Grande Ópera de Berlim, plantas

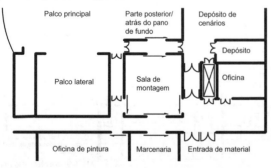

⑤ Acessos do setor no nível do palco, com o palco propriamente dito. Alturas e posicionamento de portas e elevadores devem ser adequados à altura máx. do cenário, considerando ainda sistemas corta-fogo, contra incêndios

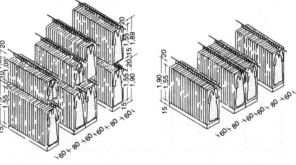

⑥ Depósito para trajes e fantasias, penduradas em armações fixas com cabides, em dois andares

⑦ Em apenas um andar → ⑥

TEATROS
OFICINAS E ÁREAS DO PESSOAL

Oficinas para elaboração dos cenários

A área necessária para as oficinas de cenários abrange, em teatros médios, de 4 a 5 vezes a área do palco principal; em edifícios destinados à ópera ou de função dupla (ópera e encenações de peças), 10 vezes. Oficinas, dentro ou fora do edifício, devem ocupar sempre um só nível. O projeto deve considerar as diretrizes para locais de trabalho e suas regras técnicas, assim como medidas dos sindicatos dos trabalhadores para proteção contra acidentes. Em determinadas condições, pode haver influência sobre o projeto das tarifas de funcionamento e contrato das diversas áreas.

As oficinas de cenários classificam-se em:

a) Sala de pintura: Sua área deve ser calculada permitindo que, dois telões ou panos de fundo, possam ser estendidos no chão e pintados concomitantemente. Tamanho médio de um pano de fundo: 10 x 36 m. A possibilidade de divisão da sala por uma cortina pesada é necessária, tendo em vista problemas de interferência de trabalho (p. ex., esborrifamento das tintas). Piso: com calefação para secagem das pinturas; de madeira para estender e prender as telas. A sala de costura interliga-se funcionalmente à sala de pinturas, ocupando superfície igual a ≈1/4 da área em relação à primeira.

b) Marcenaria: Subdividida em zona de bancos de trabalho e de máquinas. Piso de madeira. Interligada com o depósito de madeiras, abastecido com material para 3–10 produções.

c) Estofados: ≈1/10 da área da sala de pinturas.

d) Serralharia: como a marcenaria, piso de concreto.

e) Revestimentos de cenários/bastidores: tamanho como b) ou d).

f) As oficinas devem ser agrupadas em uma sala de montagem, servindo ao teste e prova da construção do cenário, ocupando área igual à superfície do palco. Sua altura orienta-se pela altura da boca do palco, acrescentando 2 m; diâmetro de 9–10 m.

g) Para o pessoal técnico devem ser previstos vestiários, lavatórios e áreas de permanência (cantina). Escritórios para o pessoal de diretoria técnica. Outras oficinas para som, iluminação, instrumentos e vestuários/fantasias. O dimensionamento, no caso, depende das exigências locais (intensidade das produções, equipamentos e número do pessoal).

Áreas destinadas ao corpo artístico

Corpo artístico/camarins, direção, administração. Do ponto de vista histórico, as áreas destinadas aos atores ocupavam – desfavoravelmente quanto ao funcionamento – as laterais do palco: à esquerda, as mulheres à direita, os homens. Hoje elas são instaladas em diversos andares, na ala frontal à zona técnica. Em conjunto, encontram-se ainda com frequência as salas de maquiagem e máscaras, assim como de vestuários e fantasias, administração e diretoria. Guarda-roupas/camarins/vestiários: → ❷ – ❾. Plantas típicas.

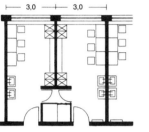

❶ Planta do térreo de edifício destinado a oficinas   Arq. e Técn.: Biste e Gerling

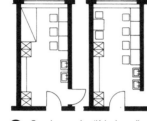

❷ Guarda-roupa/vestiário dos solistas ≥ 3,8–5 m²/pessoa

❸ Guarda-roupa/vestiário dos solistas ≥ 5 m²/pessoa

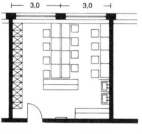

❹ Guarda-roupa/vestiário do pessoal do coro ≥ 2,75 m²/pessoa

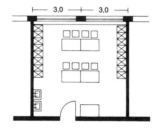

❺ Vestiário e sala de afinação para os membros da orquestra ≥ 2 m²/pessoa

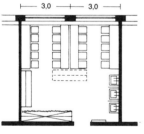

❻ Guarda-roupa/vestiário do pessoal do coro ≥ 1,65 m²/pessoa

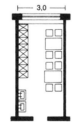

❼ Vestiário e sala de descanso para o pessoal técnico

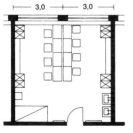

❽ Guarda-roupa/vestiário para grupos de balé ≥ 4 m²/pessoa

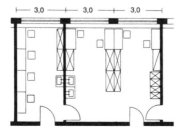

❾ Sala de maquiagem e máscaras

❿ Valores básicos para instalações sanitárias em teatros

Espectadores	Instalações sanitárias
Para 30–40 espectadoras/fem.	1 bacia sanit., 1 lavatório
Para 40–50 espectadores/masc.	1 bacia sanit., 2 mictórios, 1 lavatório
Para 1000 espectadores	1 WC para PCDs e PNEs
Artistas de teatro ou ópera, inclusive coro, balé e figurantes	
Para 10 artistas/fem.	1 bacia sanit.
Para 15 artistas/masc.	1 bacia sanit., 2 mictórios
por sala de solista	1 lavatório
Para 2 Camarim dos solistas	1 lavatório, 1 chuveiro
Para o conjunto de camarins dos solistas[1]	2 banheiras
Para cada 4 membros do balé/coro ou figurantes[1]	2 lavatórios, 1 chuveiro
Para o balé[1]	2–4 lava-pés
Pessoal das oficinas etc.	
Para 15 mulheres	1 bacia sanit.
Para 20 homens	1 bacia sanit., 2 mictórios
Para 4 pessoas[1]	1 lavatório
Para 5 pessoas[1]	1 chuveiro
Para 10 pessoas[1]	1 banheira

A combinação do tipo de espectadores é feita com base na previsão de ⅗ do sexo feminino e ⅖ do masculino
[1] Os equipamentos devem ser previstos separadamente para mulheres e homens

Cultura Lazer

TEATROS
Panorama histórico
Tipologia
Plateia, assentos e fileiras
Palco
Áreas de apoio
Oficinas e áreas do pessoal
Espaços destinados ao público
Renovação

TEATROS
ÁREAS DO PESSOAL E ESPAÇOS DESTINADOS AO PÚBLICO

Salas para ensaios: todo teatro requer pelo menos 1 palco para ensaios, a fim de diminuir a sobrecarga de uso do palco principal. Por exemplo, no caso de teatros pequenos, podem ocorrer ao mesmo tempo instalação do cenário da encenação atual no palco principal e ensaios no palco secundário (as dimensões dos dois deverão ser iguais). Planta tipo de um palco de ensaios em teatro tradicional → ❶. Em teatros de Ópera ou com "espaços trifuncionais" adicionam-se ainda: sala de ensaios de orquestra → ❸, para o coro → ❷, sala para solistas, ensaios de balé.

Teatro experimental:
No caso de ocupar espaço com funcionamento contínuo, necessita também, de forma reduzida, ser equipado com sala de pessoal e ensaios, oficinas e depósitos.

Sala de instalações técnicas:
Abrigando transformadores, chaves de controle das correntes de média e baixa tensão, baterias de emergência para energia elétrica, equipamentos de ventilação e ar condicionado, abastecimento de água (instalações contra incêndio). Planejamento segundo rede de fornecimento local e através de técnicos especializados.

Espaço destinado ao público:
As Óperas italianas clássicas dispunham de apenas um acesso estreito e escadas, sem a presença de um foyer próprio. Em comparação, mostra-se igualmente impressionante a amplidão da área reservada ao público na grande Ópera de Paris. O incêndio do Teatro de Viena em 1881 teve consequências profundas quanto a mudanças nos espaços de teatro: para os espectadores foram, a partir de então, exigidas escadas fechadas de emergência, separadas para cada nível de balcão. Estas determinações são ainda hoje válidas em princípio (no código alemão).
Nos teatros tradicionais, os saguões são acessíveis apenas aos espectadores. Nos teatros mais novos, essas áreas são abertas ao público geral quando não há apresentações (p. ex. na Elbphilaromnie de Hamburg e no Teatro Nacional de Oslo). Essas áreas costumam ser divididas em: saguão (*lobby*), restaurante (bufê), área de fumantes e possivelmente um acesso externo. A área ideal é de 0,8 a 2,0 m²/espectador, mas, realisticamente, costuma ser de 0,6 a 0,8 m²/espectador. Deve-se considerar outras possíveis funções do saguão durante o planejamento, tais como exposições e apresentações teatrais regulares.

Guarda-roupa:
(4 m por 100 espectadores). Hoje utilizam-se em parte armários individuais trancados, na proporção de 1 para cada 4 pessoas do público. O foyer é ainda área de espera e aglomeração do público, com sanitários preenchendo o requisito de 1 WC/100 pessoas (1/3 de sexo masculino; 2/3 de sexo feminino).
Deve-se ter pelo menos 1 toalete masculina e 1 feminina. N° total → p. 409 ❿.

Ligações externas, meios de transporte, caminhos de emergência:
Dependem das condições locais → p. 416 ❹ – ❺, além das regulamentações de controle existentes.

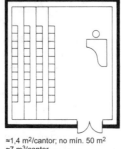

❶ Grande palco para ensaios. A área de encenação é do tamanho do palco principal!

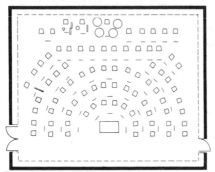

≈1,4 m²/cantor; no mín. 50 m²
≈7 m³/cantor

❷ Sala de ensaios do coro. Planta tipo

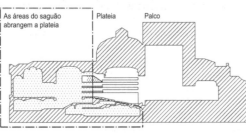

≈2,0–2,4 m²/músico
≈8,0–10 m³/músico

❸ Sala de ensaios para a orquestra. Planta tipo

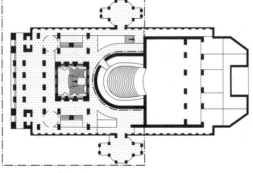

❹ Corte transversal e 2° pav. da Opera Garnier em Paris. Os grandes saguões ao redor da plateia levam em conta o desejo de representação do público.
Arq.: Garnier

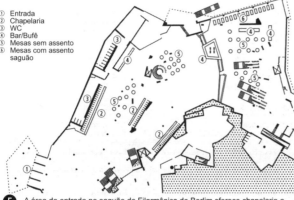

① Entrada
② Chapelaria
③ WC
④ Bar/Bufê
⑤ Mesas sem assento
⑥ Mesas com assento saguão

❺ A área de entrada no saguão da Filarmônica de Berlim oferece chapelaria e espaço para restaurantes sofisticados durante os intervalos. Arq.: Scharoun

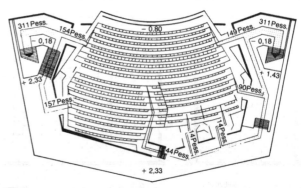

❻ Plano de evacuação da sala: Teatro Municipal de Trier (626 lugares).
Arq.: G. Graubner e H. Schneider. Técn.: A. Zotzmann 1964

Cultura Lazer

TEATROS
Panorama histórico
Tipologia
Plateia, assentos e fileiras
Palco
Áreas de apoio
Oficinas e áreas do pessoal
Espaços destinados ao público
Renovação

Ver também:
Localização do edifício p. 416

TEATROS
RENOVAÇÃO

Teatro Estadual da Saxônia, Radebeul

O edifício original de um renomado teatro, com espetáculos nas três áreas de apresentação – música, dança, encenação de peças – consistia, antes da reforma, em uma aglomeração de diversas anexações e modificações, executadas em diferentes épocas, de um antigo salão de uma hospedaria. O projeto de renovação deveria resolver os problemas funcionais e de organização resultantes, assim como encontrar uma forma externa adequada.

O acesso dos espectadores foi resolvido através de um foyer de aço e vidro, que ocupa dois pavimentos, integrando guarda-roupa, espaço de apresentações temporárias e local para lanches/café.

Uma ampliação da área de depósito e espaços de apoio do palco pode ser efetivada em apenas uma lateral, por motivos da situação topográfica e de limite do terreno. Apesar dessa restrição, conseguiu-se uma ligação funcional entre oficinas, salas de ensaio e depósito de materiais para cenário e fantasias. Outro objetivo do projeto era a melhoria das condições de segurança do trabalho e proteção contra incêndios.

Na tecnologia do palco, houve a renovação dos equipamentos, com sua ampliação parcial. Não foram adotadas medidas dispendiosas, como palco giratório ou pisos elevatórios, permitindo que as peças ali encenadas também pudessem ser apresentadas em turnês em teatros mais simples.

As ampliações com novas partes edificadas foram feitas de modo a serem percebidas claramente, como novas intervenções no antigo conjunto edificado.

① Novo foyer
② Foyer principal
③ Saguão livre
④ Guarda-roupa, WC
⑤ Plateia
⑥ Cantina
⑦ Vestiário
⑧ Fosso da orquestra
⑨ Palco
⑩ Palco lateral
⑪ Camarins
⑫ Depósito/cenário
⑬ Depósito
⑭ Vestiário, ensaio da orquestra
⑮ Sala pequena de ensaio, balé
⑯ Restaurante (externo)

❶ Teatro Estadual da Saxônia, Radebeul, planta. Parte nova edificada hachurada

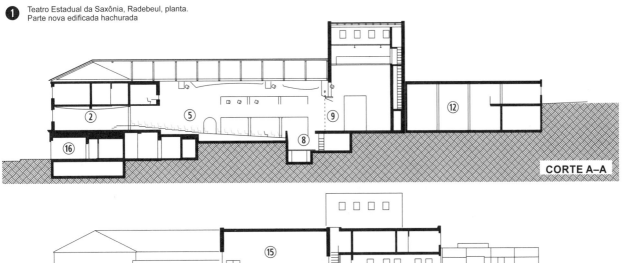

❷ Teatro Estadual da Saxônia, Radebeul, cortes

Arq.: meyer + bassin, Dresden

Cultura Lazer

TEATROS

Panorama histórico
Tipologia
Plateia, assentos e fileiras
Palco
Áreas de apoio
Oficinas e áreas do pessoal
Espaços destinados ao público
Renovação

SALAS DE CONCERTO
ORIGEM E VARIANTES

Acústica em salas de usos múltiplos

As igrejas foram as primeiras salas de concerto, com forte presença de eco. A ressonância aumenta o caráter sacro do ambiente. Nas pregações e músicas com orquestra, entretanto, o efeito das cúpulas e arcadas (devido à ressonância) é negativo.

Nos primeiros teatros e casas de ópera, o palco e o auditório eram construídos em salas existentes. Boa audibilidade da fala através da vista livre e pouca distância entre público e palco; entretanto, pouca ressonância, devido ao uso de materiais absorventes (decoração com tecidos) e poucas superfícies de reflexão.

Para o teatro com camarotes e balcões, estes contornam e fecham o espaço da plateia em três lados. Forma favorável para garantir a pouca distância visual e auditiva em relação ao palco. Em geral, pouco tempo de ressonância, pois as paredes livres dos camarotes e galerias são encobertas pelo público. Favorável também para a audibilidade da fala; música soa, entretanto, abafada e sem nuances.

Salas de concerto

Hoje existem em quatro formas de salas (também modificadas): em paralelepípedo, arena, leque ou ferradura → ❷ – ❺.
A escolha da forma da sala depende da situação urbanística (de implantação), programa espacial e exigências acústicas.

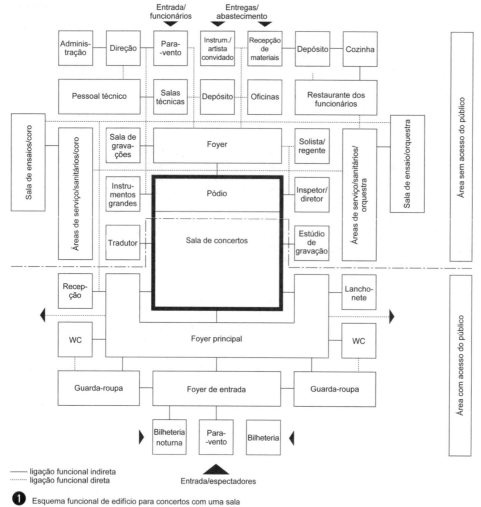

❶ Esquema funcional de edifício para concertos com uma sala

Casas de concerto

Embora destinadas a apresentações musicais, também permitem outros tipos de usos (congressos, conferências etc.); podem ser, quando necessário, ampliadas através de salas de música de câmara, de ensaio, para canto e ensaios vocais, depósito. Estabeleceu-se a capacidade de salas para concerto em geral entre 1.500 e 2.000 espectadores (em casos especiais, 2.800); para salas de música de câmara, entre 400 e 700 lugares.

Cultura Lazer

SALAS DE CONCERTO
Origem e variantes
Exigências, órgão, orquestra
Acústica

Forma de paralelepípedo
Planta retangular
Modelo: salões de festa barrocos, salão de danças
Visibilidade prejudicada, quando a plateia tiver um só nível
Multifuncional, para plateia plana
Estrutura primária, com relações semelhantes à proporção áurea, permitem boa sonoridade

Arena
Planta poligonal
Modelo: anfiteatro
Palco da orquestra totalmente envolto pelos espectadores
Visual excelente, efeito comunicativo
Bom resultado acústico direto
Boa sonoridade possível, porém com instalações dispendiosas

Forma de ferradura
Planta em formato de ferradura
Modelo: teatro de camarotes/balcões
Boa visibilidade, bom resultado acústico direto
Reflexões curtas em quantidade suficiente; poucas reflexões múltiplas
Volume reduzido do som, alta clareza de sonoridade

Forma circular
Planta em formato de leque
Boa visibilidade, bom resultado acústico direto
Desvantagem acústica devido ao alargamento da sala
Boa sonoridade possível, mas com instalações dispendiosas

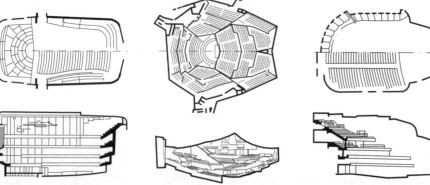

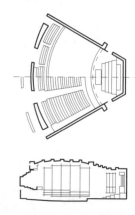

❷ Forma de paralelepípedo: sala de concertos em Lucerna, 1995–98
Arq.: Jean Nouvel

❸ Arena: Filarmônica de Berlim, 1960–63
Arq.: Hans Scharoun

❹ Forma de ferradura: Carnegie Hall, Nova Iorque, 1888–91
Arq.: W.B. Tuthill

❺ Forma de leque: Brucknerhaus, Linz, 1969–73
Arq.: Heikki Siren

SALAS DE CONCERTO
EXIGÊNCIAS TÉCNICAS, ÓRGÃO, ORQUESTRA

Pouco equipamento técnico de palco: elementos para nivelamento do piso na área de posicionamento da orquestra, paredes e painéis de teto móveis, equipamentos para transporte, alto-falantes e iluminação.

Ampliação do espaço do palco/elevadores de palco
Em grandes salas de concerto, a área destinada à orquestra constitui-se de sistema de elementos e peças que permite variações para diferentes tamanhos de orquestras, aumento da superfície do palco, otimização do número de lugares através de localização de assentos sobre plataformas movidas por elevadores, que também efetuam o transporte de objetos entre palco e subsolo. Estes são movidos eletricamente, com sistema em espiral, com baixa velocidade.

Assentos em plataformas transportáveis
Através de variadas posições dos elevadores, pode-se aumentar o número de assentos para espectadores em palcos pequenos. Conjuntos de assentos fixos sobre plataformas podem ser instalados adicionalmente.

Estrados da orquestra
Sistema modular: opções flexíveis para grupos de músicos; transporte e depósito de equipamentos são feitos sob a área do piso. Revestimento do piso compatível com o do palco.

Assentos no coro
Plataforma adicional com assentos, ocupando a área de coro com maiores dimensões. Essas plataformas são roladas e fixadas às fileiras existentes com o mesmo tipo de cadeiras. O acesso é feito pela desmontagem de partes do balcão ou pela construção de escadas temporárias.

Elevador para cabine de som
Na parte posterior da sala de espetáculos, na área da plateia, ocupando três fileiras; pode ser modificada rapidamente segundo condições de apresentação, conferências etc.
Uso de plataforma movimentada com sistema motorizado, localizado abaixo do nível da plateia. Esta pode ter diversos equipamentos: plataforma de assentos, painel de controle de som e luz, ou estar vazia (p. ex., para utilização por músico convidado, com equipamento próprio).

Cicloramas
Estrutura tubular movida a motor para fixação de cortinas e faixas, iluminação portátil e elementos de projeção, atrás do palco. Dependendo da necessidade, parcial ou totalmente desmontável.

Órgão como instrumento fixo da sala de concertos
Não existe uma forma acabada para esse instrumento, resultando da técnica de montagem. O órgão adapta-se ao espaço individualmente como componente musical e arquitetônico, constituindo-se em foco visual de importância. A localização do mesmo deverá ser diretamente ligada ao pódio, de preferência na parede posterior, em área livre (não em nicho).
Depende fortemente do volume do ambiente, sua acústica, posicionamento, número de assentos, exigências musicais (solista ou acompanhante). Quanto melhor for a acústica do local e favorável a localização do órgão, tanto menor poderá ser seu tamanho → ❶ – ❸.
Para cálculo da profundidade da caixa deve-se calcular: 1–2 m de área para o organista e no mín. 0,5 m para passagem, atrás; acima, 1,5 m livres → ❸ + ❹.
Em salas de concerto, necessita-se uma segunda mesa de comando (elétrica, móvel); esta localiza-se junto à orquestra; o organista, no caso, faz parte da orquestra. Prever ligação para cabos. As dimensões dependem do tamanho do órgão → ❹ + ❺.

Tamanhos de orquestras e disposição
Para o desenvolvimento da sonoridade no ambiente são significativos os diferentes posicionamentos dos membros da orquestra; antiga disposição alemã e a forma atual mais usual, a americana → ❻ + ❼.
Atualmente são comuns na Europa e na América os seguintes tamanhos de orquestra: grande orquestra sinfônica com 60–150 músicos e orquestra de câmara, com 25–40 músicos; daí orienta-se o tamanho necessário para o pódio (p. ex., a sala de concertos Gewandhaus, em Leipzig, com cerca de 180 m²).

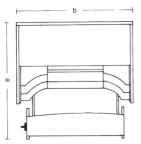

❶ Tamanhos e formas de órgãos

Tipo	Tamanho	Registros	Altura (m)	Largura (m)	Profundidade (m)
A	Portativo	3–7	0,6–0,8	1,0–1,2	0,7–1,2
B	Positivo	8–12	2,5–3	1,6–2,5	0,8–1,6
C	Peq. órgão	12–20	4–6	3–3,5	1,2–1,8
D	II Manual	20–30	6–7	5,5–6,5	1,2–2
E	II Manual	25–35	6,5–9	4,5–7	1,5–2,5
F–G	III Manual	30–60	7,5–10	7–9	2–3
H–I	IV–V Manual	60–100	9–13	8–12	2–4

❷ Tipos de órgãos e tamanhos (das caixas)

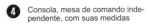

Número de registros = volume do ambiente em m²/300 + n° de assentos/50

❸ Fórmula para determinação do número de registros (segundo Walcker)

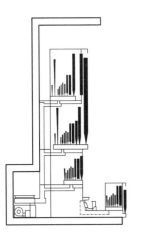

a = Largura inclusive registro
b = Profundidade inclusive banco
c = Altura, inclusive estante de partituras

	2 teclados	3 teclados	4 teclados
a	180	200	220
b	150	160	170
c	110	120	130

❹ Consola, mesa de comando independente, com suas medidas

❺ Órgão com IV teclados/manuais, corte

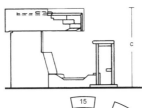

❻ Orquestra: posição dos músicos na Alemanha

❼ Posicionamento americano dos músicos

1. Regente
2. 1° violino
3. 2° violino
4. Viola
5. Violoncelo
6. Contrabaixo
7. Flauta
8. Oboé
9. Clarineta
10. Fagote
11. Trompete
12. Trompa
13. Trombone
14. Tuba
15. Harpa
16. Percussão
17. Tímpano

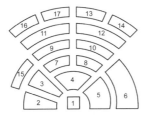

413

SALAS DE CONCERTO
ACÚSTICA

O objetivo principal do projeto de uma sala de concertos é o desenvolvimento de uma boa qualidade do som. Acústica como união de diversos elementos: tamanho da sala, volume, proporção, número e posição dos assentos, materiais empregados, superfícies e acabamentos. Deve-se observar as diversas características sonoras dos variados instrumentos e da voz (humana) através do canto, individuais e em conjunto (orquestra); questões como timbre, características do som (intensidade, frequência e tempo/ressonância). A forma de distribuição da orquestra exerce papel importante para a definição da qualidade sonora no espaço de apresentação: localização dos diversos grupos de instrumentos (principalmente os de corda).

Para o efeito instrumental é de grande importância a relação entre som direto sobre o ouvinte e reflexões primárias laterais e, mais tarde, as reflexões secundárias, difusas → ❶.

A ressonância ideal é fundamental para a qualidade da transmissão sonora para o ouvinte: um tempo longo de ressonância prejudica a audibilidade (clareza); pouca ressonância faz o som perder nuances. Isto depende da relação troca de ar/pessoa (salas antigas 4–5 m³/lugar-assento; novas, acima de 6 até 15 m³/lugar).

A acústica de uma sala, dependente do seu tamanho, forma etc. e dos materiais empregados na sua construção (superfícies), pode ser modificada segundo escolha de medidas corretivas, adaptando-se a exigências acústicas determinadas. Nesse caso, há as seguintes variantes possíveis de intervenções:

Refletor acústico
Instalado sobre o palco; regulável; superfície larga, pesada, refletora de som; funciona com dois ou três elementos independentes; cada parte deve poder movimentar-se até 1 ou 2 m acima do palco e 2 m abaixo do teto da sala. Maiores alturas dos refletores dependem do tipo de concerto: pequenos concertos, música de câmara e concerto para instrumentos de cordas utilizam refletores baixos.

Cortinas e faixas absorventes sonoras
Influência sobre comprimento e intensidade do tempo de ressonância (rebaixamento através de cortinas abertas). Quando não necessárias, as cortinas podem ser recolhidas em nichos (devem então ter seu efeito neutralizado).

Espaços de regulagem acústica
Alcance de volume adicional para obras de longo tempo de ressonância (obras para órgão, grande orquestra e coro, assim como com amplificadores) através do aumento da plateia. Áreas de circulação e foyer podem ser utilizados para esse fim. Esses espaços devem poder ser abertos através de mecanismos centralizados, com movimentação de painéis.

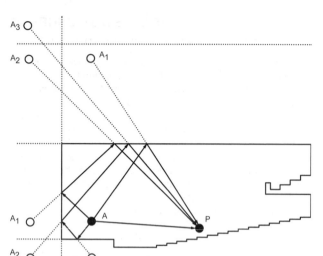

❶ Emissão sonora e ondas refletidas em um auditório. A = fonte sonora, A1 = fontes de som refletido, primeira fase etc.

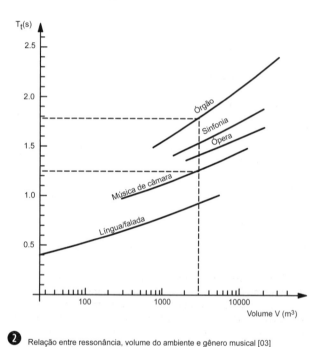

❷ Relação entre ressonância, volume do ambiente e gênero musical [03]

As qualidades de reflexão dos diferentes materiais são de grande importância nos projetos acústicos. Superfícies duras devem ser escolhidas quando o objetivo é maior tempo de ressonância. As cadeiras também devem ter parte externa rígida, com assentos estofados, resultando em um equilíbrio do fator de ressonância, mesmo para diferentes números de ouvintes na sala.

Frequência (Hz)	125	250	500	1000	2000	4000
Painel acústico, rígido, pendurado	0,2	0,4	0,7	0,8	0,6	0,4
Painel acústico, em moldura, pendurado	0,5	0,7	0,6	0,7	0,7	0,5
Reboco acústico, áspero	0,1	0,2	0,5	0,6	0,7	0,7
Reboco normal, sobre ripado	0,2	0,15	0,1	0,05	0,04	0,05
Placas de gesso 16 mm com cantos de madeira	0,3	0,1	0,05	0,04	0,07	0,1
Madeira compensada 8 mm	0,6	0,3	0,1	0,1	0,1	0,1
Blocos de concreto, superfície bruta	0,4	0,4	0,3	0,3	0,4	0,3
Concreto, pintado	0,1	0,05	0,06	0,07	0,1	0,1
Concreto aparente	0,01	0,01	0,02	0,02	0,02	0,03
Tijolo cerâmico	0,03	0,03	0,03	0,04	0,05	0,07
Carpete pesado sobre concreto	0,02	0,06	0,15	0,4	0,6	0,6
Carpete pesado sobre feltro	0,1	0,3	0,4	0,5	0,6	0,7
Piso do pódio, madeira	0,4	0,3	0,2	0,2	0,15	0,1
Vidro de janela	0,3	0,2	0,2	0,1	0,07	0,04
Cortinas, veludo (médio)	0,07	0,3	0,5	0,7	0,7	0,6
Assentos, estofados, ocupados	0,4	0,6	0,8	0,9	0,9	0,9
Assentos, estofados, não ocupados	0,2	0,4	0,6	0,7	0,6	0,6
Assentos metálicos ou de madeira, não ocupados	0,02	0,03	0,03	0,06	0,06	0,05

❸ Graus de absorção sonora (alpha) de diversas superfícies de materiais [03]

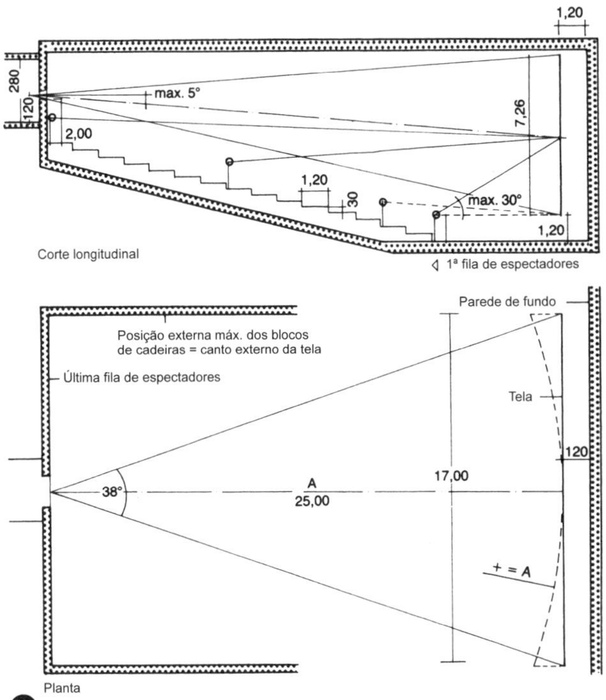

CINEMAS
PROJEÇÃO

Antes do início do projeto deve-se consultar uma firma especializada em técnicas da cinematografia.

Projeção de filmes: com o uso de filmes de segurança, não é mais exigido o isolamento da cabine de projeções, com fechamento resistente ao fogo. O operador coordena o funcionamento de diversos projetores. A cabine hoje não é mais um espaço de permanência de pessoas; atrás do projetor deverá ser deixada uma distância livre de 1m, assim como nas laterais, para manejo; altura de 2,80 m é suficiente; ventilação com entrada e saída de ar, isolamento acústico em relação à sala de espectadores. As cabinas de projeção podem ser concentradas, servindo a diversas salas.

As bitolas dos filmes podem ser de 16 mm, 35 mm e 70 mm. O ponto médio do raio de projeção não deve afastar-se, vertical e horizontalmente, mais do que 5° do meio da tela (ponto central) ou deverá ser conduzido por reflexões em espelhos → ❶.

Convencionalmente tem-se o uso de dois projetores com funcionamento conjunto. Hoje, entretanto, vigora mundialmente a forma automática de operação com apenas um aparelho projetor, bobina horizontal com capacidade para 4.000 m de filme sem interrupção, além de sistema de controle remoto, centralizado, para coordenação das diversas cabinas de projeção de funcionamento simultâneo. O próprio filme emite sinais, automaticamente, para correção das funções do projetor como troca de objetiva, iluminação da sala e palco, manejo da cortina etc.

Tamanho da imagem projetada: depende da distância entre projetor e tela, apresentando uma relação entre altura-largura de 1:2,34 (cinemascope); ou de 1:1,66 (projeção horizontalizada) para salas sem largura suficiente. O ângulo central, partindo do meio da última fileira de espectadores até os cantos limites da tela, no caso de cinemascope, não deve ultrapassar 38° = distância da última fileira: largura da tela = 3:2 → ❷ – ❸.

Tela: a distância entre tela do tipo THX (→ p. 416) e parede deve ser de no mín. 120 cm, podendo ser reduzida, em função do tamanho da sala e técnica de projeção, para até 50 cm, para instalação do sistema de som. A tela é perfurada (passagem do som). Cortinas móveis delimitam lateralmente a largura, para filmes de mesma altura (imagem projetada). Telas de grandes dimensões são recurvadas, com raio dirigido para a última fileira de assentos. O canto inferior da tela deverá estar a uma altura de no mín. 1,20 m acima do piso → ❶.

Área dos espectadores: além da indicação de elementos de segurança obrigatórios e das saídas de emergência, não são permitidos outros pontos de luz no ambiente. Paredes e tetos de material não refletores, com superfícies não muito claras. Os espectadores deverão sentar-se de preferência dentro da área delimitada pelos cantos laterais da tela. A partir da primeira fila, o ângulo de visibilidade para o centro da tela não deve ultrapassar 30°.

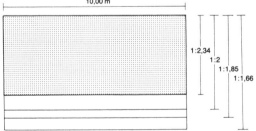

❶ Condições ideais para a assistência

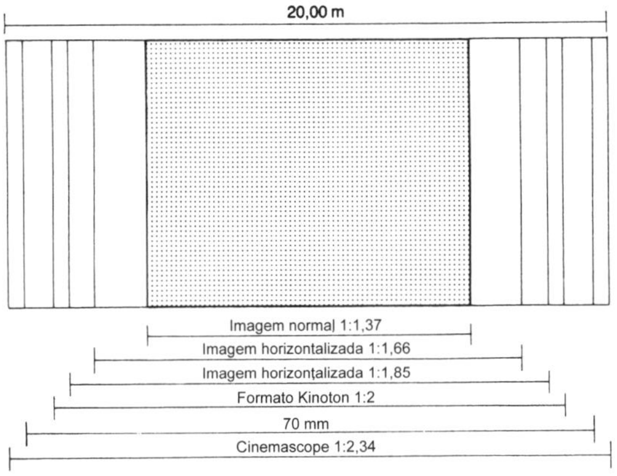

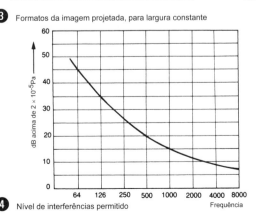

❷ Formatos da imagem projetada, para altura constante

❸ Formatos da imagem projetada, para largura constante

❹ Nível de interferências permitido

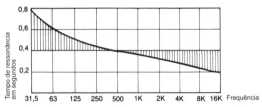

❺ Tempo de ressonância permitido em relação às freqüências

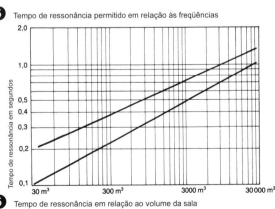

❻ Tempo de ressonância em relação ao volume da sala

Cultura Lazer

CINEMAS

Projeção
Salas de cinema
Cinemas multiplex
Cinemas *drive-in*

415

CINEMAS
SALAS DE CINEMA

O caimento do piso deve alcançar uma declividade limite de 10° ou haverá necessidade de construção de degraus, com altura de no máx. 16 cm, em plataformas de 1,20 m de largura → ❶. Tendo em vista o eixo central, podem-se ter até 10 lugares em cada lateral da faixa em nível → ❸.

Acústica:
Salas de espectadores contíguas: devem ser separadas por paredes de isolamento acústico de ≈85 dB/18–20 000 Hz → p. 415 ❹.
Placas de direcionamento sonoro instaladas no teto: com diferença mínima de tempo de transmissão do som (minimização do retardamento). O tempo de ressonância pode crescer com o aumento do volume da sala, alcançando uma diferença entre 0,8–0,2 segundos, das freqüências baixas para as altas → p. 415. A parede de fechamento, atrás da última fileira de espectadores, deverá receber tratamento superficial contra a formação de eco. As caixas de alto-falantes devem ser distribuídas pelo recinto de tal forma que, a diferença entre intensidade do som entre a primeira e última fileira não seja superior a 4 dB.

Reprodução sonora:
Ao lado do sistema mono de reprodução de luz e som, no futuro tem-se como obrigatório o sistema *dolby-stereo* (estereofônico), em 4 canais, com a combinação de grupos de 3 alto-falantes atrás da tela e 4° canal adicional, com alto-falantes extras, nas laterais e atrás da sala.
Para filmes de 70 mm utilizam-se 6 canais – sistema eletromagnético – com combinação de alto-falantes extra atrás da tela. No sistema BTX tem-se atrás da tela uma parede absorvedora de sons, em que é instalada a combinação de alto-falantes, segundo o sistema de filmagem desenvolvido por George Lucas.

Bilheterias
Em sua maioria com sistema eletrônico de reserva e distribuição de ingressos. Uma bilheteria para cada 300–400 lugares, necessitando de cerca de 5 m².

Tipos de cinema
Como movimento contrário aos cinemas multiplex → p. 417 desenvolveram-se nos centros de cidades os cinemas de programa, onde são mostradas, em sua maioria, séries temáticas de filmes. Os tamanhos usuais das salas variam entre 50 e 200 lugares. Geralmente, também apresentam oferta gastronômica → ❻.
Telas redondas ou circulares aumentam a sensação do espectador como participante direto na cena. Como, no caso, são necessárias técnicas especiais na execução dos filmes (diversas câmaras filmando ao mesmo tempo), existe pouco material fílmico nesse sentido. Por isso, as salas desse tipo limitam-se a parques de diversões ou planetários → ❽ + ❾.

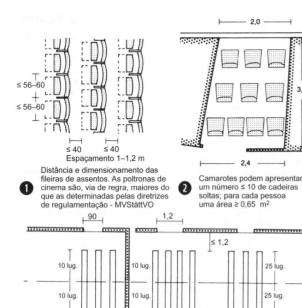

❶ Distância e dimensionamento das fileiras de assentos. As poltronas de cinema são, via de regra, maiores do que as determinadas pelas diretrizes de regulamentação - MVStättVO

❷ Camarotes podem apresentar um número ≤ 10 de cadeiras soltas; para cada pessoa uma área ≥ 0,65 m²

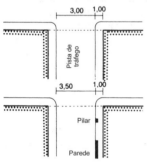

❸ Disposição das cadeiras/fileiras
A: para salas com ≤ 200 pessoas
B: para salas com ≥ 200 pessoas
C: 50 lugares quando, para cada 4 fileiras, existir uma porta lateral

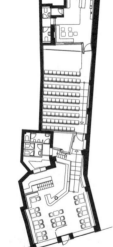

❹ Acesso e saída de veículos

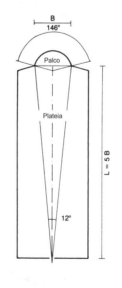

❺ Distâncias até os limites laterais do terreno em dependência do número de espectadores

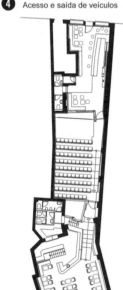

❻ Cinema de programa Zazie, com café e bar, em Halle (Saale) Arq.: Complizen.com

❼ Salas de assistência para filmes com projeção plana

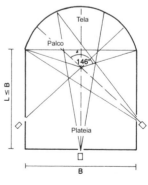

❽ Sala para filmes panorâmicos

❾ Cinerama. Superfície de projeção ou tela circular (360°), com imagem resultante de 11 projetores sincronizados. Exposição de Bruxelas

CINEMAS
Projeção
Salas de cinema
Cinemas multiplex
Cinemas *drive-in*

Diretrizes de regulamentação de espaços para reunião de pessoas – MVStättVO

CINEMAS
CINEMAS MULTIPLEX

Combinação de várias salas de cinema, de diferentes tamanhos, em um edifício. Os cinemas multiplex encontram-se quase sempre em conjunto com shopping centers, estacionamentos etc., uma vez que necessitam de espaços grandes → p. 418.

As salas têm acesso por saguão único e são, em sua maioria, parcialmente sobrepostas. Em função do grande número de espectadores, deve-se ter uma clara distribuição das salas individuais, buscando clareza na orientação e circulação do público. O posicionamento de cada sala em relação ao foyer depende da dimensão desta: salas maiores mais próximas do foyer; de preferência, a sala maior deverá ocupar posição central, acessível de forma direta.

Os diversos tamanhos de salas dependem do desejo do proprietário do cinema, assim como as determinações do distanciamento das fileiras, projeto do foyer etc. (planos concretos de funcionamento do conjunto). A zona de bilheterias localiza-se na entrada; o número de bilheterias depende do número de lugares no total: cerca de 5 m^2 de área/bilheteria; para 2.500 lugares, cerca de 6 a 8 cabines.

O foyer deverá ser amplo, com organização espacial clara, em posição de destaque no edifício, abrigando entrada centralizada, gastronomia e acesso para todas as salas. Diante dos acessos individuais, em diferentes pavimentos, na maioria foyers adicionais, com bar, WCs etc. O foyer central deverá ter dimensão suficiente para eventos em geral (estreias, mostras, festivais etc.)

Em geral, o setor de gastronomia é parte essencial na concepção do projeto de cinema. O balcão ocupa posição central e os espaços secundários são ocupados por depósitos e áreas de serviço.

Salas de cinema
A tela deve preencher toda a parede de fechamento posterior; saídas ao longo da parede lateral. Corredores transversais estabelecem a ligação entre portas de entrada/saída, ou para uma única entrada, para alcançar escada lateral → p. 416.

Sala de projeção
Tamanho mínimo: 6,50 x 2,80 x 2,80 m (L x P x H), dimensões da janela de projeção cerca de 150/250 x 50 cm (1 ou 2 projetores); o projetor de filmes pode ser complementado por sistema de vídeo. Prever também espaço para aparelhos de sincronização, para apresentação simultânea do mesmo filme em diversas salas, e painéis de controle. Estrado sob os projetores devem ser fixos, livres de vibrações. O nível de ruído das aberturas para projeção devem ser reduzidos de ≈75 dB para um máximo de 30 dB. Temperatura ambiente para trabalho não deve ultrapassar 22°C a fim de proteger cópias de filmes e equipamentos.

Espaços de apoio
Dependendo das necessidades, deve-se prever: escritório da direção, secretaria e centro de funcionários, arquivo, central de computadores, área de sanitários e serviços (vestiários e WC feminino e masculino; sala de permanência dos funcionários).

Para o foyer e área de gastronomia: depósito/despensa, frigorífico, depósito de vasilhames, lixo, material de limpeza; depósito da firma de limpeza, assim como de decorações/acessórios.

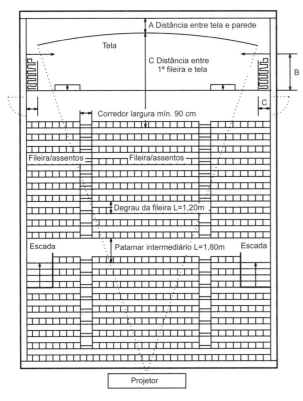

① Acessos para salas de cinema

② Distribuição esquemática de salas de cinema em um só nível

Proporção da sala: 1:1,3–1,4:05 (L:P:H) Distância entre tela e parede A: 1,20 – 1,50 m
Espaço para cortina B: de cada lado ≈ 10% da largura da tela
Distância C (cabeça na 1ª fileira e tela): ≈ 75% do pé-direito do ambiente
Largura da calha para guardar cortina: ≈ 40 cm
Curvatura da tela: arco com centro no projetor, a partir de ≈ 500 lugares
Nível da tela: = 0,30 m abaixo do teto; parte inferior: ≈ 0,80 m acima do piso
Altura da tela: resulta dos dados acima
Largura da tela: altura da tela x 2,35 (grande formato, cinemascope)
Altura do pé-direito acima da última fileira: no mín. 2,30 m

③ Planta esquemática de grande sala de cinema, com indicações técnicas

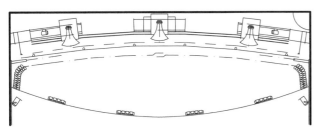

④ Sistema de projeção cinemascope/"Panavision"

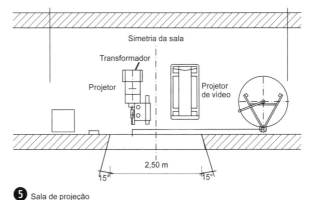

⑤ Sala de projeção

Cultura Lazer

CINEMAS

Projeção
Salas de cinema
Cinemas multiplex
Cinemas *drive-in*

Diretrizes de regulamentação de espaços para reunião de pessoas – MVStättVO

417

CINEMAS
CINEMAS MULTIPLEX (EXEMPLOS)

A situação urbanística do conjunto exerce um papel importante no inter-relacionamento de diversas salas de cinema. As possibilidades vão desde a sobreposição (salas como cubos, sobrepostas, com acessos e áreas de apoio laterais) → ❸ + ❹, ou alinhamento horizontal (grandes salas de espetáculos dos anos 1960 foram complementadas por salas adjacentes, a maioria enterrada, seguindo condicionantes da preservação do patrimônio) → ❶ + ❷, até combinações de sistemas variados. Uma solução corrente é a inter-relação com outras funções: *shopping center*, estacionamentos etc.; instalações comerciais no térreo, salas de cinema e estacionamento no pavimento superior; formas urbanísticas marcantes, quando complementadas por arranha-céus → ❺ − ❼.

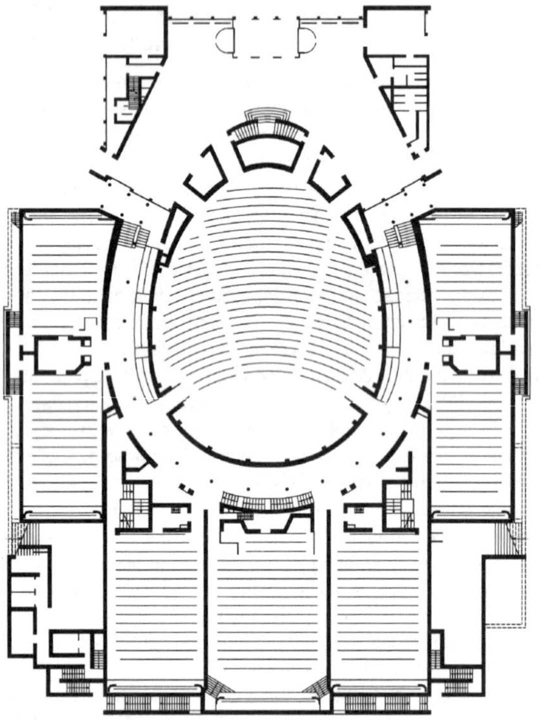

① Salas de cinema
② Foyer
③ Escritórios
④ Estacionamento

❶ Cine Kosmos, Berlim, planta — Arq.: Rohde Kellermann Wawrowsky

❷ Cine Kosmos, Berlim, vista/corte — Arq.: Rohde Kellermann Wawrowsky

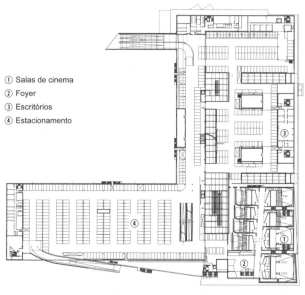

❺ Neustadt Centrum Halle, planta do pavimento superior (1º pav. com cinemas)
Arq.: Hermann & Valentiny com Noack e sócio

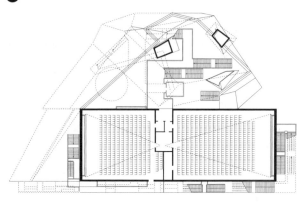

❸ Filmpalast Dresden, vista/corte — Arq.: Coop Himmelb(l)au

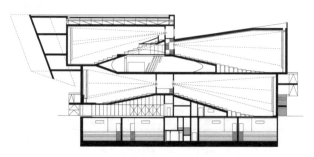

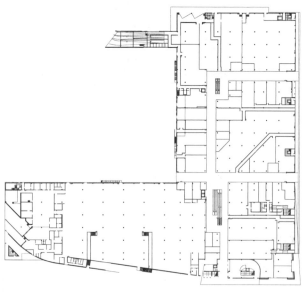

❻ Neustadt Centrum Halle, planta do térreo (pav. comercial)
Arq.: Hermann & Valentiny com Noack e sócio

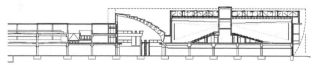

❹ Filmpalast Dresden, vista/corte — Arq.: Coop Himmelb(l)au

❼ Neustadt Centrum Halle, corte
Arq.: Hermann & Valentiny com Noack e sócio

Cultura Lazer

CINEMAS
Projeção
Salas de cinema
Cinemas multiplex
Cinemas *drive-in*

CINEMAS
CINEMAS *DRIVE-IN*

Os cinemas com sistema *drive-in* são aqueles em que o espectador permanece dentro do seu automóvel. O tamanho é limitado pelas rampas, com possibilidade de estacionamento de um número ≤ 1.000–1.300 veículos, com boa visibilidade. Capacidade normal é de 450 a 500 automóveis → ❶.

Carros	Número de rampas	Distância entre tela até o canto externo da última rampa em m
500	10	155
586	11	170
670	12	180
778	13	195
886	14	210
1.000	15	225

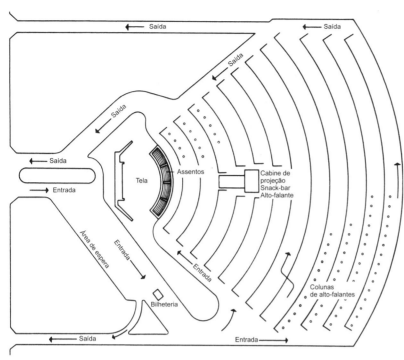

❶ Cinema *drive-in* com planta em forma de leque, rampas inclinadas e cabine de projeção baixa, a qual interrompe a visual apenas de 2 fileiras

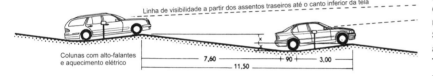

❷ Disposição e medidas das rampas. Declividade de acordo com as diferentes alturas da tela

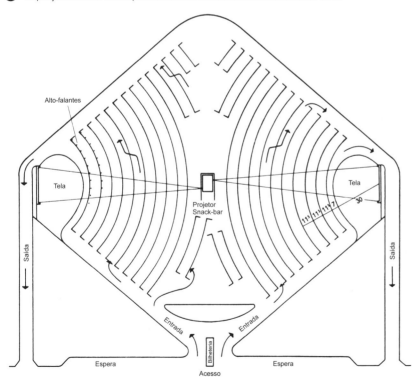

❸ Cinema duplo. Uma cabine de projeção para duas telas diferentes. Desta forma tem-se a possibilidade de projetar o mesmo programa com defasagem de tempo, separado por intervalo intermediário (pausa). Os outros serviços – bilheteria, bar, toaletes etc. – são conjuntos.

Localização: junto a rodovias, próximos a áreas de serviço com posto de gasolina e restaurante, protegidos suficientemente contra luz e ruído do tráfego de veículos.
Rampas: de forma encurvada, inclinadas transversalmente, de maneira a permitir que a parte frontal do automóvel fique elevada, permitindo assim a visibilidade de pessoas sentadas nos assentos traseiros em relação à tela, sobre a capota dos veículos estacionados em filas à frente → ❷.
Entrada: com área de espera a fim de evitar congestionamentos nas ruas de acesso. Passagem dos carros pelas bilheterias, de modo que o espectador não necessite descer do automóvel → ❶.
Saída: de preferência em direção à área frontal, após o abandono das rampas.
Tratamento das superfícies: de material antiderrapante, quando molhado, e que evite a formação de poeira.
Número de bilheterias: 1 bilheteria para cada 300 automóveis; 2 para 600; 3 para 800; 4 para 1.000.
Tela de projeção: depende da capacidade em relação aos automóveis. Para 650 carros, 14,50 x 11,30 m; para 950, 17,0 x 13,0 m. A orientação desejável é a Leste ou Norte, possibilitando que o espetáculo comece mais cedo. Dependendo da latitude, é melhor que a tela seja fixada em construções sólidas (perigo dos ventos). Exemplo de cinema *drive-in*: H-H Billbrook, próximo a Hamburgo. Tela com 36 m de altura x 15,5 m de largura. A altura da tela em relação ao piso depende da declividade das rampas, assim como do ângulo visual. A curvatura superior da tela diminui os efeitos de distorção da imagem. Estrutura de apoio e tela devem suportar a ação dos ventos.
Fileiras de assentos: devem ser previstas, assim como *playground* para as crianças.
Cabine de projeção: em sua maioria centrais, a 100 m de distância da tela.
Sala de controle da projeção: contém montagem das bobinas, geradores, sistema de amplificação do som.
Reprodução sonora: de preferência através de alto-falantes, instalados no interior dos automóveis. Estes são distribuídos sobre colunas (cada uma servindo 2 automóveis), distanciadas em 5 m, sendo recolhidos pelos próprios espectadores.
Aquecimento: localizados nas mesmas colunas destinadas ao sistema de alto-falantes, podendo também, eventualmente, ser ligados ao interior dos automóveis.

Cultura Lazer

CINEMAS

Projeção
Salas de cinema
Cinemas multiplex
Cinemas *drive-in*

ESTÚDIO DE PRODUÇÃO AUDIOVISUAL
ESTÚDIOS DE VÍDEO, FILME E TELEVISÃO

As tecnologias digitais, a televisão e a Internet oferecem uma ampla gama de possibilidades de distribuição de filmes e gravações. Atualmente, câmeras e equipamentos de gravação são facilmente acessíveis, e a produção de filmes e vídeos já não é mais exclusividade das grandes produtoras ou estações de televisão. No entanto, as exigências dos estúdios de gravação estão cada vez mais altas devido à maior resolução dos padrões digitais (tecnologia 4K).

Iluminação
Nos estúdios, a iluminação pode ser contínua ou em flash (para fotografia). Holofotes com diferentes graus de calor (luz natural, com 5.000–5.400 Kelvin, e luz artificial, com 3.200 Kelvin) são fixados em treliças (suportes ajustáveis). Para permitir a troca dos holofotes, essas treliças devem chegar até o chão → ❶ + ❹.

Fundo das imagens
Para objetos menores, utilizam-se tiras de papel ou rolos de tecido (até aprox. 3,6 m de largura), que permitem um fundo infinito móvel. Para objetos grandes, instala-se um painel de *keying* fixo, de preferência em um canto. Esses painéis permitem que o fundo seja iluminado uniformemente, sem bordas → ❸–❹.

Estúdios para locação
Os estúdios para locação oferecem espaços para produtoras independentes com tecnologias apropriadas de iluminação e gravação para uso temporário, geralmente em diversos tamanhos. O espectro abrange desde estúdios fotográficos para fotografia de produtos até espaços para gravação de transmissões ao vivo e apresentações musicais com plateia → ❻.

Estúdios especiais
Esses estúdios são adaptados para formatos especiais. Estúdios simples com tecnologia *chroma key* (tela verde) permitem a reprodução de imagens de fundo, mas estas só são visíveis ao espectador. Estúdios de gravação de noticiários com tecnologia de projeção permitem que os âncoras vejam o mesmo conteúdo. As câmeras são operadas remotamente na sala de controle adjacente → ❼.

Salas auxiliares
Depósitos para equipamentos técnicos, como lâmpadas, superfícies de reflexão, câmeras, projetores, telas, tripés, painéis de absorção acústica.
Camarins e lounges para artistas e equipe de gravação, vestiários, figurino, maquiagem → ❻.

❶ Treliças (também chamadas de *grids*) para suspensão de cargas ajustáveis
❷ As câmeras podem ser movimentadas em tripés sobre uma dolly ou sobre trilhos para tomadas suaves

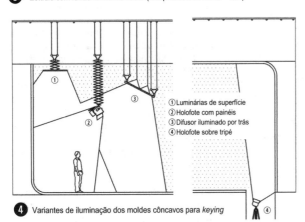

Keying
A fim de alterar digitalmente o cenário das gravações, são necessários fundos monocromáticos, uniformemente iluminados e sem bordas; estes são permanentemente instalados e pintados de verde ou azul.

❸ Estúdio com fundo infinito ao canto (comprimento do fundo ≈12m)

①Luminárias de superfície
②Holofote com painéis
③Difusor iluminado por trás
④Holofote sobre tripé

❹ Variantes de iluminação dos moldes côncavos para *keying*

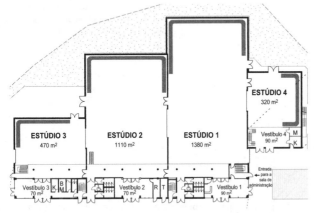

❺ Estúdios para locação de tamanhos variados, de 300 a 1.400 m², salas auxiliares e galerias nos dois andares acima do vestíbulo. Estúdios Eisbach, Munique

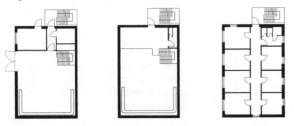

❻ Estúdio para locação de 110 m², galeria no 1º andar e salas auxiliares no 2º andar. Estúdios Eisbach, Munique

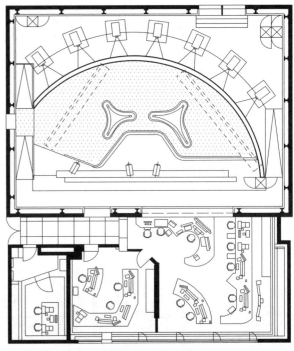

❼ Estúdio de noticiário de televisão com sala de controle adjacente. As imagens projetadas ao fundo também são visíveis aos âncoras.

420

ESTÚDIO DE PRODUÇÃO AUDIOVISUAL
ESTÚDIO DE GRAVAÇÃO

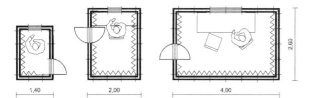

① Salas de gravação e cabines temporárias desmontáveis com alto-falantes para gravações sem ruídos.

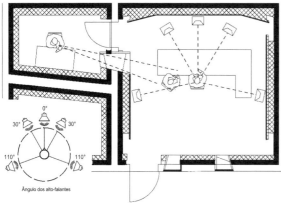

② Cabine para gravação de voz e sala de controle, para gravação sem ruído e pós-produção.

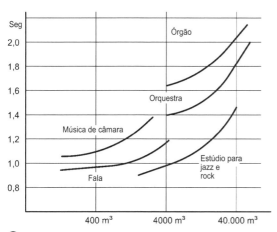

③ Tamanhos de sala ideais para cada tempo de reverberação [04]

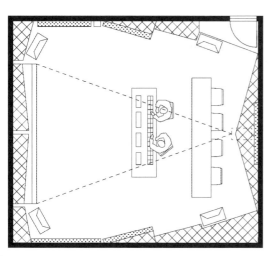

④ Estúdio de edição de filmes com tela para dublagem e sincronização

Sala de gravação
As salas de gravação são usadas para gravar eventos sonoros, como discursos, músicas e ruídos para rádio, suportes de som, trilhas sonoras de filmes e peças de rádio.
No caso das gravações de voz, trilhas sonoras e peças de rádio, a gravação, direção e mixagem normalmente ocorrem em uma sala complementada por outras salas móveis, que podem ser montadas e desmontadas conforme necessário → ❶. Para gravações de música, a acústica é adaptada às condições de gravação por elementos móveis, como amortecedores acústicos e paredes, ou são montadas salas separadas para cada instrumento.
Artistas de música clássica e as grandes bandas costumam gravar em salas de concerto devido aos períodos de reverberação mais longos (1,6–2 segundos). No caso de gravações faladas ou de música popular, prefere-se uma reverberação mais curta e "seca", de cerca de 0,1 a 0,8 segundos → ❶.

Sala de controle
As salas de controle são utilizadas na gravação, verificação e edição das gravações (pós-produção) → ❷ + ❺. Elas também podem ser montadas ao lado de salas de concerto para controlar a pós-produção de gravações de eventos sonoros maiores.
As salas de edição de som para trilhas sonoras de filmes exigem não apenas uma tela e um projetor, mas também uma acústica diferente; por isso, a mesa de controle fica mais ao centro da sala → ❹.

Acústica
Estúdios de gravação de áudio devem ficar protegidos contra ruídos externos por meio de uma barreira acústica; além disso, devem-se evitar reflexos sonoros internos, mantendo-se curtos os tempos de reverberação.
Isso se dá por meio de materiais que absorvem o som, por paredes não paralelas ou por elementos inclinados nas paredes. O tempo de reverberação depende do volume da sala e do projeto da parede → ❸. Ver também: Acústica → p. 164 e 414.
Para se fazer a avaliação e mixagem das gravações por meio de alto-falantes nas salas de edição, estas devem ser assimétricas. O lado contendo alto-falantes é amortecido acusticamente, enquanto as paredes traseiras refletem o som. Se houver necessidade de ventilação ou condicionamento de ar, esses equipamentos devem ser particularmente silenciosos.

Sala técnica
Os equipamentos técnicos devem ficar em uma sala adjacente, se possível, pois produzem calor e ruído que, de outra forma, têm de ser eliminados na sala de gravação.

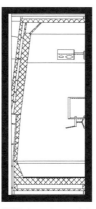
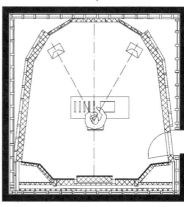

▨▨ Amortecimento acústico sobre superfície dura porosa ou perfurada
▨▨ Superfícies de reflexão do som

⑤ Sala de mixagem com planta poligonal simétrica, absorção de som na área dos alto-falantes e reflexão acústica na área traseira.

Cultura Lazer

ESTÚDIO DE PRODUÇÃO AUDIOVISUAL

Estúdio de cinema
Estúdio de gravação

CIRCO
EDIFICAÇÃO PERMANENTE

Teatro para shows, área de apresentação permanente

A sala de espetáculos em forma de anfiteatro, implantado em três quartos de círculo, abriga 1.600 espectadores. A parte de fechamento do círculo (um quarto restante) foi prevista para o palco conformado de diversas plataformas elevatórias. Dessa maneira é possível realizar rápida mudança do espaço cênico → ❸.

O acesso dá-se pelo 3º pavimento + 13 m acima do nível da rua. Uma cúpula de 27 m de altura de concreto armado cobre a arena do circo.

Projeto: Leipziger Platz, Berlim
Arq.: Aldo Rossi, Milão
Planungs AG Neufert/Mittmann, Berlim
Sceno – Plus Experts – Conseils, Montreal

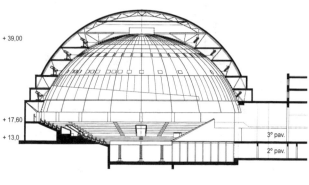

❸ Corte

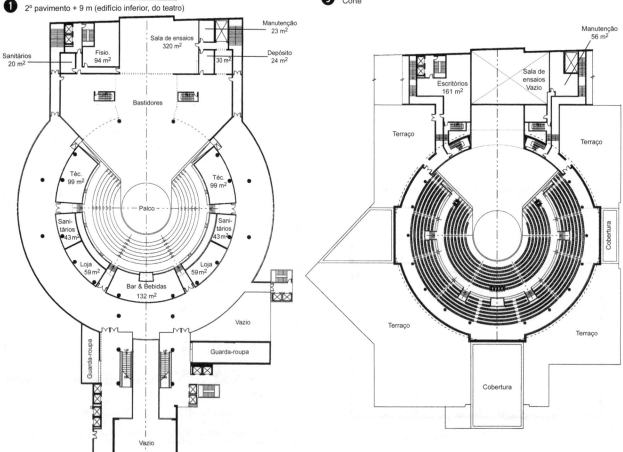

❶ 2º pavimento + 9 m (edifício inferior, do teatro)

❷ 3º pavimento (nível do palco) + 13 m

❹ 4º pavimento (nível da plateia) + 16,50 m

Cultura Lazer

CIRCO

Edificação permanente

JARDIM ZOOLÓGICO
FUNDAMENTOS

"Ásia"   Templo de elefantes, tigres...
"África"   Zebras, girafas, rinocerontes...
"Terra dos Pongos" Gorilas, chimpanzés...
"Jardim das origens" História do zoológico
"América do Sul"   Tamanduá, urso-de-óculos, lontra...
"Gondwana"   Jaula tropical gigante (projetada)

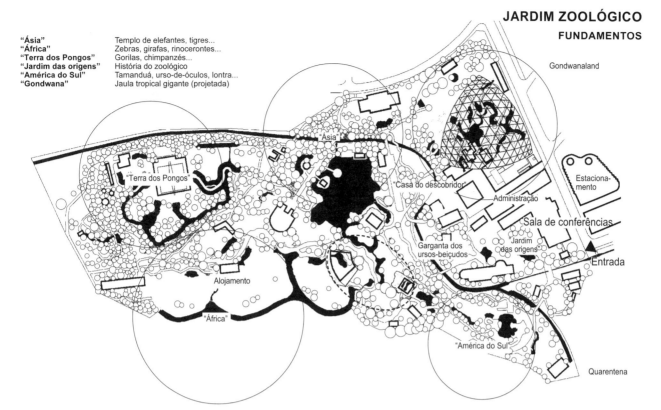

① Plano básico de um zoológico moderno, com parque de regiões geográficas de origem dos animais; exemplo do zoo de Leipzig   Arq.: Rasbach® Architekten

O zoológico moderno divide-se entre setor de pesquisa, proteção dos animais e uma experiência do mundo natural para os visitantes. → **②** De um lado, encontram-se as exigências da criação adequada das espécies, alimentação, projeto das jaulas e acompanhamento veterinário. Atividades de pesquisa quanto a manutenção da multiplicidade de espécies, participação em programas internacionais, assim como desenvolvimento de um trabalho pedagógico junto ao público. Por outro lado, um zoológico é uma instituição econômica, cujo sucesso depende do número de visitantes e que concorre com outras opções de lazer. Por isso, o projeto de um zoológico abrange, junto à orientação para as áreas de pesquisa e qualidade das instalações para preservação das espécies, a permanente contraposição com as expectativas dos potenciais visitantes. A encenação de mundos animais exóticos ("próximos da natureza") e instalações espetaculares para visitantes devem ser observadas desse ponto de vista.

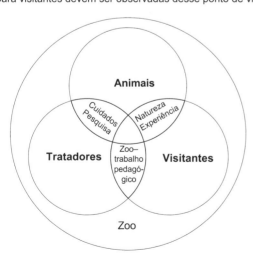

② Distribuição do trabalho em um zoológico moderno, entre as áreas de pesquisa, proteção dos animais e lazer

Funções de um zoológico
Partindo das diretrizes da UE 1999/22, os jardins zoológicos devem obedecer às seguintes exigências → **②** :
1. Participação em atividades de pesquisa e manutenção das espécies
2. Trabalho pedagógico com o público
3. Manutenção e alimentação adequada das diversas espécies
4. Proteção contra fuga de animais, ameaça por parasitas e outros seres nocivos
5. Desenvolvimento de arquivo e registro das espécies/animais

Infraestrutura de um zoológico moderno → **①**
Acessos: boa acessibilidade, placas informativas claras, capacidade suficiente de estacionamento, paradas de meios de transporte público.
Entrada principal: portão de entrada significativo, bilheteria, quiosque, administração, caminhos cuidados, bancos convidativos para repouso.
Outros elementos de infraestrutura: salas para eventos e seminários, restaurante de classe superior com vista para as instalações do zoológico e entrada separada (pelo exterior); dependendo do tamanho do zoo, outros restaurantes, cafeterias, quiosques, áreas de WC, piquenique, loja e escola.
Edifícios da administração e dos funcionários: acesso separado (sem vista do público), com área de terreno suficiente para depósito de ração, palha, feno, areia, brita, terra, material de construção etc. O setor de pessoal deverá apresentar lavatórios e vestiários, área de desinfecção, café, salas de aula e de descanso (trabalho noturno). Preparação de rações, central e descentralizada, distribuição de água, depósitos e refrigeradores, coleta de lixo, galpões para depósito e manutenção de máquinas de limpeza, veículos de transporte de jaulas, oficinas, jardinagem, calefação, ar condicionado, ventilação.
Acompanhamento veterinário dos animais: centro veterinário, estação de quarentena, laboratórios, departamento de pesquisas, áreas de aclimatização e criação de animais, frigorífico para cadáveres.
Circulação, percursos: caminho principal adequado ao uso por pessoas com deficiência ou necessidades especiais (5–6 m de largura), com proteção contra chuva; percurso circular. Caminhos secundários (3–4 m de largura) levando aos diversos grupos de animais; caminho independentes de serviços, podendo ser percorrido por veículos (3–4 m de largura), para transporte de animais, abastecimento, retirada de lixo, assim como com funções de rota de emergência para o corpo de bombeiros e ambulâncias.

Cultura Lazer

JARDIM ZOOLÓGICO

Fundamentos
Criação de animais
Jaulas e cercados

Diretrizes da UE 1999/22 sobre a criação de animais selvagens em zoológicos

Legislação de proteção dos animais

Parecer sobre exigências mínimas na criação de animais do Ministério de Proteção ao Consumidor, Agricultura e Proteção Florestal

JARDIM ZOOLÓGICO
CRIAÇÃO DE ANIMAIS

Hands-on, princípio tradicional da criação de animais em zoológico: resulta do contato direto entre animal (domesticado) e tratador (alimentação, cuidados), assim como da participação dos visitantes (os animais podem ser tocados) → ❷.

Em primeiro plano estão os aspectos funcionais (separação entre setor público e não público, ou melhor, áreas não visíveis, destinações de áreas especiais para visitantes, jaulas, percursos dos tratadores e áreas de apoio), aspectos higiênicos e de apresentação dos animais.

Hands-off (*protect contact*), originalmente tido como sistema seguro para tratamento de animais ferozes (contato indireto, com apoio técnico, entre tratador e animal), hoje corresponde mais a expectativas dos visitantes, através de áreas cercadas adequadas → ❶: A reprodução dos ambientes naturais, em grandes espaços, com pontos fixos de referência (bebedouros, rochas para escalar etc.), além das possibilidades de observação dos visitantes em posições escolhidas ("excitantes") e protegidas, são condições consideradas apropriadas do ponto de vista da relativa liberdade dos animais e sua reprodução. Desse ponto de vista, esse sistema apresenta um grande potencial para a área de pesquisa.

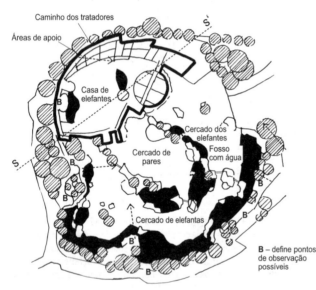

❶ Gonduana no Zoológico de Leipzig — Arq.: Henchion Reuter Architekten

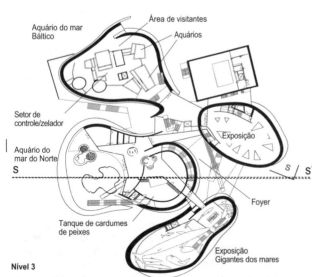

❷ Planta do parque de elefantes no Zoológico de Colônia — Arq: Oxen e Römer
Áreas livres: Fenner, Steinhauser, Weisser

❸ Ozeaneum Stralsund (aquário) — Arq.: Behnisch, Behnisch e sócios

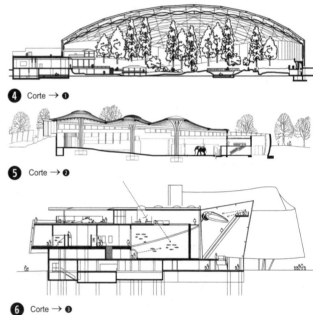

❹ Corte → ❶

❺ Corte → ❷

❻ Corte → ❸

Exemplos

Diferencia-se entre casas (ou jaulas) de animais e cercados livres. Combinações podem ser feitas, com ou sem o uso de água.

O parque de elefantes no Zoológico de Colônia → ❶ é um exemplo do sistema **hand-off** (casa para os animais e cercado livre). Parcialmente coberta, a área pode ser subdividida em diversos setores por portas, através de controle mecânico central. Os pontos de observação dos visitantes são separados das áreas cercadas através de fossos de água e diferenças de altura.

Os primatas no Zoo Wuppertal → ❷, em **jaulas** (desenvolvidas como cercado, posteriormente), ocupam instalações com iluminação zenital: setores cercados delimitados, com recintos/dormitórios, separação dos visitantes com chapas de vidro, corredor posterior para os tratadores, cozinha de rações e jaulas fechadas (enfermaria, macacos pequenos).

O aquário Ozeaneum Stralsund → ❸ é um bom exemplo para **zoológico/aquário multifuncional** com ampla área de circulação para os visitantes, aquários classificados por temas (mar Báltico/mar do Norte) e uma zona central de controle. As instalações têm como objetivo a **exposição e pesquisa**: o resultado formal permite uma visualização espetacular dos diversos tanques (tanque de cardumes, fechado por chapa de vidro de 15 x 15 m; aquário em túnel; no teto; tanques de contato ou *touch-pools*; tanques de simulação).

JARDIM ZOOLÓGICO
JAULAS E CERCADOS

Aspectos do projeto

Proximidade da natureza: as áreas cercadas devem atender à expectativa do visitante, no sentido das necessidades dos animais em relação a seu território de origem, do seu aspecto estético e da transmissão de uma impressão de espaços amplos.

Proximidade física: quanto mais próximo o contato visual do observador, maior seu interesse e o tempo dedicado à observação dos animais.

Proximidade emocional: os limites dos cercados devem, na medida do possível, ser imperceptíveis.

Apreensão: as áreas cercadas ou jaulas devem ser apresentadas de forma "misteriosa", convidando para descobertas; visuais, p. ex., através de uma caverna ou de uma cascata. Os caminhos devem sugerir a permanência; não passar pelas jaulas, senão conduzir a elas. A partir de cada ponto de observação deve-se ter contato visual com apenas uma jaula; deve-se evitar áreas visuais intermediárias confusas, assim como concentração excessiva de público.

A observação confortável, com posição adequada do corpo, é obtida, entre outros, evitando-se o olhar contra o sol ou através de superfície com espelhamento; o observador deve olhar para jaulas iluminadas, através de passagens escurecidas. Esse aspecto também tem como vantagem fazer com que o espectador fique inicialmente desapercebido pelos animais. Zonas onde os animais gostam de permanecer e são particularmente ativos devem oferecer boa visibilidade.

Áreas de repouso: também são importantes os lugares de repouso dos animais, que devem ficar fora da área de observação dos visitantes.

Informação: placas com oferta ampla de informações.

Acessibilidade: o acesso às jaulas acontece (apenas para os tratadores) através de caminhos especiais e em zonas destinadas aos tratadores; aqui deve-se prever equipamentos especiais para captura e transporte dos animais.

Separação

Os **fossos**, originalmente valas secas, evoluíram para os atuais e mais usuais **fossos com água** → ❸. A vantagem está no aspecto natural, entretanto a água fica suja rapidamente e, no caso de geada, pode ocorrer de os animais atravessarem a área sobre o gelo. Por isso, o nível da água deverá ser baixo durante o inverno. Na maioria dos casos, há ainda uma proteção com grade metálica.

O **vidro** também é bastante utilizado → ❷, ❹, pois permite a sensação de contato direto com os animais. Uma possível infecção dos animais por doenças do observador é também evitada.

As **grades** incomodam tanto os animais como o público. Atualmente, as clássicas jaulas gradeadas são evitadas.

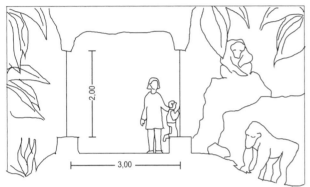

❶ Posição do visitante protegida da visão dos elefantes

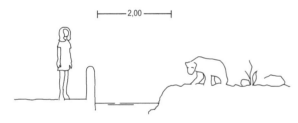

❷ Circulação entre áreas de jaulas, com paredes de vidro: visual de área escura para iluminada

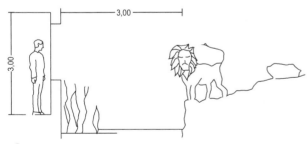

❸ Fosso com água: visitantes e animais ao ar livre

❹ Fosso com água: visitante protegido por parede de vidro, animal ao ar livre

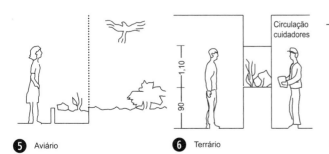

❺ Aviário ❻ Terrário

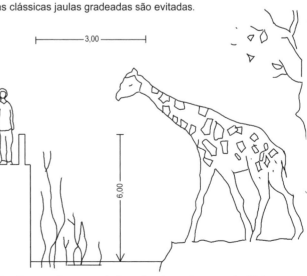

❼ Fosso com água: para animais grandes, observar largura e profundidade suficientes do fosso

Cultura Lazer

JARDIM ZOOLÓGICO

Fundamentos
Criação de animais
Jaulas e cercados

425

ESTÁDIOS
COMPLEXO CONSTRUÍDO

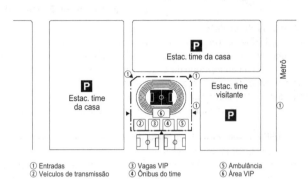

① Entradas
② Veículos de transmissão
③ Vagas VIP
④ Ônibus do time
⑤ Ambulância
⑥ Área VIP

❶ Infraestrutura de ligação de transporte do estádio Metrô

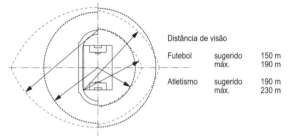

Distância de visão
Futebol   sugerido   150 m
          máx.   190 m
Atletismo sugerido   190 m
          máx.   230 m

❷ Distância de visão considerando futebol e atletismo, derivada da distância máx. dos objetos a serem identificados pelo espectador (jogo/pessoas)

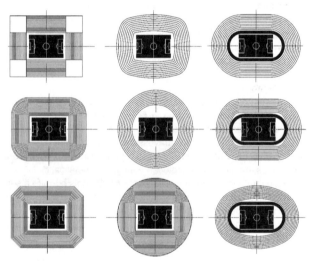

❸ Variações do arranjo de espectadores em estádios exclusivos de futebol (Coluna 1 e 2) e estádios poliesportivos (coluna 3)

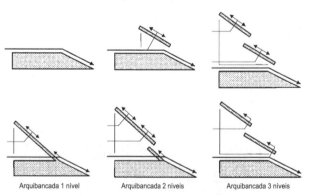

Arquibancada 1 nível   Arquibancada 2 níveis   Arquibancada 3 níveis

❹ Possibilidades de roteamento de circulação em estádios com um, dois ou três níveis de arquibancada

Informações: stadiumATLAS, Diretrizes UEFA. Estádios têm a capacidade de receber uma grande quantidade de visitantes em eventos "ao vivo" na área de esportes e grandes eventos. O modelo de referência para os estádios da atualidade vêm das arenas esportivas gregas e dos anfiteatros romanos, cuja capacidade de público raramente é superada pelos estádios modernos (Circus Maximus em Roma, aprox. 180.000 espectadores). No séc. XX, devido à popularidade, foram construídos os estádios de Jogos Olímpicos e de atletismo, nos quais diversas modalidades esportivas podem ser realizadas. Por meio da comercialização crescente de eventos esportivos e da influência das transmissões midiáticas, cada vez mais estádios específicos para determinadas modalidades são construídos.

Do ponto de vista urbanístico, o estádio deve inserir-se de forma harmônica no contexto construído envolvente, com boas condições quanto aos serviços de transporte público e vias de tráfego: paradas de ônibus e bondes, metrô, grandes áreas de estacionamento etc. Os eixos das antigas arenas de competição era construídos de acordo com os diferentes tempos de competição, orientados Leste-Oeste ou Sul-Norte na Europa; atualmente Norte-Sul. As áreas VIP ficam localizadas no lado oeste, de modo que estejam à sombra à tarde. Os acessos ao estádio devem estar atribuídos para diferentes setores, de modo que, nos eventos esportivos de equipe, os espectadores do time da casa e do time visitante estejam forçosamente separados → ❶.

O campo e a arquibancada devem estar, por razões de segurança, separados. A inclinação de assentos e arquibancadas, por razões acústicas, segue as recomendações de Vitrúvio de proporção constante de 1:2. Na utilização de alto-falantes, o fator decisivo, no entanto, é a boa visibilidade. A elevação de 12 cm (recomendação da UEFA) da fileira de assentos com relação às linhas de visão do campo resulta em uma curva ascendente constante. → p. 427 ❹ Para evitar tropeços na passagem de níveis para a área de assentos, deve-se verificar com os órgãos reguladores se uma diferença de elevação contínua (como exceção para as escadarias DIN) ou eventualmente um aumento da inclinação, como de acordo com o permitido pelo VStVO, pode ser escolhido como solução e aprovado.

Largura de acessos e escadas, segundo MVStättV mín. 1,20 m, ampliação de 60 cm, de acordo com o volume de espectadores 60 cm → p. 427 ❹ De acordo com as especificações de Cornelis van Eesteren, a cada 5.000 espectadores no Estádio de Amsterdã, para escadarias com 9,5 de largura, são necessários 7 minutos ou 420 segundos para permitir a evasão,

portanto: um espectador utiliza 1 m de largura da escada em:

$$\frac{9{,}5 \times 420}{5.000} = 0{,}8 \text{ seg.}$$

ou em 1 seg. passam por 1 m de largura de escada:

$$\frac{5.000}{9{,}5 \times 420} = 1{,}25 \text{ espectadores.}$$

A fórmula que determina a largura necessária das escadas para escoamento de um número determinado de espectadores, num tempo dado, é por conseguinte:

Largura das escadas em m = $\dfrac{\text{n}° \text{ de espectadores}}{\text{tempo de evacuação em segundos} \times 1{,}25}$

As arquibancadas podem ter vários arranjos, de modo a reduzir a distância de visão, variantes de acesso do público ❹

Áreas de sanitários e higiene

Todos os setores estão devidamente equipados com instalações, de acordo com o volume de espectadores → p. 427 ❹ Para o máximo conforto, a área de sanitários ocupa um espaço considerável, sendo recomendado no mínimo uma estação de serviço para o pessoal de serviços gerais por setor.

ESTÁDIOS
ARQUIBANCADAS

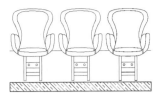 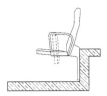

① Largura do assento mín. 50, em áreas VIP, ideal: 60 cm de largura; profundidade de assento mín. 80 cm; em áreas VIP, até 110 cm.

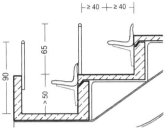

② Para degraus com altura > 50 cm deve-se prever proteção contra quedas, com no mín. 90 cm

$ST_H = \dfrac{(A+C) \cdot B}{D} + C$

ST_H = Altura de assento
P = Ponto de referência
A = Altura do primeiro ponto ocular
B = Largura do assento
C = Elevação de linha de visão
D = Primeira distância ocular
E = Altura do olho 1,65 m
X = Distância total
Y = Altura total

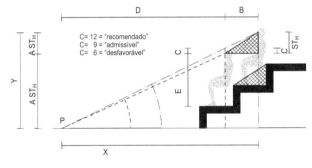

C= 12 = "recomendado"
C= 9 = "admissível"
C= 6 = "desfavorável"

③ Construção da linha de visão: a partir da elevação (C) e do ponto de referência visual P (no futebol, a linha de marcação externa) resulta em uma elevação da arquibancada, que se torna mais íngreme, quanto mais próximo o ponto de referência visual ou mais alta a primeira linha de arquibancada: StadiumATLAS, St Nixdorf

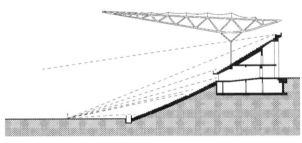

④ Corte de um estádio com uma pista de corrida em volta do campo de futebol Berlin Olympiastadion Arq. Proj.: Prof. Werner March; Arq. Obra: Gerkan Marg e Sócios

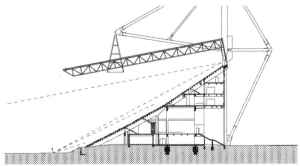

⑤ Corte de um estádio de futebol. A borda do campo próxima à base da arquibancada requer uma arquibancada mais íngreme. SIGNAL IDUNA PARK, Dortmund Arq.: Drahtler Architekten

Área de arquibancadas

As bases de projeto encontram-se delimitadas, para os diversos estados alemães, através das regulamentações de controle da construção e funcionamento de espaços destinados à reunião de pessoas (Verordnung über den Bau und Betrieb von Versammlungsstätten), onde são dadas as diretrizes relativas a circulação, escadas, rampas e lugares destinados aos espectadores. Para as normas DIN (DIN 13200 instalações para espectadores) os requisitos de associações desportivas, p. ex., as diretrizes FIFA, regem os estádios de futebol em eventos internacionais.

Setor destinado a lugares sentados (segundo MVStättV)

Largura (frontal) do assento 0,5 m

O número de espectadores é calculado em 2 espectadores/m² de área, para assentos em fileira. Podem ser previstos bancos ou assentos individuais. No último caso, para mais do que 5.000 espectadores, os assentos deverão ser fixos. Assentos com encosto oferecem maior conforto (altura mín. 30 cm, segundo diretrizes da FIFA). Entre fileiras de assentos deverá haver uma faixa livre de 0,40 cm. A ordenação dos assentos será feita em blocos de no máx. 30 fileiras. Atrás e à frente do bloco de assentos deve-se prever corredor de passagem de 1,20 m. Dependendo da acessibilidade aos lugares, são permitidas as seguintes disposições por fileira:

corredor de acesso em uma lateral   20 lugares
entre dois corredores de acesso   40 lugares

As fileiras de arquibancadas devem ser divididas, seja para lugares em pé ou sentados, com a construção de caminhos de emergência com no mínimo 1 m de largura (escada, rampa ou em nível) para cada 750 lugares.

Setor de lugares em pé (segundo MVStättV)

As áreas necessárias de lugares em pé são calculadas das seguinte maneira:
Largura (frontal)   0,5 m

Número de espectadores a ser calculado é de dois por metro linear, por fileira, para lugares em pé. A cada 600 lugares, prever rotas de emergência com 1,20 m de largura (escadas, rampas e níveis). Para ocupação e evacuação uniforme, evitando aglomerações perigosas, deve-se subdividir o setor em grupos ou blocos, cada qual com cerca de 2.500 lugares. Esses blocos deverão ainda apresentar limitação espacial física, com acessos independentes. De forma escalonada, são construídos ainda elementos verticais (os chamados "quebra-ondas"), prevendo, a partir de cada lugar/espectador, após no máx. 5 fileiras consecutivas, um peitoril robusto, com altura de ≈1,10 m. A disposição escalonada dos "quebra-ondas" visa eliminar possíveis movimentos do público em diagonal.

Áreas de imprensa

Em eventos de grandes dimensões, as áreas para transmissões da imprensa e jornalistas devem ser estendidas temporariamente. As áreas correspondentes de espectadores devem, portanto, ser conversíveis e fornecidas com conexões de comunicação. Para poder cumprir com os requisitos de capacidade de espectadores, p. ex., no caso de grandes torneios (FIFA, UEFA etc.), a capacidade do estádio deve ser projetada para ser cerca de 10% maior.

Cobertura de arquibancadas

Deve se buscar uma cobertura completa. No caso da cobertura, deve-se observar que os regulamentos de saídas de emergência em locais de aglomeração em ambientes fechados são mais rígidos do que para instalações ao ar livre espectadores. Se uma cobertura de estádio estiver completamente fechada, os regulamentos mais rigorosos para ambientes fechadas se aplicam! Para campos com gramado natural, o fornecimento suficiente de luz e ar deve ser assegurado Para arenas poliesportivas, um campo com grama retrátil pode ser útil, devido a tempos curtos de troca de equipamentos.

427

ESTÁDIOS
ÁREA DE HOSPITALIDADE

Área de arquibancadas

O aumento do mercado de eventos esportivos requer uma especificação das áreas de espectador e de imprensa. Além das áreas geral e assentos, que atendem aos requisitos mínimos do VStVO, são esperadas áreas de hospitalidade (áreas VIP), nas quais são oferecidas as áreas de camarote com espaços exclusivos de estacionamento, acesso independente, recepção, gastronomia e áreas de conferência. Direitos de uso e de identificação para camarotes e para o estádio representam uma importante fonte de financiamento. Grande parte da renda da bilheteria é gerada com cerca de 10% dos assentos.

O número de assentos VIP faz parte das exigências das federações mundiais para eventos internacionais, p. ex., nas categorias de estádios de futebol da FIFA. → ❻

Camarotes: Salas separadas com vidro frontal para o campo, capacidade para cerca de 10 a 24 pessoas, se necessário, com varanda na frente com assentos exclusivos, área de bufê própria, infraestrutura técnica como internet e tela grande para transmissão ao vivo do estádio.

Lounges: Dependendo da categoria, com e sem visão direta do campo. Diferentes possibilidades de uso, como conferência ou áreas de bufê permitem uma comercialização diferenciada e representam uma importante fonte de renda econômica fora das temporadas de competições.

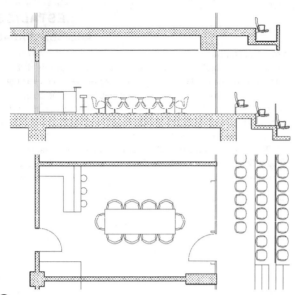

❶ Camarote com bar e assentos VIP dispostos na frente, assentos VIP atribuídos aos camarotes

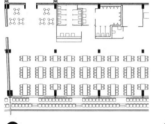

❷ Lounge para 300 a 400 pessoas

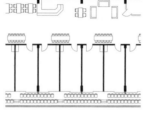

❸ Camarotes para 12 a 24 pessoas

Categoria de estádio	Quant. mín. assentos VIP	Quant. mín. assentos VIP - Time visitante	Área de hospitalidade exclusiva
1	50	20	-
2	400	200	-
3	750		400 m²
4	1500		

❻ Número de assentos VIP, de acordo com os regulamentos da FIFA, referentes às categorias de estádios da FIFA

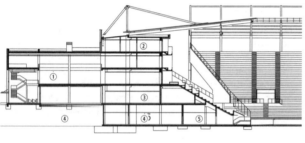

① Área Business ③ Áreas de imprensa ⑤ Zona mista ⑦ Camarotes fixos
② Camarotes ④ Áreas de atletas ⑥ Quiosques ⑧ Loja

❹ Corte A-A da arquibancada com áreas de camarote ou lounge do Coface-Arena Mainz

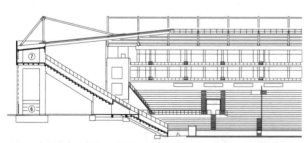

❺ Corte B-B com vista para e área de lounge e camarotes. No corredor superior ⑦ lugares em pé com serviço de bebidas (estandes)

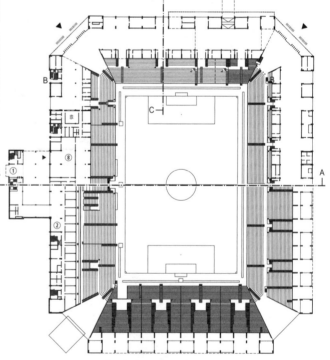

❼ Coface-Arena, Mainz, plano do piso de nível 0 superior e nível ② inferior
Arq.: St. Nixdorf, AGN Architekten

ÁREAS ESPORTIVAS
CAMPOS ESPORTIVOS

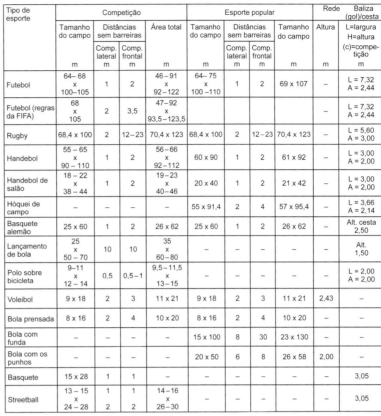
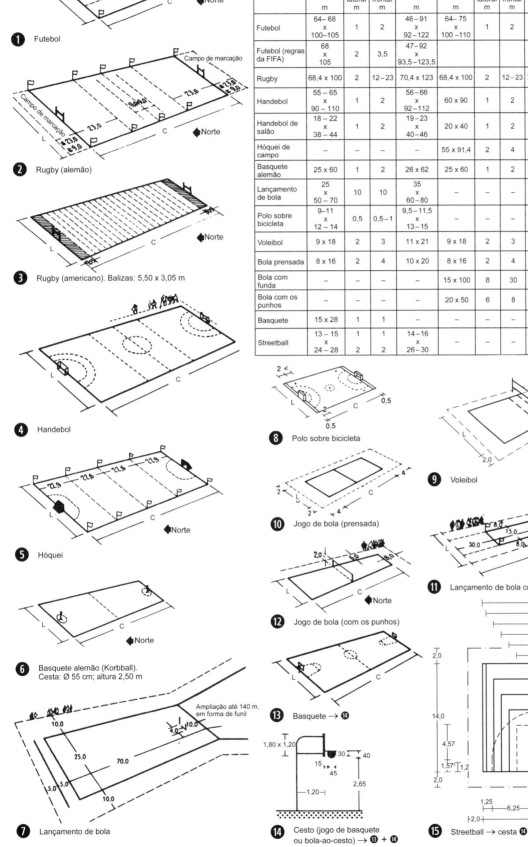
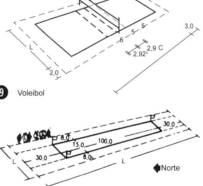

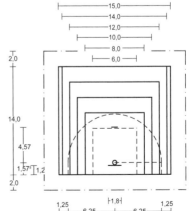

Tipo de esporte	Competição Tamanho do campo (m)	Competição Distâncias sem barreiras Comp. lateral (m)	Competição Distâncias sem barreiras Comp. frontal (m)	Competição Área total (m)	Esporte popular Tamanho do campo (m)	Esporte popular Distâncias sem barreiras Comp. lateral (m)	Esporte popular Distâncias sem barreiras Comp. frontal (m)	Esporte popular Tamanho do campo (m)	Rede Altura (m)	Baliza (gol)/cesta L=largura H=altura (c)=competição (m)
Futebol	64–68 x 100–105	1	2	46–91 x 92–122	64–75 x 100–110	1	2	69 x 107	–	L = 7,32 A = 2,44
Futebol (regras da FIFA)	68 x 105	2	3,5	47–92 x 93,5–123,5					–	L = 7,32 A = 2,44
Rugby	68,4 x 100	2	12–23	70,4 x 123	68,4 x 100	2	12–23	70,4 x 123	–	L = 5,60 A = 3,00
Handebol	55–65 x 90–110	1	2	56–66 x 92–112	60 x 90	1	2	61 x 92	–	L = 3,00 A = 2,00
Handebol de salão	18–22 x 38–44	1	2	19–23 x 40–46	20 x 40	1	2	21 x 42	–	L = 3,00 A = 2,00
Hóquei de campo	–	–	–	–	55 x 91,4	2	4	57 x 95,4	–	L = 3,66 A = 2,14
Basquete alemão	25 x 60	1	2	26 x 62	25 x 60	1	2	26 x 62	–	Alt. cesta 2,50
Lançamento de bola	25 x 50–70	10	10	35 x 60–80	–	–	–	–	–	Alt. 1,50
Polo sobre bicicleta	9–11 x 12–14	0,5	0,5–1	9,5–11,5 x 13–15	–	–	–	–	–	L = 2,00 A = 2,00
Voleibol	9 x 18	2	3	11 x 21	9 x 18	2	3	11 x 21	2,43	–
Bola prensada	8 x 16	2	4	10 x 20	8 x 16	2	4	10 x 20	–	–
Bola com funda	–	–	–	–	15 x 100	8	30	23 x 130	–	–
Bola com os punhos	–	–	–	20 x 50	6	8	26 x 58	2,00	–
Basquete	15 x 28	1	1	–	–	–	–	–	–	3,05
Streetball	13–15 x 24–28	1 2	1 2	14–16 x 26–30	–	–	–	–	–	3,05

① Futebol
② Rugby (alemão)
③ Rugby (americano). Balizas: 5,50 x 3,05 m
④ Handebol
⑤ Hóquei
⑥ Basquete alemão (Korbball). Cesta: Ø 55 cm; altura 2,50 m
⑦ Lançamento de bola
⑧ Polo sobre bicicleta
⑨ Voleibol
⑩ Jogo de bola (prensada)
⑪ Lançamento de bola com funda
⑫ Jogo de bola (com os punhos)
⑬ Basquete → ⑭
⑭ Cesto (jogo de basquete ou bola-ao-cesto) → ⑬ + ⑭
⑮ Streetball → cesta ⑭

Esporte Lazer

ÁREAS ESPORTIVAS

Campos esportivos
Atletismo
Tênis
Minigolfe
Golfe
Esportes náuticos – marinas
Remo
Equitação
Salto de esqui
Pistas de gelo
Pistas de patins de rodas
Skateboarding
Bicicross
Tiro ao alvo

ÁREAS ESPORTIVAS
CAMPOS ESPORTIVOS

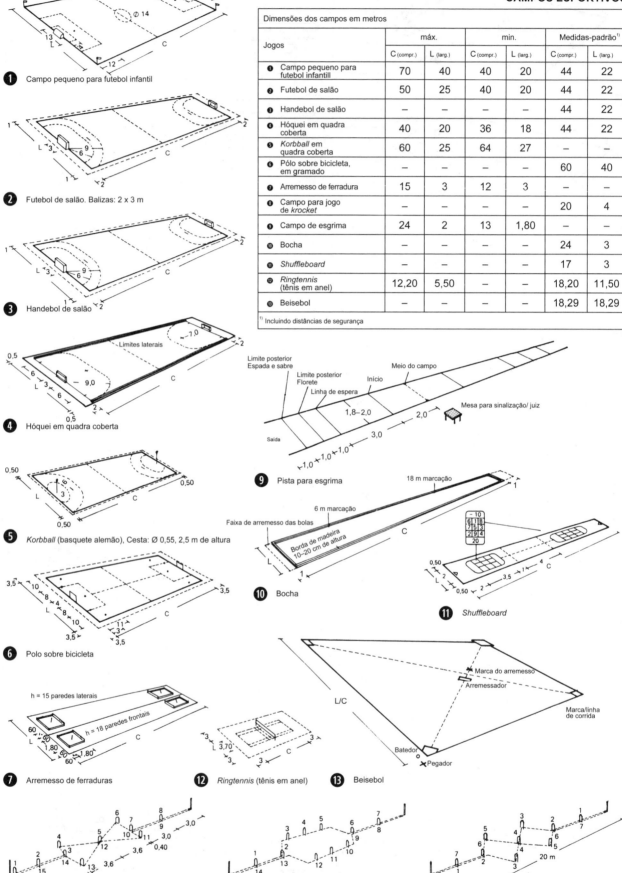

Dimensões dos campos em metros						
	máx.		min.		Medidas-padrão[1]	
Jogos	C (compr.)	L (larg.)	C (compr.)	L (larg.)	C (compr.)	L (larg.)
❶ Campo pequeno para futebol infantill	70	40	40	20	44	22
❷ Futebol de salão	50	25	40	20	44	22
❸ Handebol de salão	–	–	–	–	44	22
❹ Hóquei em quadra coberta	40	20	36	18	44	22
❺ Korbball em quadra coberta	60	25	64	27	–	–
❻ Pólo sobre bicicleta, em gramado	–	–	–	–	60	40
❼ Arremesso de ferradura	15	3	12	3	–	–
❽ Campo para jogo de krocket	–	–	–	–	20	4
❾ Campo de esgrima	24	2	13	1,80	–	–
❿ Bocha	–	–	–	–	24	3
⓫ Shuffleboard	–	–	–	–	17	3
⓬ Ringtennis (tênis em anel)	12,20	5,50	–	–	18,20	11,50
⓭ Beisebol	–	–	–	–	18,29	18,29

[1] Incluindo distâncias de segurança

❶ Campo pequeno para futebol infantil
❷ Futebol de salão. Balizas: 2 x 3 m
❸ Handebol de salão
❹ Hóquei em quadra coberta
❺ Korbball (basquete alemão), Cesta: Ø 0,55, 2,5 m de altura
❻ Polo sobre bicicleta
❼ Arremesso de ferraduras
❽ Campos para jogo de krocket
❾ Pista para esgrima
❿ Bocha
⓫ Shuffleboard
⓬ Ringtennis (tênis em anel)
⓭ Beisebol

Esporte Lazer

ÁREAS ESPORTIVAS

Campos esportivos
Atletismo
Tênis
Minigolfe
Golfe
Esportes náuticos –
marinas
Remo
Equitação
Salto de esqui
Pistas de gelo
Pistas de patins de rodas
Skateboarding
Bicicross
Tiro ao alvo

ÁREAS ESPORTIVAS
CAMPOS ESPORTIVOS

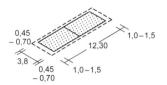

1 Beachminton

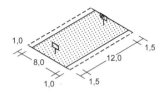

2 Basquete de praia

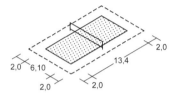

3 Beach-Badminton (competição)

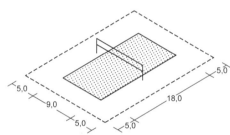

4 Vôlei de praia (competição)

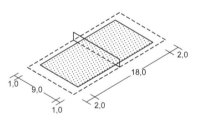

5 Beach football tennis

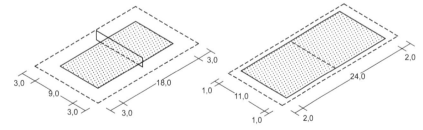

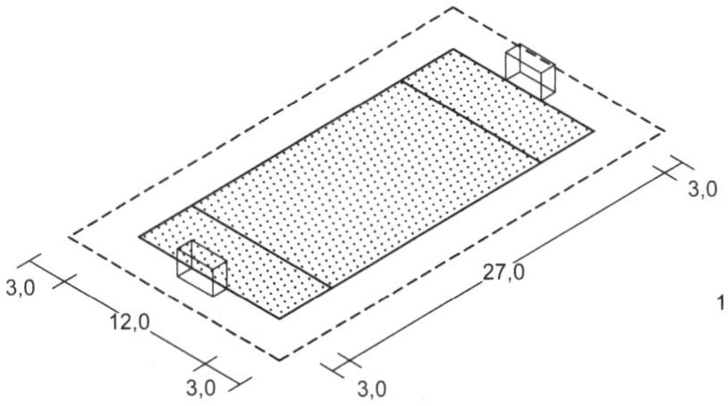

6 Handebol de areia (competição)   **8** Tênis de praia (em dupla)   **9** TAMbeach (competição)

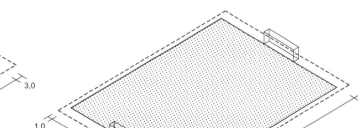

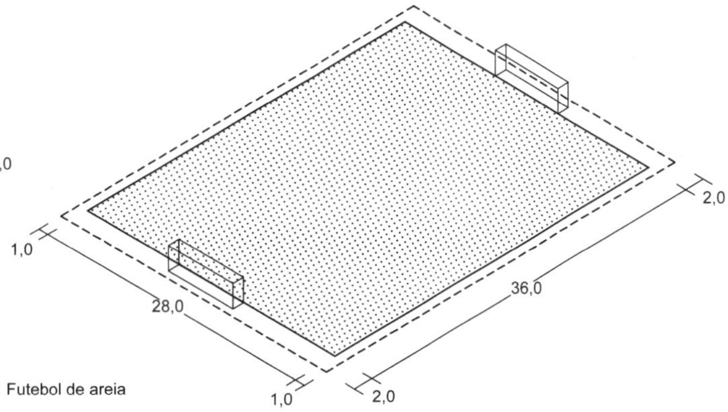

10 Futebol de areia

Tipos de esporte de praia	Competição — Tamanho do campo (m)	Competição — Distâncias sem barreiras Comp. lateral (m)	Competição — Distâncias sem barreiras Comp. frontal (m)	Competição — Área total (m)	Esporte popular — Tamanho do campo (m)	Esporte popular — Distâncias sem barreiras Comp. lateral (m)	Esporte popular — Distâncias sem barreiras Comp. frontal (m)	Esporte popular — Área total (m)	Rede Altura (m)	Gol/cesta L=largura H=altura (c)=competição (m)	Em ginásio Altura livre (m)
Voleibol	18,00 x 9,00	5,00	5,00	28,00 x 19,00	18,00 x 9,00	3,00	3,50	25,00 x 15,00	2,24 w. 2,43 m.	–	reg > 5,50 nat.> 7,00 int. >12,50
Futebol (profissional)	36,00 x 28,00	1,00	2,00	40,00 x 30,00	–	–	–	–	–	L=7,32(W) H=2,44(W)	–
Amador	31,00 x 25,00	1,00	2,00	35,00 x 27,00	–	–	–	–	–	L=5,00(W) H=2,00(W)	–
	–	–	–	–	27,00 x 12,00	1,50	1,50	30,00 x 15,00	–	L=3,00 H=2,00	–
Football tennis	–	–	–	–	18,00 x 9,00	1,00	2,00	22,00 x 11,00	1,30	–	–
Sepak Takraw	18,00 x 9,00	2,00	2,00	22,00 x 13,00	12,00 x 6,00	2,00	2,00	16,00 x 10,00	1,10	–	–
Handebol	27,00 x 12,00	3,00	3,00	33,00 x 18,00	27,00 x 12,00	1,50	1,50	30,00 x 15,00	–	L=3,00 H=2,00	–
Badminton	13,40 x 6,10	2,00	2,00	17,40 x 10,10	13,40 x 6,10	1,50 Ausn. 0,30	2,00 Ausn. 1,30	16,40 x 10,10	1,55	–	regio.> 7,00 nac. > 7,00 inter. > 9,00
Beachminton	12,30 x 3,80	0,45 0,70	1,00 1,50	14,30 x 4,70 15,30 x 5,20	12,80 x 3,80	0,30	0,35	13,00 x 4,40	1,28	–	regio.> 5,20 nac. > 6,50 inter. > 9,00
Basquete	12,00 (Korbab-stand)	–	–	–	15,00 x 8,00	1,00	–	15,00 x 10,00	–	Altura da cesta 12,00	–
Tênis (quadra simples)	18,00 x 9,00 18,00 x 6,00	3,00 3,00	3,00 3,00	24,00 x 15,00 24,00 x 12,00	18,00 x 9,00 18,00 x 6,00	3,00 3,00	3,00 3,00	24,00 x 15,00 24,00 x 12,00	1,50 1,50	–	regio.>7,00[1] nac. > 9,00 inter. > 9,00
TAMbeach (quadra simples)	24,00 x 11,00 24,00 x 7,50	1,00 1,00	2,00 2,00	28,00 x 13,00 28,00 x 9,50	18,00 x 9,00 18,00 x 6,00	1,00 1,00	2,00 2,00	22,00 x 11,00 22,00 x 8,00	2,10 até 2,15	–	–

[1] Em determinadas regiões, os esportes populares podem ser jogados em ginásios com altura a partir de 5,50m

7 Tipos de esporte de praia (*beach*), campos de jogos, dimensões

Esporte Lazer

ÁREAS ESPORTIVAS

Campos esportivos
Atletismo
Tênis
Minigolfe
Golfe
Esportes náuticos – marinas
Remo
Equitação
Salto de esqui
Pistas de gelo
Pistas de patins de rodas
Skateboarding
Bicicross
Tiro ao alvo

ÁREAS ESPORTIVAS
ATLETISMO

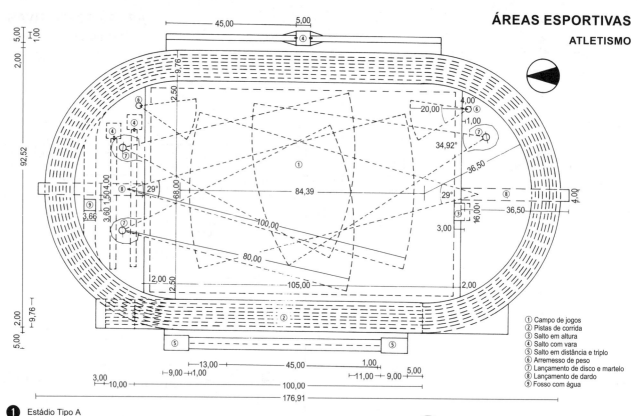

1 Estádio Tipo A

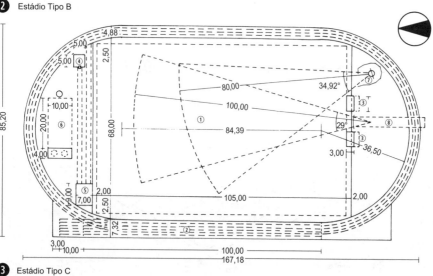

2 Estádio Tipo B

3 Estádio Tipo C

① Campo de jogos
② Pistas de corrida
③ Salto em altura
④ Salto com vara
⑤ Salto em distância e triplo
⑥ Arremesso de peso
⑦ Lançamento de disco e martelo
⑧ Lançamento de dardo
⑨ Fosso com água

Informações: Deutscher Leichtathletik – Verb. ("Associação Alemã de Atletismo") – Darmstadt

Estádio Tipo A
Compõe-se de 8 pistas circulares, campo central de grandes dimensões. No segmento Sul, instalações para: arremesso de peso, lançamento de disco, de martelo, salto em altura e arremesso de dardo. No segmento Norte: arremesso de peso, lançamento de disco, martelo e dardo, assim como fosso com água para corrida de obstáculos. No setor Leste, ao longo do trecho retilíneo das pistas de corrida, instalações para salto com vara, com pista própria para tomada de impulso. No trecho retilíneo Oeste, fora da área das pistas de corrida, instalações para salto em distância e triplo, com 2 pistas próprias.

Estádio Tipo B
Compõe-se de 6 pistas circulares, campo central de grandes dimensões. No segmento Sul, instalações para: arremesso de peso, lançamento de disco, de martelo, salto em altura e lançamento de dardo. No segmento Norte: salto com vara, lançamento de dardo, disco/martelo, salto em distância e triplo, com 3 pistas próprias, assim como fosso com água para corrida de obstáculos. As áreas destinadas a salto com vara, salto em distância e triplo, podem ser localizadas externamente às pistas de corrida.

Estádio Tipo C
Compõe-se de 4 pistas circulares, campo central de grandes dimensões. No segmento Sul: lançamento de disco/martelo, salto em altura e lançamento de dardo. No segmento Norte: salto com vara, lançamento de disco/martelo, salto em distância e triplo com 3 pistas próprias, assim como arremesso de peso.

Esporte Lazer

ÁREAS ESPORTIVAS
Campos esportivos
Atletismo
Tênis
Minigolfe
Golfe
Esportes náuticos – marinas
Remo
Equitação
Salto de esqui
Pistas de gelo
Pistas de patins de rodas
Skateboarding
Bicicross
Tiro ao alvo

ÁREAS ESPORTIVAS
ATLETISMO

O **Estádio Tipo D** compõe-se das seguintes instalações individuais → ❶:
4 a 6 pistas de corrida independentes, com trechos retilíneos para *sprint* e corridas de obstáculos; 1 campo de jogos com 68 x 105 m (70 x 109 m com as zonas de segurança); 1 instalação para treinamento de arremesso de peso, lançamento em direção ao Sul; 1 instalação tripla para salto em distância e triplo, pista para tomada de impulso em direção Oeste; 1 instalação para salto em altura, tomada de impulso em direção Norte; 1 anel para arremesso de peso, lançamento na direção Norte; 1 instalação para treinamento de arremesso de peso (juvenil), lançamento na direção Norte; 1 campo de jogos pequeno 27 x 45 m (incluindo as zonas de segurança).
De forma geral, as pistas de corrida dos estádios Tipo D são executadas com pavimento de eira (pó de pedra sobre base de areia, carvão e pedra). Para uso bastante intensivo, recomenda-se pavimento sintético.

Grandes campos de jogos combinados
Reúnem a área de pistas de corrida e instalações independentes de atletismo, incorporadas ou ao redor do campo. As seguintes instalações fazem parte do conjunto → ❷:
1 campo de jogos de 68 x 105 m (70 x 109 m com zonas de segurança);1 instalação para salto em altura, com pista para tomada de impulso orientada para Norte, sobre o campo; 1 instalação para treinamento de arremesso de peso, lançamento orientado para Leste; 1 área gradeada em círculo para arremesso de peso, lançamento orientado para Oeste.

Para o treinamento nas disciplinas de arremesso recomenda-se, por motivos de segurança, um campo especial. Este se constitui de uma superfície gramada para meta do lançamento, de tamanho aproximadamente igual ao de um campo grande de jogos, com uma área para preparação do lançamento (de discos/dardo ou martelo) localizada na parte estreita, ao Sul → ❸.

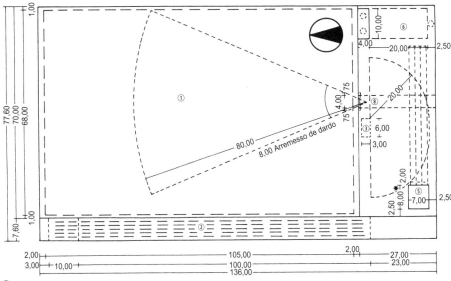

❶ Estádio tipo D

① Campo de jogos
② Pistas de corrida
③ Salto em altura
④ Salto com vara (arremesso de peso juvenil)
⑤ Salto em distância
⑥ Arremesso de peso
⑦ Lançamento de discos/martelo
⑧ Lançamento de dardo

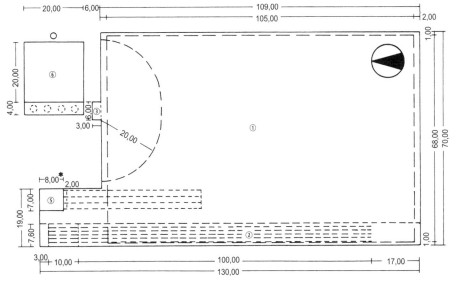

❷ Grandes campos de jogos combinados

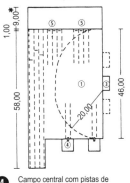

❹ Campo central com pistas de tomada de velocidade (para salto)

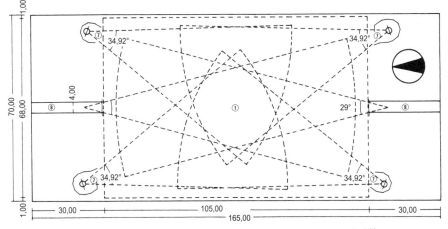

❸ Campo especial para arremesso

* Para competição = 9,00 m, distância entre barras para salto 1,00 m
Para treinamento = 8,00 m, distância entre barras para salto 2,00 m → p. 434

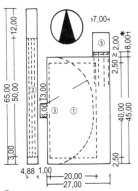

❺ Combinação para pequenos campos de jogos

Esporte Lazer

ÁREAS ESPORTIVAS

Campos esportivos
Atletismo
Tênis
Minigolfe
Golfe
Esportes náuticos – marinas
Remo
Equitação
Salto de esqui
Pistas de gelo
Pistas de patins de rodas
Skateboarding
Bicicross
Tiro ao alvo

ÁREAS ESPORTIVAS
ATLETISMO

Informações: Bundesinstitut für Sportwissenschaft (Instituto Nacional dos Esportes), Grauheindorfer Str. 198, Bonn

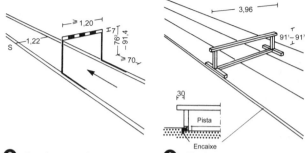

8 Barreira com contrapeso   **9** Obstáculo

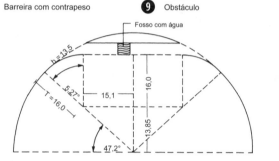

10 Pista para corrida de obstáculos com 16 m de raio de transição (curva) e fosso com água

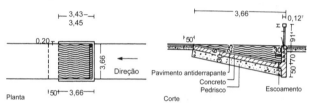

11 Pista para corrida de obstáculos, fosso com água   **12** Pista para corrida de obstáculos, fosso com água

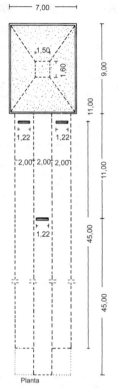

1 Instalações para salto em distância e triplo   **2** Instalação para salto com vara → **5**

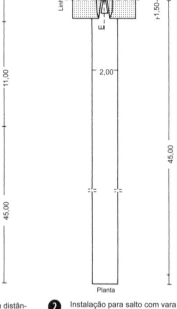

Tipo de pista/percurso	Comprimento Faixa saída m	Pista	Chegada (retardamento)	Largura das pistas [1]
Pistas de percurso curto	3	110[2]	17	1,22
Pistas circulares (percurso total)	—[3]	400	17	1,22

[1] Para a pista externa é necessária uma zona adicional de segurança, de 28 cm, sem obstáculos, que entretanto não precisa ser executada da mesma forma que a pista.
[2] O comprimento de 110 m resulta do percurso para corrida de obstáculos; a medida regulamentar, entretanto, para corridas de percurso curto é 100 m.
[3] Não é necessária faixa adicional de partida.

13 Medidas das pistas de corrida → **8**

3 Salto em distância e triplo   **4** Salto em altura

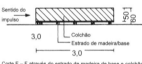

Comprimento do percurso	Categoria	Número de obstáculos	Altura	Tomada de impulso	Distância-mentos	Saída (retardamento)
400 m	Masculina e masc. juvenil A + B	10	0,914 m	45,00 m	35,00 m	40,00 m
400 m	Feminina e fem. juvenil A	10	0,762 m	45,00 m	35,00 m	40,00 m
110 m	Masculina	10	1,067 m	13,72 m	9,14 m	14,02 m
110 m	Masc. juvenil A	10	0,996 m	13,72 m	8,90 m	16,18 m
110 m	Masc. juvenil B	10	0,914 m	13,50 m	8,60 m	19,10 m
100 m	Fem. juvenil. A	10	0,840 m	13,00 m	8,50 m	10,50 m
100 m	Fem. juvenil B (desde 1984)	10	0,762 m	13,00 m	8,50 m	10,50 m
100 m	Fem. juvenil B (desde 1983)	10	0,840 m	12,00 m	8,00 m	16,00 m
80 m	Alunos A	8	0,840 m	12,00 m	8,00 m	12,00 m
80 m	Alunas A	8	0,762 m	12,00 m	8,00 m	12,00 m
60 m	Alunos B Alunas B	6	0,762 m	11,50 m	7,50 m	11,00 m

Observação: uma tolerância de ± 3 mm é permitida sobre a altura regulamentar

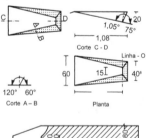

5 Salto com vara → **2** Corte E – F   **6** Barras e colchões para salto com vara → **2**

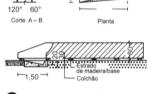

Tipo	Pista de impulso Comprimento m	Largura m	Caixa ou colchão (Co)	Comprimento m	Largura m
Salto em distância	≥45[1]	1,22[2]	G	≥8	2,75
Salto triplo	≥45[3]	1,22[2]	G	≥8	2,75
Salto com vara	≥45	1,22	KG	≥5	5,00
Salto em altura	Semicírculo r ≥2,00		K	3	5 até 6

[1] As travessas de sinalização são instaladas a pelo menos 1 m da caixa de saltos, tendo em vista que a distância entre linha de início do salto e fim da caixa deverá comportar pelo menos 10 m. Nas competições de alto nível, a caixa deverá apresentar um comprimento de 9 m. [2] Para instalações de uso múltiplo, as pistas unitárias deverão apresentar uma largura de 2 m. [3] A travessa de sinalização localiza-se a 11 m da caixa de saltos (para a categoria juvenil, 9 m; para competições de alto nível, 13 m).

7 Medidas das instalações para salto → **1** – **2**   **14** Pistas para corridas de obstáculo → **8**

Esporte Lazer

ÁREAS ESPORTIVAS

Campos esportivos
Atletismo
Tênis
Minigolfe
Golfe
Esportes náuticos – marinas
Remo
Equitação
Salto de esqui
Pistas de gelo
Pistas de patins de rodas
Skateboarding
Bicicross
Tiro ao alvo

ÁREAS ESPORTIVAS
ATLETISMO

Informações: Bundesinstitut für Sportwissenschaft (Instituto Nacional dos Esportes), Grauheindorfer Str. 198, Bonn

Na tabela → ❾ as dimensões dadas correspondem às diretrizes mundiais para competições e devem ser observadas. Para instalações em áreas esportivas escolares, de treinamento ou clubes esportivos, são possíveis alterações nos valores apresentados.
As instalações para arremesso de martelo e discos coincide → ❶ - ❹.
O círculo de lançamento tem ⌀ de apenas 2,135 m. Grade de proteção → ❶ - ❷ apenas para competições, sendo senão suficiente apenas construção simplificada, como a rede apresentada normalmente para lançamento de discos → ❸.
As instalações para lançamento de dardos comportam basicamente pista de tomada de impulso e campo de lançamento (meta). Largura da pista: 4 m; comprimento regulamentar: 36,5 m (mín. aceitável de 30 m). A delimitação entre pista de impulso e setor de arremesso é demarcada por linha arqueada (arco de arremesso).
Instalações para arremesso de peso apresentam círculo de lançamento e setor de alcance (meta) → ❺ - ❻. O comprimento total normal do conjunto é de 20 m; para competições de alto nível, 25 m.

Exemplo I: área esportiva para uma zona de capitação de público (ou de potencial de público) com aprox. 5.000 habitantes

1 setor de pistas de corrida Tipo D	10.554 m²
2 campos pequenos de jogos 27 x 45 m	2.430 m²
1 campo de treinamento	4.500 m²
2 campos de jogos para lazer	250 m²
1 campo gramado para jogos e ginástica	1.000 m²
1 área para fitness/condicionamento físico	1.400 m²
área útil total	≈20.000 m²

Exemplo II: ≈ 7.000 moradores

1 setor de pistas de corrida Tipo D	10.554 m²
1 campo grande de jogos 70 x 109 m	7.630 m²
2 campos pequenos de jogos 27 x 45 m	2.430 m²
área de jogos para lazer	3.000 m²
1 campo gramado para jogos e ginástica	1.000 m²
1 pista de condicionamento	2.300 m²
1 pista para patins	800 m²
área útil total	≈28.000 m²

Exemplo III: ≈ 7.000 moradores

1 setor de pistas de corrida Tipo B	14.000 m²
1 campo grande de jogos 70 x 109 m	7.630 m²
3 campos pequenos de jogos 27 x 45 m	3.645 m²
1 campo gramado para jogos e ginástica	1.000 m²
1 área para fitness	1.400 m²
área útil total	≈28.000 m²

Exemplo IV: ≈ 15.000 moradores

1 setor de pistas de corrida Tipo B	14000 m²
3 campos grandes de jogos 70 x 109 m	22890 m²
7 campos pequenos de jogos 27 x 45 m	8.505 m²
área de jogos para lazer	6.000 m²
1 pista de condicionamento físico	3.300 m²
1 área para fitness	1.400 m²
1 área recreativa com aparelhos de condicionamento	1.000 m²
2 campos gramados para jogos e ginástica	2.000 m²
área útil total	≈60.000 m²

Exemplo V: ≈ 20.000 moradores

1 setor de pistas de corrida Tipo B	14.000 m²
1 campo grande de jogos combinados	8.400 m²
4 campos grandes de jogos 70 x 109 m	30.520 m²
10 campos pequenos de jogos 27 x 45 m	12.150 m²
área de jogos para lazer	6.000 m²
1 pista de condicionamento físico	3.300 m²
1 área para fitness	1.400 m²
1 área recreativa com aparelhos de condicionamento	1.000 m²
2 campos gramados para jogos e ginástica	2.000 m²
área útil total	≈80.000 m²

❶ Vista lateral de instalação com grade protetora para lançamento de martelo → ❷

❷ Planta do círculo/instalações para lançamento de martelo

❸ Planta das instalações para lançamento de discos

❹ Instalação para lançamento de discos, ⌀ = ≥ 219 mm ≤ 221 mm, masculina

❺ Círculo de lançamento/arremesso de peso → ❻

❻ Travessa de limitação/arremesso de peso. Corte A – B

❼ Instalação para lançamento de dardo

❽ Dimensões das pistas de corrida: para estádios Tipo B

Tipo	Arremesso ou prep. do lançamento m	Setor de lançamento/meta Ângulo	Comprimento
Lançamento de discos	Aro d = 2,50[*]	34,92°	80
Lançamento de martelo	Aro d = 2,13⁵	34,92°	80
Lançamento de dardo	Pista de impulso/ comprimento = 36,50[**]		
	Largura = 4	≈29°	100
Arremesso de peso	Aro d = 2,13⁵	34,92°	até 25

[*] Pode ser também usado para lançamento de martelo, com introdução de aro com perfil em ressalto.
[**] ≥ 30 m.

❾ Dimensões das instalações para arremesso e preparação do lançamento

ÁREAS ESPORTIVAS

Campos esportivos
Atletismo
Tênis
Minigolfe
Golfe
Esportes náuticos – marinas
Remo
Equitação
Salto de esqui
Pistas de gelo
Pistas de patins de rodas
Skateboarding
Bicicross
Tiro ao alvo

ÁREAS ESPORTIVAS
TÊNIS

Informações: Federação Internacional de Tênis (ITF)

Jogo de duplas → ❶ – ❷ .... 10,97 x 23,77 m
Jogo individual .... 8,23 x 23,77 m
Faixa lateral .... ≤ 3,05 m
Faixa lateral de competição.. 3,66 m
Zonas de cabeceira .... ≤ 5,48 m
Zonas livres nas cabeceiras para competição .... 6,40 m
Espaço entre duas quadras.. 7,32 m
Altura da rede no centro .... 0,914 m
Altura da rede nos postes .... 1,07 m
Altura do alambrado .... 4,00 m

A quadra é dividida ao meio por uma rede suspensa por uma corda ou cabo de metal; a corda ou o cabo metálico é fixado ou passado por cima de dois mastros com uma altura de 1,07 m → ❷ A rede deve ser esticada de maneira a preencher totalmente o espaço entre os dois mastros. As malhas da rede devem ser suficientemente estreitas para impedir a passagem da bola. A altura da rede no centro é de 91,4 cm, sendo mantida firme por um suporte de rede. A corda ou o cabo metálico, bem como a parte superior da rede, devem ser circundadas por uma faixa. O suporte de rede e a faixa da rede devem ser completamente brancas.
– O diâmetro da corda do cabo metálico é de no máx. 0,8 cm
– A largura máxima do suporte de rede é de 5 cm
– A faixa da rede deve ter entre 5 cm e 6,35 cm de largura em cada lateral
Para partidas de duplas, o centro dos mastros de rede em ambas as laterais deve ter 91,4 cm fora da área de jogo da dupla. Se for utilizada uma rede única em partidas individuais, o centro do mastro da rede em cada lateral deve ter 91,4 cm fora da área de jogo individual. Se for usada uma rede para partidas de dupla, essa deve ter uma altura de 1,07 m e ser sustentada por dois suportes únicos, cujo centro deve ter 91,4 cm para fora área de jogo individual.
– Os mastros não devem ter mais de 15 cm no formato quadrado ou 15 cm de diâmetro
– Os suportes individuais devem ter no máximo 7,5 cm no formato quadrado ou 7,5 cm de diâmetro
– Os mastros de rede e suportes individuais não devem estar a mais de 2,5 cm acima da borda superior do cabo de rede
As linhas nas extremidades da quadra tornam-se linhas de fundo e as laterais da quadra são chamadas linhas laterais. Paralelamente à rede, são traçadas duas linhas entre as linhas laterais individuais a uma distância de 6,40 m de cada linha lateral de individuais. Essas linhas são chamadas linhas de ataque → ❶.

❶ Quadra de tênis, locais de competição

❷ Largura e altura da rede

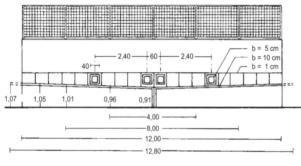

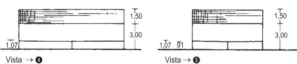

❸ Paredão (treino) Marcação da parede (para saque e jogadas normais)

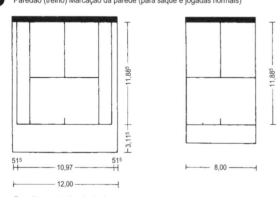

❹ Paredão para treino de duplas; medidas recomendadas para as paredes + área de jogo frontal

❺ Paredão para treino individual

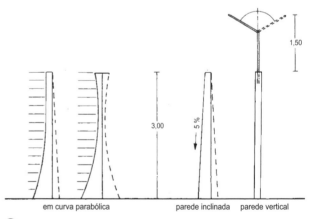

❻ Formas do paredão

ÁREAS ESPORTIVAS
TÊNIS

A altura da cobertura sobre quadras de tênis é determinada internacionalmente. Exige-se uma altura de 10,67 m, segundo o regulamento da Copa Davis. Recomendam-se, entretanto, entre 9 a 11 m, sendo 9 m, na maioria das vezes, suficientes → ❶. Em ginásios para ginástica e esportes em geral, é possível o jogo de tênis com uma cobertura de 7 m. A altura da cobertura será medida na rede, a partir do piso até o lado inferior do elemento estrutural. Ela deve cobrir toda a largura da área de jogo, de 10,97 m. Altura mínima nos limites externos da área de jogo será de 3 m. Tipos de cobertura: desmontáveis, fixas, móveis. Medidas internas: 18,30 × 36,60 m → ❻. Uma vez que o tamanho da quadra e das áreas externas de jogo são internacionalmente fixados, tem-se:

Cobertura para duas quadras $\dfrac{C\,Q\,2}{(I. + D.)}$

$(2 \times 18,30) \times (1 \times 36,60) = 36,60 \times 36,60$

Acima de 3 quadras $\dfrac{C\,Q\,3}{(I. + D.)}$

resultando em superfície análoga de cobertura com 54,90 × 36,60 m. As medidas subordinam-se, em caso ideal, às possibilidades de uso esportivo. Quando se tem uma área esportiva "para rendimento" (aluguel de quadras), pode haver uma diminuição da superfície construída, impedindo porém outras possibilidades de uso.

Tipos de uso regulares:
1. Em duas quadras paralelas, jogos do tipo competição "individual"
2. Em uma das quadras, jogo do tipo competição "em dupla"
3. Em ambas as quadras, jogos de treinamento como área esportiva de tempo livre; 2 quadras de jogos individuais ou 1 individual/1 dupla

Sob condições de economia, resultam as seguintes dimensões para quadras cobertas:

$\dfrac{C\,Q\,2}{1\,I. + 1\,D.}$ 32,40 × 36,60 m

Estes dados podem ser apresentados em forma da seguinte tabela:

Tipo de ginásio esportivo	Quadras	I**	D***	Largura	Comprimento	Uso W*	não W*
1	1	1	1	18,30	36,60	E/D	–
2	2	2	2	36,60	36,60	2 E/2 D	–
2 (cob. livre)	2	2	1	33,90	36,60	2 E/1 E/1 D	2 D ou 2 E
3	3	3	3	54,90	36,60	3 E/3 D	–
3 (cob. livre)	3	3	2	49,50	36,60	3 E/2 D	3 D ou 3 E
2a	2	1	1	33,90	36,60	1 E/1 D	–
2a (cob. livre)	2	1	1	32,40	36,60	1 E/1 D	–

* Para campeonatos ** Individuais *** Duplas

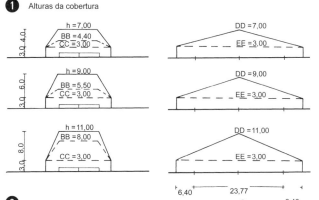

❶ Alturas da cobertura

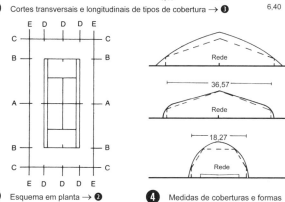

❷ Cortes transversais e longitudinais de tipos de cobertura → ❸

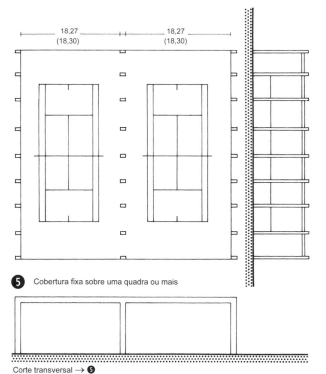

❸ Esquema em planta → ❷

❹ Medidas de coberturas e formas

❺ Cobertura fixa sobre uma quadra ou mais

Corte transversal → ❺

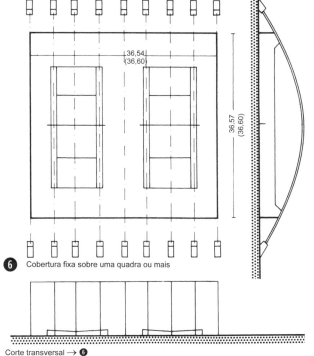

❻ Cobertura fixa sobre uma quadra ou mais

Corte transversal → ❻

Esporte Lazer

ÁREAS ESPORTIVAS

Campos esportivos
Atletismo
Tênis
Minigolfe
Golfe
Esportes náuticos – marinas
Remo
Equitação
Salto de esqui
Pistas de gelo
Pistas de patins de rodas
Skateboarding
Bicicross
Tiro ao alvo

437

ÁREAS ESPORTIVAS
MINIGOLFE

Informações: Deutscher MinigolfSport Verband (DMV)

Áreas esportivas para golfe de pista constituem-se de 18 pistas claramente delimitadas (exceção para tacadas longas), que devem ser numeradas e corresponder às normas de regulamento do sistema. Pertencem a cada pista do torneio:
- o campo de jogo,
- os limites da pista (na maioria bordas elevadas),
- marcação da tacada inicial,
- um ou mais obstáculos (não obrigatórios),
- linha de limite (não obrigatória),
- marcação para deposição da bola (não obrigatória),
- o alvo ou meta.

Os campos de minigolfe geralmente têm as seguintes dimensões: Comprimento: 6,25 m, Largura: 0,90 m, Diâmetro do círculo alvo: 1,40 m. Eventualmente podem ser ainda incluídos outros sistemas específicos, partes e/ou marcações. O campo de jogo deve ter largura mínima de 80 cm e um comprimento de 5,50 m. As áreas de jogo, concebidas para serem horizontais, serão ajustadas por instrumento de nível de 90 cm de comprimento. Se o limite das pistas não for feito por bordas, deve ser demarcado de outra maneira (exceção para tacadas longas). As bordas, por sua vez, são construídas de maneira a permitir um jogo calculado. Marcar cada pista com o ponto da tacada inicial. A forma de marcação deverá ser normalizada para todo o conjunto ou sistema. Os obstáculos devem ser simples em forma e construção, correspondendo a lugares fixos, segundo determinados objetivos esportivos. Lugares de obstáculos móveis, serão demarcados.

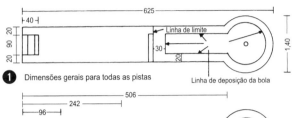

1 Dimensões gerais para todas as pistas

2 Pista 1: Pirâmides

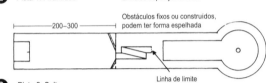

3 Pista 2: Salto

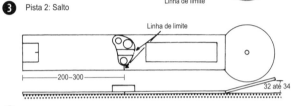

4 Pista 3: Círculo inclinado com "rim"

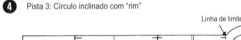

5 Pista 4: Duplo ondulado

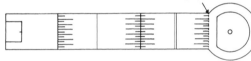

6 Pista 5: Laço deitado

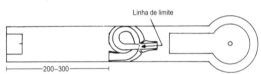

7 Pista 6: Ponte

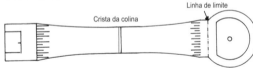

8 Pista 7: Rampa de salto com rede

9 Pista 8: Pista reta com janela de círculo alvo

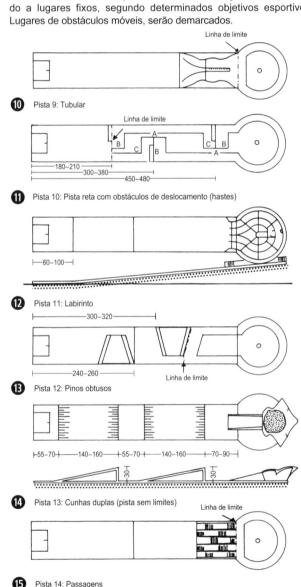

10 Pista 9: Tubular

11 Pista 10: Pista reta com obstáculos de deslocamento (hastes)

12 Pista 11: Labirinto

13 Pista 12: Pinos obtusos

14 Pista 13: Cunhas duplas (pista sem limites)

15 Pista 14: Passagens

Esporte Lazer

ÁREAS ESPORTIVAS

Campos esportivos
Atletismo
Tênis
Minigolfe
Golfe
Esportes náuticos – marinas
Remo
Equitação
Salto de esqui
Pistas de gelo
Pistas de patins de rodas
Skateboarding
Bicicross
Tiro ao alvo

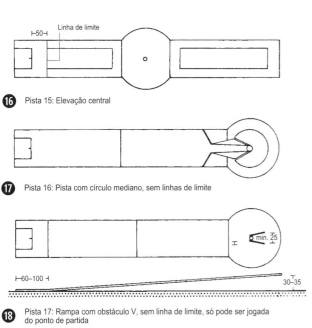

(16) Pista 15: Elevação central

(17) Pista 16: Pista com círculo mediano, sem linhas de limite

(18) Pista 17: Rampa com obstáculo V, sem linha de limite, só pode ser jogada do ponto de partida

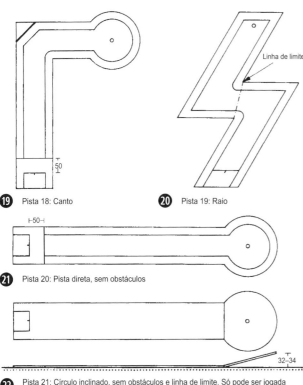

(19) Pista 18: Canto (20) Pista 19: Raio

(21) Pista 20: Pista direta, sem obstáculos

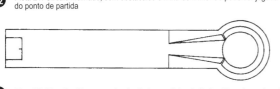

(22) Pista 21: Círculo inclinado, sem obstáculos e linha de limite. Só pode ser jogada do ponto de partida

(23) Pista 22: Planalto. Pista com círculo-platô, sem linha de limite. Só pode ser jogada do ponto de partida

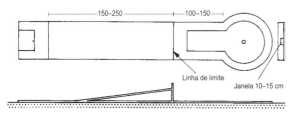

(24) Pista 23: Cunha de entrada com janela de alvo

ÁREAS ESPORTIVAS
MINIGOLFE

Os obstáculos de todo o conjunto esportivo devem ser sempre diferenciados, formal e tecnicamente. Um jogo calculado deve ser possível. A linha de limite marca o fim do primeiro obstáculo. Para pistas sem obstáculos, é medida a distância que a bola deverá alcançar através da tacada para permanecer em jogo. Quando o primeiro obstáculo for tão largo quanto a pista, serão coincidentes as linhas de fim do obstáculo e de limite.

Pistas que podem ser jogadas somente a partir do ponto de tacada inicial, não apresentam linha de limite.

Linha de limite: marcação deverá ser feita de modo que coincidam o ponto de tacada e fim do obstáculo. Marcação de posicionamento: onde se mostra onde colocar a bola que está em jogo; deve ser demarcada a linha de condução posterior da bola.

O alvo ou meta deverá poder ser alcançado com uma só tacada, a partir do ponto inicial. Caso tratarem-se de buracos como alvo, o diâmetro não deve ultrapassar 120 mm. Para os sistemas Mini-golfe, Miniatura ou "Estrela", valem 100 mm como limite.

Todas as pistas devem ser marcadas. O jogo acontece com tacos e bolas de golfe. Permitidos são os tacos usuais de golfe ou semelhantes. A superfície do pé do taco, para as tacadas, não deve ultrapassar 40 cm^2.

São permitidas todas as bolas de golfe, de pista ou normal, com material de escolha. Diâmetro da bola ≥ 37 mm e ≤ 43 mm.

Bolas de madeira, metal, vidro, fibra de vidro, marfim ou semelhantes, como as bolas de bilhar, não são reconhecidas.

Mini-golfe

Desenvolvido pelo suíço Bogni, no início dos anos 50, constitui-se de 17 pistas de concreto (12 m de comprimento) e uma pista para tacadas longas (≈25 m de comprimento). As pistas de concreto são delimitadas por tubos de aço; os obstáculos feitos de pedra natural.

Cobi-golfe

Um dos sistemas mais complicados de jogo, tendo como elemento marcante os obstáculos, estabelecidos como pequenos "portões" iniciais.

Um conjunto esportivo deste tipo constitui-se de 18 pistas, em grande formato (12 – 14 m de comprimento) ou pequeno (6 – 7 m de comprimento).

Golfe-"estrela"

Compõe-se de um sistema com 18 pistas e todos os obstáculos são uniformes. 17 das pistas possuem a meta em forma de semicírculo; a última pista, porém, tem o alvo em forma de estrela, de onde advém o nome do sistema. O comprimento das pista é de 8 m, com largura de 1 m e diâmetro do círculo de meta com 2 m. As pistas são limitadas por tubos metálicos; o ponto de início das tacadas são demarcados em círculos com 30 cm de diâmetro. O buraco alvo tem 10 cm de diâmetro.

Para todos os tipos de golfe de pista, os obstáculos são normalizados, sendo construídos segundo os objetivos do esporte.

As normas do golfe de campo valem portanto, fundamentalmente, para o mini-golfe, visando, como as primeiras, preencher os requisitos de cada pista, com o menor número de tacadas possível.

18 pontos – todas as pistas com apenas uma tacada (ás), é muitas vezes base de competições.

Esporte Lazer

ÁREAS ESPORTIVAS

Campos esportivos
Atletismo
Tênis
Minigolfe
Golfe
Esportes náuticos – marinas
Remo
Equitação
Salto de esqui
Pistas de gelo
Pistas de patins de rodas
Skateboarding
Bicicross
Tiro ao alvo

ÁREAS ESPORTIVAS
GOLFE

Informações: Deutscher Golfverband (Associação Alemã de Golfe), Wiesbaden, Bundesinstitut für Sportwissenschaft (Instituto Nacional dos Esportes), Graurheindorfer Str. 198, Bonn

As **áreas de treinamento** → ❼ estão a serviço dos treinos, para jogos curtos, ou oferecem a possibilidade de iniciar o pretendente no conhecimento do esporte do golfe. Um clube de golfe, como área esportiva independente, não pode ser edificado em superfícies maiores do que 10 hectares, devendo comportar campo de treinamento, aproximação *green*, treinamento *green*, e um percurso com 9 buracos (par 3) → ❾. Podem-se diferenciar os comprimentos dos percursos e conseqüentes "par" resultantes → ❽:

Os comprimentos padrão reconhecidos oficialmente para os campos de golfe estão entre o padrão 60, com comprimento normal de 3749 m, e o padrão 74, com 6492 m.

Elementos componentes de um campo de golfe: no começo do percurso localiza-se a área de início, sem tamanho determinado, devendo entretanto, para resultar em largura suficiente, comportar ≈ 200 m². Os percursos possuem de 30 a 50 m de largura e 100 até mais de 500 m de comprimento. No final localiza-se o chamado *green*, com um mín. de 400 m², via de regra com 500 a 600 m² de superfície. Os pré-*greens* não são sempre utilizados. Largura mínima: 2,5 m. Área de piso irregular, com plantações em alturas diferenciadas, são implantadas na borda dos percursos e distribuídas por todo o campo. *Bunkers* constituem os obstáculos artificiais construídos com maior frequência, apresentando, entretanto, a desvantagem de funcionarem como corpos visuais estranhos dentro da harmonia da paisagem.

Os campos de golfe localizam-se, de preferência, em áreas acidentadas, com elevações suaves entre bosques, com árvores isoladas ou em grupos, obstáculos naturais (córregos, lagos), com cortes e colinas ou em dunas à beira mar. O tamanho do campo orienta-se segundo o número de trechos de tacadas ("buracos") e seu comprimento (distância das "tacadas" até "buraco").

Par	Comprimentos dos percursos	
	masculinos	femininos
3	até 228 m	até 201 m
4	229–434 m	202–382 m
5	desde 435 m	desde 383 m

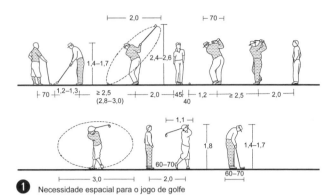

❶ Necessidade espacial para o jogo de golfe

❷ Saco de golfe para tacos e transportadora com rodas

❸ Tipo de construção da área de golfe *green*

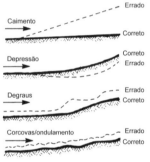

❹ Formação da superfície Modelagem dos *green*

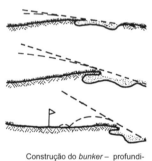

❺ Construção do *bunker* – profundidade e forma em dependência da distância até o *green*. Quanto mais próximo do *green*, talude inclinado (face)

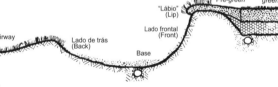

❻ Corte em um *green bunker* (depressão verde)

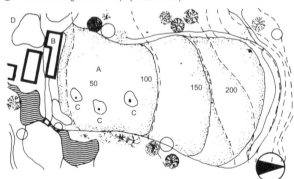

A Campo de treino
B Edifício sede (partida)
C *Pitching-green*
D Estacionamento

❼ Equipamentos básicos de uma área de treino → ❾

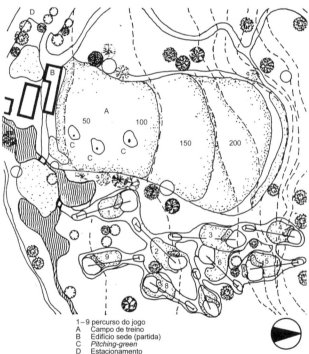

❽ Campo de golfe

1–9 percurso do jogo
A Campo de treino
B Edifício sede (partida)
C *Pitching-green*
D Estacionamento

❾ Ampliação de uma área de treinamento

ÁREAS ESPORTIVAS
GOLFE

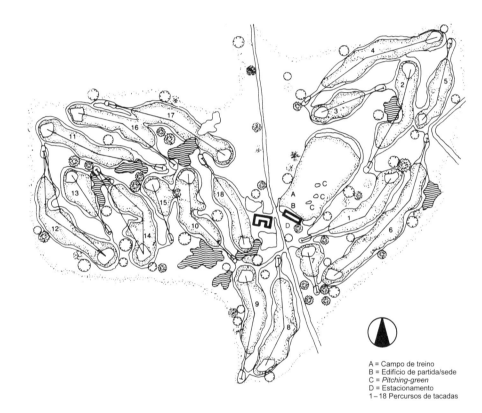

1 Tacadas masculinas
2 Tacadas femininas
3 *Green* com pré-*green*
4 *Green bunker*
5 *Bunker*

① Elementos de um campo de golfe

A = Campo de treino
B = Edifício de partida/sede
C = *Pitching-green*
D = Estacionamento
1 – 18 Percursos de tacadas

② Campo com 18 buracos, tamanho regulamentar para competições

Campos de golfe não podem ser comparados com os outros campos esportivos normalizados e estandardizados. Hoje em dia só podem ser instalados, praticamente, em áreas rurais, onde antigamente se desenvolvia agricultura ou exploração de florestas. O planejamento de um campo de golfe exige um trabalho de equipe, que envolva muitos e variados especialistas nas áreas de conhecimentos de um paisagista, jogador de golfe, ecologista, geólogo, técnico cultural, economista etc.

Antes de começar o projeto propriamente dito, são necessárias algumas pesquisas básicas. Dados relativos aos moradores do entorno do terreno em vista: número de moradores em uma área distante em no máx. 30 minutos de automóvel. Requere-se ≈100.000 pessoas para um campo de 9 buracos, possibilitando assim alcançar um número de 300 sócios para um clube de golfe. (Na Alemanha ainda se tem a quota de 100.000 moradores para um campo de 9 buracos). Importante parte de um campo de golfe são as áreas de treinamento. Podem-se diferenciar: campo de treino, zona de treino *green*, zona de aproximação *green* → p. 440 ❼. O campo de treino deve ser, na medida do possível, plano e ter uma largura de no mín. 80 m, para que cerca de 15 jogadores possam treinar ao mesmo tempo. O comprimento será de no mín. 200 m, melhor de 225 m, de tal maneira ordenado, que não haja interferência com os setores vizinhos.

Posição ideal: junto à sede do clube. A área de aproximação *green* deve ter um tamanho mínimo de 300 m² e ser modelada em si. Os obstáculos de areia para treinamento das tacadas devem ter no mín. 200 m², devem ter diferentes profundidades. O projeto de um campo de golfe deve partir da consideração que, o objetivo é obter um campo de 18 buracos, isto é, ocupar uma superfície necessária, à disposição, de 55 ha, melhor de 60 ha. Para se oferecer a possibilidade de uma meia rodada (9 buracos) em um campo de 18, deve a 1ª tacada e a 9ª *green*, assim como a 10ª e a 18ª *green*, encontrarem-se nas proximidades da sede do clube → ❷.

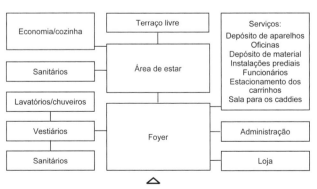

③ Programa funcional da sede de um clube de golfe

① Oficina com plataformas elevatórias ou valas para inspeção
② Escritório
③ Estar
④ Sanitários
⑤ Vestiário
⑥ Máquinas
⑦ Depósito de material
⑧ Área de pátio pavimentada
⑨ Bomba de combustível
⑩ Lavagem e receptores de óleo
⑪ Depósito de maquinário pequeno
⑫ Peças e ferramentas
⑬ Adubos e sementes

④ Exemplo das funções de um edifício de serviços e manutenção

Esporte Lazer

ÁREAS ESPORTIVAS

Campos esportivos
Atletismo
Tênis
Minigolfe
Golfe
Esportes náuticos – marinas
Remo
Equitação
Salto de esqui
Pistas de gelo
Pistas de patins de rodas
Skateboarding
Bicicross
Tiro ao alvo

441

ÁREAS ESPORTIVAS
ESPORTES NÁUTICOS – MARINAS

Informações: Deutsch Marina Consult. Dmc – Hannover

Tipos de barcos:
Competições esportivas são possíveis apenas com barcos de mesma categoria. Assim surgiram as classes normalizadas de barcos a vela para regatas. As classes nacionais são reconhecidas pelas associações nacionais de veleiros; as internacionais, pela associação mundial, com sede em Londres. Esta escolhe também as categorias para os Jogos Olímpicos, que são renovadas após cada competição (veja vista geral dos tipos de veleiros e classes).

A profundidade em portos e vias aquáticas depende dos tipos de barcos utilizados. Nível da água regular: 1,25 m (ioles, barcos com bolina) e 4 a 5 m m (barco com quilha fixa). O nível constante da água é favorável para a construção dos portos e segurança dos barcos.

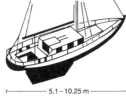
❶ Iole

Corte transversal de um Iole

❷ Barco aberto com quilha fixa

Corte Corte transversal de um barco aberto com quilha fixa

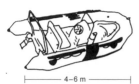
❸ Barco aberto, Catamarã

Corte transversal de um catamarã

❹ Barco de cruzeiro com quilha fixa e bolina — Corte transversal de um barco de cruzeiro com quilha fixa e bolina

❺ Barco de cruzeiro com quilha lastreada — Corte transversal de um barco de cruzeiro com quilha lastreada"

❻ Barco de cruzeiro biquilha — Corte transversal de um barco de cruzeiro biquilha

❼ Barco pneumático — Corte transversal de um barco pneumático

Classes de veleiros Tipo (tripulação) (1-3) pess.	Unidade (E) ou Constr.: Classe de construção (K)	Medidas comprim./ largura m	Profundidade m	Área da vela (Spinnaker) m²	Sinais diferenciadores nas velas/identificação
Classes olímpicas:					
Finn-Dinghi¹⁾ (1) Finn	E	4,50/1,51	0,85	10	2 linhas onduladas, azuis sobrepostas
Flying Dutchman¹⁾ (2)	E	6,05/1,80	1,10	15 (S)	Letras negras FD
Star (2)	E	6,90/1,70	1,00	26	Estrela vermelha de 5 pontas
Tempest	E	6,69/2,00	1,13	22,93 (s)	Letras negras T
Dragão¹⁾ (3)	E	8,90/1,90	1,20	22(s)	Letras negras D
Soling¹⁾ (3)	E	8,15/1,90	1,30	24,3 (s)	Letras negras Ω (Omega)
Tornado¹⁾ (2)	E	6,25/3,05	0,80	22,5 (s)	Letras negras T com duas paralelas sublinhadas
470¹⁾ (2)	E	4,70/1,68	1,05	10,66 (s)	Números negros 470
5,50 m-late	K	9,50/1,95	1,35	28,8	Números negros 5,5
Outras classes internacionais:					
Yngling¹⁾ (2)	E	6,35/1,75	1,05	14	Letras negras Y
49¹⁾ (2)	E	4,99/1,70	1,50	21,2 (s)	Nº 49 negro
Pirata (2)	E	5,00/1,62	0,85 +	10 (s)	Machado vermelho
Optimist (1) Crianças e adoles.	E	2,30/1,13	0,77 +	3,33	Letras negras O
Cadete (2)	E	3,32/1,27	0,74 +	5,10 (s)	Letras negras G
Iole OK (1)	E	4,00/1,42	0,95	8,50	Letras azuis O e K
Iole olímpica (1)	E	5,00/1,66	1,06 +	10	Anel vermelho
Iole 420° (2)	E	4,20/1,50	0,95 +	10 (s)	Números negros 420 deslocado/inclinado
Algumas classes Alemãs:					
Iole de percurso 15 m² ou Iole H (2)	K	6,20/1,70	–	15 (s)	Letras negras H
Iole de cruzeiro 15 m² (2)	K	6,50/1,85	–	15 (s)	Letras negras P
Iole de cruzeiro 20 m²	K	7,75/2,15	–	20 (s)	Letras negras R

¹⁾ Classe olímpica   + para bolina rebaixada

❽ Exemplos de classes de barcos a vela, com suas dimensões

❾ Lancha — Corte transversal de uma lancha

❿ Modelo clássico — Corte transversal de lancha clássica

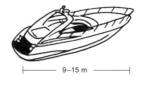
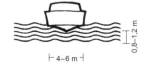
⓫ Motor iate — Corte transversal de motor iate

ÁREAS ESPORTIVAS
ESPORTES NÁUTICOS – MARINAS

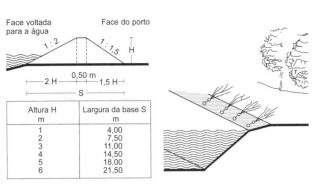

Altura H m	Largura da base S m
1	4,00
2	7,50
3	11,00
4	14,50
5	18,00
6	21,50

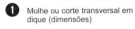 ❶ Molhe ou corte transversal em dique (dimensões)

 ❷ Junco com no mínimo 2 pontos de fixação

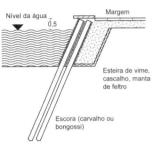
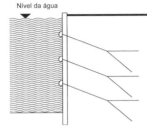

 ❸ Estaca de madeira

 ❹ Muro de contenção de aço

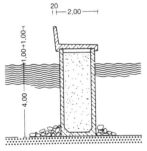
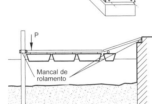

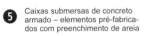 ❺ Caixas submersas de concreto armado – elementos pré-fabricados com preenchimento de areia

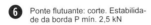 ❻ Ponte flutuante: corte. Estabilidade da borda P mín. 2,5 kN

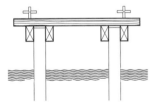
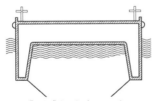

❼ Ponte fixa; pilares de madeira ou concreto

❽ Ponte flutuante de concreto, também apropriada como quebra-ondas

Construções aquáticas

Construções de proteção contra batida das ondas, influência das marés (pressão e sucção) e enchentes. É importante para a segurança da marina.

Molhes são construídos de pranchões de madeira fincados ou de pedras→ ❷ – ❹. Caixas de concreto submersas só são possíveis para níveis baixos de água → ❺.
Também podem ser utilizados pontões flutuantes, com elementos de concreto → ❽. Os molhes devem ser acessíveis, permitindo vista para a paisagem.

Muros de contenção oferecem, com necessidade mínima de área, uma estabilização permanente de margens. São construídos basicamente de perfis de aço encaixados; existem também em madeira e matéria plástica. Esses muros de contenção, devido à resistência de seus elementos (de grande peso) e impermeabilidade, podem ter grande extensão. Lanchas ancoradas diretamente devem ser protegidas através de para-lama (*fender*) contra danos mecânicos. Um outro problema é a má aparência dentro da marina, quando totalmente enferrujados → ❹.

Estacas fincadas no solo, para fixação de embarcações e pontões, de tubos metálicos, eventualmente preenchidos de concreto, ou de madeira. Comprimento 3 vezes maior que a profundidade da água, dependendo do tipo de solo.
Em água salgada, a vida útil das estacas de madeira é de cerca de 15 anos; de tubos metálicos, cerca de 35 anos. Como a variação da durabilidade é muito grande, deve-se ter informações de caráter local antes da escolha do sistema.

Taludes podem servir para fixação de margens e são executados em pedra, concreto ou como área verde. O ângulo do talude depende da sua altura, do solo e do tipo de construção escolhido → ❷ + ❸.

Rampa de descida de barcos e guindastes

Guindastes para barcos, estacionados na área técnica, ou móveis. São necessários piso resistente e área de circulação suficiente para o acesso terrestre (automóvel com reboque ou caminhão + tamanho do barco e guindaste). Fixação da margem através de muro de contenção vertical.
Sistema de transporte elevado ***travellift***, como guindaste móvel para transporte dos barcos na marina → p. 444 ❾

Rampas de descida de barcos (*slip*) servem para a colocação de barcos na água. Barcos menores e mais leves são deslocados manualmente; barcos maiores, puxados por reboques, presos a veículos → ❾ + ❿.

Material de construção e detalhes construtivos na água sofrem grande desgaste, daí a necessidade de escolha de materiais estáveis, resistentes e duráveis. A corrosão é muito grande, principalmente em água salgada. Observar a impermeabilidade a passagem dos ventos e aos respingos, no caso de edifícios. Isolamento térmico, para inverno e verão.

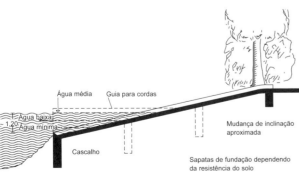

❾ Corte/rampa de descida de barcos (*slip*)

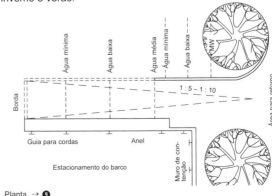

❿ Planta → ❾

Esporte Lazer

ÁREAS ESPORTIVAS

Campos esportivos
Atletismo
Tênis
Minigolfe
Golfe
Esportes náuticos – marinas
Remo
Equitação
Salto de esqui
Pistas de gelo
Pistas de patins de rodas
Skateboarding
Bicicross
Tiro ao alvo

443

ÁREAS ESPORTIVAS
ESPORTES NÁUTICOS – MARINAS

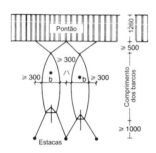

1 Área de manobras entre pontões/ancoradouro de barcos

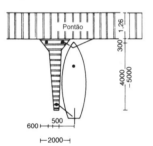

2 Ancoragem de barcos: ligação entre ponte e estacas fixadas dentro da água

3 Ancoragem de barcos: ligação em diagonal; ponte geral e pequenas pontes de embarque

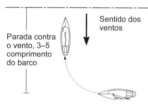

4 Ancoragem de barcos: ligação em forma de Y, entre ponte de barcos e pequena ponte de embarque

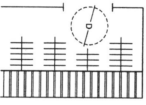

5 Ancoragem sistema *mooring* com ou sem boia

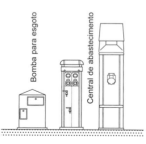

6 Área de manobras para estacionamento, com veleiros

7 Porto em formato retangular

8 Bomba para esgoto, água servida, abastecimento de água e energia elétrica, TV e ligação de internet

9 *Travellift* para transporte do barco para a terra ou colocação rápida na água

Planejamento da área de ancoragem

A área de ancoragem dos barcos deverá ser sempre em sentido longitudinal em relação aos ventos; dimensões dos atracadouros dependem dos tipos de barcos. Fixação na proa ou na popa. No caso de previsão para uso de veleiros sem motor (portos de regatas), deve-se observar o espaço suficiente para manobras de parada. Veleiros brecam contra o vento; a distância necessária para estacionar o barco, dependendo do seu tipo, é de 2 a 5 vezes o comprimento do barco → **6**.

Junto ao acesso, necessita-se de uma área destinada à rotação, permitindo o transporte de barcos maiores; essa rotatória é importante para a segurança do acesso e para manobras com tempestade. Diâmetro ≈ 35 m–60 m → **7**.

Pontões

A escolha do sistema depende da carga, do impacto/colisão do barco e da força/tração de cordas e cabos.

Pontões fixos sobre estacas fincadas no solo são vulneráveis quanto a enchentes → p. 443 **7**.

Sistemas modernos de pontões flutuantes fixados em estacas independentes ou ancorados permitem o controle da posição do barco para diferentes níveis da água → p. 443 **6**.

Estacionamento de barcos em sistema *mooring* é usual em águas no hemisfério Sul → **5**.

A profundidade da água na área de atracação dos barcos deve ser no mín. 1,8 vezes mais profunda do que a altura do casco abaixo da linha d'água. As instalações necessárias no píer incluem ligações de energia elétrica e de água, além de bombas para água servida e esgoto. Equipamentos para fixação devem ser previstos em dimensão adequada: poste de amarração, ganchos e argolas. Observar: superfícies antiderrapantes, pisos dos pontões. Corrimão unilateral ou central. Iluminação e posicionamento para cada barco. Prever ainda latões de lixo em tamanho e número suficientes e separação por tipo de resíduo.

Dimensões dos atracadouros

Dependem dos tipos de barcos. Em uma marina devem ser oferecidos diferentes tamanhos, na medida do possível organizados segundo classes das embarcações. Também são necessários alguns pontos de ancoragem para superiates (comprimento de 21 m). A ancoragem, assim como as manobras anteriores, devem ocorrer de forma segura.

Marina seca

No caso de pouca superfície aquática à disposição, é possível a guarda terrestre dos barcos, que podem ser transportados por *travellift*, prontos para partida em no máximo 30 minutos. A marina seca também é equipada com pontões e instalações necessárias (água, esgoto e energia elétrica), permitindo o uso dos barcos em terra. No caso da marina seca, a proporção entre terra e água é de ≈ 80 : 20. Os custos de investimento abrangem apenas ≈40%, em comparação com uma marina convencional.

Classe do barco	Dimensão necessária para a guarda m Compr. (C)	Largura (L)	Distância de segurança m (S)	Espaço necessário para circulação m (F)
Finn-Dinghy	4,50	3,00	3,00	5,00
Flying Dutchman	6,00	3,00	1,00	6,50
Star	7,00	3,50	1,50	7,50
Tempest	6,70	4,00	2,00	8,00
Dragão	9,00	4,00	2,00	9,50
Soling	8,50	4,00	2,00	9,50
Tornado	6,50	6,00	2,00	7,00
470	5,50	3,50	1,50	5,00
Distância de segurança S pelo comprimento C				

10 Dimensões dos lugares de guarda terrestre para embarcações de classes olímpicas

ÁREAS ESPORTIVAS
ESPORTES NÁUTICOS – MARINAS

O projeto de uma marina requer primeiramente uma pesquisa de viabilidade e diferentes aprovações, tanto terrestres como do lado aquático. As marinas têm sempre um objetivo de lazer e turístico. Existe uma tendência para sua especialização em marina técnica, de eventos, atracadouro, citymarina, minimarina, marina seca etc. → p. 446.

Projeto de implantação
A proteção dos barcos deve ser assegurada, assim como a acessibilidade terrestre e por água. As marinas não devem ser construídas em paisagens livres, senão integradas a cidades, ligadas a atrações turísticas, urbanas e de lazer.

Tamanhos e capacidades das marinas
Determinação de tamanho mínimo, em função do tipo de barco esportivo; evitar conflitos entre esporte e ecologia, assim como comprometimento do setor aquático. Em média, tem-se apenas 33% dos barcos atracados ao mesmo tempo. Considerar o fator de temporaneidade (barcos presentes ao mesmo tempo), que designa a relação de número permitido de barcos no total, sobre média de barcos em movimento. Cálculo da necessidade espacial técnica por barco, individualmente; distanciamento suficiente entre barcos.

Organização das áreas
Área de atracadouros: (bombas para esgoto, boia de salvamento, central de instalações de energia elétrica e água, coleta de lixo) – essa área deverá ser segura, atrativa e funcional → p. 444. **Setor técnico:** rampa (*slip*) para descida dos barcos, guindaste, oficina, serviço mecânico/motores, área de reparos (observar problemas de emissões). **Setor gastronômico:** com terraço, voltado para o setor aquático. **Setor de serviços: controlador** do porto, chuveiros, sanitários, centro de informações (deve ser encontrado facilmente). **Estacionamento:** seguro e de fácil circulação para automóveis e trailers → ❾.

Forma da marina
Porto retangular → ❸: basicamente para marinas de maiores dimensões (100–400 atracadouros); grande comprimento, molhe principal paralelo à margem; molhe fechado em um dos lados. A orientação deve ser favorável quanto ao sentido principal dos ventos e das ondas. Molhe livre, paralelo à margem → ❹: não acessível por pedestres, oferece segurança limitada; porto aberto em duas laterais; apenas recomendável para margens sem deposição de sedimentos, podendo ser construída sem proteção especial apenas em águas continentais. Desvantagem: reflexão das ondas da margem dentro da marina, contra a parte interna do molhe.
Conjunto de molhes → ❺: dois molhes partem da margem, paralelamente, fechando em forma de funil na extremidade de entrada do porto. Do ponto de vista construtivo e técnico é de difícil execução, além de ser sistema muito dispendioso; indicado apenas para locais com características naturais apropriadas. Tipo ideal para uma marina costeira, em trecho protegido.
Porto em forma de ilha → ❻: diante de margens sensíveis com baixo nível de água ou com problema de espaço. Dependendo do local, como marina-ilha ou como construção sobre pontões.

Depósito terrestre de barcos
Durante o inverno, embarcações grandes são mantidas em galpões ou deixadas fora, em lugares apropriados. Devem ser guardados com sistemas de segurança estáveis contra tempestades, necessitando-se de cavaletes e estruturas de sustentação. Deve-se observar o distanciamento suficiente entre barcos → ❽.
Áreas livres e de tráfego em marinas devem ser resistentes à carga de transporte e estacionamento dos barcos. Um estacionamento especial para os reboques, podendo ser trancado, deve ter ligação direta com o estacionamento geral de veículos.
Áreas de rotatórias para reboques sob guindastes e na frente das rampas de descida de barcos devem apresentar dimensões suficientes (Ø mín. 18 m), suportando cargas de no mín. 6 t/eixo. Em grandes marinas, essas áreas são asfaltadas ou concretadas → ❾.

❶ Relação entre superfície aquática – tamanhos dos barcos

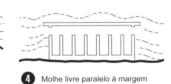

❷ Implantação de marina, disposição dos atracadouros

❸ Molhe fechado em uma lateral   ❹ Molhe livre paralelo à margem

❺ Conjunto de molhes fechando em funil na entrada do porto   ❻ Ilha ou foz de rio

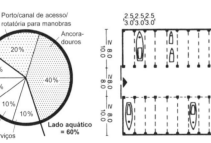

❼ Distribuição da área de uma marina Terra: água ≈1:1,5   ❽ Esquema de depósito de barcos, porta em uma lateral

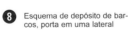
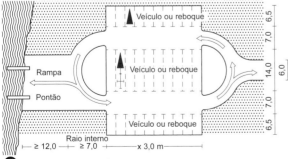

❾ Deposição terrestre de barcos

ÁREAS ESPORTIVAS

Campos esportivos
Atletismo
Tênis
Minigolfe
Golfe
Esportes náuticos – marinas
Remo
Equitação
Salto de esqui
Pistas de gelo
Pistas de patins de rodas
Skateboarding
Bicicross
Tiro ao alvo

ÁREAS ESPORTIVAS
ESPORTES NÁUTICOS – MARINAS

Tipos de marinas

Daymarina: posição: marina flutuante; exclusivamente para permanência diária de barcos, diante da costa.

Citymarina/minimarina/área de serviços para barcos itinerantes → ❶: posição em local atrativo, em cidades; exclusivamente para pernoite de turistas; oferta de serviços mínimos.

Eventmarina: posição em cidades; exclusivamente para visitas de eventos, através de turistas com barco; temporária e com serviços mínimos.

Regata e marina olímpica → ❸: chama olímpica, heliporto, oficina/galpão de medições, serviços médicos e controle de *doping*, escritório de organização das competições, segurança, VIP-lounge e imprensa, guindastes, área de lavagem. Ancoradouros: Star e Yngling. Depósito terrestre de barcos: classe 49, Tornado, 470, Laser, Finn, Euro Star e Yngling (barcos e área para reboques). Galpão para pranchas de surfe, ancoradouro para barcos de transporte de passageiros, vestiários/sanitários/WCs para os diversos times, centro de informações e comunicação (para reunião dos times, official board, transmissão das competições, bistrô). Estacionamento, depósito de trailers, áreas de reserva e mistas.

Marina-ancoradouro: posição possível, na periferia de cidades; exclusivamente ancoradouros, sem outros serviços. Apropriada ao uso por clubes e associações esportivas.

Marina turística: escritórios no porto, ancoradouros, sanitários, lojas, oficinas, gastronomia.

Associação e clube-marina: sede do clube, terraço, estacionamento, acesso de veículos, pontões, ancoradouro/depósito terrestre de barcos, oficinas/reparos.

Marina seca → ❷: posição: periferia de cidades ou zona de serviços; basicamente depósito terrestre de barcos, com bom sistema de *travellift* para colocação dos barcos na água. Oferta de serviços; área aquática mínima.

Marina técnica: posição possível, em zona de serviços; exclusivamente serviços técnicos como guindastes, reparos, manutenção no inverno, reformas de barcos, refit etc.

Marina de inverno: posição possível, em zonas de serviços; exclusivamente para depósito de barcos durante o inverno, em galpões ou área externa. Observar o distanciamento suficiente entre barcos. Possibilidade de área de depósito para equipamentos e material de trabalho (perigo de incêndio através de tintas e vernizes).

❶ Área de descanso e serviços para barcos itinerantes
Projeto Arq.: Haass, Hannover

❷ Marina seca em braço de rio
Projeto Arq.: Haass, Hannover

① Acesso ⑤ Gastronomia ⑧ Rampa de descida dos barcos, guindaste, *travellift*
② Recepção ⑥ Ancoradouros
③ Setor de charter ⑦ Serviços para barcos, oficinas ⑨ Estacionamento terrestre de barcos
④ Imprensa

❸ Porto olímpico para veleiros
Projeto Arq.: Haass, Hannover

① Chama olímpica ⑧ Estacionamento/garagem ⑫ Ancoradouros/reserva
② Heliporto ⑬ Ancoradouros
③ Escritório ⑨ Oficina/medições ⑭ Galpão para pranchas de surfe
④ VIP-Lounge ⑩ Central de meteorologia e pronto-socorro
⑤ Sanitários ⑮ Área mista
⑥ Imprensa ⑪ Dep. terrestre de barcos
⑦ Info. e comunicação

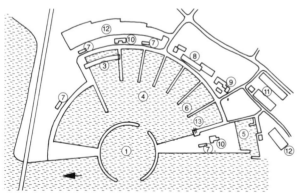

❹ Exemplo de um porto para iates

① Entrada do porto ⑥ Pontões de ancoragem ⑪ Estaleiro
② Rampa para ioles ⑦ WC ⑫ Garagem de inverno para os barcos
③ Barcos ⑧ Hotel e restaurante
④ Porto novo ⑨ Centro de compras ⑬ *Travellift*
⑤ Porto velho ⑩ Quiosque

Função	Exigências	Construções
1. Áreas de transporte para trailers, reboques etc.	– largura suficiente – raios de curva para reboques – capacidade de carga suficiente – drenagem de superfície	– subsolo resistente à geada – drenagem – recobrimento resistente de concreto, asfalto etc.
2. Área para os barcos	– tamanho suficiente – capacidade de carga suficiente – pontos de ancoragem para encerado	– subsolo resistente à geada – recobrimento de saibro – pontos de ancoragem fixos, p. ex. argolas
3. Circulação de veículos Rotas de emergência	– largura correspondente à regulamentação de ruas na Alemanha (RAST) – capacidade de carga suficiente – raios de curva para veículos – drenagem de superfície	– subsolo resistente à geada – drenagem – recobrimento de pedra ou semelhante, asfalto, concreto etc.
4. Áreas de estacionamento de veículos	– tamanho suficiente – capacidade de carga suficiente – clareza de organização das vagas	– subsolo resistente à geada – recobrimento de saibro – marcação com faixas no piso
5. Caminhos de pedestres e ciclovias	– largura 1,5 m até 2,5 m – separação da ciclovia – segurança e visibilidade – drenagem de superfície	– subsolo resistente à geada – recobrimento de pedra, lajota de cimento etc. – drenagem

❺ Áreas de tráfego: funções e qualidade da construção

ÁREAS ESPORTIVAS
ESPORTES NÁUTICOS – MARINAS

❶ Corte em superiate - marina com zoneamento em área da tripulação e dos passageiros
Arq.: Haass, Hannover

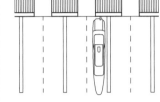

Iates	10–21 m	30–80 ft
Superiates pequenos	21–30 m	80–100 ft
Superiates médios	30–60 m	100–200 ft
Superiates grandes	acima de 60 m	acima de 200 ft

❷ Categorias de superiates, dependendo do tamanho

❸ Esquema do princípio de atracação de superiate, com edifício de serviços e *lounge*

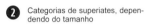

Meio	Ligação a bordo	Capacidades
Eletricidade		380 V 36, 65, 125 A acionados pela tripulação
Água fresca		mín. 50 l / min acionados pela tripulação
Esgoto		Pump-out Station acionados pela tripulação
Combustível		Diesel / Petrol acionados pela tripulação

❹ Exigências e posicionamento usual das ligações de abastecimento de superiates

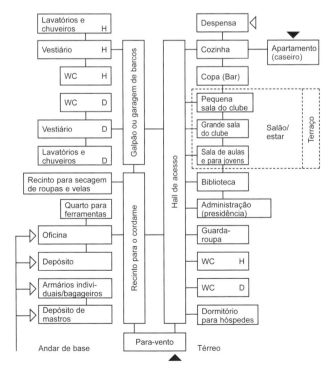

❺ Esquema funcional de um clube náutico

Superiates – marinas

São denominados superiates as embarcações desse tipo com mais de 21 m (70 pés) de comprimento. A partir de um comprimento de 30 m, essas embarcações recebem tripulação especial/profissional de comando. Os superiates requerem projetos de marinas especiais, como obra nova ou complemento de antiga.
Como local de implantação são consideradas apenas áreas exclusivas com grande oferta turística, ligação com aeroporto e com metrópole próxima. Na Europa, o chamado *superiate business* localiza-se no mar Mediterrâneo.
Os ancoradouros desse tipo requerem ocupação de grandes áreas → ❶–❸ e têm grandes exigências quanto ao abastecimento → ❹.
É necessário contar com uma profundidade de águas mínima de 8 m. A concepção de uma marina para superiates baseia-se em exigências semelhantes às de um hotel 5 estrelas, com serviço de atendimento técnico de 24 horas e recepção personalizada. Zoneamento semelhante ao de hotel 5 estrelas; adicional, setor separado para a tripulação e serviços → ❺.
A segurança das embarcações e passageiros deverá ser garantida. São indispensáveis serviços 24 horas de segurança, vigilância por vídeo e sistemas eletrônicos de fechamento, assim como iluminação das principais partes da marina.

Segurança em marinas

Instalações de segurança em marinas protegem barcos, equipamentos (eletrônicos) e pessoas de catástrofes naturais e criminalidade, vandalismo e terrorismo.
Medidas ativas:
organização, visibilidade da área de ancoradouros, sistema de alarme dos barcos, segurança do ancoradouro e pontões (portões).
Medidas passivas:
vigilância dos ancoradouros através de videocâmaras, iluminação da marina, equipe e serviço de segurança, medidas contra avarias, plano de segurança, gerenciamento de segurança.
Na área ao longo da água, com acesso público, deve-se ter uma parte central fechada (escritório do porto) vigiada por câmaras durante 24 horas. As áreas da marina devem ser demarcadas por placas de aviso e ter controle policial compatível com a organização interna do conjunto.
Toda marina deve ter um plano de avarias, que atua em casos extremos, de emergência (deve-se ter também treinamento de pessoal, para atuar nessas circunstâncias). Dias de treino ocorrem no mín. 2 x por ano.

Sustentabilidade

Tecnologias que respeitam o meio ambiente podem ser utilizadas em marinas, não só para diminuição da sobrecarga ambiental, como também para ganho de energia alternativa. Energia geotérmica, eólica, hidráulica, fotovoltaica, solar etc. podem ser aplicadas no local. Uma boa marina funciona de forma autônoma do ponto de vista energético.
Uma marina ecológica protege a água e o solo através do uso de materiais compatíveis com a água (evitar eliminação de substâncias poluentes).
A ecologia é alcançada através da concentração em áreas funcionais do setor técnico, assim como da separação do setor de inverno, criação de zonas energéticas e classificação e controle da capacidade de funcionamento do conjunto.
Observar também ligação com rede de transporte público como alternativa ao uso de táxis e serviços de vans; horários econômicos/energéticos (p. ex. 0h–6h), categorias de preço segundo consumo de energia etc.

Esporte Lazer

ÁREAS ESPORTIVAS

Campos esportivos
Atletismo
Tênis
Minigolfe
Golfe
Esportes náuticos – marinas
Remo
Equitação
Salto de esqui
Pistas de gelo
Pistas de patins de rodas
Skateboarding
Bicicross
Tiro ao alvo

447

ÁREAS ESPORTIVAS
ESPORTES NÁUTICOS – REMO

Informações: Deutscher Ruderverband (Associação Alemã de Remo), Hanôver; Deutscher Kanuverband (Associação Alemã de Canoagem), Duisburg

Barcos a remo pertencem preponderantemente a equipes, sendo em sua maioria propriedade de associações esportivas e clubes. Em rios, lagos e outras vias aquáticas, em sistemas paisagísticos em geral de grande valor turístico, encontram-se principalmente barcos do tipo Caiaque e canoas canadenses.

Nas garagens de barcos, as janelas ou elementos de iluminação zenital devem ser orientados para a face insolada. Portões ≥ 2,50 x 2,75 m, permitindo a passagem de barcos carregados sobre a cabeça. Largura do galpão ≥ 6,00 m. Comprimento, do ponto de vista funcional, 30 m; altura, na medida do possível, 4,0 m → ⓰. Remos: 3,80 m de comprimento. Largura da pá: 15–18 cm. De preferência são guardados próximo à entrada da garagem de barcos, horizontalmente sobre prateleiras ou presos em braçadeiras, em posição vertical (dependendo da altura do galpão). Entre a garagem e a ponte de embarque/ancoragem, deve haver um faixa com largura ≥ 20–30 m, para limpeza e preparação dos barcos, com instalação de torneiras e área para as carretas de transporte dos barcos. Na medida do possível, na proximidade de gramado ou área arborizada para acampamento.

Tanque de treinamento, com remos curtos → ⓱; para treinamento de barcos com 8 tripulantes, utilizam-se as seguintes dimensões: 12,60 x 7,60 m, podendo apresentar disposição uni ou bilateral. Através de circuladores de água obtém-se o mesmo fluxo de correntezas que em áreas naturais. As instalações deverão, de preferência, pertencer a conjuntos esportivos com piscinas cobertas e ginásios, além de áreas de vestiários.

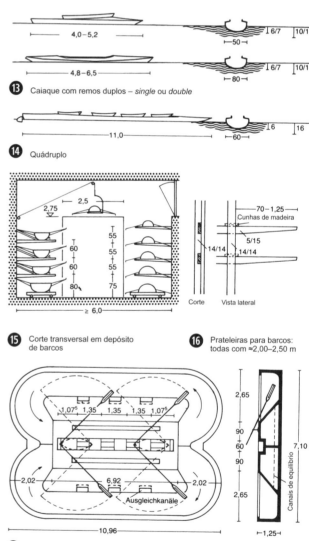

❶ Skiff single, para regata

❷ Skiff double, dois remadores sem timoneiro

❸ Oito sem timoneiro

❹ Gigs de regata (modelo antigo, com casco escamado): single, quádruplo ou para 8 remadores

❺ Gigs de percurso: single ou double

❻ Quádruplo ou para 8 remadores

❼ Gigs oceânico – double ou quádruplo

❽ Bote

❾ Canoa canadense com remo engastado em forqueta

❿ Canoa canadense para corrida, com equipe: 8 remadores e timoneiro

⓫ Canoa canadense para percurso, com equipe: 6 remadores ou 10, com timoneiro

⓬ Barco dragão para competição, segundo as normas da IDBF (International Dragon Boat Federation), para corridas-padrão

⓭ Caiaque com remos duplos – single ou double

⓮ Quádruplo

⓯ Corte transversal em depósito de barcos

⓰ Prateleiras para barcos: todas com ≈2,00–2,50 m

⓱ Tanque de treinamento com disposição bilateral

Esporte Lazer

ÁREAS ESPORTIVAS
Campos esportivos
Atletismo
Tênis
Minigolfe
Golfe
Esportes náuticos –
marinas
Remo
Equitação
Salto de esqui
Pistas de gelo
Pistas de patins de rodas
Skateboarding
Bicicross
Tiro ao alvo

448

ÁREAS ESPORTIVAS
ESPORTES NÁUTICOS – REMO

Informações:
Deutscher Ruderverband (Associação Alemã de Remo), Hannover; Deutscher Kanuverband (Associação Alemã de Canoagem), Duisburg

Exigências para trechos de treinamento para regatas, para canoagem ou percursos em *slalom*.
1) Áreas naturais: com trechos em declive (caimento de 1:100 ou mais), não apropriados para o tráfego normal de barcos, com uma vazão mínima de 10 m³/s (em águas naturais de nível médio (MNW) ou controladas por barragem). Além disso, em canais de transbordamento ao redor de moinhos ou usinas, mín. 8 m de largura, com e sem obstáculos (instalação de comportas) → ❸.
2) Áreas artificiais: p. ex. o canal olímpico próximo a Augsburgo, com canalização do sistema do rio Lech, com 550 m de comprimento. Canal feito de concreto armado com obstáculos em forma de rocha, do mesmo material, com 6 m de caimento e queda (desnível abrupto) em zona central. Ao todo: 32 portais. Em → ❺, exigências do trecho para regatas e treinamento de remo e canoagem.
Exigências mínimas em canais → ❼ – ❿.
Critérios para áreas de serviço e descanso e estações de canoagem são estabelecidos pela Associação Alemã de Canoagem (DKV).
Ver também p. 446.

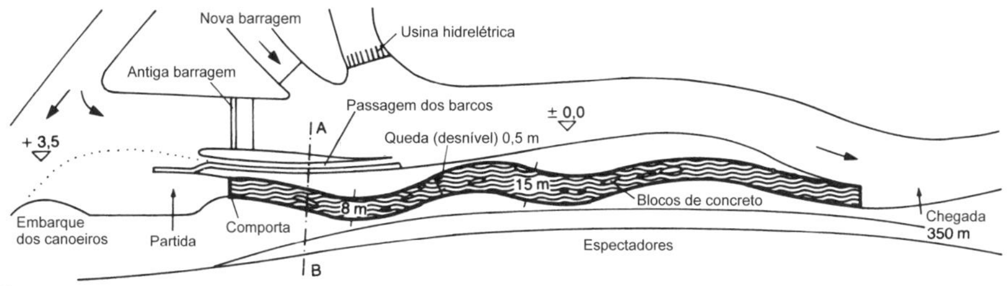

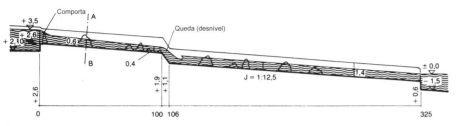

❶ Trechos para regatas *salom-canoe*

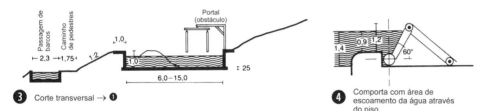

❷ Corte longitudinal → ❶

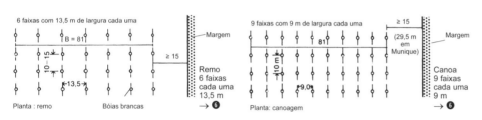

❸ Corte transversal → ❶

❹ Comporta com área de escoamento da água através do piso

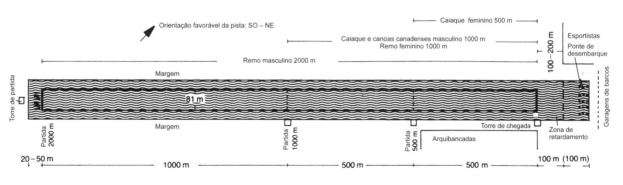

❺ Marcação das faixas (medidas internacionais) para remo e canoagem

❻ Pista de regatas (raia olímpica) em Munique para remo e canoagem

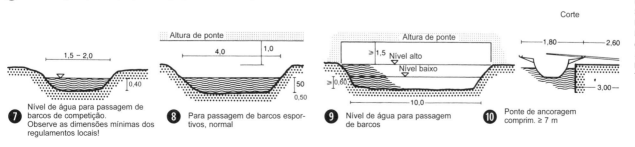

❼ Nível de água para passagem de barcos de competição. Observe as dimensões mínimas dos regulamentos locais!

❽ Para passagem de barcos esportivos, normal

❾ Nível de água para passagem de barcos

❿ Ponte de ancoragem comprim. ≥ 7 m

Esporte Lazer

ÁREAS ESPORTIVAS

Campos esportivos
Atletismo
Tênis
Minigolfe
Golfe
Esportes náuticos – marinas
Remo
Equitação
Salto de esqui
Pistas de gelo
Pistas de patins de rodas
Skateboarding
Bicicross
Tiro ao alvo

449

ÁREAS ESPORTIVAS
EQUITAÇÃO

Informações: Deutsche Reiterliche Vereinigung e.V (Associação de Hipismo Alemã), (FN) Warendorf Bundesinstitut für Sportwissenschaft (Instituto Nacional dos Esportes), Bonn

As instalações destinadas à equitação deverão ter ligação direta com campos livres ou picadeiros cobertos para os exercícios de montaria. Zonas com grande teor de umidade de solo e ar, como é o caso de fundos de vale, e de calmaria, dificultam o processo de ventilação necessário. Por este motivo, deve-se dar preferência a lugares com relevo de colinas e assolado por ventos constantes. A declividade das encostas para os edifícios e áreas de picadeiros e campos será entretanto ≤ 10%.

O compartimento dos arreios, preferivelmente de forma retangular, com grande comprimento longitudinal, permitindo superfícies livres suficientes de paredes, terá uma largura de 4,0 a 4,5 m. As selas são dependuradas em 3 fileiras defasadas, sobrepostas → ❽. Os recintos destinados aos arreios e os de limpeza (lavagem e tratamento dos cavalos) devem apresentar calefação e boa ventilação. A altura livre mínima das áreas destinadas a exercícios de montaria e picadeiros cobertos é de 4 m → ❺ – ❻. Tratando-se de áreas cobertas para apresentação, o número de lugares para espectadores depende de cada estabelecimento, sendo entretanto desejável que as arquibancadas apresentem altura e declividade suficientes para permitir visuais não muito inclinadas sobre os cavalos. Uma solução intermediária e com bons resultados é a do corredor para espectadores, com fileiras de bancos diretamente instaladas ao longo do parapeito, fileira posterior para pessoas em pé e ainda espaço livre atrás para passagem de duas pessoas em sentidos opostos → ⓭. Este tipo de disposição, instalado ao longo de pistas de equitação com 20 x 40 m, oferece lugares para ≈200 espectadores, sentados e em pé. O tamanho da entrada principal é determinado de forma a permitir a passagem de caminhões de peso médio, podendo ter 3 m de largura e 3,80 m de altura, devendo-se prever ainda uma entrada lateral com largura ≥ 1,20 m e altura ≥ 2,80 m. As folhas das portas serão abertas para o exterior.

As bandas de madeira, como fechamento dos términos das pistas, exercem diversas funções → ⓬. Entre elas, facilitam o trabalho de adestramento dos cavalos e protegem os cavaleiros contra acidentes e ferimentos. A inclinação da parte diagonal, relativa à vertical, é ≥ 20°.

Janelas de vidro, até uma altura de 2,0 m acima do piso da pista de equitação, devem ser protegidas por grades metálicas de modulação estreita (tipo rede). Campos externos de movimentação livre: ≈1.000 m² para cada 10 cavalos; em sua maioria dois cavalos juntos, por dia e por semana.

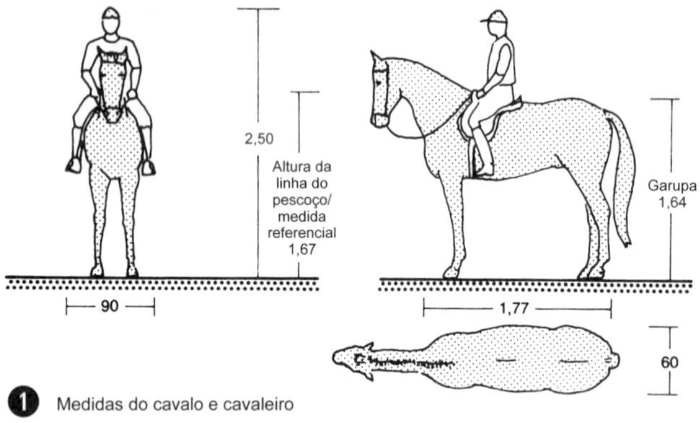

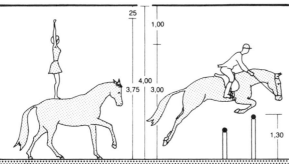

❶ Medidas do cavalo e cavaleiro

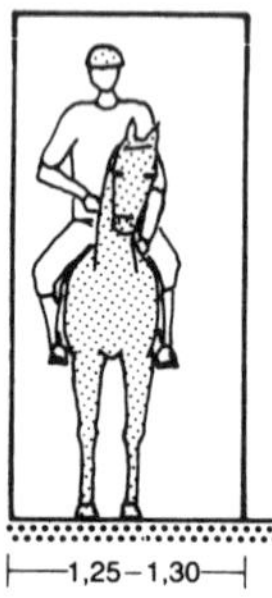

❷ Ingresso para cavalos 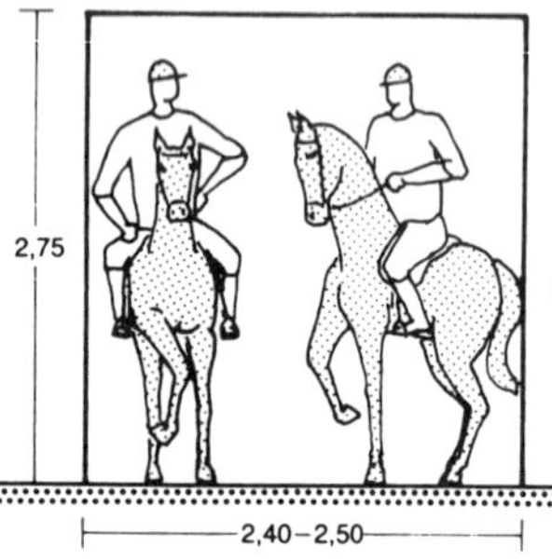   ❸ Portão/passagem interna na cocheira 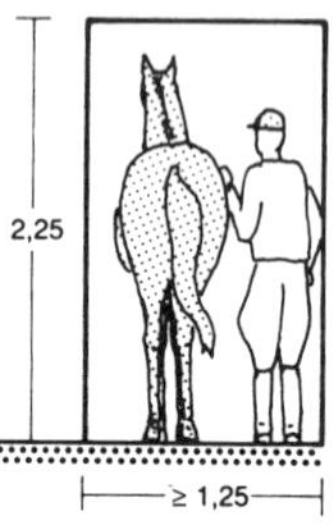   ❹ Cavalo e cavaleiro

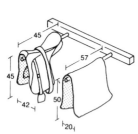

❺ Área de exercícios/volteio   ❻ Área de treinamento: salto sobre obstáculos

❼ Selas com cobertores   ❽ Parede na qual são penduradas as selas

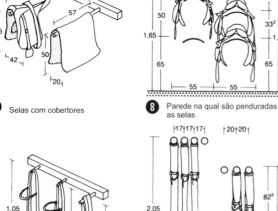

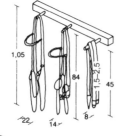

❾ Arreios 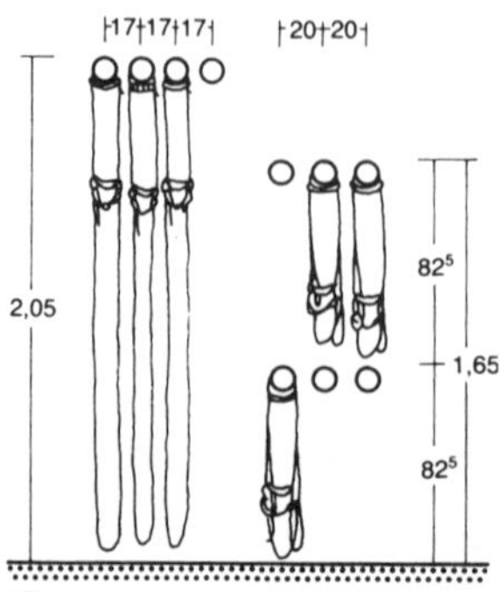   ❿ Parede na qual são penduradas as rédeas

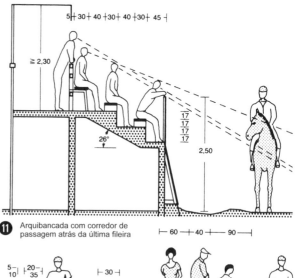

⓫ Arquibancada com corredor de passagem atrás da última fileira

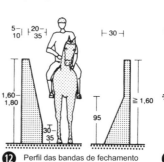

⓬ Perfil das bandas de fechamento das pistas de treinamento 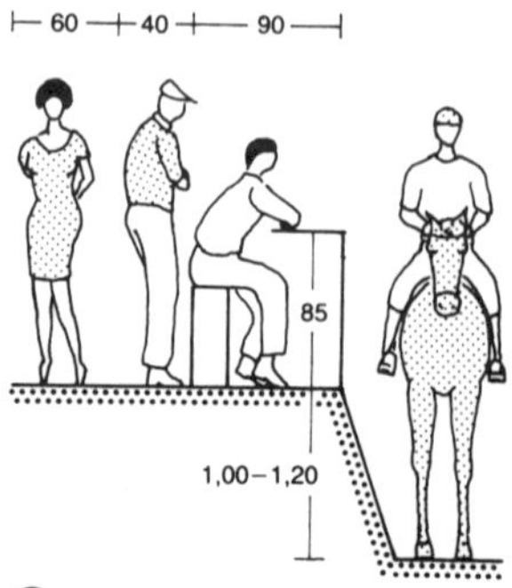   ⓭ Corredor/galeria para os espectadores

Esporte Lazer

ÁREAS ESPORTIVAS

Campos esportivos
Atletismo
Tênis
Minigolfe
Golfe
Esportes náuticos – marinas
Remo
Equitação
Salto de esqui
Pistas de gelo
Pistas de patins de rodas
Skateboarding
Bicicross
Tiro ao alvo

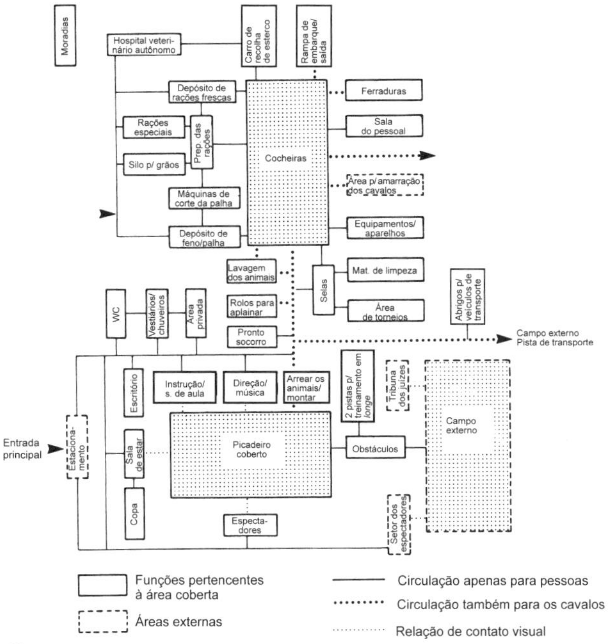

ÁREAS ESPORTIVAS
EQUITAÇÃO

Fundamentalmente, os diversos tipos de instalações para equitação diferenciam-se muito pouco quanto ao funcionamento. Exceto algumas variações funcionais especializadas ou determinações de caráter local, os programas construtivos diferenciam-se em primeira linha, através do tamanho do estabelecimento, ou seja, a ocupação das cocheiras. Esta é básica no dimensionamento dos espaços individuais necessários, a ser considerada também em relação à possibilidade de agrupamento de diferentes funções → ❶. Como ponto central do programa tomam-se os espaços de abrigo, tratamento e cuidado dos animais, alimentação, que devem ser construídos em bloco fechado. Áreas cobertas para montaria, permitindo o treinamento em dias de chuva e mau tempo, são imprescindíveis. Moradias para tratadores dos cavalos, ferreiro ou instrutores devem ser planejadas com ligação direta para o conjunto. A orientação das pistas de salto, sentido do eixo longitudinal, levando em consideração as condições favoráveis tanto para cavalo como para cavaleiro, é a Norte-Sul → ❸, tendo em vista que, a maioria dos saltos de obstáculos ocorrem no mesmo sentido do eixo da pista. Para lugares de assistência de torneios que se efetivam no sentido Norte-Sul, encontram-se com frequência a tribuna de juízes e arquibancadas de espectadores unilateralmente, atrás do lado Oeste da pista, em decorrência da maioria das competições de salto, que ocorrem neste lado no período da tarde. As dimensões mínimas de um picadeiro são, em área líquida (somente área para montaria), 20 x 40 m → ❷.

Para adestramento e a partir da classe M, com diversas exigências para provas, exige-se uma área de 20 x 60 m. Faixas laterais para passagem livre dos cavalos serão deixadas com ≥ 3,0 m ao redor do picadeiro e ≥ 5,0 m na área de ingresso, de tal forma que a área bruta total será de 26 x 48 m → ❷. Nas competições, a distância entre público e picadeiro será de 5 m; em provas internas, de 20 m.

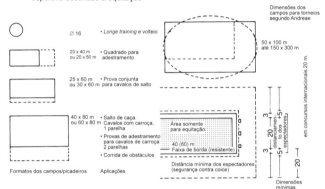

❶ Esquema de organização funcional dos espaços pertencentes a um conjunto esportivo destinado à equitação

❷ Dimensões (áreas) úteis para campos externos

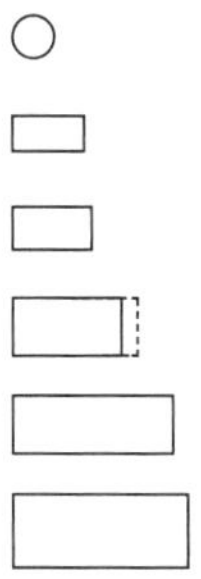

❸ Dimensões de picadeiros cobertos

❹ Depósitos

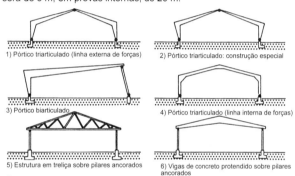

❺ Cortes transversais de diferentes formas de coberturas

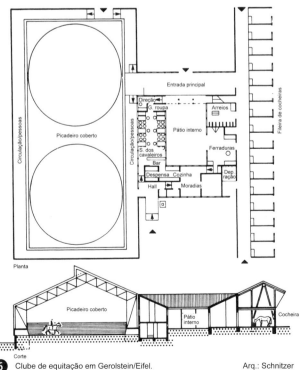

❻ Clube de equitação em Gerolstein/Eifel. Arq.: Schnitzer

ÁREAS ESPORTIVAS

Campos esportivos
Atletismo
Tênis
Minigolfe
Golfe
Esportes náuticos – marinas
Remo
Equitação
Salto de esqui
Pistas de gelo
Pistas de patins de rodas
Skateboarding
Bicicross
Tiro ao alvo

451

ÁREAS ESPORTIVAS
SALTO DE ESQUI

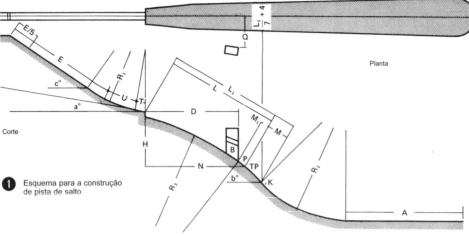

① Esquema para a construção de pista de salto

- P = Ponto normalizado
- TP = Ponto de tabela
- K = Ponto crítico (fim do trecho de equilíbrio e início do arco de impulso)
- B = Extremo da curva de salto
- M = Trecho de equilíbrio (distância entre P e K)
- M1 = Distância entre P e B
- L = Distância entre canto do trampolim até P
- L1 = Distância entre canto do trampolim até K
- H = Projeção vertical de L
- N = Projeção horizontal de L
- H:N = Relação entre proj vertical e horizontal
- a = Inclinação do plano do trampolim
- b = Inclinação da pista de queda entre ponto regulamentar P até o ponto crítico K
- c = Inclinação da rampa de impulso
- R1 = Raio do arco entre rampa de impulso e fim do trampolim
- R2 = Raio do arco entre início da curva de impulso e saída
- R3 = Raio do arco entre fim do trampolim e início do arco de impulso
- T = Comprimento do plano do trampolim
- U = Trecho da rampa de queda em que a velocidade fica constante
- E = Trecho da rampa de queda em que a velocidade aumenta
- F = Comprimento total da rampa de queda (F = U + E + T)
- A = Comprimento do trecho de saída
- V_o = Velocidade no plano do trampolim em m/s
- D = Distância em projeção perpendicular entre plano do trampolim e parte inferior da torre dos juízes
- Q = Distância entre eixo da pista de salto até o canto frontal da torre dos juízes

② A seguinte simbologia deve ser utilizada

Pistas médias e grandes de salto

E					L					
c	c	c			9–12°			8–10°	← a	
30°	35°	40°	U	T	Vo $\frac{H}{N}$ = 0,56	0,54	0,52	0,50	0,48	b
62	52	44	8,8	4,6	21			53,0	51,0	35–37°
71	58	49	9,7	4,8	22	65,3	63,0	60,8	58,5	56,2	
80	65	54	10,6	5,1	23	71,5	69,0	66,5	64,0	61,5	36–38°
89	72	60	11,4	5,3	24	77,7	75,0	72,2	69,5	66,7	
99	80	67	12,5	5,5	25	84,0	81,0	78,0	75,0	72,0	37–39°
111	90	74	14,0	5,7	26	90,2	87,0	83,7	80,5	77,2	
124	100	81	15,0	5,9	27	96,3	93,0	89,5	86,0	82,5	38–40°
137	110	88	16,0	6,2	28			91,5	87,7		

③ Dimensões para pistas médias e grandes de salto

Pistas pequenas de salto

E					L					
c	c	c			8–10°	7–9°	6–8°		←a	
30°	35°	40°	U	T	Vo $\frac{H}{N}$ = 0,50	0,48	0,46	0,44	0,42	0,40	0,38	b
26	23	21	4,5	3,3	15	20,0	19,5	19,0	18,5	18,0	17,5	17,0	30–34°
32	28	25	5,1	3,5	16	25,5	24,8	24,0	23,3	22,5	21,8	21,0	30–35°
39	32	28	5,8	3,7	17	31,0	30,0	29,0	28,0	27,0	26,0	25,0	33–36°
46	37	32	6,5	4,0	18	36,5	35,3	34,0	32,8	31,5	30,3	29,0	33–36°
52	43	37	7,2	4,2	19	42,0	40,5	39,0	37,5	36,0	34,5	33,0	34–37°
59	49	42	8,0	4,4	20	47,5	45,8	44,0	42,3	40,5	38,8	37,0	34–37°

④ Dimensões de pistas de salto pequenas

Exemplo: Em função do terreno, são estipulados os valores para L1 e H/N; p. ex., H/N = 0,54.

Na tabela podem-se encontrar:
L = 87 e, na coluna à esquerda, Vo = 26; na mesma altura encontram-se: c = 35°; E = 90 m, U = 14 e T = 5,7; F = E + U + T = 90 + 14 + 5,7 = 109,7 M.

Uma pista de saltos para esqui cujas dimensões sejam ligeiramente diferentes das fixadas em tabela, podem ser aprovadas pela FIS (Federação Internacional), desde que o construtor responsável apresente justificado de forma escrita.

Informações: Deutscher Skiverband (Associação Alemã de Esqui), Munique

A distância entre o peitoril da cabine mais inferior de juízes, até a linha horizontal "d" que passa pela borda da pista, resulta em D × tg 16° até tg 20°. As cabinas devem ser dispostas sobre a linha escalonada, conformada entre canto do plano do trampolim até o final da linha "d". O nível do piso da cabine encontra-se a 1 até 1,20 m abaixo do peitoril. No caso de implantação inclinada da torre em relação ao eixo da pista, o ângulo de inclinação deverá permanecer entre 7° e 10°, para permitir a observação integral do salto pelos juízes, até a aterrissagem. No trecho de queda para impulso, devem-se distribuir diversos pontos de partida, marcados regularmente sobre uma distância de E/5, cujo distanciamento entre si será de aproximadamente 1 m em projeção vertical. O último ponto de partida é E – E/S.

Largura mínima da pista de salto tem-se para K = L1/7 + 4 m.

Observações:
Todas as inclinações pertencem à distribuição de ângulos absoluta, ou seja, 360°.
Quando as transições forem parabólicas, tem-se R1 e R2 como as menores curvas possíveis componentes destas parábolas.

Para queda natural, são demarcados os trechos a cada 2 m para facilitar a determinação dos pontos de partida. As declividades do plano do trampolim, assim como de outros pontos das diversas curvaturas entre trecho de queda e final do trampolim, são fixadas bilateralmente através de perfis engastados, permitindo a manutenção da pista até mesmo por pessoal não especializado na área.

Recomendam-se perfis ao longo de toda a pista, principalmente entre trecho de impulso e reta final, cuja fabricação seja adaptada exatamente ao perfil da neve, importante no caso de camadas de neve altas. Via de regra, as pistas com comprimento L maior que 50 m não devem ser construídas com V_o menor que 21 m/s. Pistas de salto com L acima de 90 m não são aprovadas pela FIS/Federação Internacional (exceção feita para pistas de "voo" com esquis).

As normas para os trechos principais de uma pista para saltos com esqui são:
H:N = 0,48 até 0,56
O ponto regular de norma deve ser determinado:
- P = L1–M, onde as normas para M são:
- M = 0,5 até 0,8 Vo para pistas com até P = 70 m
- M = 0,7 até 1,1 Vo para pista com até P = 90 m
- M1 = 0 até 0,2 Vo
- R1 = 0,12 Vo^2 até 0,12 Vo^2 + 8 m
- R2 = 0,14 Vo^2 até 0,14 Vo^2 + 20 m
- R3 = o perfil da construção anterior será escolhido, de acordo com a curva de salto (voo) desejada
- T = 0,22 Vo
- U = 0,02 Vo^2
- A = 4 até 5 Vo para saída horizontal
- D = 0,5 até 0,7 × L1 até o canto inferior da torre
- Q = 0,25 até 0,50 × L1

⑤ Determinar os pontos de norma da pista

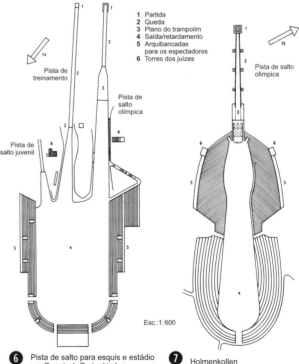

1. Partida
2. Queda
3. Plano do trampolim
4. Saída/retardamento
5. Arquibancadas para os espectadores
6. Torres dos juízes

⑥ Pista de salto para esquis e estádio em Garmisch-Partenkirchen

⑦ Holmenkollen

Esc.:1:600

ÁREAS ESPORTIVAS
PISTAS DE GELO

Informações: Deutscher Eissportverband (Associação Alemã de Esportes sobre o Gelo), Betzenweg 34, Munique

Patinação sobre o gelo, hóquei e *curling* podem ser exercitados sobre superfícies naturais congeladas de lagos, rios, canais, assim como artificiais, p. ex. em tanques de piscinas (quando as paredes forem construídas de forma a resistir à pressão do gelo).

Pistas de gelo formadas a partir de água esguichada com mangueira: em geral em quadras de tênis ou pistas de patins de rodas, ou ainda sobre outras superfícies de pisos amplas e livres (cercamento por muretas de aproximadamente 10–15 cm). A água é esguichada com mangueiras em camadas de 2 cm de espessura; deve-se prever sistema de drenagem para escoamento posterior.

Pistas de gelo artificiais: com sistema de serpentina de 2,5 cm de espessura, instalada sob a camada de acabamento do piso, funcionando através do bombeamento de solução salina congelada ou câmaras de ar frio (geralmente processo de compressão do amoníaco) → ❸ e ❹.

Pistas *standard* ou padrão de corrida: comprimento mín. 333,33 m; normal 400 m. A medição é feita a partir de 50 cm da borda interior da pista. Raios das curvas internas ≥ 25 m; cruzamentos ≥ 70 m. Em geral, devem-se ter pistas duplas → ❶.

2 × o eixo mediano = 2 × 111,94 = 223,89 m
curva interna = 25,2 × 3,1416 = 80,11 m
curva externa = 30,5 × 3,1416 = 95,82 m
zona de troca

$$\frac{\sqrt{\text{comprimento do cruzamento}^2 + \text{largura}^2} - \text{eixo central}}{\text{comprimento total}} \quad \begin{array}{c} \text{a partir de 70 m} \\ = 0,18 \text{ m} \\ \hline 400 \text{ m} \end{array}$$

Pista-padrão de patinação
Largura de uma pista circular: 4 m; largura da pista interna, de aquecimento: 3 m (recomenda-se para melhores condições de treino: 4 m).

Pistas para *bob* (tobogã): com forte elevação lateral das curvas, executada em blocos de gelo. As áreas destinadas aos espectadores devem localizar-se na parte interna das curvas, por motivo de segurança, ou, quando isto não for possível, protegidas por elevações de neve ou blocos de palha.

Pistas (de neve) para trenós: localizam-se em encostas N-NO-NE, de preferência em depressões ou vales estreitos. Comprimento: 1.500 a 2.500 m; declividade: 15 a 25%; largura ≥ 2 m. O trecho final deverá ser plano ou com inclinação contrária (frenamento), devendo-se ainda prever elevação das laterais das curvas, proteção de obstáculos e árvores com blocos de palha ou montes de neve. Subida sempre em área lateral à pista e não diretamente sobre ela.

Pista para arremesso individual de *curling* à grande distância → ❺.

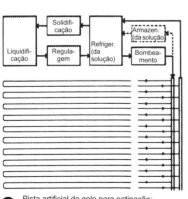

❶ Pista-padrão de corrida, com marcação

❷ Área para *short track*

❸ Pista artificial de gelo para patinação: esquema do sistema de congelamento (funcionamento com solução salina)

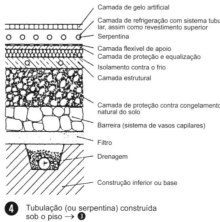

❹ Tubulação (ou serpentina) construída sob o piso → ❸

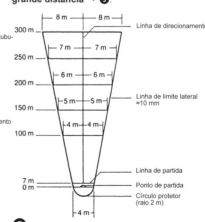

❺ Arremesso de *curling* à distância p. 454

Esporte Lazer

ÁREAS ESPORTIVAS

Campos esportivos
Atletismo
Tênis
Minigolfe
Golfe
Esportes náuticos – marinas
Remo
Equitação
Salto de esqui
Pistas de gelo
Pistas de patins de rodas
Skateboarding
Bicicross
Tiro ao alvo

ÁREAS ESPORTIVAS
PISTAS DE GELO

Informações: Deutscher Eissportverband, Deutscher Curlingver-band (Associação Alemã do Jogo de Curling), Betzenweg 34, Munique

Curling simplificado (com peças metálicas): → **❶**. Pistas com comprimento de 28 m; largura de 3,9 m (também é possível o uso das dimensões de 30 x 3 m). Faixas deixadas entre as pistas: 1 m de largura; finais dos campos de jogo ≥ 60 cm. Campos de arremesso e meta devem ser demarcados em 3 lados, com limites de madeira que possam ser facilmente ultrapassáveis.

Curling de origem escocesa (com peças de granito): → **❸**. Pistas com comprimento de 44,5 m; círculo de meta (tee) com ⌀ 3,65 m. Até o ponto central do círculo de meta: 34,74 m; em caso de pista de gelo de má qualidade, encurta-se a distância para 29,26 m. A peça de pedra: peso ≤19,958 kg; perímetro ≤ 91,4 cm; altura ≥ $1/8$ do perímetro.

Pista de arremesso de curling a distância p. 453 → **❺**

Hóquei sobre o gelo: campo de jogo com 30 x 61 m. Balizas: 1,83 m de largura e 1,22 m de altura. O campo deve ser cercado com bandas de madeira ou material sintético, com 1,15–1,22 de altura → **❹**.

Patinação no gelo: superfície de gelo retangular ≥ 56 x 26 m ≤ 30 x 60 m. Combinação entre **pistas para patins de rodas** no verão (março até novembro) e **pistas de gelo** no inverno (dezembro até fevereiro) é recomendada. O sistema tubular de congelamento do piso pode ser instalado a uma profundidade de 2,5–5 cm abaixo da superfície da pista (o que não é possível em terraços).

PISTAS DE PATINS DE RODAS

Informações: Deutscher Rollsport- u. Inlineverband (Associação Alemã do Esporte de Patinação sobre Rodas e Inline-Skates), Sterngasse 5, Ulm

1. Campos esportivos
Hóquei com patins   15 x 30 até 20 x 40 m
Patinação   25 x 50 m
2. Pistas recreativas   10 x 10 até 20 x 20 m

Alambrado de proteção com 25 m de altura, 3 cm acima do piso da quadra; parapeitos de 80 cm em todas as laterais; rede metálica com 2 m de altura nas cabeceiras, para segurar a bola. Área de circulação ao redor do campo: 1,2 m de largura, rebaixada em 5 a 10 cm; juntas ≥ 5 a 6 mm; caimento ≥ 0,2‰. A água da superfície deverá ser escoada para calhas ou valas, prevendo-se ainda uma camada isolante contra congelamento do piso apresentando espessura ≥ 20 cm → **❺**.

Construções:

1. Placas de fibrocimento com 15 mm de espessura, sobre base de madeira ou em leito de areia.
2. Pistas de concreto, com 10 a 15 cm dependendo do tipo de subsolo, na medida do possível sem juntas, ou com juntas acuradas de 2 a 3 mm de espessura. Juntas de dilatação da superfície total a cada 25 a 30 m, com fenda aberta com largura ≥ 15 mm.
3. Camada superficial de concreto resistente ≥ 8 mm sobre base de concreto fresco (se possível, incorporar 2 cm de argamassa de cimento para compensar as tensões entre camada superficial e base de concreto).
4. Camada de cimento com aditivos: 1 a 10 mm.
5. Marmorite polida, ≥ 15 mm, juntas metálicas de latão, metal leve ou matéria plástica; apenas para pistas internas.
6. Pistas de asfalto sobre base resistente: construção usual.

Hóquei sobre patins em linha (inline-skates) → **❻**

A superfície do campo de jogo é de madeira, ladrilho, parquete ou outro tipo de material liso, que permitem a patinação. A área de jogo é delimitada por faixas, com altura mínima de 0,20 m e máxima de 1,22 m. Também são permitidos painéis de fechamento modulados.

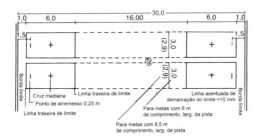

❶ Pistas para curling: versão simplificada com peças de arremesso metálicas

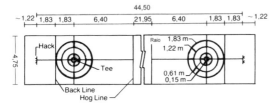

❷ Pistas artificiais de curling (versão simplificada) em ginásio

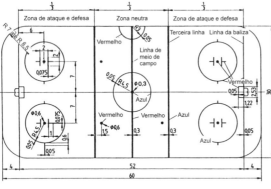

❸ Pista de curling, original

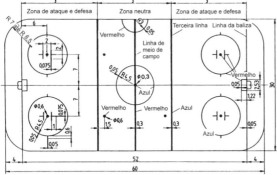

❹ Hóquei sobre o gelo

❺ Hóquei com patins (de rodas)

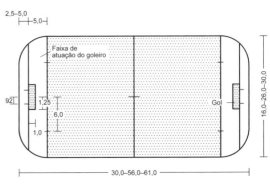

❻ Inline-skaterhockey

ÁREAS ESPORTIVAS

Campos esportivos
Atletismo
Tênis
Minigolfe
Golfe
Esportes náuticos – marinas
Remo
Equitação
Salto de esqui
Pistas de gelo
Pistas de patins de rodas
Skateboarding
Bicicross
Tiro ao alvo

ÁREAS ESPORTIVAS
PISTAS DE PATINS DE RODAS

Informações: Deutscher Rollsportbund e.V, Frankfurt/Main e Bundesinstitut für Sportwis--senschaft, Bonn

Programa espacial e área padronizada de 20 x 40 m → ❷.
Salas para os esportistas/jogadores: 2 (4) vestiários conjuntos, cada um com 8 m lineares de bancos e ganchos para pendurar as roupas (para hóquei com patins, 4 vestiários conjuntos).
Para o hóquei, em caso de necessidade, podem ser previstos ainda armários duplos adicionais para cada 3 m². 2 áreas de chuveiros com 4 duchas cada uma, zona de secagem, 2 lavatórios, 2 secadores de cabelos, além de bacias sanitárias com cabine em separado. 4 áreas secas (apenas para hóquei), cada qual com 6 m². Sala para juízes e treinadores: ≈9 m².
Áreas para patinação pública: entrada com serviço de ingresso automático e passagem através de catraca, ou bilheteria, com ≈40 m².
Vestiário e área para colocação dos patins, com armários e bancos (no caso de patinação aberta ao público, ambos coincidem). Armários e comprimento total dos bancos correspondem à área da pista, p. ex. 20 x 40 m. Possibilidade de uso durante todo o ano. Os armários podem ser subdivididos em 30 unitários ou 60 triplos; comprimento total dos bancos, 20 m. 1 toalete feminina com 2 bacias sanitárias, área frontal separada com lavatório. 1 toalete masculina com 2 bacias sanitárias, 3 mictórios, área frontal separada com lavatório. 1 enfermaria com 9 m². 1 sala para empréstimo de patins, com 12 m² (ligada à bilheteria).
1 recinto de controle e direção (ao mesmo tempo sala de interruptores de luz e instalações acústicas), com 8 m². Vestiário extra para 1 a 2 pessoas, ducha, lavatório, toalete e guarda-roupa. 1 oficina, com 4 m², sala de aparelhos de grande porte, com 15 m², e 1 de pequeno porte, com 6 m². Aparelhos de limpeza, 12 m²; calefação, 10 m²; casa de força, 4 m²; sala de instalações prediais, 3 m².

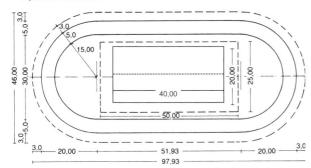

❶ Esquema de funcionamento de uma pista para patinação ou para modalidades esportivas sobre rodas

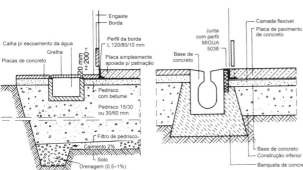

❷ Dimensões de uma pista rápida para patins de rodas, com 200 m, contornando área padrão central de 20 x 40 m

❸ Exemplo de construção em camadas de piso em solo argiloso

❹ Construção da borda de apoio para placas de pavimento não fixadas e com superfície contínua (sem degrau), para patinação

Possibilidades de uso	Área necessária para patinação em m	Observações
Pista pública de patinação, patinação artística, dança e hóquei	20 x 40 m	**Área padrão** Área mínima para hóquei 17 x 34
Pista pública de patinação, patinação artística, dança e hóquei	20 x 50 m	Em casos especiais
Pista pública de patinação, patinação artística, dança e hóquei, pista rápida para patins de rodas e esportes sobre o gelo	30 x 60 m	Geralmente apenas para uso conjunto com áreas de esporte sobre gelo. A pista curta, de 110 m, para patins de rodas, é possível em área com pista central de 30 x 60 m
Pistas rápidas para patins de rodas: Comprimento:	200 m 333 1/3 m 400 m	**Pista padrão** Apenas no caso de uso conjunto com ciclismo ou pistas rápidas para patinação no gelo
Largura:	5 m	

❺ Possibilidades de uso e dimensões das áreas esportivas

SKATEBOARDING

Andar de skate tem semelhanças com a patinação. As áreas destinadas a esta modalidade esportiva também são apropriadas ao skate. Área mínima para desenvolvimento esportivo: 200 m².
Localização favorável: 1. Pista de circulação para veículos já existentes, pátios de escolas, *playgrounds*, áreas para esportes sobre o gelo (no verão), ruas comuns fechadas ao tráfego, setores delimitados dentro de estacionamentos, quintais de residências e pátios de edifícios. 2. Sobre pavimentos apropriados, construídos especialmente, em centros esportivos, parques públicos e áreas verdes urbanas.

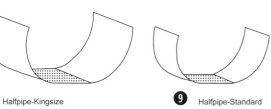

Quarter com *wallride*
Altura + parede: 2 m
Largura: 3 m
Raio: 2 m

Funbox
Altura: 1,35 m
Largura: 2,5 m
Raio/descida: 2,5 m
Table/comprimento: 2,5 m
Pouso: 4,2 m

Deve-se observar nas instalações *flybox* para salto: a parte de impulso deve ser sempre mais alta do que a de salto.
Normalmente o dobro da altura.

Quarter com *roll-in*, atrás; ou *subbox*, na frente
Quarter
Altura: 2 m
Largura: 4 m
Raio: 2,5 m
Table/comprimento: 1,5 m
Roll-In (Obstáculos atrás)
Altura: 1 m
Largura: 1,25 m
Raio: 2 m
Subbox (Obstáculos na frente)
Altura: 1 m
Largura: 2 m
Raio: 90 cm

❻ *Flybox* para saltos com *skateboard*, *inline-skates* ou bicicletas BMX

Tipo	Altura (m)	Largura (m)	Raio (m)	Parte central (m)	Verticais (m)
Skateboard - Miniramp	1	5	1,5	2	nenhuma
BMX- Miniramp	2	6	2,5	3	nenhuma
Funpipe	3	6	2,8	3	0,3
Halfpipe - Standard	3,5	6	3	3	0,5
Halfpipe - Kingsize	4,1	10	3,5	3,5	0,6

❼ Dimensões dos half-pipes

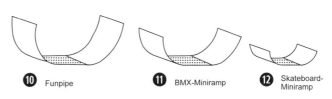

❽ Halfpipe-Kingsize ❾ Halfpipe-Standard ❿ Funpipe ⓫ BMX-Miniramp ⓬ Skateboard-Miniramp

Esporte Lazer

ÁREAS ESPORTIVAS
Campos esportivos
Atletismo
Tênis
Minigolfe
Golfe
Esportes náuticos –
marinas
Remo
Equitação
Salto de esqui
Pistas de gelo
Pistas de patins de rodas
Skateboarding
Bicicross
Tiro ao alvo

455

ÁREAS ESPORTIVAS
BICICROSS – BMX

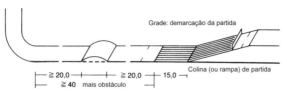

1 Colina de partida

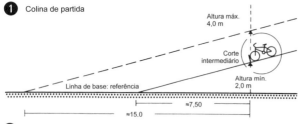

2 Altura da colina (ou rampa) de partida

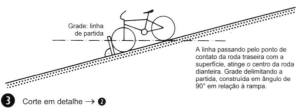

3 Corte em detalhe → **2**

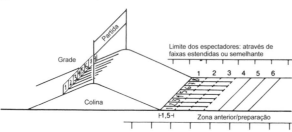

4 Colina (ou rampa) de partida, com zona anterior de preparação

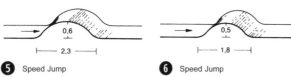

5 Speed Jump   **6** Speed Jump

7 Triple-jump (ou combinação de salto triplo)

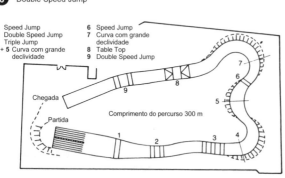

8 Double Speed Jump

1 Speed Jump
2 Double Speed Jump
3 Triple Jump
4 + 5 Curva com grande declividade
6 Speed Jump
7 Curva com grande declividade
8 Table Top
9 Double Speed Jump

13 Pista do Concurso Mundial de 87, Bordeaux

Informações: Bahnbaurichtl. für BMX des Bundes Deutscher Radfahrer (Diretrizes para construção das pistas de circuito BMX da Federação Alemã de Ciclismo); Frankfurt/Main.

O tamanho mínimo do terreno destinado à construção de circuitos ciclísticos BMX é de 50 x 60 m. Dimensões máximas para pistas amplas, com área suficiente destinada aos espectadores: 100 x 200 m. Devem-se observar as distâncias de segurança para pistas de movimento contrário. Dependendo das condições locais, podem-se ter quatro versões diferentes de circuitos BMX: pistas A, B e C nacionais; A/internacional.
O comprimento mínimo da pista C é de 200 m. Colina de partida com largura = 5 m, = 4 participantes.
Pista B: 250 m; colina de partida = 7 m; = 6 participantes. Tempo mínimo de percurso: 30 segundos.
Pista A/nacional: comprimento mínimo de 270 a 320 m; colina de partida com largura = 9 m; = 8 participantes. Tempo mínimo de percurso: 35 segundos.
Pista A internacional: comprimento mín. de 300 m; colina de partida = 9 m; = 8 participantes. Tempo mín. de percurso: 35 segundos.
O pavimento das pistas deverá ser rígido nos setores retilíneos. Os tempos de percurso devem ser alcançados por participantes com em média 15 anos de idade. Demarcação lateral das pistas de material não rígido (evitar pedra, concreto, madeira, e semelhantes). Utilizar elementos de segurança contra impacto, como pneus e blocos de palha. Os limites de demarcação deverão apresentar distanciamento de no mínimo 1 m entre si. Isolamento da área de espectadores através de faixas estendidas, sendo proibida a presença de público na zona interna. Em trechos de partida pode-se alcançar velocidade de no máx. 40 km/h. Curvas e obstáculos podem ser construídos para cada trecho, segundo escolha de sequência livre.

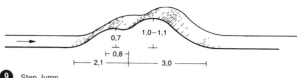

9 Step Jump

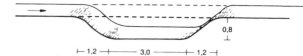

10 Canon Jump

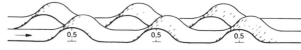

11 Mogul Jump (*Moguls*)

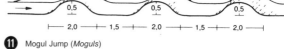

12 Table Top

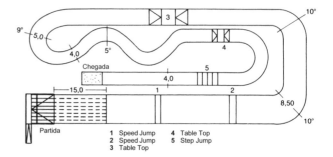

1 Speed Jump
2 Speed Jump
3 Table Top
4 Table Top
5 Step Jump

14 Pista de circuito BMX na IFMA '84 (competição internacional), Colônia

ÁREAS ESPORTIVAS
TIRO AO ALVO

Informações: Deutscher Schützenverband e.V (Associação Alemã de Atiradores), Schießsportschule (Escola para o Esporte de Tiro ao Alvo), Wiesbaden-Klarenthal

Localização: na medida do possível em área florestal e de vale, com barrancos de fechamento como aparadores naturais das balas, longe de caminhos públicos e outras instalações. O pavilhão de tiro (em área coberta), pode, entretanto, ser ligado a conjuntos esportivos para usos diversos. Usuais são alvos para tiro de espingarda de pressão ou para pistolas e revólveres de pequeno calibre → ❶ – ❺ → p. 458.

Para as exigências técnicas de segurança valem as "Diretrizes para construção e aprovação das áreas para o esporte de tiro ao alvo e treinamento de caça", da Liga Alemã de Atiradores.

Programa para o treinamento de tiro ao alvo.

Torneios olímpicos: x = masculino, xx = feminino e masculino, xxx = somente feminino.

Atirar com espingarda: espingarda de pressão para 10 m xx, carabina 15 m,
espingarda de pequeno calibre 50 m x, KK- espingarda padrão xxx, espingarda com mira (óptica) 100 m, espingarda de grande calibre 300 m, GK – padrão 300 m.

Atirar com revólver: revólver de pressão 10 m xx, revólver (de fogo rápido) tipo olímpico 25 m xx, revólver esportivo 25 m xxx, padrão 25 m, livre 50 m x.

Atirar em "discos volantes": *trap* x ou *skeet* x – tiros

Atirar em placa em movimento: "javali em movimento", 10 m e 50 m x.

Arco e flecha: exigência de área com cobertura, normas internacionais para os campos de treino: 10 m e 30 m.

Besta: condições nacionais; condições internacionais 10 m a 30 m.

Espingarda carregada pela boca: condições nacionais.

Além da aprovação normal pelo órgão público, da construção do conjunto para o esporte de tiro ao alvo, ainda é necessária uma apreciação especial de um técnico da área. Devem-se considerar as exigências dos "vizinhos", no que diz respeito aos problemas acústicos. Construções de segurança como aparadores de bala em altura, proteção lateral (muros ou elevações de terra), fechamento das pistas de tiro, devem ser executadas em material com aprovação especial ou testadas por técnicos especializados.

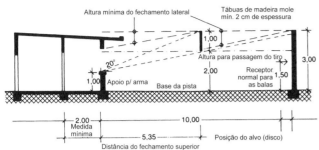

❶ Corte → ❷

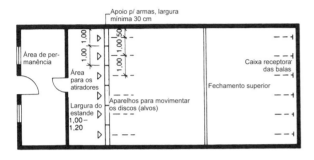

❷ Área de tiro para armas de pressão de ar e CO_2; área coberta para os atiradores e ao ar livre para a pista e alvos

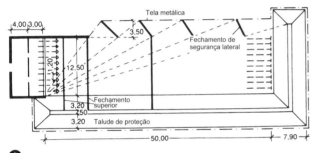

❸ Estande para armas de pequeno calibre

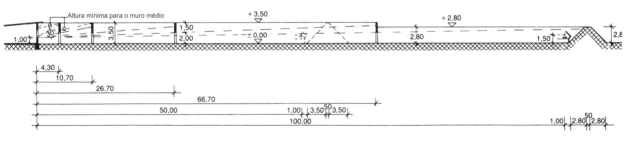

❹ Corte transversal → ❺

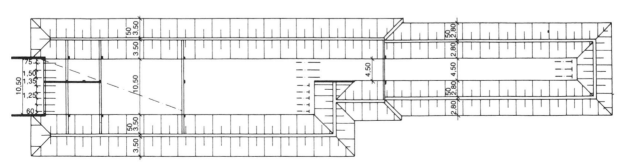

❺ Combinação entre estande de 100 m para espingardas e 50 m para armas de pequeno calibre → ❹

Esporte Lazer

ÁREAS ESPORTIVAS

Campos esportivos
Atletismo
Tênis
Minigolfe
Golfe
Esportes náuticos – marinas
Remo
Equitação
Salto de esqui
Pistas de gelo
Pistas de patins de rodas
Skateboarding
Bicicross
Tiro ao alvo

ÁREAS ESPORTIVAS
TIRO AO ALVO

Alta segurança:
A distância total de alcance do tiro é determinada pelo ângulo de saída da bala.

Segundo a experiência, os alcances máximos para armas de pressão de ar ou CO_2 e carabinas tem-se para ângulo de 20°; para espingardas e revólveres, tem-se o ângulo de 30°, em linha reta.

Nos estandes para besta e arco e flecha são válidas determinações mais flexíveis.

Áreas expostas devem ser protegidas por medidas de segurança, as quais se compõem de: fechamento superior, fechamentos laterais (muros ou elevações de terra), delimitação das pistas de tiro. Os estandes devem ser construídos de tal forma que tanto internamente, isto é, para os atiradores, quanto externamente, relativamente ao entorno, sejam eliminadas todas as possibilidades de perigo. As exigências da legislação federal sobre o uso de armas devem ser preenchidas.

As deliberações quanto à escolha do terreno apropriado para as instalações, do ponto de vista da adequação da área, dependem principalmente do fator financeiro, ou seja, dos custos da construção. Deve-se sempre requerer, inicialmente, a opinião de um técnico especializado que pode, através de sua experiência e conhecimento, fornecer importantes dados para o projeto. Consideram-se principalmente os seguintes pontos:

Distância em relação a áreas construídas já existentes ou planejadas, assim como relativamente a zonas residenciais; orientação, sentido dos tiros (Norte ou Nordeste); tipo de solo; dados do terreno (localização, meios de transporte etc.). Pode ou deve libertar-se de determinadas normas estabelecidas pelos regulamentos? Instalações de abastecimento já existentes. Coleta de lixo, esgoto. Ligações de tráfego. Vias de tráfego (existentes ou planejadas), estacionamentos, zonas de lazer e férias. Devem-se planejar imediatamente as medidas de proteção acústica. A construção pode ser executada em etapas. O processo de aprovação segue a legislação específica da área.

As instalações do conjunto, sua disposição espacial e perímetro, devem prever posteriores ampliações e complementações, que poderão assim ser efetuadas sem grandes aumentos de custos. No projeto de estandes de tiro ao ar livre, prever elementos de proteção acústica que possam, eventualmente, ser acrescidos posteriormente.

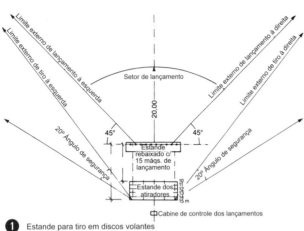

❶ Estande para tiro em discos volantes

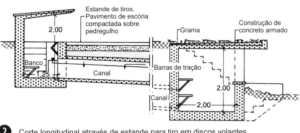

❷ Corte longitudinal através de estande para tiro em discos volantes

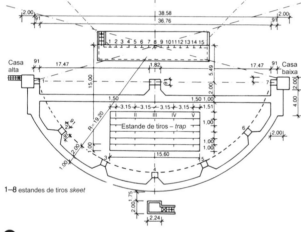

1–8 estandes de tiros *skeet*

❸ Estande combinado para *trap* e *skeet* (tiros em discos volantes)

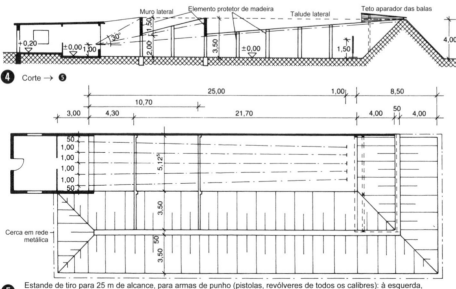

❹ Corte → ❺

❺ Estande de tiro para 25 m de alcance, para armas de punho (pistolas, revólveres de todos os calibres): à esquerda, muro contínuo; à direita, talude contínuo (podem também ser construídos muros em ambos os lados, ou somente taludes, segundo escolha)

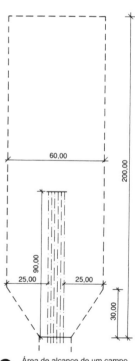

❻ Área de alcance de um campo para arco e flecha, com 6 faixas para os arqueiros

Esporte Lazer

ÁREAS ESPORTIVAS

Campos esportivos
Atletismo
Tênis
Minigolfe
Golfe
Esportes náuticos – marinas
Remo
Equitação
Salto de esqui
Pistas de gelo
Pistas de patins de rodas
Skateboarding
Bicicross
Tiro ao alvo

GINÁSIOS ESPORTIVOS
DIMENSIONAMENTO

Informações: Bundesinstitut für Sportwissenschaft, (Instituto Nacional dos Esportes), Bonn; Inter. Vereinigung Sport- und Freizeit-Einrichtungen e.V (Associação internacional de Instalações Esportivas e de Lazer), Colônia

O conteúdo básico dos projetos inclui: ginásios esportivos multifuncionais, ginásios de jogos ou de uso múltiplo, devendo considerar as determinações relativas a competições exigidas pelas diferentes associações esportivas, também do ponto de vista da melhor integração possível de todas as modalidades de esportes individuais → ❶.

O tamanho apropriado do terreno depende das necessidades em área destinada aos esportes, mais superfícies funcionais de apoio. Via de regra pode-se calcular a área do terreno de forma aproximada, embora o programa construtivo ainda não tenha sido especificado totalmente, da seguinte maneira: área exigida pela determinada modalidade esportiva x 2 + áreas de recuo necessárias em relação aos limites do terreno + área proporcional de estacionamento.

Dimensões dos ginásios → ❶. Conveniente é a construção de espaços flexíveis, com possibilidade de divisão em áreas individuais, destinadas a diferentes usos.

Compartimentos de apoio para apresentações esportivas: área de entrada com bilheteria, guarda-roupa dos espectadores, eventualmente sala para equipamentos de limpeza, segundo → ❷, na relação de 0,1 m² para cada espectador.

Lugares para espectadores e convidados especiais, imprensa, rádio e televisão, segundo as necessidades, com as seguintes dimensões:
– cada lugar/espectador, incluindo área de circulação imediata: 0,5 x 0,4 a 0,45 m,
– cada lugar de imprensa, incl. área de circulação imediata: 0,75 x 0,8 a 0,85 m,
– cada cabine de locutor, incl. área de circulação imediata: 1,8 x 2,0 m,
– cada plataforma para câmaras de televisão: 2,0 x 2,0 m.

Para cada 3 espectadores, 1 lugar de guarda-roupa, incluindo 1 m de balcão para cada 30 lugares. Sanitários: número de toaletes/espectadores = 0,01, dos quais 40%, com bacia sanitária para mulheres; 20% com bacia sanitária para homens e 40% com mictórios. Área para bacia sanitária + espaço frontal: 2,5 m²; cada mictório + espaço frontal: 1,0 m². Bilheteria, café, central de polícia, corpo de bombeiros, administração, depósitos, sala de imprensa: segundo necessidades.

Recinto	Dimensões em m	Área útil p/ o esporte em m²
Sala de condicionamento físico/*fitness center*	dependendo do equipamento Altura mín. 3,5	35 até 200
Salão para *fitness*	dependendo do equipamento Altura mín. 2,5	20 até 50
Salão de ginástica	10 x 10 x 4 até 14 x 14 x 4	100 até 196

❸ Dimensões de áreas esportivas especiais

Dimensões dos ginásios esportivos

Destinação de uso/tipo de esporte	Dimensões em m	Área útil p/ o esporte em m²	Tipos de jogos[1]	Número de campos de treinamento	Número de campos p/ competição[2]
Ginásios multifuncionais					
Espaço único	15 x 27 x 5,5	405	Badminton / Basquete / Vôlei	4 / 1 / 1	
Espaço trifuncional	27 x 45 x 7[3] [4] divisível em 3 partes (15 x 27)[5]	1'215	Badminton / Basquete / Futebol de salão / Handebol / Hóquei / Vôlei	12 / 3 / / / / 3	5[6] / 1 / 1 / 1 / 1 / 1
Espaço quadrifuncional	27 x 60 x 7[3] divisível em 4 partes (15 x 27)[5]	1'620	Badminton / Basquete / Futebol de salão / Handebol / Hóquei / Vôlei	16 / 4 / / / / 4	7[6] / 2 / 1 / 1 / 1 / 1
também para espaços bifuncionais	22 x 44 x 7[3] [4] divisível em 2 partes (22 x 28 + 22 x 16 ou 22 x 26 + 22 x 18[5])	968	Badminton / Basquete / Futebol de salão / Handebol / Hóquei / Vôlei	6 / / / / / 3	5[6] / 1 / 1 / 1 / 1 / 1
Ginásios para jogos					
Espaço único	22 x 44 x 7[3] [4]	968	Badminton / Basquete / Futebol de salão / Handebol / Hóquei / Vôlei	6 / / / / / 3	5 / 1 / 1 / 1 / 1 / 1
Espaço trifuncional	44 x 66 x 8[3] divisível em 3 partes (22 x 44)[5]	2'904	Badminton / Basquete / Futebol de salão 20 x 40 / 30 x 60 / Handebol / Hóquei / Vôlei	24 / / / / / / / 9	15 / 4[6] / 3 / 1 / 3 / 3 / 3
Espaço quadrifuncional	44 x 88 x 9[3] divisível em 4 partes (22 x 44)[5]	3'872	Badminton / Basquete / Futebol de salão 20 x 40 / 40 x 80 / Handebol / Hóquei / Vôlei	32 / 5[6] / / / / / / 12	25[6] / 4 / 4 / 1 / 4 / 4 / 4

[1] Jogos normais para quadras cobertas, sem necessidade de seguir recomendações especiais, regionais ou nacionais.
[2] Dimensões obedecem determinações das associações esportivas internacionais; em território nacional podem ser event. reduzidas.
[3] Nas paredes/áreas limites externas podem-se reduzir as alturas da cobertura, considerando anteriormente, entretanto, as exigências relativas ao esporte ali praticado.
[4] Para diversas coberturas em um conjunto ou dentro de uma área planejada conjuntamente, pode-se reduzir a altura de forma parcial, dependendo do uso, para 5,5 m.
[5] Depende da espessura dos elementos de divisão espacial utilizados.
[6] Número máximo, sem necessidade de divisão espacial.

❶ Dimensões dos ginásios esportivos

Legenda → ❷
[1] Altura mínima do ambiente, em geral: 2,5 m.
[2] Área necessária por esportista: 0,7 até 1,0 m² (base de cálculo: 0,4 m de comprimento de banco por esportista, c/ 0,3 m de profundidade; distanciamento mín. entre bancos consecutivos ou entre banco e parede – 1,5 m (recomendação: 1,8 m).
[3] Um chuveiro para cada 6 esportistas, com um total de no mín. 8 chuveiros e 4 lavatórios e lava-pés por recinto. Box de chuveiro, incluindo área de circulação: no mín.1,5 m². Lavatório + circulação: 1 m². Área de circulação: no mín. 1,2 m de largura.
[4] Sala de instrutores e juízes, assim como pronto-socorro, com cabine-vestiário e ducha. Sala de enfermaria independente: com no mín. 8 m². Para determinado posicionamento, tamanho e tipo de equipamento, pode-se utilizar a sala de instrutores também como diretoria.
[5] Como os aparelhos apresentam tamanhos variados, tem-se necessidade, muitas vezes, de aumentar a área a partir do tamanho mín. estipulado. Para ginásios multifuncionais, o comprimento mín. da sala de aparelhos é 6 m.
[6] Divisão em 2 espaços individuais, cada qual com a metade dos equipamentos. [7] Profundidade do ambiente em geral: 4,5 m; no máx.: 6 m. [8] Profundidade do ambiente em geral: 3 m; no máx.: 5,5 m.
[9] Segundo necessidades.
[10] Eventualmente 2 grandes ambientes, com número maior de chuveiros e lavatórios.

Tipo de ginásio	Entrada m²	Vestiário (no mín. 20 m²)[2] Número mín.	Chuveiros (no mín. 15 m²)[3] Número	Sanitários Para cada vestiário / Entrada Número mín. D / H	Sala dos instrutores[4] (no mín. 12 m²) sem pronto-socorro no mín. 8 m²) Número mín.	Sala de aparelhos Ginásio multifuncional Halle m² (no mín. 5) / Ginásio para jogos m² no mín. 5)	Equipamentos de limpeza (no mín. 5 m²) Número mín.	Área de espera (no mín. 10 m²) Número
Espaço único	15	2	1[6]	1 / 1 / 1	1	60[7] / 20[8]	1	1[9]
Espaço bifuncional	30	2	2	1 / 1 / 1	1	90[7] / —	1	1[9]
Espaço trifuncional	45	3[10]	3[10]	1 / 1 / 1	2	120[7] / 60[8]	1	1
Espaço quadrifuncional	60	4[10]	4[10]	1 / 1 / 1	3	150[7] / 80[8]	1	1

❷ Áreas ou recintos de apoio dentro dos ginásios esportivos

Esporte Lazer

GINÁSIOS ESPORTIVOS

Dimensionamento
Organização, e construção
Equipamentos
Arquibancadas
Exemplos
Judô, luta greco-romana, levantamento de peso, boxe e badminton
Squash, tênis de mesa e bilhar
Ginástica e *fitness*
Escalada esportiva
Boliche

459

GINÁSIOS ESPORTIVOS
DIMENSIONAMENTO

As áreas de apoio para ginásios de uso múltiplo são incorporadas ao setor de entrada, segundo → p. 459 ❷. Para cada espectador: 0,1 m². Guarda-roupa: 1 lugar para cada espectador, com área de 0,05 a 0,1 m² (incluindo 1 m de balcão, para entrega e recebimento, para cada 30 lugares). Número de toaletes por espectador: 0,01, na seguinte proporção:
– 40%, bacias sanitárias femininas;
– 20%, bacias sanitárias masculinas;
– 40%, mictórios.

Depósito de mesas e cadeiras para eventos com público: por visitante/espectador, 0,05 a 0,06 m².

Tablado de palco e outras instalações: para cada m² de palco, 0,12 m².

Bilheteria e outros serviços: segundo necessidades.

Serviço de gastronomia:
– Superfície ocupada por equipamentos automáticos: 1,0 x 0,6 a 0,8 m
– Copa: 12 a 15 m² com depósito/despensa de 6 m²
– Quiosque e serviço de bebidas: 8 a 12 m², com depósito de 10 a 12 m².
– Café/restaurante: por lugar sentado, 1,5 a 2,7 m², sendo que:
– apenas para o setor dos clientes: um total de 1 a 1,5 m²;
– para cozinha e despensa/depósito: 0,5 a 1,2 m².

Balcão de atendimento em sistema *self-service*:
– para cada 50 pessoas = 1 m de balcão.

Para serviço de garçons:
– para cada 100 pessoas = 2 m de balcão para distribuição.

Área de palco < 200 m² → p. 406, inclusive vestiários/camarins para os artistas.

Sala de reuniões, salas de aula, de conferências, áreas de lazer, salão de jogos (de tabuleiro), bilhar etc., sala de leitura, boliche etc., segundo necessidades.

Áreas de instalações técnicas e aparelhos, para ginásios ou campos esportivos ao ar livre, quando não possuírem edifício próprio, caracterizado funcionalmente, deverão ser incorporadas ao programa construtivo do ginásio.

Sala de aparelhos = 0,3 m² por 100 m² de área esportiva útil (área líquida) = 15 m².

Sala de manutenção de equipamentos manuais = 0,04 m² por 100 m²; área bruta livre = 8 m²;
para máquinas = 0,06 m² por 100 m²; área bruta livre = 12 m².

Para centralização dos equipamentos ou sistema de empréstimo, onde diversos aparelhos são trazidos e transportados dependendo das atividades, pode-se abster das salas especiais de manutenção por último referidas.

Modalidade esportiva	Área útil líquida necessária p/ o esporte				Zonas adicionais livres de obstáculos		Área bruta necessária p/ o esporte, livre de obstáculos, p/ dimensões padrão		Altura interna livre da cobertura[1]
	dimensões permitidas		dimensões padrão						
	comprimento m	largura m	comprimento m	largura m	nas laterais m	nas cabeceiras m	comprimento m	largura m	m
Badminton	13,4	6,1	13,4	6,1	1,5	2,0	17,4	9,1	9[2]
Basquete	24–28	13–15	28	15	1[3]	1[3]	30	17	7
Boxe	4,9–6,1	4,9–6,1	6,1	6,1	0,5	0,5	7,1	7,1	4
Jogo de bola (c/ punho)	40	20	40	20	0,5	2	44	21	(7)
Futebol	30–50	15–25	40	20	0,5	2	44	21	(5,5)
Levantamento de peso	4	4	4	4	3	3	10	10	4
Handebol	40	20	40	20	1[4]	2	44	22	7[5]
Hóquei	36–44	18–22	40	20	0,5	2	44	21	(5,5)
Judô	9–10	9–10	10	10	2	2	14	14	(4)
Bola ao cesto (alemão)	28	15	28	15	1	1	30	17	(5,5)
Exercícios de força	12	12	12	12	1	1	14	14	(5,5)
Ginástica olímpica	52	27	52	27	–	–	52	27	8
Polo com bicicleta; ciclismo	12–14	9–11	14	11	1	2	18	13	(4)
Ginástica rítmica	13[6]	13[6]	13[6]	13[6]	1	1	15	15	8[2]
Luta livre	9–12	9–12	12	12	2	2	14	14	(4)
Hóquei com patins	34–40	17–20	40	20	–	–	40	20	(4)
Patinação, dança com patins	40	20	40	20	–	–	40	20	(4)
Dança; aeróbica	15–16	12–14	16	14	–	–	16	14	(4)
Tênis	23,77	10,97	23,77	10,97	3,65	6,4	36,57	18,27	(7)
Tênis de mesa	2,74	1,525	2,74	1,525	5,63	2,74	14	7	4
Salto com trampolim	4,57	2,74	4,57	2,74	4	4	12,57	10,74	7
Vôlei	18	9	18	9	5	8	34	19	12,5[2]

[1] Números entre parênteses: dimensões recomendadas; [2] para competições nacionais, 7 m são suficientes; [3] para arquibancadas de espectadores diretamente ligadas ao campo esportivo, na medida do possível 2 m; [4] área extra necessária para mesa de cronometragem e banco de reservas (event. na sala de aparelhos); [5] na zona de limite externa, com uma largura de 3,3 m, da área líquida de uso esportivo, é possível uma redução uniforme para 5,5 m; [6] para competições nacionais, 12 m.

❶ Dimensões das áreas esportivas para uso competitivo

Aparelho/equipamento	Setor esportivo totalmente livre de obstáculos[1] comprim. x largura x altura em m	Distância de segurança[2] em m			
		lateral	frontal	traseira	entre si
Área de piso para ginástica olímpica	14 x 14 x 4,5	–	–	–	–
Cavalo para salto (c/ alças)	4 x 4 x 4,5	–	–	–	–
Plinto	36[3] x 2 x 5,5	–	–	–	–
Argolas (fixas)[4]	8 x 6 x 5,5	–	–	–	–
Barras	6 x 9,5 x 4,5	4,5[5][6]	4[5]	3[5]	4,5
Barra fixa tensa	12 x 6 x 7,5 [7]	1,5	6	6	–
Barras ajustáveis	12 x 6 x 5,5	1,5	6	6	–
Barra para equilíbrio	12 x 6 x 4,5	–	–	–	–
Argolas (móveis; em balanço)[4]	18 x 4 x 5,5	1,5[5] (2) A	10,5[5] (7,5) A	7,5[5]	1,5[5]
Corda (p/ trepar)	–	1,5	4,5 (4) A	4,5 (4) A	1,5 (0,8) A
Bola-pêndulo, p/ cabecear	–	4,5[5]	4,5[5]	4,5[5]	7
Parede para exercícios	–	–	4,5[5][6]	4,5	4,5

[1] Para esportes competitivos; [2] Para escolas ou modalidades que exigem largura (entre aparelhos montados e paredes, ou entre aparelhos em si); [3] Pista de impulso: 25 m, comprim. do aparelho: 2 m, comprim. da faixa de retardamento: 9 m; [4] Distância entre eixos dos cabos: 0,5 m; [5] medidos a partir dos eixos dos postes de apoio/ou altura, distância entre eixos de barras/ou cabos; [6] redução para 4 m até as paredes ou 3,5 m até as divisórias é possível; [7] Para competições nacionais, 7 m de altura são suficientes; A = Áustria.

 Zonas livres de obstáculos e distâncias de segurança para instalação dos aparelhos/equipamentos esportivos

Esporte Lazer

GINÁSIOS ESPORTIVOS

Dimensionamento
Organização, e construção
Equipamentos
Arquibancadas
Exemplos
Judô, luta greco-romana, levantamento de peso, boxe e badminton
Squash, tênis de mesa e bilhar
Ginástica e *fitness*
Escalada esportiva
Boliche

GINÁSIOS ESPORTIVOS
ORGANIZAÇÃO E CONSTRUÇÃO

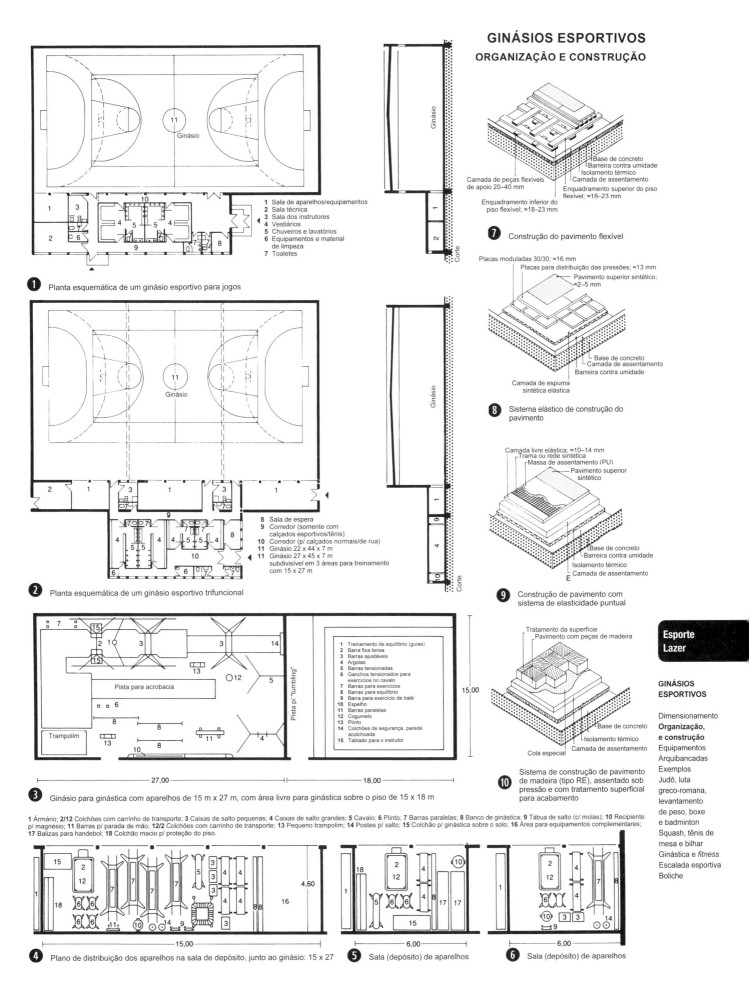

① Planta esquemática de um ginásio esportivo para jogos

② Planta esquemática de um ginásio esportivo trifuncional

③ Ginásio para ginástica com aparelhos de 15 m x 27 m, com área livre para ginástica sobre o piso de 15 x 18 m

④ Plano de distribuição dos aparelhos na sala de depósito, junto ao ginásio: 15 x 27

⑤ Sala (depósito) de aparelhos

⑥ Sala (depósito) de aparelhos

⑦ Construção do pavimento flexível

⑧ Sistema elástico de construção do pavimento

⑨ Construção de pavimento com sistema de elasticidade puntual

⑩ Sistema de construção de pavimento de madeira (tipo RE), assentado sob pressão e com tratamento superficial para acabamento

Esporte Lazer

GINÁSIOS ESPORTIVOS

Dimensionamento
Organização, e construção
Equipamentos
Arquibancadas
Exemplos
Judô, luta greco-romana, levantamento de peso, boxe e badminton
Squash, tênis de mesa e bilhar
Ginástica e *fitness*
Escalada esportiva
Boliche

461

GINÁSIOS ESPORTIVOS
EQUIPAMENTOS

Informações: Bundesinstitut für Sportwissenschaft, Bonn

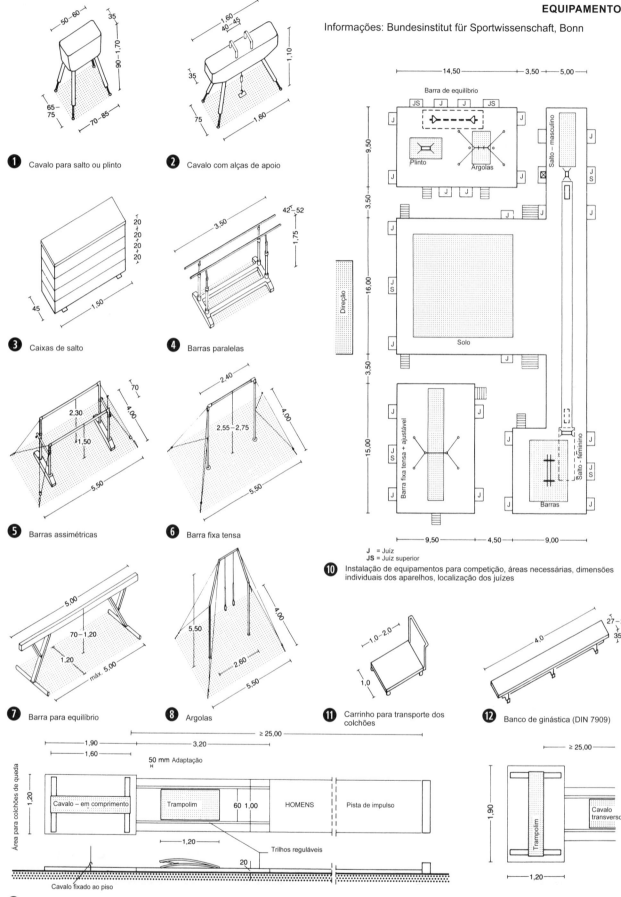

① Cavalo para salto ou plinto
② Cavalo com alças de apoio
③ Caixas de salto
④ Barras paralelas
⑤ Barras assimétricas
⑥ Barra fixa tensa
⑦ Barra para equilíbrio
⑧ Argolas
⑨ Instalação para salto masculino sobre cavalo
⑩ Instalação de equipamentos para competição, áreas necessárias, dimensões individuais dos aparelhos, localização dos juízes
⑪ Carrinho para transporte dos colchões
⑫ Banco de ginástica (DIN 7909)
⑬ Instalação para salto feminino sobre cavalo

J = Juiz
JS = Juiz superior

Esporte Lazer

GINÁSIOS ESPORTIVOS

Dimensionamento
Organização,
e construção
Equipamentos
Arquibancadas
Exemplos
Judô, luta
greco-romana,
levantamento
de peso, boxe
e badminton
Squash, tênis
de mesa e bilhar
Ginástica e *fitness*
Escalada esportiva
Boliche

GINÁSIOS ESPORTIVOS
ARQUIBANCADAS

Arquibancadas → ❶ – ❹ podem ser fixas ou móveis. Para ginásios pequenos, com arquibancadas de até 10 fileiras, pode-se partir da subida linear dos degraus/assentos com altura de 0,28 a 0,32 m. Em todas as outras instalações, deve ser utilizado o princípio da curva parabólica, tomando como referência a altura do olho em lugar sentado, de 1,25 m, e em lugar em pé, de 1,65 m. A elevação da linha de visibilidade para lugares sentados é de 0,15 m, e para lugares em pé, de 0,12 m. Distanciamento entre fileiras para lugares sentados: 0,80 a 0,85 m → ❷ – ❸.

Para lugares em pé: 0,40 a 0,45 m. Ponto visual de referência: 0,5 m acima da marcação externa do campo esportivo.

No caso de ginásios para jogos, os lugares localizados atrás das balizas devem ser protegidos por redes móveis para recepção das bolas, o mesmo acontecendo para os lugares em andares superiores e galerias durante treinamentos. Para o grupo de espaços "entrada, vestiários e sanitários, instrutores, áreas extras esportivas e ginásio", recomenda-se a separação dos percursos para calçados esportivos, tipo tênis, e calçados de rua → ❾ – ⓬. Chuveiros e vestiários devem-se localizar imediatamente próximos, prevendo-se entre as áreas molhada e vestiários, um recinto especial para secagem. O recinto dos chuveiros é dividido em 2 partes, que se ligam diretamente com os dois vestiários adjacentes, permitindo o uso independente, a partir de cada vestiário, das áreas individuais de duchas e/ou lavatórios → ❾ – ⓬.

Salas de instrutores também são localizadas próximas aos vestiários. Enfermaria e pronto-socorro devem estar no mesmo nível da área esportiva, podendo-se integrar à sala de instrutores.

As arquibancadas poderão, em princípio, ser isoladas, a partir da área superior ou inferior de acesso. Por motivos econômicos, colocam-se como favoráveis elementos de ligação na parte inferior (economia de escadas e corredores). Esta solução apresenta, entretanto, desvantagens durante apresentações, com permanente passagem de espectadores ao pé da arquibancada, perturbando tanto o público como os esportistas → ❸. Faixas laterais livres de circulação devem ser protegidas por parapeitos com ≥ 1 m de altura.

No caso do uso de divisórias móveis, ligadas ao teto e paredes, deve-se observar o perfeito funcionamento do sistema do ponto de vista de isolamento acústico → ❺ – ❽.

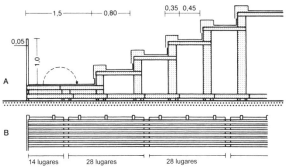

❶ Corte esquemático através de sequência de degraus para arquibancada

❷ Corte através de fileiras escalonadas de assentos, com corredor intermediário de passagem

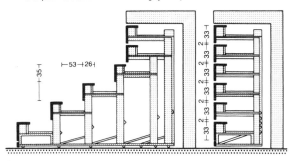

❸ A arquibancadas com corredor de ligação inferior
B arquibancadas com corredor de ligação superior

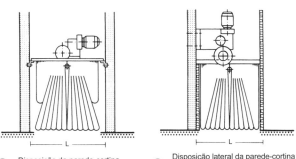

❹ Instalação móvel (de puxar) de arquibancadas; C ≤ 6,0

❺ Disposição da parede-cortina (divisória), entre dois elementos de ligação

❻ Disposição lateral da parede-cortina (divisória) em relação ao elemento de ligação; com bolsões de absorção sonora

L – largura depende da altura do ginásio e espessura do material

❼ Disposição da parede-cortina (divisória), nas duas laterais do elemento de ligação

❽ Parede-cortina (divisória) com sistema de fechamento instalado dentro de elemento estrutural do edifício, com isolamento acústico

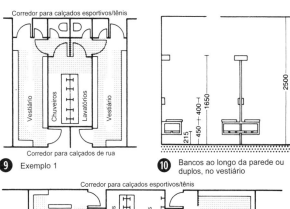

❾ Exemplo 1

❿ Bancos ao longo da parede ou duplos, no vestiário

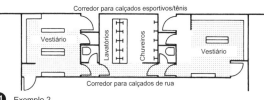

⓫ Exemplo 2

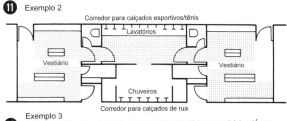

Exemplo 3
⓬ Três sugestões de solução para o setor de vestiários e sanitários (Área assinalada: piso recoberto por manta em grelha de PVC)

Esporte Lazer

GINÁSIOS ESPORTIVOS

Dimensionamento
Organização,
e construção
Equipamentos
Arquibancadas
Exemplos
Judô, luta
greco-romana,
levantamento
de peso, boxe
e badminton
Squash, tênis de
mesa e bilhar
Ginástica e *fitness*
Escalada esportiva
Boliche

463

GINÁSIOS ESPORTIVOS
EXEMPLOS

▶ – Acesso direto
▷ – Event. saída extra emergência
─── – Ligação principal
─·─· – Ligação visual
------ – Ligação alternativa
········ – Ligação adicional
• – Recintos adicionais para ginásios multifuncionais
○ – Recintos adicionais e instalações segundo necessidades e exigências locais

→

Legenda → ❸
Planta do andar de entrada
1. Entrada dos esportistas ao nível do piso (esportivo) do ginásio; 2. Entrada e foyer para os espectadores; 3. Administração; 4. Bilheterias; 5. Guarda–roupa; 6. Toalete masculina; 7. Toalete feminina; 8. Área com pé-direito duplo, setor de aquecimento; 9. Informações; 10. Instrutores e sala de estar; 11. Acesso ao andar inferior; 12. Bebidas; 13. Subida para as galerias; 14. Sala de direção técnica, com sistema de alto-falante; 15. Arquibancada fixa; 16. Ligação entre ala de vestiários e ginásio; 17. Pista de corrida – 200 m; 18. Ginásio esportivo; 19. Quadro informativo de grandes dimensões (eletrônico); 20. Arquibancada móvel; 21. Quadro informativo especial; 22. Fechamento da área do ginásio, com saídas de emergência.

Flexibilidade de uso em ginásio esportivo → ❸.
1. Tênis; 2. Vôlei; 3. Atletismo 4. Boxe; 5. Quadras esportivas escolares. Cortinas divisórias resistentes ao impacto das bolas, associadas a redes de fechamento nas cabeceiras, dividem o espaço interno do ginásio em quatro unidades, todas com o tamanho de uma quadra esportiva escolar. Incluindo a zona de aquecimento anterior à quadra de treinamento, sob a arquibancada telescópica, um ginásio deste tipo oferece para as associações esportivas e escolas, 6 possibilidades para exercícios, além de condições para campeonatos das principais modalidades esportivas.

Legenda → ❹
Planta do nível de entrada
1. Área de acesso com bilheterias; 2. Saídas/saídas de emergência; 3. Foyer; 4. Bebidas; 5. Telefone; 6. Escada para as toaletes de espectadores; 7. Circulação como ponte sobre o nível esportivo; 8. Pista de corrida – 200 m; 9. Instalação para salto com vara; 10. Instalação para salto em altura; 11. Instalação para competições de corrida (*sprint*); 12. Inst. para salto em distância; 13. Inst. para arremesso de peso; 14. Escada de acesso à direção técnica.

Dados técnicos sobre as modalidades esportivas: → ❹
200 m pista de corrida circular (para competições); 130 m + 100 m em linha reta (*sprint*), 600 m treinamento *sprint* em linha reta, 400 m treinamento em curva completa do ginásio; treinamento de arremesso de peso, disco e instalações para salto em altura.

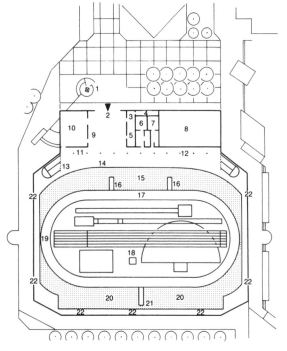

❶ Sistema de disposição dos espectadores

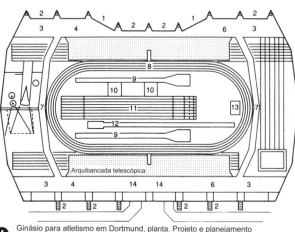

❸ Ginásio Europa em Karlsruhe, planta — Arq.: Schmitt, Kasimir, Blanke

❹ Ginásio para atletismo em Dortmund, planta. Projeto e planejamento Departamento de Obras de Dortmund

❷ Esquema de organização espacial

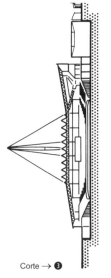

Corte → ❸

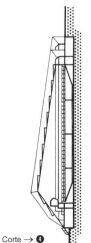

Corte → ❹

Esporte Lazer

GINÁSIOS ESPORTIVOS
Dimensionamento
Organização,
e construção
Equipamentos
Arquibancadas
Exemplos
Judô, luta
greco-romana,
levantamento
de peso, boxe
e badminton
Squash, tênis
de mesa e bilhar
Ginástica e *fitness*
Escalada esportiva
Boliche

464

GINÁSIOS ESPORTIVOS

JUDÔ

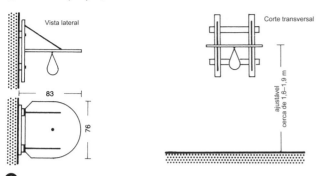

❶ Área de luta para judô, sobre tablado

Informações: Deutscher Judô-Bund (Liga Alemã de Judô), Frankfurt
Arena de luta: 6 x 6 m até 10 x 10 m ou ≥ 6 x 12 m, recoberta por manta flexível e de material macio. Para o Campeonato Alemão e lutas internacionais a área será ≥ 10 x 10 m. Mantas acolchoadas não são permitidas; sua espessura será de 15 cm. A linha de separação entre área de luta e faixa entorno deve ser claramente visível → ❶.

LUTA GRECO-ROMANA

Informações: Deutscher Ringer-Bund, Dortmund
Tamanho do tablado acolchoado para competições: 5 x 5 m; para o Campeonato Nacional Alemão e lutas internacionais: ≥ 6 x 6 m, 8 x 8 m; na medida do possível: 8 x 8 m para jogos olímpicos e competições internacionais. O centro do tablado é marcado por um círculo com 1 m ≥, pintado com uma faixa de 10 cm de largura. A espessura da manta de recobrimento do tablado é de 10 cm, com revestimento de material macio. Ao redor, faixas de segurança com 2 m de largura (se possível), senão devem-se usar fitas de cercamento, com 45° de inclinação. 1,2 m da faixa de segurança estarão no mesmo nível do piso acolchoado, apresentando pintura em cor diferenciada. Em lutas nacionais é permitida a largura de 1 m para as faixas de segurança. Altura do tablado ≤ 1,1 m; sem postes para marcação dos cantos (ou cordas).

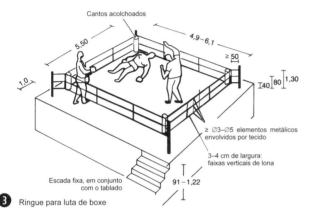

❷ Punching-Ball   Vista frontal → ❷

LEVANTAMENTO DE PESO

Informações: Bundesverband Deutscher Gewichttheber. Brandenburger Straße 42, Egelsbach, Leimen
Arena de levantamento: 4 x 4 m; na medida do possível, piso com base resistente de madeira; marcação com giz; pavimento não flexível em estande fixo.
Tamanho do diâmetro dos discos ≤ 450 mm;
peso do disco para exercício com um só braço: 15 kg;
peso do disco para exercícios com dois braços: 20 kg.

BOXE

Informações: Deutscher Amateur-Box-Verband, Kassel
Dimensões do ringue, segundo exigências internacionais: 4,9 x 4,9 m até 6,10 x 6,10 m. Padrão: 5,5 x 5,5 m. O ringue (área central de luta) mantém um distanciamento de 1 m em relação aos limites do tablado, cujo tamanho total é 7,5 x 7,5–8 x 8 m → ❸.

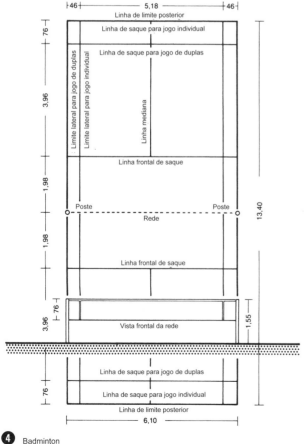

❸ Ringue para luta de boxe

BADMINTON

Informações: Deutscher Badminton-Verband (Associação Alemã de Badminton)
A quadra para jogo de duplas é padrão; quadra simples é utilizada apenas na ocorrência de falta de espaço.

Distâncias laterais entre quadras	≥ 0,3 m
entre campo de jogo e demarcação de limite da quadra	≥ 1,5 m
entre cabeceiras de quadras (área livre recuo do jogador)	≥ 1,3 m
Faixas de segurança em ambas as laterais.	1,25 m
Faixas de segurança em ambas as cabeceiras	2,50 m

Os espectadores devem permanecer atrás das faixas de segurança.
Altura da cobertura do ginásio: 8 m na zona central da quadra; 6 m sobre as linhas de limite das cabeceiras. Altura da rede nos postes: 1,55 m; no centro: 1,525 m; superfície da rede com 76 cm de altura → ❹.
Piso com pavimentação de certa elasticidade. Iluminação: na medida do possível sem janelas, de preferência com sistema zenital (sem ofuscamento), ≥ 300 Lux.

(Indiaca Flugballspiel) Dimensões do campo de jogo: 5,5 x 13,0 m e 9,0 x 18,0 m.
Altura da rede nos postes: 1,70–2,00 m, no centro: 1,68–1,85 m.
Campo de jogo individual: 4,4 x 10 m

❹ Badminton

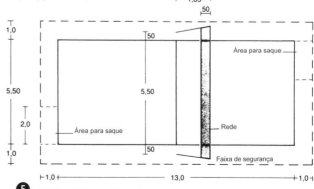

❺ Quadra para o jogo de peteca

Esporte Lazer

GINÁSIOS ESPORTIVOS

Dimensionamento
Organização,
e construção
Equipamentos
Arquibancadas
Exemplos
Judô, luta greco-romana, levantamento de peso, boxe e badminton
Squash, tênis de mesa e bilhar
Ginástica e *fitness*
Escalada esportiva
Boliche

465

GINÁSIOS ESPORTIVOS
SQUASH

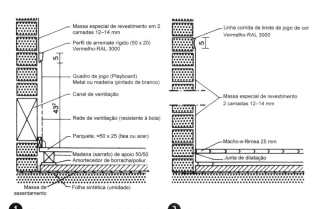

❶ Squash: detalhe da parede frontal ❷ Squash: detalhe da parede lateral

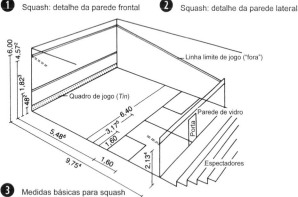

❸ Medidas básicas para squash

Informações: Deutscher Squash Verband, Bocholt
Construções usuais para execução de quadras de squash: paredes maciças com massa especial de revestimento, elementos pré-fabricados de concreto, construções de madeira tipo enxaimel revestidas de placas, elementos de montagem para quadras de squash.
Tamanho da quadra: 9,745 x 6,40
Altura: 6,00
Parede de vidro traseira para assistência é desejável.
Piso: madeira levemente elástica, clara (acer ou faia), com bom tratamento superficial. Tábuas paralelas às paredes laterais. Sistema de encaixe macho-e-fêmea, 25 mm de espessura, com uma camada de vedação.
Paredes: Massa de revestimento lisa especial, branca. Quadro de jogo de chapa metálica, 2,5 mm, ou madeira compensada com revestimento metálico pintado de branco → ❶ – ❸.

TÊNIS DE MESA

Informações: Deutscher Tischtennis-Bund. Otto-Fleck-Schneise 10a, Frankfurt/Main
Jogos competitivos somente em ginásios.
Superfície da mesa horizontal, verde opaca com linhas limites brancas   152,5 x 274 cm
Altura da mesa   76 cm
Espessura da tampa   2,5 cm
Para mesas ao ar livre "placas de fibrocimento" com espessura de 20 mm.
A dureza da tampa será tal que, uma bola normal, caindo de uma altura de 30cm, pulará de volta cerca de 23 cm.
Comprimento da rede no meio campo   183 cm
Altura da rede em todo o comprimento   15,25 cm
Campo de jogo em *box* (conformado através de paredes de tela com altura de 60 a 65 cm) com ≥ 6 x 12 m de tamanho; exigência internacional: 7 x 14 m, limite para permissão de localização da assistência → ❹.

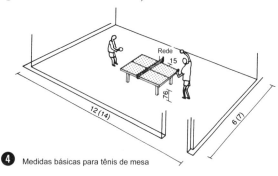

❹ Medidas básicas para tênis de mesa

BILHAR

Informações: Deutscher Billard Union, Munique
Localização das salas de bilhar: andar superior ou subsolo bem iluminado, raramente no térreo.
Área necessária: dependendo dos diferentes tamanhos das mesas de bilhar → apresentação em tabela abaixo → ❺ – ❽.
Para fins privados são usuais   Tamanhos IV, V e VI
Para Cafés e Clubes   Tamanhos IV e V
Em Salões de Bilhar e Academias   Tamanhos I, II e III
Distância entre mesas tipo I e II   ≥ 1,70 m
Distância entre mesas tipo III – IV   ≥ 1,60 m
Se possível, em relação a paredes, esta distância deverá ser um pouco maior. Em um dos lados, para passagem de garçons ou permanência dos espectadores, deve-se ter maior espaço, com lugar suficiente para cadeiras, mesas, área para refeições e bar (→ Restaurantes).
Superfícies das paredes para suportes de tacos e quadros (contadores). 1 suporte para cada 12 tacos, com 150 x 75 cm
Iluminação:
Na medida do possível, pequenas lâmpadas, distribuindo sobre cada mesa de jogo, luz uniforme e sem sombras.
Altura normal da fonte luminosa em relação ao plano da mesa: 80 cm

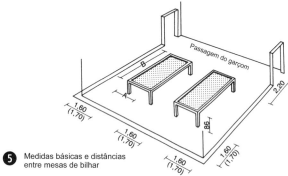

❺ Medidas básicas e distâncias entre mesas de bilhar

❻ Armário de bolas ❼ Suporte para os tacos ❽ Mesas de bilhar usuais

Esporte Lazer

GINÁSIOS ESPORTIVOS

Dimensionamento
Organização, e construção
Equipamentos
Arquibancadas
Exemplos
Judô, luta greco-romana, levantamento de peso, boxe e badminton
Squash, tênis de mesa e bilhar
Ginástica e *fitness*
Escalada esportiva
Boliche

Mesas de bilhar usuais (medidas em cm)		I	II	III	IV	V	VI
Medidas internas (área jogo)	A	285 x 142,5	230 x 115	220 x 110	220 x 100	200 x 100	190 x 95
Medidas externas	B	310 x 167,5	255 x 140	245 x 135	225 x 125	225 x 125	215 x 120
Medidas do ambiente		575 x 432,5	520 x 405	510 x 400	500 x 395	490 x 390	480 x 385
Peso em kg		800	600	550	500	450	350

GINÁSIOS ESPORTIVOS
GINÁSTICA E *FITNESS*

Informações: Bundesinstitut für Sportwissenschaft (Instituto Nacional dos Esportes), Graurheindorfer Str. 198, Bonn

❶ Aparelho de remo e bicicleta ergométrica

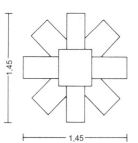

❸ Centro de exercícios-múltiplos

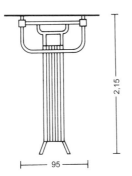

❷ Aparelho para musculatura da barriga, traves para levantamento do corpo

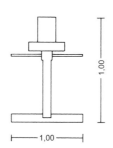

❹ Aparelho de tração para musculatura

Setor	Sala de condicionamento			Lista de aparelhos
	40 m²	80 m²	200 m²	
A		2/3*	1	1 Handroller
			2	2 Estação para bíceps
			3	3 Estação para tríceps
		4/5*	4	4 Pull-over – Máquina I
			5	5 Pull-over – Máquina II
		6/7*	6	6 Latissimus – Máquina I
			7	7 Latissimus – Máquina II
		8	8	8 Estação para o peito
		9	9	9 Estação para o tronco
		10/11*	10	10 Estação para o quadril I
			11	11 Estação para o quadril II
		12	12	12 Estação para a perna
		13	13	13 Estação para o pé
	14 (2x)		14 (3x)	14 Centro de exercícios múltiplos
B			20	20 Aparelho para pressão I
			23	23 Aparelho para pressão das pernas
		25	25 (2x)	25 Estação para musculatura da barriga
		26	26 (2x)	26 Aparelho para abdominais
			27	27 Aparelho para levantamento do corpo
			33	33 Latissimus – haltere de chão
C		43 (4x)	43 (10x)	43 Pequeno haltere de disco **
	46 (2x)	46 (2x)	46	46 Banco de treinamento
D	50	50	50 (3x)	50 Haltere de punho
	51	51	51 (3x)	51 Haltere curto
	52	52	52 (5x)	52 Haltere com barra curta **
			53	53 Barra de haltere para exercício
		56		56 Banco de pressão
		57	57 (3x)	57 Banco inclinado I
		58		58 Banco inclinado II
			59	59 AllroundBanco
		60	60	60 Banco de treinamento múltiplo
		61		61 Haltere compacto
		62		62 Suporte para halteres **
E	70 (3x)	70	70 (4x)	70 Bicicleta ergométrica
	71 (2x)	71 (3x)	71 (2x)	71 Aparelho de remos
	72		72 (2x)	72 Esteira rolante
	73	73 (2x)	73 (3x)	73 Parede-escada de exercícios
	74	74 (2x)	74 (2x)	74 Trave para levantamento do corpo
	75	75	75	75 Tábua para musculatura da barriga
		78		78 Punching-Ball
	79 (2x)	79 (2x)	79 (3x)	79 Expander-Impander
	80 (2x)	80 (2x)	80 (2x)	80 Corda de pular
	81 (2x)	81 (2x)	81 (3x)	81 Aparelho de massagem «Deuser»
	82 (2x)	82 (2x)	82 (3x)	82 Haltere de dedo
	83 (2x)	83 (2x)	83 (3x)	83 Aparelho-Bali
		85 (2x)	85 (3x)	85 Hidro-haltere
	89	89	89 (2x)	89 Armário para aparelhos

Setor	Aparelhos ou instalações	Exercícios	Coordenação motora e/ou capacidades	Objetivo do treino
A	Estações gerais de treinamento	uma articulação	Força Mobilidade	*Fitness* Condicionamento
B	Estações especiais de treinamento	diversas articulações	Força Rapidez	*Fitness* Condicionamento
C	Setor de levantamentos (com «multi-press» ou «reck» isométrica)	diversas articulações	Força Rapidez Coordenação	Condicionamento
D	Pequenos aparelhos tradicionais	uma e mais articulações	Força Mobilidade	*Fitness*
E	Aparelhos especiais de treinamento assim como área livre para aquecimento (ginástica etc.)	diversas articulações	Resistência Coordenação	*Fitness* Condicionamento
		uma e mais articulações	Mobilidade Coordenação	*Fitness* Condicionamento

❺ Classificação dos aparelhos por setor

* Os aparelhos 2 e 3, 4 e 5, 6 e 7, assim como 10 e 11, são instalados por vários produtores, para 2 funções.
** Nos exemplos apresentados na figura 2 a 8, encontram-se os suportes necessários para halteres de disco, assim como halteres de pulso, curtos e compactos. Eles são encontrados no mercado em diferentes formas de fabricação e devem, por isso, ser coordenados entre si.

❼ Propostas para instalação de salas de treinamento físico (*fitness center*)

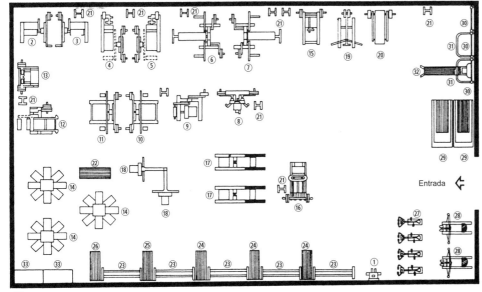

❻ Exemplo: centro de treinamento físico com ≈200 m²

Esporte Lazer

GINÁSIOS ESPORTIVOS

Dimensionamento
Organização, e construção
Equipamentos
Arquibancadas
Exemplos
Judô, luta greco-romana, levantamento de peso, boxe e badminton
Squash, tênis de mesa e bilhar
Ginástica e *fitness*
Escalada esportiva
Boliche

467

GINÁSIOS ESPORTIVOS
GINÁSTICA E *FITNESS*

Para 40 a 50 pessoas deve-se partir de uma área mínima de 200 m² para o salão. Sugestão de organização espacial: exemplo → ❷. Pé-direito, para todos os setores: 3,0 m. Em função da disposição ideal dupla dos aparelhos, em linhas paralelas, resulta uma largura básica de 6 m para os espaços destinados a condicionamento físico. O comprimento será ≤ 15 m, para não prejudicar o controle visual por parte do treinador. A menor unidade possível – 40 m² – é apropriada para uso de 12 pessoas.

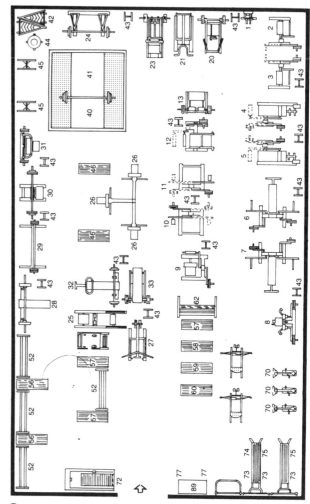

Setor	Aparelho nº	Denominação do aparelho	Tipo de movimento	Área ocupada em cm
A	1	Handroller	Exercícios para as mãos (estender, curvar)	60/30
	2	Estação para bíceps	Dobrar os braços	135/135
	3	Estação para tríceps	Estender os braços	135/135
	4	Pull-over-Máquina I	Levantar os braços frente ao corpo	190/110
	5	Pull-over-Máquina II	Abaixar aos braços frente ao corpo	190/110
	6	Pull-over-Máquina I	Levantamento e abaixam. lateral dos braços	200/120
	7	Latissimus-Máquina II	Braços frente ao corpo: mov. conjunto ou separado	200/120
	8	Estação para o peito	Braços em ângulo frente ao corpo: mov. conjunto	165/100
	9	Estação para o tronco	Curvatura e extensão do tronco	135/125
	10	Estação para o quadril I	Levantam e abaix. das pernas	175/125
	11	Estação para o quadril II	Levantam. e recolhim. das pernas	175/125
	12	Estação para a perna	Extensão e recolhimento das pernas	125/155
	13	Estação para o pé (aparelho de parede)	Extensão e curvatura dos pés	140/80
	14	Centro de exercícios múltiplos	Movimentos fundamentais variados para pernas e outras articulações	dimen. diferenciadas
B	20	Aparelho para pressão I	Extensão horizontal dos braços (em pé)	120/140
	21	Aparelho para pressão II	Extensão vertical dos braços ou treinamento de parede, em pé	70/160
	22	Martelo/ medição de força	Extensão das pernas em plano inclinado	90/140
	23	Aparelho para pressão das pernas	Extensão das pernas na horizontal (sentado)	120/160
	24	Apar. para dobradura dos joelhos (com instalação de discos)	Extensão das pernas na vertical (em pé)	200/90
	25	Estação para musculatura da barriga	Exercícios variados para musculatura da barriga e costas	65/200
	26	Aparelho para abdominais	Movimentos básicos variados para uma ou mais articulações	100/140
	27	Aparelho para levantamento do corpo	Curvatura e extensão dos braços na vertical (apoio e levantamento)	120/155
	28	Banco para trab. de compressão I	Extensão vertical dos braços (em banco de pressão, deitado)	200/120
	29	Haltere (máquina de pressão múltipla)	Em banco de pressão, curvatura dos joelhos; pressão em pé e tração (todos os exercícios com peso)	200/100
	30	Banco para trab. de compressão II (banco inclinado para haltere longo)	Banco de pressão inclinado (sentado)	185/100
	31	Banco curto	Curvatura dos braços	150/70
	32	Banco para trab. de compressão III	Banco de pressão (costas inclinadas para baixo)	160/170
	33	Latissimus-haltere de chão	Curvatura dos braços, puxados à frente do corpo	120/130
C	40	Base de levantamento de haltere; sup. emborrachada	aTodos os exercícios em halteres livres (curvatura dos joelhos, exercícios de arremesso e tração)	300/300
	41	Barra de haltere p/ treinamento		200
	42	Grande haltere de disco		50/100
	43	Pequeno haltere de disco		30/30
	44	Recipiente com magnésio		0/38
	45	Barras para dobradura de joelhos (em pares)		cada um c/ 35/70
	46	Banco de treinamento		40/120
	47	Discos de borracha maciça (10; 15; 20; 25 kg)		
	48	Discos com borda de borracha vulcanizada (15; 20; 25 kg)		
	49	Discos de ferro fundido (1,25; 2,50; 5; 10; 25; 50 kg)		
D	50	Haltere de punho (1; 2; 3; 4; 5; 6; 8; 10 kg)	Exer. dos punhos, p/ uma ou mais articulações; halteres compactos/ longos	
	51	Haltere curto (2,5; 5; 7,5 etc.–30 kg)		
	52	Haltere com barra curta		140/130
	53	Barra de haltere para exercício		185
	54	Barra para musculatura dos joelhos (acolchoada)		200
	55	Barra curta		140
	56	Banco p/ trab. de pressão (ajustável)		40/120
	57	Banco inclinado I		40/120
	58	Banco inclinado II		40/120
	59	Banco Allround		40/120
	60	Banco de treinamento múltiplo (12 vezes ajustável)		
	61	Haltere compacto (2–60 kg)		
	62	Barra de haltere		145/80

❶ Lista de aparelhos destinados a condicionamento físico e treinamento (*fitnesstraining*)

❷ Exemplo de um salão grande de condicionamento físico, com 200 m²

	70	Bicicleta ergométrica	Resistência, coordenação. Aparelhos de nº 70 até 76	40/90
	71	Aparelho de remos	Curvatura dos braços	120/140
	72	Esteira rolante		80/190
	73	Parede-escada de exercícios		100/15
	74	Trave para levantamento do corpo		120/120
	75	Tábua para musculatura da barriga		100/180
	76	Apar. para relaxamento da coluna		70/150
	77	Apar. de teste de força em salto	Mobilidade, coordenação Aparelhos de nº 77 até 88	
E	78	Punching-Ball		
	79	Expander-Impander		
	80	Corda de pular		
	81	Aparelho de massagem Deuser		
	82	Haltere de dedo		
	83	Aparelho- Bali		
	84	Haltere com esferas		
	85	Hidro-haltere		
	86	Vestes com peso		
	87	Sacos de peso para braços e pernas		
	88	Espelho		
	89	Armário de aparelhos		50/110

Esporte Lazer

GINÁSIOS ESPORTIVOS
Dimensionamento
Organização,
e construção
Equipamentos
Arquibancadas
Exemplos
Judô, luta
greco-romana,
levantamento
de peso, boxe
e badminton
Squash, tênis
de mesa e bilhar
Ginástica e fitness
Escalada esportiva
Boliche

GINÁSIOS ESPORTIVOS
ESCALADA ESPORTIVA

Tipo de construção	Descrição	Características
Concreto maciço (em forma)	Placas compactas de concreto, com estruturas em sistema positivo-negativo	Peças angulares Agarras/apoios especiais Grande multiplicidade de soluções da superfície
Concreto injetado	Uma armação (grade) metálica é coberta por concreto	Formas orgânicas Apoios podem ser aparafusados posteriormente Apenas em instalações ao ar livre
Madeira	Placas de madeira, com ou sem revestimento, são aparafusadas diretamente sobre parede do edifício ou sobre estrutura independente	Apresenta muitos furos (por furadeira) Possibilidade de apoios em diversas posições Barato
Fibra de vidro, plástico estruturado	Placas ou outras formas geométricas de fibra de vidro são aparafusadas diretamente sobre parede do edifício ou estrutura independente	Superfícies semelhantes às naturais Multiplicidade de soluções Apoios aparafusados em diversas posições Problema de eliminação (como lixo)

❶ Tipos construtivos das paredes para escalada esportiva [01]

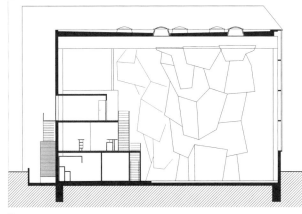

❷ Ginásio para escalada esportiva Magic Mountain Berlim, corte
Arq.: Gantz Weber Architekten

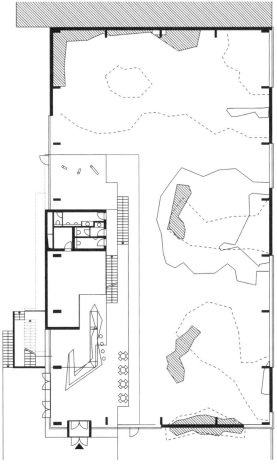

❸ Ginásio para escalada esportiva Magic Mountain Berlim, térreo
Arq.: Gantz Weber Architekten

Ginásios com paredes artificiais para escalada permitem a prática do esporte durante todo o ano, independentemente das condições atmosféricas. O tamanho e a forma dos ginásios é variável e depende do conceito de operação e do terreno (até 2.500 m² de área interna). Recomenda-se a distribuição compacta em andares do setor secundário para permitir maior uso da área útil para paredes de escalada. Recepção e bilheteria podem ser complementadas com uma cafeteria e/ou uma área de loja para acessórios de escalada. Os sanitários podem ser baseados no modelo de uma academia. Complementos de área de banho a vapor/sauna com área de descanso e áreas de *fitness* são úteis.

Deve-se forçar uma alta proporção de luz natural (saídas de ventilação como entrada de luz natural) a fim de evitar o ofuscamento (para escaladores e apoiadores de base). As paredes de escalada devem passar por manutenção periódica, feita por um especialista, de acordo com as recomendações do fabricante.

1. **Escalada de bloco** (*boulder*)
É praticada sem cordas de segurança, em paredes pequenas. A pessoa movimenta-se na horizontal (travessia) ou subindo (escalada), apenas em espaçamentos curtos. Não há necessidade de sistemas de segurança. Diante da parede, deve-se ter uma área para descida, de brita, serragem ou colchões.

2. ***Toprope***
Nessa modalidade é necessário o uso de cordas de segurança, devido à grande altura. O escalador progride na parede, sendo, no final, trazido de volta por parceiro, que mantém a corda esticada durante todo o tempo (esse procedimento final também pode ser feito de forma independente). Esse tipo de parede pode ser usado para escalada *boulder*, na parte inferior; esta, entretanto, tem de ser assegurada.
Até uma altura de 2,5 m não se devem ter apoios (agarras) acessíveis. No caso da instalação de paredes para *toprope* em ginásios, é necessário seguir condições de segurança contra quedas (p. ex. DIN 18032, parte 1).
As paredes de escalada assemelham-se em superfície e forma a rochas naturais; sua coloração é variável e costuma ser baseada na concepção do empreendimento – *corporate identity*. Possuem dimensão e forma flexíveis. Altura das rochas em escalada esportiva: até 18 m; excepcionalmente 30 m. A construção da parede de escalada é realizada por empresas especializadas. São oferecidos sistemas modulares ou projetos livres de cenários de escalada.
Construção interna estrutural (aço ou madeira) independente ou ligada às paredes do ginásio. Conformação através de diferentes materiais → ❶. Sobre esses tipos de paredes podem ser aparafusados os apoios de mãos e pés, que podem ser trocados. Estes são fabricados de resina sintética, com areia de quartzo, sendo aparafusados na parede com parafusos cilíndricos M10. As formas variam de 3 cm de diâmetro até "caixotes". Com o uso de cores diferenciadas podem-se estabelecer rotas. A combinação de diversas cores em uma rota, permite o desenvolvimento de um ou mais percursos em uma só parede. Dependendo do grupo de usuários, tem-se a variação de apoios por metro quadrado.
O objetivo é alcançar setores diferenciados para escaladores iniciantes e avançados; o setor para crianças deve ser separado.

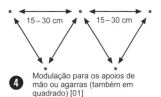

❹ Modulação para os apoios de mão ou agarras (também em quadrado) [01]

Deve-se observar:
DIN 18032, parte 1, Ginásios esportivos:
conhecimentos básicos para o projeto e construção

EN 12572 Áreas artificiais para escalada – pontos de segurança, exigências quanto à estabilidade, provas e testes

Nível de dificuldade	Crianças, adolescentes	Adultos principiantes	Nível normal	Treinamento
Apoio/m²	8–10	4–8	3–5	>10

❺ Número de apoios de mão/m², segundo a faixa etária dos usuários [01]

Esporte Lazer

GINÁSIOS ESPORTIVOS

Dimensionamento
Organização, e construção
Equipamentos
Arquibancadas
Exemplos
Judô, luta greco-romana, levantamento de peso, boxe e badminton
Squash, tênis de mesa e bilhar
Ginástica e *fitness*
Escalada esportiva
Boliche

469

GINÁSIOS ESPORTIVOS
BOLICHE

Informações: Deutscher Kegler- und Bowlingbund, Berlin.

Toda pista de boliche pode ser dividida nos seguintes setores:
1. Área de impulso, na qual depois de algumas passadas a bola será jogada.
2. Área de deslizamento da bola, que é a superfície de movimento da bola (ou pista) propriamente dita.
3. Final da pista, área onde caem os pinos (ou *pins*) atingidos, e a bola (*bowlingball*), no final do percurso.

Pista asfáltica é uma pista esportiva que, por ter uma superfície especial, requer grande habilidade dos jogadores.
As pistas em geral correspondem a uma superfície de 19,50 m de comprimento e 1,50 m de largura (para limite lateral com borda elevada), ou com 1,34 m (para limite lateral com canalete); como material utiliza-se asfalto ou piso sintético → ❶ – ❹.
A **pista de bolão**, modalidade de boliche alemão antigo, pode ser hoje elaborada de material sintético → ❺. O que caracteriza a pista tradicional é uma declividade de 10 cm, contada a partir da área inicial de corrida até a linha divisória de posicionamento dos pinos. A área de cones de uma pista de bolão é de 23,50 m de comprimento e 0,35 m de largura.
Outro tipo de pista é a chamada "em tesoura", também de madeira (ou material sintético) → ❻. A pista alarga-se depois de 9,5 m, até um ponto mediano com 1,25 m.

Pista de boliche convencional → ⓬. A área de lançamento (1,041 m–1,065 m de largura) de uma pista de boliche consiste em parquete polida. O setor de deslizamento da bola será polido ou envernizado. A bola terá 21,8 cm de diâmetro (*bowlingball*) e peso de no máximo 7257 g, com três buracos para os dedos.
Para pista asfáltica ou "em tesoura", usar bolas com ∅ 16 cm, 2.800 a 2.900 g de peso. Bolas para pista de madeira, tradicionais, ∅ 16,5 cm, Peso 3.050 a 3,150 g. As bolas são feitas de massa sintética. Pinos de madeira dura (faia-branca) ou de material sintético com medidas normalizadas. *Pin* de madeira (revestido de material sintético) ou totalmente de material sintético. Igualmente normalizado.

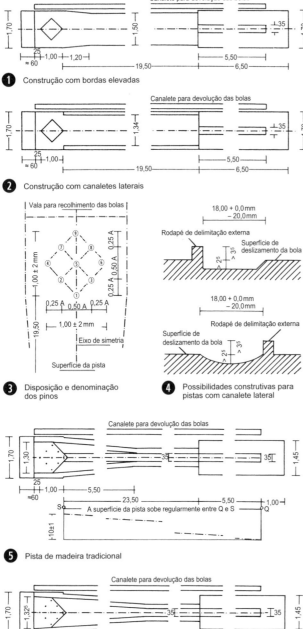

❶ Construção com bordas elevadas
❷ Construção com canaletes laterais
❸ Disposição e denominação dos pinos
❹ Possibilidades construtivas para pistas com canalete lateral
❺ Pista de madeira tradicional
❻ Vista geral dos diferentes setores e medidas básicas de uma unidade (pista) em forma de "tesoura"

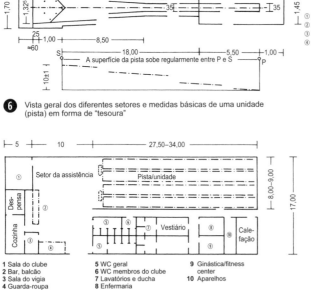

1 Sala do clube
2 Bar, balcão
3 Sala do vigia
4 Guarda-roupa
5 WC geral
6 WC membros do clube
7 Lavatórios e ducha
8 Enfermaria
9 Ginástica/fitness center
10 Aparelhos

❼ Exemplo de um ginásio de boliche

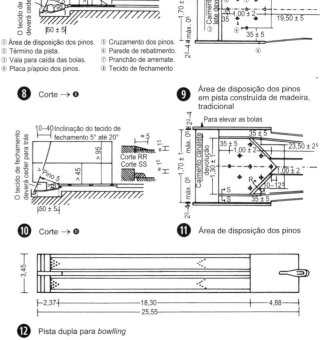

① Área de disposição dos pinos.
② Término da pista.
③ Vala para caída das bolas.
④ Placa p/apoio dos pinos.
⑤ Cruzamento dos pinos.
⑥ Parede de rebatimento.
⑦ Pranchão de arremate.
⑧ Tecido de fechamento

❽ Corte → ❾
❾ Área de disposição dos pinos em pista construída de madeira, tradicional
❿ Corte → ⓫
⓫ Área de disposição dos pinos
⓬ Pista dupla para *bowlling*

PISCINAS RECREATIVAS
PISCINAS PÚBLICAS COBERTAS

O tamanho da edificação que abriga uma piscina coberta depende do tamanho da superfície de água (ou melhor, do dimensionamento do tanque e trampolins), da área ao redor da piscina, eventuais espaços/equipamentos complementares associados à altura necessária para o conjunto.

Área do terreno (sem incluir estacionamentos):
Para piscinas cobertas, 6 a 8 m² de terreno por 1 m² de superfície de água projetada; para piscinas de grande superfície, a relação proporcional pode ser diminuída. Para áreas externas (terraços, solários, gramados) devem-se acrescentar 10 a 20% da área calculada apenas para a piscina.
1 vaga de estacionamento para cada 5 a 10 armários/guarda-roupa da piscina coberta.
1 vaga para bicicleta para cada 5 armários.
No caso de instalações para espectadores: 1 vaga extra de estacionamento para cada 10 a 15 lugares nas arquibancadas. Na presença de restaurante: 1 vaga extra de estacionamento para cada 4 a 8 lugares sentados oferecidos pelo estabelecimento.

A **superfície total de água** serve como base de cálculo do programa de espaços secundários. Para piscinas recreativas, as funções complementares orientam-se também na área aquática.

Setor de acesso
Área anterior à entrada: no mín. 0,2 m²/m² de água.
Saguão de entrada: área 0,15 até 0,25 m²/m² de água, dependendo do tamanho do balneário e do tipo de lazer a que se destina. Sobre isso deve-se acrescentar 5 m² de para-vento, 5 m² para bilheteria, balcão de controle ou caixa automático; 1 a 2 m² para material de limpeza e sanitários (feminino e masculino com 1 bacia sanitária cada). Terrenos planos ou com declividade de até 15° permitem projetos integrados em um só nível (condicionante para um projeto ideal do ponto de vista econômico e funcional). Terrenos de grande declividade determinam soluções construtivas custosas e desvantajosas funcionalmente.

① Piscinas cobertas – esquema de organização espacial

Zona de influência (moradores) [m²]	Tipo de piscina/tanques[1]	Exemplo 1 Dimensões tanque [m ou. m²]	Sup. água [m²]	Exemplo 2 Dimensões tanque [m bzw. m²]	Sup. água [m²]	Exemplo 3 Dimensões tanque	Sup. água [m²]	Instalações para salto (trampolins)	Área do terreno (sem estacionamentos) [m²][3]
1	2	3		4		5		6	7
até 300	VB PB	10,00 x 25,00 ≈15	250	-		-		1 B + 3 P	≈2.500
até 450	VB NSB PB	10,00 x 25,00 8,00 x 12,50 ≈20	250 100 20	10,00 x 25,00 8,00 x 12,50 ≈20	250 125 20	12,50 x 25,00 8,00 x 12,50 ≈20	313 100 20	1B + 3B	≈3.000 até 3.500
até 600	VB NSB SPB PB	12,50 x 25,00 8,00 x 12,50 ≈25	313 100 25	12,50 x 25,00 8,00 x 16,66 ≈25	313 133 25	12,50 x 25,00 8,00 x 12,50 10,60 x 12,50 ≈25	313 100 133 25	Para VB: 1 B + 3 B ou 1 B + 3 B + 1 P + 3 P + 5 P Para SPB: 1 B + 1 P combin. + 3 B + 3 P combin. + 5 P	3.500 até 4.000
até 750	VB NSB SPB[4] PB	12,50 x 25,00 8,00 x 12,50 10,60 x 12,50 ≈30	313 100 133 30	12,50 x 25,00 8,00 x 16,66 10,60 x 12,50 ≈30	313 133 133 30	16,66 x 25,00 8,00 x 16,66 12,50 x 11,75 ≈30	417 133 147 30	Para VB e SPB: 1 B + 1 P combin. + 3 B + 3 P combin. + 5 P ou: 1 b + 3 B + 1 P + 3 P + 5P	4.000 até 4.500
até 800	VB NSB SPB[4] PB	16,66 x 25 8,00 x 16,66 12,50 x 11,75 ≈35	417 133 147 35	16,66 x 25 8,00 x 16,66 16,90 x 11,75 ≈35	417 133 199 35			Para VB e SBP: 2 x 1 B, 2 x 3 B 1 P + 3 P + 5 P ou: 1 B + 3 B + 1 P + 3 P +	≈ 5.000

Observações: [1] Abreviaturas: PB = piscina rasa, infantil; NSB = piscina para pessoas que não sabem nadar; VB = piscina recreativa; SPB = tanque para salto;.
[2] Abreviaturas: B = tábua (trampolim); P = plataforma; 1–10 = parte utilizada para o salto, em metros.
[3] Dimensão recomendada
[4] Dimensões considerando o fator técnico de segurança, de cada medida individual; tamanho do tanque = largura do tanque (lateral da instalação para salto) x comprimento do tanque (na direção do salto).

② Unidades de projeto para piscinas cobertas (distribuição das áreas de água para nadadores e não nadadores ≈2:1)

Esporte Lazer

PISCINAS RECREATIVAS

Piscinas públicas cobertas
Piscinas públicas ao ar livre
Piscinas cobertas e ao ar livre
Piscinas privadas cobertas

PISCINAS RECREATIVAS
PISCINAS PÚBLICAS COBERTAS

Setor de vestiários
A dimensão desse setor é determinada pela superfície de água em m^2. Os valores referenciais consideram um tempo de banho de cerca de 1,5 horas:
Número de armários: 0,3 a 0,4 m^2 de superfície de água.
Número de cabines para troca de roupa: 0,08 a 0,1 m^2 de superfície de água; destas, 40 a 50% como cabines fechadas; o restante como bancos, em área de vestiário comunitário. Relação entre área (individual) de troca de roupa e armários 1:4.
Cabines familiares ou para pessoas com deficiência: 10% das cabines individuais de troca.
Nº de vestiários comunitários: pelo menos 2; para cada um, pelo menos 30 armários.
Dimensionamentos
Para cabines construídas valem as seguintes dimensões:
Cabines individuais de troca: entre eixos, 1 m de largura; profundidade 1,25 m; altura 2 m.
Cabines familiares: dimensões internas 1,60 m de largura, profundidade 1, 25 m, altura 2 m.
Cabine para pessoas com deficiência: dimensões internas 2,45 m de largura, profundidade 1,50 m, altura 2 m; largura da porta (vão livre) 0,94 m → ❻ + ❼.
Armários → ❽ 0,25 m ou 0,33 m de largura (distância entre eixos), 0,50 m de profundidade (área livre), 1,80 m de altura ou 0,90 m, para armários duplos/sobrepostos.
Para pessoas com deficiência ou necessidades especiais, os armários devem ter 0,40 m de largura, somente em sistema individual, para depósito de equipamentos ortopédicos.
Bancos em área de vestiário: 0,20 m até 0,25 m de profundidade para sentar; para pessoas com deficiência, 0,40 m, com altura de 0,45 m. Comprimento mín. de 7,50 m em vestiários comunitários (para escolas/setor pedagógico, no mín. 10 m).
Número de **peças sanitárias (valores-padrão):** 0,03 aparadores/penteadeiras com secador de cabelos; 0,015 pontos/torneiras para desinfecção dos pés; 0,015 tanques para roupa molhada. Deverá ser prevista sala de material de limpeza, com 1 a 2 m^2, junto ao setor de vestiários.
Pé-direito: 2,50 m
Área de desinfecção dos pés (passagem de pessoas): 0,75 m de largura, 0,50 m de profundidade.

❶ Setor de vestiários – cabine para troca de roupa com armários

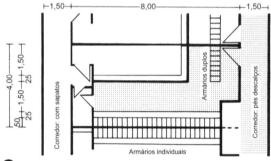

❷ Área de vestiário em conjunto, com banco interior

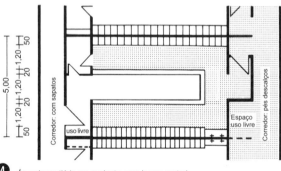

❸ Área de vestiário em conjunto, com banco interno e externo

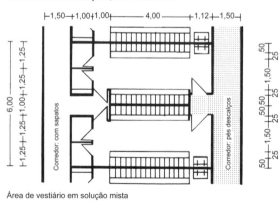

❹ Área de vestiário em conjunto, com banco central

❺ Área de vestiário em solução mista

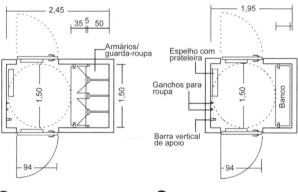

❻ Vestiário acessível para cadeirantes com bancos e armários

❼ Vestiário acessível para cadeirantes com bancos

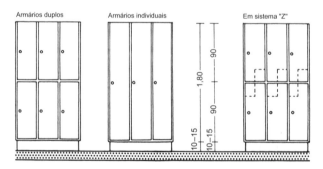

❽ Armários/guarda-roupas – tipos de construção (exemplos)

PISCINAS RECREATIVAS
PISCINAS PÚBLICAS COBERTAS

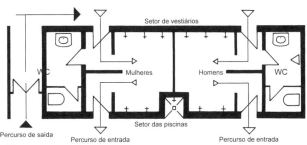

① Esquema de unidade sanitária

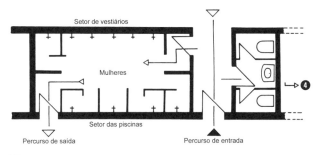

② Esquema de unidade sanitária (área dos chuveiros dividida)

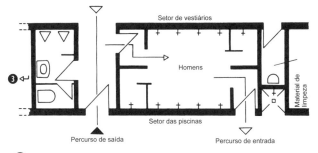

③ Unidade sanitária (feminina)

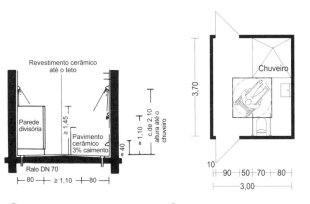

④ Unidade sanitária (masculina)

⑤ Recinto dos chuveiros → ③

⑥ Cabine sanitária para cadeirantes

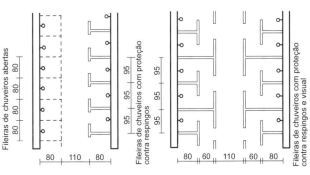

⑦ Chuveiros e sistema de divisórias

O **setor de sanitários** compreende as áreas de chuveiros e toaletes, separadas por sexo, localizadas entre vestiários e piscinas. As toaletes devem ser dispostas de forma a induzir os banhistas, após o seu uso, a passarem novamente pela área dos chuveiros, antes de penetrarem no setor de piscinas → ① – ④.

Percurso direto de ligação entre piscinas e vestiários é altamente recomendável.

Dimensionamento do setor de sanitários: equipamentos básicos: no mín. 1 recinto para ducha masculino e 1 feminino com no mín. 10 chuveiros (válido para superfície de água das piscinas de até 500 m²). Sobre esse valor, deve-se planejar para cada 25 m² até 50 m² adicionais, um chuveiro a mais.

Em piscinas ligadas a escolas, para até 150 m² de superfície de água, é suficiente 1 área de duchas, divisível, com 5 chuveiros masculinos e 5 femininos → ②.

Sanitários: diretamente ligadas à área de chuveiros, toaletes femininas com 2 bacias sanitárias e masculinas, com 1 bacia sanitária e 2 mictórios → ①.

Dimensões mínimas das áreas de movimentação no setor de sanitários:

Área de duchas sem divisões: (fileiras de chuveiros abertas)	Distância entre eixos 0,80 m largura 0,80 m profundidade
Área de duchas com divisões: (fileiras de chuveiros com proteção contra respingos)	Distância entre eixos 0,95 m largura 0,80 m profundidade 1,45 m altura
Área de duchas com divisões em forma de T duplo: (com proteção contra respingos e visual)	Distância entre eixos 0,80 m ou 0,95 m largura 1,40 m profundidade 1,45 m altura
Largura do corredor entre duas fileiras de chuveiros:	1,10 m
Toalete com bacia sanitária, com porta: (abertura para dentro da cabine)	0,90 m largura 1,40 m profundidade 2,00 m altura
Toalete com bacia sanitária, com porta: (abertura para fora da cabine)	0,90 m largura 1,20 m profundidade 2,00 m altura
Mictórios: distância entre eixos profundidade livre Altura de montagem Altura de montagem para crianças	0,65 m 0,60 m ≈0,70 m ≈0,50 m
Pias (entre eixos): área livre: Altura de montagem	≈0,70 m ≈0,60 m ≈0,80 m
Pé-direito: altura livre mínima recomendada	2,50 m 2,75 m

Esporte Lazer

PISCINAS RECREATIVAS

Piscinas públicas cobertas
Piscinas públicas ao ar livre
Piscinas cobertas e ao ar livre
Piscinas privadas cobertas

PISCINAS RECREATIVAS
PISCINAS PÚBLICAS COBERTAS

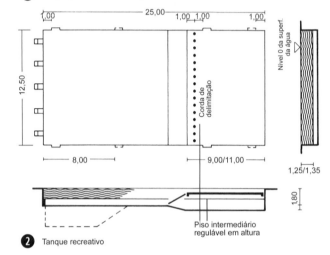

❶ Tanque para não nadadores, plantas e cortes

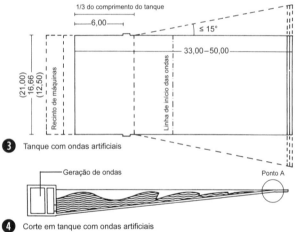

❷ Tanque recreativo

❸ Tanque com ondas artificiais

❹ Corte em tanque com ondas artificiais

❺ Corte em tanque com combinação de uso para nadadores e ondas artificiais

❻ Variante: ponto A com escada

❼ Ponto B → ❽ (Sistema finlandês)

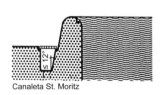

❽ Exemplos de canaletas para transbordamento

Setor de tanques

Tanque	Larguras (m)	Comprimentos	Profundidade da água	Altura mín. livre do espaço
Raso para crianças	15 até	25 m²	0,00 – 0,40/60	2,50 m
Para não nadadores → ❶	8,00 10,00	12,50 16,66	0,60/0,80 até 1,35 m	3,20 m
Recreativo → ❷	8,00 10,00 12,50 16,66 21,00 25,00	25,00 50,00 25,00 25,00/50,00	C/sistema elevatório da base do tanque: 0,30 até 1,80 m na parte destinada a natação: 1,80 m na parte destinada a saltos: profundidade mín. 3,80 + 4,50 (5,00) m	4,00 m
Para natação	16,66 21,00 25,00	25,00/50,00 50,00 50,00	mín. 1,80 m	4,00 m
Com ondas artificiais → ❸	12,50 16,66 21,00 até 25,00	no mín. 33,00	Profundidade inicial: 0,00 m (em degrau, no máx. 0,30 m) Profundidade final: dependendo do uso do tanque e tipo de máquina produtora de ondas	4,00 m

Área entorno das piscinas – área de contorno em princípio igual á superfície da água	Largura (m)
No setor principal de acesso ás piscinas:	3,00
No setor principal de acesso entre escada da piscina e parede:	2,50
No setor de plataformas de salto (partida):	3,00
No setor de trampolins e torre de salto: (atrás da plataforma de salto de 1 m, passagem livre: no mín. 1,25 m de larg.)	4,50
No setor de acesso à piscina para crianças	2,00
Piscina para não nadadores – lateral da escada de acesso:	2,50
Idem – área da cabeceira:	2,00
Entre tanque p/saltos, p/natação ou recreativo, e tanque para não nadadores (ou parte rasa da piscina recreativa):	4,00
Entre tanque para natação ou parte funda da piscina recreativa, e tanque para saltos:	3,00
Outras larguras, relativas a superf. de água inferiores a 300 m²	no mín. 1,25
Acima de 300 m²	no mín. 1,50
Altura até a cobertura no setor de contorno dos tanques:	2,50
Sala do salva-vidas área necessária: no mín. 6 m²	2,50
Setor de enfermaria área necessária: no mín. 8 m²	2,50
Sala de aparelhos até 450 m² de superf. de água, no mín. 15 m²	2,50
acima de 450 m² de superf. de água, no mín. 20 m²	2,50
sala de estar p/ participantes de campeonatos: 6 faixas p/natação = 30 m²; 8 = 50 m²; 10 = 70 m² treino e área de clubes privados: 30 até 60 m²	2,50

Instal. espectadores:	Arquibancadas: 0,5 lugares sentados por m² de superfície de água destinada a uso esportivo Área necessária: p/1 lugar sentado: 0,5 m², incluindo superfície de circulação imediata Guarda-roupa dos espectadores: área necessária: 0,025 m² por m² de água (uso esportivo) Toaletes: localizadas no setor de entrada (feminina: 1 bacia sanitária; masculina: 1 bacia sanit., 1 mictório), são suficientes p/ 200 lugares. P/ números maiores, a cada 100 espectadores adicionais, 1 toalete extra (bacia sanit. ou mictório). No caso, deve-se observar a relação de: p/mulheres, 2 bacias sanit; p/ homens, 1 bacia sanit. e 2 mictórios.
Áreas de trabalho para imprensa. Para televisão	Boa visibilidade para setor de partida e chegada (posição elevada); são exigidos entre 5 até 20 lugares; cada lugar: 0,75 x 1,20 m. Exigência: 4 até 6 lugares, cada um com 1,20 x 1,50 m
Gastronomia (café/restaurante)	Área por equipamento automático: 0,5 até 0,8 m² Lugares sentados: no mín. 50 lugares, c/1 a 2 m² Abastecimento e setor de apoio (extras): para cafés, ≈ 60% da área c/lugares sentados; p/ restaurantes, ≈ 100%, onde 20 a 25% destinam-se a depósitos e frigoríficos, 15 a 20%, para embalagens, e o restante p/ cozinha, copa, escritório, pessoal. Toaletes: no mínimo 1 bacia sanitária para mulheres; 1 bacia sanit. e 1 mictório para homens.

Setor técnico
Área total do setor técnico (sem incluir reservatório com circulador de água, depósitos, transformadores e estação de recebimento de gás): até 1 m² para cada m² projetado de superfície de água (tanque); para grandes balneários é possível ter-se uma redução de até 30%.

PISCINAS RECREATIVAS
PISCINAS PÚBLICAS COBERTAS

As **instalações para salto** são destinadas a cursos de aprendizado e treino, assim como para competições, constituindo-se de plataformas fixas, construídas em torres para saltos com alturas de 1, 3, 5 e 10 m, e trampolins, pranchas flexíveis, com 1 e 3 m de altura. A altura do salto é medida em relação ao nível superficial da água. Os trampolins são construídos em alumínio, madeira ou material sintético. Igualmente, tem-se a construção das plataformas, com piso anti-derrapante. O acesso às instalações de salto dá-se por escadas com grande inclinação. O conjunto de salto ocupa, em geral, uma das laterais da piscina → ❶ – ❷. **Temperatura da água**: 24 a 28°C. Para melhor identificação do nível da água, devem ser instalados equipamentos de movimentação da superfície.

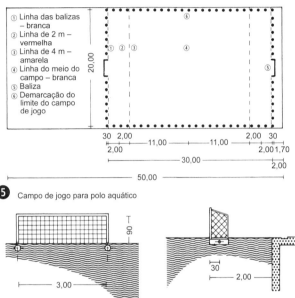

❶ 1 até 5 elementos para salto (instalação completa) – T = trampolim e P = plataforma

❷ 1 até 10 instalações para salto (completas)

❸ Corte transversal

❹ Corte longitudinal

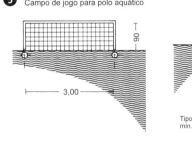

❺ Campo de jogo para polo aquático

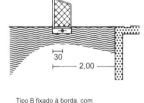

❻ Baliza para o jogo de polo aquático, segundo DIN EN 13451

❼ Baliza para o jogo de polo aquático, segundo DIN EN 13451

	Medidas p/instalações de salto	Comprimento/largura	1-m Trampolim 4,80/0,50	3-m Trampolim 4,80/0,50	1-m Plataforma 4,50/0,60	3-m Plataforma 5,00/0,60	5-m Plataforma 6,00/1,50	7,5-m Plataforma 6,00/1,50	10-m Plataforma 6,00/2,00
A	da ponta da prancha de salto para trás até a parede do tanque	medida mín.	1,50	1,50	1,50	1,50	1,50	1,50	1,50
A-A	da ponta da prancha superior até ponta da prancha inferior	medida mín.					1,25	1,25	1,25
B	do eixo da prancha, lateralmente até a parede do tanque	medida mín.	2,50	3,50	2,30	2,80	4,25	4,50	5,25
C	de eixo a eixo	medida mín.	1,90	1,90	-	-	2,10	2,10 ou 2,45	3,13 ou 2,65
D	da ponta da prancha até parede frontal do tanque	medida mín.	9,00	10,25	8,00	9,50	10,25	11,00	13,50
E	do nível superior da água até o nível inferior do teto	medida mín.	5,00	5,00	3,00	3,00	3,00	3,20	3,40
F	Espaço onde a medida "E" é mantida para trás e em ambas as laterais do eixo da prancha	medida mín.	2,50	2,50	2,75	2,75	2,75	2,75	2,75
G	Espaço onde a medida "E" é mantida para frente a partir da ponta da prancha	medida mín.	5,00	5,00	5,00	5,00	5,00	5,00	6,00
H	Profundidade da água na área de salto	medida mín.	3,40	3,80	3,40	3,40	3,80	4,10	4,50
J	Distância para frente, a partir da ponta da prancha	medida mín.	6,00	6,00	5,00	6,00	6,00	8,00	12,00
K	Profundidade da água em distância relativa a "J"	medida mín.	3,30	3,70	3,30	3,30	3,70	4,00	4,25
L	Distância lateral do eixo no ponto de salto	medida mín.	2,25	3,25	2,05	2,55	3,75	3,75	4,50
M	Profundidade da água em distância relativa a "L"	medida mín.	3,30	3,70	3,30	3,30	3,70	4,00	4,25

❽ Dimensões de segurança para instalações de salto → ❶ – ❼

Esporte Lazer

PISCINAS RECREATIVAS

Piscinas públicas cobertas
Piscinas públicas ao ar livre
Piscinas cobertas e ao ar livre
Piscinas privadas cobertas

DIN EN 13451

PISCINAS RECREATIVAS
PISCINAS PÚBLICAS AO AR LIVRE

Área do terreno: 10 a 16 m² para cada m² de superfície de água planejada.

Estacionamento: 1 automóvel e 2 suportes para bicicletas para cada 200 a 300 m² de terreno.

Setor de entrada: 150 m² para cada 1.000 m² de superfície de água; 50 m² para cada 1.000 m² de superfície de água para uma zona coberta, incluindo bilheteria e controle.

Vestiários: área com cabines para troca de roupas: 0,01 por m² de superfície de água; para 1.000 m² de água, no mín. 10 pontos de troca de roupas: 8 cabines gerais e 2 para famílias e pessoas com deficiência. Na área externa, gramada, 2 cabines (ou instalação semelhante) com proteção visual para troca de roupa.

Vestiários comunitários: segundo necessidade; no mín. 2 vestiários gerais, cada qual com banco de 10 m de comprimento.

Armários: armários e bagageiros para guarda de valores: 0,1 por m² de superfície de água; para cada 100 armários, 20 bagageiros para guarda de valores.

Sanitários: setor de famílias (pais com crianças): 15 a 25 m². Chuveiros: a cada 1.000 m² de superfície de água, 3 chuveiros quentes femininos e 3 masculinos; em cada área, um chuveiro frio adicional. Toaletes: a cada 1.000 m² de superfície de água, 4 banheiros femininos, com bacia sanitária; 2 masculinos com bacia sanitária e 4 mictórios. Geral: espaço anterior, com lavatórios.

Pontos de desinfecção dos pés: segundo determinantes locais. Área de lavagem dos pés e para torcer roupas molhadas, combinadas: a cada 1.000 m² de superfície de água, 4 torneiras.

Áreas cobertas (proteção contra o tempo): a cada 1.000 m² de superfície de água, 100 m² de área com cobertura.

Áreas aquecidas e de descanso: a cada 1.000 unidades de referência padrão, 30 a 70 m²; no mín. 50 m².

Setor dos funcionários: até 1.500 m² de superfície de água, até 10 m²; acima de 1.500 m², até 30 m².

Sala do salva-vidas (guardião): ≈10 m².

Sala de pronto-socorro: ≈8 m²; na combinação sala do salva-vidas e enfermaria, ≈14 m².

Depósito e sala de aparelhos: até 1.000 m² de superfície de água, mín. de 30 m² (recomenda-se 50 m²); acima de 1.000 m², mín. de 50 m² (recomenda-se 80 m²).

Setor das piscinas/tanques

Tanque raso para crianças pequenas: superfície de água de 80 m² a 200 m²; profundidade: até 0,60 m; recomenda-se a distribuição em diversos tanques com diferentes profundidades.

Tanque para não nadadores: superfície de água de 600 m² até 1.500 m²; profundidade: 0,50/0,60 até 1,35 m; eventual distribuição em diversos tanques com diferentes profundidades.

Tanque para nadadores: superfície de água de 313 até 1.050 m²; profundidade: > 1,80 m; tamanho do tanque em função do número de raias.

Raias	Largura do tanque	Comprimento do tanque
5	12,50 m	25,00 m
6	16,66 m	25,00 m
6	16,66 m	50,00 m
8	21,00 m	50,00 m
10	25,00 m	50,00 m

Tanque com ondas artificiais: larguras do tanque: 12,50 m, 16,66 m, 21 m, 25 m; comprimento: 50 m, no mín. 33 m; profundidade no início: 0 m; profundidade no final: depende do tipo de uso do tanque e do maquinário que produz as ondas.

Perímetro (geral) do tanque: largura mínima 2,50 m. Na área de entrada e no patamar de início, 3 m; na área com degraus, limite com o tanque para não nadadores, e na zona de escorregadores, 3 m; na zona de saltos, 5 m.

Áreas livres: ≈60% da área do terreno, distribuídas entre áreas para deitar, de jogos e brinquedos.

Relação entre área para deitar/banho de sol: área de jogos = 2:1 até 3:1.

Áreas recreativas, *playgrounds*: zona seca: caixa ou superfície de areia, 100 até 300 m²; *playground*, 300 até 700 m². Zona molhada: *playground* aquático, 100 até 500 m².

① Esquema de inter-relação espacial

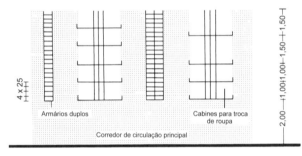

② Unidade de armários/guarda-roupas (esquema)

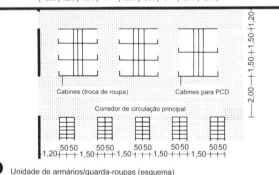

③ Unidade de armários/guarda-roupas (esquema)

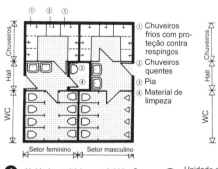

④ Unidade sanitária para 2.000 m² de superf. de água (esquema)

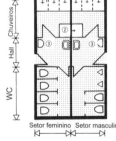

⑤ Unidade sanitária para 1.000 m² (superf. de água do conjunto de piscinas)

PISCINAS RECREATIVAS

Piscinas públicas cobertas
Piscinas públicas ao ar livre
Piscinas cobertas e ao ar livre
Piscinas privadas cobertas

PISCINAS RECREATIVAS
PISCINAS COBERTAS E AO AR LIVRE

Piscinas cobertas, em combinação com conjuntos aquáticos ao ar livre, permitem uma síntese das diversas unidades independentes de funcionamento, em um conjunto coeso, espacial, funcional e técnico. Ao mesmo tempo, oferecem grandes possibilidades de usos variados, sobrepujando as instalações individuais do ponto de vista da qualidade dos equipamentos, configurando um centro de lazer ativo.

As necessidades, condicionadas pelas diferentes estações climáticas ao longo do ano, exigem soluções variadas, com piscinas internas e externas de diferentes tamanhos. O funcionamento deve orientar-se segundo o uso durante o verão, inverno e fases de transição (período anterior e posterior às estações).

Os seguintes tipos de funcionamento podem ser solicitados: piscinas internas e externas utilizadas ao mesmo tempo, com mesmo horário de funcionamento, sem limite de tempo de permanência no conjunto aquático e preço único de ingresso; usos separados das piscinas internas e externas, com diferentes horários de funcionamento, tempo de uso em parte sem limites (setor ao ar livre) e preços de ingressos variados; uso individual, condicionado pela estação, p. ex. através do fechamento de um setor.

Combinações de piscinas cobertas e ao ar livre podem, dependendo de determinadas condições, serem obtidas com a complementação de conjuntos aquáticos já existentes (ampliação de área externa ou construção de setor coberto). Em novos projetos, quando houver necessidade da construção em etapas, deve-se ter, desde o início, o planejamento do conjunto como um todo, inclusive setor técnico especializado. Dessa forma, podem ser evitados investimentos em dobro. Como primeira etapa construtiva deve-se ter, em princípio, a parte com piscinas cobertas.

① Esquema espacial e funcional

② Conjunto aquático Wellenberg, em Oberammergau — Arq.: P. Seifert

③ Centro de lazer aquático Heveney. — Arq.: Aichele; Fiedler; Heller

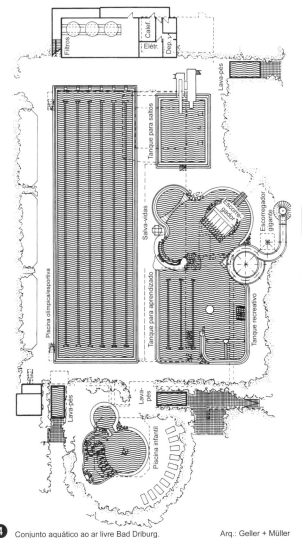

④ Conjunto aquático ao ar livre Bad Driburg. — Arq.: Geller + Müller

Esporte Lazer

PISCINAS RECREATIVAS

Piscinas públicas cobertas
Piscinas públicas ao ar livre
Piscinas cobertas e ao ar livre
Piscinas privadas cobertas

PISCINAS RECREATIVAS
PISCINAS COBERTAS E AO AR LIVRE

A área do terreno depende das necessidades do conjunto de piscinas ao ar livre. Para áreas necessárias abaixo de 10.000 m², deve-se acrescentar, para o setor de piscinas cobertas, um adicional de 5 m² para cada m² de superfície de água. Senão, devem ser consideradas as diretrizes gerais de projeto de piscinas cobertas e externas. A ligação entre o bloco de piscinas externas e internas é desejável, visando melhores possibilidades de uso nos períodos de transição, controle centralizado e economia das instalações técnicas.

A zona de gastronomia e estar deve, na medida do possível, ter visibilidade para ambos os setores de piscinas.

O acesso às áreas livres dá-se pelo saguão de entrada das piscinas cobertas; nos períodos de funcionamento com capacidade máxima, pode ocorrer através da zona coberta geral de entrada. Bilheterias e controle devem, se possível, atender aos dois setores concomitantemente.

A ligação direta e a proximidade entre setores de piscinas cobertas e externas, permitem maior flexibilidade de uso. A conexão entre os dois setores, não esquecendo entretanto da importância da separação do tanque destinado a não nadadores, pode ser feita através de um canal (possibilidade de entrada na área coberta), coberto e com sistema de calefação, de modo que o banhista, sem entrar em contato com o ar frio externo, possa transitar entre área interna e tanques ao ar livre.

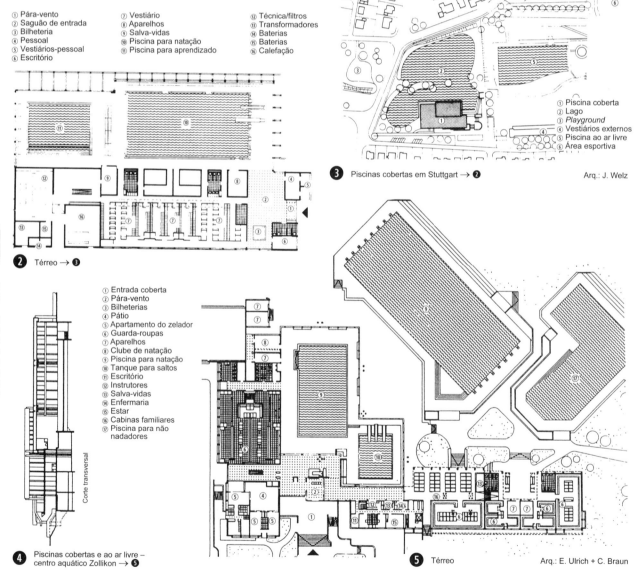

① Conjunto aquático municipal, da cidade de Trier — Arq.: Müller, Karnaiz & Bock

① Pára-vento
② Saguão de entrada
③ Bilheteria
④ Pessoal
⑤ Vestiários-pessoal
⑥ Escritório
⑦ Vestiário
⑧ Aparelhos
⑨ Salva-vidas
⑩ Piscina para natação
⑪ Piscina para aprendizado
⑫ Técnica/filtros
⑬ Transformadores
⑭ Baterias
⑮ Baterias
⑯ Calefação

② Térreo → ③

③ Piscinas cobertas em Stuttgart → ② — Arq.: J. Welz

① Piscina coberta
② Lago
③ Playground
④ Vestiários externos
⑤ Piscina ao ar livre
⑥ Área esportiva

PISCINAS RECREATIVAS
Piscinas públicas cobertas
Piscinas públicas ao ar livre
Piscinas cobertas e ao ar livre
Piscinas privadas cobertas

① Entrada coberta
② Pára-vento
③ Bilheterias
④ Pátio
⑤ Apartamento do zelador
⑥ Guarda-roupas
⑦ Aparelhos
⑧ Clube de natação
⑨ Piscina para natação
⑩ Tanque para saltos
⑪ Escritório
⑫ Instrutores
⑬ Salva-vidas
⑭ Enfermaria
⑮ Estar
⑯ Cabinas familiares
⑰ Piscina para não nadadores

④ Piscinas cobertas e ao ar livre – centro aquático Zollikon → ⑤

⑤ Térreo — Arq.: E. Ulrich + C. Braun

478

PISCINAS RECREATIVAS
PISCINAS COBERTAS E AO AR LIVRE

Detalhes construtivos

Com o uso de películas como revestimento dos tanques de piscinas não há necessidade de dispendiosas construções de apoio impermeáveis. Por motivos de segurança, recomenda-se o uso de películas com superfície estruturada no setor de escadas de entrada na piscina, degraus internos e tanques para crianças. Em caso de perfurações, deve-se utilizar flanges de fixação → ❾ – ❿. Considerar problemas eventuais de condensação. Prever perfurações secundárias para escoamento, abaixo da superfície impermeabilizada. Para escoamento da água do tanque, deve-se ter uma declividade constante do piso de 5%, no máximo 10%. Para fixação segura da película impermeabilizante, utilizar perfis metálicos → ❶ – ❹. No caso de uso de tanques pré-fabricados, pode-se optar entre superfícies prontas ou em segmentos para serem montados.

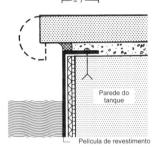

❶ Acabamento da borda/revestimento do tanque (película) com chapa metálica

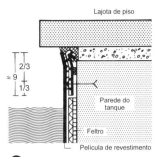

❷ Variante → ❶

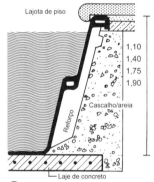

❸ Película fixada na parede do tanque

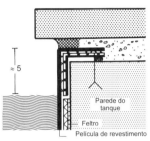

❹ Acabamento do canto com perfil metálico

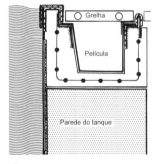

❺ Piscinas pré-fabricadas

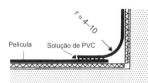
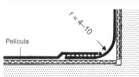

❻ Ligações entre parede e piso/criação de espaço vazio no cotovelo

	Umidade relativa do ar				
	50%	60%			70%
	Temperatura do ar				
	28°C	26°C	28°C	30°C	28°C
R	21	13	0	–[1]	0
24 °C M	219	193	143	–[1]	67
R	48	53	21	2	0
26 °C M	294	269	218	163	143
R	96	104	66	31	36
28 °C M	378	353	302	247	227
R	157	145	123	81	89
30 °C M	471	446	395	339	320

[1] Diferença de temperatura de 4 k entre água/ar, não é possível de ser mantida ao longo do tempo

⓫ Condensação específica em áreas com piscina coberta (g/m³h), para estado de repouso da água (R) e para momento de uso máximo (M), segundo Kappler

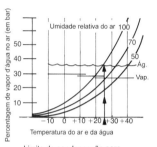

⓬ Limite de condensação para piscinas cobertas utiliza a curva superior; curvas inferiores para momento de repouso

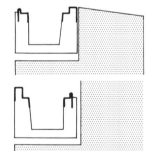

❼ Canalete de concreto pré-fabricado/película de revestimento

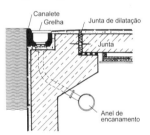

⓭ Borda – canalete para transbordamento da água Sistema Zurique

⓮ Quebra-ondas para transbordamento – sistema Wiesbaden

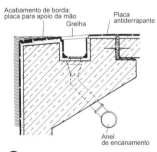

⓯ Canalete finlandês

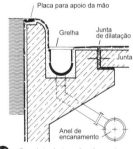

⓰ Canalete de transbordamento, sistema St. Moritz

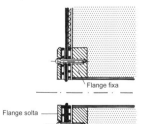

❾ Ligações com flange de fixação

❿ Flange fixa, com bucha

❽ Variante → ❻

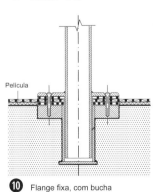

⓱ Canalete para transbordamento da água, com acabamento de borda e canal de escoamento

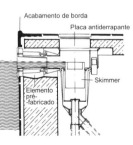

⓲ Filtro de limpeza de superfície (*skimmer*)

Esporte Lazer

PISCINAS RECREATIVAS

Piscinas públicas cobertas
Piscinas públicas ao ar livre
Piscinas cobertas e ao ar livre
Piscinas privadas cobertas

PISCINAS RECREATIVAS
PISCINAS PRIVADAS COBERTAS

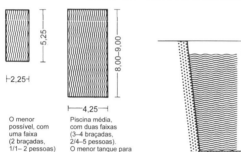

① Vestiário
② WC
③ Ducha
④ Ginástica
⑤ Sauna/antecâmara
⑥ Sauna
⑦ Sauna – espaço livre
⑧ Lavagem dos pés
⑨ Área de descanso
⑩ Copa
⑪ Bar

❶ Diagrama de atribuição de ambientes para piscina coberta em unidade residencial. A área comum pode também integrar a área da piscina coberta.

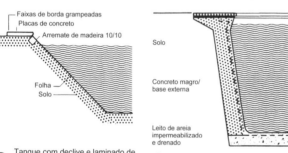

❷ Tamanho do tanque   ❸ Profundidades do tanque

O menor possível, com uma faixa (2 braçadas, 1/1–2 pessoas)

Piscina média, com duas faixas (3–4 braçadas, 2/4–5 pessoas). O menor tanque para salto de partida da cabeceira.

❹ Tanque com declive e laminado de plástico. Arremate da borda com vigas de madeira

❺ Piscina pré-fabricada de poliéster

❻ Piscina de concreto armado, melhor execução com canalete Wiesbaden

❼ Tanque construído com paredes e sistema de drenagem

Posição:
Protegida contra vento → ❶, próxima dos dormitórios (uso em dias mais frescos), com visual a partir da cozinha (controle das crianças) e sala de estar (efeito de cenário), isto é, ponto central da atenção visual. Nenhuma árvore de folhagem nas proximidades ou arbustos (caída de folhas); contra queda de grama etc no tanque, prever calçada ao redor ou eventual elevação da borda.

Tamanho:
Largura de uma faixa, 2,25 m; comprimento de uma braçada ≈1,50 m, acrescentar o comprimento do corpo: 4 braçadas = 8 m de comprimento; a profundidade da água deve ser até à altura do queixo do adulto, não das crianças!
Diferença entre profundidade do tanque e do nível da água → ❸, dependendo do tipo de sistema de escoamento lateral.

Forma:
Na medida do possível simples, devido aos custos e comportamento da água. O tipo mais usual é o retangular, com possibilidade de escada ou nicho com degraus.

Tipos de construção:
Usual: piscinas com base de laminado plástico (folha = superfície impermeável) sobre construção portante de alvenaria → ❼, concreto, aço (também na superfície da terra) ou em buraco cavado na terra → ❹.
Tanques de poliéster, raramente efetuados in loco, na maioria de partes pré-fabricadas, em geral não auto-portantes: necessidade de base de concreto magro → ❺.
Tanques de concreto impermeáveis → ❻ (concreto produzido em obra duplo, concreto injetado simples, elementos pré-fabricados de concreto); revestimento da superfície na maioria das vezes cerâmico ou de mosaico vitrificado, raramente pintura (borracha clorada, tinta para cimento).

Cuidados com a água:
Hoje, o sistema usual utilizado, é essencialmente a movimentação da água: boa limpeza da superfície da água com *skimmer*, ou utilizando canaletes.

Tipos de construção de filtros: pedriscos (filtro de profundidade, em parte com aerador), cascalho (filtro de superfície), espuma sintética. Luta contra algas: usar meios adicionais químicos (cloro, meios contra algas sem cloro, sulfato de cobre).

Aquecimento:
Aparelho contra-corrente ou aquecimento permanente em caldeira; prever regulagem! Promovem o prolongamento da estação de banhos, com custos relativamente baixos → ❽ – ❾.

Proteção para as crianças:
Na medida do possível, evitar barreiras físicas (cercas), senão dar preferência a medidas de fechamento do tanque com cobertura ou através de alarme automático (reage pela formação de ondas).

Proteção contra congelamento:
Para tanques rígidos, através de vigas de borda, aquecimento ou sistema de escoamento livre de congelamento. Não esvaziar o tanque no inverno (paredes inclinadas).

Água	Época de uso / estação			Meses adicionais	
ϑw	4 meses	5 meses	6 meses	5 meses	6 meses
22 °C	1,25/6,5	1,33/7,2	1,55/7,8	1,65/7,2	2,65/7,8
23 °C	1,50/7,2	1,70/7,9	2,00/8,5	2,50/7,9	3,50/8,5
24 °C	2,08/7,9	2,26/8,6	2,66/9,2	2,98/8,6	4,66/9,2
25 °C	2,60/8,5	2,80/9,3	3,20/9,8	3,60/9,5	5,25/9,8
26 °C	3,50/9,2	3,75/10,0	4,00/10,5	4,75/10,0	5,25/10,5

❽ Perda de calor para uma piscina ao ar livre (perda máxima no meio), em kWh/m²d. Perda de calor em piscinas públicas (hotéis, etc.), através do uso da água aquecida do tanque para o filtro de retorno (até 1,5 kWh/m²d ou 1.300 kcal/m²d). x = Interpolação

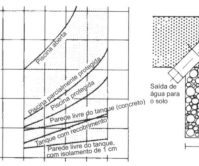

❾ Perda de calor na superfície do tanque ou através da parede livre do tanque, em 5 meses de uso durante a estação (valores médios)

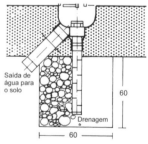

❿ Saída de água para o solo, com compensação da pressão do lençol freático

SPA
SAUNA/WELLNESS

Diferentemente de uma sauna de uso público → p. 482, na sauna privada pode-se ter a junção de diversas funções em um único espaço, como vestiário e área de descanso (que também pode acontecer na moradia) ou banho prévio e resfriamento (em um só espaço, com instalações sanitárias comuns).

Cabines de sauna independentes ou em construções isoladas (p. ex. no jardim) são normalmente feitas de madeira, de toras de pinheiro; podem ser executadas pelo proprietário ou encomendadas pré-fabricadas, em diferentes formas, como cabine exclusiva para sauna → ❿ ou com chuveiro e vestiário–área de descanso → ❾. Para a instalação da sauna em espaços já existentes da moradia, há cabines prontas, pré-fabricadas, ou elementos para montagem → ⓭ + ⓯.

Estufas: no caso de cabines instaladas em edificações, utiliza-se com frequência estufas elétricas (com exigência de corrente alternada, a partir de determinado tamanho). Nas construções independentes, de madeira, utiliza-se aquecimento de lenha (exigência de chaminé).

Tanques de mergulho: → ❸ + ❹ profundidade máx. 1,20 m.
O banho quente para os pés é parte importante da sauna tradicional. Daí a necessidade de cubas de **água quente** → ❷, com banco ou assento ao lado.

Temperaturas dos ambientes: vestiários, 20 a 22°C; área de chuveiros antes da sauna ≥ 24 a 26 °C, área de resfriamento (água fria) ≤18 a 20°C, área de repouso, 20 a 22°C; área de massagens, 20 a 22°C.

Umidade do ar: 100°C: 2 a 5% de umidade relativa; 80°C: 3 a 10% de umidade relativa; 70°C: 5 a 15% de umidade relativa; 60°C: 8 a 28% de umidade relativa.

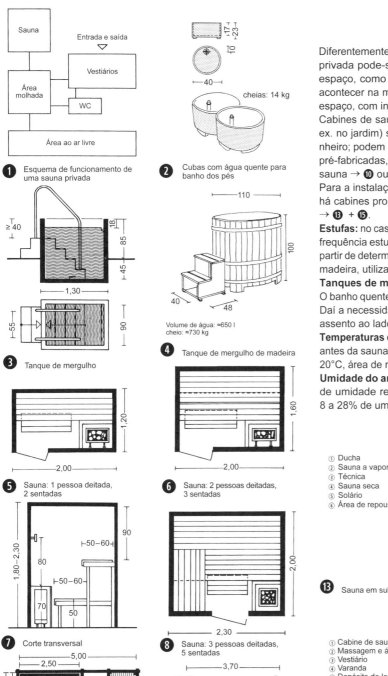

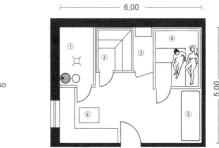

⓭ Sauna em subsolo, 30 m², 4–6 pessoas

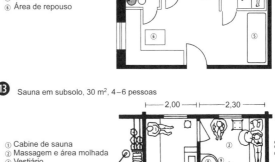

① Cabine de sauna
② Massagem e área molhada
③ Vestiário
④ Varanda
⑤ Depósito de lenha
⑥ Armário
⑦ Estufa
⑧ Reservatório com água
⑨ Balde de madeira

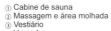

⓮ Sauna   Arq.: E. Sukonen

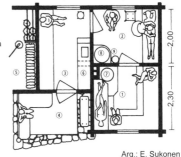

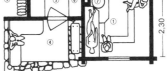

① Área de repouso
② Cabine de sauna
③ Ducha
④ Tanque para mergulho
⑤ Tanque para os pés
⑥ WC
⑦ Solário
⑧ Parede de exercícios
⑨ Bicicleta ergométrica

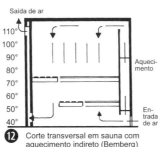

⓯ Sauna, 35 m², 4–6 pessoas, cabine de sauna como elemento pré-fabricado

Esporte Lazer

SPA

Sauna/Wellness

481

SPA
SAUNA/WELLNESS

SPA: Instalações de saúde e bem-estar, equipadas p. ex. com sauna, massagem e solário, área de relaxamento/descanso, área de finess e condicionamento físico e sala de *hammam* (banho a vapor turco-árabe, também chamado de banho turco, para limpeza e relaxamento). O objetivo é um procedimento intensivo de lavagem e massagem. O hammam tradicional é um edifício abobadado oriental, com ambientes em diferentes temperaturas e numerosos vitrais coloridos.

Para uma sauna de uso público são necessários (tamanhos III – IV → ❾):

vestiários, chuveiros para banho prévio, cabines de sauna, espaço de resfriamento, área de repouso ou relaxamento e áreas secundárias de apoio (sala de funcionários, recepção, bilheteria, sanitários para visitantes e pessoal. Em saunas públicas, separam-se por sexo as áreas de vestiários, banho prévio e toaletes; para funcionários e sanitários de visitantes são válidas as diretrizes dos códigos de obras estaduais). Ligações com piscinas, área de gastronomia e fitness integram cada vez os projetos, junto às instalações de SPA e *wellness*.

O **espaço de banho prévio** é destinado à ducha antes do uso da sauna, com uso de água quente → ❷ + ❸.

O **recinto de resfriamento** é destinado ao resfriamento do corpo entre as sessões de sauna, através de ar frio e uso de água fria, p. ex. com os tanques de mergulho, ducha, baldes de água e cubas com água quente para os pés → ❹ – ❾.

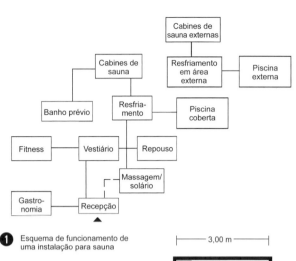

❶ Esquema de funcionamento de uma instalação para sauna

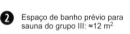

❷ Espaço de banho prévio para sauna do grupo III: ≈12 m²

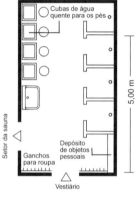

❸ Espaço de banho prévio para sauna do grupo IV: ≈15 m²

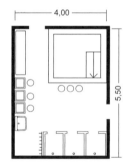

❹ Área de resfriamento para sauna do grupo III: ≈22 m²

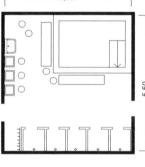

❺ Área de resfriamento para sauna do grupo IV: ≈33 m²

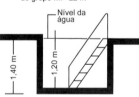

❻ Tanque de mergulho rebaixado

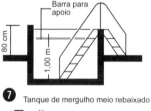

❼ Tanque de mergulho meio rebaixado

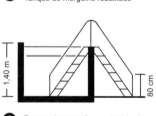

❽ Tanque de mergulho em instalação livre

❾ Degraus dentro do tanque de mergulho

Tamanho	N° de pessoas	Tipo de usuário
I	2–4	Sauna mínima ou familiar
II	4–5	Ainda sauna familiar
III	6–10	Sauna de uso público
IV	11–15	Sauna grande de uso público

Tipo de espaço	Tamanho	Área média em m²	Área de sauna m²/assento
Sauna	I	1,0–4,0	0,85–0,80
	II	7,0–11,0	0,87–1,10
	III	12,0–17,0	1,10–1,13
	IV	17,5–21,0	1,15–1,05
Resfriamento	II	16,0	2,0
	III	22,0	1,83
	IV	30,5	1,81
Banho prévio	II	9,0	1,25
	III	12,0	1,0
	IV	17,0	1,0
Vestiário	II	16,0	2,0
	III	24,0	2,0
	IV	34,0	2,0
Repouso	II	13,2	1,65
	III	18,0	1,50
	IV	27,0	1,60

Dados da capacidade	Tamanho			
	I	II	III	IV
N° de pessoas	2–3	4–5	6–10	11–15
Área útil em m²	1,7–2,2	2,4–4,0	5,0–10,0	8–13
Tamanho da cabine m/pessoa	1,7–2,3	1,2–1,6	2,0–2,4	1,8–2,0
Pé-direito em m	2,00	2,10	2,40	2,40

Na sauna mínima, com 2 degraus/bancadas para sentar: pé-direito: 1,90 m, mín. 1,80 m; altura acima do último degrau: 1 m – 1,10 m

❿ Área/espaço necessário, aproximado, para diferentes tamanhos de sauna. Segundo Resumo M. Höckert [02]

SPA
SAUNA/*WELLNESS*

Área de repouso:
é usada após ou entre sequências do banho de sauna. Deve ser bem ventilada, com vista para o exterior e protegida contra ruídos. Os equipamentos e a decoração têm como objetivo o relaxamento e o repouso.

Solário: por pessoa deitada, necessita-se de uma área de cerca de 0,80 m x 2 m. O corredor lateral deverá ter largura de 0,40 m.

Tipos e tamanhos de tanques de mergulho → ❺:

Banheira de hidromassagem: para recuperação e relaxamento; profundidade máxima da água: 1 m.

Tanque para movimento: para relaxamento, reabilitação, hidroginástica, prevenção e promoção à saúde; profundidade máxima da água: 1,35 m; superfície de água: 25 a 60 m^2:

– **Tanque de água salgada:** água com porcentagem de sal, com um mín. de 5,5 g de sódio e 8,5 g de cloro por litro.

– **Tanque de água mineral:** água com sais minerais na proporção de no mín. 1 g por litro.

– **Tanque de águas termais:** água com temperatura natural superior a 20°C. Como esses tanques não são usados para natação, podem ser executados em formas livres

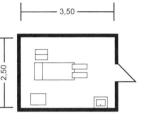

❶ Espreguiçadeira ergonômica na área de repouso. Comprimento em posição deitada: 1,70 m – 1,90 m

❷ Mesa de massagem com apoio para a cabeça

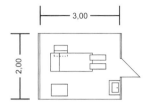

❸ Recinto para massagens 8,75 m^2, separado por paredes normais

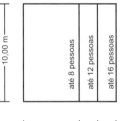

❹ Cabine de massagem 6 m^2, separada por cortinas

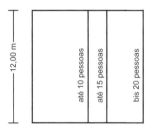

Tamanho da cabine de sauna em cm^2	Abertura para entrada de ar em cm^2	Abertura para saída de ar em cm^2
5	100	70
10	150	105
15	200	140
20	250	175

❽ Dimensões das aberturas para ventilação em relação com a área em planta para uma cabine de sauna (segundo Höckert) [02]

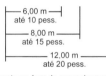

❺ Tamanhos dos tanques para natação e movimento na área da sauna (capacidade de uso)

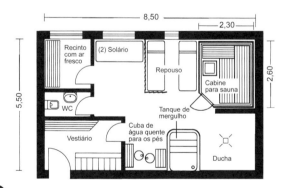

❻ Sauna em hotel 5,50 m x 8,50 m

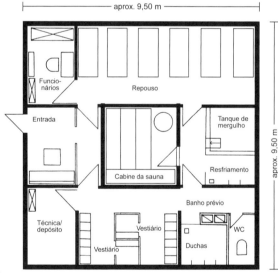

❾ Sauna com banho prévio e área de resfriamento para ≈12 pessoas, ≈90 m^2

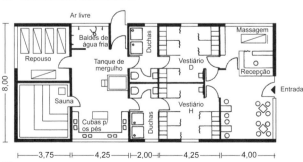

❼ Sauna para ≈30 pessoas

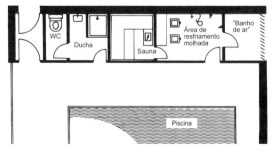

❿ Sauna junto à piscina coberta

Esporte Lazer

SPA

Sauna/*Wellness*

483

SALÃO DE JOGOS ELETRÔNICOS

Instalações de jogos eletrônicos de azar obedecem à regulamentação sobre máquinas de jogos e outros jogos de azar (Regulamentação alemã SpielV).

Segundo a lei, as máquinas, com prêmio comprovado em dinheiro ou mercadorias, podem ser instaladas em bares e restaurantes e em salões de jogos ou estabelecimentos semelhantes.

Cada 15 m² deve ser ocupado no máximo por um equipamento, tendo-se um total (limite) permitido de 10 máquinas de jogos → ❾. No cálculo da área não são computados os setores de depósito, corredores, toaletes, áreas de entrada e escadas.

Ao lado dos fatores de segurança da construção, devem ser observados outros aspectos legais de projeto para salões de jogos.

Estes são permitidos como locais de lazer dentro de centros urbanos. Como exceção, podem receber permissão de construção em todas outras zonas de uso, junto a outros serviços que não funcionem como centros de perturbação.

As instalações de jogos automáticos permitidas em salões possuem caráter de divertimento, com ganho em mercadorias, ou em dinheiro. Jogos com licença livre, sem controle, não podem ser instalados conjuntamente. Salões contíguos podem dispor de toaletes centralizadas → ❾.

Os salões de jogos *pachinko* → ❿ – ⓫, na Alemanha – sobretudo por causa do volume sonoro – não são usuais. As bolas ganhas no jogo podem ser trocadas nas bilheterias por brindes.

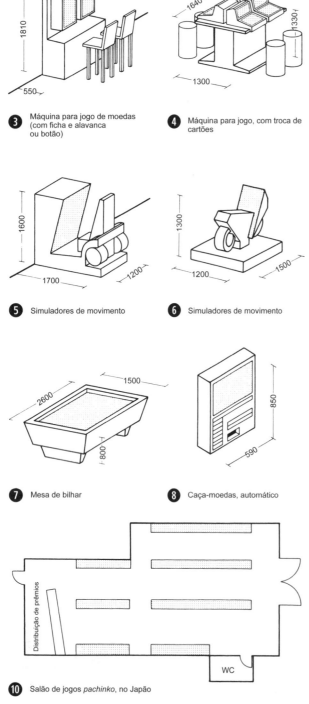

❶ Máquina de jogos eletrônicos, com monitor
❷ Fliperama
❸ Máquina para jogo de moedas (com ficha e alavanca ou botão)
❹ Máquina para jogo, com troca de cartões
❺ Simuladores de movimento
❻ Simuladores de movimento
❼ Mesa de bilhar
❽ Caça-moedas, automático

Esporte Lazer

Salão de jogos eletrônicos

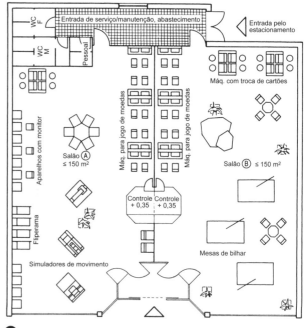

❾ Planta de um salão de jogos

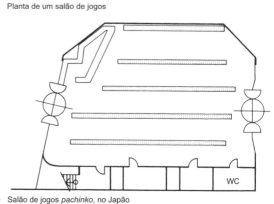

❿ Salão de jogos *pachinko*, no Japão

⓫ Salão de jogos *pachinko*, no Japão

484

FUNDAMENTOS
NORMAS TÉCNICAS

Trabalho
O legislador impõe ao empregador o dever de cuidar de seus empregados. Essa obrigação é base das disposições legais, bem como das especificações e regras das seguradoras para indenização contra acidentes (seguradoras, seguro estatutário contra acidentes) na área de saúde e segurança ocupacional. Outras leis, portarias, diretrizes, normas e regulamentações são referência para a lei de construção civil pública → p. 66, e proteção ambiental e contra incêndios → p. 190. Além disso, existem leis específicas para o país, bem como disposições trabalhistas adicionais → ❶.

Local de trabalho
Um local de trabalho refere-se a áreas de trabalho usadas pelo menos 2 horas por dia ou regularmente em pelo menos 30 dias por ano.

Requisitos legais
A **legislação trabalhista** serve para garantir e aprimorar a segurança e a proteção à saúde dos funcionários no local trabalho, por meio de medidas de segurança no trabalho. Ela forma a base para outras normas e a implementação de disposições, como a Portaria de Normas do local de trabalho.

Para locais de trabalho em áreas com diretrizes de construção civil especiais, como locais de eventos, restaurantes e hospitais, também devem ser seguidas as normas de saúde e segurança do trabalho.

Na **Portaria do Trabalho** (ArbStättV) do Ministério da Economia e Trabalho da Alemanha estão compilados os requisitos gerais para os locais de trabalho → ❷.

Especificidades sobre o cumprimento dos requisitos de regulamentação de local de trabalho estão determinadas nas **Regras de Local de Trabalho (ASR)**. As **Diretrizes do Trabalho** válidas até a entrada em vigor da nova regulamentação em 2004 serão gradualmente substituídas pelas Regras de Local de Trabalho. As diretrizes não substituídas permanecerão válidas. Para diferenciar entre elas, as novas regras do local de trabalho são indicadas por um A adicional, antecedendo a numeração (p. ex., Regra do local de trabalho **ASR A3.5** – Temperatura ambiente substitui a diretriz do local de trabalho **ASR 6** – Temperatura ambiente).

Avaliação de risco
Para permitir aos empregadores uma maior flexibilidade para o cumprimento das normas de saúde e segurança ocupacional, as regras de local de trabalho especificam apenas objetivos gerais de proteção. Medidas e valores concretos devem ser determinados pelos empregadores, por meio de uma avaliação de risco individual de cada local de trabalho. Instruções e documentação para avaliação de riscos são fornecidos pelas respectivas associações de classe. Para a concretização das medidas, as especificações das antigas diretrizes de local de trabalho podem servir de referência, desde que não conflitem com as normas legais vigentes.

Regras e regulamentos das companhias de seguros
O trabalho de prevenção de saúde dos segurados também faz parte das tarefas das seguradoras estatutárias de acidentes **GUV** (Cooperativas de Associações de Classe). Para isso, essas organizações seguem e fiscalizam o cumprimento das regras e regulamentos aplicáveis aos trabalhadores por ela segurados. As normas de prevenção de acidentes **(UVV)** estão formuladas nos regulamentos da Cooperativa de Responsabilidade Patronal **(BGV)**. As regras da Cooperativa **(BGR)** e as informações da Cooperativa de Seguros de Responsabilidade Patronal **(BGI)** fornecem as informações para a implementação das normas. → ❶

Regulamentos de associações de classe
Associações de classe e organizações como o Instituto Alemão de Normatização (Normas **DIN**), a Associação dos Profissionais de Engenharia Elétrica **(VDE)** ou a Associação dos Engenheiros Alemães **(VDI)** são a referência mais atualizada para as diretrizes e regras. Dentre elas, se encontram, p. ex., os regulamentos para iluminação de ambientes (DIN 5034 Luz natural, DIN 5035 Luz artificial → Capítulo Iluminação natural, p. 168 e Iluminação artificial, a partir da p. 179) e regulamentos para avaliação de proteção acústica (Diretriz da VDI 2719 sobre ruído no local de trabalho).

Leis de proteção trabalhista	
Arb StättV ASR	Portaria sobre locais de trabalho As regras de local de trabalho (em substituição às diretrizes de local de trabalho, diretrizes não substituídas e assim por diante)
BGV / UVV, BGR, BGI, BGG	Regulamentações das Associações de Classe (Normas de prevenção contra acidentes). Essas regulamentações tornaram-se obsoletas e foram substituídas em conjunto pelas regulamentações da DGUV.
VDI	Regulamentos da Conselho de Engenharia Alemão
VDE	Regulamentos da Associação de Engenheiros Elétricos

Proteção ambiental	
BImSchG	Lei federal de Controle de Emissões, com critérios de procedimentos de aprovação, se necessário. Com avaliação de Impacto Ambiental (EIA) normas técnicas de proteção contra ruído, normas técnicas de proteção do ar e recursos aquíferos
TA – Proteção sonora	
TA – Proteção do ar WSG	

Proteção contra incêndio	
IndBauR	Diretriz de Construção Civil Industrial com requisitos técnicos mínimos para a proteção contra incêndios em edifícios industriais → p. 511
DIN 18230	Proteção estrutural contra incêndios na construção de indústrias
TRbF	Regras técnicas sobre líquidos inflamáveis
TRGS	Regras técnicas sobre substâncias perigosas

 Fundamentos e planejamento para a construção de complexos industriais e comerciais (seleção)

Edifícios em geral	**Construção** e **resistência de materiais** de acordo com o tipo de uso
Dimensões de espaços de trabalho, espaço de ventilação	**Áreas** e altura livre suficientes (dependendo do tamanho da área de piso) para o trabalho sem risco de segurança, com saúde e o bem-estar.
	O **espaço de ventilação** é medido de acordo com a quantidade de funcionários e o tipo de tensão física.
Pisos, paredes, tetos, coberturas	As **superfícies** devem ser projetadas de acordo com os requisitos operacionais e a facilidade de limpeza, além de isolamento suficiente contra calor, frio e umidade.
	Os **pisos** devem ser planos e sem irregularidades, livres de pontos de tropeço e declives perigosos, com capacidade de suportar peso, e ser estáveis e antiderrapantes.
	Paredes de vidro em locais de trabalho devem estar nitidamente sinalizadas, serem de alta resistência ou estarem protegidas com segurança. Telhados não acessíveis só podem ser inseridos se o equipamento de segurança relacionado estiver disponível.
Janelas, claraboias	Devem oferecer segurança de abertura, fechamento, ajuste e travamento, não devem representar risco quando abertas, e a sua limpeza deve poder ser realizada com segurança.
Portas, portões	**Localização, quantidade, tamanho, design** de acordo com o tipo e uso das salas e áreas. Portas transparentes ao nível dos olhos devem ser altamente resistentes ou com proteção contra pressão de entrada. **Portas basculantes** transparentes/ com janelas de visualização devem ser protegidas contra suspensão, remoção, queda. Nas imediações, os **portões para entrada de veículos** devem ser visíveis para **pedestres**. Devem ser organizadas **portas para a entrada** de pedestres. Portas e portões eletro-eletrônicos devem ser de uso seguro, com fusíveis automáticos, abertura automática/operação manual, em caso de emergência.
Rotas de transporte	Devem ser fáceis e seguras de usar (incluindo escadas, escadarias, rampas de carga e descarga). A **dimensão** deve estar de acordo com a quantidade de usuários e o modo de operação, com distâncias de segurança suficientes para os pedestres. As rotas de tráfego para veículos, se necessárias, devem estar a uma distância de segurança suficiente de portões, faixas de pedestres, saídas de escadas etc. **Os limites da rota de tráfego** devem estar demarcados.
Rotas de fuga e saídas de emergência	A **quantidade**, o **tamanho** e a **ordenação** devem estar de acordo com uso, equipamentos, dimensões do local de trabalho, bem como quantidade de pessoal. Deve haver o menor trajeto possível **para o exterior**/área protegida, com **sinalização** permanente e adequada, se necessário, placas luminosas de segurança. Portas de saída de emergência devem ser facilmente abertas a qualquer momento, estar apropriadamente sinalizadas, com abertura para fora; **portas giratórias e deslizantes** não são permitidas em saídas de emergência.

 Requisitos gerais para edifícios (componentes), de acordo com a ArbStättV (trecho)

485

FUNDAMENTOS
LOCAL DE TRABALHO

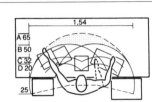

A Faixa de alcance físico máxima ~ 65 cm
B Limite fisiológico da faixa de alcance físico ~ 50 cm
C Faixa de alcance físico normal ~ 32 cm
D Limite interno fisiológico da faixa de alcance físico ~16–20 cm

❶ Zonas de acessibilidade para local de trabalho (de acordo com Stier)

O local de trabalho é o espaço onde os trabalhadores passam cerca de um terço da jornada de trabalho. O *layout* do local de trabalho tem impacto no bem-estar, na saúde e, portanto, afeta diretamente o desempenho. Um fator essencial para o desempenho em termos da psicologia ocupacional é a compreensão da integração da própria atividade no processo produtivo e as possibilidades de tomada de decisão resultantes. Walter Volpert considera 9 critérios para a atividade de trabalho que também têm impacto no *layout* dos locais de trabalho:
– Espaço de atividades e tomada de decisões
– Devem contar com um *layout* apropriado
– Possibilidade de assimilar/adminstrar individualmente (estruturar) os requisitos
– Execução de tarefas livres de obstáculos
– Oferta suficiente de ginástica laboral
– Possibilidade de exercitar uma variedade de sentidos
– Manuseio de objetos concretos e flexibilização das atividades
– Incentivo e facilitação da cooperação social e contatos interpessoais diretos
(→ Mudanças no local de trabalho administrativo p. 493)

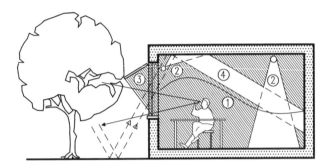

❷ Além dos requisitos de vistas, as janelas proporcionam iluminação natural. Ver capítulo Tecnologia de Construção Iluminação Natural → p. 168

Requisitos para locais de trabalho individuais
Os requisitos mínimos para locais de trabalho individuais são formulados apenas de maneira genérica pela portaria e normas de local de trabalho → p. 485 Regras de Local de Trabalho. Para locais de trabalho individuais, o empregador deve executar uma avaliação de risco. Os requisitos resultantes devem ser obrigatoriamente levados em conta.
– Área livre de movimentação (deve ser de 1,5 m^2 e em nenhum ponto inferior a 1 m de largura; GUV)
– Luz natural abundante e vistas para o exterior → **❷**
– Iluminação → (p. 179).
– Temperatura ambiente/clima e proteção solar adequados
– Isolamento sonoro adequado
– Assentos, caso parte da atividade seja executada em posição sentada
– Cabideiro

Luz nominal – intensidade em lx	Capacidade instalada em Watt/m^2 Área do espaço		
	Luminárias aprox. 2 m acima da área	Luminárias aprox. 3 m acima da área	Luminárias aprox. 4 m acima da área iluminada
1000	50	60	64
750	38	45	48
500	25	30	32
300	15	17	19
200	10	11	6
100	5	6	4
50	3	3	

❸ Estimativa aproximada do volume de potência a ser instalada por m^2 para alcançar a iluminação necessária por meio de lâmpadas fluorescentes (de acordo com a ASR 7/3). Ver fórmula precisa e cálculo de iluminação → p. 179

Requisitos de rotas de fuga
O comprimento máximo da rota de fuga resulta da avaliação de fatores de perigo, mas pode:
a) para salas, exceto de acordo com b) a f) ter até 35 m
b) para salas com propensão à combustibilidade com dispositivos automáticos de extinção de fogo até 35 m
c) para salas com propensão à combustibilidade sem dispositivos automáticos de extinção de fogo até 25 m
d) para salas com substâncias tóxicas perigosas até 20 m
e) para salas potencialmente explosivas, exceto salas, de acordo com ter até 20 m
f) para salas com substâncias até 10 m.
O percurso de fuga real não deve ter mais que 1,5 vez o comprimento da rota de fuga.

As **larguras da rota de fuga** de acordo com a Tab. → **❺** podem ser estreitadas por portas em no máx. 15 cm. Uma largura mínima de porta livre de 80 cm, no entanto, não deve ser desrespeitada. A altura das rotas de fuga deve ser de pelo menos 2 m e pode ser reduzida na área de portas para no máx. 5 cm.
Escadas no percurso da primeira rota de fuga devem obrigatoriamente permitir o deslocamento em linha reta. Essa medida é apenas recomendada para escadas no segundo percurso. As rotas de fuga não devem conter níveis de compensação.

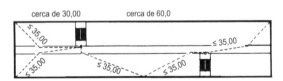

❹ Comprimentos de rota de fuga, de acordo com a regra do local de trabalho A 2.3, para locais de trabalho comuns. Para locais de trabalho de alto risco, valores menores se aplicam (ver texto da regra). A rota de fuga real não deve ter mais que 1,5 vez o comprimento da rota de fuga

	Quantidade de pessoas na área de acesso	Largura livre em m
1	até 5	0,875
2	até 20	1,0
3	até 20	1,20
4	até 300	1,80
5	até 400	2,40

❺ Largura das rotas de fuga, de acordo com a regra A2.3

FUNDAMENTOS
LOCAL DE TRABALHO

① Espaço visual vertical

② Espaço visual horizontal
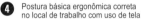
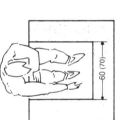
③ Faixa de alcance físico preferível e aceitável

④ Postura básica ergonômica correta no local de trabalho com uso de tela
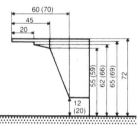
⑤ Estação de trabalho com uso de tela ergonomicamente projetado com mesa fixa

Os valores entre parênteses devem ser buscados

⑥ Área livre para pernas

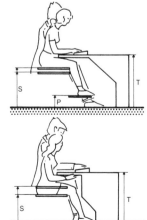

Estações de trabalho com uso de tela
Estações de trabalho nas quais equipamentos com tela e teclado alfanumérico são decisivos para a execução das atividades. Estações de trabalho com tela não se orientam por uma solução padrão, mas nas respectivas características dos processos de trabalho (p. ex., balcões de informação, estações de coleta de dados, estação de trabalho com CAD, estação de trabalho para criação e teste de *software*, estação de trabalho de elaboração e design de textos, imagens e gráficos etc.) Uma compilação das normas governamentais de saúde e de segurança ocupacional, normas de prevenção de acidentes e as normas DIN, VDI e VDE importantes **DGUV 215-410** contém instruções sobre uso de telas e estações de trabalho de escritório.

Configuração do local de trabalho
A Portaria de Trabalho da VDU exige que o empregador efetue uma avaliação do risco do local de trabalho. Além do esforço visual, devem ser evitados danos por esforço repetitivo no uso dos equipamentos. Estes danos podem ser ocasionados por:
– postura desfavorável,
– carga desbalanceada,
– equipamentos de trabalho inadequados
– ou arranjo inadequado do trabalho.
Equipamentos de trabalho frequentemente utilizados devem ser dispostos no espaço visual preferencial e na faixa de alcance físico. → ① – ③. Deve haver uma área de livre circulação de pelo menos 1,5 m² no local de trabalho. Deve se buscar alternância entre atividade sedentária e movimentação.

Mobiliário
Como uma postura de trabalho corretamente definida, braço superior e cotovelos devem estar perpendiculares em um ângulo de ≈ 90°, bem como pernas devem estar perpendiculares em um ângulo de 90° → ④. Para permitir uma postura correta para pessoas de diferentes alturas, os tamanhos da mesa e da cadeira devem ser ajustáveis.
Há duas possibilidades ergonomicamente equivalentes:
A: Estação de trabalho tipo 1, altura variável da mesa   60–78 cm
Altura variável da cadeira   42–54 cm
B: Estação de trabalho tipo 2, Estação de trabalho tipo 3, altura fixa de mesa   72 cm
Altura ajustável de cadeira   42–50 cm
Altura variável do descanso para pés   00–15 cm
Deve garantir-se área suficiente para as pernas → ⑥.

Dimensões de mesas
A superfície de trabalho deve ser de pelo menos 160 x 80 cm.
120 x 80 cm com espaço alguns documentos e equipamento de tela.
Para trabalhos técnicos, pelo menos 200 x 80 cm.
A profundidade da mesa deve considerar a distância de visualização ideal de 50 cm para telas de 15 pol e até 90 cm para monitores de 24 pol.

Entorno
Todo o mobiliário em áreas de trabalho mais estreitas (mesas etc.) devem ter um grau de reflexão de 20 a 50%.
A iluminância deve ficar entre 300 e 500 lux, com limitação de ofuscamento das luminárias, p. ex. por meio de luminárias embutidas para estações de trabalho com uso de tela no teto ou iluminação cruzada de dois componentes → p. 181. Faixas de iluminação devem ser organizadas paralelamente à janela. Recomenda-se áreas de superfície foscas com graus de reflexão (teto, cerca de 70%; paredes, cerca de 50%; paredes de divisórias, cerca de 20–50%). Deve ser possível a direção de visualização da tela paralela à frente da janela e faixas de iluminação e, se possível, a tela deve estar a uma distância intermediária. Em estações de trabalho com uso de tela, deve-se instalar zonas livres de janela.
Recomendações para condições climáticas e isolamento acústico devem ser observadas. Devido ao aumento do uso de equipamentos em escritórios, surge a necessidade de carga de resfriamento, em vez de aquecimento.

Estação de trabalho tipo 1
Mesa ajustável
Cadeira ajustável

	Feminino	Mulheres e homens
T (altura da mesa)	(630-t) – (730-t)	(630-t) – (780-t)
S (altura da cadeira)	420 – 460	420 – 500

* t = altura média do teclado acima da parte superior da mesa

Estação de trabalho tipo 2
Mesa de altura fixa
Cadeira ajustável
Descanso para os pés ajustável

	Feminino	Mulheres e homens
T (altura da mesa)	(700-t) – (730-t)	(750-t) – (780-t)
S (altura da cadeira)	460 – 500	500 – 550
P (altura de descanso)	0 – 100	0 – 150

Estação de trabalho tipo 3
Mesa de altura fixa
Cadeira ajustável

	Feminino	Mulheres e homens
T (altura da mesa)	(640-t) – (800-t)	(680-t) – (800-t)
S (altura da cadeira)	420 – 460	420 – 500

⑦ Dimensões para mobiliário

FUNDAMENTOS

Normas Técnicas
Local de trabalho
Espaços adjacentes

FUNDAMENTOS
ESPAÇOS ADJACENTES

Áreas de banheiros

Os toaletes devem ser dispostos a uma distância máxima de 100 m. Na ausência de escadas rolantes, no máximo a um piso de cada estação de trabalho. Os toaletes também devem estar localizados nas proximidades de áreas de pausa, descanso, banho e vestiários → ❶. No caso de mais de **5 funcionários**, devem ser disponibilizados banheiros femininos e masculinos separados, de uso exclusivo dos funcionários. A quantidade de toaletes necessária deve ser medida de acordo com a quantidade de funcionários → ❿. As dimensões e distribuição são mostradas nos diagramas → ❸ – ⓫. Banheiros para pessoas com deficiência devem ser fornecidos de acordo com a norma DIN 18024-2 → p. 31.

As instalações sanitárias consistem em uma **antessala** com lavatório (pelo menos 1 pia/5 vasos sanitários) e **uma sala completamente separada** com pelo menos um banheiro, a menos que o banheiro contenha apenas um sanitário e não forneça acesso direto a área de trabalho, pausa, vestiário, banho ou sala médica. As células sanitárias devem possuir tranca. Ao se utilizar iluminação separada (células privadas não totalmente separadas), a altura da parede da divisória deve ser de pelo menos 1,90 m com distância no piso de 10 a 15 cm. Os mictórios não devem ser dispostos de maneira a estarem visíveis pelo ângulo de entrada. **Uma área de banheiro não deve conter mais de 10 células sanitárias e 10 células de mictório.** Mais detalhes sobre o equipamento de instalações sanitárias podem ser encontrados na ASR 37/1. No caso **de ventilação natural**, devem ser observadas os valores mínimos de seções transversais de ventilação: 1.700 cm²/WC, 1.000 cm²/mictório com ventilação de janela unilateral, 1.000 cm²/WC, 600 cm²/mictório com ventilação cruzada (duto de ar e abertura de janela oposta).

Os **sistemas de ventilação** devem ter 30 m³/sanitário e 15 m³/mictório (um total de pelo menos cinco vezes a troca de ar/h).

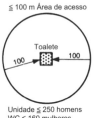

❶ Área de acesso

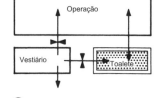

❷ Organização das instalações

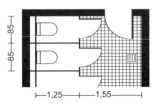

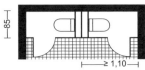

❸ Instalações sanitárias laterais dobradiça externa

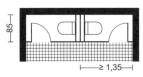

❹ Dobradiça interna

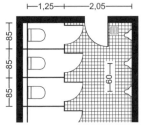

❺ Com vaso sanitário, portas com abertura para fora

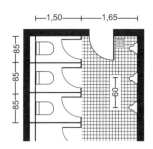

❻ Bem como → ❺ portas com abertura para dentro

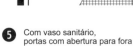

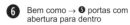

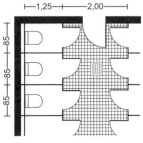

❼ Áreas de sanitários com corredor central, dobradiça externa

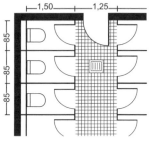

❽ Dobradiça interna

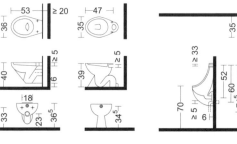

❾ Instalações sanitárias para cada 100 pessoas e toalete para cadeirantes

Masculino							Feminino						
Quantidade de funcionários	Sanitário com descarga	Mictório1	Mictório tipo calha (m)	Pia pequena	Sanitários com descarga adicionais	Mictórios adicionais	Quantidade de funcionários	Sanitário com descarga	Pia pequena	Sanitários com descarga	Lixeira	Pia grande
10	1	1	0,6	1	1	1	10	1	1	1	1	1
25	2	2	1,2	1	1	1	20	2	1	1	1	1
50	3	3	1,8	1	1	1	35	3	1	1	1	1
75	4	4	2,4	1	1	2	50	4	2	2	1	1
100	5	5	3,0	2	1	2	65	5	2	2	1	1
130	6	6	3,6	2	2	2	80	6	2	2	1	1
160	7	7	4,2	2	2	2	100	7	2	3	1	1
190	8	8	4,8	2	2	3	120	8	3	3	1	1
220	9	9	5,4	3	3	3	140	9	3	4	1	1
250	10	10	6,0	3	3	4	160	10	3	4	1	1

❿ Demanda de instalações sanitárias (de acordo com as ASR 37/1, → Nota p. 485 ❶)

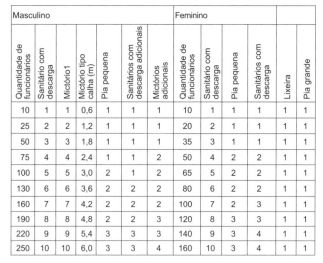

⓫ sanitários e mictórios

FUNDAMENTOS
ESPAÇOS ADJACENTES

Lavatórios

Os lavatórios devem ser instalados em locais cujas atividades envolvam substâncias prejudiciais à saúde ou que tenham odor altamente incômodo, além de condições de exposição ao calor ou umidade. Lavatórios e vestiários → p. 490 devem ser facilmente conectáveis.
Para cada **4 funcionários** (para trabalhos com nível de sujidade moderado, a cada 5 funcionários) deve ser fornecido um ponto de lavagem. Medição e disposição, ver → ❾ – ⓰. Projeto de acordo com o turno com maior número de funcionários. Lavatórios especiais para pessoas com deficiência devem ser montados de acordo com a norma DIN 18024-2 → p. 33.

Instalações de lavatório permitidas: banheiros (lavatórios, pias, fontes) e chuveiros. Estações de lavagem devem ter largura x profundidade de pelo menos 70 x 55 cm, borda superior 70–80 cm acima do piso, equipadas com trilho para toalha, saboneteira, toalhas descartáveis (para secagem de mãos) e lixeiras. Deve haver pelo menos um **chuveiro**. Em trabalhos com alto nível de sujidade, 30% das instalações de lavagem devem ter chuveiros e um chuveiro para cada quatro funcionários, no caso de atividades com substâncias prejudiciais à saúde ou altamente irritantes. Deve haver um **lavatório para pés** para cada 10 estações de lavagem. No caso de ventilação natural, devem ser observadas seções transversais mínimas de abertura de ventilação: área de piso de 400 cm^2/m^2 para ventilação unilateral. Para ventilação cruzada através de aberturas de janelas opostas, a cada 120 cm^2 (80 cm^2 para dutos de ar) para proporcionar a entrada e escape de ar. Devem ser planejados sistemas de ventilação com uma capacidade mínima de dez vezes o volume de troca de ar/h.

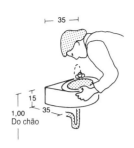
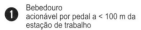

❶ Bebedouro acionável por pedal a < 100 m da estação de trabalho

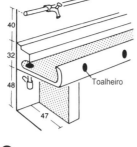

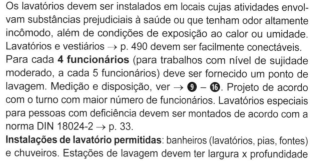

❷ Sistema de lavatórios Rotter
⌀ 137 cm   6–8 pessoas

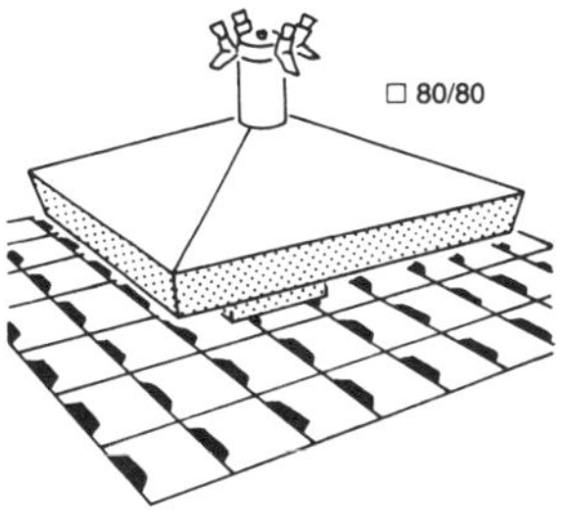

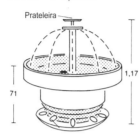

❸ Lavatório para pés

❹ Lavatório estilo fonte
Economia de espaço de 25% em comparação com → ❷ – ⓫

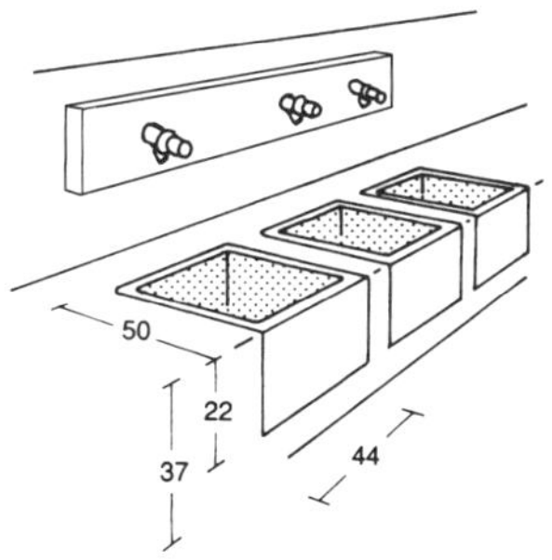

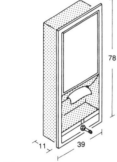

❺ Lavatório para pés

❻ Dispensador de papel toalha, prateleira e dispensador de sabão

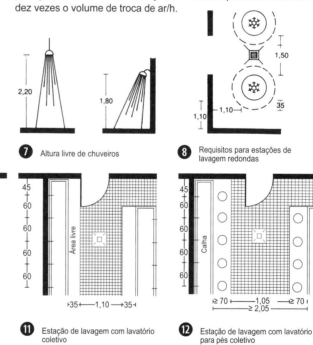

❼ Altura livre de chuveiros

❽ Requisitos para estações de lavagem redondas

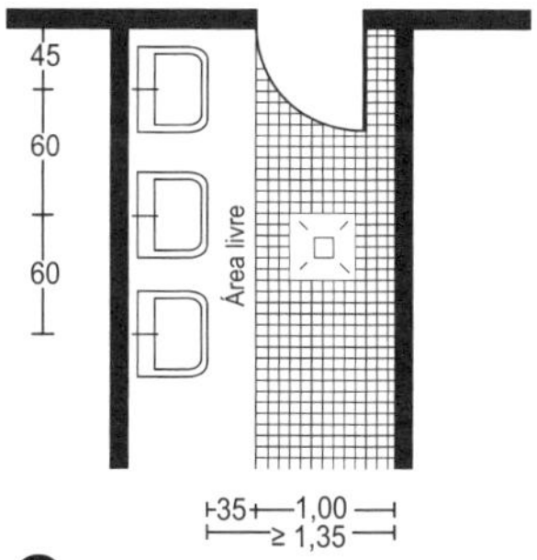

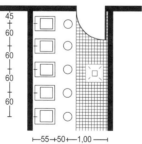

❾ Estação de lavagem com pia

❿ Estação de lavagem com lavatório para pés

⓫ Estação de lavagem com lavatório coletivo

⓬ Estação de lavagem com lavatório para pés coletivo

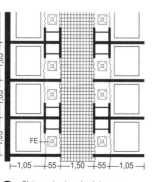
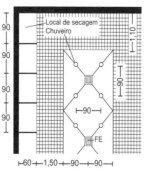
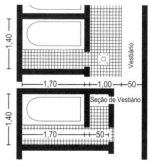

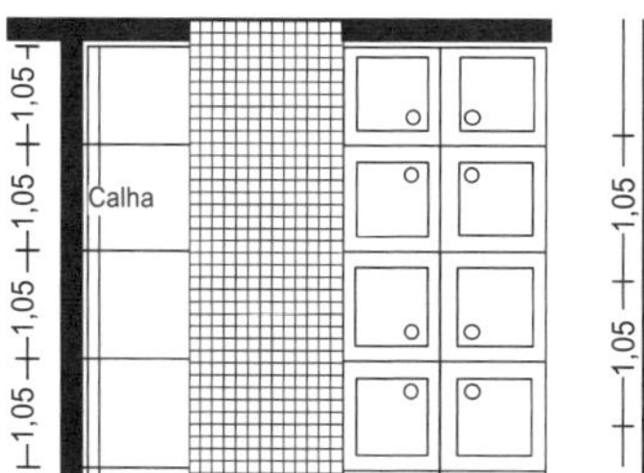

⓭ Sistema de chuveiro semiaberto

⓮ Sistema de chuveiro único com vestiário

⓯ Sistema de chuveiro aberto com local de secagem

⓰ Células de banheira

Trabalho

FUNDAMENTOS
Normas Técnicas
Local de trabalho
Espaços adjacentes

FUNDAMENTOS
ESPAÇOS ADJACENTES

Vestiários, armários

De acordo com a ArbStättV, deve haver no mínimo um armário para roupas. Vestiários são instalações usadas para troca e armazenamento de vestimentas de trabalho e pessoais dos funcionários de uma empresa. Vestiários são necessários nos casos em que os funcionários usam roupas de trabalho específicas e a troca de vestimentas em outros espaços não é adequada. As salas devem estar convenientemente localizadas a curtas distâncias da entrada da empresa e local de trabalho. Banheiros e vestiários espacialmente separados devem ser facilmente interconectáveis.

Os vestiários devem ter dimensões satisfatórias. De acordo com a quantidade simultânea de usuários, deve haver espaço livre suficiente para vestiários sem obstáculos. Se não forem necessários vestiários, um armário para roupas deve estar disponível para cada funcionário → ⓭ – ⓮.

Deve haver vestiários separados para mulheres e homens, protegidos contra a visibilidade externa.

Os vestiários são equipados com assentos e armários com chave para armazenar vestimentas dos funcionários, além de lixeiras, espelhos e, se necessário, dispositivo para limpeza de calçados.

Série de armários e prateleiras são dispostas perpendiculares à janela. Peitoris de janela, se possível na altura dos armários.

Dimensões mínimas para vestiários → ❶ – ❻,
Larguras da rota de circulação entre vestiários → ❽

① Vestiários com cabideiros de gancho simples
② Tábuas de passar
③ Vestiários com cabideiros simples, autosserviço
④ Vestiários com tábuas de passar, autosserviço
⑤ Dimensões mínimas de vestiário
⑥ Cabideiro em fileira com ganchos
⑦ Cabideiro em duas fileiras com tábua de passar (guarda-volumes de teatro) com serviço

Linha	Quantidade de pessoal	Largura livre a[1]
1	até 5	≤ 0,88
2	até 20	1,00
3	até 200	1,20
4	até 300	1,80
5	até 400	2,40

1) As larguras na área de portas podem ser estreitadas em no máx. 15 cm, em área de recepção para 5 pessoas, no entanto, não pode ser inferior a 80 cm.

❽ Largura das rotas de circulação e fuga (de acordo com a ASR A2.3)

⑨ Armários de roupas em formato trapezoidal, Sistema Rotter
⑩ Fileiras duplas de guarda-roupas com ventilação e bancos
⑪ Guarda-roupas com nicho vazado superior e abertura de ventilação
⑫ Guarda-roupa estreito
⑬ Armários em dois níveis
⑭ Guarda-volumes
⑮ Guarda-volumes com cabideiro aberto
⑯ Armários de compartimento duplo 20 e 40 cm de largura para vestimentas de trabalho

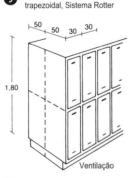
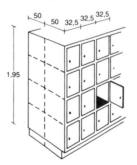
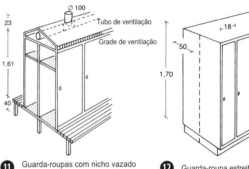
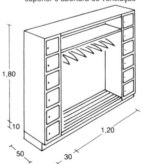
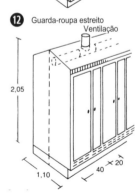

FUNDAMENTOS
ESPAÇOS ADJACENTES

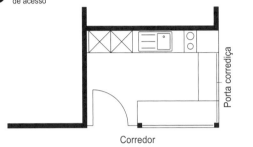

1 Disposição espacial de salas de uso do público para a área de entrada e controle de acesso

Hall de entrada
Ligação entre o público e os locais de trabalho. As funções essenciais são antessala, controle de entrada, informações, registro de vistantes e sala de espera. Essa é uma área importante para a identidade corporativa (IC) da empresa, a primeira impressão é fundamental!

Setor de correios
Responsável pela distribuição de todas as correspondências e mercadorias recebidas e enviadas. As áreas de trabalho (mesas de triagem e empacotamento) devem ser suficientemente dimensionadas para que a distribuição possa ocorrer rapidamente nos horários de pico. Requisito de espaço para locais de trabalho administrativo ~ 0,3-0,5 m^2 por estação de trabalho.

Áreas de descanso/espera
Se houver mais de 10 funcionários, devem ser fornecidas salas de descanso. No caso de trabalhos que exigem condições especiais (ao ar livre, em altas ou baixas temperaturas, umidade, poeira, odores desagradáveis, ruído ou substâncias perigosas), trabalhos em espaços sem conexão visual com o exterior ou locais de trabalho em salas com acesso a terceiros (clientes), devem ser providenciadas salas de descanso separadas, mesmo com menos de 10 funcionários. No caso de escritórios sem acesso para clientes, a sala pode ser dispensada. (ASR 29/1-4)

Equipamentos: As salas de descanso devem ser equipadas com mesas e cadeiras de encosto, tendo em mente a quantidade mín. de 1m^2 de área por usuário simultâneo. Outros equipamentos: Cabideiro, lixeiras, refrigerador ou microondas.

Cantinas ou cafeterias (→ Gastronomia p. 345) também devem ser consideradas como área de descanso. São geralmente unidades independentes com acesso exclusivo ao pessoal interno. Um local próximo à recepção em frente ao controle de pessoal, também pode estar disponível para uso de terceiros. As copas devem estar localizadas nas imediações das estações de trabalho, se possível em conjunto com zonas de comunicação. Para cada cerca de 50-100 estações de trabalho, deve ser projetada uma copa de ~10 m^2.

Sala com leito
De acordo com a Portaria de Regulamentação de Locais de Trabalho, gestantes devem ter à disposição uma sala com leito. No caso de mais de 20 funcionários, deve ser fornecida uma sala separada. As salas de primeiros socorros não podem ser usadas como sala com leito de descanso. As poltronas reclináveis devem ter, pelo menos. 70 x 190 cm de tamanho e 45 a 50 cm de altura. O espaço livre mínimo por poltrona deve ser de 10 m^3.

Sala de primeiros socorros
Uma sala de primeiros socorros (ambulatório) ou uma instalação comparável é necessária em empresas com mais de 1.000 funcionários, ou mais de 100 funcionários, para locais de trabalho com risco potencial à saúde.
Dimensão mínima: 20 m^2, 2,5 m de altura
O espaço livre de portas deve ter de 1,20 m x 2 m e as folhas da porta devem ser fixas. A sala deve estar o ou mais próximo do térreo (máx. 3 pisos e no térreo para novos edifícios). A rota de acesso para ambulâncias deve ser coberta. A localização deve, se disponível, estar próxima de áreas de trabalho de risco. O piso deve ser de limpeza fácil, antiderrapante, com bordas salientes, paredes e tetos resistentes à manchas e desinfetáveis. Uma pia com espelho e armário, água corrente quente e fria. Deve haver um chuveiro nas imediações com mangueira de ducha e toalete.

Mobiliário:
Dependendo do nível de risco (avaliação de risco), deve haver um inventário adequado disponível, de acordo com o nível de risco do local (neste ponto, apenas objetos cujos requisitos de espaço devem ser considerados durante o planejamento são listados. Para outros equipamentos, consultar ASR A 4 .3 e BGI 509).

Equipamentos: maca de exame com parte da cabeça e do pé ajustáveis (cabeça orientada para o fundo da sala, para facilitar procedimentos de ressuscitação), mesa de instrumentos, suporte de soro adequados, recipientes separados para substâncias infecciosas e resíduos não infecciosos, escrivaninha, cadeira, maca 200/60 (com base móvel).

2 Copa 3,60 m x 2,60 m localizada no cruzamento de 2 corredores com painéis deslizantes ou persianas com abertura para os corredores

Tipo de operação	Número de funcionários	Kit de primeiros socorros peq.	Kit de primeiros socorros grande
Atividades administrativas e comerciais	1-50	1	-
	51-300	-	1
	301-600	-	2
	para cada 300 funcionários adicionais	-	+1
Fábrica, processamento e usinas	1-20	1	-
	21-100	-	1
	101-200	-	2
	para cada 100 funcionários adicionais	-	+1

3 Número de kits de primeiros socorros, de acordo com a quantidade de funcionários

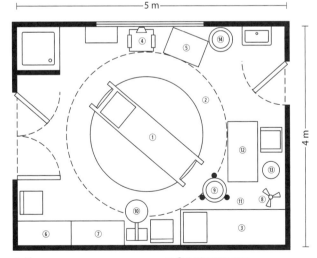

① Maca
② Área de tratamento (diâmetro 3 m)
③ Poltrona (195 x 65)
④ Cadeira de atendimento
⑤ Mesa de primeiros socorros
⑥ Armário de materiais
⑦ Armário de medicamentos
⑧ Suporte para soro
⑨ Suporte de lavagem com tigela
⑩ Iluminação de emergência a bateria
⑪ Biombo
⑫ Escrivaninha 110 x 55
⑬ Lixeira
⑭ Lixeira hospitalar

4 Sala de primeiros socorros para empresas com mais de 1000 funcionários ou de acordo com o nível de risco correspondente (Fig. de acordo com a antiga Portaria de local de trabalho)

Trabalho

FUNDAMENTOS

Normas Técnicas
Local de trabalho
Espaços adjacentes

EDIFÍCIOS DE ESCRITÓRIOS
ESTRUTURAS

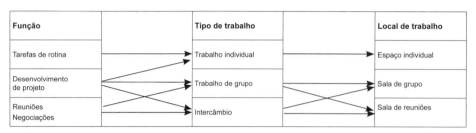

❶ Relação entre funções e forma dos espaços

❷ A Associação de Pesquisa do Mercado Imobiliário (GIF) desenvolveu em conjunto com a Norma DIN, definições de áreas para escritórios (MF-B) e áreas de negócios (MH-H), que permitem a comparação para o cálculo dos diferentes aluguéis. Com base nas diretrizes da DIN 277 1973/87 para áreas básicas, tem-se a distribuição dos percentuais de área para "aluguel de escritórios" e "aluguel de lojas". Áreas comuns são computadas apenas parcialmente. O uso desse sistema não é obrigatório.

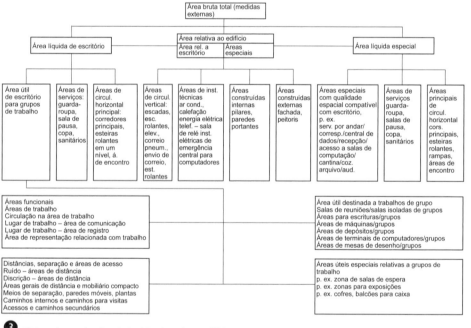

❸ Sistema de organização estrutural das áreas de um edifício de escritórios (segundo Lappat)

❹ Influências determinadas para a organização do trabalho de escritório (segundo A. G. Henkel)

Trabalho em escritório
O trabalho administrativo envolve a manipulação e o processamento de informações. Através da evolução no sistema de arquivo e na melhoria do acesso às informações, o ponto central do trabalho em escritório desviou-se da organização rotineira de dados (sistema tradicional de fichas), para um desenvolvimento e avaliação criativa do processo informativo.

Na organização dos espaços de trabalho em escritório, o Homem coloca-se cada vez mais como foco principal. Fatores como imagem da empresa (*Corporate Identity*), projetos de áreas de pausa e repouso, além do desenvolvimento individualizado das áreas de trabalho, agem na melhoria da produtividade dos funcionários. Através da rede global de comunicação, atividades de rotina podem ser efetuadas descentralizadas (*homeworking*, escritórios de vizinhança e de aluguel).

As sedes das firmas transformaram-se em mercado de informações, sendo utilizado apenas parcialmente por muitos funcionários para tarefas específicas ou por grupos especiais de trabalho. Essas transformações resultaram em novas exigências relativas ao local de trabalho.

A gama de variações abrange desde salas individuais, ou celas, até grupos de salas ou ambientes de uso temporário compartilhado (*desksharing*). Quanto maior a flexibilidade do espaço do edifício, mais fácil será a adaptação para as empresas, com suas condições cada vez mais variáveis.

Projeto
A descrição detalhada da organização estrutural – funcional, e assim das funções e relações específicas dentro do sistema de trabalho, leva à constituição de um programa concreto de exigências (análise de necessidades).

Para edifícios de aluguel é importante, acima de tudo, a flexibilidade estrutural dos espaços, permitindo diversos tamanhos das unidades de escritórios.

EDIFÍCIOS DE ESCRITÓRIOS
TENDÊNCIAS

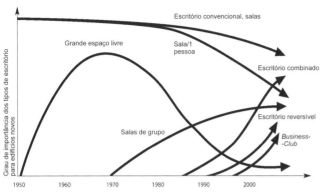

❶ Desenvolvimento da procura para diferentes tipos de escritório

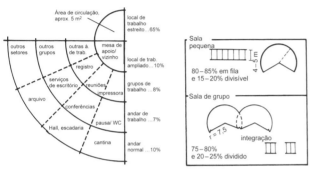

❷ Uso diário em escritório; área em %

❸ Recomendação para relações de áreas de estrutura fixa ou flexível em escritórios pequenos ou com funcionamento de grupos

Influência da tecnologia e da informática no funcionamento dos escritórios

O desenvolvimento das tecnologias da informática e da comunicação em geral transformou as condições de trabalho nos escritórios.
Aparelhos multifuncionais terminais substituem os componentes individuais na composição de textos e imagens; sistemas individuais são integrados em uma rede de comunicação geral do escritório. Muito aprimorada, a rede pública de dados (ISDN, DSL, UMTS) possibilita o intercâmbio rápido de informações, mesmo a grandes distâncias. O uso de monitores planos, laptops e telefones celulares diminuiu a necessidade de área por local de trabalho/funcionário. As influências das novas técnicas de funcionamento dos escritórios sobre as áreas e o número de funcionários estabelecem novos critérios de avaliação, como maior qualidade do local de trabalho, garantia de flexibilidade, maior consideração das características ecológicas do ambiente de trabalho, cuja configuração espacial não é mais possível nos antigos edifícios de escritórios. Novas diretrizes regulamentam as áreas de trabalho segundo necessidades (não há mais exigência de áreas mínimas).
O potencial de racionalização representa, para atividades administrativas (arquivo, seleção, cópias, procura, organização de material) e de comunicação (conferências, reuniões), ≈25% das horas de trabalho semanais. Trabalhos de rotina, como "pausas-ativas" para descontração, reduzem-se em ≈50%. O aumento dos trabalhos em modalidade remota leva a uma redução no tamanho dos escritórios, pois apenas algumas atividades exigem instalações físicas e estações de trabalho específicas. Assim, é raro que tais estações sejam personalizadas, podendo ser utilizadas por diferentes trabalhadores conforme a necessidade. Os espaços personalizados dentro dos escritórios ficam reduzidos a espaços de armazenamento, normalmente contendo uma caixa postal e arquivos. A independência potencial das unidades locais (descentralização) apresenta, por sua vez, novas linhas de influência (concentração em cidades principais, nível de representatividade local, posição da cidade com sentido de continuidade, ambiente, trabalho, atividades de lazer ligadas à localidade), que podem ter um papel muito importante.

Mudanças nas condições locais de trabalho

A influência da tecnologia da informação sobre o processo de racionalização e a transformação das exigências quanto às condições de trabalho (desenvolvimento e padrão de organização) promovem a mudança na estrutura dos escritórios. A necessidade de pessoal cai, os grupos de trabalho ficam menores. A hierarquia existente até hoje na distribuição de cargos e atividades, como chefe, secretária, encarregados de funções específicas etc., transforma-se em trabalho integrado de grupo com hierarquia plana, o que permite um uso mais flexível dos espaços.
A forte relação de sensibilidade para com o ambiente de trabalho liga-se diretamente à escala de valores presente na sociedade, condicionando novas exigências de qualidade para os espaços (luz diurna, relação com o meio ambiente, consumo de energia), e para as atividades (ponto de vista ecológico, uso de materiais, sistema de coleta de lixo). O local de trabalho ocupa, do ponto de vista funcional, uma posição elevada no processo de integração social, tendo significado cada vez maior, através de estruturas formalizadas de atividades (centrais de dados, organização funcional etc.).
A grande sobrecarga física e psíquica do processo de desenvolvimento das atividades, deve corresponder a um cuidado cada vez maior com o ambiente de entorno para aquele que trabalha, influenciando seu desempenho (áreas suficientes, flexibilidade para decisão individual na disposição do mobiliário, ventilação, iluminação, proteção contra perturbações externas). 75% das atividades diárias acontecem em "locais de trabalho estreitos e ampliados" → ❷. O contato necessário entre colegas, assim como instalações de uso coletivo, são importantes, decorrendo daí as exigências para usos mistos entre salas individuais e de grupos, ou seja, locais de trabalho "individuais" e "coletivos" → ❸ – ❹.
Conceitos flexíveis para salas individuais e de grupo, tais como salas separadas mas interligadas ou um escritório combinado (mistura de plano aberto e cubículos individuais), permitem a adaptação da organização espacial às necessidades de trabalho. A fim de acompanhar as rápidas mudanças nos mercados de trabalho, projetam-se as áreas de forma a possibilitar o rearranjo das salas sem grandes custos de conversão.

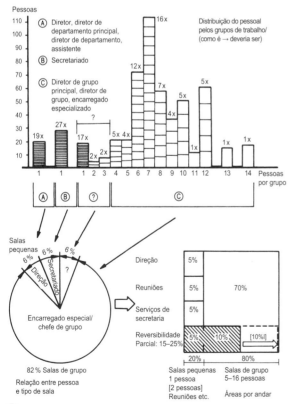

❹ Fundamentos relativos ao uso para divisão espacial (material gráfico segundo Gottschalk)

Administração Escritórios

EDIFÍCIOS DE ESCRITÓRIOS

Estruturas
Tendências
Tipologia até 1980
Desde 1980
Paisagismo corporativo
Áreas necessárias
Desksharing
Áreas adicionais
Tipologia espacial
Modulação
Acessos
Tecnologia do edifício
Construção

493

EDIFÍCIOS DE ESCRITÓRIOS
TIPOLOGIA ATÉ 1980

Formas de organização dos escritórios

Escritórios abertos, em grande espaço livre (Mies van der Rohe: "... claro, sem divisões, apenas estruturado..." → Bibliog.) são apropriados para grandes grupos de trabalho, cujos serviços de rotina requerem pouca concentração. Hoje este tipo de organização cada vez mais é a exceção em vez da de regra. Esta concepção surgiu nos anos 60, baseada em argumentos como: transparência e clareza no processo de trabalho, desenvolvimento de sentido de coletividade, com áreas multifuncionais organizadas racionalmente. Os equipamentos de computação e centrais de dados localizavam-se em recintos especiais, e não à disposição em cada mesa de trabalho. As grandes larguras dos edifícios, entre 20 a 30 m, apresentavam altas exigências técnicas que, no caso de adaptação aos usos atuais, nem sempre são apropriadas (abertura de janelas, distribuição controlada de luz, climatização, equipamentos de telecomunicações). O grande espaço livre, segundo os sociólogos de caráter na verdade forçado (controle social, dependência da tecnologia, interferências acústicas e óticas), leva a um comportamento negativo daqueles que trabalham.

Escritórios em salas individualizadas ou "celas" são apropriados para o trabalho independente e concentrado, como sala para uma pessoa ou pequenos grupos que necessitem de troca constante de informações. Esse tipo de organização tradicional ainda tem espaço hoje, contanto que responda às novas exigências do ambiente de trabalho (como, p. ex., nos projetos → escritório Gruner und Jahr/Steidle, Kissler, ou edifício do Ministério do Meio Ambiente de Dessau/Sauerbruch, Hutton) ou, no caso de edifícios de grande altura, desde que o sistema estrutural funcione como forte denominador do caráter espacial interno e, assim, da organização da divisão das atividades.

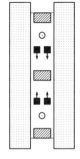

❶ Escritórios em "celas", Garrick Building, Chicago. Arq.: Dankmar Adler e Louis H. Sullivan, 1892

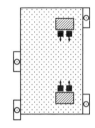

❷ Escritório com tipologia de "celas", em três faixas

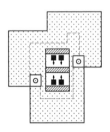

❸ Escritório reversível Áreas flexíveis e repartíveis

❹ Espaço livre Áreas parcialmente repartíveis

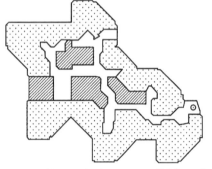

❺ Espaço de escritório com subdivisão em grupos, ÖVA Seguradora, Mannheim, 1977 Arq.: Striffler

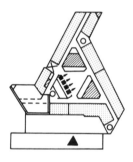 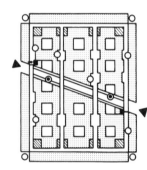

❻ a) BIG, Frankfurt. Arq.: Nowotny-Mähner, HPP, Speer e sócios

❼ b) Sede de cantão, Suíça. Arq.: Matti, Bürgi, Ragaz, Liebefeld

O **escritório reversível** foi uma experiência no intuito de melhorar as insuficiências em diversos aspectos das condições de trabalho em escritórios abertos, em grandes espaços livres → (falta de climatização diferenciada, iluminação natural, interferências visuais e acústicas). A fim de permitir a possibilidade de, segundo as necessidades, desviar os trabalhos que exigem maior concentração para salas individuais, houve um enorme crescimento da infra-estrutura técnica, visando alcançar uma flexibilidade total.

Paralelo ao descontentamento do usuário, o aumento dos preços da energia, que tornaram o sistema cada vez mais antieconômico, incentivou a construção dos escritórios abertos. A nova estrutura de trabalho, transformada em função da tecnologia (p. ex., com a introdução do PC), favorece a organização em pequenos grupos. O primeiro exemplo neste sentido foi feito na Alemanha no prédio da seguradora ÖVA, em Mannheim.

A divisão em grupos (subdivisão dos grandes espaços livres) é apropriada para atividades executivas entre pessoas que necessitam de permanente troca de informações. Esta solução procura, através do tamanho do campo de trabalho → no máx. 7,50 m até à janela), instalar relações ambientais com espaços individuais ampliados (veja mudanças no local de trabalho), e assim resolver a questão dos problemas relativos às condições de trabalho desfavoráveis nos grandes escritórios abertos (luz, ventilação, individualidade). Uma completa climatização pode ser substituída por sistemas de ar condicionado de apoio, junto a áreas de ventilação e calefação instaladas nas fachadas (tecnologia da edificação).

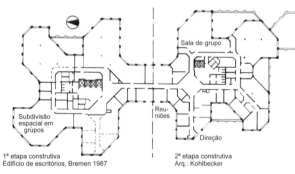

1ª etapa construtiva
Edifício de escritórios, Bremen 1987

2ª etapa construtiva
Arq.: Kohlbecker

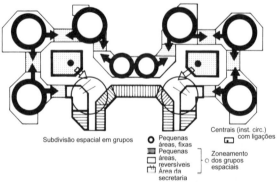

❽ Aplicação do sistema de interligação das diferentes zonas/grupos, conformando o espaço geral. A inter-relação dos espaços dá-se através de pequenas zonas reversíveis, podendo, segundo necessidade, funcionar como áreas coletivas

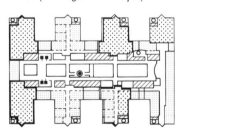

❾ Sede do Banco Regional de Hessen em Frankfurt/M. 1988 Arq.: Jourdan, Müller e sócios

Legenda:
- Elevador
- Escada principal
- Escada secundária
- Áreas centrais
- Salas para grupos
- Salas pequenas

Administração Escritórios

EDIFÍCIOS DE ESCRITÓRIOS

Estruturas
Tendências
Tipologia até1980
Desde 1980
Paisagismo corporativo
Áreas necessárias
Desksharing
Áreas adicionais
Tipologia espacial
Modulação
Acessos
Tecnologia do edifício
Construção

EDIFÍCIOS DE ESCRITÓRIOS
TIPOLOGIA DESDE 1980

Através da tecnização e automatização, transformam-se as exigências nos espaços do escritório e no perfil das pessoas que ali exercem suas atividades, condicionando o **saneamento** (ou reforma) dos edifícios já existentes, esbarrando na problemática da insuficiência, dentro deste quadro moderno, da concepção de espaços livres (→ p. 493).

Os novos meios de reorganização utilizados no caso são: reforma da edificação, iluminação natural através de pátios internos, clareza na concepção da planta, conseguir igualdade de condições em todos os locais de trabalho no que diz respeito à luz, ventilação e proteção acústica, ou ainda introdução de novos sistemas de equipamentos que, além de dividir as salas, também assumem funções como o roteamento de cabos e conexões.

Em novos edifícios, partindo-se desta experiência, dá-se grande importância ao caráter de reversibilidade, para poder reagir aos ciclos inovadores, cada vez mais curtos, das tecnologias aplicadas aos escritórios. Isso leva a edifícios que podem ser subdivididos em unidades de uso maiores e menores, sem grandes dificuldades (áreas de aluguel) → ❸ + ❹ ou ainda, uma mistura de produção e administração (centros de empreendedores) → ❸. A mudança de valores quanto à qualidade dos locais de trabalho e os altos custos energéticos levam a uma nova forma de construção, com elementos construtivos apropriados para o regulamento térmico e ventilação natural (jardins de inverno, saguões, fachadas duplas).

As novas tendências (princípio do **escritório combinado**) procuram, diante das necessidades específicas de organização de um determinado escritório, dar uma resposta ou solução adequada. Isto é, fornecer uma oferta de ambientes que, através do uso, transformam-se de forma flexível, permitindo trabalhos de grupo e salas individuais para concentração; áreas com equipamento de uso coletivo temporário, para atividades especiais ou de conjunto, e que ao mesmo tempo sejam apropriadas para trabalhos altamente qualificados e independentes, onde o local de trabalho, possa ser trocado no processo diário de atividades. **Hotelling Office** ou ainda **Business-Club** não são esquemas espaciais, senão apresentam uma organização totalmente flexível de trabalho, sem locais fixos. No aspecto espacial, a importância está na possibilidade de uso variado e na qualidade ambiental. Para escritórios de grupos combinados ou de espaços livres, a eficiência é obtida não através da construção dos espaços, mas através da organização funcional da empresa, cuidando do bem-estar dos funcionários, em uma atmosfera de "clube".

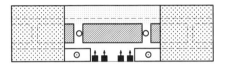

❶ Escritório em edifício antigo com salas de trabalho distribuídas de forma a serem ocupadas pelos funcionários conforme necessidades específicas. Esse tipo de organização "não territorial" das áreas de trabalho também é chamada de *hotelling-office*. Arq.: Schnell e sócio, Munique

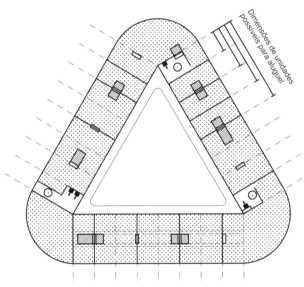

❷ Esquema de edifício em três setores (planta de arranha-céu), com setor de uso flexível nas duas laterais e setor para salas individuais no centro

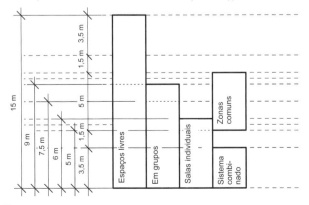

❸ Esquema de edifício com áreas de aluguel flexíveis. Em função da ligação das unidades através de passarela central, as formas de circulação internas ficam a cargo dos locatários. A menor unidade é delimitada pela metade do eixo entre dois centros de instalações. Profundidade do edifício: cerca de 15 m; distância entre poços de instalações 12,90 m; menor unidade de aluguel cerca de 90 m². UFO, Frankfurt M. Arq.: Dietz Joppien Architekten AG

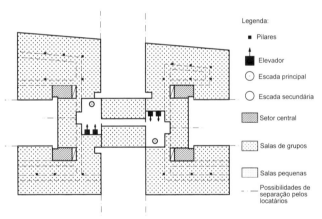

❹ Esquema de edifício com áreas variáveis para aluguel. Setor central pode ser incorporado, segundo necessidades, pelos diferentes locatários.
Kennedyhaus, Düsseldorf Arq.: Kister Scheithauer Gross
Prof. U. Coersmeier, Colônia

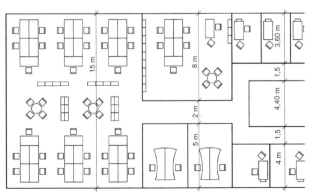

❺ Profundidades de espaços para diferentes tipos de escritórios

❻ Possibilidades de organização de salas com diferentes profundidades em planta com largura de 15 m

Administração Escritórios

EDIFÍCIOS DE ESCRITÓRIOS

Estruturas
Tendências
Tipologia
até 1980
Desde 1980
Paisagismo corporativo
Áreas necessárias
Desksharing
Áreas adicionais
Tipologia espacial
Modulação
Acessos
Tecnologia do edifício
Construção

EDIFÍCIOS DE ESCRITÓRIOS
PAISAGISMO CORPORATIVO

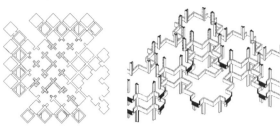

① Centraal Beheer Apeldoorn (1972), precursor do paisagismo de escritórios
Arq.: Herman Hertzberger

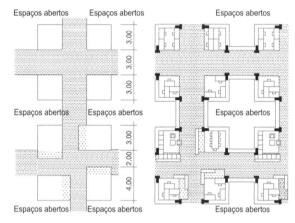

② Usos variados do módulo básico de 3m x 3m no Centraal Beheer.
Os corredores extra-grandes grandes permitem zonas de extensão.
Os espaços abertos criam distância e ajudam a iluminar.

▓▓ Áreas de comunicação   0 5 10   20 m
▢▢ Terraços, espaços abertos   Planta 2º pav.

③ Sede da Doppelmayr AG (2017). Desenvolvidas em uma grade de 16m x 16m, as unidades se distribuem em "casas" individuais ao longo do edifício.
Arq.: AllesWirdGut Architektur, Viena

Paisagismo corporativo

O termo "paisagismo corporativo" designa as variações de escritórios de planta aberta ou para grupos em que os locais de trabalho são estruturados e divididos conforme as funções de cada área. Um dos componentes essenciais desse conceito é o ***desksharing*** em **escritório não-territoriais** (→ p. 498). Hoje, os meios digitais (telefones sem fio, *laptops*, Wi-Fi etc.) permitem uma migração fácil e rápida entre locais de trabalho. Equipes de trabalho podem ser montadas de forma flexível e a curto prazo, e os participantes selecionam, dentre uma ampla gama de ofertas, o posto de trabalho mais adequado às suas tarefas. A oferta de salas e estações de trabalho costuma ser bastante variada: desde estações mínimas (***hot desk***) para atividades de curto prazo, passando por salas fechadas (***think tanks***) e áreas para grupos (**espaços abertos**), que podem consistir em estações e salas de reunião de diferentes tamanhos, ocupadas de modo permanente ou livre. Essas zonas de trabalho são complementadas por **salas de equipamentos**, que abrigam objetos, como impressoras/scanners e aparelhos de fax, e áreas destinadas ao descanso e à comunicação informal (**pontos de encontro**). Estas últimas podem ser projetadas de várias maneiras: de modo aconchegante e caseiro, inspiradas em um café ou clube ou com elementos lúdicos e de lazer.

Escritórios organizados segundo esses princípios têm regras especiais. Por exemplo, o local de trabalho deve ser liberado em caso de ausência prolongada prevista (***clean desk***). Para isso, os funcionários recebem pequenos armários móveis (**gabinetes ou *caddies***) para armazenar seus equipamentos pessoais. A livre escolha do local de trabalho deve ser ser limitado à área da equipe.

Este tipo de escritório foi desenvolvido a partir de **espaços de coworking**, escritórios alugados para pessoas que não desejam trabalhar sozinhas em casa e para startups de tecnologia que começaram a buscar novas estruturas de trabalho. Isso levou a projetos inovadores, incomuns em escritórios tradicionais, que se destinam a fortalecer a motivação e a interação entre os trabalhadores.

Tais conceitos são adequados para ambientes de trabalho altamente dinâmicos, em que há rápida mudança de tarefas, grande presença de equipes especializadas e no qual a comunicação informal se mostra propícia para alcançar os objetivos de trabalho. Além disso, tais espaços também são úteis para empresas que preferem hierarquias planas.

A economia de espaço em escritório não territoriais se dá por meio do compartilhamento de mesas (*desksharing*), adequado para empresas com grande número de funcionários que só precisam de estações temporárias, como representantes comerciais ou funcionários que também trabalham em casa.

O edifício administrativo **Centraal Beheer**, de Herman Hertzberger, antecipou essas tendências já em 1972, e é um dos poucos exemplos em que a arquitetura suporta um plano de escritório aberto, com estruturas similares a um projeto de desenvolvimento urbano (→ ❶ – ❷). No paisagismo de escritório, a maioria dos espaços é mobiliada com base em projetos arquitetônicos puramente interiores em planos abertos.

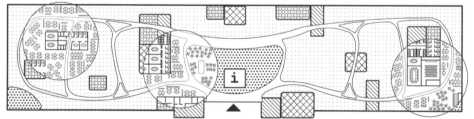

▫▫ Espaços de trabalho
⊠ Salas de reunião
▦ Espaços de trabalho focado
▪ Área de encontro e comunicação
▨ Áreas de acesso e sanitários
▧ Áreas de circulação

④ Paisagismo de escritórios em edifícios de grande profundidade. Construção em piso único com claraboias ou átrios para iluminação natural. Escritórios zoneados conforme critérios de planejamento urbano.

Administração
Escritórios

EDIFÍCIOS DE
ESCRITÓRIOS

Estruturas
Tendências
Tipologia
até 1980
Desde 1980
Paisagismo corporativo
Áreas necessárias
Desksharing
Áreas adicionais
Tipologia
espacial
Modulação
Acessos
Tecnologia
do edifício
Construção

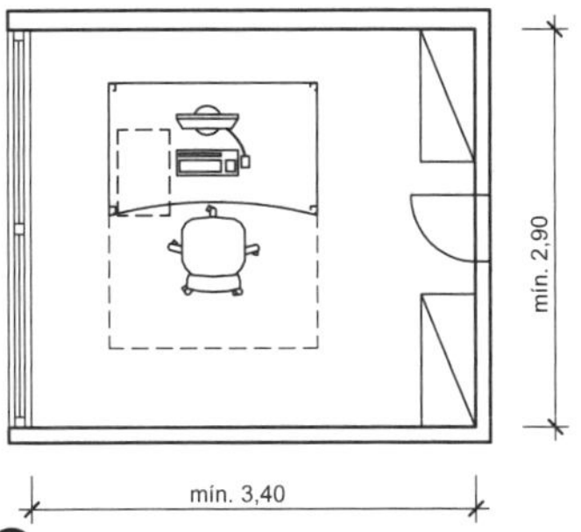

EDIFÍCIOS DE ESCRITÓRIOS
ÁREAS NECESSÁRIAS

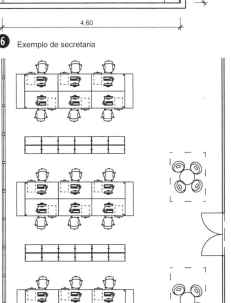

① Exemplo de sala individual de escritório

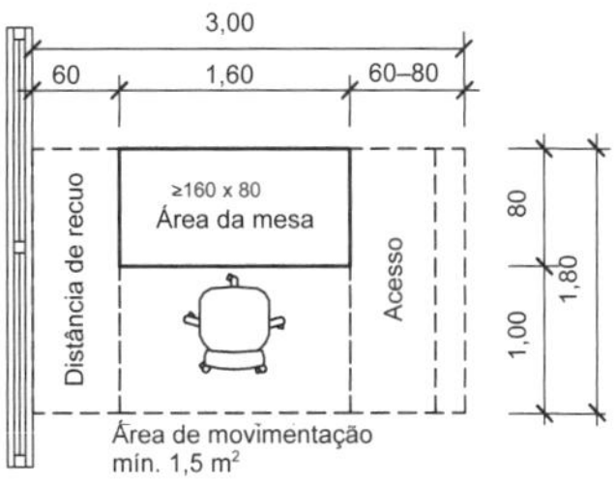

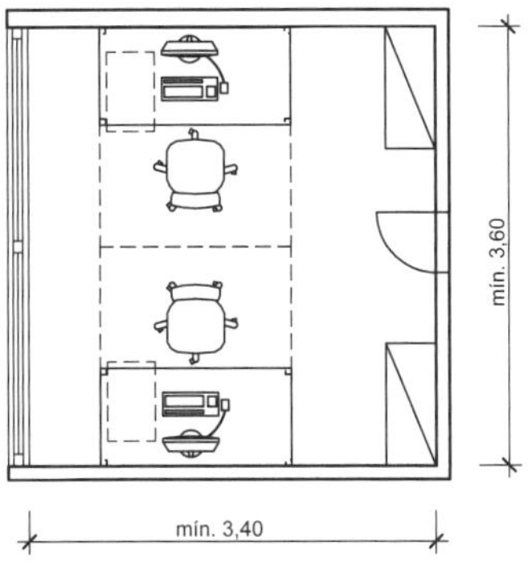

③ Exemplo de sala dupla de escritório; mesas orientadas em função das paredes

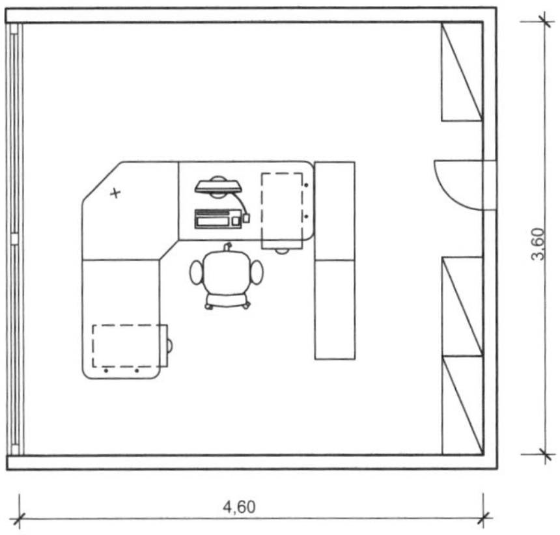

⑥ Exemplo de secretaria

⑧ Exemplo de organização espacial em grupos, em escritório ocupando grande área

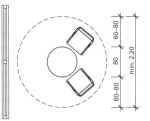

② Áreas mínimas necessárias Espaço de trabalho individual

④ Área necessária em mesa de reuniões

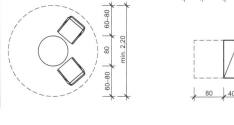

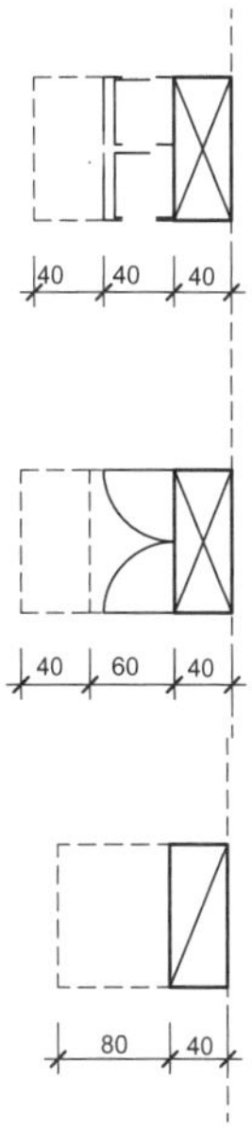

⑤ Área para estantes/arquivos e registros

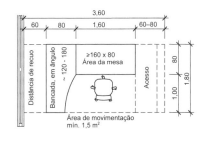

⑦ Área necessária para espaço de trabalho individual com bancada adicional

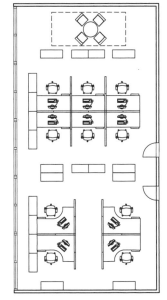

⑨ Exemplo de organização espacial em pequenos grupos

Espaços de trabalho
Segundo as novas diretrizes para organização de áreas de trabalho, não há restrições quanto a áreas mínimas. Entretanto, em função das exigências dos sindicatos de trabalhadores e do fato de todos os locais de trabalho estarem associados ao uso de monitores, resultam áreas mínimas reguladas pela DIN/EN.

Área do mobiliário
O Seguro Social Alemão de Acidentes de Trabalho (Deutsche Gesetzliche Unfallversicherung – DGUV) não prescreve mais áreas fixas, mas requisita áreas suficientes de trabalho e movimentação para diferentes posições e para a adaptação individual ao meio/material de trabalho.
O DGUV faz a diferenciação entre vários tipos de áreas, que, entretanto, podem se sobrepor quando não houver conflitos funcionais. Estes são:
– Área de trabalho: a mesa
– Superfície de uso: área básica do móvel
– Área funcional do móvel: área necessária para portas e componentes
– Área de movimentação
– Circulação e passagem

Escritório ou formas de trabalho
A forma de organização do escritório e a sua divisão espacial são influenciadas pelo tipo de atividade, sistema funcional, suporte técnico IT e cultura da empresa. A estrutura do edifício e o arranjo dos espaços podem ter grande influência sobre o uso. A eficiência pode ser obtida, entre outros fatores, pela redução da área individual de trabalho, ampliação espacial de apoio e melhoria na motivação dos funcionários. Para o último fator, assumem grande importância componentes emocionais, como concepção de material e cores, assim como a presença de áreas de recolhimento e comunicação, para encontros formais e informais. A análise de necessidades pode fornecer informações preciosas para possíveis formas de escritórios

---

Administração Escritórios

EDIFÍCIOS DE ESCRITÓRIOS

Estruturas
Tendências
Tipologia até 1980
Desde 1980
Paisagismo corporativo
Áreas necessárias
Desksharing
Áreas adicionais
Tipologia espacial
Modulação
Acessos
Tecnologia do edifício
Construção

497

EDIFÍCIOS DE ESCRITÓRIOS
DESKSHARING

Os planos de escritório abertos sem estações de trabalho personalizadas, que evoluíram dos espaços de *coworking*, são desejados por muitas empresas. Novos prestadores de serviços oferecem locação de locais de trabalho para *startups* e empresas que precisam de mais espaço a curto prazo. Nesses casos, não se trata de um escritório alugado, mas sim de uma infraestrutura contendo estações de trabalho. O período de locação é flexível, e a oferta vai desde o direito de usar uma estação de trabalho gratuita (compartilhamento de mesa) até seções maiores, com estações de trabalho individuais ou coletivas e os tradicionais cubículos. As vantagens da flexibilidade, menor custo de investimento inicial e aumento da criatividade devem ser pesadas em relação às desvantagens de um maior custo operacional e do possível comprometimento de segredos industriais.

Formatos de escritório

Os chamados espaços abertos ou para grupos (*openspace*) normalmente contam com infraestrutura compartilhada, como equipamentos, redes, salas de reunião, refeitórios e recepção. Também contam muitas vezes com *design* interior incomum, o que os diferencia para seus usuários.

A estrutura aberta requer medidas acústicas diferenciadas. Períodos de trabalho focado exigem uma acústica diferente das de salas de reunião. O amortecimento acústico em excesso pode ser tão desagradável quanto a reverberação de grandes recintos. Além do material do teto, que deve ser decidido com base no conforto acústico, deve-se também considerar o efeito da superfície dos móveis (→ ❶). Não se devem incluir muitos elementos divisórios altos, pois assim até mesmo as estações de trabalho longe das janelas contam com uma vista.

De acordo com a regulamentação alemã para locais de trabalho (Regeln für Arbeitsstätten, ou ASR), estações de trabalho com menos de 1,60m de largura só são permitidas para tarefas que requerem pouco espaço. Ademais, um espaço de movimentação de no mínimo 1m² (→ ❷) é obrigatório em todos os casos.

Equipamentos de trabalho pessoais ficam armazenados em compartimentos móveis. Estes incluem desde malas para representantes comerciais, que podem ser afixadas como gavetas sob uma mesa, até pequenos gabinetes móveis (*caddies*) para trabalhadores internos. Esses compartimentos são mantidos em armários com fechadura para que possam ser levados a locais de trabalho livres (→ ❺ – ❼.)

❶ Diferentes opções para a integração de elementos de absorção acústica em estações de trabalho, que também cumprem a função de divisória. A vista para a janela deve ficar desobstruída.

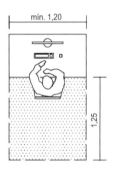
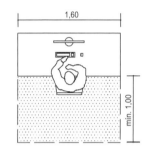

❷ Área mínima de movimentação em estações de trabalho conforme a ASR. Mín. 1,5 m² de área de movimentação e 1 m de distância até o objeto mais próximo.

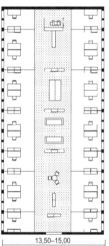
Escritório combinado

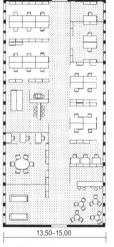
Escritório aberto

❸ Comparação entre escritórios individualizados (modelo combinado), com 22 estações de trabalho fixos, e escritórios abertos, com 20 estações de trabalho em grupo e temporárias. As desvantagens das estações internas são amenizadas no modelo aberto devido à mudança frequente de locais de trabalho.

Utensílios de escrita	Lápis, caneta tinteiro, caneta, caneta de feltro, lápis de cor
Materiais de escritório	Fita adesiva/cola, tesoura, cortador, abridor de cartas, régua, furador, grampeador, apagador, afiador, bloco de notas, folha de ofício, pastas, arquivos
Equipamentos técnicos	Celular, dispositivo USB

		Prof. mm	Larg. mm	Alt. mm
CD-Rom		142	125	10
Papel de cópia		298	210	
Caderno*	17 pol.	420	280	30
	15 pol.	390	280	20
*Dimensões dependem do fabricante	13 pol.	330	220	20

❹ Lista de utensílios de escritório prontos para o transporte em um sistema de arquivamento personalizado.

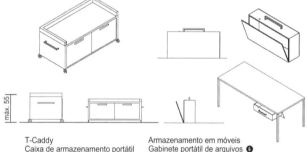

T-Caddy
Caixa de armazenamento portátil

Armazenamento em móveis
Gabinete portátil de arquivos ❻

❺ Móveis portáteis para materiais de trabalho pessoais em diversos formatos e com funções adicionais

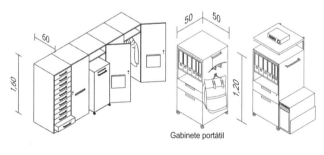

Gabinete portátil

❻ Armazenamento central em móveis com fechadura e complementos como caixa de correio e cabideiro

❼ Possibilidades de extensão das funções dos gabinetes portáteis de arquivos

Administração Escritórios

EDIFÍCIOS DE ESCRITÓRIOS
Estruturas
Tendências
Tipologia até1980
Desde 1980
Paisagismo corporativo
Áreas necessárias
Desksharing
Áreas adicionais
Tipologia espacial
Modulação
Acessos
Tecnologia do edifício
Construção

EDIFÍCIOS DE ESCRITÓRIOS
ÁREAS ADICIONAIS

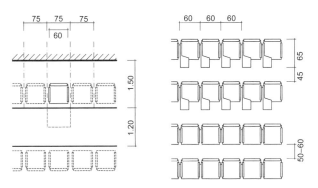

① Relação espacial entre espaços de uso público, no setor de acesso e controle de entrada

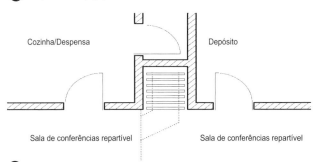

② Requisitos de espaço para assentos em salas de conferência e treinamento

③ As repartições móveis ficam armazenadas em um nicho próprio

Áreas em m²		Faixa	Valor médio	Soma
Local de trabalho	reduzido	11–15	13	15,5
	áreas adicionais assessoramento, depósito de material	1,5–4,2	2,5	
Áreas de apoio	sanitários	0,6–0,8	0,7	9,0
	conferências/cursos	0,3–1,0	0,6	
	arquivos	0,4–1,0	0,6	
	depósito	0,4–1,5	0,6	
	cantina, cafeteria, copa	0,6–1,6	1,1	
	entrada	0,2–0,7	0,4	
	abastecimento/coleta de lixo	0,5–1,5	1,0	
	correio	0,3–0,5	0,4	
	central de computadores	0,5–1,5	1,0	
	vaga na garagem	0–13	2,6	
Edifício	área construída	1,9–3,8	3,0	10,5
	instalações prediais	2,4–4,6	3,0	
	circulação	2,2–6,0	4,5	

④ Áreas brutas médias necessárias para um funcionário (um posto de trabalho)

Áreas secundárias e adicionais
A área total necessária por um funcionário varia, conforme a forma de organização do escritório e sua representatividade, de 23 a 45 m². Aqui 2,6 m² devem ser considerados como área de estacionamento na garagem em subsolo, o que não é computado no cálculo do coeficiente de aproveitamento do edifício. (O. Gottschalk 1994.) Tendência crescente desde os anos 1970.

Saguão
Ligação entre setor público e área de trabalho. Funções importantes são: para-vento, controle, informação, registro de visitantes e área de espera. Setor importante para a imagem das empresas (*Corporate Identity* – CI). A primeira impressão é sempre decisiva!

Conferências, cursos
A sala de conferências deve ter ligação direta com o saguão. É importante prever depósitos para paredes divisórias móveis utilizadas na subdivisão dos ambientes, mesas, cadeiras e aparelhos de mídia; também para os serviços para festas e recepções (esses espaços secundários ocupam cerca de ⅓ da área da sala de conferências).
Observar o isolamento acústico. Por assento, calcula-se cerca de 2,5 m² de área para a sala de conferência (sem incluir espaços secundários). Área relativa a cada funcionário ≈ 0,3–1,0 m².

Correio
Assume a distribuição total – entradas e saídas – da correspondência e pacotes. Áreas de trabalho (mesas para embalagem e classificação) devem ter dimensões suficientes, calculadas a partir das horas de pico. Área necessária por funcionário ≈ 0,3–0,5 m².

Arquivos
Pastas e material em papel, usados raramente mas que necessitam ser preservados (prazos legais), são guardados com economia de espaço (para arquivo de papel tem-se rapidamente 10–20 m lineares por funcionário). Por esse motivo, deve-se adotar, desde o início, o uso do microfilme e de arquivo eletrônico de dados. Para estantes e armários, deve-se calcular o aumento das cargas sobre os pavimentos de 7,5–12,5 kN/m² (estantes sobre rodas).
(→ Arquivamento p. 384 → Arquivos p. 388)

Técnica de processamento de dados
É importante o planejamento, desde o início, de uma rede técnica. Desta deduz-se se as áreas com máquinas/central de dados deverão ser ocupadas também por funcionários; se esta deverá ser instalada central ou descentralizada no edifício. Devido ao alto grau de instalações, esses espaços necessitam apresentar piso duplo, com 70 cm de altura, devendo ser climatizados. Observar o controle especial do acesso. O sistema de *backup* deverá ser separado da central de dados e instalado em área com proteção especial contra incêndios.

Áreas de pausa
Cantina e cafeteria (→ Gastronomia p. 345) funcionam em geral independentes, dirigidas por pessoal externo. Se forem localizadas próximas à recepção, poderão ser utilizadas também por visitantes.
Copas (→ Trabalho p. 491)

Banheiros
Setores de sanitários devem ser dimensionados segundo as diretrizes de regulamentação de áreas de trabalho - ArbStättV (→ p. 488). Aqui deve-se observar principalmente a separação entre zona de entrada do banheiro, com lavatórios, e a área de sanitários propriamente dita. É indicada uma unidade de sanitários por 50 a 80 funcionários; área necessária por funcionário ≈ 0,6–0,8 m².

Serviços
Cada andar deve contar com depósitos/recintos de material de limpeza, preferencialmente com ligação de água e pia. Centrais de coleta de lixo, eventualmente distribuídas por pavimento, com recipientes para coleta seletiva e centro de eliminação de pastas/arquivos. Deve-se planejar uma área de permanência para o zelador, que deve ser centralizada e contar com depósito e oficina.

Outras áreas especiais
Conforme a necessidade, podem ser planejadas áreas para: setor de garagens, com possibilidade de manutenção e depósito de veículos da empresa; áreas esportivas para os funcionários; piscina; sauna; creche e jardim de infância.

EDIFÍCIOS DE ESCRITÓRIOS
TIPOLOGIA ESPACIAL

Tipos de escritórios
Os espaços de escritório podem ser classificados, segundo tamanho e forma de ocupação, em dois tipos: salas individuais (ou "celas") e em grandes espaços livres (escritórios abertos). Todos os outros tipos são variações e diferentes disposições desses tipos de espaços.

Tipos de espaços
Escritório convencional com salas individuais: salas simples ou duplas enfileiram-se ao longo de corredor, a maioria iluminada artificialmente. A infraestrutura ocupa posição nas janelas, pois as rotas de emergência devem ficar livres de mobiliário. Ocupação econômica, com duas ou mais pessoas, prejudica a concentração no trabalho; sala individual impede a comunicação interna. Ainda a forma mais difundida de escritório → ❶.

Escritórios abertos em grandes espaços livres: tipo de escritório desenvolvido nos anos 1960 e 1970. O uso de ar-condicionado e de iluminação artificial possibilitou a criação de grandes espaços abertos, com centenas ou mais de funcionários trabalhando conjuntamente, no sentido de abertura e comunicação. Do ponto de vista econômico, grandes investimentos técnicos necessários. Uma forma não muito bem-aceita pelos usuários → ❸.

Escritórios em grupos: da experiência com os escritórios abertos, desenvolveu-se a forma de subdivisão em grupos, com cerca de 4 a 16 agrupamentos espaciais, utilizados por equipes ou departamentos. Modelo apropriado principalmente para atividades criativas, de projeto e coordenação, com grande necessidade de comunicação → ❷.

Sistemas espaciais
Sistema combinado: pequenas salas individuais separam-se da zona central de comunicação, onde se localiza a infraestrutura comunitária, através de paredes de vidro. Foi uma tentativa, nos anos 1980, de unir a ideia do escritório convencional com o de sistema aberto. Para cada funcionário, há um lugar de trabalho individualizado, para concentração, bem como um espaço central de uso comunitário. As separações envidraçadas incentivam a comunicação e permitem uma vista do espaço central → ❿.

Hotelling-Office, Business-Club: o local de trabalho é determinado através de funções. O usuário escolhe aquele que, no momento, é mais adequado para a tarefa a ser executada (escritório "não territorial"). A individualidade do funcionário resume-se a um gaveteiro. Esse tipo de escritório só é possível através de novas formas de organização internas e equipamentos técnicos, como telefones celulares e laptops. Em combinação com trabalhos externos, com grande parte dos funcionários externos, tem-se uma economia de 20% a 50% em comparação com os escritórios tradicionais → p. 495 ❶.

Escritórios satélites: áreas de escritórios descentralizadas, p. ex. implantadas em zonas residenciais, nas proximidades da moradia dos funcionários. Na forma de salas alugadas, são oferecidas estações de serviços, não somente como apoio externo a grandes empresas, mas também com a ocupação por pequenas firmas e empresários autônomos, em diferentes tamanhos de espaços e infraestrutura. Este sistema contribui para a redução do tráfego urbano, permitindo ainda o uso de áreas pouco utilizadas nas estruturas de escritórios, como salas de conferência, de reuniões e para cursos.

Escritórios reversíveis: no verdadeiro sentido da palavra, não se trata de uma forma de escritório, senão uma forma de edifício, o qual permite, com maior ou menor número de intervenções, a instalação de diversas organizações de escritórios. Com o aumento da flexibilidade espacial cresce também o custo das instalações, havendo necessidade de compromissos entre determinações de tipos e tamanhos para a divisão espacial. Tipo de edifício adequado para aluguel, onde os locatários não são predeterminados → p. 495, p. 497.

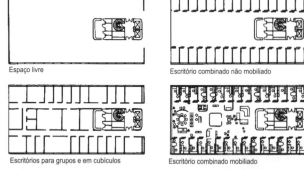

❿ Primeiro projeto de escritório combinado: central administrativa da firma ESAB. Variantes construtivas: grandes espaços livres, salas de grupos, salas individuais, escritório combinado — Tenbom. Arquitetura AB, Estocolmo, 1976.

EDIFÍCIOS DE ESCRITÓRIOS
MODULAÇÃO

Medidas entre eixos, com a determinação de pilares e estruturação da fachada, determinam os possíveis tamanhos dos espaços interiores. A modulação da fachada deve permitir a incorporação das ligações entre paredes divisórias internas e a superfície externa de fechamento. Módulos construtivos podem ser substituídos pelos módulos de estruturação espacial interna. Esse recurso diminui os problemas de junções entre paredes e pilares, ocasionando, entretanto, perdas de espaço nas salas com pilares intermediários, soltos. Considerando-se os diferentes ciclos/tempos de uso das edificações, recomenda-se um sistema de eixos flexível. Como modulação adequada, desenvolveu-se ultimamente a distância entre eixos de 1,50 m para escritórios de salas individuais e de 1,35 m para aqueles que se baseiam no princípio de escritórios combinados.

Distância entre eixos de 1,50 m
Sistema econômico de eixos para salas duplas de escritório, de estrutura básica. Profundidade do local de trabalho (por funcionário) 2,20 m (80 cm, mesa; 1 m circulação; 40 cm estante situada nas costas). Para 10 cm de espessura da parede, o vão livre é de 4,40 m. Profundidade usual de edifícios com corredor central e salas nas duas laterais: 12 a 13 m. Estas medidas são apenas parcialmente adequadas para escritórios combinados.

Distância entre eixos de 1,35 m
Largura das salas de 3,80 m (≈ 18 m² de área útil) possibilita:
– estantes adicionais para arquivos; 2 mesas com PC/monitor, cuja profundidade recomendada, por mesa, é de 0,90 cm; uma mesa de desenho ou prancheta e uma escrivaninha; uma escrivaninha e uma mesa de reuniões para 4 pessoas. Possibilidades para todos os tipos de trabalho de escritório, grande flexibilidade de uso sem mudança de paredes.

Paredes divisórias
Nas áreas terminais das paredes leves deve-se observar ligações com isolamento acústico especial. No caso de divisórias de vidro, deve-se ter o grau desejado de isolamento, segundo o uso das salas!

Fachada
Elementos verticais de divisão da fachada, que coincidem com os eixos de estruturação, deverão ter largura suficiente para junção com as paredes. O ideal é incorporar à fachada, no sentido longitudinal, perfis isolantes independentes. Observar a possibilidade de aberturas nas diversas alas.

Tetos e pisos
É indicada do ponto de vista acústico a independência entre forro/piso e parede → ❺ D, permitindo a formação de canal para cabos, na medida que a propagação aérea de som é, nesse caso, mínima.
Para pisos duplos e forros pendurados deve-se prever prolongamentos verticais das paredes divisórias em todos os eixos ou esses componentes construtivos deverão ser em si isolantes → ❺ B+C

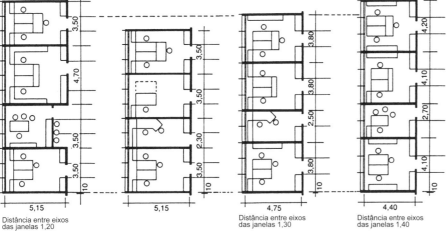

❶ Sistema de modulação baseado na distância de 1,50 m entre eixos. Profundidade do edifício, 12,50 m. Tamanho econômico para salas individuais; para escritórios combinados, zona central comunitária estreita e 10% menos de locais de trabalho à janela, do que em ❷.

❷ Sistema de modulação baseado na distância de 1,35 m entre eixos. Profundidade do edifício 13,40 m. Forma econômica para escritórios combinados; para salas individuais, divisão espacial desfavorável quanto à profundidade

❸ Possibilidades de uso para diferentes distâncias entre eixos das janelas

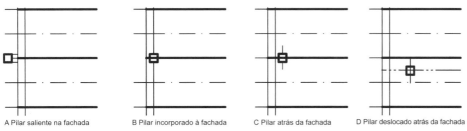

A Pilar saliente na fachada   B Pilar incorporado à fachada   C Pilar atrás da fachada   D Pilar deslocado atrás da fachada

❹ Diferentes possibilidades para localização dos pilares, para desenvolvimento da modulação construtiva. Para A e D, há a parede divisória diretamente ligada à composição da fachada. Para B e C, há formas diferenciadas de ligação entre parede, pilares e fachada

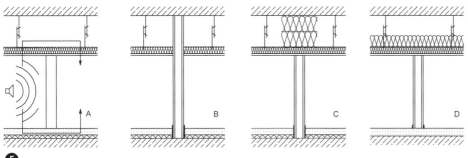

❺ Evita-se a propagação do som através de elementos isolantes acústicos, em ligação com paredes divisórias leves [01]

Administração Escritórios

EDIFÍCIOS DE ESCRITÓRIOS

Estruturas
Tendências
Tipologia
até1980
Desde 1980
Paisagismo
corporativo
Áreas necessárias
Desksharing
Áreas adicionais
Tipologia
espacial
Modulação
Acessos
Tecnologia
do edifício
Construção

EDIFÍCIOS DE ESCRITÓRIOS
ACESSOS

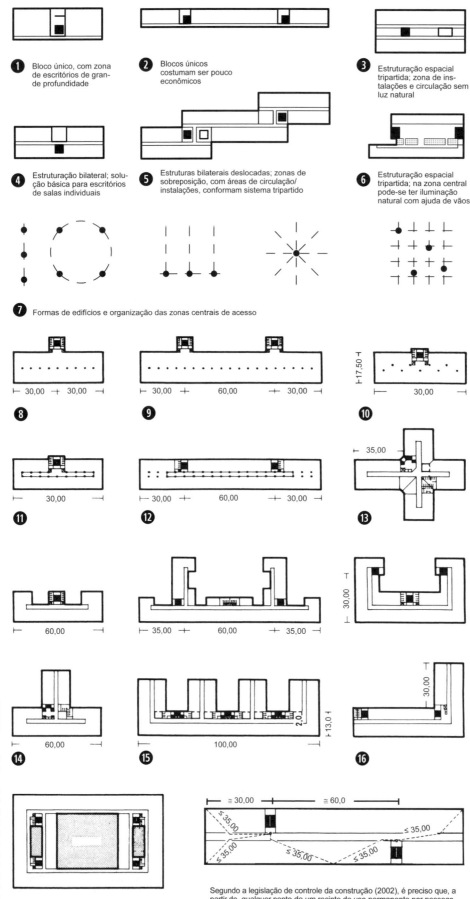

① Bloco único, com zona de escritórios de grande profundidade

② Blocos únicos costumam ser pouco econômicos

③ Estruturação espacial tripartida; zona de instalações e circulação sem luz natural

④ Estruturação bilateral; solução básica para escritórios de salas individuais

⑤ Estruturas bilaterais deslocadas; zonas de sobreposição, com áreas de circulação/instalações, conformam sistema tripartido

⑥ Estruturação espacial tripartida; na zona central pode-se ter iluminação natural com ajuda de vãos

⑦ Formas de edifícios e organização das zonas centrais de acesso

⑰ Construção com átrio

⑱ Segundo a legislação de controle da construção (2002), é preciso que, a partir de qualquer ponto de um recinto de uso permanente por pessoas, exista uma escada a uma distância ≤ 35 m. Para cálculo, tomam-se as medidas entre as caixas de escadas até os limites do edifício de 30 m, e entre si de 60 m → ❶ – ⓮. Observar regras diferenciadas dos Códigos de Obras Estaduais!

Concepção dos edifícios

Bloco único antieconômico; apenas recomendável para salas de escritório de grande profundidade (luz diurna?) → ❶ – ❷.

Blocos com organização bilateral formam, até hoje, a tipologia mais usual de edifícios administrativos; espaços individuais e salas pequenas com possibilidade de iluminação natural → ❹. Zona central de instalações/circulação em área com boa iluminação. Forma mista, com distribuição tripartida, desenvolve-se com o deslocamento do sistema bilateral, com centro na área de instalações → ❺.

Bloco com organização tripartida estruturação típica dos arranha-céus → ❸ + ❻. Ampla área de instalações (maior percentual de área de circulação vertical). A luz diurna penetra nos ambientes até 7 m de profundidade, podendo ter bom aproveitamento. Novos sistemas técnicos de transporte da luz melhoram ainda mais a sua efetividade (prismas, refletores → p. 178). Espaços vazios podem melhorar a iluminação natural na zona central do edifício → ❻.

Orientação do edifício

A orientação pode ser avaliada de diversas formas. Segundo Rosenauer, cerca de 90% de todos os escritórios nos Estados Unidos orientam-se no sentido L–O, uma vez que incomodam os raios de luz oblíquos de manhã e à tarde. A entrada do Sol pela face Sul (no hemisfério Norte) pode ser facilmente reduzida com brises. Segundo Joedicke, recomenda-se a orientação principal no sentido N–S para permitir a insolação suficiente dos ambientes. Salas voltadas para o Norte, apenas em edifícios sem corredores.

Sistema de acessos

Pontos fixos com sanitários, escadas, elevadores etc., localizam-se com distanciamento máximo prescrito pelas normas da construção → ❽ – ⓬. Sua posição e forma determinam a relação do edifício com seu entorno → ❼ – ⓰.

Para unidades de uso menores que 400 m², os corredores não precisam seguir as determinações das saídas de emergência

Administração
Escritórios

EDIFÍCIOS DE ESCRITÓRIOS

Estruturas
Tendências
Tipologia
até 1980
Desde 1980
Paisagismo
corporativo
Áreas necessárias
Desksharing
Áreas adicionais
Tipologia
espacial
Modulação
Acessos
Tecnologia
do edifício
Construção

502

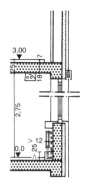 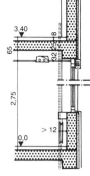 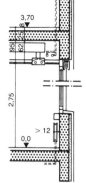 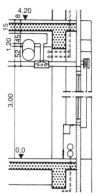

Altura entre pavimentos 3,00–3,10 m
Edifício com baixa possibilidade para instalações, sem forro pendurado. Tubulações para calefação nas paredes externas. Abastecimento elétrico, em canais nos peitoris de janelas ou no piso. Luminárias de teto instaladas com fornecimento de energia por meio de tubos ou através de paredes divisórias. Zona do corredor como "rua de instalações".

Altura entre pavimentos 3,40 m
Edifício atendendo às exigências relativas a instalações, sem incluir ventilação e climatização. Sob a laje (h = 22 cm), tubulações para calefação, eletricidade e água. No corredor, "rua de instalações".

Altura entre pavimentos 3,70 m
Edifícios com áreas de escritórios servidas por sistema de ventilação. Para escritórios com sistema de ar condicionado, recomenda-se espaço para instalações com altura de no mín 50 cm. Cruzamentos de pilares e vigas, na zona de corredores, devem ser efetivados no sentido longitudinal.

Altura entre pavimentos 4,20 m
Ideal para escritórios abertos, pé-direito dos ambientes normalizado de 3,00 m. Altura de 4,20 m entre pavimentos, condicionada pelo cruzamento de canais de ventilação. Todos os elementos construtivos dependentes da altura dos pavimentos, influência no custo do edifício em relação às áreas úteis de escritórios.

❶ Altura entre pavimentos segundo os sistemas de instalações (zona de instalações sob a laje de pavimento ou sobre o piso não acabado)

EDIFÍCIOS DE ESCRITÓRIOS
TECNOLOGIA DO EDIFÍCIO

Climatização
Dois quintos dos custos de funcionamento de um edifício administrativo recaem sobre os custos de energia. O consumo de energia para o condicionamento do ar no verão é consideravelmente maior do que o necessário para calefação no inverno.

As temperaturas ambientes devem ser de no mín. 19°C e no máx. 26°C (normas da legislação de controle das áreas de trabalho – ArStättV). O tipo de construção e orientação do edifício são decisivos na determinação das necessidades climáticas e de iluminação. Partes construtivas de grande massa (armazenamento térmico), fachadas duplas e painéis refletores de luz ajudam a reduzir o consumo de energia.

Ambientes totalmente climatizados
O volume bruto dos recintos e preço total de construção para edifícios climatizados, são 1,3 a 1,5 vezes mais elevados → ❶.

Sistema de refrigeração suave
→ ❷ – ❸

Para aumentar o equilíbrio energético, partes construtivas maciças, com grande superfície, devem ter contato direto com o ambiente (efeito tampão). Nesse caso, os tetos/forros são os elementos mais apropriados, pois as paredes podem ser deslocadas. Outro ponto de desenvolvimento nesse setor é a refrigeração de partes construtivas, p. ex., através de mantas com ação capilar de meios refrigerantes. Tetos radiantes trabalham sem o efeito tampão de partes construtivas maciças. Outras formas de economia energética são possíveis através da geotermia, onde a entrada de ar pode ser controlada, com o aquecimento ou resfriamento anterior: isto pode ser feito, de forma forçada ou passiva, em instalações com temperatura do solo constante. Para melhorar a regulagem individual, pode-se ter o sistema de entrada de ar temperado por convectores.

O funcionamento de partes construtivas como radiadores térmicos pode ser suficiente na regulagem da entrada de ar (ganho de área útil com construções limitadas de forros). Custos de climatização com elementos construtivos refrigerados não são maiores do que os custos do sistema de ar-condicionado comum. Qualidades: não forma correntezas de vento, sem ruídos, redução dos custos de investimento e funcionamento (água – volume de funcionamento 1.000 vezes menor, para mesmo efeito de climatização do ar), sistema fechado, possibilidade de ganho de energia térmica posterior, redução do volume de abastecimento (água em vez de ar) e dos tamanhos das grandes centrais energéticas.

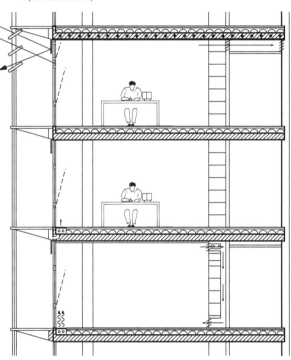

Teto sem forro serve como tampão de energia térmica; ventilação transversal, através de persianas e poços, sobre a zona de corredores, contribuem para o resfriamento da laje maciça. No caso de uso de sistema adicional de aquecimento ou resfriamento (capilar), denomina-se o todo como "sistema de ativação de partes construtivas": há economia de energia, porém o sistema é lento e difícil de ser regulado.

Teto sem forro, como tampão de energia térmica; convectores sob o piso do corredor, com poço para entrada de ar externo, servem para aquecer ou resfriar o ambiente (no caso, com ajuda de ventilador). Esse sistema é controlado apenas individualmente e de forma parcial, pois a calefação e refrigeração ocupam a mesma tubulação

Teto sem forro, como tampão de energia térmica; convectores sob o corredor servem para calefação. Convectores de refrigeração são instalados nos armários; resfriam o ar próximo ao teto, ocasionando a sua descida para o piso (sem ventiladores). Esse sistema pode ser bem controlado individualmente, porém com sistema duplo de tubulação

❷ Alternativas para climatização de áreas de escritório; economia de alturas entre pavimentos através da redução da seção da zona de abastecimento (água em vez de ar)

Construção do piso	Altura da construção do piso sobre a laje bruta mm	Forma de canal
Massa de nivelamento	30	Canal aberto, com distribuição no corredor
	55	Canal coberto por massa niveladora, com distribuição no corredor
	70	Canal aberto, com distribuição sob o corredor
	70	Canal coberto por massa niveladora, com distribuição sob corredor
	70	Piso duplo, com distribuição sob o corredor
	70–1000	Piso com laje nervurada ou caixão perdido, com distribuição sob corredor

❸ Piso de instalações, em dependência com o tipo de construção

Ar fresco m³/h por pessoa	Segundo DIN EN 13779
≤ 10	Não fumantes, para temp. do ar aquecido; tempo externa abaixo de 0°C
10–20	Para demandas baixas, edifícios existentes
20–30	Medida normal, edifícios novos
≥ 30	Alta demanda

❹ Necessidade de ventilação para áreas de escritório

Parte construtiva	Tempo de vida
Estrutura	50 anos
Fachadas	20 anos
Tecnologia do edifício	7–15 anos
Interiores	5–7 anos
Aparelhos, móveis e tecnologia de comunicação	permanente mudança

❺ Tempo de vida de partes construtivas

Administração
Escritórios

EDIFÍCIOS DE ESCRITÓRIOS

Estruturas
Tendências
Tipologia até1980
Desde 1980
Paisagismo corporativo
Áreas necessárias
Desksharing
Áreas adicionais
Tipologia espacial
Modulação
Acessos
Tecnologia do edifício
Construção

503

EDIFÍCIOS DE ESCRITÓRIOS
CONSTRUÇÃO

Estrutura – Influência do sistema construtivo sobre a distribuição espacial dos escritórios → ❶ – ❹. Propostas de construção, em corte transversal, para edifícios de escritórios estruturados em duas faixas de ocupação, com as seguintes cargas: – normais 5 KN/m², adicionando 2 KN/m² relativos à construção dos pisos e camada de assentamento dos pavimentos (8 cm de canais e ligações de abastecimento técnico).
– Pé-direito dos ambientes: 2,75 m, em conjunto com abastecimento técnico (com possibilidade futura de construção de piso duplo ou forro pendurado em altura mais baixa). Para ambientes de atividades basicamente sentadas, é possível a redução do pé-direito em 25 cm, considerando-se entretanto o limite mín. de 2,50 m. Sanitários, corredores, podem apresentar 2,30 m (espaço utilizado como "ruas de instalações técnicas"). Segundo Kahl, a economia de um sistema estrutural depende muito mais da sua integração funcional à construção, do que da otimização dos componentes isolados (p. ex., pré-fabricados). Diferença entre sistema estrutural longitudinal ou transversal → ❶ – ❹. Margem de escolha do sistema construtivo, no exemplo de laje maciça de concreto armado, com vão livre de 6,50 m. Critérios: custos praticamente iguais; maior peso próprio, influenciando os custos estruturais de distribuição das cargas e fundações; maior espessura da laje possui vantagens no que diz respeito à rigidez do sistema, para solicitações diferenciadas (necessidade de travamentos, transposições de cargas, cargas isoladas, diferentes vãos livres, diferentes tipos de construção e revestimentos de piso).
Lajes nervuradas: apresentam vantagens econômicas somente a partir de maiores vãos livres (menor peso próprio, maiores custos de formas). Perfurações através das nervuras não são possíveis, devido ao espaço reduzido. Vigas de apoio semelhantes ao sistema acima.
Sistema estrutural de lajes e vigas. Para grandes vãos livres, solução econômica. A instalação é feita paralelamente a vigas secundárias de apoio, cujos cruzamentos com a estrutura principal, sobre pilares, deverão de preferência acontecer nas áreas de corredores → ❶ – ❹. O posicionamento da fachada poderá ser o mesmo da estrutura, estar à frente ou recuado em relação a ela, existindo uma enorme variação de soluções com a separação entre construção e forma de acabamento dos panos de fechamento externos. A posição dos pilares, externos, incorporados à fachada ou recuados, exerce influência sobre os componentes da fachada e sua ordenação (modulação, conformação dos cantos).
Pilares localizados internamente → p. 501 ❹ A – D. Para lajes em balanço, com trecho livre c = 1/5L – 1/3L a partir do pilar, constituem solução econômica. A rigidez do conjunto poderá ser aumentada através de paredes transversais, pórticos em cada pavimento e construção de blocos fixos maciços como central de serviços e circulação, com delimitação de zonas secundárias.
Método construtivo – Paredes divisórias maciças podem substituir pilares e vigas, ou ainda serem introduzidas ao sistema construtivo na forma de painéis rígidos, armados → ❺ – ❼. As aberturas deverão ser pré-determinadas, uma vez que o sistema é irreversível. O uso de paredes divisórias leves tem a vantagem não só de possibilitar mudanças posteriores, como também de permitir a decisão livre da distribuição espacial, ainda durante a etapa de construção (complementos, suporte – dos dois lados 2 x 12,5 mm; os painéis de gesso acartonado correspondem a um isolamento acústico próximo ao de uma parede de 24 cm, com densidade bruta de 1,2 kg/dm³, rebocada em ambos os lados).

As lajes são apoiadas transversalmente ao sentido básico do edifício, sobre vigas principais de apoio longitudinais. A viga central e os pilares implantam-se lateralmente ao corredor, no espaço intermediário entre as paredes que o delimitam.
– Flexibilidade e reversibilidade sem limitações.
– Largura suficiente para o corredor mantendo vão de passagem entre pilar e parede.
– Sistema apropriado, sem forro pendurado, também para estacionamento de automóveis, com demarcação de circulação no sentido longitudinal do edifício.

❶ Sistema estrutural. Viga central solicitada por dois campos de cargas

As lajes são apoiadas no sentido longitudinal do edifício, com vigas de apoio no sentido transversal, construídas entre pilares externos, com pilar de apoio central.
– Flexibilidade e reversibilidade sem limitações.
– Devido à baixa densidade do material, necessidade extra de isolamento acústico (forro pendurado e massa de assentamento dos pisos contra propagação sonora de impacto).
– Sistema apropriado para estacionamento de automóveis, com vias de circulação internas na direção longitudinal do edifício.

❷ Sistema estrutural, vigas solicitadas por maior número de campos

As lajes são instaladas na direção transversal do edifício. As vigas principais de apoio encontram-se no sentido longitudinal; no campo mediano, em ambas as laterais do corredor central. As paredes delimitadoras do corredor também atuam estaticamente, sendo ainda possível contraventamento através de paredes transversais.
– Paredes de corredor sem possibilidade de mudança, limitação da flexibilidade de organização espacial.
– Espessura da laje de 20 cm (isolamento acústico), quando só se desejar forro pendurado ou massa de assentamento flutuante.
– Sistema não apropriado para estacionamentos.
– Parede estrutural ao longo do corredor, econômica.
– Sistema construtivo econômico quanto maior for a largura do edifício e maior for o distanciamento entre pilares no sentido longitudinal.

❸ Sistema estrutural com vigas solicitadas por três campos de cargas

Vigas de apoio sem pilar central e livres dos pilares externos; placas em sentido transversal.
– Flexibilidade e reversibilidade sem limitações.
– Exigência de forro pendurado.
– Entre as vigas de apoio transversais, passagem de instalações; montagem em sentido longitudinal, através de perfurações, praticamente impossível.
– Construção em conjunto pouco econômica, com grande altura das vigas principais (mesmo com uso de vigas de aço), edifício de grande volume, apenas com a vantagem de espaços livres de pilares. Altura mínima das vigas 60 cm; construção sujeita a vibrações e com perigo de curvamento.

❹ Sistema estrutural, sistema de lajes e vigas ou lajes nervuradas

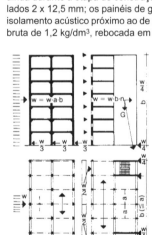

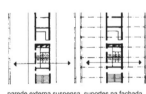

Teto suspenso parede externa suspensa

parede externa suspensa suportes na fachada

❺ Rigidez através de estruturas em pórtico, distribuindo a carga de ventos para as fundações

❻ Rigidez através de paredes-painéis armadas

❼ 4 possibilidades de distribuição das cargas das lajes sobre pilares e zona central (estrutura independente de apoio), em organização construtiva em três faixas de ocupação

ARRANHA-CÉUS
FUNDAMENTOS

Definição de arranha-céu
Arranha-céus são edifícios destinados à permanência de pessoas e cujo piso, no andar mais alto, em um dos lados da edificação, localiza-se a mais de 22 m acima do nível do terreno (MBO).

Tipologia
Fundamentalmente, pode-se classificar os arranha-céus em dois tipos:
1. Forma econômica, com **quadras** desenvolvidas em altura, derivada da estrutura urbana e da legislação das cidades. Encontrado em cidades de grande densidade, como Nova Iorque → ❹.
2. A forma da **torre** solitária, onde, ao lado do adensamento urbano, há o caráter de significância do proprietário e de símbolo marcante na paisagem da cidade → ❺.

Uso
Como sinal de extremo adensamento urbano, os arranha-céus podem ser vistos como uma "cidade dentro da cidade". Como resultado, tem-se a multiplicidade de usos. Nos andares inferiores localizam-se os espaço públicos (plaza, hall) e, sobre eles, escritórios, hotel, apartamentos.
Como na Europa os arranha-céus são construídos basicamente em função da representatividade, sobressaem nessa área os edifícios-sede de firmas, com hotel e apartamentos anexos. Na Alemanha, usos como escola, hospitais e residências de idosos são excluídos nessa tipologia de edifícios.

Localização
Na Europa, a construção de arranha-céus é determinada politicamente. A decisão sobre onde e sobre sua forma é feita em função do seu efeito sobre a paisagem urbana. A ligação entre arranha-céu e entorno urbano requer o atendimento de diversas exigências urbanísticas. A conservação do espaço da rua, a ampliação das áreas públicas, ligação com meios de transporte, circulação de pedestres, relações de luz diurna com edifícios adjacentes e mudanças no microclima são fatores que devem ser observados.

Aprovação
Ao lado dos órgãos normais, a aprovação de arranha-céus, dependendo da sua localização e da legislação estadual, conta com a participação de outras instituições especializadas, como o setor da segurança aérea (reflexões e radares → p. 123), rádio e telefonia, segurança e proteção das águas.

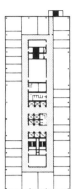
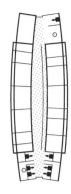

❶ As áreas de circulação e de apoio, localizadas centralmente, necessitam de iluminação e ventilação artificiais   Arq.: Rosskotten

❷ Edifício estruturado em duas faixas, com circulação vertical centralizada na fachada

❸ Planta compacta oval com eixo de ventilação envidraçado para elevadores. 1 Bligh Sydney Arq.: ingenhoven architects + Architectus

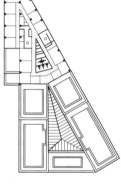

Implantação — Nível da entrada — Pavimentos superiores

Legenda:
- Elevador
- Estrutura central
- Escada principal
- Áreas de circulação, foyer
- Escada secundária

❹ Edifício com planta derivada do formato da quadra
Kollhoff-Tower Berlin   Arq.: Kollhoff

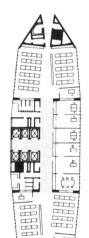
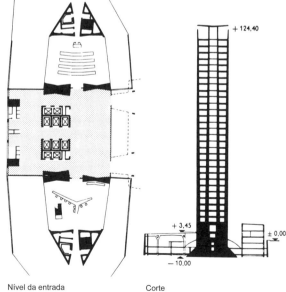

Pavimento tipo — Nível da entrada — Corte

❺ Estrutura complexa de torre, suportando lajes protendidas dos pavimentos com vãos ≤ 24 m e espessura de apenas 75 cm   Arq.: Ponti-Nervi

---

Administração Escritórios

ARRANHA-CÉUS

Fundamentos
Construção
Exigências

ARRANHA-CÉUS
CONSTRUÇÃO

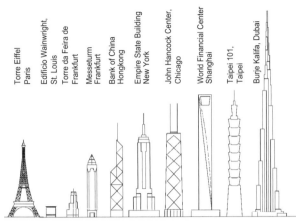

① Evolução dos arranha-céus, do Edifício Wainwright ao Burj Kalifa. Para comparação, a Torre Eiffel em 1889, com 375 m de altura.

A solução estrutural usual dos edifícios elevados é o sistema de pilares e vigas de concreto armado ou aço. Os vãos dependem do tipo construtivo e do material utilizado. Lajes maciças de concreto armado 2,5 a 5,5 m; lajes nervuradas 5 a 7,5 m; no máximo 12,5 m entre apoios principais. Para concreto protendido, a distância entre apoios é de até 25 m, para elementos construtivos de apenas 0,75 m → p. 505 ❺. Com pilares externos deslocados para o interior, o fechamento externo conforma fachadas livres (cortinas de vidro, p. ex.; observar condições de proteção contra incêndios → p. 507 ❼). Multiplicidade de formas construtivas mistas, esqueleto de aço, lajes de concreto. Em regiões sujeitas a terremotos, construções especiais, que evitam o balanço extremo do edifício.

Determinante nos projetos de arranha-céus é a escolha do sistema estrutural e de circulação vertical. A relação entre área útil e custos da construção, cresce desfavoravelmente com a altura do edifício. A área ocupada pela estrutura e circulações é bastante elevada em proporção à área de ocupação do edifício sobre o terreno. A subdivisão dos arranha-céus em seções, com elevadores rápidos chegando a centrais intermediárias de distribuição (*sky lobbies*), com acesso a elevadores "locais", por departamento, limita a área de ocupação da base e o tempo de transporte → p. 507 ❻.

O **fator econômico** depende do chamado *sway factor*, ou seja, da relação máx. permitida entre forma horizontal do topo (ou "ponta") do edifício e altura total do mesmo (no máx. 1:600).

Fundamentais no dimensionamento de edifícios de grande altura, são as forças horizontais (dos ventos), muito mais do que as cargas verticais. As adaptações horizontais provêm 90% da defasagem estrutural (*shear sway*), e apenas 10% da inclinação do edifício como um todo. Esqueletos estruturais rígidos, sem contraventamentos especiais, são antieconômicos a partir do 10° pavimento. Sistema convencional de pórticos conduz a dimensões antieconômicas a partir do 20° pavimento. Pórticos de concreto armado podem ser utilizados simplesmente até o 10° pavimento, necessitando entre 20° e 30° pavimentos paredes de contraventamento para rigidez do conjunto; acima, utilizar construções tubulares de concreto, simples ou duplas. A economia do edifício advém do uso de determinados materiais, tipo construtivo adequado e introdução de técnicas racionalizadas de construção → ❷.

Exemplo de uma solução construtiva econômica é a do John Hancock Center, em Chicago, projeto de 1965 de Skidmore, Owings&Merril. A estrutura aparente determinou a concepção do projeto. Através do princípio tubular, o consumo de aço foi extremamente reduzido. Economia funcional através da distribuição dos usos em pavimentos: 1° a 5° andares, lojas; 6° a 12°, estacionamentos; 13° a 41°, escritórios com uso flexível; 42° a 45°, técnica e *sky lobby*; 46° a 93°, apartamentos; 94° a 96°, visitantes e restaurantes; 97° a 98° estação de rádio e TV → ❼ – ❽.

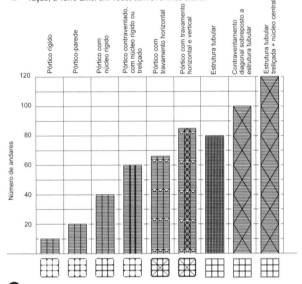

② Comparação da escala econômica entre sistemas construtivos

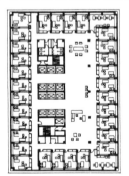

③ Escritório de deputados da Câmara, Bonn, 1969 Arq.: E. Eiermann em conjunto com BBD

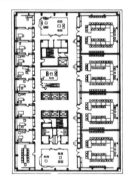

④ A zona central de serviços descentralizada permite diversas configurações espaciais

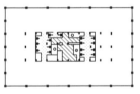

❼ John Hancock Center, Chicago 13° – 14° andares com espaços para escritório de uso flexível

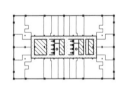

❽ John Hancock Center, Chicago 46°– 93° andares, apartamentos Arq.: Skidmore, Owings & Merrill

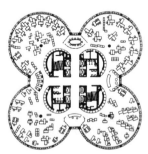

⑤ Central administrativa da BMW, Munique 1972 Arq. Karl Schwanzer, pavimento-tipo com escritórios organizados em grandes espaços livres

⑥ Variante: planta com salas individuais

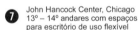

❾ Forma básica aditiva

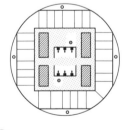

❿ Forma básica compacta

Administração
Escritórios

ARRANHA-CÉUS

Fundamentos
Construção
Exigências

506

Grupo de edifício elevado	Altura sobre via de acesso do corpo de bombeiros	Exigências especiais
I	22– 30 m	diretrizes para construção de edifícios elevados
II	30– 60 m	pelo menos um elevador para o corpo de bombeiros
III	60–200 m	estruturalmente, para partes construtivas relevantes com resistência ao fogo F120, maior número de elevadores especiais podem ser exigidos
IV	acima de 200 m	os órgãos de aprovação podem apresentar exigências especiais

❶ Exigências de aprovação segundo grupos de edifícios elevados

❷ Espaço necessário para a escada na parede externa, com distâncias mínimas até janelas

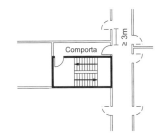

❸ Espaço necessário para a escada no interior do edifício, com sistema de ventilação

❹ Escada de segurança externa

❺ Escada de segurança interna, com sistema de pressão de proteção contra fumaça

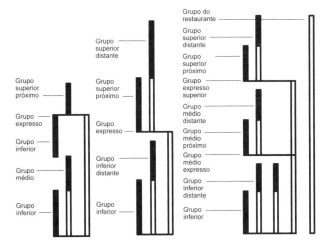

❻ Condução de diversos grupos de elevadores em mesmo poço, em sistema expresso (sky lobbies)

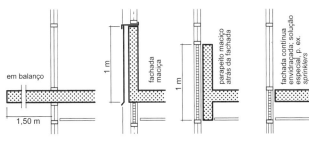

❼ Exigências na área de peitoris para edifícios elevados, para evitar a passagem de chamas de um pavimento para outro

ARRANHA-CÉUS
EXIGÊNCIAS

As exigências para construção de arranha-céus derivam essencialmente das normas de proteção contra incêndios. Apresentam-se aqui as exigências que têm influência relevante na definição espacial do projeto. As diretrizes detalhadas quanto a partes construtivas são encontradas nos códigos de obra estaduais e nas normas específicas reguladoras da construção de arranha-céus. Regulamentos locais devem ser esclarecidos logo no início do projeto.

Saídas de emergência
As rotas de emergência têm no mín. 1,20 m de largura; devem seguir em duas direções, cada uma para um sistema de escadas. A distância máxima entre cada ponto de um espaço de permanência e as escadas de saída não deve ultrapassar 25 m. Corredores com duas direções de percurso de emergência devem ter no máx. 40 m de comprimento. As portas nas saídas de emergência devem ter pelo menos 90 cm de largura desobstruídos. Corredores laterais com apenas uma direção de fluxo devem ter no máximo 15 m de comprimento. Caso haja uma segunda rota de fuga, deve-se instalar uma porta corta-fogo e de fechamento automático.

Escadas
Para edifícios elevados, com até 60 m, deve-se ter no mínimo duas caixas de escadas, localizadas em posição contrária em relação aos setores de eliminação de fumaça. Sua largura mín. é de 1,25 m. O centro livre da escada deve ter um espaçamento de no mín. 15 cm, para passagem das mangueiras. Na extremidade superior deve-se ter abertura para escoamento da fumaça (5% da área, no mín. 1 m^2). A saída deverá ser imediatamente no exterior do edifício ou através de espaço protegido contra calor e fumaça. Em casos excepcionais, para edifícios de até 60m, pode-se ter apenas uma escada, desde que seja de segurança. Em prédios mais altos, todas as escadas devem ser de segurança. Exigências para a localização das escadas → ❷ – ❺.

Elevadores
As edificações de até 25 andares costumam ter apenas um grupo de elevadores. Todos os elevadores servem todos os andares. No caso de se necessitar mais de 6 elevadores, estes serão separados em dois grupos.

Para edifícios mais altos, os elevadores serão subdivididos em grupos. Cada grupo serve um número determinado de andares. Para mais de três grupos, o grande número de elevadores no andar térreo, segundo sistema comum, fica antieconômico. Para arranha-céus com mais de 200 m de altura utiliza-se o sistema de *sky lobby* servido por elevadores expressos (em geral, 2–3), de onde se tem outras possibilidades de subdivisão no atendimento. Nesse caso, a subdivisão pode ser feita utilizando apenas um poço de elevadores → ❻.

Elevador do corpo de bombeiros
Em edifícios com mais de 30 m de altura, deve-se ter no mín. um elevador para uso do corpo de bombeiros, com poço independente. O elevador deve estar a no máximo 50 m de qualquer ponto de um espaço de uso permanente, contar com uma antessala de pelo menos 6 m^2 e ficar nas imediações de uma escadaria para permitir a entrada de macas.

Fachada
Para evitar a propagação do fogo entre os pavimentos, deve-se ter parapeitos com resistência ao fogo W 90 A, com no mínimo 1 m de altura (altura de propagação das chamas). Uma alternativa pode ser um elemento construtivo horizontal, com 1,5 m em balanço, também com categoria de resistência W 90 A. Fachadas de vidro (vidros duplos) requerem aprovação especial, exigindo instalações especiais contra incêndios, como *sprinklers*, sistema de água nebulisada etc. → ❼.

Superfícies envidraçadas, que não podem ser limpas sem perigo a partir do interior do edifício, devem ter instalações e pessoal especial para limpeza externa → p. 112.

Administração Escritórios

ARRANHA-CÉUS

Fundamentos
Construção
Exigências

Ver também:
Proteção contra incêndios p. 190
Elevadores p. 139

EDIFÍCIOS PARLAMENTARES

Edifícios parlamentares são estruturas erigidas para os órgãos eleitos do governo e da administração de uma comunidade.

Normalmente, tais edifícios abrigam conjuntos de escritórios com requisitos especiais de segurança. Além de estações de trabalho, eles contam com salas de reunião para a tomada de decisões democráticas. É raro que distritos governamentais inteiros, como Brasília ou Chandigarh, sejam projetados do zero. Após a decisão de realocação do governo da República Federal da Alemanha, que ficava em Bonn, no Reno, até Berlim, os antigos terrenos industriais cortados pelo Muro de Berlim, perto do edifício do Reichstag, deram lugar a um distrito governamental inteiro.

O projeto do distrito, de autoria de Axel Schultes e Charlotte Frank, buscou alinhar os novos edifícios em uma "fileira de sedes governamentais", que se estende pela curva do Rio Spree e liga simbolicamente os antigos lados oriental e ocidental. A fileira tinha por objetivo unir as funções legislativas, executivas e públicas (gabinetes da Chancelaria Federal e do Parlamento e um fórum público – este último não executado) em pé de igualdade com o Parlamento.

Gabinetes do Parlamento

A Paul-Löbe-Haus abriga os gabinetes dos 275 membros do Bundestag (Parlamento alemão) e seus funcionários (cerca de 550 escritórios), bem como os gabinetes das secretarias da Comissão Parlamentar (cerca de 450 escritórios). Os escritórios e as salas de reunião ficam em câmaras nas asas do edifício, enquanto a Comissão reúne-se em salas circulares de dois andares, dispostas no bloco central. Imprensa e visitantes podem acompanhar as reuniões públicas de dentro das galerias.

O edifício está conectado ao Parlamento por meio de um túnel. Departamentos parlamentares que não precisam ficar nas imediações do plenário, como a biblioteca e o departamento de serviços científicos, ficam na Marie-Elisabeth-Lüders-Haus, do outro lado do Spree, ligada à Paul-Löbe-Haus por uma passarela.

No caso de edifícios parlamentares menores, como o do Parlamento de Liechtenstein, os gabinetes dos membros podem ficar diretamente ao lado da câmara.

1 A "fileira de sedes governamentais". Mapa do planejamento urbano dos novos edifícios governamentais perto do Reichstag em Berlim
Arq.: Axel Schultes, Charlotte Frank

① Parlamento
② Gabinetes de membros do Parlamento
③ Biblioteca + departamento de serviços científicos

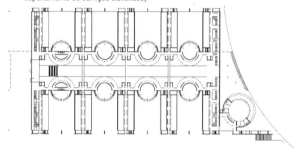

2 Seção transversal da "fileira de sedes governamentais", incluindo a localização dos gabinetes dos membros parlamentares na Paul-Löbe-Haus, ao lado do edifício do Reichstag, e da Marie-Elisabeth-Lüders-Haus (com a biblioteca parlamentar e o departamento de serviços científicos)

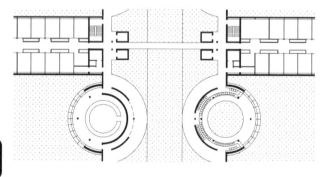

3 Edifício Paul-Löbe-Haus para membros do Parlamento alemão, incluindo as salas da Comissão dispostas ao longo do corredor
Arq.: Stephan Braunfels Architekten

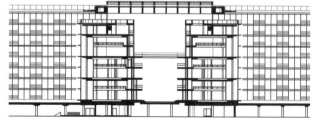

4 Ala da Paul-Löbe-Haus, com gabinetes parlamentares, salas de reunião de dois andares e galeria para imprensa e visitantes
Arq.: Stephan Braunfels Architekten

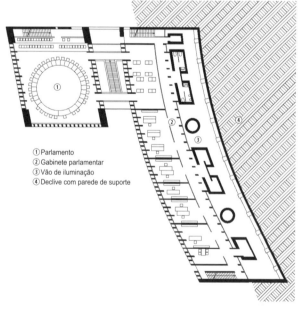

① Parlamento
② Gabinete parlamentar
③ Vão de iluminação
④ Declive com parede de suporte

5 Parlamento e gabinetes para membros parlamentares em Vaduz, Liechtenstein
Arq.: Hansjörg Göritz Architekturstudio

Administração Escritórios

EDIFÍCIOS PARLAMENTARES

Gabinetes do Parlamento
Salas de reunião
Embaixadas

EDIFÍCIOS PARLAMENTARES
PARLAMENTOS E PREFEITURAS

Parlamentos e prefeituras são edifícios nos quais membros do Parlamento e funcionários públicos administram uma comunidade. Neste sentido, são edifícios de escritórios com salas de reunião. Prefeituras e edifícios governamentais representam a autoimagem de uma sociedade.

Prefeituras
Prefeituras abrigam a administração municipal, gabinetes, a Câmara Municipal e o prefeito. Os gabinetes ou escritórios podem pertencer à administração interna ou destinarem-se a uso público. Os serviços de emissão de passaportes, de registro de veículos e similares agrupam-se em grandes centros abertos ao público, com salas de espera e balcões de atendimento. Esses serviços são organizados por um sistema de bilhetes e anúncios, que chamam e direcionam o público ao balcão de atendimento adequado, garantindo ordem e discrição ao processo. A câmara do Conselho Municipal deve acomodar vereadores, representantes administrativos, membros da imprensa e visitantes. Os assentos são geralmente dispostos em círculo ou semicírculo, de modo a facilitar a participação de todos nas reuniões → ❶ – ❷.

Parlamento
A câmara do plenário desempenha um papel central nos sistemas de governo democráticos. Geralmente, ela é complementada por salas de assembleia menores destinadas a comissões e conferências de imprensa e aos gabinetes dos membros do Parlamento.

O número de salas de assembleia depende da estrutura do Parlamento. Em parlamentos deliberativos (*Redeparlamente*), a maioria das discussões se dá na câmara do plenário; nos parlamentos executivos (*Arbeitsparlamente*), os debates e as votações acontecem nas comissões. Neste último caso, a câmara do plenário destina-se principalmente à aprovação de leis e debates constitucionais.

A câmara do plenário geralmente contém assentos dispostos em semicírculo para os deputados, e, do lado oposto, assentos para outros membros do governo e para o orador; imprensa e visitantes ficam em áreas acima e atrás dos deputados. Os assentos em semicírculo costumam ser fixados ao chão, mas, dependendo do uso, do sistema eleitoral e da disposição dos assentos dos grupos parlamentares, pode haver a necessidade de se implementarem assentos móveis. O saguão em frente ao plenário oferece espaço para discussões e acordos fora da câmara.

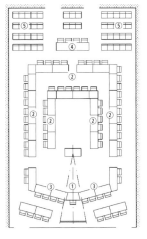

① Prefeito
② Vereadores
③ Administração
④ Imprensa
⑤ Visitantes

❶ Pequena câmara para 12-14 vereadores, representantes administrativos e alguns assentos para convidados

❷ Câmara em forma de U para cerca de 50 vereadores

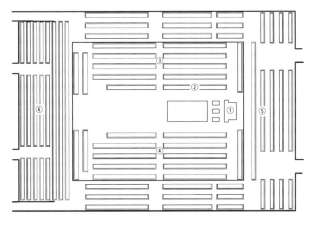

① Tribuna
② Governo
③ Partido governante
④ Oposição
⑤ Imprensa
⑥ Visitantes

❸ Parlamento inglês: governo e oposição frente a frente

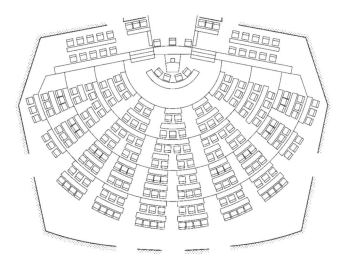

❹ Parlamento semi-circular: no centro, a tribuna e os assentos protocolares, à frente do presidente e dos assentos para membros do partido vigente

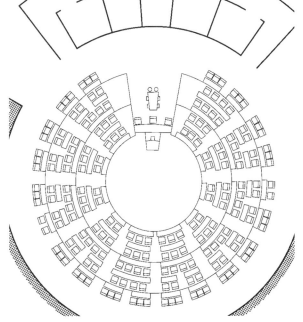

❺ Parlamento circular: membros do Parlamento e do partido vigente sentam-se em círculo.

Administração Escritórios

EDIFÍCIOS PARLAMENTARES

Gabinetes do Parlamento
Salas de reunião
Embaixadas

509

EDIFÍCIOS PARLAMENTARES
MISSÕES E EMBAIXADAS

Embaixadas são o local oficial de representação diplomática permanente de um Estado de envio no Estado de acolhimento. Tradicionalmente, elas servem como veículo de relações diplomáticas entre Estados e como ponto de contato para os cidadãos do Estado de envio. A função de representação nacional torna-se cada vez mais importante, e as características econômicas e culturais do Estado de envio devem ficam claras. Em termos de espaço físico, isso se reflete na disposição espacial e nos padrões arquitetônicos das embaixadas. Além da sala do embaixador (representante pessoal do chefe de Estado) e dos escritórios consulares, instalações como bibliotecas, recepção e salas de conferência oferecem um espaço e um palco de apresentação pública do Estado de envio.

As embaixadas só surgiram como edifícios separados no início do século XX; antes disso, embaixadores exerciam suas funções em apartamentos ou casas urbanas representativas. Tais casas e palácios urbanos desenvolveram-se em um complexo de três alas que permitiam separar as funções em três áreas. No centro ficam a recepção e as salas sociais, com uma fachada representativa. Adjacentes a isso, em uma ala separada, ficavam os ambientes de trabalho e a moradia do embaixador e seu pessoal. Outra ala, com entrada própria, servia de chancelaria com acesso público, destinada às funções consulares → ❶. Em termos de jurisdição internacional, a embaixada pertence ao Estado de acolhimento, mas goza de proteção diplomática especial.

Atualmente, dispensam-se as áreas de habitação para membros consulares. As embaixadas escandinavas em Berlim compartilham um complexo de edifícios para fazer uso eficiente dessas grandes salas representativas → ❷ – ❸.

Os requisitos de segurança são geralmente especificados pelos Estados de envio e são uma tarefa essencial do projeto arquitetônico, juntamente com a necessidade de representação. A Embaixada da Índia em Berlim mostra como a necessidade de segurança e o desejo de representação podem ser conciliados. A entrada principal fica em um pátio cilíndrico, que serve tanto como um gesto de boas-vindas quanto como uma área de fácil monitoramento. Atrás dela, na área central, ficam as salas de recepção e eventos; as áreas de acesso público, como a biblioteca e o escritório, localizam-se nos andares superiores ao redor do pátio de entrada. As áreas habitáveis e de hóspedes ficam em local mais protegido, na parte traseira do edifício → ❹.

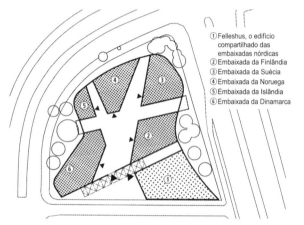

❶ A Embaixada da Itália em Berlim exemplifica um complexo de três alas, típico dos primeiros edifícios consulares erigidos no início da década de 1940

❷ Planta das embaixadas escandinavas em Berlim. O conjunto ilustra a existência de interesses comuns, mas preservando as identidades nacionais
Masterplan and Felleshus, Arq.: Berger + Parkkinen Architekten

❸ Felleshus, o edifício compartilhado das embaixadas escandinavas em Berlim. Os grandes espaços para eventos representativos, exposições e recepções podem ser utilizados de modo intercalado por todas as embaixadas participantes
Arq.: Berger + Parkkinen Architekten

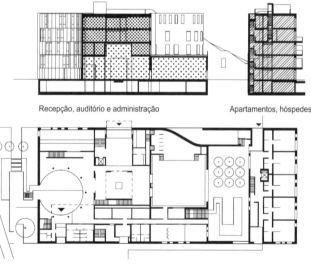

❹ Embaixada da Índia em Berlim   Arq.: Léon Wohlhage Wernik, Berlim

Administração Escritórios

EDIFÍCIOS PAR-
LAMENTARES

Gabinetes do
Parlamento
Salas de reunião
Embaixadas

BANCOS

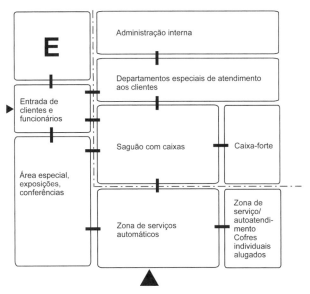

① Relação espacial em banco comercial com acesso de clientes

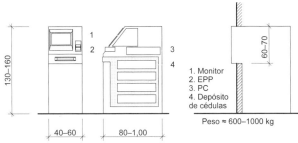

② Caixas eletrônicos

CE – Caixa eletrônico:
Altura: 1,30–1,60 m
Largura: 0,40–0,60 m
Profundidade: 0,80–1,00 m
Peso: 600–1000 kg

IE – Impressora de extratos:
Altura: 1,10–1,30 m
Largura: 0,50–0,80 m
Profundidade: ~ 0,60 m
Peso: ~ 150 kg

③ Dimensões: caixa eletrônico, impressora de extratos

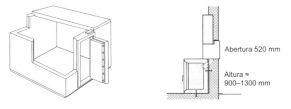

④ Caixa-forte em forma de contêiner   ⑤ Cofre noturno

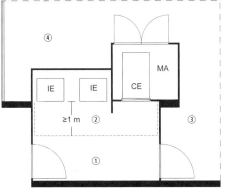

① Zona de autoatendimento
② Zona reservada
③ Saguão–clientes
④ Atendimento personalizado
CE caixa eletrônico
IE impressora de extratos
MA área de manutenção segundo fabricante

⑥ Área de serviços automáticos

Edifícios bancários
Em princípio, existem dois tipos de construção para bancos: universal ou banco comercial, com acesso de clientes, e bancos especiais ou centrais, sem público. Os últimos, no caso, são apenas centros administrativos. Os bancos comerciais (ou universais) constituem uma mistura entre edifício administrativo e saguão para clientes. A parte destinada à administração é maior nas matrizes, diminuindo consideravelmente nas filiais, uma vez que esse setor quase sempre é centralizado.
Para o negócio bancário, as premissas fundamentais são segurança, confiança e seriedade, que devem ficar claras no projeto espacial.

Pode-se ter as seguintes zonas funcionais diferenciadas:

Zona de trabalho interno
Trabalho administrativo, de escritório, sem acesso do cliente (→ p. 493).

Zonas especiais
Junto às áreas sociais, destinadas aos funcionários, e das áreas usuais secundárias da administração (→ p. 491 e 499), existem salas de conferência e espaços representativos. Essa zona tem funções de instrução/treinamento, apresentando espaço para exposições.

Zona de segurança
Caixa-forte, hoje designada como espaço de proteção de valores, são instaladas principalmente em filiais maiores e matrizes. Em construções novas, são executadas em concreto de alta resistência; em reformas, como sala especial, executada com elementos pré-fabricados. A melhor posição é no subsolo, na proximidade da entrada, pois o tubo/canal para remessa no cofre noturno pode ser deslocado apenas de forma mínima. A circulação de clientes para os cofres individuais e setor da caixa-forte devem ser separados. Também o acesso e a entrega através de carros blindados devem ser considerados. Para controle e observação da caixa-forte pode-se usar espelhos nos corredores. Espessura das paredes, em dependência com os graus de segurança, de 80 cm (T10) até 100 cm (T20). Para os cofres de clientes, existem em oferta principalmente "cofres individuais de aluguel, sempre acessíveis". Estes podem ser alcançados através de sistema de segurança adicional, a partir do saguão de serviços automáticos, sem ajuda de funcionários.
No projeto deve-se observar as recomendações da seguradora, além das diretrizes da Sociedade de Pesquisa e Controle de Sistemas de Proteção de Valores.

Zona de clientes
Desde a introdução de caixas automáticos, com sistema eletrônico de saque de cédulas de dinheiro controlado e limitado, a construção de setor seguro de caixas não é mais necessária. Saques de dinheiro e informações gerais são efetivados basicamente por terminais. Transações sem dinheiro vivo podem ser efetuadas em sistema de *homebanking*, a partir de casa. Em consequência, há uma necessidade pequena de espaço no saguão para clientes, uma vez que aqui acontece basicamente assessoramento, com indicação para os departamentos especiais de atendimento. Para primeira informação é suficiente mesa, com atendimento em pé. Informações detalhadas devem acontecer em salas separadas, por motivos de discrição. Departamentos, como de créditos e aplicações, costumam estar situados no 1º pavimento, ligado ao saguão.
A zona de serviços automáticos é também acessível fora da hora de abertura do banco. Por isso, localiza-se como um "vestíbulo", anterior ao saguão de clientes → ⑥. Aqui se encontram caixas eletrônicos e impressoras de extratos, abertura para uso do cofre noturno e eventual acesso para os cofres individuais de aluguel.

511

LOJAS
DIRETRIZES E TIPOLOGIAS

As diretrizes para construção de lojas são estabelecidas na Alemanha pelos Códigos de Obras estaduais, Decreto de regulamentação de lojas (VkVO), recomendações da Associação do Comércio e Indústria, Diretrizes de regulamentação de áreas de trabalho, prescrições sindicais e de seguradoras, DIN 4102 de proteção contra incêndios.

Tipos de lojas
Sistema aberto de vendas → ❶: entrada e saída sem controle (lojas especializadas, lojas de varejo, lojas de departamentos)
Sistema fechado de vendas → ❷: entrada livre, saída apenas por área controlada, com caixas (lojas de varejo, especializadas)

Formas de venda e tipologias
Lojas especializadas → ❸:
pequenas lojas (50–500m^2), na maioria de um ramo (farmácia, sapataria, florista), serviço de assessoria, venda de balcão, sistema aberto de vendas → ❶.
Lojas de varejo, especializadas → ❸:
cadeias de lojas, pequenas até grandes dimensões, na maioria de um só ramo; apresentam-se como lojas especializadas (joalherias, moda, calçados); sistema aberto de vendas → ❶.
Lojas de varejo, especializadas, tipo mercados → ❹:
cadeias de lojas, pequenas até grandes dimensões, um ou maior número de ramos, sistema de autoatendimento (drogarias, lojas de brinquedos, de alimentos, supermercados, material de construção, eletrodomésticos); sistema fechado de vendas → ❷.
Lojas de departamentos → ❻:
com frequência como cadeia de lojas de grandes dimensões, a maioria com diversos andares, com diferentes ramos; parte da área pode ser alugada a outras cadeias de lojas (princípio shop-in-shop); sistema aberto de vendas → ❶.
Galerias → ❾ – ❿:
concentração ou conglomerado de lojas especializadas, lojas de varejo, também do tipo mercado e lojas de departamentos, um ou mais andares; adicionalmente cafés, bares, restaurantes.
Galerias → ❾:
a partir de 10.000 m^2, em geral área de 20.000 a 25.000 m^2; cobertas, conformando espaço de 2–3 andares, com diversos níveis de circulação; uso de interior de quadras urbanas; ligação externa (no mín. 2) através de praças, ruas ou zonas de pedestres; percurso semiprivado; sem horário fixado de abertura. Pequenas lojas ao longo da rua interna. Cadeias de lojas conhecidas, com áreas maiores, em geral nas esquinas ou no fim da rua central, como polo de atenção. Rua interna abre-se diversas vezes em praças e pátios.
***Shopping center* → ❿**:
horários fixados de abertura, nesse sentido não entram na categoria de caminhos/ruas semiprivadas; ligação externa principal é feita, na maioria dos casos, através de uma lateral; conexões adicionais a partir de estacionamento aberto ou garagem.

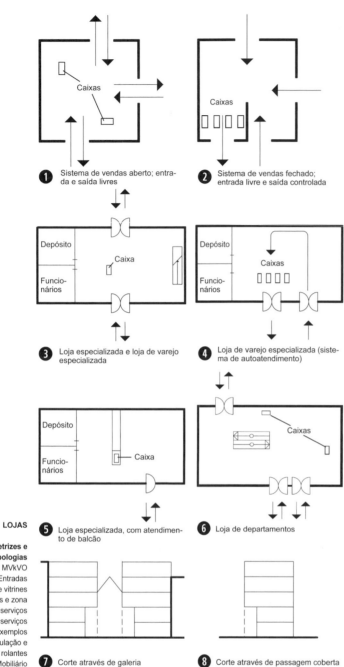

❶ Sistema de vendas aberto; entrada e saída livres
❷ Sistema de vendas fechado; entrada livre e saída controlada
❸ Loja especializada e loja de varejo especializada
❹ Loja de varejo especializada (sistema de autoatendimento)
❺ Loja especializada, com atendimento de balcão
❻ Loja de departamentos
❼ Corte através de galeria
❽ Corte através de passagem coberta
❾ Princípio de uma galeria

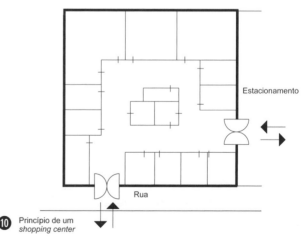

❿ Princípio de um *shopping center*

LOJAS
Diretrizes e tipologias
MVkVO
Entradas e vitrines
Caixas e zona de serviços
Zonas de serviços – exemplos
Circulação e escadas rolantes
Mobiliário – Medidas
Lojas de produtos alimentares
Lojas com sistema de autoatendimento

Comércio

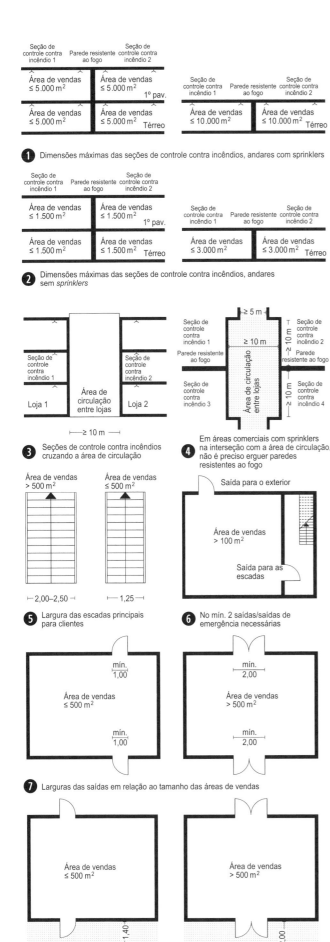

LOJAS
EXEMPLO DE DECRETO DE REGULAMENTAÇÃO DE LOJAS (MVkVO)

As diretrizes do Decreto de regulamentação de lojas (MVkVO) são válidas para lojas cujas áreas de vendas, inclusive as partes construtivas, abrangerem uma superfície com mais de 2.000 m².

Lojas
São espaços onde mercadorias são oferecidas para venda ou serviço semelhante, ou que atendem ao tráfego de clientes, excluindo escadarias, escadarias centrais e seus prolongamentos, assim como garagens. A circulação entre lojas também não conta como área de vendas.

Circulação entre lojas
Corresponde às áreas cobertas, onde se localizam as áreas de vendas; destina-se à passagem de clientes. Largura mín. 5 m.

Espaços comerciais térreos
São instalações de andar único cujo solo fica, em todos os pontos, a no máximo 1 m abaixo da superfície.

Seções de controle contra incêndio
Áreas de lojas precisam ser subdivididas através de paredes resistentes ao fogo, em determinadas seções → ❶ – ❹.
As áreas das seções de controle contra incêndios devem abranger, por andar:

	com instalação de sprinklers	sem instalação de sprinklers
loja no térreo	10.000 m²	5.000 m²
outras modalidades de lojas	5.000 m²	1.500 m²*

* no caso de a loja não ocupar mais de 3 andares e a totalidade da área (de todos os andares), dentro de uma seção de controle contra incêndios, não ultrapassar 3.000 m².

Centros comerciais com *sprinklers* também podem ser divididos em seções de controle contra incêndios por meio das áreas de circulação entre lojas, contanto que tais áreas tenham no mínimo 10 m de largura → ❸. Em centros comerciais com *sprinklers* e uma área de circulação de no mínimo 10 m de largura e 10 m de comprimento, não é necessário erguer paredes resistentes ao fogo na interseção com as áreas de circulação → ❹.

Escadas
Escadas necessárias para a circulação dos clientes devem ter uma largura mín. de 2 m, não ultrapassando 2,5 m. A largura de 1,25 m é suficiente, quando a escada servir somente a determinada área de vendas, cuja superfície não seja maior que 500 m² → ❺.

Saídas
Toda loja, áreas de permanência e circulação devem ter no mínimo duas saídas, uma diretamente para o exterior e outra para escada de emergência. Uma saída é suficiente somente para área de venda e permanência com superfície menor que 100 m² → ❻. Saídas a partir de um andar da loja, para o exterior ou escada principal, devem ter uma largura de 30 cm para cada 100 m² de área de vendas (no mín., entretanto, devem apresentar 2 m). Para saídas de lojas com menos de 500 m², é suficiente 1 m de largura → ❼. Uma saída que se comunica com corredor não deve ter largura maior do que o corredor em questão; o mesmo é válido para o caso de escadas (a saída não deverá ser mais larga do que a escada).

Saídas de emergência
Para cada loja, áreas de permanência e circulação deve-se ter, no mesmo pavimento, no mín. 2 rotas de emergência, em sentidos opostos, levando diretamente para o exterior ou para sistema de escadas principal. Estes devem ser acessíveis, de cada ponto da área de vendas, em percursos de no máx. 25 m (em outro tipo de espaço ou circulação entre lojas, no máx. 35 m). As portas devem abrir na direção do corredor, sem soleiras. A partir de cada ponto de uma loja deve-se ter uma distância (em linha aérea) de 10 m até a entrada principal ou sistema de circulação.

Corredores
Os corredores de uso de clientes devem ter largura mín. de 2 m. No caso de corredores em áreas de venda com menos de 500 m² são suficientes 1,40 m → ❽.

LOJAS

Diretrizes e tipologias
MVkVO
Entradas e vitrines
Caixas e zona de serviços
Zonas de serviços – exemplos
Circulação e escadas rolantes
Mobiliário – Medidas
Lojas de produtos alimentares
Lojas com sistema de autoatendimento

Comércio

513

LOJAS
ENTRADAS E VITRINES

Entradas
Para lojas com áreas inferiores a 2.000 m², as portas de entrada podem ser > 1 m. Para lojas com áreas maiores a 2.000 m² deve-se ter portas automáticas, sem barreiras e com sistema de comportas. Segundo o Decreto de regulamentação de lojas (VkVO), sua largura deverá ser > 2 m e altura > 2,20 → ❷.

Vitrines
Têm a função de apresentar as mercadorias na área externa da loja, para despertar o interesse do cliente e convidá-lo a comprar → ⓫ – ⓬, ⓯ – ⓲. A conformação da vitrine depende do tipo de mercadoria a ser vendida, assim como da localização, forma e tamanho da entrada da loja. Diferencia-se entre caixa de vidro → ⓫ e janela transparente → ⓱.
Caixa de vidro: separação entre mercadorias apresentadas na vitrine e área de vendas propriamente dita; em sua maioria, em lojas de departamentos e lojas especializadas.
Janelas transparentes: visão livre através da janela/vitrine para o interior da loja, em sua maioria para lojas especializadas (p. ex., padarias, açougue etc.)

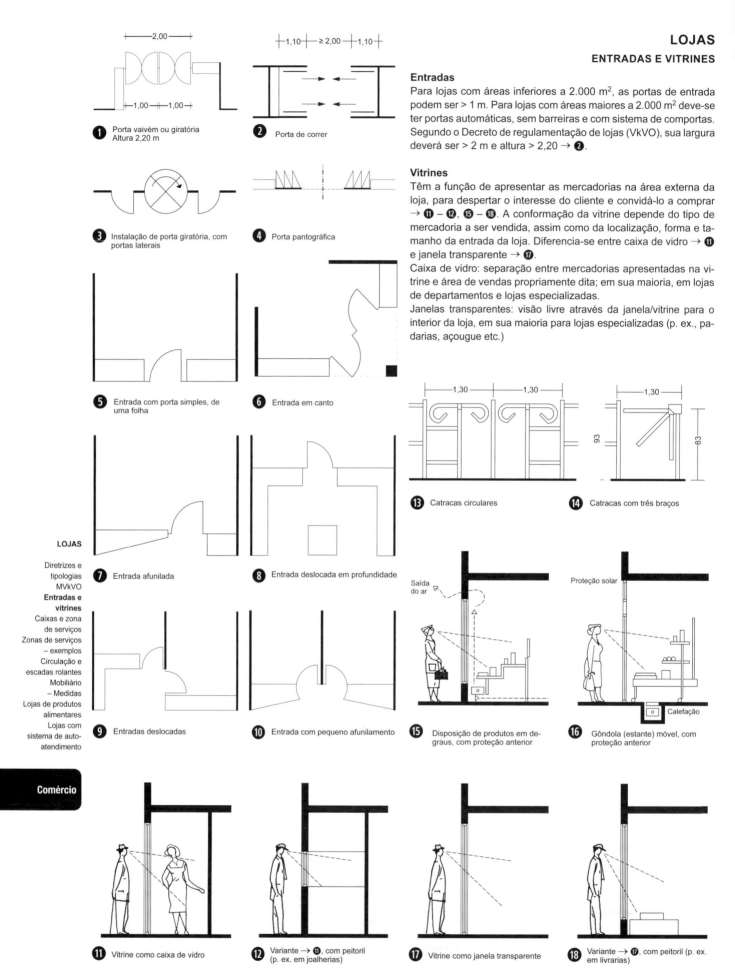

❶ Porta vaivém ou giratória Altura 2,20 m
❷ Porta de correr
❸ Instalação de porta giratória, com portas laterais
❹ Porta pantográfica
❺ Entrada com porta simples, de uma folha
❻ Entrada em canto
❼ Entrada afunilada
❽ Entrada deslocada em profundidade
❾ Entradas deslocadas
❿ Entrada com pequeno afunilamento
⓫ Vitrine como caixa de vidro
⓬ Variante → ⓫, com peitoril (p. ex. em joalherias)
⓭ Catracas circulares
⓮ Catracas com três braços
⓯ Disposição de produtos em degraus, com proteção anterior
⓰ Gôndola (estante) móvel, com proteção anterior
⓱ Vitrine como janela transparente
⓲ Variante → ⓱, com peitoril (p. ex. em livrarias)

LOJAS
Diretrizes e tipologias MVkVO
Entradas e vitrines
Caixas e zona de serviços
Zonas de serviços – exemplos
Circulação e escadas rolantes
Mobiliário – Medidas
Lojas de produtos alimentares
Lojas com sistema de autoatendimento

Comércio

LOJAS
CAIXAS E ZONA DE SERVIÇOS

Tipos de caixas
Dependendo do tipo de loja e seu funcionamento são instaladas diferentes formas de caixas (unitária, por setor, centralizada ou em cadeia).

Cadeia de caixas
Forma usual nas lojas de varejo do tipo autoatendimento, na saída única de todo o conjunto, com sistema de vendas fechado. A largura do espaço entre caixas deverá ser tão grande que possa permitir a passagem de carrinhos de compras, de bebê e cadeira de rodas sem problemas, i.e., pelo menos 1 m. Caixas são dotadas, em sua maioria, de esteiras rolantes e leitor óptico. Caixas registradoras para grandes lojas de autoatendimento são produzidas em série pré-fabricada.

Caixas unitárias, de setor ou andar e centrais
Em lojas de varejo especializadas e de departamentos, com sistema aberto de vendas, utiliza-se caixas unitárias, de setor ou andar, e centrais, dependendo da organização do negócio e suas características funcionais. Em lojas de departamentos, com diversos ramos, usa-se, na maioria das vezes, caixas por setor; em lojas grandes de varejo são mais comuns caixas setoriais ou por andar; em lojas especializadas, caixas unitárias.

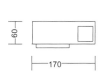
① Caixa única, em linha reta

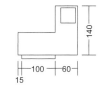
② Caixa única, em ângulo

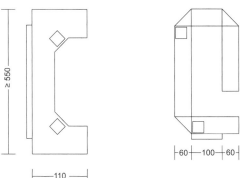
③ Caixa de andar (por setor da loja)

④ Caixa/balcão quadrada, com grande superfície para embalagem

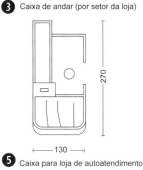
⑤ Caixa para loja de autoatendimento

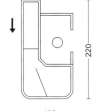
⑥ Variante → ⑤

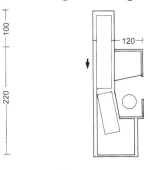
⑦ Variante → ⑤

⑧ Variante → ⑤

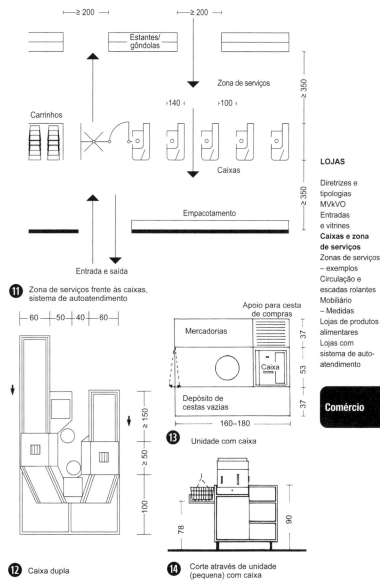
⑪ Zona de serviços frente às caixas, sistema de autoatendimento

⑨ Caixa com esteira para os produtos e área de apoio

⑩ Caixa com adaptação para o carrinho

⑫ Caixa dupla

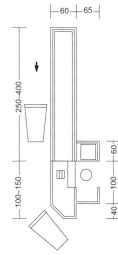
⑬ Unidade com caixa

⑭ Corte através de unidade (pequena) com caixa

LOJAS
Diretrizes e tipologias
MVkVO
Entradas e vitrines
Caixas e zona de serviços
Zonas de serviços
– exemplos
Circulação e escadas rolantes
Mobiliário
– Medidas
Lojas de produtos alimentares
Lojas com sistema de auto-atendimento

Comércio

515

LOJAS
ZONA DE SERVIÇOS (EXEMPLOS)

Fazer compras associado a lazer, vivência, com possibilidade de, além da compra dos produtos para levar, consumi-los no local.

Sensibilização do cliente:

Ativação dos sentidos, apresentação sugestiva, propagação de um estilo e qualidade de vida, facilidade de compras para pessoas ocupadas profissionalmente e donas de casa. Oferta de produtos prontos, quentes ou para esquentar = *fast-food*.

Sem sistema *self-service* = *free flow*. *Shop in shop*. Variedade de idéias, concentração, pequenas empresas/lojas, maior movimento de pessoas. A ambientação ou espaço geral são determinados por uma equipe de projeto. Depósitos dimensionados para fornecimento diário. Entregas em sua maioria no período da manhã, com abastecimento de produtos frescos. Sanitários mínimos, destinados a clientes com serviço de atendimento em pé ou em mesinhas altas. WCs coletivos para funcionários.

Sortimentos:

Padaria: apenas vendas, 40 a 80 m^2, com consumo no local, 80 a 120 m^2.
Açougue: apenas vendas, 40 a 80 m^2; com consumo no local, 80 a 120 m^2.
Café, doceria, sorveteria: apenas vendas, 40 a 80 m^2; com consumo no local a partir de 220 m^2. Peixaria: 40 a 80 m^2; com consumo no local, 80 a 120 m^2. Mercado de produtos frescos, também para consumo no local, associado a supermercados como área complementar na zona anterior às caixas, a partir de 600 m^2 → ❶. No exemplo tem-se oferta de frutos do mar, frutas, verduras, flores, bebidas em geral, vinhos, champanhe, produtos finos ou "delicatesse", lanchonetes especiais.

Complementos:

Pizza, *steak*, hamburger, produtos naturais, choperia etc. → ❸

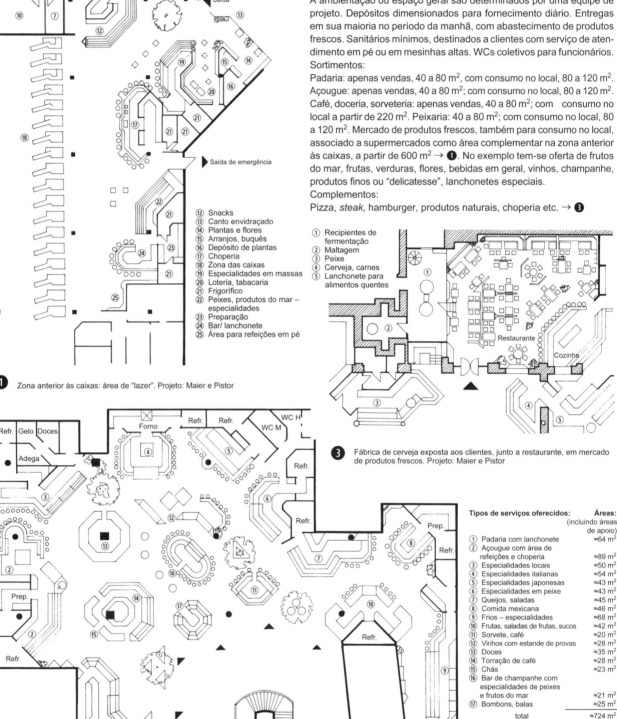

① Doceria
② Superfície envidraçada
③ Padaria
④ Fornos
⑤ Depósito de bolsas
⑥ Área dos funcionários
⑦ Frigorífico
⑧ Depósito
⑨ Bancada de lavagem de louça
⑩ Silo (armazenagem)
⑪ Mesinhas para refeições em pé
⑫ Snacks
⑬ Canto envidraçado
⑭ Plantas e flores
⑮ Arranjos, buquês
⑯ Depósito de plantas
⑰ Choperia
⑱ Zona das caixas
⑲ Especialidades em massas
⑳ Loteria, tabacaria
㉑ Frigorífico
㉒ Peixes, produtos do mar – especialidades
㉓ Preparação
㉔ Bar/ lanchonete
㉕ Área para refeições em pé

❶ Zona anterior às caixas: área de "lazer". Projeto: Maier e Pistor

① Recipientes de fermentação
② Maltagem
③ Peixe
④ Cerveja, carnes
⑤ Lanchonete para alimentos quentes

❸ Fábrica de cerveja exposta aos clientes, junto a restaurante, em mercado de produtos frescos. Projeto: Maier e Pistor

❷ Mercado de produtos frescos – Estação ferroviária central de Hamburgo

Tipos de serviços oferecidos:	Áreas: (incluindo áreas de apoio)
① Padaria com lanchonete	≈64 m^2
② Açougue com área de refeições e choperia	≈89 m^2
③ Especialidades locais	≈50 m^2
④ Especialidades italianas	≈54 m^2
⑤ Especialidades japonesas	≈43 m^2
⑥ Especialidades em peixe	≈43 m^2
⑦ Queijos, saladas	≈45 m^2
⑧ Comida mexicana	≈46 m^2
⑨ Frios – especialidades	≈68 m^2
⑩ Frutas, saladas de frutas, sucos	≈42 m^2
⑪ Sorvete, café	≈20 m^2
⑫ Vinhos com estande de provas	≈28 m^2
⑬ Doces	≈35 m^2
⑭ Torração de café	≈28 m^2
⑮ Chás	≈23 m^2
⑯ Bar de champanhe com especialidades de peixes e frutos do mar	≈21 m^2
⑰ Bombons, balas	≈25 m^2
total	≈724 m^2
Áreas de circulação em geral e instalações de WCs	≈95 m^2

Projeto: Maier e Pistor

LOJAS

Diretrizes e tipologias MVkVO
Entradas e vitrines
Caixas e zona de serviços
Zonas de serviços – exemplos
Circulação e escadas rolantes
Mobiliário – Medidas
Lojas de produtos alimentares
Lojas com sistema de auto-atendimento

Comércio

LOJAS
CIRCULAÇÃO E ESCADAS ROLANTES

A circulação, incluindo escadas rolantes, serve, acima de tudo, para evidenciar a oferta dos produtos. Quanto maior for a superfície da loja, mais importante será o projeto da circulação. Os percursos podem ser realizados com variações de materiais de piso, iluminação, mobiliário e disposição das mercadorias. O posicionamento das estantes/gôndolas resulta das considerações quanto à condução do cliente e organização do sortimento, este agrupado em determinadas ofertas → ❶ – ❷.

A circulação vertical, através de escadas rolantes, apresenta normalmente as seguintes variantes:
Lances duplos, cruzados: → ❼
A direção de movimento tem um giro de 180° (escada rolante segundo EN 115).
Lanços unitários paralelos: → ❻
Os lances em uma direção se sobrepõem.
Como medida básica tem-se: uma escada rolante para cerca de 1.000 m² de área de vendas.

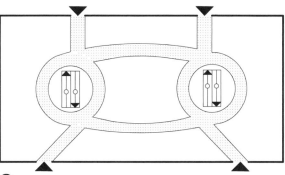

❶ Circulação com pontos centrais (variante 1)

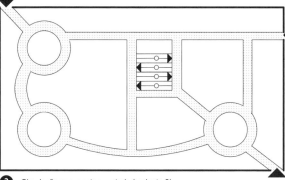

❷ Circulação com pontos centrais (variante 2)

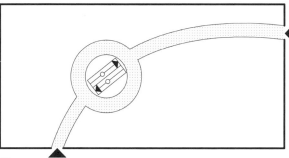

❸ Circulação poligonal

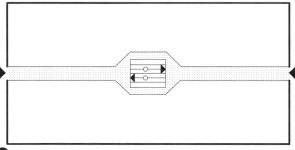

❹ Circulação em faixa unitária/*loop*

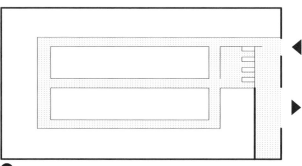

❺ Circulação em loja com sistema de autoatendimento (p. ex., supermercado)

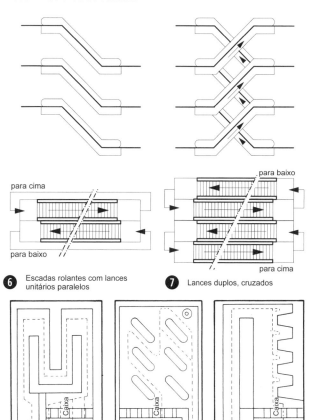

❻ Escadas rolantes com lances unitários paralelos

❼ Lances duplos, cruzados

❽ Circulação deve também envolver os cantos; entrada e saída separadas em a e c; unidas em b

❾ Loja com disposição clara para clientes e controle (caixas); cliente não tem percurso adicional forçado → ❽ a

LOJAS

Diretrizes e tipologias MVkVO
Entradas e vitrines
Caixas e zona de serviços
Zonas de serviços – exemplos
Circulações e escadas rolantes
Mobiliário – Medidas
Lojas de produtos alimentares
Lojas com sistema de autoatendimento

Ver também:
Escadas rolantes P. 137

Comércio

LOJAS
MOBILIÁRIO – MEDIDAS

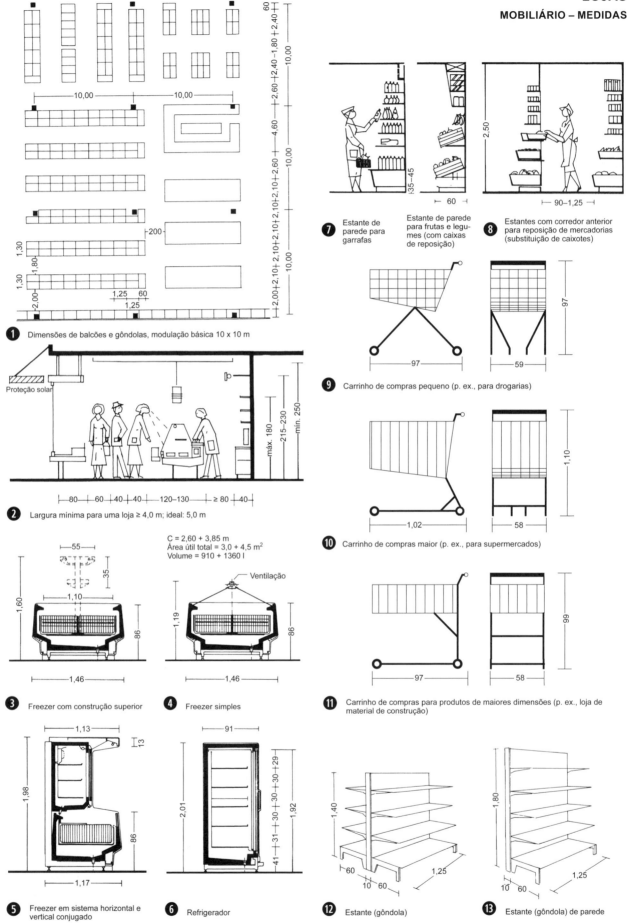

① Dimensões de balcões e gôndolas, modulação básica 10 x 10 m

② Largura mínima para uma loja ≥ 4,0 m; ideal: 5,0 m

③ Freezer com construção superior

④ Freezer simples

⑤ Freezer em sistema horizontal e vertical conjugado

⑥ Refrigerador

⑦ Estante de parede para garrafas

Estante de parede para frutas e legumes (com caixas de reposição)

⑧ Estantes com corredor anterior para reposição de mercadorias (substituição de caixotes)

⑨ Carrinho de compras pequeno (p. ex., para drogarias)

⑩ Carrinho de compras maior (p. ex., para supermercados)

⑪ Carrinho de compras para produtos de maiores dimensões (p. ex., loja de material de construção)

⑫ Estante (gôndola)

⑬ Estante (gôndola) de parede

LOJAS

Diretrizes e tipologias
MVkVO
Entradas e vitrines
Caixas e zona de serviços
Zonas de serviços – exemplos
Circulação e escadas rolantes
Mobiliário – Medidas
Lojas de produtos alimentares
Lojas com sistema de auto atendimento

Comércio

LOJAS
LOJAS DE PRODUTOS ALIMENTARES

Peixarias
Os peixes que deterioram rapidamente são mantidos refrigerados, enquanto que os defumados, ao contrário dos peixes frescos, necessitam ser guardados em recintos secos.
Sendo mercadoria de odores fortes, deve-se prever nas lojas sistemas de ventilação herméticos (sistema de comporta). Paredes e pisos laváveis. Considerar grande espaço para entrega de mercadoria e eventualmente a existência de um aquário (vitrine) → ❶ – ❷.

Estabelecimentos de carne de caça e aves
Com frequência, associados a peixarias. Em depósito, de maneira geral, mercadorias de abastecimento diário. Recinto de preparação com equipamento para esfolar, depenar e esquartejar. As aves, sensíveis a cheiros, devem ser guardadas em frigoríficos especiais e apresentadas separadamente. Superfícies de deposição e paredes: mármore, azulejos, mosaicos, material sintético, laváveis. Prever suficientes balcões frigoríficos ou vitrines → ❸ – ❹.

Quitandas (venda de frutas, verduras e legumes)
As verduras e os legumes devem ser guardados frescos, porém não refrigerados, em forma natural ou já preparados para uso imediato. Batatas necessitam de recintos escuros, apresentadas para venda em recipientes recicláveis (entregues pelos fornecedores), como cestas, caixotes, sacos etc. Prever grelha ou chapa metálica puxável, sob a armação de sustentação dos caixotes → ❼ – ❽. Quitandas podem funcionar eventualmente junto com floriculturas. Sistema de *self-service* utiliza sacos transparentes para embalagem dos produtos escolhidos pelo cliente.

Açougues
Processo de trabalho: 1. Abastecimento, 2. Abater os animais, 3. Esquartejamento, 4. Preparação, 5. Frigorificação, 6. Venda→ ❿ – ⓫.
Apropriado é o funcionamento em um só nível, eventualmente com cabos rolantes equipados de ganchos, considerando-se que a metade de um suíno e um quarto de carne bovina pesam entre 75 a 100 kg. A área de preparação e frigoríficos deverão ser 1,5 a 2 vezes maiores que a do açougue (vendas).
Paredes: azulejos, mosaicos etc., laváveis.
Balcões com tampa de mámore, vidro, cerâmica.

❶ Esquema de circulação em uma peixaria

❷ Balcão de peixaria com sistema de resfriamento e escoamento de água

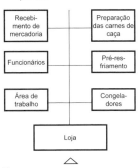

❸ Esquema de circulação em estabelecimento de carnes de caça e aves

❹ Balcão maciço com tampa de mármore ou revestida de azulejos

❺ Esquema de circulação em panificadoras e padarias. Prateleiras de depósito com boa ventilação, eventualmente com exaustores

❻ Balcão de padaria com proteção de vidro

❼ Esquema de circulação em uma quitanda ou mercado de frutas e verduras. Necessidade de depósito pequeno, tendo em vista a reposição diária de produtos

❽ Balcão conjugado com apoio para caixotes e cestas metálicas. Chapas metálicas para escoamento de água e recebimento de resíduos

❾ Venda na calçada para passantes, com estandes móveis ou na frente da loja, com apresentação de produtos escolhidos

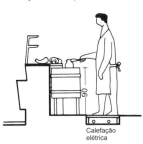

❿ Balcão com bancada (ou cepo) para talho da carne em açougue

⓫ Balcões usuais em açougues → ❷ também para peixarias

Área de circulação de serviço ampla para alta movimentação

LOJAS
Diretrizes e tipologias
MVkVO
Entradas e vitrines
Caixas e zona de serviços
Zonas de serviços – exemplos
Circulação e escadas rolantes
Mobiliário – Medidas
Lojas de produtos alimentares
Lojas com sistema de autoatendimento

Comércio

LOJAS
LOJAS COM SISTEMA DE AUTOATENDIMENTO

O chamado sistema *self-service* (autosserviço ou autoatendimento) é característico dos estabelecimentos comerciais de produtos alimentícios. Os empregados têm apenas a função de orientação, informação e eventual atendimento. No caso de carnes, frios em geral, frutas e verduras, pode ser utilizado o atendimento pessoal. A apresentação dos produtos, distribuídos por embalagem e tipo de sortimento, deverá ser clara. É importante observar o percurso prático dos clientes, partindo do acesso, com carrinhos e cestas de compras, e terminando nas caixas e empacotamento. As gôndolas devem apresentar altura de acesso confortável. A prateleira mais alta estará no máximo a 1,80 m de altura; a mais baixa, a 0,30 m acima do piso.

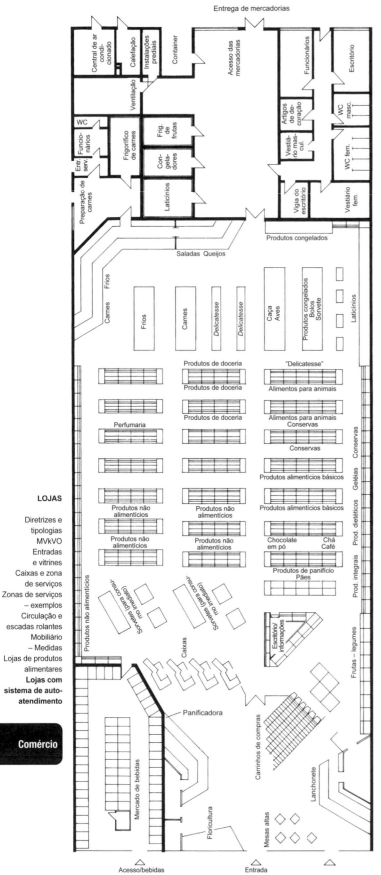

❶ Supermercado

Características principais das instalações	até 399 m²	400 – 499 m²	500 – 599 m²	600 – 799 m²	800 – 899 m²	1000 – 1499 m²
1. Cálculo das áreas necessárias para trabalho com funcionários em tempo integral	10,6 7–14	12,9 10–16	15,3 12–18	17,7 16–20	22,1 18–25	30,2 25–33
2. Seção de carnes frescas e frios a) Relativo a movimento (em %) b) Comprimento do balcão em m c) Espaço para preparação em m³ d) Frigorífico em m³	22 19–28 6,50 6,0–7,0 14 8–20 11 7–15	21 20–32 7,60 7,0–8,2 24 13–25 13,5 9–18	20 20–28 8,75 7,5–9,0 26 18–30 15 10–20	19 17–25 9,08 1,5–10,5 30 20–32 15 10–20	18 16–24 9,75 9,0–10,5 30 23–38 22 14–30	17 14,5–24 11,75 10,0–13,5 36 23–50 25 16–35
3. Seção de laticínios e gorduras a) Refrigeradores de encontro à parede, em metros lineares b) Frigorífico em m²	6,75 6,3–7,3 6,0 4,0–8,0	8,0 6,5–9,5 7,6 5,0–10,5	8,75 7,5–11 10,0 8,0–12,0	10,25 9–12 12,0 8,0–15,5	11,25 10–13,5 13,0 8,0–18,0	15,7 12–18,5 15,0 10,0–20,0
4. "Freezer" (sem sorvete) a) "Ilha" normal, em m b) "Ilha" dupla, em m c) Tipo armário em m d) Recinto próprio em m²	5,5 5,0–6,0 3,85 2,6–4,6 2,4 2,3–2,5 2,4 2,0–2,8	6,1 5,5–7,0 4,25 3,0–5,0 2,75 2,3–3,2 3,25 2,0–4,5	7,5 6,5–8,5 5,5 4,0–7,0 3,6 3,2–4,0 5,0 4,0–6,0	8,75 7,5–10,0 6,75 4,0–7,5 4,4 4,0–4,8 5,75 4,0–7,5	10,1 7,5–12,0 7,75 5,5–10,0 5,8 5,0–6,5 8,25 6,0–10,5	13,5 12,0–15,0 8,75 6,0–10,0 6,6 5,5–8,0 8,5 6,0–11,0
5. Prateleiras (na parede) para frutas, verduras e legumes (com base dupla) em m	6,5 5,0–8,0	7,5 6,5–8,5	7,5 7,0–8,0	8,75 7,0–10,5	10,0 8,0–12,0	10,75 9,0–12,5
6. Número de caixas – na saída – por seção	2,5 2–3 0,2 0–1	2,9 2–3 0,3 0–1	3,4 3–4 0,4 0–1	3,9 3–4 0,5 0–1	4,9 4–5 1,3 1–2	6,3 6–7 1,5 1–2
7. Número de carrinhos necessários	85 70–100	105 85–130	120 100–160	150 100–200	180 150–220	240 200–300

Esclarecimento: Primeira linha: valores médios
Segunda linha: largura entre os elementos principais

❷ Tabela de áreas necessárias para instalação de supermercados

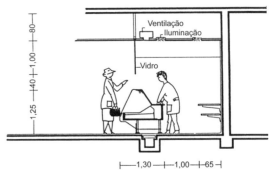

❸ Corte em balcão de atendimento em loja de autoatendimento

INDÚSTRIA
FUNDAMENTOS

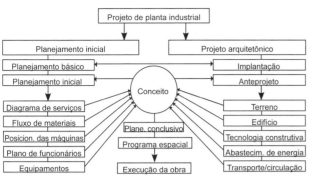

❶ Diagrama de projeto de uma planta industrial

Edifícios industriais são utilizados na produção direta ou indireta de mercadorias. Junto aos **edifícios de produção** propriamente dita (preparação, produção, comissionamento, embalagem do produto) colocam-se os destinados a **depósito** (de matéria-prima e produto acabado), **edifícios técnicos e administrativos**, assim como as instalações de **transporte**. O espectro produtivo vai da indústria de produção em massa até à indústria leve, altamente mecanizada e com pouca produção de poluentes (*smart*). Igualmente diferenciadas são as exigências de projeto: contrapondo-se à fábrica tradicional como meio de produção, as determinações, seguindo o princípio da *corporate identity*, vão da valorização até a simpatia e orientação comunicativa do lugar de trabalho.

Fundamentos do projeto
O projeto de edifícios industriais segue determinantes de leis, decretos, diretrizes, normas e regulamentos. Ao lado da legislação da construção → p. 66, estes fatores determinantes provêm de medidas de proteção ambiental, do trabalho e contra incêndios → p. 190. Sobre estes, há legislações estaduais específicas, assim como condicionantes técnicos da produção da fábrica.

Projeto de planta industrial
Durante o projeto de uma planta industrial, os diversos parâmetros da planta de produção devem ser definidos, sistematizados e integrados em um conceito holístico.
De um lado, o planejamento inclui **o local e o projeto do edifício**, e, de outro, **o desenvolvimento do processo de produção** e o **planejamento da operação**. → ❶
Durante o projeto, deve-se lembrar que o programa espacial servirá como um diagrama em escala do funcionamento da fábrica e como base para o projeto do edifício.
Devido a possibilidades de uso menos específicas (p. ex. incubadoras de *startups*) e a ciclos mais curtos de produção, os aspectos de convertibilidade, lucratividade e valor de revenda determinam cada vez mais os projetos industriais.

Produção
Produção é a síntese em espaço/tempo da relação força e meios de trabalho (máquinas, matéria-prima etc.) para a execução de produtos e serviços. O trabalho necessário para execução de um produto é composto por trabalho humano (motor e informação) e funcionamento da máquina. → ❷.

Tipologias
Do ponto de vista da tipologia, faz-se a diferenciação entre construções de sistema aditivo e integrativo.
No primeiro caso, cada unidade funcional adquire uma conotação formal, em composição linear ou de superfícies que se adicionam (frequentemente ao longo de um sistema de ligação/acesso). As unidades podem ser atualizadas separadamente → ❸. Para o segundo modelo, as unidades funcionais são integradas em um corpo edificado neutro → ❹. Suas vantagens são a minimização dos elementos de circulação e a possibilidade de reciclagem de uso. Previsões de expansão devem estar presentes na concepção inicial do edifício.

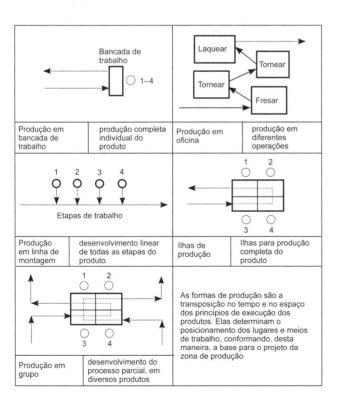

❷ Formas de produção (exemplos)

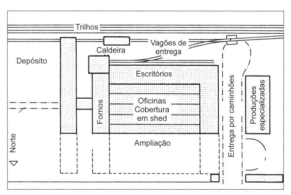

❸ Esquema de tipologia de implantação aditiva de fábrica: Fábrica Fagus, Alfeld Arq.: Gropius

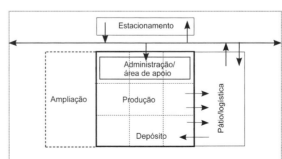

❹ Esquema de tipologia integrada: *open-workspace*

INDÚSTRIA

Fundamentos
Galpões industriais
Edifícios industriais
Transporte
Armazenamento
Contêineres
Exemplos

Indústria

INDÚSTRIA
GALPÕES INDUSTRIAIS

Em geral, os setores de fabricação e de armazenagem são instalados em galpões com grandes vãos livres e pé-direito elevado.

Construções, vãos livres e alturas
Estruturas de madeira, aço ou concreto armado com vãos livres de 5 a 50 m, correspondem às exigências de uso (disposição de máquinas, circulação de abastecimento e rotatórias para veículos), para alturas de 3 a 6 m. Execução como estrutura maciça, em treliça ou de pilares e vigas tensionadas → ❶, sistemas articulados → ❺ – ❻ ou esqueleto estrutural, adicionado ou escalonado.
As alturas dos galpões e distribuição das cargas dependem em muitos aspectos do sistema de gruas previsto → p. 524.

Vantagens dos galpões industriais
Custos baixos de construção através de estruturas leves de cobertura, sem necessidade de estruturas dispendiosas para construção de lajes de pavimentos; iluminação natural equilibrada com sistema zenital, mesmo para edifício de grande profundidade; possibilidade de grande distribuição de cargas sobre o piso; poucas restrições de proteção contra incêndios; fluxo de funcionários e de material em um só nível.

Desvantagens
Maior necessidade de área/terreno; relação desfavorável entre área construída e volume da edificação; relações térmicas desfavoráveis (perda de calor, aquecimento excessivo).

Iluminação, ventilação e instalações técnicas
A iluminação e a ventilação ocorrem através de faixas superiores, sheds ou domus/lanternins instalados na cobertura → ❼ – ⓬, assim como faixas de janelas na fachada.
Em geral, a calefação é realizada com aquecimento do ar (central/descentralizada) ou através de radiação em sistema instalado na cobertura (aquecimento temporário, em áreas especiais).

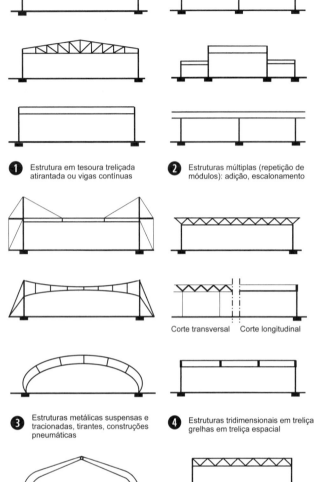

❶ Estrutura em tesoura treliçada atirantada ou vigas contínuas
❷ Estruturas múltiplas (repetição de módulos): adição, escalonamento
❸ Estruturas metálicas suspensas e tracionadas, tirantes, construções pneumáticas
❹ Estruturas tridimensionais em treliça, grelhas em treliça espacial

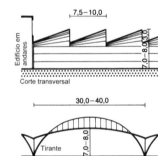

❾ Cobertura abobadada com shed

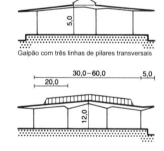

❿ Galpão com faixa transversal superior envidraçada para iluminação; vigas de apoio sistema Gerber

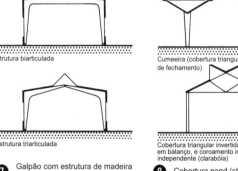

❺ Galpões com vigas de madeira laminada
❻ Vigas treliçadas; estruturas biarticuladas
❼ Galpão com estrutura de madeira laminada, com iluminação zenital na zona da cumeeira
❽ Cobertura pond (sheds cruzados) sobre pilares atirantados

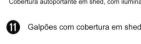

⓫ Galpões com cobertura em shed

⓬ Corte longitudinal através de cobertura em shed, com travamento transversal na superfície envidraçada

INDÚSTRIA
Fundamentos
Galpões industriais
Edifícios industriais
Transporte
Armazenamento
Contêineres
Exemplos

522

INDÚSTRIA
EDIFÍCIOS INDUSTRIAIS

As fábricas podem ser instaladas em edifícios com diversos pavimentos devido a fatores urbanísticos ou funcionais: essa forma construtiva é perfeitamente adequada para fabricação de cerveja, papel, depósitos em geral e outros tipos de produção em que a matéria-prima é levada primeiramente ao andar superior e de lá, através de peso próprio, é distribuída para os pavimentos inferiores. Essa forma também é apropriada para a indústria eletrônica, mecânica de precisão e outros ramos da indústria leve.

Vantagens e desvantagens das construções em andares
Forma construtiva compacta, com economia de superfície, porém dispendiosa. Cargas limitadas por pavimento, caminhos das instalações encurtados através da ligação vertical, custos operacionais favoráveis, sistema simples de ventilação, boa iluminação lateral.

Construções, vãos livres e alturas
O pé-direito dos ambientes deve ser estipulado conforme a profundidade do edifício e as dimensões das áreas de trabalho (medida-padrão: 3 m para áreas de trabalho maiores que 100 m²).
A relação adequada é a de 2/1 (profundidade/altura do ambiente) no caso de edifícios fabris isolados com janelas laterais sem verga aparente (área de circulação do edifício não é computada) → ❶.
Profundidades econômicas dos edifícios localizam-se na faixa entre 12 e 15 m (pé-direito de 3 m) para espaços sem pilares → ❸ – ❹; 15 ou 17,5 m (pé-direito 4 m) com 1 ou 2 pilares → ❺; 20 ou 22,5 m (pé-direito 5 m) com 2 pilares → ❻.

Iluminação
Os edifícios industriais em andares devem ser implantados no sentido Nordeste, quando tiverem aberturas apenas em uma lateral; para aberturas bilaterais, recomenda-se a orientação Leste–Oeste do edifício, com janelas voltadas para Norte e Sul: o sol do verão penetra pouco nos ambientes e pode ser facilmente evitado com brises (eventualmente através de toldos comandados por motor); no inverno os ambientes serão agradavelmente insolados (sem sombras prejudiciais) → ❹. Nesse caso, as áreas de trabalho devem ser afastadas das janelas na proporção de duas vezes a altura da janela → ❷.
Na fachada sem sol podem ser instaladas escadas e WCs (zona fria). A melhor iluminação é oferecida por edifícios isolados, com distância entre si duas vezes maior que suas alturas (ângulo de incidência luminosa para o pavimento térreo = 27°) → ❷; no espaço intermediário pode-se construir edificações baixas, com iluminação zenital. Valores aproximados para superfícies de janelas: 1/10 da área do piso para ambientes de até 600 m² (ASR 7/1 → p. 485); no caso de trabalhos delicados, 1/5 da área do piso.
Para grandes profundidades dos espaços a reflexão, com dispersão da luz incidente, é favorável (refletores, persianas, vidros difusores etc.); nesse caso, é importante a direção do vigamento → ❶ – ❷.

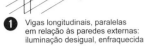

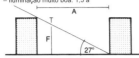

❶ Vigas longitudinais, paralelas em relação às paredes externas: iluminação desigual, enfraquecida

❷ Distanciamento favorável entre edificações para boa iluminação

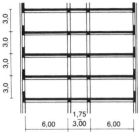

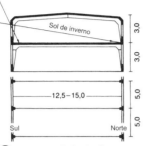

❸ Profundidade do edifício para altura dos pavimentos determinada

❹ Vigas permitindo vãos livres; liberdade de uso espacial

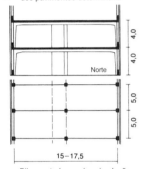

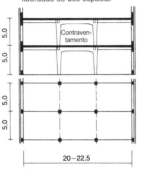

❺ Pilar central organiza circulação mediana, à direita ou à esquerda do mesmo. Maior área de ocupação no lado Norte

❻ Sistemas com vigas em balanço oferecem vantagens estruturais; os pilares centrais entretanto prejudicam as áreas de trabalho

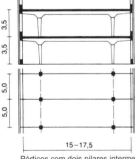

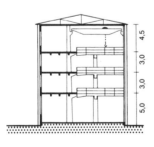

❼ Pórticos com dois pilares intermediários estruturais e pilaretes de fachada variáveis

❽ Edifício em andares, com pátio interno de altura total para as gruas, que transportam os produtos no nível de cada pavimento, sobre sistema de plataformas defasadas

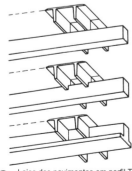

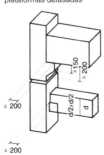

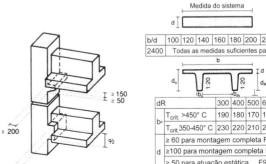

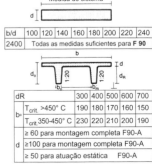

❾ Lajes dos pavimentos em perfil TT: diferentes formas de conexão com as vigas de apoio

❿ Viga base e travamento com seção transversal retangular

⓫ Viga base e travamento em perfil

⓬ Perfil TT
Peças pré-fabricadas de concreto, lajes de pavimentos

INDÚSTRIA

Fundamentos
Galpões
industriais
Edifícios
industriais
Transporte
Armazenamento
Contêineres
Exemplos

523

INDÚSTRIA
TRANSPORTE

O transporte faz parte do fluxo de materiais na produção. O planejamento do transporte é a definição da relação de transporte ou de suas tarefas, dentro do fluxo de materiais, assim como do projeto de seu armazenamento compatível → p. 525.

Os conceitos essenciais para o planejamento do transporte são:
material a ser transportado (matéria-prima, unidades etc.);
características do transporte (quantidade, tempo, prazos);
tipo do transporte (características do processo) e
meios de transporte.

Meios de transporte ou sistema de transporte são equipamentos técnicos para o transporte direto ou indireto de produtos. De acordo com o sistema, faz-se a diferenciação entre transporte contínuo e descontínuo:

Transporte contínuo
Constitui-se de sistemas mecânicos, hidráulicos ou pneumáticos com caminhos de transporte definidos (fixos ou móveis) sobre os quais os produtos são transportados de forma contínua (regularmente, em determinado ritmo, ou com velocidade variável) entre ponto de abastecimento e entrega. Esse sistema de transporte adapta-se a produtos homogêneos, em caminhos determinados, altamente automatizados e com grande eficiência; a contrapartida são os altos custos de investimento e pouca flexibilidade.

Esteiras → ❺, cadeias e faixas com sistemas de deslizamento → ❻, esteiras elevatórias, escorregadores → ❸, cabos e planos inclinados → ❹, pressão e sucção (produtos a granel ou líquidos), arremessadores e elevadores com pás carregadeiras.

Transporte descontínuo
Constitui-se de etapas de trabalho não contínuas, diferenciando-se entre veículos de transporte no chão e de levantamento (principalmente guindastes).

Transporte flexível
Podem ser comandados de forma manual ou mecânica, basicamente sem sistemas fixos de movimentação, para levantamento de produtos em alturas de até 6 m e, em casos especiais, até 10 m. As vantagens são os baixos custos dos equipamentos e boa adaptação para transporte de produtos, entre abastecimento e entrega, em áreas planas.

Pertencem a esse sistema os equipamentos de transporte manuais, carrinhos com plataforma, empilhadeiras manuais e elétricas → ❶ – ❷ → p. 526.

Guindastes e gruas
Sistema de elevação vertical para produtos pesados. O movimento horizontal adicional resulta da ação de roldanas e gruas → ❾ – ⓬. Guindastes presos a paredes ou pilares → ❼ – ❽ permitem o levantamento de cargas sobre pontos variados em determinada área.

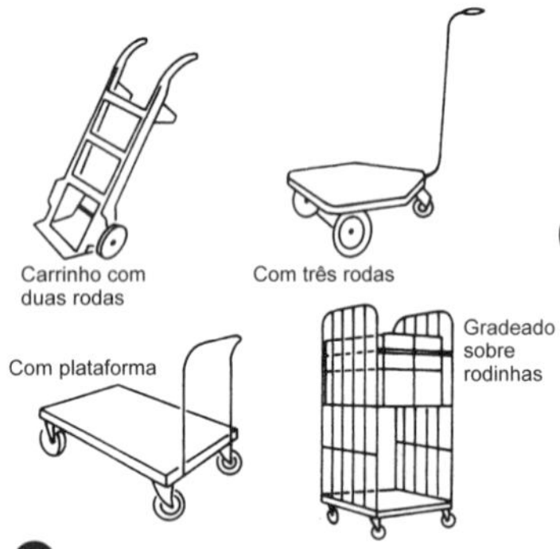

❶ Veículos de transporte não motorizados

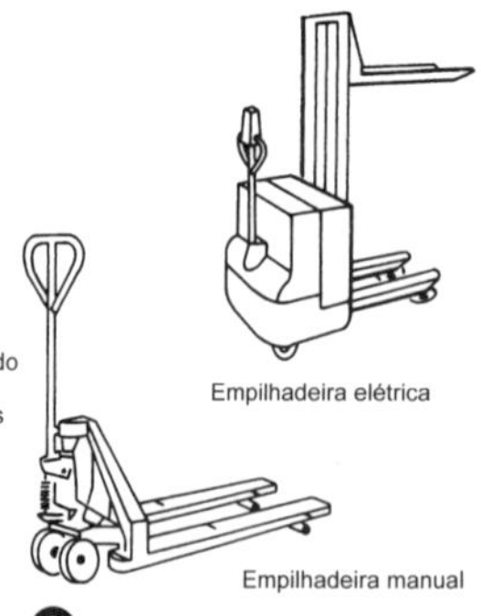

❷ → ❶

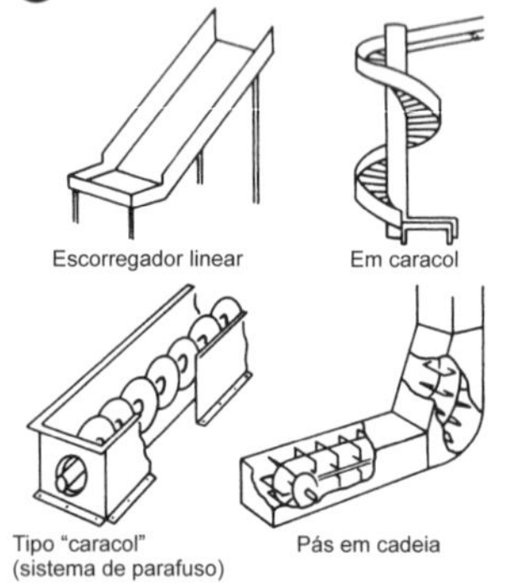

❸ Esteiras elevatórias para produtos a granel

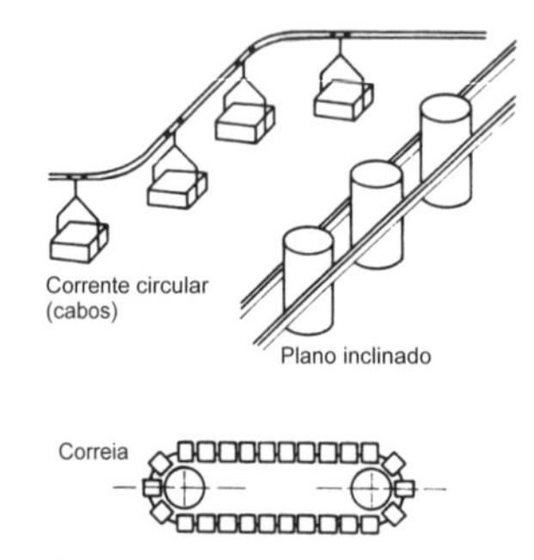

❹ Esteiras elevatórias para transporte de unidades acondicionadas

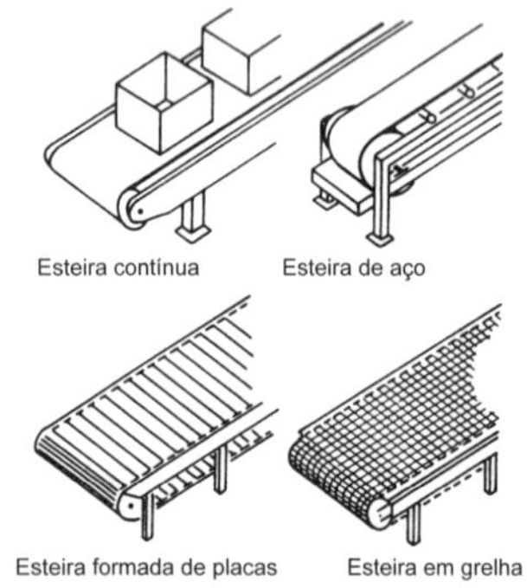

❺ → ❹

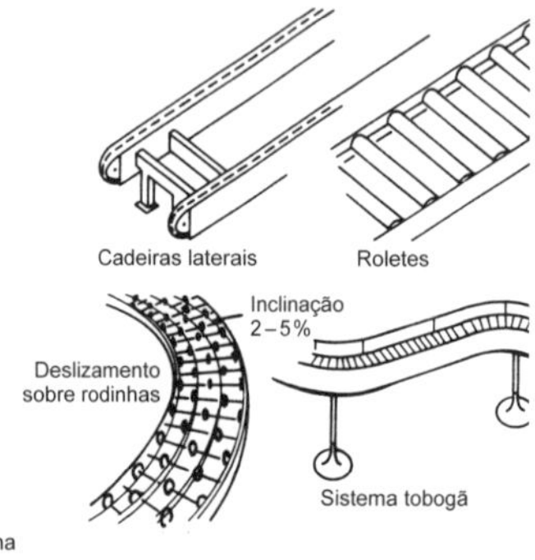

❻ → ❹

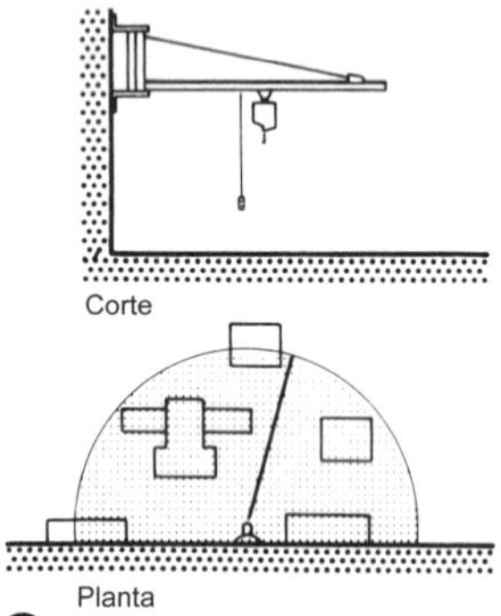

❼ Guindastes de parede

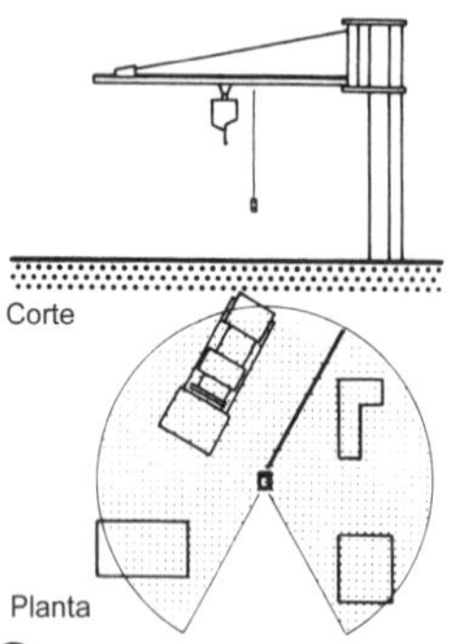

❽ Guindastes sobre pilar

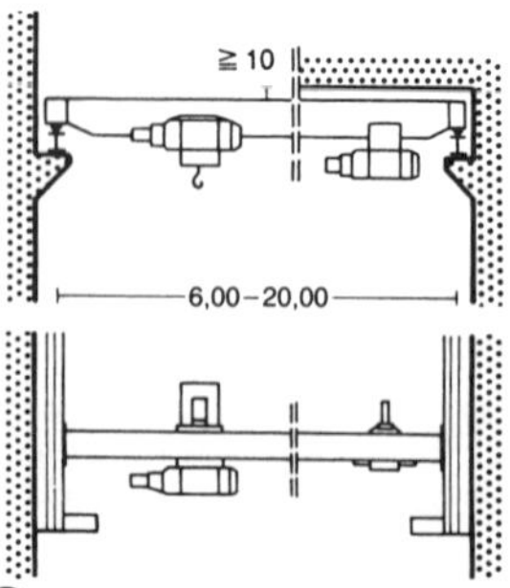

❾ Grua de transporte individual, padrão. Carga: 0,5–6,0 t

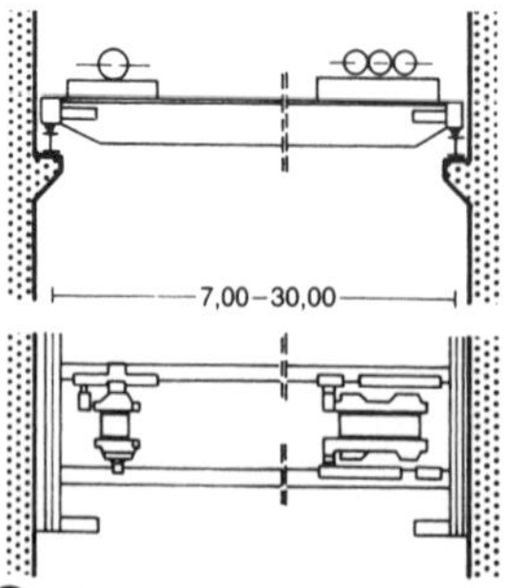

❿ Gruas com sistema de transporte duplo. Carga: 2–20 t

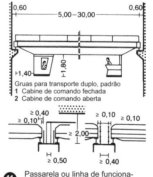

⓫ Passarela ou linha de funcionamento das gruas – distâncias de segurança

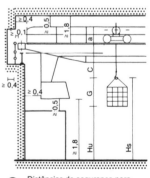

⓬ Distâncias de segurança para funcionamento de guindastes com cabine de comando

INDÚSTRIA
Fundamentos
Galpões industriais
Edifícios industriais
Transporte
Armazenamento
Contêineres
Exemplos

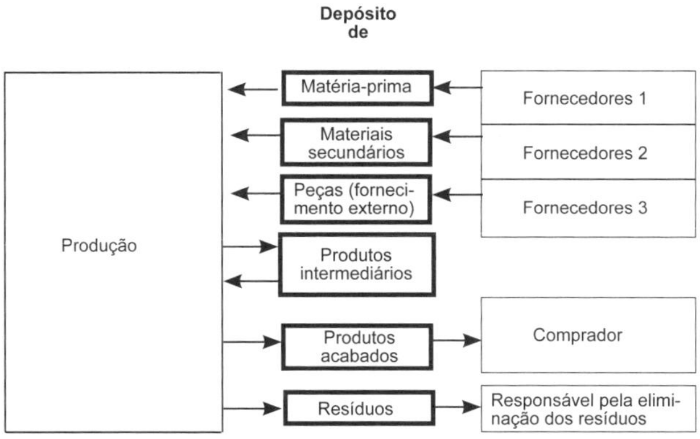

INDÚSTRIA
ARMAZENAMENTO

Fundamentos

O processo de armazenagem faz parte do fluxo de materiais e conforma um sistema logístico entre produção e mercado → ❶. O depósito de produtos é bastante dispendioso e não produz (economicamente) valor. Por isso, procura-se, com a adoção de sistemas de produção flexíveis (*just-in-time-production*), minimizar o tempo e as quantidades a serem armazenadas (p. ex. através da conjunção entre armazenagem e transporte de matérias-primas e produtos acabados).

Há diferentes formas de armazenagem: estáticas e dinâmicas, com vantagens e desvantagens específicas → ❷. É possível também a integração espacial entre diferentes áreas de depósito e processo de produção → ❺.

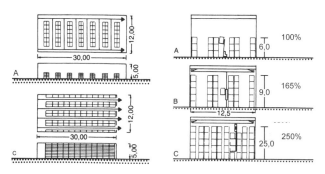

❶ Depósito como sistema intermediário entre mercado e produção, segundo: Führer, Störmer, Industriebau, p.161 [01]

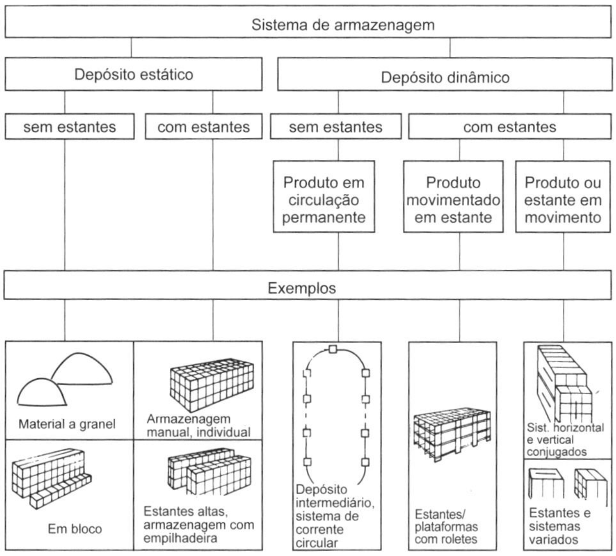

❷ Classificação dos sistemas de armazenagem

❸ Comparação das possibilidades de uso de um galpão de depósito

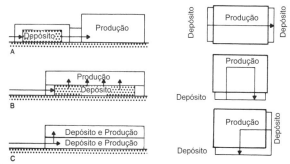

❺ Disposição do depósito e fluxo de material dentro do processo de produção

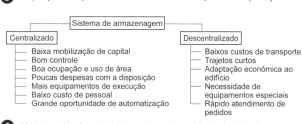

❻ Vantagens dos sistemas de armazenagem centralizado e descentralizado

Circulação entre instalações de depósito	
Pedestres	mín. 1,25 m
Pedestres e empilhadeiras motorizadas	Largura do veículo + 2 × 0,50 m
Larguras dos corredores entre estantes	
De trabalho manual	mín. 0,75 m
Empilhadeira (garfo rotativo)	Largura da empilhadeira + 2 × 0,50 m
Empilhadeira (garfo fixo)	Empilhadeira + garfo + 0,50 m
Alturas das estantes (dependente dos equipamentos)	
Estante manual com um ou dois andares	até 3,0 m (até 6,0 m)
Depósito de estrados com equipamento motorizado	até 6,0 m
Estantes altas com equipamento elevatório	até 9,0 m
Estantes altas com guindastes	até 25,0 m

❼ Dimensionamento básico de depósitos (Código de obras, ArbStättV, IndBauR, ZH, GUV)

Comissionamento

Dentro da operacionalidade de uma indústria, tem-se o processo de reunião e preparação para entrega de artigos em depósito, correspondendo a um pedido específico. Faz-se a diferença entre comissionamento "em uma etapa" e "em duas etapas" (quando houver a necessidade de depósito intermediário e distribuição posterior dos produtos para diferentes pedidos).

A sequência de trabalho ocorre de forma flexível e com apoio técnico simples, no sistema "homem–produto" → ❹, ilustração 1, ou com equipamentos, veículos parcial ou totalmente automatizados, e complexa infraestrutura → ❹, ilustrações 2 e 3.

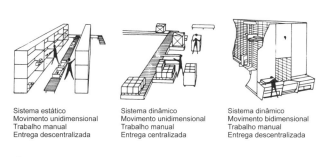

❹ Alternativas de sistemas de soluções para o comissionamento

INDÚSTRIA

Fundamentos
Galpões industriais
Edifícios industriais
Transporte
Armazenamento
Contêineres
Exemplos

525

INDÚSTRIA
ARMAZENAMENTO

Estrado convencional plano
(DIN 15141, RAL RG 993)

Moldura adicional para fechamento
(DIN 15148/49)

Grades para empilhamento

Estrado com box gradeado dobrável
(DIN 15155)

Estrado com box com tampa e paredes externas móveis
(DIN 15142)

❶ Estrados/palettes e acessórios

Equipamentos para depósito

Esses equipamentos têm a função de transporte de material para as unidades de armazenamento, com o objetivo de aproveitamento espacial máximo, evitando-se também processos intermediários de carregamento e descarregamento. Os sistemas mais utilizados para transporte de peças são as **caixas moduladas e empilháveis de aço ou plástico, estrados ou palettes** (planos, com bordas ou outros sistemas adicionais de contenção), ou ainda **contêineres**.

Para simplificar o transporte internacional foi desenvolvido na Europa um sistema padronizado de palettes (Europalette, Poolpalette, 800 mm x 1200 mm x 144 mm), com diferentes possibilidades de empilhamento → **❶**.

Os estrados normais podem, dentro do sistema padronizado, ser trocados sem a necessidade de serem descarregados. O sistema europeu desenvolveu diversas medidas para a embalagem, o transporte e o depósito.

Devido à multiplicidade de aplicações e graus de exigências, os equipamentos de depósito são altamente regulados (DIN 15141, DIN EN 13382, DIN EN ISO 445, RAL RG 993).

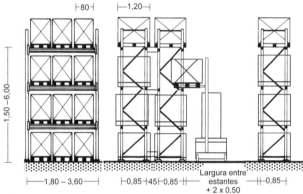

❷ Estante para depósito de estrados/palettes com equipamento elevatório (corte, vista)

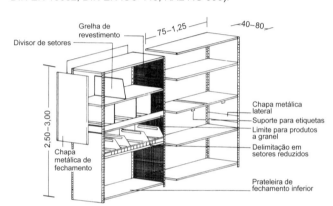

❺ Estante com prateleiras — Sistema Fa. Hofe

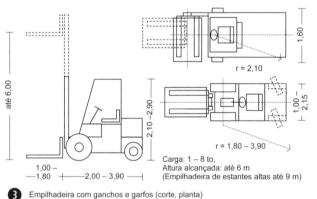

❸ Empilhadeira com ganchos e garfos (corte, planta)
Carga: 1 – 8 to, Altura alcançada: até 6 m
(Empilhadeira de estantes altas até 9 m)

INDÚSTRIA
Fundamentos
Galpões industriais
Edifícios industriais
Transporte
Armazenamento
Contêineres
Exemplos

Indústria

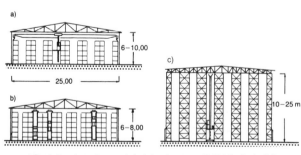

❹ a) Depósito universal com guindaste/monta-cargas; b) Galpão de depósito com estantes para estrados/palettes fixas; c) Depósito com sistema de estantes altas, armazenagem mecânica

Meios para execução de depósitos

A escolha dos meios utilizados é um fator determinante para o projeto do depósito. Essa definição depende do material/produto, quantidade, peso e necessidade de embalagem, assim como da organização do processo de armazenagem e meios de transporte. Todo o processo é normalizado (p. ex. em BGR 234 → p. 485).

O sistema tradicional de depósito em galpões industriais é o de **estantes com prateleiras** → **❺** para o acondicionamento manual de pequenas peças. Sua montagem é feita com parafusos em perfis estruturais perfurados com prateleiras de chapas metálicas, grades de separação, gavetas ou portas. Esse sistema atinge até 4,5 m de altura (com piso acessível intermediário) e suporta cargas de até 250 kg por prateleira.

Para maiores exigências, ou maiores alturas, utiliza-se as **estantes para palettes**, com montagem padronizada com perfis U e IPE. São usuais os campos com distâncias entre eixos de cerca de 2,80 m (adaptáveis à sobreposição dos estrados de norma europeia). Com o uso de empilhadeiras, a altura recomendável é de até 6 m → **❷**. As larguras dos corredores de trabalho entre estantes são orientadas pelo equipamento utilizado (medidas e tipo de empilhadeiras, com garfos fixos ou ganchos) e pelas exigências da GUV/ZH 1 (largura do veículo + 2 × 50 cm) → **❸**.

Para alcance de alta densidade de armazenagem utiliza-se um sistema altamente automatizado e espacialmente independente da área de produção com **estantes de grande altura**, com guindastes ou monta-cargas, atingindo alturas de até 25 m. Em geral, essas estantes são oferecidas por firmas especializadas como sistema integrado – estante e edifício → **❹**.

526

INDÚSTRIA
CONTÊINERES

Codificação	Comprimento do contêiner	
	mm	′ft in″
1	2991	10′
2	6058	20′
3	9125	30′
4	12192	40′
A	7150	
B	7315	24′
C	7430	
D	7450	24′ 6″
E	7820	
F	8100	
G	12500	41
H	13106	43
K	13600	
L	13716	45
M	14630	48
N	14935	49
P	16154	
Apenas nos EUA		53
Apenas nos EUA*		57

*permitidos apenas em alguns estados

❶ Sistema modular para contêineres (ISO)

❷ Codificação de comprimentos de contêineres

No tráfego internacional, utiliza-se principalmente contêineres-ISO. Estes têm uma largura de 8 pés (2,44 m) e comprimento de 20 pés (6,06 m) ou 40 pés (12,19 m). De forma abreviada: TEU (*Twenty-feet Equivalent Unit*) e FEU (*Forty-feet Equivalent Unit*). Outros comprimentos → ❶. Contêineres padronizados têm alturas de 8 pés e 6 polegadas (2,59 m). Os High-Cube (também denominado de HG *High-Quantity*) apresentam 9 pés e 6 polegadas (2,90 m). As dimensões foram determinadas de maneira a permitir o transporte, na maioria dos países, em caminhões e trens de carga. Na zona europeia, há também contêineres com larguras de 2,50 m ou 2,55 m (mercado interno). Os contêineres são construídos de forma tão estável que podem ser empilhados em até 9 níveis (carga suportada de, pelo menos, 4 contêineres totalmente carregados). Existem diversas versões especiais, como contêineres-frigoríficos para carga perecível, tanques para cargas líquidas ou gases, auto-contêineres, para transporte de automóveis, e contêineres-moradia, como abrigos provisórios.

Trens de carga
Devido ao alto custo de armazenagem de produtos, busca-se sempre adequar o fluxo de produção à velocidade de produção (princípio *just in time*). Desta forma, a rota de transporte ocupa cada vez mais a função de armazenagem, o que é viabilizado pelo uso de recipientes de transporte (contêineres) padronizados.

Sistemas combinados de tráfego
Os terminais de transferência de mercadorias definem-se como combinados (para transporte combinado) ou de contêineres → ❼ e geralmente integram um centro de transporte de cargas. Com o auxílio de guindastes de pórtico e veículos especiais de elevação → ❹ – ❻, os contêineres são depositados em unidades de armazenamento intermediário e carregados no veículo de transporte correspondente. Esses veículos especiais são capazes de levantar os contêineres e empilhá-los uns sobre os outros.

Outras possibilidades de transporte combinado são caminhões completos, reboques de caminhão em navios ou vagões ferroviários especiais. Para esta "estrada rolante", basta uma rampa no final do trilho, pois os caminhões podem entrar no trem sozinhos.

Denominação do contêiner	Medidas externas						Peso bruto máx. permitido
	Comprimento		Largura		Altura		
	mm	′ft in″	mm	′ft in″	mm	′ft in″	kg
1AAA	12192	40′	2438	8′	2896	9′6″	30480
1AA					2591	8′6″	
1A					2438	8′	
1AX					< 2438	< 8′	
1CC	6058	19′10,5″	2438	8′	2591	8′6″	24000
1C					2438	8′	
1CX					< 2438	< 8′	

❸ Dimensões externas e pesos do tipo usual de contêiner de 40 e 20 pés. A medida construtiva de um contêiner de 20 pés apresenta uma medida de junta a menos, de modo a permitir a combinação entre contêineres curtos e longos

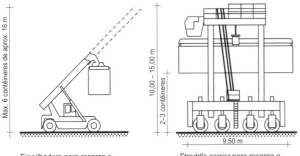

❹ Empilhadora para recarga e empilhamento de contêineres nos terminais sem guindastes de pórtico

❺ *Straddle carrier* para recarga e empilhamento de contêineres em grandes terminais

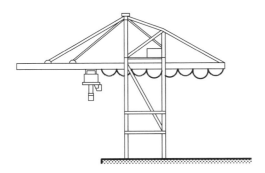

❻ O guindaste de pórtico para transferência de contêineres entre navios e veículos terrestres é muitas vezes complementado por *straddle carriers* para armazenamento intermediário e triagem de contêineres.

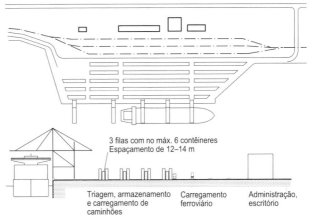

3 filas com no máx. 6 contêineres
Espaçamento de 12–14 m

Triagem, armazenamento e carregamento de caminhões | Carregamento ferroviário | Administração, escritório

❼ Exemplo de um terminal de contêineres com pátio de armazenamento e triagem, assim como conexões marítimas, ferroviárias e rodoviárias

INDÚSTRIA
Fundamentos
Galpões industriais
Edifícios industriais
Transporte
Armazenamento
Contêineres
Exemplos

Indústria

527

Combinações possíveis

❶ Tipo básico de contêiner: armação de aço, autossustentado

❷ Camada de suporte adicional para complementar a estrutura de apoio

❸ É possível alinhá-los em comprimento e largura

❹ Empilhamento: no máximo 6 contêineres

❺ Possibilidades de movimento e rotação

❻ Armação visível: elementos de fachada no plano da armação

❼ Elementos de fachada na frente da armação, armação coberta

INDÚSTRIA
Fundamentos
Galpões industriais
Edifícios industriais
Transporte
Armazenamento
Contêineres
Exemplos

Indústria

Princípio de disposição dos contêineres, armação visível na fachada

❽ Edifício residencial composto por três contêineres de diferentes comprimentos
LHVH-Architekten

INDÚSTRIA
ARQUITETURA DE CONTÊINERES

O contêiner é uma estrutura pré-fabricada e autossustentada composta por suportes de aço soldado, armação de piso e armação de teto, com um grau de pré-fabricação de até 100%. Contêineres podem ser alinhados em comprimento e largura e empilhados uns sobre os outros (máx. 6 unidades) → ❷ + ❸.

Tipos de contêiner
1. Desmontável (também conhecido como contêiner clássico para canteiros de obras): usado para abrigar pessoas
2. Contêiner marítimo ou de carga: usado no transporte de mercadorias

Uso temporário: p. ex., estandes de exposição, edifícios de exposição e *showrooms*, uso de curto a médio prazo para trabalhos de conversão e restauração em canteiros de obras, para acomodações de emergência etc.

Uso permanente: p. ex., no setor educacional (jardins de infância, escolas), no setor médico (clínica, laboratórios), como espaços residenciais (lares de idosos, dormitórios de estudantes, escritórios).

Diretrizes para economia de energia (EnEV): uso temporário de contêineres não vinculados à EnEV, uso permanente de contêineres vinculados à EnEV

As dimensões/tamanhos padrão dependem do transporte e da produção e variam de acordo com a empresa → ❶

Construção: armações de aço soldado (perfis em L) usadas como suporte e com cantos resistentes à flexão. Dependendo dos requisitos estruturais, perfis de aço adicionais podem complementar a armação → ❷ + ❻.

Preenchimento dos elementos da armação/fachada: os painéis sanduíche pré-fabricados da fachada ficam ou na frente ou no mesmo plano da armação, dependendo do quão exposta esta deve ficar. Paredes, pisos e tetos são pré-fabricados e montados na fábrica, utilizando métodos de construção a seco.

Fachada em frente à armação: não há pontes térmicas; as estruturas de apoio não ficam expostas a intempéries; as fachadas pré-montadas e a movimentação de contêineres ficam limitadas a elementos de fachada de vários andares → ❺.

Fachada no plano da armação: estrutura de suporte exposta a intempéries; os módulos com fachada podem ser transportados, facilitando a movimentação do contêiner.

Análise estrutural: análises estruturais também estão disponíveis para contêineres padrão. As cargas exercem forças sobre pontos específcos, então basta determinar os fundamentos desses pontos.

Montagem: os contêineres individuais (módulos) são montados no local com auxílio de um guindaste. Por fim, dependendo do projeto, são construídas passagens, conexões, tetos vedados e, se necessário, um revestimento de fachada acoplado.

Os contêineres que já possuem acabamento integrado, como paredes internas e/ou externas, tetos, escadas, patamares ou instalações sanitárias, também são chamados de **módulos-sala** (ou módulo-escada, ou módulo sanitário).

O **transporte** geralmente é feito por caminhão.

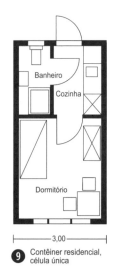

❾ Contêiner residencial, célula única

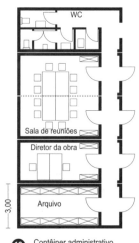

❿ Contêiner administrativo, múltiplas células

528

INDÚSTRIA
EXEMPLOS

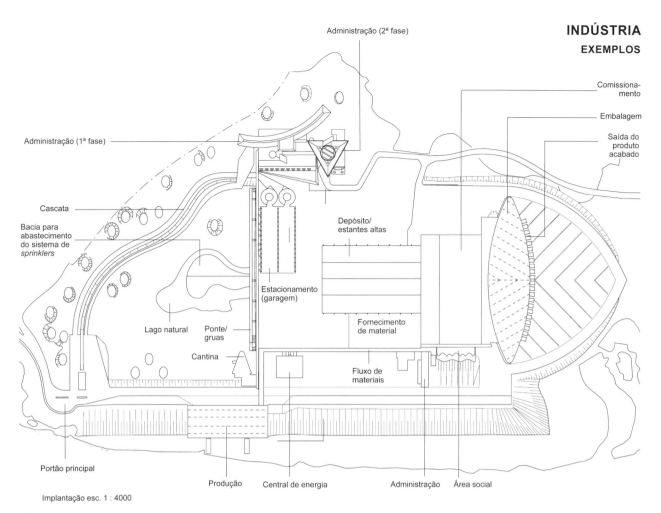

① B. Braun Melsungen AG, Fábrica Pfieffewiesen — Arq. (1ª fase): James Stirling, Michael Wilford and Associates in Association with Walter Nägeli; Arq. (2ª fase): Wilford Schupp Architekten GmbH

Implantação esc. 1 : 4000

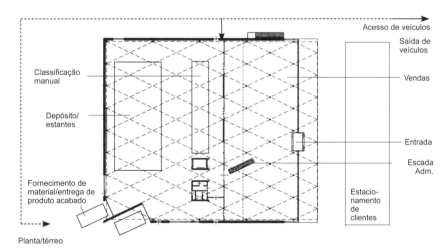

② Galpão industrial Aug. Hülden GmbH, em Düren — Arq.: Kister Scheithauer Gross

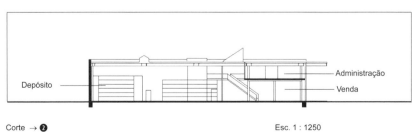

③ Corte → ② — Esc. 1 : 1250

Complexo industrial aditivo → ①:
As unidades funcionais (administração, produção, estacionamentos, depósitos, comissionamento, saída do produto acabado) foram desenvolvidas, dependendo das exigências, em formas arquitetônicas independentes e agrupadas no terreno em um projeto paisagístico que procurou uma aproximação com a natureza.
A ligação entre as unidades é feita por meio de um sistema de circulação em forma de pontes (fluxo de materiais, ponte de gruas).

Complexo industrial integrado → ②:
Galpão de depósito, área representativa com dois andares, destinada a administração e vendas, assim como setor de abastecimento e entregas, foram agrupados em um só volume. Este foi executado em estrutura de aço (vãos livres de 40 m), com grelha de cobertura em formato de trapézio, com trecho em balanço no setor de entrada; apoio secundário também em treliça trapezoidal, em madeira.

INDÚSTRIA
Fundamentos
Galpões industriais
Edifícios industriais
Transporte
Armazenamento
Contêineres
Exemplos

529

OFICINAS
MARCENARIA

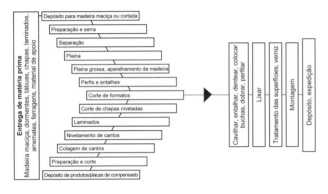

① Relação entre equipamentos e zonas funcionais. A espessura das linhas de ligação indica a intensidade da circulação entre setores

② Forma esquemática de funcionamento de uma oficina de marcenaria

Em → ③ tem-se a evolução das plantas de galpões simples longitudinais, para edifícios planos ocupando grandes áreas, mais econômicos em sua totalidade, possibilitando melhor uso do terreno, percursos mais curtos entre etapas de trabalho utilizando produções mistas, diminuição dos comprimentos das tubulações de abastecimento, possibilidade de iluminação zenital. Edifícios em andares para a zona de produção não são apropriados, aconselhando-se apenas para os escritórios, áreas de apoio, depósito de peças e seção de trabalho com laminação de madeiras valiosas. Técnicas construtivas predominantes: estrutura metálica de pilares e vigas, de concreto armado ou madeira. Paredes e cobertura com elementos construtivos de grandes dimensões, com bom isolamento acústico e térmico. Janelas com vidros isolantes, em sua maioria com caixilharia fixa. Pequenas áreas, exigidas pela legislação da construção, devem ser conservadas para alas de ventilação e visibilidade.
Áreas necessárias: nos exemplos apresentados, em média 70 a 80 m² para cada função (sem depósito aberto).

Fluxo geral de produção: em pequenas marcenarias, ≈10 empregados: sistema de produção em linha e ângulo.
Em marcenarias médias, acima de 10 empregados: sistema de produção em U e circular (quadrado) é mais favorável.
Sequência de trabalho: depósito de madeira, serraria, câmara de secagem, recinto de máquinas, bancos de trabalho, tratamento de superfícies, depósitos, embalagem
Disposição das máquinas segundo as sequências de trabalho: portão, descarregamento, rampa, controle, prova, recebimento, expedição.

Separação entre recinto de máquinas e bancos de trabalho por meio de parede com portas. Escritório e sala de mestre envidraçados, com vista para a área de produção da oficina. Pisos: madeira, agregados de madeira e piso misto de madeira e pedra. Iluminação em contraluz em todas as áreas de trabalho, de preferência com faixas de janelas corridas, com peitoril alto (1 m–1,35 m).
Para eliminação de serragem, pó e lascas, quase todas as marcenarias, inclusive as de pequeno porte, possuem aspiradores mecânicos, tendo em vista as exigências da segurança do trabalho e motivos de eficiência de funcionamento. Pode-se diminuir o nível de ruído com a introdução de bases metálicas móveis.

Informações: Landesgewerbeamt Baden-Württemberg (Repartição Estadual dos Ofícios de Baden-Württemberg)

OFICINAS

Marcenaria
Carpintaria
Serralheria
Oficinas mecânicas
Padarias e confeitarias
Manufatura de produtos de carne
Outras oficinas
Lavanderias
Corpo de bombeiros

Indústria

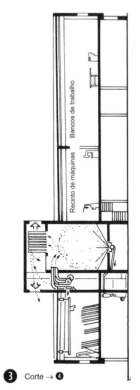

③ Corte → ④

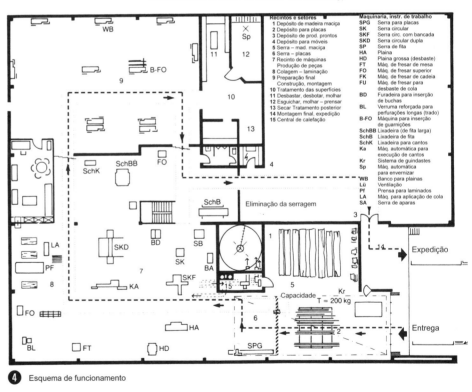

④ Esquema de funcionamento

530

OFICINAS
CARPINTARIA

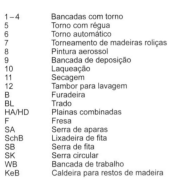

① Esquema de funcionamento de uma oficina de carpintaria e produção de elementos de madeira para edificações

O planejamento funcional (*layout*) deriva dos dados fundamentais das técnicas de funcionamento da indústria:
Equipamentos, aproveitamento, fatores econômicos, valores das instalações, cargas sobre os pavimentos, volume necessário, custos, processo produtivo, tempo de produção, funções dos empregados, organização da empresa e seu funcionamento, etapas de trabalho.
Matérias-primas: tipo, quantidade, peso e volume necessário.
Depósitos: dimensões e volume.
Fornecimento de energia: térmica, elétrica e ar comprimido.
Resíduos/lixo: tipo, volume, sistema de recolhimento e processamento.

(Informação: Repartição estadual dos ofícios de Baden-Württemberg, Stuttgart)

1–4	Bancadas com torno
5	Torno com régua
6	Torno automático
7	Torneamento de madeiras roliças
8	Pintura aerossol
9	Bancada de deposição
10	Laqueação
11	Secagem
12	Tambor para lavagem
B	Furadeira
BL	Trado
HA/HD	Plainas combinadas
F	Fresa
SA	Serra de aparas
SchB	Lixadeira de fita
SB	Serra de fita
SK	Serra circular
WB	Bancada de trabalho
KeB	Caldeira para restos de madeira

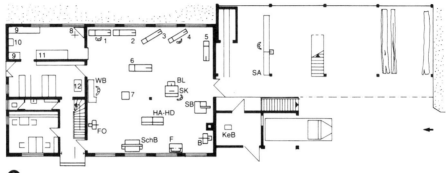

② Exemplo de uma oficina de torneiro

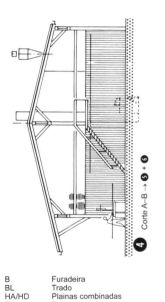

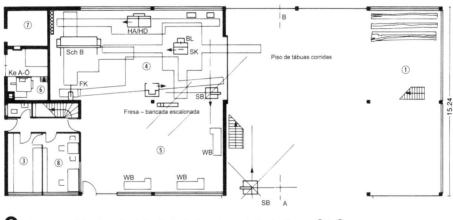

⑤ Exemplo de oficina de carpintaria (produção de elementos construtivos) – térreo → ④ + ⑥

B	Furadeira
BL	Trado
HA/HD	Plainas combinadas
F	Fresa
FK	Fresa de cadeia
SA	Serra de aparas
SchB	Lixadeira de fita
SB	Serra de fita
WB	Bancada de trabalho
KeA-Ö	Caldeira combinada óleo e restos de madeira
①	Depósito para mad. maciça
②	Depósito de placas
③	Depósito de peq. máquinas
④	Montagem com máq.
⑤	Montagem em bancos de trab.
⑥	Calefação
⑦	Silo para serragem
⑧	Escritório do mestre
⑨	Sala de descanso
⑩	Lavatório

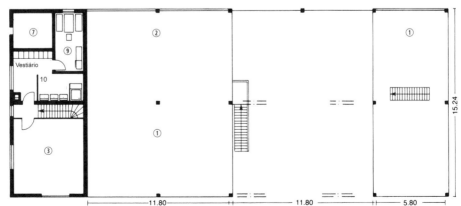

⑥ Andar superior → ④ + ⑤

OFICINAS

Marcenaria
Carpintaria
Serralheria
Oficinas mecânicas
Padarias e confeitarias
Manufatura de produtos de carne
Outras oficinas
Lavanderias
Corpo de bombeiros

Indústria

OFICINAS
SERRALHERIA

Em oficinas de grande porte dividem-se as estações de trabalho em equipamentos de solda autógena, ferragens para esquadrias e caixilharia, montagem e consertos, trabalhos ornamentais de ferro e manufaturas de peças de maquinário.

A ligação espacial depende do esquema funcional → ❺. Escritório de administração e local de trabalho do mestre devem ter posição central, com vista para as diversas oficinas. Recintos para solda e forja devem ser separados através de portas de aço, mesmo para oficinas de porte médio.

A iluminação zenital é a mais apropriada, com focos individuais para cada área de trabalho específica (cabos e caixas de ligação instalados no solo).

Pisos de concreto ou elementos sobre base de concreto.

As bancadas de solda deverão ser revestidas de tijolos refratários. Para o ferro fundido e solda de metais utiliza-se tanques de carvão vegetal para aquecimento prévio, incluindo pequena forja, também apropriada para solda de bronze e para temperar o aço. Ao lado, prever-se reservatórios de água e óleo para a têmpera.

(Informação: Repartição estadual dos ofícios de Baden-Württemberg, Stuttgart)

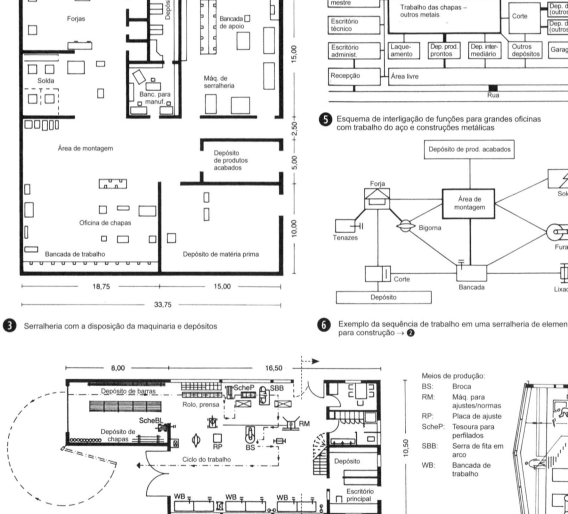

❶ Depósito de barras em pé — Chapas metálicas em estantes

❷ Depósito para peças curtas — Carregamento com grua

❸ Serralheria com a disposição da maquinaria e depósitos

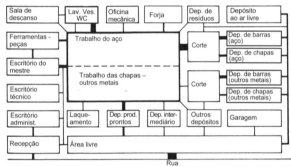

❺ Esquema de interligação de funções para grandes oficinas com trabalho do aço e construções metálicas

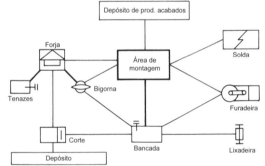

❻ Exemplo da sequência de trabalho em uma serralheria de elementos para construção → ❷

❹ Serralheria para manufatura de elementos de construção civil ou trabalhos ornamentais de ferro

Meios de produção:
- BS: Broca
- RM: Máq. para ajustes/normas
- RP: Placa de ajuste
- ScheP: Tesoura para perfilados
- SBB: Serra de fita em arco
- WB: Bancada de trabalho

❼ Corte → ❹

OFICINAS
Marcenaria
Carpintaria
Serralheria
Oficinas mecânicas
Padarias e confeitarias
Manufatura de produtos de carne
Outras oficinas
Lavanderias
Corpo de bombeiros

Indústria

OFICINAS
OFICINAS MECÂNICAS

A escolha do terreno deverá ser feita em função do atendimento aos clientes. De preferência com fácil acesso por meios de transporte ou circulação em geral (mesmo que signifique maiores custos de ligação e construção). No caso de implantação em periferia, deve-se considerar o investimento em propaganda e transporte dos clientes.

Regras básicas: ocupação ou área construída, 1/3; área livre ou não construída, 2/3. Prever ampliações posteriores. Para oficinas de grande porte, considera-se um valor médio de 200 m² para cada setor de funcionamento.

Deve-se acrescentar sobre esse valor as áreas necessárias para vendas, administração, espera dos clientes, departamento social etc.

As construções ocupam, em geral, somente um pavimento; estrutura metálica, parcial ou totalmente pré-fabricada. Privilegiar galpões sem pilares intermediários.

Prever ampliações em sistema modulado.

Os pisos deverão ser impermeáveis à infiltração de gorduras e óleos, sendo necessária barreira contra escoamento de gasolina e vazamentos de óleo.

Canal para aspiração de gases tóxicos dos escapamentos devem ser construídos, assim como portões de abertura automática dotados de "cortinas de ar".

São recomendáveis canais de instalação para rede elétrica, tubulação de ar comprimido, escoamento de óleo usado e água. Observar as ligações de abastecimento. No caso de lavagem de veículos, prever grande consumo de água.

Exemplos de oficinas mecânicas de diferentes tamanhos → ❾ – ❿.

(Informação: Instituto de Tecnologia de Funcionamento de Manufaturas, Karlsruhe)

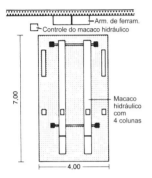
❶ Área de trabalho padrão com macaco hidráulico; altura de levantamento 1,0 m

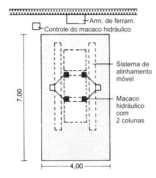
❷ Área de trabalho padrão com macaco hidráulico de duas colunas; altura de levantamento 0,70 – 1,00 m

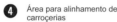
❸ Lugar para controle ou medição óptica de eixos

❹ Área para alinhamento de carroçerias

❺ Box para alinhamento de carroçaria

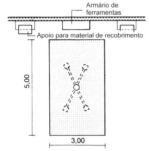
❻ Área de preparação para laqueamento, com ou sem macaco hidráulico

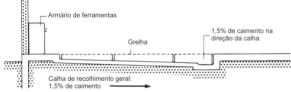
❼ Apresentação esquemática de área de combate à ferrugem, na preparação para o laqueamento → ❻

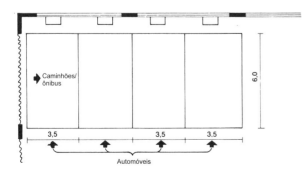
❽ Setor de trabalho para caminhões e ônibus 6,0 m x 14,0 m composto de 4 módulos padrões de 3,5 m x 6,0 m

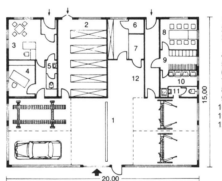
❾ Exemplo de projeto para oficina com 4 áreas de atendimento, em terreno com face de grande largura voltada para a rua

1 Oficina de reparos
2 Depósito de peças
3 Escritório, registro, caixa
4 Chefia
5 WC (clientes)
6 Calefação
7 Compressor
8 Sala de funcionários
9 Vestiário
10 Lavatório
11 WC (funcionários)
12 Gerador

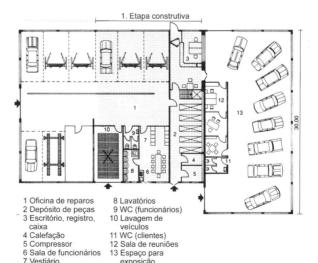
❿ Exemplo de projeto de oficina com 8 áreas de atendimento, lavagem de veículos e espaço para exposição

1 Oficina de reparos
2 Depósito de peças
3 Escritório, registro, caixa
4 Calefação
5 Compressor
6 Sala de funcionários
7 Vestiário
8 Lavatórios
9 WC (funcionários)
10 Lavagem de veículos
11 WC (clientes)
12 Sala de reuniões
13 Espaço para exposição

OFICINAS

Marcenaria
Carpintaria
Serralheria
Oficinas mecânicas
Padarias e confeitarias
Manufatura de produtos de carne
Outras oficinas
Lavanderias
Corpo de bombeiros

Indústria

OFICINAS
PADARIAS E CONFEITARIAS

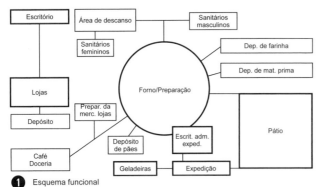

❶ Esquema funcional

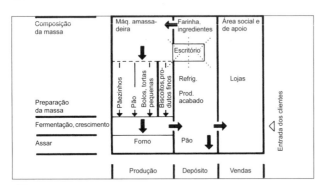

❷ Esquema de interligação dos espaços

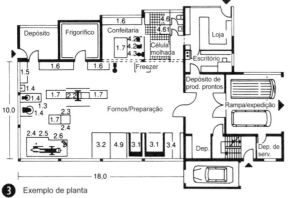

❸ Exemplo de planta

O planejamento sistemático de uma padaria pressupõe a previsão e conhecimento de todas as futuras tecnologias e unidades funcionais, assim como processo de trabalho, dos quais dependem diretamente a organização espacial e os elementos construtivos da mesma. Um exame das condições locais deve também estar presente dentro das deliberações do projeto.

Programa espacial e áreas necessárias:
Distribuição espacial básica: depósitos, áreas de produção, vendas, instalações prediais, administração e transações (negócios), áreas sociais e de apoio → ❶.
Processo de trabalho dentro dos recintos e entre as diversas unidades espaciais → ❷. Espaço para armazenamento de matéria-prima, ingredientes e embalagens com controle diário.

Depósitos de matéria-prima: trigo e centeio triturados, açúcar, sal, fermentos, massa (sacos de material seco), farinha em silos ou sacos.
Recinto destinado a ingredientes: frutas, coberturas, frutas secas e semelhantes, gorduras, ovos. Depósito para embalagens. Área para estantes, armações de apoio, armários, pilhas, bancadas. Área para circulação (corredores). Superfície mínima para depósito: 15 m², acrescentando-se a este valor 8 a 10 m² a cada empregado, para o conjunto de depósitos. Conservar sempre percursos curtos entre depósito e área de trabalho.

Separação entre recintos de trabalho da padaria e da confeitaria, em virtude das diferentes condições de clima interno necessárias para as duas atividades: padaria requer ar quente e úmido, confeitaria, refrigerado.

Zonas de trabalho em uma padaria: junção dos ingredientes para massa, preparação da massa, assar, levar ao depósito.
Confeitaria: Zona fria: cremes, creme de leite, chocolate, frutas. Zona quente: massas, bolos, biscoitos finos.

A superfície da zona de produção compõe-se de:
Espaço necessário próprio para os meios de produção, para manufatura e manipulação, para depósitos intermediários (carrinhos de transporte) e definitivos. Considerar ainda circulação e áreas perdidas.
Através do planejamento de usos e ocupação (*layout*) do sistema de produção interna, podem ser calculadas as principais áreas necessárias.

(Informação: Repartição estadual dos ofícios de Baden-Württemberg, Stuttgart)

OFICINAS

Marcenaria
Carpintaria
Serralheria
Oficinas mecânicas
Padarias e confeitarias
Manufatura de produtos de carne
Outras oficinas
Lavanderias
Corpo de bombeiros

Indústria

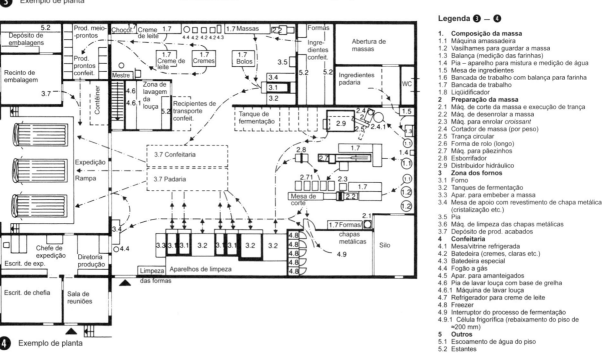

❹ Exemplo de planta

Legenda ❸ — ❹

1. **Composição da massa**
1.1 Máquina amassadeira
1.2 Vasilhames para guardar a massa
1.3 Balança (medição das farinhas)
1.4 Pia – aparelho para mistura e medição de água
1.5 Mesa de ingredientes
1.6 Bancada de trabalho com balança para farinha
1.7 Bancada de trabalho
1.8 Liqüidificador
2 **Preparação da massa**
2.1 Máq. de corte da massa e execução de trança
2.2 Máq. de desenrolar a massa
2.3 Máq. para enrolar *croissant*
2.4 Cortador de massa (por peso)
2.5 Trança circular
2.6 Forma de rolo (longo)
2.7 Máq. para pãezinhos
2.8 Esborrifador
2.9 Distribuidor hidráulico
3 **Zona dos fornos**
3.1 Forno
3.2 Tanques de fermentação
3.3 Apar. para embeber a massa
3.4 Mesa de apoio com revestimento de chapa metálica (cristalização etc.)
3.5 Pia
3.6 Máq. de limpeza das chapas metálicas
3.7 Depósito de prod. acabados
4 **Confeitaria**
4.1 Mesa/vitrine refrigerada
4.2 Batedeira (cremes, claras etc.)
4.3 Batedeira especial
4.4 Fogão a gás
4.5 Apar. para amanteigados
4.6 Pia de lavar louça com base de grelha
4.6.1 Máquina de lavar louça
4.7 Refrigerador para creme de leite
4.8 Freezer
4.9 Interruptor do processo de fermentação
4.9.1 Célula frigorífica (rebaixamento do piso de ≈200 mm)
5 **Outros**
5.1 Escoamento de água do piso
5.2 Estantes

OFICINAS
MANUFATURA DE PRODUTOS DE CARNE

Em uma área → ❸ de 4.500 m² no térreo, localiza-se a preparação da seção de frios e produtos finos (delicatesse). Salas de escritórios, laboratórios, cantina, cozinha, lavatórios e vestiários implantam-se no andar superior → ❷. Produção diária de aprox. 25 t. O edifício é composto de um conjunto de recintos e grupo de espaços com necessidade de temperaturas diferenciadas. Ambientes sociais, escritórios, WCs, 20°C; zona de produção, 18°C; recintos climatizados, 14 a 18 °C; recintos refrigerados, 10 a 12 °C; frigoríficos, 0 a 8 °C; congeladores ou freezers, – 20°C.

Grande exigência do ponto de vista da física da construção e emprego de materiais.

Edifício de produção industrial: a matéria prima é fornecida em forma de peças de carne bovina (um quarto) ou suína (meio porco), além de pedaços brutos, embalados.

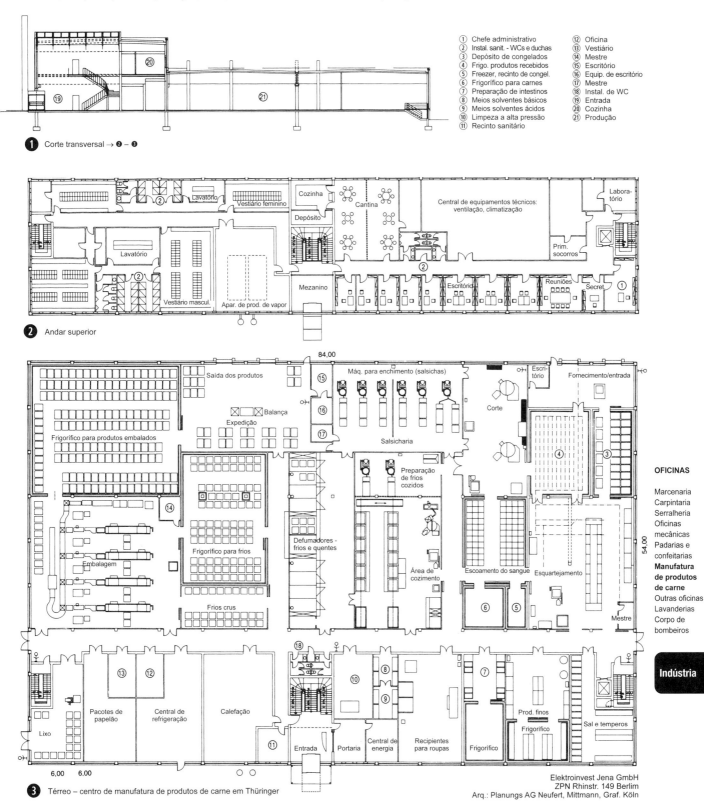

① Chefe administrativo
② Instal. sanit. - WCs e duchas
③ Depósito de congelados
④ Frigo. produtos recebidos
⑤ Freezer, recinto de congel.
⑥ Frigorífico para carnes
⑦ Preparação de intestinos
⑧ Meios solventes básicos
⑨ Meios solventes ácidos
⑩ Limpeza a alta pressão
⑪ Recinto sanitário
⑫ Oficina
⑬ Vestiário
⑭ Mestre
⑮ Escritório
⑯ Equip. de escritório
⑰ Mestre
⑱ Instal. de WC
⑲ Entrada
⑳ Cozinha
㉑ Produção

❶ Corte transversal → ❷ – ❸

❷ Andar superior

❸ Térreo – centro de manufatura de produtos de carne em Thüringer

Elektroinvest Jena GmbH
ZPN Rhinstr. 149 Berlim
Arq.: Planungs AG Neufert, Mittmann, Graf. Köln

OFICINAS

Marcenaria
Carpintaria
Serralheria
Oficinas mecânicas
Padarias e confeitarias
Manufatura de produtos de carne
Outras oficinas
Lavanderias
Corpo de bombeiros

Indústria

OFICINAS
OUTRAS OFICINAS

1 Trilhos para carrinhos de transporte
2 Caldeira de água quente para cozimento
3 Mesa para eliminação dos pêlos
4 Cabo para elevação das peças
5 Ganchos para pendurar peças de animais
6 Esteira para transporte
7 Talho de peças de grande porte
8 Tubulação superior para transporte da carne
9 Trecho em declive
10 Mesa e pia combinadas
11 Pia
12 Apoio para os ganchos
13 Cavaletes de base
14 Mesa de exame para peças de fígado
15 Bancada de preparação
16 Balança
17 Motor (sist. de trans. da carne)

❶ Exemplo de uma manufatura de produtos de carne

Açougue e salsicharia → ❶, planta padrão, para 6 a 7 funcionários.
Fluxo de atividades no processo de fabricação de salsichas, dentro de um estabelecimento para manufatura de carnes: a carne entra no recinto de máquinas (talhar, picar), passa para a câmara de defumação assim como pelas caldeiras de cozimento, indo então para o frigorífico ou diretamente para venda.
Altura do pé-direito nas áreas de trabalho (dependendo do tamanho do estabelecimento) ≥ 4,0 m.
Largura das zonas de circulação para movimentação da mercadoria ≥ 2,0 m.
Área de trabalho na área de produção de salsichas: 1,0 m laterais livres = para cada área individual, 3,0 m².
Distância da maquinaria em relação à parede (para consertos): 40–50 cm.
Para aparelhos frigoríficos, que trabalham dia e noite, é necessária a disposição isolada acusticamente. Torneiras de água, com ligação para mangueiras de borracha, devem ser previstas no recinto de produção de salsichas, área de máquinas e salmoura. Os pisos serão antiderrapantes (ásperos) e impermeáveis, de preferência de cerâmica canelados, com sistema de escoamento de água (ralos); paredes revestidas por azulejos. Iluminação geral de 300 lux nas áreas de trabalho. Para os funcionários deverão ser construídos sala de descanso, guarda-roupas, WCs e duchas.
Planejamento e organização espacial de oficina eletrotécnica, para consertos de aparelhos de rádio e televisão → ❷.
Pé-direito das áreas de trabalho ≥ 3 m, com 15 m³ de volume mínimo de ar para cada funcionário. Devido ao grande perigo de propagação de eletricidade (choques) deve-se utilizar em toda a oficina piso com revestimento isolante (pelo menos a bancada de trabalho dos técnicos deve ser isolada independentemente). O nível de iluminação nominal (geral) desejado é de 500 lux; para montagem de peças eletrônicas delicadas, exigem-se 1.500 lux.
A bancada de trabalho necessita de tampa de grandes dimensões, no mínimo com 1,00 x 2,00 m, com duas prateleiras inferiores para depósito das plantas, desenhos dos aparelhos etc., assim como ferramentas em gavetas rasas, de fácil acesso.
Oficina de laqueação e pintura → ❸.
Estabelecimento de corte e costura → ❹, planta padrão para 10 funcionários.

(Informação: Repartição estadual dos ofícios de Baden-Württemberg, Stuttgart)

1 Bancada de trabalho para o técnico
2 Bancada de trabalho para o aprendiz
3 Bancada de trabalho com morsa
4 Balcão com peças de montagem
5 Balcão para discos e CDs
6 Estantes para apar. a serem consertados
7 Estantes para peças
8 Estante para exposição
9 Balcão de vendas
10 Vitrine e estante de apresentação

❷ Exemplo de oficina de equipamentos de rádio e TV

OFICINAS

Marcenaria
Carpintaria
Serralheria
Oficinas mecânicas
Padarias e confeitarias
Manufatura de produtos de carne
Outras oficinas
Lavanderias
Corpo de bombeiros

Indústria

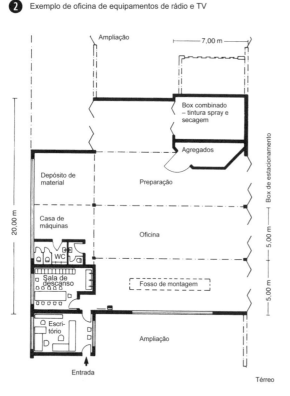

❸ Exemplo de oficina de pintura e laqueação

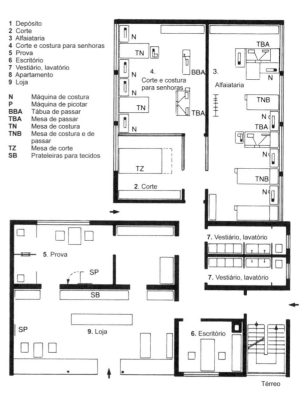

1 Depósito
2 Corte
3 Alfaiataria
4 Corte e costura para senhoras
5 Prova
6 Escritório
7 Vestiário, lavatório
8 Apartamento
9 Loja

N Máquina de costura
P Máquina de picotar
BBA Tábua de passar
TBA Mesa de passar
TN Mesa de costura
TNB Mesa de costura e de passar
TZ Mesa de corte
SB Prateleiras para tecidos

❹ Exemplo de oficina de corte e costura

536

OFICINAS
LAVANDERIAS

Lavanderias em hospitais devem ser construídas de modo a separarem espacialmente a zona de roupa suja da zona de roupa limpa → ❺ – ❻, ❽. Na área de roupa suja, os pisos, paredes, assim como superfícies externas dos equipamentos e máquinas, deverão ser de material lavável, para limpeza e desinfecção.

O acesso do pessoal entre as duas zonas da lavanderia deverá ser controlada por compartimento de desinfecção e área para troca por roupas de proteção.

Portas de acesso a esta zona de controle necessitam de um sistema de tranca em série, de tal forma que apenas uma porta seja aberta por vez → ❺.

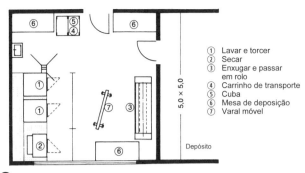

❶ Pequena lavanderia em hotel

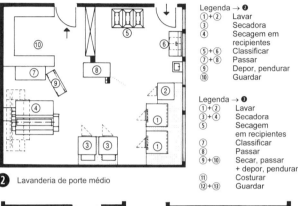

❷ Lavanderia de porte médio

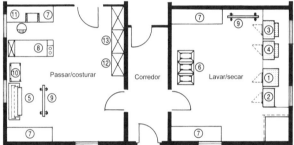

❸ em dois espaços separados

❹ Salão de lavanderia com sistema de autoatendimento

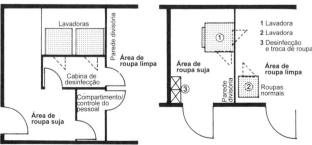

❺ Máquinas de lavar, com porta para cabina de desinfecção

❻ Lavanderia com divisão espacial entre áreas de roupa suja e limpa

Roupas masculinas		Peso g
Camisa		170
Camiseta	leve	100
	pesada	150
Cueca	curta	75
	longa	180
Pijama		450
Lenço		20
Meia (par)		70
Roupas femininas		
Blusa		140
Conjunto		140
Combinação		75
Pijama		350
Camisola		170
Lenço		10
Avental		170
Guarda-pó		130
Roupas de criança (crianças pequenas)		
Vestidinho		110
Conjunto		80
Casaquinho, pulôver		75
Babador		25
Lenço		15
Meia (par)		70
Meia-calça		100

Roupas de banho		Peso g
Roupão		900
Toalha	100 x 200	800
Toalha de praia	67 x 140	400
Toalha de mão	50 x 100	200
Calção de banho		100
Maiô		260
Biquíni		200
Roupa de cama		
Colcha	160 x 200	850
Lençol de cima	150 x 250	670
Lençol de baixo	140 x 230	600
Fronha	80 x 80	200
Roupa de mesa e cozinha		
Toalha de mesa	125 x 160	370
Tolha para bandeja	125 x 400	1000
Guardanapo	70 x 70	80
Pano de mão	40 x 60	100
Pano de prato	60 x 60	100
Roupas de trabalho		
Uniforme		1200
Macacão		800
Avental		200
Jaleco masculino		500
Jaleco feminino		400

❼ Peso médio de peças de roupa

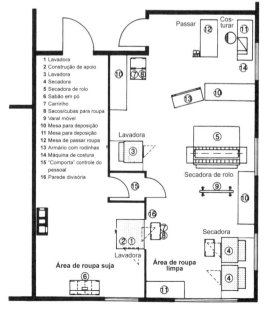

❽ Lavanderia em residência para idosos

OFICINAS

Marcenaria
Carpintaria
Serralheria
Oficinas mecânicas
Padarias e confeitarias
Manufatura de produtos de carne
Outras oficinas
Lavanderias
Corpo de bombeiros

Indústria

OFICINAS
LAVANDERIAS

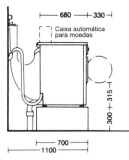

① Máquina de lavar roupa automática   ② Vista lateral → ①

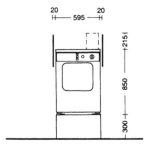

③ Secadora automática   ④ Vista lateral → ③

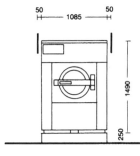
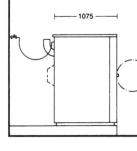

⑤ Máquina de lavar roupa automática   ⑥ Vista lateral → ⑤

OFICINAS

Marcenaria
Carpintaria
Serralheria
Oficinas
mecânicas
Padarias e
confeitarias
Manufatura de
produtos de carne
Outras oficinas
Lavanderias
Corpo de
bombeiros

Indústria

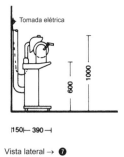

⑦ Secadora de roupa de rolo   ⑧ Vista lateral → ⑦

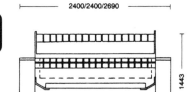
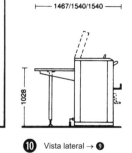

⑨ Secadora em recipiente   ⑩ Vista lateral → ⑨

Quantidade de roupa para lavar em kg/ semana:

Residências: ≈ 3 kg/pessoa (percentagem de roupa a ser secada ≈ 40%)
Hotéis: ≈ de 20 kg/cama (troca diária de roupa de cama e toalhas)
≈ 12–15 kg/cama (4 trocas em uma semana)
≈ 8–10 kg/cama (2–3 trocas por semana)
≈ 5 kg/cama (1 troca por semana)
Os valores acima são válidos também incluindo áreas de refeições.
Pensões: ≈ 3 kg/cama
Restaurantes: ≈ 1,5–3 kg/lugar
Para hotéis, pensões e restaurantes, a percentagem de roupa a ser secada é de ≈ 75%.
Asilos para idosos: tipo residência ≈ 3 kg/cama
com assistência ≈ 8 kg/cama
para casos de incontinência ≈ 25 kg/cama
Creches: ≈ 4 kg/cama
Berçários: ≈ 10 kg/cama
Instituições de assistência e tratamento: ≈ 4 kg/cama
Em casos de incontinência: ≈ 25 kg/cama
Para instituições de assistência em geral, a percentagem de roupa a ser secada é de c. de 60%.
Hospitais, clínicas (com ≈ 200 camas):
Hospitais em geral: 12–15 kg/cama
Maternidades: ≈ 16 kg/cama
Clínica infantil: ≈ 18 kg/cama
Para hospitais a percentagem de roupa a ser secada é de ≈ 70%.
Para o pessoal (enfermeiros): ≈ 3,5 kg/pessoa.

$$\text{Capacidade para lavagem} = \frac{\text{Quantidade de roupa/Semana}}{\text{Dias de lavagem/Semana} \times \text{Número de lavagem/Dia}}$$

Exemplo de cálculo:

1) **Hotel com 80 camas**; ocupação 60% = 48 camas
4 trocas de roupas da cama/semana; troca diária de toalhas = ≈ 12 kg/cama
48 camas com 12 kg de roupa = 576 kg/semana
toalhas de mesa e panos de cozinha = 74 kg/semana
650 kg/semana

Capacidade para lavagem = $\frac{650 \text{ kg}}{3 \times 7}$ = 18,6 kg/lavagem

2) **Hotel com 150 camas**; ocupação 60% = 90 camas
troca diária de roupas de cama e toalhas = 20 kg
90 camas com 20 kg de roupa = 1.800 kg/semana
toalhas de mesa e panos de cozinha = 200 kg/semana
2.000 kg/semana

Capacidade para lavagem = $\frac{2.000 \text{ kg}}{3 \times 7}$ = 57,1 kg/lavagem

3) **Asilo para idosos**; 50 lugares para idosos; 70 lugares para idosos sob assistência
70 lugares p/ idosos sob assistência com 12 kg de roupas = 840 kg/semana (perigo de infecção)

Capacidade para lavagem = $\frac{840 \text{ kg}}{5 \times 5}$ = 33,6 kg/lavagem

50 lugares p/ idosos (residência) com 3 kg de roupa = 150 kg/semana
toalhas de mesa e panos de cozinha ≈ = 100 kg/semana
(sem perigo de infecção) 250 kg/semana

Capacidade para lavagem = $\frac{250 \text{ kg}}{3 \times 6}$ = 8,3 kg/lavagem

4) **Prédio de apartamentos, 90 moradores**
≈ 3 kg de roupa seca por pessoa em uma semana.

90 pess. × 3 kg = 270 kg; (6 dias × 5 lavagens/dia) = 9,0 kg/lavagem;
5 kg/máquina de lavar = 1,8 máquinas de lavar
São necessárias, no caso, 2 máquinas de lavar.

OFICINAS
CORPO DE BOMBEIROS

a) A central do corpo de bombeiros de uma localidade pode constituir-se de: área de estacionamento, sala de aparelhos, depósito para equipamento especial, sala de aulas (recinto de usos múltiplos para administração e chefia), áreas de uso social, instalações prediais.

b) Uma central de corpo de bombeiros para atuação que transcenda à localidade, isto é, destinada à proteção contra incêndios e serviços técnicos de ajuda, apresentando oficina central, equipamentos de manutenção, aprendizado e para exercícios, pode compor-se de: área de estacionamento (para ambulâncias acrescentar); sala de aparelhos, depósito para equipamento especial; salas de aulas; áreas de uso social como lavatórios, duchas, WCs, vestiários, sala de secagem; áreas sociais como salas de plantão permanente (turnos de atendimento), salas de descanso e permanência, copa; administração, sala de chefia; oficina para os veículos e aparelhos, instalações prediais; sala para equipamentos de ação contra acidentes radioativos, biológicos e químicos; oficina central (segundo necessidade). No caso de inexistência de oficinas centrais para manutenção das mangueiras e máscaras respiratórias, devem ser incluídas no edifício local.

No caso da existência de oficinas centrais, devem ser previstas áreas adicionais de depósito proporcionais.

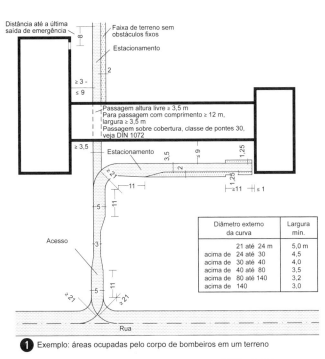

① Exemplo: áreas ocupadas pelo corpo de bombeiros em um terreno

② Mudança de declividade na zona de passagem ③ Acesso para carros do corpo de bombeiros

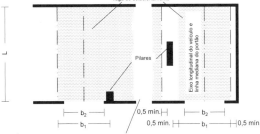

④ Zona de acesso para carros do corpo de bombeiros ⑤ Acesso para o corpo de bombeiros

⑥ Áreas de estacionamento e portões → ⑦ Largura livre de passagem (exigida apenas no caso da presença de pilares)

Vaga de estacionamento				
Tamanhos [2]	Larguras b₁ mín.	Comprimentos L mín.	Portão segundo DIN 14092 Parte 2 (largura de passagem b₂ x altura de passagem)	Unidade (U) Cálculo segundo → ⑧ [3] m²
1 (não recomendado)	4,5	8	3,5 x 3,5	9
2	4,5	10	3,5 x 3,5	11,25
3	4,5	12,5	3,5 x 3,5	14
4	4,5	12,5	3,5 x 4	14

[2] Veja também tabela; [3] Corresponde a 1/4 da vaga de estacionamento

⑦ Dimensões das áreas de estacionamento → ⑥

Sala de aparelhos	1 U
Depósito para equipamentos especiais	1 U
Sala de aulas	4 U
Recintos secundários anexos	1 U
Áreas de uso social:	
Lavatórios, duchas, WC, vestiário, sala de secagem	3 U
Sala de plantão, sala de descanso e permanência, copa	3 U
Administração	1 U
Sala de diretoria	1 U
Central de ação	1 U
Oficinas: manutenção das mangueiras, lavagem e testes (com um mínimo de 26 m de comprimento e 3 m de largura)	8 U
Depósito de mangueiras	1 U
Torre para secagem das mangueiras com parede de exercícios [2] (altura da torre, 23 m)	1 U

No caso da instalação de um sistema de secagem horizontal das mangueiras, este deve ser incorporado à área de secagem e testes, cuja superfície será então acrescida para 9 U, com pé-direito de no mínimo 3 m de altura.

Oficina de manutenção das máscaras respiratórias	4 U
Manutenção, conserto, depósito incluindo proteção contra radiações, máscaras de mergulho [3] Salas para equipamentos de ação contra radioatividade, acidentes com elementos biológicos e químicos	4 U
Oficina para veículos e equipamentos, incluindo estação para recarregamento de baterias, em espaço ligado às áreas de estacionamento	2 U
Galpão para lavagem dos veículos	4 U
Instalações prediais	1 U
Calefação, depósito de combustível	

[1] Para a determinação das áreas dos diferentes compartimentos devem-se tomar como base as unidades (U), segundo → ⑧. Para edificações de sedes de corpos de bombeiros, com diferentes tamanhos de áreas de estacionamento (tipos de veículos utilizados), a unidade (U) refere-se à dimensão da maior vaga. As áreas determinadas a partir da unidade (U) correspondem às dimensões mínimas dos compartimentos.
[2] Segundo DIN 14092, Parte 3
[3] Aqui não está incluída área de exercícios com as máscaras respiratórias.

⑧ Áreas das instalações → ①

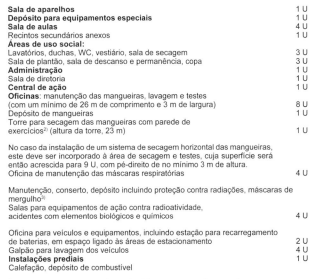

⑨ Dimensões usuais dos equipamentos móveis para bombeiros, de fabricação alemã

OFICINAS

Marcenaria
Carpintaria
Serralheria
Oficinas mecânicas
Padarias e confeitarias
Manufatura de produtos de carne
Outras oficinas
Lavanderias
Corpo de bombeiros

Indústria

539

OFICINAS
CORPO DE BOMBEIROS

Edifícios do corpo de bombeiros: destinam-se ao abrigo dos veículos e dos equipamentos em geral necessários.

Centrais do corpo de bombeiros: abrigam o pessoal, veículos e outros equipamentos utilizados nas ações de salvamento, adicionando-se ainda sala de diretoria e controle, permanentemente ocupada, para recebimento das notificações e pedidos de ajuda, com a função de alarme, coordenação e distribuição das ações.

Recomenda-se a anexação de apartamento para pessoa ocupada da vigia permanente. O time de bombeiros em ação encontra-se durante todo o tempo de prontidão, ou é acionado através de sistema de chamada telefônica ou por alarme, ligados a telefones de emergência, avisadores ou instalações eletrônicas de comunicação.

Funções anteriores à ação: estacionamento de veículo privado, trocar de roupa nas proximidades dos carros de bombeiro e equipamentos. Ocupar um veículo de ação.

Após a ação: reequipagem do veículo utilizado. Preenchimento dos reservatórios de água dos carros tanque, abastecimento de combustível. Lavagem e troca de roupa dos bombeiros.

O terreno de implantação das edificações deverá localizar-se em ponto central, para alcance de todas as áreas ou bairros dentro do raio de atendimento. Prever entrada e saídas com boa visibilidade, superfícies livres suficientes, p. ex., para efetivação de curvas dos veículos de grande porte. Área de lavagem com superfície filtrante de areia e barreiras contra penetração de gasolina; bombas de abastecimento para gasolina e óleo diesel. Pátio com superfície carroçável (para ≈16 t). Hidrante subterrâneo e de superfície. Vagas para veículos extraordinários, eventualmente ponto de aterragem para helicópteros (50 x 50 m), com 15 m de área livre entorno. Campos esportivos e áreas verdes em geral.

 1° pavimento

1 Controle, vigia
2 Dormitórios
3 Lavatórios
4 Bombeiro-chefe

❷ Térreo

1 Recinto para carreg. de baterias
2 Galpão para os veículos
3 Dormitório
4 Central
5 Depósito
6 Passagem
7 Pátio
8 Reservatório de óleo

❸ Subsolo da central de corpo de bombeiros, "Departamento 4", em Munique
Arq.: Ackermann + P.

1 Garagem subterrânea
2 Depósito com ilum. natural
3 Mangueiras
4 Porão
5 Ventilação
6 Barreira: setor "sujo" e "limpo"
7 Casa de força
8 Gerador
9 Bomba
10 Vestiário
11 Depósito
12 Gás, água
13 Central de calefação

OFICINAS

Marcenaria
Carpintaria
Serralheria
Oficinas mecânicas
Padarias e confeitarias
Manufatura de produtos de carne
Outras oficinas
Lavanderias
Corpo de bombeiros

Indústria

1 Corredor
2 Apartamento
3 Sala de aula
4 Material didático
5 Trabalhos de grupo
6 Garagem
7 Reserv. de óleo
8 Lavagem de veículos
9 Galpão para os veículos
10 Lavagem de mangueiras
11 Depósito de mangueiras
12 Dep. de peças
13 Oficina
14 Máscaras respiratórias
15 Pátio interno
16 Comandante
17 Área de plantão
18 Vestiário
19 Lavatórios
20 Guarda-roupa
21 Pára-vento
22 Hall
23 Sala de hobby
24 Sala de exercícios
25 Treinamento: área com pé-direito mínimo
26 Calefação
27 Agregados para refrigeração
28 Depósito
29 Baterias
30 Telefone, rádio

❹ Corte transversal → ❼

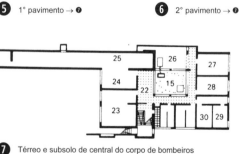

❺ 1° pavimento → ❼   ❻ 2° pavimento → ❼

❼ Térreo e subsolo de central do corpo de bombeiros

540

ESTABELECIMENTOS RURAIS
FUNDAMENTOS

Na escolha da área de implantação dos estabelecimentos agrícolas devem ser considerados os fatores topográficos e climáticos, relativos às exigências da produção, com primazia frente a outras condições ligadas ao caráter da propriedade. Para as construções de estábulos, são válidas praticamente as mesmas exigências climáticas relativas a habitações. Regiões extremamente sujeitas a geadas, neblina ou ventos, assim como terrenos muito expostos, devem ser evitados. É importante levar em consideração o relacionamento dos diversos edifícios funcionais entre si, a organização das áreas de produção próximas às colônias ou conjuntos residenciais para os trabalhadores, assim como a direção fundamental dos ventos. A direção dos ventos no verão é mais importante do que a no inverno. Outro ponto a ser observado na implantação do estabelecimento rural é a diferenciação da situação de tráfego "externo" e "interno".

O tráfego externo é determinado pelas ligações entre o estabelecimento com suas áreas de produção, e os sistemas de vias públicas, possibilitando o escoamento/venda dos produtos agrícolas (da lavoura, produção de leite etc.) A qualidade da rede de circulação interna prende-se à facilidade das ligações (ou caminhos) entre as principais áreas produtivas, também a nível de comarca – mais importante do que a proximidade direta da propriedade agrícola (quinta) em relação às áreas de produção. Para a implantação dos diversos edifícios devem-se considerar os seguintes distanciamentos: no mínimo 10 m entre todos os edifícios; da sede (residência) até o estábulo, no mín. 15 m; da sede até o limite Sul do terreno, no mín. 10 m; nas direções Leste e Oeste, no mín. 6 m → ❶.

Para criação de animais, com melhoramento das espécies, funcionando com unidades técnicas avançadas, necessitam-se em geral de áreas com tamanho de 4.000 a 5.000 m², exigindo-se terrenos com largura de 35 a 45 m. Para a sede, zona de moradia, incluindo jardim, necessitam-se de ≈1.000 m². Caminhos para transporte e trabalhos em geral, não devem ultrapassar as seguintes declividades: para máquinas manuais = 5%; para veículos motorizados = 10%; em trechos curtos, permitem-se 20%. O jardim integrado à casa (sede) funciona como prolongamento do morar. Por isso deverá ser posicionado na face insolada, do nascente ao poente, com um mínimo de 100 m² de área gramada, se possível plana, com local para sentar protegido, canteiros para flores, arbustos, área de brinquedos para as crianças e para secagem de roupas. No total, são necessários ≈400 a 500 m². Plantações para consumo próprio (horta) requerem de 50 a 60 m² por pessoa; pomares para frutas de semente ou caroço, necessitam de 100 m² por pessoa.

Informações: KTBL. Kuratorium für Technik und Bauwesen in der Landwirt-schaft e.V., Bartningstr. 49, Darmstadt

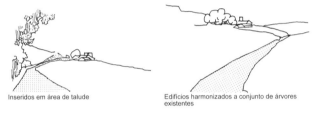

❶ Apresentação esquemática da interligação entre os diversos elementos componentes de uma propriedade rural (edifícios, áreas produtivas, áreas de tráfego)

❷ Integração da fazenda na paisagem

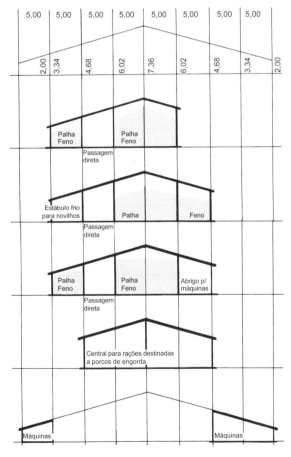

❸ Sistema para projeto de celeiros – com flexibilidade de usos e dimensões

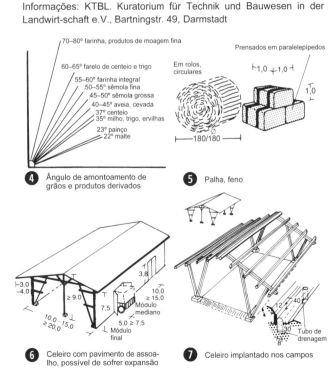

❹ Ângulo de amontoamento de grãos e produtos derivados

❺ Palha, feno

❻ Celeiro com pavimento de assoalho, possível de sofrer expansão

❼ Celeiro implantado nos campos

ESTABELECI-MENTOS RURAIS

Fundamentos
Áreas necessárias
Máquinas e instrumentos
Depósito de rações
Tratamento de estrume e águas servidas
Microclima nos estábulos

Agricultura

541

ESTABELECIMENTOS RURAIS
ÁREAS NECESSÁRIAS

As tabelas a seguir, sobre tamanhos exigidos dos terrenos em relação a diferentes perímetros de produção e tipologias, apoiam-se nas pesquisas realizadas por Herms/Hillendahl. As diferenças de tamanhos, por sua vez, baseiam-se em hipóteses variadas. Desta forma, podem-se diminuir as superfícies de terreno exigidas, utilizando-se substituições de sistemas funcionais; p. ex., em vez de silos móveis, usar torres; construções de depósitos em pavimentos e não térreas; coleta e armazenamento do estrume sob piso com frinchas, em vez de uso de recipientes externos, no caso de construções em limites etc.

As tabelas → ❶ – ❼ para dimensionamento de terrenos não incluem as áreas necessárias para abrigos de máquinas e oficinas, assim como a área para moradias, uma vez que ambas não se ligam de forma funcional diretamente às zonas de produção.

Área necessária em m²	Estábulo para engorda ... lugares para porcos			
	500	1000	1500	2000
Estábulo	850	1700	2500	3400
Ração	250	400	600	800
Área de circulação	240	400	440	400
Área de pátio	1300	2300	2700	3000
Área total em m²	2640	4800	6290	7600
Largura do terreno necessária em m	35	35	55	55

❶ Porcos de engorda (para corte)

Área necessária em m²	Criação de porcas parideiras para ... porcas				Criação de porcas (P) para ... Porcas com ... Lugares para engorda de leitões (E)		
	80	100	120	150	46 P. 400 E.	88 P. 800 E.	142 P. 1200E.
Estábulo	720	850	1020	1200	880	1760	2640
Armazen. estrume	90	100	110	120	240	400	600
Área de circulação	230	250	270	300	240	400	480
Área de pátio	1600	1850	2100	2400	1480	2640	3120
Área total em m²	2640	3050	3500	4020	2840	5200	6830
Largura do terreno necessária em m	45	45	45	50	45	45	50

❷ Criação de leitões (inclusive engorda para corte)

Área necessária em m²	Engorda de novilhos – boxes individuais para ... bezerros				Engorda de bois – estábulo livre piso integral com frinchas para ... animais			
	100	200	300	400	100	200	300	400
Estábulo	340	640	930	1200	400	940	1410	1880
Ração	–	–	–	–	50	100	150	200
Silo móvel	–	–	–	–	560	1000	1250	1500
Armazen. estrume	50	100	150	200	120	200	300	400
Área de circulação	200	200	200	200	650	560	750	850
Área de pátio	1110	1600	2200	2640	1210	2100	3140	2170
Área total em m²	1700	2540	3480	4240	2990	4900	7000	7000
Largura do terreno necessária em m	45	45	45	45	35	35	50	50

❸ Bois para corte (engorda)

Área necessária em m²	Estábulo para animal preso, com box para deitar e comer para ... vacas			Estábulo para criação livre, com boxes para ... vacas			
	40	60	80	50	80	120	200
Estábulo	250	380	500	400	640	960	1600
Zona leiteira	10	20	30	50	80	120	200
Silo móvel	200	300	400	250	400	600	1000
Ração	80	120	160	100	160	240	400
Armazenag. estrume	160	240	320	200	320	480	800
Área de circulação	400	600	720	500	720	960	1400
Área de pátio	800	1050	1200	1250	1760	2400	3000
Área total em m²	1900	2710	3330	2750	4080	5760	8400
Largura do terreno necessária em m	33	33	33	45	45	45	45

❹ Vacas leiteiras sem bezerro

Área necessária em m²	Estábulo para animal preso, com box para deitar e comer para ... vacas			Estábulo para criação livre, com boxes para ... vacas			
	40	60	80	50	80	120	200
Estábulo	320	470	630	440	700	1050	1750
Zona leiteira	20	20	30	60	80	80	80
Silo móvel	250	380	500	310	500	750	1250
Ração	100	150	200	130	200	300	500
Armazen. estrume	200	300	400	260	400	600	1000
Área de circulação	500	750	900	620	900	1200	1750
Área de pátio	1000	1270	1500	1560	2200	3000	3750
Área total em m²	2390	3340	4160	3380	4980	6980	10080
Largura do terreno necessária em m	33	33	43	45	45	45	45

❺ Vacas leiteiras com bezerros

Área necessária em m²	Galinhas poedeiras 3 gaiolas para ... aves			Engorda de frangos criação em gaiolas para ... aves		
	10000	50000	100000	10000	50000	100000
Estábulo	630	3000	6000	400	2000	4000
Recinto para escolha dos ovos	–	400	800	–	–	–
Ração	110	550	1100	50	250	500
Área circulação	200	1200	1800	100	500	1000
Área de pátio	1260	5050	8000	1000	4000	7000
Área total em m²	2200	10200	17700	1550	6750	12500
Largura do terreno necessária em m	35	100	100	35	80	80

❻ Avicultura

Área necessária em m²	Batatas, beterrabas etc. – cultura de cereais para ... ha			Forragem – cereais para ração para ... ha		
	60	80	100	80	100	120
Galpão máquinas	250	290	320	230	270	300
Área para despejo e depósito	250	250	250	250	250	250
Área de circulação e armazenagem	180	200	220	180	200	220
Área pátio adic.	200	230	250	200	230	250
Área total em m²	880	970	1040	860	950	1020
Largura do terreno necessária em m	33	33	40	33	33	40

❼ Lavoura para produção de cereais

ESTABELECI-
MENTOS RURAIS

Fundamentos
Áreas necessárias
Máquinas e instrumentos
Depósito de rações
Tratamento de estrume e águas servidas
Microclima nos estábulos

Agricultura

ESTABELECIMENTOS RURAIS
MÁQUINAS E INSTRUMENTOS

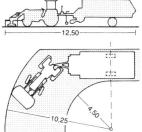

① Trator com reboque

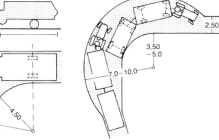

② Trator com garfo de transporte frontal

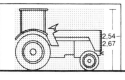

③ Trator com ceifadeira frontal e reboque para transporte

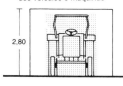

④ Área necessária para circulação dos veículos e máquinas

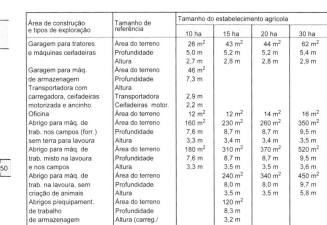

Área de construção e tipos de exploração	Tamanho de referência	Tamanho do estabelecimento agrícola			
		10 ha	15 ha	20 ha	30 ha
Garagem para tratores	Área do terreno	26 m²	43 m²	44 m²	62 m²
e máquinas ceifadeiras	Profundidade	5,0 m	5,2 m	5,2 m	5,4 m
	Altura	2,7 m	2,8 m	2,8 m	2,9 m
Garagem para máq.	Área do terreno	46 m²			
de armazenagem	Profundidade	7,3 m			
Transportadora com	Altura				
carregadora, ceifadeiras	Transportadora	2,9 m			
motorizada e ancinho	Ceifadeiras motor.	2,2 m			
Oficina	Área do terreno	12 m²	12 m²	14 m²	16 m²
Abrigo para máq. de	Área do terreno	160 m²	230 m²	260 m²	350 m²
trab. nos campos (forr.)	Profundidade	7,6 m	8,7 m	8,7 m	9,5 m
sem terra para lavoura	Altura	3,3 m	3,4 m	3,4 m	3,5 m
Abrigo para máq. de	Área do terreno	180 m²	310 m²	370 m²	520 m²
trab. misto na lavoura	Profundidade	7,6 m	8,7 m	8,7 m	9,5 m
e nos campos	Altura	3,3 m	3,5 m	3,5 m	3,6 m
Abrigo para máq. de	Área do terreno		240 m²	340 m²	450 m²
trab. na lavoura, sem	Profundidade		8,0 m	8,0 m	9,7 m
criação de animais	Altura		3,5 m	3,5 m	5,8 m
Abrigos p/equipament.	Área do terreno		120 m²		
de trabalho	Profundidade		8,3 m		
de armazenagem	Altura (carreg./desc.)		3,2 m		

⑧ Áreas necessárias para garagens e abrigos

⑤ Área necessária para uma máquina isolada (trator) (medidas brutas para dimensionamento de garagens)

Reboques para transporte de:	m²	Comprim.	Largura	Altura
Prod. frescos	12	6,95	2,35	2,26
Prod. secos	19			2,94
Prod. frescos	11	7,80	2,46	2,45
Prod. secos	17			3,10
Prod. frescos	12	7,25	2,25	2,30
Prod. secos	18			3,25
Prod. frescos	14	8,00	2,35	2,25
Prod. secos	20			2,90
Medidas padrão para reboques	13–20	7,70	2,40	3,10
Medidas padrão para abrigos		8,70	3,40	3,40

Máquinas	Característica	Compr. (m)	Larg. (m)	Altura (m)
Trator (com trave superior de segurança)				
Rebocador padrão	até 60 PS	3,30–3,70	1,50–2,00	2,00–2,60
Trator tração 4 rodas	60–120 PS	4,00–5,00	1,80–1,40	2,50–2,80
(incluindo reboque)	120–200 PS	5,50–6,00	2,40–2,50	2,50–2,90
Reboque para transp. de equipamentos	até 45 PS	4,50	1,70	2,50
Transportadora com conexão para reboque de dois eixos				
Reboque plano, plataf.	até 3 t	≈6,00	1,80–1,90	≈1,50
Reboque plano, sistema basculante	3–5 t	≈6,50	1,90–2,10	≈1,60
	5–8 t	≈7,00	2,10–2,20	≈1,80
Reboque de um eixo	até 3 t	≈5,00[1]	1,90–2,10	≈1,60
(transporte de terra)	3–5 t	5,00–5,50[1]	2,10	≈1,60
ou basculante	5–8 t	5,50–6,00	2,20–2,25	≈2,00
Carro-tanque p/adubo	3–6 m³	5,50–6,50	1,80–2,00	1,80–2,20
Instrumentos de trabalho do solo (prontos para acoplagem a tratores)				
Arado (semeadura)	2 relhas	≈2,00	≈1,20	≈1,20
	3 relhas	2,70–3,30	1,30–1,50	≈1,20
	5 relhas	4,50–5,50	2,00–2,50	≈1,20
Arado pás redondas	2 relhas	≈2,30	≈1,10	1,30–1,70
(para semeadura)	3 relhas	2,90–3,30	1,40–1,60	1,30–1,70
	5 relhas	4,50–5,50	2,00–2,50	1,30–1,70
Escavadeira		1,50–3,00	2,30–3,00	0,60–1,10
Máq. revolver o feno		3,20–3,50	1,70–3,50	0,70–1,10
Combinação de instrumentos		2,70–3,00	1,10–1,30	
Afofador do solo		1,10–1,40	2,00–3,00	1,10–1,20
Máq. varas para revolver o feno		0,80	até 3 m	1,00
Máq. com pás para revolver o feno		2,00–3,00	até 3 m	1,00
Compactadora em três partes	3 relhas	2,50	até 3 m	0,80
Esborrifador de adubo mineral				
Máq. distr. de adubos em caixas		0,70–1,20	2,70–3,00	0,70–1,20
Esborrifador adubo chapa circul.		1,00–1,50	1,40–1,50	0,90–1,40
Máquinas distribuição de adubo		4,30–5,50	1,80–2,80	1,70–2,00

[1] Transporte de adubo dos estábulos com ≈0,5 m mais longa

⑨ Dimensões dos instrumentos e máquinas agrícolas

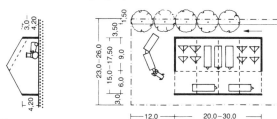

⑥ Pequeno galpão para máquinas, com passagem lateral de circulação

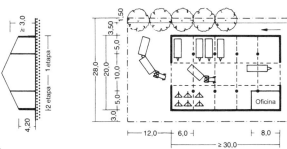

⑦ Galpão grande para depósito de máquinas, com passagem intermediária. Construção com estrutura de pilares

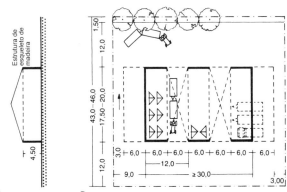

⑩ Galpão para máquinas e aparelhos de grande porte, com passagem transversal para circulação direta

ESTABELECIMENTOS RURAIS

Fundamentos
Áreas necessárias
Máquinas e instrumentos
Depósito de rações
Tratamento de estrume e águas servidas
Microclima nos estábulos

Agricultura

543

ESTABELECIMENTOS RURAIS
DEPÓSITO DE RAÇÕES

Forma do produto	Dimensões cm	Produto fresco	Ferment. 35% seco	Feno	Palha	Transporte
Palha bruta	≈25	1,7	1,2–1,5	0,5	0,3	Transp. mecânico (gruas com garras)
Palha cortada	4–8	2,0	1,5–1,8	0,8	0,4	como mat. despejado trator compactador
Palha picada	4	3,5	2,5–3,0	0,6–1,0	0,5–0,8	Material despejado (circulador, aspirador)
Palha prensada blocos peq	35×50×80	–	2,5–3,0	1,0–1,5	0,8–1,3	Peças para transp. manual
Em grandes blocos	⌀ 180–150	–	3,0	0,8–1,8	0,6–1,3	Peças p/ tratores com carregadeiras frontais
	150×150 ×240 (160×120 ×70)	–		0,6–0,9	0,7–1,3	

1 Comparação entre as diferentes formas dos produtos (feno, cereais) após a colheita

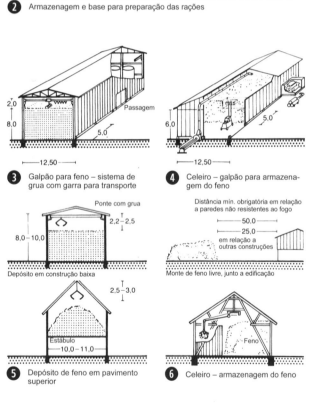

2 Armazenagem e base para preparação das rações

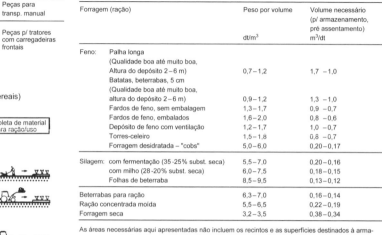

Forragem (ração)	Peso por volume dt/m³	Volume necessário (p/ armazenamento, pré assentamento) m³/dt
Feno: Palha longa (Qualidade boa até muito boa, Altura do depósito 2–6 m)	0,7–1,2	1,7 –1,0
Batatas, beterrabas, 5 cm (Qualidade boa até muito boa, altura do depósito 2–6 m)	0,9–1,2	1,3 –1,0
Fardos de feno, sem embalagem	1,3–1,7	0,9 –0,7
Fardos de feno, embalados	1,6–2,0	0,8 –0,6
Depósito de feno com ventilação	1,2–1,7	1,0 –0,7
Torres-celeiro	1,5–1,8	0,8 –0,7
Forragem desidratada – "cobs"	5,0–6,0	0,20–0,17
Silagem: com fermentação (35-25% subst. seca)	5,5–7,0	0,20–0,16
com milho (28–20% subst. seca)	6,0–7,5	0,18–0,15
Folhas de beterraba	8,5–9,5	0,13–0,12
Beterrabas para ração	6,3–7,0	0,16–0,14
Ração concentrada moída	5,5–6,5	0,22–0,19
Forragem seca	3,2–3,5	0,38–0,34

As áreas necessárias aqui apresentadas não incluem os recintos e as superfícies destinados à armazenagem e esvaziamento mecanizados (p. ex., corredores, área livre de apoio, para gruas etc.), além da percentagem de área (volume) livre destinada à ventilação: 20% para feno e ração concentrada, e 10% para silagem.

9 Dimensionamento das áreas totais necessárias para armazenamento de forragem

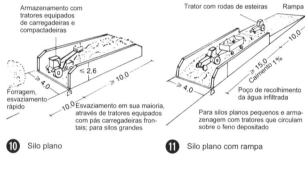

10 Silo plano   **11** Silo plano com rampa

3 Galpão para feno – sistema de grua com garra para transporte

4 Celeiro – galpão para armazenagem do feno

5 Depósito de feno em pavimento superior

6 Celeiro – armazenagem do feno

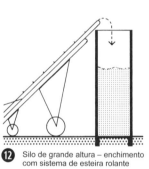

12 Silo de grande altura – enchimento com sistema de esteira rolante

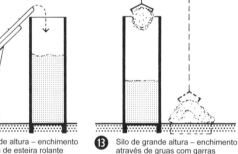

13 Silo de grande altura – enchimento através de gruas com garras

7 Torre-celeiro – com circulação de ar

8 Torre-celeiro – esvaziamento

14 Silo de grande altura – esvaziamento

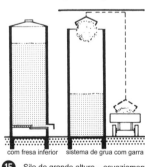

15 Silo de grande altura – esvaziamento

ESTABELECI-
MENTOS RURAIS

Fundamentos
Áreas necessárias
Máquinas e instrumentos
Depósito de rações
Tratamento de estrume e águas servidas
Microclima nos estábulos

Agricultura

ESTABELECIMENTOS RURAIS
TRATAMENTO DE ESTRUME E ÁGUAS SERVIDAS

A quantidade de urina e estrume produzidos pelos animais domésticos de criação depende do tipo de animal, seu peso de desenvolvimento (expresso para animais de grande porte em unidade própria "Grossvieheinheiten" – 1 GV = 500 kg), do tipo da ração e sua composição, assim como da bebida fornecida aos animais. A determinação exata do seu conteúdo não é possível, uma vez que a composição das rações, ao longo do ano de produção, é variada, podendo-se, no máximo, chegar a estabelecer valores médios → ❿ – ⓫.

Estrume sólido. Para a forração normal diária de 1,5 a 2 kg de palha a cada GV dos animais, tem-se uma área necessária da plataforma-base para recebimento do estrume, de 0,5 m²/GV · mês, considerando-se a altura de sobreposição final de 2,0 a 2,5 m. Em valas de coleta para produtos líquidos, armazenam-se não só a urina como também água para limpeza e grande parte da água da chuva, suja, escorrida do estrume acumulado. Estimando-se que cerca de 1/3 da parte líquida perde-se em evaporação, e considerando-se uma plataforma de 3 m² para cada GV dos animais (correspondente a 6 meses de deposição), resulta uma quantidade de produção de líquidos fermentados de 0,64 m²/GV · mês.

Estrume líquido. Excremento, urina e água de limpeza são coletados. No caso de valas fechadas para armazenamento do estrume líquido, não há adição de água pluvial; para fossas abertas, deve-se prever um espaço livre suficiente de 20 a 30 cm, acima do nível máximo do estrume acumulado, para captação da água da chuva. Através da evaporação parcial dos líquidos, existe reposição permanente dos espaços livres. Para criação de gado leiteiro, tem-se uma quantidade de estrume líquido de 1,4 m³/GV · mês. No caso de criação intensiva de bois para engorda, com ração à base de silagem de milho, obtém-se uma diminuição de até 1,0 m³/GV · mês da produção do estrume líquido.

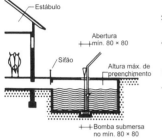

❶ Visão geral sobre a relação entre estrume sólido, líquido e coleta de urina, assim como sobre o processo de armazenagem e retirada para adubação

❷ Recipiente profundo (fossa), de construção maciça

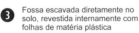

❸ Fossa escavada diretamente no solo, revestida internamente com folhas de matéria plástica

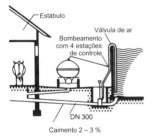

❹ Recipiente elevado, com estação de bombeamento

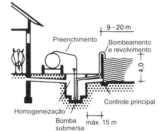

❺ Recipiente elevado com vala anterior

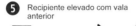

❻ Depósito de adubo para estrume sólido, incluindo fossa para urina

❼ Depósito de estrume sólido, em profundidade, com vala para urina instalada lateralmente

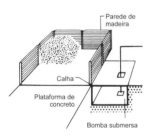

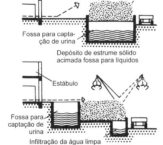

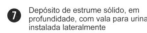

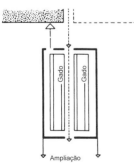

❽ Depósito de estrume sólido, disposto na cabeceira do estábulo; estações separadas de captação

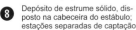

❾ Depósito de estrume sólido, disposto na cabeceira do estábulo; circulação lateral dentro do estábulo

Tipo de animal	Estrume sólido dt/GV Mês	m³/GV Mês	Urina m³/GV Mês	\multicolumn{5}{c}{Substâncias nutritivas presentes no estrume sólido}
				N	P₂O₅	K₂O	CaO	MgO
				\multicolumn{5}{c}{kg/GV · Mês}
Cavalo	7,5	1,0	0,1	4,5	2,1	4,0	1,8	1,05
Gado bovino Vacas – animais presos	9,0	1,2	0,6	4,5	2,3	5,9	1,8	1,8
Bois de engorda – animais presos	9,0	1,2	0,6					
Bois de engorda	15,0	2,0	1)					
Ovelhas	6,5	0,9	1)	5,2	1,5	4,4	2,1	1,2
Porcos	5,0	0,6	0,6	2,8	3,8	2,5	2,0	1,0
Porcos de engorda	10,0	1,2	1)					
Galinhas poedeiras (80% de excrem. seco)	4,6	0,4		16,3	21,4	11,2	55,8	
Gal. poedeiras soltas (78% de excrem. seco)	5,5	0,7		14,3	18,7	10,5		
Frangos de engorda (excrem. direto no solo)	5,9	0,8						
Coelhos (excremento seco)	3,3	0,4		1,7	1,5	4,0	2,1	

1) Misturado à forração

❿ Produção de estrume sólido e sua composição

Tipo de animal	Produção de estrume líquido m³/GV · Mês	Material seco %	\multicolumn{10}{c}{Substâncias nutritivas}
			N	P₂O₅	K₂O	CaO	MgO	N	P₂O₅	K₂O	CaO	MgO
			\multicolumn{5}{c}{kg/m³}	\multicolumn{5}{c}{kg/GV · Mês}
Gado bovino	1,4	10	4	2	6	2	1	5,6	2,8	8,4	2,8	1,5
Porcos	1,4	7	6	4	3	3	1	8,4	5,6	4,2	4,2	1,4
G. poedeiras	1,9	15	8	8	5	15	2	15,2	15,2	9,5	28,5	3,8

⓫ Produção de estrume líquido e sua composição

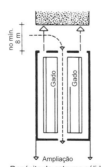

⓬ Reservatório de estrume líquido, disposto lateralmente

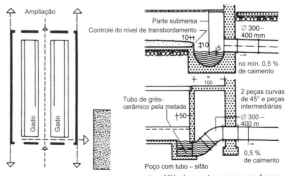

⓭ Válvulas contra gases para fossas ou canais para escoamento de estrume líquido

ESTABELECI-MENTOS RURAIS

Fundamentos
Áreas necessárias
Máquinas e instrumentos
Depósito de rações
Tratamento de estrume e águas servidas
Microclima nos estábulos

Agricultura

545

ESTABELECIMENTOS RURAIS
MICROCLIMA NOS ESTÁBULOS

Ao lado das características herdadas, de alimentação e tipo de criação, o clima dos estábulos exerce influência preponderante no desempenho e saúde dos animais. Na definição do chamado "microclima do estábulo", reúnem-se os seguintes fatores: temperatura, umidade do ar, movimento e composição do ar, luz, ventilação, superfície de janelas, volume do ambiente, orientação do estábulo e medidas construtivas para isolamento térmico.
A velocidade de entrada do ar, dependendo da largura do estábulo, será de 2,0 e 5,0 m/s. Os sistemas de ventilação dividem-se em: por gravidade e mecânico → ❷ – ❼.

❶ Subdivisão dos sistemas de ventilação

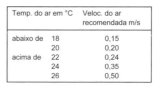

Temp. do ar em °C	Veloc. do ar recomendada m/s
abaixo de 18	0,15
20	0,20
acima de 22	0,24
24	0,35
26	0,50

	Animais l/m³	* Valor MAK
Dióxido carbono	3,50	5,00
Amoníaco	0,05	0,05
Ácido sulfídrico	0,01	0,01
* Concentração máx. lugares trabalho		

❾ Velocidades do ar recomendadas em dependência da temperatura   ❿ Concentração de gases permitida no ar do estábulo

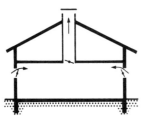

São exigidos pelo menos 5 m de altura para a chaminé: sistema funcionalmente adequado para temperaturas externas baixas; sem custos extras de energia

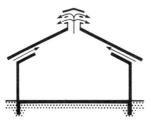

Elemento primordial: cobertura com forro; problemas para inversões térmicas; a entrada de ar deve ser controlada

❷ Poço de ventilação – efeito chaminé   ❸ Ventilação com sistema de circulação de ar: beiral – cumeeira

O planejamento da ventilação natural, assim como da artificial, deverá ser determinado pelo cálculo das aberturas para entrada e saída de ar. Estas devem ser dimensionadas para dados climáticos de verão ou condições de absoluta ausência de vento – segundo DIN 18910 – de acordo com a seguinte fórmula:

$$w = \frac{g \times H \times \Delta t / T_1}{1 + F_1/F_2} \ (m/s) \qquad F_2 = \frac{V_i}{3600 \times w} \ (m^2)$$

w = Velocidade da saída do ar na abertura da cumeeira em m/s
g = Força da gravidade (9,81 m/s^{-2})
H = Altura entre piso do estábulo até abertura da cumeeira em m
T_1 = Temperatura externa em K (± 273 °C)
Δt = Diferença de temperatura do ar entre interior e exterior em K
Vi = Dados de temperatura no verão segundo DIN 18910 em m³/h
F_1 = Área de entrada do ar em m²
F_2 = Área de saída do ar em m²
(Para facilitar o cálculo, pode-se fixar a relação $\frac{F_1}{F_2} = 1$)

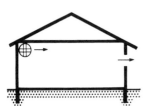
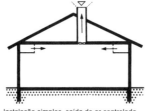

Problemas em áreas sujeitas a ventos, com danos à construção; a saída de ar não pode ser dirigida; bom sistema em combinação com calefação; energia necessária: 105–125 kWh/ GV, por ano

Instalação simples, saída de ar controlada (proteção do meio ambiente), combinação difícil com calefação; energia necessária: 98–105 kWh/GV, por ano

❹ Sistema de ventilação de alta pressão   ❺ Sistema de ventilação de baixa pressão

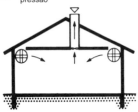
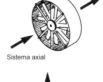

Sistema axial

Sistema radial

Instalação complexa; segurança na distribuição do ar fresco; funcionamento dependente das condições climáticas; combinação fácil com calefação; grande necessidade de investimento de capital (1,5 até 2 vezes maior que na instalação do sistema de baixa pressão): energia necessária: ≈205 kWh/GV, por ano

❻ Ventilação com sistema de pressão equalizada   ❼ Ventiladores e exaustores

Estábulo para:	Faixa ideal para os animais		Valores recomendados no inverno	
	Temp. do ar °C	Umidade rel. do ar %	Temp. do ar °C	Umidade rel. do ar %
Vacas leiteiras, criação de bezerros, de bois, novilhos e nasc. de bezerros	0–20	60–80	10	80
Novilhos e bois para engorda	20–18*	60–80	16	80
Bezerros para engorda	20–16*	60–80	18	70
Leitões, porcas parideiras e comuns, porcos reprodutores	5–15	60–80	12	80
Porcos para engorda	20–19*	60–80	17	80
Porcas e leitões: Porcas	12–16	60–80		
Leitões recém-nascidos (com ação de calefação)	30–32	40–60		
Leitões até 6 semanas	20–22	60–70		
Engorda de leitões e pré-engorda de porcos até 30 kg	22–18*	60–80	20	60
Criação em gaiolas a partir de 5 kg até ≈20 kg (2 até 8 semanas)	26–22*	40–60	26	60
Pintinhos com calefação zoneada, temperatura por zona abaixa 3 graus a cada semana de vida dos pintinhos	32–18*	60–70	26	60
Frangas e galinhas poedeiras	15–22	60–80	18	70
Filhotes de peru com calefação zoneada. Temperatura por zona abaixa 3 graus a cada semana de vida dos filhotes	36–18*	60–80	22	60
Perus engorda, 7ª semana	19–18*	60–80	16	80
Patos	30–10*	60–80	20	60
Cavalos de tração	10–15	60–80	12	80
Cavalos de montaria, corrida	15–17	60–80	16	80
Criação de ovelhas	6–14	60–80	10	80
Ovelhas para engorda	16–14*	60–80	16	80

* Com o crescimento do animal, a temperatura deverá paulatinamente variar de alta para a mínima aceitável

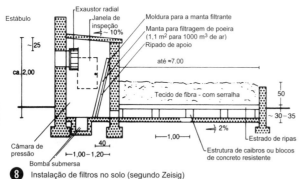

❽ Instalação de filtros no solo (segundo Zeisig)

⓫ Temperatura e umidade relativa do ar em diferentes estábulos

**ESTABELECI-
MENTOS RURAIS**

Fundamentos
Áreas necessárias
Máquinas e instrumentos
Depósito de rações
Tratamento de estrume e águas servidas
Microclima nos estábulos

DIN 18910

Agricultura

CRIAÇÃO DE ANIMAIS
ESTÁBULOS PARA ANIMAIS PEQUENOS

A criação de aves exige cuidados na implantação e construção dos aviários, a fim de que a permanência e o tratamento dos animais possam ser agradáveis. Devem ser executados de forma a permanecerem limpos, ventilados, sem correntes de vento, secos, isolados termicamente e relativamente protegidos do clima, prevendo-se ainda sistema de recolhimento dos excrementos (estrume). A área das janelas deve, no máximo, corresponder a 1/10 da superfície do estábulo. Construção de madeira exige camada de isolamento térmico. Espaços adjacentes devem ser previstos para preparação de rações e depósito. Quanto à forma, o aviário deverá adaptar-se às características de insolação, a saber, lado das janelas para a face insolada e porta aberta para o Leste. No caso de existência de ninhos para ovos, estes serão localizados na parte mais escura. Galinheiros, por sua vez, dividem-se em área de "esgravatar", com piso forrado, e cova para excrementos, com os poleiros sobrepostos → ❿. A área livre externa, para criação solta, deverá ser, em termos ideais, bastante grande (sem limites!), de preferência gramada, com uma árvore de boa sombra → ⓫, um depósito para decomposição de material vegetal e um cercado de areia (para banho de areia). O número de galinhas depende do tamanho da área livre externa e da área livre disponível no galinheiro. Para área livre externa sem limites, podem-se ter 5 galinhas por m² de galinheiro. Se a área externa entretanto, for menor do que 4 vezes a superfície do galinheiro, devem-se ter apenas 2 galinhas por m². Lugar para poleiros, cova de excrementos, recipientes para ração e bebedouros devem ser calculados relativamente a estes dados.

Área do pombal para cada par...0,15–0,20 m²
Pombos de raça necessitam de área consideravelmente maior.
1 par de pombos-correio..... 0,5 m³ de volume
1 par de pombos de raça.... 1,0 m³ de volume
Em um pombal podem-se alojar 15–20 pares de pombos de raça e 20–50 pares de pombos domésticos.

❶ Pombos

Pombal pequeno, sobre uma coluna de 3–4 m de altura, recoberta com chapa metálica numa altura de 1,5–2,0 m, contra animais de rapina; ou pombal grande, construído no lado Leste ou Sul da casa.

❷ Pombal

Para cada par de pombos, 2 ninhos sobre o piso do pombal ou sobre construção especial. Ração através de caixas de madeira com pequenas aberturas.
Recipiente para beber também com estas aberturas.

❸ Caixa-ninho segundo Fulton

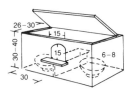

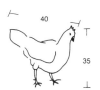

Espaço para "esgravatar" para 5 galinhas ≥ 3 m²
Espaço para "esgravatar" para 10 galinhas ≥ 5 m²
Espaço para "esgravatar" para 20 galinhas ≥ 10 m²
Área para dormir para 5–6 galinhas leves ou 4–5 galinhas pesadas = 1 m linear de comprimento de poleiro = 10 –12 galinhas sobre 1 m²

❹ Galinha (raça Orpington)

Em galinheiros para criação (granjas) as poedeiras são construídas como caixa-armadilha, com uma portinhola de bater, a qual se prende em um gancho → ⓫ ou constitui-se de duas folhas articuladas → ⓫. Quando a galinha entra na caixa, toca no apoio, deixando cair a porta (alçapão).

❺ Poedeira aberta, de tampa basculante

Poedeira colocada diretamente no chão ou 3 vezes em sobreposição; término superior inclinado. Tamanho da caixa 35 x 35 até 40 x 40 (área do piso), com 35 cm de altura. Deve-se calcular 1 poedeira aberta para cada 5 galinhas; uma poedeira com portinhola para 3–4 galinhas.

❻ Poedeiras com portinhola

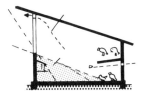

Ventilação sem correntes de ar, ninhos para ovos embaixo da janela. Sistema de ventilação regulável, insolação. Espaço para "esgravatar" deve-se adaptar à temperatura externa, enquanto que a área para dormir precisa ser aquecida. Por este motivo, estes espaços são, em geral, separados por cortina e especialmente isolados.

❼ Galinheiro segundo Peseda

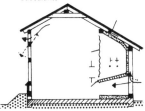

Galinheiro para 20 galinhas com nicho-dormitório separado, isolado termicamente, com chapa inclinada para excrementos e ventilação na parede. Aberturas para chocadeiras 18 x 20 até 20 x 30 cm, protegidas por tábuas laterais contra ventos e podendo ser fechadas por elementos de correr.

❽ Corte → ❾

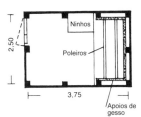

Poleiros, dependendo do tamanho das galinhas, com largura de 4–7 cm, altura de 5–6 cm, 3,5 m livres, fácil de serem retirados; sobre 1 m de poleiro, 5–6 galinhas.
Arq.: W. Cords

❾ Planta → ❽

Cerca 1,75 – 2,00 m de altura

① Poleiros com cova para excrementos embaixo
② Ninhos coletivos
③ Gamelas para ração
④ Bebedouro
⑤ Saída (portinhola de bater) para a área livre
⑥ Cercado de areia coberto (para banho de areia)
⑦ Depósito para decomposição vegetal
⑧ Portão para cuidados com o depósito de decomposição
⑨ Proteção contra vento

❿ Galinheiro e área livre → ⓫

① Água
② Saída de ar
③ Entrada de ar
④ Ninhos coletivos
⑤ Aparelho para ração automático
⑥ Bebedouro
⑦ Forração do piso
⑧ Poleiros
⑨ Cova para excrementos
⑩ Escoamento de água (servida) do piso
⑪ Tubo de escoamento com ⌀ 15 e inclinação ≥ 2 %

⓫ Corte transversal de um galinheiro → ❿

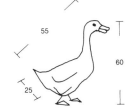

Área do estábulo (4–5 patos)...............1 m²
Altura do abrigo................................1,7–2 m
Número máximo por estábulo: 1 macho e 20 fêmeas. Piso maciço, protegido contra ratos, seco e ventilado. Acesso para água, se possível em terreno pantanoso

⓬ Pato (Pequim)

os patos são válidas. Para a engorda colocam-se os animais em compartimentos pequenos, exatamente suficientes, ou em celas individuais com 40 cm de comprimento, 30 cm de largura, área para queda de excremento e gamela de ração

⓭ Ganso (Pomerânia)

⓮ Planta de um abrigo para gansos

Dimensão da poedeira . . . . 40/40 cm
No caso de criação, portinholas-alçapão como nos galinheiros. Para cada pata = 1 poedeira → ⓮

⓯ Poedeira para 4–5 patos

CRIAÇÃO DE ANIMAIS

Estábulos para animais pequenos
Estábulos para ovinos
Avicultura
Criação de suínos
Criação de gado leiteiro
Criação de bois para corte
Criação de cavalos

Agricultura

547

CRIAÇÃO DE ANIMAIS
ESTÁBULOS PARA ANIMAIS PEQUENOS

Abrigos para coelhos → ❷ – ❹, são construídos na maioria isoladamente, em áreas protegidas contra vento atrás de estábulos maiores ou edifícios de moradia, com possibilidade de sobreposição de até três andares → ❸. Devem ser ainda: protegidos contra ratos e camundongos, fácil de limpar, com canalização para escoamento da urina → ❷.
Para criação de coelhos para engorda e corte → ❺ – ❻, em espaços fechados, devem ser observadas as exigências para construção do estábulo e climatização.
Coelhos são mais sensíveis às más condições ambientais do estábulo que porcos ou pintinhos.
Para criação e engorda exigem-se estábulos com isolamento térmico e ventilação forçada. Seu volume deverá ser de 4,5 a 5,5 m^3 por coelha com filhotes e a temperatura ambiente será de 10 a 28°C, ideal de 18°C; em estábulo de engorda é desejável aproximadamente 20°C.

Estábulo para cabras deve ser construído de preferência com orientação Leste a Sul, seco, bem ventilado e iluminado. Área das janelas = 1/5 a 1/20 da superfície do piso. Em caso de abrigo para grande quantidade de animais (preferir estábulos livres), com as cabras presas, cada compartimento deverá apresentar largura de 75 a 80 cm e profundidade de 1,50 a 2,00 m; complementando, passagens na frente e atrás dos compartimentos para limpeza e alimentação. Na medida do possível, área livre externa (curral) voltada para o Sul, junto ao estábulo.

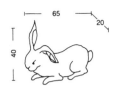

Área do estábulo por animal 0,65–1,0 m^2. Ar fresco, seco. Proteção contra radiação solar e contra animais de rapina (ratos). A maioria dos estábulos de madeira, piso com drenagem → ❷, 5% de caimento.

❶ Coelhos (raça belga gigante)

	l	p	h
Raças pequenas	80	80	55
Raças médias	100	80	65
Raças grandes	120	80	75

A profundidade é sempre a mesma; dependendo do caso, usar pequena divisão.

❷ Tamanhos de abrigos para coelhos (em cm)

Para raças pequenas 3 andares, para grandes 2 andares, com comprimento sem limites. Piso de grelha de ripas → ❷, com chapa inferior ligada a coletor conjunto de urina.

❸ Gaiolas sobrepostas para criação de coelhos

Na frente do estábulo ou entre dois adjacentes, com aberturas para os dois lados → ❸. Parede frontal de rede metálica zincada. Para coelhas, com rede escura e com piso elevado a 10 cm de altura (ninho).

❹ Gamelas de ração, manjedouras

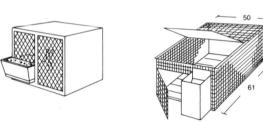

A gaiola inteira é feita de rede metálica zincada. Trama de 25/25, assim como 12/70 mm.

❺ Gaiola metálica com alimentador automático

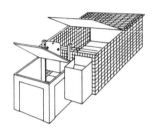

Caixas-ninho para os filhotes, de madeira ou poliuretano. Devem localizar-se 70 mm abaixo do nível do piso da gaiola.

❻ Gaiola de criação com ninhos e alimentadora automática

Superfície do estábulo por animal, 1,5–2,0 m^2
Largura do compartimento por animal 0,75–0,8 m
Profundidade do compartimento para animais presos, 1,8 m. Profundidade do compartimento para animais livres, 2,5–2,8 m. Altura do estábulo, 1,9–2,2 m. Temperatura, 10°–20°.

❼ Cabras (raça alemã Saanen)

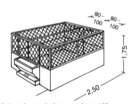

Acima da manjedoura, rede metálica. Piso de tijolo em espelho, com caimento. Calha para urina. Área das janelas = 1/10 da superfície (devem localizar-se no lado oposto à área de alimentação).

❽ Gaiola metálica com alimentador automático

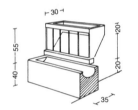

Caixas-ninho para os filhotes, de madeira ou poliuretano. Devem localizar-se 70 mm abaixo do nível do piso da gaiola.

❾ Gaiola de criação com ninhos e alimentadora automática

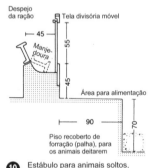

❿ Estábulo para animais soltos, em dois níveis

⓫ Estábulo para animais soltos, com piso de grelha metálica

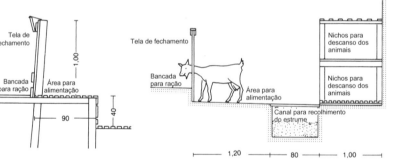

⓬ Estábulo para animais soltos com diversos recintos e nichos para descanso dos animais, em andares, ao longo das paredes

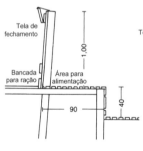

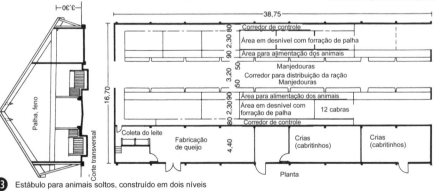

⓭ Estábulo para animais soltos, construído em dois níveis

Verão	5 kg capim/dia e 0,5 kg feno, 6 kg trevo
Inverno	1 kg feno/dia
	água 2–3 l animal/dia

Área necessária m^2	Estábulo anim. soltos cm	Compr. Alt.	Anim. presos manje. Larg.	Prof.
Ovelhas	0,7	20	–		
Cordeiros	1,2	30–40	50	50	40
Cabras	1,5	40–50	80	50–70	40
Bodes, carneiros	2,2– 4,0	80	80	60	50

Janelas 1/15–1/20 da superfície do estábulo.
Altura do estábulo > 2,50 m.
Bebedouros: 1 recipiente para 30 animais;
0,4 kg de palha/dia; 1,5 dt por ano/animal; recolhimento de estrume 7–15 dt/ cabra.

⓮ Criação de cabras

CRIAÇÃO DE ANIMAIS

Estábulos para animais pequenos
Estábulos para ovinos
Avicultura
Criação de suínos
Criação de gado leiteiro
Criação de bois para corte
Criação de cavalos

Agricultura

548

CRIAÇÃO DE ANIMAIS
ESTÁBULOS PARA OVINOS

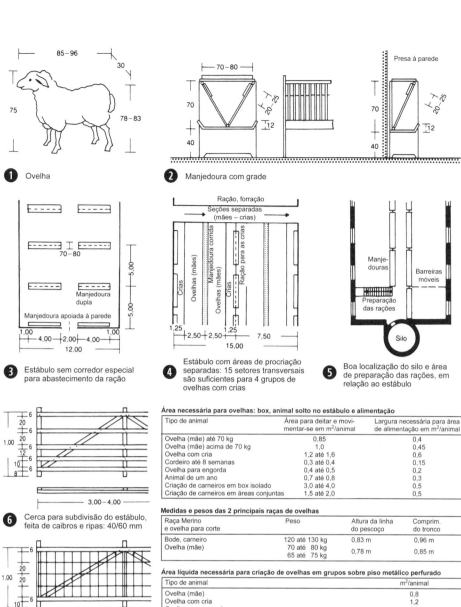

① Ovelha
② Manjedoura com grade
③ Estábulo sem corredor especial para abastecimento da ração
④ Estábulo com áreas de procriação separadas: 15 setores transversais são suficientes para 4 grupos de ovelhas com crias
⑤ Boa localização do silo e área de preparação das rações, em relação ao estábulo
⑥ Cerca para subdivisão do estábulo, feita de caibros e ripas: 40/60 mm
⑦ Cerca para subdivisão do estábulo feita de caibros e grade metálica
⑧ Cerca de correr, feita de ripas

Área necessária para ovelhas: box, animal solto no estábulo e alimentação

Tipo de animal	Área para deitar e movimentar-se em m²/animal	Largura necessária para área de alimentação em m²/animal
Ovelha (mãe) até 70 kg	0,85	0,4
Ovelha (mãe) acima de 70 kg	1,0	0,45
Ovelha com cria	1,2 até 1,6	0,6
Cordeiro até 8 semanas	0,3 até 0,4	0,15
Ovelha para engorda	0,4 até 0,5	0,2
Animal de um ano	0,7 até 0,8	0,3
Criação de carneiros em box isolado	3,0 até 4,0	0,5
Criação de carneiros em áreas conjuntas	1,5 até 2,0	0,5

Medidas e pesos das 2 principais raças de ovelhas

Raça Merino e ovelha para corte	Peso	Altura da linha do pescoço	Comprim. do tronco
Bode, carneiro	120 até 130 kg	0,83 m	0,96 m
Ovelha (mãe)	70 até 80 kg 65 até 75 kg	0,78 m	0,85 m

Área líquida necessária para criação de ovelhas em grupos sobre piso metálico perfurado

Tipo de animal	m²/animal
Ovelha (mãe)	0,8
Ovelha com cria	1,2
Ovelha para engorda	0,5
Animal de um ano	0,6
Bode, carneiro	1,5

Valores climáticos ideais no estábulo (segundo Burgkart)

Zona destinada a	Temperatura em °C	Umidade rel. do ar em %
...mães	8 até 10	60 até 75
...para engorda e corte	10 até 14	60 até 75
...criação de raça	14 até 16	60 até 70

Volume necessário para depósito de ração por ovelha (mãe), incluindo cria, e período de inverno

Material armazenado	Espaço necessário
Feno (em forma pura)	3,3 m³
Feno (manipulado e guardado em silo)	1,0 m³
Produtos de silo	1,0 m³
Palha para forração (acrescentar 30% de espaços vazios)	1,5 m³
Ração preparada (acrescentar 120% de espaços vazios)	0,2 m³

⑨ Estábulos para ovelhas

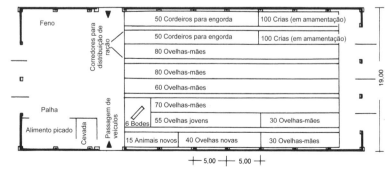

⑩ Estábulo para 350 ovelhas-mães, 110 cordeiros (jovens), 200 crias (em amamentação) e 100 cordeiros para engorda

Os **estábulos para ovelhas** devem ser construídos com orientação de Leste a Oeste, podendo ser dimensionados como os destinados às cabras, no caso de criações com pequeno número de animais → p. 548. Para grandes rebanhos, devem-se prever instalações de estábulos grandes (para abrigo dos animais em determinadas condições climáticas: inverno, primavera, época da procriação e após o nascimento dos filhotes), isolados, com sistema livre (animais soltos), separando animais por idade e sexo através de barreiras.

Piso: 50 a 60 cm abaixo do nível do terreno; soleira ou limiar da porta, 20 cm acima. A diferença de altura, que pode chegar a 60 a 80 cm, é preenchida com estrume (esterqueira), que permanece de 3 a 4 meses no local, até este ser novamente limpo.

Por este motivo, as manjedouras devem ser reguláveis, circulares com Ø 2,20 m ou retas, com 3,40 m, suficientes para 25 a 30 ovelhas. A distância entre as bancadas para rações é de 2,30 m e a partir da parede, 1,80 m. As portas devem ser instaladas na face insolada, com as folhas cortadas pela metade.

A largura do portão para passagem de veículos de transporte do estrume é ≥ 2,50 m; a altura ≥ 2,80 m.

Altura do estábulo: 3,30 a 3,50 m; área das janelas: 1/20 a 1/25 da superfície do terreno por ele ocupado. Estas devem ser de peitoril alto e basculantes.

Todas as partes construtivas de madeira deverão ser construídas sobre base de 15 a 20 cm de altura, acima da camada mais alta de estrume, como proteção para a ação corrosiva dos sais. Superfície para preparação das rações: 1/10 a 1/15 da área do estábulo reservada aos animais soltos.

Para rebanhos pequenos prever ≥ 6 m² para depósito de cenouras. O volume de feno e palha a ser calculado por ovelha é de 3,00 m³.

CRIAÇÃO DE ANIMAIS

Estábulos para animais pequenos
Estábulos para ovinos
Avicultura
Criação de suínos
Criação de gado leiteiro
Criação de bois para corte
Criação de cavalos

Agricultura

549

CRIAÇÃO DE ANIMAIS
AVICULTURA

As exigências de proteção dos animais na avicultura foram transformadas em legislação na Alemanha através da **Lei de proteção dos animais** e do **Decreto para proteção de animais de criação** em 1º de outubro de 2009. O decreto contém diretrizes gerais para criação, alimentação e cuidados com os animais utilizados na atividade pecuária, focalizando especialmente a criação de galinhas para produção de ovos. Para a criação de galinhas com esse objetivo, são permitidos os seguintes sistemas:

As galinhas poedeiras são mantidas no chão → ❶, em um ou mais níveis, com ou sem contato com **área ao ar livre** ou **pequenos grupos** em instalações de criação com área de pastejo, de ninhos e poleiros (as disposições especiais da Portaria relativa à criação de pequenos grupos → ❷ só está em vigor até 31 de março de 2012!) Para a criação de galinhas soltas ao ar livre é de grande importância a execução de uma **zona fria para esgravatar** ("jardim de inverno"), separada, coberta e protegida, com piso compacto, localizada entre o galpão e a área livre.

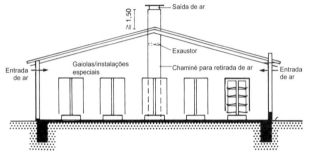

❶ Criação de galinhas poedeiras soltas em dois níveis, com acesso a área ao ar livre

❷ Criação em pequenos grupos

Área mínima	2,5 m²
Área/animal	mín. 800 cm²/animal; para animais com mais de 2 kg, 900 cm²
Altura das instalações	mín. 60 cm (lado das manjedouras); em nenhum ponto, menos de 50 cm
Regulamentação das instalações	largura mín. do corredor entre séries de gaiolas 90 cm; altura a partir do piso, 35 cm
Áreas de ninhos	no mín. 90 cm² por grupo de até 10 aves; para grupos com mais de 30 aves, deve-se aumentar o ninho em 90 cm² para cada ave adicional
Manjedouras	no mín. 12 cm/animal; para aves com mais de 2,5 kg, no mín. 14,5 cm
Poleiros	no mín. 15 cm/animal; pelo menos 2 poleiros em alturas diferentes
Iluminação	para construções novas, iluminação natural correspondente a 3% da área útil

❸ Exigências especiais para criação de galinhas poedeiras em pequenos grupos, segundo o Decreto para proteção de animais de criação: 2009-10 (em vigor somente até 31 de março de 2012!)

Densidade de ocupação	no máx. 9 galinhas/m de área útil; para uso de diversos níveis, no máx. 18 galinhas/m de área útil do galpão
Níveis	no máx. 4 níveis sobrepostos, distância mín. 45 cm, onde o primeiro nível é configurado pelo piso do galpão
Tamanhos dos grupos	sem separação espacial, no máx. 6.000 aves
Rações	comprimento da manjedoura: no mín. 10 cm/ave Manjedouras circulares: no mín. 4 cm/ave
Bebedouros	Calhas/bebedouros circulares: 2,5 cm/ no mín. 1 cm/ave Bebedouro de copinho: 2 pontos de bebida/até 10 aves e 1 adicional para cada 10 aves a mais
Ninhos	grupos de ninhos: no mín. 1 m para no máx. 120 aves Ninhos individuais: no máx. 7 aves/ninho (135 cm x 25 cm)
Poleiros	no mín. 15 cm/ave; distância horizontal entre poleiros sobrepostos 30 cm; até a parede, 20 cm
Área para esgravatar	no mín. 1/3 da área do galpão e no mín. 250 cm/ave
Área fria para esgravatar	para todo tipo de criação com acesso das aves para o ar livre (quando não houver problemas técnico-construtivos)
Portinhola/passagem para área livre	mín. 35 cm de altura/40 cm de largura, mín. total de 1 m/500 aves, distribuído uniformemente ao longo da parede
Iluminação	para construções novas, iluminação natural correspondente a 3% da área útil

❻ Exigências especiais para a criação de galinhas soltas em galpão, segundo o Decreto para proteção de animais de criação: 2009-10

Todos os espaços e equipamentos utilizados pelas galinhas devem ter **área mínima** de 2,5 m² e serem instalados de forma a permitir o atendimento de todas as necessidades dos animais – movimentação, alimentação, bebida, descanso e banho de areia. A **iluminação** deve permitir que os animais possam distinguir uns dos outros, assim como a pessoa responsável pela distribuição das rações. O **piso** deverá ser executado de tal forma que as galinhas tenham uma área clara de permanência, com acesso a **manjedouras** e **bebedouros**, estes distribuídos e dimensionados adequadamente. Além disso, deve-se ter uma área de ninhos (poedeiras) de acesso livre, com piso construído de forma a permitir a passagem das galinhas sem entrar em contato com as grades de fechamento.

Finalmente, é necessária uma **zona livre para esgravatar**, limpa e seca, onde as galinhas possam se desenvolver de forma natural (picar, esgravatar, tomar banho de areia). Para cada galinha poedeira em grupo, deve-se ter um lugar de repouso no **poleiro**, bem como área onde é possível ciscar.

Tabelas e textos extraídos de DLG e.V (Sociedade Alemã de Agricultura) "Legehennenhaltung"

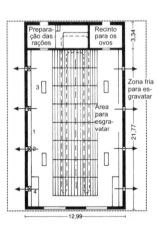
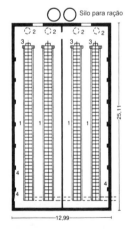

❹ Galinhas poedeiras de criação livre: aviário para 1600 aves

❺ Criação em bateria, com 3 andares, para ≈4800 aves

550

CRIAÇÃO DE ANIMAIS
CRIAÇÃO DE SUÍNOS

As exigências de proteção dos animais na criação de suínos foram transformadas em legislação na Alemanha em 22 de agosto de 2006, através da **Lei de proteção dos animais** e do **Decreto para proteção de animais de criação**. O decreto contém as diretrizes gerais sobre as instalações e a forma de criação de porcos:

As **instalações de criação** (com exceção das baias para nascimento dos leitões) orientam-se no princípio da visibilidade (os animais deverão ter **contato visual** entre si).
Os porcos devem poder **deitar, levantar e ter uma posição natural do corpo, sem impedimentos**. Deverá haver à disposição uma área seca para os animais descansarem, deitados. Os animais só deverão ter contato com urina e excremento, em forma mínima (somente o inevitável).
São ainda necessárias instalações para a **diminuição do calor**, quando as temperaturas dos galpões forem muito elevadas.
O **piso** deverá ser **antiderrapante** e **firme** em toda a zona de circulação e permanência dos animais.
A técnica de execução deve orientar-se no tamanho e peso dos porcos, evitando-se rigorosamente a presença de **fendas, buracos** ou **nichos**, que possam causar ferimentos nos animais.

No caso do uso de **piso com frinchas**, tem-se o distanciamento máximo entre fendas de 11 mm para leitões recém-nascidos, 14 mm para leitões com até 10 semanas, 18 mm para porcos com mais de 10 semanas, 20 mm para fêmeas jovens, parideiras ou machos. A largura dos elementos componentes deve contrabalançar com o espaçamento das fendas; no caso de uso de piso de concreto, as grelhas/placas deverão ter no mín. 5 cm (para leitões de até 10 semanas) e 8 cm para todos os outros tipos de porcos. No caso do uso de grelha metálica, sua estrutura deverá ser revestida, com cada elemento da rede atingindo 9 mm de espessura.
Na área de repouso dos porcos, o piso deverá ter uma **transmissão térmica** saudável (nem elevada, nem baixa). O **grau de perfuração** do piso não deverá ultrapassar 15% (com exceção da área para porcos jovens).
A **iluminação** dos galpões deve ser feita com luz natural. As superfícies de janelas, em sua totalidade, devem corresponder a **3% da área útil do galpão**, com disposição uniforme (distribuição uniforme da luz). Pode-se ter a diminuição da superfície de janelas para até 1,5% da área do galpão, dependendo das condições técnico-construtivas, do tipo de construção ou questões legais. A perda terá de ser, entretanto, compensada com iluminação artificial adequada.

Além disso, deve ser assegurado que cada porco tenha acesso livre a **material lúdico** (que pode ser movimentado, mudado, testado), não prejudicial à saúde, correspondente ao caráter investigativo natural desse tipo de animal. Todo porco deverá também ter acesso à **água** em **quantidade e qualidade**. Para a criação em grupos, é necessário prever, em separado das manjedouras, número suficiente de bebedouros.

Além das exigências gerais, o Decreto para proteção de animais de criação determina medidas especiais para as instalações destinadas a **leitões em amamentação, porcas parideiras, fêmeas** e **machos** em geral → ❸.

No caso de o estabelecimento desejar o certificado ecológico, deve seguir as exigências do **EG** – Decreto europeu de regulamentação de produtos ecológicos → ❷.

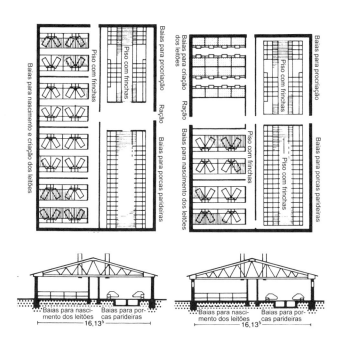

❶ Curral para procriação de suínos, com ou sem corredor para distribuição de ração (esquema de funcionamento)

	Área do galpão m² (líquido)	Área externa m² (líquido) Área livre, fora pasto
Filhotes em amamentação, leitões com até 40 dias	7,5	2,5
Porcos de engorda	0,8 (até 50 kg peso) 1,1 (até 85 kg peso) 1,3 (até 110 kg peso)	0,6 (até 50 kg peso) 0,8 (até 85 kg peso) 1,0 (até 110 kg peso)
Leitões acima de 40 dias e com até 30 kg	0,6	0,4
Procriação	2,5 criação de fêmeas 6,0 criação de machos	1,9 criação de fêmeas 8,0 criação de machos

❷ Exigências para a criação de suínos, segundo EG – Decreto europeu de regulamentação de produtos ecológicos, 2029/91, Anexo VIII

	Área útil (piso)
Porcas (fêmeas jovens, para procriação)	1,85 (grupos de até 5 animais) 1,65 (grupos 6-39 animais) 1,50 (grupos > 40 animais)
Porcas	2,50 (grupos de até 5 animais) 2,25 (grupos 6-39 animais) 2,05 (grupos > 40 animais)
Porcos para corte, com 10 semanas Porcos de engorda	0,50 (30-50 kg peso (vivo)) 0,75 (50-110 kg peso (vivo)) 1,00 (>110 kg peso (vivo))
Porcos com até 10 semanas	0,15 (>5-10 kg peso médio) 0,20 (>10-20 kg peso médio) 0,35 (>20 kg peso médio)

❸ Exigências para a criação de suínos, segundo Decreto para proteção de animais de criação: 2008-08

Lei de proteção dos animais
Decreto para proteção de animais de criação
EG- Decreto europeu de regulamentação de produtos ecológicos

CRIAÇÃO DE ANIMAIS
Estábulos para animais pequenos
Estábulos para ovinos
Avicultura
Criação de suínos
Criação de gado leiteiro
Criação de bois para corte
Criação de cavalos

Agricultura

CRIAÇÃO DE ANIMAIS
CRIAÇÃO DE GADO LEITEIRO

As exigências para construção de estábulos, segundo o **Programa de incentivo para os investimentos agrários** (AFP), Anexo 1 – "Exigências especiais de construção, para instalações corretas do ponto de vista da proteção dos animais de criação" – estabelecem os padrões atuais para a criação de animais, podendo ser consideradas como exigências mínimas, que podem ser relativizadas, dependendo do tipo de estabelecimento produtor e em casos especiais.

As determinações fixadas no **Decreto europeu de regulamentação de produtos ecológicos** (EG) para medidas ecológicas no setor agrícola e as **recomendações para vacas com cornos** dão as diretrizes para o futuro desenvolvimento da criação de gado bovino, também em relação à criação convencional.

Conformação das baias para vacas, dimensões

O dimensionamento das baias orienta-se no peso e tamanho médios de 25% dos animais maiores de um rebanho. Por esse motivo, as tabelas apresentam sempre valores menores (limites inferiores). Concretamente, calcula-se as dimensões para uma vaca da seguinte maneira:

Comprimento/vaca deitada: (0,92 × comprimento do torso em diagonal) + 21 cm

Comprimento da baia/vaca deitada: comprimento/vaca deitada + 21 cm + (altura do torso × 0,56)

Largura da baia: altura do torso × 0,86

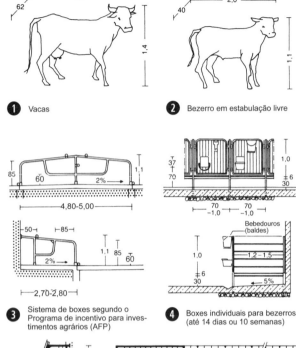

① Vacas
② Bezerro em estabulação livre
③ Sistema de boxes segundo o Programa de incentivo para investimentos agrários (AFP)
④ Boxes individuais para bezerros (até 14 dias ou 10 semanas)

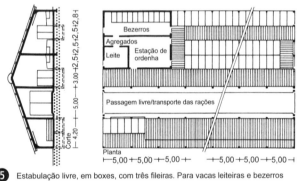

⑤ Estabulação livre, em boxes, com três fileiras. Para vacas leiteiras e bezerros

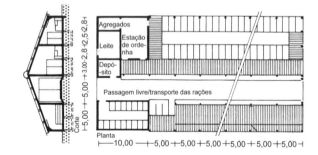

⑥ Estabulação livre, em boxes, com duas fileiras. Para vacas leiteiras e bezerros

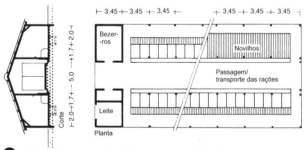

⑦ Estabulação fixa, com duas fileiras, para vacas leiteiras e bezerros

Critérios	AFP Criação correta	Decreto europeu de prod. ecológicos	Recomendações para vacas com cornos
Oferta de espaço m² Estábulo Área externa/pátio	5,0 para cada GV[1]	6,0 para cada animal 4,5 para cada animal	9,0 para cada GV[1] 12 para cada animal
Largura da baia cm	120 até 130		120
Comprimento da baia cm	240-250/ 270-280[2]		270-300[2]
Espaço livre, sob metal de separação entre animais cm	60		
Largura da manjedoura cm	75		80-90
Largura do corredor para rações cm	> 350		450
Largura do corredor de passagem cm	> 250		400
Relação animal–manjedoura	1:1 (1:2:1)[3]		1:1,1 até 1:1,2
Relação animal–baia	1:1		1:1,1 até 1:1,2
Incidência luminosa em % da área útil do estábulo	5		
Estábulos livres/sem baias, ≈m/vaca	4,5		8[5]
Espaço para vacas deitadas, em estábulos livres m			máx. 6
Largura máx. de frestas cm			3
outros	Passagem entre 12 – 15 baias	– piso com frestas, no máx. 50% da área útil do estábulo – palha – pátio externo ou pasto	

[1] Área para deitar, andar e comer
[2] Livres/na parede
[3] Para ração armazenada, isto é, depósito de ração
[4] Área de movimentação a partir da idade de 1 ano (50% das áreas de baias)
[5] destas pode-se calcular 3 m² como área de movimentação

⑧ Exigências para a criação de gado leiteiro, segundo LVVG (Projetos-padrão para construção de estábulos): 2008-06

CRIAÇÃO DE ANIMAIS
CRIAÇÃO DE BOIS PARA CORTE

A estabulação para bois de engorda é dividida em estabulação individual e por grupos → ❶. A estabulação individual pressupõe uma permanente adaptação da área de permanência do boi, ao forte desenvolvimento corporal do animal. Por este motivo, são necessárias diferentes plataformas relativas às várias idades/fases de crescimento dos bois. Deve-se ainda observar um bom sistema de encanamento para escoamento da urina. A vantagem da estabulação individual é a eliminação do comportamento dos animais em rebanho.

Estabulação em grupos (6–15 bois de mesma idade e peso), parte do princípio da adaptação dos animais entre si desde bezerros.

Dependendo do sistema de coleta de estrume e quantidade necessária de forração, torna-se interessante o uso de plataformas em um só nível ou com rebaixo para estrume. Em estabulação livre, toda a área do boxe é utilizada para repouso e movimento dos animais, recebendo forração integral de palha. Nas plataformas em um só nível, separam-se as áreas de repouso e comedouros. Plataformas curtas, para animais presos individualmente, são recomendáveis → ❷. No projeto de estábulos para bois de corte, devem-se considerar possibilidades de condução (entrada e saída) dos animais, individuais ou em grupo, até os boxes, de forma simples e sem perigos. As instalações de ventilação recomendáveis são as que funcionam por gravidade ou diferenças de pressão. Inclinação funcional segura para o telhado: 20 graus. Alimentação padrão para engorda especial dos bois: silagem à base de milho.

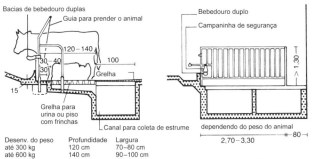

❶ Formas de estabulação para bois de engorda

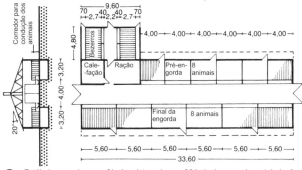

❷ Plataforma curta para bois de engorda presos, sem forração

❸ Boxe com piso com frinchas integral para bois de engorda, com canal para coleta de estrume

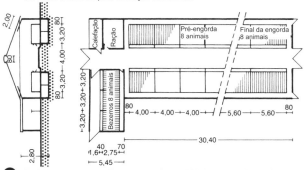

❹ Estábulo com piso com frinchas integral, para 96 bois de engorda, estabulação em boxes e corredor para condução dos animais

❺ Estábulo com piso com frinchas integral, para 96 bois de engorda, estabulação em boxes e corredor para condução dos animais nas laterais externas

❻ Cortes transversais em construções para diferentes formas de estabulação

	Silagem de milho kg/dia	dt/ano	Área de dep. neces./ano (m³)	kg/dia	Feno dt/ano	Área de dep. neces./ano (m³)
1. Boi de engorda em média 125–350 kg	12	43,8	6,15	0,5	1,8 (Blocos de feno)	1,2
Final da engorda em média 350–550 kg	22	80,3	11,15		–	

❼ Quantidade de ração necessária por animal em estábulo para bois de engorda

Peso médio kg	Área de box por animal m²	Largura do comedouro por animal cm	Dimensionamento do piso com frinchas larg. rec. tábua (piso) mm	larg. rec. frincha mm
125–150	1,20	40		
150–220	1,40	45		
220–300	1,50	50	1,20	35
300–400	1,80	57	até	
400–500	2,00	63	1,60	
>500	2,20	70		

❽ Áreas necessárias e dimensionamento do piso com frinchas, em estábulo para bois de engorda

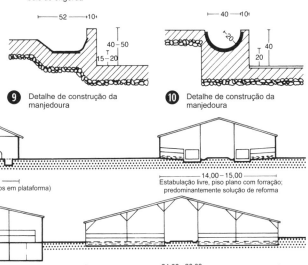

❾ Detalhe de construção da manjedoura

❿ Detalhe de construção da manjedoura

CRIAÇÃO DE ANIMAIS

Estábulos para animais pequenos
Estábulos para ovinos
Avicultura
Criação de suínos
Criação de gado leiteiro
Criação de bois para corte
Criação de cavalos

Agricultura

553

CRIAÇÃO DE ANIMAIS
CRIAÇÃO DE CAVALOS

Informações: Deutsche Reiterliche Vereinigung e.V (Associação Alemã de Equitação), Freiherr-von-Langen-Str. 13, Warendorf

A forma correta de criar cavalos é aquela que satisfaz às necessidades do animal, sendo pressuposto para sua saúde, habilidade e longevidade, assim como para a sua docilidade e equilíbrio psíquico. Mesmo hoje, depois de 5000 anos de domesticação, não se diferenciam essencialmente as suas necessidades das de um cavalo das estepes. Os cavalos são animais que vivem em grupos, onde o contato social é imprescindível. Os aspectos da estruturação social e da compatibilização devem ser sempre considerados, seja para a estabulação individual ou coletiva dos animais. Para a estabulação individual é necessário manter o contato visual ou auditivo entre os animais, ou pelo menos através do cheiro. Potros e cavalos jovens devem crescer em grupos.

Estabulação coletiva (ou em boxes coletivos): diferencia-se entre box de espaço único, com possibilidade de movimentação interna para os animais, ou coletivo com manjedouras e acesso para áreas externas de movimentação.

Estabulação individual: deve ser rejeitada como forma permanente. Para os boxes individuais é fundamental a presença de uma área de movimentação anexa, no mínimo do mesmo tamanho que o box. Na construção de cocheiras para cavalos grandes, tem-se como medida padrão, para a altura livre até o teto, no mínimo 1,5 × altura do tronco do animal, i.e. ≈≥ 2,70 m.

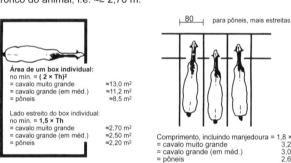

Todas as medidas referem-se à altura do tronco (Th)
= cavalo muito grande = 1,80 m
= cavalo grande (em média) = 1,67 m
= pôneis = 1,45 m

❶ Altura do tronco do cavalo (altura da linha do pescoço, contada a partir da primeira costela)

≈ 1/3 × Th
= cavalo muito grande ≈60 cm
= cavalo grande (em média) ≈55 cm
= pôneis ≈50 cm
= pôneis pequenos ≈30–40 cm

❷ Altura da base da manjedoura

≈ 0,80 × Th
= cavalo muito grande ≈1,45 m
= cavalo grande (em média) ≈1,35 m
= pôneis ≈1,20 m

❸ Altura da parede divisória entre boxes (altura do peito)

≈ 1,30 × Th
= cavalo muito grande ≈2,35 m
= cavalo grande (em média) ≈2,40 m
= pôneis ≈1,95 m

❹ Altura da parede divisória entre boxes (parte superior com tela, transparente)

no mín. = 1,45 × Th
= cavalo muito grande ≈2,60 m
= cavalo grande (em média) ≈2,40 m
= pôneis ≈2,20 m

Separar garanhão e égua; não colocá-los em boxes vizinhos

❺ Altura da parede divisória entre boxes (fechada até a parte superior, sem visibilidade; usada apenas em casos especiais)

❻ Dimensionamento da portinhola externa para fechamento do box

❼ → ❻ Corte

B = 1,5 T
≥ 1,35 T
Medida normal 2,50 m

A = 0,8 T
Medida normal 1,30 m

Largura dos corredores
= cavalos grandes ≈1,20 m
= pôneis ≈1,00 m

Largura possível das passagens dentro dos estábulos – 3 m; utilizar no mín. 2 × a largura da passagem, para permitir que os cavalos possam virar e retornar

= cavalos grandes ≈2,40 m
= pôneis ≈2,00 m

❽ Largura dos corredores de passagem nos estábulos

Área de um box individual:
no mín. = (2 × Th)²
= cavalo muito grande ≈13,0 m²
= cavalo grande (em méd.) ≈11,2 m²
= pôneis ≈8,5 m²

Lado estreito do box individual:
no mín. = 1,5 × Th
= cavalo muito grande ≈2,70 m²
= cavalo grande (em méd.) ≈2,50 m²
= pôneis ≈2,20 m²

❾ Boxe individual

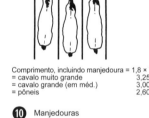

Comprimento, incluindo manjedoura = 1,8 × Th
= cavalo muito grande 3,25 m
= cavalo grande (em méd.) 3,00 m
= pôneis 2,60 m

❿ Manjedouras

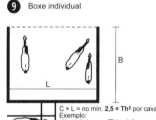

C × L = no mín. 2,5 × Th² por cavalo
Exemplo: altura do tronco (Th) média de cada cavalo: 1,67 m
Área necessária: 2,5 × 1,67² por cavalo = 7,0 m² por cavalo
Para condições espaciais-estruturais favoráveis, assim como cavalo-tratador, é possível uma redução de até 20%

⓫ Boxe coletivo, com manjedouras separadas por cavalo e possibilidade de acesso livre a áreas de movimentação para os animais

C × L =
⓭ Boxe em espaço único, sem acesso livre para movimentação dos animais
no mín. (2 × Th)² por cavalo (como no boxe individual)
Exemplo: altura média do tronco (Th) do cavalo: 1,67 m
Área necessária = (2 × 1,67)² = 11,2 m² por cavalo

C × L =
⓮ Boxe coletivo com manjedouras integradas e acesso livre para movimentação dos animais
no mín. 3 × Th² por cavalo (sem lugar p/manjedoura)
Exemplo: altura média do tronco (Th) do cavalo: 1,67 m
Área necessária = (3 × 1,67²) = 8,4 m² por cavalo

⓬ → ⓭ – ⓮

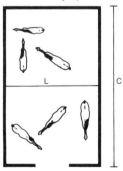

⓭ Boxe em espaço único → ⓬

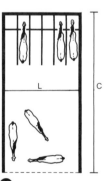

⓮ Boxe coletivo

CRIAÇÃO DE ANIMAIS

Estábulos para animais pequenos
Estábulos para ovinos
Avicultura
Criação de suínos
Criação de gado leiteiro
Criação de bois para corte
Criação de cavalos

Agricultura

CRIAÇÃO DE ANIMAIS
CRIAÇÃO DE CAVALOS

Apesar de os cavalos não serem animais especialmente sensíveis ao vento, necessitando inclusive fisiologicamente de ar em movimento, deve-se evitar a presença de correntes de ar nas cocheiras, prevendo-se neste sentido, instalação artificial de sistema de ventilação e movimentação do ar. É praticamente impossível estabelecer-se uma temperatura "ideal" para as cavalariças. De acordo com medidas adequadas de preparação e estabelecimento de condições especializadas, um cavalo pode suportar as temperaturas de inverno, chegando até a alguns graus abaixo de zero → ❽.

① Esquema de organização espacial, com os recintos de apoio, em uma cavalariça

② Abrigo isolado pequeno (estábulo mínimo)

③ Abrigo isolado grande

Preparação, depósito. Peso do recinto (dt/m³)	Volume necessário em m³ para 20–30% de espaço vazio	
	200 dias de cocheira[1]	365 dias de cocheira[2]
Feno a granel (0,75)	17–20	30–36
HD-blocos de feno sem embalagem (1,5)	9–11	15–18
HD-blocos empilhados (1,8)	7–9	12–14

[1] corresp. a 10–12 dt [2] corresp. a 18–22 dt

❻ Espaço necessário para depósito de feno considerando-se 5–6 kg/cavalo/dia

Preparação, depósito. Peso do recinto (dt/m³)	Volume necessário em m³ para 3 meses[1] com 20–30% de espaço vazio
Palha a granel (0,5)	22
HD-blocos de palha sem embalagem (0,7)	15
HD-blocos de palha empilhados (1,0)	11

[1] corresponde a 9 dt

❼ Espaço necessário para depósito de palha considerando-se 10 kg/cavalo/dia

Temperatura do ar	A temperatura na cocheira deve acompanhar à externa, mesmo no inverno
Umidade do ar	60–80%
Velocidade da corrente de ar na área dos animais	no mín. 0,1 m/s
Quantidade de dióxido de carbono no ar, como indicador de gases nocivos	< 0,10 vol. %
Quantidade de amoníaco do ar	< 10 ppm
Ácido sulfídrico	0 ppm

❽ Exigências para a criação de animais em cocheiras

④ Cocheira com área de movimentação para 5 até 6 cavalos, com setor de manjedouras

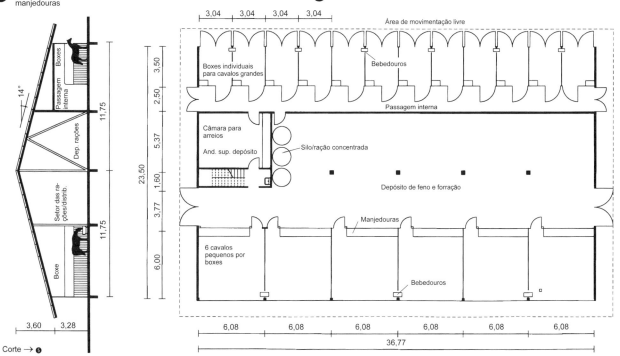

⑤ Cavalariça com acesso para áreas externas coletivas de movimentação dos animais

CRIAÇÃO DE ANIMAIS

Estábulos para animais pequenos
Estábulos para ovinos
Avicultura
Criação de suínos
Criação de gado leiteiro
Criação de bois para corte
Criação de cavalos

Agricultura

555

CONSULTÓRIOS MÉDICOS
CONSULTÓRIOS INDIVIDUAIS E SOCIEDADES MÉDICAS

Consultórios individuais
Um consultório médico deve apresentar uma área mínima (≈ 150 m^2) ocupada por funções separadas em espaços que podem ser altamente diferenciados e ampliados, dependendo da especialidade. Fundamentalmente, há a divisão entre setor de pacientes e de funcionários do consultório.

Na entrada, encontra-se a área de espera, com guarda-roupa e WC; o setor médico, com sala de consultas, localiza-se próximo à sala de espera. Sala de atendimento e laboratório instalam-se em setor conjunto. É recomendada a ampliação das salas de consulta e atendimento, para tratamentos que se repetem, com a separação da zona de diagnósticos. O número e a dimensão das salas são determinados pelo tipo de especialidade médica (clínica geral ou especialista em medicina interna, cirurgia, ortopedia, ginecologia etc.) WCs para pacientes, vestiários de funcionários com WCs e sala para pausa complementam o programa. Na sala de espera pode haver área separada para crianças, com brinquedos (p. ex. em ginecologistas).

Sala de espera
A dimensão das salas de espera é determinada pelo número de pacientes e a frequência dos setores de tratamento, em dependência da especialidade do consultório médico.

Com o princípio de organização do atendimento somente com hora marcada, pode-se ter a diminuição das salas de espera.

Na **recepção e registro** tem-se a definição do plano de atendimentos e serviços a serem prestados. A partir desse ponto, o recepcionista deve ter visibilidade para a entrada e a sala de espera. Uma ligação rápida, de curto percurso, com área médica é recomendável.

Sala de consultas
A sala de consultas (12–16 m^2) deverá ser protegida visualmente e isolada acusticamente; constitui o espaço primário para a anamnese e aconselhamento, análise dos sintomas, planejamento de terapias e protocolos. Como equipamento, deve conter uma mesa com computador, no mínimo duas cadeiras e tela para observação de radiografias.

Sala de exames e tratamento
(≥ 20 m^2) diferenciam-se segundo o tipo e a forma de tratamento. Os equipamentos mínimos consistem em cadeira e cama para o paciente, banco giratório, mesa de trabalho com setor de instrumentos e pia. Deve-se prever espaço suficiente de movimentação livre do médico e paciente. A dimensão de outros recintos para tratamento (terapias, raio X, coleta de sangue) depende dos instrumentos necessários, áreas de aparadores, armários e cabines-vestiário (1,5 m^2). integradas.

Não é necessária secretaria separada. A melhor solução é um setor amplo de registro e recepção, com iluminação natural, mesa com computador e arquivo com fichas dos pacientes. Lavatórios com distribuidores automáticos de líquidos de desinfecção devem ser previstos em todas as salas de tratamento ou de contato com pacientes.

Grupos de consultórios
Grupos de consultórios são constituídos pela junção de dois ou mais médicos com o objetivo de criar um centro de atendimento dentro de uma mesma área profissional, com pessoal de apoio em comum e dispondo de um espaço em conjunto. Em contraposição a esse tipo de funcionamento, existem os chamados "**conjuntos médicos**", uma justaposição de consultórios individuais, cuja vantagem é o encaminhamento imediato do paciente para diversas especialidades dentro do próprio edifício. Esse tipo de consultórios em sociedade representa uma clara economia espacial e maior eficiência, além do aumento de conforto, como, p. ex., através da centralização das unidades de diagnóstico – radiografias, laboratórios e setor de terapias – além de administração e serviços em conjunto.

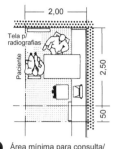
① A recepção funciona como barreira, direcionamento e instrumento de controle da movimentação do paciente

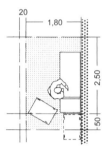
② Área mínima para consulta/conversa com o paciente

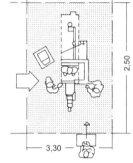
③ Área mínima para exames/paciente deitado

④ Campo para radiografia, com cabina protegida para acionamento do aparelho

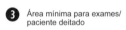

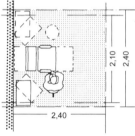
⑤ Área mínima para exame de sangue (coleta de material)

⑥ Camas para massagem, em fileira

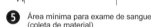

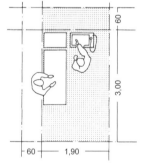
⑦ Área mínima para execução de eletrocardiogramas

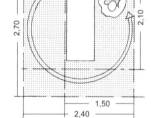
⑧ Área mínima para exames com aparelho de ultra-som

⑨ Consultório de otorrinolaringologia em Stuttgart   Arq.: Prof. Ulrike Mansfeld

HOSPITAIS
GENERALIDADES, COORDENAÇÃO DE MEDIDAS

Os custos de investimento para um hospital são extremamente altos, exigindo um planejamento funcional inteligente, assim como um programa econômico espacial, para redução das despesas em relação ao pessoal e serviços. O planejamento funcional deve ocorrer na fase de anteprojeto, com reuniões entre proprietário ou órgão a quem pertence a obra, médicos, arquitetos, especialistas em planejamento e administração hospitalar. Com base no plano funcional e no programa espacial, desenvolve-se o projeto construtivo e as características formais do futuro edifício, assim como o sistema de instalações, acabamentos e distribuição de equipamentos, elaborados segundo as determinações técnicas e relativas às especificidades médicas. Hospitais, clínicas e outras instituições de atendimento a doentes destinam-se ao tratamento de pacientes com doenças agudas ou crônicas. Os objetivos do atendimento médico podem ser diferenciados segundo tipo e área de abrangência, além do número das especializações oferecidas pela instituição hospitalar, capacidade dos departamentos e equipamentos. Os hospitais modernos apresentam caráter de hotel nas enfermarias. A atmosfera de sanatório, típica do século XIX e início do XX, com afirmação extremada dos aspectos ligados à higiene, não são mais desejáveis. O tempo de permanência dos pacientes tende a ser encurtado. A relação entre a área de enfermaria e a de diagnóstico/tratamento, como ponto central dos hospitais, aproxima-se da proporção 1:1. Como consequência das reformas no setor da saúde, houve grande transformação da situação dos hospitais e seus proprietários (estes podem ser públicos, de utilidade pública ou privados).

Organização
Os hospitais, em geral, organizam-se em setores de atendimento, exames e tratamento (terapia), fornecimento de produtos e coleta de material utilizado/resíduos, administração e instalações técnicas. Sobre estes, colocam-se: área de moradia, eventualmente setor de aprendizado e pesquisa, assim como áreas de apoio/serviços.
Os setores enunciados têm função limitada interiormente, sendo que, a respeito da organização individual entre os mesmos, existem divergências. Importante é a manutenção de percursos curtos, horizontais e verticais de ligação, com possibilidade de isolamento de cada setor. Os hospitais classificam-se segundo suas funções em gerais, especializados e clínicas universitárias. As atuais mudanças políticas do setor da saúde levaram a novas formas de financiamentos e tipologias de edificações, como centros de atendimento hospitalar e hotéis para pacientes. Dependendo de suas funções, os hospitais subdividem-se em instituições de atendimento básico (até ≈240 leitos), atendimento regular (até ≈520 leitos) e principais (até 800 leitos).

Hospitais universitários
Providos de serviços máximos de abastecimento, os hospitais universitários, assim como os grandes complexos hospitalares, dispõem de equipamentos altamente especializados e variados na área de diagnósticos e terapias, com funcionamento sistemático dos setores de pesquisa e formação. Auditórios e salas de demonstração devem ser projetados de forma a não interferirem no funcionamento normal do hospital. Os quartos deverão apresentar maiores dimensões, prevendo visitas e presença de estudantes.
O objetivo principal e as exigências fundamentais das clínicas universitárias requisitam normalmente um programa especial de projeto.

Hospitais especializados
São equipados para atender a determinados grupos de doenças e tipos de tratamento: hospitais para acidentes, clínicas de reabilitação, ortopédicas, maternidade e clínica para mulheres. Ainda pode-se acrescentar sanatórios para tuberculose, unidades de tratamento do câncer, clínicas para doenças nervosas, cirurgia do pulmão e tórax etc. A relação com clínicas de recuperação, residências para idosos com assistência e centros educacionais é praticamente fluida. O número de hospitais especializados tem crescido em função da alta especialização da medicina (p. ex. clínicas especializadas em dermatologia, doenças do pulmão e alergologia).

① Inter-relacionamento espacial

Valores-padrão das áreas	Área útil segundo DIN 277
para um hospital geral, com ≈300 leitos	
Áreas funcionais DIN 13080	Área por leito área útil/m²
1.00 Diagnóstico e tratamento 2.00 Enfermaria 3.00 Administração 4.00 Apoio social 5.00 Abastecimento e remoção de resíduos	12,0 18,0 2,0 3,0 7,0
Soma Área útil	42,0 m²
Área funcional Área de circulação	8,0 m² 19,0 m²
Soma Área líquida básica	69,0 m²
Área da construção [edifício novo com estrutura de pilares e vigas]	11,0 m²
Soma Área bruta	80,0 m²
Área bruta / Área útil	= 1,9

② Áreas-padrão para um hospital comum

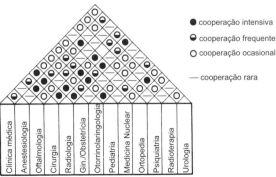

③ Esquema de intercâmbio entre diversas especialidades médicas

HOSPITAIS

Generalidades, coordenação de medidas
Projeto arquitetônico
Exemplos
Corredores, portas, escadas e elevadores
Setores funcionais
Ambulatório
Centro médico – exemplo
Diagnóstico e tratamento
Enfermarias
Administração e serviços sociais
Abastecimento e remoção de resíduos
Abastecimento técnico

Saúde

557

HOSPITAIS
GENERALIDADES, COORDENAÇÃO DE MEDIDAS

Organograma
Para o desenvolvimento do projeto deve ser elaborado um programa espacial detalhado, onde sejam caracterizadas a organização e exigências do hospital como um todo.
Eventuais pontos principais têm influência fundamental na tipologia e forma das unidades funcionais. Com ajuda da tabela de valores de áreas-padrão, pode-se ter uma visão geral das dimensões dos diversos espaços especializados. No caso, esses valores são apenas recomendados e dependem essencialmente da especialidade do atendimento hospitalar e dos serviços oferecidos.

Projeto arquitetônico
As possíveis mudanças de uso durante o tempo de funcionamento de um edifício hospitalar têm grande influência sobre a concepção do projeto. Deve-se considerar, no caso, junto à otimização da circulação, a fluidez das etapas de trabalho e as inter-relações funcionais. Para cálculo do projeto de novos edifícios pode-se ter, como regra, cerca de 42 m² de área útil (para reformas, ≈200 – 280 m³ de volume bruto) por leito.
Com frequência, tem-se a execução de complexos hospitalares em etapas construtivas ou executam-se adições a edifícios existentes. Por esse motivo, deve-se ter, desde o início, o estabelecimento de objetivos claros e um plano de desenvolvimento completo (esc. 1:500), que apresentem as diversas fases organizadas logisticamente. Projeto e construção (circulação, corredores) devem ser planejados de forma que possam ser ampliados de maneira flexível. O arquiteto deve observar, no início do projeto, as regulamentações e diretrizes vigentes especiais para hospitais (código de obras hospitalares, regulamentos de funcionamento de hospitais, decretos estaduais etc.).

Sistema de coordenação modular segundo DIN 18000
A aplicação de um sistema modular deve ser a base de um projeto hospitalar. Dados nesse sentido encontram-se definidos na DIN 18000. Na determinação de funções, posicionamento e dimensões de partes construtivas, encontram-se ali sistemas de inter-relação, módulos básicos e derivados. Na construção de edifícios hospitalares, recomenda-se o módulo básico 12 M = 1,20 m. No caso de esta relação de medidas ser muito grande, pode-se utilizar variações como 6 M ou 3 M. Nesse sistema de medidas serão organizadas e ajustadas entre si todas as partes construtivas. Com o desenvolvimento do sistema de eixos básico, horizontal e vertical, define-se a estrutura do edifício. As vantagens de um sistema modular são a rapidez da construção e a facilidade de troca de elementos construtivos, intervindo pouco nas atividades correntes do edifício.

Sistema modular
O sistema de modulação empregado deverá objetivar dois aspectos principais do projeto: bom sistema interno de circulação, assim como a diferenciação entre unidades funcionais, com setores principais, secundários e de trânsito.
A comparação entre as necessidades espaciais das unidades funcionais independentes leva automaticamente à determinação de um sistema de coordenação de medidas, válido para todas as situações. Na prática, estabeleceram-se como distâncias adequadas entre eixos 7,20 m ou 7,80 m. Para um sistema de posicionamento de pilares com intervalos de 7,20 m ou 7,80 m, tem-se um resultado espacial favorável para as diversas áreas funcionais.
Distâncias menores (p. ex. 3,60 m x 7,20 m) são possíveis, uma vez que o número de grandes salas, como sala de operações (≈40 m²) é relativamente pequeno. Lajes de concreto armado não devem apresentar saliências inferiores (lajes planas) para facilitar a passagem das instalações técnicas.

① Organização vertical de um hospital compacto com ≈200 leitos

② Terreno: ≈15.000 m² para hospital com ≈200 leitos e 3–4 pavimentos; tipologia de edifício com base larga

③ Sistema modular com malha de eixos ordenadores para os setores de diagnóstico e tratamento

HOSPITAIS

Generalidades, coordenação de medidas
Projeto arquitetônico
Exemplos
Corredores, portas, escadas e elevadores
Setores funcionais
Ambulatório
Centro médico – exemplo
Diagnóstico e tratamento
Enfermarias
Administração e serviços sociais
Abastecimento e remoção de resíduos
Abastecimento técnico

Saúde

558

HOSPITAIS
PROJETO ARQUITETÔNICO

Tempo de uso
Os componentes do edifício – construção como obra bruta, acabamentos e instalação de equipamentos/conformação dos ambientes – apresentam diferentes durações de uso.
A estrutura do edifício deverá ser, de preferência, em sistema de pilares e vigas, permitindo flexibilidade de disposição dos espaços e acabamentos. Estes, via de regra, são substituídos, dependendo da unidade de funcionamento/equipamentos e tempo de amortização, a cada 5 a 10 anos, o que pode ter enorme influência nos sistemas de vedações, junções e encaixes (p. ex. no caso dos aparelhos de tomografia nucleares, com impulsos de alta frequência). A montagem e a desmontagem de aparelhos desse tipo já devem ser consideradas na etapa de projeto, sem que haja necessidade de intervenções na parte estrutural do edifício.

Terreno
O terreno para construção de um hospital deve apresentar dimensões suficientes para o volume edificado, os acessos e possíveis ampliações. Deve estar localizado em zona tranquila. O solo não deverá ter problemas de contaminação. Observar acessos separados de visitantes e pacientes, funcionários, tráfego de serviços e ambulâncias, heliporto. A dimensão mínima de um terreno para hospital regular, com forma retangular, é de cerca de 15.000 m².

Orientação
A face favorável, para setores de tratamento e funcionais, localiza-se entre Noroeste e Nordeste, passando pelo Norte (considerar o rebatimento oposto para o hemisfério Sul). Para quartos de pacientes é favorável a situação Sudoeste e Sudeste: sol da manhã, pouca concentração de calor, sem necessidade de brises, temperaturas amenas no período da tarde. Os recintos situados no sentido Leste–Oeste recebem insolação intensa no verão e muito pouca no inverno.

Forma do edifício
A forma da edificação é fortemente caracterizada pela escolha do sistema de circulação interna e ligação entre setores. Nesse sentido, deve-se determinar logo no início do projeto entre uma solução de eixo máximo, com ramificações em forma de bolsões (setores individualizados) ou a forma estelar, com raios partindo de um núcleo. A solução de edifícios verticalizados exige ligação funcional inteligente, de fácil acesso, entre setores de enfermaria, diagnóstico e tratamento, abastecimento, coleta de material utilizado, chegada de pacientes em maca, setor de serviços, depósitos, administração e clínica médica.
Uma **organização vertical**, a título de exemplo, pode apresentar-se da seguinte maneira:
- Cobertura: pouso de helicópteros, central de ar condicionado
- 2º/3º pav.: enfermarias/quartos de pacientes
- 1º pav.: setor cirúrgico, central de esterilização, UTI (terapia intensiva), partos, pacientes semanais, pediatria
- Térreo: entrada principal e informações, radiologia, consultórios médicos, ambulatório, acesso de macas, pronto-socorro, administração, cafeteria
- 1º subsolo: arquivo, fisioterapia, aparelhos de radiologia de alta frequência, terapia radiativa, laboratório, cozinha e pátio de serviços

No caso, deve-se considerar as diferentes exigências para as alturas dos pavimentos: setor de enfermarias, ≈3,40 m (tirando-se a construção = laje mais piso = 35 cm = pé-direito de 3,05 m); setor de diagnóstico e tratamento, ≈4,20 m; abastecimento e coleta de resíduos, ou setor técnico, ≈4,20 m–5 m.

① Eixo principal aberto (circulação principal)

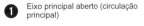
② Unidade de enfermarias sobre o setor de diagnóstico e tratamento

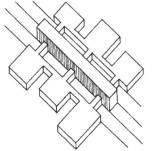
③ Eixo principal aberto; unidades de enfermaria ao lado do setor de diagnóstico e tratamento

④ → ③

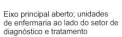
⑤ Eixo principal fechado; unidade de enfermarias sobre setor de diagnóstico e tratamento

⑥ → ⑤

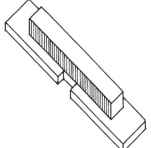
⑦ Eixo principal fechado; unidade de enfermarias ao lado do setor de diagnóstico e tratamento

⑧ → ⑦

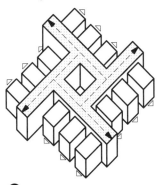
⑨ Possibilidades de ampliações

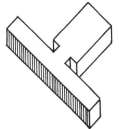
⑩ Tipologia vertical; corte através de um hospital com unidade de enfermarias sobre o setor de diagnóstico e tratamento

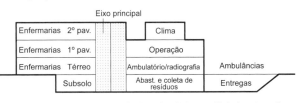
⑪ Tipologia horizontal; corte através de um hospital com unidade de enfermarias ao lado do setor de diagnóstico e tratamento

HOSPITAIS
Generalidades, coordenação de medidas
Projeto arquitetônico
Exemplos
Corredores, portas, escadas e elevadores
Setores funcionais
Ambulatório
Centro médico – exemplo
Diagnóstico e tratamento
Enfermarias
Administração e serviços sociais
Abastecimento e remoção de resíduos
Abastecimento técnico

Saúde

559

HOSPITAIS
EXEMPLOS

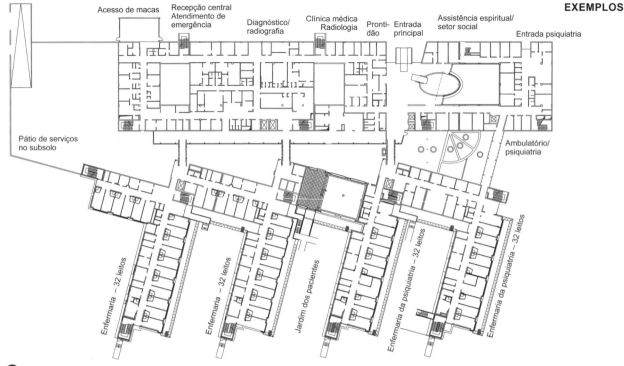

1 Hospital Católico St. Johann Nepomuk, Erfurt, térreo — Arq.: Thiede Messthaler Klösges

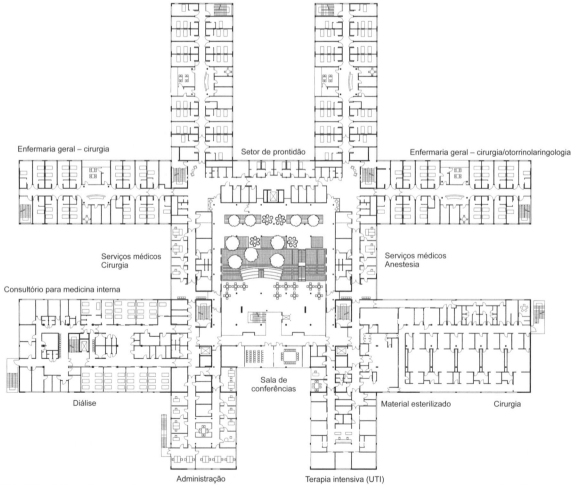

2 Clínica Helios, Gotha, pavimento superior — Arq.: Wörner+Partner

HOSPITAIS
Generalidades, coordenação de medidas
Projeto arquitetônico
Exemplos
Corredores, portas, escadas e elevadores
Setores funcionais
Ambulatório
Centro médico – exemplo
Diagnóstico e tratamento
Enfermarias
Administração e serviços sociais
Abastecimento e remoção de resíduos
Abastecimento técnico

Saúde

HOSPITAIS
CORREDORES, PORTAS, ESCADAS E ELEVADORES

Corredores
Os corredores devem ser dimensionados em função do maior volume de tráfego esperado. Os corredores de acesso normais apresentam uma largura de 1,50 m no mínimo; aqueles destinados a transporte de macas ou camas necessitam de largura útil de no mínimo 2,25 m. Ao longo deles, as alturas dos forros podem ser rebaixadas até 2,40 m, deixando espaço para passagem de instalações prediais. Isto leva à necessidade de instalação de tetos especiais de segurança contra incêndio, garantindo o corredor como saída de emergência. As condições de proteção geral contra incêndios devem ser observadas. Assim, corredores internos devem ser evitados, uma vez que a eliminação de fumaça tem de ser mecânica. A área útil dos corredores não deve ser reduzida através de construções salientes, pilares ou elementos construtivos em geral.
Janelas e ventilação não devem ter espaçamento intermediário maior do que 25 m.

Portas
Para o posicionamento e a escolha de portas adequadas deve-se dedicar atenção especial durante o projeto. A forma e a qualidade das esquadrias são orientadas nas diretrizes de proteção acústica e contra incêndios. As superfícies das folhas devem ser resistentes, a longo prazo, à ação de produtos de limpeza e desinfecção.
As alturas dos vãos são definidas conforme o tipo e a função dos ambientes:

– portas-padrão (medidas em obra não acabada): 88^5 x 213^5 cm
– passagem de leitos: $126–137^5$ x 213^5 cm
– portas de corredor: 240 x 240 cm/2 folhas

Em paredes corta-fogo, as portas devem ter resistência T90; ficam abertas para não prejudicar a sequência de serviços.

Escadas
forma que possam comportar todo o volume de transporte vertical, em caso de necessidade. Deverão apresentar solução que evite transmissão de cheiros, ruídos e formação de correntes de ar. Os corrimãos em ambas as laterais são obrigatórios, sem final livre. Degraus em curva não são permitidos em escadas imprescindíveis (de circulação principal, obrigatória). A largura útil para este tipo de escadas é de no mín. 1,50 m e no máximo 2,50 m.
Folhas de portas não devem interferir, quando abertas, na área de patamares. A altura permitida dos degraus (espelho) é de 17 cm; a profundidade do piso, de no mín. 30 cm. As portas localizadas em área de escadas devem apresentar abertura das folhas em sentido de fuga (saída de emergência).

Elevadores
Elevadores transportam pacientes, funcionários e todo material relativo ao abastecimento e remoção de resíduos. Por motivos higiênicos e estéticos, devem ser separados segundo o uso. As cabinas destinadas a transporte de camas necessitam de dimensionamento suficiente para transporte da cama com dois enfermeiros acompanhantes. Suas superfícies internas serão lisas, podendo ser lavadas e desinfetadas, o piso de material antiderrapante. As caixas de elevadores devem ser resistentes ao fogo.
Para cada 100 leitos é previsto um elevador de uso múltiplo; sobre isso, devem-se calcular no mín. 2 elevadores para carga pequenos, para transporte de pequenos aparelhos, pessoal, visitas:

– Dimensões internas da cabine: 0,90 x 1,20 m
– Dimensões internas da caixa do elevador: 1,25 x 1,50 m

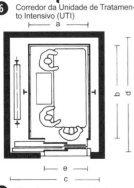

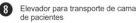

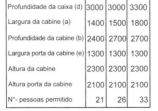

⑧ Elevador para transporte de cama de pacientes

⑨ Dimensionamentos para elevadores de transporte de camas de pacientes → ⑧

Capacidade/carga kg	1600	2000	2500
Largura da caixa (c)	2400	2400	2700
Profundidade da caixa (d)	3000	3000	3300
Largura da cabine (a)	1400	1500	1800
Profundidade da cabine (b)	2400	2700	2700
Largura porta da cabine (e)	1300	1300	1300
Altura da cabine	2300	2300	2300
Altura porta da cabine	2100	2100	2100
N°- pessoas permitido	21	26	33

HOSPITAIS

Generalidades, coordenação de medidas
Projeto arquitetônico
Exemplos
Corredores, portas, escadas e elevadores
Setores funcionais
Ambulatório
Centro médico – exemplo
Diagnóstico e tratamento
Enfermarias
Administração e serviços sociais
Abastecimento e remoção de resíduos
Abastecimento técnico

Saúde

HOSPITAIS
SETORES FUNCIONAIS

Nº de referência	Denominação	Nº de referência	Denominação
1.00	Diagnóstico e tratamento	3.03	Informação e documentação
1.01	Recepção e pronto-socorro	3.04	Biblioteca
1.02	Serviço médico		
1.03	Diagnóstico funcional	4.00	Serviços sociais
1.04	Endoscopia	4.01	Setor de apoio ao público
1.05	Laboratório médico	4.02	Assistência espiritual e social
1.06	Dissecação, patologia	4.03	Vestiário/funcionários
1.07	Diagnóstico radiológico	4.04	Cantina de funcionários
1.08	Medicina nuclear/diagnóstico	5.00	Abastecimento e coleta de resíduos
1.09	Operação		
1.10	Obstetrícia	5.01	Abastecimento de medicamentos
1.11	Radioterapia		
1.12	Medicina nuclear/terapia	5.02	Abastecimento de material esterilizado
1.13	Terapia física		
1.14	Ergoterapia	5.03	Abastecimento de aparelhos
1.15	Serviço de prontidão	5.04	Preparação de leitos
		5.05	Abastecimento alimentar
		5.06	Abastecimento de roupas
2.00	Enfermaria	5.07	Depósito e administração de mercadorias
2.01	Enfermaria geral		
2.02	Pacientes semanais/recém-nascidos	5.08	Manutenção e consertos
		5.09	Eliminação de resíduos
2.03	Terapia intensiva	5.10	Serviços gerais de transporte
2.04	Diálise		
2.05	Enfermaria pediátrica	6.00	Pesquisa e cursos
2.06	Doenças infecciosas	6.01	Pesquisa
2.07	Enfermaria/psiquiatria	6.02	Cursos
2.08	Enfermaria/medicina nuclear	6.03	Especialização e formação
2.09	Recepção da enfermaria		
2.10	Enfermaria/geriatria	7.00	Outros
2.11	Clínica diária	7.01	Serviço de ambulâncias
		7.02	Diálise de cuidados limitados
		7.03	Centro recreativo infantil
3.00	Administração	7.04	Serviços prestados a externos
3.01	Direção e administração	7.05	Serviços encomendados externos
3.02	Arquivo	7.06	Residência

A organização de um hospital desenvolve-se segundo setores funcionais e serviços especializados, regulamentados pela DIN 13080:

– Diagnóstico e tratamento
– Enfermaria
– Administração
– Serviços sociais
– Pesquisa e formação
– Outros

O setor de diagnóstico e tratamento, junto ao setor de enfermaria, é o principal dentro de toda a organização hospitalar, sendo caracterizado por suas especializações médicas e especialidade dos equipamentos. O contato entre médico e paciente é diferenciado, dependendo da disciplina médica em questão e da frequência de exames necessária. No projeto, deve-se considerar a localização precisa de cada departamento médico, além da sua inter-relação com o todo. Os diversos departamentos individuais de diagnóstico e tratamento localizam-se, de maneira geral, nos níveis de subsolo, térreo e 1º pavimento. No caso, os ambulatórios devem ser concentrados no térreo.
É importante a localização das especialidades médicas em setores interdependentes, para permitir um melhor trabalho conjunto, de cooperação e consultoria interdisciplinar.

❶ Organização de um hospital em setores funcionais e especializações de serviços segundo DIN 13080

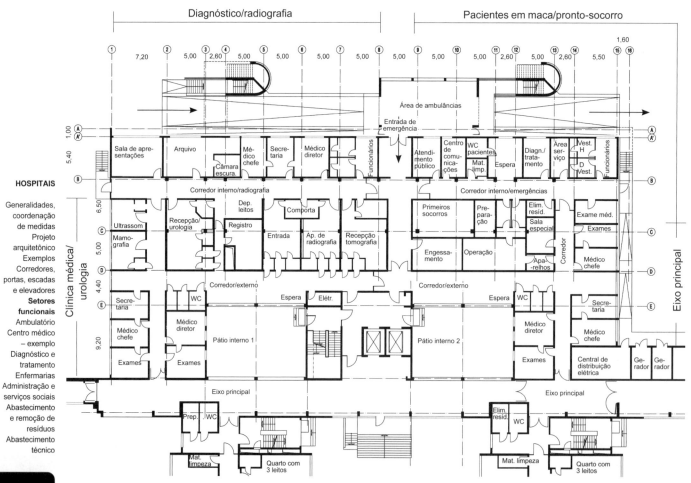

❷ Planta parcial, Hospital Luckenwalde, 300 leitos — Arq.: Thiede Messthaler Klösges

HOSPITAIS
AMBULATÓRIO

Ambulatórios

Recintos para tratamento ambulatorial são visitados durante o dia ou com hora marcada por pacientes em regime de não internação. A localização desses espaços é de grande importância. Uma separação entre a circulação de pacientes ambulatoriais e estacionários deve ocorrer logo no início do projeto. O número de pacientes depende da dimensão do hospital e das especializações ali oferecidas. Para um grande número de pacientes ambulatoriais, pode-se ter um departamento especial para esse tipo de atendimento, separado espacialmente do restante do conjunto hospitalar. Em todo caso, é necessária uma ligação rápida com o setor de radiografias. Deve-se ainda observar a importância cada vez maior das operações ambulatoriais (aumento das áreas de espera e recintos do ambulatório).

Operações ambulatoriais

A participação das operações em ambulatório será cada vez mais marcante no futuro das instalações hospitalares. Esse departamento pode ser anexado a hospitais existentes ou construído como clínica autônoma. Em hospitais, o setor deverá se localizar próximo ao acesso principal e de atendimento de pronto-socorro.

Os pacientes que utilizam um centro de operação ambulatorial (para sofrerem intervenção localizada, dentro do conceito de operação ambulatorial, clínica diurna ou tratamento de curta duração) encontram-se física e espiritualmente em diferentes condições, quando comparados com pacientes de emergência, encaminhados para internação.

Sistemas claros de orientação e ambiente agradável, que desperte confiança, são aqui desejados.

Um departamento de operações (OP), centralizado em cirurgia ambulatorial seletiva, tem um programa espacial "moderno", incluindo pequenas salas de operações (≈30 m^2), um espaço multifuncional de introdução/preparação, pequenos lavatórios para 2 salas de OP, uma sala para recuperação pós-anestesia com 5 lugares, uma zona de descanso. São evitadas as clássicas salas de preparação e saída dos pacientes, barreiras/comportas e depósitos.

Centros de atendimento médico

Um hospital associado, instalação separada para doentes, em forma de clínicas de atendimento diurno ou de tratamentos de curta duração, diferencia-se essencialmente – espacial e estruturalmente – da organização hospitalar convencional, com setor de enfermarias. Aqui deve-se observar a gama de doenças e serviços médicos especializados. Os equipamentos médicos técnicos podem ser reduzidos. Do ponto de vista da higiene, os acabamentos dos ambientes podem ser mais livres (p. ex., carpete, parquete).

Internação e terapia de pacientes com doenças infecciosas, crônicas, operações complexas, entre outros, não são permitidas; as extremas diretrizes para construções hospitalares podem ser simplificadas diante de pedidos de liberação detalhados com comprovantes.

As decisões sobre quantidade e qualidade do ar com sistema especial de ventilação, técnicas de anestesia, unidades de fornecimento/instalações nas lajes de pavimento, instalações contra radiações etc. devem ser comprovadas criticamente. Essas questões envolvem um grande potencial de economia de gastos. Para a maioria das operações não são necessárias instalações de controle do ar para redução de número de partículas e germes (DIN 1946-4). Por este motivo, do ponto de vista econômico, é importante a predefinição dos tipos de operações previstas.

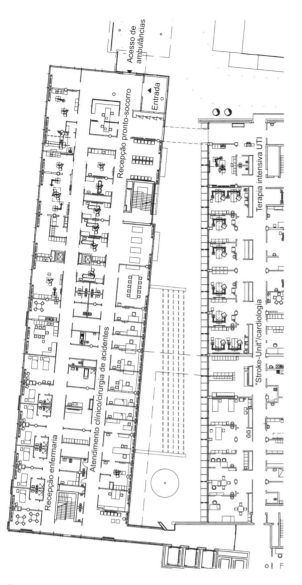

① Ambulatório, térreo, Hospital Berlim-Spandau; hoje: Clínica Vivantes Berlim-Spandau   Arq.: Heinle, Wischer e Partner Freie Architekten

② Pronto-socorro, Clínica Helios, Gotha   Arq.: Wörner+Partner

HOSPITAIS

Generalidades, coordenação de medidas
Projeto arquitetônico
Exemplos
Corredores, portas, escadas e elevadores
Setores funcionais
Ambulatório
Centro médico – exemplo
Diagnóstico e tratamento
Enfermarias
Administração e serviços sociais
Abastecimento e remoção de resíduos
Abastecimento técnico

Saúde

563

HOSPITAIS
CENTRO MÉDICO – EXEMPLO

① Sala de operações 20 m²
② Técnica de ventilação 32 m²
③ Preparação de instrumentos 6 m²
④ Corredor interno
⑤ Prep., recuperação pós-anestésica 19 m²
⑥ Depósito 8 m²
⑦ Comporta/funcionários 7 m²
⑧ Eliminação de resíduos 6 m²
⑨ Vestiário
⑩ Sala dos médicos 18 m²
⑪ Recepção/espera 55 m²
⑫ Arquivo, computadores 7 m²
⑬ Consultório ≈ 18 m²
⑭ Escritório 13 m²
⑮ Sala dos funcionários 14 m²
⑯ Comporta/abastecimento 8 m²
⑰ Depósito de mat. esterilizado 50 m²
⑱ Instalações eletrotécn. 7 m²
⑲ Aparelhos OP ≈ 12 m²
⑳ Sala de operações/lavatório 15 m²
㉑ Sala de operações 7 m²
㉒ OP
㉓ Lavatório 7 m²
㉔ Comporta/eliminação de resíduos 7 m²
㉕ Comporta/pacientes 19 m²
㉖ Recup. pós-anestésica (4 leitos) 40 m²
㉗ Aplicação de sedativos 10 m²
㉘ Anestesia local 19 m²
㉙ Sala de controle pós-op. (12 Pl.) 110 m²
㉚ Centro de controle 17 m²
㉛ Espera OP ambulatorial 23 m²
㉜ Sala de desinfecção 14 m²
㉝ Sala dos funcionários 14 m²
㉞ Sala de isolamento 8 m²
㉟ Sala de espera 17 m²
㊱ Comporta/OP 14 m²
㊲ Tratamento 12 m²
㊳ Ambulatório p/ doentes crônicos 16 m²
㊴ Escritório 15 m²
㊵ Consultório

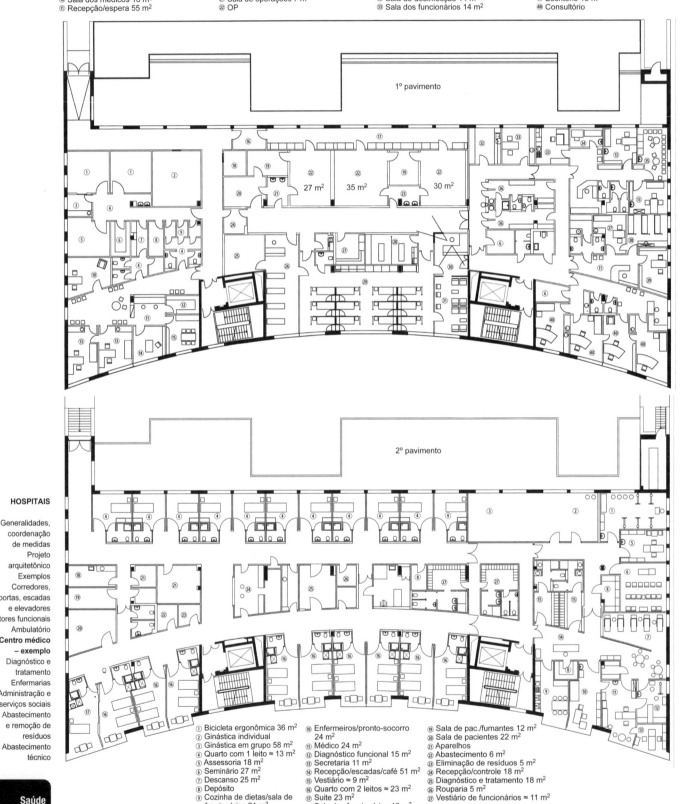

① Bicicleta ergonômica 36 m²
② Ginástica individual
③ Ginástica em grupo 58 m²
④ Quarto com 1 leito ≈ 13 m²
⑤ Assessoria 18 m²
⑥ Seminário 27 m²
⑦ Descanso 25 m²
⑧ Depósito
⑨ Cozinha de dietas/sala de funcionários 21 m²
⑩ Enfermeiros/pronto-socorro 24 m²
⑪ Médico 24 m²
⑫ Diagnóstico funcional 15 m²
⑬ Secretaria 11 m²
⑭ Recepção/escadas/café 51 m²
⑮ Vestiário ≈ 9 m²
⑯ Quarto com 2 leitos ≈ 23 m²
⑰ Suíte 23 m²
⑱ Sala dos funcionários 12 m²
⑲ Sala de pac./fumantes 12 m²
⑳ Sala de pacientes 22 m²
㉑ Aparelhos
㉒ Abastecimento 6 m²
㉓ Eliminação de resíduos 5 m²
㉔ Recepção/controle 18 m²
㉕ Diagnóstico e tratamento 18 m²
㉖ Rouparia 5 m²
㉗ Vestiário de funcionários ≈ 11 m²

① Centro médico no Hospital Oskar-Ziethen, Berlim – Lichtenberg

Arq.: Deubzer König Architekten

HOSPITAIS
Generalidades, coordenação de medidas
Projeto arquitetônico
Exemplos
Corredores, portas, escadas e elevadores
Setores funcionais
Ambulatório
Centro médico – exemplo
Diagnóstico e tratamento
Enfermarias
Administração e serviços sociais
Abastecimento e remoção de resíduos
Abastecimento técnico

Saúde

HOSPITAIS
DIAGNÓSTICO E TRATAMENTO

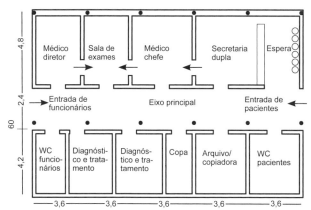

① Unidade clínica com serviços médicos

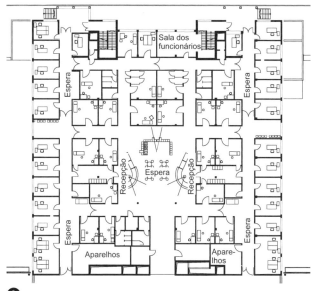

② Clínica médica interdisciplinar — Arq.: Thiede Messthaler Klösges

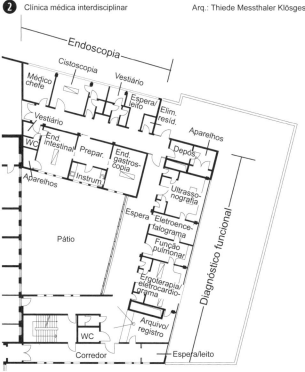

③ Departamento de endoscopia e diagnóstico funcional, Hospital Belzig, 200 leitos
Arq.: Thiede Messthaler Klösges

Atendimento de emergência/pronto-socorro
O setor de emergências deve ser rapidamente acessível seja para pacientes em ambulância (em macas), através de área coberta (altura para passagem de veículos = 3,50 m), ou ambulatoriais, através da entrada principal.

Recomenda-se a instalação do setor na área frontal à entrada principal. Seus equipamentos compõem-se de uma série de salas pequenas de diagnóstico e tratamento (16 m² – 21 m²) com um leito, luminária pequena de operação, armário e lavatório, eventual cabine para o paciente. Além disso, deve-se ter sala de gesso e de primeiros socorros/reanimação.

Adicionalmente pode-se prever sala de intervenções (semelhante a OP). A proximidade da radiografia é necessária.

Os serviços de medicina clínica, cirurgia e anestesia devem ser agrupados de maneira próxima.

Na área de parada das ambulâncias, prever depósito para duas macas e cadeira de rodas.

Clínica médica
Nessa categoria encontram-se todas as salas de direção dos departamentos de serviços especializados/clínicas. O grupo clássico de espaços inclui a sala do médico chefe com secretaria, uma sala do médico diretor e uma de exames/consultório, com zona de espera e WC. Os espaços da clínica médica conformam o centro da zona de ambulatório, no térreo.
– Medicina geral (clínica médica)
  Especializações ocupam diversos departamentos de serviços médicos:
– Oftalmologia
  Sala de tratamento (25 m²) com lâmpada de fenda, que pode ser escurecida; sala para tratamento de estrabismo; tratamento a laser.
– Otorrinolaringologia
  Sala de tratamento (25 m² – 30 m²); pode ser escurecida, com mesa ou cadeira de exame.
– Urologia
  O tratamento urológico relaciona-se com o diagnóstico por radiografia. A sala de atendimento (25 m² – 30 m²) possui uma mesa para exame de endoscopia, equipamentos como irrigador, escoamento da água do piso. Ligação com sala de instrumentos e lavatório.

Diagnóstico funcional
Assume cada vez mais importância na estrutura funcional dos hospitais, em parte devido ao desenvolvimento dos exames nas áreas de cardiologia e tórax, assim como ao aumento de pacientes com problemas cardiológicos, pulmonares e circulatórios.

Todas as salas de exames devem ser acessadas através de cabines para pacientes, eventualmente também salas de preparação (p. ex. para colocação de cateter ou sonda).

Endoscopia
O endoscópio é um instrumento com espelho que, através de luz, permite a observação interna do corpo. É introduzido por aberturas naturais do corpo, porém exige uma anestesia parcial do paciente. Faz-se a diferenciação, entre outras, entre endoscopia gastrointestinal, broncoscopia, laparoscopia e cistoscopia. Os aparelhos são preparados diretamente nas salas de diagnóstico e tratamento, que devem ter ligação imediata com WCs. Área de espera para leitos e salas de repouso (número de salas de endoscopia × 2 = número de leitos) também pertencem a esse departamento.

HOSPITAIS

Generalidades, coordenação de medidas
Projeto arquitetônico
Exemplos
Corredores, portas, escadas e elevadores
Setores funcionais
Ambulatório
Centro médico
– exemplo
Diagnóstico e tratamento
Enfermarias
Administração e serviços sociais
Abastecimento e remoção de resíduos
Abastecimento técnico

Saúde

565

HOSPITAIS
DIAGNÓSTICO E TRATAMENTO

Setor de laboratórios
O laboratório ocupa-se basicamente com o exame de sangue, urina e fezes. Como espaço, deverá ser amplo com lugares para pessoas trabalhando em pé ou sentadas. Laboratórios especiais são instalados em áreas independentes. As áreas de apoio desse setor são sala para permanência dos funcionários, lavatório, sala para eliminação de dejetos, setor de desinfecção e frigorífico. A ligação rápida com outros departamentos ocorre através de sistema de correio pneumático.
O setor de laboratórios pode ser organizado integrando diversos hospitais.

Anatomia, patologia
O setor de anatomia de um hospital inclui recintos de guarda de cadáveres, salas de autópsia, depósito de caixões, câmaras frigoríficas, câmara-ardente, colocação nos caixões, vestiário para os patologistas. Entrada separada para os parentes; conexão de curta distância para os veículos do serviço funerário.
Este setor deve estar próximo do pátio de serviços.

Diagnóstico pelo processo de radiologia
Ao setor de radiologia pertencem as áreas especializadas, que realizam diagnósticos e terapias à base de radiações com processo de ionização, incluindo: radiografia, radioscopia, radioterapia, medicina nuclear. A proximidade do ambulatório e acesso de ambulâncias é importante. Devido ao grande peso dos aparelhos (até ≈14 t), recomenda-se a implantação desse setor no térreo ou no 1º pavimento.
Os diversos recintos destinados a diagnósticos devem localizar-se de forma que o pessoal necessite de pequenos percursos para trânsito de um a outro. É recomendável a construção de um corredor de ligação que, ao mesmo tempo, incorpore as salas para gravação individual dos processamentos, depósitos e eventualmente o recinto com o sistema de interruptores e comando dos aparelhos. O tamanho das salas depende do uso específico. Sonografia, mamografia, radioscopia dos maxilares, necessitam de recintos com ≈15–18 m². Para radiografias e chapas de raios X, ≈20–30 m². O acesso dos pacientes deverá ocorrer através de 2 cabinas/vestiários; uma porta larga (1,25 m) é necessária para passagem das camas. WCs para exames com sonda de estômago e intestinos, assim como para exames com meios de contraste, também estão ligados aos recintos de radioscopia. Salas para angiografia utilizam área de preparação com armários (pias, depósito de medicamentos); gases (narcóticos, oxigênio etc.) devem ser previstos. A sala de tomografia computadorizada (CT) apresenta ≈35 m²; os pacientes têm acesso ao recinto através de barreiras com vestiários. A sala de comando, liga-se à área de processamento por porta e janelas; pode-se ter um espaço adicional para as caixas de interruptores, assim como para revelação dos filmes. As paredes e os tetos são protegidos por camadas de chumbo (p. ex. em paredes de gesso acartonado). A quantidade de chumbo necessária depende dos aparelhos utilizados no recinto e especificidades de fabricação. Neste sentido, é recomendável o trabalho conjunto com os fornecedores de aparelhos radiológicos.

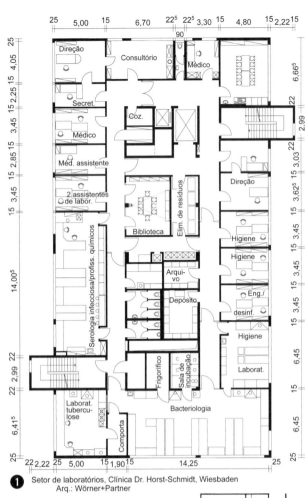

❶ Setor de laboratórios, Clínica Dr. Horst-Schmidt, Wiesbaden
Arq.: Wörner+Partner

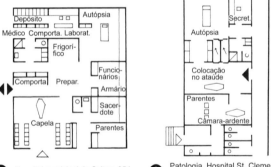

❷ Hospital municipal de Soltau, 354 leitos
Arq.: Poelzig, Biermann

❸ Patologia, Hospital St. Clemens, Geldern, 480 leitos
Arq.: Poelzig, Biermann

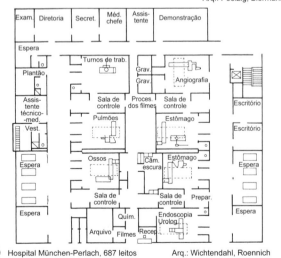

❹ Hospital München-Perlach, 687 leitos   Arq.: Wichtendahl, Roennich

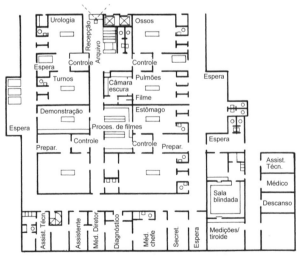

❺ Hospital municipal de Fulda, 732 leitos; centralizado em serviço de diagnóstico e tratamento, junto a diagnóstico funcional e de medicina nuclear
Arq.: Köhler, Kässens

HOSPITAIS

Generalidades, coordenação de medidas
Projeto arquitetônico
Exemplos
Corredores, portas, escadas e elevadores
Setores funcionais
Ambulatório
Centro médico – exemplo
Diagnóstico e tratamento
Enfermarias
Administração e serviços sociais
Abastecimento e remoção de resíduos
Abastecimento técnico

Saúde

HOSPITAIS
DIAGNÓSTICO E TRATAMENTO

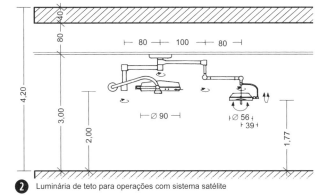

① Luminária com projetores de teto para mesa de operações
② Mesa de operações sobre base fixa
③ Suportes de parede ou teto para tubos flexíveis
④ Aparelhos para narcotizantes
⑤ Suportes de recipientes para aquecimento
⑥ Bomba de aspiração elétrica
⑦ Quadro luminoso para fixação de chapas de raio X
⑧ Mesa de anestesia
⑨ Mesa de instrumentos
⑩ Recipiente para coleta de instrumento utilizado
⑪ Suporte para recipientes sem aquecimento
⑫ Mesa de mat. de sutura
⑬ Tablado para o cirurgião
⑭ Banco giratório para os cirurgiões
⑮ Suporte para guarda de instrumentos
⑯ Suporte de infusões

❶ Disposição interna e equipamentos de uma sala de cirurgia

❷ Luminária de teto para operações com sistema satélite

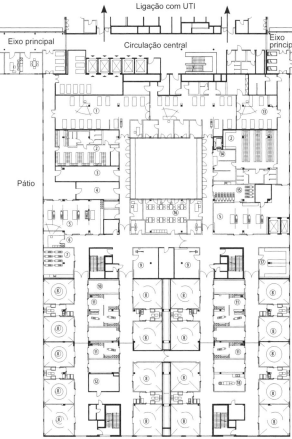

① Recuperação pós-anestésica
② Vestiário de funcionários
③ Comporta/abastecimento
④ Comporta/eliminação de resíduos
⑤ Transferência do paciente/leito
⑥ Direção do departamento
⑦ Mesa de operações/depósito
⑧ Sala de operações
⑨ Aparelhos
⑩ Lavatórios
⑪ Zona de preparação e saída
⑫ Eletr.
⑬ Recuperação pós-anestésica/crianças
⑭ Eliminação de mat. esterilizado
⑮ Mesa de operações/limpeza
⑯ Sala de funcionários
⑰ Laboratório
⑱ Sala de gesso

❸ Setor cirúrgico, Clínica Helios, Berlim – Buch, 1000 leitos
Arq.: Thiede Messthaler Klösges Keitel

Cirurgia
A posição do setor de operações dentro de todo o complexo hospitalar é de grande importância. No projeto, deve-se observar sua proximidade com o setor de terapia intensiva, sala de recuperação pós-anestésica e central de esterilização, tendo em vista o contato estreito entre essas atividades, onde a rapidez de acesso é fundamental.
O departamento cirúrgico localiza-se, de preferência, em posição central e de fácil acessibilidade.

Organização do departamento de cirurgia
Esse setor compõe-se das seguintes salas e zonas:
– Sala de operações, preparação/anestesia, retorno pós-operatório, lavatórios, depósito de material esterilizado. Área total de cerca de 80 m². Recomenda-se que a sala de operações seja quadrada para permitir um trabalho confortável com o giro da mesa de operações em todas as direções (dimensão ≈ 6,50 m x 6,50 m). O pé-direito deverá ser de 3 m, prevendo-se um espaço de 70 cm a 80 cm para passagem das instalações em geral e de ar-condicionado. As salas de operações devem ser equipadas de forma padronizada, permitindo o trabalho interdisciplinar. Como equipamento básico tem-se um sistema portátil e variável de mesa de operações, ancorado em coluna fixa montada no centro da sala.

Circulação
Para reduzir a contaminação através de contato, deve-se separar as diferentes etapas de trabalho. Atualmente, por questões econômicas e espaciais, costuma-se utilizar apenas um sistema de corredores para a circulação de pacientes e pessoal, pré e pós-operação, produtos limpos e contaminados, sem diferenciação dentro do chamado corredor de trabalho. No entanto, o ideal é o uso de sistemas de corredores duplos onde, pacientes e pessoal, assim como pacientes e produtos não esterilizados, são separados. A disposição mais adequada para relacionamento entre as diferentes funções individuais não é fixada claramente, decorrendo daí o tipo variado de soluções existentes. É recomendável a separação entre fluxo de pacientes e setores de trabalho do pessoal de apoio do departamento de OP.
Uma **sala de anestesia e preparação do paciente** só é utilizada em casos especiais. Deve medir 3,80 m x 3,80 m e ser dotada de portas de correr automáticas, elétricas, voltadas para a sala de operações, com largura de 1,40 m, apresentando janela envidraçada para contato visual. Equipamentos: geladeira, pia para despejo de produtos impuros, lavatórios em série, armário para seringas, agulhas e tubos, ligações para aparelhos de narcotizantes, assim como energia elétrica de emergência.
Uma **sala para saída do paciente pós-operação** só é utilizada em casos especiais.
Equipada de forma idêntica à sala de preparação dos pacientes. A porta do corredor de trabalho deverá ser de correr, com largura de 1,25 m. Prever pia para despejo de produtos impuros.
Deve ser previsto um **lavatório** com pelo menos 6 pias, para uso concomitante da equipe de OP, com ligação direta com a sala de operações. A largura mínima do recinto é de 1,80 m. As portas de ligação deverão ser automáticas.
Por sala de operações, deve haver uma sala de produtos esterilizados com dimensões de 10 m² a 15 m², com acesso direto para a sala de OP. Existem sistemas de plantas com organização central, com grande recinto-depósito de produtos esterilizados.
A **sala de aparelhos** (20 m²) deve ser situada próxima à sala de operações.
A **diretoria do centro cirúrgico** deve ser situada em área central com grandes superfícies envidraçadas com visibilidade para o corredor de trabalho. Junto à mesa de trabalho deve haver armários e um quadro de informações para organização das etapas de trabalho.
Sala para ditados/gravações de relatórios com cerca de 6 m², utilizada pelos médicos apenas para os relatórios pós-operatórios.
Sala de material de limpeza de 5 m² deve estar presente em cada departamento de operações, uma vez que este é limpo e desinfetado após cada intervenção. Nas proximidades da comporta para pacientes deve-se ter lugar para leitos limpos, já preparados. Deve haver um leito preparado à disposição por operação.
WCs só podem ser instalados na zona das comportas/barreiras de acesso. Por questões de higiene, devem ser evitados na área de operações.

HOSPITAIS
DIAGNÓSTICO E TRATAMENTO

Diversos recintos necessários de abastecimento e trabalho ligam-se diretamente às salas de operação.

Ao departamento de cirurgia pertencem ainda: barreiras/comportas para os funcionários, preparação dos aparelhos, comportas para coleta de resíduos e abastecimento, depósito para mesas de operação, assim como sala para retorno da anestesia, diretamente próxima à sala de OP. Integradas às comportas/barreiras de acesso para pacientes, encontram-se a sala para troca de leito do paciente, preparação das mesas de operação e seu depósito.

Entre os equipamentos, costuma haver instalações para reposição de energia elétrica, para o caso de queda de fornecimento, permitindo a continuidade e o término da intervenção.

Pacientes sob observação pós-operatória

A **sala de retorno da anestesia** é equipada de forma a receber conjuntamente pacientes de diversas salas de OP, sendo que o número de leitos suficientes é calculado segundo a fórmula: 1,5 × n° de salas de operações. Deve haver uma sala de observação para enfermeiros, permitindo visibilidade sobre todos os leitos. Anexo encontra-se um pequeno recinto para trabalhos com material impuro. Essa sala deve ser concebida como espaço amplo e organizado claramente.

A **sala de preparação de aparelhos de apoio à anestesia** dispõe de um lado "sujo" para material não esterilizado, contaminado, assim como um lado "limpo", de aparelhos preparados. Equipamentos: pias, áreas para depósito, bancadas de trabalho, esterilizadores a vapor. O instrumental das salas de operação é esterilizado exclusivamente em uma central situada fora do departamento de cirurgia.

Sala de gesso com bancada pertence igualmente ao programa do setor de operações, sendo especialmente ligada à especialidade de cirurgia ortopédica.

A **sala de permanência dos funcionários** é dimensionada segundo o tamanho do departamento de operações do hospital. Por equipe de trabalho (médicos, enfermeiros, anestesistas), considera-se um total de 8 pessoas. Os equipamentos da sala de permanência compõem-se de cadeiras/poltronas, armários e uma pia.

Iluminação natural é desejável, mas, em função da distribuição espacial, é difícil de ser realizada.

A divisão da sala de cirurgia em zonas séptica e antisséptica é discutível do ponto de vista médico, mas recomendável sob o aspecto da segurança. Pisos e paredes devem ser contínuos e lisos, além de laváveis.

A **iluminação** da mesa de operação deve ser instalada de modo que o local a ser operado receba incidência luminosa de diferentes posições, que possam ser reguladas. O sistema utilizado com maior frequência é a luminária especial para operações, móvel, presa no teto. Esta constitui-se de luminária fixada a braço móvel, em sua maioria complementada por outra luminária anexa ("satélite") de menor tamanho. Na luminária principal encontra-se um grande número de pequenos projetores, para evitar a formação de sombras contrastadas.

Condicionamento do ar

O sistema de climatização, através de filtros, rarefação e compartimentação do ar, pode levar à diminuição do número de micróbios. A entrada de ar será controlada em quantidade e qualidade adequadas, em centrais de ar-condicionado. É exigida a troca de ar entre 15 a 20 vezes por hora, a fim de atingir determinado grau de descontaminação entre duas operações.

Para a manutenção de uma zona isenta de micróbios dentro das salas de OP, é necessário evitar qualquer entrada de ar sem controle, através de recintos adjacentes. Para isso, deve-se utilizar o fechamento hermético das salas de operação (juntas construtivas na medida do possível com vedação perfeita) e/ou proteção através de pressão do ar (curva de declividade de pressão dos recintos de segurança em direção a outros setores com menores exigências). A DIN 1946 parte 4 determina o sentido das correntes de ar necessárias entre os recintos, dentro do setor de OP, onde a sala de operação apresenta a pressão mais alta, a fim de evitar a entrada de ar da sala de anestesia vizinha. As pressões mais baixas encontram-se nas salas de apoio e anexas. As janelas das salas de OP devem apresentar fechaduras para serem trancadas.

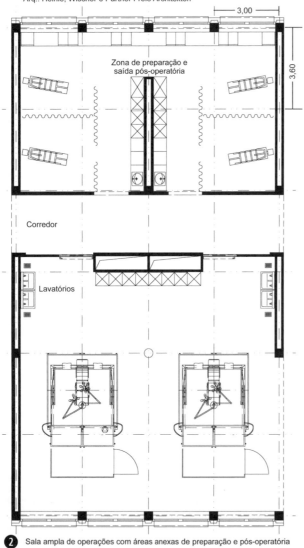

① Departamento cirúrgico (10 salas de operações), 1° pavimento, Clínica municipal Brandenburg an der Havel, ampliação nova – Oeste
Arq.: Heinle, Wischer e Partner Freie Architekten

② Sala ampla de operações com áreas anexas de preparação e pós-operatória

HOSPITAIS
DIAGNÓSTICO E TRATAMENTO

Partos
Junto à função de acompanhamento de partos normais tem-se, nesse departamento, a intervenção em partos com complicações. Uma sala de operações, semelhante a uma sala de cirurgias normais, é indispensável para execução de cesarianas, junto às salas de parto normal. Se não for possível a instalação de uma sala de intervenções desse tipo no setor de obstetrícia, deve-se ter uma ligação direta com o setor de cirurgia geral do hospital. A seção de partos, por sua vez, será ligada às enfermarias de assistência a parturientes e ao berçário. Ao setor de partos pertence ainda a sala para parteiras e de observação (com grande área envidraçada), assim como sala para as contrações (trabalhos de parto). As salas de parto devem ser equipadas com bancada para troca de fraldas, com banheira integrada para o recém-nascido e aquecedor (por radiação). Existem diversos equipamentos para partos especiais, como parto na água. Uma banheira para relaxamento nas proximidades é ideal.
No setor trabalham equipes com área de permanência (pausa) própria; área de trabalho limpa (descontaminada) e suja; recepção; WCs para funcionários e pacientes.

Radioterapia
No setor de radioterapia são tratados os pacientes diagnosticados no departamento de radiologia (p. ex. tumores). Todo recinto de tratamento necessita de uma cabine-vestiário para os pacientes, e cada setor de: uma área própria de recepção e espera, salas de médicos, salas de estar para o pessoal (≈ 12 m^2), sala de controle/comando dos aparelhos, eventualmente arquivo/central de dados, sala de instalações técnicas, processamento de filmes, e depósito para material de limpeza. Para os aparelhos de aceleração linear são necessários espaços adicionais de oficina e no mínimo um laboratório físico.

As **medidas de segurança** são bastante elevadas nos recintos de radioterapia. São válidas no caso: a legislação sobre energia atômica alemã (1976), as regulamentações sobre radiações (1976) e sobre radiologia (1973). Considerem-se ainda as diretrizes contra acidentes pelo uso de material radioativo, desenvolvidas pela DIN EN 60601-1-3, DIN 6812, DIN 6846, DIN 6847, DIN 6834. O coeficiente de proteção necessário da construção, pode ser alcançado pelo uso de paredes maciças de concreto volumosas (p. ex. tipo Baryt) ou pela alternativa de uso de camadas intermediárias de chumbo.

O grande peso próprio dos equipamentos de radiação e as exigências construtivas de proteção determinam a sua localização no térreo ou subsolo. O pé-direito dos recintos de radioterapia deve ser de no mínimo 3 m. A espessura das paredes de concreto na área de tratamento e exames com radiações primárias é de 3 m; no setor de radiações secundárias, 1,50 m, dependendo do tipo de aparelho empregado.

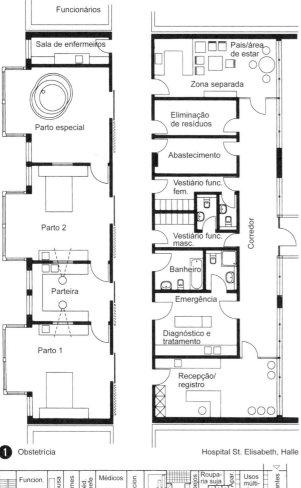

❶ Obstetrícia — Hospital St. Elisabeth, Halle

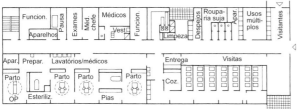

❷ Hospital regional Waldbröl, 448 leitos, banheiro e lavatório diretamente junto a cada 2 locais de parto — Arq.: Karl Monerjan

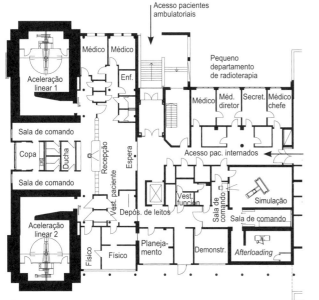

❸ Radioterapia, Hospital Werner-Forßmann, Eberswald, 475 leitos
Arq.: Thiede Messthaler Klösges

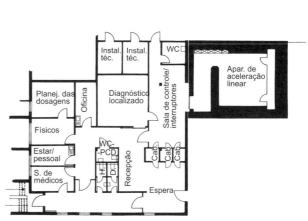

❹ Departamento para aceleração linear — Arq.: U.+A. Weicken

HOSPITAIS

Generalidades, coordenação de medidas
Projeto arquitetônico
Exemplos
Corredores, portas, escadas e elevadores
Setores funcionais
Ambulatório
Centro médico – exemplo
Diagnóstico e tratamento
Enfermarias
Administração e serviços sociais
Abastecimento e remoção de resíduos
Abastecimento técnico

Saúde

569

HOSPITAIS
DIAGNÓSTICO E TRATAMENTO

Fisioterapia

A localização desse departamento poderá ser no subsolo, entretanto deve-se garantir iluminação natural suficiente através de taludes ou poços/pátios.

O departamento de fisioterapia subdivide-se em setor seco e molhado; este compõe-se de tanques para hidroginástica (≈4 m x 6 m), banhos medicinais de água fria e quente, banhos de mãos/pedilúvios, sala de inalações, hidromassagem, assim como áreas de apoio.

Todo o setor deverá estar ligado a centro de recepção.

A separação entre setor seco e molhado deve ser rigorosa.

Como espaços de apoio encontram-se vestiários masculino e feminino, WC para pessoas com deficiência ou necessidades especiais, WC para funcionários e pacientes, sala de descanso, depósito/rouparia, zona de espera, sala de material de limpeza, assim como de instalações técnicas para o setor de hidroterapia. No setor seco localizam-se salas de ginástica (≈40 m² – 50 m²) para terapias de grupo e individuais (≈20 m²), mesas de massagem e terapias de movimentação.

Os pés-direitos deverão ser de no mínimo 3 m.

Outros recintos descentralizados de terapia (p. ex. cirurgia de acidentes, ortopedia) podem ser instalados nas proximidades desse departamento.

① Fisioterapia, 1° subsolo, Hospital Berlim-Spandau; hoje: Clínica Vivantes Berlim-Spandau   Arq.: Heinle, Wischer e Partner Freie Architekten

② Fisioterapia, térreo, Clínica Thüringen, Saalfeld-Rudolstadt   Arq.: Thiede Messthaler Klösges Kasper

③ Fisioterapia, Clínica Helios, Gotha   Arq. WÖRNER+PARTNER

① Sala de uso múltiplo (66 m²)
② Sala dos funcion.
③ Escritório
④ Tratamento
⑤ Ginástica
⑥ Hidroginástica
⑦ Banhos medicinais
⑧ Ergoterapia
⑨ Massagem
⑩ Saguão com elevadores
⑪ Espera
⑫ Cosmética
⑬ Vestiário
⑭ Sala de descanso
⑮ Wellness/Sauna
⑯ Farmácia (132 m²)

HOSPITAIS
Generalidades, coordenação de medidas
Projeto arquitetônico
Exemplos
Corredores, portas, escadas e elevadores
Setores funcionais
Ambulatório
Centro médico – exemplo
Diagnóstico e tratamento
Enfermarias
Administração e serviços sociais
Abastecimento e remoção de resíduos
Abastecimento técnico

Saúde

HOSPITAIS
ENFERMARIAS

O setor de enfermarias é implantado de forma isolada. A circulação de passagem deve ser evitada. Os quartos de pacientes devem ter iluminação natural. Áreas funcionais como de tratamento, unidades de serviços com setor de trabalho limpo e depósito de medicamentos, que não contam como locais de trabalho permanente, podem ter iluminação artificial e serem implantadas em zona central do edifício. Unidades normais de assistência têm de 30 a 36 leitos. Com localização favorável das centrais de serviços (sala de enfermeiros, zona de trabalho limpa etc.), pode-se ter a construção de diversos setores especializados conjuntamente.

Em outros tipos de organização da assistência a pacientes, pode-se ter unidades com até 48 leitos. Os quartos equipados devem permitir movimentação livre e conter número suficiente de armários para os pacientes, além de espaço para os meios de apoio (cadeira de rodas, comadres etc.) e utensílios de enfermagem.

Unidades normais de assistência

As unidades de atendimento geral destinam-se aos pacientes internados, especialmente para enfermidades de curta duração ou agudas, com predominância de períodos curtos de permanência. As unidades de assistência, dependendo da disponibilidade espacial e da estrutura organizativa, podem ser instaladas (com a mesma área) em andares sobrepostos.

As enfermarias são utilizadas cada vez mais de forma interdisciplinar e com mistura do sexo dos pacientes. Por esse motivo, as estações de atendimento devem ser programadas como unidades intercambiáveis; cada uma deverá apresentar uma sala para médico, onde são efetuados pequenos exames.

Interdependência entre os espaços

A partir da central de enfermagem (envidraçada) é preciso ter visibilidade para todo o corredor da estação de assistência, assim como acesso direto aos depósitos de medicamentos e lavatórios. Por motivos de organização funcional, o serviço de atendimento aos pacientes exige a centralização do abastecimento de produtos e coleta de material utilizado, como medicamentos, roupas, lixo e refeições.

Células molhadas

Cada quarto de paciente deverá ter uma célula molhada, com WC, lavatório e eventualmente chuveiro. Muitas vezes são oferecidas cabines com chuveiro em separado. Esses espaços deverão ser adequados ao uso por pessoas com deficiência ou necessidades especiais. As alturas do vaso sanitário e do WC devem levar em conta o acesso por cadeiras de rodas. O assento do WC deve ficar entre 46 e 48 cm para acomodar usuários de cadeiras de rodas.

Cada unidade de assistência deverá ter WCs para uso dos funcionários, visitas e cadeirantes.

① Quarto de paciente/1 leito
② Quarto de pacientes/2 leitos
③ Quarto de paciente/3 leitos com chuveiro; modulação de apoio de 7,80 m
④ Quarto de paciente/3 leitos (padrão)
⑤ Quarto de paciente/3 leitos (exclusivo)

① Área de trabalho suja
② Área de trabalho limpa
③ Prontidão

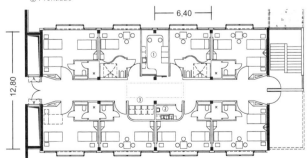

⑥ Planta parcial de unidade de assistência geral, 2º pavimento, Clínica municipal de Brandenburg an der Havel; construção nova/Leste
Arq.: Heinle, Wischer e Partner Freie Architekten

HOSPITAIS

Generalidades, coordenação de medidas
Projeto arquitetônico
Exemplos
Corredores, portas, escadas e elevadores
Setores funcionais
Ambulatório
Centro médico – exemplo
Diagnóstico e tratamento
Enfermarias
Administração e serviços sociais
Abastecimento e remoção de resíduos
Abastecimento técnico

Saúde

HOSPITAIS
MALHA ESTRUTURAL PARA ENFERMARIAS

Malha estrutural 7,20 / 7,80 m
❶ → ❹

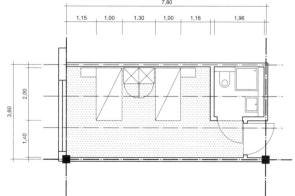

❶ Enfermaria geral (leito de 2,0 m de comprimento), quarto de pacientes com 2 leitos 20,5 m²

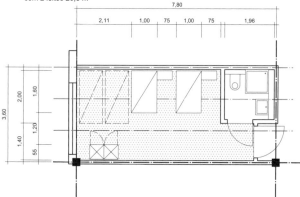

❷ Enfermaria geral (leito de 1,6 m de comprimento, berço), quarto com 2 leitos 20,5 m² e dois leitos de emergência 90/2,00 m (desdobráveis)

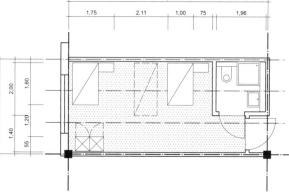

❸ Enfermaria geral (leito de 1,6 m de comprimento, berço), quarto de pacientes com 2 leitos 20,5 m² e um leito de emergência 90/2,00 m (desdobrável)

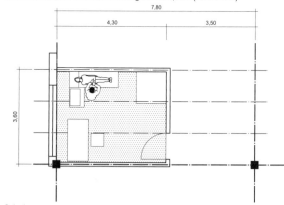

❹ Sala de exame e tratamento com cama para exames (acessível de um lado), escrivaninha, sonoscópio e vestiário com cortina, 14,9 m²

Malha estrutural 7,20 / 7,80 m
❺ → ❽

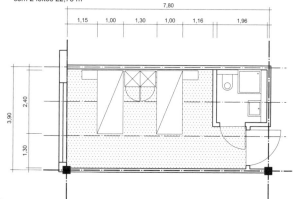

❺ Enfermaria geral (leito de 2,0 m de comprimento), quarto de pacientes com 2 leitos 22,75 m²

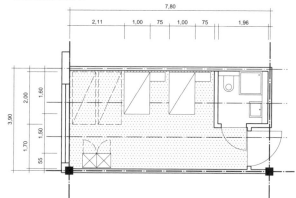

❻ Enfermaria geral (leito de 2,4 m de comprimento), quarto de pacientes com 2 leitos 22,75 m²

❼ Enfermaria geral (leito de 1,6 m de comprimento, berço), quarto de pacientes com 2 leitos 22,75 m² e um leito de emergência 90/2,00 m (desdobrável)

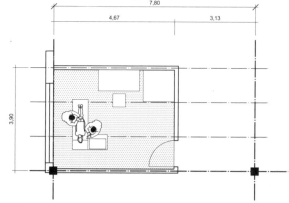

❽ Sala de exame e tratamento com cama para exames (acessível de um lado), escrivaninha, sonoscópio e vestiário com cortina, 17,4 m²

HOSPITAIS

Generalidades, coordenação de medidas
Projeto arquitetônico
Exemplos
Corredores, portas, escadas e elevadores
Setores funcionais
Ambulatório
Centro médico – exemplo
Diagnóstico e tratamento
Enfermarias
Administração e serviços sociais
Abastecimento e remoção de resíduos
Abastecimento técnico

Saúde

HOSPITAIS
ENFERMARIAS

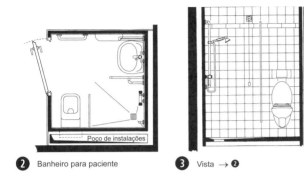

① Corte (3 leitos)

② Banheiro para paciente

③ Vista → ②

Tamanho dos quartos de pacientes

Os leitos dos pacientes devem ser acessíveis em três laterais; em um dos lados, encontra-se uma mesinha de cabeceira. Perto da janela colocam-se uma mesa (90/90 cm), com cadeiras (1 cadeira por paciente). Armário embutido (geralmente na parede limite com o corredor externo) deverá poder ser aberto livremente, sem interferir com o mobiliário do quarto.

O tamanho mínimo de um quarto individual, com 1 leito, é de 16 m², para quartos duplos ou triplos, exigem-se 8 m² por leito (Regulamentação das Construções Hospitalares). A largura do quarto é determinada no sentido de permitir que, os leitos localizados nas extremidades, possam ser empurrados para fora do recinto sem necessidade de movimento do leito posicionado frontalmente (largura mínima de 3,45 m para eixos modulares de 3,60 m).

Equipamentos dos quartos de pacientes

As paredes internas dos quartos deverão ser revestidas com **elementos de proteção** de material sintético ou madeira (com altura de no mín. 40–70 cm acima do nível do piso), contra batidas das camas, mesas de cabeceira ou carrinhos de apoio. O mesmo é válido para os corredores da estação.

Os **armários** devem ser dimensionados com espaço suficiente, prevendo lugar para malas na parte superior e setor interno que possa ser trancado, para guarda de valores.

As **portas dos quartos** apresentam dimensões de 1,26 x 2,13 m, com isolamento acústico (se possível de 32 dB).

Atrás dos **leitos de pacientes** encontra-se o trilho de instalações de onde são fornecidos, através de tomadas especiais, oxigênio, vácuo e ar comprimido. Integrados ao sistema encontram-se ainda tomadas comuns, lâmpada para leitura, telefone, interfone/botão para chamada de enfermeiros e rádio.

① Estar para os pacientes
② Base: médicos/enfermeiros
③ Aparelhos
④ Estar funcionários
⑤ Abastecimento e coleta de material
⑥ Banheiro
⑦ Preparação das camas
⑧ Material de limpeza

④ Enfermaria (337 leitos), 2º pavimento, Clínica municipal Brandenburg an der Havel, construção nova/Leste   Arq.: Heinle, Wischer e Partner Freie Architekten

HOSPITAIS

Generalidades, coordenação de medidas
Projeto arquitetônico
Exemplos
Corredores, portas, escadas e elevadores
Setores funcionais
Ambulatório
Centro médico – exemplo
Diagnóstico e tratamento
Enfermarias
Administração e serviços sociais
Abastecimento e remoção de resíduos
Abastecimento técnico

Saúde

573

HOSPITAIS
ENFERMARIAS

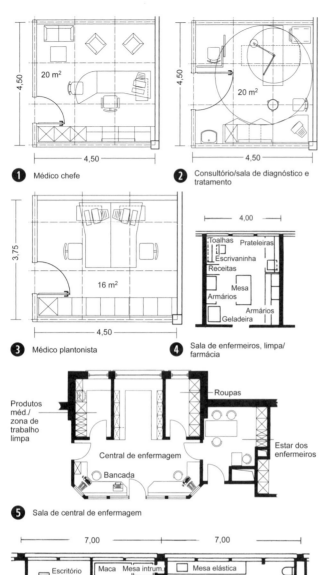

❶ Médico chefe
❷ Consultório/sala de diagnóstico e tratamento
❸ Médico plantonista
❹ Sala de enfermeiros, limpa/farmácia
❺ Sala de central de enfermagem
❻ Conjunto unitário de sala de médicos, sala de tratamento, central de enfermagem e serviços de apoio da enfermaria Arq.: Rosenfield

Sala de trabalho esterilizada/medicamentos
Deverá apresentar cerca de 20 m² e ser equipada com prateleiras fixas ou sistema flexível de unidades modulares, que são fornecidas prontas (preenchidas) pelo depósito central, e armários de farmácia para medicamentos. Também são necessárias geladeiras especiais para conservação de medicamentos e cofres para guardar anestésicos.

Recinto para trabalhos de limpeza e despejos
Se possível, esta sala deve ser acessível ao pessoal sem que seja necessário atravessar corredores. Deve ficar próximo aos quartos dos pacientes na proporção de um recinto desse tipo para cada 8 leitos. Com dimensões de 8 m² a 10 m², devem ser equipados com pia para limpeza e desinfecção (despejo de comadres), lavatório, bancada de trabalho iluminada, armários ou prateleiras para sacos de roupa suja.

Central de enfermagem
Deverá localizar-se em área central em relação à unidade de atendimento, dimensionada com cerca de 25 m² a 30 m². Prever grande área envidraçada voltada para o corredor, para visibilidade, com abertura para contato externo (observar medidas de proteção contra incêndios).

Sala de estar para os funcionários
Com cerca de 16 m² e dotada de instalações próprias de cozinha, inclusive geladeira e eventual bagageiro.
A **copa**, como cozinha da enfermaria, é adequada para aquecimento e preparação de pequenas refeições para pacientes. Os equipamentos dependem da organização da cozinha principal (p. ex. distribuição de refeições em carrinhos).

Médico plantonista
Este deve ter uma sala onde possa examinar os pacientes na unidade de atendimento. A sala deve ser equipada com mesa, prateleiras e cama para exames e ter de 16 m² a 20 m².

Área de estar para os pacientes
Com dimensões de 22 m² a 25 m², serve como ponto de encontro geral dos pacientes. Os equipamentos devem ter caráter de sala de estar. Um aparelho de TV não necessita ser instalado no local, uma vez que cada quarto já é equipado com um. A separação entre área de fumantes e não fumantes deve ser esclarecida com a diretoria do hospital logo no início.

Banheiros para pacientes
Em geral, equipados com banheiras elevatórias, com três laterais livres para acesso. Adoção opcional de chuveiro, especialmente como área separada para pessoa com deficiência. Aqui também deve-se integrar WC adaptado para o uso de pessoa com deficiência ou necessidades especiais.

Sala de instalações técnicas
Toda unidade deverá apresentar uma central de distribuição de corrente de alta tensão, segurança de abastecimento de energia e central de computadores com dimensão de cerca de 8 m².

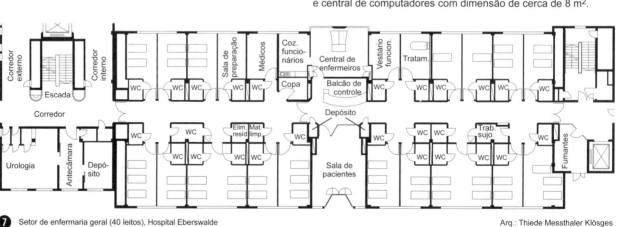

❼ Setor de enfermaria geral (40 leitos), Hospital Eberswalde   Arq.: Thiede Messthaler Klösges

HOSPITAIS
Generalidades, coordenação de medidas
Projeto arquitetônico
Exemplos
Corredores, portas, escadas e elevadores
Setores funcionais
Ambulatório
Centro médico – exemplo
Diagnóstico e tratamento
Enfermarias
Administração e serviços sociais
Abastecimento e remoção de resíduos
Abastecimento técnico

Saúde

HOSPITAIS
ENFERMARIAS

As **unidades de assistência a parturientes e recém-nascidos** abrangem todas as atividades que, após o parto em hospital, são importantes para a reabilitação corporal e médica de ambos, assim como acompanhamento psicológico e social.

A **organização do setor de assistência a parturientes** corresponde ao das enfermarias em geral: assistência básica, tratamento assistencial, acompanhamento da paciente, administração e abastecimento. Para o atendimento centralizado de recém-nascidos, a unidade de assistência localiza-se ao lado ou mesmo dentro do setor destinado às parturientes. A diminuição das possibilidades de infecções é conseguida através da subdivisão do setor em recintos menores ou boxes. Para amamentação, os bebês são trazidos aos quartos das mães, em carrinhos ou carregados no colo, solução esta que visa maior contato entre mãe-criança, o que não acontecia antigamente com as chamadas salas centrais de amamentação. O conceito moderno de colocação da mãe e criança em um só quarto (*rooming in*) evita o problema de transporte do bebê e alivia a sobrecarga de trabalho do pessoal.

Tamanho das unidades de assistência. Em sua maioria são menores que outras unidades funcionais de atendimento normal. Recomenda-se a limitação dos grupos de atendimento em 10 a 14 leitos. Por motivos de higiene, há maiores exigências na assistência a parturientes e recém-nascidos do que em outros setores. Por isso, junto ao sistema normal de controle, deve-se prever barreiras/comportas de acesso para visitantes, com guarda-roupa. A colocação das camas ocorre como nos quartos de pacientes comuns, prevendo maior espaço para as camas/carrinhos de bebês. Os sanitários devem apresentar a combinação de banheira de assento e chuveiro, além de chuveiro normal.

A **unidade de assistência dos recém-nascidos (berçário)** inclui as seguintes **funções**: berços para os bebês, bancadas para troca de fraldas, banho dos recém-nascidos, balança, centro de enfermagem, eventualmente lugar para os carrinhos de transporte. O **setor de apoio** apresenta os seguintes elementos ou recintos: centro de trabalho da enfermeira chefe, área de estar para os enfermeiros, copa, salas de médicos, de exames e tratamento, setor de trabalho esterilizado, banheiro para pacientes, áreas de estar para pacientes e visitas, recintos para depósito (aparelhos, material de limpeza), WC para o pessoal e visitas, armário-rouparia.

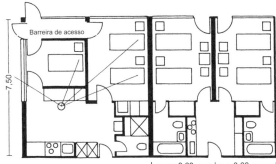

① Estação para crianças prematuras e lactentes, com 27 leitos, em Fulda. Arq.: Köhler, Kässern

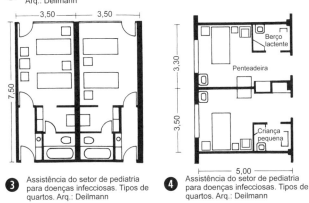

② Assistência do setor de pediatria para doenças infecciosas. Tipos de quartos. Arq.: Deilmann

③ Assistência do setor de pediatria para doenças infecciosas. Tipos de quartos. Arq.: Deilmann

④ Assistência do setor de pediatria para doenças infecciosas. Tipos de quartos. Arq.: Deilmann

⑤ Assistência do setor de pediatria para doenças infecciosas. Tipos de quartos. Arq.: Deilmann

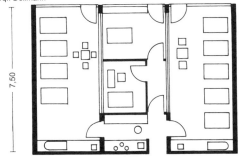

⑥ Setor de assistência a recém-nascidos e tratamento de crianças. Arq.: Mayhew

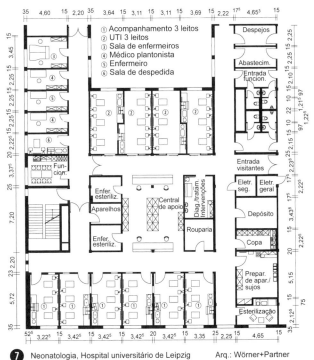

⑦ Neonatologia, Hospital universitário de Leipzig. Arq.: Wörner+Partner

① Acompanhamento 3 leitos
② UTI 3 leitos
③ Sala de enfermeiros
④ Médico plantonista
⑤ Enfermeiro
⑥ Sala de despedida

HOSPITAIS

Generalidades, coordenação de medidas
Projeto arquitetônico
Exemplos
Corredores, portas, escadas e elevadores
Setores funcionais
Ambulatório
Centro médico – exemplo
Diagnóstico e tratamento
Enfermarias
Administração e serviços sociais
Abastecimento e remoção de resíduos
Abastecimento técnico

Saúde

HOSPITAIS
ENFERMARIAS

Terapia intensiva

Nesta unidade serão internados pacientes com distúrbios de alta gravidade das funções vitais do organismo. Uma ligação direta e curta entre acesso externo das ambulâncias e o departamento de OP e serviços de apoio (anestesia) é exigida. A observação permanente do paciente através de médicos e enfermeiros deverá ser considerada no planejamento do setor.

A **organização** da unidade de terapia intensiva orienta-se segundo a relação interdisciplinar dos departamentos de neurocirurgia, cirurgia do tórax-coração, transplantações e neurologia, ou ainda sobre especialidades gerais do setor de cirurgia e medicina clínica. Em hospitais normais, sem especialização de atendimento por ramo da medicina, é usual a divisão da unidade intensiva em setor de cirurgia e tratamento clínico. A unidade de terapia intensiva deve ser separada espacialmente do setor de tratamento comum e acessível através de barreiras/comportas (higiene).

O ponto central da unidade deverá ser uma área (aberta) para os enfermeiros, com visibilidade para todos os recintos.

O número de pacientes da unidade de UTI depende do tamanho do hospital (de 6–36). Para cada unidade, devem ser projetadas uma área de controle dos enfermeiros, uma área de trabalho esterilizada (preparação de medicamentos e infusões) e uma sala de materiais e aparelhos.

Disposição dos leitos. Os leitos podem ser localizados em recintos individuais, em conjunto, abertos, fechados ou em sistemas combinados. Para a disposição aberta, necessita-se de sala com grande superfície. A central de controle de enfermagem deverá proporcionar visibilidade para todos os leitos; a separação ótica entre pacientes é feita por paredes-cortina intermediárias, de meia altura e fácil movimentação. No sistema fechado, os pacientes são colocados em recintos independentes.

Os seguintes espaços também devem ser planejados:
Sala de anestesia, depósito de material esterilizado, sala de trabalho "impura", depósito de material de limpeza, sala de espera para visitas e familiares, sala de plantão dos médicos, sala de documentação, eventualmente sala de reuniões.

Para cada leito, deve-se prever ligação para oxigênio, ar comprimido e vácuo.

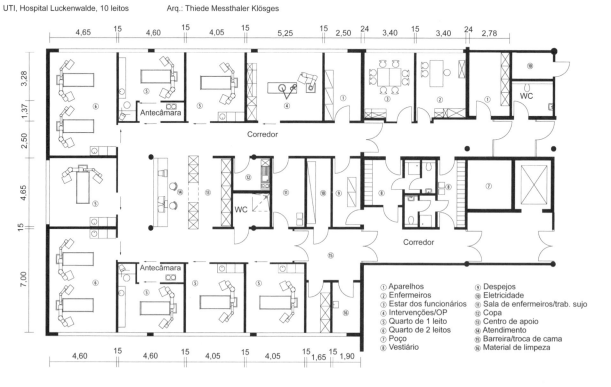

⑤ Unidade de terapia intensiva, Clínica Helios, Gotha — Arq.: Wörner+Partner

HOSPITAIS
ENFERMARIAS

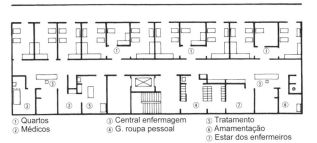

① Quartos ③ Central enfermagem ⑤ Tratamento
② Médicos ④ G. roupa pessoal ⑥ Amamentação
⑦ Estar dos enfermeiros

❶ Unidade de pediatria com 28 leitos; Hospital Municipal de Velbert. Arq.: Krüger, Krüger, Rieger

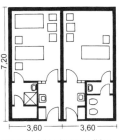

❷ Quarto individual com medidas de alta proteção contra radiações e quarto com 2 leitos, dentro do setor de controle. Arq.: Deilmann

❸ Quarto com 4 leitos com equipamentos para assistência de grupo (pacientes internados com longa permanência). Arq.: Deilmann

❹ Quartos para pacientes com doenças psíquicas leves e para aqueles com necessidade de assistência permanente. Arq.: Deilmann

Setor de lactentes e pediatria
A síntese da maioria de pacientes dentro de clínicas infantis distingue as seguintes categorias: lactentes (35% do total) e prematuros (13%), crianças pequenas e em idade escolar até 14 anos (22%), e com doenças infecciosas em todas as faixas etárias (22%). No alojamento destes diferentes grupos de pacientes é de importância evitar o contato entre eles e outro tipo de pacientes/pessoal de atendimento. As janelas devem apresentar sistema de segurança para as crianças (contra abertura), assim como as instalações de eletricidade e calefação. Salas de aula, brinquedos e ocupação para as crianças deverão ser incluídas no projeto, assim como unidades de isolamento para doenças infecciosas (sarampo, catapora, difteria, escarlatina, tuberculose). As paredes, numa faixa abaixo de 1,50 m, apresentam revestimento lavável; os equipamentos deverão assemelhar-se aos de um jardim de infância, evitando uma atmosfera estéril.

Tratamento de transtornos psiquiátricos
A natureza dos transtornos psiquiátricos exige bastante espaço para salas de pacientes, salas de refeições e salas de terapia ocupacional e em grupo. Se possível, devem-se planejar unidades de assistência pequenas (até 18 pacientes), com distâncias curtas e boas instalações de observação, bem como um ambiente caseiro, a fim de dar aos pacientes uma sensação de segurança. A tendência é de integrar as enfermarias psiquiátricas aos hospitais gerais a fim de evitar o isolamento desses pacientes.

Assistência a pacientes de radioterapia
No planejamento de setores de medicina nuclear, que se destinam ao diagnóstico e à terapia de pacientes (radioterapia), o importante é a observância das recomendações do Regulamento de Proteção Contra Radiações. O tamanho das unidades de assistência corresponde ao das unidades normais; a organização do setor funcional subdivide-se em setor de controle e de observação. Desta forma são separados pacientes que recebem alta dose de radiações dos que recebem tratamento de fraca dosagem, recomendando-se a ocupação, em princípio, de quartos individuais.

❺ Setor de internação do departamento de psiquiatria, Hospital Finsterwalde, 70 leitos   Arq.: Thiede Messthaler Klösges

HOSPITAIS

Generalidades, coordenação de medidas
Projeto arquitetônico
Exemplos
Corredores, portas, escadas e elevadores
Setores funcionais
Ambulatório
Centro médico – exemplo
Diagnóstico e tratamento
Enfermarias
Administração e serviços sociais
Abastecimento e remoção de resíduos
Abastecimento técnico

Saúde

577

HOSPITAIS
ENFERMARIAS

Clínicas de atendimento diurno

Seguindo as novas tendências determinadas pelas reformas no setor de saúde, algumas áreas de atendimento dos hospitais (p. ex., radiologia) foram delegadas, em sistema de trabalho conjunto, a clínicas privadas, com serviço de ambulatório. Estas clínicas especiais destinam-se ao serviço de atendimento de pacientes apenas durante o dia, sem internamento. Até as operações em ambulatório são executadas desta maneira. No caso das instalações serem anexas ao hospital comum, necessitam de acesso em separado. A recepção e sala de espera deverão ser projetadas com alta qualidade espacial (categoria de consultório médico privado), libertando-se do "caráter hospitalar".

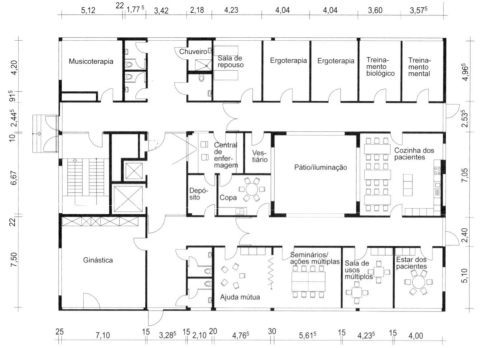

❶ 1º pavimento → ❷

❷ Térreo, clínica psiquiátrica de atendimento diurno, Clínica Dr. Horst-Schmidt, Wiesbaden

Arq.: Wörner+Partner

HOSPITAIS
Generalidades, coordenação de medidas
Projeto arquitetônico
Exemplos
Corredores, portas, escadas e elevadores
Setores funcionais
Ambulatório
Centro médico – exemplo
Diagnóstico e tratamento
Enfermarias
Administração e serviços sociais
Abastecimento e remoção de resíduos
Abastecimento técnico

Saúde

HOSPITAIS
ADMINISTRAÇÃO E SERVIÇOS SOCIAIS

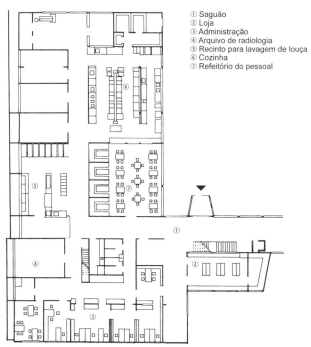

① Saguão
② Loja
③ Administração
④ Arquivo de radiologia
⑤ Recinto para lavagem de louça
⑥ Cozinha
⑦ Refeitório do pessoal

❶ Hospital comunitário Herdecke/Ruhr, 192 leitos; saguão com setor administrativo Arq.: Bockenmühl

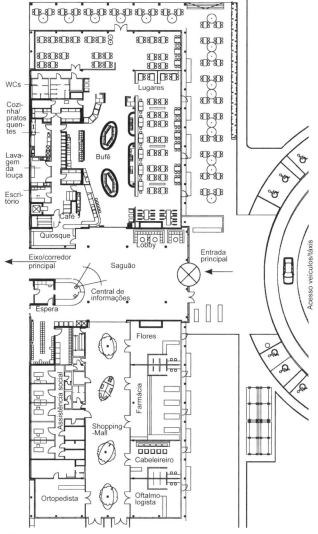

❷ Entrada e café, Clínica Helios, Berlim-Buch   Arq.: Thiede Messthaler Klösges

Direção e administração
Os espaços destinados à administração diferenciam-se entre ligados aos pacientes e outros.
Salas para recepção e registro de pacientes e circulação de familiares devem ser previstas nas proximidades da entrada principal. Áreas destinadas a serviços internos: escritório do diretor administrativo, com secretaria, contabilidade e departamento pessoal. Aqui são necessárias salas de reunião e conferências. Em hospitais maiores também trabalham na administração psicólogos e assistentes sociais. A racionalização cada vez maior das atividades administrativas, com uso de dados eletrônicos, deve ser prevista no projeto. Prever instalações, passagem de cabos no piso; escritório central com sistema de correio pneumático.

Arquivo
A curta ligação entre arquivo e unidades funcionais é recomendável, porém difícil de ser realizada; de maneira geral opta-se por localização em subsolo, com conexão através de escadas.
Deve-se diferenciar entre arquivos e depósitos para documentos, livros, filmes, material administrativo e do departamento de radiologia, entre outros. Para redução da superfície ocupada, com mesma capacidade de depósito, recomenda-se o uso de estantes móveis sobre rodas. A capacidade de carga elevada (até 1.000 kg/m^2) por estante deve ser considerada no início do projeto. O prazo de guarda de material sobre pacientes é de 30 anos.

Biblioteca
As bibliotecas especializadas devem ser projetadas com acesso livre, sem acervo fechado e entrega de livros por encomenda. Grande parte do acervo é composta por revistas. É importante a previsão de número suficiente de mesas de leitura, com boa iluminação. Em hospitais, faz-se a diferenciação entre biblioteca para pacientes e especializada no setor médico. Em função do uso cada vez maior de meios eletrônicos (internet), sua importância tem diminuído consideravelmente.

Organização do setor de serviços públicos
Entrada principal
Para pacientes e trânsito de visitas normais, com uso de táxis, deve-se ter uma entrada principal claramente identificável, com acesso para veículos e estacionamento para pessoas com deficiência. Devem-se evitar acessos especiais. O saguão de entrada funciona dentro do princípio de livre acesso, também como área de espera para visitas, devendo ser tratado espacialmente como um moderno saguão de hotel. A partir do saguão efetua-se a separação dos trajetos das visitas, pacientes ambulatoriais, pacientes internados e circulação de serviços e administração.

As dimensões do saguão dependem da capacidade (número de leitos) do hospital. Recepção e central telefônica podem ser combinadas com correio. Outros equipamentos da área de acesso: cabines telefônicas, quiosque para doces, flores, material de escritório etc. Na entrada, deve haver uma cafeteria para pacientes e visitantes, com oferta de pratos frios e quentes e funcionamento durante todo o dia. Observar as questões de depósito e presença de espaços destinados aos funcionários.

Assistência religiosa e social
Deve-se prever a construção de uma capela ou espaço religioso semelhante, sem diferenciação de confissão. À capela, juntam-se a área para o padre/pastor, sacristia e espaços de apoio. A essa área funcional pertencem ainda o escritório para os sacerdotes e assistentes sociais.

HOSPITAIS

Generalidades, coordenação de medidas
Projeto arquitetônico
Exemplos
Corredores, portas, escadas e elevadores
Setores funcionais
Ambulatório
Centro médico – exemplo
Diagnóstico e tratamento
Enfermarias
Administração e serviços sociais
Abastecimento e remoção de resíduos
Abastecimento técnico

Saúde

579

HOSPITAIS
ABASTECIMENTO E REMOÇÃO DE RESÍDUOS

Setor de abastecimento
O abastecimento do setor de serviços e técnico encontra-se centralizado em edifício separado ou em pavimento neutro (subsolo) de abastecimento e coleta de resíduos, sob o edifício principal. É importante a construção de acesso independente do pátio de serviços separado da entrada principal e de ambulâncias. A localização ideal do setor é voltada para a face não insolada; as circulações interna e externa devem ser projetadas de tal forma que não haja interferências e cruzamentos com a circulação de setores de enfermaria e de tratamento. Durante o projeto é importante considerar que esse setor é centro de produção de ruídos e cheiros desagradáveis (coleta de lixo em contêineres, restos do setor da cozinha etc.) A tendência é a centralização das instalações de abastecimento em geral e coleta de lixo, assim como o uso de serviços externos de fornecimento para determinadas áreas funcionais, como cozinha.

Material esterilizado
A central de esterilização, onde é preparado principalmente o material pertencente ao departamento de cirurgia, deve ser situada em sua proximidade. A subesterilização feita no departamento de OP não é mais utilizada. Ela é incorporada ao fluxo geral de esterilização que abrange recolhimento do material, limpeza prévia, máquina de lavar automática, esterilizadores, zona de embalagem e depósito de material esterilizado, onde é guardado todo o instrumental do hospital. As porcentagens de material ficam entre 40% para o setor de cirurgia e 15% para cada um dos setores de UTI e clínica geral. O número de esterilizadores depende do tamanho do hospital e do setor de cirurgia. A dimensão varia de 40 m^2 a 120 m^2.

Setor de farmácia
Em hospitais de médio e grande porte a farmácia funciona como depósito de produtos farmacêuticos prontos ou elaborados segundo receitas, além de centro de análises, sob chefia de farmacêutico experimentado. No projeto são exigidos os seguintes espaços fundamentais: oficina, sala de material, sala de medicamentos, laboratório e eventualmente balcão de distribuição. Em determinados casos pode ainda apresentar sala de ervas e bandagens, balão para destilação, assim como dormitório anexo para plantão noturno. As oficinas e os laboratórios são equipados com mesa para receitas, bancada de trabalho e pias; as outras instalações assemelham-se às do dispensário. A localização da farmácia deve estar em ligação direta com elevadores, correio pneumático etc. As paredes, os tetos e as portas necessitam de construção segundo normas de segurança, tendo em vista o depósito e trabalho na área com líquidos e ácidos inflamáveis/tóxicos e gases narcotizantes explosivos.

Dispensário
Em hospitais sem farmácia completa, ocorre a distribuição de medicamentos com receita por meio do dispensário. Este compõe-se de sala de trabalho e entrega de material, com acesso direto ao corredor principal. Seus equipamentos são escrivaninha, lavatório, pia, área para balança e armários com fecho. Em anexo, encontram-se depósito especial seco, uma câmara frigorífica para produtos sensíveis, assim como sala para bandagens e depósito úmido, segundo exigências construtivas de proteção contra incêndios.

Preparação dos leitos de pacientes
Em geral, a preparação dos leitos e colchões usados ocorre hoje com sprays desinfetantes, diretamente nas enfermarias ou nas unidades de atendimento, eventualmente até no quarto dos pacientes. A movimentação constante das camas através do hospital e os problemas de umidade e mecânicos decorrentes dos sistemas antigos de manutenção em centrais foram assim eliminados. Entretanto, a desinfecção separada de colchões pode ser feita de forma centralizada no subsolo, eventualmente em combinação com oficina de reparos das camas

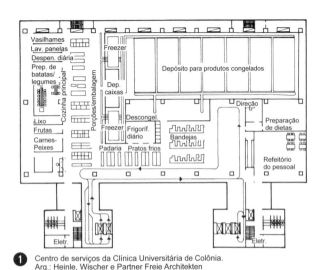

❶ Centro de serviços da Clínica Universitária de Colônia. Arq.: Heinle, Wischer e Partner Freie Architekten

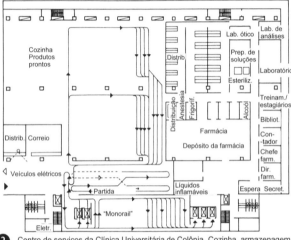

❷ Centro de serviços da Clínica Universitária de Colônia. Cozinha, armazenagem de produtos prontos. Arq.: Heinle, Wischer und Partner Freie Architekten

❸ Farmácia de um hospital médio, com 500–600 leitos. Térreo   **❹** Subsolo → ❸

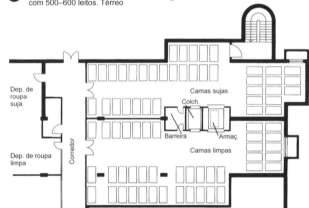

❺ Central de leitos do Hospital St. Elisabeth, em Halle.   Arq.: U.+A. Weicken

580

HOSPITAIS
ABASTECIMENTO E REMOÇÃO DE RESÍDUOS

Fornecimento de refeições

A alimentação dos pacientes é bastante exigente do ponto de vista da preparação, atendendo com frequência a diferenciadas necessidades no que diz respeito à sua composição (proteínas, gorduras, carboidratos, vitaminas, minerais e celulose, além de aromatizantes). Em sua maioria encontram-se sistemas de fornecimento racionalizado, centrados nas fases individuais convencionais de preparo (preparação, confecção, transporte, distribuição). O preparo das refeições subdivide-se em cardápio normal e para dieta. Após a preparação, colocam-se as porções sobre esteiras rolantes; as bandejas prontas são distribuídas às estações de pacientes em carros de transporte. O mesmo acontece em sentido inverso, com recolhimento das bandejas e transporte do material usado até a central de lavagem (para louça, talheres e carros).

O pessoal encarregado da assistência aos pacientes corresponde a ≈40% do total de empregados. O refeitório dos funcionários deve estar em contato com a cozinha central.

A posição da **cozinha** no nível do setor de abastecimento garante a fluidez do trabalho com fornecimento, depósito, preparação e confecção das refeições e distribuição. No caso da utilização de produtos congelados, há mudança funcional e de equipamentos da cozinha. O pé-direito da cozinha deve ser de 4 m e suas dimensões dependem das exigências e do número de pacientes do hospital. No geral, deve-se projetar em anexo uma cozinha especial para dietas (mín. 60 m^2) com escritório para o chefe da cozinha, área de preparação de legumes (30 m^2) e lixeira (5 m^2). Em sequência, encontram-se ainda despensa diária (8 m^2), frigorífico com seções para carnes, peixes e laticínios (cada qual com 8 m^2), antecâmara do frigorífico (10 m^2) com freezer e agregados.

O **recebimento de mercadorias** deverá comunicar-se com área suficiente de depósito (15 m^2–20 m^2) diretamente ligada ao depósito principal de frutas e legumes (20 m^2), produtos secos (20 m^2) e conservas. Prever ainda vestiário próprio e área social para o pessoal da cozinha.

A **centralização da lavagem** da cozinha principal é organizada em uma ou mais áreas para lavagem da louça (≈30 m^2). Prever ainda superfícies suficientes para carrinhos de transporte limpos e sujos. Novas formas de cozinhas industrializadas permitem o fornecimento de refeições para diversos hospitais a partir de uma central.

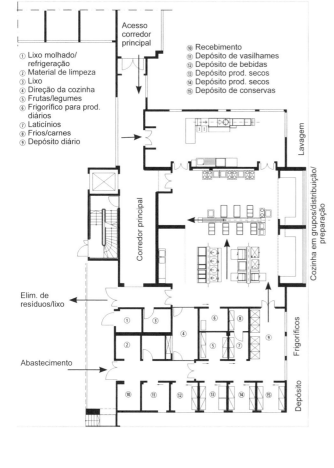

① Lixo molhado/refrigeração
② Material de limpeza
③ Lixo
④ Direção da cozinha
⑤ Frutas/legumes
⑥ Frigorífico para prod. diários
⑦ Laticínios
⑧ Frios/carnes
⑨ Depósito diário
⑩ Recebimento
⑪ Depósito de vasilhames
⑫ Depósito de bebidas
⑬ Depósito prod. secos
⑭ Depósito prod. secos
⑮ Depósito de conservas

❶ Cozinha com pátio de serviços, Hospital Luckenwalde — Arq.: Thiede Messthaler Klösges

① Frigorífico (prod. de uso diário)
② Depósito diário
③ Chefe da cozinha
④ Cozinha de pratos frios
⑤ Cozinha principal
⑥ Refeições prontas
⑦ Elevador
⑧ Setor de entrada
⑨ Carros de transporte
⑩ Louças e talheres
⑪ Lavagem de panelas
⑫ Louça suja
⑬ Lavagem da louça
⑭ Devolução

❷ Edifício destinado à cozinha: térreo.   Arq.: U.+A. Weicken

① Cozinha de pratos frios/saladas
② Preparação de vegetais
③ Frigorífico para vegetais
④ Frigorífico para carnes
⑤ Laticínios
⑥ Frigorífico
⑦ Despensa – prod. diários
⑧ Recepção de mercadorias
⑨ Freezer
⑩ Despensa
⑪ Depósito de prod. secos e conservas
⑫ Detergentes
⑬ Escritório

❸ Pavimento inferior → ❷

HOSPITAIS
ABASTECIMENTO E REMOÇÃO DE RESÍDUOS

Fornecimento de roupas
O abastecimento de roupa limpa e recolhimento da usada é executado normalmente por firmas externas. Dentro do hospital deve-se prever áreas de depósito para roupa suja e limpa (cada qual com 30 m²), na zona do pátio de serviços.

Sistemas de depósito
Diferenciações: sistema de estrados/palletes, estantes, sistemas especiais. Todos os espaços de depósito deverão ser centralizados no setor do pátio de serviços e ter construção resistente. É necessária uma sala para organização logística, a partir da qual serão controladas as entradas e saídas de produtos do hospital, além da otimização da distribuição e depósito dos materiais. Importante: por motivos higiênicos, os produtos limpos e impuros devem ser separados. Sistemas de transporte automáticos só são recomendáveis economicamente para hospitais de grande porte (a partir de 400 leitos).

Oficinas
Ligadas ao pátio de serviços encontram-se oficinas de serralheria, marcenaria e eletrotécnica, sala de material médico-técnico com depósito, estante com peças para troca, depósito geral e área para veículos/meios de transporte.

Meios de transporte internos
Com frequência, há estantes móveis e meios de transporte para a distribuição de material que, dependendo do setor, servem também para a sua guarda.
Para o envio de produtos pequenos (medicamentos, cartas/bilhetes) deve-se ter correio pneumático. O tamanho do setor de transportes depende do porte do hospital; a quantidade de material a ser fornecido ou eliminado por leito é de 30 a 35 kg/dia. Elevadores especiais devem ser previstos para instrumentos e objetos de grandes dimensões (camas, aparelhos respiratórios, aparelhos cardíacos e pulmonares). Para o transporte de produtos de volume médio (comida, roupa, lixo, material usado) pode-se ter a formação de grupos separados de elevadores.

Pátio de serviços
No projeto é necessário observar, junto às áreas para manobras e estacionamento dos caminhões, também diferentes depósitos de lixo, separados por tipo (de cozinha/orgânico, especial, vidro, papel, líquidos de laboratório etc.), assim como geradores de energia elétrica de emergência, sistema de sprinklers, central de fornecimento de oxigênio e ar comprimido, além de outros recintos de apoio. Devido à sua localização em área em subsolo, a circulação para o pátio de serviços dá-se, quase sempre, através de rampa (declividade menor que 15%!). Dimensão mínima de um pátio de serviços: 30 m x 30 m.

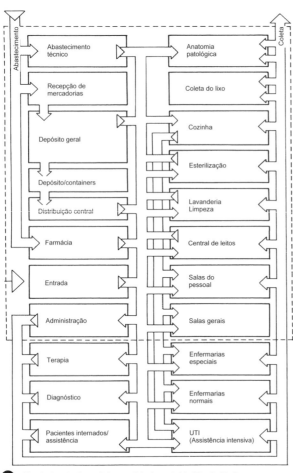

① Abastecimento de produtos e coleta de material utilizado (lixo) – inter-relacionamento dos percursos

① Vidro
② Plástico
③ Metal
④ Lixo de grandes dimensões
⑤ Papel
⑥ Lixo doméstico
⑦ Transformador
⑧ Calefação, ventilação, sanitários
⑨ Depósito de roupas (56,2 m²)
⑩ Rouparia/depósito, limpa (162,6 m²)
⑪ Superfície de depósito/suja
⑫ Diretoria (27,1 m²)
⑬ Escritório (24,3 m²)
⑭ Instalações para desinfecção
⑮ Lixo especial
⑯ Separação de lixo (sistema dual)

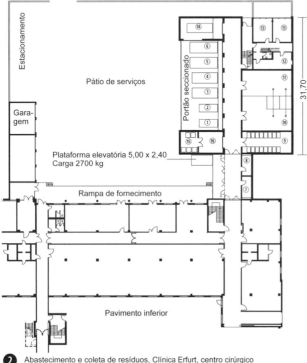

② Abastecimento e coleta de resíduos, Clínica Erfurt, centro cirúrgico
Rossmann+Partner Arquitetos

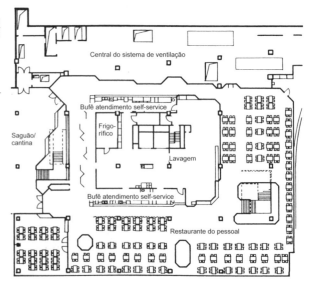

③ Restaurante do pessoal: Hospital Cantonal de Basiléia; para 150 empregados.
Arq.: Suter&Suter

HOSPITAIS
ABASTECIMENTO TÉCNICO

As centrais de instalações técnicas devem corresponder às exigências de proteção contra incêndios e segurança técnica enunciadas no código de obras, às relações construtivas do edifício, assim como aos determinantes da legislação regulamentadora dos locais de trabalho. Através do funcionamento das instalações técnicas centralizadas não deverá haver influência nem ao meio ambiente, nem ao edifício, através de propagação de ruídos e tremores, além de prejuízos do ponto de vista higiênico.

Desenvolvimento técnico, exigências de temperatura
A temperatura ambiente em centrais técnicas não deve ser mais baixa do que 5°C (perigo de congelamento!) e não ultrapassar 40°C (equipamentos eletrotécnicos). Através de medidas técnicas adequadas é possível garantir a temperatura correta. Deve-se evitar elevado grau de umidade do ar e do ambiente. As centrais técnicas devem ter uma torneira com mangueira, além de apresentar ralo de escoamento da água.
A publicação de segurança da UE dá as diretrizes a serem seguidas no caso de avarias quanto aos meios e instrumentos de trabalho. As instalações elétricas devem ser instaladas segundo VDEO100 Parte 737.
As centrais técnicas devem apresentar uma tomada (230 V, 16 A) e uma ligação de corrente trifásica (400 V), planejadas individualmente. A intensidade da luz secundária deverá ser de 100 lux; na zona de quadros de comando, instrumentos de medidas e reguladores, 200 lux.

Exigências quanto a poços e calhas para passagem de dutos
Poços servem para a passagem vertical e calhas para a passagem horizontal de dutos. Para edifícios normais, com exceção apenas para edifícios baixos, deve-se seguir as diretrizes do código de obras para construção de poços e calhas para passagem de instalações no sentido de observação dos setores de proteção contra incêndios (pontes de passagem evitam a propagação de fogo e fumaça em escadas, atingindo assim outros pavimentos). No caso, os materiais devem atender o grau de resistência ao fogo desejado (L30, L60 ou L90). Ligações em forma de câmaras, entre as diversas zonas funcionais, devem ser evitadas. O somatório de canais e calhas de tubos e cabos, relativos à profundidade da edificação, deve ser constante.
Do ponto de vista construtivo, não devem assumir caráter estrutural (influência na rigidez do conjunto). Neste sentido, só há permissão para poços e canais principais. Poços que permitem tráfego incluem-se à área de circulação.

Forros
O espaço entre laje e forro não deve ser utilizado para ventilação. A distância entre canto inferior da laje e superior do forro depende do grau das instalações (dutos de ar e água, passagem de cabos elétricos, luminárias, unidade de tratamento de ar, elementos de ventilação, sprinklers); geralmente apresenta 400 mm e, em casos excepcionais, pode-se reduzir esse distanciamento.

Central de abastecimento de gases
O abastecimento das tubulações de oxigênio é feito através de recipientes especiais, em baterias de funcionamento e reserva, com sistema de controle automático. Evitando-se longos percursos de transporte, é recomendável uma ligação direta com o pátio de serviços (entrega e recolhimento das garrafas). O depósito das garrafas poderá ser em conjunto com estações de bombeamento (vácuo, nitrogênio, ar comprimido), permitindo um complexo centralizado de tubulações (eventualmente controlado por computadores). As garrafas são hoje cada vez mais substituídas por "gaseificadores frios", que necessitam ficar ao ar livre, no mín. a 5 m de distância do edifício.

Calefação, ventilação, sanitários e fornecimento de gás
Recintos de instalações técnicas, poços e áreas de instalações
Um funcionamento otimizado do ponto de vista energético e higiênico é garantido pela observação, desde o início do projeto, das relações entre instalações técnicas e elementos construtivos e funcionais da edificação. Em princípio, a escolha das dimensões e localização das centrais técnicas depende das seguintes exigências:
a) otimização das distâncias (percursos curtos)
b) uso de elementos construtivos segundo princípios energéticos
c) observação de exigências de higiene e possibilidades de limpeza
d) existência de áreas de manutenção e consertos nas centrais técnicas

Exigências construtivas
Necessidade espacial para ventilação (instalações técnicas para ventilação).
A área e o volume, para o número e tamanho dos aparelhos, são determinados através de:
a) volume do fluxo de ar
b) número de etapas de preparação termodinâmica
c) elementos embutidos
d) situação da ligação com a rede de canais

A altura mínima da central técnica é de 3 m, para um funcionamento normal; 4 m a 4,5 m podem ser necessários, dependendo do número de unidades funcionais. O cálculo da área é feito segundo exigências individuais e deve ser realizado por um técnico especializado. Dados gerais de referência na escolha da categoria dos aparelhos de ventilação é dependente do fluxo de ar/volume, com uma velocidade de 2 m/s. A estimativa do total a ser construído resulta da soma dos comprimentos individuais de cada elemento construtivo necessário, considerando sua função termodinâmica, assim como fluxo de entrada e saída, além da área de manutenção.

Central de água gelada
Nas centrais de água gelada encontram-se refrigeradores, equalizadores de pressão, distribuidores e coletores de água fria e de resfriamento, bombas principais, assim como equipamentos regulares para instalação dos aparelhos.
A necessidade espacial, inclusive o recinto de manutenção, depende do tipo do refrigerador e sua capacidade. A altura do recinto será de 3 m e depende também da capacidade dos aparelhos.

Resfriadores de água
A área e o volume necessários para instalação de resfriadores são determinados pela capacidade exigida, o tipo de resfriamento, a forma de entrada e saída de ar, da instalação dos aparelhos, e da proteção acústica. Na escolha da altura do recinto, assim como da área, deve-se observar: relação dos lados, forma de funcionamento, manutenção e reparos, carga sobre a área, dutos de abastecimento e coleta. No posicionamento dos aparelhos deve-se observar especialmente o problema das emissões sonoras e a formação de névoa/vapor. A eficiência dos resfriadores depende do tipo de produção de resfriamento e sua capacidade.

Equipamentos em geral da central técnica
As centrais técnicas devem, de preferência, ligar-se diretamente ao setor de abastecimento. Sua posição deverá favorecer o fornecimento de material e sua coleta (lixo), em pequena distância com o setor de comunicações do hospital.

HOSPITAIS

Generalidades, coordenação de medidas
Projeto arquitetônico
Exemplos
Corredores, portas, escadas e elevadores
Setores funcionais
Ambulatório
Centro médico – exemplo
Diagnóstico e tratamento
Enfermarias
Administração e serviços sociais
Abastecimento e remoção de resíduos
Abastecimento técnico

Saúde

583

HOSPITAIS
ABASTECIMENTO TÉCNICO

Tecnologia da informação/processamento de dados

Os telefones móveis (celulares) instalados em sistema DECT (*Digital Enhanced Cordless Telecommunication*), junto com eficiente sistema de centralização de dados eletrônicos, substituíram o clássico sistema de contato pessoal, configurando um segundo caminho de comunicação. Cada quarto de paciente é servido por instalações controladas de iluminação, ligações de antenas para TV, assim como para aparelhos ao lado dos leitos e ligação para telefone e uso de internet.

Os sinais de TV são recebidos através de sistema centralizado a cabo ou via satélite. Os chamados de emergência dos pacientes são captados na central de enfermagem através de sistema luminoso. A priorização dos chamados classifica-se em:
– chamado do paciente
– chamado a partir do WC
– emergência
– reanimação etc.

Tem-se também no sistema, o encaminhamento do chamado com informações detalhadas para a recepção móvel DECT dos enfermeiros. Sistema de proteção contra incêndios, automático ou manual, com equipamento de segurança – sistema de loop – assim como "instalação eletroacústica", com rede autárquica e manutenção da qualidade funcional, são partes fundamentais do reconhecimento imediato de perigo de incêndio e concepção do sistema de alarme.

A circulação de abastecimento, assim como acessos para o estacionamento, são controlados através de cancelas, acionadas manualmente pelo porteiro ou automaticamente, com sistema de identificação.

Para o controle visual de setores de entrada, acessos, assim como de zonas especiais, usa-se câmaras móveis, cujas imagens são transmitidas para centrais de observação, com monitores.

As unidades de funcionamento dos componentes de tecnologia da informação, como mediação das chamadas telefônicas, funcionamento das câmaras, controle da central de dados para o sistema de informações dentro do hospital, controle do sistema de informações/dados dos pacientes, controle dos elevadores etc. são instaladas na portaria, na entrada, no caso de equipamentos pequenos.

Em grandes projetos são, entretanto, instalados em uma estação central. Aqui os problemas são analisados e são tomadas medidas de manutenção.

As exigências de compatibilização e atualização do sistema de todos os dados clínicos e de pacientes são realizadas por complexa solução de aplicativos. Ativos componentes da rede, no recinto da central de dados eletrônicos, assim como nas centrais de dados localizadas em cada andar, conformam uma base geral de funcionalidade para cada aplicação (uso) individual do sistema.

Locais de trabalho fixos com computador (PC) nos setores funcionais e de enfermaria, assim como estações móveis de dados, são integrados na rede geral, servindo de apoio aos funcionários/enfermeiros. A segurança do sistema contra ataques externos é feita com a instalação de sistema firewall, permanentemente atualizado.

Outros componentes fundamentais no sistema de comunicação hospitalar são a integração de voz (VoIP – Voice over IP), assim como consolidação de sistemas de armazenamento (SAN) de todos os dados eletrônicos e médicos.

Especialmente o setor de radiologia, com presença marcante de imagens (propagação e trabalho de imagens), requer grande eficiência do sistema de dados eletrônicos. É fundamental a consulta de engenheiros especialistas para essa fase.

Eletrotécnica/instalações de alta voltagem

O abastecimento geral de energia elétrica é feito pela rede pública em média tensão (10 kV–20 kV). Na central de eletricidade do hospital ocorre a transmissão, mudança da voltagem para o nível de baixa tensão (400 V), assim como a distribuição da energia dentro do edifício. Interruptores e transformadores devem ser instalados em cada espaço funcional, levando em consideração as diretrizes do decreto de regulamentação das instalações elétricas na construção e da DIN VDE. Em clínicas de grande porte, além das centrais elétricas, deve-se prever diversas estações de apoio. O dimensionamento das instalações e recintos depende do tamanho do hospital e sua necessidade de energia. A localização da central elétrica recomendada é, na medida do possível, centralizada na edificação. Além disso, é importante um acesso direto e plano, assim como ventilação suficiente. Devido a possíveis problemas com enchentes, deve-se evitar um posicionamento em subsolo.

Os hospitais devem ser servidos por sistema de emergência de abastecimento de energia elétrica, que garanta o fornecimento em caso de problemas com a rede pública. Em geral, utilizam-se geradores movidos a diesel, com motor e alternador. Esse equipamento é instalado em recinto próprio; entrada e saída de ar devem ser planejados; saída de gases sobre o telhado (chaminés).

Para o departamento de OP são necessárias baterias recarregáveis adicionais instaladas igualmente em recinto independente.

A partir da central elétrica ocorre a distribuição estelar, em sistemas separados, da energia elétrica geral e de segurança, dentro do hospital. Dependendo do tipo de edifício e sua estrutura, ou das distâncias, tem-se a redistribuição, para cada nível, diretamente a partir da central ou através de centrais de distribuição. A posição e o número dessas subcentrais devem ser adaptados às seções de proteção contra incêndios, além da dependência quanto às unidades funcionais. A rede de subtransmissão é separada da rede geral de transmissão de energia elétrica e de emergência, possuindo também recinto próprio.

Tecnologia da informação/processamento de dados

A segurança da comunicação oral e de dados dentro do hospital conforma a base existencial para atendimento do paciente e sucesso econômico da instituição.

Para instalação do sistema de componentes correspondente é necessária uma central de tecnologia da informação localizada em recinto próprio, assim como um espaço para a central de dados eletrônicos, cada uma com 35 m² a 70 m². Observar, no caso, o fornecimento de energia elétrica constante, assim como sistema de resfriamento do ar.

Para otimização da disponibilidade, deve haver um outro recinto de processamento de dados para o sistema de *back-up*, situado em outra edificação ou parte do edifício principal, concebido como área de segurança – IT. Partindo das centrais de informação e processamento de dados, ocorre a distribuição estelar (de cabos de cobre e fibras óticas, com transmissão de ondas luminosas) para todos os pontos distribuidores, por andar. A partir desses pontos, têm-se as conexões para distribuição geral dos dados.

A moderna estrutura topológica da rede/cabos utiliza um sistema unitário de plugues, para todos os setores (informações, processamento de dados e medicina), para que possa haver reação flexível ao rápido processo de desenvolvimento dentro das técnicas de comunicação.

A comunicação oral é estabelecida tanto no sistema analógico como digital, coordenados através de central de telecomunicações.

REFERÊNCIAS
Esclarecimento das abreviaturas de revistas apresentadas no texto

	Página/caderno	Lugar da publicação
A+D	= Architecture + Detail	Stuttgart
AF	= Architectural Forum	vorm. New York
AIT	= Architektur Innenarchitektur Techn. Ausbau, bis 1979 „Architektur und Wohnwelt".	Leinfelden-Echterdingen
AJ	= Architectural Review	London
AR	= Architectural Record	New York
ArK	= Arkitekten	Helsinki
AW	= Architektur und Wohnform	vorm. Stuttgart
AWW	= Architektur und Wohnwelt	vorm. Stuttgart
B	= Bau	vorm. Saarbrücken
Bau	= Baugewerbe	Köln
BBauBl	= Bundesbaublatt	Gütersloh
Bg	= Baugilde	vorm. Berlin
Beton	= Betonfachzeitschrift für Bau + Technik	Erkrath
BIT	= Business • Information • Technology	vorm. Leinfelden-Echterdingen
Bm	= Baumeister	München
Bw	= Bauwelt	Berlin
Bz	= Das Bauzentrum	Darmstadt
bba	= Bau – Beratung – Architektur	Leinfelden-Echterdingen
Cu	= Die Küche (L'ambiente Cucina)	Milano
DA	= Der Architekt (BDA)	Berlin
DAB	= Deutsches Architektenblatt	Esslingen
db	= Deutsche Bauzeitung	Leinfelden-Echterdingen
DBZ	= Deutsche Bauzeitschrift	Gütersloh
Detail	= Architektur und Baudetail	München
d-extrakt	= Informationsdienst für neuzeitliches Bauen	vorm. Bonn
EGH	= Informationsdienst Holz	Bonn
Gf	= Glasform	vorm. Schorndorf
GI	= Gesundheitsingenieur	München
Häuser	= Magazin für Internationales Wohnen	Hamburg
Il Bagno	= Das Bad	Milano
In	= Interiors	vorm. New York
Licht	= Planung-Design-Technik-Handel	München
MB	= Moderne Bauformen	vorm. Stuttgart
SBF	= Sport + Bäder + Freizeit-Bauten	Düsseldorf
SHE	= Stein – Holz – Eisen	vorm. München
TAB	= Technik am Bau	Gütersloh
VDI	= V.D.I. Zeitschrift	Düsseldorf
WMB	= Wasmuths Monatshefte für Baukunst und Städtebau	vorm. Berlin
WA	= Wettbewerbe Aktuell	Freiburg/Br.
ZB	= Zentralblatt der Bauverwaltung	vorm. Berlin
ZI	= Zentralblatt für Industriebau	vorm. Hannover

REFERÊNCIAS

Página/(s)	Autor/(es)	Título	Editora Lugar e ano de publicação ou revista
14–15	Schneider, H. J.	Handbuch – Sanitärtechnik	Vogel, Würzburg, 1979
19	Hebgen	Sicheres Haus	Vieweg, Wiesbaden, 1980
20	Dt. Verein des Gas- und Wasserfaches e.V. Eschborn	Techn. Regeln für Gas-Installation	DVGW-TRGI 1986
	Flotow, P. v., Leiermann, H.	Gas-Installationsdetails	Ruhrgas AG, Essen, 1990
37–43	Dürer, A.	4 Bücher von menschlichen Proportionen	Nürnberg, 1528
	Le Corbusier	Der Modulor	Paris, 1953
	Mössel, E.	Die Proportionen in Antike …	München, 1926
	Zeising, A. v.	Pentagramm, Deutsche Vierteljahresschrift	Stuttgart, 1868
		Neue Lehre von den Proportionen des menschlichen Körpers aus einem bisher unbekannt gebliebenen, die Natur und Kunst durchdringenden morphologischen Gesetz	Leipzig, 1854
	Bochenek, J.	Canon aller menschlichen Gestalten und Tiere	Berlin, 1885
	Boesinger, W.	Le Corbusier, oeuvre complète 1938–1946 (Le Modulor)	Zürich, 1946
	Jones, V.	Neufert Architects' Data	Collins, London, 1980
	Freckmann, K.	Proportionen in der Architektur	München, 1965
	Scholefield, P. H.	The theory of proportion in Architecture	Cambridge, 1958
	Thiersch, H.	Als Architekt und Forscher	München, 1923
	Wolf, O.	Tempelmaße	Wien, 1932
	Boesianer, W.	Le Corbusier, oeuvre complète 1938–1946 (Le Modulor, S. 170 ff.)	Zürich, 1946
	Portmann, D.	Elementiertes Bauen	DBZ 11/83
	Neufert, E.	Bauordnungslehre BOL	Ullstein, Berlin, 1961
	Moessel, E.	Die Proportion in Antike und Mittelalter. Urformen des Raumes als Grundlagen der Formgestaltung	München, 1926
	Fischer, Th.	Zwei Vorträge über Proportionen	Berlin, 1934
	Boehm, O.	Von geheimnisvollen Maßen, Zahlen und Zeichen	Leipzig, 1929
	Le Corbusier	Der Modulor	Stuttgart, 1953
45–46	Boemke, K.	Die Anwendung der Modulordnung	DBZ 7/79
	Kerschkamp, Portmann	Erläuterung zu DIN 18000 „Modulordnung im Bauwesen"	Beuth Verlag GmbH, Berlin, 5/84
47–49	Maertens	Der optische Maßstab	Berlin, 1884
	Frieling/Auer	Mensch + Farbe + Raum	München, 1956
	Renner, P.	Ordnung und Harmonie der Farbe	Ravensburg, 1947
52–53	Neufert, E.	Der Auftrag ist erteilt	Bw 38/31
69–73	VOB	Vergabe- und Vertragsordnung für Bauleistungen	Beck Texte im DTV, München, 2009
	VOB im Bild	Vergabe- und Vertragsordnung für Bauleistungen im Bild	Bauverlag GmbH, Wiesbaden
	Hoffmann, Kremer	Zahlentafeln für den Baubetrieb	Teubner Verlag, Stuttgart, 1986
	Rösel	Stichwort AVA, Bd. 1, Verfahren	Bauverlag GmbH, Wiesbaden/Berlin, 1986
	Franke, Portz	Handbuch für die Baupraxis	Werner Verlag, Düsseldorf, 1985
	Gaeb	Anwenderhandbuch	Beuth Verlag GmbH, Berlin/Köln, 1985
	Schwarz	Daten und Informationsverarbeitung in Planung und Steuerung von Bauprojekten	Ernst & Sohn, Berlin, 1988
	Aita, Veit, Schilchegger	Planungs- und Bauablauf – die Steuerung bauwirtschaftlicher und baubetrieblicher Prozesse	Springer Verlag, Wien, 1976
	Rösel	Baumanagement, Grundlagen, Technik, Praxis	Springer Verlag, Wien, 1976
	Neufert, Rösel	Bauzeitplanung	Bauverlag, Wiesbaden, 1974
		–	Standardleistungsbücher für das Bauwesen Beuth Verlag GmbH, Berlin, 1989
77 – 83	Simmer, K.	Grundbau	Teubner, Stuttgart, 1994
	Freihart, G.	Einfluß der Baugrundelastizität	DBZ 7/59
	Muhs, H.	Die Lagerungsdichte des Untergrunds als Voraussetzung für die Gründung des Bauwerks	Berlin, 1959
	Wendehorst, Muth	Erd- und Grundbau	Teubner, Stuttgart
	Muth	Dränung erdberührter Bauteile	Eigenverlag Muth, Karlsruhe
84–95	Rau, O, Braune, V.	Der Altbau	A. Koch, Leinfelden, 1985
	Hebel AG	Handbuch Wohnbau	Emmering-Fürstenfeldbruck
	Unipor-Ziegel	Ziegeldecken	München
	Arbeitsgemeinschaft Holz e.V.	Dielenböden	Düsseldorf 1998
	Arbeitsgemeinschaft Holz e.V.	Neuer Wohnwert mit Holz	Düsseldorf 1996
	Schwerm, D., Laurini, G.	Deckensysteme aus Betonfertigteilen	Bonn 1997
96–98	Fonrobert, F.	Grundzüge des Holzbaues im Hochbau	Berlin, 1948

REFERÊNCIAS

Página/(s)	Autor/(es)	Título	Editora Lugar e ano de publicação ou revista
	Führer, W.	Holzkonstruktion	DBZ 3/78
	Hempel, G.	Freigespannte Holzbinder	Karlsruhe
	–	100 Knotenpunkte	Herrenalb, 1949
	Kress, F.	Der praktische Zimmerer	Ravensburg, 1940
	Kullmann, H.	Holz im Bauwesen	DBZ 10/63, 1/64
	Stoy, W.	Der Holzbau	Berlin, 1941
	Willie, F.	Statische … Kehlbalkendaches	DBZ 12/54, 3/55
99–103	A.C.D.A.	Copper Roofing	London, 1959
	Deutsches Kupfer Institut	Kupfer Dachdeckung	Berlin, 1956
	Fritz Röbbert	Kupfer, Planen, Gestalten, Verarbeiten	KM, Osnabrück, 1999
	Fingerhut, P.	Altdeutsche Schieferdeckung	Bochum, 1959
	–	Dächer, Dachdeckungen	DBZ 12/65
	VDD	Anschlüsse, Abschlüsse, Durchdringungen und Dehnungsfugen bei bituminösen Dachdichtungen	Frankfurt/M., 1979
	Flotow, P. v.	Dachdetails (Metalldächer)	Stuttgart, 1964
	Halsband, G.	Dachdeckung auf verz. Stahlblech	DBZ 12/54
	Langer, A.	Flachdächer	DBZ 3/68
	Liersch, W.	Konstruktive Hinweise zum geneigten Dach	DAB 2/79
104–106	Dt. Dachgärtnerverband e.V.	Grüne Dächer – Gesunde Dächer – Dachgärtnerrichtlinien	Baden-Baden, 1985
	Leca Deutschland GmbH	Firmeninformation	Halstenbeck
	re-natur GmbH	Firmeninformation	Ruhwinkel-Wankendorf
107–114	Meyer-Bohe, W.	Sonnenschutz	DBZ 7/87
	Houghton E. L.	Windforces on Buildings a. Strukures	New York, 1976
	Tutt, P. + Adler, D.	Window Cleaning New Metric Handbook	Verlag Butterworth Arch., London, 1979
124–125	Reitmayer, U.	Holztüren und Holztore	J. Hofmann, Stuttgart, 1979
129–130	Adarma	Gebäude- und Geländesicherung	München, 1979
	Hebgen, H.	Sicheres Haus	Vieweg, Braunschweig, 1980
	Bielmeyer, Riehle	Planung von Türen und Toren	DAB 4/86
132	–	Treppenarten	DAB 6/86
137	Meyer-Bohe, W.	Transportsysteme im Hochbau	DBZ 9/84
147 – 151	Prinz, D.	Städtebau	Kohlhammer, Stuttgart, 1987
152–156	–	Energieeinsparverordnung-EnEV	2009
157–164	Trümper, G., Overath, D.	Körperschall, Raumakustik	Odenthal
165–167	Fibier, M.	Innerer und äußerer Blitzschutz	DBZ 8/80
168–178	Eckstein, R.	Vorlesung, Umdrucke-Tageslicht	TU-Darmstadt, FB Architektur TUD, FB. 15
	Fischer, U.	Tageslicht	R. Müller, Köln, 1982
	Shen Socor (Hrsg.)	Sonnenstandsdiagramme u.a., für Sonne, Verschattung ab Mai 2000	Hamburg 2000
	Energieagentur NRW, (Hrsg.)	Solaratlas für NRW	Energieagentur NRW Wuppertal
	Hofmann, H.	Umdruck-Entwerfen u. Beleuchtungstechnik	TU Darmstadt, FB. 15, 1999
	Dt. Norm Normenausschuß Lichttechnik	Tageslicht in Innenräumen	Beuth Verlag GmbH, Berlin, 1985–1994
	Tonne, F.	Besser Bauen	K. Hofmann, Stuttgart, 1954
	Becker, D., Epsen	Tageslicht + Architektur	C. F. Müller, Karlsruhe, 1986
	Redaktionsteam d. Klaus	Wie hell ist hell?	K. Esser KG, Düsseldorf, 1970
	Esser KG		
	Rhein.-Westfälische	RWE Bau-Handbuch 12. Ausgabe	Energie Verlag, Heidelberg Energie AG
	Lutz, P., Jenisch, R., Klopfer, H., Freymuth, H., Krampf, L. u.a.	Lehrbuch der Bauphysik	Teubner, Stuttgart, 1997
	Balkow, Schuler, Sobek, Schittich, Staib	Glasbau-Atlas	Edition Detail Inst. f. intern. Architekturdokumentation GmbH, München 1998
	Palz, W., Kommission der Europäischen Gemeinschaft	Atlas über die Sonneneinstrahlung Europas, Bd. I	TüV Rheinland, Köln, 1990 u. ff.
	Recknagel, Sprenger, E. (Hrsg.)	Taschenbuch für Heizung und Klimatechnik, 68. Auflage	München, 1997
	Wachenberger, H. u. M.	Mit der Sonne bauen. Anwendung passiver Sonnenenergie	Callwey, München, 1983
	Inform. Erdgasheizung Essen	Faustwerte	K. Krämer, Stuttgart, 1987

REFERÊNCIAS

Página/(s)	Autor/(es)	Título	Editora Lugar e ano de publicação ou revista
	Kürte, W.	Deutsche Darstellung und Umrechnung auf hiesige Verhältnisse der Sonnentafeln von H. Fisher	Bauformen S. 531–540, 1932
181–183	Arbeitsstättenrichtlinien	Künstliche Beleuchtung	ASR 7/3, 1993-11
	Ganslandt, R., Hofmann, H.	Handbuch der Lichtplanung	Vieweg, Wiesbaden 1992
190-200	Verband der Sachvers. e.V.	Richtl. für Rauch- u. Wärmeabzugsanlagen (RWA) Planung u. Einbau	VDS, Köln
	H. Schmitt, A. Heene	Brandschutz	Vieweg, Wiesbaden 2001
222–223	–	Technik des Schornsteins	DBZ 2/65
	–	Schornsteine	DBZ 8/72
	Göhring, O.	Schornsteine	Wien, 1950
	–	Offene Kamine	DBZ 4/64, 2/65
	Dörreberg, H.	Offene Kamine und Bestimmungen	DBZ 5/80
	–	Time Saver Standards	New York, 1950
	Mährlein, K.	Offene Kamine	DAB 10/80
	–	Offener Kamin zieht nicht	DAB 6/80
	Meuth	Der Einfluß des Windes auf den Kaminzug	Sonderdruck aus „Berufsarbeit und Wissen", 5 + 6/34
	Schrag, E.	Offene Kamine	Bm 3/64
	Sleeper, H. R.	Building standards	New York, 1955
	Sweet's Catalogue file	Jedes Jahr neu	New York, N.Y.
236–240	Forschungsgesellschaft für Straßen- u. Verkehrswesen	EAE 85/95 Empfehlung für die Anlage von Erschließungsstraßen	FGSV, Köln, 1995
		EAR 91 Empfehlungen für Anlagen des ruhenden Verkehrs	FGSV, Köln, 1991 (Neuauflage EAR 05 2005)
243	Spies, K.	Garagen Grundlagen für das konstruktive Entwerfen	DAB 2/79
	Temme, F. J.	Be- u. Entlüftung von Tiefgaragen	DBZ 4/86
	–	Vergleich von Stellplätzen u. Parkbauten	DBZ 5/82
247	Forschungsgesellschaft für Straßen- u. Verkehrswesen	Richtlinien für die Anlage von Tankstellen an Straßen RAT	FGSV, Köln, 1985
254	–	Omnibusbahnhöfe	DBZ 5/78
259–264	–	Airport Planning Manual, Part 1, Master Planning	ICAO, DOC 9184–AN/902, 1987
	Viers, J., Bundesanstalt für Flugsicherung, Flugsicherungsschule	Flugplätze	1. Aufl., April 1987
	IATA Montreal	Airport Terminals Reference Manual	6. Ed., 1978
265–266	Schwarz, H. P.	Friedhöfe/Friedhofsbauten	
273	Henjes, K.	Holz am Bau	DBZ 7/68
271	Brandecker, H.	Gestaltung von Böschungen	Salzburg
275–277	Kreuter, M. L.	Der Biogarten	BLV, München
	De Haas	Marktobstanbau	München
295	Ludes, M.	Häuser mit Gangerschließung	DBZ 9/78
310–329	Arbeitsgemeinschaft	Die moderne Küche e.V.	Darmstadt
	RWE Energie	Bauhandbuch technischer Ausbau	Energie Verlag, Heidelberg,1995
	Neufert, P. + Neff, L.	Gekonnt planen, richtig bauen: Haus, Wohnung, Garten	Vieweg, Wiesbaden, 1996
	–	Techn. Leitfaden Glas am Bau	Vegla GmbH, Aachen
339–344	Knirsch J.	Hotels planen u. gestalten	A. Koch, Leinfelden-Echterdingen, 1993
	Ronstedt M., Frey T.	Handbuch und Planungshilfe Hotelbauten	DOM publishers, Berlin, 2014
346	Hepperle, H. A.	Bauten für die Gastronomie	DAB 9/86, DAB 10/86
349–351	Loeschcke, G., Höfs, J.	Großküchen	Bauverlag, Wiesbaden u. Berlin, 1985
	Fuhrmann, P.	Restaurantküchen	DBZ 9/89
	Neufert	Architects' Data	Blackwell Scientific Publications, London, 1985
358	–	Kindertagesstätte	DBZ 2/76
374–378	–	Hochschulen	DBZ 1/68, 7/72, 6/76, 5/78
	–	Mensa-Bauten	DBZ 10/80
379–382	–	Laboratorium	DBZ 5/73, 10/76
383–388	Schweigler, P.	Einrichtung und techn. Ausstattung von Bibliotheken	Reichert, Wiesbaden, 1977
	Höfler + Kandel	Hochschulbibliotheken	Sauer, München, 1984
	Banghard, A.	Gebäudeanalysen zur Funktionskontrolle	Berlin, 1986
	Arbeitsgruppe Bibliotheksplan Baden-Württemberg	Gesamtplan für das wissenschaftliche Bibliothekswesen	München, 1973
	Fuhlrott, R. + Jopp, K.	DIN Fachbericht 13	Beuth Verlag GmbH, Berlin,1988

REFERÊNCIAS

Página/(s)	Autor/(es)	Título	Editora Lugar e ano de publicação ou revista
	Henning, Wolfram	Bibliotheksbau in Deutschland von 1973-1980	Gütersloh, 1980
		Bundesrepublik Deutschland 1968-1983.	Bilbliotheksbau in der Klostermann, Frankfurt/M., 1983
	Aufgaben – Positionen	Deutsches Bibliotheksinstitut,	Bibliotheken '93. Strukturen – Berlin, 1994
	zum Planungs- und Bauprozeß	Deutsches Bibliotheksinstitut,	Bibliotheksbau: Kompendium Berlin, 1994
	Metcalf, Keyes D.	Planning Academic and Research Library Buildings. 2nd ed.	ALA, Chicago, London, 1985
	Ramcke, R.	Die Präsentation der öffentl. Bibliothek 2	Berlin, 1982
	–		'Die Kinderbibliothek' Die Präsentation der öffentl.
	Bibliothek 3	Berlin, 1982	
	Thompson, G.	Planning and Design of Library Buildings	'Architektur und Ausstattung' London/New York, 1977
392	Beratungsausschuß für das Dt. Glockenwesen	Ratschläge zur Verbesserung der Schallabstrahlung aus Glockentürmen	1973
	Beratungsausschuß für das Dt. Glockenwesen	Ratschläge für die Gestaltung von Glockentürmen	1964
393	Schwarz, H. P.	Die Architektur der Synagoge	Dt. Architekturmuseum, Frankfurt, 1988
400	Rosenfield, J.	Light in museum planning. – Mit Angaben über die Bostoner Versuche und die von S. H. Seager	
	Stein, C. S.	Making Museum function	
402–411	–	Bühnentechnische Rundschau, Ztsch. für Technik, Bühnenbau u. -gestaltung in Theatern, Film, Fernsehen und Mehrzweckhallen	Orell Füssli + Friedrich, CH-Zürich
	Kranich, Fr.	Bühnentechnik der Gegenwart Bd. 1 und 2	München/Berlin, 1929/1933
	Schubert, H.	Moderner Theaterbau	Stuttgart, 1971
	Ruhnau, W.	Versammlungsstätten	Gütersloh, 1969
	Graubner, G.	Theaterbau – Aufgabe und Planung	München, 1968
	Semper, M.	Theater, Handbuch der Architektur, 4. Teil	Stuttgart, 1904
	Institut für Kulturbauten	Rekonstruktion von Theatern	Berlin (O), 1979
	Cremer, L. + Müller, H.	Die wissenschaftlichen Grundlagen der Raumakustik, Band 1	Stuttgart, 1978
	Unruh, W.	Theatertechnik	Berlin, 1969
	Baumgartner, R.	Versammlungsstätten und Geschäftshäuser	München, 1986
	Brauneck, M. + Schneilin, G.	Theaterlexikon	Rowohlt Taschenbuch, Hamburg, 1986
	Izenour, G.	Theaterdesign	New York, 1977
423–425	Sansman, Karen	Zoological Park and Aquarium Fundamentals	American Association of Zoological Parks and Aquariums Weelin (W.Va), 1982
	Schomberg, Geoffrey	General Principles of Zoo Design	Intra Consultants Ldt., London, 1972
427–428	Idelberger, K.	Tribünen	DBZ 5/78
	Nixdor, Stefan	StadiumATLAS	Ernst & Sohn, 2008
429–435	Bundesinstitut für Sportwissenschaften	Sportplätze	Köln, 1982
436–437	Dt. Tennisbund e.V. – DTB	Tennisanlagen Planung, Bau, Unterhaltung	Hannover, 1981
438–439	Dt. Bahnen-Golf-Verband e.V.	Handbuch	Wien, 1986
440–441	Bundesinstitut für Sportwissenschaften	Planung, Bau, Unterhaltung von Golfplätzen	Köln, 1987
442–447	Stange, W.	Sportbauten	Berlin, 1982
	–	Jachthäfen Planungsgrundlagen	DBZ 12/68
	–	Jachthafen	DBZ 12/70
	Schröter, B.	Marinas – Jachthäfen	DBZ 11/73
	Heard, J. + H.	Handbook of Sports and Recreational Buildingdesign	London
	Haass, H.	Wassersportanlagen	DBZ 5/88
	Haass, H.	Planungsgrundlagen für Segel- und Surfsportanlagen	Sportstättenbau+Bäderanlagen 4/1985
	Haass, H.	Der Wassersportentwicklungsplan als Instrument der Kooperation u. Sicherung einer umwelt- u. menschengerechten Sportausübung	Sport-, Bäder-, Freizeitbauten, 6/1989
	Haass, H.	Grundlagen zur Planung v. Wassersportanlagen - Umwelt-, Objekt- und Detailplanung	Das Garten Amt 11/1989
	Haass, H.	Handbuch für den Segelsport	Aachen 1993

REFERÊNCIAS

Página/(s)	Autor/(es)	Título	Editora Lugar e ano de publicação ou revista
	Haass, H.	Planungsgrundlagen für Sportboothäfen	Hansa 4/94
	Haass, H.	Neue Nutzung städtischer Uferbereiche und -brachen	DBZ 8/96
	Haass, H. (Hrsg.)	Handlungsrahmen zur Standortplanung von Wassersportanlagen im Spannungsfeld von Nutzerattraktivität, Ökologie und Ökonomie	Münster 1996
	Overschmidt + Gliewe	Sportbootführerschein Binnen	Klasing Bielefeld 1992
448–449	Bundesminister für Verkehr	Richtlinien für Wassersportanlagen an Binnenwasserstraßen	Bonn, 1973
450–451	Schnitzler, U.	Untersuchungen zur Planung von Reitanlagen	KTBL-Bauschrift, 6/1970, Darmstadt
	Schnitzler, U.	Der Bau von Reitanlagen, Forschungsauftrag des ehem. Instituts für Sportstättenbau/DSB	Köln
	Schnitzler, U.	Reitanlagen-Beispielentwürfe	KTBL-Schriften 162, Darmstadt
	Amtl. Forschungs- und Materialprüfungsanstalt für das Bauwesen, Otto-Graf-Institut der TU Stuttgart	Reitbahnbeläge	TU Stuttgart
	Deutsche Reiterliche Vereinigung e.V.	Orientierungshilfen für den Bau und die Planung von Reitanlagen und Reitwegen	Warendorf, 1993
	TVT	Techn. Vorschriften für Tragschichten der Forschungsgesellschaft	FGSV, Köln für Straßen- u. Verkehrswesen
	–	Außen- und Hallenbeläge von Reithallen	Bundesinst. f. Sportwissenschaft, Köln, 1974
	–	Jahresberichte der Dt. Reiterlichen Vereinigung e.V.	Warendorf
	–	Datensammlung Pferdehaltung – Dt. Warmblut	KTBL, 2. Aufl., Münster-Hiltrup, 1976
	Pirkelmann + Schäfer + Schulz	Pferdeställe und Pferdehaltung	Ulmer, Stuttgart, 1976
	Marten, J.	Auslaufhaltung – Artgerechte Pferdehaltung	KTBL, Darmstadt
	Marten, J.	Betriebswirtschaftslehre für Reitbetriebe	FN-Vlg., Warendorf
	Zeeb, K. + Krautwig, P. + Huskamp, B. + Kranzbühler, W.O.	Pferde für Turnier und Freizeit, Haltung – Markt – Kauf	DLG-Manuskript, 5/1982
	Zeeb, K. + Schnitzer, U.	Pferdeverhalten und Pferdehaltung, Handbuch für Pferde	Kamlage, Osnabrück
453–454	Deyle	Kombinierte Kunsteisbahnen	DBZ 4/79
	Bundesinstitut für Sportwissenschaften	Planung und Bau Rollsportanlagen	Köln, 1980
455	Skate Park GmbH	Champion Ramps	München
456	Hofmeister, G.	BMX-Motocross mit dem Fahrrad	Schul- und Sportstättenbau 3/87
457–458	Dt. Schützenbund	Schießstandanlagen	Wiesbaden, 1984
459	Bundesinstitut für Sportwissenschaften	Planungsgrundlagen Sporthallen	Köln, 1988
464	–	Leichtathletikhalle Dortmund	Sb 6/80
467–468	Bundesinstitut für Sportwissenschaften	Orientierungshilfen zur Planung u. Ausstattung von Konditions- und Fitneßräumen	Köln, 1987
470	DKB	Dt. Keglerbund – Technische Vorschriften	Augsburg, 1983
477	Archiv des Badewesens	Freizeitbad Heveney	Heft 4/87
	Archiv des Badewesens	Freibad Bad Driburg	Heft 2/88
471–480	DLW Bautechnik	Schwimmbecken-Auskleidungen	Bietigheim-Bissingen
	Kappler, H. P.	Das private Schwimmbad	Bauverlag, Wiesbaden, 1986
	Koordinierungskreis Bäder	Dt. Gesellschaft f. das Badewesen e.V. Richtlinien für den Bäderbau	Essen, 1982
	Neufert, P. + Neff, L.	Gekonnt planen, richtig bauen: Haus, Wohnung, Garten	Vieweg, Wiesbaden, 1996
479–481	Sage, K.	Handbuch der Haustechnik	Gütersloh, 1971
492–504	Puell, Richard	Die Dritte Alternative?	Bauwelt 6/91
	Joedicke, Jürgen	Bürobauten	Stuttgart, 1962
	Sieverts, Ernst	Bürohaus- und Verwaltungsbau	Stuttgart, 1980, Baumeister 10/1985
	–	Tendenz heute: Vom Großraum zum Individualraum	Baumeister 10/1985
	Henkel, AG	Seminarbericht vom 21. Apr. 1989, ‚Bürosanierung in der Praxis'	1989
	Gottschalk, Ottomar	Verwaltungsbau für die 90er Jahre	DBZ 3/89
	Sieverts, Ernst	Probleme der Reversibilität	Der Architekt 10/1978
	Gottschalk, Ottomar	Neue Kriterien für Verwaltungsgebäude	DBZ 12/87, 8/85, 3/89
	Fuchs, Wolfram	Das Kombi-Büro	Bauwelt 6/1991
	Puffert, Maren + Steiner,	Acht Prüfungen	Bauwelt 6/1991

REFERÊNCIAS

Página/(s)	Autor/(es)	Título	Editora Lugar e ano de publicação ou revista
	Bernhard		
	Sieverts, Ernst	Büro der Zukunft	DAB 9/90
	Duffy, Eley, Giffone, Worthington	ORBIT 2-Study on Organizations, Buildings and Information Technology Northwalk	Ct., 1986
	van der Rohe, Ludwig Mies	Zeitschrift G	Berlin, 1923
	Kahl, Eberhard	Gebäudestrukturen des Bürobaues	DBZ 3/85
	Ehrke, Rainer	Natürlich klimatisieren	DBZ 9/90
	Reuter, Fritz	Luft- und Lichttechnik	Industriebau 4/80
	Ahrens, Günther	Das Bürogebäude im Wandel	DBZ 4/89
	Sieverts, Ernst	Aktueller Stand der Planung von Büroarbeitsplätzen	DAB 9/90
	Volpert, Walter	Psychologie des EDV-Arbeitsplatzes	VFA Profil, 9/1990
	–	Wolkenkratzer in den USA	Baumeister 2/1984
	Fuhrmann, Peter	Aufzugsanlagen	DBZ 9/87
	Giesemann, Susanne	Immobilienwirtschaftliche Trends	DEGI, 2003
505–507	Palesch, Siegfried	Die Entwicklung des Hochhauses und das John Hancock Center Chicago	Architektur + Wettbewerbe 113/1983
	Grube, Oswald W.	Himmelhoch konstruieren, Werk	Bauen + Wohnen 9/87
	Schirmer, Wolf (Hrsg.)	Egon Eiermann 1904-1970, Bauten und Projekte	DVA, Stuttgart, 1984
	Carl Gerber GmbH (Hrsg.)	Entscheidung zur Form	modulverlag GmbH, 1973
	Beratungsstelle f. Stahlverwendung (Hrsg.)	Stahl und Form – Egon Eiermann	Atelier Kinold, 1974
	J. Knirsch	Büroräume, Bürohäuser	A. Koch, Leinfelden-Echterdingen, 1996
521–527	Ackermann, Kurt	Industriebau	Stuttgart, 1984
	Aggeteleky, Béla	Fabrikplanung	München, 1970
	Aggeteleky, Béla	Systemtechnik in der Fabrikplanung	München, 1973
	Aggeteleky, Béla	Fabrikplanung Bd. 1	München, 1987
	Dolezalek, C. M. + Warnecke, H. J.	Planung von Fabrikanlagen	Berlin, 1981
	Henn, Walter	Industriebau Bd. 1	München, 1961
	Henn, Walter	Industriebau Bd. 3	München, 1966
	Henn, Walter	Industriebau Bd. 4	München, 1962
	Neufert, Ernst	Industriebauten	Bauverlag, Wiesbaden, 1973 Vincentz Verlag, Hannover, 1973
	Schmalor, Rolf	Industriebauplanung	Düsseldorf, 1971
	Schramm, W.	Lager und Speicher	Wiesbaden, 1965
	Sommer + Degenhard	Industriebauten gestalten	Wien, 1989
	Weller, Konrad	Industrielles Bauen Bd. 1	Stuttgart, 1986
	Weller, Konrad	Industrielles Bauen Bd. 2	Stuttgart, 1989
	Wildemann, Horst (Hrsg.)	Fabrikplanung	Frankfurt, 1989
515–516	Verband für Lagertechnik	Lagertechnik und Betriebsführung	Hagen
520–527	Landesgewerbeamt Baden-Württemberg	Planungshilfen	Stuttgart, 1981
	VAG	Planungsbeispiele	Wolfsburg
	Rühl, G. + Hantsch, G. + Heitz, F.	Planung und Einrichtung von Karosseriereparaturbetrieben	Karlsruhe, 1982
	Dt. Handwerksinst., München	Planung und Einrichtung von Kraftfahrzeugbetrieben	Schorndorf, 1981
538	Firma Miele	Wäscherei/Waschanlagen	Gütersloh
539–540	–	Feuerwehrgerätehaus	DBZ 10/74
	Ackermann, K.	Feuerwache 4 München	DBZ 10/74
541–546	FAT	Blätter für Landtechnik, Entwurfsgrundlagen für landwirtschaftliche Betriebsgebäude	CH-Tänikon, 1984
	KTBL	Leitsatz: Die Hofanlage KTBL-Arbeitsblatt	Verl. Beckmann KG, Lehrte, 1981
	KTBL	Abgänge und Abwässer aus landwirtschaftlichen Betrieben	Verl. Beckmann KG, Lehrte, 1987
	Heinze	Handbuch Landwirtschaftliche Betriebsgebäude	Celle, 1988
547–553	KTBL	Bauliche Anlagen zur Zucht und Mast von Fleischkaninchen	Verl. Beckmann KG, Lehrte, 1987
	Steiner, T. + Leimbacher, K.	Aufstallungssysteme in der Ziegenhaltung	CH-Tänikon, 1987
	Marten, J., KTBL	Leitsatz Stallbau für Schafe	Verl. Beckmann KG, Lehrte, 1986
	Bessen, W.	Bäuerliche Hühnerhaltung	Ulmenverlag, 1988
	Heinze GmbH	Geflügelhaltung	Celle
	KTBL	Baukosteninformation Mastschweineställe	Verl. Beckmann KG, Lehrte, 1987
	Marten, J.	Rindviehhaltung KTBL-Arbeitsblatt	Verl. Beckmann KG, Lehrte, 1982
554–555	Deutsche Reiterliche Vereinigung e.V.	Orientierungshilfen für den Bau und die Planung von Reitanlagen und Reitwegen	Warendorf, 1993

REFERÊNCIAS

Página/(s)	Autor/(es)	Título	Editora Lugar e ano de publicação ou revista
	Marten, J.	Pferdehaltung KTBL-Arbeitsblatt	Verl. Beckmann KG, Lehrte, 1982
	Bundesministerium für Ernährung, Landwirtschaft und Forsten	Leitlinien zur Beurteilung von Pferdehaltung unter Tierschutzgesichtspunkten	BML Bonn, 1995
558–582	–	Krankenhausbau	Baumeister 10/93
	Krankenhausbauverordnung	Verordnung über den Bau und Betrieb von Krankenhäusern – KhBauVo	1978
	–	Krankenhaus	Baumeister 10/93
	–	Krankenhausbau	Medita 4/74
	Suter+Suter	Krankenhaus- und Gesundheitswesen	
	–	Krankenhaus	Baumeister 10/93
	Roesmer + Labryga + Wischer	Internationales Krankenhaussymposium	1983
	Deilmann, H.	Allgemeinkrankenhaus, Grundlagen	
	–	Krankenhaus	Das Krankenhaus 4/95
	–	Krankenhaus	Wettbewerbe Aktuell 12/93
	Eichhorn + Stahl + Vanessen	Speisenverteilung in Krankenhäusern, Wärmewagensystem und Tablettsystem	1968

Sobre quase todos os produtos destinados à construção, fabricados na Alemanha, existe extenso material publicado em manuais, índices, fichas e outros tipos de catálogos de firmas, que agora podem ser acessados na Internet.
Fontes abundantes de informações de fabricantes são, p. ex.:

1. O Baueweltkatalog, Berlim
2. Deutsche Bau-Dokumentation, Celle: Heinze Verlag.

Além disso, diversas associações profissionais e de classe oferecem manuais sobre:
Aço, alumínio, zinco, vidro, cimento, plástico etc.
Concreto armado, concreto, mármore, bloco, tijolo, placas cerâmicas etc.
Madeira, painéis compostos, elementos de acabamentos interiores e instalações.
Objetos para instalações elétricas e sanitárias, incluindo ainda catálogos de firmas da indústria fornecedora de materiais da construção.

REFERÊNCIAS

INCLUÍDAS A PARTIR DA 38ª EDIÇÃO

O processo de projetar

[02] Boisserée, Dominik; Mantscheff, Jack: Baubetriebslehre 1. Neuwied: Werner, 2004

[03] HOAI 2013, Honorarordnung für Architekten und Ingenieure de 17 de julho de 2013

[04] NEDDERMANN, ROLF: Die Kosten im Griff. In: DAB 12(2003)/01(2004)

[05] Architektenkammer Baden-Württermberg, Merkblatt Nr. 40, Architektenvertrag; Entwurf als Anhaltspunkt und Orientierungshilfe für den individuell auszuarbeitenden Vertrag. Stuttgart, 2009

Partes da construção

[01]–[03]: Reproduzido com permissão da DIN (Deutsches Institut für Normung e.V.). A aplicação da norma DIN é regida pela versão mais recente disponível na Beuth Verlags GmbH, Berlim

[01] DIN 18195-1, Tabela 1. Fonte: Beuth Verlag, Berlim

[02] DIN 1053-1, Tabela 1. Fonte: Beuth Verlag, Berlim

[03] DIN 1053-1, Tabela 10. Fonte: Beuth Verlag, Berlim

[04] Kind-Barkansas, Friedbert: Beton-Atlas Birkhäuser, Basel, 2003

[05] Bundesverband der Deutschen Zementindustrie; Bayer, Edwin (Hrsg.): Parkhäuser – aber richtig, 3a ed. Düsseldorf: Verlag Bau + Technik, 2006

[06] Flachglas Markenkreis (Hrsg.): Glashandbuch. Gelsenkirchen: Flachglas MarkenKreis GmbH, 2012

[07] Flachglas Markenkreis (Hrsg.): Glashandbuch. Gelsenkirchen: Flachglas MarkenKreis GmbH, 2018

Tecnologia de edificações

[07] e [10] reproduzidos com permissão da DIN (Deutsches Institut für Normung e.V.). A aplicação da norma DIN é regida pela versão mais recente disponível na Beuth Verlags GmbH, Berlim

[01] Bundesamt für Konjunkturfragen: Haustechnik in der integralen Planung. Bern, Bundesamt für Konjunkturfragen, 1986

[02] Schmid, Christoph: Heizungs- und Lüftungstechnik. Leitfaden für Planung und Praxis. Zürich: Verlag der Fachvereine, 1993
Recentemente publicado como:
Schmid, Christoph: Bau und Energie 5. Heizung, Lüftung, Elektrizität. Leitfaden für Planung u. Praxis. Zürich: vdf Hochschulverlag, 2016

[03] www.shell-solar.de

[04] Bohne, Dirk: Ökologische Gebäudetechnik. Stuttgart: Kohlhammer Verlag, 2004

[05] Forschungsgesellschaft für Strassen- u. Verkehrswesen (Hrsg.): EAR 05. Empfehlungen für Anlagen des ruhenden Verkehrs. Köln: FGSV Verlag, 2005

[06] Energieeinsparverordnung – ENEV. Bundesgesetzblatt Jahrgang 2013 parte 1, pág. 3978

[07] DIN 4109, Tabela 3 . Fonte: Beuth Verlag, Berlim

[08] DIBT: Bauregelliste A Parte 1, doc. 0.1.1 e 0.1.2., Berlim, 2014

[09] DIBT; Herzog, Irene: Information zur Einführung des Europäischen Klassifizierungssystems für den Brandschutz (im nichtamtlichen Teil der Bauregelliste). Berlim, 2007

[10] DIN 4102-4, Tabela 45. Fonte: Beuth Verlag, Berlim

[11] Wellpott, Edwin: Technischer Ausbau von Gebäuden. 8a ed. Stuttgart: Kohlhammer Verlag, 2000

[12] Wellpott, Edwin; Bohne, Dirk: Technischer Ausbau von Gebäuden. 9a ed. Stuttgart: Kohlhammer Verlag, 2006

[13] Bohne, Dirk: Technischer Ausbau von Gebäuden. 10a ed. Wiesbaden: Springer Vieweg Verlag, 2014

Transporte

[01]–[08], [17] reproduzidos com permissão da Forschungsgesellschaft für Strassen- und Verkehrswesen (FGSV). A aplicação das normas FGSV é regida pela versão mais recente disponível na FGSV Verlag, Colônia, www.fgsv-verlag.de

[01] Forschungsgesellschaft für Strassen- u. Verkehrswesen (Hrsg.): ESG 96 Empfehlungen zur Straßenraumgestaltung innerhalb bebauter Gebiete. Köln: FGSV Verlag,1996; substituído por ESG 2011

[02] Forschungsgesellschaft für Strassen- u. Verkehrswesen (Hrsg.): EAE 85/95. Empfehlung für die Anlage von Erschließungsstraßen. Köln: FGSV Verlag,1995; substituído por RASt 2006

[03] Forschungsgesellschaft für Strassen- u. Verkehrswesen (Hrsg.): RIN Richtlinien für integrierte Netzgestaltung. Colônia: FGSV Verlag,2008

[04] Forschungsgesellschaft für Strassen- u. Verkehrswesen (Hrsg.): EAHV 93 Empfehlung für die Anlage von Hauptverkehrsstraßen. Köln: FGSV Verlag,1993; substituído por RASt 2006

[05] Forschungsgesellschaft für Strassen- und Verkehrswesen e. V. (Hrsg.): Rast 06 Richtlinie für die Anlage von Stadtstraßen. Colônia: FGSV Verlag 2006

[06] Forschungsgesellschaft für Strassen- und Verkehrswesen e. V. (Hrsg.): ERA Empfehlungen für Radverkehrsanlagen Colônia: FGSV Verlag, 2010

[07] Forschungsgesellschaft für Strassen- und Verkehrswesen e. V. (Hrsg.): Bemessungsfahrzeuge und Schleppkurven zur Überprüfung der

REFERÊNCIAS

Befahrbarkeit von Verkehrsflächen. Colônia: FGSV Verlag, 2001

[08] FORSCHUNGSGESELLSCHAFT FÜR STRASSEN- UND VERKEHRSWESEN E. V. (Hrsg.): EAR 05 Empfehlungen für Anlagen des ruhenden Verkehrs. Colônia FGSV Verlag, 2005

[09] VERBAND DEUTSCHER VERKEHRSUNTERNEHMER (VDV) (Hrsg.): VDV-Schrift Nr. 4. Verkehrserschließung und Verkehrsangebot im ÖPNV. Colônia

[10] FIEDLER, JOACHIM: Bahnwesen. Planung, Bau und Betrieb von Eisenbahnen, S- U-, Stadt- und Straßenbahnen. 6. Aufl. Colônia: Werner Verlag, 2012

[11] STADT BOCHUM TIEFBAUAMT (Hrsg.): Baulos F1 Lohring. Bochum: Stadt Bochum Tiefbauamt. 1995

[12] DB STATION&SERVICE (Hrsg.): Handbuch zum Einrichtungssystem ReiseZentren. Karlsruhe: DB Services Technische Dienste GmbH

[13] DB STATION&SERVICE (Hrsg.): Produktkatalog. Ausstattung von Bahnhöfen auf einen Blick. Karlsruhe: DB Services Technische Dienste GmbH, 2003

[14] ao estilo de: Visão geral do Aeroporto de Munique. munich-airport.de

[15] ao estilo de: Mapa do aeródromo de Frankfurt Main/ Schwerin Parchim. Cortesia da DFS Deutsche Flugsicherung GmbH

[16] ao estilo de: VERBAND DEUTSCHER VERKEHRSUNTERNEHMER (VDV)
Gestaltung von ubaner Straßenbahninfrastruktur; Köln: beka GmbH, 2016

[17] FORSCHUNGSGESELLSCHAFT FÜR STRASSEN- UND VERKEHRSWESEN E. V. (Hrsg.): EAÖ 13 Empfehlungen für Anlagen des öffentlichen Personennahverkehrs. Colônia: FGSV Verlag, 2013

Paisagismo

[01] Lehr, Richard: Taschenbuch für den Garten-, Landschafts- und Sportplatzbau. 4a ed. Berlim: Blackwell Wissenschafts-Verlag, 1994 e 6a ed. Stuttgart: Eugen Ulmer KG, 2002

[02] Niesel, Alfred: Bauen mit Grün. Die Bau- und Vegetationstechnik des Landschafts- und Sportplatzbaus. 2a ed. Berlim: Blackwell Wissenschafts-Verlag, 1995

[03] WWW.CARLSTAHL-ARCHITEKTUR.DE (Begrünungslösung des Grundsystems I-sys im Herstellerkatalog der Firma Carl Stahl GmbH, Süßen)

Habitação

[01] Verordnung zur Berechnung der Wohnfläche (Wohnflächenverordnung - WoFIV). Bundesgesetzblatt Jahrgang 2003 (BGBl I, S. 2346)

[02] BOTT, HELMUT; VON HAAS, VOLKER: Verdichteter Wohnungsbau. Stuttgart: Kohlhammer, 1996

[03] ENGEL, HEINO: Measure and Construction of the Japanese House. Rutland, Vermont: Tuttle Publishing, 1985, S. 58

[04] Com a gentil permissão da Freunde und Förderer des Mies van der Rohe Hauses e.V., Oberseestr. 60, 13063 Berlin

[05] Com a gentil permissão da GEWOBA Bremen

Educação • Pesquisa

[01] GRALLE, Horst; PORT CHRISTIAN: Bauten für Kinder: ein Leitfaden zur Kindergartenplanung. Stuttgart: Kohlhammer, 2002

[02] Retirado das partes B e C do Anúncio do Ministério de Educação e Cultura do Estado da Saxônia (Sächsischen Staatsministeriums für Kultus, SMK) para a Construção de Edifícios Escolares no Estado Livre da Saxônia, de 15 de dezembro de 1993, Diário Oficial do SMK, no. 18/93, p. 437, alterado por: Anúncio do SMK de 1 de agosto de 1995. (Diário Oficial do SMK, no. 11, p. 294)

[03] Retirado de: Planungshandbuch „Fachraum Sport", Senatsverwaltung für Bildung, Jugend und Wissenschaft, Berlim, julho de 2016

Edifícios religiosos

[01] Kessler, Michael (Hrsg): Heilige Kunst, Sonderband Sakrale Räume Kirchen, Moscheen, Synagogen heute, 39. Ano 2015, p. 15

[02] Koch, Wilfried: Baustilkunde, Europäische Baukunst von der Antike bis zur Gegenwart, Munique 1982, p. 39 (Fig. Antiga Basílica de São Pedro, Roma), p. 49 (Fig. Santa Sofia, Constantinopla), p. 226 (Fig. Tempietto die Bramante, Roma)

[03] Neufert, Ernst: Bauentwurfslehre, Berlim 1950, p. 284

[04] Parent, Claude: l' oeuvre construite, l'oeuvre graphique ; ouvrage publié à l'occasion de l'Exposition „Claude Parent, l'OEuvre Construite, l'OEuvre Graphique" présentée à la Cité de l'Architecture et du Patrimoine du 20 janvier au 2 mai 2010, p. 178

[05] Frishman, Martin; Khan, Hasan-Uddin (Hrsg.): Die Moscheen der Welt, Frankfurt/Main, 1995, p. 13 (Fig. princípios básicos para mesquitas), p. 32 (Fig. mesquita baseada na casa do Profeta Maomé), p. 33 (Fig. esquema de mesquita com seus principais elementos)

Cultura • Lazer

[01] SKODA, RUDOLF: Die Leipziger Gewandhausbauten. Berlim: Huss-Medien GmbH, Verlag Bauwesen, 2001

[02] KUTTRUFF, HEINRICH: Akustik. Eine Einführung. Stuttgart: S. Hirzel Verlag, 2004

[03] HALL, DONALD E.: Musikalische Akustik. Mainz: Schott Musik International, 1997

[04] HENLE, HUBERT: Das Tonstudio Handbuch: praktische Einführung in die professionelle Aufnahmetechnik. München, 5. komplett überarb. Edição 2001: GC Carstensen Verlag

REFERÊNCIAS

Esporte • Lazer

[01] Deutscher Alpenverein (Hrsg.): Informationen über Bauweisen von künstlichen Kletteranlagen. Internet: http://www.alpenverein.de (2005)

[02] Höckert, Manfred: Sauna – Planung, Ausführung, Zubehör. 11a ed. 2007, publicada por HUSS Medien GmbH, agora Beuth Verlag GmbH, Berlim

Administração • Escritórios

[01] Bounin, Katrina; Graf, Walter; Schulz, Peter; Schallschutz, Wärmeschutz, Feuchteschutz, Brandschutz, München: Deutsche Verlags-Anstalt in der Verlagsgruppe Random House GmbH, 2010

Indústria

[01] Führer, Hansjakob; Störmer, Dorothea: Industriebau, Grundlagen 1. Darmstadt: Das Beispiel, 1999

Agricultura

[01] Tierschutz – Nutztierhaltungsverordnung. Bundesgesetzblatt, Bonn, 2006

[02] DLG e.V. (Hrsg.): Merkblatt 343 Legehennenhaltung. Frankfurt am Main, 2007

[03] EG-Öko-Verordnung Nr. 2092/91. Bundesministerium für Ernährung, Landwirtschaft und Verbraucherschutz, 2008

[04] Bildungs- und Wissenszentrum Aulendorf; Viehhaltung, Grünlandwirtschaft, Wald und Fischerei; Eilers, Uwe: Planungshilfen für den Rinder-Stallbau. Aulendorf, 2008

ÍNDICE

A

Abastecimento de gás 20
Abertura de porta, Elevador 139
Abreviaturas 1
Abrigo de passageiros 250
Abrigo isolado 555
Abrigo para coelhos 548
Absorção acústica 160
Absorção, Isolamento acústico 157, 160
Absorvedor solar 151
Acácia 270
Acampamentos para viajantes 357
Aceitação, obra 68
Aceleração linear 569
Acer 270
Acessibilidade 31–36
Acesso de degraus 333, 463
Acessos 289, 293, 311
Acompanhamento da obra 73
Açougue e salsicharia 536
Açougues 519
Actinidia chinensis 277
Acúmulo de água infiltrada 82
Acústica – refletor 414
Acústica de ambientes 162, 413
Acústica, Teatros 412–416
Adestramento 451
Aeroporto 260
Aeroporto: chegadas 260
Afofador do solo 543
Afofamento do solo 272
Água pluvial – instalação para consumo doméstico 279
Águas pluviais 201, 202, 205, 206
Água potável – distribuição 279
Água sem pressão 82
Akebia 277
Alamedas 269
Alarme contra arrombamento e assalto 129
Alarme contra arrombamentos 19, 130
Albergues da juventude 355
Alça dobrável de apoio, Acessibilidade 33
Alfabeto 1
Algarismos romanos 1
Alimentador automático 548
Almemoor 393
Altar 389
Alto falantes 416
Altura da boca de palco 405
Altura de alcance 323
Altura do corrimão 131, 132, 133
Altura do espaço, Habitação 302
Altura entre pavimentos 503
Alturas dos galpões 522
Aluguel de escritórios 492
Alvará preliminar de construção 70
Ambão 389
Ambulatório 557, 558, 563
Amora silvestre 277

Análise de amostras do solo 78
Análise estrutural, Contêineres 528
Anastilose 60
Anastilose 62
Ancoragem 444
Andares inteiros 74
Ângulo contra ofuscamento 184
Ângulo de elevação, sol 170
Ângulo do talude 78, 271, 285
Animais, Zoológico 424
Anteprojeto 69
Aparas 149
Aparelho de convecção sob o piso 213
Aparelho de remo 467
Aparelho elétrico 18
Aparelho para musculatura da barriga 467, 468
Aparelhos de anestesia 568
Aparelhos de funcionamento com energia elétrica 16
Aparelhos de ventilação descentralizada 210
Apartamento 304
Apartamento dúplex 295
Apartamentos para idosos 336
Apoio traseiro 33
Aprovação de projeto 70
Aprovação geral da obra 191
Aprovação parcial da obra 70
Aquecedor a gás de água com reservatório 20
Aquecedor de superfície 212
Aquecimento com baixa capacidade 150
Aquecimento de reservatórios 208
Aquecimento de superfície 208, 211, 212, 213
Aquecimento dos ambientes 212, 213
Aquecimento, Energia Geotérmica 150
Arado 543
Arbusto 275
Arco e flecha 457
Ar-condicionado 210
Área bruta 74
Área de aprendizagem 363
Área de circulação entre lojas 513
Área de construção 74
Área de descanso 481, 482, 483
Área de descanso 491
Área de descanso 491, 499
Área de desinfecção dos pés 472
Área de deslizamento da bola 470
Área de estar para pacientes 574
Área de movimentação 31
Área de refeições 319
Área de refeições, Restaurantes 346
Área de resfriamento 481, 482

Área de segurança, Espaços viários 228
Área de serviço 327
Área de serviço em rodovias 246
Área de trabalho e leitura 378
Área de vendas 513
Área de vestiário em conjunto 472
Área do mobiliário, Escritório 497
Área do pódio 375
Área funcional do móvel 497
Área habitacional 290
Área livre externa 320
Área útil 75
Áreas de aluguel 495
Áreas de banheiros, acessibilidade para cadeirantes 33
Áreas de banheiros, local de trabalho 488
Áreas de circulação 74, 206
Áreas de função técnica 74
Áreas de vivência 319
Áreas esportivas, vidros 120
Áreas limite para obstáculos 261
Áreas técnicas, funcionais 64
Áreas de treinamento 440
Areia 271
Arena do circo 422
Argolas, equipamentos 462
Armação triangular simples 97, 98
Armário 322, 323, 472, 13
Armário de bolas 466
Armário inferior 316
Armários
 para roupas comuns 323
 para cama, mesa e banho 323
Armazenamento 525
Armazenamento de gelo 151
Aron Hakodesch 393
Arquibancadas, Teatro 427, 463, 474
Arquibancadas, Ginásios esportivos 463
Arquibancadas para espectadores 405
Arquitetura de contêineres 528
Arquitetura sustentável 55
Arquivo 388
Arranha-céu 505
Arranha-céu, Habitação 308
Arranjo de mesas 346, 364, 367
Arremates superiores 274
Arremesso de disco 432, 433
Arremesso de ferraduras 430
Arremesso de martelo 432, 435
Arremesso de peso 432, 433, 435
Árvore de alameda 269
Asseguramento de encostas 271, 282
Assentamento disperso 292
Assentamento em bolco 87
Assento dobrável 33
Assentos 377, 333

Assistência a recém-nascidos 575
Assistência religiosa 579
Assistência social 579
Associação Alemã de Turismo 356
Atendimento de emergência 565
Atendimento de pronto-socorro 563, 565
Aterramento 165, 166
Aterramento, em superfície 166
Aterramento, em forma de bastão 166
Atestado de fiscalização geral da obra 191
Atletismo 435
Atletismo: campos 432, 433
Auditibilidade da fala 162
Auditor 57
Auditório 366
Auditório, Escolas superiores 374
Auditório, Escolas superiores 376, 374
Aulas de música e arte 367
Auxílios de embarque, acoplado ao veículo 250, 252
Avaliação de risco 485
Aviação, projeto paisagístico adequado 259
Aviário 547
Avicultura 542
Aviões, categorias 264
Avisadores ópticos 18
Azimute 170

B

Bacia sanitária 13
Back-of-House, Hotel 340
Badminton 431, 465
Balanço para criança pequena, *Playground* 361
Balanços duplos, *Playground* 361
Balcão (bar) 319
Balcão de atendimento 520
Balcão de empréstimos 386
Balcão de padaria 519
Balcão de peixaria 519
Balcão, biblioteca 386
Balcões 386, 518
Bancadas de trabalho, laboratórios 380, 381
Banco de ginástica 462
Banco de igreja católica 390
Bancos ao longo da parede 463
Bancos de comunhão 390
Banheira 13
Banheira, Habitação 324
Banheira, Hotel 343
Banheiro completo 324, 325
Banheiro para paciente 573, 574
Banheiro, acessibilidade 325
Banquete 347
Barco a remo 488
Barco dragão 448
Barra fixa tensa 462

596

ÍNDICE

Barra para equilíbrio 462
Barraca 357
Barras assimétricas, equipamentos 462
Barras escalonadas, *playground* 361
Barras paralelas 462
Barreira contra vapor 101, 154
Barreiras 334, 434
Barreiras corta-fogo 191, 193, 194
Barril para recolhimento de água da chuva 279
Base larga, tipo de edifício 558
Base legal, privada 66
Base legal, pública 67
Base para preparação das rações 544
Basílica, Três naves 391
Basquete 429, 431
Batente 125
Batente central, portas 125
Bateria 18
Bateria de tanques 214
Bauhaus 403
Beachminton 431
Bebedouro 489
Bebedouros 555
Bebedouros circulares 550
Berçário 575
Berliner Lüftung 224
Beterrabas para ração 544
Bétula 270
Bezerro 552
Biblioteca 368, 378
Biblioteca científica 383
Biblioteca da universidade 387
Biblioteca de arte 386
Biblioteca pública 383
Biblioteca, Escola 368
Bibliotecas
 científica 383
 estaduais e nacional 383
 especiais 383
 públicas-municipais 383
Bicicleta ergométrica 467, 468
Bicicletário 231, 328
Bicicross, BMX 456
Bidê 13
Bilhar 466
Bilheterias 416
BIM 54
Bimá 393
Bioenergia, pellets 149
Bioenergia, tempo de queima 149
Biogás 149
Biomassa 149
Biorritmo 174
Bistrô 347
Bloco 6
Bloco de vidro 121
Bloco único, Edifícios de escritórios 502
Blocos de vidro G 122
Bocha 430
Bois de corte 542
Bois de engorda 545

Boliche 470
Bomba de gasolina 247
Bomba submersa 79
Bombas de calor 150, 151
Bonde 250, 251
Box de lavagem, estacionamentos 249
Boxe coletivo 554
Boxe em espaço único 554
Boxe individual 552, 554
BREEAM, Método de Avaliação Ambiental 57
Briquetes de madeira 94
Briquetes de madeira 95
Bufê livre 351
Bufê *self-service* 348
Burro 554

C

Cabideiro 490
Cabine de elevador 145
Cabines dos locutores 330
Cabine de projeção 415, 419
Cabine de sauna 482
Cabine familiar 472
Cabine para troca de roupas 476
Cabos tracionados por polias 139
Cabras 462
Cabras: estábulos 462
Caça-moedas 484
CAD 54
Cadeia de caixas 515
Cadeia de frações 42–45
Cadeira 405
Cadeira de rodas 31, 33
Cadeira de rodas padrão 31
Cadeiras para auditórios 377
Caderneta de ambientes 71
Caderneta de espaços 63
Caderno com papel carbono 6
Café 349
Café-restaurante 349
CAFM 59
Caiaque 448
Caibro de reforço 99
Caibros 98
Caixa 235
Caixa de areia 361
Caixa de ligação doméstica 20
Caixa do elevador 141
Caixa eletrônico 511
Caixa ninho 574
Caixa/balcão 269
Caixa-forte 511
Caixão 265
Caixas de salto 462
Caixas moduladas e empilháveis 526
Calçada 229
Cálculo de custos 67, 76
Caldeira de calefação 160
Caldeira de central de calefação 20
Calefação 211
Calefação de piso 213

Calha 100
Cama 13
Cama alta 322
Cama de campanha 322
Cama de casal 13
Cama dobrável 322
Cama dupla 13
Cama Frankfurt 322
Cama infantil 13
Cama *king size*, Hotel 341
Cama para massagem 483, 556
Cama Pullman 322
Cama *queen size*, Hotel 341
Cama, Hotel 341
Cama-armário, Hotel 341
Camada de ar 101
Camada de ar limitante 153
Camada de meio tijolo 87
Camada de ventilação 101, 103
Camada equalizadora da pressão de vapor 103, 154
Camada niveladora de assentamento 94
Camada separadora/equalizadora 103
Camadas de tijolo inteiro 87
Câmara do conselho municipal 509
Câmara do plenário 509
Câmara escura para fotografia 379
Câmara para arreios 450, 555
Câmaras de deposição de resíduos sólidos 217
Câmaras de fossas sépticas 217
Camarotes 428
Caminho de pedestres 278
Caminho para veículos 278
Caminho pavimentado 278
Caminhos 278
Campanário 392
Campo de golfe 440, 441
Campo de visão 48, 52
Campo especial 433
Campo para radiografia 556
Campo visual 48
Campos de pouso 260
Campos esportivos 429, 431, 438
Campos para jogo de krocket 430
Canais preenchidos com material estrutural 78
Canal de ligação 201
Canal na laje de piso 10
Canalete 470
Canoa 448
Canoa canadense 448
Cânon 37, 38
Capacidade de transporte, Escada rolante 137
Capacidade de visitantes 330
Capacidade, Elevador 142
Capela do cemitério 265
Captação de água da chuva 279
Captação em lençol freático 150
"Caracol" 42, 361

Características do transporte 524
Características do vidro 115
Carpino 270
Carpintaria 531
Carport 329
Carrinho
 com plataforma 524
 com duas rodas 524
 com três rodas 524
 gradeado sobre rodinhas 524
Carrinho de compras 518
Carrinho de serviço de quarto, Hotel 341
Carrinho para transporte dos colchões 462
Carro funerário 265
Carro-tanque para adubo 543
Carvalho europeu 270
Casa com pátio 293, 299, 301
Casa de brinquedo 361
Casa de máquinas 79
Casa de máquinas, Elevador 141, 142, 143, 144, 145
Casa em esquina 293, 301
Casa funerária 265
Casa isolada 293, 298
Casas de enxaimel 42
Casas de fim de semana 356
Casas de repouso 337
Casas geminadas
 em fileira 293, 302
 tradicionais 293, 302
 em cadeia 293, 302
Casas para férias 356
Cascalho 271
Cascara 286
Castanheira 270
Categoria viária 226
Catraca 514
Cavalo 450, 554
Cavalo, balanço 361
Cavalo com alças de apoio 462
Cavalo grande 554
Celeiro 541, 544
Célula a combustível 148
Célula solar 147
Cemitério 265, 266, 267
Cenário de aprendizagem 363
Centrais de climatização 210
Centrais do corpo de bombeiros 540
Central de abastecimento de gases 583
Central de água gelada 583
Central de lavagem 581
Centro de Pesquisa do Câncer 382
Centro de viagens 256
Centro para idosos 336
Centros de atendimento médico 563
Centros de empreendedores 495
Cercamento 273, 288
Cercas 273
Certificação 57
Certificado 57

597

ÍNDICE

Certificado de energia 156
Chaminé 222, 223, 211
Chapa de vidro protetor 110
Chapas-padrão 117
Chuveiro 324, 325, 13
Chuveiro, Acessibilidade 33
Cicloramas 413
Cinema 415, 416
Cinema duplo 419
Cinemas *drive-in* 419
Cinemas Multiplex 417, 418
Circo 422
Circuito, Museus 399
Circulação 517
Circular, economia 56
Círculo 44
Círculo das cores 49
Círculo de cores CMYK 180
Círculo de cores RGB 180
Círculo de giro, ônibus 253
Círculo de giro, ônibus 253
Círculo de lançamento 435
Cirurgia 567
Cisterna 279
CityLight-Poster 258
Classe de proteção, Eletricidade 183
Classes de risco, incêndio 199
Clima ambiente, área de exposição 400
Climatização, Escritórios 503
Clínica de atendimento diurno 578
Clínica médica 565
Cluster 636
Cobertura 97
Cobertura abobadada com shed 522
Cobertura de arquibancadas 427
Cobertura em shed, galpões 522
Coberturas planas 103
Coberturas verdes 104, 105
Cobi-golfe 439
Cocheiras 554
Coeficiente de aproveitamento 74
Coeficiente de condutibilidade térmica 152
Coeficiente de escoamento 205
Coeficiente de manutenção 181
Coeficiente de resistência térmica 152
Coeficiente de volume construído 74
Cofre noturno 511
Coleta de sangue 556
Coleta seletiva de lixo 220
Coletores
  de conjunto/tronco 203
  individuais 203
Coletores de energia geotérmica 150
Coletores em conjunto ou tronco 201–204
Colheita de forragem 544
Colorido 53

Columbário 266
Combustão a gás 211
Comissionamento, Indústria 525, 529
Complexa 399
Componentes 46, 64, 88, 157, 158
Comprimento 23, 24
Comprimento de rota de emergência, salas de risco 486
Comprimento do passo 131
Comprimento do tanque 476
Comunicação 70
Comunicação de obra 70
Comutador de extração de calor 161
Comutador de regeneração de calor 151
Conceito de planta-baixa 289, 298, 301
Conceito Open Space 363
Concentração de fluxo
Concorrências para empreitadas 72
Concreto 523
Condensação 153
Condições especiais de contrato 72
Condições técnicas adicionais de contrato 72
Condutibilidade térmica 152
Confessionário 390
Conformação da margem 285
Conforto térmico 110
Conforto visual 187
Congelador 316
Congresso 347
Conjunto residencial 292
Conjunto residencial para estudantes 335
Conjuntos médicos 556
Conjuntos urbanos 293
Conselho Alemão de Construção Sustentável 57
Conselho Municipal 509
Conservação 60–64, 85, 91, 93
Construção arredondada, Igrejas 391
Construção com sistema de vigas de apoio 102
Construção de igrejas 389
Construção de pavimento, Ginásios esportivos 461
Construção de teatros 402, 403
Construção do pavimento flexível, Ginásios esportivos 461
Construção dos pavimentos 91
Construção longitudinal, Igrejas 391
Construções aquáticas 443
Construções de vias férreas 250
Construções de vidro 284
Construções em andares 523
Construções sustentáveis 55
Consultório individual 556
Consultório médico 578
Contêiner 526, 527, 528
Contêiner de obra 528

Contêiner marítimo 528
Contêiner padrão 528
Contenção aberta 79
Contexto 292
Contorno do tanque 474, 476
Contrapiso 94
Contraste 176
Contrato de obra 67
Contrato de planejamento urbano 290
Contrato de trabalho do arquiteto 67
Controle automático das destinações, Elevadores 140
Controle de acesso, eletrônico 128
Controle dos voos noturnos 259
Convector embutido no piso
Convector instalado em nicho 213
Conversão de usabilidade, Acessos 33
Cook & Chill 352
Cooperativas, Política habitacional 290
Coordenação das superfícies de trabalho 314
Copa 491
Cor da luz, Espaço 188
Coral 389
Corbusier 38, 44
Cores 49
Coro 413
Corpo de bombeiros 539
Corredor 315
Corredor central 305
Corredor da estação de assistência 561
Corredor de lavagem, Estacionamentos 249
Corredor de transporte, Cemitérios 265
Corredores de fuga 190
Corredores de passagem 554
Corredores internos 295
Corrente de impulso de bomba 201
Corte do papel 21
Cortina de ar 126
Cotas 8, 9
Cozinha 314, 368
Cozinha aberta 315
Cozinha do restaurante 349, 350, 351
Cozinha industrial 351–353
Cozinha, Escola 368
Cozinha, Gastronomia 349
Cozinhas para preparação de cardápios frios 351
Creches 358, 360
Cremação 256
Crematório 265, 267
Criação de bois para corte 553
Criação de cavalos 554
Criação de gado leiteiro 552
Criação de leitões 542
Criação em pequenos grupos 550

Cuba dupla 13
Cuidados com a água 480
Cúpula de concreto armado 422
Curling 454
Curso de sombreamento 172
Curva auditiva 374
Custos totais 59

D

DALI 189
Daymarina 477
Decágono 41
Decreto para proteção de animais de criação 551
Definição de solo 271
Degraus 135
Degraus defasados 133
DEHOGA 341
Demolição controlada 55
Denominação 1
Densidade habitacional 291
Departamento de assistência a curto prazo 337
Departamento de cirurgia 567, 568
Departamento de psiquiatria 577
Depósito de adubo 545
Depósito de bagagens, Hotel 341
Depósito de barcos 445
Depósito de cenários 408
Depósito de cenários 408
Depósito de estrume 545
Depósito de estrume sólido 545
Depósito de feno 544
Depósito de lixo coletivo 220
Depósito de palha 555
Depósito de urnas 266
Depósitos 326, 328
Depósitos de óleo para calefação 214
Depósitos para cadeira de rodas 34
Descrição de serviços 67
Desempenho visual 187
Desenho à mão 21
Desenho arquitetônico 8, 9, 11, 12
Desenho com o computador 22
Desenho digital 22
Desenho manual 21
Desenho normalizado 7
Desenhos de detalhes 71
Desenhos de execução 72
Desenvolvimento da temperatura 152
Desenvolvimento do projeto 54
Desenvolvimento urbano 289
Deslocamento de veículos 243
Deslocamento por ação indireta, Elevador 144
Desmontável, Contêiner 528
Desnível do palco, Teatro 405
Despensas 326
Detalhe de construção da manjedoura 553

ÍNDICE

Determinação das curvas de visibilidade 405
Devolução da louça e talheres usados 351
DGNB 57
Diagnóstico funcional 565
Diagrama de barras 73
Diagrama de linhas 73
Diagrama de projeto, planta industrial 521
Diagrama do movimento solar 171, 172
Diálise 577
Difusão do vapor d'água 153
Digestores, Laboratório 379, 380
Dimensão do desenho 8
Dimensionamento das tubulações 202
Dimensões das dobraduras 7
Dimensões de veículos 234
Dimensões dos atracadouros 444
Dimensões-limite (escadas) 132
Direção da obra 73
Direção da luz 188
Direcionamento dos raios luminosos 117, 178
Direito da construção 66, 298, 299, 300
Diretoria do centro cirúrgico 567
Diretoria, Escolas superiores 374
Diretrizes de Trabalho 485
Diretrizes para construção de garagens 241
Diretrizes para construção habitacional estudantil 335
Dispensário 580
Dispersão de luz 178
Disposição das fileiras, Teatro 405
Disposição das janelas 107
Disposição dos bancos, Igrejas 390
Disposição dos espectadores 464
Dispositivos de proteção 334
Distância entre eixos das janelas 501
Distância entre estantes 385
Distribuição das refeições 351, 353
Distribuição de adubo 543
Distribuição de cargas 26, 27, 28, 30
Distribuição de intensidade de luz 183
Distribuição de lugares, restaurantes 345, 346, 348
Distribuição de luminância 188
Divã 13
Divisória sanfonada 12
DMX 512-A 189
Dolly 420
Domo 114
Dormitório 321
Downlight 184

Drenagem 83
Drenagem de águas pluviais 205, 208–214
Duas empenas 98
Duração solar 172

E

Eco 162
Edifício central, Igrejas 391
Edifício de dois apartamentos por andar 294, 305
Edifício de faculdade 376
Edifício de quatro apartamentos por andar 294
Edifício de três apartamentos por andar 294
Edifício de um apartamento por andar 294, 304
Edifício destinado a oficinas 409
Edifício residencial, Elevador 141
Edifício torre 308
Edifícios bancários 511
Edifícios comerciais para aluguel 74
Edifícios governamentais 509
Edifícios parlamentares 508
Edifícios preservados 60
Edifícios-garagem 239
Efeito estufa 169
Efeito melanópico 174
Efeu/*Hedera helix* 277
EG-Decreto europeu de regulamentação de produtos ecológicos 552
Eixo principal 559
Eixo referencial 46
Elementos de nivelação pré-fabricados 94
Elementos de ventilação localizados na fachada 210
Elementos fundamentais 63
Elementos litúrgicos 389
Eletrocardiograma 566, 565
Eletrotécnica 584
Elevador 139
Elevador a cabo 139
Elevador de cargas 145
Elevador do corpo de bombeiros 507
Elevador para automóveis 243
Elevador para transporte em hospitais 142, 561
Elevador, edifício residencial 142
Elevador, envidraçado 145
Elevador, plataforma de embarque, 254
Elevadores com diversas cabines 140
Elevadores de dois andares 140
Elevadores especiais 145
Elevadores hidráulicos 144
Elevadores para pessoas com deficiência 145
Eliminação de fumaça 198
Embaixada 510

Emergência 557
Emissão de luz 186
Empilhadeira 30
Empilhadeira elétrica 524
Empilhamento de veículos 243
Empresa de construção habitacional 290
Encadeamento linear, Museus 399
Encanamento 14
Encostas rochosas 282
Endoscopia 565
Eneágono 41
Energia 55
Energia geotérmica, próxima à superfície terrestre 150
Energia primária 155
Energia, regenerativa 146
Energia, renovável 146, 13
Enfermaria 571–577
Enfermaria de clínica médica 571
Entrada e saída de ar 224
Entrada, Lojas 326, 514
Entrega, Museus 398
Épocas de plantio 280, 285
Equilíbrio, Iluminação natural 176
Equinócio
 de primavera 170, 173
 de outono 170
Equinócio, ritmo 179
Equipamento esportivo 460
Equipamentos de *playground* 360
Equitação, cortes transversais 451
Esborrifador de adubo mineral 543
Escada 12
Escada de alçapão 133
Escada de emergência 136
Escada de segurança 190
Escada de segurança 507
Escada dobrável 133
Escada econômica 133
Escada marinheiro 133
Escada pequena 133
Escada rolante 137, 254, 517
Escada tipo marinheiro 132
Escadaria de emergência 309
Escadarias abertas 132
Escadas com patamares 132
Escadas de edifícios 132
Escadas helicoidais 134, 135
Escadas, emergência 132
Escadas, estação ferroviária 254, 256
Escadas, gastronomia 346
Escadas, largura, estádios 426
Escadas, perfil de espaço de luz 132
Escala 8
Escala de potência sonora 157
Escala referencial 8
Escalada de bloco 469
Escalada esportiva 469
Escavadeira 543

Escoamento 202, 205
Escoamento de água pluvial de coberturas 206
Escoamento de águas pluviais 205
Escoamento de águas servidas 201
Escoamento de estrume líquido 545
Escolas de ensino fundamental 370
Escolas de ensino superior 374–382
Escorada, tesoura 97
Escorrega 361
Escritório combinado 495, 500
Escritório reversível 494
Escritório satélite 500
Escritórios abertos em grande espaço livre 494, 500
Escritórios em grupos 500
Escritórios em salas individuais ou "celas" 494, 500
Esgoto 201
Esgoto especial 206
Espaço 23
Espaço de apoio 378
Espaço de diferenciação 364
Espaço de proteção de valores 511
Espaço de trabalho 497
Espaço do altar 389
Espaço do espectador, proporção 404
Espaço livre, cadeira de rodas 35
Espaço para exposições 399
Espaço para seminários 347
Espaço principal e secundário 399
Espaço trifuncional 403
Espaço urbano, cruzamento 229
Espaço urbano, impacto 225
Espaço urbano, largura, altura 225
Espaço viário 228
Espaços de aglomeração 330, 331, 333
Espaços de *co-working* 496
Espaços destinados ao público 410
Espaços livres 98
Espaços urbanos 225, 227, 251
Espaladeira 275
Espectador 405
Espreguiçadeira ergonômica 483
Esquadros 21
Esquema das dobraduras 7
Esquema de intercâmbio 557
Estabelecimentos de carne de caça e aves 519
Estabelecimentos rurais 541
Estabulação coletiva 554
Estabulação individual 554
Estabulação livre 552
Estábulo 549

599 Índice

ÍNDICE

Estábulos para bois de corte 553
Estábulos, animais pequenos 547, 548
Estaca de ponta 81
Estação de parada 246
Estação ferroviária 255
Estação ferroviária de passagem 255
Estação ferroviária de torre 255
Estação ferroviária terminal 255
Estação ferroviária-ilha 255
Estação rodoviária 253
Estacas, áreas esportivas 443
Estacas, Fundações 80, 81
Estacas moldadas 78
Estacas, vegetação 281
Estacionamento em sistema de corredores 243
Estacionamento para caminhões 245
Estacionamento-cilindro 243
Estacionamentos cobertos, ônibus 253
Estacionamentos rotativos 243
Estações de queima, combustível sólido 149
Estações de recarga elétrica 247
Estações elevatórias de esgoto 204, 206
Estádio, infraestrutura de transporte 426
Estante com prateleiras, indústria 526
Estante de parede, Lojas 518
Estantes 383, 385
Estantes altas, Indústria 525, 526
Estantes com acesso público 383
Estantes compactas 386
Estantes moduladas 385
Estantes móveis 385
Estantes para depósito 384
Estantes para palettes 526
Estantes rolantes 388
Esteira contínua 524
Esteira de aço 524
Esteira em grelha 524
Esteira em placas 524
Esteira rolante 138
Esteira, corrente circular 524
Esterilização 557
Estúdios especiais 420
Estúdios para locação 420
Estrume líquido 545
Estrume sólido 545
Estrutura de suspensão, sinos 392
Estrutura dos escritórios 493
Estrutura em esqueleto 89
Estrutura portante 103
Estruturação com trama 282
Estruturação espacial tripartida 502
Estruturas secundárias 164
Estúdio de cinema 420

Estúdio de gravação 421
Estúdio de telejornalismo 420
Estúdio de tv 420
Estúdio de vídeo 420
Estúdio, cinema, televisão, vídeo 420
Estudo preliminar 69
Estufa 284
Estufas, Gastronomia 353
Estufas, sauna 481
Europalette 526
Eventmarina 477
Exaustão de fumaça 114
Exaustor 316
Exaustor de fumaça e calor 198
Exemplo de museu 401
Exigências para construção de arranha-céus 507
Exposição 399, 400
Exposição à luz natural 174, 302
Exposições temporárias 398
Extintores de água pressurizada 200
Extintores de pó químico 200

F

Fábrica de cerveja 516
Fachada de vidro 123
Fachadas com sistema de ventilação 123
Fachadas com vidros protetores contra incêndio 123
Fachadas livres 506
Facility Management 58, 59
Faixa de bicicletas 228
Faixa de trabalho 78
Fator de posicionamento 153
Fator de transmissão da luz 115
Fechaduras 128
Fechaduras cilíndricas 128
Feno 541
Figura de proporções 44
Fileira de assentos, Estádio 427
Fileiras de assento 405
Fileiras de assentos 416, 419
Filtro em camadas 83
Filtro misto 83
Final da pista, boliche 470
Fiscalização 70
Fisioterapia 570
Fitness 467, 468
Fliperama 484
Fluxo luminoso 181
Flybox 455
Fogões 13
Folha da porta 125
Fonte de energia 13
Fontes, Mesquitas (Tscheschme) 395
Football tennis 431
Forma de escritório 500
Formas de planta-baixa, construção de igrejas 391
Formato de papel 6
Formatos da imagem projetada 415
Formatos de chapas 117

Fórmula de Sabine 162
Fornecimento de refeições 581
Fornecimento de roupas 582
Fornos automáticos 353
Forragem 544
Forragem seca 544
Forro 101
Fossa para líquidos 545
Fosso com água 432
Framboesas 280
Frechais 97
Freezer 316
Frequência limite 157
Fundação, Fundações 80
Fundação associada 80
Fundações 77
Fundo das imagens 420
Funpipe 455
Futebol 429, 430, 431
Futebol de praia 431
Futebol de salão 430
Futon 322

G

Gaiola 548
Galerias 512
Galerias e camarotes, teatro 404
Galinha 547
Galinha poedeira 550
Galpão para feno 544
Galpão para máquinas 543
Galpões industriais 522
Gamelas de ração 548
Gangorra, *Playground* 361
Ganso 547
Garagem 329
Garagem dupla 329
Garagem subterrânea 239
Garagem, assistência automática 424
Garagens de barcos 448
Garagens grandes 241
Garagens mecanizadas 242
Garagens pequenas 241
Gaseificação da madeira 149
Gastronomia: sistema 350
Gerenciamento da obra 66
GIF 492
Gigs de regata 448
Ginásio de boliche, 470
Ginásio esportivo 464
Ginásio esportivo duplo 372
Ginásio esportivo escolar 372
Ginásio esportivo trifuncional 461
Ginásio para atletismo 464
Ginásio para ginástica 461
Ginásio para ginástica com aparelhos 461
Ginásio para jogos 459, 484
Ginásios para esporte 437, 459
Ginástica sobre o piso 461
Glicínia/*Wisteria sinensis* 277
Golfe de pista 438, 439
Golfe em miniatura 438
Golfe-"estrela" 439

Gollfe, sede do clube 441
Gôndola 518
Grade, altura de proteção 131
Gráfico de sombreamento 172
Gramados 281
Grande campo de jogos 433
Grau de absorção 162
Grau de Equador 24
Grau de meridiano 24
Grau de reflectância 188
Grelha 102
Groselheira 280
Grua de transporte individual 524
Grupo de consultórios 556
Grupo de elevadores 507
Grupos de balé 409
Grupos de casas, *Playground* 361
Grupos de construção 290
Grupos de dimensionamentos, Proteção contra incêndios 198
Grupos de permanência após a escola 358
Guarda, Barco 444
Guarda-corpo 334, 427
Guarda-roupa 13
Guarda-roupa dos solistas 409
Guindastes 524
Guindastes de parede 524
Guindastes sobre pilar 524
GUV 485

H

Habitação 289
Habitação R 35
Habitações acessíveis 36
Habitações adaptadas ao cadeirante 35
Halfpipe 455
Hall 311
Hall de entrada 491
Hamam 482
Handebol 429, 431
Handebol de praia 431
Handebol de salão 429, 430
Hands-Off 424
Hands-On 424
Heliporto 30
Heptágono 41
Hexágono 41
HOAI 60, 67, 69
Honorários: tabela 67
Hóquei 429
Hóquei em quadra coberta 430
Hóquei sobre o gelo 453, 454
Horas mínimas de irradiação solar 171
Hortênsia trepadeira – *Hydrangea petiotares* 275, 277
Hospital 577
Hospital comum 557
Hospital comunitário 579
Hospital especializado 557
Hospital Universitario 557
Hotel 339–343

ÍNDICE

Hotel *front-of-house* 340
Hotelling-Office 495, 500
Hub-and-Spoke 259

I

ICAO 259
Identificação por cores 11
Igreja para dois confessionários 390
Iluminação assimétrica 296
Iluminação de emergência 187
Iluminação de estúdio 420
Iluminação de segurança 184
Iluminação mínima 113
Iluminação natural 168, 169
Iluminação natural, Ciclo 176
Iluminação natural, Coeficiente 175
Iluminação natural, Espectro 168
Iluminação natural, Planejamento 168
Iluminação natural, Posicionamento 176
Iluminação zenital 114
Iluminância 181
Iluminância intermediária 188
Imagem de tato 48
Imagem fixa 48
Impacto, Isolamento acústico 157
Impermeabilização, Telhado 103
Impressões do local, Acústica de ambientes 162
Impressora de extratos 511
Incidência solar 171, 297
Incineração 265
Inclinação, Escadas 132, 133
Inclusão 366
Incorporações imobiliárias 290
Indicação das áreas 8
Indicação de cotas 8
Índice de serviços 73
Indústria 521
Indústria, Produção 521
Infiltração 279
Infiltração inferior de água 79
Instalação a gás 20
Instalação de captação 165
Instalação de circulação 209
Instalação de equipamentos para competição 462
Instalação de filtros no solo 546
Instalação e equipamentos da cozinha 316
Instalação para salto sobre cavalo 462
Instalação para treinamento de arremesso de peso 433
Instalação, Portas 125
Instalação-terra 166
Instalações de águas pluviais e de esgoto 201
Instalações de alta e baixa pressão, Laboratórios 380
Instalações de calefação 211

Instalações de ventilação 207, 209
Instalações elétricas 16, 17, 18
Instalações hidráulicas 14, 15
Instalações hidráulicas contra incêndios 197
Instalações para arremesso de martelo 435
Instalações para distribuição das refeições 353
Instalações para equitação 450
Instalações para lançamento de dardos 435
Instalações para salto 474, 475
Instalações prediais 201, 214
Instalações sanitárias em garagens grandes, Medição 241
Instalações sanitárias, Escritório 488
Instalações sanitárias, Gastronomia 346
Instituto de atividades múltiplas 382
Instrumentos de desenho 21
Instrumentos para lareira 223
Intensidade sonora 157
Intercâmbio de dados 22
Irradiador-terra 166
Isolamento 11
Isolamento acústico de impacto 159
Isolamento acústico, 118, 122, 157
Isolamento interno 103
Isolamento térmico 101, 153
Isolamento térmico, translúcido 178

J

Janela alta 176
Janela basculante 113
Janela com abertura para dentro 109
Janela com abertura para fora 109
Janela com moldura aparente 12
Janela dupla 12
Janela ocupando corte na linha da cobertura 113
Janela simples 12
Janelas com moldura embutida 12
Janelas na cobertura 113
Jardas 23
Jardim de infância 358, 360
Jardim zoológico 423
Jasmim-de-veneza/*Campsis radicans* 277
Jazigos 266
Jogo de bola 429
Juntas de sobreposição 87
Just-in-time-production 525

K

Keying 420
Korbball 429

L

Labirinto, museus 399
Laboratório 379, 557
Laboratório central 380
Laboratório de isótopos 382
Laboratório de pesquisas 379
Laboratório de produção de matérias plásticas 379
Laboratório fotográfico 367, 380
Laboratórios esterilizados 379
Laboratórios frios 380
Laboratórios para aulas práticas 379
Laedership in Energy & Environmental Design 57
Lago-piscina 286
Lagos de jardim 285
Lajes 523
Lajes planas 91
Lajotas de pedra natural 95
Lajotas sobre brita 95
Lamelas para propagação do som 392
Lâmpada de mercúrio – lâmpada de baixa pressão 182
Lâmpada fluorescente compacta 182
Lâmpada halógena de vapor metálico – lâmpada de alta pressão 182
Lâmpadas 182
Lâmpadas de descarga 182
Lâmpadas fluorescentes tubulares 182
Lâmpadas halógenas incandescentes 182
Lâmpadas incandescentes 179
Lâmpadas incandescentes 182
Lançamento de bola 429, 430
Lançamento de dardo 432, 433
Lanços, escadas 133
Lápides 266
Lareira independente 223
Lareira, aberta 223
Lareira, fechada 223
Lareiras 222
Lareiras de azulejo 223
Lareiras individuais 223
Lares assistidos 336
Lares de idosos 337
Largura da caixa 6
Largura da escada rolante 137
Largura das rotas de fuga 486
Largura de fileira, teatros 404
Largura de patamar 131
Largura do tanque 476
Largura interligada, escada 131, 346
Largura mínima, rampa 240
Largura útil, escadas 132
Lavagem da louça 350
Lavagem de panelas 351

Lavanderias 537, 538
Lavatório 13
Lavatório duplo 13
Lavatório para pés 489
Lavatório, acessibilidade para cadeirantes 33
Lavatório, Indústria 489
Lavatório-fonte 489
Lavatórios 249
Lavoura 542
Lazer 422
LED 182
LEED 57
Legenda 7
Legislação de controle da construção de campos de pouso 259
Legislação do transporte aeroviário 259
Legislação sobre o uso do solo 66
Legislação Trabalhista 485
Lei de proteção contra ruídos 259
Lei de proteção dos animais 551
Lei de zoneamento 74
Leis de vizinhança 273
Levantamento arquitetônico 63
Levantamento do solo 78
Libra 24
Ligações elétricas 17
Limite da linha de cota 9
Limite de referência 46
Limpeza e despejos 574
Linha aérea 251
Linha de cota 9
Linha de visão 173
Linha de visão 405
Linhas auxiliares 9
Linhas férreas urbanas 250
Linhas perpendiculares 77
Lista de regulamentação de obras 191, 196
Livros 6
Lixeira com poço 13
Lixeira com portinhola 13
Local de eventos 330
Local de instalação 20
Local de trabalho 485
Localização de centrais de climatização 210
Loja de autoatendimento 520
Loja de departamentos 512
Loja de produtos alimentares 519
Lojas 512, 513
Lojas com sistema de autoatendimento 520
Lojas de varejo especializadas 512
Lojas de varejo, especializadas, tipo mercados 512
Lojas especializadas 512
Lojas, tipos de caixa
  autoatendimento 515
  central 515
  com adaptação para carrinho 515

ÍNDICE

com esteira e área de apoio 515
duplo 515
em cadeia 515
por setor 515
único 515
Louça 317
Lugares em pé 427
Lugares em pé, Palco 334
Luminância 181
Luminária 181, 183
Lúpulo/*Homulus lupulus* 277
Luz lateral 176

M

Madeira 23
Madeira roliça 78
Madrassa 395 397
Madressilva/*Lonicera caprifolium* 277
Maior 44
Manjedoura 549, 554, 555
Manufatura de produtos de carne 535
Máquina de desenhar 21
Máquina de lavar louça 316
Máquina para jogo 484
Máquina para revolver feno 543
Marcenaria, 409, 530
Marina
 de inverno 447
 seca 446
 técnica 447
 turística 446
Marina-ancoradouro 446
Marina, disposição dos atracadouros 445
Materiais de construção 26
Material a ser transportado 524
Material de revestimento 97
Material esterilizado 580
Médico plantonista 547
Médico-chefe 547
Medições 77
Medida de isolamento acústico 157, 159
Medida isolada 45
Medida nominal 45, 46
Medida pequena 45
Medidas de capacidade 23
Medidas de engenharia biológica 282
Medidas de obra acabada 45
Medidas de obra sem acabamentos 45
Medidas de organização, incêndios 190
Medidas de preservação do meio ambiente, Aviação 259
Medidas diretrizes construtivas 45
Medidas, conversão em inglês 25
Meio-quintal 5, 24
Meios de transporte 524
Melhorias do solo 272
Membros da orquestra 409

Menor 44
Mercado de produtos frescos 516
Mesa 13
Mesa de bilhar 484
Mesa de leitura 385
Mesa para forminhas de areia 361
Mesa para refeições 345
Mesa, dimensão, Gastronomia 347
Mesa, dimensão, Habitação 319
Mesquita 395, 396, 397
Mesquita com dois eixos e quatro ivãs 395, 396
Mesquita de cúpula central 395, 396
Mesquita de três cúpulas 395
Método "cabana" 276
Método Kiwahiro 43
Método Wigwam 276
Metro, 24, 37
Metrô, Estação 254
Metrô, perfil pequeno 250
Microclima do estábulo 546
Mictório 13
Midiateca 368
Mikwa 393
Milha marítima 5
Milha quadrada 24
Milha terrestre 24
Minarete 395
Miniconvectores 213
Mini golfe 439
Mirabe 394
Mirach 393
Mistura de cores aditivas 180
Mistura de cores subtrativas 180
Mobiliário, Loja 518
Modelo astronômico 175
Modelos de curvas 21
Modulação 9
Módulo básico 46
Módulo múltiplo 46
Modulor 38, 44
Módulo-sala 528
Molhe 443
Monta-cargas 143
Moradia em grupo 335
Morangos silvestres 277
Mosaicos 95
Movimento de terra 271
Mudança de declividade, Rampa 239
Mudança demográfica 289
Múltiplas unidades por andar, Habitação 307
Muro de arrimo 274
Muro de arrimo de concreto 274
Muro de arrimo Krainer 282
Muro de arrimo, com treliça espacial 282
Muro de contenção, Áreas esportivas 443
Muro de contenção, Fundações 78
Muros 273, 274, 283

Muros de arrimo, Cercamentos 274
Muros de arrimo, Medidas de engenharia biológica 282
Muros de contenção 83
Museus
 de arte 398
 de história da cultura 398
 etnológicos 398
 científicos 398

N

Nave central, Igrejas 391
Necessidade de área, Gastronomia 346
Necessidade de energia primária 152, 156
Necessidade final de energia 156
Necrotério 265
Nicho de orações (Mirabe) 395
Nicho para cozinhar 314
Níveis pontuais de iluminação 188
Nível de iluminação 179, 181, 183
Nível de iluminação, fachada 187
Nível de iluminação, superfícies 188
Nível de intensidade sonora 157
Nível de interferência 415
Nível de pressão sonora de impacto padronizado 159
Nível de represamento 206
Nível do lençol freático 78, 79
Nivelação a seco 94
Nivelamento 77
Nivelamento hidrostático 77
Non aviation 260, 262
Norma 37
Normas 2
Normas de desenho 7
Normas DIN 2
Numeração dos ambientes 8
Número de bilheterias 419
Número de cota 8, 9
Número de vagas, Estacionamento 237
Números de radicais 42
Números normalizados 45
Números normalizados da construção 45

O

Obstáculos 433
Octógono 42
Oferta 72
Oficina de corte e costura 566
Oficina de pintura e laqueação 536
Oficinas 530
Oficinas de cenários 409
Oficinas mecânicas 533
Óleo-combustível 211

Onça 24
Ondas curvas 157
Ônibus 250
Ônibus, dimensões 252
Open-space, escritório 498
Ópera 403, 407
Operações ambulatoriais 563
ÖPNV 250
Organização bilateral 502
Organização do setor de serviços públicos 579
Organização espacial 497
Organização espacial de oficina eletrotécnica 536
Órgão 413
Orientação de alinhamento, edifícios 173
Orientação do edifício 502
Orientação, energia solar 147
Orquestra 413

P

Pacientes sob observação pós--operatória 568
Paisagismo corporativo 496
Palco 404, 406, 407
Palco para ensaios 410
Palco, Teatro 403
Palette 526
Palha, Estabelecimentos rurais 541
Palladio 43
Papel de cópia 7
Papel de desenho 7
Papel para esboços 21
Paradas 250, 252, 254
Paradas, Trens 254
Paramétrico, Projeto 54
Para-raio 165
Parede cortina 89
Parede divisória 554
Parede voltada para Caaba 395
Paredes corta-fogo 192
Paredes estruturais 193
Paredes de pedras naturais 85
Paredes luminosas 121
Paredes não estruturais 193
Parklift 242
Parlamento 216, 508, 509
Parquete 94
Parques de campismo 357
Parques de campismo naturais 357
Parto 557, 569
Passageiro 254
Passagem coberta, Corte 512
Passagem dos garçons 351
Passarela das gruas 524
Pasta 6
Patinação no gelo 454
Pátio de serviços 581, 582
Pato 547
Patologia 566
Patrimônio histórico 61, 62
Pavilhão de tiro 457
Pavimentos entre andares 92
Peça de vestuário 48

Índice

602

ÍNDICE

Pediatria 575, 577
Pediatria para doenças infecciosas 575
Pedido de aprovação do projeto 70
Pedra bruta, alvenaria 85
Pedras aparelhadas irregulares, Alvenaria 85
Pedras estratificadas, alvenaria 85
Peitoril 108
Peixaria 519
Pentadecágono 41
Pentágono 41, 43
Pentagrama 41
Perfil de corrimão 133
Perfil de degraus 133
Perfil de iluminação, Bondes 251
Perfis de vidro 120
Perfuração 78
Perfuração do teto 10
Perfuração na laje de piso 10
Pérgola 275
Perímetro do tanque 476
Pesos 23, 34
Pesquisa da edificação 63
Pia batismal 389
Pia de cozinha 13
Piano 13
Piano de cauda 13
Piano de conserto 13
Piano de meia cauda 13
Piano de salão 13
Pias 316
Pias defasadas 13
Picadeiros cobertos 450
Pint 24
Piscina coberta 471, 474, 478, 480, 483
Piscina para não nadadores 474, 476
Piscina recreativa 472, 480
Piscina, chuveiros 473
Piscinas ao ar livre 477, 478, 479
Piscinas cobertas 472–479
Piso de mosaico 288
Pista de asfalto 470
Pista de bolão 470
Pista de boliche convencional 470
Pista de corrida 432
Pista de decolagem e pouso 260
Pista de equitação 450
Pista de regatas 449
Pista dupla para *bowlling* 470
Pista para esgrima 430
Pista para tomada de velocidade 433
Pista paralela 260
Pistas de circulação 263
Pistas de corrida 433, 434
Pistas de gelo artificiais 453
Pistas de patins de rodas 454
Pistas de salto 451
Pistas para bob 453

Pistas para corridas de obstáculo 434
Pistas standard ou padrão de corrida 453
Pitágoras 43
Placa de fogão 316
Placa publicitária luminosa 187
Placas de grama 281
Placas de refrigeração 209
Planejamento de áreas livres externas 10
Planejamento de iluminação 179
Planejamento de iluminação, aspectos 186
Planejamento urbano 289, 292
Planejamento urbano conceitual 290
Planificação do terreno 272
Plano de chaves 18
Plano de massas 66
Plano diretor 66
Plano diretor preparatório 66
Planta com agrupamento espacial-funcional 304
Plantas aquáticas 287
Plantas ornamentais do tipo emergente 285
Plataforma curta 553
Plataforma de embarque 257
Plataforma de salto, Piscinas 474
Plataformas de carga 218
Plataformas elevatórias 422
Plátano 270
Plateias, assentos e fileiras, Teatro 404, 405, 415, 416
Platô intermediário 78
Playground 361
Poço de instalações 381
Poço de receptação 217
Poço de ventilação 546
Poço profundo 79
Poço, Elevador 145
Poços de filtragem 217
Poços de instalação 381
Poços de ventilação 222, 223, 224
Poços individuais de ventilação 224
Pódio 406
Poedeira 547
Polegada 22
Polígono 41, 46
Política habitacional 290
Polo aquático
  campo de jogo 475
  baliza para o jogo 475
Polo sobre bicicleta 429
Poltrona 13
Poltrona extensível 322
Poltronas de cinema 416
Polygonum aubertii 275
Pombal 574
Pônei 554
Pontes térmicas 154
Ponto de apoio da equipe, Escola 363
Pontões 444

Pontos cardeais, Habitação 297
Pontos de abastecimento de gás natural 247
Pontos de apoio dos serviços 347
Pontos de cruzamento, Transporte coletivo 251
Pontos, Aviação 259
Poolpalette 526
Porção de área da janela, espaço 176
Porcionamento de produtos frios 352
Porco 361, 541
Porta com batente 125
Porta com guarnição 125
Porta de abrir 12
Porta de alçapão 131
Porta de correr 12, 514
Porta giratória 12
Porta sanfonada 126, 514
Porta, Simbologia 12
Portão 127
Portão basculante 127
Portão basculante articulado 127
Portão corta-fogo de correr 127
Portão de correr 127
Portão de enrolar 127
Portão sanfonado vertical 127
Portão telescópio 127
Portaria do Trabalho 485
Portas "cortina" 126, 463
Portas 125, 126
Portas corta-fogo 127
Portas de vidro inteiriço 119
Portas dobráveis 126, 514
Portas para casos de pânico 128
Portas telescópicas 126
Pórtico de lavagem automática 249
Posição dos dedos, correta 21
Posição solar 170, 173, 178
Posto de combustível 247
Posto dos garçons 347
Potência sonora 157
Praça 278
Pranchões, troncos 89
Prateleira giratória 316
Pratos quentes 351
Prédio alto em painéis 308
Prédios de apartamentos 294, 296
Prédios residenciais altos 294
Pré-fabricado, concreto armado 89
Prefeitura 509
Preparação dos leitos de pacientes 580
Presbitério 389
Preservação do patrimônio
Preservação do patrimônio histórico 61, 62
Preservação do solo 61
Pressão ativa do solo 81
Pressão da onda sonora 157
Pressão de água 83

Pressão parcial de vapor d'água 153
Prevenção contra incêndios 190
Princípio do ciclo de vida 58
Princípios de definição dos acessos 293
Processo da visão 179
Processo de aprovação do projeto, simplificado 70
Processo de projetar 54
Produção permanente de energia 150
Produção térmica 208, 209
Produtos especiais
  regulamentados 191
  não regulamentados 191
Programa de incentivo para os investimentos agrários 552
Programa padrão, Escolas 370, 372
Projeção 377
Projeção de imagens 415
Projetar 50
Projeto 70
Projeto de teatros 402
Projeto executivo 71
Projeto paisagístico 268
Projeto, digital 54
Projeto, generativo 54
Projeto, paramétrico 54
Projetor 415
Propagação do fogo e da fumaça 190
Propagação sonora, 159, 161
Propagado por via sólida, som 157, 161
Proporção sagrada 43
Proprietário 58
Proscênio 405
Proteção contra incêndio, risco 198
Proteção contra incêndios, arranha-céu 507
Proteção contra ofuscamento 176, 177, 178
Proteção contra ruído externo 160
Proteção da camada superior do solo 271
Proteção de encosta 282
Proteção do bem em estado
Proteção do patrimônio 62
Proteção solar 177, 178
Proteção solar em espaços intermediários entre chapas de vidro 117
Proteção trabalhista 485
Proteção visual, janelas 107
Púlpito 389, 395
Punching-Ball 465

Q

Quadra de tênis, 436, 437
Quadra para o jogo de peteca 465
Quadra, esporte de praia, 431
Quadrado 41, 43, 44

603

ÍNDICE

Quadratura do triângulo 42
Quantidade de calor 152
Quarto com dois leitos 571
Quarto com serviço de assistência, lares para idosos 337
Quarto com três leitos 571, 573
Quarto da UTI 576
Quarto de hotel 339, 342
Quarto de hotel, acessibilidade 33, 342
Quarto de paciente 571
Quarto de paciente 573
Quarto de um leito 571, 575
Quarto individual, proteção contra radiação 577
Quebra-ondas para transbordamento 479
Quilate 23
Quilo 24
Quitandas 519
Quitinete 315

R

Ração concentrada 555
Radiação difusa 169
Radiação direta 169
Radiação dirigida para o teto ou para o piso 184
Radiação global 169, 181
Radiografia 557
Radiosidade 189
Radioterapia 569
Raia, Piscinas 476
Raio de giro, Caminhões 245
Raíz quadrada 42
Rampa de descida de barcos e guindastes 443
Rampas 132, 240
Rampas, Aviação 260, 263
Rampas, circulares 240
Ranhura na laje 10
Ranhura na laje de piso 10
Raso para crianças, Tanques 476, 476
Raster22 258
Raytracing 189
Rebocador padrão 543
Recalque 78
Recepção, Consultórios 556
Recepção, Hotel 340
Reciclagem e reconversão de uso 60, 61, 62
Recipiente elevado 545
Recipiente profundo 545
Recobrimento de telhados 99
Recobrimento interno 101
Reconstrução 60
Reconstrução urbana 292
Recuos 75
Recuperação térmica, Janelas 111
Rede de tráfego viário 260
Rede elétrica de distribuição 17
Redes metálicas 273, 276
Redução da influência de radares 123
Refeitório escolar 368

Refeitórios 368
Reflexão 180
Reflexão difusa 164
Reforço da borda de fixação 7
Reforma 60
Reforma escolar 365
Refrigeração 150
Refrigeração de partes construtivas 503
Refrigerador 316, 518
Regato 285
Registros 497
Régua T 21
Réguas de referência horizontal 77
Réguas limnimétricas 77
Regulamentação de economia de energia 152, 156
Regulamentação de local de trabalho (ASR) 485
Regulamentação modelo de locais de eventos (mvkvo) 330, 513
Regulamentação técnica da construção civil 2
Relação áurea 41, 44
Relação entre medidas alem. e ingl. 23
Relações de medidas 38, 41, 42, 43
Relógio medidor de consumo 20
Remoção de estrume 553
Renovação 55, 60
Renovação e desenvolvimento urbano 66
Represamento 206
Reprodução de cor 181
Reprodução sonora 416, 419
Reservatório de águas pluviais 279
Reservatório de óleo 214
Reservatórios térmicos (frio e calor) 146
Resfriadores de água 583
Residências para idosos 337, 338
Resistência à propagação térmica 152
Resistência à transmissão térmica 152
Resistência do solo 82
Ressonância, salas de conserto 414
Restaurante 347
Restaurante com serviço rápido de balcão e máquinas automáticas 349
Restaurante *self-service* 347, 349
Restaurantes rápidos 348
Retângulo 42
Retângulo de Pitágoras 41
Retorno, Caminhões 245
Retorno, Carros 236
Reunião 398, 399
Reuniões 497
Revestimento contra fogo 193
Ringtennis 430

Ringue para luta de boxe 465
Ritmo, circadiano 179
Robínia 270
Rodovias 226
Roletes 524
Rosas trepadeiras 275, 277
Rotatória 232
Rugby (alemão) 429
Rugby (americano) 429
Ruído de enchimento 160
Ruído de esvaziamento 160
Ruído em metais 160
Ruído na tubulação 160
Ruídos nas instalações prediais 160

S

Sacristia 390
Saguão de clientes 511
Saguão e recepção, Ferrovias 255, 256
Saguão, Hotel 340
Saída 513
Saída de emergência, Portas 128
Saídas de emergência, Arranha-céus 517
Saídas de emergência, Escolas 369
Saídas de emergência, Eventos 331, 332
Saídas de emergência, Lojas 513
Saídas de emergência, Normas Técnicas 485
Sala da comissão 508
Sala de afinação 409
Sala de anestesia e preparação do paciente 567
Sala de aparelhos 474
Sala de atendimento da UTI 576
Sala de cinema 416, 417
Sala de cirurgia 567, 568
Sala de computadores 378
Sala de conferências 499
Sala de congregação 265, 266, 267
Sala de consertos 412, 413, 414
Sala de consultas 556
Sala de controle 420, 421
Sala de ensaios de orquestra 410
Sala de ensaios do coro 410
Sala de equipamentos esportivos 461
Sala de espera, espaços adjacentes, Local de trabalho 491
Sala de espera 556
Sala de exame 572
Sala de exposições 332
Sala de festas 374
Sala de gesso 568
Sala de gravação 421
Sala de grupo, Escola 363
Sala de leitura e estantes 383
Sala de maquiagem 409
Sala de música de câmara 412

Sala de orações 395
Sala de orações, Sinagoga 393
Sala de pintura: 409
Sala de primeiros socorros 491
Sala de produtos esterilizados 567
Sala de professores 363
Sala de retorno da anestesia 568
Sala de trabalho esterelizada 574
Sala do salva-vidas 474
Sala dupla 497
Sala individual de escritório 497
Sala para desenho de modelo vivo 374
Sala para massagem 483
Sala para saída do paciente pós-operação 567
Sala técnica 421
Salão, condicionamento físico 468
Salas de aula 378
Salas de ensaio em laboratórios 379, 380
Salas de exames e tratamento 556
Salas de exposições 332
Salas de grupo, creches 359
Salas multifuncionais 360
Salas para ensaio 410
Salto com vara 432, 433, 434
Salto de esqui 452
Salto em altura 432, 433, 434
Salto em distância 433
Salto em distância e triplo 432, 434
Salvamento de pessoas e animais 190
Saneamento 60, 84, 90, 92
Sanfonada, porta 126
Sanitários, Escritórios 499
Sapata corrida 80
Sapatas isoladas 80
Sauna 481, 482, 483
Sauna de uso público 482
Sauna doméstica 481
Sauna familiar 482
Seção transversal para ventilação 207
Secretaria Nacional do Meio Ambiente - DESSAU 288
Sede oficial 510
Segurança de áreas 129, 130
Segurança de recintos 130
Seguro de responsabilidade civil 68
Seixos 103
Selo de aprovação 57
Selo de aprovação, Classe de proteção 183
Serralheria 532
Servicepoint 256
Serviço 499
Serviço rápido de balcão 347
Serviços especiais 67
Serviços especializados 562
Serviços: fases 67

ÍNDICE

Setor cirúrgico 559
Setor de abastecimento 580
Setor de correios 491, 499
Setor de enfermagem 557, 561
Setor de enfermaria 574
Setor de enfermaria, Piscinas 474
Setor de farmácia 580
Setor de vestiários, Piscinas 472, 473, 476, 477
Setor de voos 262
Setor do pessoal 351
Setor recreativo, Piscinas 474
Setor viário, Aviação 626
Setores funcionais, Hospital 562
Shed 114
Shopping center 512
Shuffleboard 430
Silagem 544
Silo de grande altura 544
Silo plano 544
Símbolo do Sistema Internacional 4
Símbolo luminoso 181
Simbologia da física 4
Símbolos matemáticos 1
Simulação, Luz 189
Simuladores de movimento 484
Sinagoga 393, 394
Sinalização de segurança 184
Sinalização e radiotelefonia 16
Sino 392
Sistema aberto de vendas 512
Sistema fechado de vendas 512
Sistema antifurto 130
Sistema Carrel 385
Sistema coletivo, Elevador 140
Sistema construtivo e modulação 382
Sistema de abastecimento vertical 381
Sistema de alarme em elevadores 130
Sistema de captação de raios 18
Sistema de certificação 57
Sistema de cogeração 148, 149
Sistema de controle de acesso 130
Sistema de controle por videocâmeras 19
Sistema de coordenadas 46
Sistema de coordenadas, cartesiano 22
Sistema de coordenadas, polares 22
Sistema de depósito 525, 582
Sistema de equipamentos para uso da água pluvial 279
Sistema de equipamentos para uso da água pluvial 279
Sistema de fechaduras centralizado 128
Sistema de mangueiras 77
Sistema de modulação baseado na distância 501
Sistema de plataformas deslocáveis 242

Sistema de projeção cinemascope 417
Sistema de rede, VLT 250, 251
Sistema de segurança de produtos 130
Sistema de som 415
Sistema de ventilação 202, 203
Sistema de ventilação central 224
Sistema de vigia 129, 130
Sistema *dolby-stereo* 416
Sistema em cobertura plana 133
Sistema fechado de contenção de água 79
Sistema fotovoltaico 147
Sistema geotérmico 208
Sistema misto, alvenaria 85
Sistema modular 46
Sistema quadrado de plantação 276
Sistema tobogã 524
Sistema triangular de plantação 276, 280
Sistema Wellsteg 98
Sistema, Elevador 140
Sistemas com ar e água 209
Sistemas combinados de tráfego 527
Sistemas de armazenagem 525
Sistemas de atrito 81
Sistemas de segurança 19
Sistemas de treliça 98
Sistemas estruturais em planos 102
Sistemas estruturais lineares 102
Skateboard 455
Skimmer 479
Snackbar 349
Sofá 13, 321
Sofá-cama 322
Softball 430
Solo
 profundo 271
 superficial 271, 281, 288
Solo argiloso 271
Solo de aterro 271
Solstício 170
 solstício de inverno 170
 solstício de verão 170
Soluções com corredores, Acessos 395, 303
Soluções de iluminação artificial 400
Som 157
Som aéreo 157, 158
Sondagem 78
Sondas 150, 151
 SPA 481, 482, 483
Split-level 295
Spot, Luz artificial 184
Sprinkler 199
Squash 466
Streetball 429
Suíte, Hotel 343
Superfície de água 474, 476
Superfície para preparação das rações 549

Superfícies absorventes 164
Superfícies envidraçadas à prova de fogo 195
Superiate 447
Superiates – marinas 447
Supermercado 520
Suporte de arame, Plantas 280
Suporte de bicicletas 231
Suporte de trama, Trepadeiras 276
Suporte e proteção, Trepadeiras 276
Suporte horizontal, Trepadeiras 276
Suporte para trepadeiras 276
Suportes de tacos e quadros 466
Surgimento de incêndios 190
Sustentabilidade 55, 56, 57
Système International d'Unités 4

T

Tabernáculo 393, 389
Talude, Movimento de terra 271, 282
Talude, Terraplanagem 78
Taludes e margens 282
Tamanho da folha 7
Tamanho da imagem projetada 415
Tamanho das unidades de assistência 575
Tamanho de janela 180
Tamanhos usuais para auditórios 375
Tampo da prancheta 21
Tanque com ondas artificiais 474, 476, 477
Tanque de água mineral 483
Tanque de água salgada 483
Tanque de águas termais 483
Tanque de treinamento 448
Tanque para mergulho 481, 482, 483
Tanque para movimento 483
Tanque para os pés 481, 482
Tanque para salto 471
Tanque pré-fabricado 282
Tanque, Piscinas 474, 476
Tanques 474
Tanques, lagos artificiais 285
Taxa de ocupação 74
Tea-Room 349
Teatro 43, 402, 403
Teatro em três partes 403
Teatro experimental 410
Teatro medieval (Stationendrama) 402
Teatro municipal 403
Teatro para shows 422
"Teatro-total" 403
Tecnologia da informação 584
Tecnologia de controle de acesso 19
Tela 415, 416
Tela de projeção 419
Tela verde (*chroma key*) 420

Teleférico, *Playground* 361
Telhado 97
Telhado, com ventilação 101
Telhado, sem ventilação 101
Telhados: tipos construtivos 101
Tema espacial 50, 51
Temperatura 24
Templo de Salomão 393
Tempo de ressonância 162, 414, 415, 416
Tempo de vida de partes construtivas 60
Tênis 431, 436
Tênis de mesa 466
Terapia intensiva, UTI 576
Terapia nuclear 557
Terminal 262, 263
Terminal de contêiner CT 527
Terminal de transferência de mercadorias 527
Terraço 320
Terraplanagem 77
Terrenos industriais abandonados 292
Tesoura de linha alta 97
Tetos refrigerados 209
Tijolos inteiros 87
Tília 270
Tipo de barco 442
Tipo de cozinha 315
Tipo de lâmpada 182
Tipo de proteção acústica, Janelas 111
Tipo de ventilação da tubulação 202
Tipo do transporte 524
Tipologia 54
Tipologia horizontal 559
Tipologia vertical 559
Tipos básicos de mesquita 395
Tipos de assentamento em paredes de alvenaria 87, 88
Tipos de cinema 416
Tipos de contêineres 528
Tipos de iluminação 184
Tipos de janelas 110
Tipos de linha 9
Tipos de revestimento 11
Tipos de tanques 483
Toalete, Altura de assento, Acessibilidade para cadeirantes 33
Toaletes, Acessibilidade para cadeirante 33
Toaletes, Escola 369
Toaletes, Escritório 488
Tonelada de arquear 24
Topografia 297
Torá, Sinagoga 394
Torre comercial, reuso 308
Torre sineira 392
Torre, *Playground* 361
Torres residenciais 308
Torres-celeiro 544
Torres-estacionamento 243
Trabalho de escritório 492
Trabalho em monitor 487

Índice

605

ÍNDICE

Transmissão necessária de calor 152
Transmissão sonora 157, 158
Transporte até a aeronave 263
Transporte contínuo 524
Transporte de cargas 259
Transporte descontínuo 524
Transporte de livros 385, 386
Transporte flexível 524
Transporte de macas 132
Transporte de passageiros 259, 262
Transporte de pessoas, Elevador 141
Trator 543
Trator com garfo 543
Trator, tração 4 rodas 543
Travamento 97
Travellift 444
Travessa de limitação 435
Treliça 450
Treliça espacial 102
Trens de carga 527
Trepadeiras 275
Triângulo 42, 44
Triângulo diagonal 42
Triângulo π/4 42
Trilhos 250
Tubo de queda 201, 203
Tubos 83
Tubos de ventilação 160
Tubulação 201, 205
Tubulação básica 201
Tubulação da ventilação 201
Tubulação de gás 20
Tubulação de ligação 201
Tubulações 11, 18, 197, 199
Tubulações de esgoto 201
Túmulos alinhados 266
Túmulos duplos 266

U

Umidade do solo 82
Umidade relativa do ar 153
Unidade com caixa 515
Unidade de armários 476
Unidade de pediatria 577
Unidade sanitária, Piscinas 473, 476
Unidades de medidas 5, 4
Unidades normais de assistência 571
Unidades SI 4, 5
Unidades, luminotécnica 181
Uniformidade; Luz 176
United States Green Building Council 57
Urna cinerária 265, 266
Usina térmica 148, 149
Usinas térmicas associadas 148
Uso das águas pluviais 279
Usos 56

V

Vacas 552
Vaga para bicicleta 471
Vagas de estacionamento 237
Valor do despejo 201, 202
Valor nominal de consumo de energia 156
Valor UGR 188
Vão entre edifícios 292
Vazão da água servida 201, 203, 204
Vegetação 280
Veículos 234, 235
Veículos de transporte não motorizados 524
Velocidade de propagação do fogo 198
Ventilação 208, 209, 210
Ventilação de galpão, Pecuária 551
Ventilação forçada 207, 209, 210
Ventilação interna 154
Ventilação nominal 208
Ventilação segundo as necessidades 208
Verrier-Palmette 275
Vestiário 490
Vestiário do coro 409
Vestiário, Instalações 490
Videira 277
Vidro 115
Vidro armado 116, 119
Vidro, autolimpante 117
Vidro, Dispersão de luz 178
Vidros à prova de fogo 122
Vidros de segurança 118
Vidros de segurança à prova de bala 118
Vidros de segurança à prova de choque 118
Vidros de segurança F 122
Vidros eletrocromáticos 119
Vidros fundidos 119
Vidros isolantes 116, 117
Vidros isolantes solares 116
Vidros ornamentados 119
Vidros temperados 115
Vitrines 514
Vôlei de praia 431
Voleibol 429, 431
Volume 23
Volume bruto 74
Volume do ambiente 413
Volume espacial 23
Volume líquido 74

W

Wellness 482, 483
WoFG Legislação para controle do desenvolvimento de áreas habitacionais 290
WoFIV, Legislação de controle das áreas construídas para uso habitacional 74, 290
World Green Building Council 57

Z

Zona da cozinha 350
Zona de água profunda 285
Zona de água rasa 285
Zona de proteção, Aeroporto 261
Zona especial, Banco 511
Zona funcional 305
Zona não modular 46
Zonas de desaceleração 232
Zonas de proteção contra raios 167
Zoológico 423